IGNACIO BOSQUE y JAVIER GUTIÉRREZ-REXACH

Fundamentos de sintaxis formal

akal

ARGENTINA
ESPAÑA
MÉXICO

Diseño interior y cubierta: RAG

1.ª reimpresión, 2011
2.ª reimpresión, 2016

© Ignacio Bosque y Javier Gutiérrez-Rexach, 2008

© Ediciones Akal, S. A., 2009
  Sector Foresta, 1
  28760 Tres Cantos
  Madrid - España
  Tel.: 918 061 996
  Fax: 918 044 028
  www.akal.com

ISBN: 978-84-460-2227-5
Depósito Legal: M-35.229-2011

Impreso en España

Prólogo

El libro que el lector tiene en sus manos es un manual. Se trata, en efecto, de un texto introductorio de teoría sintáctica de nivel universitario que ha sido elaborado en una de las muchas direcciones en las que hoy en día se plantea la investigación gramatical. Existen otros manuales en el mercado que se presentan como introducciones a la gramática o a la sintaxis. ¿Qué es lo que distingue entonces al presente texto? El adjetivo *formal* que figura en el título pretende dar una pista sobre cuál es el enfoque que hemos adoptado. Hemos preferido usar *formal,* en lugar de *teórica,* para adjetivar el sustantivo *sintaxis* porque existen en la actualidad teorías sintácticas no formales. Aun así, queremos señalar que este libro constituye una introducción a la sintaxis teórica. En nuestra opinión, existen al menos dos formas de concebir un texto universitario de teoría sintáctica:

(1) Exponiendo y comparando las unidades de análisis y la articulación interna de varios modelos o de varias teorías.

(2) Eligiendo un marco teórico que se considere correcto en lo fundamental y presentándolo de forma ordenada y progresiva.

Es relativamente frecuente en los planes de estudio universitarios del mundo hispánico preferir (1) a (2) y aducir que la primera es la opción más objetiva. Se opta por (1) –se dice– porque el alumno no se ve de esta forma obligado a elegir entre los múltiples modelos existentes. La opción (2) es, desde este mismo punto de vista, una opción parcial que priva al estudiante de la visión de conjunto necesaria para entender este ámbito de los estudios lingüísticos. En realidad, el argumento se aplica a cualquier otra parte de la lingüística, y seguramente también de otras disciplinas. Las opciones del tipo (1) se caracterizan porque con ellas se presentan al estudiante panoramas de conjunto que, si están bien equilibrados –continúa el argumento–, le proporcionarán una formación integral más completa y menos sesgada de la que le ofrecen las opciones particulares del tipo (2).

Nuestro punto de vista no coincide exactamente con esta forma habitual de ver las cosas. Entendemos que, antes de abordar un curso de teoría sintáctica, se oriente como se oriente, el alumno debe aprobar al menos un curso de gramática descriptiva. Una vez que se da el salto de la descripción a la teoría, la opción (1) será la más adecuada en un curso de historia de las ideas lingüísticas. Pero si el objetivo del curso es enseñar a investigar, o simplemente a analizar las construcciones sintácticas con cierto detalle; si se pretende que el estudiante vaya ganando profundidad en la comprensión de la relación que existe entre la forma y el sentido, la opción (1) deja de ser la más adecuada. Si el plan de estudios lo permite, lo ideal sería que el alumno cursara varias materias de tipo (2), a ser posible impartidas por profesores distintos cuya investigación estuviera en consonancia con sus tareas docentes. En otras palabras, deberían exponérsele al alumno distintos enfoques o marcos teóricos en la investigación de la materia. Nótese, además, que el entender las teorías como «visiones sesgadas» –actitud no demasiado infrecuente entre nosotros– es escasamente compatible con una perspectiva científica. En general, una «actitud neutral» ante las opciones que sustentan las diversas teorías puede ser elogiable en el historiador de la ciencia, pero no es necesariamente provechosa para el investigador que trata de solucionar los problemas –muy a menudo técnicos– que se suscitan en la disciplina.

El riesgo principal de optar por (1) sin pasar por (2) es, en nuestra opinión, el de adentrarse en la comparación de cuestiones que no se conocen con la necesaria profundidad. En cierto sentido, (1) es una opción mucho más compleja que (2) si se desea –como es lógico– que la comparación no sea demasiado superficial y que al optar por ella se valore con el detenimiento adecuado cada recurso teórico de cada modelo o de cada escuela en cada momento de su evolución.

Las teorías sintácticas son hoy en día sumamente diferentes en sus objetivos, en la forma de valorar los argumentos que sustentan las hipótesis y en la concepción de sus unidades de análisis. Conceptos que en unos modelos constituyen piedras angulares (el de 'posición estructural' o el de 'movimiento' en la gramática generativa; el de 'prototipicidad' o el de 'iconicidad', en la gramática cognitiva, entre muchísimos más en otros modelos) apenas desempeñan algún papel en otros marcos teóricos. Más allá de las clases de palabras (nombre, adjetivo, verbo…), los términos que parecen compartir las escuelas gramaticales (función o funcional, sujeto, núcleo, derivación, base, posición, sintagma, etc.) recubren conceptos sumamente diferentes, a veces casi antagónicos. El historiador de las ideas lingüísticas debe, como es lógico, trazar en la medida de lo posible analogías y diferencias entre todas esas unidades en función de las tradiciones que les dan sentido, pero el estudiante difícilmente podrá usar esas comparaciones historiográficas para comprender un artículo especializado de alguna revista; para proponer y sustentar un determinado análisis sintáctico; para establecer relaciones entre fenómenos aparentemente diferentes, para analizar previsiones fallidas de una determinada propuesta o, simplemente, para seguir un razonamiento escalonado dentro de cualquier modelo que presente cierta complejidad técnica.

Si varias de las premisas esenciales de una determinada teoría resultan ser irrelevantes en otra, habremos de reconocer que la argumentación gramatical se convierte, aunque nos pese, en una tarea fundamentalmente intrateórica. Se han criticado mucho, y no sin razón, los problemas que sin duda conllevan los excesos en los que puede incurrir el razonamiento intrateórico. Estos riesgos son reales, y no seremos nosotros los que los ocultemos. Pero los riesgos de la otra opción no son menores. La ventaja fundamental de trabajar con una teoría articulada es la de no estar sujetos a la continua vuelta a los fundamentos: una especie de eterna regresión que nos impide construir sobre lo construido. Nótese que se plantean aquí dos cuestiones diferentes. Una es la conveniencia, incluso la necesidad, de reflexionar con mirada renovadora sobre lo asentado; de replanteárselo siempre que se considere necesario y de revisar las consecuencias que este replanteamiento conlleve para la teoría que se esté desarrollando. La gramática generativa ofrece buenas muestras de esta actitud renovadora (demasiadas muestras, en opinión de algunos), y en este libro ilustraremos varias de ellas. La otra actitud consiste en no aceptar los razonamientos escalonados de cierta complejidad por el simple hecho de que todos los conceptos teóricos son, por naturaleza, relativos y revisables. Si la primera actitud puede conducir en ocasiones a un grado excesivo de especulación, lo que no negaremos, la segunda lleva a actitudes indeterministas que impiden el avance de la disciplina y pueden incluso frustrar el desarrollo de la capacidad creativa de los estudiantes o entorpecer su propia formación investigadora.

Si un gramático teórico acepta un determinado principio (supongamos que fuera el de la endocentricidad de las categorías sintácticas, del que se habla en este libro), puede construir desarrollos más y más elaborados que se sustenten en él. Este principio puede, desde luego, rechazarse. En ese caso, el gramático estará plenamente en su derecho si desea proponer una teoría sintáctica alternativa que no lo acepte y que lo sustituya por otros, lo que lo llevará a cadenas de razonamiento muy diferentes; en definitiva, a otro marco teórico que será igualmente legítimo y que se desarrollará en el ámbito –cada vez más multiforme– de la lingüística contemporánea. Los historiadores de las ideas lingüísticas valorarán a la larga los logros de cada teoría en cada periodo histórico, pero lo que resulta innegable es que la aceptación de principios sobre los que se construyen razonamientos encadenados se ha convertido en un instrumento de la investigación del que resulta ya difícil prescindir.

Este libro presenta, por consiguiente, tan solo uno de los senderos posibles. Los autores creemos que la vía que se muestra aquí –aunque sea de forma necesariamente esquemática– ofrece, en su conjunto, resultados interesantes y perspectivas prometedoras. La comparación con otras alternativas puede hacerse, sin la menor duda, pero no es éste el objetivo que aquí nos hemos propuesto. Desde luego, no negamos que tenga interés considerar los conceptos que posean equivalentes aproximados en varios marcos teóricos y examinar las diferencias que existan entre ellos. Por citar un solo ejemplo, el de estructura argumental tiene correlatos evidentes en las gramáticas de valencias y en casi todas las corrientes gramaticales que se centran en la organización del léxico. Esas comparaciones son apropiadas, incluso convenientes, pero en nuestra opinión corresponden a estadios posteriores; en definitiva, a otro tipo de curso. Desde nuestro punto de vista, el alumno debería adentrarse en esos contrastes después de pasar por varios cursos del tipo (2), pero no antes, y quizá tampoco en su lugar.

El sendero teórico que hemos escogido es el de la gramática generativa. Como veremos con detalle, la característica central de este enfoque es concebir la gramática como un sistema 'formal' –de ahí la presencia de este adjetivo en el título del libro– que representa cierta capacidad de los hablantes incardinada en su cerebro. El sistema se articula en una serie de recursos de naturaleza computacional que permiten generar un número ilimitado de expresiones. La tarea del investigador, y en cierta medida del estudiante, es tratar de averiguar cuanto sea posible sobre esa capacidad, sobre los mecanismos específicos de que consta y sobre los principios que la restringen.

Sin dejar de ser un libro introductorio, este texto está construido como un manual universitario que, dada la dedicación profesional de los autores, debería resultar útil a los estudiantes de ambos lados del Atlántico. En España, en otros países de habla hispana y en los cursos de gramática teórica de las universidades europeas, puede usarse como libro auxiliar en los últimos cursos de las carreras de lingüística o de filología, y también en los cursos introductorios de máster o de doctorado. En Estados Unidos, resultará útil a los estudiantes que se especialicen en lingüística hispánica y, dependiendo de la preparación del alumno, puede usarse en esos mismos niveles, si bien quizá resulte más apropiado como curso introductorio de nivel graduado. En la distribución de los planes de estudio actuales en España –y a la espera de lo que deparen los nuevos–, este manual contiene material suficiente para dos cuatrimestres. Nótese que no hay contradicción en el hecho de que las introducciones a la sintaxis formal correspondan a un nivel avanzado, concretamente a los últimos cursos de la carrera, ya que también corresponden a ellos en muchas universidades las introducciones a la semántica formal o a la teoría fonológica contemporánea, entre otras materias.

Este texto presupone al menos un curso universitario previo de gramática descriptiva. Abarca, paradójicamente, mucho menos que un curso descriptivo, porque su objetivo fundamental no es –a diferencia de una materia de esas características o simplemente de una gramática descriptiva– ir presentando y acumulando la información, sino integrarla en el marco formal que se va exponiendo progresivamente. Si pensamos en un lector potencial interesado en Estados Unidos, o en cualquier otro país no hispanohablante, éste no será, ciertamente, un estudiante que quiere aprender español como segunda lengua, sino aquel que quiere convertirse en investigador o en docente especializado en español o en lingüística hispánica. En otras palabras, este texto no aspira a enseñar español, sino a presentar ordenadamente las nociones fundamentales necesarias para investigar sobre la sintaxis española, y en cierto sentido también sobre la sintaxis en general, desde un determinado ángulo.

El salto de la descripción a la teoría no es fácil, más aún cuando cada teoría se caracteriza –como hemos señalado– por enfatizar ciertos aspectos de las estructuras gramaticales y por conceder menos atención a otros que probablemente son resaltados por los modelos alternativos. El estudiante se familiarizará en este texto con los instrumentos más característicos de la sintaxis formal, como son los de posición sintáctica, configuración formal, movimiento de constituyentes, nivel de representación y otros similares. Junto a estos instrumentos intrateóricos, también se familiarizará con las prácticas habituales del trabajo científico aplicadas a nuestra disciplina: formación y contraste de hipótesis, valoración de argumentos, contraargumentos y predicciones, formulación e interpretación de condiciones restrictivas, entre otros hábitos cuyo desarrollo es parte esencial de la formación investigadora de los universitarios. Todo ello es posible porque, pese a estar encuadrada dentro de las humanidades, la sintaxis –o la gramática en general– no comparte la metodología hermenéutica de otras disciplinas humanísticas, a veces más dirigida a la valoración de las apreciaciones subjetivas que a la de los razonamientos encadenados.

Quizá en parte por todas esas razones, son menos numerosos entre nosotros los libros de texto dirigidos a desarrollar las destrezas relacionadas con la metodología científica en el ámbito de la gramática que los destinados a presentar las características fundamentales de las clases de palabras o de las construcciones sintácticas. También son proporcionalmente poco numerosos los estudiantes de gramática que, además de conocer cierta propiedad sintáctica de una palabra o una expresión, saben si puede ser o no un caso particular de alguna otra, o son capaces de argumentar si sería o no posible reducirla a ella. En general, para establecer las decisiones fundamentales que se toman a cada paso en la investigación gramatical (si una propiedad se ha de postular o se ha de deducir; si una explicación es estipulativa o no lo es; si una generalización es o no suficientemente abarcadora), son necesarios varios cursos de gramática en los que se pongan en práctica muchos más contenidos que los que se presentan aquí. Aun así, creemos que el lector encontrará en esta introducción algunas pistas que le ayuden a empezar a familiarizarse con todas estas actividades.

El presente texto está escrito en un tono que pretende ser cercano al lector. Este rasgo no simplifica por sí solo su contenido, pero sí lo desprovee de cierta información de carácter erudito que sería poco apropiada para un manual. El libro ha sido planteado, en efecto, como guía, no como tratado. Contiene un amplio conjunto de materiales concebidos para ser abordados o analizados en cursos más próximos a los talleres (entendidos como conjuntos de tareas o de actividades) que a las clases magistrales. Presenta, en resumen, numerosas herramientas y varios ejemplos de cómo usarlas, pero en absoluto análisis exhaustivos de cada ámbito de la gramática que se menciona o al que se puedan aplicar esos instrumentos. El texto no elude las cuestiones polémicas y deja abiertas diversas vías de análisis en varios casos, especialmente cuando se han explorado opciones que ofrecen resultados prometedores –siempre según nuestro juicio particular–, pero todavía inciertos. En la medida de lo posible, hemos intentado detallar los razonamientos y elaborarlos paso a paso. En este sentido, hemos tratado de diferenciar nuestro texto de otros manuales de sintaxis teórica que a menudo presuponen ciertas nociones o las dan por sabidas como si fueran evidentes, y también de los que presentan una única opción ante cada cuestión compleja, sin valorar en su justa medida otras posibilidades.

Este libro no está concebido como sustituto del profesor, sino como instrumento auxiliar de estudiantes y profesores, ya que los capítulos presentan diversos grados de dificultad, quizá especialmente a partir del cuarto. El profesor deberá decidir qué secciones considera importantes y cuáles le parecen menos esenciales, así como ampliar unas veces y simplificar otras ciertas partes de la información que aquí se expone. Algunos capítulos contienen apéndices con materiales complementarios que no se consideran parte central de la exposición, pero sí ayudas que pueden resultar útiles, siempre en función del criterio del profesor, ya que recogen aspectos más especializados de la investigación actual.

Algunos profesores y estudiantes avanzados tendrán tal vez, al leer algunos fragmentos del texto, la sensación de que se les presentan ciertas herramientas teóricas que no son rabiosamente actuales. Aunque el planteamiento que aquí seguimos no es historicista, nos parece que para comprender algunas unidades de la sintaxis formal de hoy es necesario conocer su origen, así como aquellas otras a partir de las cuales evolucionaron. Sabemos que otros gramáticos no comparten esta forma de ver las cosas y optan por estrategias didácticas diferentes. Si se repara en el simple hecho de que algunas herramientas teóricas contemporáneas serán probablemente sustituidas por otras más apropiadas con el curso de los años, se comprenderá mejor la conveniencia de conocer su origen y su evolución.

Este manual no contiene ejercicios, pero sí suficiente bibliografía complementaria, que permitirá al lector ampliar considerablemente la información que el texto proporciona. Hemos procurado que en la bibliografía (necesariamente incompleta) estén recogidos los repasos, los panoramas parciales y los estados de la cuestión, cuando existen, y también que las referencias sean actuales en la medida de lo posible, de forma que el lector pueda informarse fácilmente de los títulos anteriores. Se observará que junto a la primera mención de muchos términos, aparece su correspondencia en inglés. Nos ha parecido conveniente introducir esta ayuda porque la mayor parte de las referencias bibliográficas citadas en el libro no cuentan con traducción al español. El acudir a las fuentes originales con esta sucinta información puede ser de alguna utilidad para todo el que desee profundizar en las nociones fundamentales que aquí presentamos.

No hemos concebido esta obra como manual de sintaxis española, sino como introducción a la teoría sintáctica. La mayor parte de los ejemplos –aunque no todos– corresponden al español, de forma parecida a como corresponden al inglés la mayor parte de los que figuran en las introducciones similares a la teoría sintáctica escritas en esa lengua. Si bien algunos autores entienden que un libro de teoría sintáctica debe contener una representación mucho más amplia de estructuras gramaticales de otras lenguas, nosotros no deseábamos escribir una introducción a la tipología sintáctica, sino más bien una introducción a las unidades que habrá de manejar con cierta soltura quien desee adentrarse en la sintaxis formal de cualquier lengua, fundamentalmente del español. La bibliografía técnica en este campo presenta cierta complejidad, y creemos que este curso proporcionará al estudiante la formación necesaria para acceder a gran parte de ella.

A diferencia de otras introducciones a la teoría sintáctica, en este manual se presta considerable atención a las cuestiones semánticas, tanto a las léxicas (en los capítulos 5 y 6) como a las composicionales (en los capítulos 8, 9 y 10). También las cuestiones relativas a la sintaxis del discurso son abordadas en alguna medida en esta obra (capítulo 11), si bien interesan fundamentalmente en el presente enfoque los aspectos que tengan relación más directa con la estructura configuracional de las secuencias que ponen de manifiesto ese tipo de informaciones.

Algunas partes de este libro se emplearon en clase como parte del material didáctico entregado a los estudiantes, y sus observaciones se usaron para redactarlas de nuevo y hacerlas más accesibles. Queremos agradecer especialmente las observaciones y las sugerencias de José María Brucart, Carme Picallo, Carlos Piera, Luis Ángel Sáez, Edita Gutiérrez, Lorena Andueza y Sylvia Costa al primer borrador del libro o a algunos de sus capítulos. Sus comentarios nos permitieron corregir errores y mejorar la presentación de ciertos fragmentos del texto.

Como ocurre a menudo en otros ámbitos de la lingüística contemporánea, cada cuestión que se suscita en la teoría sintáctica de orientación formal, por pequeña o insignificante que parezca, se relaciona con otras muchas de manera no siempre evidente. Los autores reconocemos que nos ha sido imposible trazar expresamente todas esas conexiones en cada uno de los puntos que hemos decidido abordar. A la vez, confiamos en que las numerosas cuestiones que aquí planteamos, así como las discusiones y las polémicas que resumimos en relación con ellas, sirvan de estímulo para que nuestros estudiantes se animen a adentrarse en territorios que otros exploradores hace ya tiempo que frecuentan.

1

¿Qué es la sintaxis?
Caracterización y bases empíricas

1.1. La sintaxis como parte de la gramática

1.1.1. *Definición preliminar*

La sintaxis es la parte de la gramática que estudia la forma en que se combinan las palabras y los significados a los que dan lugar esas combinaciones. Vale la pena que consideremos por separado los componentes de esta definición, puesto que todo este libro girará en torno a ella:

(1) La sintaxis es la parte de la gramática...

La sintaxis se define como una parte de la gramática y guarda relación, desde luego, con las demás partes de esa disciplina. Entre ellas está la fonología, que estudia la organización y distribución de los sonidos, y la morfología, que estudia la estructura de las palabras. La morfología se ocupa, por tanto, de los componentes de las palabras, como los sufijos, los prefijos, las bases sobre las que estos elementos inciden y otros aspectos de esas relaciones internas. Por ejemplo, en la palabra *inconstitucional* podemos encontrar el prefijo *in-* y los sufijos *-ción* y *-al*. El análisis morfológico nos indicará cómo se forma dicha palabra. Partimos de la raíz verbal *constitu-* (como en *constituir*) y añadimos el sufijo *-ción*. A la base *constitución* le añadimos luego *-al,* y terminamos con la adición del prefijo *in-* a la base resultante. El techo de la morfología es, por tanto, la PALABRA, que constituye a su vez la unidad básica de la sintaxis.

Tal vez se diga usted en este punto: «De acuerdo, la sintaxis es una parte de la gramática, pero, ¿con qué criterios se parcela la gramática?, ¿quién decide cuántas partes ha de tener?». Las partes de la gramática no son arbitrarias, ni se estipulan como tales en los congresos ni en los departamentos universitarios de lingüística. Cada parte de la gramática representa una forma de organizar cierto tipo de contenidos. Así, se dice que la morfología y la sintaxis son partes distintas de la gramática porque las unidades que componen la palabra no tienen las mismas propiedades que las que forman las oraciones u otras secuencias de palabras. Estas últimas admiten, por ejemplo, una notable variación en el orden interno, así como diversos tipos de relaciones a distancia que no se dan en el interior de la palabra. De casi todas esas relaciones hablaremos en este libro. Existen, sin embargo, otros aspectos del funcionamiento de las unidades morfológicas que comparten propiedades (total o parcialmente) con los sintácticas. A algunos de estos aspectos nos referiremos en los §§ 3.2.2 y 4.2.

Pasemos a la segunda parte de nuestra definición:

(2) ...que estudia la forma en que se combinan las palabras...

Este aspecto es esencial. La sintaxis es una disciplina combinatoria, lo que significa que no tiene como objeto de estudio un conjunto limitado de elementos, una lista de formas lingüísticas, por larga que ésta sea. Como es evidente, podemos hacer listas de cualquier cosa, incluso listas muy largas: listas de objetos contenidos en unos grandes almacenes, de personas que aparecen en la guía telefónica de todo un país o todo un continente, o de cualquier otra cosa que se nos ocurra. Podemos hacer también listas con las palabras de un idioma. Estas palabras (o una parte de ellas) están contenidas en los diccionarios, pero es más que evidente que de una persona que conociera todas las palabras de un diccionario, no podríamos decir que «conoce» la gramática de ese idioma. La diferencia es parecida a la que existe entre un montón de ladrillos, vigas, bovedillas y otros materiales de construcción y un edificio construido, o la que podríamos reconocer entre un conjunto desordenado de notas y una composición musical. La sintaxis es una disciplina combinatoria, en el sentido de que estudia formas de organizar unidades más básicas: las palabras. Este texto introductorio trata precisamente de esos tipos de organización.

La morfología es también una disciplina combinatoria. Como hemos señalado, la diferencia esencial entre morfología y sintaxis se halla en sus respectivas fronteras. La morfología tiene como unidad mínima de análisis el morfema, y estudia la combinatoria de los morfemas para formar palabras. Por tanto, el límite superior de análisis de esta disciplina es la palabra. La sintaxis toma como unidad mínima de análisis la palabra. Estudia cómo se combinan las palabras para formar unidades superiores, y cómo a su vez dichas unidades superiores dan lugar a unidades aún mayores. Normalmente se entiende que la unidad máxima del análisis sintáctico es la oración. Como en toda disciplina, los límites del análisis no son estrictos y pueden depender de diversos factores. Como veremos en el capítulo 11, es posible establecer una sintaxis del discurso que estudia la forma en que las oraciones se combinan en unidades discursivas mayores; por tanto, podemos contraponer la sintaxis oracional, que tiene como límite superior la oración, a la sintaxis del discurso. Al ampliar los límites de la sintaxis, es probable que también debamos tener en cuenta nuevos procedimientos combinatorios que no están presentes en la sintaxis oracional. De igual forma, el límite inferior tradicional de la sintaxis puede bajarse hasta ciertos componentes de las palabras que aportan información gramatical. En el capítulo 4 veremos que determinadas nociones gramaticales, como el tiempo o el aspecto, de las que ha de ocuparse la sintaxis, se pueden expresar mediante morfemas, es decir, mediante unidades inferiores a la palabra. Este tipo de consideraciones justifica que algunas teorías defiendan la necesidad de que la sintaxis se interne a veces en el territorio tradicional de la morfología.

Nos queda el último componente de la definición:

(3) ... y los significados a los que dan lugar esas combinaciones.

No todos los lingüistas han añadido a la definición de 'sintaxis' esta especificación, que algunos adjudican en exclusiva a la semántica. Sin embargo, hoy en día se considera, por lo general, imprescindible. Conforme avance este texto introductorio irá usted comprobando que la sintaxis de un idioma no puede limitarse a distinguir expresiones bien formadas de otras que no lo están (con cualquier tipo de mecanismo, sea algorítmico o no), sino que debe explicar, en el sentido de «deducir explícitamente», lo que esas combinaciones significan.

Desde luego, no es esta la única forma de entender el estudio de esta disciplina. Incluso en los tiempos modernos se ha considerado que este añadido es polémico. Así, uno de los más prestigiosos lingüistas europeos del siglo XX, Émile Benveniste (1902-1976), afirmaba (1966: 37): «En sentido estricto, el estructuralismo es un sistema formal. No dice absolutamente nada acerca de lo que llamamos la significación. La ponemos entre paréntesis». Pueden encontrarse afirmaciones similares de otros lingüistas europeos y americanos de la primera mitad del siglo XX. A comienzos de la segunda mitad del siglo pasado, el lingüista norteamericano Noam Chomsky formuló el denominado PRINCIPIO DE AUTONOMÍA DE LA SINTAXIS (Chomsky, 1957). Dicho principio se ha entendido a veces desde una visión reduccionista, en el sentido de que la sintaxis debe limitarse al estudio de las propiedades de *buena formación* (ingl. *well-formedness*) de las combinaciones de objetos sintácticos, y debe excluir cualquier aspecto conceptual o interpretativo. Sin embargo, es posible darle la vuelta al principio de autonomía de la sintaxis y entenderlo como un criterio de amplitud: la sintaxis debe dar cuenta de lo que es pertinente sintácticamente y debe dar una explicación autónoma, es decir sintáctica, de ello. Por tanto, es legítimo incorporar los aspectos del significado que sean relevantes y, al hacerlo, la teoría debe estar concebida de tal manera que la explicación que se proporcione sea autónoma. El criterio de autonomía excluye las explicaciones basadas en lo que podríamos llamar «la táctica de echar balones fuera». Por ejemplo, suponga que entendiéramos que tal o cual fenómeno es relevante para la sintaxis, pero añadiésemos que su explicación queda fuera de ella y compete a otra disciplina. Esta explicación resultaría «no autónoma», por no decir insatisfactoria. Si un problema tiene relevancia sintáctica, debe ser explicado por la teoría sintáctica. Entendiendo así la autonomía de la sintaxis, lo que nos proporciona es, en suma, un criterio de mínima racionalidad explicativa. ¿Qué pensaríamos, por ejemplo, del dentista que nos dijera que nuestros síntomas son sin duda los de un dolor de muelas, pero nos remitiera al cardiólogo para que nos diera una explicación o un remedio?

En la actualidad, hay un acuerdo casi general sobre el hecho de que el análisis de la combinatoria gramatical no puede «poner entre paréntesis» el significado, sino más bien todo lo contrario: es tarea esencial de la sintaxis explicar lo que significan las combinaciones de palabras. Para hacerlo, debe establecer mecanismos específicos que nos permitan obtener el significado de las secuencias de palabras a partir del contenido de cada una de ellas, de la posición que ocupan y de otras relaciones que las palabras establecen entre sí. El objetivo de la sintaxis es, precisamente, poner en juego todos estos factores.

La sintaxis es tan antigua como la reflexión sobre el lenguaje. Si abrimos una gramática cualquiera del español (por ejemplo, alguna de las muchas que se han escrito en los últimos trescientos años), veremos que en la parte correspondiente a la sintaxis se hacen constantes referencias a lo que significan las secuencias de palabras. Lo cierto es que los significados no siempre se explican de manera articulada ni suficientemente precisa en esas obras, pero no deja de ser interesante que las referencias al sentido de las expresiones sean tan frecuentes en ellas. Resulta, por tanto, paradójico el hecho de que sea infrecuente incluir el significado entre los elementos constitutivos de la definición de 'sintaxis'. Es decir, a lo largo de muchos años los gramáticos han hecho constantes referencias a la significación de las secuencias en sus tratados de sintaxis, pero en su definición de la sintaxis raramente se hacía notar que una tarea fundamental de esa parte de la gramática es explicar lo que significan las combinaciones de palabras.

1.1.2. *Sintaxis y semántica*

Una de las preguntas que plantean a veces los estudiantes en ciertos cursos introductorios de gramática es la siguiente:

(4) Se dice que las partes de la gramática son la fonología, la morfología y la sintaxis. ¿No falta la semántica en esa lista?

Aunque es posible encontrar clasificaciones más detalladas que incluyan no solo la
semántica, sino también la pragmática, la fonética, etc., la clasificación que se sugiere en (4) –que no incluye la semántica– sigue siendo bastante común, y no se considera incorrecta. Obsérvese que la definición de 'sintaxis' que proporcionamos al comienzo de este capítulo contesta la pregunta de manera satisfactoria. Más aún, la hace
innecesaria. Si decimos que la definición de 'sintaxis' incluye la especificación «... y
los significados a los que dan lugar esas combinaciones», estamos incorporando el
análisis del significado de las secuencias a la definición misma de *sintaxis*. Por consiguiente, nuestra caracterización amplia de lo que es la sintaxis incluye aspectos que,
dentro de una visión reduccionista, serían parte de la semántica, que es la disciplina
que estudia el significado en las lenguas naturales. Así como las fronteras entre morfología y sintaxis pueden ser a veces difusas, en el estudio de las relaciones entre estructura e interpretación nos topamos con fronteras tanto o más borrosas. Es más, el
pretender establecer un límite de manera artificial, un *non plus ultra* a partir del cual
se debe detener el análisis sintáctico, ha frenado ciertos avances en la investigación
hasta un periodo relativamente reciente. En la actualidad, casi todas las teorías sintácticas defienden la pertinencia de la relación entre estructura y significado a la hora de
estudiar la sintaxis de una lengua. De hecho, casi todas destacan la indudable importancia del significado de las expresiones para determinar los criterios de adecuación
de los análisis gramaticales que se propongan.

El filósofo alemán Gottlob Frege resumió de manera acertada la complejidad de la
relación entre estructura y significado al formular el siguiente principio de asignación
de significado, que se denomina PRINCIPIO DE COMPOSICIONALIDAD: el significado de
una determinada estructura es una función de las partes que la componen y de la forma en que se combinan. Lo que el principio de composicionalidad nos dice es que si
queremos determinar cuál es el significado de una estructura E que consta de tres partes A, B, C, dicho significado deberá ser el resultado de lo que significan esas partes
y de «su sintaxis», es decir, de los procesos por los que se han combinado A, B y C.
En ese sentido, de acuerdo con el principio de composicionalidad, es posible que la
estructura E signifique dos cosas diferentes dependiendo de si hemos combinado primero A y B, y luego la secuencia resultante con C, o de si, por el contrario, hemos
combinado A con el resultado de combinar B y C. Gráficamente, los dos encorcheta-
mientos siguientes pueden corresponderse con diferencias de significado radicales:

(5) a. $[_E [A B] C]$
    b. $[_E A [B C]]$

Como vemos, en (5a) se nos dice que A y B forman un segmento que no contiene a C. Los segmentos se pueden representar con corchetes, pero también con
otros muchos recursos gráficos, como veremos con detalle en § 3.2.

Se suelen distinguir al menos dos tipos de semántica. La SEMÁNTICA LÉXICA o LEXICOLOGÍA estudia el significado de las palabras independientemente de su comportamiento gramatical. Aborda, por tanto, las relaciones que se dan entre ellas (sinonimia, antonimia...), los significados simples o múltiples que pueden contener (polisemia, homonimia...), el nivel lingüístico en que se usan (coloquial, formal, oral, escrito...), su valor como sustitutos ocasionales de otras formas (eufemismo, usos metafóricos...), y las clases léxicas que cabe establecer entre ellas, a veces llamadas «campos léxicos» (colores, instrumentos, animales, muebles, armas...), etc. Buena parte de esas informaciones pertenecen también a la LEXICOGRAFÍA, que se ocupa de la construcción de diccionarios y otros repertorios léxicos. El lexicógrafo y el lexicólogo han de saber, por tanto, cuáles son las estrategias que debemos usar para definir las palabras, y también cuándo debemos emplear cada una de esas técnicas, cómo podemos distinguir dos sentidos diferentes de una misma palabra de dos variantes de un mismo significado, entre otras muchas informaciones de esa naturaleza.

Existe, por el contrario, otro tipo de semántica que no estudia estas cuestiones, sino la repercusión que tiene el significado de las palabras en la forma en que se construyen las oraciones (o las unidades menores que ellas). Unas palabras modifican o complementan a otras, unas veces en posiciones contiguas a ellas y otras veces a distancia, solo si se cumplen ciertos requisitos de naturaleza semántica. Más aún, el significado de algunas voces se determina bajo el efecto de otras, aun cuando en ocasiones median muchas palabras entre ambas (más detalles en el capítulo 8). A este tipo de semántica lo podemos denominar, siguiendo el principio fregeano mencionado anteriormente, SEMÁNTICA COMPOSICIONAL. Esta semántica es parte de la sintaxis o –si prefiere una formulación más conservadora– está indisolublemente vinculada a ella. La semántica composicional se ha ceñido tradicionalmente a las estructuras oracionales. Sin embargo afecta también de forma esencial a las suboracionales (caps. 5 y 10). Por otra parte, en paralelo al estudio de la sintaxis del discurso, cuyo campo de acción va más allá de la oración, es posible también concebir una semántica del discurso y estudiar la forma en que ciertos patrones estructurales están asociados sistemáticamente con restricciones discursivas, de manera que el análisis de secuencias más amplias fuerza o no la incorporación de nuevos mecanismos de determinación y asignación de significados.

A la sintaxis compete analizar, en suma, casi todo aquello que usted puede deducir sobre el significado de una secuencia cualquiera mediante informaciones que probablemente no aparecerán en su diccionario. La lista de tareas es, ciertamente, muy larga. Si decimos algo tan aparentemente simple como *El perro persiguió al gato por toda la casa,* corresponderá a la sintaxis determinar qué aporta *el* a *perro* para que la expresión *el perro* signifique lo que significa; por qué sabemos que es el perro el perseguidor y no el perseguido (no crea usted que tiene que ver con el sentido común: observe que no es evidente qué tapa a qué en la expresión *Las carreteras que tapaban los frondosos árboles*); por qué aparece la forma *al,* y no otra (o ninguna), delante de *gato;* qué quiere decir *por* y en qué contribuye esta palabra al significado de toda la expresión. A esta lista se añaden otras muchas informaciones análogas, entre las que está, desde luego, explicar por qué ocupa cada palabra la posición en la que la encontramos. Si la secuencia fuera más compleja, esta relación de tareas sería aún más larga.

No corresponde, en cambio, a la sintaxis explicar qué significan las palabras *perro, gato* o *perseguir*. Estas son tareas de la semántica léxica y de la lexicografía. Sin embargo, sí corresponde a la sintaxis explicar la relación que existe entre *por* y *perseguir* en nuestro ejemplo: desde el momento en que el sentido que tiene aquí esta partícula no es compatible con cualquier verbo (no se dice, por ejemplo, **El perro ganó al gato por toda la casa*), deducimos que algo tiene que haber en el significado de *perseguir* para ajustarse a tal requisito. Sea lo que sea ese «algo» (más detalles en el capítulo 5), su estudio forma parte de la sintaxis.

1.1.3. *Recordar y reconocer*

Nuestra definición de sintaxis contiene tres rasgos: «es una parte de la gramática», «estudia la forma en que se combinan las palabras» y «estudia los significados de esas combinaciones». Vamos a detenernos un poco más en el segundo. Los OBJETOS SINTÁCTICOS tienen algunas propiedades particulares que conviene conocer someramente antes de embarcarnos en su estudio. Una de las características más notables de la sintaxis es que los objetos que estudia no se «recuerdan», sino que se «reconocen» o se interpretan. Esta característica fundamental es consecuencia directa del concepto mismo de 'combinación'. Suponga que abre usted una novela que ha elegido al azar y pone la vista sobre la primera frase que aparezca delante de sus ojos. Lo esperable es que la comprenda sin dificultad. Valga el siguiente ejemplo:

(6) Había estado dudando un buen rato entre llamar por teléfono y presentarme sin más.

En este momento no importa de qué fuente estén tomadas estas palabras. Algún lector curioso tendrá interés en saber que pertenecen a una obra de Carmen Martín Gaite, pero lo cierto es que podrían haber salido espontáneamente de la boca o la pluma de cualquier hablante. Considere la siguiente pregunta: «¿Por qué entendemos esta secuencia?». Ciertamente, no la comprendemos por el solo hecho de que conozcamos el significado de cada una de las palabras que la forman. El que lee y comprende este brevísimo texto, o cualquier otro, no lo hace porque «lo recuerde». Es casi seguro que esta será la primera vez que lo haya visto en su vida. Ciertamente, para entender esta frase sencilla es necesario «recordar» el significado de las palabras que la componen, pero sobre todo es necesario «reconocer» las pautas gramaticales con las que está construida. Esas pautas no nos hablan exactamente del significado de esas voces, sino de la forma en que se combinan y consiguen expresar contenidos complejos, proceso que al lector le parecerá, sin duda, absolutamente natural.

Tal vez piense usted que el ejemplo de Martín Gaite se entiende fácilmente porque es bastante común. Pero, si lo piensa dos veces, comprobará que esa afirmación no puede ser cierta. Más aún, la verdad es exactamente la contraria. El ejemplo propuesto no es «bastante común»: es único. Esta es una de las paradojas más notables de la sintaxis como disciplina lingüística, y está cerca de constituir uno de sus rasgos definitorios. En efecto, la mayor parte de las secuencias más simples que aparecen ante nuestros ojos (o nuestros oídos) son nuevas, descontando –claro está– algunas como *Buenos días; Adiós; ¿Qué tal?; La acompaño en el sentimiento* y otras fórmulas semejantes, a las que pueden añadirse las locuciones y ciertas expresiones semiidiomáticas. Las piezas que forman las secuencias que construimos e interpretamos constantemente son comunes, pero las secuencias mismas son absolutamente nuevas. Naturalmente, algunas pueden parecerse entre sí, como también existen similitudes entre algunas de las decenas de miles de melodías que pueden componerse con doce notas.

Entender una oración conlleva siempre un proceso de cálculo o de cómputo por parte del hablante. Las pautas de la sintaxis son a menudo bastante intrincadas, pero el hablante no solo no percibe tal complejidad, sino que se mueve entre ellas con absoluta soltura. Como veremos en este libro, las estructuras sintácticas se incrustan, se entrelazan, se cruzan y se superponen, pero aun así no son caprichosas ni cambian de un mensaje a otro. El hecho de que se entrecrucen implica, desde luego, que el hablante no las trae a la cabeza una al lado de otra, como podría hacer un sastre con sus plantillas o como hacemos a veces los que usamos procesadores de textos con las que el programa nos proporciona. Reconocer o construir una secuencia de palabras no equivale a superponer linealmente esquemas sintácticos, sino más bien a percibir e integrar una compleja red de relaciones. Ello exige activar una especie de «mapa mental», que no es un producto fortuito de un determinado momento.

En la lengua cotidiana se confunden con frecuencia los conceptos de 'recordar' y 'reconocer'. Suponga que le presenta usted a un amigo o a una amiga una frase que –aun conteniendo palabras comunes– suena un tanto extraña (en este mismo capítulo veremos que la rareza de muchas expresiones se puede deber a varios factores). Es posible que su amigo le diga: *No he oído nunca esta frase.* Ciertamente, a eso podría usted contestar: *¿Y cómo lo sabes?* Él respondería seguramente: *Porque si la hubiera oído, me acordaría.* Interesa particularmente analizar esta última respuesta, y sobre todo reflexionar brevemente sobre el hecho de que es absurda. Nadie recuerda la forma de las secuencias de palabras que ha emitido en los últimos cinco minutos, mucho menos en el transcurso de un año o de una vida. Lo que su amigo querría decir seguramente con esas palabras no es, desde luego, «no recuerdo esa frase», sino más bien «no la reconozco», es decir, «no soy capaz de interpretar la pauta con la que está construida». La diferencia es importante porque afecta a la naturaleza de los objetos sintácticos, es decir, a la esencia misma de la materia de estudio de esta disciplina. Vale la pena que consideremos con un poco más de detalle la diferencia que existe entre recordar y reconocer.

Todos los días nos cruzamos en la calle con personas que desconocemos y que no nos llaman la atención. ¿Por qué no nos llaman la atención? Ciertamente, no las recordamos. Seguramente nunca las hemos visto antes, y si las hemos visto no guardamos ninguna impresión en nuestra memoria. No nos llaman la atención porque reconocemos en ellas cierto aire de familiaridad, que seguramente no sabríamos definir con precisión. Más o menos visten igual, tienen el mismo aspecto, la misma constitución física (el mismo número de piernas, de brazos, de ojos...). Son todas diferentes, pero solo repararíamos en alguna en particular si fuera considerablemente más alta que las demás, vistiera de manera ostensiblemente diferente o luciera un único ojo en su frente. Es verdad que «todas son distintas», pero en cierto sentido «todas son parecidas» porque se ajustan a ciertas pautas físicas y de comportamiento que nos parecen similares. El razonamiento que constituye el punto de partida en el estudio de la sintaxis no se aleja mucho de este. La diferencia estriba en que explicar qué tienen exactamente en común las personas absolutamente diferentes que vemos todos los días por la calle es algo más sencillo que detallar por qué entendemos sin dificultad el ejemplo elegido al azar al que hemos asignado el número (6).

Las lenguas humanas están entre los sistemas combinatorios más complejos del universo. Para acercarnos a ellas tenemos que aislar los subsistemas que nos permiten combinar un número relativamente pequeño de unidades y obtener un número potencialmente infinito de resultados. Algunos sistemas combinatorios extraordinariamente simples que manejamos diariamente ya permiten series de combinaciones más que considerables. Veamos un ejemplo trivial: si alguien que vive en Barcelona me dice que su teléfono es el 93 589145, le puedo replicar que se equivoca, aunque sea la primera vez que haya visto a esa persona en mi vida o que me encuentre ese número de teléfono. Estoy seguro de que es así porque sé que al prefijo telefónico de Barcelona deben seguir siete cifras, no seis. Lo que no diré, desde luego, es que «no recuerdo» haber visto ese número de teléfono en la guía telefónica de Barcelona ni en mi agenda. Obviamente, si decimos que ese número de teléfono no pertenece a Barcelona, estamos diciendo que «no reconocemos» la pauta con la que está formado, y no, en cambio, que no aparece en ninguna lista de números de teléfonos que podamos imaginar. De igual forma, si alguien me dice que su teléfono es el 91 4559999, reconoceré de inmediato que esa persona tiene su domicilio, o al menos su teléfono, en Madrid, aunque es obvio que es la primera vez que veo u oigo tal número, y por tanto no tiene sentido decir que lo recuerdo. Reconozco, eso sí, la pauta representada por el 91 como código de ciudad (Madrid) más un número de siete cifras.

Los ejemplos que hemos considerado hasta ahora son relativamente triviales. Pensemos ahora en alguno en el que intervengan palabras en lugar de transeúntes o números de teléfono. Las palabras *lapicito, tontísimo, predemocracia, árboles* y *cantamos* no están en los diccionarios. Los niños se extrañan a veces de estas ausencias, y creen que a los autores de los diccionarios se les ha olvidado incluirlas, pero sabemos que no es así. Existe en la lengua una MORFOLOGÍA PRODUCTIVA, es decir, un conjunto de pautas morfológicas que nos permiten ampliar las palabras que conocemos (y que recoge el diccionario) con sufijos y prefijos que añaden informaciones relativas al número, el tiempo, la persona, etc. y –en lenguas como el español–, también al tamaño, el grado, la anterioridad y a otras muchas nociones. Con estas pautas podemos «reconocer» las palabras que se ajustan a ellas, pero solo podemos «recordar» sus bases. Así pues, el hecho de que la palabra *tonto* signifique lo que significa no se deduce, ni se calcula. Se trata de una información que se aprende y que se recuerda cada vez que la palabra se usa, se oye o se encuentra en un texto, por tanto, de una asociación relativamente casual. De hecho, la propiedad que define esa asociación casual de forma y contenido suele recibir en la lingüística el elegante nombre de ARBITRARIEDAD DEL SIGNO LINGÜÍSTICO. Por el contrario, la palabra *tontísimo* no está en el diccionario porque los autores de los diccionarios (los lexicógrafos) entienden con razón que su forma y su significado «se calculan» a partir del significado del sufijo -*ísimo* y de otras consideraciones relativas al concepto mismo de 'sufijo' (aparece al final de la palabra, cuando se agrega a ella se prescinde de su vocal final, etcétera).

Todo esto puede parecer muy evidente. Sin embargo, la PRODUCTIVIDAD de los afijos es bastante más clara en el caso de unos sufijos (los de número, tiempo, persona, etc.), que en el de otros (los de acción, anterioridad, lugar, efecto, etc.). Los primeros suelen llamarse FLEXIVOS y los segundos, DERIVATIVOS, pero esos términos no son fundamentales en este momento, así que no se preocupe si le resultan demasiado técnicos. Entenderá usted los límites de la productividad morfológica con un ejemplo sencillo: si comparamos algunos de los diccionarios del español más prestigiosos, veremos que unos contienen la palabra *deshipotecar* y otros no la recogen, pero ninguno recoge la palabra *deshipotecable*. Los lexicógrafos que no dan cabida a la palabra *deshipotecar* en su diccionario entienden que no tienen por qué hacerlo, ya que los hablantes sabrán «reconocerla» (y seguramente construirla) porque su forma y su significado se ajustan a las pautas de la morfología productiva. Los lexicógrafos que la recogen entienden, por el contrario, que los hablantes que conocen esa palabra la «recuerdan» junto con otras que forman parte de su bagaje léxico. Como vemos, no todos los lexicógrafos están de acuerdo en distinguir las informaciones léxicas que se recuerdan de las que se reconocen. En cuanto a *deshipotecable,* parece que sí están todos de acuerdo en que el diccionario no tiene que dar cabida a esta voz, ya que su estructura y su significado «se reconocen» fácilmente, es decir, «se calculan» a partir de lo que el hablante sabe sobre el sufijo *-ble* y sobre las propiedades de los verbos transitivos (cfr. el § 3.3).

Ahora pasemos (¡por fin!) a la sintaxis. Como hemos visto, comprendemos una secuencia como la del ejemplo de Carmen Martín Gaite –o cualquier otra secuencia que nos encontremos– porque reconocemos ciertas estructuras y establecemos un cálculo con ellas. ¿Siempre es así en la sintaxis? Casi siempre. Ciertamente, el que entiende la secuencia de palabras *de vez en cuando* lo hace porque recuerda esa expresión, que está construida de forma relativamente anómala. Las palabras *en* y *cuando* solo aparecen contiguas en español en esta expresión y en sus sinónimas *de cuando en cuando* y *de tanto en cuando*. Si intenta usted combinar esas dos palabras en cualquier otra secuencia verá que le resulta bastante difícil. Los gramáticos entienden que, aunque veamos que la secuencia *de vez en cuando* está formada por cuatro palabras, a efectos gramaticales cuentan como una sola PIEZA LÉXICA, y como tal aparece de hecho en los diccionarios. En general, las LOCUCIONES son grupos de palabras a efectos gráficos que se interpretan como una sola unidad léxica a efectos sintácticos, y por eso suelen aparecer en los diccionarios. Prescindiendo de estos casos, la característica más notable de la sintaxis es, precisamente, el rasgo que resulta relativamente infrecuente en la morfología derivativa: la ABSOLUTA PRODUCTIVIDAD –también denominada CREATIVIDAD–, la variedad extraordinariamente rica, aparentemente ilimitada, de combinaciones que son posibles en las lenguas humanas. El uso del adverbio *aparentemente* no es casual. En los capítulos que siguen comprobará usted por qué es necesario en esta afirmación; en otras palabras, por qué hay mecanismos que a la vez restringen la combinatoria sintáctica y la hacen posible.

Ahora bien, si lo que hacemos en la sintaxis es llevar a cabo un proceso de cálculo que nos permite interpretar secuencias de palabras y construirlas, cabe preguntarse si reconocer pautas no viene a ser lo mismo que recordarlas. Esta es una pregunta interesante. La respuesta es «No exactamente». Las pautas de las que hablamos –que en adelante llamaremos ESTRUCTURAS SINTÁCTICAS– no son, como hemos visto, plantillas superpuestas mecánicamente ni hormas encadenadas linealmente. No son como las listas de palabras –series abiertas y casi interminables– de los diccionarios. Manejar esas estructuras para construir textos y acudir a ellas para reconocer su significado no es otra cosa que poner en juego un cierto tipo de CO-NOCIMIENTO, de hecho, un tipo de conocimiento considerablemente distinto del que resulta necesario para adquirir el léxico de un idioma. Este concepto es de gran importancia en la teoría lingüística contemporánea, por lo que volvemos sobre él en el capítulo siguiente (§ 2.2).

1.1.4. *Dos formas de empezar el estudio de la sintaxis*

En el apartado anterior hemos hablado de 'pautas', de 'esquemas', de 'estructuras', términos que a usted le parecerán todavía muy poco precisos. Ciertamente, todas las disciplinas empiezan por definir sus unidades, unas heredadas de la tradición y otras procedentes de investigaciones más recientes. Los esquemas sintácticos que en la tradición se han reconocido durante siglos eran llamados ORACIONES. Los gramáticos clásicos empezaban por definir el concepto de 'oración', luego pasaban a caracterizar sus componentes (que a veces aún seguimos llamando 'partes' porque mantenemos esa herencia) y luego pasaban a extender su concepto de 'oración' a otras unidades a las que en realidad no siempre se acomodaba bien el término.

Una característica de la enseñanza de la gramática en Occidente –y muy específicamente en el mundo hispánico– ha sido durante mucho tiempo el énfasis que se ponía en delimitar «tipos de oraciones» en los textos. Muchas veces el análisis escolar no iba más lejos de esa tarea, que a menudo resultaba no poco rutinaria y escasamente estimulante en sí misma. Seguramente no era más estimulante porque indirectamente venía a apoyar una concepción de la sintaxis fundamentada en la «superposición de plantillas» que hemos criticado en el apartado anterior. Lo cierto es que la visión de la gramática que subyace a esa estrategia ha caracterizado la enseñanza tradicional de la sintaxis durante muchos años. En este texto no pretendemos desestimar radicalmente tales estrategias pedagógicas, pero sí sugeriremos que algunas de las actitudes que más se valoran en la investigación sintáctica actual no solían formar parte de ellas. En el presente apartado vamos a usar como ejemplos, por razones didácticas, algunos términos gramaticales que resultan habituales en la gramática escolar que se suele enseñar en las clases de Enseñanza Secundaria o de Bachillerato.

No es exagerado afirmar que casi toda la sintaxis tradicional gira en torno al concepto de 'oración'. Las oraciones suelen ser, en la tradición, las secuencias que resultan de poner en relación un sujeto con un predicado, es decir, alguna entidad real o imaginaria con algo que decimos de ella, como en *El niño llora* o en *Las flores desprendían un maravilloso aroma*. Este concepto sencillo de 'oración' fue complicándose (a veces inadvertidamente), de forma que se aplicaba también a unidades que –aun incluyendo un sujeto y un predicado– contenían también otros muchos componentes sumamente diversos. Entre ellos estaban los complementos llamados CIRCUNSTANCIALES, que se reconocieron desde los primeros estudios gramaticales. Otros componentes (especialmente las conjunciones) podían encadenar las oraciones y alargar considerablemente las secuencias. Además, resultaban compatibles entre sí unas veces y antitéticos otras. El término *oración* ya designaba mucho más que la construcción que relaciona un sujeto y un predicado, y se aplicaba, desde luego, a secuencias muchísimo más complejas que *El niño llora*. Sin embargo, lo cierto es que siguió usándose en la enseñanza y en la investigación durante muchos años (como en 'oraciones finales', 'oraciones concesivas', 'oraciones ilativas', 'oraciones comparativas', etc.), sin que el desajuste apuntado resultara al parecer demasiado importante. Esa forma de ver las cosas permanece todavía en buena parte de la enseñanza.

Desde nuestro punto de vista, no hay nada de malo en adoptar una estrategia de este tipo si nos sirve como primer paso para plantearnos más tarde preguntas de mayor interés conceptual. Sí sería problemático, desde luego, si el punto de partida se convirtiera también en el de llegada. Supongamos por un momento que un alumno (sea en la enseñanza media o en la universitaria) se dirige a su profesor o profesora de Lengua Española en estos términos:

(7) He visto en el libro que las oraciones que tienen un pronombre relativo se llaman «relativas», y que las que tienen un pronombre reflexivo se llaman «reflexivas». Sin embargo, he observado también que las que contienen un pronombre indefinido no se llaman «indefinidas». ¿Hay algún error en el libro? ¿Cuál es la razón de esa diferencia?

Más de un profesor palidecería ante estas preguntas naturales, y hasta es posible que alguno reprendiera al estudiante por atreverse a hacerlas, en lugar de limitarse a repetir lo que dice su libro de gramática. La respuesta a esta pregunta es la siguiente: «Si bien existen diversos factores que explican la historia de la terminología gramatical que usamos, no existe ninguna razón profunda en el sistema sintáctico que justifique tal diferencia». De hecho, las oraciones y otras secuencias de palabras reciben por lo general el nombre de alguno de sus componentes, unas veces de forma arbitraria y otras, como veremos en este texto, de una forma un poco más rigurosa y sistemática. En cualquier caso, lo importante es analizar la naturaleza, la posición y el significado de esos componentes, especificando sus límites y delimitando los grupos de palabras que configuran progresivamente. Esta tarea es mucho más importante que preguntarse a qué clase de oraciones debemos remitir la secuencia que contiene cada componente. Podemos, pues, al abordar el análisis sintáctico, «empezar por las oraciones», como se hacía en la tradición, o bien «empezar por las palabras», según se recomienda ahora. Como veremos, existen muchas razones para preferir esta segunda opción.

En las gramáticas es frecuente definir las oraciones negativas como aquellas que contienen «un adverbio de negación» que sirve para «afirmar que el predicado no conviene al sujeto» (RAE, 1973: 354). El gramático que introduce esa definición habitual de ORACIÓN NEGATIVA está pensando en secuencias como *El niño no comía,* que se ajustan exactamente a las condiciones apuntadas. Ahora bien, es fácil comprobar que oraciones como *Ningún niño comía* no se ajustan a esa definición, puesto que no contienen ningún adverbio. Parece, pues, que esta definición no es enteramente satisfactoria. Podríamos revisarla brevemente diciendo que las oraciones negativas contienen «un adverbio o un pronombre o un adjetivo indefinido negativo». Da la impresión de que ahora hemos acertado y que prevemos todas las posibilidades. En realidad no es así, porque nos quedan fuera oraciones como *Ni vino ni llamó,* que esta definición no abarca.

Intentémoslo de nuevo. Serían oraciones negativas las que contienen un adverbio de negación, un indefinido negativo o una conjunción negativa, con lo que no parece que nos dejemos fuera ninguna posibilidad. Lamentablemente, tampoco esta definición es enteramente adecuada, porque ahora no tienen cabida oraciones como *En mi vida lo he visto,* que también son negativas.

Llegados a este punto, más de uno reaccionaría seguramente diciendo algo de este estilo: «Muy bien, cortemos por lo sano. Digamos entonces que son oraciones negativas las que contienen alguna palabra negativa o alguna expresión negativa». Ahora –se dirá– recogemos todas las posibilidades, puesto que con la fórmula «palabra o expresión» no nos dejamos fuera ninguna variante. Pero en realidad no podemos sentirnos muy orgullosos de nuestra definición remendada. Podemos observar que esta opción caracteriza como oraciones negativas construcciones como *Mi amigo vivía no muy lejos de allí*. Tal oración «contiene una palabra negativa», pero nadie diría que es una 'oración negativa', ya que la palabra negativa no está en el lugar apropiado en el que implícitamente la esperaríamos. Podemos entonces añadir, seguramente ya un poco nerviosos, alguna condición que diga que si una oración negativa contiene un adverbio negativo, este debe modificar al verbo principal. Con este añadido damos cabida a *Mi amigo no vivía muy lejos de allí* y excluimos *Mi amigo vivía no muy lejos de allí*. Pero si bien este último intento predice que analizaremos como negativa la oración *Puedes no tener razón*, también predice erróneamente que debemos dejar fuera *No puedes tener razón,* ya que el adverbio *no* modifica ahora al verbo auxiliar *(poder),* no al principal *(tener).*

El lector que haya seguido paso a paso el razonamiento anterior sin desesperarse se hará seguramente algunas preguntas fundamentales: ¿No hay algún error de fondo en esta táctica de ir remendando nuestra definición de 'oración negativa'? Más aún, si una oración es una secuencia de palabras que relaciona un sujeto con un predicado, ¿no estamos usando 'oración' en 'oración negativa' de una forma un tanto desvirtuada? Ciertamente, una 'oración negativa' no es simplemente, como hemos visto, «una oración que contiene un sujeto, más un predicado más alguna negación en algún sitio».

Pero supongamos que hemos añadido todas las especificaciones que necesitábamos y logramos una definición aceptable de 'oración negativa'. ¿Cómo podemos estar seguros de que esa lista de añadidos y correcciones constituye una caracterización natural del concepto que perseguíamos en lugar de un conjunto de parches que intentaban enmendar una estrategia equivocada? Muchos gramáticos actuales piensan que, en efecto, algo fallaba en la estrategia que seguíamos: el error está en insistir tanto en mejorar nuestra definición de 'oración negativa' en lugar de dedicar ese esfuerzo a analizar el funcionamiento de la negación. Si optamos por esta segunda vía, mucho más natural, importará caracterizar apropiadamente las PALABRAS NEGATIVAS: su forma, su posición, su significado y sus relaciones mutuas. Más aún, importará establecer o postular generalizaciones que prevean cómo se combinan, cómo ejercen su influencia a distancia sobre otras palabras (como la ejerce, por ejemplo, *no* sobre *ningún* en *No te vi ayer por ningún sitio*) y qué significados se obtienen de esas combinaciones. También comprobaremos, si seguimos este segundo camino, que algunas alternancias típicas de las «oraciones negativas» (por ejemplo, *No viene nunca / Nunca viene*) se dan también sin que exista oración (como en *Medidas no necesarias en absoluto / Medidas en absoluto necesarias*), es decir, comprobaremos que las que parecían propiedades específicas de ciertas 'oraciones' lo son más bien de las 'estructuras negativas', sean o no oracionales.

El hecho de asignar a las oraciones propiedades que no les pertenecen exclusivamente ha sido un rasgo frecuente en el análisis escolar, procedente a su vez de hábitos enraizados en la tradición. Se solían caracterizar como ORACIONES COMPARATIVAS secuencias en las que la comparación no alcanza el límite oracional. Así, en *un chico más alto que sus compañeros,* tenemos una estructura comparativa, pero, ciertamente, no estamos ante ninguna oración. Se clasificaban asimismo como ORACIONES COORDINADAS algunas en las que la coordinación afectaba solo al sujeto, o solo al predicado, o solo a algún componente de uno de ellos.

Los ejemplos podrían multiplicarse en casi todos los tipos de oraciones que se suelen reconocer. Una analogía ilustrativa podría ser útil para describir el problema: si nos preguntan si los picaportes son una parte de los edificios, diremos seguramente que no lo son en sentido estricto. Los picaportes son una parte de las puertas, las puertas se integran en las habitaciones, las habitaciones en las plantas, y las plantas en los edificios. Pasar directamente del picaporte al edificio supone saltarse indebidamente algunas unidades intermedias.

El cambio de estrategia que se favorece en la sintaxis formal contemporánea tiene particular interés. Existen, ciertamente, dos formas de empezar, pero una de ellas parece más recomendable que la otra. En lugar de empezar a estudiar los tipos de oraciones, empecemos por las clases de palabras, comprobemos cómo se combinan en grupos pequeños y luego en secuencias cada vez más complejas, analicemos esas combinaciones y las formas en las que unas palabras influyen sobre otras, y luego tratemos de comprobar si esas relaciones se mantienen o no cuando analizamos palabras que pertenecen a clases distintas. En este libro veremos que son muchas las ventajas de este proceso («desde abajo hacia arriba» en lugar de «desde arriba hacia abajo») en el análisis gramatical. Como es natural, el objetivo fundamental que persigue el investigador no es otro que entender el sistema gramatical, extraer las relaciones que las palabras establecen entre sí (dentro o fuera de las oraciones) y reducir estas unidades al mínimo para ganar así en capacidad explicativa.

1.2. Las palabras como centro de la sintaxis

1.2.1. *Los rasgos y su combinatoria*

En el apartado anterior hemos visto que resulta más apropiado empezar por las palabras que por las oraciones. Los gramáticos actuales siguen usando el término *oración* porque resulta cómodo hacerlo para referirse a determinadas secuencias de palabras, pero no suelen darle sentidos tan abarcadores como los que el término tiene en la tradición. Más aún, el punto de vista que predomina en la actualidad es el de analizar las oraciones como consecuencias indirectas –y no las únicas– de las propiedades combinatorias de las palabras. ¿Cuáles son entonces estas «propiedades combinatorias»?, dirá usted. Las palabras son, a efectos de la sintaxis, CONJUNTOS DE RASGOS, es decir, conjuntos de propiedades sensibles a sus relaciones mutuas. Estas propiedades son de naturaleza muy diferente. El gramático debe aislarlas y estudiar la forma en la que cada una nos permite explicar un aspecto distinto de su funcionamiento o de su significación.

Consideremos la palabra *sin*. Esta palabra posee varios rasgos importantes, pero nos fijaremos solo en dos. El primero nos dice la clase a la que pertenece: la de las preposiciones. Dicho de una manera un poco más elegante, este es un RASGO CATEGORIAL, lo que quiere decir que *sin* pertenece al mismo grupo (la misma CATEGORÍA) que *con, desde, para* y otras partículas análogas. En cuanto establecemos que *sin* es una preposición, esperamos que tenga un término o COMPLEMENTO (más detalles en el § 3.3). Decimos *sin tu ayuda,* de forma paralela a como decimos *para la casa* o *desde mi ventana.* Pero lo cierto es que no todas las preposiciones tienen el mismo tipo de complemento. *Sin* coincide en este punto con *para* o con *de* en que admite también complementos encabezados por la partícula *que,* como en *sin que ella lo supiera.*

Observe que esta última propiedad no es aceptada por todas las preposiciones: ciertamente, no decimos *ᵒdurante que te estuve esperando.* Estamos seguros de que esta última secuencia le suena a usted bastante rara, pero en cambio *sin que ella lo supiera* le suena absolutamente natural. ¿A qué se debe esta diferencia? Como ya hemos adelantado en el § 1.1.3, si rechaza usted la secuencia con *durante* no es porque «no la recuerde», sino porque usted hace todo lo posible para combinar las PRO-PIEDADES GRAMATICALES de estas palabras (concretamente, las de *durante* y las de *que*), y el sistema gramatical no se lo permite, lo que hace que «choquen» en su cabeza. Importa precisar que el choque se produce «en su cabeza», y no en el papel, en la pizarra o en la pantalla del ordenador. Este punto es de gran importancia, por lo que dedicaremos el capítulo 2 a aclararlo. Más adelante le daremos una explicación detallada del conflicto de propiedades gramaticales entre las partículas *durante* y *que*. Por el momento, basta con señalar que no todas las preposiciones admiten el mismo tipo de complemento, o dicho de una forma un poco más técnica, no todas poseen las mismas PROPIEDADES SELECTIVAS.

La palabra *sin* tiene otra propiedad, pero no la comparte con las demás preposiciones: podemos decir *sin hablar con nadie,* y también *No hables con nadie,* lo que significa que *sin* y *no* son «palabras negativas» de un tipo similar. Este es un rasgo diferente, que desde luego *sin* no comparte con *para* ni con *desde* ni con las demás preposiciones. Como es lógico, la relación que existe entre *no* y *nadie* en *No hables con nadie* es la misma que existe entre *sin* y *nadie* en *Sin hablar con nadie.* Esta relación se deduce del segundo rasgo de *sin* (es una palabra negativa), mientras que el primero (es una preposición) nos permite explicar otros aspectos de su funcionamiento gramatical.

El mismo ejercicio que hemos intentado con *sin* se podría extender a otras muchas palabras: una parte de la gramática de *sino* –es decir, uno de sus rasgos– se deduce de su naturaleza como conjunción (por tanto, comparte grupo con *y* o *pero*). Otra parte se sigue del hecho de que es un cierto tipo de palabra negativa. De hecho, exige alguna negación que la preceda (como en *No llegará el lunes, sino el martes*). Suponga ahora que alguien le formula la siguiente pregunta: ¿Debemos considerar que *sino* es una conjunción o bien que es una palabra negativa? De nuestras consideraciones hasta aquí se deduce claramente la respuesta, que viene a ser la siguiente: si las palabras son conjuntos de rasgos (es decir, de propiedades gramaticales), cada una de esas propiedades explicará una parte de su comportamiento, de modo que la pregunta anterior no está bien formulada. Como hemos visto en los apartados anteriores, las unidades básicas de la sintaxis no son las clases de oraciones, sino las propiedades gramaticales de las palabras.

1.2.2. *La posición de las palabras*

A cualquier hablante de español le parece absolutamente natural entender las combinaciones de palabras. Tan natural como caminar por la calle sin caerse, identificar el pitido del tren o mirar por la ventana y reconocer lo que está viendo. Al gramático le parece en cambio bastante complicado el comprender por qué entendemos de manera tan natural las combinaciones de palabras. Buena parte de su labor consiste en desentrañar este misterio.

Si preguntamos su opinión espontánea a un hablante cualquiera, nos dirá tal vez que entender el significado de una secuencia viene a ser algo parecido a «sumar» el significado de sus palabras. Pero es evidente que los significados de las palabras no se pueden sumar. El significado de *beber café* no es el resultado de sumar lo que significa *beber* (cierta acción relativa a la ingestión de líquidos) y lo que significa *café* (el líquido procedente de la semilla de una planta rubiácea). No parece que tenga sentido sumar acciones con semillas o con líquidos. De hecho, el concepto de 'suma' apenas resulta útil en la sintaxis más allá de expresiones como *Dos y dos son cuatro*. Abandonemos, pues, la idea y busquemos alguna otra mejor encaminada. Entender el significado de *beber café* implica entender que *café* ocupa o SATURA una posición que proporciona *beber*. Este «hueco» tiene una vertiente estrictamente formal y otra semántica. La vertiente semántica es consecuencia directa de lo que significa *beber:* la acción de beber no tiene sentido si no se bebe algo (por el contrario, las de sonreír o bostezar sí lo tienen). La vertiente formal se reduce, en lo esencial, al hecho de que *café* ocupe la posición que ocupa en esta oración, y al hecho de el que sea interpretado como 'lo bebido' depende en buena medida de ello. En otras lenguas, el equivalente de *café* llevaría una marca morfológica llamada *caso* (§ 3.3.4) que vendría a proporcionarnos esa misma información. Por otra parte, el hueco del que se habla puede permanecer vacío (como en *Juan bebe*), lo que da lugar a otra interpretación. Se habla de ello en el § 6.4.

Reparemos ahora en que las palabras que designan 'lo bebido' en las oraciones *¿Qué bebes?* y *Eso creo yo que se debió de beber tu amigo* son *qué* y *eso,* respectivamente. Estas palabras no están en la misma posición que *café* ocupaba en su oración. La palabra *eso* está, de hecho, bastante lejos de *beber* en el segundo ejemplo, hasta el punto de que desde *eso* encontramos dos verbos antes de llegar a *beber: creo* y *debió*. La dependencia de *qué* o de *eso* con *beber* viene a ser la misma que en nuestro ejemplo inicial, pero si encontramos «desplazadas» estas palabras, es lógico pensar que tal desplazamiento cumple algún propósito que, por supuesto, también corresponde explicar a la sintaxis. Más tareas, por tanto, para nuestra disciplina.

Las posiciones que ocupan las palabras constituyen un aspecto fundamental de la sintaxis. Es lógico que así sea, porque esto es exactamente lo que se deduce del segundo de nuestros tres rasgos definitorios de *sintaxis*. En los ejemplos que acabamos de ver, comprobamos que *qué* y *eso* están al principio de su secuencia, mientras que *café* está al final. Pero, ¿qué quiere decir exactamente «estar al principio» y «estar al final»? Ciertamente, para definir el principio y el final de algo, tenemos que definir primero ese algo. En este libro nos acercaremos progresivamente al concepto de POSICIÓN SINTÁCTICA, uno de los aspectos fundamentales de la disciplina en la que nos estamos introduciendo.

Existen dos interpretaciones de ese concepto. Las posiciones se pueden definir de manera absoluta o de manera relativa. Una analogía sencilla le ayudará a entender esta diferencia. Supongamos que Juan y María han ido juntos al cine y se sientan, como es lógico, en butacas contiguas. Consideremos ahora esta pregunta: *¿Dónde* *está sentado Juan?* Podemos contestar de varias formas. Si contestamos *A la izquier-da de María,* estaremos dando la POSICIÓN RELATIVA de Juan. Si decimos *En el asien-to 18 de la fila 15,* estaremos dando la POSICIÓN ABSOLUTA de Juan. En el primer caso, definimos la posición de Juan de forma relativa a la de otra persona: si la posición de uno cambia, y siguen sentados en posiciones contiguas, también cambiará la del otro, de modo que nuestra descripción seguirá siendo válida. Si damos la posición relativa de Juan, nuestra respuesta sería apropiada en un amplísimo número de situaciones. En el segundo caso, por el contrario, localizamos a Juan a partir de nuestro conoci-miento sobre la disposición de las butacas en la sala, un tipo de información que re-sulta irrelevante en la primera respuesta. Como vemos, la diferencia entre las dos aproximaciones no es pequeña.

Pasemos ahora del cine a la sintaxis. Las palabras *lo* y *eso* aparecen delante de *digo* en las secuencias *Eso digo yo* y *Lo digo yo.* En los dos casos están «delante del verbo» (de hecho, «inmediatamente delante del verbo») y «al principio de la oración». Por tanto, podemos decir que tienen la misma posición. Pero se trata, como es lógico, de la posición relativa de esas palabras, es decir, de su disposición lineal. Desde el punto de vista de la posición absoluta, es evidente que *lo* y *eso* no pueden ocupar el mismo puesto, es decir, el mismo lugar en la «rejilla» o en el «panel» que constituyan el paralelo gramatical de la sala de cine. Observe, en pri-mer lugar, que *lo* y *eso* no son palabras equivalentes. *Lo* es una palabra ÁTONA, es decir, una palabra que se pronuncia débilmente porque nunca recae en ella el acento y porque se apoya necesariamente en otra de la que no puede alejarse (en nuestro ejemplo, un verbo). *Eso* es, por el contrario, una palabra TÓNICA, es decir, acentuada. En segundo lugar, observe que podemos decir *Eso digo yo* y *Yo digo eso,* pero en el otro caso no podemos decir, con ese mismo sentido, *Yo digo lo.* Así pues, si situamos estas palabras en alguna «posición absoluta» que tenemos que determinar (la relativa ya la hemos determinado) es porque conseguimos algo con ello: la oración *Eso digo yo* no nos aporta el mismo significado que *Yo digo eso.* Al adelantar *eso* conseguimos resaltar o enfatizar esa palabra, de forma que el sig-nificado resultante viene a ser parecido al de *Eso es lo que digo yo* (más detalles en el capítulo 11). En cambio, el que *lo* ocupe la primera posición en la secuencia *Lo digo yo* no es opcional y no tiene nada que ver con el énfasis. Parece más bien que *lo* está ahí porque tiene que estar, es decir, porque esa es su «posición abso-luta» obligatoria.

En la sintaxis todo son pequeños matices. Observe ahora que cuando decimos *Eso lo digo yo* no estamos diciendo lo mismo que cuando decimos *Eso digo yo.* Dicho de otro modo, la contribución semántica de *eso* a la oración no es la mis-ma y, como cabe suponer, tampoco lo es la posición absoluta que ocupa esa pala-bra. La oración *Eso lo digo yo* ya no significa 'Eso es lo que digo yo', sino más bien algo parecido a 'Esas cosas están entre las que yo digo' o 'En cuanto a eso, lo digo yo'. Esta importante diferencia en la interpretación de *eso* se sigue, como vemos, del simple hecho de introducir una partícula tan aparentemente inocua como *lo,* pero lo cierto es que lo que esa introducción consigue es forzar una «re-distribución de espacios» en nuestra rejilla de posiciones. Este tipo de situaciones se repite una y otra vez en la sintaxis.

La relación entre *eso* y *digo* en estos ejemplos, o entre *café* y *beber* en los an-teriores, constituye uno de los tipos de dependencia que la gramática reconoce. Cuando decimos *Sólo hablé con él en dos ocasiones,* establecemos otro tipo diferente de dependencia entre *solo* y *en dos ocasiones.* De hecho, esta dependencia constituye una cierta forma de «influencia» que podría establecerse también si esas palabras estuvieran juntas. Observe que *Hablé con él sólo en dos ocasiones* significa lo mismo si no hacemos pausa tras *solo,* pero algo diferente si la hacemos. De nuevo, nada puede decirnos un diccionario sobre estos hechos evidentes, ni tampoco sobre los anteriores, relativos a las oraciones formadas con *eso, lo, digo, beber* y *café.* Como vemos, se trata de diferencias semánticas, pero su estudio no pertenece a la semántica léxica, sino plenamente a la semántica composicional y, por extensión, a la sintaxis.

En los capítulos que siguen veremos otras clases de dependencias sintácticas y semánticas entre las palabras, pero, a partir de las consideraciones que hemos hecho en este apartado, ya podemos establecer alguna conclusión provisional: si decimos que una palabra «está al principio» de una oración o «está delante de» alguna otra palabra, estamos dando información sobre su posición relativa, es decir, sobre su disposición lineal. A una determinada posición relativa pueden corresponder muchas posiciones absolutas. Estas posiciones absolutas son esenciales para determinar el significado que las palabras aportan a la oración, una empresa en la que es probable que el diccionario no nos sea de gran ayuda. Así pues, es tarea del gramático definir las posiciones absolutas en alguna «rejilla» conceptual que le corresponde articular, y también debe establecer la relación que existe entre las posiciones que defina y la contribución semántica que harán las palabras que las ocupen.

Si podemos hablar de la posición absoluta de Juan o de María en el cine es porque conocemos la disposición de filas y de butacas de la sala. No es tan sencillo delimitar el equivalente gramatical de esa distribución de espacios, es decir, el panel o la rejilla, que nos permita analizar las posiciones absolutas de las palabras cuando se combinan entre sí. De hecho, la delimitación de esa rejilla y la consiguiente «distribución de espacios gramaticales» es una tarea relativamente reciente, todavía no culminada, y polémica en algunos de sus aspectos. La sintaxis formal la ha asumido como uno de sus objetivos fundamentales.

La sintaxis es una disciplina muy antigua, pero el concepto de posición que ha manejado siempre (con escasísimas excepciones) ha sido el de posición relativa. La razón hay que buscarla, al menos en la tradición occidental, en el hecho de que el latín era una lengua que admitía una gran variación en la forma de combinar las palabras (recordaremos brevemente por qué en el § 3.3.4), lo que llevó a no pocos gramáticos a entender –no siempre de forma expresa– que esa relativa libertad posicional era una opción básica que se daba por supuesta en los sistemas lingüísticos. De hecho, el orden de las palabras solía analizarse en un capítulo relativamente marginal de los tratados tradicionales de sintaxis en las lenguas románicas, y en él se presentaban las variaciones posicionales como una peculiaridad que dependía de factores retóricos o estilísticos. Esta forma de ver las cosas ya es minoritaria en la actualidad. Los gramáticos actuales no dan por supuesto que las palabras hayan de ocupar varias posiciones. Todo lo contrario: la pregunta fundamental es por qué las ocupan cuando las ocupan. El gramático ha de explicar las asociaciones a distancia que se producen en esos casos, ha de restringirlas (puesto que es evidente que las posiciones no son arbitrarias), ha de asociar esas combinaciones con los significados que transmiten, y ha de determinar en qué afecta todo ello al diseño general del mapa que poco a poco trata de construir.

1.3. Juicios sobre los datos sintácticos. El concepto de 'gramaticalidad' y nociones conexas

En los apartados anteriores hemos comprobado que el objetivo de la sintaxis es analizar las combinaciones de palabras. La pregunta que surge inmediatamente es ésta: «¿Todas las combinaciones de palabras son entonces nuestro objeto de estudio?». Si la respuesta es negativa, ¿cómo distinguiremos entre las que debemos estudiar y las que dejamos al margen por alguna razón? Por otra parte, sabemos que existen repertorios léxicos diversos (diccionarios, glosarios, etc.), pero también sabemos que no existen, ni pueden existir, listas de oraciones. ¿Dónde debemos buscar entonces las secuencias de palabras que tenemos que analizar?

En este apartado y el siguiente presentaremos las respuestas que suelen darse a estas preguntas en la teoría gramatical contemporánea, y reflexionaremos brevemente sobre las diversas opciones que existen en cada caso. Retomemos nuestro ejemplo anterior acerca de un determinado número de teléfono de Barcelona. Decíamos entonces que, aunque sea la primera vez que lo veamos, sabemos que el número de teléfono 93 589145 no pertenece a Barcelona porque ese número no está construido de acuerdo con las pautas apropiadas que caracterizan ese conjunto de números. Podríamos decir, de manera análoga, que la unidad 5689-BDF se ajusta al código que permite formar matrículas de automóviles en España en la actualidad, mientras que la unidad 56B89-DF no se ajusta a él. Parece útil tener un concepto que nos diga que un determinado OBJETO CONSTRUIDO está bien formado de acuerdo con los principios que articulan el sistema al que pertenece. El término que se utiliza en lingüística para designar exactamente ese concepto es el de GRAMATICALIDAD. Las secuencias que se ajustan a los principios combinatorios del sistema lingüístico se llaman SECUENCIAS GRAMATICALES, y las que no se ajustan a él se llaman SECUENCIAS AGRAMATICALES. Así, la oración *Mi perro está cansado* es gramatical porque está bien formada de acuerdo con el sistema gramatical del español. Por el contrario, *Mi está cansado perro* no lo está, y decimos por tanto que es agramatical. El asterisco (*) situado al comienzo de una secuencia se utiliza como convención para indicar que ésta es agramatical. Así pues, la gramaticalidad de una secuencia no representa más que la propiedad de pertenecer al sistema lingüístico de un determinado idioma. El concepto de 'secuencia gramatical' se diferencia de otros con los que se confunde a veces. Vale la pena que los examinemos por separado.

1.3.1. 'Gramaticalidad' frente a 'corrección'

Lo gramatical no es lo CORRECTO. La diferencia entre gramaticalidad y corrección es, en lo fundamental, la misma que sustenta la oposición que se suele establecer entre los aspectos CONSTITUTIVOS y los aspectos REGULATIVOS de muchas disciplinas. Mediante los primeros, que son internos, describimos las pautas que constituyen los fundamentos de algún sistema. Mediante los segundos, que son externos, regulamos conscientemente una serie de comportamientos preexistentes. Entre las unidades regulativas están las que componen la jurisprudencia, el urbanismo, la higiene o la circulación de automóviles; entre las constitutivas están, respectivamente, las que componen el derecho natural, la resistencia de materiales en arquitectura, la fisiología, y la dinámica de los cuerpos sobre superficies sólidas con rozamiento.

Las disciplinas en las que tiene sentido la distinción son, por lo general, aquellas en las que cabe separar en el comportamiento de los individuos ciertos factores INTERNOS, relativos a la naturaleza o a las propiedades físicas o mentales que los caracterizan (factores constitutivos), de otros factores EXTERNOS, con frecuencia justificados históricamente, que son producto de las relaciones sociales que se dan entre ellos (factores regulativos). Veamos un ejemplo sencillo. Los ayuntamientos suelen tener un departamento de obras en el que se determina, entre otras cosas, la altura que pueden tener los edificios de cada zona de la ciudad, es decir, la altura que «están autorizados a tener». Esta es una norma, un principio regulativo sobre los edificios. Ahora bien, cuando los arquitectos calculan la resistencia de materiales y los cimientos de los edificios, también determinan la altura que pueden tener en función de estos factores, es decir, la altura que «son capaces de soportar». El verbo *poder* apunta ahora a leyes físicas, mientras que antes apuntaba a normas sociales. Así pues, hablamos ahora de una propiedad de la naturaleza de los materiales; en otras palabras, de uno de sus principios constitutivos. La distinción entre los aspectos regulativos y los constitutivos se aplica a otros muchos sistemas, pero no a todos. En los juegos, por ejemplo, no cabe identificar más que «aspectos constitutivos», puesto que raramente es posible distinguir entre «la forma en que se juega al ajedrez» y «las reglas del juego del ajedrez».

La distinción entre corrección y gramaticalidad representa, por tanto, un caso particular de una oposición válida en otros sistemas no relacionados con el lenguaje. La existencia de gramáticas normativas (es decir, gramáticas que se centran en delimitar los usos correctos y los incorrectos) es esperable, e incluso necesaria por razones educativas, y en general, sociales. Aun así, el concepto de 'corrección' se diferencia del de 'gramaticalidad' en que es un concepto relativamente externo a los principios que articulan el sistema lingüístico. Es interesante hacer notar, en este sentido, que las únicas oraciones incorrectas que mencionan las gramáticas normativas son las que los hablantes usan efectivamente. Es decir, las gramáticas normativas no hacen, por lo general, referencia a las secuencias que el sistema lingüístico excluye en virtud de sus propios fundamentos. Las oraciones incorrectas se diferencian de las agramaticales en que las primeras son las que se recomienda no usar, en función de algún imperativo externo de carácter social, una vez que el sistema lingüístico que el gramático investiga les da cabida como parte del conjunto de opciones posibles. Por supuesto, cabría pensar que las oraciones agramaticales son también incorrectas, pero lo habitual es reservar el concepto de 'incorrección' para las secuencias atestiguadas.

Los conceptos de 'gramaticalidad' y 'corrección' se mezclan a veces en la lengua ordinaria, pero, como vemos, se mantienen bien diferenciados en la teoría lingüística. Cuando un extranjero pregunta si es correcta una determinada expresión, suele querer saber si es 'posible', es decir, si es 'gramatical'. Pero cabe pensar que lo que nuestro interlocutor quiere saber es si está sancionada o no por alguna norma social como las que hemos presentado, es decir, si es correcta, en el sentido más estricto del término. También en la lengua ordinaria pueden resultar confusas preguntas como *¿Está bien construida esta casa?* El que las hace puede querer saber si está edificada de acuerdo con las normas del ayuntamiento o la institución administrativa competente (aspecto regulativo), pero también puede estar preguntando si está construida respetando los principios físicos relativos a la resistencia de materiales (aspecto constitutivo).

En general, las recomendaciones sobre la corrección tienen un estatus no muy distinto del que corresponde a las normas que se articulan en diversos códigos, como el de tráfico, o los de derecho administrativo, civil, mercantil o de otro tipo. También son comparables a las normas de cortesía o de urbanidad que reconocemos en muchas sociedades, estén o no escritas. Una nueva analogía podría ser aquí de alguna utilidad. Supongamos que conectamos la televisión a la hora del noticiario de máxima audiencia. Lo normal es esperar que el presentador aparezca vestido con traje y corbata, que no gesticule demasiado, que actúe con sobriedad y que use ciertas expresiones en lugar de otras. Si apareciera vestido con atuendo playero, despeinado y sin afeitar, y en lugar del tono relativamente circunspecto que esperamos en esa situación, gesticulara con aspavientos o se desperezara, diríamos seguramente que su comportamiento no es «el adecuado» o «el apropiado» para el medio, el momento y el lugar en que se está produciendo. Su atuendo, su gesticulación y los demás rasgos representarían formas de actuar que se consideran inapropiadas en determinadas circunstancias por razones estrictamente sociales.

Los diferentes modos de comportarse lingüísticamente en una determinada comunidad se denominan REGISTROS O ESTILOS. Los registros se parecen a los atuendos, los modales, los gestos y otras manifestaciones del comportamiento social en que son relativos a las situaciones y resultan apropiados o inapropiados en función de ellas. En este curso no podremos describirlos con detalle, pero cuando se aprende una primera o segunda lengua es importante estudiarlos y diferenciarlos con cuidado. No nos expresamos igual cuando nos dirigimos a un compañero de trabajo que cuando lo hacemos con un superior; en circunstancias formales que en situaciones informales; cuando hablamos que cuando escribimos; cuando tratamos a una persona con la que tenemos confianza que cuando hablamos con desconocidos. Al igual que sucede con los atuendos, una parte del conocimiento del idioma afecta a las CONDICIONES DE USO que se asocian con muchas palabras y con algunas construcciones sintácticas. En muchos casos, los juicios que cabe hacer sobre las construcciones han de tener en cuenta la variante del sistema gramatical en la que resultan apropiados. Así, por ejemplo, en la lengua conversacional es frecuente construir dos temas conversacionales o TÓPICOS INICIALES en una oración (más detalles en el capítulo 11), pero en la lengua escrita –y en general en el registro formal– es más difícil hacerlo. Tanto en la lengua escrita como en el registro formal es normal situar el sujeto delante del verbo y el complemento directo detrás, como en (8):

(8) a. Yo no entiendo esas cosas que dices.
    b. Los silicatos componen la litosfera.

Pero nótese ahora que, mientras que el doble tópico es normal en la lengua conversacional en el primer caso (9a) –más frecuentemente cuando se designa a uno de los interlocutores–, resulta rechazado en el segundo (9b):

(9) a. Yo, esas cosas que dices no las entiendo.
    b. *La litosfera, los silicatos la componen.

Estas diferencias no son normativas, es decir, no están estipuladas por ninguna autoridad lingüística, pero muestran que algunas pautas sintácticas están limitadas a un determinado nivel de lengua, a un registro lingüístico particular.

Las reglas que proporcionan las gramáticas normativas forman parte, como es lógico, del sistema lingüístico. Sin embargo, sabemos que surgen problemas de delimitación cuando los usos efectivos de los hablantes no se ajustan a ellas. Veamos un ejemplo. Sabemos que las preposiciones que comparten dos predicados verbales coordinados deben estar seleccionadas por ambos, no por uno solo de ellos. Así, la preposición *de* es la compartida por los grupos encerrados entre corchetes en *[[Obtienen beneficios] y [dependen administrativamente] de esas empresas]*. Pero lo cierto es que los hablantes construyen expresiones como *Entra y sale de su casa cuando le parece*. Si aplicamos la regla que acabamos de enunciar, esta oración es incorrecta, puesto que el verbo *entrar* no selecciona la preposición *de,* sino la preposición *en*. Así pues, la oración correcta equivalente sería, aproximadamente, *Entra en su casa y sale de ella cuando le parece*. ¿Qué se deduce de estos datos? El hecho de que la oración incorrecta represente una pauta habitual sería muestra, desde el punto de vista normativo, de que existe una incorrección extendida entre los hablantes, pero desde el punto de vista descriptivo y desde el teórico, es muestra de que la regla no estaba formulada de manera muy precisa, puesto que los hablantes no la siguen tan estrictamente como sería de esperar, por lo que debería investigarse más detenidamente. Así pues, la oración anómala detectada era incorrecta (de acuerdo con cierta formulación de la regla), pero era a la vez gramatical para muchos hablantes del español. De forma análoga, muchas personas usan la locución prepositiva *en base a* (por tanto, es gramatical para ellas), que en la gramática normativa se suele censurar.

A menudo se dice que una secuencia es correcta para dar a entender que se considera «apropiada en el registro formal» o tal vez «en la lengua escrita». Muchas veces se da un acuerdo implícito sobre estas convenciones entre los hablantes (como sucede por otra parte con los atuendos, los modales y otras formas de comportamiento), pero en algunas ocasiones no se percibe tal unanimidad, lo que hace de la corrección un concepto polémico socialmente. En unos países son las academias de la lengua las que intervienen en esas cuestiones dudosas, pero en otros son periodistas o escritores los que opinan sobre ellas desde los periódicos o desde otros foros. En ciertos países se castigan incluso las faltas de corrección lingüística en la lengua escrita con sanciones administrativas diversas. Sean o no justas estas actuaciones legales, importa resaltar aquí que el ámbito al que pertenecen las *faltas* lingüísticas así sancionadas es el mismo al que pertenecen otras infracciones relativas al comportamiento social de los individuos. Por el contrario, la inexistencia de las secuencias agramaticales que el gramático analiza son pistas o señales que le ayudan a definir mejor las propiedades del sistema gramatical que poco a poco trata de descubrir. En muchas ocasiones, la gramaticalidad o agramaticalidad de una determinada secuencia le confirmará un análisis o, por el contrario, le hará sospechar que estaba desencaminado. La corrección y la gramaticalidad pertenecen, por tanto, a universos cognoscitivos, y hasta epistemológicos, muy distintos.

La distinción entre gramaticalidad y corrección es relativamente reciente en la cultura occidental, ya que la reflexión sobre la estructura del idioma no estuvo separada durante mucho tiempo del análisis de sus condiciones de uso, y sobre todo de la PROPIEDAD con que el idioma había de emplearse en cada situación. La lengua que las gramáticas tradicionales solían tomar como modelo era la de los buenos escritores o los ciudadanos prestigiosos (tradicionalmente llamados AUTORIDADES lingüísticas). En lugar de reconocer explícitamente la existencia de variedades lingüísticas en el idioma (formales, coloquiales, populares, dialectales, etc.), como hoy se hace de forma general, se venía a negar indirectamente a los hablantes no cultos la posesión de un sistema lingüístico propio, es decir, un sistema articulado mediante principios coherentes que pudieran ser estudiados como cualquier otro objeto científico. A la vez, se juzgaban con dureza las expresiones que no se ajustaban al tipo de lengua que se tenía por modélico. En la actualidad puede decirse que la confusión conceptual a la que nos referimos ha dejado de existir entre los especialistas, aunque no tanto entre los hablantes.

Resumamos. Las secuencias agramaticales son las que no empleamos, es decir, las que no se ajustan a nuestro sistema lingüístico en tanto que hablantes de una lengua. Sin embargo, esto no quiere decir que hayamos aprendido antes a no usarlas porque alguien nos lo haya enseñado así en cada caso concreto. Probablemente, no hemos oído la mayoría de ellas con anterioridad. Sencillamente, el sistema gramatical está codificado de tal forma que las excluye en virtud de su propia naturaleza. En definitiva, lo incorrecto se postula, mientras que lo agramatical se descubre. La corrección, que se suele articular en normas, es un concepto social, mientras que la gramaticalidad, que se suele articular en principios, es, más apropiadamente, un concepto natural. La gramaticalidad de las expresiones representa una propiedad constitutiva e interna relativa a su naturaleza formal, mientras que la corrección responde a factores regulativos de carácter social. El análisis de la gramaticalidad de las secuencias constituye una parte fundamental de la ciencia del lenguaje, mientras que la determinación de las normas de corrección gramatical tiene repercusiones importantes en la educación, en la comunicación, en la unidad del idioma y, en definitiva, en el conjunto de la sociedad. Si bien ambos dominios están estrechamente conectados, es lógico que en el ámbito de la política lingüística se persigan objetivos diferentes de los que se pretende alcanzar en el de la investigación gramatical.

1.3.2. 'Gramaticalidad' frente a 'aceptabilidad'

Supongamos que una persona que desconoce el juego del tenis nos hace esta pregunta: «¿Cuál es la duración máxima de un partido de tenis?». Lo mejor que podríamos hacer es explicarle el reglamento del tenis, y luego concluir así: «La duración máxima de un partido de tenis no tiene nada que ver con el reglamento del tenis. Tiene que ver con factores independientes, como la luz solar, la resistencia física (o la vida misma) de los jugadores. Existe una duración media que se puede calcular estadísticamente, pero en este cálculo no intervienen en absoluto las reglas del juego». Obsérvese que no hemos respondido que la duración es «infinita», ni tampoco hemos dicho que la pregunta era absurda.

El razonamiento necesario para distinguir lo GRAMATICAL de lo ACEPTABLE no es, en lo fundamental, muy diferente del que acabamos de exponer. En la PRODUCCIÓN VERBAL intervienen muchos factores, pero solo algunos de ellos corresponden propiamente al sistema lingüístico. Entre los demás factores están el cansancio, el estado de ánimo, la memoria, la consciencia, el sueño, el nerviosismo, el alcohol y algunos más. Todos ellos tienen algún reflejo en la forma en que se construyen los mensajes. Ciertamente, no hablamos igual cuando estamos medio dormidos que cuando estamos plenamente conscientes. Tampoco nos expresamos igual cuando estamos relajados, tranquilos y despiertos que cuando estamos bajo un ataque de nervios, o después de un esfuerzo físico excepcional, o cuando llevamos encima unas copas de más. El efecto de esos factores sobre la producción verbal es real: se puede grabar, transcribir y computar, pero no es evidente que esos efectos deban ser estudiados como si formaran parte del sistema lingüístico que el gramático trata de desentrañar.

La cuestión es polémica en la actualidad. Así, entre los lingüistas que estudian la lengua oral, solo algunos aceptan que no todos los aspectos de los mensajes verbales que pueden ser grabados o transcritos ocupan algún lugar en el sistema gramatical. Muchas secuencias contienen falsos comienzos, múltiples anacolutos, concordancias anómalas no sistemáticas y un sin fin de datos que son tan reales y objetivos como externos al sistema gramatical. Frente a esos fenómenos, otras propiedades (como por ejemplo la que se ilustra en (9a)) representan hechos sistemáticos de un subcódigo bien definido y sujeto a restricciones que pueden ser formuladas y comprobadas.

Así pues, cabe entender de dos formas el concepto de LENGUA ORAL. En un sentido equivale a PRODUCCIÓN VERBAL (sentido no restringido). En el otro (sentido restringido) viene a representar un SUBSISTEMA GRAMATICAL cuyas estructuras no coinciden necesariamente con el de la lengua escrita. El segundo de los dos sentidos mencionados nos parece más apropiado que el primero. Desde nuestro punto de vista, solo se circunscribe al sistema gramatical una parte de la producción verbal. Nuestra analogía con los deportes mostraba una situación semejante: el tiempo que dura un partido no se especifica en el reglamento del tenis, el ping-pong o el voleibol, pero sí en el del fútbol, el baloncesto o el waterpolo. En el primer caso, los partidos tienen una determinada duración (no podría ser de otro modo), pero decimos de ella que está determinada por «factores externos al sistema», es decir, al código o al reglamento de esos deportes.

Esta breve introducción resulta necesaria para distinguir lo gramatical de lo aceptable. El primer concepto es una extensión natural de la noción de COMPETENCIA (§ 2.2), entendida como el conocimiento que los hablantes tienen del idioma. Al concepto de CONOCIMIENTO se opone el de CONDUCTA. En cuanto conducta, la ACTUACIÓN incluye factores extragramaticales entre los que ya se han señalado la memoria, la consciencia o la rapidez de procesamiento, entre otros. Así pues, una oración compleja formada con cuatro subordinadas sustantivas y tres negaciones encadenadas no será, con toda seguridad, ni elegante ni fácilmente comprensible, pero tampoco será agramatical, sino relativamente aceptable o no en función de factores de procesamiento ajenos a la estructura de la gramática. Es lo que sucede en (10):

(10) Me parece que algunos de ustedes no creen que ciertos alumnos hayan dicho que determinados profesores no lamentan que los planes de estudio no hayan sido modificados.

Esta secuencia está bien construida, pero es evidente que resulta difícil de procesar. Como vemos, es relativamente «anómala», pero esa anomalía no está motivada por la infracción de principios del sistema gramatical. No hay en ella ninguna inconsecuencia en la selección del modo indicativo o subjuntivo, ni en el régimen de los verbos que se usan ni en ningún otro aspecto de la gramática. También resultan relativamente aceptables muchas otras secuencias que serán más o menos comprensibles en función de algún otro factor de los que se mencionan arriba. En cuanto que esos factores externos proceden de otros sistemas complejos de los seres humanos, es difícil medir objetivamente la aceptabilidad de tales secuencias sin penetrar en las ciencias que estudian el lugar que se asigna a esos efectos en dichos sistemas complejos.

En la mayor parte de las situaciones, es posible distinguir entre las secuencias (a)gramaticales y las secuencias (in)aceptables, pero en algunos casos no existe acuerdo entre los gramáticos (se entiende, entre los que aceptan la distinción) acerca del estatus que les ha de corresponder. Veamos un ejemplo de esta dificultad. Consideremos estas cuatro secuencias:

(11) a. El precio de los carburantes y el de las viviendas.
     b. El aumento del precio de los carburantes y el del de las viviendas.
     c. El anuncio del aumento del precio de los carburantes y el del del de las viviendas.
     d. La publicación del anuncio del aumento del precio de los carburantes y la del del del de las viviendas.

Estas secuencias manifiestan la dificultad que existe para identificar el contenido de los sustantivos elididos dentro de ciertos grupos nominales complejos formados con procedimientos recursivos (en el sentido de 'iterativos'; para el concepto de RECURSIVIDAD, véase más adelante el § 2.3.5). Es evidente que (11a) es una secuencia «normal», mientras que las demás son progresivamente más «raras» o «anormales». Tratemos ahora de convertir la rareza y la anormalidad en nociones teóricas. Si lo intentamos, veremos que se presentan dos opciones:

(12) *OPCIÓN A*. Las cuatro secuencias de (11) son gramaticales, pero las dos últimas son inaceptables porque interfiere un factor externo a la gramática del español: la capacidad de procesamiento de los seres humanos limita la memoria a corto plazo, de forma que el establecimiento de series paralelas e incrustadas de dos sustantivos, uno manifiesto y otro encubierto, hace prácticamente imposible reconocer adecuadamente el segundo de ellos en cada uno de los pares.

OPCIÓN B. Las secuencias (11c) y (11d) son agramaticales, es decir, irregulares por razones que competen al estudio de la gramática, no al análisis de algún sistema cognoscitivo externo a ella. Corresponde, pues, a la gramática postular que no es posible relacionar más de dos sustantivos nulos con su antecedente cuando aparecen en configuraciones incrustadas por recursividad en la forma que se describe en el párrafo anterior.

No es importante en este punto analizar cuál de las dos opciones es la correcta, más aún cuando no existe acuerdo mayoritario entre los lingüistas sobre este punto, pero sí es importante tener presente que cada una de ellas asigna un estatuto diferente al concepto de IRREGULARIDAD. Para la opción A, el problema que se plantea no es, estrictamente gramatical, pero para la opción B sí lo es. Los partidarios de B argumentarían seguramente que el choque entre (11b) y (11c) es mucho más marcado que el que existe entre (11a) y (11b), lo que no se deduce de la opción A. Por el contrario, los partidarios de la opción A no darían importancia a la diferencia entre las secuencias que contienen dos sustantivos elididos y las que contienen tres, y entenderían que es esperable un aumento proporcional de la dificultad en la interpretación de estas expresiones en función del número de sustantivos tácitos que hayamos de postular.

Resumamos. La aceptabilidad de las secuencias se distingue de su gramaticalidad, ya que este último concepto refleja su estatus en función de los principios que articulan el sistema gramatical, mientras que el primero alude a la relativa irregularidad de las secuencias que resultan anómalas porque no se ajustan a aspectos de la producción verbal externos a la gramática. La distinción puede resultar polémica en la medida en que no todos los lingüistas comparten los límites que cabe postular entre el sistema gramatical y otros sistemas cognoscitivos de los seres humanos.

1.3.3. *'Gramaticalidad' frente a 'claridad', 'elegancia', 'verosimilitud' y otras nociones análogas*

En la lingüística occidental se ha asociado durante siglos –de manera poco justificada– la claridad en la expresión escrita con la estructura misma del sistema gramatical. Como vimos, la secuencia (10) no es clara, sino más bien enrevesada, pero lo cierto es que a «lo enrevesado» no corresponde propiamente ninguna casilla en el sistema gramatical que el lingüista trata de descubrir.

Las gramáticas normativas suelen insistir en que deben evitarse las secuencias ANFIBOLÓGICAS, es decir, las que admiten varias interpretaciones y por tanto no resultan claras. Ciertamente, este principio regulativo debe ser tenido en cuenta en la expresión oral y escrita, pero en sí mismo no nos dice nada acerca de la arquitectura del sistema gramatical. Ello es así porque las interpretaciones múltiples no están en absoluto excluidas por los principios que articulan dicho sistema. El que examina con ojos normativos la oración *Me trajeron un jarrón de porcelana de la China* sugerirá a sus interlocutores que la eviten, puesto que el que la encuentre puede no ser capaz de determinar si *de la China* complementa a *jarrón* (es decir, estaríamos hablando de un jarrón de la China, a lo mejor comprado en un establecimiento local), o bien a *trajeron* (y en ese caso el jarrón fue comprado en China), o sólo a *porcelana* (con lo que se hablaría de cierto tipo de porcelana). No acertaría, pues, a interpretar adecuadamente la secuencia. Se sugerirá, por tanto, que se diga *Me trajeron de la China un jarrón de porcelana,* o bien *Me trajeron un jarrón de porcelana de origen chino,* entre otras posibilidades. El que examina la oración *Me trajeron un jarrón de porcelana de la China* con ojos más teóricos observa que el sistema gramatical del español es compatible con las tres interpretaciones que se mencionan. La oración muestra, por tanto, una situación de AMBIGÜEDAD. Decimos que una secuencia es ambigua cuando puede corresponderle más de una estructura sintáctica, y por tanto más de una interpretación. Como vemos, el concepto de 'anfibología' es propiamente regulativo, mientras que el de 'ambigüedad' es un concepto constitutivo. El primero apunta a la inteligibilidad de la secuencia; el segundo, al hecho de que admite dos análisis sintácticos en el sistema gramatical del español, lo que da lugar a otros tantos significados. Este segundo sentido del concepto de 'ambigüedad' debe distinguirse del sentido habitual que este término tiene en la lengua común.

Los mensajes que construimos diariamente contienen múltiples secuencias ambiguas, pero la ambigüedad se deshace (con escasas excepciones) porque intervienen factores relativos a la situación o al contexto inmediato. No existen, en cambio, criterios claros para determinar si una secuencia es anfibológica o no lo es. Así, la oración *El niño dice que él no es culpable* puede no ser confusa si sabemos que se habla de un solo niño (de modo que el referente de *él* será el susodicho niño), pero puede resultarlo si existen varios niños, o si han sido mencionadas otras personas, o si no se pronuncia señalando a alguien. Desde el punto de vista gramatical es suficiente con hacer notar que la oración es ESTRUCTURALMENTE AMBIGUA, y por tanto permite las dos interpretaciones, mientras que, si dijéramos *Él dice que el niño no es culpable,* solo tendríamos una. El que resulte o no anfibológica es un hecho relativamente externo al sistema gramatical, aunque no sea irrelevante desde el punto de vista de la eficacia comunicativa.

La mayor o menor ELEGANCIA de una construcción también se distingue de su gramaticalidad. Así, sabemos que los pronombres de primera persona deben ser los últimos en las series coordinadas (se dice *Mi padre y yo,* no *Yo y mi padre*). Pero esta regla conocida no constituye un principio gramatical, sino más bien una norma de cortesía. Si se infringe, no se obtiene una oración agramatical, sino una construcción poco apropiada o poco elegante. Supongamos que un alumno escribe en su redacción una secuencia como (13):

(13) No hay razón para que este trámite sea necesario para obtener autorización para salir al extranjero.

Cuando su profesor de lengua se la corrija, es muy probable que le sugiera que la cambie por alguna otra secuencia en la que no se repita tres veces la preposición *para* en un periodo tan corto. Desde luego, la secuencia (13) es «poco elegante», pero no podemos decir que sea agramatical. De nuevo, no es que el gramático teórico desprecie las consideraciones estilísticas, ni mucho menos que considere que no son importantes en la educación de los individuos. Sucede simplemente que la naturaleza lingüística de una restricción del tipo de «no es elegante repetir varias veces una misma preposición en un periodo corto» no es similar a la de una generalización del tipo de «el artículo precede siempre al sustantivo, sea de forma mediata o inmediata». Importa, pues, separar unas generalizaciones de otras, y delimitar con ello dominios distintos en el análisis de la combinatoria sintáctica.

Las secuencias que construimos combinando palabras pueden ser gramaticales y a la vez relativamente incomprensibles, si su significación no se ajusta a lo que independientemente sabemos sobre el mundo que nos rodea. Lo gramatical no es lo CIERTO, ni siquiera lo VEROSÍMIL. Las secuencias que se ajustan a los principios fundamentales de la gramática no tienen que denotar situaciones ciertas o verosímiles. Si leemos un poema surrealista y no somos capaces de entender su significado, no se nos ocurrirá decir que su autor debe aprender más gramática o que no domina bien el español. Las situaciones que se describen en las novelas fantásticas, en los cuentos o en las películas de animación tampoco se corresponden por lo general con lo que sabemos acerca del mundo que nos rodea. El asignar a los objetos, los animales o a ciertas nociones abstractas comportamientos que no les corresponden habitualmente no revela ninguna distorsión del lenguaje, sino más bien la capacidad que tienen los seres humanos para construir mundos imaginarios, algo que no solo los honra, sino que casi los identifica frente a los demás seres vivos del planeta.

No existe tanto acuerdo entre los lingüistas acerca de si forma parte o no de su tarea formular principios que regulen la posible contradicción de los mensajes o su coherencia interna. En la tradición lógica se denominan ANALÍTICAS las proposiciones cuya veracidad no se determina examinando las situaciones del mundo que pueden designar, sino el significado de las palabras que las forman. Así, para comprobar la veracidad de la afirmación *Ninguno de los solteros de mi pueblo está casado* no tenemos que visitar ningún pueblo, sino más bien un diccionario: si conocemos el significado de las palabras *soltero* y *casado* (junto con el del resto de las palabras de esa oración y los principios combinatorios que le dan sentido), comprobaremos que la secuencia es siempre verdadera. En esa misma tradición, se denominan secuencias SINTÉTICAS aquellas cuyo valor de verdad (aproximadamente «veracidad»), se obtiene comprobando las situaciones designadas. Si la secuencia propuesta fuera *Ninguno de los solteros de mi pueblo está enfermo,* y quisiéramos comprobar su veracidad, es evidente que tendríamos que obtener información de la realidad misma, es decir, tendríamos que recabar cierta información ajena a la estructura de esa oración y al significado de sus palabras.

En este libro introductorio no podemos detenernos en el concepto de 'analiticidad', que resulta sumamente intrincado y no poco polémico en construcciones más complejas que estas. No está claro en todos los casos si las informaciones que determinan la analiticidad las ha de proporcionar un diccionario o una enciclopedia. Tampoco es evidente cómo distinguir los casos en los que los rasgos de las piezas léxicas representan propiedades definitorias de las palabras, y aquellos otros casos en los que constituyen más bien asociaciones que se toman por esenciales cuando son más bien accidentales. Sea cual sea la respuesta a estas cuestiones, la gramaticalidad de las oraciones no depende de su veracidad, como hemos visto arriba. La distinción 'analítico-sintético' tiene gran interés para la semántica léxica, y especialmente para la filosofía del lenguaje, pero no es una distinción que se considere esencial en la determinación de los juicios de gramaticalidad.

Si consideramos el concepto de CONTRADICCIÓN, comprobaremos, en el mismo sentido, que resulta relativamente fácil de determinar en unos casos *(Los solteros de mi pueblo adoran a sus respectivas esposas; Me encanta la larga cabellera de mi amigo el calvo),* pero no tanto en otros *(Te quiero y no te quiero; Pepe es simpático y no es simpático; Tu vestido azul es verde).* Asimismo, también es fácil comprobar que ciertas secuencias son TAUTOLÓGICAS *(Los números impares son impares),* pero no es tan claro que otras que parecen serlo lo sean verdaderamente *(El señor alcalde es el señor alcalde; Si nos vamos, nos vamos; Una madre es una madre).* En la concepción más estricta de la noción de gramaticalidad, este concepto no se aplica a la contradicción, la autoconsistencia, la tautología y otras nociones análogas. En una concepción más amplia de la noción de gramaticalidad, podría abarcar también todos esos dominios, pero nótese que lo importante aquí no es otorgar una extensión mayor o menor al campo que queramos definir, sino determinar la naturaleza de los principios objetivos que necesitamos articular para definirlo. Es evidente que ningún fenómeno, sea natural o social, debe dejar de ser estudiado científicamente por alguna disciplina, pero eso no significa que avancemos en su comprensión por el solo hecho de ampliar un dominio bien caracterizado para incorporar a él nociones muy distintas cuya naturaleza no conocemos con igual profundidad.

Algunos han sugerido que, si tenemos criterios objetivos para caracterizar las secuencias GRAMATICALES, es decir, las que se ajustan al conjunto de principios que constituyen el sistema gramatical, también deberíamos tenerlos para asignar juicios de valor que nos permitieran caracterizar ciertas secuencias como cómicas, sarcásticas, irónicas, metafóricas o ingeniosas. Lo cierto es que resulta muy discutible que las generalizaciones que se pudieran obtener en estos casos pudieran ser formuladas en términos tan objetivos como las que (creemos que) caracterizan el sistema gramatical. Por otra parte, los factores que intervienen en los casos citados son en gran medida de naturaleza cultural (a veces, puramente artística), lo que ayuda a entender que los juicios de valor que cabe otorgar en todos estos dominios disten mucho de ser compartidos por la totalidad, o siquiera por la mayor parte, de los hablantes. Se trata, en cualquier caso, de cuestiones ampliamente estudiadas en ciertas ramas de la antropología, la psicología social, la sociología y la teoría literaria. Al excluirlas de sus objetivos inmediatos, el gramático no quiere decir con ello que no sean interesantes, sino más bien que los juicios de valor que corresponden a esas nociones tienen su origen en sistemas cognoscitivos y sociales distintos de los que constituyen la estructura de la gramática. Como en los casos anteriores, la parcelación de los dominios de conocimiento no se mide por el interés o el atractivo de las nociones examinadas, sino más bien por la naturaleza de los principios necesarios para entenderlas.

1.3.4. *La gramaticalidad y las condiciones del contexto*

La gramaticalidad de una secuencia se distingue de su PROPIEDAD O ADECUACIÓN. Cuando las secuencias infringen el primer requisito, es habitual marcarlas con un asterisco (*), como hemos explicado. Cuando infringen el segundo, es frecuente anteponerles el signo #. Así pues, una determinada oración puede estar bien construida de acuerdo con los principios de la gramática, y resultar sin embargo inapropiada. Esta inadecuación no se debe únicamente a que puede incumplir ciertos requisitos relativos al registro al que pertenece, a los que ya hicimos alusión arriba. Puede ocurrir también que no está correctamente vinculada con otras secuencias que la preceden o la siguen. Comparemos las dos oraciones de (14):

(14) a. La Primera Guerra Mundial empezó en 1914.
     b. En 1914 empezó la Primera Guerra Mundial.

El contenido de estas dos oraciones es aproximadamente equivalente, pero es fácil comprobar que no aportan la misma información y que no se usan en los mismos contextos. La primera nos habla de una guerra, mientras que la segunda nos habla de un año. Así pues, (14a) podría ser apropiada para contestar una pregunta como *¿Cuándo empezó la Primera Guerra Mundial?,* pero no a una pregunta como *¿Qué ocurrió en 1914?* Con la segunda oración ocurre exactamente lo contrario. En la sintaxis se suele llamar TEMA de la oración a «aquello acerca de lo que se habla» (es decir, *la Primera Guerra Mundial* en (14a) y *(en) 1914* en (14b)). Se suele llamar REMA a aquello que se afirma del tema (más detalles en los §§ 11.1 - § 11.3). Como hemos visto, si cruzamos los respectivos contextos que hemos propuesto para estas dos oraciones, comprobaremos que resultan INAPROPIADAS. Las secuencias seguirían siendo gramaticales, puesto que han sido construidas de acuerdo con los principios de la gramática, pero no las usaríamos adecuadamente, puesto que no están correctamente vinculadas con el resto del discurso.

Rodolfo Lenz, gramático chileno de principios del siglo pasado, hacía notar (Lenz, 1925) que una diferencia no trivial entre *César venció a Pompeyo y Pompeyo fue vencido por César* es que la primera oración pertenece a la biografía de César, mientras que la segunda pertenece a la biografía de Pompeyo. En cierto sentido tenía razón. Estas dos oraciones, aproximadamente equivalentes, pertenecen –como las anteriores– a discursos diferentes, lo que hace que no puedan ser intercambiadas. Ambas son gramaticales, pero pueden resultar inadecuadas si no se encajan correctamente en el discurso al que pertenecen.

La irregularidad de muchas secuencias no afecta tampoco a su gramaticalidad en los casos en los que el uso de determinadas partículas condiciona las EXPECTATIVAS que mantenemos sobre los estados de cosas. El lingüista francés Oswald Ducrot estudió en varios trabajos (Ducrot, 1972, 1973) la diferencia que existe entre los adverbios *poco* y *un poco*. Obsérvese que ambos resultan naturales en (15a), pero el primero disuena en (15b) y el segundo disuena en (15c):

(15) a. Juan ha trabajado {poco / un poco} este mes.
     b. La película resultó {#poco / un poco} aburrida.
     c. La película resultó {poco / #un poco} interesante.

Usamos «#» en estos casos, y no el asterisco, porque las oraciones anómalas podrían resultar naturales si cambiamos nuestras expectativas sobre las situaciones que se describen. Observe que *poco* en (15a) viene a significar 'menos de lo que esperaríamos'. Si aplicamos este sentido a (15b), obtenemos una inferencia según la cual esperamos alcanzar cierto grado de aburrimiento al ver las películas. Esta información no acaba de encajar en nuestras expectativas habituales sobre ellas, aun cuando alguien podría desear en algún caso un estado de cosas como el que se describe, y entonces la oración resultaría natural. Con *un poco* se obtienen inferencias opuestas, también cancelables si se alteran las expectativas del hablante. Consideremos ahora el par de (16):

(16) a. Quiero que María regrese pronto.
     b. *Quiero que María regresará pronto.

El asterisco que precede a la oración (16b) muestra que la fuerza de nuestro deseo no puede alterar su gramaticalidad. En cambio, la oración equivalente a esta resulta gramatical en italiano y francés. No importa que estemos convencidos de que nuestro deseo se hará realidad: la irregularidad de esta oración no está sujeta a una VALIDACIÓN CONTEXTUAL, por lo que le aplicamos en sentido estricto un juicio que establece su agramaticalidad, no su mera inadecuación.

Los dos conceptos que están en juego en el análisis de estos datos sencillos son, como puede verse, la ESTRUCTURA y el USO. El primero nos informa acerca de la manera en la que construimos las oraciones; el segundo nos informa sobre el modo en que las vinculamos con otras secuencias, o las situamos en el discurso. Recuérdese que los significados de las oraciones gramaticales pueden ser absurdos y hasta contradictorios. Las situaciones descritas pueden designar mundos inexistentes o inimaginables, pero su BUENA FORMACIÓN (recuérdese la pág. 13) es una propiedad lingüística que las convalida internamente desde el punto de vista del sistema gramatical al que pertenecen.

Aunque siempre es aconsejable separar, en la medida de lo posible, las consideraciones sobre la estructura de las consideraciones sobre el uso, existen algunos roces conflictivos. Mencionaremos uno de ellos. Los teóricos de la conversación estudian, entre otras cuestiones, las condiciones gramaticales que cumplen los conectores que vinculan las secuencias (*pero, antes bien, pues, en todo caso,* etc.) y las relaciones discursivas que establecen entre ellas. Se sabe que mientras que, en ciertos casos, el incumplimiento de estos principios altera las conexiones semánticas que se dan entre las oraciones sin provocar situaciones de agramaticalidad (como en (17)), otras veces da lugar, en cambio, a secuencias que parecen agramaticales, no meramente inadecuadas, como sucede en (18b):

(17) a. No lo vi, pero hablé con él.
    b. No hablé con él, pero lo vi.

(18) a. No es probable, pero es posible.
    b. No es posible, pero es probable.

La cuestión es polémica: mientras que unos gramáticos entienden que (18b) es una oración bien formada sintácticamente, pero irregular por razones discursivas (le asignaríamos, por tanto, el signo «#»), otros entienden que se trata de una oración agramatical, por lo que le corresponde el signo «*». El problema surge porque en (17) podemos oponer de varias maneras las acciones que allí se mencionan, mientras que el hecho de que el adjetivo *probable* designe una propiedad escalarmente superior a la que denota *posible* está fijado por el idioma, es decir, no está en función de la interpretación personal que cada hablante hace de esos conceptos. Para más detalles sobre los límites entre unos casos y otros, remitimos al detallado panorama que se presenta en Martín Zorraquino y Portolés (1999).

1.3.5. *Gramaticalidad y variación. Información externa e interna*

En el § 1.1 hemos mencionado el concepto de REGISTRO, y nos hemos referido a algunos tipos de VARIANTES lingüísticas. Ciertamente, cuando decimos de alguna expresión que es gramatical –esto es, que tiene cabida en el sistema gramatical–, nos referimos por lo general a alguna variante de éste. En la lingüística general se suelen distinguir cuatro tipos de variación: (i) la variación TEMPORAL (que suele llamarse DIACRÓNICA) es la que el idioma experimenta en su evolución; (ii) la variación GEOGRÁFICA (llamada comúnmente DIATÓPICA) es la que reconocemos al comparar dialectos del mismo idioma, o en general diferencias asociadas con las peculiaridades de cada región o de cada lugar; la variación SOCIAL suele dividirse en dos grupos: (iii) la variación DIASTRÁTICA es la que surge al comparar el habla de individuos que pertenecen a grupos sociales distintos o que tienen ocupaciones o profesiones diferentes; por último, (iv) la variación DIAFÁSICA es la que corresponde a los registros mencionados arriba, es decir, a las diferencias verbales originadas por la situación en la que se habla o se escribe, así como por las características de nuestro interlocutor.

Es evidente, por tanto, que los juicios de gramaticalidad pueden ser relativos a alguno de estos ejes. Así, veíamos antes que la oración (9a) no es posible fuera de la lengua conversacional, ya que el esquema gramatical que ilustra está restringido a ese registro. Son muchas las construcciones sintácticas del español que se limitan a alguna variante dialectal. Por ejemplo, las que contienen flexión condicional introducidas por conjunciones también condicionales (como en *Si yo tendría dinero*) se circunscriben por lo general al habla de Burgos, Santander, La Rioja, al español hablado en el País Vasco y al de algunas partes de Argentina; la concordancia de *ustedes* en segunda persona (como en *Ustedes lo sabéis*) se reduce al andaluz de ciertas zonas; las construcciones impersonales con *se* y objeto directo de cosa en lugar de pasiva refleja (como en [hablando de un libro] *Si se lo traduce correctamente*, en lugar de *Si se traduce correctamente*) son características del español hablado en el Río de la Plata y otras áreas americanas (las nociones de pasividad e impersonalidad se analizarán ampliamente en el capítulo 6). Lo mismo sucede en otros muchos casos.

Importa precisar que por *variación dialectal* entendemos simplemente aquí «variación geográfica». El término *dialecto* tiene a menudo connotaciones peyorativas, que se perciben en el simple hecho de que casi nadie reconoce «hablar un dialecto». Desde el punto de vista lingüístico es evidente que ninguna variedad de ninguna lengua es superior a otra cualquiera, sea cual sea el número de hablantes que la sustenten (Moreno Cabrera, 2000). Los lingüistas han insistido desde hace tiempo en que la diferencia entre lengua y dialecto está determinada por factores sociales (más concretamente, políticos) y no por razones científicas. No hay que buscarla, por tanto, en la naturaleza misma de las diferencias que oponen las variedades gramaticales o léxicas. En España se produce a menudo una paradoja raramente advertida: es habitual explicar «el español de América» en los cursos universitarios de dialectología, mientras que «el español de España» se desarrolla en las demás asignaturas (sintaxis, morfología, fonología). Lo cierto es que algunas de las variantes que se estudian en esos cursos de dialectología son mayoritarias en la lengua española, incluso en los registros formales. Al presentarlas en dichos cursos como «variantes dialectales» se interpretan indirectamente como opciones marcadas, frente a otras variantes de la «lengua general» que resultan ser, en cambio, minoritarias.

Veamos algún ejemplo. Las construcciones llamadas «de *que* galicado» (como en *Fue por eso que ocurrió el accidente*) son generales en el español de América, incluso en los registros formales, pero resultan casi desconocidas en el de España. Si la distinción lengua-dialecto se hiciera en términos numéricos, no podría aplicárseles, desde luego, la etiqueta de «variantes dialectales». De hecho, la variante que duplica la preposición, que es la preferida en España (como en *Fue por eso por lo que ocurrió el accidente*), viene a ser la minoritaria en el mundo hispánico. Con pocas excepciones, también se limitan generalmente a España la forma *vosotros* y sus variantes, la construcción «*nada más* + infinitivo» y algunas otras opciones igualmente raras en el español americano, o en ciertas variantes del europeo.

Algunos autores defienden la distinción entre lengua y dialecto en función de criterios estrictamente históricos, lo que resulta problemático en ciertos casos, puesto que sabemos que algunas opciones dialectales (del español, del italiano, del francés y de otras lenguas no románicas) son anteriores a las que se integran en la llamada *lengua general*. Otros limitan la categoría de 'lengua' a las variantes que tienen tradición literaria escrita, lo que relega automáticamente a la categoría de 'dialectos' a muchas lenguas africanas y asiáticas. En la lingüística sincrónica se insiste desde hace tiempo en que todas las variedades dialectales son iguales a efectos descriptivos. Las opciones lingüísticas consideradas «más prestigiosas» corresponden a variedades diafásicas unas veces y diastráticas otras, pero pocas veces puede decirse que las pautas sintácticas que corresponden a unas y otras encajen mejor en la estructura gramatical del idioma que aquellas que se consideran menos prestigiosas. A ello se añade que, como algunos sociolingüistas han señalado repetidamente, la identificación de una variedad lingüística como tal subsistema exige un alto grado de abstracción. De hecho, resulta infrecuente que dos personas que hablan el mismo idioma compartan la totalidad de su léxico y de su sintaxis. La tarea de identificar una «variedad lingüística» exige, por tanto, determinar qué conjunto de palabras y de construcciones garantizan la constitución objetiva de tal subsistema, lo que conlleva tomar una serie de decisiones a menudo arriesgadas.

Aceptemos, sin embargo, que la determinación de esas variedades es posible, aunque exija –como otras muchas distinciones– un cierto grado de idealización. En muchas de las descripciones de las variedades sintácticas del español (en particular, geográficas y sociales), se suele prestar más atención a la INFORMACIÓN EXTERNA que cabe establecer sobre esas construcciones que a la INFORMACIÓN INTERNA que podemos aportar sobre ellas. Forma parte de la información externa la relativa a las áreas geográficas en las que se localizan las construcciones que analizamos, al nivel cultural que tienen los hablantes que las usan, a los tipos de discurso (oral o escrito) en que las encontramos o a los periodos históricos en los que se documentan. La información interna es la que nos permite determinar cuál es su estructura sintáctica; averiguar si las pautas sintácticas que manifiestan están previstas en nuestras descripciones del sistema lingüístico o si, por el contrario, exigen modificaciones en él, y también restringir adecuadamente las posibilidades combinatorias que permiten dichas pautas a partir de la interacción de sus propiedades sintácticas con las del resto del sistema gramatical.

Aunque resulta más frecuente centrarse en la perspectiva externa que en la interna, en este libro nos interesará más el punto de vista interno. Es fácil encontrar ejemplos que ilustren la diferencia. Supongamos que nos enfrentamos con una oración que comience por las palabras *Transcurrido que hubo un año...* Es probable que resaltemos inmediatamente que pertenece a un registro elevado, incluso literario, y quizá que la construcción resulta ya arcaica. Tal vez no nos hagamos, en cambio, preguntas como las siguientes: ¿Qué clase de anteposición del participio es esta?; ¿qué lugar ocupa en el sistema gramatical la anteposición del participio?; ¿a qué posición sintáctica se antepone el participio y en qué casos puede hacerlo (aun dentro del registro formal)? Estas preguntas no tienen respuesta fácil, pero todas corresponden a lo que hemos llamado *información interna*. Son, ciertamente, las preguntas que debemos hacernos si queremos entender la sintaxis de esta construcción.

En la comparación de la información externa con la interna no importa demasiado que la variación que consideremos sea geográfica, histórica o social. En la lengua coloquial de ciertas zonas de Venezuela, de Colombia y de Ecuador se usan expresiones como *Comía era papas* con el sentido de 'lo que comía era papas' (Sedano, 1990, entre otros trabajos). Las preguntas del tipo externo serían estas: ¿En qué zonas exactamente?; ¿qué nivel cultural tienen los hablantes que las usan?; ¿se encuentran alguna vez esas expresiones en la lengua escrita?; ¿cuál es el origen de la construcción? Una pregunta de tipo interno sería, en cambio la siguiente: ¿Es posible elidir un pronombre relativo en una estructura escindida? (más detalles sobre el concepto de *estructura escindida* en el capítulo 11). Si la respuesta es «sí», nos plantearíamos la pregunta siguiente: ¿Qué consecuencias tendría este proceso para la teoría sintáctica? Si la respuesta es «no», la pregunta interna relevante sería esta otra: ¿Cuál es exactamente la estructura sintáctica de esta oración?

Como vemos, las informaciones externas y las internas apuntan en direcciones muy diferentes: las externas nos ayudan a relacionar las variantes lingüísticas con los hablantes y con las situaciones en las que se usa el idioma; las internas, por el contrario, nos ayudan a entender el sistema gramatical que ponen en funcionamiento al usarlo.

Así pues, los juicios de gramaticalidad son relativos a las variantes del sistema que consideremos. Es frecuente que una determinada construcción sintáctica sea gramatical en alguna de esas variantes (es decir, pertenezca a ellas), pero no sea admisible en otras. El gramático debe estar familiarizado con el mayor número posible de esas estructuras, pero aun así debe resaltarse que los sistemas gramaticales y sus variantes son, en lo fundamental, propiedades de los individuos. Un hablante culto que domine varios registros tendrá acceso a varios subsistemas y sabrá pasar de uno a otro en las situaciones adecuadas. El que solo conozca alguna de las opciones (no importa ahora si es mayoritaria o no, formal o coloquial) sentirá tal vez como ajenas las demás.

Se confunde a veces la vertiente social de estas consideraciones con la estrictamente científica. Desde la primera, es parte fundamental de la educación de los individuos, como es obvio, el que aprendan a manejar registros diferentes y a distinguir las opciones características de la lengua estándar de las variantes que se consideran marcadas. Desde la segunda vertiente, todas las opciones (desde las más prestigiosas hasta las más estigmatizadas) representan manifestaciones de sistemas gramaticales bien definidos, coherentes e igualmente merecedores de ser investigados. El que unas opciones lingüísticas se consideren –en todas las sociedades modernas– más prestigiosas que otras no significa, desde luego, que ese prestigio se transmita necesariamente a los hablantes que las emplean. El que otros individuos se expresen con variantes gramaticales o léxicas minoritarias o «menos cultas» tampoco dice nada acerca de su dignidad, y mucho menos pone en tela de juicio la coherencia de los sistemas gramaticales que las hacen posibles.

De las reflexiones anteriores se deduce claramente que, cuando preguntamos si es gramatical en español una determinada construcción, solemos centrarnos en el significado de la expresión *es gramatical,* pero a veces omitimos las varias interpretaciones que puede tener la expresión *en español*. Una interpretación posible es entender que la pregunta se refiere al español estándar; otra posibilidad es entender que se refiere a una variante particular que estamos analizando (digamos, la de una región o la de una época determinada); la tercera posibilidad es entender que la pregunta alude a una cualquiera de las variantes (geográficas, históricas o sociales) del español.

Si alguien me pregunta por la gramaticalidad de una secuencia y contesto que me parece agramatical, mi interlocutor podría tal vez replicarme: «No me refiero a tu español. Me refiero al español». En esta respuesta (ciertamente, poco cortés) parece entenderse por *español* «el español estándar actual», pero también podría ser «el conjunto de todas las variantes que esta lengua permite y ha permitido a lo largo de su historia y a lo ancho de su extensión geográfica». Este último es un concepto difícil de interpretar (más aún de evaluar) en la investigación gramatical, y no solo por el hecho evidente de que esa información no está disponible para nadie. Es más importante resaltar que tal *suma de subsistemas* contiene pautas sintácticas mutuamente excluyentes. Sabemos que algunos esquemas que eran posibles en alguna etapa del idioma (por ejemplo, el correspondiente a la secuencia *Lo no vi,* posible en el español medieval) dejaron de serlo en otra porque no encajaban en estructuras formales no configuradas antes. Lo mismo cabría decir de algunas opciones dialectales. Los sistemas gramaticales no se articulan, pues, sumando o superponiendo conjuntos de variantes.

Como hemos señalado arriba, la noción de 'gramaticalidad' tiene sentido desde una concepción INTERIORIZADA del idioma, es decir, en una concepción de la lengua como propiedad del individuo (más detalles en el capítulo 2). Los sistemas lingüísticos son en mayor o menor medida compartidos por nuestros interlocutores, pero nunca lo son en su totalidad. Parece difícil, por tanto, estudiar la gramaticalidad de las construcciones en una concepción EXTERIORIZADA del idioma, puesto que ello nos forzaría a entender que todas las variedades juntas, incluso las mutuamente excluyentes, constituyen un solo sistema gramatical.

Supongamos que la secuencia que nos había propuesto nuestro interlocutor para que emitiéramos nuestro juicio de gramaticalidad fuera esta: *Es un concienzudo trabajo e interesante.* Cualquier hablante que trate de procesar esta oración la percibirá como anómala. Más aún, es muy probable que sugiera inmediatamente algún posible sustituto, que seguramente será *Es un trabajo concienzudo e interesante.*

Antes de continuar, importa precisar que el sugerir un sustituto para las secuencias anómalas con las que nos topamos no constituye ninguna prueba de que comprendamos la naturaleza de su anomalía, sino más bien una reacción natural de los seres humanos que está entroncada con los principios de la llamada *psicología gestáltica.* Ciertamente, tendemos a asignar formas conocidas a los objetos informes (nubes, manchas de tinta, etc.) que aparecen ante nuestra vista. Nuestra propuesta de oración sustitutiva será seguramente inmediata, pero el hecho de proponerla no revelará nada acerca de nuestro conocimiento del sistema gramatical, de forma parecida a como el percibir semejanza entre una nube y un elefante no revela nada sobre nuestros posibles conocimientos acerca de la psicología de la percepción.

Propongamos o no sustituto para la secuencia anómala, el reconocerla como tal de forma intuitiva pone de manifiesto que las pautas con las que está construida no tienen cabida en el sistema gramatical que manejamos de forma inconsciente. Como vimos detalladamente en el primer apartado, nuestro rechazo a la oración propuesta no se debe a que no la recordamos, sino a que no la reconocemos. En términos descriptivos, diríamos que no es posible coordinar un adjetivo prenominal con otro posnominal, lo que deberá deducirse de las propiedades de las estructuras coordinadas, si la teoría de la coordinación que propongamos está correctamente formulada. Pero supongamos que nuestro interlocutor nos dice que esta extraña secuencia es gramatical en español. Si insistimos en que a nosotros no nos lo parece, puede que aduzca –tal vez de manera triunfante– que no tenemos razón. Nos podría decir que esa pauta aparece en Fernando de Herrera *(con inmortales versos y sagrados),* en Garcilaso de la Vega *(a la pesada vida y enojosa)* y en otros autores literarios del Renacimiento y del Siglo de Oro (ejemplos procedentes de Franchini, 1986: 158-161). De hecho, esta construcción recibe el nombre de *traiectio,* y constituye un recurso retórico de la literatura clásica.

Nuestro interlocutor nos ha presentado datos reales que corresponden a la misma pauta de la secuencia con la que dábamos comienzo a este apartado. La información que nos ha suministrado es interesante (aunque resulte poco familiar para los no especialistas en la gramática de la coordinación), pero lo cierto es que no nos ha demostrado que el dato que rechazábamos representase una pauta de la gramática española. Nuestro rechazo estaba, desde luego, bien fundamentado, más aún cuando la *traiectio* parece ser resultado del calco de estructuras latinas por parte de algunos poetas clásicos bien familiarizados con esa lengua, lo que viene a significar que nunca pasó a estar integrada en el español general. Pero aunque no fuera así, nuestro juicio de gramaticalidad era correcto y legítimo, puesto que se basaba en nuestra reacción como hablantes, esto es, como poseedores de un sistema lingüístico interiorizado y compartido. Los juicios de gramaticalidad tienen sentido, en consecuencia, como manifestación de la forma en que reacciona un sistema interno bien articulado ante el procesamiento de estructuras para las que está o no está preparado. Otras muchas informaciones cobran sentido como parte de nuestra formación lingüística (o simplemente cultural). Esta formación es, sin duda, necesaria, pero sus contenidos no son asimilables a los que constituyen el sistema gramatical que manejamos como hablantes.

1.3.6. *La semigramaticalidad*

Los gramáticos modernos usan con frecuencia signos de inestabilidad, como «?» o «??» cuando comprueban que las secuencias juzgadas no pertenecen claramente al sistema gramatical, pero tampoco es evidente que estén absolutamente fuera de él. Se dice a veces que estas secuencias son semiaceptables, pero si se recuerda lo apuntado en las secciones anteriores acerca de la diferencia entre gramaticalidad y aceptabilidad, debería decirse que son 'semigramaticales'. Así, mientras que la negación explícita es compatible con el adverbio *todavía* con verbos no durativos en expresiones como *No creo que haya llegado todavía,* la negación implícita que se esconde en el verbo *dudar* no es claramente compatible con la presencia de este adverbio *(??Dudo mucho que haya llegado todavía),* pero tampoco puede decirse que sea radicalmente incompatible con ella, como lo es la ausencia de negación que percibimos en **Ha llegado todavía.*

La investigación sobre prototipos ha mostrado en los últimos años que muchas entidades son OBJETIVAMENTE INESTABLES, en el sentido de que no encajan claramente ni dentro ni fuera de nuestras clasificaciones. Existen muchos ejemplos conocidos. Clasificaremos como pájaros un jilguero y un canario, pero no tan claramente un pingüino; como juguetes, una muñeca o un tren eléctrico, pero no tan claramente un columpio; como muebles, un sofá o una mesa, pero no tan claramente una lámpara o un televisor (aunque tal vez sí cuando la caja es de caoba).

Algunos estudiosos entienden que tales medias tintas no tienen sentido en los sistemas taxonómicos, y que los casos que llamamos «dudosos» representan simplemente situaciones que no se ajustan a los condiciones establecidas en cada clasificación. Sin embargo, los gramáticos usan ocasionalmente los signos «?», «??» y «?*», pero no puede decirse que tengan una teoría bien articulada de las nociones que esos signos pretenden representar. En cierto sentido, tales signos muestran tanto la inestabilidad de las construcciones analizadas como nuestra propia ignorancia ante las razones últimas de esa irregularidad.

Todos estos factores han llevado a pensar a algunos que el problema tendría fácil solución si desecháramos por completo el concepto de 'gramaticalidad', e incluso el acceso a la introspección como fuente de datos. Se trata de propuestas radicales, aunque no infrecuentes, que en nuestra opinión no están bien fundamentadas. En la sección siguiente explicaremos por qué.

1.4. Las fuentes de los datos

1.4.1. *Datos producidos y datos construidos*

Una de las cuestiones polémicas que más claramente divide a los lingüistas, y especialmente a los gramáticos, en nuestros días es la legitimidad que dan a las fuentes de sus datos. Algunos entienden que el lingüista no está legitimado para construir él mismo los datos que considera relevantes para su estudio, aun cuando sea hablante nativo de la lengua que está analizando, ya que –según argumentan– ello lo haría aparecer a la vez como juez y como parte. Esos estudiosos entienden que solo es legítimo analizar datos ya producidos, es decir, recoger textos o grabaciones de procedencia diversa, siempre que no hayan sido construidos a propósito por el investigador. Otros muchos lingüistas entienden, sin embargo, que la INTROSPECCIÓN propia o ajena es una fuente adecuada para obtener datos lingüísticos, siempre y cuando se utilice con las garantías debidas, es decir, suponiendo que el investigador no fuerza deliberadamente sus datos para apoyar con ellos hipótesis poco firmes.

La mayor parte de los gramáticos tradicionales del español (Salvá, Bello, Gili Gaya, etc.) combinaban los datos obtenidos de textos diversos con los que ellos mismos inventaban. Seguramente nadie les censuró nunca esta práctica, ya que los ejemplos inventados por ellos estaban construidos con buen criterio y no resultaban forzados a los ojos del lector, además de porque eran relativamente simples en la mayor parte de los casos. Algunos de los lingüistas (no precisamente generativistas) que más detalladamente han descrito el inglés y el español en la segunda mitad del siglo pasado, como es el caso de Dwight Bolinger, hacían también uso frecuentísimo de esta estrategia. Así, la mejor descripción de las palabras que indican gradación e intensificación en la lengua inglesa –y probablemente en cualquier lengua– es Bolinger (1972). Este libro contiene, literalmente, miles de ejemplos inventados por su autor. Naturalmente, los ejemplos están construidos con excelente juicio y son producto de la destacadísima sensibilidad lingüística que caracterizaba a Bolinger. Varias de las gramáticas descriptivas y de referencia contemporáneas siguen la misma pauta, entre ellas las del inglés (Quirk y otros, 1985; Huddleston y Pullum, 2002), la del italiano (Renzi y otros, 1988-1995), la del alemán (Engel, 1988), la del español (Bosque y Demonte, 1999) y la del catalán (Solà y otros, 2002). Eso no significa, desde luego, que los datos construidos no puedan ser inadecuados en alguna ocasión, sino más bien que las ventajas de la introspección como fuente de datos superan en mucho a sus riesgos potenciales.

Como es lógico, la introspección propia ha de estar contrastada con la ajena, y cuanto más riguroso sea este contraste, mayores serán las garantías de objetividad. La dialectología tradicional se ha basado siempre en la introspección ajena, es decir, en encuestas en las que el investigador anotaba las opciones que sus informantes le proporcionaban y las contrastaba con las respuestas de otros encuestados. Los riesgos de este procedimiento son evidentes, pero se aceptaron siempre, a la vez que se procuraba controlar la objetividad del proceso. La introspección ajena es también aceptada en psicología y en ciertas ramas de la sociología y de la antropología, de nuevo con los controles y las garantías requeridos.

Es probable que en el rechazo de algunos lingüistas a la legitimidad de la introspección –incluso a la más controlada– subyazca indirectamente su rechazo a otorgar un estatuto mental al sistema lingüístico. Ciertamente, si el sistema gramatical no estuviera interiorizado por los hablantes y no formara parte de su propia naturaleza, carecería enteramente de sentido preguntarles por sus reacciones ante determinadas combinaciones de palabras: si el idioma constituye tan solo un instrumento externo con el que los individuos han de familiarizarse porque les resulta necesario (como, por ejemplo, la legislación o la mayor parte de las convenciones sociales), no tendrá sentido acudir a ellos para que proporcionen juicios sobre sus aspectos más intrincados, puesto que la sociedad tendrá sus propios expertos en el sistema que ella misma ha creado.

Suele decirse que los datos obtenidos de un corpus, es decir, de un conjunto de textos, son siempre más objetivos que los obtenidos de la introspección. Se olvida a veces, sin embargo, que cuando el lector es hablante nativo filtra sistemáticamente por ella los textos que aparecen ante su vista. Reacciona, pues, ante ellos, en lugar de limitarse a dar fe de su existencia, a diferencia de lo que haría, por ejemplo, un ordenador. Así, el que encuentra en *El Quijote* un adjetivo en femenino como atributo de una oración sustantiva (*es tan buena la justicia, que es necesaria que se use aun entre los mesmos ladrones* [*Quijote,* 2.ª parte, cap. LX]) no deduce que esta era la concordancia habitual en el Siglo de Oro, sino que entiende que el femenino en *necesaria* es un posible error de Cervantes, provocado por la proximidad del sustantivo *justicia.* Se trata, pues, de un juicio del hablante realizado a través de su propia introspección. El gramático español Salvador Fernández Ramírez no analizaba en su gramática (Fernández Ramírez, 1951) más que los ejemplos procedentes de textos, pero cuando los textos mostraban combinaciones que no se ajustaban a lo esperable en el sistema lingüístico, lo hacía notar con recursos diversos. De nuevo, se trata de otro juicio basado en la introspección del lingüista cuando es hablante nativo de la lengua a la que pertenecen los datos.

En realidad, somos siempre los hablantes los que percibimos particularidades en los textos: sentidos infrecuentes, juegos de palabras, usos estilísticos diversos, etc. Ninguno de estos efectos podría percibirse si los textos no se contrastaran implícitamente con las previsiones que esperamos de algún sistema lingüístico interiorizado. Como hablantes, sabemos que si no filtráramos los datos externos por nuestro conocimiento del idioma, resultaría casi imposible interpretarlos. Como lingüistas, también hacemos un proceso implícito de selección, interpretación y análisis cuando nos enfrentamos a los datos que proporcionan los corpus de textos. De hecho, se ha señalado en varias ocasiones que los ordenadores no pueden interpretar las combinaciones únicas encontradas en los corpus. Una combinación única (esto es, encontrada una sola vez) puede representar una pauta estable en el sistema gramatical, o bien un efecto estilístico buscado por el autor, o bien un simple error. Siempre es el hablante (en este caso, el lingüista que analiza su propia lengua) el que decide entre estas opciones, y lo hace en función del conocimiento interiorizado que tiene del idioma.

Los datos obtenidos de textos o grabaciones son complementarios de los que proceden de la introspección. Por un lado, la introspección resulta ser un recurso insuficiente para ciertas tareas, en particular para obtener paradigmas léxicos exhaustivos o para precisar las características específicas de algunas construcciones inestables. Los textos también ponen de manifiesto la existencia de variantes en las que el investigador puede no haber pensado, así como mostrarle conexiones entre estructuras sintácticas que no habían pasado por su cabeza. Es aconsejable, por tanto, combinar ambas fuentes de datos en la medida de lo posible.

Una crítica frecuente a los gramáticos que construyen sus propios ejemplos consiste en achacarles que trabajan con «datos de laboratorio» en lugar de con «datos reales». La clave de la crítica radica en el significado que le demos al concepto de 'realidad', y también al de 'laboratorio'. En la sección siguiente examinaremos muy brevemente ambas nociones.

1.4.2. *Por qué tiene sentido analizar lo que no decimos. Experimentación y análisis gramatical*

La EXPERIMENTACIÓN tiene una enorme importancia en las ciencias de la naturaleza. Cuando el objeto de estudio es accesible, y los experimentos no contradicen principios éticos evidentes, la experimentación resulta esencial, puesto que nos permite situar los objetos de estudio en condiciones especiales, generalmente no accesibles a la observación directa, que muchas veces nos revelan sus propiedades ocultas. La experimentación –a menudo realizada en laboratorios, pero no solo en ellos– en los campos de la física, la química o la medicina ha aportado, como sabemos, un altísimo porcentaje de nuestros conocimientos sobre esas disciplinas. Así, si evitáramos la experimentación en biología o en zoología, nos limitaríamos a estudiar dibujos, fotografías o películas de animales y plantas. Ciertamente, ningún investigador de esas ciencias defiende tal estrategia, puesto que se sabe muy bien que una gran parte de nuestros conocimientos actuales sobre el mundo natural no proceden solo de la observación, sino que han sido obtenidos de la experimentación.

También algunas ramas de varias ciencias sociales (particularmente la psicología, la sociología y la antropología) hacen uso frecuente de los experimentos como recursos para obtener datos no observables en condiciones normales. Otras, en cambio, como la economía, no hacen uso de ellos en la misma medida. Algunos especialistas entienden que la investigación gramatical sobre lenguas y estados de lengua actuales (es decir, no sobre sistemas lingüísticos ya desaparecidos) debería basarse en la observación y la interpretación de lo observado, y no en la experimentación. Otros muchos (entre ellos, los autores de este libro) entienden, por el contrario, que también en nuestra disciplina la experimentación aporta información valiosísima que no se deduce simplemente de la observación.

Se ha hecho notar repetidamente que la introspección –sea propia o ajena– proporciona un tipo de datos lingüísticos que no es posible obtener por otros medios. Se denominan DATOS NEGATIVOS. Los datos negativos, como las secuencias que contienen marcas de agramaticalidad, son datos que muestran estados de cosas que no existen. Para el lingüista resultan fundamentales porque le ayudan a establecer los límites combinatorios de las palabras, en definitiva para perfilar mejor el sistema gramatical que trata de entender.

Algún crítico de estas estrategias podría tal vez hacer notar que las afirmaciones posibles sobre los estados de cosas inexistentes son infinitas. Ciertamente, es infinita (o ilimitada) la serie de objetos que no están en mi mesa en este momento y también lo es el conjunto de personas a las que ahora no estoy mirando. Pero los datos negativos no constituyen listas infinitas de estados de cosas inexistentes, sino datos experimentales que resultan ser cruciales para entender las propiedades de los seres. Supongamos que estamos en una clase de física sobre el concepto de 'equilibrio'. El profesor propone como ejemplo un taburete de tres patas y pide a los alumnos que demuestren que las tres patas son necesarias para que el taburete se mantenga de pie. ¿Cómo podríamos demostrarlo? Existe una forma relativamente simple de hacerlo: podemos quitarle una pata. Si quitamos una pata al taburete y comprobamos que no puede mantenerse estable, habremos demostrado lo que pretendíamos. Ello debería dar lugar a una reflexión ulterior sobre el papel que desempeñaba la pata suprimida y sobre el hecho de que hayan de ser tres puntos, y no dos, los que definen un plano. Pero supongamos que alguien nos formula la siguiente pregunta: «¿Por qué analiza usted los taburetes de dos patas cuando sabemos que no existen?». Podríamos replicar razonablemente a nuestro interlocutor diciéndole que su pregunta no estaba bien formulada. Nuestro objetivo no era analizar los taburetes de dos patas, sino determinar las condiciones que deben cumplir los taburetes para ser taburetes.

Como es fácil comprobar, en la tarea que nos hemos asignado cumple un papel fundamental la experimentación, que no es sino la comprobación de la forma en que reaccionan los objetos que estudiamos ante las situaciones en las que los hacemos aparecer. Esas situaciones no son nunca inocentes: están determinadas por nuestras expectativas sobre ellos, y lo cierto es que nos permiten sacar a la luz sus propiedades, a veces de forma indirecta. Veamos un ejemplo sencillo. En los pares de ejemplos siguientes llama la atención que una de las seis combinaciones previstas sea imposible:

(19) a. Lo quiere para {mí / ti / sí}.
　　　b. Lo quiero para {mí / ti / *sí}.

En (19) tenemos, pues, cinco DATOS POSITIVOS y un DATO NEGATIVO. Nótese que el que el pronombre *lo* designe una cosa o una persona no tiene aquí la menor importancia. Lo que importa es que los pronombres de primera persona *mí* y *ti* pueden ser reflexivos o no serlo, pero el pronombre *sí* lo es necesariamente. El EXPERIMENTO de (19b) consiste en forzar una situación en la que el sujeto del verbo esté en una persona diferente de la que el pronombre muestra. La persona del verbo *(quiero)* es la primera, mientras que la del pronombre *(sí)* es la tercera. Hemos mostrado, pues, de manera muy sencilla, que esta variación en el verbo no afecta al pronombre de primera y segunda persona, pero sí al de tercera. El dato negativo representa, pues, una «situación inexistente» (en cierta forma, como también era «inexistente» el taburete de dos patas), pero lo cierto es que nos da la clave sobre las diferencias que oponen ciertos pronombres de tercera persona a los de primera y segunda. Como es lógico, cabe pensar en experimentos igualmente simples para determinar los rasgos de otros pronombres, sean tónicos o átonos.

Veamos otro ejemplo, esta vez sin relación con los pronombres. Supongamos que analizamos la oración *Desde aquí hay una vista espectacular*. Es posible que no nos percatemos inmediatamente de que la expresión *desde aquí* es un complemento del sustantivo *vista,* y no del verbo *hay*. Esta relación es posible porque muchos nombres asociados con la percepción tienen complementos de origen, como en *El ruido desde el fondo del salón* o en *Una ojeada desde mi ventana*. Si construimos la secuencia agramatical *Desde aquí hay un lago espectacular,* habremos comprobado que la relación entre *vista* y *desde* era esencial en la oración que tratábamos de explicar. Naturalmente, todavía no hemos analizado esa oración, y tampoco hemos explicado por qué estos nombres de percepción tienen complementos de origen, es decir, complementos típicos de los predicados de movimiento *(viajar, salir, caer...)* o de extensión *(extenderse, ir, abarcar...)*. No emprenderemos ahora estas tareas. Basta con señalar que un dato negativo –es decir, una «oración inexistente»– nos ha puesto en la pista correcta.

Los datos negativos aparecen ocasionalmente en los análisis tradicionales, y muy a menudo en los estudios estructuralistas, pero se asocian más frecuentemente con la gramática generativa porque al concepto de 'gramaticalidad' se le asigna un estatus teórico bien definido en esa corriente, como explicaremos con detalle en el capítulo siguiente. Los datos negativos raramente tienen sentido cuando se analizan textos literarios (y en general objetos artísticos), por la razón evidente de que la manipulación de las obras de arte no nos ilumina necesariamente sobre su naturaleza o sobre las condiciones culturales y personales que las han hecho posibles. Tampoco tienen sentido en la investigación histórica, salvo tal vez en los contadísimos casos en los que se conocen muy detalladamente los paradigmas léxicos o morfológicos y los límites combinatorios de las palabras.

En lo que respecta específicamente a la investigación sintáctica sincrónica, los datos negativos son, efectivamente, «datos de laboratorio», como se hacía notar en § 1.4.1, es decir, datos que provienen de la idea de que la experimentación científica nos pone en la pista de las propiedades fundamentales de las cosas.

1.4.3. *Abstracción y experimentación*

Como hemos señalado, muchas de las propiedades esenciales de los objetos que se analizan en las ciencias de la naturaleza no están a la vista. Al contrario, con mucha frecuencia saltan a la luz cuando los hacemos reaccionar ante otros elementos con los que no suelen estar en contacto frecuente. La experimentación constituye, pues, la forma habitual de obtener informaciones cruciales en las ciencias, pero importa resaltar además que los experimentos se construyen a menudo situando los objetos analizados en situaciones infrecuentes. Cuando un médico o un biólogo cultivan linfocitos en un medio rico en selenio están «construyendo un estado de cosas infrecuente», puesto que los linfocitos no se suelen encontrar en ese medio en la naturaleza. Si lo hacen, es porque de esa experimentación obtendrá una propiedad fundamental de tales células, según resulten o no infectadas en ese nuevo estado por el virus de la inmunodeficiencia. Cuando el gramático construye secuencias complejas que probablemente no se escuchan a diario, también está «construyendo un estado de cosas infrecuente», y lo hace porque esa «nueva situación» le permitirá descubrir alguna propiedad fundamental de tales unidades.

Se critica a veces a los gramáticos que construyen sus propios ejemplos a partir de combinaciones sintácticas poco habituales con el argumento de que esas secuencias «no las diría nadie». Nótese que este razonamiento viene a postular indirectamente que los estados de cosas que son objeto de análisis experimental y los que proporciona la simple observación han de coincidir. Sin embargo, las estructuras abstractas que forman parte del trabajo diario de los químicos, los biólogos, los astrónomos y hasta los arquitectos o los economistas no se obtienen de la observación ni «las encontraría nadie» paseando por la calle. Los datos construidos son el resultado de un cierto proceso de idealización que los desprovee de todo aquello que no es esencial para el experimento, con el fin de aislar las propiedades que resultan ser verdaderamente distintivas. El siguiente razonamiento de Philip Carr (2000: 72) resulta particularmente oportuno a este respecto (la traducción es nuestra):

> Cuando el físico habla de planos sin fricción, no se compromete con la existencia de tales cosas en el mundo de nuestra experiencia diaria; por el contrario, postula tales planos precisamente porque no aparecen en nuestra experiencia diaria. El motivo de proceder así es aislar ciertos aspectos de la realidad (en este caso, la conservación de la energía, la fuerza, la masa y la aceleración), así como separarlos unos de otros y también de otros diferentes (por ejemplo, la pérdida de energía y la desaceleración ocasionadas por la fricción). Al realizar este tipo de idealización, el físico puede construir una explicación de la relación y la interacción entre fuerza, masa, aceleración, fricción y pérdida de energía. Sería completamente irracional oponerse a esta estrategia metodológica (como han hecho varios filósofos y científicos positivistas) sobre la base de que constituye una idealización inaceptable que divorcia la investigación teórica de la realidad diaria, los datos de los sentidos («observacionales»), y se embarca en una reificación inaceptable de nociones como 'fuerza', además de postular nociones no existentes y demasiado abstractas como la de 'conservación total de energía'.

Aunque no suele resaltarse esta diferencia, es fundamental distinguir entre los datos construidos que resultan infrecuentes en la experiencia cotidiana por las razones expuestas arriba, y esos otros datos forzados que de vez en cuando aparecen en algunos trabajos de gramática como ilustración de estructuras que resultan ser inexistentes. Lo primero es desarrollar una forma de idealización que resulta habitual (y hasta necesaria) en todas las ciencias. Lo segundo, si se produce efectivamente, es engañar.

Existen, finalmente, otros lingüistas que aceptan las pautas de comportamiento científico que hemos esbozado, pero lo hacen para otras ciencias, no para la del lenguaje, ya que entienden que no se deben trasladar a las ciencias humanas las pautas metodológicas características de la investigación en las ciencias de la naturaleza. El lenguaje sería un sistema «mal definido» en el que las múltiples anomalías históricas y culturales imposibilitarían la búsqueda de regularidades más

allá de ciertas tendencias estadísticas. En su estadio más crítico, estas actitudes indeterministas niegan incluso radicalmente la existencia misma del sistema gramatical. Se trata de puntos de vista apriorísticos que no es posible refutar más que
con la investigación detallada de ese sistema en función de principios teóricos
bien articulados, así como con la presentación objetiva de los resultados obtenidos. Todo ello suponiendo que existe alguna forma racional de refutar las actitudes apriorísticas ante cualquier estado de cosas.

1.5. Lecturas complementarias

• La mayor parte de las introducciones a la lingüística presentan la sintaxis como
parte esencial de la gramática. Existen numerosos manuales introductorios a la
lingüística general –algunos ya clásicos– que presentan diversos grados de dificultad. Pueden mencionarse entre ellos Fromkin y Rodman (1974), O'Grady y
otros (1992), Alonso-Cortés (1993), Simone (2003), Moreno Cabrera (1994),
Jannedy y otros (1995), Radford y otros (1998), Fromkin (2000), Hudson
(2000), etc. Adoptan un enfoque más específico sobre la lingüística hispánica los
textos de Azevedo (1992) y Hualde y otros (2001).

• De las relaciones entre sintaxis y morfología se ocupan, entre otros, Aronoff
(1976), Selkirk (1982), Di Sciullo y Williams (1987), Spencer (1991), Lieber
(1992), Halle y Marantz (1993), Dressler y otros (1997), Spencer y Zwicky (1998:
Parte II, caps. 8-10), Ackema y Neeleman (2004), Booij (2005) y Li (2005). Tratan específicamente del español Varela (1990) y Piera y Varela (1999). Las relaciones entre fonología y sintaxis son más complicadas y han recibido menos atención.
La compilación de Inkelas y Zec (1990) proporciona diversos enfoques. Por el
contrario, las relaciones entre sintaxis y semántica son más numerosas y están relativamente bien estudiadas, por lo que nos referiremos a ellas a lo largo del texto.
Entre las introducciones accesibles a la semántica léxica se encuentran Cruse
(1986) o los capítulos pertinentes de Espinal y otros (2002). Para la semántica
composicional pueden verse, además de este último título, los manuales recientes
de García Murga (2002) y Escandell (2004), ambos en nuestra lengua, así como
Portner (2005a), y también los más avanzados de Larson y Segal (1995), Heim y
Kratzer (1998) o Chierchia y McConnell-Ginet (1990 [²2000]). Sobre la relación
entre léxico y sintaxis, véase la sección final del capítulo 5.

• La noción técnica de 'gramaticalidad' se debe al fundador de la gramática generativa, Noam Chomsky (véase sobre todo Chomsky, 1957 y 1965), quien la opone a
la de 'aceptabilidad'. Su interrelación, así como las nociones conexas de grados de
gramaticalidad, diversos criterios de verificación experimental de estas nociones y
los juicios asociados a ellas han dado lugar a numerosos debates a lo largo de los
años. Véase al respecto el excelente trabajo de Schütze (1996). Otras referencias recientes, desde distintos puntos de vista, son Kac (1992), Bard y otros (1996), Klavans y Resnik (1996), Cowart (1997), Keller (2000) y Sorace y Keller (2003).

• Existen en el mercado numerosos manuales y guías de gramática normativa y de
español correcto, como por ejemplo los de Gómez Torrego (2002) o Sarmiento

(1997). Recientemente se ha publicado un diccionario de dudas que contiene mucha información gramatical: RAE-Asociación de Academias de la Lengua Española (2005). En una línea similar, gozan de gran popularidad los libros o manuales de estilo de distintos periódicos, emisoras de radio y televisión, así como de agencias informativas (*El País* 1990, Prensa Española 1993, etc.). El término *gramática tradicional* es útil, aunque resulta demasiado abarcador, ya que con él se entremezclan contenidos descriptivos, normativos y a menudo también teóricos. En lo que al español respecta, las obras cimeras de los dos últimos siglos son sobre todo las de Vicente Salvá (1830), Andrés Bello (1847), Samuel Gili Gaya (1944) y Salvador Fernández Ramírez (1951, 1986). La Real Academia Española renueva periódicamente su *Gramática*. En 1973 publicó un anticipo (RAE, 1973) de una nueva versión. Ha anunciado una próxima nueva edición, preparada en colaboración con las Academias Americanas.

• Las nociones de 'tautología' y 'contradicción', que se suelen detallar en los manuales de lógica y semántica, han dado lugar a numerosos debates filosóficos. Además de las referencias sobre semántica mencionadas anteriormente, existen varios manuales clásicos de lógica en español, como los de Deaño (1978), Garrido (1983) y, con orientación lingüística, Garrido Medina (1988). Del estudio de la adecuación de las oraciones, y de cómo queda esta determinada por las condiciones del contexto, se ocupa principalmente la pragmática, disciplina sobre la que se pueden consultar los tratados de Levinson (1983), Reyes (1990), Grundy (1995), Escandell (1996) o Portolés (2005), además de las referencias mencionados en el cap. 11.

• Los estudios sobre sintaxis dialectal y variación sintáctica tienden a destacar los aspectos geográficos, sociales o pragmáticos de las construcciones como hemos señalado. Los manuales de dialectología española e hispanoamericana suelen recoger los fenómenos característicos de cada área, incluyendo ciertas propiedades morfológicas y sintácticas: Kany (1945), Zamora Vicente (1966), Lipski (1994) o Alvar (1996 a, b), así como los títulos citados en los dos últimos. Existen varias introducciones a la sociolingüística del español, entre otras Moreno Fernández (1998) y Silva-Corvalán (2001). Otros estudios recientes sobre variación sintáctica (Sankoff 1988, Winford 1996) cuestionan ciertos aspectos sociolingüísticos de la variación. En nuestra lengua, cabe resaltar la reciente compilación de Serrano (1999). Desde una perspectiva formal, se ocupan de la sintaxis dialectal y comparada las compilaciones de Benincà (1989), Black y Motapanyane (1996), Pica y Rooryck (2001, 2002) y Cinque y Kayne (2005).

2 El enfoque generativo

2.1. La gramática como ciencia

2.1.1. *Inducción y deducción*

En nuestro comportamiento diario utilizamos de forma constante mecanismos sofisticados de razonamiento y FORMACIÓN DE HIPÓTESIS. Supongamos que al despertar no encontramos las zapatillas que normalmente dejamos al borde de la cama al acostarnos. Ante este contratiempo, nuestro primer gesto será buscarlas debajo de la cama o en un lugar cercano en la habitación. Si este primer intento de búsqueda fracasa, intentaremos buscar las zapatillas debajo o detrás de otros objetos, y más adelante probablemente trataremos de realizar un esquema de lo que hicimos antes de acostarnos, en qué lugares de la casa estuvimos, y trataremos de buscar también en estos lugares. En general, ante los datos presentes en nuestro entorno y los eventos que asociamos como pertinentes en relación con un suceso anómalo, formaremos hipótesis que expliquen esta anomalía e inferiremos mecanismos de conducta adecuados. Este y otros patrones similares de comportamiento y razonamiento son esperables en cualquier situación de este tipo. Lo que resultaría completamente anómalo, dentro de un patrón de conducta racional, es que aceptásemos la desaparición de un objeto de uso diario como algo natural y prosiguiéramos nuestra rutina sin inmutarnos.

Si bien la realización de inferencias y la formación de hipótesis orientadas a la resolución de problemas forman parte de los patrones generales de la conducta racional, no por ello decimos que dichas pautas constituyan una estrategia o PATRÓN CIENTÍFICO. Es razonable distinguir entre las estrategias que no calificaremos como pertenecientes a una ciencia –por ejemplo, las que utilizamos para buscar y encontrar un objeto, intentar aparcar un coche en un garaje o comparar varias tiendas para obtener el mejor precio en la compra de un electrodoméstico– y las estrategias y mecanismos de formación de hipótesis que emplean los médicos en el diagnóstico de enfermedades o los expertos policiales en el análisis de pistas. En estos casos sí afirmaríamos que existe un patrón, en el sentido de algún procedimiento de investigación y análisis científico de los datos, pese a que los sucesos que dan lugar al análisis racional de dichos datos también pertenecen a la vida diaria y no constituyen necesariamente entornos aislados o «ejemplos de laboratorio».

El análisis del lenguaje comparte ciertas características con los patrones que acabamos de describir. Por un lado, usamos nuestra lengua continuamente con el propósito de comunicarnos. Por otro, llevamos a cabo inferencias y formulamos hipótesis cuando observamos comportamientos lingüísticos que se desvían de lo que esperamos. Al oír hablar a un estudiante extranjero, podremos observar que «tiene mucho acento» para referirnos a que no domina la estructura fonológica del español, o bien comentaremos que «tiene que tomar todavía algunas clases de gramática», al oírle decir *Juan es diez años viejo* en lugar de *Juan tiene diez años*. Estas observaciones pueden ser oportunas, pero no son en modo alguno científicas. Sin embargo, los mismos datos pueden ser utilizados, junto a otros, para formular hipótesis sobre la estructura fonológica y sintáctica del español y, sobre todo, sobre el aprendizaje del español como segunda lengua.

Cabe preguntarse, por consiguiente, cuáles son los ingredientes que debe poseer un patrón de análisis y razonamiento para formar parte de una estrategia o un acercamiento científico a algún conjunto de fenómenos. Se distinguen generalmente dos pautas de razonamiento fundamentales, conocidas como INDUCCIÓN Y DEDUCCIÓN. Las dos tienen una larguísima tradición en la historia de la ciencia. Es posible que esté usted familiarizado con ellas, pero conviene que repasemos brevemente las diferencias fundamentales que existen entre ambas.

El razonamiento inductivo procede a partir del análisis de los datos y formula hipótesis o generalizaciones sobre las semejanzas que observa en ellos. La fuerza o la validez de una hipótesis inductiva se mide normalmente por dos criterios: la amplitud de la base de datos considerada, y el peso relativo del comportamiento observado con respecto a la propiedad que se busca. Las generalizaciones inductivas adoptan, de forma esquemática, la siguiente formulación:

(1) Un X por ciento de los As examinados son Bs, por tanto el X por ciento de los As son B.

El razonamiento inductivo se basa en la probabilidad P de aparición de un determinado fenómeno, o de la asociación de un elemento A con una propiedad B en un entorno determinado, para generalizar que efectivamente constatamos que la probabilidad de que A sea B es P. Un problema evidente de la formulación de hipótesis de este tipo es, como hemos mencionado, el tamaño del conjunto de elementos al que aplicamos nuestro cálculo, que se suele llamar *universo de inducción*. Puede darse el caso de que el número de apariciones del fenómeno consideradas no sea suficiente, que la recogida de datos no haya sido llevada a cabo de manera sistemática, o que se hayan pasado por alto factores externos que inciden en la frecuencia de aparición detectada. Consideremos por ejemplo la construcción de *reduplicación pronominal* o *doblado de clíticos* (§ 9.5), que se manifiesta en oraciones como *Le dije a Juan que llamara,* en las que el pronombre *le* reproduce (con aparente redundancia) la información que expresamos con *a Juan*. Si pretendemos construir una explicación de este fenómeno cimentada sobre un estudio estadístico, en la confección de la base de datos deberemos tener en cuenta variables como el tipo de texto (obra literaria, conversación coloquial, etc.), y el origen geográfico de las muestras. Supongamos que mezclamos datos provenientes del español de Madrid, el de Bilbao y el de la ciudad de Quito. Obtendremos entonces generalizaciones erróneas, ya que en estos distintos lugares la reduplicación pronominal está sujeta a condiciones diferentes. En nuestra «búsqueda ciega» no podremos determinar qué aspectos de la variación provienen del factor geográfico, cuáles de la estructura gramatical y cuáles otros de la muestra concreta de datos que hayamos reunido. Consideremos ahora los siguientes ejemplos, ambos rotundamente agramaticales:

(2) a. *Los soldados murió en la guerra.

    b. *¿Qué no recuerdas el hecho de que te habías probado?

Es prácticamente seguro que la agramaticalidad de estos ejemplos no va a estar condicionada en términos de variabilidad geográfica. En este caso la relativización de las bases de datos por medio de una variable diatópica (geográfica) no afectaría probablemente al resultado de la generalización. Sin embargo, al considerar este tipo de datos basados en secuencias no gramaticales surge un segundo problema del razonamiento inductivo. Al tratarse de datos negativos, la probabilidad de aparición de este tipo de secuencias en un conjunto será prácticamente nula. En este sentido, tienen la misma probabilidad de aparición que la secuencia (3), que resulta irregular porque la palabra *blik* no pertenece al léxico del español:

(3) He visto dos bliks ayer.

El que las oraciones (2b) y (3) tengan la misma probabilidad de aparición, es decir, cercana a cero, no quiere decir necesariamente que compartan alguna propiedad. En el caso de (2b), parece obvio que lo que explica su agramaticalidad es una propiedad estructural (que analizaremos con detalle en el cap. 7), mientras que la irregularidad de (3) se debe a una característica léxica.

Como vimos en el § 1.4, la ausencia de ciertos datos en los estudios basados en corpus conduce siempre a una especie de indeterminismo: no sabemos si los datos inexistentes son ausencias casuales del corpus o bien huecos que no pueden ser llenados por algún principio del sistema lingüístico que corresponde determinar al lingüista. De forma más general, la pregunta que surge es la de si es posible caracterizar ciertas propiedades estructurales y sintácticas de las oraciones tomando como base solamente patrones de razonamiento inductivo. Existe cierto consenso en que la respuesta debe ser negativa, y en que la aplicación exclusiva de métodos inductivos de base estadística no puede en ningún caso formular principios válidos de explicación del tipo de los que persigue la sintaxis formal (Chomsky, 1977a: cap. 2). No ocultaremos que en ciertas teorías gramaticales se opta por evitar unidades de análisis y generalizaciones del tipo de las que se muestran en este libro. Existen también, desde luego, aproximaciones a la sintaxis de corte estrictamente inductivo. La comparación del alcance de las conclusiones que se obtienen en cada caso es una tarea compleja que no podemos abordar en este texto. Esa tarea debería llevarse a cabo en nuestra disciplina midiendo objetivamente la profundidad y riqueza de los resultados que se obtienen desde cada una de las aproximaciones.

El MÉTODO DEDUCTIVO o HIPOTÉTICO-DEDUCTIVO se basa en un patrón de razonamiento completamente opuesto. Este método prescinde del recurso a inferencias de base estadística y se basa en inferencias lógicas a partir de principios generales que pueden ser formulados a priori, en lugar de sobre la base de una generalización empírica. A dichos principios iniciales no derivados se les denomina AXIOMAS. De estos axiomas se obtienen mediante reglas deductivas otros principios derivados que suelen denominarse TEOREMAS en las ciencias formales. En otras palabras, los teoremas se «demuestran», mientras que los axiomas se «asumen» o se «suponen». Tenemos entonces el siguiente esquema:

(4) Axioma 1
   Axioma 2
   ...
   Axioma n
   _____

   Regla 1: Teorema 1
   Regla 2: Teorema 2
      etcétera.

El ejemplo paradigmático de ciencia deductiva lo constituyen las matemáticas. Para determinar los principios derivados de la geometría no hace falta recurrir a contrastar empíricamente dichos principios, sino que se derivan de ciertos axiomas fundamentales. El matemático italiano G. Peano (1858-1932) formalizó la teoría aritmética elemental a partir de cinco axiomas, entre los que estan los de (5):

(5) a. El 0 es un número natural.
   b. El sucesor de un número natural es un número natural.

Dado que la función de sucesión caracteriza al sucesor de un número natural n como $n + 1$, por aplicación repetida de (5b) podemos deducir si el enunciado «el número 7 es un número natural» es verdadero, es decir, si este enunciado es un teorema de la teoría de los números. Otros patrones de razonamiento deductivo son los que constituyen las leyes lógicas basadas en el silogismo aristotélico, como el que se muestra en (6)-(7).

(6) 1. Si está nevando, la temperatura está por debajo de cero grados.
   2. Está nevando.

(7) La temperatura está por debajo de cero grados.

Dados los axiomas o premisas iniciales de (6), podemos concluir (7) a partir de una regla denominada «Modus Ponens»: Si aceptamos que «si p, entonces q», y es el caso que «p», entonces también se da «q». Es decir, (7) puede derivarse deductivamente de (6), sin necesidad de corroboración empírica.

La lingüística y, más en concreto la sintaxis, no puede basarse solo en métodos deductivos, ya que constituye una ciencia empírica. Sin embargo, los métodos de razonamiento de orientación deductiva han sido y son de suma utilidad, sobre todo en la construcción de gramáticas formales. Estas gramáticas nos proporcionan modelos esquemáticos aproximados de cómo funciona la mente humana para generar y procesar secuencias estructuradas a partir de elementos léxicos. Es más, como detallaremos en la sección 3, el uso de gramáticas formales estructuradas en torno a patrones deductivos nos permite saber si una expresión sintáctica posee una determinada propiedad o no. Ello constituye un instrumento valioso para llegar a caracterizar formalmente una propiedad esencial de las secuencias como es la gramaticalidad.

En las aproximaciones actuales al estudio de la gramática cabe establecer una división entre las que dan preferencia a la inducción y las que se basan fundamentalmente en la deducción. Con algunos matices, la división viene a coincidir aproximadamente con la que establecíamos en el capítulo anterior entre los marcos teóricos que consideran los datos gramaticales como «objetos externos» al individuo y los que entienden que constituyen el resultado de poner en funcionamiento un «sistema interno». En el primer caso, el gramático tratará de poner orden en los datos que encuentra, aunque por lo general dará por sentado que su posible organización será solo relativa. Es decir, en tanto que tales datos son el resultado o el reflejo de un amplio conjunto de variables históricas y sociales, no habrá razón para esperar un elevado grado de regularidad en ellos, sino a lo sumo ciertas tendencias más o menos marcadas o ciertas direcciones preferentes. En el segundo caso, el objeto analizado no lo proporcionan tanto los datos mismos como el sistema interiorizado que los hace posibles. Las hipótesis sobre la estructura de ese sistema se intentan formular con toda la precisión de la que el gramático es capaz, y el grado de regularidad esperado es también mucho más alto.

2.1.2. *Teorías y formalización*

Las ciencias constituyen conjuntos de teorías y las teorías explican conjuntos de fenómenos. A veces las teorías están interrelacionadas porque los fenómenos también lo están. En otras ocasiones esta interrelación se debe a que las teorías comparten principios comunes. En general, una teoría es un conjunto finito de enunciados generales que explican algún conjunto de datos. Por ejemplo, en los capítulos que siguen haremos mención a la «teoría del caso», la «teoría de la rección», la «teoría del ligamiento», la «teoría del movimiento», etc. No se sorprenda si todos estos conceptos le resultan ahora extraños. Los irá comprendiendo poco a poco. Por el momento nos interesa resaltar que el término *teoría* en estos contextos se relaciona precisamente con lo que acabamos de indicar: un conjunto de hipótesis sobre un dominio empírico concreto de la sintaxis. Cuando examinemos la teoría del ligamiento (capítulo 9), veremos que trata de la relación que existe entre los pronombres y sus antecedentes. Esta relación se suele articular en tres principios fundamentales que pretenden explicar dicha relación. La teoría explica, entre otros fenómenos que analizaremos, por qué en (8) es posible asociar el elemento *sí mismo* con *Pedro,* pero no con *Juan.*

(8) Juan dice que Pedro sólo confía en sí mismo.

La teoría del movimiento se refiere a otra propiedad de ciertos constituyentes sintácticos, concretamente a su capacidad de aparecer en distintas posiciones dentro de una oración. Dicha teoría intentará explicar las restricciones que existen en lo relativo a esta capacidad de desplazamiento. Estas dos teorías utilizan principios explicativos y conceptos en parte coincidentes, puesto que tratan de vincular elementos no contiguos que sabemos que han de estar sintácticamente relacionados.

Existen otros dos usos del término *teoría* que son más generales que el que acabamos de describir. Se refiere uno de ellos a lo que técnicamente se denomina PARADIGMA DE INVESTIGACIÓN CIENTÍFICA. Una teoría es, desde este punto de vista, un conjunto de patrones explicativos, procedimientos y conjuntos de hipótesis, formuladas con una misma orientación y con métodos análogos. Así, por ejemplo, sabemos que en el dominio de la física, la teoría de la relatividad y la teoría cuántica tienen puntos de partida completamente diferentes, aunque se ocupan de dominios en parte coincidentes. En el dominio de la sintaxis, también existen 'paradigmas' diferentes que se refieren al mismo ámbito empírico. Podemos así hablar de la «teoría de la rección y el ligamiento», de la «teoría minimista», de la «teoría de la optimidad», etc. A estas teorías se las denomina a veces también *gramáticas,* usando el término *gramática* con un sentido diferente del habitual. En este sentido, existen la «gramática generativa», la «gramática estructural», la «gramática de estructura sintagmática generalizada», la «gramática categorial», la «gramática de unificación de rasgos», etc. Todas estas 'teorías o paradigmas teóricos' se ocupan de fenómenos parecidos, pero lo hacen a partir de presupuestos distintos sobre la forma que deben adoptar las explicaciones, o bien contienen hipótesis opuestas en relación con ciertos conceptos o generalizaciones. Cuando estos paradigmas coexisten en un periodo de tiempo determinado, hablamos de 'teorías o paradigmas rivales', que presentan explicaciones alternativas. Por ejemplo, las teorías generativas actuales de corte chomskiano aceptan que los constituyentes sintácticos se desplazan, es decir, aceptan la hipótesis del movimiento sintáctico. Por el contrario, otras teorías de carácter formal, como la gramática categorial o la gramática sintagmática generalizada y sus herederas, no parten de esa hipótesis y explican los datos que se suelen caracterizar como «resultados de desplazamientos» a partir de mecanismos diferentes.

Es también posible que algunos paradigmas evolucionen o que sean modificados o sustituidos por otros, con lo que una determinada teoría dará lugar a otra nueva. Dicha evolución se produce por diversos factores: ciertos principios pueden ser rechazados porque se descubren contraejemplos o anomalías; otros pueden ser simplificados o modificados; etc. Por ejemplo, uno de los motivos fundamentales en el tránsito de la teoría generativa de los años ochenta y principios de los noventa (la teoría de la rección y el ligamiento) al denominado «programa minimista» es la simplificación del excesivo aparato teórico de la primera teoría, en la que proliferaban las condiciones y restricciones que se aplicaban en distintos niveles.

Recuerde que hemos aludido a dos usos generales del término *teoría*. El segundo de ellos hace referencia precisamente a un dominio común como objeto de investigación. Podemos así hablar de la TEORÍA SINTÁCTICA en general, término que incluye a todos los paradigmas mencionados anteriormente, ya sean rivales o fruto de la evolución de uno de ellos. Todos estos paradigmas diferentes forman parte de la teoría sintáctica porque todos ellos se ocupan de la estructura de las secuencias y los constituyentes de una lengua y de las combinaciones posibles entre esas unidades. Se trata en este caso de paradigmas diferentes dentro de un mismo dominio empírico. Reconocemos entonces que la explicación ofrecida por estos paradigmas será genuinamente sintáctica y no, por ejemplo, fonológica, es decir planteada en función de las propiedades de los sonidos. Supongamos que pretendemos dar una explicación sintáctica al contraste de gramaticalidad de (9).

(9) a. *Gente no merece compasión.
  b. Gente así no merece compasión.

Si lo intentamos, deberemos estudiar los factores que hacen que la presencia del adverbio *así* convierta la secuencia en gramatical, así como las posiciones en que la presencia aislada de *gente,* a diferencia de *la gente,* resulta agramatical. Por el contrario, podríamos intentar dar una explicación fonológica de este contraste, ya que los contornos de entonación asociados a estos dos ejemplos son distintos. La palabra *así* de (9b) tiende a recibir lo que se denomina *acento focal* y se convierte en la palabra más prominente de la secuencia. Podríamos especular entonces con la idea de que es la presencia de este tipo de contorno entonativo prosódico lo que hace que la secuencia sea gramatical. Esta explicación no constituiría una explicación sintáctica. Por otro lado, el que los dominios que comprenden la fonología, la sintaxis, la semántica y la pragmática se correspondan con teorías diferentes, o con grupos de teorías diferentes, no quiere decir necesariamente que no sea posible construir teorías que tomen en cuenta datos que comúnmente pertenecen a dominios separados y traten de proponer una explicación unitaria.

Hemos puesto de manifiesto anteriormente que una teoría es simplemente un conjunto de enunciados explicativos sobre un dominio empírico concreto. No obstante, las teorías pueden también diferir por el grado de formalización que presentan. La formalización es necesaria para poder establecer la coherencia interna de un sistema teórico, sin olvidar la detección de posibles contradicciones entre hipótesis. Es también imprescindible para derivar las predicciones explicativas de una manera correcta desde un punto de vista deductivo. Por otra parte, el uso de un lenguaje formal en el que codificar la teoría permite que esta sea accesible a la comunidad científica en general.

El grado de formalización a que debe someterse una teoría ha sido y es objeto de controversia. Mientras que las teorías del dominio de la física suelen estar altamente formalizadas, no nos sorprende que en las ciencias humanas no exista prácticamente formalización, como es el caso de las teorías históricas o literarias. La formalización de las teorías lingüísticas ocupa una posición intermedia. En el terreno de la sintaxis, la formalización parece necesaria. Apoya esta conclusión el hecho de que las unidades menores se inscriban en otras mayores de manera sumamente precisa, dando lugar además a procesos de reiteración o de recursión, de los que en seguida hablaremos. Por otra parte, es también necesaria si lo que pretendemos es caracterizar de forma sistemática la forma en que los hablantes producen y reconocen secuencias que consideran bien formadas y rechazan otras que no lo están. Esta propiedad es compartida por ciertos sistemas de computación y es caracterizable formalmente, de manera que es posible determinar si una secuencia va a ser aceptada o rechazada a partir de una serie de hipótesis sobre la estructura sintáctica de las expresiones bien formadas de dicha lengua. Como vimos en el capítulo anterior, de las secuencias bien formadas decimos que son «gramaticales». Finalmente, la formalización tiene –como recurso analítico– una propiedad indudablemente positiva: constituye una garantía de explicitud. Es posible, desde luego, FORMULAR los análisis en lugar de FORMALIZARLOS, pero son muchas las disciplinas en las que se elige la segunda opción porque se considera más explícita que la primera.

La necesidad o la conveniencia de la formalización depende también del punto de partida que adoptemos. Si consideráramos la gramática como una colección de modismos o de formas de expresión particulares, relativamente asistemáticas y dependientes del entorno social o cultural en que se producen, la simple recolección de estas formas de expresión nos resultaría satisfactoria. En sus variantes extremas, esta actitud no aspira a caracterizar internamente la estructura del sistema gramatical, sino que este queda reducido a ciertas tendencias estadísticas o a determinados principios discursivos. Sin embargo, si consideramos las propiedades estructurales de una lengua como reflejo de la capacidad lingüística de los hablantes, es decir, de la capacidad de los individuos para generar y procesar secuencias de expresiones lingüísticas, resultará evidente que la simple recolección de esas expresiones no constituirá una tarea suficiente. Aunque reunamos un corpus extenso que contenga todas las variedades conocidas de ciertas expresiones del español, esta recolección no nos explicará por qué en otras lenguas se repite el mismo patrón estructural o de interpretación. Considérese, por ejemplo, el siguiente contraste:

(10) a. Mi hermano llegó tarde.
     b. Mi hermano ha llegado tarde.

Las secuencias de (10) no se usan en todas las variantes del español de igual forma. Hay regiones de España y de América donde se rechaza en ciertos contextos la forma verbal correspondiente al pretérito perfecto, por lo que sus usos se desplazan a la forma del pretérito perfecto simple *(llegó)*. La existencia de asimetrías en el uso de ciertas formas verbales no nos explica, sin embargo, la diferencia entre estas dos formas, o entre los dos usos de una forma *(llegó)* en los dialectos en que el pretérito perfecto compuesto no alterna con el simple. En el español peninsular, se considera normalmente adecuado usar (10b) si el suceso descrito por el verbo (es decir, la llegada del hermano en cuestión) ha tenido lugar en un periodo cercano al momento del habla, normalmente en el mismo día. Por el contrario, (10a) describe una situación que ha tenido lugar en un momento que puede situarse en un intervalo de tiempo pasado anterior que no está sujeto a un límite temporal concreto. Cualquier teoría sintáctica rigurosa tendrá que incluir las herramientas necesarias para dar cabida a este contraste de interpretación, pero ello no será posible sin aceptar o defender alguna teoría general del tiempo y su expresión gramatical.

2.1.3. *Descripción, teoría y explicación*

Si bien estamos defendiendo en estas páginas la idea de que una gramática científica debe ser esencialmente una gramática de orientación teórica, ello no quiere decir que la gramática deba consistir solamente en la construcción de teorías. Normalmente se opone la GRAMÁTICA TEÓRICA, en los términos en que la hemos descrito, a la GRAMÁTICA DESCRIPTIVA, entendida como la descripción de un estado de lengua concreto. Supongamos que intentamos describir, por ejemplo, las clases de adjetivos y su posición con respecto al nombre. Esta descripción puede ser independiente de una teoría determinada. Podemos hacer esta descripción sin hacer referencia a términos teóricos de un paradigma particular, como la gramática generativa o cualquier otro. Sin embargo, esto no quiere decir que la gramática teórica y la gramática descriptiva sean empresas completamente diferenciadas o incluso incompatibles. En general es muy difícil, por no decir imposible, hacer una teoría que tenga capacidad verdaderamente predictiva y explicativa sin haber hecho una descripción previa de los fenómenos que han de tenerse en cuenta, o sin asumir una descripción ya existente. Por otro lado, es también muy difícil elaborar un procedimiento de descripción gramatical que sea completamente ateórico. Al examinar cualquier gramática descriptiva del español, nos encontraremos de inmediato con referencias continuadas a categorías sintácticas como 'adjetivo', 'nombre', 'preposición', y también a nociones relativas a la dependencia estructural como 'oración subordinada', 'rección', etc. Dichas categorías y relaciones estructurales presuponen al menos una teoría elemental, de acuerdo con la cual es preciso clasificar las expresiones y establecer relaciones jerárquicas entre ellas. De hecho, se ha señalado repetidamente en la bibliografía historiográfica que las gramáticas clásicas estaban construidas a partir de «teorías implícitas» (elementales e incipientes unas y más articuladas otras), lo que no quiere decir, desde luego, que los razonamientos y las argumentaciones que esas obras contienen tuvieran la consistencia o el rigor que hoy se les exige.

Una postura realista es la que acepta la mutua interdependencia entre descripción y teoría, y en particular la relación de beneficio mutuo que se puede establecer entre estas dos orientaciones. Las contribuciones de la gramática teórica pueden hacer que la descripción sea más adecuada, eliminando contradicciones o vaguedades y orientando el análisis hacia nuevos dominios. Por su parte, la existencia de descripciones detalladas puede ampliar la cobertura explicativa de una teoría, forzándola a cubrir un terreno más amplio o mostrando dominios que pueden resultar problemáticos. Una buena descripción gramatical puede anticipar además un hipotético cambio teórico. En suma, descripción y teoría pueden y deben verse como dos caras de la misma moneda, dos facetas en las que, de una forma u otra, se ve involucrada cualquier empresa gramatical. El uso de teorías que presentan un grado progresivo de formalización no es incompatible con el objetivo de presentar descripciones detalladas y exhaustivas de los mecanismos gramaticales que subyacen a una lengua. Por el contrario, la amplitud del dominio empírico cubierto por una teoría nos da la medida de su capacidad predictiva y explicativa. La presentación de nuevos datos nos irá indicando si las hipótesis y generalizaciones contenidas en la teoría son válidas o no.

De acuerdo con las ideas del filósofo Karl Popper, el criterio fundamental que determina si una teoría es un paradigma científico o no es lo que denomina criterio de FALSABILIDAD (Popper, 1934). Una teoría es falsable si sus hipótesis y principios están formulados de tal manera que cuando se someten a contrastación empírica pueden resultar falsos. Así, una generalización como (11) satisface el requisito de falsabilidad:

(11) En la lengua X los complementos directos nominales siempre siguen al verbo de forma inmediata.

Supongamos que X es el inglés. Si la contrastamos empíricamente, esta generalización parece ser verdadera. Es decir, las secuencias de (12) son gramaticales, mientras que las de (13) y (14) no lo son:

(12) a. John bought a car. 'John compró un coche.'
     b. Luise saw a crow. 'John vio un cuervo.'

(13) a. *John a car bought.
     b. *Luise a crow saw.

(14) a. *John bought yesterday a car. 'John compró ayer un coche.'
     b. *Luise saw yesterday a crow. 'John vio ayer un cuervo.'

En (13), el objeto o complemento directo *a car* precede al verbo, lo que infringe (11). Las secuencias de (14) también infringen esta generalización: el objeto sigue al verbo pero no de forma inmediata, ya que el adverbio *yesterday* se interpone entre el verbo y el complemento. La prueba de que (11) es una generalización falsable es que si la aplicamos al español resulta, obviamente, falsa. En nuestra lengua son gramaticales tanto las secuencias de (15), en las que el orden es similar al inglés, como las de (16), en las que el objeto precede al verbo, y las de (17), en las que el objeto no sigue al verbo de forma inmediata:

(15) a. Juan compró un coche.
    b. Luis vio a un amigo.

(16) a. Un coche compró Juan.
    b. A un amigo vio Luis.

(17) a. Juan compró ayer un coche.
    b. Luis vio anoche a un amigo.

Pero incluso en inglés la generalización (11) puede resultar falsa si consideramos estructuras como (18):

(18) a. A car, John bought.
    b. It was a crow that Mary saw. 'Fue un cuervo lo que María vio.'

En las estructuras de (18) el objeto aparece al comienzo de la oración, en lo que se denomina posición de «foco», es decir de contenido informativamente nuevo y relevante, como veremos en el cap. 11. En (18a), el objeto está desplazado a una posición en la que precede al verbo. El patrón estructural que se ejemplifica en (18b) es, sin embargo, diferente al de (18a), ya que el objeto no está simplemente antepuesto, sino que ha tenido lugar un proceso de «división» de la oración. A este tipo de estructuras se les denomina por ello construcciones HENDIDAS O ESCINDIDAS. Las estructuras de anteposición focal y las hendidas deberían conducirnos o bien a una reformulación de (11), o a excluirlas deliberadamente de esta generalización.

La satisfacción del criterio de falsabilidad no es, sin embargo, el criterio que se tiene en cuenta fundamentalmente a la hora de elaborar una teoría. Si ponemos este criterio como guía principal, puede que tengamos que conformarnos con teorías excesivamente reducidas o «locales». Estas teorías resultarán parciales en exceso, bien porque se aplican a una sola lengua o bien porque requieren numerosos añadidos. Desde el momento en que ninguna teoría conocida abarca todos los datos, todas las teorías hacen predicciones falsas en alguna medida, lo que –aplicando el principio popperiano a rajatabla– nos llevaría a echarlas todas por la borda. Puede ser deseable a veces diseñar generalizaciones que no sean directamente falsables, pero que introducen suposiciones o predicciones que son importantes para la teoría. Por ejemplo, Kayne, (1994) ha propuesto recientemente la siguiente generalización:

(19) Todas las lenguas satisfacen el orden de palabras Sujeto (S) - Verbo (V) - Objeto (O)

Esta generalización es clamorosamente falsa si la consideramos de forma aislada, ya que tanto en español como en numerosas lenguas (el japonés, el húngaro y muchas más) hay estructuras que no satisfacen el orden SVO. Supongamos que a la hipótesis (19) le añadimos la hipótesis complementaria (20):

(20) Las estructuras que no satisfacen el orden SVO superficialmente se derivan a partir de otras que sí lo hacen, mediante la aplicación de ciertos procesos de movimiento o desplazamiento de constituyentes.

Nótese que una oración tan simple como *¿Qué compró Juan?,* cuyo análisis formal pospondremos hasta los caps. 4 y 7, no queda recogida en la generalización (19), que a primera vista parece adecuada para el español. Pero si combinamos (19) y (20), ya no sería una excepción. En general, una teoría que contenga (19) y (20) no es falsable, en el sentido de que ningún orden de palabras posible constituye una excepción. Algunas de las secuencias vistas anteriormente se derivan, de acuerdo con el principio (20), por medio de la aplicación de procesos de movimiento, con lo que ya no constituyen excepciones a la hipótesis (19). Ahora bien, el que esta teoría no sea falsable en el sentido estricto no la invalida como teoría científica, pero sí puede modificar sus objetivos. Al incorporar hipótesis como (20), estamos desplazando el centro de la investigación de los órdenes «básicos» lineales de palabras a los procesos de movimiento en sí y a las posibles restricciones sobre ellos, que habrán de ser analizadas con detalle. La discusión sobre la validez de esta teoría debe centrarse, desde este punto de vista, en la posible complicación de los mecanismos que son necesarios, en su justificación independiente o en la idoneidad de los conceptos y procesos que postula.

Este tipo de consideraciones nos indican que usar solo el requisito de falsabilidad como criterio de elección entre teorías puede resultar demasiado restrictivo. Se han propuesto otros criterios que deben ser tenidos en cuenta al formular una teoría. Entre ellos destacan los llamados de ELEGANCIA, SIMPLICIDAD, CAPACIDAD DE PREDICCIÓN y PARSIMONIA (el último no alude a la lentitud, sino a la moderación –o al *sosiego,* como dice el DRAE– en el uso de conceptos o recursos). Una teoría será más elegante que otra si está articulada sin redundancias, rodeos, postulados innecesarios o restricciones ad hoc; será más simple si explica los mismos datos recurriendo a menos principios o hipótesis; tendrá mayor capacidad de predicción si su dominio empírico (el conjunto de datos a los que se aplica) es mayor; etc. Observe que estos requisitos se refieren más a la arquitectura de la teoría en sí que a su falsabilidad. En general, desde el punto de vista de la capacidad predictiva o de adecuación empírica, una teoría más simple, elegante y parsimoniosa es, evidentemente, superior a la que lo es en menor medida.

2.2. Competencia, actuación y criterios de adecuación

2.2.1. *El sistema y su ejecución*

El lingüista ginebrino y padre del estructuralismo lingüístico Ferdinand de Saussure introdujo la distinción, hoy ya muy conocida, entre LENGUA y HABLA (Saussure,

1916). La distinción se postuló con la intención de dar cabida a algunos de los aspectos del idioma que hasta aquí hemos presentado, aunque desde una perspectiva algo diferente. Desde el punto de vista general del estructuralismo, los lenguajes son sistemas de comunicación basados en un código. La lengua se concibe como una entidad abstracta, o al menos inmaterial; un sistema de signos estructurado mediante pautas de oposición en el campo del sonido y del significado. Es también un producto social, por tanto independiente de los usuarios que la utilizan. Las estructuras y las oposiciones existentes en el sistema son de naturaleza convencional y arbitraria, en el sentido de que surgen a raíz de una convención inicial, cuyo origen particular no es relevante. Lo importante es que el sistema es convencional; la arbitrariedad del signo lingüístico y del sistema en su conjunto se deriva precisamente de este rasgo. El habla es, para Saussure, el uso individualizado de la lengua; es decir, la realización individual de una entidad que solo posee existencia verdadera en la sociedad.

Tal como estamos considerando hasta aquí el sistema lingüístico y sus propiedades, la lengua no puede ser una entidad cuya dimensión básica sea su carácter social. Si bien es cierto que todos los usuarios de una lengua comparten el mismo sistema, sus propiedades estructurales fundamentales no parecen depender de su naturaleza social. Si fueran así las cosas, lo esperable es que dichas propiedades presentaran variaciones mucho más significativas que las que se han mencionado en el capítulo 1 en cuanto al comportamiento y especificidad de los distintos grupos sociales. De hecho, esperaríamos que los criterios de gramaticalidad estuvieran en función de clases sociales, etnias, diferencias de sexo y otros criterios análogos. Pero lo cierto es que las variaciones de dialecto o de registro (del tipo de las que mencionábamos allí) no afectan a los fundamentos de la estructura sintáctica de la lengua en la misma medida en la que los sociólogos encuentran diferencias entre los grupos sociales que investigan dentro de alguna comunidad. De hecho, el que un sistema abstracto sea compartido por todos los individuos que lo usan no indica necesariamente que las bases que lo sustentan sean de naturaleza social.

Aunque es habitual hacerlo, en el fondo es difícil comparar la distinción de Saussure, mencionada arriba, con la que introduce Chomsky entre COMPETENCIA (ingl. *competence*) y ACTUACIÓN (ingl. *performance*), en parte porque Saussure no parece estar pensando expresamente en la gramática cuando explica su distinción entre lengua y habla. El lingüista norteamericano llama 'competencia lingüística' al conocimiento que el hablante tiene de su lengua, y llama 'actuación' al uso que hace de ese conocimiento (Chomsky, 1965). Así pues, la competencia es un tipo de CONOCIMIENTO, mientras que la actuación es un tipo de CONDUCTA. Por tanto, podemos hablar de competencia sintáctica, competencia morfológica, fonológica, etc. A cada componente o subsistema de la gramática le corresponde una competencia especializada porque los individuos tienen cierto conocimiento de las propiedades de cada subsistema de la gramática. Es la competencia sintáctica de un individuo lo que le permite producir o reconocer como gramatical o agramatical una secuencia pronunciada por otro hablante. En este segundo caso, el individuo intentará procesar la secuencia y reconocerá que infringe una o varias reglas de la gramática.

Algunos filósofos consideran problemático que la competencia represente un tipo de conocimiento, o, más exactamente, que la conducta que el hablante pone de manifiesto sea el reflejo de un sistema cognoscitivo interiorizado de naturaleza abstracta. La respuesta que Chomsky suele dar a los autores que rechazan que haya un sistema de conocimientos detrás de la mera ejecución o actuación es usar una analogía del estilo de esta: resulta bastante evidente que una diferencia trivial entre un buen músico y un buen pianista es que el primero puede ser manco, pero el segundo no puede serlo. Más aún, el primero podría incluso ser ciego, o estar inconsciente, y (mientras siguiera vivo) podríamos seguir diciendo de él que «conoce» el lenguaje musical, su estructura, sus capacidades y sus límites. Un buen músico puede no ser, incluso no haber sido nunca, un buen intérprete. Análogamente, el hablante de una lengua natural, incluso si no pudiera articular por alguna enfermedad transitoria o congénita, «conoce» los principios gramaticales en el sentido de que tiene acceso a ellos independientemente de la manera en que manifieste ese conocimiento.

En la concepción racionalista o cartesiana en la que se encuadra la teoría de la competencia (véase Chomsky, 1966), el lenguaje se interpreta como un OBJETO NATURAL, concepto en el que Chomsky insiste particularmente porque constituye el camino más directo para relativizar la oposición entre las propiedades físicas de los organismos humanos y las propiedades mentales de las que objetivamente están dotados (Chomsky, 2000: cap. 5). Las entidades que llamamos *naturales* se caracterizan por ser relativamente objetivas. Además, vienen dadas por el mundo real y son independientes de las creencias, entendidas estas como actos transitorios conscientes o voluntarios de las personas. No se trata, pues, exactamente de que los hablantes «sepan» que existe cierta información gramatical o de que la mente tenga acceso a ella. De la misma manera que esos hablantes no saben nada acerca de otras propiedades físicas de su organismo, son incapaces de formular los principios formales abstractos que les permiten construir y entender los mensajes verbales. Sin embargo, podemos probar que los poseen, puesto que lo demuestran experimentalmente.

La competencia lingüística es de carácter general, común a todos los humanos, y también de carácter genético: es, por tanto, un rasgo de la especie humana. Naturalmente, los sistemas gramaticales particulares son diferentes dentro y fuera de cada grupo de lenguas que queramos aislar con los criterios tipológicos que nos parezcan más adecuados. Lo fundamental en este punto es que los seres humanos están capacitados biológicamente para poseer cierto conocimiento lingüístico, y es precisamente este el rasgo fundamental que nos distingue de otras especies. En un determinado punto de la evolución biológica del ser humano, el cerebro de nuestra especie se desarrolló hasta poseer la capacidad de implementar neuronalmente sistemas simbólicos complejos. Este tránsito corresponde al nacimiento de la facultad del lenguaje, un punto al que no han llegado otras especies. Tras la ingente variedad lingüística que en apariencia se observa en cuanto a formas de expresión y construcción en las distintas lenguas del mundo, subyace la propiedad común de que todos los sistemas de expresión y comunicación entre humanos son relativamente similares en cuanto que son muestra de una facultad común: la FACULTAD DEL LENGUAJE. En palabras de Chomsky (2002: 85),

> una parte de la dotación biológica del ser humano es un 'órgano del lenguaje' especializado, la facultad del lenguaje. Su estado inicial es una manifestación genética, comparable al estado inicial del sistema visual, y parece ser una característica común a todos los humanos. Por tanto, un niño adquirirá cualquier lengua en las condiciones apropiadas, incluso cuando hay déficit y en 'entornos hostiles'.

La competencia lingüística es una noción individual, puesto que está incardinada en nuestro cerebro. Al generar o procesar secuencias de nuestra lengua, estamos aplicando inconscientemente las reglas, principios o cualesquiera mecanismos que compongan la gramática de dicha lengua. Lo fundamental es que nuestra mente implementa y hace funcionar un sistema gramatical, quizá de forma análoga a como un ordenador nos permite ejecutar un programa.

La analogía funcional entre la mente y el ordenador se considera hoy bastante significativa y probablemente apropiada, si bien algunos filósofos la ven como una metáfora oportuna que nos viene bien aplicar, puesto que tenemos ordenadores y trabajamos con ellos. Aceptando la metáfora, el paralelismo tiene sentido especialmente en lo relativo a la distinción entre los componentes llamados 'hardware' y 'software'. El ordenador entendido como «hardware» es simplemente un conjunto de componentes electrónicos y de circuitos que no transmite ni procesa información por sí mismo. Para ello necesita ejecutar un programa (el «software»), que actúa como un conjunto de instrucciones. Los ordenadores pueden variar en su año de fabricación, marca, sistema operativo, tipo y velocidad del procesador central, etc. Sin embargo, siempre que un ordenador determinado sea capaz de ejecutar un programa, esperaremos un resultado equivalente respecto de los ordenadores de otras marcas. Por ejemplo, si utilizamos un procesador de textos para elaborar un trabajo, el archivo resultante debe ser compatible con cualquier marca de ordenador, procesador central, e incluso a veces con cualquier sistema operativo. En el caso de la facultad del lenguaje, el cerebro humano es el 'hardware' que actúa como soporte del 'software' constituido por los sistemas simbólicos que integran la facultad de lenguaje, y posiblemente otros sistemas cognitivos y de pensamiento.

Cada cerebro humano tiene la capacidad de ejecutar procedimientos de computación gramatical, como son la generación y el procesamiento de secuencias de expresiones. Chomsky se refiere a este componente como LENGUA-I (o interna), frente a la lengua-E (o externa) (Chomsky, 1986a, 1991a, Chomsky y Lasnik, 1995). La lengua-I es interna e individual, es decir, una cualidad de los seres humanos; más exactamente, una propiedad física que se encuentra localizada en su cerebro. Representa, por tanto, una capacidad que reside en el individuo en cuanto tal, y no como miembro de una sociedad. Esta propiedad tiene un carácter COMPUTACIONAL, en el sentido de que puede ser descrita como una función que permite estructurar o analizar secuencias tanto en lo relativo a su producción como en lo relativo a su procesamiento. La lengua-E es, en cambio, la lengua 'externa' (en el sentido de 'exteriorizada' y 'extensional'), es decir, un concepto fundamentalmente social que se interpreta como el conjunto de enunciados actualmente emitidos y está sujeta a condicionamientos pragmáticos y situacionales.

Hemos visto en el capítulo anterior que el concepto de 'variante lingüística' es polémico. Precisamente porque lo es, en la sintaxis teórica actual se tiende a entender por «una lengua» lo que tradicionalmente se denominaría una «variedad lingüística». Seguramente no existen dos hablantes que compartan la totalidad de su léxico. Son muchos más, en cambio, los que comparten la totalidad o casi totalidad de su sintaxis, con algunas diferencias regionales y también sociales que se producen dentro de ciertos límites formales. El hecho de que la mayor parte de las estructuras sintácticas resulten compartidas es lo que permite a los hablantes comunicarse de manera eficiente, y lo que explica también que asignen juicios de gramaticalidad idénticos cuando se enfrentan a una secuencia cualquiera. En suma, el que todos los hablantes de una lengua compartan, en lo fundamental, el mismo sistema gramatical no implica necesariamente que la existencia de ese sistema sea independiente de los usuarios, y por tanto sea una entidad social, como proponía Saussure.

Nótese que preferimos hablar aquí de 'sistema gramatical', y no de 'sistema lingüístico', en general. Como es evidente, en el léxico de las lenguas se expresa de innumerables formas la existencia de conceptos que el lenguaje manifiesta porque constituyen realidades que aporta el entorno, sea puramente físico o más propiamente social. Esta observación es casi trivial. Pero nótese que no hay nada en el entorno ni en la sociedad que nos permita explicar, de manera controlada, coherente y verificable, por qué unas lenguas marcan ciertas relaciones sintácticas a distancia, y otras mediante la contigüidad; por qué unas permiten la ausencia de ciertas categorías que en otras han de estar presentes; o por qué unas expresan con recursos morfológicos lo que otras manifiestan con procedimientos sintácticos. Así pues, las estructuras gramaticales de una lengua no constituyen una imagen de la sociedad a la que pertenecen los hablantes que las usan, sino que son muestras de relaciones (de forma y contenido) mucho más abstractas.

Desde luego, alguien podría decir que si las lenguas tienen construcciones imperativas e interrogativas es porque los seres humanos viven en comunidad y tienen cerca a otras personas a las que ordenarles acciones y hacerles preguntas. Pero de esta elementalísima observación no se deduce que las lenguas humanas poseen un conjunto complejo, y a la vez muy articulado, de opciones formales para construir esas secuencias: partículas que ocupan posiciones variables, pero predecibles en función de principios generales, sistemas flexivos y de entonación, procesos formales de desplazamiento y otros recursos sintácticos tan variados como objetivamente restringidos. En general, es muy poco lo que podemos aprender sobre la sintaxis de una lengua (frente a otros aspectos del idioma) si intentamos deducirlo directamente de la sociedad que lo habla. Es posible que la existencia objetiva de estructuras que sirven para contrastar, preguntar, referirse a una cosa u ordenar algo esté condicionada por el hecho de que usamos el lenguaje para comunicarnos con los demás. No obstante, es difícil que esta observación obvia nos ayude a entender las (a menudo complejas) formas que esas estructuras adquieren o las considerables diferencias gramaticales que existen entre ellas.

Consideremos el hecho evidente de que el hablante medio conoce un porcentaje relativamente pequeño de las palabras del diccionario, tanto en lo relativo a su existencia como a sus posibles acepciones. ¿Cómo debe interpretarse esta observación? Una interpretación frecuente consiste en entender que esas «lagunas» de los hablantes son parte de su deficiente «cultura general», con lo que el conocimiento del lenguaje como propiedad del individuo viene a asimilarse casi por entero a los demás conocimientos que puede adquirir sobre el mundo. De nuevo, el conocimiento de la sintaxis no puede encajarse en este tipo de razonamiento: no existen hablantes de español que no conozcan el significado y el uso de las palabras *el, que* o *sino,* sepan o no explicarlos. Además, importa resaltar que ese conocimiento no tiene ninguna relación con la cultura de esas personas. Otra interpretación habitual de esta observación sobre el diccionario es presentarla como argumento contundente a favor de que la lengua es «un objeto social». El argumento viene a ser este: al igual que un barco de regatas no puede ser manejado por una sola persona, el idioma viene a ser un instrumento que funciona gracias al concurso de muchos hablantes; entre ellos existen diferencias profesionales, dialectales y culturales, pero la aportación de todos es necesaria para el funcionamiento del instrumento. Independientemente del atractivo discutible que pueda tener esta imagen, desde la lingüística teórica actual se piensa a menudo que está forzada. Es evidente que las diferencias en el conocimiento del léxico afectan a ciertas palabras, pero no a otras, de modo que –continuando la metáfora– una buena parte de lo necesario para que el barco navegue no corresponde al trabajo de ningún remero, sino que forma parte más bien del barco mismo. Pero la imagen anterior es también discutible porque está basada en la idealización a la que hacíamos referencia en el capítulo precedente, esto es, en la idea de que la superposición de sistemas geográficos, temporales y culturales diversos, a veces incluso incompatibles entre sí, constituye necesariamente un sistema superior que los abarca de manera coherente.

Las discusiones sobre si los fundamentos del lenguaje están en la naturaleza o en la sociedad son tan antiguas como la reflexión sobre el lenguaje mismo, por lo que poco podemos añadir aquí sobre este antiquísimo problema. El punto de vista que hemos defendido hasta ahora, y que desarrollaremos en el resto del libro, se basa en la idea de que el conocimiento del sistema gramatical constituye una propiedad de los individuos inserta en su facultad del lenguaje. Nada tiene de particular, por lo demás, que los que investigan los sistemas léxicos, en lugar de los sintácticos o los morfológicos, busquen en las estructuras sociales pautas que reflejen las distinciones que resulten pertinentes.

La oposición entre naturaleza y cultura se aplica, ciertamente, a muchos ámbitos de la vida humana. Los filósofos la han aplicado tradicionalmente también al lenguaje, pero los lingüistas raramente lo han hecho. La siguiente cita es particularmente clara en relación con la necesidad de distinguir, también en este dominio, lo que corresponde a la especie humana de lo que aporta la interacción con el entorno:

> Por natura tenemos pelo, y nuestro pelo es de tal color. Por cultura nos lo cortamos, peinamos o teñimos […]. Por natura somos capaces de hablar (en general) y por cultura somos capaces de hablar (precisamente) en francés. Por naturaleza, congénitamente, sabemos hacer las cosas más difíciles e imprescindibles para nuestra supervivencia: sabemos respirar y bombear la sangre al ritmo adecuado para nuestro organismo, sabemos mantener en nuestra sangre un nivel relativamente constante de temperatura, de presión, de concentración de azúcar y de iones de hidrógeno, y sabemos hacerlo incluso mientras dormimos. También sabemos hacer algo tan complicado como reproducirnos. Por cultura, aprendidamente, sabemos andar en bicicleta, sumar números enteros, leer, cultivar tomates, freír huevos y agarrar el tenedor como es debido (Mosterín, 1998).

La pregunta crucial es la siguiente: ¿Es la sola capacidad de hablar lo que compartimos los seres humanos *por natura* o es también la forma en que esta está constituida o articulada? En la tradición filosófica –e implícitamente en la gramatical– es mayoritaria la primera de estas dos opciones. La historia de la gramática generativa ha mostrado, en cambio, que existen muchas razones para preferir la segunda.

2.2.2. *Los criterios de adecuación*

Al ser las lenguas manifestaciones de una misma facultad del lenguaje, cabe preguntarse si las diferentes lenguas poseen propiedades en común. Esto es lo esperable, dada la hipótesis de que nuestro comportamiento lingüístico es la manifestación de una propiedad de nuestra herencia genética y biológica. Estas propiedades estructurales comunes a todas las lenguas constituyen lo que Chomsky denomina la GRAMÁTICA UNIVERSAL (Chomsky, 1986a). El estudio de los universales lingüísticos ha sido un campo fructífero de investigación en la lingüística tipológica desde hace varias décadas (véase. por ejemplo, Greenberg, 1966; Shopen, 1985). Estos estudios han detectado propiedades comunes en todas las lenguas o en grupos diversos de lenguas. La concepción chomskiana de lo que es un universal lingüístico, y por tanto el concepto mismo de 'gramática universal', es diferente. Dado que los seres humanos poseemos la misma facultad de lenguaje, el mecanismo computacional con el que estamos dotados debe ser también común. La hipótesis fuerte sobre la existencia de una gramática universal radica en que los mecanismos o los procesos que compongan la gramática –entendida como sistema interiorizado, tal como hemos explicado– deben ser universales. La variación lingüística debe residir en la idiosincrasia de las piezas léxicas de las distintas lenguas. Cuando formulamos hipótesis sobre las reglas, principios o restricciones que componen una gramática, tales elementos deben tener validez universal. En Mairal y Gil (2004) se encontrará un estado de la cuestión reciente sobre los universales lingüísticos considerados desde diversos puntos de vista.

La teoría gramatical tiene como objetivo construir un modelo de la competencia lingüística tal como la estamos caracterizando, es decir, como lengua-I. La tarea del gramático consistirá esencialmente en construir gramáticas cada vez más precisas y sofisticadas con el objetivo de lograr un modelo adecuado de la competencia lingüística en todos sus aspectos. Ahora bien, un problema que surge de inmediato es el de la comparación y evaluación de las gramáticas. Supongamos que sea posible construir dos o más gramáticas de una lengua, entendiendo el término *gramática* en el sentido restringido en que lo venimos usando. Cabe preguntarse legítimamente cuál de ellas será la más adecuada para reflejar la competencia lingüística de los hablantes. Chomsky (1965) sugiere que existen varios NIVELES DE ADECUACIÓN a este propósito, que puede satisfacer una gramática.

Una gramática cumple el requisito de ADECUACIÓN OBSERVACIONAL cuando es capaz de distinguir entre oraciones gramaticales y agramaticales. Una «mini-gramática» basada en reglas como la que propondremos en la sección 4, para un fragmento del español resultará ser «observacionalmente adecuada», ya que en la formulación de dichas reglas nos guiaremos precisamente por el criterio principal de captar las intuiciones de gramaticalidad. Una gramática cumple el requisito de ADECUACIÓN DESCRIPTIVA cuando constituye un modelo de la competencia lingüística de los hablantes. En este sentido, una gramática será descriptivamente adecuada cuando no solo da cabida a las intuiciones de un hablante en lo concerniente a las secuencias que son gramaticales, sino también con respecto a otras propiedades, como son la asignación de análisis (más técnicamente, de *descripciones estructurales*) a las secuencias de expresiones o las asociaciones entre secuencias estructuralmente diferentes. Por ejemplo, una gramática no satisfaría el requisito de adecuación descriptiva si no es capaz de recoger la relación que se establece entre estructuras activas

(Pepe golpeó el balón) y pasivas *(El balón fue golpeado por Pepe),* o entre secuencias con términos elididos o tácitos y las que los presentan expresamente en lugar de sobrentenderlos, como en *Juan comía, pero María no,* frente a *Juan comía, pero María no comía.* Este tipo de adecuación requerirá, como veremos, hacer uso de ciertas reglas especiales de asociación entre secuencias, denominadas TRANSFORMA-CIONES (§ 2.5.2). Aunque en los modelos gramaticales subsiguientes al de los años sesenta ha disminuido el poder de las transformaciones, el objetivo de que la gramática deba ser adecuada descriptivamente permanece como requisito metodológico. Finalmente, una gramática cumple el requisito de ADECUACIÓN EXPLICATIVA cuando constituye un modelo de cómo se adquiere la lengua desde el estado inicial (el que representa un recién nacido) hasta el estado adulto. Para satisfacer este requisito, la gramática debe emplear un conjunto de principios y mecanismos universales que representen cómo se lleva a cabo la computación mental. Además, la gramática debe ser psicológicamente real, es decir, debe ser compatible con lo que conocemos sobre el cerebro desde el punto de vista psicobiológico.

Se suele considerar asimismo parte de la adecuación explicativa de una gramática la medida en que nos proporciona alguna respuesta a dos de los problemas fundamentales que plantea el aprendizaje y el uso de una lengua cualquiera. El primero de ellos es el llamado PROBLEMA DE LA POBREZA DE LOS ESTÍMULOS o, como lo denomina Chomsky (1988), el PROBLEMA DE PLATÓN. Parece obvio que cuando los niños aprenden una lengua, lo hacen a partir de estímulos que pueden considerarse, en general, «pobres» o limitados, es decir, secuencias con datos fragmentarios, llenas de interrupciones, lagunas, repeticiones, etc. Pese a ello, aprenden dicha lengua de forma relativamente coherente, rápida y uniforme. En otras palabras, el aprender una lengua no es un proceso equivalente al de aprender a montar en bicicleta. Unos niños aprenden a montar en bicicleta a los cuatro años, otros lo hacen a los seis años, otros a los diez, y otros puede que nunca. Por el contrario, el aprendizaje de una lengua se realiza de forma temprana y progresiva, y tampoco podría considerarse «una actividad opcional». Las únicas excepciones son ciertos casos extremos, algunos muy célebres, de aislamiento o reclusión forzosa total. Por ejemplo, son conocidos el caso del «niño salvaje» francés del siglo XIX –retratado en la película de François Truffaut de igual título– o el contemporáneo de la norteamericana Genie, reportado y analizado en Curtiss (1977)–. Todo ello lleva a la conclusión de que el sistema gramatical y el llamado MECANISMO DE ADQUISICIÓN LINGÜÍSTICA (ingl. *language acquisition device* o *LAD*) son, en lo fundamental, innatos.

El segundo problema es el denominado PROBLEMA DE DESCARTES. Este problema afecta a la comprensión y la percepción del lenguaje, y puede denominarse, de forma más concreta, el PROBLEMA DE LA CREATIVIDAD LINGÜÍSTICA. El uso del lenguaje es ilimitado e innovador. En palabras de Chomsky (1988): «en el habla normal, uno no repite meramente lo que ha oído, sino que produce formas lingüísticas nuevas –a menudo nuevas en la experiencia de uno o incluso en la historia de la lengua–, y no hay límites para dicha innovación». Esta «creatividad», que nada tiene que ver con la creatividad poética, o en general artística, debe estar relacionada con un principio o mecanismo «generativo», es decir, el sistema gramatical debe ser un «motor» que permita a los usuarios el uso creativo del lenguaje.

Considerando globalmente los tres criterios de adecuación propuestos por Chomsky en respuesta a los dos problemas básicos que acabamos de ver (adecuación observacional, descriptiva y explicativa), es fácil darse cuenta de que no prescriben necesariamente que una gramática deba estar articulada de una forma particular o contenga principios de cierto tipo. El criterio de adecuación descriptiva es particularmente flexible y depende en gran medida de los descubrimientos que se hagan en la teoría gramatical. Nuevos hallazgos en la teoría de la sintaxis o de la semántica nos han llevado a tratar áreas como la cuantificación, la pluralidad, el tiempo y aspecto verbal, etc., en las que existen numerosos datos sobre los que los hablantes poseen intuiciones definidas que no habían sido observadas hasta hace pocos años. En general, el conjunto de datos reveladores del conocimiento sintáctico y semántico de los hablantes de una lengua se ha ampliado considerablemente en las últimas décadas. Para que una gramática sea considerada hoy en día adecuada desde el punto de vista descriptivo tiene que cubrir un territorio mucho más amplio y complejo de lo que se consideraba necesario hace cinco décadas en relación con el mismo requisito. El conocimiento lingüístico de los hablantes es, en efecto, un inmenso territorio con vastas áreas todavía sin explorar. Las gramáticas nos ayudan a establecer la cartografía de lo que conocemos, así como a aventurarnos en terrenos todavía no explorados. En este sentido, la capacidad descriptiva de una gramática se mide también por su capacidad exploratoria o proyectiva.

El criterio de adecuación explicativa es, por definición, un criterio más ambicioso, en tanto que evalúa la gramática de la que se trate en relación con una teoría general de la cognición. Surgen aquí también distintas estrategias. La mayoría de los modelos gramaticales existentes hoy día son compatibles con teorías de la computación, el procesamiento y la adquisición del lenguaje, y además tienen implicaciones fuertes en estos terrenos. A veces, los resultados de los estudios sobre procesamiento y cognición se incorporan directamente a la forma y el contenido de las teorías, pero, en la mayoría de los casos, la teoría gramatical actúa como indicador de la dirección que deben tomar los estudios sobre el procesamiento y la computación gramatical.

2.3. Lenguajes y gramáticas. La teoría formal de las gramáticas

2.3.1. *Introducción*

Aunque los objetivos y requisitos metodológicos de una teoría gramatical de corte científico, tal como los hemos expuesto de forma general en el apartado anterior, resultan en principio fáciles de asumir, no sucede lo mismo con la implementación concreta de dichas ideas. En otras palabras, ¿qué forma deberá adoptar una gramática que caracterice propiedades esenciales como la de gramaticalidad, capte las intuiciones de los hablantes sobre su competencia, satisfaga los requisitos de adecuación pertinentes y nos permita entrever respuestas a los problemas de Platón y Descartes? Las respuestas a estas preguntas son variadas, y ninguna de ellas es simple. Un primer acercamiento lo constituyó la denominada TEORÍA FORMAL DE LAS GRAMÁTICAS, que se desarrolló en los años cincuenta, a raíz de un conjunto de contribuciones y hallazgos provenientes de distintas disciplinas. Por un lado, se conocían diversos SISTEMAS LÓGICOS surgidos de la tradición inaugurada por los filósofos Frege y Russell, que retomaban las concepciones clásicas de la lógica y las conducían a un nivel más avanzado. Estos estudios culminaron con diversos hallazgos en torno a las propiedades metamatemáticas de los sistemas formales, como los llevados a cabo por varios lógicos y matemáticos: Hilbert, Gentzen, Kleene, Post, etc. Entre estas propiedades destacaban las que hacían referencia a la DERIVABILIDAD de los sistemas lógicos (en el sentido de la posibilidad de establecer cadenas de deducciones formales obtenidas en función de principios estrictos), así como las posibilidades de axiomatización de estos sistemas.

De forma paralela, se desarrolló también la corriente que se denomina TEORÍA DE AUTÓMATAS, y en general TEORÍA DE LA COMPUTABILIDAD. El objetivo central de esta disciplina es la caracterización de una propiedad específica de ciertos procesos: la de ser o no computables. Decimos que una determinada propiedad o función es COMPUTABLE si es posible deducir todos sus valores siguiendo la aplicación de un procedimiento determinado en un número también determinado de pasos. La importancia de caracterizar una propiedad o un procedimiento como computables reside en que, si efectivamente lo es, la propiedad en cuestión podrá ser puesta en funcionamiento en una máquina diseñada para computar. Si suponemos que la mente humana es, a los efectos que ahora interesan, un mecanismo extremadamente poderoso orientado al procesamiento y computación de información (por toscos que sean todavía nuestros intentos de construir modelos que lo imiten), la importancia de determinar qué teorías o qué procedimientos gramaticales son computables aumenta considerablemente.

Las aplicaciones tanto de los hallazgos de la lógica como de los de la teoría matemática de la computabilidad al análisis gramatical fueron llevadas a cabo inicialmente en distintos frentes. Fueron los lingüistas Zellig Harris y Noam Chomsky los que pusieron de relieve, a mediados del siglo pasado, que dichos hallazgos resultaban fundamentales en la constitución de una gramática científica, en el sentido de una gramática que pudiera gozar del mismo rigor que las teorías sobre los sistemas lógicos o las teorías de la computabilidad. La teoría formal de las gramáticas se constituye, pues, como disciplina a lo largo de los años cincuenta y a partir de ella surge lo que conocemos como SINTAXIS FORMAL MODERNA, sobre todo a partir de la obra del ya citado lingüista norteamericano Noam Chomsky. La teoría matemática o formal continúa de forma independiente como disciplina hasta nuestros días, en el sentido restringido de «ciencia que estudia propiedades matemáticas de las gramáticas».

2.3.2. *Lenguaje y gramática. Conceptos básicos*

En la teoría formal de las gramáticas, los términos *lenguaje* y *gramática* se utilizan en un sentido más restrictivo, y en cierto sentido más preciso, que en su uso habitual. Un LENGUAJE L se concibe como un conjunto de secuencias, es decir, el conjunto de las expresiones que forman L. El VOCABULARIO de L (V_L) es el conjunto de elementos básicos de dicho lenguaje, a partir de los cuales se construyen las secuencias más complejas. Una ORACIÓN de L es una secuencia especialmente designada de n elementos básicos unidos mediante una operación específica. Esta operación que une elementos básicos se conoce como CONCATENACIÓN y se la designa mediante el símbolo '+'. Consideremos un lenguaje L definido como en (21):

(21) L = {a, b, a + b, b + a, a + a, b + b}

Es evidente que el sentido que estamos dando ahora a la palabra *lenguaje* es diferente del que tiene más comúnmente. Esta definición de L es una definición EN EXTENSIÓN, ya que listamos de forma explícita todos los miembros de L, tratando a L efectivamente como un conjunto de seis miembros. Este uso matemático del término *lenguaje,* entendido como «conjunto de expresiones», resulta algo extraño para el lingüista, pero conviene que lo consideremos someramente y veamos qué podemos obtener de él. El vocabulario de L (o V_L) puede determinarse de inmediato al inspeccionar L, ya que hay solo dos elementos básicos:

(22) V_L = {a, b}

La operación de CONCATENACIÓN aplicada a los elementos de V_L nos permite expandir L con nuevos miembros y DERIVAR, es decir, DEDUCIR O GENERAR todos sus miembros hasta llegar a los seis que tenemos en L. Ahora bien, hay otros miembros posibles de L que pueden formarse mediante la concatenación de *a* y *b,* y que no hemos incluido en L. Al definir L de esta forma, lo que estamos afirmando es que dichas secuencias estarían fuera de L, es decir, secuencias como *a + b + a* no pertenecerían a dicho lenguaje. Cabe preguntarse entonces si existe algún procedimiento que nos permita determinar si una determinada secuencia es parte o no de un lenguaje. Este procedimiento es precisamente la gramática de L. Por tanto, una GRAMÁTICA (de nuevo, en el sentido técnico que ahora estamos dando a este concepto) es un mecanismo que permite «especificar» L de forma explícita. Dados L y V_L, nuestra tarea como gramáticos será descubrir o proponer posibles candidatos que puedan servir como gramática de L, a los que podemos denominar G_L. El papel del procedimiento gramatical G_L será derivar las secuencias de L. Naturalmente, la gramática más adecuada será aquella que genere los miembros de L y nada más que los miembros de L.

De una gramática que especifique más miembros que los que L contenga se dice que tiene la propiedad de SOBREGENERAR. Por el contrario, una gramática que no sea capaz de especificar todos los miembros del conjunto L tendrá la propiedad de INFRAGENERAR ese conjunto. Los problemas de sobregeneración e infrageneración son cruciales en el estudio de la relación entre las gramáticas y los lenguajes que generan, especialmente en la determinación de cuestiones relativas al procesamiento de las secuencias que conforman dichos lenguajes. Supongamos que proponemos una gramática que especifica el lenguaje L de (21) y también un millón de secuencias más. Esta gramática será una gramática de L, en tanto que efectivamente especifica o genera L, pero, al sobregenerar de forma masiva tantas secuencias, esta gramática no parece el candidato más adecuado como teoría del procesamiento y producción de L, es decir, como teoría que permita explicar cómo procesan las secuencias de L los potenciales usuarios de este lenguaje.

El lenguaje que hemos descrito en (21) es un lenguaje finito que contiene solamente seis secuencias bien formadas. Sin embargo, hay lenguajes matemáticos que contienen un número infinito de secuencias que pueden estar bien formadas. Considérese el siguiente lenguaje:

(22) L = {a, a + a, a + a + a, a + a + a + a, ...}

El lenguaje L consta del conjunto de secuencias que contienen una o más apariciones de *a*, es decir, secuencias como $a + a, a + a + a + a, a + a + a + a + a$, etc. La gramática que propongamos tendrá que tener la propiedad de generar un número infinito de secuencias. Esta misma propiedad es compartida por los lenguajes naturales, que también son infinitos. La infinitud de las lenguas naturales puede considerarse desde dos puntos de vista. Por un lado, desde un punto de vista semántico, el léxico o diccionario de una lengua forma un conjunto abierto. Es decir, es siempre posible añadir nuevos elementos al inventario de palabras de una lengua, por lo que el número de secuencias que puedan construirse será también infinito. Bastará que sustituyamos una palabra de una secuencia antigua por una palabra nueva o que apliquemos los recursos de la morfología productiva de los que hablábamos en el capítulo anterior. Existe, sin embargo, otro sentido más interesante en el que podemos decir que las lenguas naturales son infinitas. Este es un sentido estrictamente sintáctico. Consideremos las secuencias de (23):

(23) a. He comprado un perro.
   b. He comprado un perro y un gato.
   c. He comprado un perro, un gato y una tortuga.
   d. He comprado un perro, un gato, una tortuga y un periquito.

El complemento directo de estas secuencias puede incrementarse con nuevos miembros, formando potencialmente un número infinito de oraciones. El único límite que parece existir es nuestra tolerancia para aceptar secuencias que exceden una determinada longitud (recuérdese el § 1.3.2, en el capítulo anterior). La existencia de mecanismos de yuxtaposición y conjunción nos permite crear nuevas secuencias a partir de otras ya existentes, por lo que podemos considerar estos mecanismos como inductores directos de la infinitud de las lenguas naturales. Por supuesto, esas secuencias no podrían «ser usadas», pero recuérdese que nuestras consideraciones se limitan por el momento a la estructura de las secuencias, que procuramos diferenciar de su uso. Pronto nos referiremos a estructuras sintácticas mucho más complejas que las formas elementales de concatenación que permite el sencillísimo lenguaje que hemos propuesto.

2.3.3. *La caracterización formal de la gramaticalidad*

Hasta este punto hemos mencionado la propiedad de la 'gramaticalidad' como una característica que los hablantes atribuyen a las expresiones de su lengua. Como veíamos en el capítulo anterior, la base fundamental de esta atribución es la intuición que dichos hablantes tienen sobre la buena formación de expresiones. Dada una expresión *e* de un lenguaje L, un hablante *h* puede reconocer si *e* está bien formada o no. El hablante *h* puede tener un juicio de gramaticalidad sobre cualquier secuencia posible que se forme con el vocabulario de L. Si el hablante reconoce que una secuencia *e* no está bien formada, la considerará como «no gramatical». Como hemos visto, la asignación de esta propiedad la representamos insertando la marca «*» al comienzo de la secuencia.

(24) h → e → *e

Cualquier hispanohablante puede reconocer si una secuencia formada por palabras del español es gramatical o no para él, es decir, si pertenece o no a su gramática interiorizada. El que los juicios de gramaticalidad sean compartidos por los hablantes de una lengua, un dialecto o en general una variedad lingüística indica que la gramaticalidad es una propiedad de naturaleza abstracta. La teoría formal de las gramáticas nos permite caracterizar con rigor esta propiedad. De hecho, decimos que una secuencia de un lenguaje L es agramatical precisamente porque reconocemos que es una secuencia que «no se ajusta a la gramática». Este «no ajustarse» a la gramática se corresponde con la propiedad de «no ser generado o especificado» por la gramática, una vez que tenemos una caracterización precisa del concepto de GENERACIÓN. Por tanto, diremos que una secuencia *e* de un lenguaje es gramatical si es generada por la gramática de ese lenguaje G_L. En caso contrario diremos que es agramatical.

Dada esta caracterización de la gramaticalidad, entendemos por qué la consideración de secuencias agramaticales en particular, y los contrastes entre secuencias gramaticales y agramaticales en general, se convierten en procedimientos heurísticos esenciales en la formulación de gramáticas adecuadas. La existencia de un contraste de gramaticalidad entre oraciones que difieren mínimamente por una propiedad sintáctica revela la actividad de una regla u operación de la gramática. Así, resulta evidente que las oraciones de (25) contrastan mínimamente de manera casi trivial: aquellas en que el sujeto y el verbo concuerdan son gramaticales, y aquellas otras en que no hay concordancia no lo son:

(25) a. El niño come chocolate.

b. *El niño comen chocolate.

c. Los niños comen chocolate.

d. *Los niños come chocolate.

La existencia de estos contrastes tan claros nos muestra que la gramática del español especifica que el sujeto y el verbo deben concordar en número. Sabemos que también concuerdan en la especificación de persona, pero por el momento no nos ocuparemos de este rasgo. Por tanto, la gramática que propongamos debe ser capaz de «derivar» (en el sentido de «deducir» o de «obtener explícitamente», como antes) (25 a,c), pero no (25 b,d). Así pues, estas secuencias deben «quedar fuera» del lenguaje que especifica la gramática.

2.3.4. *Gramáticas probabilísticas de estados finitos*

Una vez que hemos determinado la necesidad de especificar la gramática de una lengua como paso esencial en el conocimiento de la estructura de dicha lengua, el siguiente paso será considerar la forma que debe adoptar la gramática. Este es un paso crucial, ya que existen diversos mecanismos que pueden derivar secuencias. Una de las opciones que es posible considerar es una gramática basada en procedimientos estadísticos. Estos procedimientos están cimentados en la probabilidad de aparición de un elemento en función de su entorno. Supongamos que tomamos como modelo gramatical un mecanismo computacional, más concretamente una máquina o un autómata que se desplaza de un estado a otro. Este tipo de gramática se denomina GRAMÁTICA DE ESTADOS FINITOS. Un autómata de estados finitos consta esencialmente de lo siguiente: (i) un estado inicial, uno final y varios inter-medios; (ii) una función de transición entre estados. El esquema (26) es un diagra-ma que representa un autómata de esta clase.

(26) $e_a \rightarrow e_x \rightarrow e_y \rightarrow e_z$

Supongamos además que el desplazamiento del autómata está regido por crite-rios probabilísticos. Es decir, esta máquina se desplazará de un estado e_x a otro e_y en función de cuál sea la probabilidad de que e_y siga a e_x. Tal vez piense usted que esta serie lineal de estados sucesivos constituye un sistema extraño con el que no tiene ninguna experiencia, pero si ha manejado alguna vez una lavadora automáti-ca comprobará que lo cierto es todo lo contrario. De hecho, lo que los técnicos de lavadoras llaman «el programa» de la máquina es exactamente un sistema de esta-dos finitos. Los estados posibles son, obviamente, muy escasos (entrada de agua, prelavado, lavado, secado, etc.), y se ordenan linealmente en series que pueden ser repetidas, con ciertas restricciones, según las marcas y los modelos de lavadoras. Naturalmente, explicar el orden en que aparecen las palabras de un idioma es mu-cho más complejo que disponer linealmente las tareas que corresponde realizar a una lavadora, pero vale la pena que comprobemos por qué lo es.

El autómata se toma como modelo de la dinámica de los estados internos asocia-dos al hablante / oyente, y que se corresponden, en cada estado, con la generación o procesamiento de una secuencia concreta. Apliquemos este modelo gramatical al español. Supongamos que tenemos un autómata que ha generado o reconocido la se-cuencia (27) del español, por lo que (27) se corresponde con un estado e_x en la secuen-cia de estados existentes entre el inicial y el final.

(27) Juan escribe.

Basándonos en un análisis estadístico de otras secuencias de nuestra lengua, podemos concluir que expresiones como *cartas, un libro,* etc. tienen una alta pro-babilidad de aparecer en la posición que sigue al verbo *escribe,* mientras que otras como *el coche, la mano, un perro* no aparecerán en esa posición. Por tanto, el au-tómata reconocerá o generará una de las secuencias de (28) como estado e_{x+1}, pero no una de las de (29). En otras palabras, las secuencias de (28) serán gramatica-les y las de (29) no lo serán.

(28) a. Juan escribe cartas.
     b. Juan escribe un libro.

(29) a. *Juan escribe el coche.
     b. *Juan escribe la mano.

Los límites de este sistema son muy evidentes. Nótese, por ejemplo, que exis-ten otras posibilidades combinatorias, en las que lo que sigue al verbo es el obje-to o complemento indirecto, como en (30a), o un grupo nominal que se interpre-ta como elemento adverbial, como en (30b):

(30) a. Juan escribe a sus padres.
     b. Juan escribe todos los días.

De nuevo, para que el autómata fuera un modelo adecuado, debería discriminar entre secuencias como las de (30) y las secuencias siguientes:

(31) a. *Juan escribe puede.
     b. *Juan escribe nunca.

Un autómata más sofisticado podría tal vez asignar a las secuencias de (30) una probabilidad más elevada que a las de (31), pero sería incapaz de detectar que ciertos contrastes surgen de diferencias en la función sintáctica de las expresiones, de propiedades o de rasgos de sus componentes, así como de incompatibilidades de interpretación. A eso se añade que el concepto «probabilidad elevada de aparición» es en sí mismo un concepto oscuro, puesto que se refiere a un cómputo que ha de establecerse a partir de algún conjunto previo de datos. Como vimos en el capítulo anterior, la inexistencia de cierta combinación en un determinado conjunto de datos no prueba en absoluto que esté excluida del sistema gramatical. La gramaticalidad constituye, en suma, una propiedad de las secuencias que se define en función de la constitución interna de estas.

Resumamos. Las gramáticas de estados finitos son sistemas formales con cierta capacidad generativa, presentan formas básicas de concatenación y son empleados en la industria para programar máquinas que realizan procesos lineales que admiten determinadas repeticiones. Sin embargo, constituyen mecanismos incapaces de recoger propiedades elementales de las lenguas humanas. Veamos otras alternativas.

2.3.5. *Gramáticas de estructura sintagmática o de frase*

Un mecanismo alternativo que puede proponerse como modelo de la gramática de una lengua es el de la GRAMÁTICA DE ESTRUCTURA SINTAGMÁTICA (ingl. *phrase structure grammar*). Lo que caracteriza a una gramática de este tipo es que entre sus elementos constitutivos hay REGLAS. Estas se aplican a ciertos elementos y generan secuencias de expresiones. La representación típica de una regla es como sigue:

(32) X → Y

El símbolo '→' es un símbolo de expansión o RESCRITURA, por lo que estas reglas se denominan también REGLAS DE RESCRITURA (ingl. *rewriting rules*). La regla (32) se lee así: «el símbolo X se rescribe o expande como Y». Las reglas actúan, pues, como instrucciones para expandir ciertos constituyentes; en otras palabras, para derivar ciertas secuencias a partir de ellos. Un programa basado en reglas de este tipo tomaría (32) como una instrucción para derivar Y a partir de X. Es decir, si una derivación sintáctica se encuentra en un estado en el que la secuencia generada contiene el símbolo X, es legítimo aplicar (32) y sustituir X por Y. En general, una gramática de estructura sintagmática consta de los siguientes componentes:

(33)   (i) un vocabulario o conjunto de elementos léxicos básicos;
       (ii) un conjunto de reglas;
       (iii) un símbolo inicial a partir del cual comienza la derivación.

Consideremos un lenguaje L que consta de las siguientes secuencias:

(34) L = {a, b, c, a + b, a + b + c}

Nuestra tarea como gramáticos será proponer una gramática G_L que genere el conjunto L. Si la gramática que proponemos es de estructura sintagmática, tendremos que especificar el vocabulario de G_L y las reglas de que consta G_L. El vocabulario V_L constará de tres elementos: *a, b* y *c*. Determinar qué reglas derivarán las secuencias de (34) es una tarea menos inmediata, ya que requiere eliminar aquellas que generen secuencias que no estén en L. Sea G una gramática con las siguientes reglas:

(35) i. X → a
      ii. Y → X + b
      iii. Z → Y + c

Comprobemos si el lenguaje L es generado por G. Para ello debemos determinar si todas las secuencias de L se pueden derivar por aplicación de una o de la combinación de las reglas de (35). Mediante la aplicación de la primera se deriva la expresión más elemental de L:

(36) X → a, etcétera.

La generación de la expresión *a + b* requiere la aplicación de dos reglas consecutivamente. Primero se aplicará la regla (ii) a partir del símbolo inicial Y, y a continuación la regla (i) a la secuencia resultante. Esta secuencia de dos reglas constituye una DERIVACIÓN de *a + b*. Representamos dicha derivación como una serie de pasos. En cada paso indicamos la expresión que se genera y la regla que se utiliza para generarla. El paso 1, por ejemplo, consiste en la aplicación de la regla (ii), que tiene como resultado o *educto* (ingl. *output*) la secuencia X + b. En suma, tenemos la siguiente derivación:

(37) Y
      1. X + b (ii)
      2. a + b (i)

La derivación de la tercera y última expresión perteneciente a este lenguaje simbólico requiere la aplicación de las tres reglas de nuestra elemental gramática, tomando Z como símbolo inicial de la derivación, en el siguiente orden:

(38) Z
      1. Y + c (iii)
      2. X + b + c (ii)
      3. a + b + c (i)

El número de reglas que debamos proponer y la forma en que se aplican dependerá de las propiedades del lenguaje con el que nos enfrentemos. Un lenguaje como el que se especifica en (39) tiene la propiedad de que consta de un conjunto infinito de expresiones que obedecen a un patrón que se repite *(a + b)*.

(39) L = {a + b, a + b + a + b, a + b + a + b + a + b, ...}

En este caso no necesitamos tantas reglas como secuencias haya en el lenguaje, ya que se precisaría un número infinito de reglas. La gramática que genere L debe poseer una regla que podamos aplicar de forma reiterada para generar un número infinito de secuencias. Sea G una gramática con las siguientes reglas:

(40) i. X → a + b
      ii. X→ X + X

La generación de la primera secuencia de L requiere solamente la aplicación de la regla (i), como muestra (41). La derivación de la segunda y tercera secuencias se muestra en (42) y (43).

(41) 1. a + b (i)

(42) 1. X + X (ii)
     2. a + b + X (i)
     3. a + b + a + b (i)

(43) 1. X + X (ii)
     2. X + X + X (ii)
     3. a + b + X + X (i)
     4. a + b + a + b + X (i)
     5. a + b + a + b + a + b (i)

La única diferencia entre (42) y (43) es que (43) requiere dos pasos más: una aplicación adicional de (ii), que expande una de las X del paso 1 como X + X en el paso derivacional 2, y una aplicación adicional de (i) al final, hasta que hayamos expandido todas las apariciones del símbolo X. Repitiendo este procedimiento podremos derivar un número infinito de secuencias, ya que las aplicaciones reiteradas de (ii) expandirán X todo lo que sea necesario, y el resultado final será la adición ilimitada de subsecuencias *a + b*.

Los lenguajes naturales poseen también la cualidad de que el número de secuencias posibles no está limitado, por lo que forman conjuntos infinitos. Como observamos anteriormente, hay procedimientos como el uso de la conjunción, la modificación por ciertas oraciones de relativo o la subordinación sustantiva, que nos permiten generar secuencias de mayor complejidad (no siempre aceptables, recuerde § 1.3.2) a partir de otras más simples, como ilustra (44):

(44) a. El hombre dijo adiós.
     b. El hombre dijo que Pedro dijo adiós.
     c. El hombre dijo que Pedro dijo que María dijo adiós.
     d. El hombre dijo que Pedro dijo que María dijo que Luis dijo adiós.

La propiedad de AUTO-INCRUSTAMIENTO (ingl. *self embedding*), que comparten tanto el lenguaje artificial de (39) como las secuencias del español de (44), es el resultado de una propiedad formal de las reglas de la gramática que se denomina RECURSIVIDAD. Ni que decir tiene que la recursividad es tan solo una de las propiedades que intervienen en la creatividad lingüística, pero es una propiedad particularmente importante. Hasta tal punto lo es que ha sido considerada el rasgo distintivo que permite diferenciar el lenguaje humano de los lenguajes animales, como hacen Hauser, Chomsky y Fitch (2002). Pinker y Jackendoff (2005) son de otra opinión, pero los primeros autores reafirman su punto de vista en Fitch, Hauser y Chomsky (2005), y los segundos a su vez el suyo en Jackendoff y Pinker (2005). Sea o no cierta esa hipótesis fuerte, es obvio que el hecho de que una estructura pueda autoincrustarse en cualquier lengua humana, pero no pueda hacerlo en ningún lenguaje animal, otorga a las primeras un estatus privilegiado entre los sistemas conocidos de expresión y comunicación.

¿Qué es exactamente una regla recursiva? Son recursivas las reglas que poseen la siguiente forma (donde X es un símbolo categorial simple o complejo cualquiera):

(45) X → ... X ...

En términos informales, una regla es recursiva cuando el símbolo que aparece a la izquierda de la flecha de expansión o reescritura aparece también a la derecha. La consecuencia no trivial de esta propiedad es que toda regla que la satisfaga puede aplicarse de forma iterada. En efecto, el educto de la regla (45) contiene el símbolo X, con lo que es posible aplicar de nuevo esta regla y expandir el educto, es decir, el resultado de aplicarla. En la gramática descrita en (40), tenemos una regla recursiva (X → X + X). Como hemos comprobado, esta puede aplicarse de forma reiterada, con lo que surge la posibilidad de que la gramática genere un número infinito de secuencias.

Las reglas recursivas son, pues, muy potentes. A partir de una gramática con sólo dos reglas como (40), podemos generar, como hemos visto, un conjunto infinito o ilimitado de expresiones. Hemos comprobado en (44) que las lenguas naturales poseen también reglas recursivas. Dicha regla permite generar oraciones subordinadas sustantivas dentro de una oración matriz. Sin entrar en detalles, la regla pertinente tendrá la forma siguiente:

(46) O → decir O

Otra clase de estructuras en las que encontramos oraciones autoincrustadas son aquellas en las que un nombre tiene un complemento preposicional. En este caso es posible que el complemento contenga otro nombre con otro complemento, y así sucesivamente:

(47) a. La novia de Carlos.
     b. La novia del amigo de Carlos.
     c. La novia del primo del amigo de Carlos.

En el capítulo siguiente consideraremos de nuevo las secuencias del tipo de (47). Por el momento nos basta con señalar que también en estos casos es posible construir un número infinito de secuencias sin infringir ningún requisito de gramaticalidad. El límite de aceptabilidad será igualmente relativo a la complejidad de procesamiento de las secuencias que generemos, es decir, a la profundidad de autoincrustación. Como hemos explicado en el cap. 1, las oraciones obtenidas serán seguramente poco aceptables, pero no agramaticales.

Resumamos. Una lengua puede dar lugar a un número infinito de secuencias y a la vez ser generada por una gramática, siempre que tenga reglas recursivas. La recursividad no explica por sí sola la creatividad lingüística, entendida como la posibilidad de hacer un uso infinito de medios finitos, pero constituye uno de sus aspectos, y es además un recurso técnico sumamente potente. Como hemos visto con un ejemplo sencillo, mediante una gramática finita se puede generar un número infinito de oraciones.

2.4. Gramática de un fragmento del español

Las herramientas que hemos presentado hasta ahora, aunque puedan parecernos mínimas, nos permiten analizar sintácticamente fragmentos del español. La palabra *fragmento* se usa aquí en un sentido técnico, concretamente para hacer referencia a un subconjunto de secuencias de una lengua que es caracterizable y generable como si se tratase de una lengua de por sí. Consideremos un fragmento del español que vamos a denominar «español mínimo» (Esp_{min}). Esp_{min} se define extensionalmente como el siguiente conjunto de nueve secuencias:

(48) Esp_{min} = {Juan, Pedro, ríe, bebe, vino, y, Juan ríe,
Juan bebe agua, Juan ríe y Pedro bebe agua}

Tal vez piense usted que el conjunto de secuencias que contiene Esp_{min} es, sencillamente, irrelevante comparado con el que permite el español real, y que la estructura interna de las que pertenecen a este segundo conjunto es infinitamente más rica y variada. No es eso lo que ahora importa. Así como es posible analizar la estructura de un motor considerado como mecanismo exento, es decir, sin tener en cuenta qué vamos a hacer con él, también es posible considerar en sí mismo un conjunto de expresiones y hacer algunas consideraciones sobre la hipotética gramática que podría generarlas.

Las secuencias más elementales forman el léxico o vocabulario de Esp_{min}. Tenemos dos nombres propios *(Juan, Pedro),* dos verbos *(ríe, bebe),* un nombre común *(vino)* –que en realidad también podría ser verbo, pero que consideraremos nombre para simplificar el análisis– y una conjunción *(y).* Esta caracterización intuitiva se puede formalizar mediante el empleo de REGLAS LÉXICAS. Estas reglas poseen la siguiente forma:

(49) X → l

X es un SÍMBOLO CATEGORIAL y *l* es una pieza léxica o elemento del vocabulario. A las piezas léxicas se las denomina también TERMINALES, porque son elementos que no pueden expandirse mediante la aplicación de una regla de la gramática. Esta propiedad diferencia los elementos terminales de los símbolos categoriales, que sí pueden ser expandidos. La regla léxica (49) especifica que la categoría de *l* es X. Por tanto, de acuerdo con la hipótesis que hemos establecido informalmente en el párrafo anterior, la gramática de Esp_{min} tendrá las siguientes reglas léxicas:

(50) N_{pr} → Juan, Pedro
 V → ríe, bebe
 N → agua
 Conj → y

No importa demasiado que (50) parezca una gramática «de juguete». Lo que importa ahora es que sirve para nuestro objetivo, que es aprender a formular y encadenar reglas de rescritura. Como gramáticos, nuestra tarea será ahora dilucidar qué reglas debemos formular para generar las tres secuencias complejas del fragmento Esp_{min}. Las reglas que formulemos serán REGLAS CATEGORIALES, es decir, reglas que constan de símbolos de categoría gramatical a ambos lados de la flecha de rescritura. La secuencia *Juan ríe* consta de un nombre propio seguido de un verbo. Esta secuencia es una oración. Por tanto, podemos formular la siguiente regla:

(51) O → N_{pr} + V

Esta regla nos permitirá generar *Juan ríe,* pero también otras secuencias que no están en Esp_{min} propiamente, como las siguientes:

(52) a. Pedro ríe.
 b. Juan bebe.
 c. Pedro bebe.

El que generemos secuencias que van más allá de lo que contiene el fragmento considerado no debe preocuparnos, siempre que se conformen con nuestros juicios de gramaticalidad. Dicho de otra forma, las secuencias de (52) no están en Esp_{min}, pero estarían en un fragmento más amplio $Esp_{min}2$ que también consideraríamos parte de nuestra lengua. Si, por el contrario, proponemos una regla que nos permita generar secuencias que resulten agramaticales, ello será indicio de que hay un problema de adecuación con respecto a la regla que las genera.

La oración *Juan bebe agua* no es generable por la regla (51), lo que nos indica que debemos proponer una nueva regla de la siguiente forma:

(53) O → N_{pr} + V + N

Esta regla genera la secuencia mencionada anteriormente y otras similares, pero también permitiría generar las siguientes secuencias como gramaticales en Esp_{min}:

(54) a. Pedro ríe agua.
 b. Juan ríe agua.

Estas secuencias son, evidentemente, agramaticales en español, por lo que, si nos preocupa que la gramática que propongamos sea un MODELO adecuado de un fragmento más amplio del español, tendremos que modificar dicha regla. Nuestras intuiciones como hablantes nos dicen que verbos como *beber* son verbos transitivos que toman un complemento *(agua),* y también que *reír* no puede hacerlo, ya que es un verbo intransitivo. Esto nos indica que tenemos que modificar la especificación léxica de los verbos de manera que incorporen esta distinción:

(55) $V_{[+intrans]} \rightarrow$ reír
$\quad\;\; V_{[+trans]} \rightarrow$ beber

En estas reglas hemos anotado la categoría V con los rasgos [+intransitivo] / [+transitivo], que indican que el elemento léxico en cuestión es un verbo intransitivo o transitivo. Ahora tenemos que modificar la regla (53) de manera que se bloquee la generación de secuencias mal formadas como las de (54). La regla resultante es (56):

(56) $O \rightarrow N_{pr} + V_{[+trans]} + N$

Por último, debemos proponer una regla que genere la secuencia *Juan ríe y Pedro bebe agua.* Podemos proponer una nueva regla que genera esta regla, es decir, estipulándola sin más «a la fuerza bruta»:

(57) $O \rightarrow N_{pr} + V + Conj + N_{pr} + V + N$

Sin embargo, esta regla –que puede ser descriptivamente apropiada, ya que nos permite completar el conjunto de secuencias a generar en Esp_{min}– no recoge la generalización subyacente, es decir, el simple hecho de que lo que estamos haciendo es coordinar dos oraciones. Por tanto, (58) parece más adecuada:

(58) $O \rightarrow O + Conj + O$

Esta regla nos permite generar las oraciones coordinadas de Esp_{min} y otras muchas del mismo tipo, por lo que parece una buena candidata que podría aplicarse al considerar fragmentos más amplios.

De este pequeño ejercicio de formulación de la gramática de un fragmento del español se obtienen varias conclusiones. En primer lugar, la decisión sobre qué reglas incorporar en una gramática y la forma que estas deban adoptar no es trivial, ni siquiera en los casos más simples. Por el contrario, la construcción de una gramática no es un ejercicio automático y tiene repercusiones teóricas y predictivas. Tenemos que considerar qué datos son relevantes, qué contrastes de gramaticalidad son significativos, por qué lo son y, por último, asegurarnos de que la regla o reglas que formulemos no generen menos de lo que deben generar, o generen secuencias no gramaticales. En segundo lugar, es relativamente fácil generar reglas ad hoc. Se trata de parches que satisfacen el requisito mínimo de la adecuación descriptiva, pero que no poseen ninguna realidad como mecanismos que intentan plasmar alguna característica sintáctica del español. Buena parte de la historia de la gramática generativa puede concebirse, de hecho, como una renovación de los mecanismos de generación de secuencias. Esta renovación ha estado siempre impulsada por la búsqueda de la mayor simplicidad y representatividad; por el intento de que los mecanismos formales eviten los recursos ad hoc y revelen propiedades gramaticales que respondan verdaderamente a la estructura sintáctica de la lengua.

Si bien este ejercicio nos muestra que es importante elegir un tipo de regla u otro al construir una gramática, aunque sea fragmentaria, no debemos olvidar que el lenguaje del que partíamos era –como hemos dicho– *extensional,* es decir, un conjunto de expresiones. Sin embargo, sabemos que el lenguaje natural no se define extensionalmente: una lengua no equivale a un conjunto de oraciones, de la misma manera que el ajedrez no equivale a un conjunto de partidas, ni siquiera al conjunto de partidas pasadas, presentes y futuras que se han jugado o se jugarán, si es que ese conjunto puede concebirse. En general, los sistemas articulados complejos no se definen como el conjunto de productos a los que pueden dar lugar, sino más bien como conjuntos de estructuras y principios que dan lugar a esos resultados. De todo ello hablaremos más detenidamente en los capítulos que siguen.

La competencia sintáctica de un hipotético hablante de Esp_{min}, es decir, del fragmento que hemos descrito en esta sección, consistiría en el conocimiento que dicho hablante tiene de las reglas que componen la gramática de Esp_{min}. Es evidente que no existen «hablantes de Esp_{min}», pero recuerde que no es eso lo que importaba en el ejercicio que hemos propuesto, que estaba dirigido a evaluar la naturaleza de los recursos con los que podrían generarse las secuencias contenidas en este pequeño fragmento del idioma. Nos basta por el momento comprender que el conocimiento de la información contenida en la gramática de Esp_{min} constituye la competencia necesaria para generar esa lista de secuencias, y que esta capacidad se manifiesta mediante reglas recursivas que pueden dar lugar a un número potencialmente infinito de secuencias. Estas primeras conclusiones nos serán muy útiles en cuanto pasemos de las gramáticas «de juguete» a las gramáticas «de verdad».

2.5. Otros aspectos técnicos y conceptuales de la estructura formal de la gramática

2.5.1. *Tipos de reglas*

Al formular una gramática sintagmática o «de reglas de rescritura», cubrimos tres aspectos o tres propiedades de las secuencias de una lengua. Por un lado, las reglas son un mecanismo que genera secuencias bien formadas y no genera las mal formadas. En segundo lugar, dada una secuencia arbitraria y una gramática de una lengua, dicha gramática nos permite decidir en un número finito de pasos si esa secuencia es gramatical en esa lengua o no lo es. Por último, las reglas son mecanismos de especificación de las propiedades de las expresiones. Como mostramos en (55), el que un verbo sea transitivo o intransitivo es una propiedad que especificamos mediante el rasgo asociado con la regla léxica correspondiente.

En las secciones anteriores hemos mostrado que las derivaciones de las expresiones constaban de una serie de pasos que se dirigían al resultado pretendido, y también que cada paso consistía en la aplicación de una regla de la gramática. En términos más formales, podemos caracterizar una derivación como sigue. Sea

G una gramática que consta de un conjunto S de símbolos iniciales y un conjunto F de reglas. G equivale, por tanto, al siguiente par ordenado: G = <S, F>. Una DERIVACIÓN D a partir de G es un conjunto finito de secuencias que comienzan con un símbolo inicial, de forma que cada una es el resultado de la aplicación de una regla del conjunto F. Decimos que D TERMINA si y sólo si no se puede derivar otra secuencia a partir de la última secuencia de D por aplicación de las reglas de G. Si una secuencia es la última de una derivación terminada, se la llama SECUENCIA TERMINAL, y a sus constituyentes se les llama TERMINALES. Los terminales son siempre expresiones del léxico, como observamos anteriormente, ya que estas expresiones son las únicas que no son expandibles. En términos menos técnicos, una secuencia terminal será la que pronunciemos. Como es obvio, en estas secuencias no hay símbolos categoriales como N, V, etcétera.

Las reglas que hemos considerado hasta ahora tienen la forma «X → Y», lo que significa que X se reescribe como Y, es decir, se sustituye por esa otra unidad sin ninguna restricción. A las reglas que tienen esta propiedad y este formato se las denomina REGLAS INDEPENDIENTES DEL CONTEXTO. El término *contexto* no tiene aquí el sentido que se le da habitualmente (esto es, el de «entorno situacional»), sino el menos frecuente de «entorno físico inmediato», más exactamente la secuencia que precede y/o sigue a un determinado segmento. Existen otras reglas que generan un determinado educto solamente cuando se dan determinadas circunstancias contextuales. A estas reglas se las denomina REGLAS DEPENDIENTES DEL CONTEXTO, y las gramáticas que las poseen son GRAMÁTICAS DEPENDIENTES DEL CONTEXTO. Estas reglas se introdujeron en la teoría gramatical a finales de los años cincuenta del siglo pasado. La forma de las reglas dependientes del contexto indica que, dado un símbolo categorial X, será posible reescribir dicho símbolo como el símbolo Y sólo si se cumple la condición contextual de que X aparezca precedido por A y seguido por B. Formalmente, la condición contextual se expresa con la notación A __ B, donde el espacio intermedio indica la posición en que aparece X.

(59) X → Y / A __ B

Otras reglas posibles dependientes del contexto son las de (60). En (60a) se dice que la expresión de la categoría X debe seguir a la expresión de la categoría A para que la regla se aplique, y en (60b) que la expresión de la categoría X debe preceder a la expresión de la categoría A.

(60) a. X → Y / A __
     b. X → Y / __ A

Cabe preguntarse qué es lo que aportaría la introducción de reglas de este tipo a una gramática como la que estamos construyendo. Las reglas dependientes del contexto han sido profusamente utilizadas en la fonología, lo que no es de extrañar si se piensa que las alternancias fónicas dependen muy a menudo de entornos inmediatos. Estas reglas tienen asimismo aplicación en las alternancias morfofonológicas: *mucho* pasa a ser *muy* delante de adjetivos *(muy alto)* y de adverbios *(muy deprisa); tanto* pasa a ser *tan* delante de esas mismas palabras; la conjunción *y* pasa a *e* delante del sonido /i/, etc. Otro caso típico de alternancia, aunque algo más complejo, son los procesos de CONCORDANCIA. Los contrastes siguientes muestran que en español el sujeto concuerda con el verbo en número (61), y el determinante concuerda con el nombre y el adjetivo en género y número (62)-(63).

(61) a. El niño sonrió.
     b. *El niño sonrieron.
     c. Los niños sonrieron.
     d. *Los niños sonrió.

(62) a. el coche rojo.
     b. *el coche roja.
     c. la moto roja.
     d. *la moto rojo.

(63) a. los coches rojos.
     b. *los coches rojo.

Podemos, en principio, usar una gramática dependiente del contexto para intentar reflejar los contrastes que acabamos de proponer. Lo haríamos mediante dos reglas de concordancia. Una requerirá que el sujeto y el verbo tengan la misma especificación en cuanto al número, y la otra que el determinante, el nombre y el adjetivo concuerden en género y número. Como paso previo, deberemos postular que determinadas categorías pueden etiquetarse con rasgos que especifican propiedades de género y número.

(64) $X_{[+sing]}$; $X_{[+pl]}$;
     $Y_{[+masc]}$; $Y_{[+fem]}$;
     $Z_{[+masc, +sing]}$; etcétera.

Los contrastes de (61) se generarían a partir de la acción de las siguientes reglas:

(65) a. $V \rightarrow V_{[+sing]} \, / \, X_{[+sing]}$ —
     b. $V \rightarrow V_{[+pl]} \, / \, X_{[+pl]}$ —

Lo que (65b) establece es que un verbo recibe la especificación [+plural] cuando está precedido por un constituyente X (el sujeto) que posee dicha especificación. Naturalmente, esta aproximación encontraría dificultades en los casos en los que el constituyente nominal que precede al verbo no es su sujeto. Este hecho evidente nos pone en la pista de que las posiciones sintácticas no deben definirse de manera simplemente lineal, pero dejaremos para el capítulo siguiente la presentación de esas formas de configuración algo más complejas.

Reglas similares a las de (65) podrían proponerse para generar la concordancia entre determinante, nombre y adjetivo. Es posible incluso sintetizar las dos reglas de concordancia de (65) en una sola regla si introducimos una variable α sobre los signos +/–, para indicar que dos o más elementos tienen la misma especificación.

(66) $V \rightarrow V_{[\alpha \, pl]} \, / \, X_{[\alpha \, pl]}$ —

De acuerdo con (66), si tenemos un sujeto especificado como [+pl], el verbo tendrá que tener la misma especificación en cuanto a este rasgo. Si el verbo es [-pl], el sujeto X deberá ser también [-pl]; es decir, establecemos un mecanismo que nos permite expresar formalmente que el sujeto y el verbo tendrán que concordar.

En la actualidad las reglas dependientes del contexto se usan más en fonología que en sintaxis, en buena medida porque los conceptos de 'contexto' y de 'linealidad' han sido sometidos a una profunda revisión en los últimos veinte años. Importa llamar la atención sobre el hecho de que esta presentación de las reglas sintagmáticas no pretende sugerir que tales reglas son exactamente los recursos que emplea la gramática teórica actual. Un desarrollo de estas reglas sintagmáticas, que veremos en el capítulo siguiente, ha tenido y tiene gran importancia en la teoría gramatical moderna. Esta hipótesis, llamada TEORÍA DE LA ENDOCENTRICIDAD O, más técnicamente, TEORÍA DE LA X-BARRA, se presentará en § 3.3. El objetivo de este apartado era mostrar que el concepto de 'regla' (más exactamente, de 'regla combinatoria') ha de partir de alguna teoría formal de la combinación de elementos. Las gramáticas sintagmáticas se basan, por consiguiente, en un recurso matemático que permite dar cabida a la recursividad, una propiedad sumamente importante de las lenguas humanas. Por el contrario, como vimos anteriormente, las gramáticas de estados finitos no parecen reflejar más que la 'concatenación', una propiedad relativamente trivial de los sistemas lineales que ni siquiera nos permitía establecer diferencias claras entre la estructura de una gramática y el programa de una lavadora.

2.5.2. *Las transformaciones*

Las gramáticas sintagmáticas (dependientes o independientes del contexto) pueden aumentar su poder generativo considerablemente si se les añade un nuevo tipo de reglas llamadas REGLAS TRANSFORMACIONALES. Estas reglas son de una naturaleza diferente, su poder generador es mayor, y las repercusiones que tienen con respecto a la estructura del modelo gramatical son más profundas, ya que han de ser restringidas adecuadamente. Una regla transformacional constituye una ALTERACIÓN realizada sobre una estructura sintáctica, más concretamente, una modificación que se aplica a la descripción estructural de un patrón sintáctico.

Recuerde que alternancias como *mucho ~ muy,* mencionadas en el apartado precedente, también pueden verse como «alteraciones», pero las reglas sintagmáticas dependientes del contexto solo «leen» los entornos contiguos, es decir, solo tienen en cuenta lo que está inmediatamente delante o detrás del elemento al que afectan. Las reglas transformacionales son más complejas. Una regla transformacional debe especificar el ANÁLISIS ESTRUCTURAL (AE) (también llamado DESCRIPCIÓN ESTRUCTURAL) y el cambio que a él se aplica (es decir, una secuencia de categorías en la que vamos a establecer alguna modificación), y el CAMBIO ESTRUCTURAL (CE) que dicha alteración trae consigo.

(67) AE: ...
     CE: ... → ...

La evidencia empírica que se ha considerado como prueba de que las gramáticas de las lenguas naturales deben poseer reglas transformacionales es la correlación existente entre dos estructuras en las que observamos que se ha producido alteración de uno o más de sus constituyentes sintácticos sin afectar al significado.

Este estado de cosas se ha observado en un gran número de situaciones. El ejemplo más característico es el que proporcionan las construcciones activas y las pasivas. En los ejemplos siguientes, las oraciones de (a) se denominan, como recordará usted, *oraciones activas,* y las de (b) *oraciones pasivas:*

(68) a. Un senador compró el coche.
　　 b. El coche fue comprado por un senador.

(69) a. Los niños comieron las manzanas.
　　 b. Las manzanas fueron comidas por los niños.

Sin entrar en un análisis de las complejidades estructurales o de significado de estas construcciones (véase el capítulo 6 para algunas de ellas), nos basta con observar que nuestra gramática deberá captar la inversión posicional entre *un senador* y *el coche* en (68), y *los niños* y *las manzanas* en (69). Las gramáticas tradicionales formulaban de manera intuitiva un proceso que llamaban «volver por pasiva la oración activa», destinado en principio a obtener el mismo resultado. En sus aspectos técnicos, este proceso no siempre estaba bien formulado, pero lo que importa resaltar ahora es que consideraran importante el formularlo.

El análisis estructural de estas oraciones es el que se muestra en (70), donde los números indican la posición secuencial de las categorías pertinentes:

(70) $\text{Det} + \text{N} + \text{V}_{[+\text{trans}]} + \text{Det} + \text{N}$
　　　 1　　 2　　 3　　　　 4　　 5

La regla transformacional toma como INPUT O ADUCTO cualquier secuencia de expresiones que ejemplifiquen el análisis estructural (70). El cambio estructural deberá captar o recoger la inversión posicional entre 1-2 y 4-5 que se produce como OUTPUT O EDUCTO de la regla. Además, deberá dar cuenta de la alteración que se produce en la forma verbal, que las gramáticas tradicionales describen como el tránsito de las «formas de voz activa» del verbo a las «formas de voz pasiva». El análisis estructural correspondiente a una forma de pasiva es que consta del verbo auxiliar *ser,* seguido de la forma verbal y la desinencia de participio (*ser* + V + Participio). La regla será, pues, la siguiente:

(71) $1 + 2 + 3 + 4 + 5 \rightarrow 4 + 5 + ser + 3 + \text{Partic.} + por + 1 + 2$

La regla que acabamos de formular asocia dos estructuras oracionales mediante una TRANSFORMACIÓN, de lo que se desprende que hay un vínculo derivacional entre ellas, es decir, las estructuras pasivas se derivan a partir de las activas. Visto en términos actuales, (71) no deja de ser un recurso un tanto tosco, sobre todo porque describe un proceso formulado en términos de concatenación de elementos, y no en función de la estructura de los sintagmas, es decir de las unidades intermedias entre la palabra y la oración. Pero recuerde que nos interesa presentar uno a uno los mecanismos formales de que dispone el análisis gramatical, para luego explicar cómo se evoluciona de unos a otros. El importante cambio que supone pasar de aductos (ingl. *inputs*) formados por concatenación de elementos (1 + 2 + 3 + 4) a otros construidos por estructuras configuracionales tuvo lugar en la gramática generativa en los años sesenta. Nos ocuparemos de él con detalle en los capítulos siguientes.

Prosigamos, pues, con el concepto clásico de 'transformación'. Otra asociación posible entre un AE y un CE es la que se establece entre las estructuras en que el objeto aparece en una posición desplazada a la izquierda, como en (72)

(72) a. Juan se comió un bocadillo.
　　 b. Un bocadillo se comió Juan.

Sería, pues, posible proponer una regla que derivará transformacionalmente (72b) a partir de (72a). Esta regla borraría o eliminaría *un bocadillo* de su posición originaria y desplazaría este constituyente a la linde izquierda de la oración. La transformación correspondiente sería entonces una TRANSFORMACIÓN COMPLEJA, ya que primero se borraría *un bocadillo* y después este elemento se desplazaría, con lo que tendríamos en realidad dos procesos. También es posible encontrar ejemplos de transformaciones en las que no hay desplazamiento de constituyentes. La asociación entre las oraciones de (73a) y (73b) requerirá una transformación que no conllevaría desplazamiento, sino solo el BORRADO del verbo *comió,* dando lugar a la construcción de elipsis verbal de (73b).

(73) a. Juan se comió un bocadillo y Pedro se comió una manzana.
　　 b. Juan se comió un bocadillo y Pedro, una manzana.

Existen muchas construcciones a las que se puede aplicar este recurso. No obstante, el enriquecimiento del poder especificativo de una gramática mediante la adición de transformaciones no es inocuo. Las gramáticas transformacionales (es decir, las que incluyen reglas transformacionales) conllevan una premisa teórica fuerte. En principio, debe haber dos niveles de representación sintáctica: el previo a la aplicación de las reglas transformacionales y el correspondiente a las secuencias resultantes de la aplicación de dichas transformaciones. Chomsky (1955, 1957) denominaba al primer nivel de representación ESTRUCTURA PROFUNDA (ingl. *deep structure*) y al segundo ESTRUCTURA SUPERFICIAL (ingl. *surface structure*).

Los términos *profundo* y *superficial* deben tomarse aquí en un sentido técnico, y no en la acepción intuitiva que asocia *profundo* con lo más importante o esencial, y *superficial* con lo secundario o menos importante. De hecho, esta asociación indebida es la responsable de buena parte de los malentendidos que la sintaxis formal ha producido en la comunidad lingüística a lo largo de casi medio siglo. La estructura superficial de una oración, entendida en el sentido técnico introducido arriba, es la correspondiente a la secuencia terminal, es decir, a la secuencia de expresiones que pronunciamos y la que percibimos en la «superficie fonética». La estructura profunda, también denominada ESTRUCTURA SUBYACENTE es aquella de la cual se ha derivado transformacionalmente la estructura superficial, si aceptamos que las reglas de reescritura no pueden captar por sí solas todas las estructuras del idioma. Por tanto, desde esta concepción teórica, a cualquier oración le deberán corresponder dos análisis o descripciones estructurales: uno es el que representa su estructura profunda y el otro es el que representa su estructura superficial. En el caso de que un constituyente sintáctico o uno de sus componentes no se vean afectados por una transformación, sus estructuras profunda y superficial serían idénticas.

El concepto de 'transformación' sigue existiendo en las versiones más recientes del modelo, aunque notablemente modificado, como veremos. En décadas recientes ha habido propuestas de reducir y hasta anular el componente transformacional a costa de complicar las reglas de rescritura, o de enviar al léxico parte de la información que expresan. Es evidente que si tuviéramos dos entradas en el léxico, como «*leer* (A, B)» y «*ser leído por* (B, A)» no necesitaríamos una regla transformacional de pasivización, sea como la esbozada arriba o como la que formularemos en el cap. 6. Pero no es menos cierto que las complicaciones vendrían de otro lado: por un parte, *ser leído por* no es una pieza léxica, sino tres (de hecho, se admiten elementos interpuestos entre ellas); por otro lado, esta estipulación habría de repetirse cientos de veces en el léxico (una por cada verbo transitivo, con escasas excepciones), lo que viene a mostrar que se trata de un proceso sintáctico. También podríamos intentar formular una regla de reescritura que previera directamente la secuencia «*ser* + participio», pero entonces no podríamos relacionar el sujeto que concuerda con *ser* con el complemento directo del verbo transitivo al que corresponde el participio. Perderíamos, pues, una generalización semántica necesaria. Todo hablante pensará que esa relación semántica «es evidente», pero recuérdese que la sintaxis formal empieza por intentar reflejar de forma explícita ciertas «informaciones evidentes», entre las que están las que se acaban de mencionar.

Como en el caso de las reglas de rescritura, la versión actual de esas operaciones transformacionales no es la que hemos mostrado aquí, pero en este punto importa tener presentes dos cuestiones importantes. La primera es que la estructura de las oraciones pasivas nos exige una decisión. El lingüista tiene que decidir si la relación entre su forma y su significado puede ser recogida por el léxico, por las reglas de rescritura o por las reglas transformacionales, comoquiera que se formulen. La intuición de las gramáticas tradicionales («volver la oración por pasiva») parecería apoyar la tercera opción, pero es evidente que ninguna de ellas comparaba esta opción con otras, que sencillamente no existían. La segunda cuestión es que el concepto de transformación que se acaba de introducir corresponde a una etapa de la evolución de la gramática formal sin cuyo conocimiento no será posible entender otras etapas. En las páginas siguientes ampliaremos esta idea.

2.5.3. *La organización de la gramática y el desarrollo de la teoría gramatical*

No es posible comprender bien las diferencias que existen entre los modelos de análisis gramatical sin estudiar a fondo las unidades de análisis que postula cada uno. En este apartado presentaremos un esquema muy general del uso que en la teoría gramatical contemporánea se ha hecho de las nociones mencionadas en los párrafos precedentes, y en los capítulos que siguen volveremos a considerar varias de ellas. Este libro está concebido fundamentalmente a partir de las unidades que son necesarias en el estudio de la sintaxis, más que en función de los marcos teóricos desde los que cabe abordar cada una de ellas. Así pues, el análisis de estos modelos se supedita aquí a las herramientas teóricas que se postulan. El lector interesado en la otra perspectiva (es decir, la que parte de los modelos y no de las herramientas teóricas) podrá profundizar en ella a partir de la bibliografía que le proporcionamos en esta sección y en la de lecturas complementarias.

El modelo centrado en la gramática transformacional basada en reglas fue propuesto inicialmente por Chomsky (1955, 1957) y culminó en la versión denominada TEORÍA ESTÁNDAR (ingl. *standard theory*), desarrollada por Chomsky (1965). Según este modelo, la gramática consta de tres componentes: el componente sintáctico, el componente semántico y el componente fonológico. El componente sintáctico se articula en dos subcomponentes: un componente de base y un componente transformacional. El componente de base consta de las reglas léxicas y las reglas categoriales (o de rescritura), tal como han sido descritas anteriormente. El componente de base produce como EDUCTO (ingl. *output*) una serie de descripciones estructurales de la estructura profunda de las oraciones. El componente transformacional permite derivar la estructura superficial de las oraciones a partir de su estructura profunda. Las transformaciones pueden consistir en el desplazamiento, el borrado o la inserción de elementos, y también en la combinación de varios de estos procesos cuando son transformaciones complejas.

El desarrollo de las propuestas en torno a la estructura y articulación de los componentes fonológico y semántico no tuvo lugar hasta algunos años después. En Chomsky y Halle (1968) se propone cómo deben representarse las secuencias de segmentos (fonemas) de una lengua usando representaciones basadas en la noción de 'rasgo distintivo'. El lugar de la semántica dentro de la teoría de la gramática provocó a una encendida polémica a finales de los años sesenta y principios de los setenta. Para algunos lingüistas, como George Lakoff, James MacCawley, John Ross, etc., las estructuras lógico-semánticas debían tomarse como los elementos iniciales de representación, a partir de los cuales se derivarían las estructuras sintácticas. Esta concepción, denominada SEMÁNTICA GENERATIVA (ingl. *Generative Semantics*), concebía las representaciones semánticas como la auténtica estructura profunda de las oraciones. Otros lingüistas, como Ray Jackendoff y el propio Chomsky, defendieron a lo largo de la década de los setenta un modelo alternativo denominado SEMÁNTICA INTERPRETATIVA (ingl. *Interpretive Semantics*), de acuerdo con el cual la interpretación semántica tendría lugar tomando como aducto la representación de las oraciones en la estructura superficial. Algunos de los datos que parecían avalar esta teoría son los contrastes interpretativos entre oraciones activas y pasivas como los de (74).

(74) a. Todos los estudiantes han leído un libro.

　　b. Un libro ha sido leído por todos los estudiantes.

La oración (74a) puede decirnos que todos los estudiantes han leído algún libro (sea cual sea) o bien que todos los estudiantes han leído un solo libro, el mismo para todos. Este fenómeno afecta a la relación que se establece entre dos expresiones cuantificativas (*todos* y *un libro*), como veremos con más detalle en el cap. 8. La oración (74b) carece de la primera interpretación, es decir, sólo puede interpretarse como referida a un libro en particular. De acuerdo con los interpretativistas (que es como se llamaba a los partidarios de la *semántica interpretativa*), si tomásemos como aducto o *input* para la representación semántica la descripción estructural correspondiente a la oración activa –que sería también la estructura profunda de (74b)– antes de aplicar la transformación de pasivización, no podríamos explicar por qué se ha perdido una de las interpretaciones. En otras palabras, si la representación semántica de una oración se construye a partir de la estructura profunda, entonces no hay manera de explicar la diferencia de significado que acabamos de presentar, ya que ambas oraciones tienen la misma estructura profunda. A partir de aquí, los interpretativistas concluían que la interpretación semántica debe hacerse sobre las representaciones correspondientes al nivel de estructura superficial.

En el marco de la semántica interpretativa se presentaron muchos argumentos similares a este que afectaban a estructuras sintácticas muy diferentes. Estos desarrollos dieron lugar a lo que se denominó TEORÍA ESTÁNDAR EXTENDIDA (ingl. *extended standard theory*), y a diversas variantes y modificaciones de ella. A finales de los años setenta tuvo lugar un nuevo cambio de paradigma en el seno de la gramática generativa. Chomsky (1981, 1982) desarrolló el modelo que se denomina PRINCIPIOS Y PARÁMETROS (ingl. *Principles and Parameters*) O TEORÍA DE LA RECCIÓN Y EL LIGAMIENTO (ingl. *Government and Binding Theory*). En la bibliografía es común identificar la teoría con las abreviaturas inglesas «P & P» y «GB». Buena parte de las unidades de análisis que presentaremos a lo largo de este libro proceden de este modelo.

El modelo de principios y parámetros introdujo numerosos cambios respecto de la teoría estándar extendida. Uno de los fundamentales afecta al modo en que se generan las estructuras bien formadas de una lengua. En las secciones anteriores hemos comprobado que las reglas de la gramática deben especificar de manera exhaustiva qué secuencias son gramaticales y cuáles no lo son. Para ello es necesario proponer un gran número de reglas y, sobre todo, un gran número de transformaciones, a medida que se van considerando construcciones y datos más complejos. Sin más requisitos, esa acumulación de reglas resulta idiosincrásica y escasamente iluminadora en sí misma. Además, se plantean dudas en última instancia con respecto a la adecuación descriptiva y explicativa de la teoría. El modelo de principios y parámetros empieza por evitar la disyuntiva inicial entre reglas de base y las transformaciones, puesto que sustituye las primeras por un patrón uniforme que se aplica a todos los constituyentes sintácticos (la llamada 'teoría de la X-barra', que explicaremos en el capítulo siguiente), y sustituye el conjunto de las transformaciones por una única transformación de desplazamiento (denominada 'muévase-α', para cualquier constituyente α). La especificación de qué secuencias son agramaticales tiene lugar mediante un procedimiento indirecto: la adición de una serie de restricciones o principios de buena formación que deben satisfacer dichas estructuras. En suma, se argumenta que es más adecuado descriptivamente un modelo en el que las estructuras gramaticales surjan del proceso de *filtrado* llevado a cabo por dichas restricciones, en lugar de por un sinfín de transformaciones relativamente inconexas.

Desde el punto de vista de la adecuación explicativa, las investigaciones en el terreno de la psicología cognitiva llevaron a pensar que el sistema basado en reglas y representaciones no proporcionaba un modelo adecuado de cómo se adquiere el lenguaje humano. Se argumenta en esas investigaciones que la facultad del lenguaje, al igual que otras facultades cognitivas, no es una estructura cognitiva unitaria, sino un sistema más complejo de naturaleza compartimentada. Cada una de las células o MÓDULOS (ingl. *modules*) de la competencia gramatical posee un cometido distinto. La visión modular o compartimentada de la gramática se sigue de la visión modular de la mente (Fodor, 1983), de acuerdo con la cual la mente humana está organizada como una serie de módulos conectados entre sí, cada uno de los cuales realiza tareas cognitivas diferentes. En el dominio gramatical, cada módulo obedece a PRINCIPIOS independientes que filtran o excluyen ciertas secuencias como mal formadas. Por ejemplo, un módulo se ocupará de las propiedades generales de la estructura de constituyentes, otro de las restricciones sobre el desplazamiento de constituyentes, otro de las propiedades léxicas o temáticas, otro de la legitimación de las marcas de función (caso), etc. La variación entre lenguas se contempla como el resultado de una propiedad central de los principios gramaticales: el hecho de que pueden ser flexibles y estar sujetos a lo que se denomina VARIACIÓN PARAMÉTRICA. Un PARÁMETRO es como un circuito con dos posiciones («on / off»). Las lenguas en que dicho parámetro esté activado (en la posición "on" o de activación) presentarán un comportamiento diferente (con respecto a cierto principio) de aquellas otras en las que el parámetro no está activado.

En los capítulos que siguen explicaremos y ampliaremos todas las unidades de análisis formal que aquí hemos mencionado de paso, y también haremos referencia a algunos de los postulados centrales del modelo de principios y parámetros, así como a varias de sus extensiones posteriores. La más importante de ellas es el denominado PROGRAMA MINIMISTA (ingl. *Minimalist Program*), que se desarrolla a partir de la segunda mitad de la década de los noventa (Chomsky, 1993, 1995, 2000b, 2001a, 2001b). Este modelo, todavía en fase de desarrollo en el momento de escribir este libro, intenta reducir parte de la complejidad derivada de la concepción modular o compartimentada, que lleva a ciertas redundancias y desconexiones. Recupera también una visión computacional o derivacional de los procesos sintácticos, y puesta gran atención a los rasgos o características de las expresiones, como explicaremos con más detalle en el § 4.6.

Aunque en este libro nos centraremos sobre todo en los resultados de estos dos últimos modelos gramaticales (principios y parámetros y programa minimista), conviene señalar que existen hoy en día otras teorías gramaticales –de carácter formal unas y no formal otras– que poseen indudable interés. Se trata de paradigmas sintácticos alternativos, en el sentido que hemos dado a este término en el § 2.1.2. El que no nos ocupemos de esas teorías se debe fundamentalmente a los límites de extensión inherentes a un texto introductorio como este, y también a que el modelo generativo chomskiano es el que ha gozado hasta el momento de mayor difusión y aceptación entre los marcos formales, tanto en la lingüística teórica en general como en el dominio de las lenguas romances, y en concreto del español.

Ciertamente, los puntos de partida de algunas teorías alternativas (por ejemplo, la gramática cognitiva de Lakoff y Langacker) están tan alejados de los conceptos fundamentales que aquí se exponen, que la comparación de unidades y recursos analíticos no podría ir demasiado lejos. Otras veces, los paradigmas alternativos están más cercanos y la comparación se torna más interesante. Varios de estos paradigmas contienen propuestas de gran interés, así como análisis que tienen en cuenta en mayor medida que el marco chomskiano criterios como la implementación computacional o el grado de formalización. Los modelos teóricos más destacados en la actualidad, algunos ya mencionados anteriormente, son los siguientes: la gramática categorial (ingl. *Categorial Grammar;* Oehrle y otros 1988); la gramática sintagmática nuclear (ingl. *Head-Driven Phrase Structure Grammar*), más conocida por el acrónimo inglés HPSG (Pollard y Sag, 1987 y 1994); la gramática léxico-funcional (ingl. *Lexical Functional Grammar*) o LFG (Bresnan, 2001); la gramática de construcciones (ingl. *Construction Grammar,* Goldberg, 1995; Croft, 2001; Fillmore y Kay, 2004); la gramática cognitiva de Lakoff (1987) y Langacker (1987); la sintaxis basada en la teoría de la optimidad de Prince y Smolensky (1993) (ingl. *Optimality-Theoretic Syntax*) y la gramática del papel y la referencia (ingl. *Role and Reference Grammar*) de Van Valin (1993, 2001 y 2005) y Van Valin y LaPolla (1997). Esta lista constituye tan solo una selección de marcos teóricos. Si decide usted seguir estudiando sintaxis teórica, le recomendamos que, en la medida de sus posibilidades, complete la visión que le presentamos en este curso con la que obtendrá de estos otros modelos.

Conviene insistir en que la existencia de teorías o paradigmas alternativos no supone excepcionalidad alguna de nuestra disciplina con respecto a otras, ya que esta pluralidad constituye un rasgo común en los enfoques científicos de numerosos ámbitos del saber, desde la física teórica o la biología hasta las matemáticas. Ciertamente, el panorama de las teorías lingüísticas que se le ofrecen al investigador en nuestros días para que desarrolle sus pesquisas es amplísimo. Nosotros le aconsejamos que desconfíe de afirmaciones del estilo de: «dado que en la sintaxis contemporánea hay tantos cambios y tantas teorías, debe de haber algún problema de fondo con la disciplina», o de otras como: «podemos dejar completamente de lado la gramática formal porque no tiene aplicaciones pedagógicas inmediatas». También le aconsejamos que procure evaluar personalmente las ventajas y los inconvenientes de cada análisis que se encuentre, y en general de cada marco teórico. Desconfíe de los argumentos de autoridad (es decir, de las afirmaciones del tipo de «esto es así porque lo dijo tal o cual individuo») y aproveche lo que pueda de los análisis gramaticales tradicionales en función de su propio peso o de su propia coherencia, no de la antigüedad que tengan o del espacio que se les conceda en los libros.

El interés que se despierte en nosotros hacia las teorías actuales de la gramática puede ser directo o indirecto. Podemos querer estudiarlas con el deseo de contribuir a ellas, pero también podemos analizarlas porque deseamos obtener ideas para ulteriores aplicaciones, sean pedagógicas (tanto relativas a la enseñanza de la primera lengua como de la segunda), computacionales, lexicográficas, filosóficas o de otros muchos tipos. Huelga decir que todos esos intereses son igualmente legítimos. Aun así, y como es obvio, el que se adentra en los muy variados modelos existentes sobre la arquitectura de las lenguas humanas debe pensar que probablemente no se han construido pensando en su punto de vista particular. En cualquier caso, las dos opciones son legítimas: introducirse en ellos para tratar de aportar algo a su desarrollo, o hacerlo por si de sus desarrollos se obtienen ideas útiles para los intereses particulares de cada uno.

2.6. Lecturas complementarias

• La lingüística contemporánea aspira a ser considerada una disciplina científica y a satisfacer los requisitos y criterios que normalmente satisfacen las ciencias. Estos criterios, así como otras nociones básicas (inducción y deducción, teoría, explicación, etc.) se exponen en presentaciones generales de la filosofía y la metodología de la ciencia como Suppe (1974), Losee (1976), Mosterín (1984), Echevarría (1995, 1999) o Díez y Moulines (1997). La noción de paradigma científico se debe a Kuhn (1962), y el criterio científico de falsabilidad, a Popper (1934). Otros autores como Lakatos (1977), Feyerabend (1975) o Stegmüller (1981) han revisado o criticado estas nociones. Sobre la aplicación de la teoría de Kuhn a la lingüística, véase Percival (1976). Pueden encontrarse varios análisis de las tendencias actuales en Medina (1989), Solís (1994) y Martí Sánchez (1998). Se ocupan de la noción de explicación en lingüística Hornstein y Lightfoot (1981) y Moore y Polinsky (2003). Es lógico que los estudios sobre los conceptos de 'explicación' y de 'argumentación' en lingüística (especialmente los relativos a la teoría de la gramática) publicados en los últimos treinta años estén estrechamente vinculados a los modelos teóricos imperantes en cada etapa. Pueden verse, además, de las obras citadas Cohen (1974), Wirth (1976), Perry (1980) y el vol. 66 de la revista *Langages,* entre otros muchos.

• La sintaxis generativa contemporánea es una ciencia formal, en tanto en cuanto la mayoría de sus corrientes emplean procedimientos formales para formular generalizaciones y articular teorías. Las contribuciones iniciales de Chomsky (1955, 1957) representaron un avance sustancial en esta dirección. Se ha suscitado recientemente una polémica sobre el grado necesario de formalización en la sintaxis, con puntos de vista opuestos, como los sostenidos por Pullum (1989) y Chomsky (1990). Algunos matemáticos, como Devlin (1996a, 1996b, 1997), proponen el término *matemáticas flexibles* (ingl. *soft*) para designar el tipo de formalización que en su opinión requieren la mayor parte de las ciencias de la mente, entre ellas la lingüística. Sobre el extenso debate entre formalismo y funcionalismo en lingüística, pueden consultarse Newmeyer (1998) y Darnell (1999), así como los volúmenes 11 (1991) de *Language and Comunication* y 1 (1986) de *Belgian Journal of Linguistics.*

• La consideración del lenguaje como un objeto natural lleva a conectar la sintaxis con otras ciencias naturales, particularmente con la biología. El trabajo pionero en esa dirección es Lenneberg (1967); véase también Lenneberg y otros (1974). De Jenkins (2000), Lorenzo y Longa (2003) y Chomsky (2005) puede obtenerse un buen panorama actual sobre la *biolingüística.* La incardinación de la teoría sintáctica en el marco de las ciencias cognitivas ha adoptado diversas formas, entre las que destacan como muestras recientes la arquitectura paralela de Jackendoff (1997, 2002), el modelo dinámico de Culicover y Nowak (2003) o los modelos evolucionistas defendidos en Uriagereka (1998), Lightfoot (1999), Anderson y Lightfoot (2002) o Mendívil Giró (2003). Son también referencia obligada los trabajos de Steven Pinker (1984, 1989, 1994, 1997, 1999), uno de los cognitivistas más destacados en la actualidad. Desde esta perspectiva, las consideraciones sobre adquisición, aprendizaje y procesamiento se hacen esenciales, como prueban los trabajos reunidos en la compilación de Pérez-Leroux y Glass (1997). Véanse también sobre este punto el panorama de Fernández Lagunilla y Anula (1995), Osherson y Lasnik (1990), las entradas correspondientes de Wilson y Keil (1999) y Catalá y otros (2002). Al llamado «problema de la pobreza del estímulo» se dedica monográficamente el vol. 19, 1-2 (2002) de *The Linguistic Review.*

• La bibliografía sobre los universales lingüísticos es bastante extensa. Además de los mencionados en el texto, son fundamentales los trabajos de Bach y Harms (1968), Hawkins (1988), Comrie (1989), Croft (1990) o Seiler (2000). Baker (2001) presenta un enfoque generativo que busca los átomos que permitan configurar una «ta-

bla de las lenguas» similar a la tabla de los elementos que nos ofrece la química. Para un estado general de la cuestión, puede verse Mairal y Gil (2004/2006).
Partiendo de un enfoque tipológico o clasificatorio, merecen también destacarse
las aportaciones en nuestra lengua de Moreno Cabrera (1990, 1995, 2004).

• La teoría de lenguajes formales, como rama de la lingüística matemática, se ocupa de las propiedades matemáticas de las gramáticas, entre ellas su capacidad
generativa. Acercarse a la bibliografía sobre este asunto requiere conocimientos
formales avanzados. Destacan los trabajos de Chomsky y Miller compilados en
Luce y otros (1963) y los tratados generales de Harrison (1978), Hopcroft y Ullman (1979), Partee, ter Meulen y Wall (1990) y Martin (1991). En español, los
trabajos de Serrano (1975, 1977) resultan suficientemente accesibles para el no
especialista. Isasi y otros (1997) es un texto más avanzado. Resulta de particular
interés la interpretación y valoración de las propiedades matemáticas de las lenguas naturales. Recuerde en este sentido la polémica mencionada en el § 2.3.5
sobre el alcance de la noción de 'recursividad' y la bibliografía allí señalada.

• La evolución de la gramática generativa muestra que esta teoría ha pasado por diversos estadios, brevemente mencionados en el texto. Recoge los aspectos históricos de esta evolución Newmeyer (1980, 1983, 1996), y prestan especial a atención a las aportaciones sobre nuestra lengua Demonte (1994b) y Brucart (1993,
2002a, c). Una fase particularmente polémica de dicho desarrollo fue el debate
entre los defensores de la semántica generativa y los de la semántica interpretativa que tuvo lugar a comienzos de la década de los setenta. De este debate se ocupan Harris (1993) y Huck y Goldsmith (1995). Se centran en diversos aspectos de
la figura de Chomsky los trabajos de Otero (1984, 1994), Barsky (1997), Smith
(1999), McGilvray (1999), Lorenzo (2001) y Antony y Hornstein (2003).

• A lo largo de los años se han ido publicando un gran número de manuales introductorios que presentan lo esencial de cada desarrollo de la gramática generativa, a menudo con aplicaciones al español. Conviene, en este sentido, tener en
cuenta el hecho de que el que ciertos manuales compartan nombres como *teoría
sintáctica* o *sintaxis generativa* no indica necesariamente que versen sobre el
mismo modelo o tengan el mismo enfoque. Por ejemplo, versan sobre las gramáticas sintagmáticas o de frase, incluyendo los desarrollos transformacionales,
las monografías de Otero (1970), Stockwell, Schachter y Partee (1973), Bach
(1964, 1974) Nique (1975), Akmajian y Heny (1975), Hadlich (1975), Baker
(1978), D'Introno (1979), Chomsky y otros (1979), Radford (1981) y Lasnik
(2000). Dentro del modelo de principios y parámetros, destacan los manuales de
Van Riemsdijk y Williams (1986), Horrocks (1987), Radford (1988), Lasnik y
Uriagereka (1988), Cowper (1992), Freidin (1992), Ouhalla (1994), Haegeman
(1994, 2005), Napoli (1994), Graffi (1994), Roberts (1997), Culicover (1997),
Carnie (2002) y Poole (2002). Se basan en el español, o se centran en él en mayor o menor medida, Hernanz y Brucart (1987), Demonte (1989), Lorenzo y
Longa (1996), D'Introno (2001), Zagona (2002), Fernández Lagunilla y Anula
(2004) y Rodríguez Ramalle (2005). Por último, adoptan los postulados del reciente programa minimista –de forma estricta en unos casos y no tanto en otros–
las introducciones de Radford (1997a, 1997b), Pollock (1997), Adger (2003),

Brody (2003), Eguren y Fernández Soriano (2004), Culicover y Jackendoff (2005), Hornstein, Nunes y Grohmann (2005) y Lasnik, Uriagereka y Boeckx (2005). Otras monografías le dedican uno o varios capítulos: Webelhuth (1995, caps. 7 y 8), Culicover (1997, cap. 10) o Carnie (2002, cap. 12). En Boskovic y Lasnik (2006) se encontrará una antología de los artículos fundamentales desde esta perspectiva.

• Se presentan otras teorías sintácticas actuales, comparándolas con los modelos chomskianos, en Sells (1985), Borsley (1999) y Carnie (2002, caps. 13 y 14). Además de las referencias indicadas en el texto, versan sobre la gramática categorial las monografías de McGee Wood (1993), Steedman (1996, 2000), Morrill (1994) y Solías (1996); sobre la gramática de estructura de frase generalizada, Gazdar y otros (1985) y Borsley (1996); sobre la gramática sintagmática nuclear, Pollard y Sag (1987, 1994) y Sag, Wasow y Bender (2003); sobre la gramática léxico-funcional, Kaplan y Bresnan (1982) y Falk (2001); y sobre la sintaxis funcional de orientación cognitiva, Givon (1984), Van Valin y La Polla (1997) y Van Valin (2001, 2005).

3

Las palabras y los sintagmas I:
La estructura de los constituyentes

3.1. Clases sintácticas de palabras

3.1.1. *Introducción*

De lo tratado hasta el momento podemos obtener una primera conclusión. La sintaxis se parece a las demás disciplinas combinatorias en que consta, fundamentalmente, de dos clases de unidades: piezas y principios para combinarlas. En este punto no se diferencia demasiado de otros sistemas combinatorios complejos, como la música o la arquitectura. En nuestro caso, las piezas son palabras de diversos tipos, así como partes de ellas y grupos formados por ellas, esto es, unidades ya combinadas que se integran en otras mayores. Los principios son, como hemos empezado a comprobar en el capítulo anterior, formas de organización, esto es, maneras de agrupar las piezas, y también de interpretar el significado de las combinaciones obtenidas. Hemos visto que la recursividad es una propiedad de la lengua que puede ser recogida adecuadamente mediante las gramáticas sintagmáticas, pero hemos comprobado también que otras propiedades de la estructura gramatical no pueden ser abarcadas mediante estas gramáticas, por lo que se necesitan nuevos recursos teóricos, uno de los cuales es el concepto de 'transformación', en alguna de sus posibles formas. Sobre todos esos recursos volveremos a lo largo de este libro. Por el momento es importante que recuerde usted que el gramático teórico no se plantea en el vacío preguntas frecuentes en la gramática escolar del tipo de «¿Cómo se analiza esta construcción?». Se plantea, más bien, preguntas como estas otras: «¿Qué recursos sintácticos explícitos necesitamos para relacionar la forma con el sentido en esta estructura?; ¿son suficientes los que hemos introducido hasta ahora o se quedan cortos?; ¿no serán tal vez demasiado particulares los que hemos formulado?; ¿podrían formularse de manera más general sin perder su capacidad analítica?».

Los principios combinatorios deben también explicar, obviamente, las relaciones gramaticales que se dan entre las palabras. Se trata de nociones como concordancia, complementación, ligado, predicación (todas las cuales serán analizadas en este libro), así como diversas formas de organizar la información gramatical: estructura argumental de los predicados, estructura de constituyentes y otras que tal vez le resulten todavía desconocidas, pero que enseguida empezarán a serle familiares. Ciertamente, las dos unidades fundamentales de la gramática (piezas y principios combinatorios) están sumamente relacionadas, puesto que la mayor parte de las piezas léxicas se reconocen como tales por sus características combinatorias.

Así pues, las primeras unidades de la sintaxis son las CLASES DE PALABRAS. Usted recuerda sin duda de algún curso de gramática elemental que existen sustantivos, adjetivos, verbos, adverbios, preposiciones, conjunciones, pronombres y otras clases de palabras. Quizá estas unidades no sean para usted más que elementos de alguna lista que ha tenido que memorizar en algún momento de su vida, tal vez junto con la de los elementos químicos del sistema periódico, la de países europeos o la de reyes de alguna dinastía desaparecida. No pretendemos que memorice usted de nuevo esa lista, pero le vamos a ayudar a reflexionar sobre el hecho de que esas clases de palabras son a la vez útiles e insuficientes, puesto que muchas de las propiedades de la gramática exigen otras clases y subclases algo más delimitadas. También vamos a comprobar que otras muchas propiedades de las relaciones gramaticales son TRANSCATEGORIALES, es decir, se extienden a varias categorías. Necesitaremos, por tanto, nuevos recursos para analizar estas relaciones que cruzan simultáneamente varias categorías.

Las clases de palabras pueden clasificarse en tres grupos. Algunas de las que se manejan en la gramática teórica contemporánea se remontan a las primeras reflexiones sobre el idioma, casi tan antiguas como la filosofía en la historia del pensamiento humano. Cabe hacer un segundo grupo con otras categorías que, aun siendo también clásicas, se interpretan de forma marcadamente diferente en la actualidad. El tercer grupo lo formarían unidades nuevas, es decir, no utilizadas en las descripciones clásicas. Supondremos aquí que usted recuerda las clases fundamentales de palabras (sustantivos, verbos, adjetivos...), que se explican repetidamente en los cursos elementales de gramática. Si no fuera así, le recomendamos que repase cualquiera de esos textos básicos. Vale la pena que consideremos, aunque sea muy someramente, algún ejemplo que nos permita ilustrar cada uno de estos tres grupos.

Como usted sabe, los SUSTANTIVOS O NOMBRES son palabras como *árbol, aceite, dolor, felicidad, penumbra, prisa* o *niño.* Es evidente que unos sustantivos designan personas o animales *(cartero, águila, burócrata, héroe, salmonete);* otros se refieren a objetos físicos o cosas materiales *(lavadora, escafandra, planeta);* a eventos o sucesos *(partido, eclipse, carrera, reunión, cacería);* a características de las personas o las cosas *(altura, peso, longevidad, simpatía)* y a otras nociones abstractas. Desde el punto de vista gramatical, sabemos que los sustantivos tienen algunas propiedades combinatorias claras. Admiten artículos *(el, la, los, un...),* demostrativos *(este, aquel)* y otros modificadores, y poseen rasgos de género y de número. A la manifestación morfológica de estos rasgos se la conoce como FLEXIÓN NOMINAL. Los sustantivos forman también grupos nominales diversos, de los que hablaremos en este mismo capítulo. Es importante resaltar que los sustantivos son una clase sintáctica de palabras porque manifiestan un determinado comportamiento combinatorio, no solo por el tipo de entidades que denotan. Es decir, la clase 'sustantivo' no se obtiene directamente del significado que esas unidades pueden expresar, sino que viene determinada por su comportamiento gramatical. Tal vez conozca usted el chiste referido a cierto profesor que, tras haber identificado pedagógicamente los sustantivos como «aquellas palabras que indican objetos, es decir, todo lo que se puede ver o tocar», le pide a uno de sus alumnos que le indique cuál es el sustantivo en la secuencia *Se quemó ayer totalmente una casa antigua.* El alumno le responde sin inmutarse que no puede encontrar ningún sustantivo, ya que, si la casa se quema, no es probable que alguien pueda verla, y menos aún tocarla. Si el profesor hubiese adoptado un criterio combinatorio en lugar de un criterio nocional, habría evitado sin duda esa respuesta burlona.

Los VERBOS también designan nociones muy diversas: acciones *(volar, cantar),* estados *(caber, yacer),* procesos *(enfriarse, salir),* propiedades *(significar, mere-*

cer) y algunas variantes de estas situaciones. Unos autores usan el término *evento* para referirse conjuntamente a todas ellas, pero otros hacen notar que los eventos son sucesos, no estados, e introducen el concepto de 'eventualidad' con el sentido abarcador que resulte necesario aquí.

Desde un punto de vista morfológico, los verbos se identifican por poseer desinencias o terminaciones que indican contenidos gramaticales como tiempo, aspecto y modo. El conjunto de esas desinencias se denomina FLEXIÓN VERBAL. Reconocemos de forma inmediata la palabra *cantaban* como un verbo porque la terminación *-ban* codifica la información 'tercera persona del plural del imperfecto de indicativo'. Las clases sintácticas tradicionales de verbos (transitivos, intransitivos, etc.) están también determinadas por su combinatoria, es decir, por la capacidad de construirse con complemento *(mirar, sacar)* o sin él *(bostezar, crecer)*. Estas propiedades son a la vez sintácticas y semánticas. Así, el significado del verbo *mirar* nos exige un elemento que designe la cosa mirada. Desde el punto de vista sintáctico, el verbo *mirar* debe 'saturar' (en el sentido de «hacer que se llene») una posición sintáctica que represente gramaticalmente lo que se mira. Existen, desde luego, otras clases menos tradicionales de verbos que relacionan de forma más estrecha su comportamiento sintáctico con su significado, como veremos en el capítulo 5. De momento, basta con tener en cuenta que estos ejemplos ilustran la existencia de clases tradicionales de palabras que siguen resultando imprescindibles en cualquier teoría de la gramática.

En el segundo grupo de clases de palabras se encuentran algunas clases tradicionales que se interpretan en la actualidad de manera diferente de como se concebían en la tradición. Tomemos, por ejemplo, la clase de los PRONOMBRES, que a su vez suele dividirse en subclases como la de los pronombres personales *(yo, nosotros)*, los demostrativos *(este, aquel)*, interrogativos *(qué, cuál)*, etc. Los pronombres se consideraban tradicionalmente como «sustitutos del nombre». Simplificándola un poco, la idea que subyace en esta afirmación tradicional (tan tradicional que proporciona el nombre mismo de la clase) viene a ser esta: si decimos *Mi hijo ya se afeita*, estamos usando la forma *se* para no tener que repetir la expresión *mi hijo*. Los pronombres son unidades que se usarían, por tanto, para «sustituir» o «reemplazar» a los nombres. La intuición no es mala, desde luego, y lo cierto es que todavía se usan estos conceptos porque suelen resultar útiles, pero en general se piensa hoy que tal forma de ver las cosas está demasiado simplificada. Existen muchos argumentos en contra de analizar los pronombres como «sustitutos» de los nombres, incluso de los grupos nominales, pero aquí nos bastará con recordar solo cuatro:

A) Los pronombres coexisten en los mismos grupos sintácticos con los elementos a los que supuestamente sustituyen, como en *Le dije a Juan que me esperara*. Ciertamente, carece de sentido decir que el papel de *le* en esta oración es «sustituir a *a Juan*».

B) Es también evidente que el pronombre *yo* no es el sustituto de mi nombre ni de la expresión «el que habla» ni de ningún otro elemento. De hecho, algunos lingüistas europeos de la primera mitad del siglo XX entendían, con buen criterio, que palabras como *yo, tú, él* no son tanto 'pronombres personales' como 'nombres personales', lo que permitía prescindir del concepto de «sustitución» como componente fundamental de su naturaleza. Observe que es perfectamente posible construir un relato con los pronombres *él, ella, la, le* y *lo* sin que sepamos cuáles son los referentes de esas unidades. Es más, la oración *María la miró* no será gramaticalmente anómala si no sabemos cuál es el referente de *la*. Ciertamente, constituye una parte de la gramática la información necesaria para saber que *la* no se refiere a *María* (más detalles en el capítulo 9), pero la oración no es anómala por el hecho de no contener esa información. Así pues, algunos pronombres tienen antecedentes que han de identificarse en la secuencia (como *se* en *Mi hijo ya se afeita*) y otros pueden encontrarlo fuera de ella (como *la* en *María la miró*). De hecho, algunos gramáticos restringen el término *antecedente* para el primer uso y emplean el término *referente* para el segundo.

C) No sustituyen, ciertamente, a ningún nombre los pronombres interrogativos (*¿Quién vino?*, *¿Qué dices?*), pero es cierto que estas expresiones se interpretan como formas reducidas de expresiones complejas (*quién* = 'qué persona'; *qué* = 'qué cosa' o 'qué propiedad'; etcétera). Tampoco los pronombres relativos sustituyen verdaderamente a su antecedente (como *cual* en *El lápiz con el cual escribo*), aunque es necesario que lo tengan para poder ser interpretados.

D) En los años setenta se hizo famosa una paradoja gramatical que mostraba claramente que los pronombres aluden a determinadas expresiones nominales, pero no pueden ser «sustituidos» por ellas. Se basaba en los casos en los que el antecedente de un pronombre es un sintagma nominal que contiene otro pronombre, como sucede en *El alumno que se lo merezca se llevará el premio que él elija*. Así, podríamos decir que el antecedente de *él* es, en esta oración, *el alumno que se lo merezca*, pero es claro que este grupo nominal contiene a su vez el pronombre *lo*, que se refiere a la expresión *el premio que él elija*. Si entendemos que los pronombres «sustituyen» a las expresiones nominales (esto es, «ocupan su lugar») llegaríamos, como es evidente, a una serie infinita de sustituciones de pronombres por expresiones referenciales. Esta PARADOJA DE LA REFERENCIA CRUZADA muestra que no podemos analizar estos ejemplos mediante una concepción estricta de la noción de 'sustitución'.

Estas consideraciones someras muestran que, si bien podemos seguir haciendo uso de la clase tradicional de los pronombres, es evidente que tenemos que articular teorías explícitas y restrictivas sobre su forma y su significado. Hemos de alterar incluso la definición clásica de esta clase de palabras reemplazando el concepto de 'sustitución' por el de 'referencia'.

Las clases de palabras que se usan en la lingüística contemporánea son a menudo más RESTRICTIVAS que las tradicionales, en el sentido de que introducen distinciones necesarias en ellas cuando resultan ser demasiado abarcadoras. Así, la categoría ADJETIVO se entendía a menudo en la tradición como la clase de palabras formada por las que pueden modificar un nombre, y se aplicaba en su interpretación clásica a palabras como *mi, grande, parlamentario, vigésimo* y *otro*. La categoría ADVERBIO se solía concebir como la clase de palabras que modifican al verbo o al adjetivo, y se aplicaba a todas las unidades que aparecen en las secuencias *casi tan lentamente* o *no mucho después*. Sin negar legitimidad a esa caracterización, cabe hacer notar que resulta casi imposible obtener generalizaciones sintácticas relativamente articuladas y precisas si se emplean unidades tan abarcadoras. A ello se añade que los adverbios pueden modificar a otros adverbios, como en *muy lentamente* o en *no demasiado bien*, con lo que, en cierta forma, el término definido participa en la propia definición, si esta se concibe estrictamente a partir de relaciones de modificación o de incidencia.

El tercer grupo de unidades, las no utilizadas tradicionalmente, es especialmente importante, y lo irá usted comprobando poco a poco en los capítulos que siguen. Por poner un solo ejemplo, las descripciones tradicionales no contenían la categoría de CUANTIFICADOR, que agrupa las palabras que expresan cantidad o medida. No era posible relacionar, por ejemplo, la palabra *mucha* que aparece en *mucha alegría* con la palabra *muy* que aparece en *muy alegre.* La primera se solía agrupar en una subclase de los adjetivos, puesto que se consideraba que el rasgo fundamental de esta palabra es el hecho de que concuerda en género y número con el sustantivo al que modifica, en lugar de suponer que lo fundamental en ella es el significado que aporta y la naturaleza gramatical de la relación sintáctica que establece con ese sustantivo. La palabra *muy* aparecía, por el contrario, en el grupo de los llamados *adverbios de cantidad,* con lo que se perdía por completo la conexión con el supuesto adjetivo. Las gramáticas tradicionales tampoco solían contener la clase de los DETERMINANTES, que son elementos que cuantifican o determinan al nombre. Los determinantes posesivos (*mi* en *mi casa*) se incluían dentro de la clase de los adjetivos, y los que denominaremos determinantes definidos (*la* en *la casa*) se incluían dentro de la clase de los artículos. Se perdía así la similitud sintáctica y semántica entre estas expresiones. Esto no quiere decir que no existan diferencias entre ellas (así, la relación sintáctica y semántica entre *mi* y *decisión* en *mi decisión* no es exactamente la misma que la que existe entre *esta* y ese mismo sustantivo en *esta decisión*). Sobre algunas de estas diferencias volveremos más adelante. Por último, categorías como la de AUXILIAR O MODAL son también relativamente recientes. Aunque las gramáticas tradicionales podían identificar la función auxiliar o de apoyo de *ha* en *ha comido* o el contenido modal de obligación de *debe* en *debe comer,* estas unidades se incluían en la clase genérica de los verbos. Ciertamente, estas expresiones no dejan de ser verbos, pero no parecía existir en la tradición una forma clara de relacionar el papel del adverbio *necesariamente* en *Necesariamente es así* con el del verbo *tener* en *Tiene que ser así.* En general, la inclusión de nuevas categorías o la partición de categorías excesivamente abarcadoras en subcategorías surge de la reflexión sobre la conveniencia de agrupar ciertas expresiones en función de determinadas regularidades de forma y de significado. En los apartados siguientes consideraremos algunos desarrollos actuales en el análisis de las clases de palabras.

3.1.2. *Categorías variables y categorías invariables*

Uno de los criterios más antiguos para clasificar las palabras las divide en dos grupos: las palabras VARIABLES, esto es, las que poseen informaciones flexivas, como tiempo, número, persona, etc., y las palabras INVARIABLES, esto es, las que carecen de ellas. Como sabemos, tienen flexión palabras como *los, casas, esperemos, mis, vigésimas* y *tranquilos,* y no la tienen otras como *entre, desde, cerca, cada* y *lentamente.* La distinción es inobjetable, pero la cuestión que surge es en qué medida nos ayuda a comprender mejor el sistema gramatical, o –dicho quizá más llanamente– qué uso podemos hacer de ella.

En primer lugar, la distinción debe hacerse algo más explícita. Cuando decimos que el verbo «tiene flexión» queremos decir que la información flexiva (tiempo, aspecto, número, persona) no tiene autonomía sintáctica, esto es, constituye una forma LIGADA a otra, en lugar de una forma LIBRE. Esta es una propiedad del español que otras lenguas no comparten sistemáticamente. Observe que el morfema de futuro es una forma libre en inglés *(John will sing)*, pero es ligada en *Cantará Juan.* ¿Debemos decir entonces que el verbo español «tiene flexión», pero el inglés «no la tiene siempre»? La pregunta no está, en realidad, bien formulada, ya que las categorías de la gramática no «se tienen» unas a otras. Las informaciones flexivas aparecen como FORMAS LIBRES o como FORMAS LIGADAS en función de las propiedades gramaticales de las lenguas, y también de ciertos principios sintácticos.

En segundo lugar, las palabras flexivas manifiestan relaciones de CONCORDANCIA. Al estudiante anglohablante que se acerca al español por primera vez le suele parecer una absurda redundancia el que las mismas informaciones se manifiesten tantas veces en las secuencias. Por ejemplo, el género y el número se repiten cinco veces en *las otras zapatillas deportivas rojas.* La pregunta natural parece ser, entonces, «¿Para qué sirve la concordancia?» La pregunta está, desde luego, bien formulada, aunque no sea demasiado habitual en los cursos básicos de gramática. Para el lingüista, la concordancia no es un dispendio o una absurda redundancia del idioma con la que no hay más remedio que cargar. Simplificando un poco las cosas, puede decirse que la concordancia es un recurso del que el idioma se sirve para identificar relaciones que no se podrían establecer de otro modo. No es, por ejemplo, una redundancia inútil repetir el género y número de *libro* en el artículo *el* (como en *el libro de María*). Gracias en parte a este recurso podemos suprimir *libro* y decir *el de María.* Ello es así porque casi toda la información morfológica que aparecía en *libro* permanece ahora en *el.*

Veamos otro ejemplo sencillo. El adjetivo *enfadada* desempeña tradicionalmente el papel de complemento predicativo en la oración *Pedro dejó a María muy enfadada,* como seguramente recordará usted de algún curso elemental de gramática (véase, más adelante, el § 6.12). De nuevo, *enfadada* concuerda en género y número con *María,* lo que podría parecer otra redundancia inútil del idioma. Ahora bien, observe que en español podemos formar preguntas sobre este constituyente sintáctico, como, por ejemplo, *¿Cómo de enfadada dejó Pedro a María?* (en América, *¿Qué tan enfadada...?*), donde el complemento predicativo interrogado está fuera de su oración. En cambio, en inglés, donde el adjetivo no concuerda con el sustantivo, no es posible decir *How angry did Peter leave Mary?* Lo que parecía un dispendio absurdo tiene, como se comprueba, un correlato sintáctico nada desdeñable.

Así pues, una primera consecuencia de la distinción tradicional entre PALABRAS VARIABLES e INVARIABLES estriba en el hecho de que las palabras variables, esto es, las que manifiestan informaciones flexivas, participan en relaciones de concordancia. Estas relaciones no constituyen meras exigencias formales de la lengua, sino recursos sintácticos que hacen posibles otras estructuras. De hecho, una vez que sabemos qué elementos concuerdan en un idioma (información que se proporciona repetidamente en los cursos introductorios de gramática), tenemos que empezar a preguntarnos qué propiedades gramaticales de ese idioma se deducen de las formas de concordancia que manifiesta.

Aunque resulte útil, la distinción entre palabras variables e invariables puede resultar demasiado simple en un sentido algo diferente. No es exactamente lo mismo decir que una palabra «tiene flexión» que decir que tiene «rasgos flexivos». La distinción le puede parecer bizantina, pero no lo es. Observe que los rasgos de género de los sustantivos son unas veces EXPLÍCITOS, como en *niñ-a,* y otras IMPLÍCITOS, como en *mano,* pero los reconocemos en los dos casos. Es obvio que el rasgo de género femenino de *mano* es «invisible» si analiza usted esa palabra en sí misma o intenta segmentarla en fragmentos menores, pero el rasgo es «visible» para la gramática, puesto que el sistema gramatical sabe que ha de elegir el artículo *la (la mano)* o un adjetivo en femenino si queremos calificar la mano con alguna propiedad *(mano blanca).* Ahora considere usted el pronombre *yo.* Ciertamente, no es posible reconocer ningún segmento de género en esa palabra, pero el hecho de que podamos decir *Yo soy alto* y también *Yo soy alta* sugiere que puede tener cualquiera de los dos géneros, algo muy distinto de decir que no tiene ninguno. Así pues, elegimos uno de ellos y hacemos que el adjetivo concuerde con él en las oraciones copulativas presentadas siguiendo una pauta general de la gramática española.

Se aplica un razonamiento similar a otros muchos pronombres. Aparentemente, el pronombre *sí* no tiene rasgos flexivos. Sin embargo, si no los tuviera implícitos, no podría concordar con ellos el adjetivo *mismo (sí misma, sí mismos)* ni podría ser complemento de la preposición *entre (entre sí),* puesto que sabemos que esta preposición solo acepta como complemento los pronombres no coordinados si tienen rasgos de plural *(entre ellos, entre nosotros,* pero no **entre yo, *entre él,* salvo usos antiguos o lexicalizados como *Decía yo entre mí que…).* Si decimos que el pronombre *sí* no tiene rasgos de género y número porque no hay segmentos que los manifiesten, no podremos analizar esos casos de concordancia con el adjetivo *mismo,* ni de selección léxica con la preposición *entre.* Tampoco podremos, de hecho, explicar el significado de la combinación *entre sí.* No olvide que explicar el significado de las combinaciones de palabras es una parte de la definición misma de *sintaxis* (§ 1.1).

Los rasgos implícitos se reconocen en muchos otros casos, entre ellos en los sustantivos que tradicionalmente se llaman 'comunes en cuanto al género'. Si podemos decir *turistas cansados* y también *turistas cansadas* es, de nuevo, porque a la palabra *turista* le asignamos los dos géneros (obviamente, no de manera simultánea) y la lengua nos permite elegir uno u otro. Así pues, la flexión se puede concebir como la información que corresponde a un SEGMENTO GRAMATICAL (una unidad que se puede cortar o aislar físicamente) o como una INFORMACIÓN GRAMATICAL que desempeña algún papel en la sintaxis, se corresponda o no con un segmento. Así pues, una diferencia evidente entre las palabras *cantaríamos* y *soy* es que las informaciones gramaticales que expresa la primera se corresponden con varios segmentos *(cant-ar-ía-mos),* mientras que los de la segunda se corresponden con uno solo. Esta diferencia tiene consecuencias importantes de tipo configuracional, como veremos en el capítulo siguiente.

La siguiente distinción que debemos hacer en el concepto tradicional de 'palabra variable', en el sentido de 'palabra flexionada', tiene que ver con la interpretación que hagamos de las informaciones flexivas. Considere la pregunta de (1):

(1) Los rasgos de plural aparecen tres veces en la secuencia *estas bonitas acuarelas.* Cuál de las tres apariciones del plural es la que nos informa de que esta secuencia se refiere a varios objetos?

La respuesta es muy evidente: el plural de *acuarela-s.* Así pues, la información que el plural manifiesta puede ser INTERPRETABLE, como en el caso de *acuarelas* o NO INTERPRETABLE, como en el de *estas* y el de *bonitas.* Análogamente, los rasgos de persona también se repiten en *nosotros cantamos,* pero no se interpretan semánticamente dos veces, sino una sola: en *nosotros.* En nuestro ejemplo con el pronombre *sí (entre sí)* comprobábamos que si no reconociéramos rasgos de plural en este pronombre (un plural interpretable, por tanto), esa combinación de palabras no tendría sentido. Observe, asimismo, que el género es interpretable unas veces (como en el sujeto de la oración *La niña es alta*), pero no otras (como en el de *La puerta es alta*).

3.1.3. *Categorías léxicas y categorías funcionales*

Un periódico español publicó hace unos años un CD-ROM en el que se recogían en formato electrónico los textos que el diario había publicado en papel a lo largo de seis meses. El programa de consulta permitía escribir en una ventana de búsqueda las palabras que uno deseara encontrar, y proporcionaba los artículos en los que se trataban esos temas o se hablaba de las noticias en las que aparecían las personas que uno hubiera elegido. Sin embargo, cuando el usuario escribía en esa ventana palabras como *desde, que, se, el* o *más,* aparecía de inmediato un cartel con este texto: *Esta palabra no tiene significado.* Los usuarios de este CD-ROM entendían seguramente el mensaje que el programa les quería transmitir con este rótulo. De hecho, es probable que solo los lingüistas le pusieran algún reparo. Los gramáticos se sentirían incluso ofendidos por él, y no les faltarían razones para ello.

Un criterio clásico para clasificar las palabras es el que distingue entre las unidades llamadas LÉXICAS y las llamadas GRAMATICALES. Las primeras son las que remiten a realidades externas al sistema gramatical, por tanto las que designan cosas, personas, acciones, cualidades, propiedades, modos de actuar, etc., es decir, palabras como *casa, volar, detrás, paciencia, amigo, unicornio, iniciativa, lentamente.* De manera un poco simplificada se suele decir que las unidades léxicas son, aproximadamente, las que manifiestan los significados que uno iría a buscar al diccionario. Las unidades gramaticales también aparecen en el diccionario, pero se definen en función de los conceptos propios de la gramática. Son palabras como *el, se, que, mi, de, más, no, cuánto* y otras que rechazaría sin duda el programa de búsqueda del CD-ROM al que antes nos referíamos. Estas palabras son las que manifiestan los conceptos fundamentales necesarios para expresar las propiedades y las relaciones gramaticales. Se trata de nociones como 'género', 'referencia', 'subordinación', 'cuantificación', 'persona', 'reflexividad', 'caso', 'determinación' y otros por el estilo. De hecho, puede decirse que son estos los materiales con los que trabaja fundamentalmente la sintaxis, ya que muchas palabras se definen casi exclusivamente usando esas informaciones.

En cierta forma, las categorías léxicas son equivalentes a las piezas de las maquinarias, mientras que las gramaticales están más cerca de los engranajes, los tornillos, los engarces y los lubricantes. Esta clasificación, que los gramáticos han reconocido en todas las épocas, ha recobrado importancia en los últimos años y se ha desarrollado particularmente en las últimas versiones del programa generativista, hasta el punto de que constituye uno de los pilares en los que se asienta la teoría gramatical contemporánea de base formal. En la gramática generativa actual se sustituye el término tradicional *gramaticales* por FUNCIONALES porque el uso del término *gramatical* da a entender indirectamente que el análisis de las unidades léxicas *(cantar, libro, foto, lentamente...)* no tiene que ver con la gramática, lo que es a todas luces incorrecto. Es cierto que solo una parte de la forma y del significado de estas palabras tiene consecuencias para la gramática (más detalles sobre este punto en el cap 5), pero esta parte es sumamente relevante. El término *funcional* tampoco está libre de problemas porque el concepto de 'función' ha recibido numerosas interpretaciones, sobre todo en la lingüística europea del siglo pasado. Aun así, en la gramática generativa se eligió *categoría funcional* porque este término parecía menos conflictivo y abarcador que el de *categoría gramatical*.

La distinción entre CATEGORÍAS LÉXICAS y las que denominaremos CATEGORÍAS FUNCIONALES se remonta al menos a la *Poética* de Aristóteles, donde se distingue entre las «palabras con significado» y las «palabras sin significado» (lo que no supone, desde luego, que el autor del CD-ROM mencionado arriba escribiera su advertencia después de haber leído a Aristóteles). Como hemos visto, el diccionario define las primeras, pero cuando intenta definir las segundas lo hace a menudo con gran dificultad, generalmente resumiendo análisis gramaticales y trasladándolos, en la medida en que ello es posible, al formato lexicográfico.

Si miramos a nuestro alrededor y queremos encontrar una palabra que refleje lo que percibimos, sentimos o deseamos, es casi seguro que nos vendrá a la cabeza un nombre, un verbo o un adjetivo, por ejemplo *libros, ruido, calor, comer* o *cansado*. Ciertamente, no se nos ocurrirá pensar en palabras como *que, el* o *a*, puesto que estas no son palabras DESIGNADORAS O DENOTATIVAS. La conjunción *y* expresa una función gramatical, la de coordinar dos constituyentes análogos. No podemos asociar con la palabra *y* un objeto, un evento o una propiedad determinados. Podría usted decir ahora que hay algo contradictorio en esta afirmación, puesto que la conjunción *y* tiene como contenido el concepto de 'coordinación'. Así es, pero observe que este es un contenido FUNCIONAL, no un contenido DESIGNATIVO.

La diferencia entre contenidos funcionales y contenidos designativos es de tal importancia que constituye uno de los pilares fundamentales de la sintaxis de cualquier lengua. El siguiente ejemplo lo ayudará a entenderla mejor. Seguramente recuerda usted de la escuela elemental el concepto de 'oración comparativa'. Suponga que un profesor de Bachillerato o de Secundaria propone a los estudiantes que construyan una oración comparativa, y uno de ellos escribe la frase siguiente: *Pepito ha comparado mis orejas con dos antenas parabólicas*. Además de recriminar a Pepito, el profesor debe explicar por qué ese ejemplo –que contiene, sin la menor duda, una comparación– no constituye un ejemplo de oración comparativa. La razón es que el verbo *comparar* designa aquí una comparación léxica, pero el concepto de 'oración comparativa' se basa en la manifestación de la comparación mediante categorías funcionales. Así pues, tenemos correlaciones como estas:

(2)

Concepto	Categoría léxica	Categoría funcional
COMPARACIÓN	comparar, parecido, diferente	más, menos, que...
COORDINACIÓN	reunir, agrupar, elegir	y, o
SUBORDINACIÓN	depender, subordinarse	que, si...
DEFINITUD	preciso, conocido, particular	el, este....
REFLEXIVIDAD	revertir, volver	se, sí (mismo)
ADVERSATIVIDAD	inconveniente, reparo	pero, sino...

Las oraciones comparativas no son exactamente las que «expresan comparación», sino las que «expresan comparación con categorías funcionales»; las frases definidas son las que expresan la definitud con categorías funcionales, y así en el resto de la gramática.

Una segunda propiedad esencial de las categorías léxicas es que constituyen IN-VENTARIOS ABIERTOS. Podemos, pues, añadir nuevos elementos a una categoría C que conste de cierto número de miembros en un punto histórico dado. Nos sorprendería que alguien nos dijera que el español tiene un número fijo de nombres, o que se ha alcanzado el límite máximo de verbos posibles. La función designadora de las categorías léxicas hace que tengamos que crear o tomar prestadas de otras lenguas nuevas palabras para designar nuevas realidades, y también que ciertas palabras desaparezcan cuando dejan de existir las realidades que designan. Hace veinte años palabras como *internet, chatear* o *euro* no formaban parte de nuestra COMPETENCIA LÉXICA; por el contrario, palabras como *bacía* o *adarga* probablemente solo nos resultarán familiares si hemos leído ciertas obras clásicas de nuestra literatura.

Las palabras se almacenan en nuestro léxico (aproximadamente «diccionario mental»), y allí reciben la especificación de categoría que determinará su comportamiento sintáctico. Al almacenar en nuestro diccionario mental el verbo *chatear* para designar la actividad de participar en ciertos foros virtuales, le asignamos un rasgo categorial que podemos llamar [verbo], por lo que reconoceremos como gramaticales secuencias como *chatear con los amigos, chatear hasta el amanecer,* o *adicto a chatear.* En realidad le asignamos más rasgos, entre otros el de «verbo intransitivo», puesto que no hablamos de **chatear un mensaje* ni tampoco decimos **Este asunto es fácil de chatear.*

Tomemos ahora una categoría funcional como la de los determinantes o las conjunciones. Estas categorías forman INVENTARIOS CERRADOS. Es relativamente infrecuente, por ejemplo, que desaparezcan del idioma las palabras funcionales. Existen, desde luego, excepciones, como la del posesivo *cuyo* y el distributivo *sendos,* que están desapareciendo de la gramática de algunos hablantes jóvenes. Estas personas son capaces de interpretar dichas palabras, aun cuando no las usan en las secuencias que construyen. Los cambios que se perciben en la evolución de las categorías funcionales tienen, ciertamente, un papel fundamental en el análisis de la historia del idioma, pero esos cambios raramente se perciben en los cortes sincrónicos.

Las lenguas toman prestadas categorías léxicas de otros idiomas, pero no suelen aplicar este proceso a las funcionales, al menos las de ciertos grupos. Por ejemplo, no tendría sentido incorporar un determinante hipótetico *treis* al español, de forma que, al anteponerse a un nombre N, la secuencia *treis Ns* indicase que la cantidad de Ns considerada está entre tres y seis. ¿Por qué no incorporamos palabras como esta? Ciertamente, la manifestación de esta cantidad ya es expresable en español (decimos *entre tres y seis*). Nótese, sin embargo, que muchas palabras tienen contenido léxico, pero también funcional. Estas voces sí pertenecen al léxico que se renueva con frecuencia, por ejemplo las que forman el paradigma de los cuantificadores: *una enormidad (de), la tira (de), cantidad (de),* etcétera.

Las categorías funcionales no se suelen aprender del mismo modo que las léxicas. Con las excepciones a las que nos acabamos de referir, la adquisición de las categorías funcionales tiene lugar en los estadios iniciales del aprendizaje de una lengua y es parte ineludible de este proceso. No se puede decir que hemos adquirido o aprendido una lengua si desconocemos categorías funcionales como los determinantes o los auxiliares. No tendría sentido decir de una persona que «habla bien» o que «domina el español», salvo por el pequeño detalle de que no usa adecuadamente palabras como *el, se, que, este, más, haber* y los morfemas de subjuntivo. Sí podríamos decir, en cambio, que habla bien el español, pero no domina el léxico de la caza, el de la viticultura o el de las armas.

Tampoco consideraríamos adecuado un curso de aprendizaje de otro idioma que no incluyese apartados en los que nos pudiésemos informar sobre el sistema de los determinantes o las conjunciones. Sin embargo, si en ese curso no hubiese un apartado sobre los nombres que designan oficios, no tendríamos la misma opinión. Como vemos, conocer o aprender el contenido y el comportamiento gramatical de las categorías funcionales es un paso imprescindible en el aprendizaje o la adquisición de una lengua. Sin embargo, el dominio de todas las variedades léxicas que designen una determinada realidad o conjunto de realidades asociadas (por ejemplo, los oficios y profesiones) no es necesario para juzgar si alguien «sabe» español o no.

En general, los hablantes de una lengua conocen y usan las categorías funcionales de esa lengua de forma regular, mientras que el dinamismo natural del léxico hace imposible que conozcan y usen todas las categorías léxicas. De hecho, cuando decimos que alguien tiene un vocabulario «rico», nos referimos precisamente a su riqueza léxica, no a que dicha persona conoce todos los determinantes de su lengua, algo que no nos impresionaría demasiado. Probablemente no existen dos hablantes del mismo idioma que compartan en su léxico particular el mismo vocabulario, la misma lista de categorías léxicas. Estas diferencias son enteramente esperables y están motivadas por la educación de cada persona, el entorno en que haya crecido, la influencia que haya recibido de amigos, educadores, familiares o colegas, sus viajes, sus lecturas y otros muchos factores análogos. A menudo se dice que los repertorios completos solo existen en los diccionarios, pero lo cierto es que los diccionarios contienen mucha más información léxica de la que pueden conocer los hablantes. Contienen, de hecho, variedades léxicas que corresponden a hablantes separados por miles de kilómetros, por siglos y por diferencias sociales, profesionales y de otro tipo. En este sentido, suele decirse desde la gramática teórica contemporánea que los diccionarios no constituyen verdaderamente repertorios que representen la competencia léxica de los hablantes, sino más bien sumas de un gran número de sistemas y subsistemas léxicos a menudo heterogéneos. Representan, por tanto, descripciones de la lengua-E, en el sentido que dábamos a este concepto en el capítulo anterior.

Existen más diferencias entre las categorías léxicas y las funcionales. Las primeras pueden coordinarse: *Es alto y peligroso, Comió y bebió, Leyó libros y revistas*. Las categorías funcionales, en cambio, no se suelen coordinar: **Esa y la mujer, *Mi y tu profesor, *No sabe que y si vendrás*, etc. En cambio, las más próximas a las léxicas lo hacen ocasionalmente, como ciertos determinantes y cuantificadores: *estos y aquellos; muchos o pocos*, etc. Otra diferencia que se suele establecer entre palabras léxicas y funcionales radica en que las primeras pueden aparecer aisladas, pero las funcionales no suelen hacerlo. Podemos contestar preguntas con palabras como *cansado, María* o *ayer* (valgan como ejemplos las preguntas *¿Cómo te encuentras?, ¿Quién ha llamado?* o *¿Cuándo regresaste?*, respectivamente), pero con palabras como *el, con* o *que* solo contestaríamos preguntas METALINGÜÍSTICAS, es decir, preguntas como *¿Qué hay escrito en este cartel?, ¿Has dicho de o que?* y otras por el estilo. Las categorías funcionales no se usan aisladas porque necesitan de otros elementos que deben saturar las posiciones que proporcionan. Su papel gramatical es el de enlazar, marcar, subordinar –es decir, establecer relaciones–, pero también cuantificar, negar o determinar, esto es, aportar informaciones semánticas como las que se recogían en el cuadro de (2).

Las categorías funcionales son INHERENTEMENTE TRANSITIVAS en un sentido amplio de 'transitividad'. Esta propiedad refleja el hecho de que necesitan que otras categorías (generalmente léxicas) llenen o saturen los espacios sintácticos que proporcionan. Consideremos la siguiente pregunta, tan natural como infrecuente: ¿Por qué puede el sujeto de *dije* ocupar la posición que ocupa en (3a) a (3c), pero no la que ocupa en (3d)?:

(3) a. Yo dije esto
    b. Dije yo esto
    c. Yo dije que vendrías
    d. *Dije que yo vendrías

Desde luego, no podemos responder sencillamente algo así como «...porque el sujeto del verbo principal *(yo)* estaría dentro de la subordinada *(que vendrías)*», puesto que en *¿Quién crees que vendrá?*, el sujeto de la subordinada (el pronombre *quién*) está dentro de la principal, o, al menos, eso parece. La oración (3d) muestra que la conjunción subordinante *que* introduce un grupo sintáctico inmediatamente posterior a ella y, con la posible excepción de los incisos, los elementos que contiene deben interpretarse en su interior. El pronombre *yo* no tiene, desde luego, posibilidad de hacerlo. En cierto sentido, cada vez que una expresión aparece en un lugar y se interpreta en otro –como sucede con *quién* en el ejemplo citado *¿Quién crees que vendrá?*– tenemos un problema, ya que hemos de explicar tanto el lugar que ocupa como la manera en que se interpreta. En los capítulos 6 y 7 analizaremos varias situaciones de este tipo.

Las categorías funcionales son por lo general ÁTONAS O PROSÓDICAMENTE DEPENDIENTES del elemento sobre el que inciden, es decir, no reciben acento de intensidad. Muchas de ellas son, de hecho, elementos prosódicamente débiles, llamados también CLÍTICOS. En la secuencia *el libro* el artículo es un elemento clítico –más exactamente PROCLÍTICO–, puesto que se apoya necesariamente en *libro;* en cambio aparece tras el sustantivo, casi como un afijo, en sueco o en rumano, donde es un elemento ENCLÍTICO. Así, en rumano se forma la expresión *vecinii* 'vecinos-los' en *Vecinii au venit* 'los vecinos han venido'. La conjunción *y* es un proclítico en *Juan y María,* pero su equivalente latino *-que* es un enclítico, como en *Senatus populusque romanus* 'el senado y el pueblo romano'. Análogamente, en *Dijo que vendrías,* la palabra *que* es prosódicamente débil o no acentuada. Si la enfatizáramos, como en *Dijo QUE vendrías,* donde las mayúsculas representan aquí el refuerzo prosódico, la secuencia nos parecería muy extraña. De hecho, solo la podríamos interpretar en un contexto contrastivo de tipo metalingüístico, como si quisiéramos rebatir una afirmación previa de otro interlocutor (del tipo de *Dijo cómo vendrías*). Normalmente, no se considera informativo enfatizar una palabra cuyo contenido es funcional. En la secuencia *el niño,* la sílaba que recibe regularmente acento prosódico es *ni,* de forma que esta sílaba es el NÚCLEO PROSÓDICO de dicha secuencia. El núcleo prosódico de la secuencia «Det + N» siempre recae, por tanto, en el nombre. El determinante es prosódicamente débil y se apoya, como vemos, en el núcleo prosódico. Las categorías léxicas, por el contrario, atraen el acento prosódico. Así, en el grupo adjetival *muy alto* sabemos que en condiciones normales, el núcleo prosódico residirá en el adjetivo, concretamente en la sílaba *al.* Podemos, desde luego, desplazar dicho núcleo prosódico, pero sólo en condiciones especiales, como por ejemplo, para indicar énfasis o contraste, como en *No es poco alto, es MUY alto,* es decir, en situaciones marcadas.

Otras veces las categorías funcionales no solo se asimilan en parte a los elementos morfológicos, sino que son elementos morfológicos en sí. Como se sabe, las desinencias del verbo que marcan el tiempo, el número o la persona son parte de la misma forma verbal. Dedicaremos al análisis de estas cuestiones el § 4.2.

El estatuto de las preposiciones como categorías léxicas o funcionales es controvertido, si seguimos los criterios apuntados hasta ahora. Por un lado, las preposiciones forman inventarios cerrados. De hecho, se memorizaban en la escuela primaria y es posible que todavía recuerde usted la lista *(a, ante, bajo, cabe...).* Muchas de ellas se corresponden con informaciones que en algunas lenguas se establecen mediante CASOS (§ 3.3.4), es decir, mediante variaciones morfológicas en los nombres o los pronombres. Desde este punto de vista, no parecen tener un contenido designativo propio, sino más bien un contenido relacional. Seleccionan además obligatoriamente otro elemento (generalmente un grupo nominal o una oración que sirven como complemento o «término» de la preposición). Las preposiciones tampoco pueden aparecer aisladas y son prosódicamente débiles.

En la gramática generativa, autores como Emonds (1985) analizan las preposiciones como categorías funcionales y otros, como Jackendoff (1977), las conciben como categorías léxicas. Ciertamente, la preposición *desde* tiene un mayor contenido conceptual que la conjunción *y,* o el nexo subordinante o COMPLEMENTANTE *que.* Este último es simplemente una marca de subordinación o complementación e indica que la oración que le sigue «depende de» otro elemento o es seleccionada por él. En cambio, *desde* tiene un contenido locativo indudable. Introduce un punto de origen en el espacio o el tiempo, en lo que coincide, por ejemplo, con el verbo *salir.* Igualmente, es claro que la preposición *durante* tiene un determinado contenido léxico, y además selecciona determinado tipo de complementos. Parece, pues, que podemos analizar preposiciones como *durante, desde, contra* y algunas más como categorías léxicas, mientras otras como *de* en *El libro de Juan,* o *a* en *Mataron a mi gato* son categorías funcionales. Otras pertenecen más bien a los dos grupos. Una situación intermedia parecida a la de las preposiciones es la que muestran las conjunciones subordinantes –paradigma al que corresponde *que,* pero también *a sabiendas de que*–, o los cuantificadores, clase a la que pertenece *muy,* pero también *infinidad (de).*

El consenso general en la gramática generativa es que verbo (V), nombre (N), adjetivo (A) y preposición (P) son las categorías léxicas básicas. Es más, desde Chomsky (1970) se ha intentado reducir esta clasificación cuatripartita a otra más básica que toma los rasgos $\pm$N ($\pm$nominal) y $\pm$V ($\pm$verbal) como fundamentales, y deriva las cuatro categorías en función de las posibles combinaciones de estos rasgos categoriales. Así, los nombres serían [+N, -V], y los verbos [-N, +V]. Los adjetivos serían [+N, +V], ya que poseen características nominales (concordancia de género y número) y verbales (predican propiedades o estados). Las preposiciones, por último, serían [-N, -V]. Este tipo de clasificaciones, aunque inicialmente útiles, han pasado a segundo plano al descubrirse en la investigación sintáctica más reciente que dichos rasgos encubren propiedades independientes, como la concordancia o la capacidad predicativa, que serán objeto detallado de análisis en los capítulos 4 y 5 respectivamente.

Entra las categorías funcionales hemos mencionado las conjunciones, los complementantes, determinantes y cuantificadores, los auxiliares, etc. Este inventario no es exhaustivo; de hecho, todavía es objeto de discusión y de análisis. Conforme la investigación gramatical va aislando nuevas propiedades y funciones gramaticales, nos es posible entender la manera en que las expresan ciertas palabras o grupos de palabras, lo que nos permite postular una categoría que corresponda a dicha función.

3.1.4. *Categorías manifiestas y categorías encubiertas*

Son muchos los procesos gramaticales que tienen en cuenta información no visible. En el § 3.1.2 hemos comprobado que algunos rasgos morfológicos (como el plural en el pronombre *sí*) no tenían ninguna manifestación morfológica, pero son, sin embargo, necesarios por razones a la vez formales y semánticas. Tampoco es posible asignar un segmento al plural en *crisis,* al pasado en *fui* o al femenino en *mano.* De hecho, la diferencia entre RASGOS EXPLÍCITOS O MANIFIESTOS y RASGOS IMPLÍCITOS O ENCUBIERTOS recorre todo el sistema gramatical. Conviene que la recuerde usted porque aparecerá en este libro en múltiples ocasiones.

Observe que algunas palabras se caracterizan por constituir amalgamas de informaciones semánticas que suelen expresarse separadamente. Adjetivos como *menor* o *mayor* «contienen» un elemento comparativo equivalente a *más.* Este elemento no se puede segmentar (no tiene sentido segmentar *menor* en *men-* y *-or*), pero es obvio que este componente, aun sin constituir un segmento, se comporta gramaticalmente como lo hacen las unidades segmentales: decimos *mejor que, menor que* –como *más alto que, más listo que*–, pero no decimos en cambio *superior que,* puesto que *superior* no es un COMPARATIVO SINCRÉTICO. También decimos *mucho mejor* (como *mucho más alto*), pero no decimos en cambio *mucho superior,* puesto que *superior* no es estrictamente una palabra comparativa. Así pues, la palabra *mejor* contiene un componente incorporado léxicamente cuyas consecuencias son tan evidentes en el significado como en la forma. Observe que se aplica el mismo razonamiento a algunos adverbios. Se dice *mucho después,* pero no se dice *mucho despacio,* puesto que *después* contiene léxicamente el cuantificador *más* (= 'más tarde'), mientras que *despacio* no es un adverbio comparativo.

En cierto sentido, estos comparativos sincréticos constituyen el polo opuesto de los modismos. En casos como *tomar el pelo* o *meter la pata* tenemos grupos sintácticos a efectos gramaticales, pero a efectos semánticos no podemos analizar composicionalmente su significado, es decir, no podemos combinar la denotación de *tomar,* la de *el* y la de *pelo* y obtener el significado del conjunto de acuerdo con los principios sintácticos con los que obtenemos el significado de otros sintagmas verbales. La sintaxis nos despliega, pues, una estructura articulada que no podemos interpretar más que como una pieza léxica (aproximadamente, *embromar*).

En el caso de *mejor,* es la semántica la que despliega una estructura articulada (aproximadamente, 'más bueno') para la que no nos proporciona formalmente un solo adjetivo. Será, pues, necesario que a este adjetivo corresponda la etiqueta que asignaríamos a una estructura sintáctica articulada.

Las informaciones encubiertas son, por tanto, componentes que aparecen contenidos en algunas piezas léxicas, como en el caso de *mejor,* pero pueden también corresponder a categorías sintácticas sin contenido fonológico. A estas últimas informaciones encubiertas se las llama comúnmente CATEGORÍAS VACÍAS (ingl. *empty categories*). El adjetivo *vacío* significa aquí «vacío de rasgos fonológicos» (esto, es «vacío de sonido» o «inexpreso»), y no, en cambio, desde luego, «vacío de contenido». En la tradición gramatical se aplicaban a estas categorías etiquetas como *tácito, callado, encubierto, latente, supuesto, elidido, catalizado* y otras de contenido similar, aun cuando lo cierto es que el estudio de estas unidades raramente se planteaba de manera sistemática.

Supongamos que aceptamos que el adjetivo concuerda con el sustantivo en español, más concretamente, que los rasgos flexivos de los adjetivos en las oraciones copulativas los impone el elemento del que se predican. Así, *mesa* impone a *pequeña* el femenino y el singular en la secuencia *La mesa es pequeña;* y el nombre *árboles* impone a *frondosos* el masculino y el plural en *Los árboles eran frondosos.* Parece evidente que esta generalización es adecuada; es más, es necesaria. El hecho de que existan contrastes como *La mitad estaban muy enfermos / La mitad estaban muy enfermas* no la pone en tela de juicio ni nos fuerza a suponer que *mitad* es un sustantivo con dos géneros alternativos (como podríamos decir de *turistas* en el ejemplo del § 3.1.2). Resulta natural suponer, por tanto, que *la mitad* es un cuantificador que incide sobre un elemento nominal NULO o VACÍO. Aun siéndolo, este elemento tiene rasgos morfológicos de género y número que se reproducen en el adjetivo. Dicho elemento nulo posee, además, naturaleza pronominal. Como los demás pronombres, deberá tener algún antecedente, que aportará el discurso precedente o quizá el gesto (imagínese, por ejemplo, que un médico usa esa expresión señalando a varios pacientes en un hospital).

La diferencia más importante entre la aproximación esquematizada arriba y los análisis gramaticales habituales en las aproximaciones clásicas estriba en que para estas últimas el elemento que concordaba con el adjetivo era el sustantivo mismo aun sin estar presente (*ovejas, pacientes, vacas* o el que fuera). En la actualidad no se acepta que un elemento que no forma parte de un enunciado tenga rasgos morfológicos que pueda imponer a otro que sí forma parte de él. De hecho, el entender la elipsis como la «presencia de un elemento cuasipronominal» con rasgos gramaticales tiene numerosas ventajas. En el cap. 5 analizaremos estos elementos nulos con más detalles, pero ahora podemos considerar someramente algunas de estas ventajas:

A) Los pronombres tienen ANTECEDENTES (esto es, referentes anteriores a ellos), como en el ejemplo citado *Mi hijo*ᵢ *ya se*ᵢ *afeita,* o 'CONSECUENTES' (esto es, referentes posteriores a ellos), como en *La gente que la*ᵢ *conoce habla muy bien de María*ᵢ. La «i» que aparece como subíndice es un recurso cómodo que nos sirve para indicar la correferencia. Los elementos elididos tienen la misma propiedad. Podemos decir, por tanto, *Yo creo que es un tramposo, pero él dice que no Ø* (donde Ø representa un grupo verbal nulo: *es un tramposo*), pero también,

Aunque él dice que no Ø, yo creo que es un tramposo. En ambos casos, los elementos elididos se comportan como los pronombres y, como ellos, tienen antecedentes o consecuentes.

B) Los pronombres reflexivos necesitan antecedentes, pero las oraciones de infinitivo parecen no contenerlos. Ahora bien, en lugar de decir que el pronombre *se* carece de antecedente en oraciones como *Es conveniente afeitarse dos veces al día* (afirmación casi imposible de interpretar en términos semánticos), podemos entender que el infinitivo contiene un sujeto vacío o nulo que constituye el antecedente del pronombre. Este sujeto nulo tiene rasgos de género y número, admite también complementos predicativos y concuerda con ellos –como en *A veces es agradable viajar sola*–, entre otras propiedades características de los sujetos. Ciertamente, este sujeto no concuerda con el verbo porque los infinitivos son verbos que carecen de flexión temporal. Hablaremos más de estos sujetos en el § 6.5.

C) También se acepta generalmente un sujeto pronominal vacío en las oraciones flexionadas del español, el italiano o el portugués que pueden carecer de sujeto expreso, como en *Llegué ayer por la tarde, Este verano iremos a la playa* o *Te están esperando.* En estas oraciones se predican actividades de individuos, luego no podemos omitir en ellas cierta relación de predicación. Para ello necesitamos un sujeto nulo, que tendrá, como los demás, rasgos morfológicos a los que corresponde una determinada interpretación semántica. Estas oraciones se analizarán en el § 6.2.

No existe, sin embargo, pleno acuerdo entre los gramáticos teóricos acerca de qué categorías vacías deben existir y cuáles no. Unos entienden, por ejemplo, que debe postularse un verbo nulo en la segunda parte de la coordinación que se observa en *María leía una novela, y su marido, el periódico,* pero otros consideran que esa información se recupera lingüísticamente sin necesidad de tal categoría sintáctica vacía (véase Brucart, 1987). Análogamente, unos gramáticos entienden que la secuencia *El libro de Juan y el de Pedro* contiene un elemento pronominal nulo entre *el* y *de Pedro*. Otros piensan, en cambio, que el contenido de ese elemento forma parte de la naturaleza pronominal del artículo *el* (que es un demostrativo en el equivalente de esta secuencia en francés, inglés o italiano) y no representa, por tanto, una unidad sintáctica que haya de aparecer en tal posición. Tampoco hay pleno acuerdo sobre si debe postularse o no un artículo nulo ante *cartas* en *Escribo cartas,* o un cuantificador nulo ante *discos* en *Más libros que discos.*

Todas estas son cuestiones debatidas largamente entre los gramáticos, y no será posible resumir aquí esos debates. Es importante resaltar, sin embargo, que la distinción entre categorías manifiestas y encubiertas, que retomaremos varias veces a lo largo de este libro, es esencial en la teoría sintáctica moderna, en la que se procura interpretar de forma restrictiva: los elementos nulos solo pueden formar parte del análisis sintáctico si dejan de ser unidades intuitivas, es decir, si forman parte de paradigmas definidos, si tienen rasgos específicos y si poseen propiedades acotadas que nos permitan delimitar su funcionamiento gramatical en los entornos sintácticos en los que se postulen.

Finalmente, los elementos nulos o vacíos se dividen en REPRESENTADOS SINTÁCTICAMENTE y NO REPRESENTADOS SINTÁCTICAMENTE. Como vemos, el hecho de representar el sujeto tácito de un infinitivo permite que ocupe una determinada posición sintáctica desde la que pueda establecer relaciones de concordancia. No es igualmente claro que deba representarse en la estructura sintáctica el complemento tácito del sustantivo *pregunta* en *La pregunta era absurda,* aunque es evidente que si hubo una pregunta, alguien fue su destinatario. En el § 6.4 veremos que no todos los ARGUMENTOS IMPLÍCITOS de los predicados se representan en la sintaxis, aunque es cierto que todos han de ser tenidos en cuenta para dar sentido a las oraciones.

3.2. La estructura de constituyentes

3.2.1. *El concepto de 'constituyente'*

Los segmentos que son relevantes lingüísticamente, es decir, en la fonología, la morfología o la sintaxis, se llaman CONSTITUYENTES O SINTAGMAS. El término 'sintagma' es más frecuente en la sintaxis, pero los fonólogos y los morfólogos hacen también uso de él (ingl. *phrase*) en sus respectivas disciplinas. Así pues, los constituyentes son los segmentos –especialmente sintácticos y morfológicos– que son sensibles a distintos procesos gramaticales: sustitución por pronombres, desplazamientos, coordinación, elipsis, respuestas a preguntas, y otros análogos que repasaremos en el § 3.2.2. También son los segmentos necesarios para explicar la estructura de otros más amplios, es decir, las unidades que los componen o las que permiten formarlos. Si recuerda la gramática de estructura sintagmática que presentamos en el capítulo anterior, comprobará que la misión principal de las reglas era precisamente la de construir constituyentes de mayor complejidad a partir de otros más simples. Ahora bien, una cosa es proponer *a priori* una serie de reglas para generar una determinada secuencia por simple concatenación de elementos, y otra establecer qué división o partición de la secuencia en constituyentes es la adecuada. Esta última es una tarea analítica, que requiere comparar una determinada partición con otras posibles.

Consideremos la secuencia *La tapa de la guía de teléfonos*. Esta secuencia está formada por una serie de palabras, siete para ser exactos. Supongamos que la cortamos en tres segmentos o subsecuencias: uno, *la;* otro, *tapa de la;* y el otro, *guía de teléfonos*. Esos segmentos representan cortes artificiales en nuestra secuencia, pero, ciertamente no son 'constituyentes' suyos porque no les corresponde ninguna forma gramatical ni significado composicional alguno. Lo mismo podría decirse de una segmentación en dos constituyentes como *la tapa de la guía* y *de teléfonos,* ya que es obvio que *de teléfonos* no modifica a *tapa* sino a *guía*. Así pues, hemos realizado una segmentación sintáctica equivocada. ¿Cuáles son entonces los constituyentes de esta secuencia? Si llamamos X a nuestro ejemplo, los constituyentes de X serán los siguientes:

(4) a. Segmentación de X: [$_A$ *la*] y [$_B$ *tapa de la guía de teléfonos*]

    b. Segmentación de B: [$_C$ *tapa*] y [$_D$ *de la guía de teléfonos*]

    c. Segmentación de D: [$_E$ *de*] y [$_F$ *la guía de teléfonos*]

    d. Segmentación de F: [$_G$ *la*] y [$_H$ *guía de teléfonos*]

    e. Segmentación de H: [$_I$ *guía*] y [$_J$ *de teléfonos*]

    f. Segmentación de J: [$_K$ *de*] y [$_L$ *teléfonos*]

Como vemos, los constituyentes se obtienen a través de una SEGMENTACIÓN PROGRESIVA. X consta de dos constituyentes, A y B, que se llaman INMEDIATOS porque no existen otros intermedios que los contengan. A su vez, B consta de otros dos, y así sucesivamente. Es evidente que *guía de teléfonos* es un constituyente de X, pero no es un constituyente inmediato, sino MEDIATO, lo que significa que aparece en alguno de los constituyentes que forman X, pero no en la primera segmentación (4a). En algunas teorías sintácticas se usa el término 'segmento' con el mismo sentido que aquí hemos dado a 'constituyente', puesto que se entiende implícitamente que los cortes ilegítimos no son verdaderos cortes. En este texto mantendremos la distinción introducida, que resulta particularmente útil cuando un determinado segmento es constituyente desde un punto de vista, pero no lo es desde algún otro. Así, en la secuencia *Las cosas que digo y que hago,* el segmento *Las cosas que digo* no es un constituyente sintáctico, pero sí lo puede ser fonológico, puesto que sería normal hacer una ligera pausa tras *digo.* A menudo, los CONSTITUYENTES PROSÓDICOS de una secuencia pueden ser muy distintos de sus CONSTITUYENTES SINTÁCTICOS.

En (4) tenemos una SEGMENTACIÓN BINARIA de constituyentes sintácticos. No es imprescindible por el momento sustituir inmediatamente estas letras por nombres de categorías. De hecho, aquí vamos a posponer esta sustitución para un poco más adelante porque siempre es más importante reconocer los constituyentes que etiquetarlos.

Los constituyentes sintácticos son, como vemos, unidades lingüísticas que se integran unas en otras. Es más, la sintaxis es una disciplina composicional porque analiza la forma, el significado y la posición de estos elementos de acuerdo con principios generales. La representación de los constituyentes se puede realizar de múltiples formas, todas equivalentes. Hockett (1958) y otros autores usaban cajas del estilo de la que se muestra en (5), que otros gramáticos prefieren usar invertidas, es decir, haciendo que la primera fila sea la última, que la segunda sea la antepenúltima, etcétera:

(5)

A: *la*	B: *tapa de la guía de teléfonos*				
	C: *tapa*	D: *de la guía de teléfonos*			
		E: *de*	F: *la guía de teléfonos*		
			G: *la*	H: *guía de teléfonos*	
				I:*guía*	J: *de teléfonos*
					K: *de*	L: *teléfonos nos*

Como es evidente, (5) contiene exactamente la misma información que (4). Cada línea de la tabla contiene los dos constituyentes inmediatos en los que se divide la celda superior. Se ha hecho más popular la REPRESENTACIÓN ARBÓREA, que se obtiene de (5) borrando todas las casillas en blanco y sustituyendo las barras verticales restantes por líneas inclinadas, como se indica en (6):

(6)

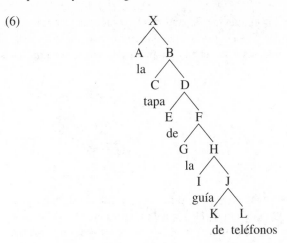

Existen otras muchas formas de representar gráficamente esta información. Puede usted usar elipses en lugar de cuadrículas, si lo prefiere, así como círculos, barras, cubos o cualquier otro recurso gráfico que tenga su ordenador o que a usted se le ocurra inventar si respeta la jerarquía que corresponde a la segmentación progresiva que se refleja tanto en (5) como en (6). La naturaleza de los constituyentes obtenidos no está, por tanto, en función de la manera en que se representen gráficamente en esa jerarquía, sino en función de la jerarquía misma. En la actualidad se usan mayoritariamente dos recursos: el DIAGRAMA ARBÓREO, como (6), que se percibe mejor visualmente, y la ESTRUCTURA DE CORCHETES O ESTRUCTURA LINEAL, que se muestra en (7), cuya única ventaja es que ocupa menos espacio:

(7) $[_X [_A$ La$]$ $[_B [_C$ tapa$]$ $[_D [_E$ de$]$ $[_F [_G$ la$]$ $[_H [_I$ guía$]$ $[_J [_K$ de$]$ $[_L$ teléfonos$]]]]]]]]$

Cuando los constituyentes de alguna estructura son muy numerosos se desaconsejan las estructuras lineales porque son difíciles de procesar –es fundamental, como ve, contar los corchetes de apertura y cierre para estar seguro de que reflejamos correctamente la estructura jerárquica–. Cuando los constituyentes que se analizan son menos complejos, la representación gráfica suele ser igual de clara:

(8) Diagrama arbóreo

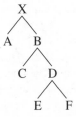

(9) Representación lineal etiquetada de (8)

$[_X$ A $[_B$ C $[_D$ E F$]]]$

Se utilizan triángulos cuando no se considera necesario u oportuno analizar la estructura de algún constituyente que forma parte de otro. Así, si en el análisis de (8) no nos interesa la estructura interna de D, podríamos limitarnos a este esquema:

(10)

Denominamos NUDOS o NODOS a los elementos que aparecen conectados en un árbol. Así, el árbol de (10) consta de los nudos X, A, B, C y D. Los nudos se distinguen por su nombre o ETIQUETA CATEGORIAL. En un árbol como el de (11) hay tres nudos diferentes, aunque dos de ellos comparten la misma etiqueta categorial:

(11)

A
A   B

Las líneas que salen de un determinado nudo o llegan a él se conocen como las RAMAS del árbol. Los árboles son una clase específica de GRAFOS, es decir, de representaciones gráficas que conectan símbolos. En principio, es posible conectar los nudos de un grafo de cualquier forma pero, como veremos, el análisis de la estructura de constituyentes elimina muchas de estas opciones. Los grafos siguientes son posibles en la teoría matemática de grafos, pero nos los vamos a encontrar como representaciones del análisis estructural de una secuencia lingüística:

(12)

A   A   A — C

B — C   B — C — D   B   D

3.2.2. *Las secuencias no son estructuras*

Es frecuente confundir estos dos conceptos, que deben separarse cuidadosamente en el análisis sintáctico. Se habla a veces de la estructura «Artículo + Nombre + Prep + Nombre» o de la estructura «V + Det + N», pero es evidente que estas unidades no son ESTRUCTURAS, sino SECUENCIAS. Las estructuras muestran una segmentación jerarquizada de las piezas que contienen, mientras que las secuencias son series lineales de categorías. La segunda secuencia solo sería una estructura si demostráramos que la segmentación que refleja es ternaria, es decir, que, por ejemplo, Det y N en la secuencia anterior no se agrupan en una unidad que las abarca. Así pues, la serie «A + B + C» no será una estructura, sino una secuencia, si A y B forman un constituyente. De hecho puede decirse que la SECUENCIA «A + B + C» admite las ESTRUCTURAS «[[A + B] + C]» y «[A + [B + C]]».

La diferencia entre secuencia y estructura es igualmente necesaria en morfología. Si nos dicen que la palabra *ilegalizar* tiene la estructura *i-legal-izar,* podremos contestar inmediatamente que eso no es una estructura, sino una secuencia de morfemas, a menos, claro está, que defendamos explícitamente la segmentación ternaria de esa palabra. Así pues, las tres ESTRUCTURAS MORFOLÓGICAS que se plantean como candidatas para segmentar la SECUENCIA DE MORFEMAS *i-legal-izar* son las siguientes:

(13) a. [i] [legal] [izar]
    b. [i] [[legal] [izar]]
    c. [[i] [legal]] [izar]

Seguramente entenderá usted mejor la diferencia entre las tres estructuras si las representamos en forma de diagrama arbóreo:

(14)
    a. ilegalizar
         / | \
       i legal izar

    b. ilegalizar
        / \
       i legalizar
          / \
        legal   izar

    c. ilegalizar
        / \
      ilegal izar
      / \
      i   legal

Si tenemos tres estructuras posibles, habremos de elegir entre ellas. Observe, en primer lugar, que (14a) no es una secuencia porque ese análisis sostiene que los tres CONSTITUYENTES MORFOLÓGICOS son paralelos, es decir, que la segmentación es ternaria, lo que significa que no reconoce ninguna carta de naturaleza a los segmentos «legal», «ilegal» o «legalizar» en la forma ni en la interpretación de esta estructura. Las estructuras (14b) y (14c) coinciden en que las segmentaciones que manifiestan son binarias, pero se diferencian en los constituyentes morfológicos que reconocen. Si lo piensa un momento, llegará fácilmente a la conclusión de que la segmentación correcta es (14c). En ello coinciden dos factores:

(15) a. La relación semántica que existe entre el significado del conjunto y el de sus partes.
    b. La estructura morfológica del español.

Consideremos primero el criterio (15a) aplicado a (14). Suponga que presenta a un registro de sociedades una organización cultural que usted mismo ha creado, con la intención de hacerla legal. El registro rechaza su solicitud porque le faltan documentos o por cualquier otra razón. ¿Diría entonces que le han *ilegalizado* su organización? Es obvio que la respuesta es «no». Podría decir que «no la han hecho legal» o que «no la

han legalizado», pero no podría decir que «la han hecho ilegal», o que «la han ilegalizado». Ahora bien, si usted es miembro de una sociedad legal, y la autoridad competente decide pasarla a la ilegalidad, la habrá ilegalizado. La conclusión es obvia: «no
hacer legal algo» no es lo mismo que «hacer ilegal algo». El significado de -izar es,
aproximadamente, 'hacer'. Así pues, el análisis (14b) está equivocado porque contiene el constituyente *legalizar,* como parte del análisis de la palabra *ilegalizar* lo que,
como acabamos de ver, es incorrecto. El análisis (14c) es correcto, puesto que nos dice
que los constituyentes de *ilegalizar* son dos: *ilegal-* e *-izar,* es decir, porque analiza *ilegalizar* como 'hacer ilegal', no como 'no hacer legal'.

Consideremos ahora el punto de vista (15b). El análisis (14b) nos dice que el
prefijo *i-* (variante de *in-* ante *-l* o *-r*) se antepone en español a los verbos, mientras que el análisis (14c) nos dice que el sufijo *-izar* se añade a los adjetivos. Es
obvio que la segunda generalización es correcta y que la primera no lo es. Así
pues, desde (15a) y desde (15b) llegamos al mismo resultado. Este ejercicio sencillo muestra que la estructura de constituyentes tiene una vertiente semántica y
una vertiente formal. Las dos son importantes y sobre ambas volveremos repetidamente en las páginas que siguen.

No proseguiremos con estos ejercicios de morfología porque este libro es una
introducción a la sintaxis, pero es importante que recuerde usted que los constituyentes no son solo unidades sintácticas, sino segmentos pertinentes en algún plano del análisis gramatical. Existen, pues, constituyentes fonológicos, morfológicos y sintácticos, porque en todos estos niveles de análisis gramatical existen
segmentos jerarquizados que debemos interpretar de acuerdo con las pautas que
la gramática proporciona.

En el análisis gramatical escolar es frecuente insistir más en la necesidad de etiquetar los constituyentes que en la de reconocerlos o en la de interpretarlos. En
este curso no olvidaremos la primera tarea, pero insistiremos en que la segunda y
la tercera son más importantes. Otras veces, los análisis escolares se centran en
destacar el elemento central (el núcleo) del constituyente aislado, y dejan sin especificar la estructura que corresponde a los demás. Si analizamos la secuencia *las
pocas ganas de trabajar de Juan,* veremos que las segmentaciones que se nos presentan son, entre otras, las siguientes:

(16) a. Las [pocas ganas] [de [trabajar [de Juan]]]
     b. [Las [pocas [ganas [de [trabajar]]]]] [de Juan]
     c. Las [[pocas [ganas [de [trabajar]]]] [de Juan]]

La segmentación correcta es la (16c). Observe que en la primera hemos seg-
mentado varios constituyentes inexistentes, entre otros *trabajar de Juan* y *de trabajar de Juan;* es decir, hemos aislado segmentos a los que no corresponde ninguna estructura sintáctica y ninguna interpretación semántica. En (16b) se entiende
que *de Juan* es un constituyente paralelo a *las pocas ganas de trabajar,* es decir,
se interpreta que *de Juan* queda fuera del segmento que abarca el artículo. En
(16c), por el contrario, se indica que el conjunto consta de dos constituyentes, uno
es el artículo *las* y el otro es todo lo que le sigue (o dicho de otro modo, todo lo
que *las* determina). En este último constituyente, *de Juan* forma a su vez un constituyente a la misma altura que *pocas ganas de trabajar.* En este último fragmento, la palabra *pocas* no modifica a *ganas* (el término técnico es «cuantifica»), de-

jando fuera *de trabajar,* sino que incide sobre *ganas de trabajar,* que hemos seg-mentado como constituyente sintáctico.

¿Cómo se segmentan entonces las secuencias largas que contienen varios com-plementos del mismo tipo? En realidad, no hay recetas que se apliquen mecánica-mente. De hecho, le aconsejamos que desconfíe usted de la aplicación mecánica de «recetas» en cualquier dominio del conocimiento, a menos que reflexione usted atentamente sobre el contenido de la receta que está aplicando. Si lo hace, habrá sustituido usted la aplicación mecánica de la receta por una indagación acerca de las condiciones que la hacen posible como tal recurso heurístico, lo que tiene, sin duda, mucho mayor interés.

Supongamos una secuencia de palabras en la que se aplica 'recursivamente' (re-cuerde este concepto, que introdujimos en el § 2.3.5) un determinado mecanismo para formar modificadores: *N de N de N de N de N,* donde faltan solo los determi-nantes que pueden corresponder a N. Podemos obtener, en primer lugar, una estruc-tura de RAMIFICACIÓN A LA DERECHA, es decir, una secuencia en la que los comple-mentos que se añaden contienen a su vez otros elementos que contienen otros:

(17) El color del picaporte de la puerta del salón.

(18) El [color [d[el [picaporte [de [la [puerta [d[el [salón]]]]]]]]]]]

Le aconsejamos que represente usted el diagrama arbóreo de (18). Comproba-rá que los diez corchetes de cierre con los que termina se traducen gráficamente en una estructura visualmente desplazada hacia la derecha. Ahora bien, una se-cuencia similar a esta desde el punto de vista LINEAL puede tener una estructura CONFIGURACIONAL muy distinta, concretamente, una estructura en la que predomi-na la RAMIFICACIÓN A LA IZQUIERDA, como sucede en (19):

(19) a. El nombre de familia de soltera de María.
   b. El [[[nombre [de familia]] [de soltera]] [de María]]

Como vemos, no hay ahora más que dos corchetes de cierre al final de esta estruc-tura (uno abre en el *de* de *de María* y el otro abre en *nombre*). No hay constituyentes para *de soltera de María,* ni para *familia de soltera* ni para otros otros segmentos ina-decuados. En la representación arbórea se perciben más claramente estas diferencias:

(20)

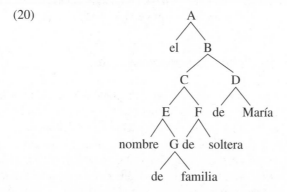

Como puede verse, los constituyentes de A son todos binarios. No podemos decir, por tanto, que el sustantivo *nombre* esté modificado por los grupos *de familia* y *de soltera,* sino que el constituyente E (= *nombre de familia*) es modificado por el constituyente F (= *de soltera*) y forman a su vez C. Por su parte, el constituyente D modifica a C formando B. Estamos usando de forma intuitiva por el momento la noción de 'modificación'. Hasta ahora no hemos establecido ninguna generalización para saber en qué dirección tiene lugar esta relación. La veremos en el § 3.3.

Es posible que se pregunte usted si la ramificación ha de ser siempre binaria. Desde luego, ha de serlo en los casos examinados. No puede decirse que en *el color de la puerta* tengamos tres constituyentes *(el, color* y *de la puerta),* puesto que los dos últimos forman uno solo sobre el que incide el primero. Desde el punto de vista semántico, no hay duda de que *el* no determina solo a *color,* sino a *color de la puerta.* El mismo razonamiento se aplica a otros muchos casos análogos.

Entre las preguntas naturales que surgen a menudo al llegar a este punto están las siguientes: ¿Hemos de decir entonces que la segmentación es siempre binaria? ¿No existen casos en los que hayamos de postular tres constituyentes que dependen de un mismo nudo? La cuestión es a la vez teórica y empírica. Las representaciones binarias son, desde luego, más sencillas en su estructura y en su interpretación que las ternarias. Pero existen también argumentos empíricos a favor de las primeras en casos en los que podría parecer natural optar por las segundas. Podría pensarse, por ejemplo, que secuencias como *Juan y María* han de ser ternarias. Después de todo, la conjunción *y* une aquí dos elementos equivalentes, lo que parece indiscutible. Pero observe que no es lo mismo decir que *Juan y María* son elementos que están en alguna relación semántica paralela, establecida por la conjunción *y,* que decir que las tres unidades que forman esa secuencia están articuladas en un constituyente tripartito. La primera afirmación es indiscutible, pero la segunda no lo es en la misma medida. De hecho, podemos probar que *y María* es un constituyente sintáctico, mientras que resultaría difícil probar que *Juan y* lo es también. La secuencia *y María* puede servir de réplica natural al que dice, por ejemplo, *Ha llegado Juan.* También podemos formar secuencias como *Ha llegado Juan, y María, y Luisa, y Pedro.* Si decimos que *y María* no es una unidad sintáctica, nos resultará difícil segmentar esta última secuencia. Por el contrario, es difícil pensar en usos no metalingüísticos de la secuencia *Juan y.* Por otra parte, si las conjunciones subordinantes encabezan constituyentes (*aunque* solo por la tarde; *si* te parece bien; *que* vendría; *como* todo el mundo; *porque* sí), no resulta extraño pensar que las coordinantes también pueden hacerlo (cfr. *O tú; Ni nadie,* etc.). Más detalles sobre este punto en los §§ 3.3.2 y 11.9.1.

3.2.3. *Operaciones con constituyentes*

Como hemos señalado antes, los constituyentes son sensibles a las operaciones sintácticas. Estas operaciones sirven para sustituir, eliminar, unir o desplazar constituyentes. Considerando de nuevo el modelo gramatical basado en reglas del capítulo anterior, diríamos que una determinada regla o transformación puede aplicarse a una secuencia solo si esta constituye una estructura del tipo requerido por dicha operación. Por ejemplo, podemos coordinar dos segmentos si son constituyentes de la misma categoría. Esta condición no abarca todos los casos posibles de coordinación, pero sí una buena parte de ellos. Así, coordinamos *Juan y Pepito, Juan y el interventor* o *el interventor y el primer presidente del equipo,* pero no *el interventor y el primer* o *el interventor y el primer presidente de.* Solo los primeros podrían combinarse con una secuencia como *son amigos.* Podemos entonces usar la coordinación como una prueba o test que nos indica que las secuencias *Juan, el interventor* y *el primer presidente del equipo* son constituyentes equivalentes pese a su distinta «longitud». En cambio, *el primer* o *el primer presidente de* no pertenecen a ese mismo nivel.

Sabemos también que no podemos segmentar *más fuerte que él* en la forma *[más fuerte que] [él],* porque podemos decir *más fuerte que él y que ella.* Así pues, la coordinación nos ayuda a entender que el segmento *que él* es un constituyente en esa secuencia. Nótese que también podemos desdoblar *más fuerte* en un proceso de coordinación (podemos decir *más fuerte y más rápido que tú*), pero en cambio no podemos desdoblar *fuerte que tú* y decir, por ejemplo, *más fuerte que tú y rápido que yo.*

Ciertamente, de esta prueba no podemos deducir cuál es la estructura interna de *que él.* Es decir, el simple hecho de identificar un constituyente formado por dos palabras no nos informa acerca de la relación que existe entre ellas; no nos dice a qué categorías pertenecen ni cómo deduciremos de esa estructura el significado que manifiesta. Aun así, la coordinación es un recurso útil, como vemos, porque nos ayuda a determinar que determinados segmentos son constituyentes.

La SUSTITUCIÓN PRONOMINAL suele ser también un buen criterio para determinar constituyentes. Ciertamente, el segmento *Ese amigo tuyo que me presentaste ayer* podría ser sustituido por el pronombre *él* o por el pronombre *quién* en alguna oración. Igualmente, sabemos que el segmento *debajo de la cama* puede ser sustituido por *allí,* por lo que lo podremos identificar como constituyente en muchas secuencias. Conviene recordar, sin embargo, que en la práctica de la gramática escolar en el mundo hispánico, y también en parte de la lingüística estructural europea, se interpretaban a menudo las sustituciones por pronombres como diagnósticos certeros, o más bien como un «procedimiento de descubrimiento» que habría de proporcionar indefectiblemente algunas unidades sintácticas. Se decía, por ejemplo, no solo que los complementos directos se sustituyen siempre por pronombres de acusativo *(Leí el libro > lo leí)* –lo que es cierto–, sino que este era el único criterio apropiado para determinar esa función sintáctica. Se trata de estrategias que todavía permanecen en algunas concepciones de la gramática. Sin embargo, resulta claro que tales sustituciones son operaciones útiles, pero distan mucho de constituir diagnósticos. En el caso citado, los pronombres *lo, la, los, las* constan de un conjunto de rasgos, que podrán o no compaginarse adecuadamente con los del elemento al que se refieren. Vale la pena recordarlos someramente:

A) Los pronombres *lo, la, los, las* son definidos. En la oración *No trajo nada* no aplicaríamos la sustitución pronominal (no diríamos, pues, *No lo trajo*). La sustitución es posible con algunos indefinidos cuando admiten la interpretación específica, pero es menos evidente cuando poseen la interpretación inespecífica. Así, a la oración *El niño quiere una computadora nueva* podríamos añadirle con naturalidad *...y la niña también la quiere* si se tratara de una computadora particular, pero añadiríamos preferiblemente *...y la niña también quiere una* (o bien *...quiere otra*) si se trata de una computadora cualquiera.

Aun así, los pronombres personales definidos admiten la interpretación que en el § 9.1.1 llamamos «de variable ligada», es decir, aquella en la que no se refieren a un individuo particular, sino a tantos como se introduzcan en el discurso previo. Es lo que sucede con el pronombre *le* en la oración *Cada uno hacía lo que le convenía.* En general, conviene tener presente que la sustitución no es exactamente una prueba o un diagnóstico, sino un recurso útil que no nos evita la tarea de analizar cuidadosamente los rasgos gramaticales del pronombre y los del elemento al que representa.

B) Los pronombres *lo, la, los, las* son átonos. En la oración *Juan Rulfo sólo escribió una novela* no sustituiríamos el segmento *una novela* por el pronombre clítico *la,* porque si lo hiciéramos obtendríamos una oración de sentido muy diferente: *Juan Rulfo sólo la escribió.* En esta última oración el foco del adverbio *sólo,* es decir, el constituyente que marca la información con la que se establece algún contraste implícito, es el verbo *escribió.* Ello sugeriría contraposiciones como «no la publicó, no la cedió, no la tradujo, etc.». En la oración original el foco del adverbio *sólo* era un elemento tónico: *una novela.* Obviamente, ningún elemento átono puede ser focal, sea o no pronombre. La sustitución pronominal no es posible porque este segundo rasgo («carácter átono») no lo comparten el sustituidor y el sustituto en un contexto en que resulta esencial para ambos. De nuevo, el aparente fallo del recurso de la sustitución solo es tal si la sustitución se interpreta como un procedimiento de descubrimiento.

C) Los pronombres *lo, la, los, las* tienen rasgos de caso acusativo (más detalles en § 3.3.4). En la gramática escolar se solía insistir en que debían ser estos pronombres los sustitutos del complemento directo, y no otros, como *qué, cuál* o *eso.* Es decir, *Compré un libro* o *Vi a Juan* podrían sustituirse respectivamente por *Lo compré* y *Lo vi,* etc. La razón de esta preferencia radica en que los pronombres átonos poseen flexión de caso en español, es decir, manifiestan expresamente en su morfología las informaciones que otros pronombres o grupos nominales expresan con otros recursos.

Este somero repaso a los rasgos gramaticales de algunos pronombres átonos nos permite comprobar que la sustitución pronominal no es un recurso ciego, un procedimiento de descubrimiento que se pueda aplicar mecánicamente para obtener alguna unidad (sea formal o funcional). Como hemos visto, los tres rasgos de los pronombres examinados ([definido], [átono] y [acusativo]) han de ser contrastados separadamente con los del segmento que representan. Este contraste de rasgos nos permite analizar con más detalle la naturaleza gramatical del sustituidor y la del sustituto. Ciertamente, el segmento original era un constituyente, pero la sustitución pronominal no resulta, como hemos comprobado, inmediata.

La sustitución pronominal está en función, como es lógico, del sistema de pronombres del que disponga la lengua. Así, en español no tenemos pronombres para el sustantivo que aparece como segmento subrayado en el ejemplo catalán *Resten molts llibres* 'Quedan muchos libros'. El catalán posee el pronombre *en (En resten molts).* Podemos decir que el español posee un «pronombre nulo» que ocupa su lugar *(Quedan muchos Ø).* Desde luego, los elementos nulos a los que nos referimos en el § 3.1.4 son también constituyentes sintácticos. Compare las secuencias *El libro de Juan y el de Pedro* y *El libro de matemáticas de Juan y el de Pedro*. Podemos decir que el elemento elidido es un nombre en la primera, y un grupo o sintagma nominal en la segunda. Una forma de decir que los elementos que no están presentes se comportan gramaticalmente como si lo estuvieran es suponer que, en realidad, lo están: podemos suponer que ambas oraciones contienen un elemento nulo de tipo pronominal (llamémoslo Ø). El antecedente de Ø en la primera es *libro* y en la segunda es *libro de matemáticas*.

Consideremos ahora la oración *Me conformo con dos días libres*. La preposición *con* está seleccionada por el verbo *conformarse,* pero forma constituyente con el grupo nominal que le sigue. No podemos sustituir el sintagma que *con* encabeza por un pronombre porque en español no tenemos pronombres que sustituyan a los sintagmas preposicionales (sí tenemos algunos adverbios, como en *Vive en Buenos Aires* > *Vive allí*). En francés, italiano y catalán existen, por ejemplo, pronombres que sustituyen a algunos de ellos si se forman con nombres indefinidos. Así, en francés se puede decir *J'ai besoin d'argent* ('Tengo necesidad de dinero'), y es posible sustituir el segmento *d'argent* ('de dinero') por un pronombre átono *(J'en ai besoin)*. Pero aunque el segmento *con dos días libres* no pueda ser reemplazado por un pronombre, puede ser desplazado en su conjunto a otras posiciones, como en *Con dos días libres me conformo*.

Esto nos lleva a una nueva prueba o criterio de descubrimiento de constituyentes: el DESPLAZAMIENTO. Los elementos desplazados son siempre constituyentes sintácticos. En el caso que acabamos de ver podríamos también sustituir el complemento o término de la preposición *con* por un pronombre y desplazar el sintagma al comienzo, como en *Con eso me conformo* o en *¿Con qué me conformo?* Una peculiaridad interesante del inglés es que los complementos de las preposiciones se pueden desplazar, como en *What are you talking about?* '¿De qué hablas?', frente a lo que sucede en español. En inglés también es posible desplazar, como en español, el constituyente formado por la preposición y su complemento, esto es, un constituyente mayor *(About what are you talking?)*. Dedicaremos el cap. 7 a analizar con más detalle estos y otros desplazamientos.

Los constituyentes sintácticos pueden servir para FORMAR PREGUNTAS. Aunque desconozcamos la estructura interna de *Cuál de los otros tres,* sabemos que es un constituyente porque podemos formar una pregunta con él. También pueden FORMAR RESPUESTAS y réplicas, como sucedía con el ejemplo *y Pedro* considerado en el apartado anterior. Igualmente, podemos formar respuestas con los constituyentes *muy de vez en cuando; desde mi ventana; para que le dé el aire; que la esperes un poco más; harto ya de estudiar*. Naturalmente, la pregunta tendría que ser distinta en cada caso, lo que puede usted comprobar muy fácilmente si intenta formularlas. Las llamadas CONSTRUCCIONES ESCINDIDAS O PERÍFRASIS DE RELATIVO también proporcionan constituyentes, como se muestra en (21) (en cursiva los elementos identificados como tales):

(21) a. *Bajo la mesa* es donde se ha escondido el gato.

    b. *Absolutamente sorprendido por la novedad* es como me dejaste.

    c. *A primera hora de la tarde* es cuando me lo dijeron.

No debemos entender, sin embargo, que tengamos que rechazar como constituyentes las unidades que no pueden usarse como respuestas (se entiende, a preguntas no metalingüísticas), las que no pueden coordinarse o las que no pueden ser sustituidas por ningún pronombre o formar una perífrasis de relativo. Estos son recursos muy útiles, pero están siempre en función de las propiedades específicas de las estructuras gramaticales mencionadas. Así, no tenemos pronombres interrogativos para sustituir a las oraciones concesivas, pero de eso no se deduce que estas secuencias no sean constituyentes sintácticos. Más aún, la secuencia *dos de los cuales* es un constituyente sintáctico que pertenece al mismo paradigma que *tres de ellos* o que *varios de ustedes,* pero, frente a estas últimas secuencias, no se puede coordinar, no puede servir de respuesta a ninguna pregunta (no metalingüística) ni podemos formar una perífrasis de relativo con ella. Si los constituyentes sintácticos se obtuvieran mediante procedimientos de descubrimiento, habríamos de concluir que esta secuencia rechaza todas las pruebas, luego no debe ser considerada un constituyente. La conclusión sería, sin embargo, errónea. Esta secuencia no permite formar perífrasis de relativo porque ya contiene un relativo. También rechaza la coordinación o la sustitución pronominal por este mismo hecho, pero podemos mostrar que es un constituyente, a pesar de todo, por razones independientes (más detalles en el § 4.4.3). La conclusión es la siguiente: cuando use usted los recursos gramaticales habituales para delimitar un constituyente sintáctico, no olvide tener en cuenta las capacidades de estos mismos recursos, por ejemplo la compatibilidad de la unidad sustituidora con la sustituida, la del elemento coordinante con el coordinado o la de la pregunta con la respuesta.

3.2.4. *Las relaciones configuracionales*

Los constituyentes se pueden representar de muchas formas, como hemos visto, pero es importante resaltar que representarlos no equivale a definir las relaciones que contraen. Supongamos una segmentación tan sencilla como la que se muestra en (22):

(22)

$$
\begin{array}{c}
A \\
\diagup \diagdown \\
B \quad C
\end{array}
$$

Considere esta pregunta: ¿Qué significan en (22) las barras inclinadas? Las barras representan lo mismo que las celdas en las cajas del estilo de (5), esto es, RELACIONES DE INCLUSIÓN. En (22) no sabemos nada de B ni de C, pero sabemos que A «consta de» o «está formada por» estos dos segmentos. El concepto que se suele usar para definir la relación configuracional vertical que aquí representan las barras (es decir, la relación «todo-parte») es el de DOMINIO, que abreviaremos como «dom». Diremos, pues que, en (22) A domina a B y también a C. Abreviadamente:

(23) dom (A, B)
      dom (A, C)

¿Qué significa entonces (23)? Como vemos, la relación de dominio nos dice simplemente que en (22), B y C son dos segmentos contenidos en A. Como en (23) no aparecen más relaciones de dominio, deducimos que A no contiene más constituyentes. ¿Es esto suficiente? No del todo. Observe ahora que las relaciones que se especifican en (23) también se aplican a la estructura (24), y sin embargo estos dos árboles son claramente diferentes:

(24)

A
C   B

Así pues, necesitamos un tipo de relación estructural que nos ayude a distinguir la configuración que se muestra en (24) de la de (22). Esta relación se denomina PRECEDENCIA («prec»). Si la añadimos a (23), el diagrama (22) quedará representado como sigue:

(25) dom (A, B)
    dom (A, C)
    prec (B, C)

Todavía podemos reducir (25) abreviando, por simple comodidad, las dos primeras filas usando guiones en lugar de comas:

(26) dom (A-B; A-C)
    prec (B-C)

Usted dirá seguramente que el esquema (22) le parece mucho más claro que (26), pero un ordenador diría lo contrario. De hecho, los ordenadores tienen mucha más dificultad que los seres humanos para procesar las relaciones ESPACIALES y, en cambio, tienen mucha más facilidad que nosotros para procesar las relaciones ALGEBRAICAS. Pero lo que importa en este punto no es comparar los seres humanos con los ordenadores, sino comprobar que (22) y (26) contienen exactamente la misma INFORMACIÓN CONFIGURACIONAL, puesto que en (26) no hemos hecho otra cosa que reducir una representación bidimensional a los elementos que la componen. Observe que (26) no es una REPRESENTACIÓN de (22), sino más bien lo contrario: (26) constituye una DEFINICIÓN de las relaciones representadas gráficamente en (22).

¿Y qué ocurriría si el diagrama arbóreo se hace más complejo? Tal vez piense usted que las cosas se complicarán mucho en ese caso, pero no es así. Considere el esquema de (27):

(27)

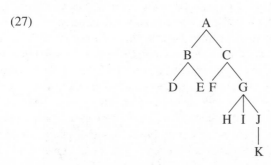

La definición de (27) en términos de relaciones configuracionales es muy simple porque las relaciones de dominio y de precedencia son TRANSITIVAS. Es decir, si A domina a B, como en (27), y B domina a D, como allí sucede también, no hace falta decir que A domina a D, puesto que esa propiedad se deduce de la transitividad de la relación. Así pues, en (27) sabemos que A domina a H, a F, a E y a todos los demás nudos de esta configuración, pero no hace falta decirlo explícitamente, puesto que muchas de estas relaciones de dominio se deducen de la propiedad transitiva de la noción de dominio. De igual forma, si H precede a I (no pierda de vista el esquema) e I precede a J, no hará falta decir que H precede a J, puesto que la precedencia es también una relación transitiva. Así pues, al hablar de las relaciones de dominio y precedencia en un conjunto de nudos, aceptamos lo que se denomina la CLAUSURA TRANSITIVA de tal conjunto bajo dichas relaciones. Esta propiedad incluye a todos los pares de nudos cuya relación se infiere por transitividad.

Visualmente es muy fácil comprobar si un nudo está dominado por otro o no. Basta comprobar si existe un camino descendente desde el uno hasta el otro. Sabemos que tanto I como J estarán dominados por A porque podemos trazar un camino siempre descendente de A a I y de A a J. En cambio, B no domina a I o J. Como podrá comprobar si dibuja un camino que conecte dichos nudos, tenemos primero que ascender hasta A, y luego descender hasta ellos. La relación de dominio entre los nudos de un árbol no es reducible a la de «altura» en el árbol. El que B esté relativamente más alto que I no implica que lo domine. Así pues, las relaciones representadas en (27) serían la clausura transitiva de las siguientes:

(28) dom (A-B; A-C; B-D; B-E; C-F; C-G; G-H; G-I; G-J; J-K)
     prec (B-C; D-E; F-G; H-I; I-J)

Ya hemos definido todas las relaciones configuracionales representadas en (27). De hecho, si ahora borramos (27), lo reconstruiríamos fácilmente a partir de (28). Más aún, (28) no permite ninguna otra reconstrucción que no sea (27), o la variante de (27) que se le ocurra a usted construir con cajas, elipses, círculos o con los recursos gráficos que sea capaz de imaginar. Existen, por tanto, muchas representaciones gráficas posibles de las relaciones configuracionales definidas en (28).

Las relaciones de dominio y precedencia son también ASIMÉTRICAS: si un nudo X domina o precede a otro nudo Y, entonces Y no domina o precede a X. Como el nudo A domina a C en (27), sabemos que es imposible que C domine a A. Si hay un camino descendente de A a C no lo puede haber de C a A. De hecho, será el camino inverso o ascendente. En ciertos manuales se distingue entre la relación de dominio, que permite que un nudo se domine a sí mismo, y la de DOMINIO ESTRICTO, que no lo permite. De esta última forma es como entendemos la relación de dominio aquí. Igualmente, con respecto a la relación de precedencia, como H precede a I, es imposible que I preceda a H. Al ser las relaciones de dominio (estricto) y precedencia asimétricas, son también IRREFLEXIVAS. No se quiere decir con ello que estas relaciones no pueden reflexionar, sino que un nudo A no puede dominarse (estrictamente), ni tampoco precederse, a sí mismo.

¿Qué es entonces un constituyente desde el punto de vista configuracional? Como hemos visto, un constituyente de X es un segmento dominado por X, o –dicho de forma menos técnica– «contenido en ese otro segmento mayor». Un constituyente inmediato será, pues, un constituyente dominado inmediatamente, es decir, dominado sin que intervenga un segmento intermedio. Abreviadamente:

(29) a. X DOMINA INMEDIATAMENTE a Y si X domina a Y y no existe un constituyente Z, distinto de X y de Y, tal que Z domine a Y.

b. Y es un CONSTITUYENTE INMEDIATO de X si X domina inmediatamente a Y.

Los constituyentes que no dominan a ningún otro se llaman NUDOS TERMINA-
LES. En (27) son nudos terminales D, E, F, H, I y K. El nudo que no es dominado
por ningún otro se llama NUDO RADICAL O RAÍZ. En (27) el nudo radical es A. Los
constituyentes que dominan a otros y son dominados a su vez por otros se llaman
NUDOS MEDIALES O INTERMEDIOS. Resumiendo:

(30) Un diagrama arbóreo consta de un nudo radical y de varios nudos mediales
y terminales. El nudo radical domina sin ser dominado; los nudos terminales
son dominados sin dominar, y los mediales poseen ambas propiedades.

La gramática de constituyentes incorpora algunas metáforas procedentes de las
relaciones de parentesco. Así, los constituyentes inmediatos del mismo nudo se llaman a veces HERMANOS, de modo que en (27) son hermanos B y C, pero también D
y E, y también H o I y J. Un nudo es PADRE de otro cuando lo domina inmediatamente: el padre de B y C es A, y el de E es B. A su vez, decimos que E es HIJO de
B, y F lo sería de C. Ninguna de estas metáforas tiene en sí más importancia que la
de ayudar a visualizar las relaciones configuracionales definidas arriba, aunque se
usan frecuentemente en sintaxis y en la teoría matemática de árboles. Ciertamente,
se comprende más rápidamente la expresión «B es hermano de C» que la expresión
«B y C son constituyentes inmediatos de un mismo nudo». Arriba hemos definido
'constituyente inmediato' en función de 'dominio inmediato', y esta última relación
en función de la de 'dominio'. Esta última relación constituye, junto con la de 'precedencia', las dos relaciones configuracionales fundamentales. Las metáforas de parentesco son útiles mientras no olvidemos que son simples recordatorios de relaciones configuracionales definidas explícitamente. Puede usted usar estas metáforas de
parentesco si cree que le resultan útiles, pero puede prescindir enteramente de ellas
si entiende que no le resultan cómodas. Si las encuentra en la bibliografía sintáctica, ya sabe cómo ha de interpretarlas. Como curiosidad, en inglés se suelen emplear
las relaciones de parentesco femeninas para el mismo cometido: *sister node* ('nudo
hermana'), *mother node* ('nudo madre'), etcétera.

La gramática de constituyentes ha conocido numerosos desarrollos y varias propuestas alternativas. De hecho, en las representaciones mostradas arriba hemos asumido implícitamente que las ramas de un diagrama arbóreo no pueden cruzarse. Algunos autores (entre otros, McCawley, 1982, 1989) no están de acuerdo con esta
restricción y entienden que el aceptar esquemas como (31) tiene algunas ventajas:

(31)

Entre estas ventajas está un posible análisis de los denominados CONSTITUYEN-TES DISCONTINUOS. Las estructuras comparativas se expresan de forma discontinua en la sintaxis: *más ... que ..., menos ... que...,* etc. Si aceptamos la posibilidad de cruzar las ramas, es posible agrupar *Pepe es alto* por un lado y *más que Luis* por otro en el análisis de *Pepe es más alto que Luis,* con lo que los componentes de la construcción comparativa aparecen como parte de un mismo constituyente. Si se permite el cruce de ramas, el predicado de esa oración tendría esta estructura:

(32)

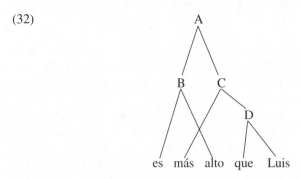

También son aparentemente discontinuos los llamados CONSTITUYENTES PARENTÉ-TICOS, como *por decirlo de alguna manera* en *Los mosquitos son, por decirlo de alguna manera, muy molestos al anochecer;* o *amigo mío* en *Tu mujer piensa, amigo mío, que estás equivocado.* Lo son asimismo los vocativos en general, como *Pepe* en la oración *Pepe, te pido perdón.* Para McCawley estos constituyentes no son parte de la secuencia que interrumpen, sino que se combinan con el nudo raíz.

Esta opción es minoritaria en la teoría sintáctica contemporánea porque se considera demasiado irrestricta, es decir, porque el número de representaciones que se permitirían resulta muy difícil de definir. Además, no está claro que análisis como el de (32) sean superiores a otros que no usen ramas cruzadas. Por ello, parece conveniente eliminar la posibilidad de que las ramas se crucen. Intentemos decir ahora «las ramas no pueden cruzarse», usando el vocabulario que estamos introduciendo para definir las relaciones configuracionales. ¿Qué tendríamos que añadir? Pudiera parecer que la respuesta es «nada», ya que hemos dicho que las relaciones de precedencia son transitivas. Sin embargo no es así. La transitividad de la relación de precedencia no excluye necesariamente el cruzado. Observe que (31) representa la siguiente configuración:

(33) dom (A-B; A-C; B-D; B-F; C-E)
    prec (B-C; D-E; E-F)

Como vemos, el punto esencial es la falta de conexión entre las relaciones de dominio B-F y C-E y las de precedencia. Por la clausura transitiva de la relación de precedencia podemos añadir el par D-F a la relación «prec», pero no hay manera de que el orden B-C impida el orden E-F. Nótese que debemos postular que existe entonces una relación indirecta entre dominio y precedencia, que denominaremos CONDICIÓN DE AUSENCIA DE CRUCE (ingl. *nontangling condition*). Esta condición dice lo siguiente: Si un nudo A precede a un nudo B, entonces todos los nudos dominados por A preceden a los nudos dominados por B. Si añadimos esta condición (que, como puede usted comprobar, se formula sin mencionar la palabra *cruce*), eliminamos estructuras discutibles como las de (31), ya que de la existencia de las relaciones de dominio B-F y C-E y la de precedencia B-C se sigue que F debe preceder a E. También eliminamos otros diagramas arbóreos más difíciles de sostener:

(34)

Sin la CONDICIÓN DE AUSENCIA de cruce sería posible establecer las relaciones de precedencia B-C y D-E en el árbol. La condición de no cruzado hace que la existencia de la relación de precedencia B-C y las de dominio B-E, C-D tengan como consecuencia que la única relación de precedencia posible entre los terminales sea E-D.

Otros autores (entre ellos, Lasnik y Kupin, 1977) han propuesto que se deberían aceptar diagramas con ramas convergentes, como (35):

(35)

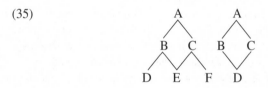

Como en el caso anterior, tampoco es esta una opción aceptada mayoritariamente en la actualidad. ¿Qué necesitamos decir para rechazar una representación de ramas convergentes? Podemos representar los diagramas obtenidos sin usar las palabras *ramas* y *convergencia:*

(36) dom (A-B; A-C; B-D; B-E; C-E; C-F)
    prec (B-C; D-E; E-F)

(37) dom (A-B; A-C; B-D; C-D)
    prec (B-C)

Nótese que los árboles de (35) implican que un nudo (E en el de la izquierda y D en el de la derecha) ha de ser constituyente inmediato de otros dos. ¿Hemos de añadir otra condición que prohíba esto expresamente? No es necesario. Como antes, la inexistencia de estas estructuras es una consecuencia automática de la transitividad de las relaciones de dominio y precedencia y de la condición de no cruzado. En el árbol de la izquierda, si B precede a C, todo elemento dominado por B precederá a todo elemento dominado por C. Al aplicar esta condición, que ya nos servía para excluir (34), habremos de concluir de nuevo que el nudo E debe precederse a sí mismo, lo cual es imposible dado que la relación de precedencia es irreflexiva (un nudo no puede precederse a sí mismo). En el árbol de la derecha, tendríamos las relaciones de dominio B-D y C-D, lo que forzaría la inclusión

de la relación de precedencia D-D. Tal conclusión contradictoria invalida este diagrama arbóreo.

Finalmente, deben también descartarse los diagramas arbóreos como (38):

(38)

Es obvio que en (38) falta una rama (la que iría de A a C), pero no podemos
formular la condición necesaria para evitar este árbol diciendo simplemente algo
como «en un árbol no puede faltar ninguna rama». Esta ecológica formulación no
es en absoluto suficiente, puesto que no nos explica cuándo son necesarias las ramas. El problema de (38) es que no constituye un árbol, sino dos. Veamos sus elementos constitutivos:

(39) a. dom (A-B; B-D; B-E; C-F)
     b. prec (B-C, D-E)

Nótese, en primer lugar, que no es necesario añadir «prec (E-F)» a (39) porque
esta información se deduce de «prec (B-C)» y de «prec (D-E)». ¿Necesitamos
añadir alguna condición a nuestras definiciones anteriores para excluir (39) o su
representación (38)? La respuesta es «No»: ni el nudo A ni el C están dominados
en (38) por otro nudo, luego la configuración (38) tiene dos nudos radicales, contra lo que permite (30).

Resumamos. Nada nos impide, en principio, crear una teoría de constituyentes que
permita relaciones configuracionales como las de (31), (34), (35) y (38). Sin embargo, si diéramos este paso, el número de restricciones que habría que definir para cada
caso particular crecería enormemente. La conclusión es esta: podemos anular, si nos
parece correcto, la transitividad de las relaciones de dominio y de precedencia o la
condición de no cruzado. El resultado será un sistema configuracional mucho menos
restringido, es decir, un sistema que permitirá un gran número de opciones que deberán ser excluidas en cada caso particular. Si los mecanismos que postulemos para excluirlas no son suficientemente generales y no están bien fundamentados, habremos
ganado muy poco debilitando una de las propiedades definitorias del sistema de nociones configuracionales.

Nos queda una relación configuracional importante. ¿Cómo podemos reflejar
en el árbol siguiente la relación que existe entre B y D o entre B y E?

(40)

En principio, no podemos caracterizar esta relación de manera directa en términos de dominio y precedencia. Es obvio que B precede a D y a E, pero esto no

basta para caracterizar completamente la relación entre estos nudos, ya que existe entre ellos una relación de «altura jerárquica» no caracterizable en términos de dominio, como vimos anteriormente. Seguramente se preguntará usted para qué necesitamos relacionar esos dos nudos. Como veremos, son muchas las construcciones sintácticas que ponen de manifiesto el hecho de que un determinado elemento está «bajo la influencia» sintáctica de otro que se encuentra a cierta distancia. En (41) se muestran algunos ejemplos, pero se podrían agregar muchos más. La expresión subrayada ejerce su influencia sobre la que se marca en cursiva en los tres casos:

(41) a. <u>No</u> creo que la haya avisado *nadie*.
    b. <u>María y yo</u> vamos a escribir este verano *sendas* novelas policiacas.
    c. Le gusta <u>más</u> hacer vuelo sin motor los fines de semana que *ninguna* otra cosa que se le pueda sugerir.

Tal vez piense usted que en estos casos bastaría con decir simplemente que la primera palabra –esto es, la que influye sintácticamente sobre la segunda– ha de estar «delante de ella». Esta es una 'condición lineal' que no resulta suficiente. Observe que podemos construir una oración como (42a), pero no una como (42b):

(42) a. Estos últimos años he leído más libros de autores franceses que nunca en mi vida.
    b. *Estos últimos años he leído libros de más autores franceses que nunca en mi vida.

Así pues, aunque la palabra *más* está delante de *nunca* en las dos oraciones de (42), queda «demasiado incrustada» en la segunda de ellas como para ejercer su influencia sintáctica sobre el adverbio negativo *nunca*. Necesitamos, por tanto, alguna noción que nos permita medir el grado de incrustación, es decir, que nos permita percibir la distancia entre *más* y *nunca* en términos 'configuracionales', no simplemente en términos 'lineales'. El nombre de esa relación, que se aplica a estos casos entre otros muchos, es MANDO DE CONSTITUYENTE (abreviadamente MANDO-C, que traduce el término inglés *c-command*). Se han presentado varias definiciones de esta noción a lo largo de la historia de la gramática generativa. Una aproximación informal y muy intuitiva diría que un nudo X manda-c a un nudo Y si X e Y tienen un «techo mínimo compartido, pero sin compartir ninguna rama», donde X e Y se usan aquí como símbolos o etiquetas categoriales arbitrarias. Es decir, en (43) el nudo B manda-c al nudo C, y el techo mínimo al que se hace referencia es A:

(43)

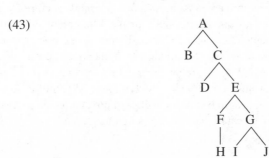

De igual forma, B manda-c a todos los nudos dominados por C (puesto que B y C comparten el techo A sin compartir ninguna rama); D manda-c a E con el techo mínimo C, que también sirve para que D mande-c a F y G. Por tanto, B manda-c a C y a todos los nudos dominados por C, y a su vez D manda-c a E y a todos los nudos dominados por E. Ahora intentaremos decirlo sin usar la palabra *techo:*

(44) Un nudo X manda-c a un nudo Y si X e Y no comparten ninguna rama y X es constituyente inmediato de un nudo del que Y es constituyente.

Todavía podemos decirlo de manera un poco más precisa. Si traducimos a términos formales la expresión gráfica «X no comparte ninguna rama con Y», diremos seguramente que «ninguno de los dos domina al otro» (recuerde usted que las ramas son el resultado de representar gráficamente una noción que tenemos que definir previamente). Usaremos «¬ dom» para «no domina», de modo que tendremos una definición como la que se recoge en (45), que se debe originalmente a Reinhart (1976):

(45) X manda-c a Y si existe un nudo Z (distinto de X y de Y) tal que
     dom inm (Z-X)
     dom (Z-Y)
     ¬ dom (X-Y)

Otra definición alternativa que suele encontrarse en muchos manuales, es la siguiente (Chomsky, 1986b):

(46) X manda-c a Y si X e Y no se dominan mutuamente y todo nudo ramificado que domina a X domina también a Y.

Recuerde que hemos definido 'dominio inmediato' en (29). Como vemos, la relación de precedencia no desempeña ningún papel en la definición de mando-c, de modo que en (43) no solo B manda-c a C, sino que también C manda-c a B. Diremos entonces que B y C se mandan-c mutuamente o que la relación de mando-c que existe entre ellos es una relación de MANDO-C MUTUO O SIMÉTRICO. La noción de constituyente inmediato es, sin embargo, fundamental. Así, E no manda-c a B porque si bien E es un constituyente de A, no lo es inmediato. Se suele decir entonces que entre B y E hay una relación de MANDO-C ASIMÉTRICO, ya que si bien B manda-c a E, la relación inversa no es posible.

La definición de mando-c de (45/46) nos permite pues formular la relación estructural de prominencia jerárquica que se establece entre los elementos subrayados de (41) y los que aparecen en cursiva. Ello prueba que la relación de mando-c tiene indudable relevancia empírica, lo que iremos comprobando con más detalle en capítulos sucesivos. En algunas formulaciones de esta noción se aceptan variantes del mando-c que rebajan parcialmente el requisito de ser constituyente inmediato, puesto que a veces no es el primer nudo ramificado el que se ha de tener en cuenta, sino alguno superior a él, siempre que sea de su misma naturaleza. Nos ocuparemos de esta relación en la sección siguiente.

3.3.   Los sintagmas

3.3.1. *De las reglas sintagmáticas a la estructura X'*

Los constituyentes que hasta ahora hemos introducido estaban etiquetados arbitra-riamente porque lo que nos interesaba era mostrar que existen como unidades gra-maticales y que tienen ciertas propiedades relevantes. De hecho, una parte esencial del estudio de la sintaxis es el análisis de la forma en que unas piezas se integran en otras. El siguiente paso será, por tanto, el de sustituir las letras por otros símbo-los que nos den más detalles sobre la forma y el significado de los constituyentes sintácticos.

Los SINTAGMAS son constituyentes sintácticos con una estructura interna articu-lada que podemos reconocer. Consideraremos primero los sintagmas fundamenta-les, que son los que se articulan en torno a un nombre, un adjetivo, un verbo y una preposición. Denominaremos SINTAGMA NOMINAL (SN) al constituyente que se agrupa o articula en torno a un nombre; SINTAGMA ADJETIVAL (SA) al que se articu-la en torno a un adjetivo; SINTAGMA PREPOSICIONAL (SP) al que se articula en tor-no a una preposición; y SINTAGMA VERBAL (SV) al que se articula en torno a un ver-bo. El término de origen griego *sintagma* es el más común en la lingüística europea, y también en la hispánica. Ciertos autores prefieren usar el término *gru-po* en lugar de sintagma, y en la tradición anglosajona es común hablar de *frases,* que era también el término preferido por Andrés Bello (1847): frase nominal (ingl. *noun phrase* o, abreviadamente, NP); frase adjetival (ingl. *adjectival phrase* o AP); frase preposicional (ingl. *prepositional phrase* o PP); y frase verbal (ingl. *verb phrase* o VP). Aquí usaremos siempre el término *sintagma,* no solo porque es más común en la tradición hispánica, sino porque el término *frase* es ambiguo y puede inducir a confusión, ya que a veces se usa como equivalente del término *oración* y también con el sentido de *locución.* He aquí algunos ejemplos de sin-tagmas que presentan diversos grados de complejidad interna:

(47) SINTAGMAS NOMINALES
   a. Juan.
   b. El disco.
   c. El disco que más me gusta.
   d. Algunos de estos otros diez o doce espantosos discos de música rock que te has comprado estos últimos años.

(48) SINTAGMAS ADJETIVALES
   a. Lento.
   b. Totalmente partidario de que cambien al entrenador.
   c. Absolutamente fiel a sus ideas hasta la muerte.

(49) SINTAGMAS PREPOSICIONALES
   a. Para Elisa.
   b. Sin un pedazo de pan que llevarse a la boca.
   c. Desde Santurce a Bilbao.

(50) Sintagmas verbales
  a. Paseaba.
  b. Escribía una carta.
  c. Ponía el jarrón sobre la mesa.
  d. Sacando la cabeza de debajo de la almohada.
  e. Tenía pocas ganas de pasear.

Consideraremos más adelante la posibilidad de agregar los sintagmas adverbiales *(cerca de ti)* a esta lista. Además de SSVV, las secuencias de (50) son también oraciones. En los dos capítulos siguientes veremos con detalle por qué esos dos conceptos no son aquí incompatibles. Por el momento, nos basta con observar que los sintagmas son EXPANSIONES de un elemento central o nuclear, en torno al que se articulan modificadores y complementos. En lugar del término *expansión,* se utiliza habitualmente en la gramática generativa el de PROYECCIÓN, que viene a ser equivalente. Los sintagmas son, por tanto, proyecciones o expansiones de algún núcleo. Los sintagmas son habitualmente grupos de palabras, pero como vemos en estos ejemplos, pueden estar también constituidos por una sola palabra, puesto que antes que grupos son constituyentes.

¿Cómo se articulan entonces internamente los sintagmas? Retomemos el concepto de 'gramática sintagmática' tal como se introdujo en el § 2.3.5. Como allí veíamos, parece útil poder disponer de reglas de reescritura, que recogen una importante propiedad formal de la gramática como es la recursividad. Estas reglas expanden un constituyente y nos proporcionan su estructura interna remitiéndonos a otros constituyentes que a su vez se expanden igualmente. Las gramáticas de reglas permiten establecer una serie de generalizaciones inductivas y deductivas sobre las secuencias bien formadas de una lengua. Por ejemplo, una vez asignásemos categorías a las palabras de los ejemplos de (47-50) y otros similares, podríamos introducirlas en un ordenador, que seguramente reconocería y generaría sintagmas de la siguiente forma:

(51) a. SN → Det + N + (SA) + (SP)
  b. SN → N_{propio}
  c. SA → (Adv_{cuant}) + Adj + (SP)
  d. SP → P + (SN)
  e. SV → V + (SN) + (SP)

La pregunta natural que podemos hacernos ahora es qué relación existe entre las consideraciones que hemos hecho sobre la estructura arbórea y las reglas de estructura sintagmática. ¿Las propiedades de los diagramas arbóreos son compatibles o incompatibles con las de las gramáticas de frase?; ¿Qué hacemos con estos dos tipos de recursos? A partir de los años cincuenta del siglo pasado se observó que los diagramas arbóreos son un instrumento idóneo para representar la derivación sintáctica de una secuencia partiendo de un número finito de reglas u operaciones sintácticas. Por ello se les llama ÁRBOLES DE ANÁLISIS ESTRUCTURAL. La conversión de reglas a árboles es bastante sencilla. Sea G una gramática que contiene una regla r de la forma X → Y_1 + ... + Y_n. La representación arbórea de esta regla funciona como un árbol A donde el conjunto de nudos de A es $\{X,Y_1,...,Y_n\}$ y X es el nudo que funciona como padre (recuerde las metáforas de parentesco del § 3.4.2) de los nudos $Y_1 ... Y_n$. Por ejemplo, la regla r_1: SN → DET + N genera el siguiente árbol (52):

(52)   SN
                                      / \
                                   Det   N

La regla r_2: SP → P + SN genera el árbol de análisis (53):

(53)   SP
                                      / \
                                    P   SN

Si aplicamos r_2 y luego r_1, generamos el siguiente árbol:

(54)   SP
                                      / \
                                    P   SN
                                        / \
                                     Det   N

Este sería el análisis estructural de secuencias como *en la mesa* y otros SSPP similares. Empleando las reglas de (51) podemos generar análisis estructurales de secuencias como las de (55), donde usamos la convención equivalente de las estructuras encorchetadas en vez de árboles para ahorrar espacio. Como ejercicio, puede
usted dibujar los diagramas arbóreos correspondientes y determinar cuántas reglas
u operaciones sintácticas se han empleado en la generación de dichas estructuras.

(55) a. [$_{SN}$ [$_{Det}$ el] [$_N$ estudiante] [$_{SA}$ [$_{Advcuant}$ muy] [$_A$ alto]] [$_{SP}$ [$_P$ de] [$_{SN}$ [$_{Npropio}$ Bar-
celona]]]]
b. [$_{SV}$ [$_V$ puso] [$_{SN}$ [$_{Det}$ el] [$_N$ libro]] [$_{SP}$ [$_P$ sobre] [$_{SN}$ [$_{Det}$ la] [$_N$ mesa]]]]

Aunque este tipo de gramática pueda parecer descriptivamente adecuada, existen ciertas generalizaciones necesarias que no puede abarcar. Por ejemplo, estas
reglas no captan el requisito de ramificación binaria. El árbol correspondiente al
SN o el del SA puede tener dos, tres o más ramas. En segundo lugar, aunque ciertos elementos aparecen entre paréntesis, con lo que indicamos su opcionalidad, no
sabemos en realidad cómo afectan al resultado final ni qué significa dicha «opcionalidad». Por último, hay una generalización importante oculta tras las reglas que
puede convertir su multiplicación en innecesaria. Esto no quiere decir exactamente que las reglas estén equivocadas, sino más bien que la información que contienen se obtiene más apropiadamente de otra manera.

Fijémonos en (51e), es decir, en la regla SV → V + (SN) + (SP). Podemos destacar tres aspectos de la información que expresa:

1) En primer lugar, la categoría que aparece tras la flecha es V. Esta categoría
   repite el nombre del sintagma (SV). Lo mismo ocurre en los sintagmas adjetivales, preposicionales o nominales. Hay algo redundante en esa repetición.
   De hecho, si decimos que los sintagmas son expansiones de un núcleo, es lógico que este núcleo haya de ser un componente suyo. Las reglas de (51) son

simples casos particulares de este hecho, que no hay que repetir cada vez que definamos un sintagma. Por ello podemos sustituir las reglas particulares de (51) o (56) por una especie de «metarregla» como (57), donde X es una variable o un comodín sustituible por cualquier símbolo categorial.

(56) a. SV → ... V ...
    b. SN → ... N ...
    c. SA → ... A ...
    d. SP → ... P ...

(57) SX → ... X ...

2) En segundo lugar, la regla del SV nos dice que tras el verbo puede aparecer o no un complemento nominal (prescindamos por el momento del SP que aparece también en ella). Pero, en realidad, esta supuesta opcionalidad no tiene ninguna relación con la definición del constituyente SV, sino con las propiedades léxicas de los verbos. Como veíamos arriba, unos verbos tienen complementos y otros no. Más aún, entre los que los admiten, unos los exigen y otros los aceptan potestativamente. Las preposiciones, por el contrario, son siempre categorías «transitivas», esto es, siempre exigen algún complemento. Sobre todo esto volveremos en el apartado siguiente. Como vemos, el segundo problema de la regla es que nos presenta cierta forma de opcionalidad como propiedad suya, cuando en realidad lo es de unos verbos frente a otros.

3) Finalmente, la regla del SV nos indica que el verbo precede al complemento, no el complemento al verbo. El hecho de que el núcleo preceda al complemento es una particularidad de las lenguas románicas, de las germánicas y de otras muchas. Sin embargo, otras lenguas como el japonés, el quechua o el vasco, muestran el orden inverso (SN + V). Por ejemplo, el equivalente de la oración *Juan golpeó a María* en japonés sería *Juan-ga María-o butta,* donde el complemento precede al verbo *(butta).* Más aún, este orden inverso también aparece en los otros sintagmas. De hecho, estas lenguas no tienen propiamente preposiciones (P + SN), sino posposiciones (SN + P). Podríamos entonces inferir que las relaciones de orden o precedencia entre núcleo y complementos constituyen una información que no debe ser recogida por las reglas sintagmáticas, puesto que obedecen a un parámetro direccional de naturaleza tipológica.

Como vemos, no se dice que las informaciones recogidas en reglas como las de (51) sean falsas, sino más bien que se deducen de otros aspectos de la gramática. La estrategia que se sigue actualmente viene a ser, por tanto, la siguiente: deshagámonos de (51) y tratemos de deducir la información que contienen las reglas sintagmáticas específicas a partir de otros principios, como los que acabamos de presentar. De hecho, podemos intentar reducirlos a los de (58):

(58) a. Las categorías N, V, A y P admiten complementos y proyectan un sintagma del que tanto ellas como sus complementos son constituyentes inmediatos.
    b. Unas categorías son transitivas (= con complemento) y otras intransitivas en función de requisitos particulares de las piezas léxicas, es decir, de re-

quisitos que corresponde establecer al léxico, no a la sintaxis. Las preposiciones son siempre transitivas.

c. El complemento puede seguir o preceder al núcleo de una proyección sintáctica en función de un parámetro que varía de una lengua a otra.

La ESTRATEGIA REDUCTORA a la que nos referimos tiene otras muchas consecuencias. Se aborda en la historia de la gramática generativa en Chomsky (1970) y sus hitos fundamentales son Jackendoff (1977) y Stowell (1981). Consiste, como vemos, en suponer que todas las proyecciones sintácticas, esto es, los sintagmas, están constituidas de manera similar. Ese patrón general es el que aparece en (59), donde X significa, de nuevo, «cualquier categoría»:

(59)

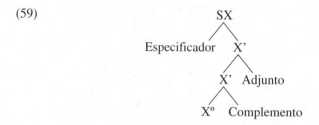

El símbolo X' debería representarse en realidad como una X con una barra (–) encima ($\bar{X}$) que no está disponible en la mayor parte de los teclados mecanográficos. El esquema (59) representa la llamada HIPÓTESIS DE LA X' (léase 'hipótesis de la X-con-barra'). Esta hipótesis nos dice, en esencia, lo siguiente:

(60) a. Los sintagmas tienen una estructura interna semejante. Todos se articulan en torno a un NÚCLEO (escrito como X° o simplemente X), que da nombre al sintagma. Los sintagmas son, por tanto, categorías endocéntricas (= categorías con núcleo).

b. Los núcleos se PROYECTAN, esto es, se expanden, y forman proyecciones (= expansiones) sucesivas en las que aceptan COMPLEMENTOS (= proyecciones seleccionadas en función de su significado), ADJUNTOS (= proyecciones admitidas, pero no exigidas) y ESPECIFICADORES (= proyecciones que cuantifican al núcleo y sus complementos o establecen otras relaciones similares).

c. El núcleo se proyecta en varias proyecciones intermedias que culminan en una PROYECCIÓN MÁXIMA (SX). Las categorías que funcionan como complemento, adjunto y especificador son también proyecciones máximas, por lo que a cada una de ellas corresponde una estructura articulada según los mismos principios de la X'.

Es importante hacer notar que el punto (60a) supone una ruptura considerable con la tradición distribucionalista norteamericana (por ejemplo, con Hockett, 1958, entre otros muchos representantes), en la que se suponía que los sintagmas podían ser ENDOCÉNTRICOS, esto es, «con núcleo», y EXOCÉNTRICOS, esto es, «sin núcleo». Así, se decía que los sintagmas compuestos por preposición y término *(Desde mi ventana)* o por conjunción y término *(Si estudias)* son exocéntricos porque ninguno de sus componentes puede ocupar el lugar del conjunto. En el rechazo de la exo-centricidad que propugna la gramática generativa confluyen dos clases de princi-pios: teóricos y empíricos. Desde el punto de vista teórico, es probable que la razón por la que nunca se propusiera una teoría general articulada de la exocentricidad en la gramática distribucional (o en algún otro marco posterior) es el hecho de que un grupo sintáctico sólo puede HEREDAR alguna propiedad de sus partes si una de ellas le transmite sus rasgos. La endocentricidad no es, por tanto, más que una forma de HERENCIA DE RASGOS CATEGORIALES: se hereda o se transmite al nudo superior la pro-piedad de ser N, V, P, etc. En las propuestas exocentristas, la categoría que contiene a las dos inferiores no constituye una proyección de estas. Ha de ser definida, por tanto, con rasgos enteramente diferentes de los que caracterizan a sus componentes. Pero estas consideraciones teóricas no deben hacernos olvidar que existen muchas razones estrictamente empíricas que favorecen una teoría general de la endocentri-cidad. En el apartado siguiente veremos algunas de ellas.

Los términos 'complemento', 'adjunto' y 'especificador' expresan funciones relacionales que desempeñarán las proyecciones máximas que ocupen las posicio-nes sintácticas asociadas con ellos. Diremos que el sintagma nominal *un coche* es el complemento del verbo en *compró un coche* porque ocupa dicho lugar o posi-ción estructural en el esquema de la X-con-barra.

(61)

Las posiciones estructurales de especificador, complemento y adjunto son tam-bién definibles en términos de relaciones arbóreas:

- El ESPECIFICADOR de una proyección SX (abreviadamente Esp/SX) es el cons-tituyente SY que tiene como padre a SX (por tanto, está inmediatamente do-minado por ese constituyente) y como hermano al nudo X'.
- El COMPLEMENTO del núcleo X de una proyección SX es el constituyente SY que aparece como nudo hermano de X.
- El ADJUNTO del nudo X' en una proyección SX es el constituyente SY que tie-ne como nudos padre y hermano a nudos de la categoría X'.

La noción de adjunto se puede generalizar a cualquier categoría (en la gramá-tica tradicional no existía, en cambio, un término que abarcara los modificadores adjetivales y los complementos circunstanciales). En el árbol de (59), y según la definición que acabamos de proponer, caracterizamos al adjunto de la proyección intermedia X'. Es común también hablar de adjuntos a proyecciones máximas o SX: el adjunto de una proyección SX es el constituyente SY que tiene como nudos pa-dre y hermano a nudos de categoría SX.

(62)   SX
                                    /\
                                  SX SY

La relación entre un núcleo y su especificador o su complemento no es caracterizable por medio de la relación de dominio –un núcleo no domina a ninguno de estos elementos–, y tampoco por la de precedencia: en el esquema o patrón general de (59), X precede a su complemento pero sigue a su especificador. Tampoco se puede caracterizar por la noción de 'mando-c' –en (59): X manda-c a su complemento pero no a su especificador. Esta relación entre núcleo y complemento / especificador es caracterizable mediante una relación configuracional que constituye una variante de la de mando-c, ya que se basa, como ella, en la noción de «techo estructural». Se suele denominar esa nueva relación MANDO-M (por *mando máximo*), y su formulación inicial se debe a Aoun y Sportiche (1983):

(63) A manda-m a B si ¬ dom (A-B) y todo nudo máximo SX tal que dom (SX-A), dom (SX-B).

El primer nudo máximo que dominará a un nudo X será normalmente la proyección máxima de X, es decir, SX. Este nudo dominará tanto a X como al especificador y complemento de X. Por tanto, el núcleo de un sintagma está en la relación de mando-m con los otros constituyentes estructurales de dicho sintagma.

3.3.2. *Núcleos y complementos*

Volvamos a nuestro diagrama arbóreo (59) y empecemos ahora por la parte inferior. El elemento básico del sintagma es la categoría que se expande, es decir, aquella en torno a la cual se forma. Como se ha indicado arriba, en la terminología habitual de la gramática generativa esta es la categoría que se proyecta, lo que se hace notar con el signo « ° ». Como hemos visto, a la categoría sintáctica que se proyecta se la llama, pues, NÚCLEO (ingl. *head*) DEL SINTAGMA como en *depender de ella*, *dependiente* de ella, *dependencia* de ella (se subrayan los núcleos).

Conviene hacer en este punto una breve precisión terminológica por razones estrictamente didácticas. En la historia de la sintaxis del siglo XX se ha dado en llamar *núcleo* a muy diversos elementos, con criterios diferentes, en marcos teóricos diversos y en periodos también distintos, lo que a veces se ha considerado polémico. Para una comparación de estos sentidos, pueden verse Zwicky (1985), Eguren (1993) y Corbett y otros (1993). Esta profusión terminológica ha ocasionado no pocos malentendidos. Precisamente por ello, es importante hacer notar que el concepto de 'núcleo', como sucede con otros muchos, no constituye una noción que haya de ser «dilucidada» o «descubierta». Se trata, por el contrario, de una noción que ha de ser «postulada» en función del rendimiento que el gramático obtiene de ella (según su criterio), es decir, en función de las generalizaciones que se puedan establecer. Esta precisión terminológica es todavía más pertinente si se tiene en cuenta que, en realidad, la mayor parte de las unidades gramaticales pertenecen a este grupo. Así pues, no es cierto que existan grandes discrepancias entre los gramáticos acerca de qué es una oración, una transformación, un morfema, un sintagma o un sujeto. Es cierto, sin embargo, que en función de distintas escuelas y tradiciones, los lingüistas han usado estos «términos», es decir, estas «etiquetas», para designar «conceptos» diferentes que, en general, suelen definir con precisión en cada una de las corrientes en las que trabajan o han trabajado. La excesiva profusión terminológica que padece la gramática –sin duda incómoda por razones didácticas– es una consecuencia indirecta de la escasa conexión que suele existir entre escuelas, modelos y tendencias. Sin embargo, de tal diversidad de corrientes, y por tanto de sistemas terminológicos, no se sigue en absoluto una similar inestabilidad conceptual.

La conclusión es evidente: carece de sentido preguntarse si, en términos generales (es decir, fuera de alguna teoría), es correcto o incorrecto un determinado uso del término *núcleo*. Por el contrario, tiene pleno sentido preguntarse si las generalizaciones gramaticales que se obtienen mediante un determinado concepto (designado con este término o con cualquier otro) en alguna teoría son más o menos apropiadas que las que se obtienen mediante otro concepto. Si existen varios criterios para llenar de sentido una etiqueta arbitraria, es obvio que la comparación deberá hacerse entre los resultados objetivos de aplicar cada uno de los conceptos que puedan dar contenido a dicha etiqueta.

Podríamos considerar, en primer lugar, un CRITERIO SEMÁNTICO para determinar el núcleo de la construcción. Desde este punto de vista, el núcleo aporta los rasgos semánticos necesarios para determinar la naturaleza del sintagma, mientras que los demás elementos precisan o restringen esta denotación. El criterio no es descabellado. Es evidente que el sintagma *un análisis de la literatura española* denota 'un cierto tipo de análisis', no 'un cierto tipo de literatura'. También es claro que la secuencia *Veranearé en la playa* denota un determinado evento, no una determinada playa. Este razonamiento es correcto, y se puede aplicar incluso a construcciones como *porque ella lo desea,* que denotan una razón, no un deseo; a *si vienes conmigo,* que hace referencia a una condición, no a un evento; o a *excepto tu hermano,* que designa una excepción, no un hermano.

El criterio tiene en cambio más difícil aplicación en construcciones como *Juan nunca veranea en la playa* (tenga cuidado de no confundir este constituyente con *nunca veranea en la playa,* que aparece incrustado en él), ya que aquí no hablamos de un evento o suceso determinado. Tampoco parece aplicarse a otras aparentemente más sencillas como *para ti, solo tú, ni ella, desde mi ventana, a nosotros.* Aun así, algunos gramáticos entienden que esa extensión es posible y que debe articularse alguna versión enriquecida del criterio semántico que hemos presentado intuitivamente, cuya mayor ventaja sería proporcionarnos el significado de los constituyentes, no solo sus límites, como segmentos sintácticos. Prosiguiendo esa dirección se ha sugerido que la expresión *el niño* no designaría 'una determinada clase de personas', sino 'una determinada entidad definida'.

Ya en los primeros análisis de la estructura de constituyentes se hacía notar que la segmentación proporciona por sí sola la desambiguación de algunas construcciones, como sucede en *muebles y libros viejos* o en *Trajo un jarrón de porcelana de la China.* Como es evidente, en el primer caso podemos obtener la segmentación (64a) o la segmentación (64b), y en el segundo podemos obtener las tres segmentaciones de (65):

(64) a. [Muebles y libros] [viejos]
    b. [Muebles] y [libros viejos]

(65) a. [Trajo un jarrón de porcelana] [de la China]
    b. [Trajo un jarrón [de [porcelana de la China]]]
    c. [Trajo un [[jarrón de porcelana] de la China]]

A cada una estas segmentaciones le corresponde una determinada interpretación semántica. En (64a) se habla de la vejez de dos clases de entidades y en (64b) de la de una sola; en (65a) *de la China* denota un componente de la acción de traer, en (65b) delimita una clase de porcelana, y en (65c) un cierto tipo de jarrón de porcelana. Por tanto, la segmentación nos ayuda a entender el significado de estas expresiones, que se obtiene composicionalmente. Sin embargo, no es tan simple en otros casos determinar cuál es exactamente el significado de cada constituyente a través de la segmentación. Comparemos las tres expresiones de (66):

(66) a. Los amigos de Juan y los de María.
     b. Los amigos de Juan y María.
     c. Los amigos de Juan y de María.

Observe que en (66a) se habla de dos conjuntos de amigos, y que cada uno de ellos se asigna a una persona. En (66b) se habla necesariamente de amigos comunes, es decir, de los amigos del grupo formado por dos individuos. Sin embargo, (66c) se puede interpretar como (66a), aunque contenga un solo artículo, y también como (66b), aunque no contenga el constituyente *Juan y María*. Puede hacer referencia además a la posible intersección de los dos conjuntos de amigos de los que se habla, es decir, a los comunes de esas dos personas. De todo ello no se deduce que las preposiciones y los artículos se elidan a voluntad del hablante, sino más bien que la denotación de los sintagmas preposicionales es menos evidente en los casos en los que las preposiciones que los introducen carecen propiamente de significado. Enseguida precisaremos qué quiere decir que una preposición carece de significado. Recuerde por el momento la conclusión que se extrae de (66): la denotación de ciertos SSPP no la proporciona inmediatamente su segmentación sintáctica.

Otras veces se ha propuesto un CRITERIO DISTRIBUCIONAL para determinar el núcleo de los sintagmas. El interpretar este criterio como un procedimiento de descubrimiento –como se ha hecho en varias ocasiones– trae consigo los mismos problemas que traían los casos discutidos en el § 3.2.3 al hablar de la sustitución como criterio de identificación de constituyentes. Desde este punto de vista, se diría que el núcleo de *comen manzanas* es *comen* porque esa unidad tiene la misma distribución que (aproximadamente, «es sustituible por») *comen manzanas,* ciertamente no por *manzanas.* Se obtiene una conclusión parecida diciendo que el complemento es suprimible, pero el núcleo no lo es. Se trata, sin embargo, de un criterio sumamente escurridizo porque confunde una propiedad sintáctica, como es el concepto 'ser núcleo de sintagma', con una propiedad léxica, como es la capacidad que tienen algunas categorías de omitir sus complementos. Observe que podemos omitir los complementos que aparecen en cursiva en (67a), y dejarlos sobrentendidos en algún contexto, pero no podríamos hacer lo mismo con los que aparecen en (67b):

(67) a. Pagó *la cena;* La presentaron *como candidata;* Una interpretación deficiente *del documento;* Estoy encantado *de estar aquí.*
     b. Solucionaste *el problema;* Se dedicaban *al pastoreo;* La inmediata consecución *de nuestros objetivos;* Demasiado proclives *al desánimo.*

Ciertamente, no tendría sentido decir que los verbos, sustantivos y adjetivos de (67a) son núcleos de sus respectivos sintagmas, pero no lo son los verbos, sustantivos y adjetivos de (67b). Como explicaremos de forma más detallada en el § 6.4, la omisión de los complementos está en función de criterios léxicos unas veces (es decir, específicos para cada pieza léxica o para algún grupo de ellas), y también en función de diversos criterios discursivos. Así, en el lenguaje del fútbol es frecuente usar sin complemento directo el verbo transitivo *pasar,* y en el de los conductores el verbo transitivo *adelantar.* De ello no se deduce, ciertamente, que la determinación del núcleo de un SV haya de estar en función de consideraciones pragmáticas.

Las preposiciones se distinguen de las demás categorías en que poseen complemento obligatorio (llamado generalmente *término* en la tradición gramatical española). Ciertamente, si se empleara el criterio distribucional para determinar si son o no núcleos, se obtendría una respuesta negativa, como sucedía con las unidades de (67b). Pero, como hemos visto, se trata de un criterio muy poco fiable. Las preposiciones pueden concebirse como categorías necesariamente transitivas, y por tanto como núcleos. Podemos pensar en sus propiedades desde dos puntos de vista: el semántico y el estrictamente formal.

Desde el punto de vista semántico, las preposiciones se acercan a los verbos en cuanto que restringen su complemento como el verbo restringe el suyo. Sabemos que los verbos admiten unas veces un gran número de complementos *(tener, llevar, ver)* y otras un número más reducido *(tergiversar, suscitar, vislumbrar);* las preposiciones –o las locuciones que forman– pueden pertenecer al primer grupo *(para, con, sin)* o al segundo *(al borde de, al hilo de, de cara a),* esto es, pueden seleccionar, como los verbos, conjuntos mayores o menores de piezas léxicas en función de su especificidad semántica. Recuérdese que las locuciones prepositivas son preposiciones a efectos sintácticos.

Las condiciones selectivas de una preposición pueden ser incluso idénticas a las de un verbo. Observe que podemos tener como sujetos del verbo *durar* sintagmas formados con los mismos sustantivos con los que formaríamos los complementos de la preposición *durante: el verano, el partido, la película, estos años,* etc. En el primer caso, el verbo *durar* restringe semánticamente las entidades de las que se predica; en el segundo, la preposición selecciona como complemento los mismos sustantivos y establece respecto de ellos una relación restrictiva similar. Tal vez piense usted que los nombres de objetos físicos constituyen excepciones a esta generalización, puesto que podemos construir con ellos sujetos del verbo *durar* (como *Este lápiz no me ha durado nada*), y no en cambio complementos de la preposición *durante (*durante este lápiz).* Pero si lo piensa dos veces, comprobará que esa excepción aparente se debe a que el verbo *durar* se usa con dos sentidos diferentes en *Este lápiz no ha me durado nada* y en *Esta película ha durado demasiado.* Como cabría esperar, a estos dos sentidos (uno solo de los cuales comparte *durante*) corresponden dos acepciones distintas de *durar* en el Diccionario de la RAE y en otros diccionarios.

Desde el punto de vista formal, las preposiciones tienen también numerosos puntos de contacto con los verbos. Entre ellos están los cuatro siguientes:

A) Los verbos pueden tener como complementos SSNN *(tratar un asunto)* o SSPP *(tratar de un asunto).* Las preposiciones pueden seleccionar asimismo SSNN *(por las calles)* o SSPP *(por entre las calles).*

B) Las preposiciones son las responsables de la variación gramatical que percibimos en sus complementos. En *para ti,* la preposición *para* establece que el pronombre *tú* ha de aparecer en el llamado CASO OBLICUO (§ 3.3.4), es decir, en una determinada variante morfológica. En latín y en otras lenguas no necesariamente relacionadas, algunos verbos solo aceptan complementos en caso genitivo, en lo que coinciden con varias preposiciones, y otros admiten complementos en dativo, también como algunas de ellas.

C) Ciertas construcciones predicativas del español admiten dos variantes: una verbal y otra preposicional: *teniendo a Juan de nuestra parte / con Juan de nuestra parte.* Ambas coinciden en que un complemento predicativo (§ 6.12) se predica de un elemento que es complemento de otra categoría, sea esta verbal o preposicional. Si la preposición no fuera el núcleo del sintagma, sería imposible explicar la estructura paralela de estas construcciones.

D) Las preposiciones coinciden también con los verbos en que imponen el modo de la oración subordinada que aceptan como complemento: subjuntivo en (68) e indicativo en (69):

(68) a. Deseo que {regreses / *regresas}.
      b. Para que {regreses / *regresas}.

(69) a. Opino que no {tienes / *tengas} razón.
      b. A pesar de que no {tienes / *tengas} razón.

Cabe también pensar que las conjunciones de subordinación son igualmente núcleos sintácticos, es decir, categorías necesariamente transitivas, en la interpretación más abstracta de esta noción. Desde el punto de vista semántico son también ellas las que aportan el significado del conjunto (recuérdese que, como veíamos, la oración *Si me llamas* designa una condición, no una llamada). Las conjunciones imponen también su propia selección modal: unas seleccionan ciertos tiempos del indicativo *(si me {llamas/*llames/llamaras});* otras del modo subjuntivo *(antes que llegue él)* y otras los dos modos con diferencia de significación, al igual que hacen muchos verbos *(aunque te {oye / oiga}, a medida que se {aleja / aleje}...).*

Las propiedades selectivas de algunas conjunciones son mero reflejo de las categorías que las seleccionan. Así, no sería correcto decir que la misma conjunción *que* elige el indicativo en *Acepto que lo sabe* y el subjuntivo en *Acepto que lo sepa,* puesto que esas propiedades las transmite el verbo que selecciona la subordinada *(aceptar).* Aun así, el hecho de que las preposiciones, las conjunciones de subordinación y los verbos sean núcleos sintácticos nos permite explicar de manera muy sencilla las restricciones de LOCALIDAD O CONTIGÜIDAD que se observan en la selección de sus complementos, esto es, la cercanía o la vecindad que las unidades seleccionadas deben manifestar respecto de las seleccionadoras. Consideremos estos contrastes:

(70) a. Sin que lo {*sabía / supiera}.
      b. Sin pensar que lo {sabía / supiera}.

La preposición *sin* selecciona el subjuntivo en la oración que toma como complemento, como se observa en (70a), y la conjunción subordinante *que* no hace sino transmitir esa propiedad a la oración subordinada. Ahora bien, si *sin* encuentra en su camino otro núcleo interpuesto con su propia capacidad selectora (el verbo *pensar* en (70b)), perderá la suya y será este nuevo núcleo el que imponga sus propios rasgos, como ocurre en este caso. El subjuntivo *supiera* en (70b) no se descarta porque *sin* es una palabra negativa además de ser una preposición. Las palabras negativas poseen la capacidad de inducir el modo a larga distancia, como en *No pensó que lo supiera,* bajo la configuración estructural de mando-c. Como veíamos en el § 3.2.4, cada rasgo gramatical explica alguna propiedad diferente de las palabras.

Muy parecido al contraste de (70) es el de (71):

(71) a. Para que te {vayas / *vas}.
    b. Para si te {*vayas / vas}.

Como vemos, la conjunción *que* transmite a la subordinada en (71a) los rasgos de *para* (impone, pues, el subjuntivo), pero en (71b) encuentra en su camino a la conjunción *si,* que tiene los suyos propios (impone indicativo). Así pues, la conjunción *si* se comporta en (71b) como lo hacía el verbo *pensar* en (70b).

Se ha señalado numerosas veces en los estudios descriptivos que las construcciones comparativas de desigualdad han de contener un cuantificador *(más o menos)* y una conjunción comparativa *(que).* Como veíamos en el § 3.2.3, es evidente que en *más fuerte que tú,* el segmento *que tú* ha de ser también un constituyente sintáctico. ¿Cuál es su núcleo? Obviamente, solo existen dos posibilidades: *que* o *tú.* Obsérvese que los elementos fijos en la construcción comparativa son los dos que hemos resaltado: *más / menos* y *que,* como se comprueba en (72):

(72) a. Más fuerte que tú.
    b. Menos tiempo que cuando era estudiante.
    c. Más rápidamente que con el otro automóvil.
    d. Le gusta más así que de la otra manera.

Es muy evidente que estos dos son los elementos que permiten construir la plantilla en la que se basa la estructura comparativa, esto es, los elementos desde los que se PROYECTA. Más aún, puede decirse que el primero SELECCIONA al segundo. Los demás elementos de (72) están subordinados a ellos y, como se ve, pueden pertenecer a muy diversas categorías. El núcleo de *que tú* ha de ser, por tanto, *que,* y no *tú.* Esto no significa, desde luego, que el análisis de (72) sea ni mucho menos inmediato. En el capítulo 8 volveremos sobre las construcciones comparativas, y en el § 4.4 volveremos sobre la idea de que las conjunciones de subordinación son núcleos sintácticos. Existen, como vemos, numerosas razones empíricas para apoyar la idea de que el valor de X° en el esquema de la X-con-barra (representado en (59)) no es solo V, N o A, sino también P, e incluso C (conjunción).

No existe pleno acuerdo sobre cómo introducir la categoría de adverbio en este esquema. Si bien algunos adverbios, como la negación, se interpretan en la actualidad como núcleos sintácticos, y que otros se analizan como cuantificadores, quedan todavía muchas clases de adverbios por descartar. El grupo reducido de adverbios locativos y temporales que admite complementos encabezados por *de (detrás-delante; encima-debajo; a la izquierda-a la derecha; antes-después* y unos pocos más) se ha interpretado como un conjunto de variantes de las preposiciones que se caracterizarían por su capacidad para dejar implícito su complemento. Así, la expresión *Estaba detrás* no contiene ningún complemento del adverbio *detrás,* pero es necesario deducirlo del discurso precedente u obtenerlo del señalamiento deíctico. No es posible decir, en cambio, **Llegó desde* en un sentido parecido, es decir, en el sentido de 'Llegó desde un lugar mencionado antes', puesto que las preposiciones siempre son transitivas. Sin embargo, como se hace notar en Plann (1986a, 1988), Pavón (2003) y otros lugares, estos adverbios tienen algunas propiedades nominales que no comparten enteramente con las preposiciones, lo que hace que la asimilación a esta clase sea solo parcial.

Los adverbios deícticos *allí, aquí* o *entonces* parecen lexicalizaciones de SSPP: *en este lugar, a ese lugar, en aquel tiempo,* aunque son necesarios algunos reajustes que se deben fundamentalmente al doble significado de los primeros. El adverbio *allí* de *Vivo allí* expresa 'ubicación', pero el de *Voy allí* expresa 'destino' (cfr. **Voy a allí*). En Bosque (1989) se estudian algunas formas de introducir esos reajustes en la gramática española. Se suele decir que los pronombres son «elementos nominales», de modo que el pronombre *la* pertenece a la misma categoría que el sintagma *la verdad* porque podemos decir *Dijo la verdad* y también *La dijo.* En cambio, no se suele decir que *allí* pertenece a la misma categoría que *en una oficina,* pese a que podemos decir *Trabaja en una oficina* y también *Trabaja allí.* Los gramáticos que aceptan el análisis de los adverbios deícticos como lexicalización de SSPP locativos entienden que el razonamiento es aplicable a los dos casos en la misma medida.

En cuanto a los adverbios llamados «de modo o manera», casi todos admiten cuantificadores *(muy alegremente),* pero en su mayor parte rechazan los complementos: se dice *responsable de sus actos,* pero no **responsablemente de sus actos; representativo de la situación actual,* pero no **representativamente de la situación actual.* Entre las escasas excepciones están *paralelamente a, independientemente de* y *consecuentemente con.* El hecho de que este último paradigma sea muy corto y el anterior muy largo ha hecho pensar a muchos gramáticos que la situación no marcada es aquella en que los adverbios en *-mente* carecen de complemento. No podemos pensar, por tanto, que encajan en el esquema de la X-con-barra de (59) con la misma facilidad con la que encajaban los verbos, los sustantivos y los adjetivos (recuérdense los ejemplos con *depender / dependencia / dependiente*).

Existen en este punto varias posibilidades. Una opción es entender que los adverbios en *-mente* constituyen también lexicalizaciones de SSPP, sea encabezados por la preposición *con (prudentemente* = 'con prudencia'; *lentamente* = 'con lentitud'), sea encabezados por *de (prudentemente* = 'de manera prudente'; *lentamente* = 'de manera lenta'). El análisis composicional de los adverbios en *-mente* está bien orientado, puesto que persigue una estrategia reduccionista que se basa en una pauta sintácticamente firme, pero no carece de problemas. Si consideramos la expresión *muy amablemente,* podemos observar que se corresponde con *de manera muy amable,* no con **muy [de manera amable],* frente a lo que a primera vista predice la descomposición de estas unidades. Visto el problema más de cerca, se comprueba que se trata de una de las denominadas PARADOJAS DE SEGMENTACIÓN (ingl. *bracketing paradoxes*), generales en la morfología derivativa (Spencer, 1991, cap. 10). Repare, sin embargo, en que si no postulamos este proceso analítico, resultaría imposible explicar por qué en las estructuras del tipo «*de manera* + adj» es el adjetivo –y no el sustantivo *manera*–, el elemento que seleccionará algún predicado externo: *golpear* si «adj. = *contundente*», como en *golpear de manera contundente; rechazar* si «adj. =

categórico», como en *rechazar de manera categórica,* etc. Ciertamente, en las demás secuencias del tipo N + ADJ, el elemento nuclear es el sustantivo, no el adjetivo.

En resumen, aunque no existe pleno acuerdo entre los gramáticos sobre la forma de integrar los adverbios en (59), sí existe un consenso implícito sobre el hecho de que los adverbios de manera, que no admiten generalmente complementos, son categorías descomponibles morfológicamente y también sintácticamente. El aceptar alguna variante de esta descomposición es lo que nos permite no añadirlos directamente al paradigma de valores de X° en (59).

3.3.3. *Otros complementos, adjuntos y especificadores*

Subamos un peldaño en nuestro esquema general de la estructura de la X-con-barra, que representamos en (59). En el estadio siguiente a los complementos encontramos los adjuntos. Observe que en este salto hemos pasado por encima de un peldaño intermedio: el de los SEGUNDOS COMPLEMENTOS. Algunos verbos tienen dos complementos, como en *dar un libro al niño, invitar a una copa a los amigos.* La gramática tradicional distingue estos dos complementos al denominar COMPLEMENTO DIRECTO (u objeto directo) al primero y COMPLEMENTO INDIRECTO (u objeto indirecto) al segundo. El término más neutro *segundo complemento* parece más abarcador, ya que en el SV *sacar las tijeras del cajón,* el SP *del cajón,* llamado tradicionalmente COMPLEMENTO DE RÉGIMEN, es un segundo complemento del verbo, si bien no es un complemento indirecto.

En el esquema de (59) no hay cabida para el segundo complemento. Caben dos soluciones posibles para acomodarlo. Si mantenemos la definición de complemento proporcionada anteriormente en § 3.3.1, según la cual un complemento debe estar en relación de hermandad estructural con el núcleo, estamos forzados a proponer una estructura de ramificación ternaria como la siguiente:

(73)

Si queremos mantener la propiedad de ramificación binaria de manera uniforme en todas las estructuras, es necesaria una solución alternativa. En principio podemos pensar que los segundos complementos representan un estrato intermedio entre los directos, que son los primeros (más bajos en la configuración), y los adjuntos, tal como se indica en (74):

(74)

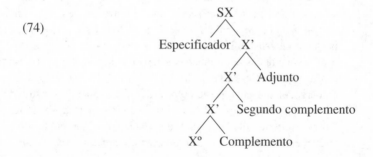

Este era el análisis generalmente aceptado en la gramática generativa hasta 1988, y el que vamos a dar por bueno por el momento. Ha sido sometido a algunas revisiones importantes, que consideraremos más adelante: una de ellas procede del hecho de que los adjuntos modifican aquí a una proyección intermedia, no máxima. Tal como aparece (74), podríamos añadir tantos complementos o adjuntos como quisiéramos, lo que no es correcto. Richard Larson (1988) introdujo una revisión importante de esta estructura, pero su análisis exige hacer uso de algunos recursos que todavía no hemos presentado. Lo pospondremos para el § 6.10. Por el momento, es suficiente con que observemos que aunque la representación (74) esté bien encaminada, posee el inconveniente de que difumina la distinción entre complemento y adjunto, ya que los segundos complementos aparecen como nudos hermanos de X' y están dominados inmediatamente por un nudo de esa misma categoría.

Conviene recordar ahora que los segundos complementos no son exclusivos de los verbos. También los admiten algunos adjetivos *(responsable del programa ante las autoridades académicas),* y algunos sustantivos *(una invitación a champán a todos los compañeros);* no al parecer las preposiciones (ni siquiera las propiamente «léxicas») ni tampoco las conjunciones.

En el peldaño siguiente al de los segundos complementos aparecen, como hemos dicho, los ADJUNTOS. Los adjuntos son complementos no seleccionados, pero compatibles con las características semánticas de los núcleos. Se parecen a los tradicionales complementos circunstanciales, con una excepción importante: los 'complementos circunstanciales' modificaban tradicionalmente a los verbos, pero en la estructura de X' se generalizan a las demás categorías. Tenemos, pues, adjuntos de los sustantivos, como en (75), de los adjetivos, como en (76), y de algunas preposiciones, como en (77). Todos los adjuntos se marcan en cursiva:

(75) a. la llegada del ministro *esta misma mañana*
    b. un paseo *para estirar un poco las piernas*
    c. la repetición de los análisis *por falta de garantías*

(76) a. obediente a las órdenes *para no ser arrestado*
    b. muy nervioso *por las noches*
    c. alérgico a la penicilina *durante toda su vida*

(77) a. *directamente* hacia Roma
    b. sin dinero *todavía*
    c. ante el juez *por una orden irrevocable*

De hecho, los adjetivos y las oraciones de relativo se interpretan como adjuntos de los sustantivos, de forma parecida a como los adverbios son adjuntos de los verbos. Esta relación transcategorial –que Jespersen (1924) introducía expresamente al presentar las clases de palabras– nos permite relacionar apropiadamente *conducción lenta* y *conducir lentamente* o *trabajo duro* y *trabajar duramente.* Nótese que de la simple existencia de clases de palabras distintas (adjetivo, sustantivo, verbo y adverbio) no se deduce ese claro paralelismo.

El entender la distinción entre complementos y adjuntos como una distinción estructural o configuracional tiene indudables ventajas. La distinta posición estructural de complementos y adjuntos tiene como consecuencia el que no sean intercambiables: *el alumno de Filología de Barcelona* frente a *el alumno de Barcelona de Filología.* Este contraste de gramaticalidad se explica a partir del hecho de que, en la variante agramatical, estaríamos forzando a un complemento a ocupar una posición que no le corresponde, es decir, una posición jerárquicamente más alta que la del adjunto, lo que, obviamente, no es posible de acuerdo con el esquema de (74). Ciertamente, el hecho de que en español digamos *Leí tranquilamente el periódico,* donde el adverbio se interpone entre el verbo y su objeto directo (es decir, se sitúa en medio del sintagma al que modifica) hace que el análisis de estas construcciones sea algo más complejo. El concepto que se requiere para analizarlas es el de movimiento de constituyentes, todavía no introducido, de modo que las pospondremos hasta el capítulo siguiente.

Complementos y adjuntos no pueden tampoco coordinarse, ya que ocupan distintas posiciones estructurales. Así, podemos decir *el alumno de Filología y (de) Filosofía,* donde estamos coordinando dos complementos del sustantivo *alumno.* Sin embargo, no podemos combinar uno de ellos con el adjunto *con gafas:* *el alumno de Filología y con gafas.* Si se tratase de dos adjuntos, sería posible de nuevo coordinarlos: *el alumno con gafas y de pelo castaño.*

Ciertamente, lo que (74) nos ofrece no es más que una plantilla. Es decir, las posibilidades de llenar las opciones que aparecen en este esquema están en función de las propiedades léxicas de los predicados. Una vez que disponemos de esta información sobre las piezas léxicas, la proyectamos en la sintaxis de acuerdo con lo que (74) nos indica. Seguramente se preguntará usted en este punto si las propiedades léxicas de las palabras se especifican individualmente (a cada predicado se le asignan las suyas) o bien existen generalizaciones sobre grupos de predicados. La pregunta es esencial, desde luego, y vamos a dedicar casi todo el capítulo 5 a reflexionar sobre ella.

El término 'adjunto' resulta un tanto escurridizo porque sugiere indirectamente que estos sintagmas se agregan opcionalmente, lo que constituye una simplificación excesiva. En la oración *Nunca conduzco deprisa,* diremos sin duda que *deprisa* es un adjunto, pero esto no quiere decir que podamos añadirlo libremente a cualquier predicado verbal, mucho menos adjetival o preposicional. Ciertamente, podríamos agregar *deprisa* a verbos como *conducir, leer* o *nadar,* pero no a *saber, tener, merecer* o *caber.* Es obvio que los verbos de estado no aceptan este modificador. Tampoco lo hacen algunos verbos que denotan procesos y que (frente a los anteriores) admiten imperativos, como son *dormir* o *esperar.* El adjunto resulta, por tanto, ser sensible a ciertas características del 'modo de acción' de los predicados a los que modifica, también llamado 'aspecto léxico'. Es capaz de «mirar» algunos rasgos abstractos de su significado, lo que convierte este tipo de relación en una variante más abstracta de la relación de selección. En el capítulo 5 se estudiarán estas características con detalle.

Los adjuntos se parecen también a los complementos en que están ordenados, esto es, 'jerarquizados' en función de su propia denotación. Así, entre los adjuntos nominales, son siempre más internos los adjetivos RELACIONALES que los CALIFICATIVOS:

(78) a. Una película americana entretenida.

    b. *Una película entretenida americana.

Los primeros (*parlamentario, francés, musical, lunar, deportivo...*) suelen derivarse de sustantivos y establecen dominios a los que se circunscriben las cosas y las personas, o con los que se les puede relacionar. Los segundos aportan cualidades que están en ellas mismas o en nuestra forma de valorarlas (volveremos sobre esta distinción en el § 10.2 de forma algo más detallada). Cuando dos adjetivos relacionales aparecen juntos, respetan estrictamente esta jerarquía, es decir, nos fuerzan a interpretar que el sustantivo forma con el primero una clase de entidades más restringida que la que permite crear el segundo. No hay pues sinonimia entre las secuencias de (79):

(79) a. Literatura medieval francesa.
     b. Literatura francesa medieval.

Los adjuntos verbales que pertenecen a un mismo grupo también se jerarquizan en función de criterios muy similares. Nótese que (80a) es una oración gramatical, mientras que (80b) resulta extraña porque no se respeta en ella la jerarquía mencionada, es decir, porque el primer adjunto es menos restrictivo que el segundo:

(80) a. Te veré en el parque en el banco de siempre.
     b. ?Te veré en el banco de siempre en el parque.

Subamos un peldaño más en (74). En el estrato siguiente encontramos los ESPECIFICADORES. Coinciden con los adjuntos en que no se proyectan necesariamente. Sin embargo, de todos los componentes de (59) o de (74), este es probablemente el que más interpretaciones ha recibido a lo largo de la historia de la gramática generativa, en particular porque las propiedades transcategoriales de (59) no aparecen tan diáfanas en este estrato como en los demás. Veremos aquí los casos principales y reservaremos los demás para el capítulo siguiente:

A) Cuando el núcleo es un adjetivo (X=A), los especificadores son sintagmas de grado (*muy* contento con su nuevo empleo) u otro tipo de modificadores modales (*francamente* preocupado por la situación; *técnicamente* difícil de superar). Lo mismo sucede si X es un adverbio (*muy lentamente; terriblemente mal*).

B) Cuando el núcleo del sintagma es una preposición (X=P), se obtienen también especificadores similares a los anteriores: *Varios kilómetros* hacia el sur; *absolutamente* en contra del proyecto. Al igual que unos adjetivos admiten modificadores de grado (los calificativos, por ejemplo) y otros los rechazan (los relacionales, por ejemplo), también las preposiciones configuran unas veces sintagmas que los aceptan (*un poco a la derecha*) y otros que no los admiten (**bastante desde mi ventana*). Muchas de estas alternancias preposicionales, aunque no todas, se pueden reducir a las adverbiales. Así, se dice *muy para sus adentros* y no **muy para María*, porque *para mis / tus / sus adentros* está en el léxico como una sola pieza: una locución adverbial, por tanto, un adverbio. Se aplican razonamientos similares a otros muchos casos. Van Riemsdijk (1990) y otros autores han sugerido que en *desde allí hasta aquí*, y casos análogos, el sintagma con *desde* ocupa el especificador del sintagma que *hasta* encabeza.

C) Los llamados SINTAGMAS DE MEDIDA *(dos metros, varios litros, mil dólares, diez grados)* se consideran especificadores de los sintagmas cuantificativos comparativos, como se indica en (81), puesto que establecen la diferencia entre las magnitudes comparadas:

(81)

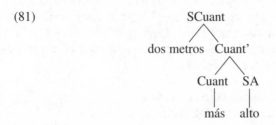

Como vemos, el núcleo de la estructura (81) no es *alto,* sino el cuantificador *más.* La decisión de considerar que el núcleo sintáctico de *más alto* no es *alto,* sino *más,* es de cierta envergadura teórica. Fue tomada a mediados de los años ochenta dentro de un debate muy amplio sobre el concepto de 'núcleo' que tuvo lugar en la gramática generativa durante ese periodo, y cuyas consecuencias fundamentales presentaremos resumidamente en los capítulos 4 y 10.

D) Supongamos ahora que el núcleo es un nombre o sustantivo (X=N) en (74). Para estos casos se pensó durante más de una década (aproximadamente entre 1975 y 1987) que la posición Esp habría de estar ocupada por los determinantes *(el* en *el libro)* y los cuantificadores *(varios* en *varios niños).* En la actualidad se piensa que unos y otros son núcleos de su propia proyección (más detalles en el § 4.5), lo que tiene gran número de consecuencias sintácticas.

E) Si el núcleo es un verbo (X=V) en (74), ¿qué tendremos en la posición de especificador? Las respuestas clásicas no coinciden tampoco con las modernas. En los años setenta y ochenta se pensaba que esa posición debía estar ocupada por los adverbios de negación y por los verbos auxiliares. En la actualidad se sostiene que unos y otros encabezan su propia proyección (son por tanto, núcleos sintácticos), y se entiende que el especificador de V es un argumento de V (la entidad de la que V se predica) y el de N debe serlo también, lo que nos permite establecer un vínculo entre *su trabajo* y *Juan trabaja* que de otra forma se perdería. Detallaremos todo esto en los §§ 4.1 a 4.4.

Resumamos. Aunque la posición de especificador introduce algunas variaciones en la estructura X' que han suscitado no poca polémica, la idea fundamental que sustenta esta hipótesis permanece intacta en sus aspectos esenciales: si los sintagmas se configuran mediante pautas similares, no necesitamos reglas de estructura sintagmática para definir cada uno de ellos. Necesitamos definir, por un lado, la «plantilla» en la cual se proyectarán; por el otro, necesitamos traer desde el léxico las propiedades que han de proyectarse en esta plantilla. Aun así, estas condiciones son necesarias, pero no del todo suficientes. En efecto, en la constitución configuracional de (59) o (74) se proyectan, ciertamente, los RASGOS CATEGORIALES de las palabras y también sus rasgos SELECTIVOS: si el léxico nos dice que un verbo es transitivo, se proyectará en (59/74), y el complemento ocupará la posición que le está reservada en (59) o (74). Pero ¿cuál es exactamente la relación que existe entre el verbo y su complemento?; ¿es esto todo lo que tenemos que decir sobre la naturaleza del objeto directo y sobre su relación con el verbo? En el apartado siguiente veremos que la relación formal entre ambos nos exige algún elemento más.

3.3.4. *Marcas gramaticales. El caso*

Amar es un verbo transitivo porque se construye con complemento directo. Si comenzamos esta sección con esta aparente perogrullada, es porque el concepto de 'complemento directo' es algo más complejo de lo que pudiera parecer. Observe que tiene dos vertientes: una es semántica, y viene a significar que no tiene sentido el concepto de 'amar' si no existe una entidad que lo recibe; la otra vertiente es sintáctica: la relación entre *amar* y su complemento debe estar MARCADA en la sintaxis por algún elemento que la garantice. En latín y otras muchas lenguas este vínculo recibe el nombre de CASO. Así, *Amo a una muchacha* se dice en latín *Puellam amo*. El sustantivo *puellam* –que se antepone al nombre (recuérdese el punto 3 en la p. 140)– denota el paciente de *amo,* y manifiesta el caso ACUSATIVO, esto es, una forma flexiva del nombre inducida por el verbo. Es importante hacer notar que no se dice que *puellam* sea además el complemento directo de *amo,* puesto que añadir esa información sería redundante. La conclusión es evidente: nuestro 'complemento' directo es en realidad el resultado de amalgamar dos informaciones: una formal y otra semántica.

Se ha sostenido que en español la *a* que aparece delante de los complementos directos es una marca o manifestación de caso acusativo. El principal problema que tiene esta propuesta es que la aparición de dicha marca está restringida a los complementos que designan personas o entidades animadas en ciertos casos. Contrástense las secuencias *Compró a la casa* o *Vio a la mesa* con *Compró (a) su perrito* o *Vio a Pepe*. Para poder sostener que la denominada A PERSONAL es una marca de acusativo, tendríamos que suponer que dicha marca es sensible a la denotación del SN complemento, lo que nos llevaría a complicar la noción de caso. Aun así, es cierto que en ejemplos como *La noche sigue al día* o *La viga sostiene a la pared,* la preposición *a* esta marcando claramente cuál de los dos SSNN no animados es el objeto, con lo que la restricción de animacidad no sería necesaria en estas construcciones.

Son muchas las lenguas que marcan las relaciones gramaticales con casos. El alemán dispone de tres (nominativo, genitivo y acusativo), pero el húngaro cuenta con muchísimos más (inesivo, elativo, adhesivo, ablativo, adlativo, terminativo, comitativo, instrumental, translativo, etc.). A cada uno de ellos corresponde un significado que en español expresaríamos con alguna preposición. En húngaro no existen, pues, funciones similares a nuestros complementos directos o nuestros complementos circunstanciales que haya que agregar al 'caso' (marca morfológica) y al 'valor' (interpretación semántica) de cada sintagma nominal.

Este tipo de razonamiento lleva a pensar que el paso natural es descomponer nuestras 'funciones sintácticas' en unidades más simples. El término FUNCIÓN que suele usarse para designarlas está, ciertamente, muy lejos del sentido técnico que este término tiene en matemáticas o en lógica. Las funciones gramaticales no representan «dependencias de variables condicionadas por una constante», como en esas disciplinas, sino más bien la amalgama de estos dos componentes, que conviene separar: una posición que debe ser 'saturada' porque así lo determina el significado léxico, y una marca formal que la 'identifique' porque así lo exige la sintaxis. Es interesante hacer notar que cuando los gramáticos tradicionales no estaban muy seguros de que ambos componentes se reconocían efectivamente en algún elemento, tendían a separarlos: el pronombre *le* constituía unas veces en esas gramáticas un verdadero complemento indirecto, pero otras veces era solo un dativo (marca formal) de interés (interpretación semántica), un dativo de posesión, un dativo ético, etc., tal como se hacía en latín.

¿Cuál es entonces la marca formal de nuestro complemento directo? Dejando ahora de lado el caso de los complementos de persona, que se construyen generalmente con *a*, como ya hemos dicho, la respuesta es evidente: la posición sintáctica. Lo mismo cabe decir del complemento de la preposición: sabemos que lo es porque ocupa la posición que ocupa. En la gramática generativa se considera útil tener un nombre que designe esta marca formal, sea cual sea su manifestación: posicional o morfológica. Desde Vergnaud (1982) y Chomsky (1981) se viene usando el concepto de CASO ABSTRACTO, que designa exactamente esta noción. Así pues, los dos componentes que necesitamos para analizar *Leo un libro* son los siguientes. El primero es un rasgo semántico (aproximadamente, «paciente»), que *leer* traerá desde el léxico y asignará a *el libro* cuando proyecte esta posición en (59). Llamaremos a esta información PAPEL TEMÁTICO O PAPEL SEMÁNTICO; en el § 5.4 la analizaremos mucho más detalladamente. El otro será un rasgo abstracto de caso, que en español no tendrá manifestación morfológica formal en los sustantivos, pero sí la tendrá en los pronombres. De hecho, los pronombres átonos del español tienen rasgos morfológicos de caso: nominativo o recto *(yo, tú, él...)*, acusativo *(me, te, se...)*, dativo *(le, les...)* y oblicuo *(mí, ti, sí)*.

Los sintagmas nominales y los pronombres deben estar marcados con algún rasgo de caso para que puedan interpretarse sintácticamente. Así, sabemos que el pronombre inglés *you* puede ser nominativo, acusativo, dativo u oblicuo: ha de concordar con el verbo o estar marcado por él o por una preposición, pero no puede dejar de aparecer en uno de estos contextos. Recuérdese que en el § 3.1.2 decíamos que el pronombre *yo* y el sustantivo *turista* coinciden en que están capacitados para manifestar en la sintaxis el rasgo [masculino] o el rasgo [femenino], esto es, alguno de los dos. Pues bien, *you* ha de manifestar en la sintaxis alguno de los casos que lleva asociados en el léxico. Serán, ciertamente, más de los que se asocian con el pronombre español *tú,* puesto que en inglés no se distingue entre *tú, ti* y *te*. Así, cuando los sintagmas nominales se proyecten en la sintaxis, habrán de poner de manifiesto este rasgo en alguna posición sintáctica.

La expresión «poner de manifiesto» tiene dos interpretaciones: o bien el rasgo de caso se «recibe» o bien se «coteja». En el modelo de principios y parámetros se decía que el caso de los SSNN se recibía del núcleo que los seleccionaba. Concretamente, las categorías [+N], por tanto, nombres y pronombres, debían recibir caso de un elemento [-N], por tanto, o bien el verbo ([-N, +V]) o la preposición ([-N, -V]). Se intentó, pues, reducir la aparición del caso a requisitos estructurales expresables dentro del esquema de la X-con-barra. Se hablaba entonces de un mecanismo de ASIGNACIÓN de caso, de forma que un elemento lo asigna (el verbo o la preposición) y otro lo recibe (el SN). Este último ha de satisfacer un criterio configuracional de RECCIÓN (ingl. *government*). Formalmente, este requisito se caracteriza de la siguiente forma:

(82) Un nudo X 'rige' a otro nudo Y sólo si se cumplen las siguientes condiciones:
  (i) X manda-m a Y;
  (ii) X es un núcleo (X^0);
  (iii) no hay una categoría máxima que actúe como «barrera» entre X e Y.

Es fácil comprobar que la preposición y el verbo rigen a sus complementos: son elementos nucleares que mandan-m –recuerde (63)– a los SSNN en cuestión. El tercer requisito impide que haya relaciones de rección a distancia. En *Compró libros para ti,* el verbo *comprar* rige y asigna caso al SN *libros,* pero no rige al pronombre *ti,* ya que, aunque lo manda-m, la categoría máxima SP se interpone y actúa como barrera entre un rector potencial como el verbo y dicho pronombre. Esta interposición tiene otras muchas consecuencias en la sintaxis. En el cap. 7 volveremos a considerar el concepto de 'barrera', que se desarrolla técnicamente en Chomsky (1986b). Aquí nos basta con una descripción intuitiva.

Tal vez piense usted que (82) contiene demasiado aparato para explicar la gramaticalidad de la secuencia *para ti,* en la que el pronombre *ti* tiene como rector apropiado la preposición *para* y recibe caso oblicuo de ella. No obstante, en casos algo más complicados, cada uno de los componentes de (8) ejerce un papel independiente que no puede pasarse por alto. Así, en el SV *Entregó el libro al hermano de Pepe* vuelve a ponerse de manifiesto la necesidad del tercer requisito de la definición (82) para la asignación de caso, es decir, la necesidad de reforzar el requisito de mando-m (requisito i) con un condición de localidad. El SN *el libro* recibiría caso acusativo del verbo, la preposición *a* asignaría caso dativo al SN *el hermano de Pepe* y, por último, *Pepe* recibiría caso genitivo de la preposición *de.* El requisito de localidad intrínseco en la configuración estructural de rección explicaría por qué *a* no puede asignar caso dativo al nombre propio incrustado *Pepe.* Solo *de* es un rector adecuado del sustantivo *Pepe* en este caso.

El requisito de localidad, determinado por el criterio de rección, se suele interpretar como condición general. No obstante, se ha observado que en inglés y en otras lenguas el criterio de localidad es todavía más estricto, y reducible a lo que Stowell (1981) denomina PROPIEDAD DE ADYACENCIA (ingl. *adjacency*). En esta interpretación más restrictiva, para que un verbo pueda asignar caso acusativo a su complemento directo no solo tiene que regirlo, sino también precederlo de forma inmediata, es decir, sin que se interponga otro elemento entre ambos. Dicho de forma un poco más técnica, un constituyente X precede inmediatamente a otro constituyente Y si X precede a Y, y no hay un constituyente Z tal que X preceda a Z, y Z preceda a Y. Por ejemplo, las oraciones de (83ab) contrastan en gramaticalidad porque solo en la primera de ellas el verbo *bought* 'compró' puede asignar caso acusativo a su complemento directo, el SN *a bicycle* 'una bicicleta'. Lo mismo sucede en (84ab):

(83) a. My neighbor bought a bicycle for his child.
  b. *My neighbor bought for his child a bicycle.
  c. Mi vecino compró una bicicleta para su hijo.
  d. Mi vecino compró para su hijo una bicicleta.

(84) a. Pepe prepared his breakfast quickly.

   b. *Pepe prepared quickly his breakfast.

   c. Pepe preparó su desayuno rápidamente.

   d. Pepe preparó rápidamente su desayuno.

Algunos hispanohablantes se sorprenden de que el inglés no admita secuencias como (83b) u (84b), ya que en español no existe el requisito de adyacencia en estos casos, como se ve en (83d) o en (84d), aunque sí en otros más sencillos, como P + SN. El requisito de adyacencia puede verse como una diferencia tipológica entre las lenguas de orden rígido, que marcan ciertos casos de forma abstracta uniformemente, y otras en las que la existencia de determinados recursos morfológicos permite la identificación del caso con independencia de la posición sintáctica. El inglés pertenece al primer grupo, el español al segundo y el francés está más cerca del primero que del segundo, si bien no requiere la adyacencia exactamente en los mismos términos que el inglés.

Como hemos señalado, en el modelo de principios y parámetros unos elementos asignan caso y otros lo reciben. Observe que esta idea resulta algo extraña si se piensa en los pronombres: en *Lo quiere para sí* no tiene verdaderamente sentido decir que el pronombre *sí* «ha recibido sus propiedades morfológicas» de la preposición *para*. Es lógico pensar que esta concepción ha de ser sustituida por otra que refleje la relación entre ambos elementos en función de la compatibilidad entre sus rasgos. Este tipo de consideraciones y otras similares han llevado recientemente (dentro del programa minimista) a una visión alternativa sobre cómo se ponen de manifiesto los rasgos de caso. Parece que resulta más natural decir que el caso oblicuo que *sí* trae desde el léxico ha de ser COTEJADO o CONTRASTADO con las propiedades del núcleo *para*. Esta es la forma más actual de interpretar esa relación, que se extiende –como veremos– a otras muchas manifestaciones de la compatibilidad gramatical entre categorías vecinas. La realización de ese contraste en el caso nominativo se llama tradicionalmente CONCORDANCIA DE NÚMERO Y PERSONA.

Una ventaja no desdeñable de desdoblar las funciones sintácticas tradicionales en los dos rasgos que mencionamos es que puede faltar uno de ellos. La marca semántica o temática falta en los pronombres de sujeto sin contenido semántico o expletivos (§ 6.3) *(Il pleut, It rains, Es regnet),* pero no falta en cambio el caso nominativo, como pone de manifiesto la concordancia sujeto-verbo. En otras palabras, aunque es obvio que «nada» llueve, el pronombre en la posición de sujeto aparece en caso nominativo. Por otro lado, a los sujetos tácitos de los infinitivos no les falta el rasgo o la marca semántica (el infinitivo *madrugar* no carece de sujeto en *Es bueno madrugar,* aunque sea tácito y se interprete genéricamente), pero no puede existir marca morfológica que lo manifieste (caso) porque ese sujeto carece incluso de rasgos fonológicos. Ampliaremos este análisis en el § 6.5.

Supongamos que en nuestro esquema (74) proyectamos un núcleo verbal *(leer)* y otro nominal *(lectura).* La marca semántica o temática que ambos asignarán a su complemento (o mejor dicho, que este saturará en la posición de complemento) será idéntica en ambos casos. Ahora bien, la marca de caso correspondiente al complemento de *leer (el libro* en *leer el libro)* se coteja por el solo hecho de ocupar la posición que ocupa, mientras que la correspondiente a *lectura* exige un exponente sintáctico: la preposición *de* carece de contenido en *la lectura del libro,* pero es necesaria porque la marca de genitivo no es exclusivamente 'posicional' en español (aun así, tiende a serlo a veces en la lengua oral, en la que son frecuentes expresiones como *un bocadillo calamares* y otras parecidas). El latín, el húngaro o el finés darían una solución morfológica al problema, pero el punto que debe ser resaltado es que, desde la perspectiva que exponemos, se entiende que no avanzaremos en su comprensión inventando un nombre para la 'función sintáctica' que correspondería a *del libro* en *la lectura del libro*. Dicho más sencillamente, la estrategia de descomponer las funciones sintácticas que conocemos en informaciones más elementales parece más apropiada que la de inventar nombres nuevos para las que pudieran carecer de uno.

Existen muchas alternancias entre las marcas de caso 'manifiestas' y las simplemente 'posicionales'. Así, los complementos oracionales de los adjetivos pertenecen en el español actual al primer grupo *(Estoy seguro DE que lo sabe),* pero en la lengua oral tienden a pertenecer al segundo *(Estoy seguro que lo sabe),* el mismo al que pertenecen los equivalentes de estas oraciones en francés o inglés. Los complementos oracionales de nombres abstractos como *hecho, constancia, prueba,* etc. también requieren una marca de genitivo manifiesta o explícita, como en *el hecho de que lo sepas; la prueba de que defraudaste al fisco; la constancia de que no acudirán al juicio.* En inglés, la presencia de un marcador de caso genitivo no es necesaria para identificar la oración como complemento del nombre: *the fact that you know it; the proof that you cheated in your taxes; the evidence that they will not show up in court.*

No obstante, este último punto ha sido objeto de polémica. Stowell (1981), basándose en los datos del inglés, sostuvo que las oraciones no recibían caso y estaban sujetas a lo que denominó PRINCIPIO DE RESISTENCIA AL CASO. Plann (1986b) sostuvo, por el contrario, a partir de los datos del español, que las oraciones sí deben recibir caso. Como en nuestro idioma la marca de genitivo es manifiesta, ello permite una mayor libertad a la hora de insertar elementos que intervengan entre el nombre y su complemento, como en *el hecho, a mi modo de ver lamentable, de que la prensa publicara la noticia.* En inglés, por el contrario, la identificación posicional del caso genitivo obligaría a que hubiese adyacencia estricta entre el nombre y su complemento. Secuencias como *the fact, regrettable in my view, that the press published these news* son agramaticales, excepto en contextos muy marcados. Si aceptamos este razonamiento, tanto los SSNN como las oraciones pueden concebirse como elementos que requieren caso (en el sentido amplio de *caso* que se maneja aquí). En español, la marca de caso genitivo para SSNN y oraciones ha de ser siempre manifiesta, pero en inglés el caso genitivo ha de ser manifiesto para los SSNN *(proud *(of) your achievements)* y posicional para las oraciones *(proud (*of) that you came).*

Suelen distinguirse dos tipos de caso: el 'estructural' y el 'inherente'. El estructural es el que se asigna automáticamente a un grupo nominal por el solo hecho de ocupar una posición sintáctica, como el nominativo y el acusativo en español, pero no en otras lenguas. El caso inherente está estipulado en función de las propiedades particulares de las piezas léxicas. Así, mientras que *lego* 'leer' exige acusativo en latín, *memor* 'recordar' exige genitivo y *doceo* 'enseñar', doble acusativo. En alemán *helfen* 'ayudar' pide dativo, al igual que la preposición *mit* 'con'. El caso dativo se considera el representante más claro del caso inherente en español.

La existencia de funciones gramaticales que se corresponden con la noción de caso, ya sea morfológico o abstracto, es una propiedad que indudablemente debe incorporar cualquier teoría de la sintaxis. Ahora bien, el engarce preciso de estas funciones en el diseño del sistema gramatical ha oscilado con los años. En el modelo de principios y parámetros de los años ochenta, la teoría del caso era un módulo separado de la gramática con principios independientes. En ese modelo se postulaba un FILTRO DE CASO (ingl. *Case filter*). Según este filtro, una secuencia en la que apareciera un SN explícito sin caso resultaba agramatical, con independencia de cualquier otra consideración. El término *filtro* se usa de forma genérica para indicar que se trata de una condición que «filtra» o elimina representaciones que no satisfacen dicho requisito. Considere el siguiente contraste:

(85) a. Ir al cine sería maravilloso.
　　 b. *Juan ir al cine sería maravilloso.
　　 c. Que Juan fuera al cine sería maravilloso.

(86) a. *Pedro dice Luis ir al cine con él.
　　 b. Pedro dice que Luis va al cine con él.

Parece obvio que el contraste de gramaticalidad entre (85b) y (85ac), o entre (86a) y (86b) se debe a la presencia de un sujeto léxico en la oración de infinitivo, es decir, de cierto SN que ocupa una posición sintáctica de forma ilegítima. La pregunta pertinente es, pues, tan simple como la siguiente: ¿Por qué no puede ser *Juan* el sujeto del verbo *ir* en (85b)? En general, los infinitivos no admiten sujetos léxicos, excepto ciertos sujetos pospuestos, como veremos en el § 5.1. Podemos relacionar esta incompatibilidad con la teoría del caso. Si el caso nominativo se relaciona con la concordancia entre el verbo y el SN sujeto, parece obvio que los infinitivos son elementos defectivos a este respecto, ya que no contienen marcas de concordancia (de número o persona). Como carecen de flexión, serán incapaces de regir y asignar caso nominativo a un SN que pudiera ser sujeto potencial, por lo que la presencia de un SN explícito en (85b) viola el filtro de caso.

Este era el análisis estándar de las secuencias irregulares que hemos presentado a principios de los años ochenta. Volveremos a él en el cap. 4. Posteriormente, interpretó el caso como una CONDICIÓN DE VISIBILIDAD: solo los SSNN que están marcados con caso pueden desempeñar una función semántica o temática (dicho más sencillamente: para que el SN *Juan* pueda ser reconocido como agente del verbo *ir* en (85b) es preciso que esté antes formalmente legitimado). Esta condición vuelve a unir las marcas de caso morfológicas o sintácticas con las funciones semánticas asociadas. Más recientemente, como ya hemos explicado, el caso se considera una propiedad gramatical más entre las que deben ser especificadas y cotejadas en el proceso de derivación sintáctica. El caso se concibe como un rasgo que puede tomar distintos valores: nominativo, acusativo, etc. El proceso de COTEJO DEL RASGO DE CASO es una operación a la que deben someterse todos los SSNN en un punto de la derivación sintáctica para dar lugar a una construcción legítima, es decir, un objeto sintáctico bien formado. En resumen, la aparente oscilación que puede observarse en la evolución de la gramática generativa en la manera en que se concibe el caso como propiedad gramatical es fiel reflejo de la naturaleza dual de dicha propiedad. El caso es, en última instancia, una marca formal que sirve para identificar cómo deberá interpretarse un SN en relación con algún otro elemento del que depende.

Este capítulo ha sido un poco más denso que los dos anteriores. Hagamos un breve balance. Hemos visto que la gramática formal contemporánea nos permite avanzar en la comprensión de las categorías gramaticales tradicionales estableciendo una serie de distinciones básicas entre ellas como punto de partida: léxicas y funcionales; manifiestas y vacías o encubiertas, etc. Hemos comprobado asimismo que algunas distinciones tradicionales como 'variables frente e invariables' se pueden replantear y hacer algo más precisas en función de que los rasgos flexivos sean o no interpretables semánticamente. Retomaremos todas estas divisiones en los capítulos que tenemos por delante. De igual modo, la caracterización formal del concepto de 'constituyente', y en definitiva de los segmentos sintácticos, nos ha permitido avanzar en la distinción entre 'secuencia' y 'estructura', así como en la comprensión de distintas relaciones estructurales, que son las que legitiman o permiten que se den ciertas propiedades gramaticales. Hemos desarrollado algo más el concepto de 'posición sintáctica', ya introducido en el cap. 1, y aún lo perfilaremos más en los capítulos siguientes. Por último, en el análisis de los sintagmas hemos esbozado una teoría unitaria (la teoría de la X-con-barra), que nos permite generalizar la noción de 'endocentricidad' y analizar en detalle la relación entre el núcleo de una proyección y sus otros constituyentes (especificadores, complementos, adjuntos). En el capítulo siguiente avanzaremos todavía más en el estudio de las categorías funcionales y presentaremos algunos desarrollos recientes del principio de endocentricidad que expanden considerablemente su inventario.

3.4. Lecturas complementarias

• Existen numerosos estudios de conjunto sobre las clases de palabras, llamadas tradicionalmente 'partes del discurso'. En Bosque (1989), Lemaréchal (1989), Colombat (1992) y Brown y Miller (1999) pueden encontrarse análisis más detallados de los criterios con los que se obtienen estas clasificaciones, así como bibliografía complementaria. Dentro de la gramática generativa sobresale la importante contribución de Emonds (1985) y, más recientemente, destaca la propuesta de Baker (2003), que se centra en las categorías léxicas. Para un acercamiento tipológico, puede verse el tercer volumen de Shopen (1985), que trata de las categorías gramaticales y el léxico. Por último, los enfoques funcionalistas y los nocionales han prestado también atención al problema, como muestran Dixon (1982), Givon (1984, cap. 3), Hopper y Thompson (1984), Croft (1991) y Anderson (1997).

• Uno de los avances fundamentales en el estudio de la estructura de los constituyentes fue el análisis de constituyentes inmediatos del distribucionalismo norteamericano, ejemplificado en Wells (1947), Fries (1952) y Hockett (1958). Véase también en Moreno Cabrera (1991) un repaso general a las distintas formalizaciones del análisis de constituyentes. Sobre las operaciones con constituyentes, y ya dentro del marco generativo, resulta de gran interés el texto clásico de Soames y Perlmutter (1979). Más pedagógica, e igualmente útil, es la presentación de Radford (1988, cap. 2). La hipótesis de la ramificación binaria se detallamente en Kayne (1981, 1984). La distinción entre argumentos y adjuntos se trata detalladamente en Ernst (2002). Entre los defensores del análisis binario de la coordinación se encuentran Collins (1998), Zoerner (1995) y Camacho (2003). Las monografías de Cremers (1993), Grootveld (1994) y Johannessen (1998) analizan varios problemas generales relativos a la coordinación de constituyentes.

• Entre las introducciones accesibles a la estructura de los sintagmas en español, destacan especialmente Hernanz y Brucart (1987) y Fernández Leborans (2003, 2005). La estructura sintagmática basada en la teoría de la X-con-barra se presenta en Chomsky (1970, 1981, 1986b), Jackendoff (1977), Stowell (1981, 1983), Farmer (1984), Stuurman (1985) y Emonds (1985). Los trabajos reunidos en las compilaciones de Baltin y Kroch (1989) y Leffel y Bouchard (1991) examinan diversos enfoques alternativos sobre la cuestión. Desarrollan la teoría de la X-con-barra las contribuciones de Fukui y Speas (1986), Speas (1990), Fukui (1995), Déchaine (1993), Chametzky (1996), Rooryck y Zaring (1996) y Benmamoun (2000). El programa minimista (Chomsky, 1995) y la denominada 'teoría antisimétrica de constituyentes' (Kayne, 1994, 2000; Cinque, 1996) renuevan considerablemente el enfoque heredado de la teoría de la X-con-barra. Puede encontrarse estado actual de la cuestión en Koizumi (1995), Adger y otros (1999), Chametzky (2000) y Fukui (2001). Examinaremos otros desarrollos relevantes de esta hipótesis en el capítulo siguiente. La teoría de grafos y árboles sintácticos se desarrolla en Gavare (1972), Stewart (1976), Partee, ter Meulen y Wall (1990) y Kracht (2003).

• El concepto de 'caso' que se maneja en la gramática generativa es más abstracto que el tradicional, aunque está basado en él. En Falk (1997) se encontrará una exposición muy detallada de las diferencias que existen entre ambos conceptos. El análisis de los casos como marcas de las relaciones (o funciones) gramaticales tiene una larga tradición en la teoría lingüística. Además del libro clásico de Hjelmslev (1935-1937) sobre este punto, son muy útiles las exposiciones de conjunto, más modernas, de Agud (1980), Serbat (1981), Blake (1994) o Palmer (1994). En Brandner y Zinsmeister (2003) se reúnen doce estudios sobre la teoría del caso en la gramática generativa.

4

Las palabras y los sintagmas II: Desarrollos de la endocentricidad

4.1. La oración y la estructura de constituyentes

4.1.1. *La oración y sus proyecciones. Enfoques iniciales*

En el capítulo 2 introdujimos el concepto de 'regla sintagmática', como recordará usted, y en el 3 los conceptos de 'constituyente', 'sintagma', 'núcleo', 'proyección' y algunos otros, que hemos ido aplicando a diversas construcciones sintácticas. En este capítulo presentaremos un panorama de los desarrollos actuales del concepto de 'endocentricidad', por lo que habremos de entrar en cuestiones un poco más técnicas. Muchas de ellas serán retomadas en los capítulos siguientes, sobre todo en los cuatro últimos del libro, una vez que hayamos presentado otras unidades de análisis que nos harán falta. Por el momento examinaremos con cierta atención los conceptos ya introducidos y veremos si se pueden llevar más lejos teniendo en cuenta, como es lógico, las ventajas y los inconvenientes de cada paso que demos.

Seguramente habrá usted reparado en que en el capítulo anterior evitamos un constituyente fundamental: la oración. Así pues, la pregunta que ahora se plantea es la siguiente: ¿Cómo podemos analizar la oración teniendo en cuenta los principios introducidos acerca de la estructura de constituyentes?; o –dicho quizá más llanamente– ¿qué clase de sintagma es la oración? Como tal vez recuerde usted de algún curso de gramática, es común distinguir entre oraciones simples y oraciones compuestas, y también entre oraciones principales y subordinadas o dependientes. Esto nos lleva a nuevas preguntas: ¿Son las oraciones simples y las compuestas estructuralmente equivalentes?; ¿Qué es lo que permite que podamos incrustar una oración dentro de otra? Recuerde que estamos usando el adjetivo *estructural* en el sentido de 'configuracional', es decir, en el de 'relativo a la estructura o a la configuración sintáctica', por tanto, en un sentido que no guarda relación alguna con el marco teórico del *estructuralismo*. En esta primera sección vamos a constatar las insuficiencias de los análisis estructurales o configuracionales que hemos considerado hasta ahora para dilucidar estas cuestiones.

El análisis de los constituyentes de la oración ha sido uno de los asuntos más debatidos en la teoría sintáctica formal del último medio siglo. Chomsky (1957) proponía la siguiente regla de la gramática sintagmática para generar una oración:

(1) O → SN + SV

Esta regla oracional genera el SN y el SV como constituyentes inmediatamente dominados por el nudo O. Es cierto que lo que (1) expresa puede parecer el trasunto de otras relaciones más abstractas. Se ha repetido en múltiples ocasiones en la tradición lógica que la predicación es una relación semántica entre un elemento nominal y algún verbo que expresa lo que atribuimos a la entidad que el nombre designa, pero obsérvese que (1) no nos habla de sujetos ni de predicados, sino de nombres y verbos; más aún, nos habla de la combinación de una categoría nominal y una verbal en un determinado orden. La relación de predicación es, ciertamente, importante, y no la vamos a olvidar (véase el § 5.2), pero antes de examinar una relación entre determinados elementos tenemos que abordar la estructura misma que los agrupa.

De acuerdo con las nociones estructurales basadas en diagramas arbóreos que vimos en el capítulo anterior, un SUJETO ESTRUCTURAL será un SN inmediatamente dominado por el nudo O, o de forma equivalente, el SN hermano del nudo SV. En otras palabras, la noción de sujeto es, en el marco teórico que estamos exponiendo, una noción derivada: recibe este nombre el SN que ocupa cierta posición estructural. Naturalmente, en español y en otras lenguas existen sujetos que pueden ocupar otras posiciones, como enseguida veremos, lo que nos llevará a matizar esta definición. Por el momento, podemos comprobar que la regla (1) predice correctamente que *yo, el perro* y *el estudiante* son, respectivamente, los sujetos de las oraciones de (2).

(2) a. $[_O [_{SN}$ Yo] $[_{SV}$ corro]]
   b. $[_O [_{SN}$ El perro] $[_{SV}$ corre]]
   c. $[_O [_{SN}$ El estudiante] $[_{SV}$ lee un libro]]

En español, a diferencia del inglés y de otras lenguas, hay siempre pistas morfológicas que nos dicen qué SN, entre los varios que puedan aparecer en una oración, es el sujeto estructural: solo dicho SN concuerda en número y persona con el verbo. Podríamos utilizar una regla de concordancia como las formuladas en el capítulo 2 (§ 2.5.1) para generar también el proceso de concordancia sujeto-verbo. Un sujeto estructural, es decir, un SN que sea hermano de un constituyente SV, debe concordar en número y persona con el verbo que encabeza dicho SV. Formalmente, la regla que generaría este proceso es la siguiente:

(3) SN → SN$_{[\alpha \text{ núm}; \alpha \text{ pers}]}$ / — $[_{SV}$ V$_{[\alpha \text{ núm}; \alpha \text{ pers}]}$ ...]

La regla (3) establece que un SN tendrá que ser especificado con los mismos rasgos de número y persona que el verbo al que precede. Así pues, el valor que se le dé a α tiene que ser idéntico. La combinación de las reglas (1) y (3) nos permitiría derivar las siguientes secuencias:

(4) a. Tú tienes un gato.
   b. Vosotros tenéis un gato.
   c. Mis amigos tienen un gato.

Existen dos tipos de problemas con la regla (1), y también con la regla de concordancia asociada que hemos descrito brevemente en (3). En primer lugar, no queda claro qué mecanismo está detrás de la supuesta identidad de rasgos, y cómo se amplía a otras propiedades como el caso nominativo, que los SSNN reciben también en función de su posición estructural. En segundo lugar, la regla dependiente del contexto (3) predetermina la relación de precedencia entre el sujeto y el verbo. Sin embargo, no siempre se da la circunstancia de que el SN que aparece linealmente precediendo al verbo o a la secuencia «V+SN» deba ser considerado como el sujeto estructural de una oración. La asignación de la estructura (5b) a la secuencia (5a) sería sin duda incorrecta:

(5) a. Un libro lee el estudiante, no una revista.
    b. [$_O$ [$_{SN}$ un libro] [$_{SV}$ lee el estudiante]]

El sujeto de (5a) debe ser *el estudiante,* ya que este es el SN que concuerda en número y persona con el verbo, como muestra el contraste de (6).

(6) a. Un libro leen los estudiantes.
    b. *Unos libros leen el estudiante.

La oración (6a) es gramatical porque el verbo *leer* concuerda con *los estudiantes.* Si forzamos la concordancia entre el SN inicial *unos libros* y el verbo, como en (6b), la secuencia resultante será agramatical. Sin embargo, la regla oracional y la regla de concordancia propuestas en (1) y (3) no pueden recoger este hecho, ya que su combinación nos forzaría a generar la secuencia (6b). Así pues, lo que estos contrastes simples muestran es que el sujeto de un determinado verbo no es necesariamente el SN que aparece delante de él. En otras palabras, ser sujeto de una oración no es algo que podamos reducir a la relación de precedencia. A los sujetos que aparecen detrás del verbo se les suele denominar, de forma transparente, SUJETOS POSVERBALES. La regla de (3) es también insuficiente para recoger el contenido de la relación de concordancia. Tenemos, por tanto, que modificar (1) y (3) para que puedan abarcar todos estos fenómenos que ahora no recogen. Lo haremos en este mismo capítulo y también en el cap. 6, pero ahora vamos a intentar aplicar nuestro esquema (1) a estructuras en las que una oración se incrusta dentro de otra:

(7) Ella dijo que el estudiante lee un libro.

De estas construcciones se ha dicho tradicionalmente que contienen una ORACIÓN SUBORDINADA, pero lo cierto es que no siempre se aclaraba en los análisis tradicionales dónde empieza exactamente esa oración subordinada y dónde concluye. Podemos distinguir dos segmentos en (7), el uno contenido en el otro:

(8) Ella dijo [$_A$ que [$_B$ el estudiante lee un libro]].

Así pues, el segmento A es *que el estudiante lee un libro* y el segmento B es *el estudiante lee un libro.* Como explicamos en el capítulo anterior, el nexo subordinante o complementante *que* puede tomarse como una marca que indica que el constituyente que introduce es una oración incrustada que sirve de complemento del verbo *decir.* Aparentemente, la terminología de la gramática tradicional, que denomina a este tipo de oraciones *subordinadas,* refleja la intuición correcta. Pero en los análisis tradicionales no siempre quedaba enteramente claro si la oración subordinada es el segmento A o el segmento B. Era frecuente, asimismo, en la tradición calificar el resto de la oración (esto es, *Juan dijo*) como 'oración principal', pero es evidente que esta secuencia no es una oración, sino un fragmento oracional, en el que falta el complemento del verbo *decir*.

Algunos gramáticos estructuralistas propusieron que la partícula *que* es en estas construcciones un elemento recategorizador, más exactamente 'nominalizador', es decir, un elemento necesario para conseguir que una oración pase a comportarse como un segmento nominal que depende del verbo principal. Si nos fijamos ahora en la estructura (8), comprobaremos que la estructura A está compuesta por dos segmentos: uno es *que* y el otro es B. Abreviadamente:

(9) A = que + B.

Tratemos ahora de mantener los principios avanzados en el capítulo anterior. Las opciones que se nos plantean en relación con (9) son solo tres:

(10) a. A es una construcción endocéntrica. Su núcleo es B.
    b. A es una construcción endocéntrica. Su núcleo es *que*.
    c. A es una construcción exocéntrica, luego no tiene núcleo.

La opción (10a) fue defendida por Bresnan (1970) para el inglés, aunque lo cierto es que lo hizo en un marco sintáctico en el que la endocentricidad no constituía una propiedad esencial de la estructura de los constituyentes. Bresnan propuso que los complementantes deben tratarse como una categoría funcional independiente (Comp), y que las oraciones subordinadas son en realidad proyecciones del nudo O, de manera que podemos postular la siguiente regla:

(11) O' → Comp + O

La estructura de (7) sería por tanto (12), donde se recoge de forma adecuada el hecho de que el verbo *decir* selecciona un complemento oracional (un constituyente O')

(12) $[_O [_{SN} Ella] [_{SV} dijo [_{O'} que [_O [_{SN} el estudiante] [_{SV} lee un libro]]]]]$

Una razón poderosa para rechazar (11) hoy en día es que, de acuerdo con este análisis, el núcleo de O' sería O, es decir, una proyección máxima. Como veíamos en el capítulo anterior (§ 3.3), las proyecciones son expansiones de los núcleos, pero no son núcleos ellas mismas. En la actualidad, se ha desechado completamente el análisis (10a), pero pervive en parte la intuición a la que responde: los complementantes son elementos esenciales de la estructura sintáctica, y no piezas que se añaden cuando conviene para relacionar unas oraciones con otras. Por otra parte, es obvio que el sentido de 'núcleo' que estamos usando en este capítulo y en el anterior no puede aplicarse a una proyección máxima como es B.

La opción (10c) no se ha defendido explícitamente en la lingüística teórica, en buena medida porque no se ha desarrollado una teoría de la exocentricidad. De hecho, cabe pensar que no se ha desarrollado porque tiene en su contra argumentos de peso, como los que señalábamos en el capítulo precedente. Varios autores han optado indirectamente por (10c) al defender que el núcleo de A no es *que* y tampoco es B, pero esas propuestas no parecen haber cristalizado en una teoría general de la estructura de los constituyentes sintácticos. Por otra parte, si ninguno de los dos segmentos de un constituyente X es su núcleo, no podremos deducir ninguna propiedad de X a partir de las propiedades de sus componentes, lo que constituye, desde luego, un problema no menor para cualquier posible teoría de la exocentricidad (inexistente, hasta ahora, por lo que sabemos).

La opción mayoritaria actualmente en la gramática generativa es (10b), propuesta en Chomsky (1986b). Una traducción intuitiva de (10b) vendría a decirnos que *que,* una categoría funcional, representa el elemento central de la secuencia que encabeza. En otras palabras, la conjunción subordinante *que* (llamada, como hemos visto COMPLEMENTANTE) es la que hace posible que el conjunto se interprete como oración subordinada. Naturalmente, si Comp es el núcleo de A, el nombre de A pasará a ser SINTAGMA COMP, abreviadamente Scomp o SC (ingl. *Complementizer Phrase* o CP). En cierto sentido, si *que* es –como se decía tradicionalmente– una conjunción subordinante, SC viene a ser, desde este punto de vista, un 'sintagma conjuntivo'.

Ahora se nos plantea una cuestión fundamental. Si las oraciones subordinadas resultan ser estructuras endocéntricas con un núcleo funcional, cabe pensar que la estructura básica de una oración simple debería estar estructurada de acuerdo con un patrón similar. ¿Es esta solución uniforme posible? Contestaremos esta pregunta en los apartados siguientes.

4.1.2. ¿Puede interpretarse la oración como la expansión de un núcleo léxico?

Volvamos a nuestra vieja conocida, la estructura asociada a la regla oracional de (1):

(1) O → SN + SV

Apliquemos ahora un razonamiento parecido al que hemos planteado en el apartado anterior. Da la impresión de que las opciones que se nos presentan son únicamente las siguientes:

(13) a. O es una estructura endocéntrica. Constituye una expansión de V.
　　　b. O es una estructura endocéntrica. Constituye una expansión de N.
　　　c. O es una estructura exocéntrica, por lo tanto no tiene núcleo, y no constituye la expansión de ninguna categoría.

Lo cierto es que en la actualidad no se defiende ninguna de las tres opciones, pero no es conveniente adelantar acontecimientos. Primero vamos a descartar cada una de ellas y luego veremos qué es lo que se nos ofrece en su lugar.

Tal como se formula la regla oracional, parece que apoya la opción (13c), pero –como antes– esta no nos resulta útil porque no nos permite deducir ninguna propiedad de O a partir de las de SN o las de SV, es decir, de las de sus elementos constitutivos. Obsérvese que la cuestión no es únicamente cuál es el lugar que ocupa la oración entre las relaciones endocéntricas o exocéntricas, sino sobre todo en qué medida nos ayudará la respuesta que demos a esa pregunta a explicar el funcionamiento gramatical de las oraciones, así como su vinculación con las categorías a las que se subordinan.

¿Qué podemos decir de (13b)? Desde luego, (13b) no se ha planteado nunca en la teoría gramatical, y tampoco parecen existir razones para hacerlo. Las propiedades de las oraciones que tienen sujeto nominal no son, desde luego, reflejo de las del SN que lo representa. Pasemos pues a considerar (13a), que aparentemente resulta una propuesta más razonable. Esta opción se defiende en Jackendoff (1977). Este autor propuso expandir el nivel máximo de proyección de V, pasando de un nivel máximo con dos barras, V'' (= SV), a uno con tres barras, V''', con lo que el sujeto de una oración sería el especificador de V'''. En (14), *el estudiante* es el especificador de V''' y el adverbio *quizá* ocupa la posición de especificador de V''

(14) $[_{V'''}$ el estudiante $[_{V''}$ quizá $[_{V'}$ lee un libro]]]

Esta propuesta tiene como inconveniente principal que entraña una asimetría entre el sistema V (que proyectaría tres niveles) y los sintagmas encabezados por N, A, y P, que solo proyectarían dos. De hecho, Jackendoff propuso extender el sistema de tres niveles a todas las categorías, para poder proporcionar descripciones estructurales de secuencias como las siguientes:

(15) $[_{N'''}$ todo $[_{N''}$ el $[_{N'}$ libro de matemáticas]]]

Esta generalización es también problemática. No todos los SSNN permiten múltiples determinantes. Sabemos que las secuencias *el este libro, *mi una casa,* etc. no son posibles. Sin embargo, tales secuencias serían generables si generalizamos un tercer nivel de proyección a N. Por otra parte, si bien parece que podríamos combinar tres preposiciones en casos excepcionales como *??desde por entre los árboles,* no se deduce de ellos que la proyección P tenga tres niveles, sino más bien que una preposición puede tener otra como complemento en ciertos contextos. En el caso más claro de *por entre los árboles,* el análisis preferible es, desde este punto de vista, (16b), en lugar de (16a):

(16) a. $[_{P''}$ por $[_{P'}$ entre los árboles]]
    b. $[_{SP} [_P$ por] $[_{SP} [_P$ entre] [los árboles]]]

Sobre las condiciones en las que una preposición puede seleccionar a otra estructuralmente, puede verse Bosque (1997).

Nótese ahora que si tanto los adverbios como los sujetos ocupan la posición de especificadores de V, predecimos que una estructura en la que aparezcan varios adverbios podrá alcanzar niveles de complejidad superiores a tres barras. Esto tendría la consecuencia no deseable de que la posición de sujeto oracional no sería identificable estructuralmente, en el sentido de que no podría asociarse de manera unívoca con un nivel de proyección. Por ejemplo, en (17a) el sujeto sería el especificador de una proyección V de cuatro niveles, en (17b) de cinco, y así sucesivamente.

(17) a. [$_{V''''}$ el estudiante [$_{V'''}$ quizá [$_{V''}$ mañana [$_{V'}$ lea un libro]]]]
    b. [$_{V''''}$ el estudiante [$_{V'''}$ quizá [$_{V''}$ mañana [$_{V''}$ ya [$_{V'}$ lea un libro]]]]]

Todo ello nos lleva a la conclusión de que la oración no puede ser una proyección de un constituyente léxico V. Hemos descartado, pues, (13a), que parecía una opción razonable, y también (13b) y (13c), de modo que la pregunta que da nombre a esta sección tiene respuesta negativa. Entonces, dirá usted ahora, ¿cuál es el núcleo de O? Contestaremos en la sección siguiente.

4.2. La flexión y la endocentricidad de la oración

4.2.1. *La flexión como núcleo*

Si queremos aplicar el principio de endocentricidad de manera generalizada, deberíamos encontrar pruebas de que hay un constituyente X que actúa como núcleo oracional, con lo que la oración podría ser considerada como un constituyente SX, o dicho más sencillamente, como una categoría endocéntrica. La generalización del principio de endocentricidad no es solo algo deseable desde el punto de vista teórico, sino que debe tener también ventajas empíricas. En otras palabras, debemos encontrar pruebas de que la categoría que denominamos *oración* corresponde a una serie de propiedades que podrían ser recogidas directamente por una etiqueta categorial particular.

La determinación del constituyente que proyecte una oración se basa en un complejo entramado de razones morfológicas, sintácticas y semánticas. Comencemos por estas últimas. La oración *Pepe bailó con Luisa* expresa un evento (el baile de Pepe con Luisa) que se produjo en un tiempo anterior al momento actual (es decir, en un momento pasado). Observe ahora que las oraciones de (18) expresan eventos que reflejan la misma situación, puesto que en todos ellos nos estamos refiriendo al baile de Pepe con Luisa. Aun así, estas oraciones son verdaderas o falsas en circunstancias diversas.

(18) a. Pepe está bailando con Luisa.
    b. Pepe bailará con Luisa.
    c. Pepe ha bailado con Luisa.

La situación temporal de una oración es, pues, esencial para determinar su contenido veritativo, es decir, para determinar si la proposición expresada es verdadera o falsa. Es más, la especificación temporal de una oración puede determinar la especificación temporal de otra. La siguiente pregunta le ayudará a entender el razonamiento:

(19) ¿Qué elemento de una oración subordinada puede ser elegido, seleccionado o inducido gramaticalmente desde la oración principal?

Para usar un ejemplo sencillo, ¿qué elemento del segmento encerrado entre corchetes está condicionado en (20) por la oración principal que allí aparece?

(20) Juan desea que [Pedro se matricul-e en ciencias empresariales].

Ciertamente, la respuesta no es *Pedro*, puesto que es evidente que Juan puede desear lo que quiera en relación con cualquier ser, real o imaginario. No existe, pues, ninguna relación gramatical entre *Juan* y *Pedro* en (20). Tal vez piense usted que de (20) se deduce lo contrario. A lo mejor al examinar esta oración le parece a usted que Pedro es el hijo de Juan, o que no lo es pero existe algún parentesco entre ellos. Ciertamente, exista o no esa relación, es evidente que tales conexiones no tienen que ver con el conocimiento del idioma. Ciertamente, Pedro podría ser el personaje de una novela que Juan está empezando a leer, o alguien que ha conocido, o que nunca ha conocido pero de cuya existencia sabe por las razones más inverosímiles que cabe imaginar. De nuevo, el hecho de que vengan a su cabeza unas situaciones antes que otras como contextos más habituales para usar (20) no tiene relación directa con lo que supone entender esa estructura, y en general el significado de una construcción.

Tal vez piense usted que una respuesta descalificadora tan rotunda como esa no se aplicaría a oraciones como *María prometió que Luisa iría a la fiesta,* puesto que el uso del verbo *prometer* con complemento oracional parece implicar que existe alguna dependencia social entre la entidad designada por el sujeto de la subordinada *(Luisa)* y la designada por el sujeto de la principal *(María).* De nuevo, esa posible «dependencia social» no tiene relación con la gramática. Si alguien involucra en sus promesas a personas sobre las que no tiene control, estará haciendo promesas inapropiadas o inadecuadas, pero al expresar esos contenidos no estará construyendo oraciones agramaticales, ni tampoco carentes de significado (recuerde a este respecto las consideraciones que hacíamos en el § 1.3). Ciertamente, en la oración (20), *Pedro* no está seleccionado por ningún elemento de la oración principal. Es más, podemos establecer con ciertas garantías la generalización siguiente: el sujeto léxico (en el sentido de «no nulo o tácito») de las oraciones subordinadas de verbo flexionado no está determinado por ningún elemento de las oraciones principales.

Así pues, la pregunta (19) sigue abierta. Hagamos otro intento. La respuesta a dicha pregunta aplicada a (20) no es tampoco *matricular,* puesto que, como es natural, las acciones que pueden ser objeto de deseo no están restringidas por la gramática. Mucho menos puede ser la respuesta *en* o *en ciencias empresariales,* que dependen de *matricular,* no de *desear.* De hecho, la respuesta más apropiada a nuestra pregunta es «-*e*», es decir, la información de tiempo y modo que contiene la forma verbal *matricule.* Esta es, efectivamente, la información gramatical que hace de la subordinada un elemento dependiente sintácticamente de la oración principal. El tiempo y el modo son los indicadores que nos permiten reconocer o identificar las oraciones, así como relacionarlas con otras. El tiempo nos permite evaluarlas en relación con el momento del habla o con otro instante que aportará la oración de la que dependan (§ 10.4); el modo y la modalidad nos permiten modular su contenido en relación con los actos verbales (preguntas, órdenes., etc.), o bien en relación con el contenido que expresa el predicado del que dependen (§ 10.5). Este proceso, que las gramáticas suelen denominar CONCORDANCIA TEMPORAL (traducción de la expresión latina *consecutio temporum*), se ejemplifica en las oraciones de (21), tomadas de García Fernández (2000):

(21) a. Juan deseaba intensamente que María {*diga / dijera} que no.
     b. Juan desea intensamente que María {diga / *dijera} que no.

En (21a), la especificación temporal del verbo *desear* en la forma de imperfecto de indicativo tiende a bloquear la aparición del presente de subjuntivo en la oración subordinada. En cambio, (21b) muestra que la especificación del verbo como presente de indicativo es incompatible con el imperfecto de subjuntivo en la oración subordinada. Este proceso de selección temporal no puede ser explicado con la estructura oracional exocéntrica. No es el contenido léxico del verbo matriz lo que determina la gramaticalidad de la estructura subordinada –los mismos resultados se reproducen si sustituimos *desear* por *querer*–, sino su especificación temporal, tal como siempre se ha reconocido en la tradición. En las oraciones que siguen hay también una conexión entre las especificaciones temporales de los verbos matriz y subordinado.

(22) a. Juan prometió que {cenaba / cenará} contigo.
     b. Juan promete que {*cenaba / cenará} contigo.

Cuando el verbo principal o matriz está en la forma de pasado, como en (22a), tanto la forma *cenaba* (imperfecto de indicativo) como *cenará* (futuro) son posibles. Nótese que el imperfecto de indicativo expresa un tiempo dependiente, es decir, la cena ha de ser posterior a las palabras proferidas por Juan. Por el contrario, si el tiempo del verbo matriz es presente, no es posible seleccionar el imperfecto de indicativo. De nuevo, partiendo de una estructura oracional como cualquiera de las que disponemos hasta ahora, no es posible explicar este efecto de selección o de concordancia temporal. Es razonable concluir, por tanto, que la información de TIEMPO y MODO debe formar parte del núcleo oracional, ya que participa en procesos de selección.

Otro tipo de información que debe especificarse categorialmente es la información de número y persona que activa los procesos de concordancia. Si eliminamos la idiosincrásica regla de concordancia propuesta en (3), debemos explicar la concordancia como un mecanismo sintáctico que nos permita comprobar que los rasgos de número y persona del sujeto deben ser idénticos a los del verbo. Llamaremos COTEJO DE RASGOS (ingl. *feature checking*) a este proceso. Recuerde el término porque haremos uso de él a lo largo de este capítulo y en varios de los siguientes. Bien mirado, este proceso no es diferente del proceso de concordancia de género y número entre el determinante y el nombre, entre el nombre y el adjetivo.

(23) *el* niñ-*o*
     la niñ-*a*
     los niñ-*o-s*
     las niñ-*a-s*

El proceso de cotejo de rasgos se hace posible cuando los elementos que concuerdan están en una determinada configuración estructural. Si bien el concepto de CONCORDANCIA es tan antiguo como el estudio de la sintaxis, esta relación entre 'concordancia' y 'posición sintáctica' es relativamente nueva en la gramática. En las aproximaciones tradicionales a la sintaxis, dos o más elementos coincidían en rasgos, y por tanto «concordaban». Además de hacerlo (y de contraer, por tanto, determinadas funciones sintácticas), ocupaban ciertas posiciones en la oración o en otros segmentos. En la aproximación que aquí se defiende, dos elementos concuerdan solo si, además de coincidir en rasgos, ocupan una determinada posición sintáctica que les permita hacerlo. Es decir, la concordancia no es la mera coincidencia de rasgos, sino la coincidencia de rasgos desde determinadas posiciones de la estructura sintáctica. Ciertamente, los rasgos de género y número de los sustantivos que aparecen en cursiva en (24) son idénticos en las dos oraciones, y coinciden además con los rasgos de número del verbo:

(24) a. Los *carteles* de la carretera tapaban los *árboles.*
　　 b. Los *árboles* tapaban los *carteles* de la carretera.

Aun así, sabemos que el sujeto de la primera oración es *los carteles* y que el de la segunda es *los árboles.* Es más, parece lógico concluir que en (24a) los rasgos morfológicos de *árboles* «coinciden» con los de *tapaban,* pero este sustantivo no 'concuerda' con dicho verbo, puesto que no está en la posición apropiada para hacerlo. El mismo razonamiento se aplica a *carteles* respecto de *tapaban* en (24b).

¿Cómo reconocemos los rasgos que intervienen en los procesos de concordancia? Desde un punto de vista morfológico, sabemos que podemos analizar una palabra como *cantaban* en varios constituyentes morfológicos o, simplemente, MORFEMAS: la raíz o morfema léxico *cant-,* que es el elemento que aporta el significado léxico de la palabra; la vocal temática *-a-,* que indica la pertenencia a una determinada clase morfológica (la conjugación o paradigma verbal); el morfema de tiempo *-ba-,* que indica que la forma verbal será interpretada como imperfecto de indicativo; y el morfema de número y persona *-n,* que indica tercera persona del plural.

La adscripción de estos morfemas flexivos al componente morfológico se basa en el supuesto teórico de que los procesos de análisis y derivación que tienen lugar dentro de la palabra pertenecen a la morfología. Supongamos por un momento que fuera posible eliminar el requisito de que la sintaxis debe detenerse en la palabra. Enseguida consideraremos los problemas de este paso, pero ahora basta con señalar que el darlo nos permitiría considerar el proceso de formación de la palabra *cantaba* como un proceso derivacional susceptible de recibir el mismo tipo de análisis estructural que venimos practicando. Esta palabra tiene, de hecho, una «sintaxis» (en el sentido de «estructura jerarquizada», obviamente) muy similar a la sintaxis oracional: un núcleo verbal *cant-,* y una serie de CAPAS con elementos que expresan información paradigmática (el tema o conjugación *-a-*) o funcional (tiempo / aspecto, concordancia):

(25) [[[[cant]-a]-ba]-n]

El análisis mantenido hasta ahora, en el que a la forma *cantaba* le corresponde la categoría V, no prestaba atención al hecho de que en dicha palabra los morfemas flexivos contienen información funcional, no léxica. Dicha información, como hemos demostrado, condiciona numerosas propiedades sintácticas. Chomsky (1981) introduce la hipótesis de que la flexión –más exactamente «la información gramatical contenida en la flexión»– es un núcleo sintáctico. Abreviaremos el término *flexión* como Flex, aunque otros autores lo abrevian como F o como I o Infl (por *inflexión*). Si aplicamos la estructura X-con-barra de forma generalizada, Flex debe proyectar un constituyente máximo SFlex, y la oración puede verse así como la proyección de la Flexión. En esta estructura, el sujeto ocupa la posición de especificador de SFlex (con el que debe concordar), y el núcleo Flex selecciona la proyección SV como complemento.

(26) a. SFlex → SN + Flex'
  b. Flex' → Flex + SV

Ciertamente, Flex es un nombre arbitrario para un conglomerado de rasgos. Por una parte tenemos el tiempo y el modo, seleccionados en parte desde fuera de la oración, como hemos visto; por otra, los rasgos morfológicos del sujeto, determinados en cambio desde dentro de la oración.

4.2.2. *La incorporación sintáctica*

El que propongamos el constituyente Flex como categoría sintáctica no implica, obviamente, que consideremos a Flex una clase de palabras, ya que la flexión no es un morfema libre, sino que debe estar ligado al morfema raíz. En la gramática tradicional era habitual decir que el verbo (*cantaban* en nuestro ejemplo) es una categoría que «tiene flexión». De hecho, la palabra *verbo* en alemán significa literalmente «palabra con tiempo» *(Zeitwort)*. Parecería que esta conclusión es inevitable, pero si considera usted el punto de vista presentado en las páginas anteriores, comprobará que podríamos argumentar con mayor propiedad que, en lugar de decir que el verbo «tiene flexión», en realidad es la flexión la que «tiene verbo». Como hemos visto, algunos de los contenidos que la flexión denota se atribuyen a toda la oración, pero no tienen independencia sintáctica porque son afijos verbales. El verbo los «hospeda», por tanto, sin que dejen de tener ámbito proposicional, es decir, de representar contenidos que van más allá del significado de la raíz verbal. Ya notamos en el capítulo 3 (§ 3.1.2) que las oraciones del español y del inglés de (27) no expresan significados distintos, pero la información correspondiente al futuro sólo es afijal en la primera.

(27) a. ¿Cantarán?
  b. Will they sing?

La flexión está, como se ve, «hospedada» en un verbo en la oración española, mientras que en la inglesa tiene cierta independencia sintáctica. Desde luego, el analizar en términos generales el verbo como categoría que «tiene flexión» no nos ayuda a relacionar (27a) con (27b) ni a comprender que los afijos flexivos que el verbo manifiesta no le pertenecen desde el punto de vista interpretativo. Nótese que la flexión de las perífrasis verbales está igualmente «hospedada» en el verbo auxiliar, incluso cuando media algún adverbio entre este y el verbo principal, como en *podría quizá replanteárselo*.

La derivación que forma una palabra a partir de sus morfemas constitutivos puede tener lugar en la sintaxis, o bien puede estar sujeta a procesos morfológicos de formación de palabras que deben reflejarse también en la sintaxis. En el primer caso, el nudo Flex contendrá el morfema flexivo relevante y la derivación reflejará cómo se forma la palabra. En el segundo caso, podemos concebir el nudo Flex como un conjunto de rasgos: los rasgos de modo, tiempo, aspecto, número y persona que aparecen como morfemas en el verbo. La derivación sintáctica cotejará que los morfemas relevantes especifiquen los rasgos esperables en el proceso derivacional. Estas dos opciones se representan en (28) y (29):

(28)

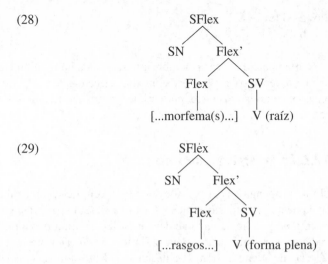

(29)

Las dos alternativas suelen tratarse como equivalentes, aunque ciertamente tienen repercusiones teóricas diferentes. De hecho, suele argumentarse que (29) es preferible a (28) en lenguas con morfología flexiva irregular, como es el español. Si consideramos la palabra *fui,* comprobaremos que, tanto si se trata de una forma del verbo *ir* como si es una forma del verbo *ser,* no podemos segmentar en ella la raíz y los morfemas de tiempo, modo, número y persona. La existencia de estas palabras, que los morfólogos llaman FORMAS SUPLETIVAS, muestra que los RASGOS (las informaciones morfológicas) no siempre se corresponden con los SEGMENTOS (los constituyentes morfológicos). En otros casos podríamos tal vez intentar separar la raíz y las desinencias (por ejemplo, segmentando *vi* en *v-i*). No es, ciertamente, demasiado lo que conseguimos con esos intentos. Tendríamos que decir, si adoptamos este análisis, que *-i* es la representación morfológica de rasgos de 'modo', 'tiempo', 'persona' y 'número', o tal vez que algunos de ellos son nulos. Como es natural, resulta imposible dar forma distinta a cada uno de esos contenidos.

Así pues, en la opción (29) el constituyente Flex no contiene segmentos, sino rasgos. La forma verbal se obtiene del léxico ya flexionada, y ocupa dos posiciones sucesivamente: la posición V, donde 'coteja' los rasgos que corresponden a la raíz, y la posición Flex, donde coteja los que corresponden a la flexión. A este proceso se le llama MOVIMIENTO DE V A FLEX. Se trata, naturalmente, de una forma metafórica de decir que las propiedades sintácticas de las palabras están asociadas con las posiciones que ocupan, y en gran parte determinadas por ellas, una idea sobre la que volveremos varias veces en este libro.

Estas consideraciones sobre la diferencia entre (28) y (29) no afectan a la naturaleza formal de este proceso de movimiento, sobre cuyas características vale la pena reflexionar brevemente. Desde un punto de vista más general, la idea de que la sintaxis y la morfología están estrechamente emparejadas ha sido defendida explícitamente por Baker (1988), a partir del análisis de la estructura morfológica de algunas lenguas amerindias en las que aparecen como morfemas ligados muchos de los constituyentes que en español o inglés se expresan sintácticamente. Por ejemplo, en mohicano, onondaga o náhuatl un SN puede aparecer como afijo o elemento incorporado al verbo, por lo que las secuencias *gustar-casa* del mohicano (30a), *perder-dinero* del onondaga (30b) o *tortilla-vender* del náhuatl (30c) son parte de palabras complejas en dichas lenguas. Los ejemplos pertenecen a Baker (1988):

(30) a. Yao- wir- aʔa ye-   nuhs-nuhweʔ-sʔ   (Mohicano)
       prefijo-niño-sufijo 3p.fem.sing-casa-gusta-aspecto
       'Al bebé le gusta la casa.'
   b. Pet wa- ha-hwist- ahtu- t- a   (Onondaga)
       Pat pasado-3p.-dinero-perdió-causa-aspecto
       'Pat perdió dinero.'
   c. Tiyaanquis-co   ni-   tlaxcal-naamaca   (Náhuatl)
       mercado-locativo 1p.sing-tortilla-vender
       'Yo vendo tortilla en el mercado.'

Baker propone derivar estas estructuras mediante una operación sintáctica que mueve el nombre desde su posición inicial dentro del SN a una posición contigua o incorporada al verbo:

(31)

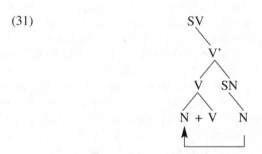

Baker propuso además una hipótesis que denominó PRINCIPIO ESPECULAR (ingl. *Mirror Principle*). De acuerdo con este principio, las derivaciones sintácticas deben reflejar las operaciones morfológicas, y viceversa. En este sentido, tanto la oración *Pat perdió dinero* como su correlato en una lengua incorporante (aproximadamente, *Pat dinero-perdió*) deberán tener una estructura similar, con independencia de que determinados constituyentes se realicen morfológicamente como palabras ligadas o se correspondan con sintagmas en la estructura superficial. Para ello, debemos reconocer las propiedades de la flexión como constituyentes de la categoría Flex. Desde este punto de vista, a la oración *Los muchachos bailaban* le corresponde la estructura siguiente:

(32)

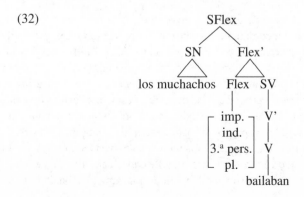

Evidentemente, (32) no puede ser la estructura superficial, patente o perceptible de la oración, sino su estructura inicial o de base. En español, el complejo de rasgos correspondientes al segmento *-ban* no puede aparecer aislado de sus propiedades morfológicas ([3.ª pers., sing., imp., ind.]) en la estructura patente. Para derivar esta estructura, el núcleo verbal debe desplazarse a una posición en la que preceda linealmente al núcleo Flexión. En Chomsky (1957) se proponía una transformación de SALTO DE AFIJO (ingl. *Affix Hopping*) que desplaza la flexión al nudo verbal.

(33) Base: ... Afijo ... V ...
      Educto o resultado de la transformación: ... V + Afijo ...

Las restricciones sobre esta trasformación, que figuraba entre las obligatorias, nunca fueron explicitadas completamente. Nótese que esta idea presupone una visión como la especificada en (28), donde los segmentos se toman como básicos. Basándonos en las ideas de Baker, podemos entender que una forma de concebir el proceso de afijación a la raíz verbal es tratarlo como una operación de INCORPORACIÓN que deriva el complejo *bail-aban*. Desde un punto de vista sintáctico, tal proceso consiste en una operación transformacional de movimiento que desplaza un elemento desde una posición estructural hasta otra. En la alternativa preferible especificada en (29), la operación de incorporación desplaza una pieza léxica desde una posición a otra donde coteja sus rasgos. Para indicar este proceso de desplazamiento, anotaremos el constituyente desplazado con un índice y marcaremos la posición inicial que ocupaba dicho constituyente con el símbolo *h* coindizado o coindexado con el constituyente. El símbolo *h* refleja la idea de que la posición inicial queda marcada por una HUELLA de movimiento. En la bibliografía en inglés se suele usar el símbolo *t* (por el término inglés *trace* 'huella'). Se suele también decir que el elemento desplazado y su huella forman una CADENA DE MOVIMIENTO (ingl. *movement chain*). Como se explica más adelante, en la actualidad casi no se establece diferencia formal entre un constituyente desplazado y su huella, que se concibe como una mera COPIA de aquel. En otras palabras, la intuición fundamental es que un mismo objeto sintáctico se asocia con dos posiciones. Tenemos pues una configuración como la siguiente, donde *h* es una copia o anotación del eslabón inicial de la cadena:

(34) ... X_i ... h_i ...

En el árbol de base (32), los rasgos de la flexión (información modal / temporal y de concordancia) encabezan la proyección Flex, y el verbo *cantaban* encabeza la proyección SV. Hay, por tanto, dos posibilidades a priori. La primera opción es que la flexión se desplace o descienda hacia el dominio SV, lo cual sería básicamente equivalente a la transformación de salto de afijo. La segunda opción es que sea el verbo el que se desplace o ascienda hasta el constituyente SFlex. Esta opción es la que ha prevalecido por diversos motivos, tanto empíricos como teóricos. Desde un punto de vista descriptivo, cabe observar que la mayoría de las transformaciones que hemos mencionado hasta ahora de forma más o menos precisa (y que veremos con más detalle en los capítulos finales) reflejan procesos que linealmente se corresponden con desplazamientos hacia la izquierda, como la tematización, la focalización o la formación de preguntas. En la gramática generativa de los años ochenta se concluyó que tal estado de cosas no era arbitrario, sino que debía responder a un motivo teórico más profundo. La motivación se basa en la relación entre un constituyente desplazado y la huella que deja ese movimiento. Los movimientos de descenso no son parte de la gramática porque crean estructuras en las que una huella manda-c al constituyente desplazado. Veamos cuál sería la estructura resultante del descenso de la flexión a V.

(35)

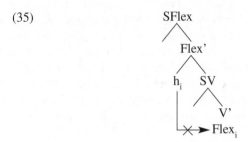

Recuérdese que en el capítulo anterior decíamos que un constituyente A manda-c a otro constituyente B si el primer nudo ramificado que domine a A domina también a B. Si estudiamos la configuración resultante del movimiento descendente de la flexión, resultará evidente que h_i mandará-c a $Flex_i$. La explicación de por qué los movimientos descendentes no se producen puede formularse en términos estructurales, en tanto que en la configuración resultante de (35) la huella de movimiento manda-c al constituyente desplazado. En términos más simples, la derivación no es posible, porque estaríamos añadiendo un elemento exterior a un objeto sintáctico ya completo. En la configuración alternativa, en la que el verbo asciende al dominio del SV, será el constituyente V el que mande-c a su huella de movimiento. Esta derivación fue propuesta inicialmente por Emonds (1978), siguiendo una intuición de Klima (1964):

(36)

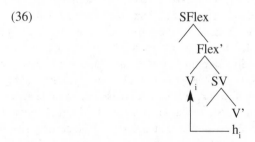

Utilizando el símil en el que el elemento desplazado y su huella forman una cadena, diríamos que solo aquellas cadenas de movimiento en las que el elemento desplazado aparece como cabeza, y la huella del desplazamiento como coda, son legítimas. Vistas así las cosas, son los rasgos flexivos los que «atraen» al verbo y no a la inversa.

4.2.3. *Movimiento y concordancia*

En el capítulo 7 abundaremos en la clasificación y caracterización de los procesos de movimiento, así como en las repercusiones de este tipo de formulación teórica. Para los propósitos de este capítulo nos basta con tomar la derivación ascendente de (36) como la adecuada. Aun así, no hemos dilucidado todavía cómo es posible que un constituyente se desplace hacia la posición estructural de otro, es decir, cómo debe formularse el proceso por el que el núcleo V se incorpora al núcleo Flex. En la bibliografía se suele denominar a esta operación MOVIMIENTO DE NÚCLEO A NÚCLEO (ingl. *head to head movement*). Así pues, el movimiento de V a Flex es un caso particular de este movimiento. El resultado es una palabra desde el punto de vista morfológico, pero ello no quiere decir que desde el punto de vista sintáctico la categoría a la que pertenece la expresión resultante sea siempre una categoría léxica. Supongamos que así son las cosas, y que el complejo *bailaban* pertenece a la categoría V. El análisis estructural correspondiente sería el siguiente:

(37)

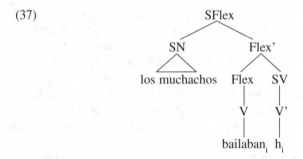

Según este análisis, al incorporarse el núcleo V a la flexión, la expresión resultante hereda la categoría del núcleo léxico, es decir, *bailaban* pertenece a la categoría V. Aunque esta hipótesis nos parezca natural desde el punto de vista morfológico, presenta un inconveniente fundamental en el plano sintáctico: el árbol (37) y el (36), que presentamos antes, infringen los requisitos de la teoría de la X-con-barra, ya que un elemento de categoría V no proyecta un elemento V', sino otra categoría mínima diferente: Flex. En segundo lugar, como vimos en el capítulo anterior, los rasgos de una categoría se proyectan normalmente hacia arriba, es decir, son heredados por las expansiones de dicha categoría de acuerdo con el principio de endocentricidad. Sin embargo, en el árbol (37) el elemento *bailaban,* que contiene información léxica, pierde su naturaleza categorial y se «reconvierte» en parte de Flex, el cual a su vez proyecta un sintagma SFlex. Esta reconversión no parece adecuada.

No debe olvidarse que nuestro análisis tiene que explicar cómo es posible que los rasgos flexivos de una expresión se transmitan hacia proyecciones superiores después de que haya tenido lugar el proceso de incorporación. La solución a este problema requiere una hipótesis sobre la operación mediante la cual un núcleo se incorpora a otro sin perder la información categorial y morfológica pertinente. Esta operación, denominada ADJUNCIÓN DE NÚCLEO por Chomsky (1986b), consta de los siguiente pasos: para que un núcleo X se adjunte a otro Y es necesario proyectar primero una copia de Y, y luego situar a X como nudo hermano del nudo Y inferior. Gráficamente, estos dos pasos se representan en (38) y (39), donde decimos que el núcleo X se adjunta a Y:

(38)

(39)

Podemos corregir el árbol (37), que –como dijimos– infringe los requisitos de la X-con-barra, y tratar la operación de incorporación del núcleo verbal en la flexión como un ejemplo de adjunción de V a Flex. El resultado es el siguiente:

(40)
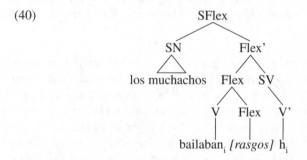

La estructura (40) posee varias propiedades de interés:

1) En primer lugar, entraña que la oración es una proyección de la flexión, por lo que pasa a ser también una categoría endocéntrica. El núcleo Flex de (40) se proyecta como núcleo complejo, ya que lleva incorporado un adjunto verbal. Sin embargo, las propiedades sintácticas relevantes de la oración, es decir, las que podrán establecer efectos estructurales dentro de la proyección máxima, y también ciertos efectos «a distancia», son las propiedades flexivas. Por ello, debe ser Flex el núcleo que se proyecte, y no V.

2) En segundo lugar, los procesos de concordancia entre el SN sujeto y el verbo no necesitan de una regla «ad hoc» que establezca una relación entre dos constituyentes relacionados linealmente, sino que tienen un fundamento estructural: la concordancia es un fenómeno que establece la identidad de los rasgos que se especifican. Este proceso se produce entre el constituyente Flex y el SN que ocupa la posición de especificador. De hecho, se habla en general de la concordancia como CONCORDANCIA NÚCLEO-ESPECIFICADOR (ingl. *Specifier-Head Agreement*). Este proceso es, en consecuencia, un proceso LOCAL, es decir, limitado al entorno de SFlex. Además, se dará usted cuenta de que el nudo Flex rige al SN sujeto: Flex es una categoría mínima que manda-m al SN sujeto sin que ninguna frontera se interponga entre ellos (en el cap. 7 veremos por qué estas fronteras se llaman *barreras*). Podemos decir, en consecuencia, que la asignación de caso estructural nominativo de Flex al SN cumple los

mismos requisitos que la asignación de caso acusativo, y se vincula a los mecanismos generales de concordancia núcleo-especificador.

3) Por último, al reconocer que la flexión es un constituyente sintáctico, podemos explicar por qué existen relaciones a distancia entre oraciones. Estas relaciones afectan precisamente a los parámetros temporales. Como la información de tiempo es parte del núcleo Flex, se proyecta hasta SFlex y puede participar en relaciones a distancia como las de concordancia o selección de tiempos. Dichas relaciones tienen lugar estrictamente entre dos constituyentes Flex, ya que la especificación temporal del constituyente Flex del SFlex de la oración matriz impone ciertos rasgos temporales sobre el SFlex subordinado.

Hay también casos de concordancia de número o persona a distancia, como en (41):

(41) a. Juan y María vieron una película. Él se fue después a tomar unas copas.
    b. Juan y María vieron una película. Se {??fue / fueron} después a tomar unas copas.

En (41a) la presencia del pronombre de tercera persona en posición de sujeto permite, a través de la concordancia núcleo-especificador con Flex, establecer una diferencia entre la primera oración de ese discurso, en la que la especificación de número es plural, y la segunda oración, en la que la concordancia es singular. En cambio, en (41b) las propiedades de concordancia del constituyente Flex en la primera oración deben ser idénticas a las de dicha proyección en la segunda oración. La ausencia de un pronombre explícito hace que Flex deba recuperar su contenido del constituyente Flex precedente.

Hagamos una breve recapitulación de lo que hemos mostrado en esta sección:

A) La oración es una categoría endocéntrica (es decir, con núcleo) y constituye una proyección que se ajusta a la estructura de la X-con-barra.

B) El análisis de las informaciones flexivas como núcleo de la oración tiene una serie de ventajas que no comparten las demás opciones existentes en el marco formal que estamos analizando.

C) La flexión verbal es un núcleo sintáctico que selecciona una proyección máxima SV. El núcleo de esta última proyección se integra en Flex. El proceso de integración se concibe en la gramática generativa como un movimiento ascendente.

D) El desplazamiento al que se refiere el punto anterior puede afectar a segmentos morfológicos, de forma que la raíz «recoge» sus afijos en la proyección Flex, o bien puede consistir en un cotejo de rasgos, de modo que la forma flexiva ya constituida coteja sus rasgos categoriales en V y sus rasgos flexivos en Flex. Si bien algunas lenguas prefieren la primera opción, las características particulares de las lenguas románicas muestran que optan por la segunda.

4.3. Los verbos auxiliares

4.3.1. *Auxiliares y estructura oracional*

Una insuficiencia esencial de la regla oracional que vimos al principio del capítulo en (1) –que se extiende a las representaciones asociadas con ella– es que no contiene una posición estructural para los verbos auxiliares y modales. Comencemos primero caracterizando de forma intuitiva la noción de 'verbo auxiliar', un concepto que seguramente recuerda usted de algún curso de gramática elemental. Las denominadas FORMAS TEMPORALES COMPUESTAS del español que aparecen en los ejemplos de (42) están constituidas por una secuencia de dos verbos: el verbo *haber,* al que denominamos VERBO AUXILIAR, y el VERBO LÉXICO o «principal» *comer* en la forma de participio.

(42) a. Juan *había comido* dos manzanas cuando María entró.
     b. Luis ya *ha comido*.

Las denominaciones 'pluscuamperfecto de indicativo' (42a) o 'pretérito perfecto' (42b) son etiquetas que designan en realidad un complejo sintáctico formado por un verbo auxiliar *(haber)* y un verbo léxico *(comer)*. El verbo auxiliar posee un contenido funcional, ya que no aporta información relativa al contenido semántico del verbo. La presencia de un auxiliar en las formas *había comido* o en *ha comido* no cambia el hecho de que el evento descrito por el complejo verbal sea la acción de comer. El auxiliar *haber* afecta al contenido temporal y aspectual del evento, es decir, contribuye a situar temporalmente el evento designado por el verbo principal con relación a otro punto temporal (tiempo), e indica que la acción ha sido completada o terminada (aspecto perfectivo). En los capítulos 5 y 9 se darán más detalles sobre estas nociones. Por el momento, quedémonos con la idea de que *haber* «auxilia» al núcleo V, que es el que aporta el contenido léxico. En (42a) el pluscuamperfecto sitúa la acción de comer las manzanas en un punto anterior a la entrada de María; en (42b) la acción de comer es anterior al punto temporal presente indicado por *ya*.

Tenemos, pues, una secuencia formada por un auxiliar (categoría funcional) y un verbo (categoría léxica). Un análisis del estilo de (43), que está implícito en la concepción tradicional de estas secuencias como formas verbales, no resulta del todo satisfactorio, ya que trata *había comido* como una sola pieza léxica.

(43) $[_O [_{SN}$ Juan] $[_{SV} [_{V'} [_V$ había comido] $[_{SN}$ dos manzanas]]]]

Ciertamente, la secuencia *había comido* tiene estructura sintáctica, no morfológica. Cualquier gramática escolar le dirá que las formas del pluscuamperfecto de *comer* son *había comido, habías comido, había comido, habíamos comido,* etc. Pero es claro que este paradigma no nos presenta unidades morfológicas, sino sintácticas. Por ejemplo, entre el auxiliar y el participio de los tiempos compuestos podemos colocar el sujeto, como en (44a); un adverbio, como en (44b), o las dos cosas, como en (44c):

(44) a. Había yo leído casualmente por esos días un estudio sobre ese mismo asunto.
     b. Había quizá entendido mal sus palabras.
     c. Lo que habría yo entonces contestado.

Desde luego, las secuencias *había comido, ha comido* y otras similares expresan contenidos temporales y aspectuales diferentes, pero no por ello deben incorporarse como piezas léxicas diferenciadas en el diccionario. Son, pues, secuencias de formación sintáctica. El mismo razonamiento se aplica a las FORMAS O PERÍFRASIS PROGRESIVAS, como *está corriendo* en (45), y a las demás PERÍFRASIS VERBALES:

(45) Pepe está corriendo un maratón.

La secuencia *está corriendo* es una perífrasis aspectual que consta de una categoría funcional (el verbo auxiliar *estar*) y una categoría léxica (el verbo *correr*). Denominamos forma progresiva a la secuencia «*estar* + V-*ndo*» o «*estar* + gerundio» porque la contribución funcional del auxiliar es la de hacer que la acción expresada por el verbo se conciba en progreso o en desarrollo.

Finalmente, en las construcciones pasivas como (46), el verbo *ser* se comporta también como un auxiliar.

(46) Pepe fue detenido por la policía.

En este caso, la función del auxiliar es indicar la información gramatical correspondiente a la DIÁTESIS O VOZ PASIVA (§ 6.7). Supongamos, pues, que los verbos auxiliares como *haber, estar* y *ser* pertenecen a una categoría gramatical Aux, distinta de V. En realidad, sería más apropiado usar V_{aux} en lugar de Aux, puesto que los auxiliares no dejan de ser verbos. Usaremos, sin embargo, Aux como etiqueta más simple por comodidad. Esta distinción nos conduce a un análisis como el defendido por Chomsky (1970), que propuso la regla (47). Basándonos en ella, el análisis incorrecto de (43) podría ser sustituido por (48).

(47) O → SN + Aux + SV

(48) [$_O$ [$_{SN}$ Juan] [$_{Aux}$ había] [$_{SV}$ [$_{V'}$ comido [$_{SN}$ dos manzanas]]]]

Observe que en (48) se dice que *dos manzanas* no es exactamente el complemento directo de *había comido,* sino únicamente el del verbo *comer.* La regla de (47) reconoce que la estructura de las oraciones en las que aparecen verbos auxiliares es más compleja, y que el nudo Aux está en relación de hermandad estructural (recuerde el § 3.2.4 sobre este concepto) con los nudos SN y SV. De hecho, en Chomsky (1957) ya se reconocía la existencia de auxiliares, pero estructuralmente se incluían bajo el SV, como en (49):

(49) SV → Verbo + SN
    Verbo → Aux + V

Esta hipótesis inicial chomskiana reconoce la existencia de los auxiliares como categoría independiente, pero los sitúa agrupados con V bajo el nudo Verbo (o Grupo Verbal). La ventaja aparente de (47) sobre (49) es que la regla en la que Aux es un nudo hermano de SN y SV explica también por qué es posible separar el verbo auxiliar del verbo principal al formar una pregunta, e invertirlo con respecto al SN sujeto tal como se ejemplifica en (50). Tal secuencia debería ser agramatical si aceptásemos las estructuras de (49), ya que sería imposible separar cualquier núcleo verbal en la sintaxis.

(50) a. ¿Está Juan leyendo el libro?
  b. ¿Fueron sus ejércitos derrotados por el enemigo?
  c. ¿Habría ella entendido mal sus palabras?
  d. Lo que habría yo hecho en tu lugar.

Nótese que en ciertas formas temporales (a menudo monosilábicas) no es posible invertir el auxiliar *haber* con respecto al verbo, como muestran los ejemplos de (51), que son agramaticales excepto en algunos dialectos caribeños:

(51) a. *¿Has tú dicho algo?
  b. *¿Ha el alumno llegado tarde?

Retomemos ahora los conceptos básicos de la teoría de la X-con-barra que hemos presentado en el capítulo anterior. La pregunta natural que se nos plantea inmediatamente es la siguiente: ¿Es Aux una categoría que se proyecta?; si es así, ¿qué especificadores y complementos toma? Aunque (47) constituye una estructura un poco más detallada que (49), todavía deja numerosas cuestiones en el aire. La regla (47) nos dice algo que choca con nuestras intuiciones, concretamente que *María había comido dos manzanas* consta de tres elementos: *María, había* y *comido dos manzanas*. Nuestra intuición nos dice, por el contrario, que los elementos que componen esa oración son dos, y no tres: *María* y *había comido dos manzanas*. Naturalmente, tenemos que apoyar nuestra intuición con algún argumento, pero no está mal el simple hecho de ponerla de manifiesto. El análisis (47) implica que las oraciones de (52) y (53) son estructuralmente diferentes, puesto que (53) posee un constituyente Aux adicional.

(52) Pepe llegó.
  [$_O$ [$_{SN}$ Pepe] [$_{SV}$ llegó]]

(53) Pepe ha llegado.
  [$_O$ [$_{SN}$ Pepe] [$_{Aux}$ ha] [$_{SV}$ llegado]]

No obstante, esta solución deja todavía sin explicar por qué los auxiliares *haber* y *ser* imponen o seleccionan la forma de participio del verbo, mientras que el auxiliar *estar* selecciona el gerundio para expresar el contenido progresivo. Si consideramos también los VERBOS MODALES como una clase de auxiliares, observamos que requieren, como en casos excepciones, que el verbo principal adopte la forma de infinitivo:

(54) a. Tu primo debe estudiar más para el examen.
  b. Este atleta puede correr veinte kilómetros sin cansarse.

¿Debemos dar cabida a dicha relación de selección entre el auxiliar y el verbo principal en términos configuracionales? La respuesta es sin duda afirmativa. Tenemos que reflejar explícitamente la intuición de que lo que *haber* selecciona es, obviamente, un participio, mientras que lo que pide *deber* es un infinitivo. De lo contrario, no excluiremos secuencias como las siguientes:

(55) a. *El atleta ha corriendo un maratón.

    b. *Este atleta puede corriendo veinte kilómetros sin cansarse.

Tenemos, además, pruebas de que la regla (47) es demasiado simple, ya que no puede generar los siguientes ejemplos en su totalidad:

(56) a. Mi primo ha leído estos libros.

    b. Mi primo ha estado leyendo estos libros.

    c. Estos libros han estado siendo leídos todo el año.

Es evidente que solo (56a) es generable si utilizamos la regla (47). Las secuencias (56b, c) son estructuralmente más complejas. En (56b) tenemos una secuencia de dos auxiliares. Como hemos mencionado anteriormente, *haber* selecciona la forma de participio del auxiliar *estar,* y este selecciona a su vez el gerundio del verbo principal. En la gramática tradicional era frecuente dar nombre a las perífrasis en función de esta selección. Se usaba, por ejemplo, el término PERÍFRASIS DE INFINITIVO para designar las combinaciones en las que un verbo auxiliar selecciona un verbo en infinitivo, pero estas selecciones encadenadas no solían recibir la atención de los gramáticos.

El significado expresado en la combinación que ahora examinamos es, por consiguiente, el de un pretérito perfecto progresivo. El ejemplo (56c) es todavía más complejo, ya que contiene una secuencia de tres auxiliares: *haber* (perfecto) + *estar* (progresivo) + *ser* (pasivo). De nuevo, el primero impone un requisito morfológico al segundo, y este lo impone a su vez al tercero. Es decir, en *haber estado siendo leídos,* el auxiliar *haber* exige un participio, y lo aporta *estado*. Ahora bien, el auxiliar *estar* exige un gerundio, y lo aporta *siendo*. A su vez, el auxiliar *ser* de *siendo* exige un participio, y lo aporta *leído*. Ahora es el verbo *leer* el que exige un complemento directo, y lo aporta *estos libros*. Como vemos, los auxiliares exigen requisitos morfológicos a sus complementos. Si estos complementos son auxiliares, exigirán otros requisitos a los suyos. En cualquier caso, el primer auxiliar es el que manifiesta la concordancia con el sujeto de forma obligatoria.

Cabría pensar en una extensión de (47) que recogiera estos datos. Consistiría en proponer que el nudo Aux puede contener un número arbitrario de elementos terminales, ya que hemos visto que los auxiliares se exigen unos a otros. Podríamos representar formalmente esta idea mediante el símbolo Aux* (para cualquier categoría X, X* indica la aparición de uno o más terminales de esa categoría).

(57) O → SN + Aux* + SV

La regla (57) permitiría generar secuencias con uno o más auxiliares, por lo que derivaríamos las oraciones de (56). No obstante, la aplicación de esta regla permitiría generar también las siguientes secuencias:

(58) a. *Mi primo está habiendo leído estos libros.

    b. *Estos libros fueron estado habiendo leídos todo el año.

Dado que estas secuencias son, obviamente, agramaticales, podemos concluir que la regla (57) no es adecuada porque no refleja la restricción de orden que deben satisfacer los auxiliares: *haber* debe preceder a *estar,* y *estar* debe preceder a *ser*. No obstante, estos auxiliares son todos opcionales, lo que se indica en (59) poniéndolos entre paréntesis.

(59) Aux → Flexión + (haber) + (estar) + (ser)

En Chomsky (1957) y Lasnik (2000) puede encontrarse un analisis más detallado de este tipo de regla. Nos basta aquí con observar que la estructura de Aux que entraña (59) es PLANA (es decir, no jerarquizada, ingl. *flat*), y que estipula la concatenación de los auxiliares sin deducirla de una propiedad estructural jeráquica. Un sistema alternativo como el de Jackendoff (1977) incluye *haber* y *estar / ser* como constituyentes de V'' en una estructura que proyecta V hasta el nivel V''':

(60) $[_{V'''}$ SN $[_{V''}$ haber estar ser $[_{V'}$ ... $]]]$

Esta propuesta también estipula la linearización de los auxiliares. En realidad, ni (59) ni (60) explican las propiedades de selección de los distintos auxiliares. Por el contrario, Akmajian, Steele y Wasow (1979) y Zagona (1982, 1988) proponen una estructura jerárquica de los auxiliares de acuerdo con la cual cada uno de ellos estaría bajo un nudo Aux diferente, que puede ser representado añadiendo índices numéricos a la etiqueta categorial Aux. Esa indexación representa el hecho de que hay varias categorías Aux diferentes, por lo que dado un índice *i,* si una expresión pertenece a la categoría Aux_i, entonces no puede pertenecer a Aux_{i+1}.

(61) $[_{Aux3}$ haber $[_{Aux2}$ estar $[_{Aux1}$ ser $[_V$ ... $]]]]$

La estructura (61) predice, efectivamente, que existe una relación de selección entre los distintos auxiliares: Aux3 selecciona la categoría Aux2 y esta a su vez selecciona la categoría Aux1. Predice además la agramaticalidad de las secuencias de (58). También es consecuente con el hecho de que ciertos procesos sintácticos afectan selectivamente a una clase de auxiliares pero no a otra u otras. Esta propiedad no puede ser explicada por los enfoques planos o lineales. Por ejemplo, verbos como *obligar* pueden seleccionar (sin duda, por razones semánticas) complementos de categorías Aux3 o Aux2, pero *dejar* no selecciona la categoría Aux3, y *empezar* no selecciona ni Aux1 ni Aux2.

(62) a. Lo obligó a haber terminado el trabajo para las cuatro.
    b. Lo obligó a estar trabajando hasta las cuatro.
    c. *Lo obligó a ser agredido a las cuatro.

(63) a. *Lo dejó haber terminado el trabajo para las cuatro.
    b. Lo dejó estar trabajando hasta las cuatro.

(64) a. *Empezó a haber terminado el trabajo.
    b. *Empezó a estar trabajando.
    c. Empezó a ser agredido a las cuatro.

De estos contrastes se deduce que los auxiliares no exigen solo a sus complementos ciertos requisitos categoriales diferenciales (infinitivo, gerundio, etc.), sino que también varían en otras propiedades que los hacen sensibles a la selección externa por otros verbos. El porqué de estas diferencias se encuentra en motivos aspectuales que indagaremos en el capítulo siguiente.

Zagona (1988) propone considerar los auxiliares como núcleos capaces de proyectar sintagmas plenos, es decir, categorías SAux. Esta propiedad explicaría la posibilidad de que aparezcan adverbios en distintas posiciones con respecto a una secuencia de auxiliares.

(65) a. Pepe está siempre leyendo libros de Freud.
    b. Pepe siempre está leyendo libros de Freud.
    c. Pepe siempre ha podido estar leyendo libros de Freud.

Como observábamos en el capítulo anterior, es posible considerar estos adverbios como adjuntos del SV. El adverbio de tiempo *siempre* estaría en la posición estructural de adjunto del SV en (65a); en cambio, en (65b) el adverbio estaría en la posición de adjunto de SAux2 *(estar)*; finalmente, en (65c) ocuparía la posición estructural de adjunto de SAux3 *(haber)*.

(66) a. Pepe está [$_{SV}$ siempre [$_{SV}$ [$_{V'}$ leyendo libros de Freud]]]
    b. Pepe [$_{SAux2}$ siempre [$_{SAux2}$ [$_{Aux2'}$ está leyendo libros de Freud]]]
    c. Pepe [$_{SAux3}$ siempre [$_{SAux3}$ [$_{Aux3'}$ ha podido estar leyendo libros de Freud]]]

La relación posicional entre los adverbios y otros elementos oracionales, así como sus propiedades distribucionales, es un asunto complicado que tiene ramificaciones muy importantes para el análisis de la estructura de los constituyentes. Desarrollaremos con más detalle algunas de ellas en el apéndice de este capítulo y en el capítulo 10 (véase también Cinque, 1999). Por el momento, el análisis de ciertas propiedades estructurales de los auxiliares nos ha servido para mostrar que la estructura SN-SV estaba demasiado simplificada. Como hemos visto, los SSVV contienen capas en las que aparecen verbos auxiliares (modales unos y aspectuales otros). La estructura de la oración debe incorporar nuevos constituyentes más allá de la articulación SN-SV propuesta inicialmente. Los auxiliares no representan un tercer componente que se sitúa en medio de estos dos (aunque en los orígenes de la gramática generativa se pensara lo contrario), por lo que tampoco pueden ser considerados como el núcleo de la oración. Las «capas sintácticas» que los auxiliares constituyen se colocan por encima del SV, de forma que a este corresponde la información relativa al léxico y a la estructura predicado-argumento (más detalles sobre estos conceptos en el capítulo siguiente), y las capas superiores contienen la información que la flexión aporta.

4.3.2. *Los auxiliares y la flexión*

Llegados a este punto, parece lógico preguntarse cómo se relaciona la estructura de los auxiliares con la de la flexión. La diferencia entre *Juan come* y *Juan está comiendo* reside, en principio, en la presencia de un constituyente Aux en la segunda oración, de acuerdo con la siguiente estructura:

(67) a. [$_{SFlex}$ Juan [$_{Flex'}$ [*rasgos*] [$_{SV}$ come]]]

b. [$_{SFlex}$ Juan [$_{Flex'}$ [*rasgos*] [$_{SAux}$ está [$_{SV}$ comiendo]]]]

Nótese que hay una diferencia importante en la derivación de las dos secuencias de (67). En (67a) será el verbo principal el que se adjunte al constituyente Flex, mientras que en (67b) será el auxiliar, y no el verbo principal, el que se incorpore a Flex.

(68) a. [$_{SFlex}$ Juan [$_{Flex'}$ come$_i$ [$_{SV}$ ... h$_i$ ...]]]

b. [$_{SFlex}$ Juan [$_{Flex'}$ está$_i$ [$_{SAux}$ h$_i$ [$_{SV}$ comiendo]]]]

Esta diferencia predice la observación que hicimos anteriormente con respecto al hecho de que en la secuencia «Aux + V», será siempre el auxiliar el que concuerde con el SN sujeto, como pone de manifesto la agramaticalidad de las variantes de (69):

(69) a. *Juan está comió.

b. *Juan estar comió.

Observamos también que, cuando hay una secuencia de verbos auxiliares y modales, solo el primero de ellos manifiesta concordancia con el sujeto, como ilustran (70) y (71):

(70) a. Juan ha estado comiendo aquí.

b. *Juan ha estuvo comiendo aquí.

(71) a. Juan pudo estar comiendo aquí.

b. *Juan pudo estuvo comiendo aquí.

La generalización que parece desprenderse de estos datos es que existe una restricción de cercanía o de contigüidad, puesto que es evidente que cualquier auxiliar no puede adjuntarse al núcleo de flexión. Solamente el núcleo Aux/V más cercano estructuralmente a la posición Flex puede ser el que se incorpore a Flex. Esta restricción fue denominada por Travis (1984) RESTRICCIÓN DEL MOVIMIENTO DE NÚCLEOS (ingl. *head movement constraint*), y tiene importantes consecuencias en varios dominios estructurales (cfr. el capítulo 7). Esquemáticamente, dada una configuración como la de (72a), donde X, Y, Z son núcleos, la restricción sobre el movimiento de núcleos propuesta por Travis legitimaría la derivación (72b), pero no la representada en (72c). Esta última derivación es ilegítima porque el nudo Z debe atravesar la posición del núcleo Y, con lo que no es el elemento más cercano para ascender al dominio estructural encabezado por X.

(72) a. [X [Y [Z]]]

b. [Y + X [[Z]]]

c. *[Z + X [Y [ ]]]

La restricción del movimiento de núcleos predice, entre otras cosas, la agramaticalidad de las secuencias de (70b) y (71b). Ciertamente, esta restricción hace explícito algo que sabemos intuitivamente. No nos basta con decir que *haber* selecciona un participio y que *estar* selecciona un gerundio. El participio ha de estar «inmediatamente a continuación» de *haber* y el gerundio «inmediatamente a continuación» de *estar*. Pero estos hechos no constituyen «la explicación» de las secuencias irregulares mencionadas anteriormente, sino más bien las observaciones que tenemos que explicar. Consideremos, por ejemplo, varias alternativas a la oración bien formada *Juan está comiendo:* (i) La secuencia *Juan comió estar* es agramatical porque el verbo principal es el que se adjunta a Flex, cuando el núcleo más próximo a Flex sería el auxiliar *(estar);* (ii) *Juan estar comió* es agramatical porque la flexión es la que se mueve o desciende para adjuntarse hasta el verbo principal, atravesando el núcleo Aux encabezado por *estar;* (iii) *Juan estuvo comió* sería agramatical porque indicaría que la operación de adjunción se ha aplicado tanto al auxiliar como al verbo principal. Todos estos patrones de agramaticalidad pueden verse, de nuevo, como violaciones de la restricción del movimiento de núcleo a núcleo.

Tal vez diga usted ahora que estas son oraciones «que no diría nadie». Así es, en efecto, pero no por ello hemos de dejar de considerarlas. Recuerde que, como vimos en el § 1.4.2, la gramática teórica no se plantea entre sus objetivos ir analizando las secuencias que nos vamos encontrando, sino construir un modelo restrictivo de unidades y relaciones que nos permita dar cuenta de ellas, explicando a la vez por qué no se forman otras que podrían resultar relativamente similares. Podemos concluir, por consiguiente, que en la secuencia «Aux + V» solamente el auxiliar puede adjuntarse al núcleo Flexión, por lo que el análisis estructural de las formas superficiales será el siguiente:

(73) a. $[_{SFlex}$ Juan $[_{Flex'}$ está$_i$ $[_{SAux}$ h$_i$ $[_{SV}$ comiendo]]]]
    b. $[_{SFlex}$ Juan $[_{Flex'}$ será$_i$ $[_{SAux}$ h$_i$ $[_{SV}$ asesinado]]]]

El mismo razonamiento se aplicaría al análisis de las estructuras modales. El verbo modal asciende desde SAux / SModl al nudo Flexión:

(74) $[_{SFlex}$ Juan $[_{Flex'}$ puede$_i$ $[_{SAux/Mod}$ h$_i$ $[_{SV}$ comer]]]]

4.3.3. *Fortaleza, debilidad y finitud*

En español los auxiliares de perfecto y de aspecto progresivo manifiestan informaciones funcionales relativas al tiempo y el aspecto. En otras lenguas, como el inglés, además de los correlatos de *haber* y *estar* (*have* y *be* respectivamente), existen otros auxiliares que expresan contenidos puramente temporales, como los auxiliares de futuro *(shall, will)* y condicional *(should, would),* que se caracterizan por ser invariables. Ciertos autores, como Rivero (1994a), denominan estos auxiliares AUXILIARES FUNCIONALES. Como la información que transmiten es exclusivamente flexiva, puede proponerse que se generan bajo el nudo Flex. Así pues, la única diferencia entre la oración *Paula will dance* del inglés y su traducción al español, *Paula bailará,* es que en inglés la especificación temporal se genera directamente como un auxiliar en Flex, por lo que el verbo principal no se desplaza hasta Flex (75a). Por el contrario, en español tal desplazamiento es obligatorio (75b).

(75) a. $[_{SFlex}$ Paula $[_{Flex'}$ will $[_{SV}$ dance]]]
    b. $[_{SFlex}$ Paula $[_{Flex'}$ bailará$_i$ $[_{SV}$ h$_i$]]]

Tal vez haya pensado usted que bastaría con decir que la información correspondiente al futuro se coloca «delante del verbo» en inglés y «detrás del verbo» en español. Pero es obvio que no podemos expresar la diferencia en estos simples términos. Como hemos señalado en numerosas ocasiones, las posiciones que hemos de definir en la sintaxis no son las posiciones lineales, sino las estructurales. Por otra parte, es obvio que la información relativa al futuro no está «inmediatamente delante» del verbo en la oración interrogativa *Will John sing?*, sobre la que enseguida diremos algo.

Cabe preguntarse el porqué de esta distinción posicional, además de la diferencia morfológica obvia entre una palabra o un morfema libre *(will)* y un morfema ligado *(-rá)*. Chomsky (1995) propone que el desplazamiento de V a Flex se debe a la presencia de un rasgo en el verbo que exige ser cotejado en Flex. La flexión en español se considera FUERTE, en el sentido de que puede y debe atraer hacia sí al elemento léxico. En inglés, la flexión se considera DÉBIL y no posee la fuerza necesaria para atraer el verbo hacia la posición Flex, por lo que el verbo no tiene que desplazarse a esa posición en la sintaxis superficial y queda como un morfema libre. Nótese que el término *flexión* significa en estos razonamientos 'información flexiva', puesto que, en su interpretación literal, los elementos que no forman parte de la morfología no son propiamente «unidades flexivas».

La diferencia que se propone afecta, como vemos, a la naturaleza de los rasgos, y tiene una serie de consecuencias, como iremos viendo de forma progresiva. En primer lugar, nos permite explicar la «pobreza» morfológica del inglés en lo relativo a las desinencias de número y persona, en comparación con la «riqueza» aparente del español. Baste como botón de muestra el contraste entre las formas de presente de indicativo del inglés y del español. Mientras que nuestra lengua posee desinencias para cada una de las personas gramaticales con variación de número, en inglés solo se marca la tercera persona del singular.

(76) sing   cant-o
     sing   cant-as
     sing-s   cant-a
     sing   cant-amos
     sing   cant-áis
     sing   cant-an

Este contraste morfosintáctico no implica, desde luego, que los hablantes de inglés no sean capaces de distinguir si una determinada acción la lleva a cabo una persona o varias, o si la realiza el hablante, el oyente o una tercera persona. En inglés no se marcan morfológicamente todas las diferencias de número y persona que existen en español, pero las interpretaciones que reciben estas son igualmente posibles en ambas lenguas. De hecho, la interpretación de estas formas deberá ser idéntica, por lo que el inglés y el español deberán ser equivalentes en el plano del significado. Lo que cambia es la codificación sintáctica de tales significados, es decir, la manera en que se manifiestan lingüísticamente. En español, la generación de las desinencias de número / persona en el nudo Flex forzará el ascenso y adjunción del verbo para derivar una estructura superficial bien formada. En inglés, este proceso no es necesario. En consecuencia, en inglés será posible generar auxiliares temporales bajo Flex que no requerirán el ascenso e incorporación del verbo, puesto que son elementos sintácticamente 'débiles' sin capacidad para desencadenar un proceso de incorporación verbal.

(77) a. $[_{\text{SFlex}}$ I $[_{\text{Flex}'}$ should $[_{\text{SV}}$ go]]]

    b. $[_{\text{SFlex}}$ I $[_{\text{Flex}'}$ did $[_{\text{SV}}$ go]]] (forma enfática, alternativa a *I went*)

    c. $[_{\text{SFlex}}$ I $[_{\text{Flex}'}$ shall $[_{\text{SV}}$ go]]]

Como es evidente, los conceptos de 'debilidad' y 'fortaleza' han de interpretarse metafóricamente, pero son útiles porque nos ayudan a entender la dependencia mayor o menor que el idioma establece entre dos unidades. Obsérvese que los análisis propuestos hasta ahora implican que los verbos principales se generan directamente en su forma no finita. Sin embargo, existen tres formas no finitas (infinitivo, gerundio y participio), y cada una de ellas parece tener un exponente morfológico distinto. Por tanto, si las formas *com-er, com-iendo, com-ido* deben ser derivadas también en la sintaxis, podemos perfilar un poco más el análisis anterior proponiendo dos tipos de Flexión: FLEXIÓN FINITA y FLEXIÓN NO FINITA, que se diferenciarán por la presencia del rasgo [±finito] con valores opuestos. Flexión [+finita] será el núcleo al que se desplacen los verbos o auxiliares que manifiesten flexión finita, mientras que aquellos que aparezcan en las formas no finitas (infinitivo, gerundio y participio) deberán desplazarse a Flexión [-finita]. De esta forma damos cabida al hecho evidente de que las terminaciones del infinitivo, el gerundio y el participio constituyen un cierto tipo de flexión, aun cuando es evidente que no contienen rasgos de modo, tiempo, número o persona. Un análisis similar es el que proponen Gueron y Haegeman (2000):

(78) $[_{\text{SFlex}}$ Juan $[_{\text{Flex}'[+\text{fin}]}$ ha $[_{\text{SFlex}[-\text{fin}]}$ comido$_i$ $[_{\text{SV}}$ h$_i$]]]]

Si aceptamos esta pequeña modificación, podremos expresar formalmente la idea de que cualquier forma verbal, sea auxiliar, modal, verbo principal o independiente, debe adjuntarse a un núcleo de flexión o ser generada en dicho núcleo, como en el caso de los auxiliares funcionales. La diferencia radica en si dicho núcleo es finito o no finito. La proyección Flex estructuralmente más alta en una oración tendrá siempre el rasgo [+finito]. Esta proyección SFlex [+finito] puede contener otra proyección Flex con el rasgo [-finito]. Volviendo a la comparación entre español e inglés, observamos de nuevo la mayor debilidad de las formas no finitas del inglés. Las formas perifrásticas modales o aspectuales de (79) requieren una forma no finita (infinitivo: *to go;* gerundio: *going;* participio: *gone*), pero en las formas temporales de (80) aparece el auxiliar seguido del verbo sin marca alguna de flexión no finita:

(79) a. I have to go.   (Aux + infinitivo; modal: 'tengo que ir')

    b. I will be going.   (Aux + Aux + gerundio; aspectual progresivo: 'iré')

    c. I have gone.   (Aux + participio; aspectual: 'he ido')

(80) a. I will go.   (Aux + verbo; futuro: 'iré')

    b. I shall go.   (Aux + verbo; futuro: 'iré')

En consonancia con la división que hemos establecido, en las formas de (79) tendrá que producirse el movimiento de V a Flex [-finita], pero en (80) el verbo permanece en la posición inicial V y no se proyecta la proyección Flex [-finita]. En español, por el contrario, el verbo no puede aparecer en su forma escueta o desnuda, sino que debe adoptar una forma no finita. La presencia de un elemento «fuerte» en Flex [-finita] desencadena el movimiento a esta proyección. Tenemos pues las siguientes opciones:

(81) Inglés:

   a. $[_{SFlex[+fin]} X \dots [_{SFlex[-fin]} Y_i [_{SV} \dots h_i \dots]]]$
   b. $[_{SFlex[+fin]} X \dots [_{SV} \dots Y \dots]]$

(82) Español:

   a. $[_{SFlex[+fin]} X \dots [_{SFlex[-fin]} Y_i [_{SV} \dots h_i \dots]]]$
   b. $^*[_{SFlex[+fin]} X \dots [_{SV} \dots Y \dots]]$

El estadio estructural del español reflejado en (82a) es el del español contemporáneo. En el español medieval era posible la escisión de la flexión del verbo principal, por lo que (82b) era una opción estructural. En latín clásico existía la forma sintética de futuro *(cantabo),* pero en latín vulgar se desarrolló una forma perifrástica alternativa *(cantare habeo).* En español medieval es posible encontrar formas perifrásticas como las de (83), junto a formas sintéticas similares a las del español contemporáneo (84):

(83) a. El Campeador a los que *han lidiar* tan bien los castigó. *(Poema de Mio Cid)*
   b. Nunca yo *he ser* contra el rey. *(Libro del caballero Zifar)*
   c. Atento mas le *avedes aver* reverençia. *(Libro del caballero Zifar)*

(84) Yo-l'lo *lidiaré,* non *passará* por ál. *(Poema de Mio Cid.)*

La transición del estadio medieval (en el que era posible la inserción de un auxiliar de futuro bajo Flex con el verbo situado dentro del SV y también la atracción e incorporación del verbo principal) al estadio actual de incorporación generalizada se debe a un cruce complejo de factores morfológicos, semánticos y funcionales derivados del reajuste del paradigma verbal. El factor sintáctico relevante parece estar relacionado con la extensión de la estrategia de incorporación verbal y la consolidación de la flexión «fuerte» o con capacidad de atracción morfológica.

Incluir más de un núcleo flexivo en la oración tiene, sin duda, repercusiones teóricas más complejas. Nótese que el considerar la oración como una categoría endocéntrica nos conduce a tratar el núcleo funcional derivado Flex como una proyección máxima. Lo que estamos comprobando ahora es que la oración puede contener dos núcleos flexivos, uno finito y otro no finito, como sucede en las perífrasis verbales. ¿Cómo se combina entonces esta posibilidad con la teoría general de la endocentricidad que hemos venido presentando? Por otra parte, parece crearse una asimetría entre las oraciones con formas verbales simples, que contienen un solo nudo Flex, y las que contienen formas verbales compuestas o perifrásticas, que contendrían dos nudos. ¿Es esta asimetría posible, deseable, o bien algo que debe subsumirse bajo una propuesta más general? Estas cuestiones requieren un análisis más detallado de ciertas propuestas recientes sobre la estructura de la flexión. Como no son esenciales para los objetivos de este libro –presentar las unidades y las operaciones fundamentales de la sintaxis formal–, las hemos separado del texto principal y las hemos llevado a un apéndice. Puede usted leerlo si le interesan esas cuestiones. En cualquier caso, aunque no lo haga, no tendrá dificultad para comprender el resto del capítulo.

4.4. El sintagma complementante

4.4.1. *Los nexos subordinantes como categoría funcional*

En la sección primera, observábamos que las palabras que la gramática tradicional denomina conjunciones subordinantes y que la gramática generativa, a partir de Bresnan (1970), denomina COMPLEMENTANTES O SUBORDINANTES (ingl. *complementizers*) constituyen un tipo de categoría funcional. La función principal de estos elementos es, en términos tradicionales, subordinar una oración a un predicado. Los complementantes o subordinantes hacen posible, en efecto, que una oración desempeñe una función sintáctica dentro de otra. Así, las oraciones encabezadas por un complementante como *que* no pueden aparecer como oraciones independientes (85), pero es precisamente la presencia de este elemento lo que permite que una oración pueda incrustarse como complemento de un verbo (86):

(85) a. Llegó tarde.
    b. *Que llegó tarde (*fuera de los contextos de respuesta o de réplica*).

(86) a. Dijo que llegó tarde.
    b. *Dijo llegó tarde.

La gramática generativa ha oscilado en el análisis de estas oraciones a lo largo de su historia. En el modelo de *Logical Structure of Linguistic Theory* (Chomsky, 1955) y *Estructuras sintácticas* (Chomsky, 1957), las oraciones subordinadas o incrustadas se insertaban a través de una operación específica denominada TRANSFORMACIÓN GENERALIZADA, que sustituía un elemento pronominal de una oración por otra oración. Por ejemplo, *Pepe sabía que Luis es calvo* se derivaría, desde este punto de vista, a partir de *Pepe lo sabía* (o *Pepe sabía eso*) y *Luis es calvo*. La expresión *que* sería un «indicador» de que la transformación generalizada ha tenido lugar. Esta propuesta tiene numerosos inconvenientes, derivados sobre todo de la sobregeneración de secuencias. Por ejemplo, *Pepe sabía que lo iban a matar* debería generarse a partir de las oraciones *Pepe lo sabía* (o *Pepe sabía eso*) e *Iban a matar a Pepe*. Pero esto nos da como resultado *Pepe sabía que iban a matar a Pepe*. Para derivar la oración pretendida se necesitaría una transformación adicional de ELISIÓN DEL SN EQUIVALENTE (ingl. *Equi-NP deletion*), que borra o elide la segunda aparición del SN *Pepe* y lo sustituye por un pronombre. La derivación en cuestión genera, desde luego, más de una estructura y nos fuerza a aplicar operaciones de elisión sobre constituyentes hipotéticos.

Además de este aumento de la complejidad derivacional, la generación de las estructuras subordinadas a partir de dos oraciones independientes produce resultados claramente inadecuados. Por ejemplo, la oración *Es posible que Pepe sea presidente* debería o bien generarse a partir de las estructuras de base *Ello es posible* y **Pepe sea presidente,* la segunda de las cuales es agramatical, o bien forzaría la aplicación de más reglas «ad hoc», como inserción de modo subjuntivo, eliminación de pronombre, etc. Aunque en su tiempo no lo parecieron, en la actualidad se perciben estas antiguas propuestas como mecanismos arbitrarios, en el sentido de que son dudosamente justificables desde el punto de vista del conocimiento del idioma que el individuo pone de manifiesto. De hecho, su naturaleza formal tiene más relación con los recursos técnicos que permite la ingeniería gramatical que con la verdadera comprensión de las relaciones gramaticales. Lo cierto es que estas dos clases de informaciones no estaban nítidamente diferenciadas en los primeros años de la historia de la gramática generativa.

Otra posibilidad sería generar oraciones subordinadas como las anteriores partiendo de una regla como (87), que se aplicaría a los verbos que seleccionan un complemento oracional (Chomsky, 1965):

(87) SV → V + que + O

La regla (87) tampoco está libre de problemas. Por un lado, no identifica a los verbos que tienen dicha propiedad, lo que en principio podría corregirse anotando la regla con un rasgo de selección para V. Por otro, no determina la categoría a la que pertenece *que,* que debería tratarse como una expresión terminal insertada directamente en una regla de base. Finalmente, no recoge el hecho evidente de que *que* y O forman un constituyente que abarca a esas dos unidades. Es decir, en (87) «*que* + O» deberían formar un solo segmento, pero vemos que no es así.

La adscripción de expresiones como *que* a la categoría Comp y la extensión de la regla oracional en el modelo X-con-barra al nivel O' posibilitan el reconocimiento de los complementantes como constituyentes de la expansión oracional (O' → Comp + O), aunque, como el lector recordará, en el § 4.1.1 comprobábamos que esta expansión es problemática, ya que se aplicaba a un constituyente máximo y no a un núcleo. El desarrollo de las categorías funcionales y el descubrimiento de las proyecciones asociadas posibilitó a mediados de los años ochenta (Chomsky, 1986b) analizar la categoría Comp como un núcleo funcional dentro de la teoría de la X-con-barra. Así pues, Comp proyecta un SComp y posee especificadores y complementos. El complemento de C es el SFlex, por lo que tendremos la siguiente estructura:

(88)   SComp
                                   ∧
                                  Comp'
                                   ∧
                             Comp   SFlex

La extensión de la teoría de la X-con-barra a los complementantes tiene indudables ventajas. En primer lugar, SComp puede y debe tratarse como un constituyente. Por ejemplo, es posible coordinar secuencias «Comp + Flex», lo que indica su unidad estructural.

(89) a. Decía que le gusta el cine y que ve películas todas las semanas.
   b. No sabe si vendrás o si te quedarás en casa.

En segundo lugar, un SComp puede aparecer en posiciones sintácticas normalmente reservadas a constituyentes como los SSNN: complemento de verbo (90a), sujeto oracional (90b), y también en posición temática desplazada (90c).

(90) a. Dijo que no quiere verte.
   b. No es bueno para su reputación que llegue siempre tarde.
   c. Que no quiere verte, creo que dijo.

En una oración subordinada el complementante precede inmediatamente al SFlex. No es posible situar el complementante en una posición previa al verbo (91b) o insertado en el SFlex (91c).

(91) a. Pepe sabe que Luis es catedrático.
   b. *Pepe que sabe Luis es catedrático.
   c. *Pepe sabe Luis que es catedrático.

De hecho, solo pueden interponerse ciertos elementos como los adverbios o adjuntos oracionales, aunque en estos casos la estructura a la que afecta la interposición sigue siendo un SFlex, como muestra (93).

(92) a. Pepe sabe que, evidentemente, Luis es catedrático.
   b. Pepe sabe, con respecto a Luis, que es catedrático.

(93)

Aun así, el hecho de que *evidentemente* forme parte de un inciso en (92a), a diferencia de otros adjuntos a SFlex, como en *Pepe siempre llega tarde,* ha hecho pensar a algunos gramáticos que su estatuto gramatical ha de ser diferente. Nótese que la pausa y la alteración tonal, imprescindibles en (92a), no se reflejan en (93).

Finalmente, tampoco es posible invertir el sujeto con respecto al complementante:

(94) a. Sabe Pepe que [Luis es catedrático].
   b. *Sabe que Pepe [Luis es catedrático].

Observe que (94b) no es agramatical porque a *sabe* le falte un sujeto, sino porque *Pepe* no se puede interpretar como sujeto de *sabe* desde la posición que ocupa. Todo esto prueba que el complementante debe combinarse necesariamente con un constituyente de categoría SFlex, por lo que la agrupación bajo el constituyente Comp' indica adecuadamente que SFlex es un complemento de Comp. Además, en las construcciones en las que un verbo selecciona una oración como su complemento, la elección del complementante está a menudo condicionada por un requisito semántico del verbo. Se da, por tanto, la relación genuina de selección núcleo-complemento entre ciertas clases de verbos y el SComp. Por ejemplo, los verbos *prometer* y *aseverar* seleccionan complementos oracionales de categoría SComp encabezados por el complementante *que,* pero no toman complementos encabezados por *si*. En cambio, el verbo *preguntar(se)* selecciona complementos encabezados por *si* pero no por *que,* a menos que siga una interrogativa indirecta, como en *que si...,* tal como se explica en el § 11.7.3. Por último, *saber* o *decir* pueden seleccionar ambos complementantes, con las diferencias de significado que se explican en ese apartado:

(95) a. Pepe promete {que / *si} Luis es catedrático.
    b. Pepe asevera {que / *si} Luis es catedrático.
    c. Pepe se pregunta {si / *que} Luis es catedrático.
    d. Pepe no sabe {que / si} Luis es catedrático.
    e. Pepe nos dirá {que / si} Luis es catedrático.

Naturalmente, esta elección no es arbitraria, sino que está en función de las características semánticas de los predicados.

Existe otra propiedad interesante de la proyección SComp en español: el subordinante puede ser nulo con algunos verbos, más frecuentemente en el lenguaje administrativo, como se muestra en (96):

(96) a. <u>Esperamos</u> se encuentren a gusto entre nosotros.
    b. <u>Ruego</u> acepte usted nuestras más sinceras disculpas.
    c. Le <u>agradeceré</u> me responda a la mayor brevedad.

La característica más sobresaliente de esta construcción es el hecho de que el verbo subordinado, en subjuntivo en estos casos, aparece contiguo al verbo principal, lo que hace pensar que el modo subjuntivo se convierte en la marca de subordinación de estas oraciones. Podemos dar una traducción formal a esta intuición suponiendo que el verbo en subjuntivo se mueve a Flex (como en los demás casos), y luego pasa a ocupar el núcleo Comp en todas las oraciones de (96). Al hacerlo «hace las veces de subordinante», con lo que en realidad, la oración no carece de él, frente a lo que a primera vista podría parecer. Las predicciones inmediatas de esta hipótesis son dos: en primer lugar, el sujeto de estos verbos subordinados no podrá aparecer delante de ellos, frente a lo que sucede con los sujetos de las demás oraciones declarativas:

(97) a. *Esperamos ustedes sepan comprender nuestra urgencia.
    b. Esperamos sepan ustedes comprender nuestra urgencia.

Ciertamente, si V está en Comp, su sujeto no puede aparecer por encima de esta proyección. La segunda consecuencia es que delante del verbo en subjuntivo de estas oraciones subordinadas no puede aparecer ningún adverbio (para el caso especial de la negación, véase más adelante el capítulo 10):

(98) a. Les agradeceremos que en un breve plazo nos respondan.
  b. Les agradeceremos que nos respondan en un breve plazo.
  c. *Les agradeceremos en un breve plazo nos respondan.
  d. Les agradeceremos nos respondan en un breve plazo.

De nuevo, si V está en Comp, los adverbios que correspondan a la proyección SFlex no podrán estar por encima de V. Como vemos, ambas consecuencias se obtienen directamente del movimiento de V desde Flex hasta Comp en los casos citados. Así pues, estas oraciones tienen subordinante, pero no es una partícula la que ejerce este papel, sino la información flexiva, que se desplaza, junto con el verbo que la acoge, a la posición del subordinante. El análisis podría extenderse sin dificultad a las escasas muestras de esta construcción con verbo en indicativo (como en *La documentación que suponemos tienen ustedes dispuesta*).

Los rasgos del complementante determinan también en gran parte los rasgos de la estructura subordinada. Así, si podemos clasificar las estructuras subordinadas de (99a) y (99b) como estructuras condicionales; (99c) como una oración que contiene una subordinaria temporal, y (99d) como una estructura concesiva, es precisamente por el complementante que las encabeza. Dejando de lado la información que este aporte, las oraciones asociadas son idénticas en cuanto a su contenido léxico, por lo que SFlex no es el constituyente que determina las diferentes interpretaciones:

(99) a. Como no vengas, me enfadaré.
  b. Si no vienes, me enfadaré.
  c. Al no venir tú, me enfadé.
  d. Aunque vengas, me enfadaré.

El complementante no sólo determina la interpretación (en estos casos causal, condicional o concesiva) de la oración subordinada (recuerde que *si no vienes* denota una condición, no una venida), sino que también incide en otros parámetros relacionados con la flexión como la determinación de tiempo y modo. Por ejemplo, el complementante *si* con valor condicional selecciona su propia flexión. De hecho, selecciona un SFlex que no puede contener un verbo matriz en su forma futura o en el presente de subjuntivo (100a), aun cuando el tiempo de la oración subordinada haya de estar en relación con el de la oración principal (100b):

(100) a. *Si {vendrás / vengas}, me enfadaré.
  b. Si vienes, me {enfadaré / *enfadé}.

Resumamos. Los datos considerados en esta sección pueden explicarse de modo uniforme si concebimos los nexos subordinantes como núcleos funcionales que encabezan una proyección SComp y determinan la composición interna de dicha proyección. Como hemos visto, los complementantes o subordinantes seleccionan complementos de determinado tipo, que incluso pueden ser nulos en algunos casos, con consecuencias formales muy objetivas. Los subordinantes también imponen ciertos rasgos de tiempo y modo y determinan la interpretación semántica de las secuencias que encabezan. Veremos otras propiedades suyas en los capítulos 7 y 11.

4.4.2. *Las preguntas y la estructura de SComp*

La estructura del SComp dentro del esquema de la X-con-barra habilita una posición estructural no solo para su complemento, sino también para un especificador. Esta posibilidad hace que podamos analizar las oraciones interrogativas como SComp, es decir, como sintagmas complementantes. En las oraciones interrogativas (al menos en las que se solicita alguna información sin hacer referencia al discurso previo), la palabra interrogativa se desplaza obligatoriamente al principio de la oración:

(101) a. *¿Qué* dijiste?
     b. *¿Cómo* has abierto el sobre?
     c. *¿Cuándo* llegó?

Otra veces, la palabra interrogativa no se desplaza aparentemente *(¿Llegó cuándo?; ¿Dijiste qué?)*. A estas oraciones corresponden formas y significados distintos, como explicamos en los §§ 7.2.2 y 11.7.4. Observe, por otra parte, que más que como una palabra interrogativa, debemos tratar el constituyente desplazado como un constituyente máximo, un sintagma pleno interrogativo, como ilustran los siguientes ejemplos:

(102) a. *¿Qué historias* has contado?
     b. *¿De qué manera* has abierto el sobre?
     c. *¿A qué hora* llegó?

En los modelos previos al desarrollo de la categoría Comp, estas estructuras se analizaban recurriendo a una transformación de «formación de cláusula interrogativa», que derivaba las secuencias de (101), a partir de estructuras profundas como (103), en las que la palabra o sintagma interrogativo aparece en su posición originaria, es decir, en la posición canónica de los elementos de clase similar:

(103) a. Dijiste qué.
     b. Has abierto el sobre cómo.
     c. Llegó cuándo.

La operación transformacional de formación de interrogativa se limitaba a desplazar la palabra o sintagma interrogativo a la posición oracional más a la izquierda. Con la adopción de la teoría de la X-con-barra, la reinterpretación de esta regla transformacional crea un problema, ya que no existe un espacio o posición estructural natural al que desplazar la palabra interrogativa dentro de un inventario de categorías que tome la oración como categoría máxima. Aunque se pensó en diversas soluciones formales, se concluyó de una forma o de otra que no podían ser satisfactorias dentro de un modelo en el que O se expandiera como O-con-barra. Con el desarrollo de la categoría funcional Comp, el proceso de derivación de las estructuras interrogativas se hace mucho más natural, y alcanza además mayor poder explicativo. En este modelo, una palabra o constituyente interrogativo se desplaza al especificador de SComp.

(104) $[_{SComp} Q_i [_{Comp'} [_{SFlex} ... h_i ...]]]$

El análisis de las secuencias de (101) sigue tomando como estructuras de base expresiones como las de (103), en las que la palabra interrogativa aparece en su posición originaria no desplazada. El constituyente interrogado debe moverse al especificador de SComp, por lo que la formación de preguntas puede verse como un ejemplo más de desplazamiento de un constituyente SX a una posición de especificador, en este caso la de SComp:

(105) a. $[_{SComp}$ ¿Qué$_i [_{Comp'}$ dijiste ... h_i ... ?]]
   b. $[_{SComp}$ ¿Cómo$_i [_{Comp'}$ has abierto el sobre ... h_i ... ?]]
   c. $[_{SComp}$ ¿Cuándo$_i [_{Comp'}$ llegó Juan ... h_i ... ?]]

Cabe preguntarse qué es lo que motiva el ascenso de los constituyentes interrogativos de forma sistemática, es decir, por qué en las oraciones declarativas *Dijiste [una mentira]*; *Has abierto el sobre [mal]*; o *Llegó [a las tres]* no estamos obligados a desplazar los constituyentes entre corchetes a la posición inicial. Por una parte, es evidente que en español y en otras lenguas románicas o germánicas el desplazamiento a la izquierda (al especificador de SComp) tiene precisamente la función de indicar que ese constituyente es el que denota la información que el hablante desconoce y sobre la cual está formulando la pregunta pertinente. Por otra parte, este argumento no es apropiado para muchas interrogativas indirectas (como en *Sé bien cuándo llegaste*) ni tampoco para las oraciones de relativo (como en *el día en que llegué*). Analizaremos esta cuestión en los §§ 4.3.3 y 7.2.2.

Conviene tener un nombre que designe el conjunto de palabras interrogativas. En inglés se usa tradicionalmente el término WH-WORDS, puesto que muchas (aunque no todas: *how*) empiezan por esas dos letras. En español se utiliza desde hace tiempo el término PALABRAS QU-, puesto que (también con excepciones, como *dónde* o *por qué*) sirve como recordatorio de que morfológicamente aparecen marcadas por una raíz morfemática común: *quién, qué, cómo, cuándo, por qué*, etc. Usaremos, pues, este término, y emplearemos el de SINTAGMA QU- (abreviadamente, SQu) para hacer referencia a los sintagmas formados con palabras *qu-*, como *qué libro* o *por qué extraña razón*. Las palabras qu- pueden ser también relativas (*quien, cual, cuyo, donde, cuando*, etc.) y –de hecho– estas últimas ocupan posiciones sintácticas similares, como comprobaremos en el § 4.4.3 y en el cap. 7.

Podemos, pues, suponer razonablemente que las palabras interrogativas están especificadas en el léxico con el rasgo [+qu], es decir, un rasgo que refleja el hecho de que pertenecen a esta clase gramatical, y que este rasgo debe ser cotejado en el especificador de un SComp, también especificado como [+qu]. Así pues, el núcleo de SComp (= C°) habrá de tener este mismo rasgo. Naturalmente, debemos preguntarnos cómo ha llegado este rasgo hasta C°. En las interrogativas indirectas o subordinadas, este rasgo está en C° porque lo impone el predicado que selecciona la construcción (*saber, depender (de), averiguar, seguro (de)* y otros muchos). En las interrogativas directas, es decir, las no subordinadas, este rasgo está en C° porque es la marca sintáctica de la pregunta misma.

De esta hipótesis, que desarrollaremos en los capítulos 7 y 11, se puede inferir que el desplazamiento de las palabras y constituyentes interrogativos está sujeto también a un proceso de concordancia entre un núcleo [+qu] y un sintagma cualquiera (SX) que debe también poseer ese mismo rasgo. La relación de concordancia entre el núcleo y el SX interrogativo es, pues, un caso más de concordancia núcleo-especificador. El SX deberá ocupar la posición de especificador de un sintagma adecuado para que se dé esa relación de concordancia. La proyección SComp satisface este requisito ya que su núcleo puede ser especificado como [+qu]. La derivación pertinente pasa, por tanto, de (106a) a (106b).

(106) a. $[_{SComp}\ C_{[+qu]} \ldots \ldots SX_{[+qu]}]$
      b. $[_{SComp}\ SX_{[+qu]i}\ [_{Comp'}\ C_{[\ +qu]} \ldots h_i \ldots]]$

El que las representaciones estructurales de las oraciones interrogativas deban satisfacer este requisito de buena formación puede verse como un criterio o un principio que determinará qué representaciones estarán bien formadas. May (1985) y Rizzi (1996) formularon con este propósito el siguiente PRINCIPIO QU- O CRITERIO QU- (ingl. *wh-criterion*):

(107) Todo sintagma [+qu] deberá ocupar la posición de especificador de un SComp con núcleo Comp$_{[+qu]}$. A su vez, el especificador de un SComp$_{[+qu]}$ deberá estar ocupado por un SX$_{[+qu]}$.

Este criterio filtrará o eliminará representaciones en las que la presencia del rasgo [+qu] no haya activado el proceso de movimiento a SComp. De ahí que, aunque (106a) sea una estructura válida inicial o de base, no lo sería como estructura final o como representación de la secuencia oracional superficial que producimos. Solamente (106b) satisface el criterio *qu-*, ya que el SX se ha desplazado al especificador de SComp.

Las preguntas con sintagma qu- (abreviadamente, SQu) no desplazado (o con SQU IN SITU) no carecen, sin embargo, de interpretación. La más común es la llamada IN-TERPRETACIÓN DE ECO (§§ 7.2.2, 8.6.1 y 11.7.4). Este pintoresco término es hoy de uso general para hacer referencia a la interpretación que también se ha llamado CON-FIRMATIVA. Tiene lugar cuando el oyente no ha entendido bien las últimas palabras (o partes de palabras) emitidas por su interlocutor y le pide que se las repita. Así pues, el criterio qu- no niega que secuencias como *¿Quieres qué?* constituyan un tipo de pregunta, pero es claro que no solicitan la misma información que preguntas como *¿Qué quieres?* Algunas preguntas de eco son, de hecho, PREGUNTAS METALINGÜÍSTI-CAS, como se explica en el § 11.7.4.

La especificación de un SComp con el rasgo [+qu] no solo indica que dicho SComp será una oración interrogativa (dejamos de lado, por el momento, las oraciones de relativo). En muchas lenguas, entre ellas el español, es también incompatible con la presencia de un complementante en el núcleo de SComp, como muestran las siguientes secuencias agramaticales:

(108) a. *¿Qué que dijiste?
      b. *¿Cuándo que llegó?

Esta incompatibilidad entre la presencia de un sintagma interrogativo en el especificador de SComp y un complementante en el núcleo de dicha proyección puede observarse en muchas lenguas, pero no en otras, como el inglés antiguo, el inglés actual de Belfast o ciertas variantes del francés canadiense. En los siguientes ejemplos del inglés de Belfast (tomados de Henry, 1995) coexisten los SQu *(which dish, which model)* con el complementante *(that):*

(109) a. I wonder which dish that they picked.
　　　　　'lit. Me pregunto qué libro que escogieron.'
　　　b. They didn't know which model that we have discussed.
　　　　　'lit. No sabían qué modelo que habíamos discutido.'

No constituyen contraejemplos secuencias, características de la interrogación indirecta, como *que cuándo* o *que quién* (como en *Le preguntó que quién vendría*), ya que están formadas por un SC doble, como explicamos en el § 11.7.3.2. Escapan también aparentemente a dicha generalización algunas construcciones exclamativas del español coloquial, como las de (110):

(110) a. ¡Qué cosas que dice este hombre!
　　　b. ¡A qué extremos que hemos llegado!
　　　c. ¡Qué deprisa que corría!

Analizaremos estas construcciones en el § 11.8.2.2. Para dar cuenta de incompatibilidades del estilo de la que muestra (108), Keyser (1975) y Chomsky y Lasnik (1977) propusieron lo que dichos autores denominaban el FILTRO DEL SComp DOBLEMENTE LLENO (ingl. *Doubly-filled Comp Filter*). La palabra *filtro* designa aquí una restricción sobre las representaciones posibles, en el sentido de que «filtra» o convierte en ilegítimas las que no lo satisfacen, como sucedía con el filtro de caso (§ 3.3.4). El filtro del SComp doblemente lleno especifica que estará mal formada cualquier representación estructural en la que aparezcan un SX en el especificador de SComp y un complementante en el núcleo, es decir, un SComp en el que haya dos elementos. El filtro describe adecuadamente la mala formación de (108) o de sus correlatos en otras lenguas, pero no explica por qué debe aplicarse a SComp y no a otros constituyentes como SFlex, donde de forma obligatoria deben aparecer el núcleo verbal y el sujeto. Tampoco explica por qué no lo respetan en el SComp las variantes del inglés, del español y de las otras lenguas mencionadas arriba, en las que el especificador y el núcleo de C° están ocupados simultáneamente. Independientemente de estas consideraciones empíricas, los filtros tienden a evitarse en la lingüística teórica contemporánea porque, como explicamos en el § 7.2.4, son ESPECIFICACIONES NEGATIVAS: no formulan las características que ha de cumplir una determinada construcción, sino las pautas que no se ajustan a ella.

Cabe pensar que la agramaticalidad de (108) se puede obtener simplemente a partir de la necesaria compatibilidad de rasgos entre los distintos elementos que participan en una derivación. El complementante *que* es un subordinante declarativo, es decir, introduce oraciones declarativas:

(111) a. Dijo que vendría.
　　　b. Imagina que llegas tarde.

Supongamos que el nexo *que* posee en español la especificación [-qu], para indicar que encabeza una oración incrustada declarativa. Este rasgo se transmitirá desde el núcleo hasta el nivel máximo de proyección SComp, que también resultará marcado con el rasgo [-qu]. Damos cuenta así, de forma sencilla, del hecho de que el SComp en cuestión es una oración subordinada declarativa o enunciativa. Conviene hacer notar, no obstante, que esta conjunción está presente en las interrogativas no subordinadas en algunas lenguas románicas, como el catalán (*Que vindrà la Lluïsa?* '¿Vendrá Luisa?'), de modo que la partícula *que,* tónica en este caso, posee el rasgo [+qu] en tales construcciones.

El mecanismo por el cual ciertos verbos como *imaginar, prometer* o *suponer* resultan compatibles con SComp encabezados por *que,* y otros, como *preguntar* son incompatibles con este tipo de SComp puede verse como un requisito de selección: los verbos declarativos seleccionan SComp con el rasgo [-qu] y los verbos interrogativos seleccionan SComp[+qu].

Cuando un SComp está especificado como [-qu], su núcleo C° debe llenarse en español con algún elemento explícito. Esto se logra con la conjunción *que* o con el ascenso de Flex° a C° que se describe en el § 4.4.1 (ejemplo (96) ss.) para las subordinadas de subjuntivo sin complementante aparente. Desde luego, no podremos tener en este caso un SQu en el especificador de SComp, porque esta configuración crearía un conflicto de rasgos:

(112) $^*[_{SComp} SX_{[+qu]} [_{Comp'} que_{[-qu]} \ldots]]$

Tampoco podríamos tener un SQu en el especificador sin la conjunción *que* en el núcleo, porque el SQu no podría estar en concordancia con él. En efecto, recuerde que verbos como *creer* u *opinar* seleccionan complementos declarativos, es decir, C° con el rago [-qu], por lo que aunque existiese un hipotético núcleo C° vacío entraría de nuevo en conflicto con el rasgo [+qu] del SQu. Esto es lo que sucedería en (113), frente a (114), donde *saber* o *averiguar* seleccionan SComp con el rasgo [+qu], (aunque esta no sea la única opción: *sé que...; averiguaron que...*):

(113) a. *Creo quién vendrá mañana.
      a. *Opino cómo hizo el trabajo.

(114) a. Sé quién vendrá mañana.
      b. Averigua cómo hizo el trabajo.

Es lógico suponer, por tanto, que el español dispone de un complementante nulo [+qu] o, en otras palabras, una especificación válida del núcleo de SComp por el rasgo [+qu] sin soporte léxico, que activa el mecanismo por el cual cualquier sintagma con el rasgo [+qu] es atraído o se desplaza a su especificador.

Ciertos verbos seleccionan SComp[+qu], como hemos mencionado anteriormente. A las oraciones subordinadas que satisfacen este requisito se las llama tradicionalmente INTERROGATIVAS INDIRECTAS:

(115) a. Pregunta si vendrás.
      b. Pregunta quién viene.
      c. Averiguó cómo lo hacía.

Es clásica la pregunta acerca de cómo encaja la partícula *si* en el paradigma de las palabras interrogativas. En las gramáticas descriptivas y en los diccionarios es habitual analizar *si* como conjunción subordinante (es decir, como C°), mientras que *quién* y *cómo* serían adverbios interrogativos, es decir, palabras *qu-*. Es obvio que si nos limitamos a analizar así estas palabras, perderemos una generalización evidente, puesto que las tres encabezan interrogativas indirectas seleccionadas por los mismos predicados. La solución de Bello (1847) era entender que *si* es en realidad un adverbio interrogativo, puesto que las conjunciones subordinantes no admiten infinitivos (se dice *No sé cómo ir, No sé dónde ir, No sé si ir,* pero no, en cambio, **No sé que ir*). Traducida esta solución a nuestro marco formal, podríamos decir que *si* es una palabra *qu-* que ocupa, como las demás, el especificador del SComp. Esta solución tampoco carece de problemas. No explica desde dónde se mueve *si* a esa posición; tampoco aclara por qué es *si* el único adverbio interrogativo átono y el único que no tiene correlato con un relativo, entre otras propiedades de esa peculiar partícula.

Cabe suponer que la interrogativa indirecta de (115a) está encabezada por un complementante *(si)* que debe estar marcado por el rasgo [+qu]. En general, en las oraciones de (115) tenemos como términos iniciales a la izquierda SSXX [+qu] desplazados al especificador de SComp, pero la posición nuclear está vacía:

(116) a. Pregunta [$_{SComp[+qu]}$ [$_{Comp'}$ [$_C$ si$_{[+qu]}$] [$_{SFlex}$ vendrás]]]

       b. Pregunta [$_{SComp[+qu]}$ quién$_i$ [$_{Comp'}$ [$_C$ [+qu]] [$_{SFlex}$ h$_i$ viene]]]

       c. Averiguó [$_{SComp[+qu]}$ cómo$_i$ [$_{Comp'}$ [$_C$ [+qu]] [$_{SFlex}$ estás h$_i$]]]

Si repasamos el 'criterio qu-' tal como lo formulamos anteriormente, se podría concluir que, de estas estructuras, solo (116b) y (116c) satisfacen dicho criterio, ya que en (116a) no hay un SX$_{[+qu]}$ que ocupe la posición de especificador de SComp. Parece, pues, que hay cierta tensión entre el filtro del SComp doblemente lleno y el criterio qu-. La solución que suele proponerse es que en (116a), la posición de especificador está ocupada por un SX$_{[+qu]}$ invisible, inaudible o vacío al que se denomina OPERADOR NULO (ingl. *null operator*). El operador nulo viene a ser un SQu sin rasgos fonológicos, por lo que posee el mismo contenido semántico que un SX visible. La presencia de este operador (Op) hace que se satisfaga el criterio qu-, debido a que el especificador de SComp$_{[+qu]}$ está ahora ocupado por un SX$_{[+qu]}$.

(117) Pregunta [$_{SComp[+qu]}$ Op [$_{Comp'}$ [$_C$ si$_{[+qu]}$] [$_{SFlex}$ vendrás]]]

Por otro lado, la presencia del operador en el especificador de SComp no viola el filtro del SComp doblemente lleno, siempre que entendamos que lo que este imposibilita es la presencia simultánea (en unas lenguas, pero no en otras) de un núcleo y un especificador morfológicamente plenos o visibles.

Este operador nulo está probablemente presente en las interrogativas disyuntivas directas del tipo de *¿Vienes o te quedas?* De hecho, el uso de *si* en las interrogativas directas era frecuente en el español antiguo y se documenta hasta el siglo XIX, como en *¿Dónde estará? ¡Oh Dios! ¿Si habrá muerto?* (J. E. Hartzenbusch, *La jura en Santa Gadea,* citado en DCRLC). También cabe suponer que está presente en algunas expresiones disyuntivas en subjuntivo, como *Venga María o no (venga).* De hecho, es razonable pensar que estas últimas construcciones constituyen el equivalente de las examinadas en el § 4.4.1 –ejemplos (96) ss.– en el dominio de las interrogativas indirectas. El operador *qu-* nulo mantiene en ellas la concordancia con el núcleo C°; más aún, su presencia nos permite interpretar semánticamente estas oraciones. Podemos pensar, por tanto, que el subjuntivo hace en ellas las veces de subordinante, como sucedía en (96), de forma que se mueve desde Flex a C°, con lo que deja detrás su sujeto o cualquier adverbio:

(118) $[_{\text{SComp[+qu]}}$ Op $[_{\text{Comp'}}$ $[_{\text{C°}}$ venga$_i$ [+qu]] $[_{\text{SFlex}}$ María h$_i$ o no (venga María)]]]

Nótese que en inglés se consigue el mismo significado sin mover el verbo, esto es, con un equivalente explícito o manifiesto de este mismo operador nulo:

(119) <u>Whether</u> Mary arrives or not ('Si María llega o no')

4.4.3. *SComp en otras construcciones*

Hay otro tipo de oraciones que también entrañan la presencia del constituyente SComp, aunque su sintaxis y su interpretación son parcialmente diferentes de las de las preguntas, como explicaremos más detenidamente en el cap. 11. En construcciones exclamativas como las de (120) observamos también la presencia de elementos *qu*. Dichos elementos, en paralelo con las construcciones interrogativas, deben desplazarse hacia el dominio de SComp, como prueba la agramaticalidad de (121):

(120) a. ¡Qué alto es Juan!
     b. ¡Qué alto que es Juan!
     c. ¡Qué de libros has leído!

(121) a. *¡Es Juan qué alto!
     b. *¡Has leído qué de libros!

Como vemos, no existen exclamativas de eco. Existen, en cambio, EXCLAMATIVAS INDIRECTAS, que están seleccionadas por ciertos tipos de predicados, como *sorprender* y *ser increíble* en (122).

(122) a. Me sorprende cuántos idiomas habla este chico.
     b. Es increíble cómo han dejado que sucediera esto.

En estas oraciones el que habla muestra su sorpresa o su asombro por el hecho de que alguna magnitud alcance cierto número o cierto grado no esperado. Estos predicados seleccionan un SComp que posea el rasgo [+qu], además de un rasgo que diferencie estas construcciones de las interrogativas. Podemos llamarlo simplemente [+ exclamativo]. La necesidad de este segundo rasgo proviene del hecho de que solo introduciendo un rasgo semántico adicional podremos distinguir entre un SComp [+qu] exclamativo, como el de (122), y otro interrogativo, como el de (123):

(123) a. Me preguntó cuántos idiomas habla este chico.
     b. Averiguaremos cómo han dejado que sucediera esto.

Como recordará usted de algún curso básico de gramática, las oraciones de relativo son oraciones subordinadas que modifican a un núcleo nominal, que normalmente se denomina 'antecedente' del relativo. Dado que la categoría que suele modificar al nombre es el adjetivo, a las oraciones de relativo se las suele llamar también SUBORDINADAS ADJETIVAS. Así, en (124a), la oración *con quienes aprendí* modifica al núcleo *estudiantes,* ya que especifica o acota la referencia del término nominal. La misma relación se obtiene entre *lugar* y la oración de relativo *donde escondieron el tesoro* de (124b).

(124) a. Los estudiantes con quienes aprendí me dejaron un recuerdo inolvidable.
      b. El lugar donde escondieron el tesoro es desconocido.

La gramática tradicional trataba, correctamente, a *quienes* como pronombre relativo, y a *donde* como adverbio relativo, con lo que cobra pleno sentido considerar el núcleo nominal modificado como el antecedente del pronombre o el adverbio para explicar la identidad referencial entre los dos términos. Con independencia de la relación semántica que se reconozca entre ellos, existe una relación de localidad, contigüidad o proximidad entre el antecedente y el pronombre relativo. De hecho, este debe aparecer «al principio» de su oración:

(125) a. *Los estudiantes aprendí con quienes.
      b. *El lugar escondieron el tesoro donde.

La extensión del análisis de las oraciones subordinadas en función de la categoría SComp a las oraciones de relativo nos ayuda a explicar esta propiedad. Los pronombres relativos son expresiones que portan el rasgo [+qu]. De hecho, la diferencia fundamentar entre ellos y los pronombres interrogativos es que estos últimos son prosódicamente fuertes o acentuados, mientras que los pronombres de relativo son prosódicamente débiles. Morfológicamente, los pronombres relativos e interrogativos son, en general, idénticos. Al poseer el rasgo [+qu], estos elementos deberán desplazarse al especificador de un constituyente de categoría SComp (más detalles sobre este proceso en el § 7.2). Esta propiedad explica la agramaticalidad de (125) y el paralelismo entre las propiedades de desplazamiento observadas en relativas e interrogativas. La estructura de la oración de relativo (124a) entraña, por tanto, el desplazamiento de un elemento [+qu] al especificador de SComp y la presencia del rasgo [+qu] en Comp para activar el mecanismo de concordancia núcleo-especificador:

(126) $[_{SComp}$ con quienes$_{[+qu]i}$ $[_{Comp'}$ $[_C$ [+qu]] $[_{SFlex}$ aprendí h$_i$]]]

Existe, como ya habrá observado usted, una diferencia notable entre el rasgo [+qu] del núcleo C° en las oraciones interrogativas y en las relativas. El primero está seleccionado léxicamente por predicados como *preguntar, averiguar,* etc. en las interrogativas indirectas, o bien escogido directamente por el hablante para construir una pregunta en las interrogativas directas. En las relativas, por el contrario, este rasgo no está seleccionado léxicamente, pero es necesario para que se establezca una relación predicativa. En otras palabras, será el rasgo [+qu] de los relativos el que permita que en *el libro que compraste ayer,* la oración *que compraste ayer* se comporte como un modificador predicativo de *libro,* el mismo papel que ejerce *rojo* en *el libro rojo*. Sobre el concepto de 'predicación' daremos muchos más detalles en el capítulo siguiente (§§ 5.2 y 5.3).

Es importante tener en cuenta, además, que el significado de las palabras *qu-* no es obligatoriamente «interrogativo», ni siquiera en ciertas interrogativas indirectas. Observe que no se pregunta nada en *Depende de qué le digas* ni en *Ya sé cómo se enteró Juan* ni en *Han averiguado dónde escondían el dinero*. Las palabras *qu-*, sean relativas o interrogativas, establecen siempre una elección entre un conjunto de opciones. Esta elección afecta a una persona, a una cosa, a una manera, a un lugar, a una causa, etc. Por esta razón se dice que son palabras cuasi-cuantificativas: establecen o determinan qué elemento x (donde x designa algunas de esas nociones semánticas) entra en una determinada relación predicativa (cfr. el § 7.2.2). Cuando expliquemos en el capítulo 8 los fundamentos de la cuantificación detallaremos un poco más estas nociones. En lo que a este capítulo concierne, es suficiente con que comprobemos que la extensión del inventario de categorías funcionales para incluir la categoría Comp y su expansión SComp nos permite dar una explicación unificada de las propiedades de una serie de construcciones que reciben etiquetas distintas y en apariencia no están relacionadas, pero que resultan tener numerosas propiedades estructurales e interpretativas en común si se miran más de cerca.

En los párrafos anteriores, hemos visto que un SQu interrogativo puede ser nulo. La pregunta natural es si un SQu relativo lo puede ser también. La respuesta es afirmativa, según piensan Kayne (1976) para el francés y Brucart (1994a) para el español, entre otros autores. Desde este punto de vista, el relativo *que* es realmente una conjunción subordinante en C°, de modo que en su especificador tendríamos un operador *qu-* nulo, como se indica en (127):

(127) El libro [$_{SComp}$ Op$_{i[+qu]}$ [Comp' [$_{C°}$ que] [$_{SFlex}$ leí h$_i$]]]

Nótese que la posición C° ha de estar ocupada en estas oraciones en español, frente a lo que ocurre en inglés, lengua en la que tanto Op como C° pueden ser nulos:

(128) a. The book I read.
b. The book that I read.

(129) a. *El libro leí.
b. El libro que leí.

De hecho, una ventaja considerable de este paso, que permite la concordancia núcleo-especificador en la estructura X-con-barra, es que nos permite establecer relaciones entre oraciones subordinadas sustantivas y relativas flexionadas y no flexionadas. Existe, pues, una relación estrecha entre los dos pares siguientes:

(130) a. Prometí que iría.
b. Prometí ir.

(131) a. El tesoro que encontraron en la mina.
b. El tesoro encontrado en la mina.

La relación entre las oraciones de (130) es tradicional: ambas contienen dos subordinadas sustantivas, una con verbo finito y otra sin el. En términos formales, podemos decir que el subordinante *que* selecciona la flexión temporal (es decir, que C° selecciona T°). Ahora bien, en términos descriptivos es difícil analizar *encontrado en la mina* en (131b) como una oración de relativo, puesto que no contiene ningún pronombre relativo. Pero nótese que, en ausencia de flexión temporal, C° no necesita estar ocupado por una categoría con contenido léxico, lo que se aplica tanto a (130b) como a (131b). Más aún, la expresión *encontrado en la mina* puede ser analizada como una relativa si suponemos que el especificador de C° está ocupado por un SQu nulo. Estas oraciones se suelen llamar, de hecho, RELATIVAS REDUCIDAS (ingl. *reduced relatives*). Veremos otros aspectos de la estructura de SComp en las relativas en el capítulo 7. No podemos examinarlos aquí porque hemos de introducir antes otras unidades de análisis, lo que haremos en los dos capítulos siguientes.

4.5. El sintagma determinante

4.5.1. *Los determinantes como núcleo*

En el capítulo anterior hemos tratado los SSNN como proyecciones de un núcleo nominal. Al aplicar el análisis de la X-con-barra a SSNN de distinta complejidad, observábamos que los SSNN son proyecciones de un núcleo nominal N que puede tomar complementos y que tiene como especificadores expresiones de la categoría determinante:

(132)

Este análisis jerárquico mejora sin duda los análisis 'lineales' o 'planos' característicos de los modelos estándar y estándar extendido, en los que se necesitaban reglas alternativas para generar SSNN de distinta complejidad en función de los complementos o modificadores que apareciesen en posición prenominal o posnominal. El análisis de la X-con-barra permite eliminar todas estas reglas sintagmáticas y sustituirlas por un único esquema o plantilla uniforme, es decir, por un patrón que se aplica a todas las proyecciones máximas y que, por tanto, constituye una generalización muy poderosa sobre la forma en que estas se articulan. Sin embargo, a partir de mediados de la década de los ochenta, varios investigadores propusieron hipótesis que empezaron a cambiar las concepciones más o menos clásicas sobre la estructura del sintagma nominal. A partir de los datos de distintas lenguas, se concluía que los SSNN poseen más estructura de la que podría deducirse del análisis basado en categorías léxicas, a la vez que se descubrían diversos paralelismos entre los SSNN y las oraciones. Esta dirección en el desarrollo de los planteamientos teóricos sobre la estructura del SN no es sorprendente, sobre todo si lo consideramos en paralelo con la forma en que se revisó la estructura de las oraciones a partir del desarrollo de las categorías funcionales. De hecho, es precisamente el examen de diversas categorías funcionales en el interior del SN lo que condujo a una revisión estructural de este constituyente, siguiendo razonamientos con los que ya estamos acostumbrados.

Repare, en primer lugar, en que en el análisis clásico de (132) la posición de especificador del SN está ocupada por un determinante. Como observábamos en el § 3.1.3, la categoría de los determinantes tiene varias propiedades que nos hacen pensar que es una categoría funcional: el inventario de estas expresiones es cerrado (no es posible crear nuevos determinantes o tomarlos prestados de otra lengua). Son expresiones prosódicamente débiles o no acentuadas y poseen un contenido 'funcional', en el sentido de que no denotan seres o entidades. Como indica su etiqueta categorial, los determinantes «determinan» o «especifican» la referencia del nombre sobre el que inciden, es decir, precisan su cantidad, su referencia u otras propiedades relacionadas con estas, como son las de posesión, deixis, etcétera.

Los determinantes son además categorías mínimas, o X^0s, por lo que su presencia estructural en el especificador de una categoría nominal infringiría el llamado REQUISITO DE UNIFORMIDAD ESTRUCTURAL (Stowell, 1981; Chomsky, 1986b): las categorías mínimas o X^0 solo pueden aparecer en posiciones nucleares, y las expresiones máximas o SX solo pueden aparecer en las posiciones de especificador o complemento. La satisfacción del requisito de uniformidad estructural no es posible con el análisis del SN propuesto en (132), ya que no hay un espacio nuclear apropiado dentro del SN para el determinante. Cabría proponer que los determinantes se generan como adjuntos al núcleo nominal (133), en paralelo con lenguas como el rumano o el sueco, en las que los determinantes aparecen siempre como elementos incorporados o adjuntos (en rumano tenemos *baiatul* 'lit. chico-el'; en sueco, *mannen* 'lit. hombre-el'):

(133)

SN
└ N'
  └ N
    ├ Det — el
    └ N — estudiante

Este análisis dejaría vacía la posición de especificador de SN, y resultaría problemático a la hora de explicar por qué elementos de distinta naturaleza pueden intervenir entre determinante y nombre: adjetivos *(las altas montañas, el desafortunado e imprevisto incidente)*, la negación *(la no comparecencia de su excelencia)*, etcétera.

Al ser el determinante (D) una categoría funcional, le corresponde proyectar una categoría máxima SINTAGMA DETERMINANTE (SD), que tomaría como complemento el SN encabezado por el nombre. En este sentido, nos encontraríamos con una situación similar a la que detectamos en la estructura oracional, con un núcleo léxico V y un núcleo funcional Flex que lo selecciona. En su tesis doctoral, el lingüista Steven Abney (1987) formuló este paralelismo de forma explícita, en lo que ha pasado a conocerse como HIPÓTESIS DEL SINTAGMA DETERMINANTE (ingl. *DP hypothesis*). De acuerdo con esta hipótesis, los determinantes son categorías funcionales (X°) que se expanden en una proyección máxima (SD), y que toman como complemento la categoría SN. El paralelo con la estructura oracional es, pues, completo: la categoría funcional jerárquicamente más alta (D en un caso y Flex en el otro) proyecta un sintagma propio y toma como complemento una categoría léxica (SN en un caso y SV en el otro). Esto nos lleva a reconsiderar el análisis de secuencias como *el libro de matemáticas,* que pasarían a tener la estructura siguiente:

(134)

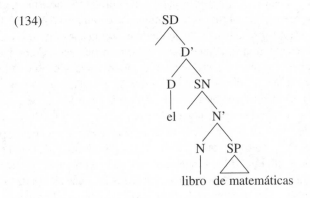

En el § 10.2 analizaremos diversas consecuencias de esta estructura.

4.5.2. *Las construcciones posesivas*

La hipótesis del sintagma determinante fue propuesta por Abney para explicar ciertas pautas en el comportamiento de los posesivos del húngaro y del inglés, entre otras lenguas como el yupik, el maya y el turco. Así, si en húngaro se obtiene una configuración posesiva del tipo «determinante definido + SN poseedor + N», el nombre y el SN poseedor deben concordar en número y persona, el mismo tipo de concordancia que se produce entre sujeto y verbo. Además, el poseedor debe llevar marca de caso, al igual que los sujetos oracionales. Considérense a este respecto los siguientes datos de Szabolcsi (1983), que muestran claramente el paralelismo entre construcciones posesivas (135) y oraciones (136) en las marcas de caso y concordancia:

(135) a. az én-ø   vendég-e-m
          el yo-Nom.   invitado-Pos.-1p. sg.
          'mi invitado'
      b. (a) Mari-ø   vendég-e-ø
          (el) María-Nom.   invitado-Pos.-3p. sg.
          'el invitado de María'

(136) Mari-ø   alud-t-ø
      María-Nom.   duerme-Pasado.-3p. sg.
      'María duerme.'

En las construcciones posesivas del inglés aparece también una marca flexiva «*-s*», que señala el SN poseedor, por lo que suele considerarse una marca de caso genitivo:

(137) John's   books
      John-pos.   libros
      'Los libros de John'

El marcado del poseedor no es solo un proceso morfológico que afecta al SN. La posición correspondiente al poseedor está también identificada o fijada sintácticamente, de tal forma que el SN poseedor debe preceder al nombre que indica el objeto poseído: la expresión *books John's,* donde el objeto poseído *(books)* precede al poseedor *(John)* es agramatical. Estos y otros argumentos llevan a Abney a proponer que la marca «*-s*» es un núcleo de concordancia similar al núcleo oracional Flex. Este núcleo es el que Abney denomina D. Tanto en húngaro como en inglés, el SD-poseedor ocupa la posición de especificador de D, y el SN poseído la posición de complemento:

(138)

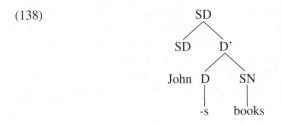

La posición de especificador puede ser ocupada por un SD, pero la de complemento de D corresponde al SN. Esta característica predice que en inglés no podemos generar *John's the books* 'lit. Juan-pos. los libros' o *John's his books* 'lit. Juan-pos. sus libros'. Estas secuencias son agramaticales porque en ellas el núcleo D *(-s)* seleccionaría un SD, lo cual no es estructuralmente posible. Szabolcsi (1983) defiende además que la posición de los SSDD poseedores es derivada, más concretamente que estos elementos se desplazan desde una posición posnominal a la posición de especificador de SD para cotejar sus rasgos de concordancia:

(139) $[_{SD}$ SD_i $[_{D'}$ D $[_{SN}$ N h_i]]]

Podemos también establecer una conexión entre este tipo de construcciones posesivas y aquellas en las que el poseedor aparece en posición posnominal, como *the books of John* en inglés o *los libros de Juan* en español. Si seguimos a Szabolcsi en la hipótesis de que los SSDD que indican el poseedor (al que llamaremos *SD poseedor*), en una estructura posesiva, aparecen en posición posnominal en el punto de generación inicial o de base, podríamos explicar la asimetría entre poseedores prenominales *(John's books)* y posnominales *(the books of John)* de la siguiente forma: La preposición *of / de* actúa como un marcador o legitimador de los rasgos de concordancia del poseedor en las construcciones posnominales del inglés o del español. En inglés o en húngaro es también posible una derivación alternativa en la que dicho elemento legitimador no se inserta. Ello fuerza el ascenso del SD poseedor al especificador del SD para cotejar sus rasgos de concordancia (también en el caso del húngaro). El resultado es una construcción en la que aparece una marca de concordancia patente en D, de forma que el SD poseedor ocupa la posición de especificador de SD. Podemos explicar la diferencia entre inglés / húngaro y español en términos de un parámetro de concordancia: en inglés y en húngaro los rasgos de concordancia (de posesión) en D pueden ser fuertes y legitimar el desplazamiento de un SD poseedor a la posición de especificador de SD [+pos.]. En español, la concordancia de posesión es débil y el ascenso no es posible, por lo que secuencias como *Juan libros* o *Juan los libros* son agramaticales. Diremos algo más sobre los posesivos en el § 10.2.5.

4.5.3. *Categorías funcionales en el SD*

A partir de la difusión de la hipótesis del sintagma determinante, numerosas investigaciones se han centrado en explorar sus consecuencias en diversos terrenos. Uno de estos desarrollos, que resulta especialmente pertinente para los propósitos de este capítulo, se centra en la determinación de si hay otras categorías funcionales dentro del SD. Recuerde que las propiedades de la concordancia han sido analizadas en la sintaxis reciente no como propiedades periféricas sólo relevantes en el componente morfológico, sino como características centrales, además de visibles, de la estructura sintáctica y de la derivación de la oración.

En español los SSDD poseen también propiedades de concordancia. Como sabemos, el determinante y el nombre concuerdan en género y número:

(140) el chic-o
     la chic-a
     los chic-o-s
     las chic-a-s

Esta variación completa en las desinencias de concordancia es visible solo en aquellos nombres susceptibles de variación genérica y numérica. Otros nombres como *mesa, gripe* o *rotación* no varían en cuanto al género, lo que no quiere decir que no posean especificación genérica. El hecho de que sean compatibles solo con una forma del artículo (no podemos decir *el mesa, *el gripe, *el rotación) nos lleva a la conclusión natural de que estos nombres están especificados como [femenino]. Esta especificación es, como se sabe, semánticamente arbitraria. No hay nada en el objeto denotado por la palabra *mesa* o el estado fisiológico asociado con *gripe* que sea «femenino», por lo que el género gramatical de estos sustantivos se distingue del que aporta información relativa al sexo, como al *niño-niña*. La especificación de género es un requisito morfológico que todos los nombres del español deben satisfacer, sean animados o no animados, concretos o abstractos. Existen también ciertos 'marcadores de palabra' (Harris, 1991) que actúan como segmentos morfológicos, pero no como depositarios de información genérica (por ejemplo, -*a* en *cosmonauta* o -*e* en *jefe*). Lo que nos interesa, desde un punto de vista sintáctico, es que la especificación de género y número se transmite a diversos constituyentes del SD: determinante, nombre y adjetivos concuerdan, es decir, poseen la misma especificación de género y número.

Este es un fenómeno cuyas raíces sintácticas ya hemos analizado. Recuerde que, al hablar de las propiedades morfológicas del verbo en español, mostrábamos que venían a ser el reflejo de ciertos procesos y de determinadas restricciones sintácticas. Así, el principio especular (§ 4.2.2), la operación de incorporación (§ 4.2.2) y la restricción en el movimiento de núcleo a núcleo (§ 4.2.3) se proponen en principio como instrumentos analíticos de mayor aplicación que el dominio de la estructura oracional. La validez de las generalizaciones y principios explicativos debe ser aplicable a todos los dominios que puedan ser tomados como ejemplificaciones del mismo fenómeno. Podemos, en consecuencia, proponer una hipótesis similar para el dominio del SD, de acuerdo con la cual a la flexión nominal (la información de género y número) le corresponde una estructura paralela a la que hemos postulado para la flexión verbal. En principio, esto nos llevaría a proponer inicialmente una proyección de flexión dentro del SD (flexión nominal o, abreviadamente, Flex-Nom), a la cual debería desplazarse un nombre generado como núcleo del SN para cotejar sus rasgos de género y número. Recuerde que 'concordancia' designa aquí un núcleo funcional, no una relación en sentido estricto:

(141)

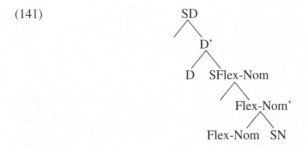

Algunos autores (Ritter, 1991; Picallo, 1991; Valois, 1991) han sugerido que este tipo de proyección de concordancia interna debe escindirse en proyecciones funcionales independientes que corresponderían a los rasgos de género y número. Existe, ciertamente, una diferencia importante entre ambos. Como hemos visto, los rasgos de género son INTERPRETABLES en algunos nombres y pronombres *(azafata, ella),* pero no lo son en el resto de los sustantivos *(mesa, colina).* Esto convierte las marcas de género en informaciones cercanas a los mencionados 'marcadores de palabra'. En este sentido se dice a veces que el género de los sustantivos se acerca al caso, en cuanto que constituye, como él, una información necesaria sintácticamente, pero no informativa semánticamente.

Nótese que la flexión nominal siempre aparece linealmente a la derecha de la raíz léxica (N + Flex), lo que sugiere que el nombre es el constituyente que asciende y se adjunta a la flexión de concordancia nominal. Pero, además, existe también un requisito de orden estricto entre las marcas de género y las de número en nombres, determinantes, y adjetivos: la marca de género tiene que preceder a la de número.

(142) l-o-s
 l-a-s
 chic-o-s
 chic-a-s
 cansad-o-s
 cansad-a-s

Este orden puede obtenerse de la aplicación de operaciones de adjunción sucesiva de núcleo a núcleo partiendo de una jerarquía en la que la proyección de número (Num) domine y seleccione la proyección de género (Gen). Dada esta estructura, el núcleo nominal se incorporaría primero al núcleo Gen, dando como resultado el complejo [N+Gen] de categoría Gen. A continuación, este complejo nuclear se incorporaría por adjunción al núcleo Num, produciendo el resultado final [[N+Gen]+Num]. La derivación del SD *los muchachos* tendría el siguiente análisis estructural:

(143)

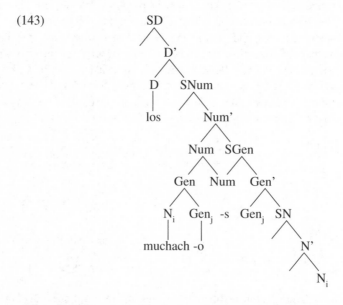

Este análisis se ha criticado con el argumento de que el segmento *-o* se considera depositario de género en *muchacho,* pero solo marca de palabra (por tanto, no asociado a la información genérica) en *mano.* Como ya se ha señalado, en las lenguas románicas es a menudo problemático depositar las informaciones morfológicas en segmentos. Al igual que sucedía en el movimiento de núcleos verbales, el del sustantivo desde el núcleo léxico a los núcleos flexivos puede entenderse alternativamente como un proceso necesario para 'cotejar' los rasgos morfológicos que los sustantivos traen ya desde el léxico. Como sabemos, al género no se le asigna ningún segmento en un buen número de sustantivos *(árbol, altar, peste),* y al número tampoco corresponda ninguno en ciertas situaciones *(crisis, lunes).* En suma, la opción entre INCORPORACIÓN DE NÚCLEOS y COTEJO DE RASGOS se plantea igualmente en el análisis sintáctico de la morfología verbal y en el de la nominal, si bien las irregularidades son mayores en el caso de los verbos que en el de los nombres. En el primer proceso se integran segmentos, mientras que en el segundo se cotejan los rasgos que la pieza léxica trae asignados desde el léxico con los que corresponden a la proyección funcional en la que aterriza. El determinante se inserta, en cambio, directamente como núcleo de D. La concordancia entre determinante y nombre debe verse, en este sentido, como un caso de compatibilidad de rasgos. Así, el determinante *los,* que posee los rasgos [masculino, plural], será compatible con un SNum con esos mismos rasgos, o bien –si se elige esta opción– podrá seleccionarlo.

Resumamos. Los datos estudiados en esta sección indican que el identificar los determinantes como una categoría funcional D que proyecta un sintagma pleno y reanalizar la secuencia «Det + SN» como un SD posee algunas ventajas. Permite considerar de manera más homogénea la teoría general de la endocentricidad que postula el modelo X-con-barra y posee mayor alcance explicativo que las alternativas anteriores. Representa también un paso importante en la construcción de una teoría uniforme de las categorías, ya que hemos comprobado que la dicotomía «funcional / léxico» y los procesos de derivación e incorporación basados en propiedades morfológicas se extienden al dominio nominal. Desarrollaremos estas cuestiones en el § 10.2.

4.6. Hacia una teoría escueta de la estructura de constituyentes. Categorías y transformaciones

4.6.1. *Introducción. Dos enfoques alternativos*

Después de leer los primeros capítulos de este libro, habrá usted comprobado que la piedra angular de la teoría de la sintaxis consiste en determinar qué categorías y constituyentes existen en una lengua, o bien en las lenguas en general, para después establecer cómo se combinan y forman constituyentes mayores, que han de ser interpretados en función de sus rasgos y de la posición que ocupen. La cuestión de qué es admisible como categoría sintáctica y qué procesos deben proponerse para explicar la existencia de distintos constituyentes no es materia trivial. Al igual que sucede en la mayoría de las disciplinas con las cuestiones científicas de gran calado, nos vemos forzados a revisar cada poco tiempo nuestras ideas sobre ellas, a considerar nuevos datos, y a aceptar o rechazar nuevas hipótesis. Este estado de cosas se interpreta a veces, desde fuera de esas disciplinas, como síntoma de inestabilidad, e incluso de debilidad, pero –como ocurre también en las ciencias de la naturaleza– los cambios son siempre bienvenidos si muestran que se avanza en la comprensión de los fenómenos. Más aún, suele decirse, con razón, que aquellos ámbitos de la ciencia en los que la única doctrina existente es la que pone de manifiesto la visión heredada, tradicional o clásica de las disciplinas (en la que a menudo pesan más los argumentos de autoridad que los que miden objetivamente el valor empírico de cada propuesta) suelen ser los que menos suscitan el interés de los investigadores contemporáneos.

Existe en este sentido cierto paralelismo entre los distintos desarrollos de la gramática generativa y las sucesivas reconsideraciones del inventario de categorías y modos de combinación posibles entre ellas. El hecho de refinar progresivamente la teoría ha permitido avances tangibles en el análisis de constituyentes; otras veces se han producido incluso giros casi copernicanos en la concepción misma de las relaciones entre constituyentes o en la articulación general de los componentes de la gramática. Los desarrollos de la endocentricidad y el estudio de las categorías funcionales, de los que nos hemos ocupado en este capítulo, constituyen una muestra casi paradigmática de este tipo de avances, que han tenido como consecuencia principal la difuminación de algunas fronteras tradicionales entre sintaxis y morfología, y, en cierta medida, también entre sintaxis y semántica.

El modelo de principios y parámetros (Chomsky, 1981), que dominó la investigación en la sintaxis formal durante la década de los ochenta y el primer tercio de la de los noventa, se prestaba a este tipo de evolución, ya que uno de sus objetivos centrales era establecer qué categorías existen universalmente partiendo de la evidencia empírica que ponen de manifiesto las lenguas humanas. Podemos, ciertamente, postular la existencia de una categoría de forma universal a partir de determinados datos de una lengua. La cuestión reside entonces en determinar qué procesos o qué construcciones de otras lenguas nos proporcionan pruebas de que dicha categoría está estructuralmente presente en la representación mental que los hablantes de estas lenguas asocian con las oraciones. Desde luego, sería absurdo suponer que todas las lenguas contienen de forma no manifiesta cualquier categoría que alguna otra lengua del mundo exprese de manera patente. Un somero vistazo a cualquier tratado de tipología lingüística será suficiente para comprobar que las distinciones que las lenguas hacen en los dominios del caso, el aspecto, la voz o la modalidad son extraordinariamente variadas, sutiles y complejas. No obstante, al igual que en fonética se acepta que las lenguas escogen sus opciones entre un conjunto universal de primitivos, es natural suponer que las categorías gramaticales pertenecen también a un inventario de opciones sintácticas que es universal, invariante y probablemente innato. Las diferencias entre lenguas o estadios de una misma lengua se reducirán, por un lado, a las elecciones particulares entre ese «vocabulario». Por otro lado, las diferencias se pueden reducir, en parte, a ciertas propiedades de las categorías que sí pueden estar sujetas a cambio: por ejemplo, la propiedad (morfológica) que hemos llamado 'fortaleza de los rasgos', así como su opuesta (la 'debilidad'), ambas en relación con la concordancia, o bien las relaciones de selección entre categorías, igualmente variable.

La noción de 'categoría sintáctica admisible' ha cambiado ostensiblemente en las últimas dos décadas como consecuencia de la expansión del repertorio de categorías funcionales. Aun así, ha permanecido invariable la visión de la teoría de la X-con-barra como componente central estructurador de cualquier categoría, sea esta léxica o funcional. El esquema uniforme de la X-con-barra actúa como pauta articuladora, a la manera de un patrón de sastre, de las representaciones sintácticas, ya que permite predecir los componentes de cualquier proyección máxima (especificador – núcleo – complemento). Una vez fijado el inventario de categorías y el orden jerárquico entre ellas (es decir, las relaciones de dominio), determinamos casi unívocamente la representación sintáctica de una oración. A una teoría de categorías y constituyentes que se estructure de acuerdo con estos criterios la podemos considerar 'fuertemente representacional'. Es decir, los criterios de buena formación o mala formación se asocian con criterios de adecuación a una determinada representación sintáctica establecida según el módulo X-con-barra.

De entre varias representaciones posibles que satisfacen estos criterios categoriales y de selección sintáctica, podemos eliminar todavía algunas de ellas si violan ciertas restricciones adicionales que, como hemos ido viendo en este capítulo, pueden ser etiquetadas como principios, filtros o criterios. Así, ciertas restricciones son de naturaleza estrictamente representacional, ya que se consideran propiedades de configuraciones estructurales en un determinado nivel de representación. Se interpretan, por tanto, en función de categorías y posiciones, sin que sea necesario tener en cuenta los procesos que dan lugar a esos resultados configuracionales. Por ejemplo, el filtro del SComp doblemente lleno elimina configuraciones en las que las posiciones de especificador y de núcleo de una determinada categoría (SComp) estén ocupadas por elementos léxicos. Sin embargo, otras restricciones no se refieren únicamente a una determinada configuración representacional, sino a la forma que debe adoptar el proceso derivacional que conduce a dicha representación. Considérese, por ejemplo, la restricción del movimiento de núcleo a núcleo. Dicha restricción filtra las representaciones en que un núcleo A se haya desplazado a una posición nuclear C atravesando un núcleo B más próximo a A que C. La representación resultante será ilegítima, pero solamente porque en el proceso derivacional que la ha generado hay un paso o 'estadio procedimental' irregular. Incluso casos menos claros como el criterio *qu-* tienen cierto trasfondo derivacional. Si una restricción establece que un elemento $SX_{[+qu]}$ debe estar en una posición determinada (especificador de $SComp_{[+qu]}$), la consecuencia es que se seleccionan como válidas las representaciones en las que haya tenido lugar un proceso de movimiento del constituyente sintáctico SX al dominio estructural asociado con la categoría SComp.

En suma, una teoría que contenga principios o restricciones de este tipo no puede considerarse fuertemente representacional. Aunque el modelo gramatical de principios y parámetros se suele considerar fuertemente representacional, al menos en alguna de sus formulaciones, la realidad es que resulta ser únicamente 'débilmente representacional'. Ello es debido, fundamentalmente, a la presencia de restricciones «mixtas» que seleccionan una determinada representación en función del PROCESO DERIVACIONAL que da lugar a ellas. En la presentación que hemos hecho a lo largo de este capítulo hemos enfatizado tanto los aspectos representacionales como los asociados a los procesos derivacionales, ya que hemos intentado reflejar, aunque resumidamente, el estado general de la investigación.

La tensión entre REPRESENTACIÓN y DERIVACIÓN no es, desde luego, trivial, y seguramente se preguntará usted cómo se elige entre ellas. Lo cierto es que resulta difícil encontrar pruebas empíricas que favorezcan una de las dos opciones. Como vemos, la primera concepción de la sintaxis se centra en las condiciones formales que deben cumplir las estructuras, mientras que la segunda se centra en los pasos sucesivos que deben darse para vincularlas. La discusión entre ambas opciones se ha mantenido en gran medida en el plano teórico. De hecho, en los casos en los que se han comparado opciones diversas analizando estructuras particulares se han hallado generalmente soluciones derivacionales y también soluciones representacionales para un mismo conjunto de fenómenos. Consideraremos someramente un solo caso para darle a usted una idea de la forma de buscar explicaciones desde cada uno de estos puntos de vista. Observe que no es fácil analizar las estructuras en las que un SQu está asociado con dos posiciones que no están coordinadas, como sucede en (144):

(144) El cuadro que empezó nuestro artista y concluyó su hijo.

Más aún, en términos descriptivos es imposible analizar esta estructura. Tanto si decimos que *que* es un SQu, como si decimos que el SQu es el elemento nulo o vacío que ocupa su especificador, como veíamos en (127), habríamos de concluir que un SQu estaría asociado con el verbo *empezar* y a la vez con el verbo *concluir* (en términos tradicionales: ha de ser objeto directo de dos verbos que no solo no están coordinados, sino que forman parte de oraciones distintas). Los proponentes de una solución representacional dirían que no tiene sentido mover un SQu desde el complemento de cada uno de estos dos verbos no coordinados y juntar ambos SQu en uno solo. Tiene más sentido, continuarían, asociar un SQu vacío (técnicamente, un 'operador') con dos huecos o variables, aproximadamente como se indica en (145):

(145) $[_{SComp}$ SQu$_i$ $[_{Comp'}$ que $[_{SFlex}$ $[_{SFlex}$ ... empezó h$_i$ ...] y $[_{SFlex}$ ... concluyó h$_i$ ...]]]]

Esta representación ni siquiera requiere del proceso 'movimiento de SQu', puesto que asocia simultáneamente un operador en el especificador de SComp con dos variables situadas en posiciones distintas. Pero los proponentes del enfoque derivacional dirían sin duda que no es necesario «juntar dos SQu en uno solo»: podemos mover el SQu únicamente desde el complemento de *empezar*. La otra huella (la del complemento de *concluir*) se obtiene por asociación con la primera. De hecho, constituye una de las llamadas CATEGORÍAS VACÍAS SECUNDARIAS O PARASÍTICAS. Desde este punto de vista, la segunda huella de (145) vendría a ser un caso particular del fenómeno que muestra (146b)

(146) a. Guardé ese informe sin {*haber revisado / haberlo revisado}.
      b. El informe que guardé sin {haber revisado / haberlo revisado}.

El verbo *revisar* puede quedarse sin complemento aparente en (146b), pero no en (146a), puesto que en (146b) existe una primera huella del movimiento de SQu (la que deja el relativo) que permite crear esta segunda huella por un tipo de asociación sintáctica que se ha dado en llamar PARASITISMO, mediante una metáfora biológica bastante gráfica. Volveremos sobre estos HUECOS PARASÍTICOS en el § 7.6. Se puede pensar en 'soluciones derivacionales' y en 'soluciones representacionales' para otros muchos problemas sintácticos. No es fundamental que conozca usted cada una de las que se han planteado a lo largo de la historia de la gramática generativa, pero sí es conveniente que esté al menos familiarizado con la forma de razonar desde cada uno de estos dos enfoques.

4.6.2. *El programa minimista y la estructura de constituyentes*

A mediados de la década de los noventa, Chomsky (1993, 1995) propuso un PROGRAMA MINIMISTA para la teoría sintáctica. Las dos palabras que definen esta iniciativa son importantes. La propuesta constituye un 'programa', es decir, un proyecto o agenda programática con una serie de consideraciones o postulados sobre lo que debe ser una teoría sintáctica. Por tanto, se trata de un esbozo para el diseño o la consolidación de una teoría adecuada, más que de una teoría particular, articulada en todos sus extremos. Este aspecto diferencia el programa minimista de las teorías anteriores en el marco generativista desde los años cincuenta hasta los noventa, ya que estas teorías fueron por lo general modelos plenamente articulados en las obras que las originaron. El programa minimista toma como punto de partida el modelo de principios y parámetros y trata de reducir posibles complejidades, artificios innecesarios y contradicciones inherentes dentro de este modelo para llegar a una teoría sintáctica «mínima» en tal sentido, es decir, una teoría desprovista de recursos que puedan interpretarse como artificios, y sin perder a la vez capacidad explicativa. Chomsky ha señalado en más de una ocasión que uno puede hacerse preguntas que concuerden con el espíritu general del programa minimista desde varios marcos teóricos no necesariamente coincidentes en su articulación interna.

La naturaleza mixta, entre representacional y derivacional, de las generalizaciones y restricciones sobre categorías y transformaciones puede verse más como un inconveniente que como una ventaja de la teoría. Hay, en efecto, problemas de redundancia en el diseño general del modelo de principios y parámetros, además de excesiva ambigüedad en algunos puntos. Si, por ejemplo, filtramos una derivación determinada, no resulta claro para qué es necesario considerar la representación resultante. Por el contrario, si nos centramos exclusivamente en determinadas representaciones o configuraciones estructurales, en la perspectiva mixta debemos anotar dicha representación con ciertos elementos, como las huellas de movimiento, que representan la historia derivacional de dicha representación. Al aumentar el número de categorías y los procesos de movimiento involucrados, las representaciones se complican aún más.

En los análisis estructurales que hemos presentado en este capítulo, el motor fundamental resulta ser siempre la composición morfosintáctica de las piezas léxicas. Esta composición se especifica en la estructura de rasgos de las palabras. Las investigaciones de las dos décadas pasadas han permitido establecer que esta especificación determina de manera fundamental la derivación sintáctica de la estructura de la que dichas expresiones forman parte. Esta determinación toma, como hemos adelantado, la forma de procesos de cotejo o chequeo de rasgos (ingl. *feature checking*). El que una expresión X tenga que cotejar un rasgo α en una determinada configuración C nos indica que X será compatible con C solamente si el rasgo α es compatible con otro rasgo α' de C. Normalmente α y α' suelen ser idénticos, por lo que cotejar rasgos significa simplemente comprobar que X y C tienen la misma especificación. A este cotejo de identidad se lo denomina técnicamente en la bibliografía computacional UNIFICACIÓN DE RASGOS (ingl. *feature unification*). El desarrollo de las categorías funcionales puso también de relieve la importancia de la relación núcleo-especificador en el cotejo de rasgos, por lo que se habla de forma genérica de la 'concordancia núcleo-especificador'.

El cotejo, concordancia o unificación de rasgos es, en definitiva, el fenómeno que establece los elementos que pueden aparecer en posiciones como SFlex, SComp y, de hecho, en todas las proyecciones funcionales. Por tanto, la presencia de un rasgo en una expresión predetermina en cierto modo el lugar estructural en el que dicha posición aparecerá. Como vimos en los apartados anteriores, la concordancia es un fenómeno generalizado en la sintaxis, por lo que va mucho más allá de las tradicionales concordancias de género, número y persona. De hecho, en el marco que estamos exponiendo desencadena las operaciones de movimiento y también permite la omisión de ciertas categorías, con lo que se convierte en uno de los motores fundamentales de todo el sistema gramatical.

Chomsky propone resolver el dilema entre análisis representacionales y derivacionales decantándose en favor de esta última estrategia. El motivo principal de esta decisión reside en que desde el enfoque representacional debemos anotar las representaciones con los rastros del proceso derivacional asociado (como las huellas de movimiento), por lo que dicho enfoque resulta en cierta forma redundante. No es este el caso si se adopta un enfoque 'fuertemente derivacional'. Una derivación sintáctica consiste en una secuencia de pasos $<p_1...p_n>$ que tiene como fin la generación de un objeto sintáctico complejo. A cada paso p_i le corresponde un 'estadio derivacional' e_i. En los enfoques débilmente representacionales o mixtos, e_i se asocia con una representación sintáctica determinada. En un enfoque fuertemente derivacional, e_i deberá ser el reflejo de lo que le está sucediendo a cada elemento que participa en la derivación, por lo que no tiene sentido hablar de una representación bien o mal formada en tal estadio. En lugar de un criterio de buena o mala formación que se aplica a representaciones, el criterio relevante desde un punto de vista derivacional es el que considera un paso o una serie de pasos y establece si son LEGÍTIMOS o no. Si lo son, se obtiene una situación de CONVERGENCIA. Decimos que una derivación CONVERGE en un determinado estadio final (o «nivel de representación») si hay un proceso derivacional que nos conduce a ese estadio final. En el caso contrario, la derivación FRACASA, esto es «falla, se colapsa o se estrella» (ingl. *crash*) y será *no convergente*.

En la derivación de un objeto sintáctico complejo, como por ejemplo un SD, el estadio inicial se corresponde con la selección de un conjunto de elementos léxicos del vocabulario. Dichos elementos léxicos serán los que participen en la derivación del objeto sintáctico complejo. Este proceso de selección puede verse como la operación sintáctica inicial: SELECCIÓN. Para derivar la secuencia *el gran viaje con mi tía* necesitamos aplicar la operación de selección a lo que sería nuestro vocabulario mental y obtener el siguiente conjunto de seis piezas léxicas:

(147) {el, gran, viaje, con, mi, tía}

Los estadios subsiguientes en la derivación del objeto sintáctico final (el SD) solo podrán tener en cuenta estos seis objetos léxicos y sus propiedades. Chomsky (1995) denomina a esta restricción la CONDICIÓN DE INCLUSIVIDAD (ingl. *inclusiveness condition*). Esta condición nos dice simplemente que no podemos introducir objetos foráneos en una derivación. En la generación del SD *el gran viaje con mi tía* no podemos considerar, pues, ninguna otra pieza léxica que no forme parte de nuestra serie inicial. No son relevantes para la computación del SD que tenemos como objetivo. Esto puede parecer un hecho casi trivial, pero tiene consecuencias que no lo son tanto. La condición de inclusividad nos fuerza a considerar como objetos espurios aquellos elementos sintácticos que no estén en el léxico, como por ejemplo las huellas del movimiento. Estas huellas anotan o registran los puntos de desplazamiento atravesados por un elemento en la derivación de una representación. En una teoría débilmente representacional o mixta, las huellas podrán considerarse legitimadas como objetos sintácticos vacíos que determinan ciertas propiedades del representación.

En una concepción representacional, las huellas permiten asociar posiciones. Esta asociación da lugar, en efecto, a objetos sintácticos discontinuos, de forma que cada una de las posiciones obtenidas es necesaria para explicar alguno de los rasgos de la expresión movida (volveremos sobre esta idea en los capítulos siguientes). En cambio, en una teoría minimista las huellas deben ser eliminadas, relegadas a meros elementos notacionales, o consideradas COPIAS del elemento original en su desplazamiento. En suma, la adopción de la condición de inclusividad lleva al programa minimista a adoptar una postura 'fuertemente lexicista', en el sentido de que la sintaxis se considera una proyección de las propiedades de los elementos léxicos. Dicho de otro modo, si una propiedad tiene un efecto sintáctico es porque dicha propiedad, o una propiedad asociada a ella, está especificada en el léxico, entendido como vocabulario mental. Si bien otros modelos sintácticos, como la llamada *head-driven phrase structure grammar*, son también fuertemente lexicistas, no comparten en cambio los principios fundamentales que guían la investigación en el programa minimista.

Es importante tener presente que lo que elegimos en la serie (147), obtenida por selección, no es solo ese conjunto de palabras, sino el conjunto de rasgos que les corresponden, sean estos fonológicos, morfológicos, sintácticos o semánticos. La sintaxis constituye, en esencia, el estudio de la forma en que estos rasgos interactúan. Una pieza léxica puede verse, por consiguiente, como el conjunto de las propiedades que la definen en relación con otros elementos del léxico. Unos rasgos nos darán su sonido, otros su significado, y otros –y este punto es esencial en el presente modelo– ciertas informaciones que solo pueden satisfacerse si esa pieza ocupa determinadas posiciones sintácticas.

Los rasgos de los que hablamos pueden clasificarse, en efecto, de acuerdo con diferentes criterios. Algunos de ellos hacen referencia a la forma en que se articula esa pieza léxica (rasgos fonéticos y fonológicos); otros aluden a sus propiedades semánticas (algunos de estos últimos serán analizados con más detalle en el próximo capítulo). Otros rasgos son más estrictamente sintácticos y determinan el tipo de configuración estructural en que aparecerá una determinada expresión. Por ejemplo, rasgos como [género], [número], [persona], [qu], etc. actúan como elementos que restringen las posibilidades combinatorias de las piezas léxicas. De la condición de inclusividad se sigue que las operaciones sintácticas solamente pueden manipular las piezas léxicas, sus propiedades, y las expresiones sintácticas complejas que resultan de aplicar dichas operaciones. Deberemos considerar y especificar como rasgos de dichas expresiones sus propiedades categoriales. El decir que *viaje* es un nombre supone especificar dicha expresión con el rasgo categorial N; *con* es una preposición porque posee como rasgo categorial P, etcétera.

Los árboles sintácticos reflejan, como ya hemos señalado, la historia derivacional de una oración. Así pues, en un enfoque fuertemente derivacional tenemos que fijarnos en cada uno de los pasos que producen como resultado un determinado análisis estructural. El proceso fundamental por el que formamos nuevos constituyentes puede verse como una operación de FUSIÓN (ingl. *merge*). La operación de fusión se aplica a dos expresiones α y β y produce como resultado un nuevo constituyente γ que es la concatenación de α y β:

(148) FUSIÓN $(\alpha, \beta) = \alpha + \beta$

Supongamos que α sea una expresión de categoría A y β una expresión de categoría B. En otras palabras, el rasgo categorial de α es A y el de β es B. La categoría o rasgo categorial de la fusión de α y β no es completamente diferente. Por el contrario, es predecible a partir de los objetos que se combinan: el objeto sintáctico $\alpha + \beta$ HEREDA la categoría de uno de sus constituyentes. Recuérdese que esta herencia de rasgos categoriales es la base fundamental del concepto de endocentricidad, que hemos explicado detenidamente en el capítulo anterior y en este. Supongamos que tenemos una operación de fusión como la siguiente:

(149) FUSIÓN $([_A \alpha], [_B \beta]) = [_A \alpha + \beta]$

En adelante, representaremos esta operación mediante la siguiente forma arbórea, que es equivalente pero resulta más transparente desde el punto de vista gráfico:

(150)   FUSIÓN:

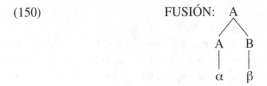

En este caso, la fusión de α y β hereda la categoría de α. Decimos entonces que la categoría A 'se proyecta' y que α + β es una proyección de α. A la expresión α la denominamos entonces el NÚCLEO de la secuencia α + β. Consideremos, por ejemplo, la fusión de las expresiones *con* y *mi tía*. La expresión *con* es de categoría P y la expresión *mi tía* es de categoría SD. La expresión resultante de la operación de fusión es *con mi tía,* la cual es, como sabemos, un SP. De acuerdo con la definición de fusión establecida anteriormente la categoría de la expresión compleja es la de su núcleo, por tanto la categoría de *con mi tía* es P.

(151)   FUSIÓN:

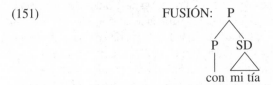

Ahora bien, si un objeto sintáctico fusionado hereda la categoría de su núcleo sin más, no habría manera de distinguir el núcleo de su proyección. Lo que distingue *con* de *con mi tía* es que *con* es un objeto sintáctico que puede proyectarse o expandirse (un objeto mínimo), mientras que *con mi tía* es un sintagma completo, un objeto que no puede expandirse más conservando su categoría (una proyección máxima). Debemos distinguir entre la categoría de una secuencia y su capacidad de expansión ulterior. Por tanto, un núcleo X será etiquetado como un X^{min}, es decir, un objeto sintáctico mínimo de categoría X. Lo que denominamos SINTAGMA PLENO o SX es un objeto sintáctico también de categoría X pero no proyectable, es decir, un X^{max}. Teniendo esto en cuenta, modificamos la derivación anterior de la siguiente forma:

(152)   FUSIÓN:

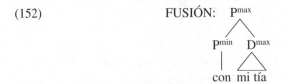

Consideremos ahora la fusión del nombre *viaje* con la expresión de categoría P^{max} *con mi tía*. La expresión resultante será *viaje con mi tía*. En este caso, será la categoría de *viaje* la que se proyecte, ya que *con mi tía* es una proyección máxima, por tanto un objeto sintáctico no proyectable:

(153)   FUSIÓN:

La expresión fusionada puede ser una expresión N intermedia (ni mínima ni máxima) o bien un N^{max}, dependiendo de qué otros objetos sintácticos participen en la derivación. Por ejemplo, si tenemos el adjetivo *gran* en nuestro conjunto de piezas léxicas seleccionado inicialmente del vocabulario, podemos comprobar que es posible la fusión de *gran* con *viaje con mi tía,* lo que deriva el siguiente objeto sintáctico, en el que *gran viaje con mi tía* es un N^{max}, por lo que no se proyectará:

(154)   FUSIÓN:

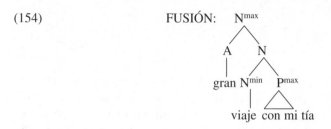

En el siguiente paso, podemos fusionar el determinante *el* con el objeto sintáctico *gran viaje con mi tía.* La derivación termina en este punto.

(155)   FUSIÓN:

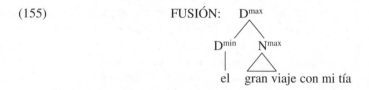

Si tiene usted la impresión de que esta forma de construir sintagmas se parece a la de construir edificios en los juguetes que se basan en bloques o en piezas, no anda desencaminado. De hecho, en la sintaxis formal se busca expresamente ese paralelismo. En ambos tipos de construcción se va de lo simple a lo complejo, de forma que cada pieza ha de encajar en cierto lugar en función de sus propiedades y del papel que ejerza en la posición que ocupe. A la vez, no existe la lista exhaustiva de edificios, máquinas o artilugios que podemos construir con nuestro conjunto de piezas. Así pues, si se le ha ocurrido a usted establecer esa comparación, tenía razón al hacerla.

Recapitulando brevemente, vemos que el análisis estructural asociado con cualquier objeto sintáctico puede, en principio, considerarse como el resultado de operaciones sucesivas de fusión que van derivando objetos sintácticos de mayor complejidad. El aspecto más interesante de adoptar este punto de vista es que conduce a la eliminación de la teoría de la X-con-barra como requisito estructural independiente. De nuevo, no es que se considere que esa teoría es falsa (tampoco era falsa la gramática sintagmática a la que superó, como vimos en el capítulo 3), sino que se piensa que la información fundamental que nos ofrece sobre la estructura de las construcciones sintácticas se puede obtener de forma más elegante y efectiva a partir de la fusión progresiva de categorías mínimas y máximas. En efecto, el patrón resultante de aplicar el esquema genérico de la X-con-barra es una propiedad estructural secundaria o emergente, reducible a propiedades operacionales más básicas. En segundo lugar, la teoría de la X-con-barra introduce tres niveles en la proyección de un núcleo: X^o, X' y X'' (o SX). El nivel intermedio X' se define negativamente como aquel nivel de proyección que no es núcleo ni proyección máxima. Esta definición posibilita el que pueda verse como una proyección recursiva:

(156)

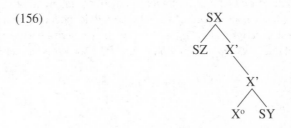

Sin embargo, aparte de esta caracterización «negativa» del nivel intermedio, no hay requisitos estructurales propios que identifiquen el nivel de proyección X'. Por ejemplo, no hay restricciones sobre el desplazamiento que mencionen a X' o a posiciones designadas a las que se deban desplazar constituyentes X'. Los SSXX se desplazan a posiciones que deben ser ocupadas por SSXX y los núcleos a posiciones nucleares, pero no se establece ningún requisito sobre constituyentes de categoría X' (a esta generalización se la ha denominado RESTRICCIÓN DE CONSERVACIÓN DE LA ESTRUCTURA, cfr. el apéndice más adelante). En este sentido, la conclusión que podemos obtener es que las operaciones de desplazamiento afectan a X^{min} o a X^{max}, pero los estadios intermedios no resultan «visibles» con respecto a ninguna operación de desplazamiento. Podemos conjeturar que ello es así porque un objeto sintáctico que ni es mínimo ni es máximo es, simplemente, un «objeto incompleto», un estadio derivacional intermedio. Por tanto, el nivel X' resulta innecesario desde un punto de vista derivacional.

Si bien FUSIÓN es la operación sintáctica fundamental en la construcción de las estructuras, hay una segunda operación que desplaza objetos sintácticos de una posición a otra. Esta operación se denomina MOVIMIENTO (ingl. *move*). Desde un punto de vista minimista, la cuestión teórica central no consiste en añadir tantas operaciones específicas como necesitemos para derivar cualquier secuencia construida. Tal punto de vista era central en la forma de entender la gramática transformacional en los años sesenta y parte de los setenta, y fue precisamente su punto más débil. El movimiento de constituyentes se interpreta hoy como una operación dependiente de la fusión, e incluso se la denomina FUSIÓN INTERNA (ingl. *internal merge*). Se quiere decir con ello que lo que el movimiento hace es fusionar en una posición jerárquicamente superior cierto elemento interno al objeto sintáctico en que nos encontramos, es decir, un elemento que ya se encuentra en él. La fusión 'pura' o 'simple' que hemos visto hasta ahora sería una FUSIÓN EXTERNA (ingl. *external merge*), en tanto que con ella añadimos a la derivación un elemento externo al objeto sintáctico que tenemos en un determinado punto.

En el modelo de principios y parámetros se restringían las transformaciones mediante principios generales de tipo representacional que no se aplicaban a cada una individualmente (más detalles en el capítulo 7), lo que constituyó un avance muy considerable. Dentro del programa minimista, las operaciones sintácticas son solo justificables cuando no pueden ser reducidas a principios más básicos. En este sentido, postular la existencia de la operación de movimiento será posible solo si no podemos deducir ciertas propiedades posicionales y estructurales de los objetos sintácticos complejos a partir de aplicaciones sucesivas de la operación de fusión. La existencia de fenómenos de desplazamiento no reducibles es el punto de partida para proponer tal operación. Hemos visto algunas manifestaciones de estos procesos en las construcciones interrogativas, de relativo o con constituyentes tematizados:

(157) a. ¿A quién viste ayer?
b. El hombre al que viste ayer.
c. A este hombre viste ayer.

La gramática generativa ha intentado desde sus inicios explicar la presencia de constituyentes en una posición «no básica» o «no canónica» recurriendo a operaciones de desplazamiento. Como es evidente, los constituyentes *a quién, al que* y *a un hombre* no aparecen en (157) en la posición básica en la que esperamos el complemento de *viste*. Ciertamente, este es un problema fundamental que debe ser abordado por cualquier teoría sintáctica que tenga algo que decir sobre la posición de las palabras. Con el desarrollo de las categorías funcionales, el movimiento se convierte en un proceso necesario para cotejar rasgos, como hemos visto, con lo que se obtienen más procesos de desplazamiento de lo que parece, como en el caso de la derivación de la morfología verbal o nominal.

El programa minimista acoge esta concepción más ambiciosa de los procesos de desplazamiento. La operación de movimiento se aplicará para situar a un objeto sintáctico en una posición en la que pueda cotejar un rasgo determinado. Así pues, son los rasgos de las piezas léxicas los que determinan la activación de la operación de movimiento. Chomsky formula una generalización para recoger esta propiedad: las operaciones de movimiento están sujetas a un PRINCIPIO DE AVIDEZ (ingl. *greed*) O DE CODICIA. Con este término metafórico se quiere expresar la idea de que un objeto sintáctico se desplazará solamente para cotejar sus propios rasgos. Así pues, el movimiento está determinado por la necesidad de cotejar un rasgo propio, y no los rasgos de otros objetos sintácticos existentes o potenciales.

Consideremos de nuevo la derivación de *el gran viaje con mi tía* que presentamos anteriormente. Supongamos que en nuestro conjunto de objetos iniciales tenemos el nombre *tías*. Este nombre tiene entre sus rasgos el rasgo [+plural]. Dicho rasgo activará un proceso de desplazamiento que lo atraerá a una 'proyección funcional' intermedia donde se coteja el rasgo de número (SNum). El análisis minimista de este proceso afecta a las proyecciones de concordancia como estadios derivacionales asociados con el movimiento. Un nombre especificado con el rasgo [+plural], de acuerdo con el principio de avidez, deberá cotejar este rasgo, lo cual fuerza una aplicación de la operación de movimiento.

(158) MOVIMIENTO: Num^{max}

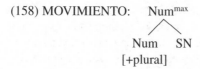

Num   SN
[+plural]

Desde este punto de vista, podríamos incorporar todas las proyecciones funcionales que hemos considerado hasta ahora, siempre que las concibamos como estadios derivacionales necesarios en el cotejo de rasgos. El programa minimista va más allá de la mera reinterpretación derivacional de las categorías funcionales. El cotejo de rasgos se asocia con la convergencia de las derivaciones de forma estricta. En términos intuitivos, un objeto sintáctico estará bien formado (es decir, dará lugar a una secuencia gramatical) cuando los rasgos implicados en la derivación que lo genera hayan sido debidamente cotejados.

En términos más técnicos, el cotejo de rasgos puede verse, tal como hemos visto, como resultado de una operación de 'concordancia' (ingl. *agree*), que lleva a la identificación o unificación del rasgo o rasgos de dos objetos sintácticos; más concretamente a que el rasgo o rasgos que comparten posea el mismo valor. El mismo proceso provoca el BORRADO (ingl. *deletion*) o eliminación de estos rasgos en el proceso derivacional cuando han desempeñado un determinado papel. Los rasgos que pueden ser asociados con un contenido semántico se marcan como borrados para la computación sintáctica, pero no se eliminan completamente, ya que deben ser interpretados semánticamente. A estos rasgos se los denomina RASGOS INTERPRETABLES. Por ejemplo, el rasgo [+plural] nos indica que el nombre con el que se asocia denota un conjunto de individuos, por lo que no puede desaparecer de la expresión con la que se asocia una vez cotejado. Este marcado especial hace que dichos rasgos sean invisibles en los pasos derivacionales posteriores. No es posible, por tanto, computar dos veces un mismo rasgo. Si hemos cotejado el rasgo [+plural] de un nombre, este cotejo será suficiente para indicar que el nombre posee esta especificación y activar los mecanismos necesarios de concordancia. Si no fuese así, sería posible imaginar derivaciones (o árboles sintácticos) con un número infinito de pasos correspondientes a la proyección Num^{max}. Este cotejo vacuo es derivacionalmente innecesario y costoso, por lo que debe ser eliminado.

(159) *D^{max} ... Num^{max} ... Num^{max} ... N^{max} ...

Por el contrario, aquellos rasgos que no tengan repercusión semántica deben ser eliminados por completo una vez cotejados. Estos rasgos son entonces, RASGOS NO INTERPRETABLES, es decir, rasgos sin propiedades semánticas, pero necesarios por razones sintácticas. Los rasgos de caso en los complementos del verbo o de la preposición pueden verse como rasgos de este tipo. Su presencia tiene relevancia morfosintáctica pero no semántica (recuerde que la diferencia entre *sin ti* y *sin tú no tiene nada que ver con el significado que se expresa). Al ser eliminados en el curso de la derivación sintáctica desaparecen y no son accesibles al componente semántico, de ahí que no sean *interpretables:* fuerzan a las palabras a ocupar determinadas posiciones, y a veces exigen la presencia de determinadas peculiaridades morfológicas en los nombres o en los pronombres, pero este hecho no afecta necesariamente al significado de esas unidades.

Una derivación será convergente cuando todos los rasgos interpretables hayan sido cotejados (borrados de la derivación sintáctica, aunque no de la interpretación semántica) y los no interpretables, cotejados y eliminados. El movimiento de constituyentes puede ser considerado, desde este punto de vista, como una operación que se activa como ÚLTIMO RECURSO para lograr derivaciones convergentes: las proyecciones máximas se mueven porque de otro modo no es posible cotejar los rasgos que contienen. Por ejemplo, una derivación en la que no hubiese desplazamiento del núcleo verbal a Flex sería no convergente, ya que los rasgos de número / persona del verbo no habrían sido cotejados. La oración agramatical *Los muchachos comió un bocadillo* sería uno de los eductos superficiales posibles de esa derivación no convergente. Al no haberse cotejado el rasgo de concordancia de sujeto (número y persona), sería posible fusionar *los muchachos* con *comió un bocadillo,* ya que esta secuencia no estaría imponiendo ningún requisito de número / persona.

El adoptar una postura fuertemente derivacional como la propuesta por el programa minimista nos permite, en principio, dar cuenta de los mismos datos que una teoría fuerte o débilmente representacional, pero de una forma más uniforme y elegante, esto es, eliminando las redundancias de las teorías mixtas. El patrón estructural asociado con la teoría de la X-con-barra se deriva como parte de las propiedades de la operación de fusión, mientras que la operación de movimiento se asocia más fuertemente con las relaciones de cotejo derivadas de la operación de concordancia. En este capítulo nos hemos ceñido a los aspectos del programa minimista relativos a la caracterización de las propiedades del módulo de la X-con-barra. En otros capítulos iremos especificando otros aspectos de ese programa, así como la forma en la que afectan a diversos ámbitos de la sintaxis.

4.7. Lecturas complementarias

• Existen varias presentaciones, si bien con diferente grado de detalle, de la sintaxis de las categorías funcionales que se obtienen al escindir las informaciones flexivas. Puede, verse los textos introductorios de Haegeman (1991), Roberts (1997), Pollock (1997), Radford (1997a, b) y Gueron y Haegeman (2000). En el texto del presente capítulo hemos mencionado ya los trabajos fundamentales de Pollock (1989), Chomsky (1991b) y Belletti (1990). Este es un tema que ha generado una bibliografía muy abundante. Merecen destacarse las compilaciones de Bobaljik y Philips (1993), Benedicto y Runner (1994), Belletti y Rizzi (1996), Haegeman (1997a, 1997b), Lightfoot y Hornstein (1994), Cinque (2002), Belletti (2004), Rizzi (2004) y Den Dikken y Tortora (2005). Entre las monografías especializadas, Ouhalla (1991), Koizumi (1995) y Ura (2000) representan perspectivas diferentes. Del núcleo 'Concordancia', y de la relación de concordancia núcleo-especificador, se ocupan Sportiche (1998ab), Koopman (2000), varios de los trabajos de Kayne (2000), así como Belletti (2001).

• La bibliografía sobre las distintas categorías funcionales es abundantísima, y a ella nos referimos en distintas partes del texto. Sobre los complementantes, además de los trabajos fundacionales de Bresnan (1970) y Chomsky (1986b), ha cobrado reciente importancia la idea de la expansión de dicho núcleo, desarrollada por Rizzi (1997b), que presentaremos en el cap. 11. Véase también Adger y otros (2004) y Lohnstein y Trissler (2004). Sobre la fundamentación inicial de la categoría 'determinante' y la proyección SD, deben consultarse los trabajos de Abney (1987) y Szabolcsi (1983, 1994). Para los desarrollos posteriores, pueden verse Giorgi y Longobardi (1991), Ritter (1993), Cinque (1994), Zamparelli (2000) y Bernstein (1993, 2001). La aplicación de la hipótesis del SD en nuestra lengua se trata en Eguren (1989), Mallen (1989), Lorenzo (1994), McManness (1996) y Ticio (2003) entre otros estudios. La estructura del SD ha dado lugar a un amplísimo número de trabajos. A los mencionados en la sección de lecturas complementarias del cap. 10 cabe añadir Leonetti (1999), Rigau (1999), Picallo (1999) y Masullo y Depiante (2004), entre otros muchos.

• En Italia se viene desarrollando con éxito desde hace años un programa de investigación sobre el llamado 'análisis cartográfico de la estructura de constituyentes'. En estas investigaciones, sobre las que volveremos en el § 11.5, se establecen de forma detallada las posiciones de las categorías léxicas y funcionales. Se han publicado ya varios volúmenes con los trabajos resultantes en una colección monográfica: el vol. 1 es Cinque (2002), el vol. 2 es Rizzi (2004), el vol. 3 es Belletti (2004) y el vol. 4 es Cinque (2006).

• El programa minimista representa el estadio más avanzado de la investigación en el marco generativo actual. Además de numerosos artículos (cfr. la introducción de Marantz, 1995), conviene tener presente las siguientes monografías o compilaciones para hacerse una idea más precisa de este modelo: Collins (1997), Kitahara (1997), Abraham y otros (1996), Adger y otros (1999), Epstein y Hornstein (1999), Martin y otros (2000), Alexandrova y Arnaudova (2001), Epstein y Seely (2002), Uriagereka (2002), Hendrick (2003), Eguren y Fernández Soriano (2004) y Lasnik, Uriagereka y Boeckx (2005).

APÉNDICE: La estructura de la flexión

A1. *Tiempo y concordancia*

Hasta el momento hemos estado tratando la flexión como un complejo de rasgos; específicamente como el nudo categorial que domina (es decir, contiene) los rasgos de tiempo / aspecto y concordancia:

(160)   Flex
             |
    ┌ ...tiempo / aspecto... ┐
    └ ...num / pers...   ┘

Sin embargo, es natural preguntarse por qué es necesario agrupar estos dos tipos de información en una sola proyección, cuando parecen semánticamente independientes. Además, también lo son desde un punto de vista morfológico. Examinemos, por ejemplo, el paradigma verbal del imperfecto y futuro de indicativo del verbo *cantar*.

(161) cant-a-ba   cant-a-ré
      cant-a-ba-s   cant-a-rá-s
      cant-a-ba   cant-a-rá
      cant-á-ba-mos   cant-a-re-mos
      cant-a-ba-is   cant-a-ré-is
      cant-a-ba-n   cant-a-rá-n

Aunque la segmentación de estas formas verbales que hemos propuesto no está exenta de debate (véase al respecto Ambadiang, 1993), es suficientemente ilustrativa con respecto a dos propiedades fundamentales: (i) la especificación de tiempo y la especificación de concordancia (número y persona) pueden realizarse en morfemas diferentes; (ii) los morfemas de tiempo preceden a los de número y persona. Nótese que la propiedad (i) solo establece que las especificaciones de tiempo y concordancia pueden darse por separado, como en el paradigma de (161). En otros muchos casos y por diversas razones, incluyendo causas históricas relativas a la evolución morfofonológica de los paradigmas, la expresión de la flexión es SINCRÉTICA, es decir, la información que contiene se condensa en un solo morfema. Como hemos explicado anteriormente, se emplean FORMAS SUPLETIVAS cuando no es posible asociar rasgos con segmentos. Hablemos de segmentos o de rasgos, el análisis de formas como las de (161) nos permite aislar claramente los rasgos temporales (asociados en [161] a -ba- y -re / ra-) de los rasgos de número y persona (asociados a -s, -mos, -is, -n). Resulta también evidente que la información de tiempo precede a la de concordancia: formas como *cantamosba o *cantanrá están claramente mal formadas.

Tomando como punto de partida la derivación o el cotejo sintáctico de dichas formas a través de operaciones sucesivas de adjunción de núcleo a núcleo, podemos concluir que hay una proyección de 'tiempo' (T) a la que el verbo se incorpora primero, y otra proyección de 'concordancia' (Conc) a la que el complejo V + T se incorpora después. Esta derivación produce el orden lineal deseado:

(162)

$$
\begin{array}{c}
\text{T} \\
\diagup \diagdown \\
\text{V} \quad \text{T} \\
| \qquad | \\
\text{cantábamos} \quad \text{[imperfecto]}
\end{array}
$$

(163)

$$
\begin{array}{c}
\text{Conc} \\
\diagup \diagdown \\
\text{T} \quad \text{Conc} \\
\diagup \diagdown \qquad | \\
\text{V} \quad \text{T} \quad \text{[1.ª persona, plural]} \\
| \qquad | \\
\textit{cantábamos} \quad \text{[imperfecto]}
\end{array}
$$

Es importante recordar el uso que hacemos ahora del término CONCORDANCIA. Como ya hemos advertido, este término no expresa aquí una relación, sino un conjunto de rasgos (concretamente, persona y número). Aunque tal vez no sea enteramente afortunado usar el nombre de una relación entre dos elementos para designar el conjunto de rasgos que la ponen de manifiesto, este uso particular del término CONCORDANCIA se ha generalizado absolutamente en la gramática generativa. No parece, pues, inoportuno usarla en un texto introductorio que pretende familiarizar al lector con los desarrollos de esa corriente. Recuerde, por tanto, que el término CONCORDANCIA tiene en la teoría sintáctica moderna tres sentidos. Uno es el uso relacional, general en la tradición gramatical (como en Existe concordancia entre A y B). Un segundo sentido es el uso sustantivo (como en el nudo Concordancia en este diagrama arbóreo o el núcleo Concordancia de esta estructura), y no designa una relación sino un conjunto de rasgos. Este es el sentido prevalente en el modelo de principios y parámetros. Por último, en el programa minimista se impone el sentido operacional, en el que la concordancia se entiende como una operación de unificación de rasgos. Sobre este último sentido hemos hablado en el apartado anterior. Por el momento, nos quedaremos con el sentido sustantivo, para presentar los desarrollos de esta noción dentro de la teoría de principios y parámetros.

La hipótesis de que la categoría o proyección Flex es en realidad la suma de dos proyecciones independientes, 'tiempo' (T) y 'concordancia' (Conc), se conoce en la bibliografía como HIPÓTESIS DE LA FLEXIÓN ESCINDIDA (ingl. *split inflection hypothesis*). Fue propuesta por el lingüista francés Jean-Yves Pollock (1989), adoptada por autores como Chomsky (1991b, 1993) y Belletti (1990), y usada de forma generalizada durante la década de los noventa. Aunque Pollock defendió una jerarquía inversa a la que presentamos aquí, en la que T dominaba a Conc, ha predominado la opción de Chomsky y Belletti, de acuerdo con la cual Conc (es decir, «persona y número») domina a T (es decir, a la información temporal).

Si aceptamos como válida la idea de que la flexión debe escindirse en subcategorías independientes a las que corresponden proyecciones distintas, el siguiente paso natural es estudiar si es posible extender esta idea a otros dominios de la gramática. Si nuestra respuesta es afirmativa, nos conducirá a una hipótesis aún más general, que Spencer (1992, 1997) denomina HIPÓTESIS DE LA PROYECCIÓN FUNCIONAL PLENA (ingl. *full functional projection hypothesis*): cualquier elemento morfemático que se corresponda con una categoría funcional en una lengua dada, es –desde el punto de vista sintáctico– el núcleo de una proyección máxima. Siguiendo esta hipótesis, los núcleos Conc y T proyectan sintagmas plenos. El complemento de Conc debe ser, obviamente, ST, ya que, como hemos mostrado anteriormente, los morfemas de concordancia son más externos con respecto a la raíz que los morfemas de tiempo, por lo que, jerárquicamente, Conc debe seleccionar T.

Al ser SConc la posición jerárquicamente más alta, su especificador estará ocupado por el sujeto oracional. Esta idea tiene indudables ventajas, ya que explica el hecho de que los sujetos concuerden con el verbo en los rasgos de número y persona, precisamente los contenidos en Conc. Por tanto, el cotejo de rasgos por concordancia núcleo-especificador tiene que tener lugar en SConc para que estos rasgos se manifiesten de forma patente tanto en el sujeto como en el verbo. El verbo tiene que ocupar la posición estructural en la que esté plenamente flexionado, es decir, el núcleo Conc. Si, por el contrario, los sujetos aparecieran en la sintaxis patente en la posición de especificador de ST y fuese en esta proyección donde se produjese el cotejo de rasgos morfológicos, esperaríamos que los sujetos oracionales mostrasen rasgos de tiempo, algo que es posible en ciertas lenguas pero no en español. Ciertamente, podemos decir *El próximo presidente del gobierno está resfriado,* es decir, podemos añadir información léxica relativa al futuro al sustantivo que constituye el núcleo de un SN sujeto, pero es obvio que el verbo no tiene que concordar con esta información. Algunos nombres de evento contienen adverbios y SSNN que hacen referencia al futuro, como en *La visita del embajador el mes que viene,* pero es también evidente que el verbo del que ese SN sería sujeto puede aparecer perfectamente en presente: ....*preocupa en extremo a los miembros del consulado,* es decir, no interviene en relaciones de concordancia con el sujeto.

Una cuestión diferente es el hecho cierto de que debe existir una determinada 'compatibilidad léxica' entre los tiempos verbales y la denotación de los SSNN. Se dice, por ejemplo, *Volveremos sobre este asunto la semana que viene,* y no *Vol-

veremos sobre este asunto la semana anterior. Esta compatibilidad temporal tiene que ver con las relaciones deícticas o de demostración, pero se distingue de la 'concordancia temporal'. Existe concordancia temporal, en cambio, entre *llamaré* y *mañana* en la oración *Te llamaré mañana.* Así pues, en la oración *El próximo presidente tendrá nuevas obligaciones,* el SN *el próximo presidente* concuerda con el verbo *tendrá* en número y persona, pero no en tiempo, por lo que debemos inferir que el SN ocupa la posición de especificador de SConc, de acuerdo con el principio de concordancia núcleo-especificador.

(164)

Por último, debemos añadir una restricción adicional sobre los procesos de desplazamiento que generan (163). Dado que estamos ensanchando un «espacio estructural», es decir, ampliando el número de posiciones a las que se pueden desplazar los constituyentes, nos podemos preguntar, por ejemplo, qué impediría que el núcleo T se desplazase a la posición de especificador de su propia proyección (165) o, por el contrario, por qué no es posible que el sujeto que aparece inicialmente en la posición de especificador de ST se desplace al núcleo de Conc (166):

(165)

$$
\begin{array}{c}
\text{ST} \\
X_i \quad \text{T'} \\
\text{T} \quad \text{SV} \\
h_i
\end{array}
$$

(166)

$$
\begin{array}{c}
\text{SConc} \\
\text{Conc'} \\
\text{Conc} \quad \text{ST} \\
X_i \quad h_i
\end{array}
$$

La restricción que debemos tener en cuenta para bloquear estos desplazamientos arbitrarios ya ha sido introducida: el movimiento de núcleo a núcleo. En principio, como hemos explicado, los núcleos se desplazarán a posiciones nucleares y las proyecciones máximas, como los SSNN, deberán desplazarse a posiciones no nucleares, como la de especificador. Esperamos, pues, que un constituyente que esté en la posición de especificador de ST se desplace a la posición de especificador de SConc. A este movimiento de un SX se le denomina MOVIMIENTO DE ESPECIFICA-DOR. Ello implica que las posiciones estructurales intermedias (como los núcleos que intervengan) serán invisibles para este tipo de desplazamiento. De igual modo, en los procesos de movimiento de núcleo a núcleo serán invisibles las posiciones de especificador que ocupen posiciones intermedias.

La restricción que asocia el estatuto de un constituyente –como categoría máxima o mínima– y las posiciones estructurales a las que puede desplazarse fue formulada por primera vez por Emonds (1976), que la denominó RESTRICCIÓN DE CONSERVACIÓN DE LA ESTRUCTURA (ingl. *structure preserving constraint*): una proyección máxima solo puede moverse a una posición generada como proyección máxima, y un núcleo solo puede moverse a una posición nuclear:

(167) a. SY ◄——— SX
     b. Y ◄——— X

Este requisito puede verse como manifestación de la incompatibilidad funcional o 'incompatibilidad de rasgos'. Por ejemplo, el núcleo Conc no se moverá a su propio especificador porque un elemento no tiene que concordar consigo mismo. De igual forma, si el núcleo T o el núcleo Conc atraen otro elemento, este elemento deberá reunir ciertos requisitos para poder ser atraído a dicha posición nuclear.

A2. *T y Conc desde un punto de vista comparativo*

Una parte de los argumentos que llevaron a Pollock a proponer la división de la categoría Flex en dos categorías funcionales independientes, T y Conc, se basa en el análisis de ciertos contrastes entre el inglés y el francés, observados por primera vez por Emonds (1978), que afectaban a la posición relativa del verbo con respecto a ciertos adverbios. Pollock asume como hipótesis de partida que el adverbio inglés *often* (*souvent* en francés) ocupa una posición adjunta al SV. Los contrastes en la posición del verbo nos indicarán si el objeto se ha desplazado a una posición externa al SV o si no lo ha hecho. En el primer caso, el verbo aparecerá linealmente a la izquierda del adverbio, y en el segundo el adverbio precederá al verbo.

(168) a. ... V_i ... [$_{SV}$ ... Adv ... h_i ...]
     b. [$_{SV}$ ... Adv ... V ...]

Como muestran los siguientes contrastes, en inglés (169) el verbo no parece salir del dominio SV, mientras que en francés el verbo no solo puede, sino que debe salir del dominio SV, como se ve en (170):

(169) a. John often kisses Mary. 'John a menudo besa a María'
     b. *John kisses often Mary.

(170) a. Jean embrasse souvent Marie. 'Jean besa a menudo a María'
     b. *Jean souvent embrasse Marie.

Si el verbo *kiss* ('besar') pudiese salir de la proyección SV hacia el nivel funcional de la flexión, esperaríamos que (169b) fuese gramatical. De igual forma, si el verbo *embrasse* pudiese permanecer dentro del SV, la oración (170b) debería ser gramatical. Por tanto, la conclusión de que inglés y francés ejemplifican los dos valores posibles en el parámetro del movimiento verbal a la flexión parece fundada.

Esta hipótesis se ve también confirmada por la posición del verbo con respecto a los denominados 'cuantificadores flotantes'. Estos cuantificadores son expresiones de la categoría Determinante que aparecen en una posición desplazada con respecto al SN con el que se relacionan, como es el caso de *Los invitados comieron todos gazpacho*. El determinante *todos* se refiere, obviamente, al SN sujeto, pero aparece en el dominio posverbal. Se da un contraste entre el inglés y el francés en cuanto a la posición que ocupan los cuantificadores flotantes. En inglés, el verbo no puede preceder al cuantificador flotante *all,* mientras que en francés el verbo tiene que preceder a *tous:*

(171) a. The children all eat chocolate. 'Los chicos comieron todos chocolate'
      b. *The children eat all chocolate.

(172) a. *Les enfants tous mangent du chocolat.
      b. Les enfants mangent tous du chocolat.

De nuevo, si suponemos con Pollock que estos elementos ocupan una posición en el dominio SV, explicamos el contraste a partir de la prohibición de que el verbo en inglés salga del SV y de la obligatoriedad de que el verbo se desplace hacia la flexión en francés. Otra consecuencia que derivamos de este parámetro es el diferente comportamiento de estas estructuras con respecto a la negación. En inglés, el verbo no puede ascender hacia la flexión atravesando la negación, por lo que se hace necesario insertar el auxiliar *do* (173):

(173) a. *John eats not chocolate. 'John no come chocolate'
      b. John does not eat chocolate.

En francés, el verbo debe ascender a una proyección superior a la ocupada por el elemento negativo *pas* (174):

(174) a. Jean (ne) mange pas du chocolat.
      b. *Jean (ne) pas mange du chocolat.

Ahora bien, la conducta del verbo en francés no es uniforme. Los verbos léxicos (es decir, no auxiliares) no finitos parecen comportarse como el verbo inglés, es decir, no pueden ascender atravesando la negación *(pas):*

(175) a. Ne pas sembler heureux est une condition pour écrire des romans.
        'No parecer feliz es una condición para escribir novelas.'
      b. *Ne sembler pas heureux est une condition pour écrire des romans.

(176) a. Jean essaye de ne pas rencontrer Marie.
        'Jean trata de no encontrarse con Marie.'
      b. *Jean essaye de ne rencontrer pas Marie.

La oración (175b) es agramatical porque el verbo *sembler* ha ascendido a una posición superior a *pas,* al igual que *rencontrer* en (176b). Por el contrario, los verbos auxiliares pueden atravesar opcionalmente la negación. Así, el auxiliar *être* puede aparecer delante o detrás de la negación en (177):

(177) a. Ne pas être heureux est une condition pour écrire des romans.
'No ser feliz es una condición para escribir novelas.'
    b. Ne être pas heureux est une condition pour écrire des romans.

Resulta curioso que los infinitivos léxicos puedan aparecer linealmente a la izquierda del adverbio *souvent,* lo que parece indicar que el paralelismo con el inglés no es completo. Por un lado, los infinitivos no pueden pasar por encima de la negación, como hemos visto, pero sí por encima de los adverbios del tipo *souvent / often.*

(178) Jean essaye de rencontrer souvent Marie.
'Jean trata a menudo de encontrarse con María.'

Pollock asume que la negación *pas* ocupa una posición más alta que el adverbio *often / souvent,* y propone un sistema en el que la flexión está escindida en dos proyecciones y en el que se dan las siguientes relaciones de dominio (denomina Flex1 y Flex2 a los constituyentes resultantes de escindir la flexión, es decir, para Pollock, Flex1 = Tiempo y Flex2 = Concordancia):

(179) Flex1 > Neg *(pas)* > Flex2 > Adv *(souvent).*

En inglés, como hemos observado, el verbo permanece en su posición originaria y no puede desplazarse a Flex1, que anteriormente (§ 4.3.3) hemos denominado Flexión finita (Flex$_{[+finita]}$), o a Flex2, que hemos denominado Flexión no finita (Flex$_{[-finita]}$) en el § 4.3.3. En francés, los verbos léxicos finitos deben moverse obligatoriamente a la posición Flex1. Por tanto, solo serán gramaticales las secuencias oracionales resultantes en las que el verbo preceda tanto a la negación como al adverbio *souvent.* Los auxiliares no finitos de infinitivo pueden moverse opcionalmente a Flex1 o a Flex2 (o bien cotejar sus rasgos en esa proyección). Por último, los verbos léxicos no finitos pueden moverse a Flex2, de ahí que puedan preceder al adverbio *souvent.* Sin embargo, no pueden moverse a Flex1, lo que explica la agramaticalidad de (175b) y (176b).

La diferencia paramétrica mostrada entre el inglés y el francés se reduce en el fondo a una propiedad que ya mencionamos anteriormente: en inglés la flexión es DÉBIL O MORFOLÓGICAMENTE POBRE, por lo que es incapaz de atraer el verbo hacia su dominio. Deberá ser la flexión la que descienda al núcleo verbal (o, alternativamente, se coteje en él). En la oración *John often sings,* la desinencia de tercera persona del singular *-s,* que se genera en Flex, desciende y se adjunta al verbo. En francés o en español, la flexión es MORFOLÓGICAMENTE RICA O FUERTE, por lo que atraerá el verbo hacia su dominio. La consecuencia principal es que si este requisito de atracción es obligatorio, como en francés, el verbo finito deberá ascender.

Las formas verbales no finitas son morfológicamente menos fuertes, y por tanto no están sujetas a este requisito de manera uniforme. Como sabemos, carecen de desinencias de persona y establecen relaciones temporales siempre dependientes, de ahí que posibiliten el movimiento o la atracción a Flex2, pero no a Flex1. De hecho, Pollock utiliza los términos 'flexión transparente' y 'flexión opaca' en vez de 'flexión fuerte' y 'flexión débil' respectivamente, precisamente para enfatizar que la fuerza morfológica de un morfema es lo que posibilita que este sea transparente y no bloquee el ascenso del verbo.

Los datos examinados por Pollock han tenido un impacto indudable en la evolución de la teoría sintáctica contemporánea, aunque lo cierto es que se prestan a varias interpretaciones. Algunos autores, como Iatridou (1990), Ouhalla (1990) y Williams (1994), han observado que la teoría de Pollock descansa necesariamente sobre la base de la hipótesis de que adverbios como *often / souvent* ocupan una posición fija universalmente. Sin embargo, se puede sostener la hipótesis inversa de que la dinámica del verbo es similar en todas las lenguas, y que son los adverbios los que pueden aparecer en diversas posiciones. De hecho, si sostenemos que hay una proyección ST y que *often* y *souvent* son adverbios de frecuencia susceptibles de aparecer como adjuntos a la proyección ST, podemos reinterpretar la diferencia entre *John often kisses Mary* y *Jean embrasse souvent Marie* a partir de un parámetro diferencial según el cual *often* en inglés se genera en ST y *souvent* en francés en SV:

(180) a. John [$_{ST}$ *often* kisses [$_{SV}$ Mary]]
     b. Jean [$_{ST}$ embrasse [$_{SV}$ *souvent* Marie]]

Esta hipótesis alternativa tampoco está libre de problemas: si los adverbios de frecuencia son semánticamente idénticos en ambas lenguas, es difícil justificar el que en un caso puedan generarse en ST y en el otro no. También surge la pregunta de cuál es el mecanismo subyacente en lenguas como el español, donde estos adverbios pueden preceder o seguir al verbo:

(181) a. Juan besa a menudo a María.
     b. Juan a menudo besa a María.

Así pues, en (181) tenemos dos opciones (si bien cabe una tercera que ahora no nos interesa: *Juan besa a María a menudo*): podemos postular que los adverbios pueden aparecer en diversas posiciones, o bien entendemos que el ascenso del verbo a diferentes proyecciones es opcional. Si tomamos esta alternativa para explicar (181b), donde el verbo aparece a la derecha del adverbio, se nos plantea el problema de explicar por qué *besa* es una forma finita. Esto nos llevaría a tener que utilizar la operación de descenso de la flexión para explicar este caso, lo que resulta inconsistente con nuestra hipótesis inicial de que la flexión en español es rica y capaz de atraer el verbo hacia su dominio. Pero incluso si aceptáramos esta excepción, la asimetría resultante estaría lejos de ser satisfactoria. Seguimos necesitando, en consecuencia, una teoría más elaborada de la posición de los adverbios en español, y en general del orden de palabras, en las lenguas en las que este se muestra más libre. Aun así, la discusión anterior nos resulta útil para mostrar que las propiedades de la flexión verbal condicionan la posición estructural de los verbos, una conclusión que se acepta mayoritariamente en la sintaxis formal contemporánea. En el capítulo 10 retomaremos algunas de estas cuestiones.

A3. *La concordancia de objeto*

Una vez hemos escindido la proyección de flexión en dos constituyentes (Tiempo y Concordancia), en aplicación de la hipótesis de la proyección funcional plena, deberemos revisar las demás proyecciones flexivas y considerar si es apropiado aplicar una escisión similar. Al abordar la flexión no finita hemos supuesto que el análisis de las formas compuestas y otras perífrasis verbales nos podría conducir a postular una proyección de Flexión [-finita] que contendría la información correspondiente a la posición a la que el infinitivo, el gerundio o el participio deberían desplazarse. Ese análisis era demasiado simplificador porque no establecía diferencias entre esas proyecciones. A ello se añade que los datos considerados por Pollock muestran que las formas no finitas se comportan de forma diferente en cuanto a su posición estructural con respecto a los adverbios y la negación en francés. La proyección Flex2 (concordancia) de Pollock no puede ser una de las proyecciones de tiempo o concordancia consideradas en la sección anterior, por dos motivos. Primero, porque los rasgos temporales de ST son los de la flexión finita, y a ST se desplazarán o serán atraídos tanto los verbos finitos como los auxiliares. En segundo lugar, SConc contiene las propiedades de concordancia del verbo con el sujeto (número y persona), de ahí que parezca más apropiado denominar a esta proyección SINTAGMA DE CONCORDANCIA DE SUJETO (SConc-S), para indicar que es a ella a la que se desplazará el sujeto oracional.

Tal vez se pregunte usted por qué, si las funciones sintácticas (sujeto, objeto...) no son núcleos en la configuración, introducimos ahora núcleos sintácticos que parecen referirse a ellas. Pero observe que, en realidad, ni 'concordancia' ni 'sujeto' designan aquí relaciones sintácticas. El núcleo de la proyección SConc-S contiene rasgos de número y de persona. Es probable que el término 'concordancia de sujeto' no sea el más feliz para designarlos, pero una vez hecha esta aclaración meramente terminológica, desaparece el problema conceptual que podría plantearse.

Dado que ST y SConc-S están claramente orientadas al sujeto y son categorías fuertes (con abundante información morfológica y semántica), parece evidente que necesitamos otra categoría que se corresponda con la categoría de Flexión (no finita) que postulamos anteriormente y que sea estructuralmente el lugar concebido por Pollock para Flex2. Chomsky (1991b) propone denominar a esta proyección SINTAGMA DE CONCORDANCIA DE OBJETO (SConc-O), que sería, en consecuencia, la proyección de un núcleo de concordancia de objeto (Conc-O). Por tanto, podríamos reformular el esquema de Pollock para el francés como sigue:

(182) SConc-S > ST > Neg *(pas)* > SConc-O > *souvent*

SConc-O sería la posición estructural a la que se desplazan las formas no finitas (infinitivo, gerundio) tanto en francés como en español. Podemos, pues, eliminar la proyección Flex2 de Pollock y la proyección Flex [-finita] sugerida en el § 4.3.3 y sustituirlas por esta proyección SConc-O. Ahora bien, cabe preguntarse si hay ventajas adicionales en proponer esta proyección, y sobre todo cuáles son los rasgos que caracterizan al núcleo Conc-O. Son dos las propiedades que se han relacionado con esta proyección: a) la concordancia entre participios y complementos directos y b) el cotejo del rasgo de caso acusativo. Considerémoslas separadamente:

a) Concordancia entre participios y complementos directos. La motivación principal para proponer esta categoría no solo reside en la necesidad de acomodar las propiedades posicionales del verbo con respecto a ciertos adverbios y a la negación, sino también en la de explicar por qué en ciertas lenguas románicas las formas no finitas manifiestan morfología de número y persona. Resulta interesante que esta concordancia entre el verbo [-finito] y un SN se produzca con el SN objeto o complemento directo y no con el sujeto oracional. Kayne (1989a) observó que en italiano y francés hay ciertas construcciones en las que el participio pasado concuerda con el complemento directo. Por ejemplo, la oración (183a) es posible en ciertas variedades del italiano. El participio *viste* concuerda con el objeto femenino plural *ragazze,* por lo que muestra la desinencia *-e.* La forma alternativa no concordante sería (183b).

(183) a. Paolo ha viste le ragazze. 'Paolo ha visto [plural] a las muchachas.'
     b. Paolo ha visto le ragazze.

En francés no es posible la concordancia del complemento u objeto directo con el participio. Solo la forma no concordante *(repeint)* es posible en (184a). La forma alternativa *repeintes,* en la que el participio concuerda con el objeto en el rasgo [+plural], es agramatical en (184b):

(184) a. Paul a repeint les chaises. 'Paul ha pintado las sillas.'
     b. *Paul a repeintes les chaises.

Sin embargo, Kayne también nota que en otras construcciones el complemento u objeto directo puede y debe concordar con el participio. Por ejemplo, en (185a) el pronombre de objeto directo *les,* que se refiere a la misma entidad que el SN en la oración (184a) de arriba (es decir, a las sillas), activa la concordancia con el participio. En (185b), el SN que encabeza la oración de relativo también concuerda con el participio, al igual que en la estructura interrogativa (185c):

(185) a. Paul les a repeintes.
     b. Les chaises que Paul a repeintes. 'Las sillas que Paul ha pintado [plural]'
     c. Combien de tables Paul a repeintes? '¿Cuántas sillas ha pintado [plural] Paul?'

La consideración de los datos del francés lleva a Kayne a proponer que el hecho de que un objeto en posición posverbal no concuerde con el participio en esa lengua, mientras que un «objeto desplazado» como los de (185) sí lo hace, indica que la concordancia objeto-participio solo tiene lugar cuando el verbo se ha desplazado a una proyección fuera del SV desde la que concordará con el participio. Aplicando los principios de concordancia núcleo-especificador y de movimiento de núcleo a núcleo, deberemos obtener una estructura en la que el pronombre *les* de (185a), los nombres *chaises* y *tables* de (185b) o (185c) y el participio *repeintes* cotejen los rasgos de concordancia de persona (plural) en dicha proyección, SConc-O:

(186) [les$_i$ [a [$_{SConc-O}$ h$_i$ [$_{Conc'[+plural]}$ repeintes$_j$ [$_{SV}$ h$_j$ h$_i$]]]]]

SConc-O está encabezado por los rasgos de número correspondientes al morfema de plural *-es*. Debemos considerar SConc-O como un tipo de flexión fuerte, ya que es capaz de atraer e incorporar el verbo. Si la concordancia se transmite por un proceso de cotejo entre núcleo y especificador, el pronombre *les* deberá haberse desplazado a este punto desde la posición de complemento del verbo, como mostramos en (186), o bien deberá ser capaz de activar el proceso de concordancia a distancia. Analizaremos este último punto más en detalle al hablar de los pronombres clíticos en el capítulo 9. La propuesta de Kayne, en suma, es que para que el pronombre *les,* o cualquier otro complemento directo desplazado, y el participio *repeintes* cotejen o compartan los rasgos de número ([+plural]), es necesario que lo hagan en una posición estructural designada para este fin.

En español antiguo, el participio podía concordar con el complemento directo de forma generalizada, tanto cuando el objeto se encontraba en posición posverbal como cuando estaba desplazado, aunque esta última configuración era la más común. Los siguientes ejemplos están tomados de Parodi (1995):

(187) a. [...] el ovo dichas estas cosas.   *(Grande e General Estoria)*
     b. [...] cogida han la tienda do albergaron. *(Poema de Mio Cid)*
     c. [...] destas cosas que yo he dichas.   *(Corbacho)*
     d. Por que no la auemos usada.   *(Auto de los Reyes Magos)*

Sin embargo, en el español actual las posibilidades de concordancia participio-objeto se reducen a ciertas construcciones, como los complementos predicativos o predicados secundarios de (188):

(188) a. El ciclista tiene los tendones destrozados.
     b. Mi hija come las verduras siempre bien guisadas.
     c. El ciclista los tiene destrozados.
     d. Mi hija las come siempre bien guisadas.

En estas oraciones, el participio debe concordar en género y número con el complemento directo, como prueba la agramaticalidad de las variantes en que el participio está en la forma no concordante.

(189) a. *El ciclista tiene destrozado los tendones.
     b. *Mi hija come las verduras siempre bien guisado.
     c. *El ciclista los tiene destrozado.
     d. *Mi hija las come siempre bien guisado.

Las propiedades de la concordancia entre participio y complemento directo son claramente diferentes de las de la concordancia entre verbo y sujeto. El verbo principal y el sujeto cotejan rasgos de número y persona, pero no de género (en las lenguas románicas y germánicas, se entiende, a diferencia de las semíticas, por ejemplo). Por el contrario, el participio y el complemento directo cotejan rasgos de género y número, pero no de persona. Así, en (190a) *nos* concuerda con *enemistados* en el rasgo [+plural] pero no en el rasgo [primera persona]. Lo mismo sucede en (190b). La concordancia se restringe al rasgo de número y género.

(190) a. Este asunto nos tiene {enemistados / enemistadas}.

     b. Este asunto te tiene {enfadado / enfadada}.

Este contraste se deriva del hecho de que los participios no poseen rasgos de persona, lo que resulta obvio, ya que no tenemos formas diferentes para una hipotética primera, segunda o tercera persona del participio. Por lo tanto, solo cotejarán con el SN los rasgos que comparten con este. Este cotejo no puede darse, evidentemente, en la proyección SConc-S, ya que en esta sí se cotejan los rasgos de persona.

b) Cotejo del rasgo de caso acusativo. En el § 3.3.4 introdujimos el concepto de 'caso abstracto', una de cuyas manifestaciones es el caso morfológico. Obviamente, las proyecciones SConc-S y SConc-O aluden al primero, no al segundo. Chomsky (1991b) y otros gramáticos postulan la proyección SConc-O no solo en los casos del italiano, francés o español, lenguas en las que la concordancia es patente, sino que la extienden de forma universal, incluso a lenguas como el inglés que carecen de concordancia superficial o patente. El sentido último de esta propuesta consiste en asociar la identificación de un SN como objeto o complemento verbal y su presencia en la configuración núcleo-especificador en SConc-O. Esta identificación estructural se lleva a cabo a través del cotejo de los rasgos de caso abstracto, como vimos en el capítulo anterior. En otras palabras, si concebimos el caso estructural como una propiedad que se coteja, entonces deberá ser parte de la especificación de un núcleo. Una propuesta razonable es que los núcleos de Conc-S y Conc-O contienen respectivamente la especificación o valor [+nominativo] y [+acusativo] del rasgo de 'caso' y que los SSDD que aparezcan en las respectivas posiciones de especificadores cotejan en ellas los rasgos de caso pertinentes:

(191)

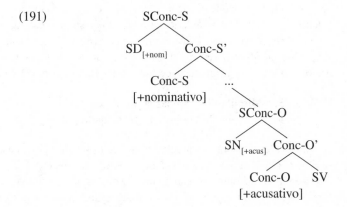

Una consecuencia de esta hipótesis es que podemos unificar el cotejo de los rasgos de caso con el de otras propiedades. Un SD estará especificado con un determinado rasgo de caso y lo cotejará con el núcleo SCon-S o SConc-O en la relación núcleo-especificador. Vemos, pues, que todas las relaciones de cotejo se reducen a esta relación estructural. Aunque la terminología estándar denomina a las proyecciones de concordancia SConc-S y SConc-O respectivamente, en realidad habría que entenderlas como SConc [nominativo, número, persona] y SConc [acusativo, género, número].

El concebir la identificación de los rasgos de caso por cotejo en lugar de como un proceso de «asignación» permite resolver una asimetría entre la asignación de caso nominativo y la de caso acusativo u oblicuo. Recuérdese que el caso acusativo lo asignaría, bajo rección, el verbo a su complemento. De igual forma, las preposiciones pueden asignar caso oblícuo a sus complementos. En cambio, el caso nominativo lo asignaría el núcleo funcional Flex a su sujeto:

(192)

```
        SV              SP            SFlex
       /\              /\            /\
          V'              P'      SN   Flex'
         /\              /\            /\
        V  SN          P  SN          Flex
```

La identificación de caso por cotejo permite que este proceso sea uniforme: el SD y el núcleo de concordancia correspondiente estarían en la relación estructural núcleo-especificador. Los dos núcleos de concordancia son núcleos funcionales, de modo que el verbo ascendería de uno a otro para activar el cotejo de dichos rasgos. Es decir, la combinación de la operación del movimiento de V a Conc (O y S) y del cotejo de rasgos en la relación núcleo-especificador unifica el cotejo de los rasgos de caso con el mecanismo general de cotejo de cualquier rasgo:

(193)

```
        SConc-S                SConc-O
        /\                     /\
     SN   Conc-S'           SN   Conc-O'
          /\                     /\
          Conc-S                 Conc-O
```

Una marca de caso estructural manifiesta como la *a* del acusativo, llamada a veces «*a* personal», puede concebirse entonces como la manifestación morfológica o patente del cotejo de caso acusativo en SConc-O, si bien restringido a ciertos SSDD. La manifestación del cotejo de caso nominativo es la concordancia de número y persona entre un SN y el verbo. Los infinitivos carecen de especificación de número y persona, por lo que serán incapaces de cotejar el caso nominativo con un SD:

(194) a. *Será difícil ellos aprobar la propuesta.
      b. *Lamento los diputados haber trabajado poco.

Aun así, el español se caracteriza por admitir en ciertos casos infinitivos con sujetos léxicos en posición posverbal, como veremos en el § 6.5.1. La pauta que representa (194) contrasta marcadamente con la que corresponde al portugués. En esta lengua los infinitivos sí poseen marcas de número y persona. Es, por tanto, posible, la aparición de sujetos léxicos en las oraciones de infinitivo, ya que el infinitivo es entonces capaz de cotejar dichos rasgos:

(195) a. Sera difícil eles aprovar<u>em</u> a proposta.
      b. Eu lamento os deputados ter<u>em</u> trabalhado pouco.

Un problema aparente de la propuesta que asocia caso y concordancia es que parece entrar en contradicción con la idea de que en lenguas como el francés o el español la concordancia entre el complemento u objeto directo y el participio no es generalizada (ciertamente, no decimos *Pepe ha compradas las cortinas*). Si todos los complementos deben cotejar el rasgo de caso acusativo, entonces el movimiento a esa proyección de SN y verbo debería ser obligatorio, con lo que la concordancia verbo-complemento directo debiera estar generalizada. No obstante, hay que señalar, en primer lugar, que el concepto de 'caso abstracto' que estamos manejando es, como hemos recordado, diferente del caso que se manifiesta morfológicamente. En segundo lugar, cabe también pensar que el cotejo de caso en esas construcciones participiales esté en relación con otro rasgo que hasta ahora no hemos mencionado: el aspecto. Nos ocuparemos de él en el capítulo siguiente.

A4. *La concordancia como operación sintáctica*

En los apartados anteriores hemos intentando explicar que en el programa minimista se le da la vuelta a la visión 'sustantiva' de la concordancia para resaltar su contenido 'operacional'. Este punto de vista resulta lógico si se recuerda el cambio de perspectiva que tiene lugar en esta corriente, tal como hemos explicado en el texto: el paso de un modelo representacional a uno fuertemente derivacional. Si concebimos la concordancia como una operación que afecta a dos objetos sintácticos y que los lleva a compartir una propiedad –es decir, a «concordar»–, relativizamos la necesidad de establecer puntos o categorías sustantivas de concordancia donde tal proceso tiene lugar. En otras palabras, resulta probablemente redundante decir que la operación de concordancia entre sujeto y verbo necesita de una categoría de tal nombre bajo la cual se lleva a cabo. Nos basta concebir dicha identidad de rasgos como el resultado de la operación de cotejo. Así pues, en lugar de suponerse en el programa minimista que la concordancia tiene lugar en la proyección SConc-S, basta con decir que la operación CONCORDANCIA se aplica al núcleo y al especificador de SFlex (ST). Hace falta especificar, desde luego, a qué rasgos se aplica. En la perspectiva representacional se dice que Flex debe desdoblarse en las proyecciones T y Conc. En cambio, desde el punto de vista derivacional se entiende que la operación de concordancia debe aplicarse a los rasgos de caso, numero y persona. Técnicamente, puede decirse que la operación se aplicará tantas veces como sea necesario para cotejar los valores requeridos de esos rasgos.

En la historia reciente de la gramática formal se han dado varios tanteos en torno a la dirección que han de tomar los procesos de cotejo. En el § 4.6.2 presentábamos la noción de 'avidez', según la cuál un elemento se mueve por la urgencia de cotejar sus propios rasgos, es decir, de descargarse de ellos. En el análisis del 'caso' que hace Chomsky (2001a, 2001b) se toma la dirección opuesta: el núcleo Flex actuará como un BUSCADOR (ingl. *probe*) que tomará como META u OBJETIVO (ingl. *target*) un SD con caso estructural nominativo, y lo atraerá a su especificador. Al aplicarse la operación de concordancia, el núcleo buscador recibirá un valor para su rasgo de caso (por ejemplo, [nominativo]) y dicho rasgo se borrará de la derivación sintáctica, evitando así que volviese a actuar como buscador y atrajera a otro SD. La operación de concordancia deberá garantizar también que haya identidad o unificación en los rasgos de número y persona del núcleo buscador y el SD que este toma como objetivo. Podemos, pues, decir que la introducción de la operación de concordancia nos permite reducir el inventario de categorías funcionales y eliminar SConc-S.

Un razonamiento parecido puede aplicarse para justificar la eliminación de la categoría funcional sustantiva SConc-O y su sustitución por la aplicación de la operación de concordancia en una capa funcional del SV a la que se denomina *v pequeña* (ingl. *small v*), que da lugar a una proyección del mismo nombre. La estructura de esa proyección no es fundamental en este momento, así que la pospondremos hasta el § 6.9.3. Recuerde que la motivación inicial de proponer la proyección SConc-O era proporcionar un núcleo funcional propio donde pudiese realizarse la concordancia núcleo-especificador de los objetos concordantes con el participio; más adelante se extendió como lugar en el que se coteja el caso acusativo. Desde una perspectiva minimista, esta es una opción demasiado costosa. En otras palabras, podemos decir que, de igual forma que es un rasgo de la flexión el que actúa como buscador de un objetivo con el valor nominativo del rasgo de 'caso', será una propiedad de ciertos verbos el hecho de que actúen como buscadores del valor acusativo del rasgo de caso de un SD. Estos verbos proyectan un núcleo adicional *v*, que es el que actúa como buscador propiamente dicho. Ciertamente, si no restringiéramos de esta manera la concordancia de caso acusativo, prediríamos que todos los verbos cotejan el rasgo acusativo, lo que evidentemente no es cierto. En paralelo con la situación anterior, *v* atraerá ahora un SD con el valor acusativo del rasgo de caso, y la aplicación de la operación de concordancia llevará al cotejo de identidad o la unificación del valor del rasgo de caso del SD y de *v*, así como al borrado o eliminación de este último de la derivación sintáctica. En el caso de los participios concordantes, será de nuevo un rasgo fuerte (género, número) de un *v* participial el que fuerce la aparición manifiesta de dichos rasgos tanto en el buscador como en el SD que constituye su objetivo.

En suma, en el programa minimista se concluye que es posible eliminar también la proyección SConc-O como categoría funcional sustantiva y explicar los datos que la justificaban a partir de los mecanismos derivacionales asociados a la operación de concordancia. La hipótesis de la proyección funcional plena quedaría también cuestionada bajo los postulados minimistas, ya que lo necesario no es asociar con cada rasgo una categoría sustantiva independiente, sino explicar cómo se coteja.

Podría dar la impresión de que el desarrollo de la hipótesis de la flexión escindida y las propuestas basadas en sintagmas encabezados por núcleos de concordancia son pasos erróneos en la teoría gramatical, pero no es así. Desde el programa minimista se consideran más bien como estadios necesarios en el desarrollo de una teoría más restringida. De hecho, debe resaltarse que la reinterpretación derivacional de la concordancia incorpora los logros explicativos del modelo de principios y parámetros. Las consecuencias empíricas y teóricas que deban seguirse del razonamiento estrictamente derivacional son objeto de investigación actual, y contienen tantas respuestas a preguntas tradicionales como dilemas y puntos que todavía han de ser aclarados.

5 Léxico y sintaxis

5.1. La sintaxis como proyección del léxico

5.1.1. *Reglas de subcategorización y selección*

El análisis de la estructura sintagmática de la oración y sus constituyentes que hemos presentado en los dos capítulos anteriores nos ha conducido a una concepción cada vez más sofisticada del inventario de categorías sintácticas y de la forma en que se combinan. Sin embargo, si concibiéramos la empresa de caracterizar las estructuras sintácticas admisibles en español sólo a base de un componente categorial, fracasaríamos en aspectos esenciales. El estructuralismo distribucionalista o la gramática generativa del modelo basado en reglas irrestrictas, como las que se proponían en los años cincuenta del siglo pasado, seguían este punto de vista y proporcionaron instrumentos para formular generalizaciones sobre estructuras posibles. No obstante, no se indicaba de forma explícita en esas aproximaciones cómo controlar el poder predictivo de las generalizaciones basadas en reglas de linearización categorial. Por ejemplo, es obvio que la oración (1) es gramatical.

(1) El cartero entregó un paquete a mi vecino.

A partir de este dato podemos generalizar inductivamente que en español existe la regla «SV → V + SD + *a* + SD». La aplicación de esta regla de forma arbitraria o irrestricta nos permitirá generar también oraciones tan irregulares como las siguientes:

(2) a. *El cartero vio el partido a mi vecino.
    b. *El cartero sufrió un infarto a mi vecino.

Este problema de SOBREGENERACIÓN tiene su raíz en el hecho de que, al centrarnos solo en el componente categorial de la gramática, estamos dejando de lado los requisitos combinatorios que imponen las distintas palabras o, en general, las PIEZAS LÉXICAS, vistas como partes de nuestro vocabulario o léxico mental. En efecto, el verbo *entregar* no posee los mismos requisitos combinatorios que el verbo *comer* o el verbo *sufrir*. Sin embargo, si nuestra gramática no nos permite distinguir los distintos tipos de verbos de acuerdo con sus requisitos combinatorios, estamos abocados a *sobregenerar,* es decir, a construir un modelo que prevea muchas más combinaciones de las que son realmente posibles. La decisión sobre los requisitos que hayan de ser pertinentes no es tampoco una cuestión obvia. En los ejemplos anteriores parece claro que ni *ver* ni *sufrir* pueden combinarse con *a mi vecino,* que resulta un SP «innecesario» o superfluo. Debemos, por tanto, restringir las combinaciones categoriales que son posibles con respecto a cada clase de verbos y especificar qué entendemos por *clase* en este caso.

Pensará usted tal vez que, para comprobar que existen clases distintas de verbos en función de su combinatoria, basta mirar cualquier diccionario. Antes de explicar el significado de los verbos, el diccionario nos informa, por lo general, de si son transitivos o intransitivos (tienen o no un complemento directo), y a veces hasta nos dice con qué preposición se combinan cuando seleccionan alguna. Pero observe que esta información es escasa, casi nunca sistemática y casi siempre limitada a unas pocas distinciones (raras veces nos informa, por ejemplo, acerca de los «segundos complementos», como los indirectos). Es además una información atomística, en el sentido de que no suele establecer una conexión estrecha entre el significado del verbo y el hecho de que seleccione un tipo u otro de complemento.

Estos requisitos combinatorios se llaman CATEGORIALES. Enseguida volveremos sobre ellos. Existe otro tipo de requisitos combinatorios que hacen referencia a los rasgos de significado de las piezas léxicas. El famosísimo ejemplo (3) se debe a Chomsky (1957):

(3) Las ideas verdes incoloras duermen furiosamente.

Esta oración se usaba en ese periodo inicial de la gramática generativa para distinguir los conceptos de 'agramaticalidad' y 'anomalía'. Como vimos en el § 1.3, el primero es un criterio sintáctico, que se refiere a la buena formación, mientras que el segundo pone en juego otros factores, generalmente de naturaleza semántica y a veces también pragmática. De acuerdo con las concepciones generales del estructuralismo distribucionalista, y también de la gramática generativa de los años cincuenta, estas consideraciones quedaban fuera de la gramática. Dicha oración podría considerarse, por tanto, gramatical pero anómala. En la actualidad se piensa que esta visión es demasiado restrictiva. Consideremos los siguientes contrastes:

(4) a. El muchacho corre.
   b. #El muro corre.

(5) a. La sinceridad asusta al muchacho.
   b. #El muchacho asusta a la sinceridad.

Este tipo de contrastes son, desde luego, generalizados y muestran un problema de fondo que tiene indudables repercusiones sintácticas. Los RASGOS SEMÁNTICOS de las piezas léxicas inciden de manera directa en su compatibilidad con otras piezas léxicas, pero lo hacen a menudo de manera intrincada, puesto que no siempre es enteramente evidente si la información que consideramos es estrictamente lingüística o no. Así, en (4a) parece que el verbo *correr* «requiere» como sujeto un SD que denote una entidad capaz de llevar a cabo tal actividad, es decir, una entidad animada. El rasgo [animado] se usa habitualmente para designar una particularidad de un grupo biológico (personas, animales y plantas). Ahora bien, es evidente que (4b) contrasta con *El tren corre,* luego el rasgo [animado] no parece ser aquí el verdaderamente relevante. Algunos gramáticos de los años sesenta pensaban que estas oraciones irregulares deberían recibir un asterisco, es decir, el mismo signo que asignamos a *El libro Pedro de* –en lugar de *El libro de Pedro*– y que corresponde a otras muchas infracciones sintácticas. En la actualidad, los gramáticos están de acuerdo por lo general en que esta oración representa un tipo de infracción claramente distinto, puesto que nuestro conocimiento sobre las entidades del mundo que tienen la propiedad de correr no es análogo a nuestro conocimiento sobre la posición que debe ocupar una preposición en el interior de un SN. De ahí que muchos gramáticos asignen a esa oración el signo «#» para indicar su «incompatibilidad con nuestro conocimiento del mundo», y no tanto la infracción de un principio estrictamente lingüístico. De igual forma, sabemos que en (5b) la sinceridad no es una entidad susceptible de ser asustada, pero no está claro que esa información forme parte de nuestro conocimiento de la gramática.

La diferencia se percibe más claramente si pensamos en verbos como *cantar* e intentamos restringir las categorías que pueden funcionar como su sujeto. Ciertamente no podemos decir que el sujeto de *cantar* haya de designar un ser humano, porque sabemos que cantan muchos pájaros (aunque no todos) y, al parecer, ciertas ballenas. En la actualidad se percibe muy claramente que la información necesaria para restringir el posible sujeto del verbo *cantar* la obtendremos al considerar los seres que tienen la propiedad de cantar, por lo que no parece que tal información forme parte, en sentido estricto, de nuestro conocimiento de la gramática, y tampoco del significado del verbo *cantar*. Es claro, en el mismo sentido, que tampoco forma parte del conocimiento del idioma la información necesaria para determinar los sujetos posibles del verbo *volar* (personas, aviones, golondrinas, papeles, globos...), una información que se obtiene, de nuevo, examinando el mundo, no el idioma. Algunos lingüistas llaman DESIGNATIVAS a estas informaciones léxicas, puesto que son las entidades designadas en la realidad las que las motivan, en el caso de que tenga sentido postularlas como unidades verdaderamente lingüísticas.

¿Quiere ello decir que las palabras no se restringen unas a otras en función de condiciones semánticas? En absoluto. Las restricciones semánticas sobre la combinatoria léxica son muy numerosas. Es evidente, por poner un ejemplo sencillo, que es el conocimiento del idioma el que nos dice que solo podremos combinar el verbo *tergiversar* con sustantivos que denoten expresiones verbales, ideas, puntos de vista y otros tipos de información que no se obtendrán, desde luego, por el simple hecho de mirar el mundo que nos rodea. Más aún, la oposición entre materias sólidas y líquidas es relevante para analizar contrastes como:

(6) a. El gato bebe la leche.
   b. *El gato come la leche.

En las lenguas que, como el persa, no distinguen dos verbos para la acción de ingerir (frente a nuestros *comer* y *beber*) no existen, por tanto, oposiciones como esta. Tampoco el español proporciona dos verbos para la acción de 'ir a un sitio' según se vaya a pie o en vehículo, frente al alemán (*gehen* y *fahren*). Se aplica el mismo razonamiento a otros muchos casos. Aun así, nótese que la oposición 'líquido / sólido' en los casos considerados fuerza la interpretación de las entidades designadas como materias líquidas o sólidas (por eso se puede *comer chocolate* y también *beber chocolate*), pero ese reconocimiento no obliga a la gramática a confeccionar la relación de materias que se presentan en estado líquido o sólido.

En el modelo clásico de la gramática generativa se pensó en un principio que todas las restricciones eran útiles porque todas acotaban un subconjunto de las formas combinables, luego todas debían postularse como parte del idioma, fuera cual fuera su naturaleza última. Así pues, se introdujeron dos tipos de requisitos combinatorios bien distintos que indicaban claramente que el léxico y sus propiedades condicionan de manera directa la posibilidad o imposibilidad de obtener ciertas estructuras. Debe corresponder a la gramática la tarea de bloquearlas, se pensaba, y para ello se hacía necesario diseñar una teoría del componente léxico de la gramática. Este problema fue caracterizado como EL PROBLEMA DE LA SUBCATEGORIZACIÓN en el modelo estándar de *Aspectos de la teoría de la sintaxis* (Chomsky, 1965). La solución de Chomsky en esa época fue proponer una serie de reglas especiales denominadas REGLAS DE SUBCATEGORIZACIÓN. Estas reglas siguen el formato de las reglas dependientes del contexto que vimos en el § 2.5.1, ya que indican precisamente en qué contextos podrá insertarse una determinada pieza léxica y, en concreto, los complementos que puede tomar.

Una de las tareas asignadas al subcomponente léxico era crear un inventario de los rasgos semánticos de las piezas léxicas que son sensibles al contexto en el que se insertan (cfr. Katz y Fodor, 1963; Katz y Postal, 1965). Las entradas léxicas de un diccionario abstracto o mental indican qué rasgos semánticos son relevantes en cada caso, por lo que un elemento léxico puede verse como un par < L, [+x, -y, +z]>, donde L es el rasgo categorial de la pieza léxica y la lista [+x, -y, +z] especifica los rasgos semánticos de dicha pieza con sus valores respectivos. Por ejemplo, los nombres se especifican en el léxico mediante un conjunto de rasgos semánticos como los siguientes:

(7) común / propio
    concreto / abstracto
    contable / no contable
    animado / no animado
    humano / no humano

Estas oposiciones pueden verse como las dos caras o valores de una misma propiedad o rasgo: los nombres comunes se especifican como [+común] y los propios como [-común]; los nombres que denotan entidades animadas se especifican como [+animado], y los que denotan entidades no animadas son [-animado], etc. Los nombres *Juan, Madrid, sinceridad* y muchacho tendrían la siguiente especificación:

(8) Juan, < +N, [-común, + animado, +humano]>
    Madrid, < +N, [-común, –animado, -humano]>
    sinceridad, < +N, [+común, -concreto]>
    muchacho, < +N, [+común, +concreto, +humano]>

La investigación en semántica léxica mostró pronto que no todos los rasgos de esa lista eran igualmente coherentes. Arriba hemos visto que los rasgos [humano / no humano] y [animado / no animado] resultan escasamente útiles si consideramos algunos de los verbos más comunes a los que parece que deberían aplicarse, como *cantar* o *volar.* Pero, por otro lado, no es menos cierto que algunas aplicaciones gramaticales de estos mismos rasgos (como la presencia de la preposición *a* ante los complementos directos en español) ponen de manifiesto que son necesarios. La oposición 'concreto / abstracto' se desdobló pronto en otras más específicas, y también menos inestables. Así, si queremos explicar por qué el verbo *narrar* admite complementos directos formados con sustantivos como *excursión, cacería* o *partido,* pero no con otros como *paisaje, jabalí* o *delantero,* no llegaremos muy lejos con la distinción entre sustantivos concretos y abstractos (observe, por ejemplo, que el sustantivo *bondad* es abstracto, pero se rechaza como complemento directo del verbo *narrar*). Como es evidente, haremos mejor distinguiendo entre los sustantivos que denotan EVENTOS o SUCESOS y los que designan entidades no eventivas. Observe, en el mismo sentido, que el complemento del verbo *asistir (a)* no denota una entidad 'abstracta', sino, sencillamente, un evento. Ni que decir tiene que, si queremos permitir combinaciones como *saber un poema* y excluir otras como *saber un ladrillo,* necesitaremos alguna distinción algo más perfilada que 'concreto / abstracto': es evidente que los sustantivos que se admiten en el primer caso no son todos los sustantivos abstractos en los que podamos pensar (ni siquiera es evidente que *poema* sea un sustantivo abstracto), y que los sustantivos que se rechazan en el segundo no son tampoco todos los concretos. Se aplican consideraciones similares a otros muchos casos.

Visto en forma retrospectiva, debe resaltarse que en aquel primer estadio de la gramática generativa importaba más la naturaleza teórica del recurso gramatical postulado que las propiedades específicas de los rasgos propuestos. Se propuso, pues, que los verbos se asocian con ciertas restricciones contextuales, en función de los requisitos semánticos que impongan sobre los SSDD (todavía SSNN en los años sesenta) con los que se combinan. A estas restricciones se las conoce como los RASGOS DE SUBCATEGORIZACIÓN (ingl. *subcategorization features*) del verbo. Se postulaban dos clases de rasgos: RASGOS DE SUBCATEGORIZACIÓN ESTRICTA y RASGOS DE SUBCATEGORIZACIÓN SELECTIVA. Los primeros determinan el contexto categorial de una pieza léxica. Por ejemplo, el verbo *entregar* subcategoriza o selecciona dos complementos diferentes (*entregar* [*una carta*] [*a su destinatario*]), mientras que *beber* subcategoriza solo uno (*beber* [*la leche*]). Las denominadas reglas de subcategorización estricta servían precisamente para reflejar estas propiedades.

(9) entregar __ [$_{SD}$][$_{SP}$]
    beber __ [$_{SD}$]

La subcategorización de un verbo nos indica también la categoría del elemento seleccionado. El verbo *decir* puede subcategorizar complementos de categoría SD o SComp (10), pero el verbo *comprar* no subcategoriza la categoría SComp.

(10) a. Pepito dijo [$_{SD}$ muchas tonterías].
     b. Pepito dijo [$_{SComp}$ que vayas a verle].

(11) a. Pepito compró [$_{SD}$ un coche].
     b. *Pepito compró [$_{SComp}$ que vayas a verle].

Los verbos *constar* o *carecer* subcategorizan complementos de categoría SP, por lo que la presencia de SSDD en la posición de complemento convierte la estructura en agramatical (12b, 13b). Es más, dichos verbos no subcategorizan cualquier SP, sino que determinan también el núcleo preposicional: *constar por* o *carecer para* resultan agramaticales (14).

(12) a. El libro consta [$_{SP}$ de tres partes].
     b. *El libro consta tres partes.

(13) a. Mi país carece [$_{SP}$ de recursos vitales].
     b. *Mi país carece recursos vitales.

(14) a. *El libro consta por tres partes.
     b. *Mi país carece para recursos vitales.

Nótese que esta irregularidad es mucho más firme que la de las secuencias de (4b) y (5b), en las que nos preguntábamos si la sinceridad forma parte de las entidades susceptibles de asustarse o si los muros tienen la propiedad de correr. De hecho, las reglas de subcategorización estricta ponen de manifiesto informaciones que forman parte esencial de la gramática. Esto no quiere decir que constituyan necesariamente informaciones PRIMITIVAS, esto es, no deducibles o no derivables. Como veremos, la irregularidad de (11b) es consecuencia de un factor semántico: el hecho de que los complementos proposicionales denotan estados de cosas, en lugar de seres materiales.

La subcategorización está ligada, desde luego, al contenido semántico del verbo y la estructura oracional. Cuando analizábamos (1) y (2), notaría usted probablemente que, si podemos añadir la expresión *a mi vecino* al SV *entregar un paquete,* pero no al SV *sufrir un infarto,* es porque el primero, pero no el segundo, expresa un tipo de acción que solo se entiende si culmina en un destinatario. Si intuyó usted algo así, tenía, sin la menor duda, toda la razón. Observe también que la variación en el núcleo preposicional *(a, con, de)* cambia la interpretación de las secuencias de (15):

(15) a. Pepe habla a María.
     b. Pepe habla con María.
     c. Pepe habla de María.

En (15a), el complemento preposicional especifica el destinatario de las palabras de Pepe; en (15b) entendemos que Pepe y María están manteniendo una conversación; y en (15c), a diferencia de lo que sucede en los dos casos anteriores, María no tiene por qué estar presente en la situación descrita, ya que es el objeto de las palabras de Pepe. Parece claro que es el contenido de la preposición lo que altera la forma en que se interpreta el suceso asociado a un determinado SV.

Existen al menos dos maneras de tratar este problema. Podemos suponer que hay un único verbo *hablar* que selecciona (opcionalmente) un complemento de categoría SP. Correspondería a la semántica determinar cómo afectan al contenido expresado por el verbo los contenidos de las distintas preposiciones. La otra alternativa es inventariar las diferentes acepciones como diferentes entradas léxicas en el diccionario: *hablar$_1$, hablar$_2$, hablar$_3$.* La pieza léxica *hablar$_1$* seleccionaría un SP encabezado por *a; hablar$_2$* seleccionaría un SP encabezado por *con;* y *ha-*

*blar*₃ un SP encabezado por *de*. La elección entre las dos opciones no es sencilla, sobre todo porque las preposiciones *a* y *de* son compatibles en un mismo enunciado: *Pedro habló de María a su hija*. En cualquier caso, lo que esta estrategia entraña es reconocer la secuencia «verbo + preposición» como una unidad de significado derivada composicionalmente, de ahí que ciertos investigadores traten los verbos que permiten esta alternancia como verbos de régimen preposicional o VERBOS PREPOSICIONALES.

Un segundo grupo de rasgos que se postulaban en los años sesenta eran los RASGOS DE SUBCATEGORIZACIÓN SELECTIVA, que determinan el contexto semántico de cada pieza léxica. Así, si aceptamos que *asustar* solo puede tomar como complemento directo un SD que denote una entidad animada, propondremos una regla como la siguiente, en la que se específica que el SD objeto tiene que poseer ese rasgo:

(16) asustar, + V, __ [$_{SD}$ +animado]

Arriba hemos expuesto resumidamente por qué no se aceptan en la sintaxis formal contemporánea una buena parte de los rasgos de subcategorización selectiva, mientras que la información que recogen los rasgos de subcategorización estricta sigue siendo necesaria en la gramática, aunque puede reflejarse en ella de varias maneras.

La teoría que acabamos de esbozar representa un primer intento de articular las relaciones entre léxico y sintaxis. Como hemos visto, tiene algunas ventajas claras, puesto que la información que aportan los rasgos de subcategorización estricta es a todas luces necesaria. También presenta, sin embargo, algunos problemas. Además de no diferenciar claramente en todos los casos las informaciones lingüísticas de las extralingüísticas, debe resaltarse otro inconveniente de este enfoque basado en reglas contextuales: la aproximación que exponemos resulta excesivamente idiosincrásica. El que para cada pieza léxica tengamos que introducir una o más reglas que nos especifiquen todas sus propiedades combinatorias «por la fuerza bruta» nos impide dilucidar qué generalizaciones están detrás de las restricciones de selección y qué mecanismos son responsables de ellas. Dicho de otra forma, la lista de rasgos asignados individualmente a una pieza léxica tal vez permita prever una parte de su funcionamiento sintáctico (lo que quizá podría hacer feliz a un ingeniero), pero desde luego no nos explica este funcionamiento, entre otras razones porque las listas de propiedades idiosincrásicas no suelen explicar nada. Así pues, ningún lingüista podría quedar totalmente satisfecho con esa situación.

De acuerdo con las reglas formuladas anteriormente, sabemos que los sujetos de las oraciones de (17) deben respetar la regla selectiva de los verbos *morir* y *besar,* que especifica que dichos sujetos deben ser animados:

(17) a. El poeta murió.
    b. El poeta besó a su novia.

No obstante, dicha regla no nos permite explicar por qué *morir* no puede combinarse con expresiones como *con todas sus fuerzas* o *deliberadamente,* o con el SP *durante cinco minutos,* mientras que *besar* sí puede hacerlo:

(18) a. *El poeta murió {con todas sus fuerzas / deliberadamente}.
   b. El poeta besó a su novia {con todas sus fuerzas / deliberadamente}.

(19) a. *El poeta murió durante cinco minutos.
   b. El poeta besó a su novia durante cinco minutos.

Seguramente pensará usted ahora que los actores de teatro pueden morirse «deliberadamente», «con todas sus fuerzas» o «durante cinco minutos», pero observe que lo que hacemos en estos casos es construir secuencias en las que alteramos el significado de *morir* para designar 'fingir morirse', u otro sentido análogo en el que se obtenga control sobre procesos internos que en sí mismos no son controlables por el individuo. Descartadas estas interpretaciones –posibles, pero irrelevantes ahora–, es claro que los rasgos considerados anteriormente no son suficientemente sofisticados como para predecir este tipo de propiedades. Debemos analizar el contenido semántico de *morir* y *besar* con más detalle para distinguir entre los tipos de sucesos expresados por estos verbos, así como los participantes requeridos en cada uno de ellos. De igual forma que la teoría de la X-con-barra nos permitía encontrar un patrón uniforme detrás de las reglas de estructura de constituyentes, en las secciones siguientes presentaremos los ingredientes fundamentales de tres teorías que de forma conjunta caracterizan las propiedades combinatorias de contenido de las piezas léxicas: la teoría de la predicación, la teoría temática y la teoría de la estructura aspectual-eventiva.

5.1.2. *Selección categorial y selección semántica*

En el apartado anterior hemos sugerido que una parte de la subcategorización estricta (toda, de hecho, si fuera posible) debería DEDUCIRSE en lugar de POSTULARSE o ESTIPULARSE. Tenga presente que en el trabajo del lingüista, como en el de otros científicos, es esencial reducir al mínimo las informaciones que deben ser postuladas, y ampliar al máximo las que deben obtenerse de otras generalizaciones. Como allí sugeríamos, el hecho de que el verbo *comprar* no se combine con las llamadas subordinadas sustantivas (oraciones con *que,* en aquel caso) es consecuencia de un hecho evidente: la entidad semántica que el complemento de *comprar* denota (aproximadamente, 'mercancía') no puede ser expresada lingüísticamente con una subordinada sustantiva, puesto que estas oraciones denotan 'estados de cosas' y no 'seres materiales'. Observe que el significado de *la llegada* en *Mencionó la llegada del cartero* es análogo al de *que llegó el cartero* en *Mencionó que llegó el cartero.* Sin embargo, del hecho de que no sea posible que una subordinada sustantiva denote objetos físicos se sigue inmediatamente la agramaticalidad de oraciones como *Compró que te encanta,* y también la de *Busqué que tanto necesitaba, *Traeré que me pidas* y otras muchas análogas. Seguramente vienen ahora a su cabeza oraciones gramaticales cercanas a estas, pero no idénticas; no las confunda con las que ahora consideramos, por insignificante que le parezca el artículo que las distingue. Así pues, necesitamos alguna conexión más estrecha entre la subcategorización estricta y el significado de las entidades denotadas.

Los distintos tipos de reglas propuestos en el modelo estándar para explicar las propiedades de selección de las piezas léxicas pueden reducirse a una distinción básica entre dos tipos de selección. La SELECCIÓN SEMÁNTICA (selección-s) de una pieza léxica debe diferenciarse de su SELECCIÓN CATEGORIAL (selección-c) o subcategorización estricta. Así pues, en el caso citado de *comprar,* la selección semántica puede ser 'mercancía', mientras que la selección categorial es SD. Los verbos *poner* y *quitar* seleccionan semánticamente un 'objeto' y una 'ubicación'. La selección categorial de estos verbos hace corresponder de forma sistemática al objeto con un SD y a la ubicación con un SP, como puede verse:

(20) a. Pepe puso el libro sobre la mesa.

     b. El camarero quitó la botella de la mesa.

Esta correspondencia nos permitiría hablar de una REALIZACIÓN ESTRUCTURAL CANÓNICA O CARACTERÍSTICA (Chomsky, 1986a) de los elementos semánticos, esto es, la selección categorial que les corresponde por defecto. Por ejemplo, la realización canónica de las nociones 'objeto físico', 'persona' o 'periodo' es SD, mientras que la de 'estado de cosas' puede ser SD o SComp, como hemos visto. Asimismo, en sintagmas como *procedente de Dinamarca* o *venir de la escuela,* la selección semántica que se expresa es 'lugar de origen', mientras que la realización canónica de esa noción es «SP encabezado por *de*».

Recordará usted que en el § 1.2.1 dejamos aparcado el análisis de la secuencia (21):

(21) *Durante que te estuve esperando.

Decíamos allí que el significado de *que* y el de *durante* «chocan en la cabeza», pero no aclarábamos la naturaleza de esa incompatibilidad. Ahora estamos ya en disposición de contestar: es razonable pensar que *durante* selecciona-s una 'unidad temporal' (generalmente un intervalo o periodo, o bien el suceso que lo designa). La selección-c que corresponde a esta noción semántica será un SD, luego lo esperable es que cualquier otro constituyente que coloquemos en su lugar resulte rechazado. También es la selección-s la que explica que otras preposiciones y adverbios rechacen sistemáticamente oraciones subordinadas sustantivas *(ante, bajo, delante),* aunque algunas los admiten en usos figurados *(sobre, encima, detrás).*

Sin embargo, no siempre encontramos una correspondencia unívoca entre el elemento seleccionado semánticamente por una pieza léxica y su realización categorial. En el par mencionado arriba *(Mencionó que llegó* y *Mencionó la llegada)* ya notábamos que el SD *la llegada* no es una oración, pero el contenido que expresa lo manifiestan habitualmente las oraciones subordinadas (SComp). En los ejemplos siguientes, podemos comprobar también que hay verbos que requieren que su complemento exprese un contenido semántico de manera uniforme, pero permiten que ese contenido se ejemplifique categorialmente de más de una forma.

(22) a. El anciano me preguntó qué hora era.

     b. El anciano me preguntó la hora.

(23) a. Me sorprendió qué precio pedían por ese piso.

     b. Me sorprendió el precio de ese piso.

(24) a. No creo que vayas a llegar temprano a casa.

      b. No creo tu promesa.

El verbo *preguntar* selecciona semánticamente un contenido proposicional interrogativo, como se muestra en (22a). Su complemento nos indica obligatoriamente el contenido de dicha pregunta, por lo que un complemento como *una cereza,* que denota una entidad concreta, infringirá la selección semántica de *preguntar.* No infringiría la de *pedir,* como se muestra en (25b), porque *pedir* admite en su complemento cualquier entidad material o inmaterial, si bien no selecciona complementos interrogativos:

(25) a. *El anciano me preguntó una cereza.

      b. El anciano me pidió una cereza.

Nótese ahora que (22) pone de manifiesto que *preguntar* puede tomar como complementos expresiones de categoría SComp o SD. Así, *la hora* en (22b) significa 'qué hora era', algo muy distinto de lo que ese mismo SD significa en *Ese reloj no da bien la hora.* Este hecho muestra que algunos SSDD se interpretan como preguntas sin dejar de ser SSDD. Se dice que en tales casos los SSDD constituyen PREGUNTAS ENCUBIERTAS (ingl. *concealed questions*), un fenómeno que se ha estudiado con cierto detalle tanto en la sintaxis teórica como en la semántica formal. Observe que el SD *la capital de Eslovaquia* admite dos interpretaciones en (26a), pero solo una en (26b):

(26) a. No recuerdo la capital de Eslovaquia.

      b. No he visitado la capital de Eslovaquia.

La selección categorial es idéntica en ambos casos (un SD), pero la selección semántica es diferente. El SD *la capital de Eslovaquia* puede designar en (26a) una ciudad, es decir, una entidad material (en este sentido resultaría natural que usara esa expresión un turista que visitó Bratislava hace años). El verbo *recordar* admite como complemento (selección semántica) entidades que pertenecen a múltiples clases, entre ellas las personas, los lugares y los periodos. Esta es la única interpretación que se admite en (26b), puesto que *visitar* selecciona semánticamente lugares o personas (selección-s). Pero (26a) puede significar también 'no recuerdo cuál es la capital de Eslovaquia'. Esta última es una interpretación interrogativa, y no es posible en (26b) porque el verbo *visitar* no la selecciona semánticamente. Retomaremos la ambigüedad de oraciones como (26a) en el § 11.7.4.

Existen, desde luego, muchas otras constricciones semánticas en el proceso que permite obtener preguntas encubiertas, incluso con estos mismos verbos, pero no podrán ser examinadas en este libro introductorio. Observe, por ejemplo, que la oración (25a) no se salvaría aunque quisiéramos entender 'el anciano me preguntó qué es una cereza', lo que significa que estos SSDD no esconden cualquier pregunta encubierta que se pueda formular. Es importante que recuerde, en cualquier caso, que el fenómeno de las preguntas encubiertas constituye un caso particular de la oposición entre selección-c y selección-s.

El fenómeno que explicamos no es exclusivo de la interrogación. El verbo *sorprender* selecciona semánticamente exclamaciones: su complemento indica precisamente aquello que causa sorpresa. Observe que en (23b) se obtiene indirectamente una interpretación extrema, concretamente 'un precio muy alto o muy bajo', es decir, la interpretación que proporcionan las oraciones exclamativas. Finalmente, *creer* selecciona proposiciones (contenidos de creencias o de juicios) y, como vemos en (24b), estos contenidos pueden manifestarse categorialmente por medio de un SD, frente a lo que ocurre en otros casos:

(27) a. Opino que los precios descenderán.
　　　b. *Opino el descenso de los precios.

(28) a. Mucha gente piensa que habrá guerra próximamente.
　　　b. *Mucha gente piensa la próxima guerra.

(29) a. Supongo que ellos me avisarán.
　　　b. *Supongo su aviso.

Parece, pues, que contenidos semánticos como 'pregunta', 'exclamación' o 'proposición' pueden corresponderse categorialmente con las categorías SD y SComp. No obstante, esta correlación no es enteramente sistemática, por lo que (al menos por el momento) no parece posible reducir siempre la selección categorial a la selección semántica.

En suma, aunque en principio la idea de la posible reducibilidad de la selección categorial a la selección semántica parece atractiva, y está basada incluso en consideraciones de 'prioridad epistemológica' del contenido sobre la forma (Chomsky y Lasnik, 1995), no nos es posible hallar una correspondencia «uno a uno», o ni siquiera «uno a varios», entre las entidades seleccionadas semánticamente y su realización categorial. Algunas correspondencias son muy firmes, como hemos visto (los SSDD denotan personas, cosas, lugares, periodos, etc., mientras que los SComp no denotan estas entidades), pero otras son menos sistemáticas. Para ellas es necesario mantener estos dos tipos de información separados en el inventario de las entradas léxicas.

5.2. La predicación

5.2.1. *Las nociones de predicado y argumento*

La noción de predicación es semántica. Se trata, por tanto, de un concepto que hace referencia a una condición relativa al significado de las expresiones. El concepto de PREDICACIÓN que presentamos aquí tiene sus orígenes en el análisis lógico y filosófico de la predicación, más concretamente en el que se lleva a cabo en la lógica de predicados de primer orden al traducir una lengua a un lenguaje lógico de representación (cfr. Kalish y Montague, 1965; Deaño, 1978). Este tipo de tratamiento es pertinente a efectos gramaticales porque las propiedades que estamos tratando son propiedades de la estructura léxica básica o «sintaxis lógica» de las expresiones. Lo que los análisis logicistas clásicos lograron fue precisamente poner de manifiesto que la estructura predicativa de las oraciones es una parte sustancial de su significado. En el modelo de principios y parámetros se adopta de forma implícita este análisis de la predicación como sustituto parcial de las reglas de subcategorización (Williams 1980, 1981; Higginbotham, 1985; Zubizarreta, 1987; Rappaport y Levin, 1988).

En la lógica de predicados se dice que una expresión *P* es un PREDICADO ORACIONAL si *P* denota una clase o un conjunto de entidades. Esta afirmación suele resultar extraña para los lingüistas, para quienes la expresión *ejército* denota claramente un 'conjunto de entidades', pero no es evidente que *cantar* denote ningún conjunto, sino más bien una acción o una propiedad asignable a uno o varios individuos. La confusión proviene del hecho de que la denotación de una expresión se asimila en la lógica tradicional al conjunto de individuos a los que es aplicable. El predicado *cantar* se asocia entonces con su EXTENSIÓN o conjunto de aplicación en una situación concreta. Por el contrario, la INTENSIÓN de *cantar* será el concepto o la propiedad expresados. Por el momento nos basta con adoptar el punto de vista extensional, si bien en el capítulo 10 veremos que ciertas expresiones imponen o satisfacen requisitos claramente intensionales. Pueden verse Heim y Kratzer (1998) y Jackendoff (1983, 1990a) como representantes de las dos posturas.

Decimos, entonces, que *x* es un ARGUMENTO de *P* si *x* denota un individuo de los que contiene el conjunto asociado con *P*. La relación de predicación es una relación que se establece entre un predicado y un argumento. Semánticamente, la relación de predicación se corresponde con la relación de pertenencia a un conjunto o una clase, o la de aplicabilidad de un concepto o una propiedad a un individuo, si adoptamos el punto de vista conceptual o intensional. Cuando predicamos *P* de *x,* lo que estamos afirmando es que el individuo denotado por *x* pertenece al conjunto / clase denotado por *P* (o bien, de nuevo, que el individuo *x* tiene la propiedad expresada por *P*).

Desde un punto de vista funcional (en el sentido matemático de 'función'), al predicado se le denomina también FUNCIÓN PROPOSICIONAL. La combinación de una función proposicional *(P)* y su argumento *(x)* produce una proposición completa *P(x)* susceptible de ser evaluada como verdadera o falsa:

(30) *P(x)* es verdadera si y solo si la denotación de *x* pertenece al conjunto denotado por *P*.

La relación primordial de predicación en una oración es la que se establece entre el SD sujeto y el constituyente que expresa el predicado oracional o función proposicional. El constituyente léxico que expresa el predicado oracional suele ser el sintagma verbal (es decir, el verbo y sus complementos, en el caso de que los tenga); en consecuencia, este denota una función proposicional. Al combinarse el sintagma verbal con el sujeto –es decir, el constituyente que expresa el argumento de la función proposicional–, derivamos una proposición plena. Considérese la siguiente oración:

(31) Pepito sonrió.

Entre *Pepito* y *sonrió* hay una relación de predicación: *sonreír* expresa una función proposicional. La combinación de dicha función proposicional con su argumento *Pepito* produce la proposición *sonrió (Pepito),* usando la convención notacional de la lógica de predicados en la que el predicado puede al argumento y este último se encierra entre paréntesis. Supongamos que la denotación del nombre propio *Pepito* sea **p** y que la de *sonrió* sea el conjunto formado por las entidades {**a**, **b**, **c**, **p**}, es decir, los individuos que sonríen en la situación considerada son **a**, **b**, **c** y **p**. Si aceptamos estos supuestos, podemos decir que la oración (31) establece una relación de predicación entre *Pepito* y *sonrió* y expresa una proposición verdadera ya que el individuo **p** pertenece al conjunto {**a**, **b**, **c**, **p**}.

Dada esta concepción semántica de la predicación, no tendría por qué haber en principio ningún requisito por el que deba restringirse a una sola configuración estructural. Sin embargo, en el lenguaje natural se marca claramente en el plano sintáctico la relación de predicación. Por ejemplo, la relación entre el SD-sujeto y el constituyente que actúa como predicado oracional es en muchas lenguas linealmente rígida. En inglés, el SD sujeto debe preceder al constituyente que expresa el predicado oracional o función proposicional. En español, donde tal requisito no es necesario, el SD sujeto es el que concuerda con el verbo. Esta relación de concordancia identifica estructuralmente el sujeto como el que ocupa la posición de especificador de SFlex, como vimos en el capítulo anterior:

(32)   SFlex
                                ╱ ╲
                         SD-sujeto Flex'

La relación de concordancia sujeto-predicado es, esencialmente, un requisito derivacional que nos permite identificar un SD como sujeto oracional. Williams (1980) propuso que la relación de predicación debe satisfacer dos requisitos estructurales: (i) el sujeto debe mandar-c al predicado y (ii) el sujeto y el predicado deben estar coindexados o coindizados. Es esta relación de COINDIZACIÓN la que indica precisamente que se ha establecido la relación predicativa pertinente:

(33)   SFlex
                                ╱ ╲
                         SD-sujeto Flex'
                             │   │
                        [el bebé]$_i$ [sonrió]$_i$

En lo que al español respecta, parece que el primer requisito no se cumple en *Llamó ayer María*. En cuanto al segundo, se trata de uno solo de los usos posibles que puede darse a los índices. Ciertamente, los índices no pueden indicar aquí correferencia, a diferencia de lo que suelen hacer.

5.2.2. *Valencia y saturación*

En la sección anterior hemos establecido que el predicado oracional se corresponde léxicamente con el constituyente SV, y derivacionalmente con el constituyente Flex'. Cabe preguntarse por qué no podemos decir simplemente que el predicado de una oración es el verbo principal. Esta afirmación sería inadecuada, ya que los verbos *contener, dar* o *confiscar* no denotan funciones proposicionales. La combinación de estos predicados con sus sujetos oracionales no produce proposiciones completas:

(34) a. *La habitación secreta contiene.
     b. *La policía va a confiscar.
     c. *El presentador dio.

Para que una expresión denote una proposición completa, el elemento subcategorizador (el verbo en el caso de la oración) tiene que haberse combinado con todos los constituyentes que subcategoriza. Suele denominarse a esta condición REQUISITO DE SATURACIÓN ARGUMENTAL COMPLETA. Una expresión estará completamente saturada cuando se hayan satisfecho sus requisitos de subcategorización o selección categorial. De lo contrario, será una expresión incompleta o no saturada. El número de sintagmas que se requerirán para que el verbo esté completamente saturado dependerá del número de argumentos que necesite. A este número se le conoce como la VALENCIA VERBAL y también como la ARIDAD o ADICIDAD del verbo. Un VERBO MONOVALENTE, MONARIO, MONÁDICO O DE UN LUGAR (los cuatro términos se usan) será aquel que tome un solo argumento; un VERBO BIVALENTE, BINARIO, DIÁDICO O DE DOS LUGARES será aquel que tome dos argumentos; y un VERBO TRIVALENTE, TERNARIO, TRIÁDICO O DE TRES LUGARES será aquel que tome tres argumentos. El concepto de valencia verbal procede en buena parte de las investigaciones de Tesnière (1959), un libro que tuvo gran influencia en la sintaxis europea del siglo XX. Esta obra dio lugar a muchos trabajos posteriores sobre la noción de 'valencia', inscritos en varias corrientes de análisis gramatical. En el apartado de lecturas complementarias se mencionan algunos.

La terminología gramatical más común denomina a los verbos monarios VERBOS INTRANSITIVOS; a los binarios, VERBOS TRANSITIVOS. y a los ternarios, VERBOS DITRANSITIVOS. Aun así, la equivalencia no es enteramente correcta, fundamentalmente porque estos términos designan propiedades de los verbos asociadas con determinadas funciones sintácticas. Es transitivo el verbo que tiene un complemento directo (un SD complemento que recibe caso acusativo), y ditransitivo el que tiene un complemento directo y uno indirecto. Estas propiedades están sin duda vinculadas con la valencia (una propiedad semántica), pero no son equivalentes a ella. Por ejemplo, el verbo *carecer* tiene dos argumentos, pero no es un verbo transitivo, mientras que el verbo *comprar* sí lo es.

La ESTRUCTURA ARGUMENTAL de un verbo es la representación explícita de su valencia mediante símbolos. El verbo *sonreír* es un verbo monovalente o monario, por lo que requiere un solo argumento (x) para estar completamente saturado. Por ello, *sonrió* denota una función proposicional, y la combinación sintáctica de este verbo y su sujeto puede expresar una proposición o estructura predicativa completa. La estructura argumental de un verbo bivalente o binario es un par (argumento-1, argumento-2) o, de forma notacionalmente equivalente, el par (x, y). Los verbos *contener* y *confiscar* tienen entonces la misma estructura argumental, y requieren dos argumentos para expresar una proposición completa o estructura predicativa saturada. Así pues, los ejemplos de (34) infringen el requisito de saturación argumental completa, lo que ya no sucede cuando saturamos el predicado con el argumento que faltaba:

(35) a. La habitación secreta contiene [materiales inflamables].
     b. La policía va a confiscar [las cintas de vídeo].

Por último, los verbos trivalentes o ternarios tendrán como estructura argumental la tripla (argumento-1, argumento-2, argumento-3) o (x, y, z). Por ejemplo, la oración (34c) infringe el requisito de saturación argumental completa, por lo que es necesaria la adición de dos argumentos:

(36) El presentador dio [un sobre] [al ganador del concurso].

Seguramente habrá observado usted que algunas oraciones agramaticales, como (34c), contrastan claramente con otras similares que no lo son, como *Todavía no he pedido* (dicha, por ejemplo, en un restaurante). Esto muestra que a veces no están presentes sintácticamente todos los argumentos necesarios para constituir una proposición completa, sino que quedan IMPLÍCITOS. Examinaremos estos casos en el § 6.4. Importa resaltar ahora que la estructura argumental de un verbo sólo expresa el número de argumentos que selecciona este, y no la posición relativa de los argumentos con respecto al verbo. Las reglas contextuales que indicaban el marco de subcategorización de un verbo en el modelo de *Aspectos* (Chomsky, 1965) especificaban no solo los complementos de un determinado verbo, sino también su posición relativa. Por ejemplo, al generalizar que un verbo V obedece la regla de subcategorización «__ [SD][SP]», estamos implicando que V es un verbo que subcategoriza sus complementos en un determinado orden (ambos siguen al verbo, y a su vez el SD precede al SP). Esta regla produce un resultado aparentemente aceptable en inglés, como en (37), no así en español, en el que las dos opciones de (38) son posibles.

(37) a. The teacher put the book on the table.
     b. *The teacher put on the table the book.
     c. The postman delivered a letter to Mary.
     d. *The postman delivered to Mary a letter.

(38) a. El profesor puso el libro sobre la mesa.
     b. El profesor puso sobre la mesa el libro.
     c. El cartero entregó una carta a María.
     d. El cartero entregó a María una carta.

La adopción de la teoría de la X-con-barra y sus desarrollos posteriores puso de manifiesto que es innecesario especificar informaciones de orden lineal como parte de la estructura argumental de una pieza léxica. De hecho, lo previsible es que las cuestiones de orden lineal estén determinadas en último lugar por operaciones y criterios no especificables léxicamente, como son las necesidades de cotejo de rasgos de la pieza léxica y su participación en procesos de concordancia y asignación de caso, entre otros factores.

5.2.3. *El principio de proyección*

El requisito de saturación argumental se relaciona claramente con la teoría de la predicación que hemos expuesto más arriba. La relación de predicación cubre solo un subcaso en el proceso de saturación argumental que conduce a una expresión proposicional completa. Para que la relación sujeto-predicado pueda darse, el verbo que encabeza el predicado oracional debe haber saturado todos sus argumentos, a excepción del que corresponde al sujeto. Así, *dio un sobre al ganador del concurso* será un predicado oracional legítimo, es decir, una función proposicional que podrá combinarse con el sujeto *el presentador* y expresar una proposición. Si intentásemos fusionar el sujeto con un predicado no saturado completamente, como *dio un sobre* o *dio al ganador,* las expresiones resultantes no satisfarían el requisito de saturación argumental completa, y nuestro intento de derivar una estructura predicativa fallaría, como acabamos de ver:

(39) a. *El presentador dio un sobre.
    b. *El presentador dio al ganador.

Supongamos que, aun así, iniciamos un proceso derivacional con una estructura inicial en la que se satisface el requisito de saturación argumental ([*el presentador*] *dar* [*un sobre*] [*al ganador*]) y luego aplicamos una operación de elisión o vaciado por la cual eliminamos el constituyente *al ganador,* derivando la estructura superficial (39a). Esta derivación tiene que ser bloqueada por la gramática necesariamente, ya que nos es imposible recuperar el contenido informativo correspondiente a uno de los argumentos del verbo. El requisito de saturación argumental no es, por tanto, una exigencia que deba ser satisfecha en un primer nivel derivacional y luego pueda ser incumplida como resultado de ciertas operaciones. No es posible eliminar argumentos de forma arbitraria, y tampoco es posible insertarlos. La oración *El presentador dio un sobre al ganador un premio* resulta absurda porque contiene dos SSDD que compiten para saturar un mismo argumento. Necesitamos, pues, asociar el requisito de saturación argumental completa con una restricción transderivacional (esto es, aplicable a todos los niveles de representación) que invalide los pasos derivacionales que infrinjan dicho requisito. Chomsky (1981: 29) formula el siguiente PRINCIPIO DE PROYECCIÓN (ingl. *projection principle*): «Toda representación sintáctica es una proyección del léxico, en tanto que se deben satisfacer las propiedades de subcategorización de las piezas léxicas». El principio de proyección establece que una pieza léxica debe estar debidamente saturada en cualquier nivel representacional, lo que invalida derivaciones como las que acabamos de proponer hipotéticamente.

La intuición que subyace al principio de proyección es clara: la sintaxis puede alterar la posición de las piezas léxicas y establecer diversas relaciones a distancia entre ellas, pero no puede modificar los requisitos selectivos que el léxico impone. Este es un requisito que no se formula en otros marcos teóricos, aun cuando se supone implícitamente en ellos. En el modelo que estamos exponiendo, se procura que no haya lugar para las generalizaciones gramaticales que se suponen implícitamente pero no se formulan.

5.2.4. *Argumentos internos y externos*

El argumento correspondiente al sujeto tiene un lugar prominente dentro de la estructura argumental de un verbo, ya que es el que satura completamente una función proposicional. Esta prominencia en el plano del contenido tiene un correlato estructural en el hecho de que el constituyente que expresa dicho argumento no se obtiene sintácticamente como los demás. En otras palabras, es la derivación sintáctica de la estructura predicado-argumentos la que nos permite identificar como 'sujeto' de la predicación oracional uno de los argumentos de la serie (arg_1, arg_2, ... arg_n) que proporciona la valencia del verbo.

En los modelos basados en reglas, el SD-sujeto se introduce por medio de una regla separada que lo combina con el SV (O → SN + SV), y los complementos del verbo quedan dentro del SV (SV → V + ...). Las reglas de subcategorización solamente se ocupan de los complementos y no incluyen al sujeto. En el modelo de principios y parámetros se sigue una posición de corte más semántico o logicista, como hemos visto, y el argumento correspondiente al sujeto se incluye en la estructura argumental o de selección categorial del verbo. La distinción sujeto-complementos sigue teniendo un reflejo estructural al inicio de la derivación sintáctica; los argumentos correspondientes al objeto directo o al indirecto se realizan estructuralmente al generarse dentro del SV, mientras que el argumento correspondiente al sujeto oracional se genera directamente en SFlex. Desde esta posición, el sujeto manda-c al SV, lo que permite establecer la relación de predicación pertinente.

(40)

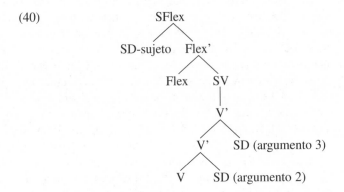

Por todo ello, el argumento que expresa el sujeto oracional se identifica comúnmente como el ARGUMENTO EXTERNO del verbo, es decir, aquel que se realiza estructuralmente fuera de la proyección máxima encabezada por el verbo (el SV). Los restantes argumentos son los ARGUMENTOS INTERNOS, precisamente por generarse en posiciones internas dentro del SV. La distinción terminológica «argumento interno / externo» se debe a Williams (1981). Ciertos autores (Zubizarreta, 1987; Grimshaw, 1990) proponen marcar esta diferencia en la estructura argumental: el argumento más prominente se integrará en uno de los constituyentes flexivos (en la posición externa al SV) y se marca ya en el léxico, por lo que la estructura argumental de una pieza léxica es una lista ordenada, y el argumento externo se anota convencionalmente subrayándolo: (arg1, arg2, ... arg n) o (x, y, ..., z).

Algunos autores (Marantz, 1984, entre otros) proponen distinguir entre ARGUMENTO INTERNO DIRECTO y ARGUMENTO INTERNO INDIRECTO u OBLICUO. Será un argumento directo aquel argumento interno que se realiza estructuralmente bajo V' y en condiciones de hermandad estricta con el verbo, lo que coincide muchas veces con el complemento directo. Un argumento indirecto u oblicuo es introducido por una preposición y no sería generado en una situación de hermandad inmediata con el nudo V. Este argumento se realizaría como un SEGUNDO COMPLEMENTO, noción que incluye el complemento indirecto, pero también el complemento de régimen.

Se preguntará usted seguramente para qué necesitamos el concepto de 'argumento interno' si ya tenemos el de 'complemento directo'. En primer lugar, no solo tienen argumentos internos los verbos, sino que también es aplicable dicho término a los complementos de las preposiciones y de otras categorías. Por ejemplo, en *sobre la mesa, la mesa* es el argumento interno de *sobre* (véase el § 5.3 más adelante). Pero aun limitándonos a los verbos, los argumentos internos no se reducen a los complementos directos, sino que incluyen, como hemos visto, a los indirectos y a los complementos preposicionales seleccionados. Más aún, es posible tener sujetos como argumentos internos. Así, para explicar por qué aparecen sin artículo los sustantivos que se subrayan en *Se necesita* <u>*trabajo,*</u> en *Falta* <u>*sal*</u> o en *Fue encontrado* <u>*petróleo*</u> *en el mar del Norte,* no nos sirve el concepto de 'objeto directo'. Los sujetos de estos verbos son sus argumentos internos. Parece que ocupan la «posición típica del objeto directo», pero es claro que no son objetos directos. Encontrará usted más detalles sobre esta importante diferencia en los §§ 6.7 y 6.9.

Se ha señalado en varias ocasiones que el inconveniente principal de esta concepción estructural de la distinción argumento externo / interno» es que en su representación sintáctica, el argumento externo ya no es un argumento solo del verbo, sino del SV y de la flexión, con lo que estamos separando al argumento externo de la cabeza verbal y de su proyección asociada. Existe una posibilidad alternativa que preserva la mayor prominencia jerárquica del sujeto sin separarlo del verbo y su proyección. Si tomamos la predicación como un requisito semántico que debe hacerse efectivo estructuralmente dentro de una categoría léxica, parece razonable que esta sea el SV, como proyección del verbo o núcleo de la predicación. Algunos autores (Zagona, 1982; Kitagawa, 1986; Koopman y Sportiche, 1991) han propuesto que todos los argumentos se generan inicialmente dentro del SV. Esto incluiría tanto los complementos como el sujeto. A esta postura se la conoce como la HIPÓTESIS DEL SUJETO INTERNO AL SV (ingl. *VP-internal subject hypothesis*). La posición de inserción inicial de los sujetos dentro del SV sería entonces de especificador del SV, al ser esta la única posición que manda-c al resto de los elementos del SV, y por tanto la única que permite establecer la relación de predicación entre el sujeto y el predicado oracional (en este caso, el constituyente V'). De acuerdo con esta hipótesis, hay que sustituir el esquema de (40) por el siguiente:

(41)

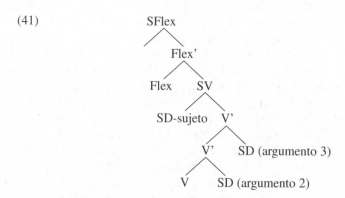

Podemos seguir considerando el argumento correspondiente al sujeto como un argumento «externo» con respecto al resto, en tanto que es el elemento jerárquicamente más prominente que manda-c al dominio V'. Así pues, un SD en la posición de especificador de SV podría ser considerado 'argumento externo', en cuanto que es externo a la predicación que V' establece, pero no es «externo al SV» porque es evidente que forma parte de él. La posición del sujeto como especificador de SFlex resulta ser entonces una posición derivada, ya que el sujeto debe desplazarse desde la posición de especificador de SV a la posición de especificador de esa proyección. El desplazamiento del sujeto estaría motivado por la necesidad de cotejo de los rasgos de tiempo y concordancia de Flex (§ 4.2).

En cierto sentido, la hipótesis del sujeto interno al SV nos permite concebir el argumento externo del verbo como «un sujeto antes de concordar», es decir, como el argumento del verbo del que se predica un estado, un proceso o una acción (en función de lo que el léxico establezca). Lo que añade el movimiento desde el especificador de SV al de SFlex es precisamente la concordancia. La hipótesis tiene otras ventajas de índole teórica, como una representación posible de la equivalencia entre las construcciones con CUANTIFICADOR FLOTANTE (ingl. *floating quantifier*) –en las que hay un cuantificador *(todos)* separado del SD con el que se relaciona, como la de (42a)–, y las construcciones en las que el determinante *todos* aparece dentro del SD (42b).

(42) a. Los alumnos se han ido *todos* al cine.
     b. *Todos* los alumnos se han ido al cine.

Ciertos autores, como Sportiche (1988) o Koopman y Sportiche (1991), sostienen que esta equivalencia se debe (al menos en inglés y en francés) al hecho de que se da una relación derivacional entre estas estructuras. Si suponemos que el sujeto se genera dentro del SV, el cuantificador flotante marcaría en realidad la posición inicial del sujeto *todos los alumnos,* y el constituyente *los alumnos* se habría desplazado al dominio de la flexión.

(43) $[_{\text{SFlex}}$ [Los alumnos]$_i$ se han ido$_j$ $[_{\text{SV}}$ [todos h$_i$] $[_{\text{V'}}$ h$_j$ al cine]]]

Podrían proponerse derivaciones similares para otras oraciones con cuantificadores flotantes distributivos *(de uno en uno)* o adverbios *(a menudo),* como las de (44a, b). En este último caso, el adverbio ocuparía la posición de adjunto del SV, según muestra la estructura de (44c).

(44) a. Los alumnos se han ido de uno en uno al cine.
     b. Los alumnos van a menudo al cine.
     c. $[_{\text{SFlex}}$ [Los alumnos]$_i$ van$_j$ $[_{\text{SV}}$ a menudo $[_{\text{SV}}$ h$_i$ $[_{\text{V'}}$ h$_j$ al cine]]]]

Este análisis plantea ciertos problemas en español, como observa Sánchez López (1993). Por ejemplo, podemos decir *Los niños salen a menudo de clase uno a uno,* donde es claro que los dos constituyentes ocupan posiciones distintas. Podemos decir también *Los alumnos salieron la mayoría tarde,* lo que predice que el SD originario en posición de especificador de SV sería [*la mayoría los alumnos*], el cual no constituye, obviamente, una secuencia bien formada.

La idea de que los argumentos de un verbo no son idénticos en cuanto a su realización estructural nos lleva a diversas propuestas sobre su generación y sobre el estatuto de la distinción externo / interno, si bien no todos los argumentos que la apoyan tienen igual fuerza. Esta cuestión tiene numerosas ramificaciones que irán surgiendo a lo largo de este capítulo y del siguiente.

5.3. La predicación generalizada

5.3.1. *Los nombres y adjetivos como predicados*

En nuestra definición de 'predicación' hemos considerado como predicados solamente expresiones que son proyecciones de un núcleo léxico verbal. Sin embargo, la definición semántica de la predicación no fuerza tal restricción. El análisis semántico –en el sentido de *logicista*– de los predicados requiere solo que estos denoten funciones proposicionales que, al saturarse, expresan una proposición completa. De ello se deduce que en los análisis del significado oracional que se hacen en la semántica formal se descompongan casi todos los constituyentes léxicos en proposiciones. La oración (45a) se analizaría o se descompondría semánticamente como (45b):

(45) a. Un ciclista holandés está cansado.
　　 b. Hay un individuo x tal que x es ciclista y x es holandés y x está cansado.

De acuerdo con la descomposición semántica de (45b), la oración (45a) expresa en realidad la conjunción de tres proposiciones, ya que asevera que alguien es ciclista, es también holandés y además está cansado. Así pues, en este análisis (45a) contiene tres predicados y tres estructuras predicativas: «ciclista (x)», «holandés (x)», «cansado (x)». Este análisis choca abiertamente con el análisis categorial que asocia la predicación con un constituyente léxico SV o su expansión funcional SFlex, y también con nuestras intuiciones sobre la estructura de constituyentes, de acuerdo con las cuales el adjetivo *holandés* está incrustado en un SD que funciona como sujeto, por lo que no puede contener al tiempo un predicado. Como hemos mencionado anteriormente, esta aparente dificultad no es sino el resultado de una idea preconcebida de la predicación que la restringe a la estructura sujeto-predicado oracional.

Así pues, la noción semántica de 'predicación' no restringe este concepto a la predicación oracional. Será una estructura predicativa cualquier relación de saturación entre una función proposicional y su argumento. Ya el gramático Andrés Bello en el siglo diecinueve y, de forma mucho más explícita, el lingüista norteamericano Emmon Bach más recientemente (Bach 1968) propusieron un análisis muy similar al logicista. Tanto para Bello como para Bach, los nombres y los adjetivos son predicados, como recuerda Luján (1999a). Expresan, por tanto, funciones proposicionales similares a las denotadas por una oración. Esta equivalencia es, naturalmente, semántica, y parece ser necesaria para dar cuenta de por qué las siguientes oraciones tienen el mismo significado:

(46) a. El libro rojo me gusta.
　　 b. El libro que es rojo me gusta.

(47) a. El inspector me llamó ayer.
    b. El que ocupa el puesto de inspector me llamó ayer.

(48) a. Tus promesas de ayer no me convencen.
    b. Lo que prometiste ayer no me convence.

En (46), el adjetivo *rojo* puede ser sustituido por la oración de relativo *que es rojo,* y ambas oraciones resultan equivalentes. Lo mismo sucede en (47) y (48). Tales equivalencias condujeron a varios análisis generativistas, en los años sesenta y setenta, en los que se proponía una relación derivacional entre estos pares de oraciones. Por ejemplo, en los años sesenta se pensaba que la mejor forma de relacionar (46a) con (46b) era una transformación de elipsis. De acuerdo con esta hipótesis, todos los adjetivos se derivarían de estructuras oracionales a partir de una transformación obligatoria de elipsis o «reducción» de la oración de relativo, que eliminaría el complementante y el núcleo verbal:

(49) El libro ~~que es~~ rojo ==> el libro rojo.

Derivaciones como esta son excesivamente potentes y rápidamente cayeron en desuso. Por un lado, obsérvese que el segmento tachado en (49), del que queda fuera el adjetivo *rojo,* no es un constituyente sintáctico. Si los procesos sintácticos solo operan con constituyentes (§ 3.2.3), este no puede ser uno de ellos. Por otra parte, es igualmente claro que este análisis sobregenera. Por ejemplo, tendríamos que derivar (50a) y (51a) a partir de las secuencias (50b) y (51b), que son agramaticales y ni siquiera dan cuenta del significado de los adjetivos:

(50) a. El presunto asesino se resistió a confesar.
    b. *El asesino que era presunto se resistió a confesar.

(51) a. La última etapa es la más difícil.
    b. *La etapa que es última es la más difícil.

Estas oraciones muestran que algunos adjetivos no aparecen en posición predicativa, mientras que todos aparecen como modificadores nominales (distinción que el análisis de la elipsis no puede reflejar). La relación entre ciertos adjetivos y nombres con las estructuras oracionales asociadas que pueden resultar equivalentes se entiende de forma más clara de acuerdo con lo expuesto anteriormente. Esta relación es argumental y establece una correlación entre elementos que expresan relaciones predicativas. El que estos elementos expresen una misma relación de tipo semántico no entraña que se correspondan con el mismo constituyente sintáctico. Así pues, podemos considerar la hipótesis natural de que ciertos nombres y adjetivos tienen determinada 'valencia' (recuerde el § 5.5.2) y por tanto el léxico debe determinar qué tipo de argumentos les corresponde, ya que seleccionan otros constituyentes y deben satisfacer el principio de saturación argumental. Esto nos conduce a una serie de cuestiones relevantes, como determinar qué sustantivos o adjetivos poseen argumentos y cómo se articulan estos en la 'estructura argumental'. Las retomaremos en el § 5.4.1.

5.3.2. *Nombres y estructura argumental*

Si seguimos las ideas de Bello, Bach y otros autores, así como el análisis logicista de la predicación esquematizado antes, podemos entender que todos los nombres que denoten clases, conjuntos de individuos o propiedades de estos serán predicados. Por tanto, podemos separar los nombres propios de los comunes. Solo los segundos pueden aplicarse a más de una entidad y funcionar como predicados, es decir, denotan funciones proposicionales que deben ser saturadas. Nombres como *coche* o *mesa* tienen una única posición argumental («coche (x)»; «mesa (x)»), mientras que otros como *Madrid* o *Juan* no tienen ninguna («Madrid (0)»). Higginbotham (1985) propone que el único argumento de los nombres es saturado por el determinante con el que se combinan:

(52)

el coche (0)

el   coche (x)

el x tal que x es coche

Esta propiedad explicaría por qué los nombres propios no pueden combinarse con determinantes (*tu García*) y por qué en general no son posibles las secuencias de determinantes (*el ese coche*). Sobre estas construcciones, véase también el § 10.2.6. El primer caso se sigue del hecho de que los nombres propios son expresiones no predicativas. No designan, por tanto, clases, conjuntos o propiedades, sino que nombran una entidad determinada y carecen, en consecuencia, de estructura argumental. En el segundo caso, dos determinantes competirían por una sola posición argumental, con lo que uno de ellos la saturaría vacuamente. Sin embargo, es obvio que pueden formarse secuencias de determinantes como *estos dos coches, mis muchos amigos* y otras similares que analizamos en el § 10.2. Se seguiría entonces que dichas secuencias son posibles porque uno de los determinantes ocupa una posición distinta a D, es decir, coteja un rasgo distinto del de los determinantes que son núcleos de SD.

Nótese también que cuando un determinante se combina con un nombre propio pueden ocurrir varias cosas:

A) Que el determinante haga referencia a un conjunto implícito: *el Madrid* es el equipo de fútbol Real Madrid; *un Picasso* es un cuadro pintado por Picasso; *la España del siglo XVII* es el periodo histórico de la España del siglo XVII; y *el Seat* es el coche de marca Seat. Este uso del nombre propio lo acerca al nombre común. Así, la expresión *La España del siglo XVII* es posible porque hay «otras Españas», de igual forma que *El Antonio que yo conocí* es posible porque hay «otros Antonios». Como es natural, el que las entidades denotadas en estos grupos tengan o no independencia física es enteramente irrelevante a efectos lingüísticos.

B) Que el determinante se use como elemento sin significado o expletivo, como en *El Juan* o *La María* (generalmente despectivo –o afectivo– en español actual). El equivalente de estas expresiones no es coloquial en catalán ni en italiano, pero sí tiene carácter familiar o afectivo, propiedades que probablemente convierten al nombre propio en una expresión predicativa.

C) Que el artículo forme parte del nombre propio. Observe que se dice *El antiguo Perú* (y no *El antiguo El Perú*), pero en cambio se dice *La antigua La Haya* (y no *La antigua Haya*). Así pues, muchos topónimos tienen artículos expletivos opcionales, como en *(El) Perú, (La) China,* mientras que unos pocos tienen artículos que forman parte del nombre propio y no se pueden separar de él: *La Haya, La Mancha.* En estos últimos casos, el artículo no tiene entidad sintáctica, sino tan solo morfológica.

Higginbotham (1985) denomina la saturación por combinación «determinante-nombre» SATURACIÓN POR LIGADO. El resultado es una expresión dotada de contenido referencial: *hombre* denota una clase o un conjunto de individuos; *el hombre* puede referirse a un individuo en concreto: el individuo x tal que x pertenece al conjunto de los hombres. Este tipo de saturación es diferente de la saturación del predicado verbal por un SD argumental, a la que Higginbotham denomina SATURACIÓN POR MARCADO TEMÁTICO. Por ejemplo, *el libro* satura una posición que proporciona *leer* en *leer el libro.* En el proceso de marcado, el SD se asocia interpretativamente al verbo y desempeña un papel semántico con respecto a él, por lo que podemos decir que el verbo «marca» al SD que lo satura con dicha función semántica. El apartado siguiente de este capítulo (§ 5.4) está dedicado a esclarecer este tipo de marcado semántico dentro de la llamada 'teoría de los papeles temáticos'.

Algunos nombres comunes tienen una estructura argumental más sofisticada. El caso más claro lo representan nombres como *estudiante, destrucción* o *descubrimiento.* A este tipo de nombres se les denomina NOMBRES DEVERBALES O NOMINALIZACIONES, ya que son expresiones nominales derivadas de un verbo: *estudiante* y *destrucción* son nombres derivados respectivamente de *estudiar* y *destruir.* Los nombres deverbales tienden a HEREDAR la estructura argumental de los verbos de los que se derivan y participan en procesos de saturación por marcado, además de la saturación por ligado asociada a la combinación determinante-nombre. En el SD *el estudiante de física,* el SP *de física* introduce el argumento interno de *estudiante.* En *la destrucción de la ciudad por los invasores,* el SP *de la ciudad* satura el argumento interno del nombre *destrucción,* y *por los invasores* satura el argumento externo. Esta similitud nos permite trazar un paralelismo entre estos SSDD y otros constituyentes *(estudiar física, los invasores conquistaron la ciudad).* Volveremos sobre el concepto de 'herencia' en el § 5.4.2D.

El paralelismo observado en el párrafo anterior se entendió de forma literal en los años sesenta y setenta a partir de las ideas de Robert Lees (1960), que propuso generar los nombres deverbales mediante transformaciones nominalizadoras en la sintaxis. A partir del trabajo de Chomsky «Observaciones sobre la nominalización» (1970) se consolida la HIPÓTESIS LEXICISTA (ingl. *lexicalist hypothesis*), que sitúa a los nombres deverbales en el léxico, lo que significa que no se llega a ellos a través de procesos transformacionales. La consecuencia de mantener esta hipótesis en los términos actuales supone situar el paralelismo entre nombres y verbos en el plano léxico-semántico, es decir, en el nivel de estructura argumental, como estamos haciendo aquí.

Este paralelismo no siempre es completo. La aplicación del principio de proyección o el criterio de saturación argumental a las estructuras argumentales nominales parece no requerir la realización obligatoria de todos los argumentos saturables por marcado. En el SD *el estudiante de física* podría parecer a primera vista que solo el objeto o argumento interno está presente en la sintaxis patente. Sin embargo, puede defenderse que no es así. Dado que suponemos que el principio de proyección y el de saturación completa han de ser satisfechos por todas las expresiones, debemos inferir que esta posibilidad existe porque la saturación es adecuada. Los nombres son idiosincrásicos porque su saturación es MIXTA, es decir, se saturan por ligado y por marcado. El nombre *estudiante* tiene una estructura argumental binaria («estudiante (x, y)»). El argumento «y» será saturado por marcado por el SP *de física,* y el argumento «x» será saturado por ligado por el determinante. Esto explica por qué no es necesaria la presencia del argumento externo para que se satisfaga el principio de saturación completa.

(53)   El estudiante de física (0)
                            /   \
                    el (x)   estudiante de física (x)
                            /   \
                estudiante (x, y)   física (y)

Existe otro tipo de restricciones. Cuando un nombre tiene un argumento interno y otro externo es posible manifestar ambos, o bien solo el argumento interno, pero no es posible manifestar únicamente el argumento externo, a no ser que este sea un posesivo. Se puede decir (hablando de dos políticos) *Su negociación duró toda la semana* y también *Su negociación del tratado duró toda la semana.* Sin embargo, (54c) contrasta con (54a, b) en que solo aparece un argumento externo, y lo mismo sucede en (55).

(54) a. El descubrimiento de América por Colón.
     b. El descubrimiento de América.
     c. *El descubrimiento por Colón.

(55) a. La voladura del puente por los ingenieros.
     b. La voladura del puente.
     c. *La voladura por los ingenieros.

Observe, sin embargo, que es gramatical la oración *Su descubrimiento (de América) cambió la historia,* con argumento externo expresado por un posesivo y argumento interno opcional, y que también lo es *Su* [= de los ingenieros] *voladura (del puente) terminó la guerra.* Safir (1987) explica este contraste a partir de un 'principio de relatividad de la función gramatical', de acuerdo con el cual solo es posible reconocer estructuralmente un constituyente como argumento externo en relación con un argumento interno, es decir, cuando también se ha manifestado un constituyente que expresa el argumento interno. La generalización es demasiado potente, al menos para el español, ya que no abarca los casos de posesivo mencionados, y tampoco otros en que el argumento externo se realiza a través de otros SSPP: *El análisis de María va a llevar mucho tiempo; El bombardeo de los B-26 fue devastador.*

Las preposiciones desempeñan un papel fundamental en el marcado argumental. Sabemos que el argumento externo del nombre *hallazgo* ha sido saturado por el SD subrayado en *el hallazgo del tesoro por los piratas,* ya que la preposición *por* así nos lo indica. Como se ve, las preposiciones con contenido semántico contribuyen al marcado argumental. En este sentido, suele decirse que la preposición *por* actúa como transmisor del marcado de un SD como argumento de un predicado.

La interpretación del nombre incide también en la opcionalidad u obligatoriedad de sus complementos, es decir, en la necesidad de que se dé o no la saturación completa por marcado. Nombres como *examen, relato* o *llegada* pueden nombrar el resultado u objeto de un suceso, o bien pueden nombrar el evento en sí. Exactamente a esto se refieren los diccionarios cuando definen la mayor parte de las nominalizaciones como 'acción o efecto de V', donde V es el verbo del que se deriva el sustantivo. Así, distinguimos entre el examen como un objeto físico (normalmente un impreso con una lista de preguntas) y el examen como el proceso en el que alguien es examinado. En (56a) nos referimos al objeto físico y en (56b) al proceso de examinarnos.

(56) a. El examen salió borroso.
　　　b. Los exámenes siempre me ponen nervioso.

Cuando el nombre deverbal denota un objeto o el resultado de un evento, es más difícil incluir un argumento externo. Cuando el nombre se refiere a un evento, esta inclusión resulta más sencilla. En (57a) *examen* se interpreta como nombre de objeto, por lo que la adición de un argumento externo no es posible si lo introduce la preposición *por,* como en (57b). Por el contrario, en (57c) nos referimos al proceso de examinar, por lo que la inclusión del argumento externo es posible.

(57) a. El examen de física estaba escrito en letra pequeña.
　　　b. *El examen de física por el catedrático estaba escrito en letra pequeña.
　　　c. El examen del candidato por el tribunal fue exhaustivo.

Así pues, *examinar* se comporta siempre como un predicado con estructura argumental plena (argumento interno, argumento externo), y el nombre *examen* sólo está asociado con ella cuando se interpreta como un nombre de evento. Se ha observado que cuando el argumento externo de los nombres de objeto o de resultado se introduce a través de otros complementos del nombre, no se mantiene siempre la incompatibilidad que muestra (57b), como en *Me gustaría leer la traducción de la* Eneida *de Enrique de Villena.*

En la mayor parte de los casos, las interpretaciones eventiva y objetual se diferencian con claridad. Así, si el verbo denota una propiedad de un objeto físico, tendremos la interpretación objetual, no la eventiva, como sucede en los siguientes ejemplos:

(58) a. El examen está sobre la mesa.
　　　b. La compra pesaba tres kilos.
　　　c. La traducción ocupa cien páginas.

Pero si denota una propiedad que se predique de un proceso o de un estado de cosas, tendremos en cambio la interpretación eventiva, no la objetual:

(59) a. El examen empieza a las diez.
　　　b. La compra me llevó toda la mañana.
　　　c. La traducción era imposible.

Si el verbo no restringe su argumento externo en función de estos rasgos, es posible que el resultado sea ambiguo, como sucede con las nominalizaciones que constituyen argumentos de los predicados *ser importante* o *aburrir*. Por ejemplo, la oración *Me aburrió el examen* resulta ambigua, ya que puedo referirme al examen como objeto físico o al proceso de examinarse. Aunque usemos aquí el término 'interpretación objetual', no es siempre el más adecuado, puesto que las entidades a las que se hace referencia (generalmente resultados de acciones o procesos) pueden ser inmateriales.

5.3.3. *Adjetivos y predicación*

Las gramáticas tradicionales establecen una distinción clara entre PREDICACIÓN y ATRIBUCIÓN. En las construcciones predicativas, el verbo posee contenido propio, precisamente el que se predica del sujeto, como *bostezar* en *Juan bostezó*. En las construcciones atributivas, el verbo es semánticamente débil y sirve solamente como cópula o enlace entre el sujeto y el constituyente que expresa la propiedad que se atribuye al sujeto, denominado 'atributo' de forma genérica. Así en *Juan es alto,* el adjetivo *alto* es el atributo o predicado nominal.

La distinción entre atribución y predicación resalta el distinto papel que le corresponde al verbo, e introduce una distinción entre predicado y atributo que es intuitiva pero problemática, ya que mezcla los criterios categoriales con los semánticos. Por un lado, se restringe la predicación a los verbos plenos, con lo que adjetivos y nombres no serían predicados. Por otro, se asigna a los atributos la función de asignar propiedades, con lo que los SSVV que contienen verbos de estado *(saber francés, medir dos metros)* deberían clasificarse como atributos, pese a que los verbos que los encabezan poseen contenido semántico y no son meros enlaces.

Desde un enfoque léxico de la predicación, tanto las denominadas 'construcciones predicativas' como las 'atributivas' representan casos de saturación argumental, por tanto de predicación, en el sentido que estamos dando al término en este capítulo. La única diferencia reside en cuál es el constituyente que expresa el predicado, o función proposicional, oracional. En *Juan bostezó, Juan* satura el único argumento del verbo *bostezar,* y en *Juan es alto* satura el argumento del adjetivo *alto*. Este adjetivo es un predicado monádico que necesita de un solo argumento para satisfacer el requisito de saturación argumental: «alto (x)» indicará que x tiene la propiedad de ser alto.

(60)   Juan bosteza (0)   Juan [es] alto (0)

              /   \   /   \

          Juan   bosteza (x)   Juan   alto (x)

Los verbos copulativos *(ser / estar)* carecen de estructura argumental, si bien son relevantes en relación con ciertos contenidos aspectuales, como veremos en el § 5.7. Por ello, no suelen considerarse expresiones que pertenezcan a una categoría léxica, sino a una categoría cuyo contenido es funcional (§ 3.1.3). Si no fuera así, secuencias como *Juan es alto* infringirían el requisito de saturación completa, ya que tanto el verbo *ser* como el adjetivo *alto* competirían por el mismo elemento saturador. La diferencia entre las oraciones de (60) puede reducirse a una diferencia en el constituyente que debe ser saturado, y que por lo tanto deberá satisfacer el principio de proyección.

Existen adjetivos cuya red argumental consta de más de un argumento. Los adjetivos *contento* o *loco* tienen una interpretación binaria en (61), donde el SP es el argumento que indica el motivo o la causa del estado que se menciona.

(61) a. Juan está contento con su trabajo.
　　　b. Tu sobrino está loco por su vecina.

Los participios se distinguen de los adjetivos en que tienen redes argumentales más complejas. Por ejemplo, *llenado* o *vaciado* poseen una estructura o red argumental donde se marcan un argumento interno y uno externo. En los SSDD *la botella vaciada por un comensal* o *un vaso llenado de vino por el camarero* se manifiestan estructuralmente tanto el argumento interno como el argumento externo. En cambio, como observa Bosque (1990), en los adjetivos *lleno* y *vacío,* que comparten la misma raíz léxica que *llenado* y *vaciado,* la expresión del argumento externo no es posible: *la botella vacía por un comensal, *un vaso lleno por el camarero*. Esta diferencia puede relacionarse con la distinta naturaleza de estos elementos (adjetival frente a verbal). La presencia del sufijo -*ado* indicaría que el participio puede marcar el argumento externo. Véase también sobre este punto el § 5.6.7.

5.3.4. *El concepto de predicado como noción transcategorial*

La teoría de la predicación generalizada que hemos esbozado relaciona la predicación con la saturación argumental. Determinadas expresiones poseen una red argumental que necesita ser saturada por completo. Como hemos visto, a estas expresiones se las denomina *predicados*. Solo las categorías léxicas pueden tener una red argumental y, en consecuencia, funcionar como predicados. El proceso de saturación requiere que se combine un predicado con sus argumentos. Las categorías funcionales (SD, SComp, y en ciertos casos también SFlex) son las que pueden funcionar como argumentos en sentido propio.

En los apartados anteriores hemos introducido los conceptos de 'valencia', de 'predicado' y de 'estructura argumental' y hemos visto que los argumentos de un predicado admiten tres clasificaciones:

(62) a. Internos y externos.
　　　b. Explícitos e implícitos.
　　　a. Saturados por ligado y saturados por marcado.

Hemos concluido que el concepto de valencia es transcategorial, es decir, los predicados a los que asignamos una estructura argumental no son solo los verbos, sino también los adjetivos y los sustantivos. En la tabla siguiente se proporciona alguna muestra de cada tipo:

(63)

Predicados	V	A	N
AVALENTES	llover, granizar	(estar) oscuro	?
MONOVALENTES	bostezar, haber	abrupto, constante	risa, tren
BIVALENTES	leer, confiscar	partidario, lleno	búsqueda, foto
TRIVALENTES	dar, pedir	superior	reparto, embajador
TETRAVALENTES	comprar	transportable	viaje

Ilustraremos (63) con algunos ejemplos sencillos. En (64) aparece en letra cursiva el predicado; entre corchetes y subrayado, su argumento externo, y entre corchetes pero sin subrayar, los demás argumentos:

(64) a. AVALENTES: *Llueve; Granizaba;* Era *de noche* y estaba *oscuro.*

b. MONOVALENTES: [Juan] sigue *bostezando;* Hay [café]; [El precipicio] era *abrupto;* [La velocidad] es *constante;* El *padre* [de la novia]; El *tren* [a Barcelona].

c. BIVALENTES: [El niño] *leía* [un tebeo]; [Mi vecino] había *perdido* [las llaves]; [El gobierno] es *partidario* [de subir los impuestos]; [El jarro] está *lleno* [de agua]; [Nuestra] *búsqueda* [de alguna solución]; [Mi primo] es *repartidor* [de pizzas].

d. TRIVALENTES: [Todo el mundo] *pide* [alguna hipoteca] a [un banco]; ¿[Me] *da* [usted] [su permiso]?; [Pepito] era *superior* [a todos nosotros] [en los cien metros lisos]; [Su] particular *reparto* [de la ayuda recibida] [entre las personas necesitadas]; [El ministro de agricultura] había sido *embajador* [de Paraguay] [en Costa de Marfil].

e. TETRAVALENTES: [Juan] le *compró* [a Pedro] [su actual coche] [por un precio muy razonable]; [Esta mercancía] no es *transportable* [desde Cádiz] [hasta Barcelona] [por carreteras secundarias]; [Tu] *viaje* [de París] [a Moscú] [por Frankfurt].

Repasaremos brevemente el cuadro por filas fijándonos particularmente en algunas casillas. En la primera fila tenemos los predicados avalentes. Estos predicados carecen de argumentos. No obstante, algunos autores entienden que poseen un argumento interno incorporado sintácticamente (aproximadamente: *llover* 'haber lluvia'). Los examinaremos en el § 6.3.

En la segunda fila tenemos predicados monovalentes, que –como se recordará– también se llaman también *monarios, monádicos* o *de un lugar.* Estos predicados tienen, por tanto, un solo argumento, que es el que designa la entidad que duerme, sonríe, es abrupta o es constante.

La columna N requiere un comentario especial si comparamos la fila dos (predicados monovalentes) con la tres (predicados bivalentes). Como recordará usted, la tercera clasificación de (62) nos permite analizar los sustantivos como predicados. Una vez que ha sido saturada por el determinante la función predicativa que les corresponde, se obtienen SSDD, es decir, entidades que funcionan como argumentos de algún otro predicado. Este análisis se aplica a todos los sustantivos, sea cual sea su naturaleza. Ahora bien, algunos sustantivos admiten complementos argumentales, mientras que otros solo admiten adjuntos. Entenderá usted fácilmente la diferencia si compara los sustantivos *foto* y *reloj,* que designan sendos objetos físicos. Supongamos que proponemos a un hablante cualquiera que considere la diferencia entre las expresiones de (65):

(65) a. He visto una foto de María.
　　 b. He visto un reloj de María.

Dado que estas dos secuencias solo se diferencian en una palabra, lo normal es que el hablante nos explique las diferencias que existen entre las fotos y los relojes. En una primera aproximación diríamos simplemente que *de María* es un modificador nominal de *foto* y de *reloj,* y añadiríamos que, aunque esos sustantivos designan objetos distintos, tal diferencia no afecta al análisis gramatical de estas oraciones. Pero lo cierto es que sí afecta al análisis gramatical de estas oraciones. De hecho, si no existieran diferencias sintácticas entre ellas, no esperaríamos un contraste tan claro como el de (66):

(66) a. La mujer de la que vi una foto.
　　 b. *La mujer de la que vi un reloj.

Como vemos, la segunda secuencia nos resulta agramatical. ¿De qué se deduce entonces este contraste? Desde luego, es seguro que no lograremos explicarlo analizando las diferencias que existen entre las fotos y los relojes. Pero si en lugar de pensar en los objetos pensamos en las palabras, caeremos en la cuenta de que la diferencia de (66) es una consecuencia de que el sustantivo *foto* posee un argumento interno que se corresponde con el objeto representado. Si intenta usted sustituir *foto* por otro sustantivo en (66a), verá que encajan también *dibujo, cuadro, película, reportaje, vídeo* y otros NOMBRES DE REPRESENTACIÓN (ingl. *picture nouns*). Así pues, hemos formado una oración de relativo a partir del complemento de un nombre, pero este proceso sólo puede llevarse a cabo si ese complemento es argumental. El complemento de *reloj,* como el de tantos otros sustantivos que denotan objetos físicos, no es un argumento, sino un adjunto, en parte porque el hecho de que casi todos los objetos de este mundo tengan dueño no forma parte del significado de las palabras que los designan, sino del mundo que nos ha tocado vivir.

Suponga usted ahora que María es una famosa relojera, una experta en la construcción de relojes conocida internacionalmente. Si se hace usted esta composición de lugar y vuelve a considerar el ejemplo (66b), le sonará mucho mejor. De hecho, le parecerá natural que quitemos el asterisco que aparece en esa expresión si la interpretamos en este nuevo sentido, pero estará de acuerdo en que la oración debe llevarlo si la interpretamos en el sentido anterior. Por extraño que le pueda parecer, todo esto es parte de la sintaxis. En realidad, la «composición de lugar» que le proponemos es el resultado de un cambio en la interpretación de los argumentos. Al igual que los objetos representados son entidades argumentales, también lo son los agentes. Si entendemos que *de María* es el AGENTE del predicado *libro* en *el libro de*

María, obtendremos la interpretación 'el libro cuya autora es María'. El forzar esta misma lectura en *el reloj de María* hace que un sustantivo sin complementos argumentales, como es *reloj,* pueda comportarse como monovalente. Así pues, el hecho de darle un argumento a *reloj* (concretamente, 'agente'), permite que formemos a partir de él una oración de relativo. Como vemos, la sintaxis es particularmente sensible a la naturaleza argumental o no argumental de un constituyente nominal, y en definitiva a ciertas propiedades semánticas de los sustantivos.

El que los complementos del nombre permitan identificar al autor o al agente de una determinada obra (un cuadro o un reloj) también hace que la gramática le dé un estatuto especial. Como es obvio, otras propiedades de las fotos, los cuadros y los relojes son, en cambio, relativamente externas a la sintaxis, en el sentido de que no tienen un reflejo especial en las estructuras gramaticales, aunque puedan describirse en el diccionario.

En la tercera fila tenemos otros predicados bivalentes o binarios. Los dos argumentos de *leer* designan respectivamente el lector y lo leído; los de *partidario,* el que sustenta algún punto de vista y el asunto al que este afecta; los de *búsqueda,* el buscador y lo buscado. Sabemos que, estadísticamente, este último es el grupo más numeroso, pero tal hecho no tiene ninguna significación especial (las estadísticas son objetivas, pero no siempre son significativas), desde el momento en que la mayor parte de las acciones y procesos que tienen lugar en el mundo involucran un instigador y algo o alguien que resulta afectado, causado, modificado o manipulado por él.

Son poco numerosos los verbos bivalentes que denotan estados, como *merecer,* o que representan propiedades de los individuos *(significar, suponer, implicar, consistir (en), pesar, costar, medir…).* El grupo de los predicados trivalentes está todavía más restringido semánticamente. La mayor parte de los verbos de este grupo denotan transferencia, asignación o atribución de algo *(atribuir, asignar, adjudicar, otorgar, imputar, conceder...),* demanda *(pedir, solicitar, reclamar, rogar, implorar, suplicar...)* y mostración *(presentar, enseñar, mostrar, indicar...).* Los escasos que pueden considerarse tetravalentes denotan, como se ve, nociones aún más complejas, como transferencias comerciales en las que el pago constituye otro argumento del predicado *(comprar, vender, alquilar),* o desplazamientos en los que además del origen y el destino cabe añadir el lugar de tránsito. Nótese también que el sustantivo *embajador* aparece entre los predicados trivalentes porque representa un concepto social igualmente complejo. Además de su argumento externo, que designa una persona, selecciona otros que hacen referencia respectivamente al país representado y a aquel en el que se ejerce la representación, como en *Este es el embajador de Francia en Birmania.*

La última fila del cuadro corresponde a los predicados tetravalentes. Los complementos de vía o trayectoria (como *por Frankfurt* en el último ejemplo de (64e)) podrían considerarse adjuntos en lugar de argumentos, pero lo cierto es que están seleccionados semánticamente por ciertos predicados de movimiento, como aquí sucede.

Este somero repaso al cuadro de (63) nos permite entender que los predicados seleccionan sus argumentos en función de su significado. Es más, el conjunto de argumentos de un predicado (esto es, su estructura argumental) representa un esqueleto de su propia definición. Así, el que un argumento de un verbo de transferencia designe al destinatario viene a significar que esa acción no puede concebirse como tal sin la participación de esa entidad. El que el verbo *leer* tenga un argumento interno es una consecuencia de que la acción que ese verbo denota no se puede concebir sin el objeto que la recibe. Se aplica un razonamiento similar a los demás casos.

5.4. La estructura temática

5.4.1. *La estructura temática como esqueleto del significado*

En este apartado vamos a analizar la vertiente semántica del concepto de valencia, esto es, la interpretación semántica de los argumentos de un predicado. Se llama frecuentemente ESTRUCTURA TEMÁTICA de un predicado a una variante enriquecida de su estructura argumental, esto es, una variante que contiene información sobre la naturaleza semántica de los argumentos que el predicado selecciona. Aun así, algunos autores utilizan los conceptos de ESTRUCTURA ARGUMENTAL y ESTRUCTURA TEMÁTICA como equivalentes. Consideremos de nuevo el verbo *dar*. Podríamos decir simplemente que *dar* tiene tres argumentos y colocarlo en la casilla correspondiente de (63). También podemos proponer alguna estructura algo más detallada en la que indiquemos el papel (en el sentido de la función semántica o el cometido particular) que desempeña el participante asociado con el argumento en el evento que se describe. La que se muestra en (67) es muy frecuente:

(67)   dar [A̲, T, D]

El esquema (67) nos dice que el verbo *dar* tiene tres argumentos. Al primero, que aparece subrayado porque es el argumento externo, le corresponde el PAPEL TEMÁTICO o SEMÁNTICO de A(GENTE); es decir, el participante que lleva a cabo la acción. Al segundo argumento le corresponde el papel de (T)EMA, en este caso el participante neutro que resulta afectado por la acción o el proceso designado, y al tercero, el de (D)ESTINATARIO. Para algunos autores, debe distinguirse entre el destinatario de verbos como *enviar* (participante que representa el punto final del movimiento al que se somete al tema) y el subtipo R(ECEPTOR), que indica el participante que recibe el tema en los verbos de cambio de posesión como *dar*. En realidad, el mejor nombre para A en (67) sería «el que da», para T sería «lo dado», y para D/R sería «aquel al que se le da algo», pero es evidente que –aun siendo correctas– estas etiquetas no nos servirían para otros predicados.

Así pues, el concepto de 'papel temático' no designa otra cosa que la interpretación semántica del argumento de algún predicado. A estas informaciones semánticas corresponden REALIZACIONES ESTRUCTURALES CANÓNICAS o CARACTERÍSTICAS: SD para A y para T, y SP (encabezado por *a*) para D, etc. Consideremos otras estructuras temáticas posibles de otros predicados verbales:

(68) a. sacar [A̲, T, O]
     b. colocar [A̲, T, U]
     c. viajar [A̲, O, M, V]
     d. distar [T̲, C_E, O]
     e. durar [T̲, C_T]
     f. medir [T̲, C_E]
     g. datar [T̲, O_T]
     h. sorprender [E̲, T]

En (68a) decimos que el verbo *sacar* selecciona, además de Agente y Tema, un lugar de O(RIGEN), llamado también FUENTE (ingl. *source*) en la bibliografía. Como es evidente, la realización canónica de O será un SP encabezado por *de* (y quizá también por *desde,* aunque no todos los autores están de acuerdo en si *desde* representa o no el mismo papel temático que *de*). En (68b) entendemos que *colocar* selecciona como tercer argumento una U(BICACIÓN) (ingl. *location*). Su realización estructural es más variada: SSPP encabezados por múltiples preposiciones y adverbios: *en, bajo, debajo, detrás, encima,* etc. En (68c) intentamos decir que *viajar* selecciona, además de los argumentos descritos arriba, uno que indica la M(ETA) o el destino del movimiento, y otro que designa la V(ÍA) a través de la cual se realiza este. El argumento nuevo en (68d) es C(ANTIDAD). El subíndice E(SPACIO) es necesario para especificar que este argumento cuantitativo se computa en unidades espaciales *(La iglesia dista un kilómetro de la fábrica),* lo que también sucede en (68f), como en *La mesa mide un metro.* Observe también que el primer argumento de (68d) es Tema y no Agente: es evidente que el sujeto de *distar* no realiza ninguna acción, luego no puede ser llamado Agente. El subíndice de C en (68e) es T(IEMPO), puesto que el sintagma cuantitativo se mide ahora en unidades temporales. Repare, asimismo, en que el subíndice del papel temático Origen en (68g) es Tiempo, puesto que el origen al que se hace referencia es temporal, no locativo: *La catedral data de principios del siglo XII.* El argumento externo en (68h) es el E(XPERIMENTANTE). Denota, pues, la entidad que experimenta la sorpresa. Algunos gramáticos entienden que en lugar de Tema debería aparecer aquí CA(USA), puesto que en *Me sorprende tu actitud,* el SD *tu actitud* no es «un participante en el proceso de sorprenderse», sino más bien la causa de la sorpresa. También el verbo *reírse* (en *reírse de la gente*) parece seleccionar la estructura [A̲, C] (o [A̲, O]), puesto que *la gente* designa la causa (o el origen) de la risa.

Vale la pena resaltar que los papeles temáticos no coinciden con las funciones sintácticas tradicionales. Así, el argumento interno de (68a) recibe el papel temático Tema, pero este papel temático se corresponde con el argumento externo en varias de las estructuras argumentales que siguen (68 d, e, f, g). Como hemos visto, esos verbos no tienen agentes como argumentos externos porque no denotan acciones. El argumento externo coincide a menudo con el sujeto, pero observe de nuevo que en *Me sorprende tu actitud* no es así: el pronombre *me* representa el Experimentante y *tu actitud* representa el Tema. Por otra parte, los papeles temáticos se corresponden con funciones sintácticas diferentes si los predicados son nominales o adjetivales. Así, si asignamos a *lectura* la estructura [A, T], la misma que a *leer,* el posesivo *mi* representará al Agente en *mi lectura del libro,* mientras que *del libro* representará el Tema.

Como vemos, esta forma de ver las cosas exige relacionar una serie de informaciones semánticas elementales con los participantes de un esquema argumental. En Chomsky (1981) se introduce un principio de correspondencia entre argumentos, al cual se llama CRITERIO TEMÁTICO o, simplificadamente, CRITERIO-THETA o CRITERIO-θ (ingl. *thematic criterion* o *theta-criterion*). Este principio se descompone en dos partes:

(69) a. Cada argumento se asigna a un solo papel temático.

     b. Cada papel temático se asigna a un solo argumento.

Observe que esta norma doble de correspondencia no nos dice nada sobre los adjuntos o circunstantes, puesto que no forman parte de la estructura argumental de los predicados. El criterio temático se parece al principio de proyección en cuanto que nos fuerza a proyectar en la sintaxis propiedades del léxico, pero se diferencia de él en que las propiedades que deben asignarse en este caso son, como vemos, semánticas. Aun así, se suele reconocer en la actualidad que, tal como se formula, el criterio temático es demasiado potente. La segunda parte (69b) parece fallar cuando un papel temático no se asigna a ningún argumento –observe que (69b) nos obliga a asignarlo a alguno–, lo que sucede en el caso de los argumentos implícitos *(Juan come)*, que examinaremos en el § 6.4. La primera parte del criterio (69a) parece fallar en los casos en los que un argumento representa dos papeles temáticos, lo que sucede en los complementos predicativos, que representan la llamada PREDICACIÓN SECUNDARIA (§ 6.12), como en (70):

(70) Mi hijo siempre se bebe fría la leche del desayuno.

El SD *la leche del desayuno* recibe dos papeles temáticos: uno del predicado *beber* y otro del predicado *fría*. Unos autores proponen rebajar las exigencias del criterio temático en estos casos y otros análogos, mientras que otros gramáticos sugieren que es mejor mantener (69b) y aplicar un recurso que permita desdoblar los argumentos presentes en el análisis estructural (introduciendo uno nulo, como explicaremos en el § 6.5.2), lo cual permitiría mantener el criterio temático tal como se formula en (69).

La idea de que existe una relación estrecha entre la valencia de naturaleza semántica y la de naturaleza sintáctica es antigua, y resulta además enteramente natural. En Europa ha sido uno de los caballos de batalla de la llamada *sintaxis de dependencias*. En la historia de la gramática generativa se planteó a mediados de los años sesenta, y sus hitos fundamentales son Gruber (1965), Fillmore (1968) y Jackendoff (1972), a los que se pueden añadir otros muchos títulos que desarrollaron las ideas expuestas en estos trabajos. En la actualidad, existe plena conciencia de que se trata de una línea teórica que tiene tanto ventajas como inconvenientes. Antes de proseguir, resumamos brevemente los papeles temáticos que hemos considerado, así como su definición aproximada:

PAPEL TEMÁTICO	ABREVIATURA	DEFINICIÓN APROXIMADA
Agente	A	El participante que lleva a cabo la acción
Experimentante	E	El participante que percibe o experimenta el suceso
Tema	T	El participante que resulta afectado por el suceso, es decir, el que se altera, desplaza o sufre algún proceso
Destinatario	D	El término o el final del movimiento El participante que recibe el tema (**Receptor**)
Beneficiario	B	El participante en cuyo beneficio se realiza el suceso

Origen	O	El punto de comienzo del movimiento o el participante en el que se inicia un proceso. También se llama *Fuente*
Causa	CA	El motivo o la fuente de la alteración asociada con el evento
Meta	M	El destino del movimiento
Vía	V	El lugar de tránsito del movimiento
Ubicación	U	El lugar en que tiene lugar el evento
Cantidad	C	La medida espacial o temporal del evento
Instrumento	I	La herramienta o el medio con el que se realiza el evento

5.4.2. *Algunas ventajas de postular estructuras temáticas*

El concepto de estructura temática es interesante, pero a la vez sumamente polémico. En este apartado analizaremos las ventajas fundamentales de trabajar con él, y en el siguiente comprobaremos que hacerlo conlleva también algunos problemas.

A) La primera ventaja de las estructuras temáticas es el hecho de que nos proporcionan, como decíamos arriba, las posiciones que el principio de proyección debe satisfacer a lo largo de la derivación. Estas estructuras nos muestran también (si contamos con un buen sistema de correspondencias entre papeles temáticos y realizaciones canónicas) las categorías que corresponden a cada uno. Finalmente, nos ofrecen un esqueleto del significado de los predicados. Recuerde que las funciones sintácticas tradicionales, como por ejemplo 'complemento directo', eran el resultado de la confluencia de dos informaciones, una de tipo estructural y otra semántica. Esta última información la proporciona la estructura temática. La sintaxis nos exige que esta información sea saturada gramaticalmente, pero el léxico nos dice que existe porque, en cierta forma, está contenida en la definición del predicado mismo.

B) Las estructuras temáticas nos permiten también considerar CLASES SEMÁNTICAS NATURALES. Por tanto, podemos analizar los verbos del tipo «[A, T, U]» como una clase que agrupa *situar, colocar, ocultar,* etc., en lugar de asignar individualmente una estructura temática a cada predicado. Las estructuras temáticas también nos permiten entrever que la gramática establece clases léxicas en casos en los que la lexicografía seguramente no las percibe. Así, a los sustantivos *carta, mensaje, oda, homenaje, recompensa, monumento* e *impuesto* corresponde la estructura [T, D]. Observe que todos se construyen con la preposición *a* (*cartas a Berta, oda al sol, monumento a la libertad, impuestos a la importación de maíz,* etc.). Ello pone de manifiesto que para la gramática esos sustantivos designan cosas que existen en cuanto que se envían, se destinan, se otorgan, se conceden o se exigen, esto es, en cuanto que tienen un destinatario natural. Esta es una importante propiedad gramatical de esos sustantivos: ciertamente, no la deduciremos de la realidad por mucho que examinemos una carta, de la misma forma que un examen detallado de una fotografía no nos permitirá entender en qué sentido el sustantivo *fotografía* es, para la gramática, un nombre de representación, como vimos arriba. Estas propiedades gramaticales se pueden intuir algunas veces examinando las definiciones de los diccionarios, pero otras muchas no es posible llegar a ellas a través de esas obras. Es obvio que existen diferencias importantes en el significado de las palabras de la lista anterior, pero el análisis gramatical del léxico se diferencia del análisis lexicográfico precisamente en que abstrae el factor común que la sintaxis proporciona. Recuerde, por tanto, que solo algunos componentes del significado de las palabras tienen efectos en la construcción. Los demás aparecen, desde luego, en el diccionario, pero no son esenciales para el trabajo del gramático.

C) Las estructuras temáticas descritas arriba no informan sobre los adjuntos, sino sobre los argumentos. Algunas de esas nociones pueden manifestarse como adjuntos con otros predicados, lo que confirma que tiene interés el hecho de caracterizarlas semánticamente. Veamos algunos ejemplos:

(71)

	Como argumento	Como adjunto
Ubicación	*colocar, situar*	*comer, pintar*
Cantidad	*durar, medir, pesar*	*gustar, disfrutar*
Manera	*portarse, vestir*	*escribir, pensar*
Causa	*preocuparse, culpable*	*viajar, beber*
Finalidad	*habilidad, apto, bastar*	*correr, estudiar*
Compañía	*bailar, hablar*	*pasear, navegar*

Las nociones semánticas mencionadas son argumentos de los predicados de la primera columna, y adjuntos de los de la segunda. Es decir, el hecho de que la acción de colocar necesite un argumento que denota «lugar en donde» forma parte de su significado, pero en el caso de los adjuntos es una simple consecuencia de que las acciones se llevan a cabo en algún lugar. Asimismo, el adverbio *bien* es un argumento en *Se porta bien,* pero es un adjunto en *Escribe bien.* Como antes, el concepto de 'manera' es parte esencial del significado de *portarse,* pero es solo una circunstancia potestativa cuando hablamos de cualquier acción que, obviamente, habrá de llevarse a cabo de alguna forma evaluable. Igualmente, el verbo *preocuparse* se construye con argumentos de causa *(Se preocupa mucho por sus hijos),* pero también admite –como la mayor parte de los verbos– adjuntos de causa *(Se preocupa mucho porque tiene problemas serios).* Se aplican razonamientos análogos a los demás casos. Algunas correspondencias son, desde luego, polémicas. Así, en el caso de *bailar* y *hablar,* piensan algunos que tal vez sea 'colaboración' y no estrictamente 'compañía' la noción denotada. Es polémica asimismo la cuestión de si los agentes pertenecen también a este cuadro. Algunos gramáticos contestan afirmativamente (§ 6.7), de modo que los complementos con *por (La so-*

licitud fue rechazada por el ministerio) corresponderían a la segunda columna y serían propiamente adjuntos (a pesar de la denominación tradicional de *complemento agente*), mientras que los sujetos agentivos *(El ministerio rechazó la solicitud)* serían argumentos y, por tanto, pertenecerían a la primera columna. No existe, sin embargo, acuerdo general sobre este punto, ya que otros autores entienden que los complementos encabezados por la preposición *por* representan argumentos, tal como veíamos en (57c).

D) Una ventaja considerable de postular estructuras argumentales es estudiar la forma en la que los predicados las HEREDAN, es decir, las conservan o las mantienen, como sucede en los procesos de derivación. Así, el sustantivo *interpretación* hereda totalmente su estructura argumental del verbo *interpretar,* concretamente [A, T]. En el caso del verbo, A se expresará como su sujeto *(Juan interpretó la sonata)* o su complemento agente *(…fue interpretada por Juan).* En el caso del nombre, el argumento A se expresará mediante un complemento preposicional con *de (La interpretación de Juan)* o un posesivo *(Su interpretación).* El posesivo puede designar también el argumento interno *(la venta del cuadro* o *su venta).* Los nombres derivados tienen a veces más de una estructura argumental, puesto que pueden heredar la de un verbo transitivo *(hundir > hundimiento:* [A, T]) o la de uno intransitivo *(hundirse > hundimiento:* [T]). Así, en el primer caso hablaríamos de *El hundimiento del petrolero por la fragata* y en el segundo de *El hundimiento del petrolero a causa del temporal.* Como vemos, el sustantivo *hundimiento* no posee en estos dos casos el mismo significado, puesto que se corresponde con estructuras argumentales distintas. Aunque es posible establecer generalizaciones sobre las estructuras argumentales heredadas en función de los sufijos derivativos, también deben postularse numerosos casos particulares. Así, el sustantivo *movimiento* no hereda la estructura argumental de *mover,* sino la de *moverse,* puesto que se puede decir *El movimiento de la pelota,* pero no **El movimiento de la pelota por los jugadores* (cfr., en cambio, *Los jugadores mueven la pelota).* De forma análoga, recuerde que arriba suponíamos que al verbo *reírse* le corresponde la estructura [A, C]. Observe ahora que el sustantivo *risa* no hereda C de *reírse (*su risa de la gente).* Existen otros muchos casos de HERENCIA TOTAL y HERENCIA PARCIAL de las estructuras argumentales.

5.4.3. *Algunos inconvenientes de postular estructuras temáticas*

Hasta aquí, hemos repasado las ventajas fundamentales de las estructuras temáticas, entendidas en la forma en que las hemos introducido. Como señalábamos arriba, esta forma de representar las estructuras argumentales conlleva también algunos problemas no despreciables. Los principales que han sido señalados en la bibliografía surgen al intentar contestar a las preguntas siguientes:

A) *¿Cuántos papeles temáticos tenemos exactamente?* Algunos gramáticos piensan que las estructuras temáticas como las propuestas en (68) constituyen, en cierta medida, casos privilegiados. Son muchos los verbos que seleccionan otros argumentos, no mencionados arriba, para los que no tenemos una etiqueta semántica tan clara, ni siquiera unos límites conceptuales tan precisos como los que parecen deducirse de dicha clasificación. ¿Qué clase de argumento (distinto de los anteriores) es, por ejemplo, el que encabeza la preposición *contra* con los verbos *luchar* o *abalanzarse*?; ¿y el que encabeza *entre* en el caso de *repartir, distribuir* o *escoger*?; ¿y el que encabeza *a* en el caso de *apostar*? Podríamos pensar que *radicar* selecciona Ubicación, como *colocar* en (68b), pero si la realización canónica de Ubicación es un SP encabezado por *en, bajo, encima, detrás*, etc., es obvio que aquí estamos ante otro papel temático. Supongamos que llamamos Contenido al argumento que representa *de agua* en *lleno de agua*. ¿Se trata de un papel temático distinto del que representa *en física* en *especializarse en física*? Desde luego, es obvio que aparece introducido por otra preposición. Sea cual sea la respuesta, ¿qué otros predicados seleccionan esos argumentos?

Podrían plantearse fácilmente decenas de preguntas parecidas a estas. Jacobsen (1986) hizo un pequeño recuento de las tipologías de papeles temáticos, llamados también 'casos semánticos', 'funciones semánticas' y 'valencias semánticas' en distintos sistemas terminológicos. Observó que J. M. Anderson proponía cuatro, C. Fillmore seis, T. Langendoen dieciséis, T. Vestergaard veinticinco, y que otros autores proponían tipologías que contienen cifras intermedias. Ciertamente, hay algo sospechoso en un sistema conceptual que deja tan en el aire la delimitación de sus elementos primitivos. Nótese que no se niega aquí que en todos los casos mencionados exista alguna generalización léxica que establecer. Lo que se pone actualmente en tela de juicio es que cada argumento de cada predicado haya de recibir una etiqueta semántica que represente un concepto bien definido entre las nociones que articulan la teoría de la gramática. Algunos autores han optado, de hecho, por trabajar con estructuras argumentales que contienen únicamente informaciones correspondientes a la selección-c. Así, podemos decir –aducen– que un verbo selecciona un SP encabezado por *entre,* por *con* o por *contra* sin tener que preguntarnos qué etiqueta semántica representa exactamente esta noción. Otros gramáticos entienden que este paso –enteramente legítimo, desde luego– supone rodear el problema, en lugar de demostrar que no existe.

B) *¿No son demasiado abarcadores los papeles temáticos que se proponen?* El ejemplo más claro de este problema lo representa el papel temático Tema. Algunos autores distinguen T(EMA) de P(ACIENTE) y reservan el segundo para los objetos afectados, es decir, para los que designan seres que reciben alguna modificación como resultado de una acción o un proceso. Pero ¿qué sucede cuando no la reciben? Muchos autores asignan el papel Tema al argumento externo o interno de los predicados mencionados en (68), pero también a los de muchos otros cuyos participantes intervienen en las nociones denotadas de formas considerablemente diferentes. Por otra parte, ¿hemos de desdoblar O(RIGEN) para distinguir, por ejemplo, *caer del tejado* y *caer desde el tejado*? Si no lo hacemos, perderemos una generalización (se dice *mirar desde la ventana*, no **mirar de la ventana*), pero si lo hacemos no explicaremos en cambio por qué son tantos los predicados que admiten ambos. Si diéramos ese paso, habríamos de establecer también, desde luego, la relación de los demás papeles temáticos que habrían de ser desdoblados. La conclusión es evidente: nuestra tipología inicial estaba demasiado simplificada. Esta misma ambivalencia entre clasificaciones más o menos abarcadoras se detecta al considerar el papel temático Agente. Jackendoff agrupa bajo el papel temático ACTOR lo que otros autores separan en dos papeles temáticos diferentes: AGENTE y EFECTUADOR (= actor no agentivo). Por último, algunos autores incluyen los papeles temáticos INSTRUMENTO o MANERA, pero otros no aceptan la división. Existen otros casos similares.

C) *¿Cómo podremos estar seguros de que hemos asignado un papel temático correctamente?* Las garantías no son demasiado firmes. Así, algunos gramáticos proponen que adverbios como *adrede* identifican al agente. Desde luego, resulta más natural decir *Juan golpeó la mesa adrede* que *Juan ama a María adrede,* pero lo cierto es que muchos predicados que aparentemente designan estados admiten este adverbio (*Estoy silencioso adrede,* más detalles en el § 5.6.2.2) y también que los verbos de acción los rechazan cuando no se atribuye conciencia a los agentes (*Un rayo rompió el tejado,* frente a *Juan rompió el tejado*). Sin embargo, no es evidente que el «atribuir conciencia» al participante de un evento haya de cambiar la estructura argumental del predicado que lo designa.

D) *¿Cómo se ordenan los papeles temáticos en una estructura argumental?* Recuérdese que en (68) tenemos una marca arbitraria, el subrayado, para identificar el argumento externo de un predicado. Observe ahora que, en realidad, siempre que un Agente es argumento de algún predicado, sea el que sea, sabemos que va a ser el argumento externo, de modo que al estipularlo en (68) y en otros muchos casos, perdemos una generalización evidente. En otras palabras, el que los Agentes sean argumentos externos no es una convención arbitraria, sino probablemente un universal lingüístico. La determinación de una posible correlación entre argumentos, papeles temáticos y posiciones sintácticas se conoce técnicamente como EL PROBLEMA DEL ENLACE (ingl. *the linking problem*) entre papeles temáticos y posiciones sintácticas. Este problema se considera fundamental, ya que su posible solución determinará en gran medida cómo se proyecta el léxico en la sintaxis. Si hay una solución unificada, dicho enlace se hará de manera sistemática y uniforme. Si no la hay, la proyección del léxico en la sintaxis deberá tomar la forma de múltiples reglas idiosincrásicas que asocian las entradas léxicas con posiciones sintácticas por un lado, y con papeles temáticos (autónomos) por otro.

La relevancia del orden interno de los papeles temáticos se detectó en la gramática generativa desde mediados de los años ochenta. Así, Perlmutter y Postal (1984) proponían que los papeles temáticos de una estructura argumental deberían aparecer desordenados. En esta propuesta el orden lo impone una jerarquía independiente que se establece una sola vez para toda la gramática de una lengua, de acuerdo con la denominada HIPÓTESIS DEL ALINEAMIENTO UNIVERSAL (ingl. *universal alignment hypothesis*). Esta hipótesis nos ordena los argumentos de izquierda a derecha, de forma que si uno de ellos es externo, los de su izquierda no podrán aparecer, mientras que los de su derecha habrán de ser internos. Supongamos que tuviéramos una jerarquía como Agente > Tema > Destinatario > Ubicación. La hipótesis predice que no vamos a encontrarnos estructuras argumentales del tipo *[T̲, A] que estarán excluidas por este principio general. En cambio se admiten estructuras como [T̲, D], como en *dirigirse (El río se dirige al mar)*, y también [T̲, U], como en *situarse (El prólogo siempre se sitúa al principio)*. Esta hipótesis no alinea tan firmemente los argumentos que siguen a Tema (es decir, Destinatario, Ubicación, Origen y otros mencionados arriba) y tampoco nos proporciona una serie finita de estructuras argumentales entre las que los predicados habrían de elegir.

Baker (1988) desarrolló esta idea al formular la HIPÓTESIS DE LA ASIGNACIÓN TEMÁTICA UNIVERSAL (ingl. *universal theta assignment hypothesis*). Esta hipótesis establece que, cuando existe una relación temática entre argumentos, dicha relación se mantiene en la configuración sintáctica. Por ejemplo, si un determinado SD recibe el papel temático Agente y otro el papel temático Tema, y asumimos que existe una relación jerárquica entre ellos de acuerdo con la cual Agente es más prominente que Tema en la representación sintáctica inicial (A > T), el SD que recibe el papel temático Agente ocupará una posición más prominente que el SD Tema. La relación de prominencia en la estructura de base será una relación sintáctica, es decir, el SD Agente ocupará una posición que mande-c a la posición que ocupe el SD Tema. Por tanto, la primera proyección de (72) será válida y la segunda no.

(72)   asesinar (x, y)
       x = A(gente)
       y = T(ema)

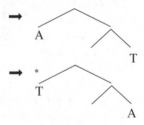

El problema principal que presenta este tipo de correlaciones es que, de nuevo, no parece haber un acuerdo generalizado sobre cuál es la jerarquía de papeles temáticos adecuada y sobre qué principios la sustentarían. Considérense, por ejemplo, algunas de las distintas jerarquías que se han propuesto en la bibliografía sobre estas cuestiones:

- Actor > Paciente / Beneficiario > Tema > Ubicación / Fuente / Destinatario (Jackendoff, 1990a)
- Agente > Experimentante > Meta / Fuente / Ubicación > Tema (Grimshaw, 1990)
- Agente > Beneficiario > Receptor / Experimentante > Instrumento >Tema / Paciente > Ubicación (Bresnan y Kanerva, 1989)
- Agente > Beneficiario > Paciente > Ubicación > Instrumento > Manera (Givon, 1984)
- Agente > Efectuador > Experimentante > Ubicación / Receptor > Tema > Paciente (Van Valin, 1993)

Aunque hay similitudes obvias entre todas estas ordenaciones, es también evidente que resurge aquí el problema que hemos mencionado anteriormente acerca de la aparente indefinición del número de papeles temáticos que se necesitan para una descripción gramatical correcta, así como el de establecer con nitidez sus límites.

E) *¿Son primitivos los papeles temáticos?* Siempre que estamos ante una noción lingüística, debemos preguntarnos si es primitiva o si, por el contrario, se deduce de alguna otra más general. Consideremos el caso del papel temático Agente. Parece evidente que los verbos que seleccionan un Agente lo hacen porque denotan alguna acción. Pero, si ello es así, el concepto de 'acción' resulta ser más básico que el de 'agente'. El primero hace referencia al tipo de evento que constituye el predicado, mientras que el segundo designa el nombre de uno de sus participantes. Las relaciones existentes entre ambas informaciones (participantes y tipos de eventos) se examinan en el § 5.5. Por otra parte, en sentido estricto no podemos decir en todos los casos que el Agente es la simple consecuencia de que el predicado denote una acción, puesto que algunos sustantivos tienen Agente como argumento externo *(libro, foto)* y no denotan acciones, sino objetos físicos. Aun así, es claro que existe una relación estrecha entre los dos tipos de información que mencionamos.

F) *¿Representa la estructura temática de un predicado una versión simplificada de su significado? Si la respuesta es afirmativa, ¿cómo se conectan la «versión simplificada» y la «representación semántica»?* La pregunta es importante porque hace referencia al origen mismo de las estructuras temáticas como conceptos teóricos. Nadie discute que estas estructuras representen «esqueletos del significado», como hemos dicho, pero la cuestión inmediata es cómo se obtiene ese esqueleto a partir del «organismo» completo. Esta pregunta no se planteaba en los primeros análisis de las estructuras semánticas, pero surge abiertamente en los más recientes y no puede ser evitada. De hecho, han sido varios los autores que han propuesto que la estructura argumental no debe contener etiquetas semánticas, sino solo los argumentos del predicado. Así, en el caso de *enviar* podríamos tener, por ejemplo, «(x, y, z)» en lugar de «[A, T, D]», junto con una correspondencia que asegurara la realización categorial de cada argumento (digamos «x = SD, y = SD, z = SP (*a* + SD)»). La estructura argumental se obtiene, desde este punto de vista, directamente de la definición, o bien de una representación esquemática de ella que contiene variables (por ejemplo, «*x* hace llegar *y* a *z*»). Esta opción se defiende explícitamente en Levin y Rappaport (1986) y Rappaport y Levin (1988), entre otros autores, dentro de la gramática generativa. El significado de los predicados se representa formalmente en la teoría de Jackendoff (1983, 1990a), en la que se asigna a cada uno una estructura interna compleja que contiene elementos semánticos primitivos, además de los participantes en la relación predicativa. Para (73a) tendríamos una estructura del estilo de (73b):

(73) a. Juan envió el paquete a María.
  b. [CAUSAR (Juan, [IR, (PAQUETE, [A (María)])])]

Nótese que tras CAUSAR aparecen dos argumentos separados por una coma, como en P (x, y). Uno de ellos es *Juan* y el otro es un evento que, a su vez, contiene un predicado (IR) y dos argumentos. El último predicado de (73b) es A, que indica dirección, y cuyo único argumento es *María*. Así pues, el significado de (73b) se descompone como 'Juan causó que el paquete fuera a María', aproximadamente. Este tipo de descomposición recuerda en parte la que se llevaba a cabo en la semántica generativa (Lakoff, 1971) o en la semántica formal (Dowty, 1979) en los años setenta. También Hale y Keyser (1993, 2002) rechazan explícitamente el concepto de 'papel temático'. Aceptan la descomposición del significado en predicados primitivos básicos que respetan escrupulosamente la configuración sintáctica (en concreto, la estructura interna del SV), y entienden que si la sintaxis es la que permite proyectar el léxico, y las piezas léxicas seleccionan sus complementos en función de su significado, el concepto de 'papel temático' pierde su razón de ser, puesto que tal como se formula habitualmente, parece surgir del vacío, en lugar de obtenerse de dicha configuración abstracta.

Estas líneas de investigación, y otras similares (cf. más adelante los apartados 1 a 3 del apéndice), surgen de la necesidad de contestar a las dos preguntas de (F). Lo cierto es que el análisis de las estructuras argumentales nunca tuvo un papel central en el modelo de principios y parámetros, y tampoco lo tiene en el reciente programa minimista. Las razones no son idénticas, pero en ambos casos se entiende implícitamente que el papel de la sintaxis no puede ir tan lejos como para hacer suyos los contenidos de la lexicografía o la lexicología. El «juego» de las piezas léxicas viene determinado por sus rasgos gramaticales una vez que están formadas en el léxico. No obstante –piensan muchos lingüistas–, si el gramático se asigna la tarea de ahondar en su composición interna, será como si el cocinero se obliga a cultivar los alimentos que cocina, en lugar de comprarlos en el mercado, o entiende que debe pasarlos por el microscopio electrónico para obtener su composición molecular, en lugar de pesarlos en una balanza para cuantificar las proporciones relativas que la receta exige. Otros lingüistas, por el contrario, entienden que, en la medida en que los rasgos semánticos de las piezas léxicas se obtienen o se deducen de representaciones más abstractas de su significado, esta información no debe ser ajena al trabajo del gramático, por inseguro o engorroso que pueda parecer el penetrar en esos «niveles anteriores» del análisis. La alternativa sigue, por tanto, abierta en el panorama actual de la lingüística teórica contemporánea.

En el reciente programa minimista, la relación entre léxico y gramática es relativamente tenue, puesto que la mayor parte de las consideraciones semánticas corresponden al nivel de la Forma Lógica, del que hablaremos en el capítulo 8, con lo que quedan separadas de la llamada 'sintaxis estrecha' o 'estricta' (ingl. *narrow syntax*). Aun así, se reconoce en ese modelo que la razón última por la que un predicado (digamos, un verbo), se fusiona o se ensambla (ingl. *merges*) con el SD que toma como complemento es el hecho de que este aporta alguna información que el anterior debe saturar necesariamente, sea cual sea su naturaleza semántica específica. En general, en las diversas etapas de la gramática generativa se percibe claramente que el llamado genéricamente COMPONENTE COMPUTACIONAL de la gramática consta de una serie de principios restrictivos. Las estructuras abstractas que proporciona han de ser llenadas con información que aporta el LÉXICO, concebido como una parte fundamental, pero relativamente autónoma, de la facultad humana del lenguaje.

En el modelo de principios y parámetros no constituía una tarea fundamental el asignar una etiqueta distintiva a cada papel temático, ni tampoco el delimitar con absoluta claridad las fronteras que existen entre ellos. Importaba mucho más averiguar cómo refleja la gramática el hecho de que un determinado constituyente sea o no argumental, y también qué posiciones sintácticas puede ocupar por el hecho de serlo. Estas preguntas dieron lugar a múltiples investigaciones que coincidían en el hecho de manejar información abstracta de naturaleza estrictamente gramatical, que dejaba deliberadamente de lado los aspectos de la teoría temática que parecen rozar con la lexicología y la lexicografía. En el capítulo siguiente se expondrán con más detalle algunas de las formas en que se plantearon estos desarrollos. Adelantamos algunas de ellas en lo que sigue.

5.4.4. *Algunas consecuencias sintácticas de la naturaleza argumental de los sintagmas*

En los apartados anteriores hemos intentado responder a la pregunta A:

A) ¿Es posible caracterizar los componentes de la estructura argumental de un predicado con etiquetas semánticas?

Nos quedan al menos dos preguntas importantes por contestar en relación con esta materia:

B) ¿Qué consecuencias gramaticales tiene el hecho de que un determinado constituyente sea argumental o no lo sea?

C) Si descomponemos las funciones sintácticas en rasgos más básicos (uno formal y otro semántico), ¿de qué manera podemos asociar estos rasgos con las posiciones que proporciona el predicado (en virtud de la teoría de la X-con-barra y el principio de proyección) y las que proporcionan las categorías funcionales?

En este apartado vamos a abordar brevemente la pregunta B. Para contestar a la C necesitamos introducir algunos conceptos nuevos relativos a las posiciones sintácticas, así que la pospondremos hasta el § 6.6.

La pregunta B dio lugar a un gran número de investigaciones en la gramática generativa de los años setenta y ochenta. Esos trabajos no pretendían tanto proporcionar etiquetas específicas para las marcas temáticas –una tarea tan compleja como inestable, como ya hemos visto– como averiguar las consecuencias sintácticas que se siguen del hecho de que tales marcas son pertinentes para la sintaxis. Veamos algunas de ellas.

5.4.4.1. Procesos de extracción

Consideraremos en primer lugar las repercusiones que la teoría temática tiene en los llamados PROCESOS DE EXTRACCIÓN (recuerde el § 4.4.2). Este término alude a la posibilidad de ACCEDER a un constituyente incluido en otro mayor mediante construcciones con oraciones relativas, interrogativas o de otro tipo que permiten destacarlo o resaltarlo. Supongamos que queremos acceder de esta manera al elemento subrayado en los casos de (74):

(74) a. El muchacho leía <u>una revista</u> en un sillón.
    b. <u>El muchacho</u> leía una revista en un sillón.
    c. El muchacho leía una revista <u>en un sillón</u>.

Consideremos (74a) primero. Intentaremos acceder al elemento que representa *una revista* y extraerlo. La extracción nos exige por lo general usar un pronombre relativo o interrogativo. Tenemos varias formas de hacerlo:

(75) a. ¿Qué leía el muchacho?
    b. Lo que leía el muchacho.
    c. La revista que leía el muchacho.
    d. La revista es lo que leía el muchacho.

Existen extracciones que no exigen estos pronombres, pero sí un determinado tipo de anteposición enfática *(Una revista leía el muchacho)*. Naturalmente, la oración (75a) no se obtiene sintácticamente a partir de (74a), puesto que quien usa (75a) no sabe qué estaba leyendo esa persona. Importa resaltar, sin embargo, que el pronombre *qué* se corresponde con el argumento interno de *leer* en (74a); de hecho, *qué* es el complemento directo de ese verbo, según la tradición gramatical. El pronombre relativo *que* que aparece en las demás oraciones de (75) es también un complemento directo.

Apliquemos ahora el proceso a (74b):

(76) a. ¿Quién leía una revista en un sillón?
    b. La persona que leía una revista.
    c. El que leía una revista en un sillón.
    d. El muchacho es quien leía una revista en un sillón.

Y, finalmente, también a (74c):

(77) a. ¿Dónde leía el muchacho una revista?
    b. Donde leía el muchacho una revista.
    c. El lugar en el que leía el muchacho una revista.
    d. En un sillón leía el muchacho una revista.

Ya hemos captado la intuición de la que queremos partir en relación con el concepto de 'extracción'. Nuestra primera generalización será muy sencilla:

(78) Se pueden extraer los argumentos y también los adjuntos.

En realidad, esta generalización es algo exagerada, puesto que no todos los adjuntos se pueden extraer: las oraciones concesivas, por ejemplo, son (en principio) adjuntos, pero no existen pronombres que las puedan sustituir. Igualmente, en las condicionales solo existirá una forma indirecta de realizar la extracción, como en *Si viene Juan, vendrá María* > *¿En qué caso vendrá María?* La generalización (78) se debe entender, por tanto, de forma relativa a los adjuntos REFERENCIALES, es decir, a los que designen nociones que puedan ser representadas por un pronombre. Pero volvamos a (76) y (77). Esos contrastes no muestran diferencias entre argumentos y adjuntos. Si ambos se pueden extraer, dirá usted con toda la razón, no parece que la distinción tenga mucho que ver con los procesos de extracción. Pero observe ahora que también podemos extraer elementos «desde» el interior de un argumento. Si aplicamos a (79) el proceso que hemos aprendido, obtendremos secuencias como las de (80):

(79) Creo que el muchacho leía <u>una revista</u> en un sillón.

(80) a. La revista que creo que el muchacho leía en un sillón.
    b. ¿Qué crees que leía el muchacho en un sillón?
    c. Una revista es lo que creo que leía el muchacho en un sillón.

Ahora vamos a comparar las dos oraciones siguientes, formadas casi por las mismas palabras:

(81) a. Vi que el muchacho leía <u>una revista</u> en un sillón.
    b. Vi al muchacho que leía <u>una revista</u> en un sillón.

Observe que podemos extraer *una revista* en (82a), como lo hicimos en (80b), pero no podemos hacer lo mismo en (82b):

(82) a. ¿Qué viste que leía el muchacho en un sillón?
    b. *¿Qué viste al muchacho que leía en un sillón?

Obtenemos el mismo resultado en (83), donde extraemos el elemento subrayado:

(83) a. Creo que ha llamado <u>tu novio</u>.
    b. <u>¿Quién</u> crees que ha llamado?

La explicación de estos contrastes es estrictamente sintáctica: en (82b) intentamos realizar la extracción desde el interior de una oración de relativo, es decir, desde el interior de un adjunto, mientras que en (82a) y en (80b) extraemos un SD desde el interior de un argumento. Tenemos, pues, otra generalización:

(84) No se puede extraer una parte de un adjunto, pero sí una parte de un argumento.

Esta es una generalización importante, puesto que restringe fuertemente un proceso sintáctico que se aplica a múltiples estructuras. Nos dice además que el hecho de que un constituyente sea argumental supone una garantía de que podemos acceder a su interior. Es sencillo comprobar (84) en otras construcciones. Vamos a comparar ahora las dos oraciones de (85):

(85) a. No sé si ha llamado <u>tu novio</u>.
    b. No me quedo en casa si ha llamado <u>tu novio</u>.

De nuevo, podemos extraer el elemento subrayado en (85a), pero no en (85b):

(86) a. Tu novio es el que no sé si ha llamado.
   b. *Tu novio es el que no me quedo en casa si ha llamado.

Iríamos muy desencaminados si nos pusiéramos ahora a pensar en lo que diferencia el significado de *saber* del de *quedarse*. La explicación de este contraste es de naturaleza sintáctica, y se basa de manera crucial en la noción 'ser argumento de'. En efecto, en (86a) el verbo *saber* selecciona una interrogativa indirecta, es decir, un constituyente argumental. En (86b), por el contrario, tenemos una oración condicional, es decir, un adjunto. Así pues, este contraste, como el de (82), es una simple consecuencia de (84). Pero observe que (84) establece una generalización en términos negativos. Es mejor establecerla en términos positivos. Si llamamos MARCA TEMÁTICA a la que un predicado asigna a su argumento (es decir, al rasgo abstracto que refleja esa relación), tendremos (87):

(87) Los constituyentes desde los que se extrae un elemento han de estar marcados temáticamente.

Como los adjuntos no están marcados temáticamente, las extracciones inviables consideradas antes se deducen de este solo hecho. La generalización (87) se llama en Huang (1982) CONDICIÓN SOBRE LOS DOMINIOS DE EXTRACCIÓN. La analizaremos con más detalle en el cap. 7, pero aquí nos interesa resaltar que se trata de una condición sintáctica que descansa en último término sobre el concepto de 'marcado temático'. La distinción se aplica en español a otras muchas construcciones. Da la impresión de que las dos oraciones siguientes son sinónimas:

(88) a. Fui a la farmacia a comprar un calmante.
   b. Fui a la farmacia para comprar un calmante.

Usted dirá seguramente que podría usar una u otra indistintamente en el mismo contexto. Pero la pregunta que se hace el gramático al analizar estas oraciones no es solo si son o no sinónimas o si se pueden usar o no en los mismos contextos. Todo parece indicar que existen en español complementos finales argumentales introducidos por *a*, y también complementos finales adjuntos introducidos por *para*. Los primeros solo se construyen con ciertos verbos de movimiento (*ir, venir, subir, salir,* etc.), mientras que los segundos modifican a cualquier verbo de acción. La diferencia entre ambos ha sido estudiada por Lamiroy (1981). Observe que esta diferencia explica contrastes como *Resumí el trabajo {para / *a} entenderlo mejor,* donde se rechaza *resumir* porque no es un verbo de movimiento. Pero lo fundamental ahora es que podemos acceder a la posición que ocupa *un calmante* en (89a), pero no en (89b):

(89) a. El calmante que fui a la farmacia a comprar.
   b. *El calmante que fui a la farmacia para comprar.

Como vemos, si nuestra única pregunta sobre (89) se limitara a la posible sinonimia de estas oraciones o a sus condiciones de uso, perderíamos esta clara diferencia sintáctica entre las dos oraciones que nos parecían equivalentes. La diferencia se sigue, de nuevo, de la generalización (87).

En los ejemplos anteriores hemos considerado varios casos de extracción desde el interior de algunas oraciones. Como hemos visto, el factor que posibilita la extracción es el hecho de que la oración esté o no marcada temáticamente. Esta marca temática la hace 'reconocible' para el predicado, puesto que le asigna un lugar en su estructura argumental. Las extracciones desde adjuntos no son posibles porque estos se comportan como ISLAS SINTÁCTICAS, un concepto muy importante en la teoría de la sintaxis al que dedicaremos buena parte del capítulo 7. El concepto de 'isla' constituye una metáfora muy usada en la sintaxis teórica porque refleja bastante bien la idea que se quiere poner de manifiesto: el predicado no reconoce estas «islas» como parte de su estructura argumental, y no es posible extraer nada desde su interior. Así, las oraciones de relativo y las subordinadas adverbiales son islas sintácticas, puesto que no están marcadas temáticamente.

El proceso que estamos analizando no se limita a la extracción desde las oraciones. Consideremos el siguiente contraste entre dos secuencias que se diferencian en una sola palabra:

(90) a. Vivíamos [cerca de esta calle].
    b. Almorzábamos [cerca de esta calle].

Ciertamente, en ambos casos podemos extraer el constituyente encerrado entre corchetes:

(91) a. ¿Dónde vivíamos?
    b. ¿Dónde almorzábamos?

Pero solo en (90a) podemos extraer el constituyente subrayado:

(92) a. La calle de la que vivíamos cerca.
    b. *La calle de la que almorzábamos cerca.

De nuevo, no le aconsejamos que se ponga a pensar en lo que diferencia el significado de *vivir* del de *almorzar* si quiere usted analizar este claro contraste. La explicación que suele aceptarse es la siguiente: el verbo *vivir* tiene un argumento locativo, mientras que *almorzar* admite un adjunto locativo (como la mayor parte de los verbos de acción, por otra parte). Al primero le corresponde muy plausiblemente una estructura argumental del tipo [T, U], de lo que se deduce que el sintagma *cerca de esta calle* será un argumento de *vivir,* y estará marcado temáticamente por este verbo. El resto se sigue directamente de (87).

5.4.4.2. Posesivos y complementos preposicionales

En el § 5.3.4 introdujimos el concepto de 'nombre de representación' y también la idea de que los complementos que designan el agente y el objeto representado son accesibles a los procesos de extracción. Nuestro ejercicio con los sustantivos *foto* y *reloj* se basaba precisamente en esas nociones. Retomemos aquel análisis en relación con las nociones que hemos expuesto en este apartado. ¿Cómo interpretaría usted *de Juan* en el SD (93)?

(93) El retrato de Juan.

Seguramente dirá usted que *Juan* puede designar en esta secuencia al dueño del retrato, al autor del retrato, o bien, a la persona representada en el retrato. Así es, efectivamente. De hecho, fuera de contexto es imposible saber de cuál de estas tres interpretaciones hablamos. Al primer sentido lo llamaremos P (de POSEEDOR); al segundo lo llamaremos A (de AGENTE) y al tercero lo llamaremos R (de OBJETO REPRESENTADO). He aquí algunos ejemplos con personajes conocidos, para facilitarle a usted la interpretación:

(94) a. El retrato [$_A$ de Goya]
     b. El retrato [$_P$ del barón Thyssen]
     c. El retrato [$_R$ de la duquesa de Alba]

Naturalmente, estas interpretaciones pueden ser distintas, puesto que tanto Goya como el citado barón aparecen retratados en varios cuadros, y nada nos impide pensar que la duquesa de Alba pinte o pintara. No es esto lo que ahora importa. Observe que la expresión *su retrato* puede ser apropiada para designar cualquiera de los elementos mencionados en (94). Es decir, podríamos tener estas tres interpretaciones:

(95) Su$_A$ retrato / Su$_P$ retrato / Su$_R$ retrato.

Sin embargo, si intentamos que aparezca un posesivo junto con algún otro participante en forma de complemento preposicional, comprobaremos que no nos sirve cualquier combinación. Los resultados son estos:

(96) a. Su$_A$ retrato [$_R$ de Juan]
     b. Su$_P$ retrato [$_R$ de Juan]
     c. Su$_P$ retrato [$_A$ de Juan]
     d. *Su$_A$ retrato [$_P$ de Juan]
     e. *Su$_R$ retrato [$_A$ de Juan]
     f. *Su$_R$ retrato [$_P$ de Juan]

Así pues, de las seis combinaciones matemáticamente posibles, solo tres son viables. ¿Diría usted que esta reducción es una pura casualidad? Parece obvio que no lo es. De hecho, es fácil observar que en estos casos, en los que están presentes dos complementos del sustantivo *retrato,* el posesivo ha de estar más a la izquierda en esta jerarquía, y también que A ha de preceder a R:

(97) P > A > R

Así pues, (96f) se excluye porque el posesivo R está más alto que el complemento interno P, frente a lo que (97) exige. Se aplica el mismo razonamiento a las demás combinaciones mencionadas en (96). Es importante tener en cuenta que esa PROMINENCIA no es solo CONCEPTUAL, sino también CONFIGURACIONAL. Es decir, la jerarquía de (97) reproduce el orden estructural en el que los complementos del N lo modifican: el primer modificador es el argumento interno R, el siguiente más externo es A, y el último es P:

(98) [$_P$ [$_A$ [N ... $_R$]]]

Observe además que los argumentos modifican el núcleo en posiciones más cercanas que los adjuntos. Los seis ejemplos de (96) ponen de manifiesto que la gramática no nos permite convertir en posesivo prenominal un constituyente que haya de pasar por encima de otro argumento. Este ejercicio nos permite comprobar que el ARGUMENTO INTERNO (R en este caso) es el más próximo al sustantivo. Sobre el sintagma que ambos forman puede incidir un ARGUMENTO EXTERNO. La configuración obtenida puede admitir un adjunto, todavía más externo al grupo sintáctico formado. Como vemos, la obtención de posesivos prenominales respeta de forma muy estricta esta jerarquía.

Fijémonos un poco más en la relación que existe entre A y R. Ambos son argumentos del sustantivo, luego es razonable suponer que el primero podrá ser el antecedente del segundo en una construcción reflexiva. Si el sustantivo no tiene argumento externo, la construcción no se podrá interpretar:

(99) a. Su retrato de sí mismo.
   b. *Su casa de sí mismo.

Observe que la relación que se establece en (99a) entre *su* y *sí* es similar a la que se establece entre *Juan* y *sí* en la oración *Juan solo habla de sí mismo,* independientemente de que (99a) no contenga ningún verbo. Podemos obtener, por tanto, otra generalización inmediata:

(100) El pronombre reflexivo y su antecedente son argumentos de un mismo predicado.

Volveremos sobre (100) en el cap. 9. Como vemos, en (99b) ni *su* ni *sí* son argumentos de *casa,* puesto que *casa* no tiene argumentos, de modo que la irregularidad de (99b) se obtiene directamente de (100). La gramática permite incluso que el argumento externo del sustantivo actúe como antecedente del interno aun cuando está implícito. De nuevo, si no hay argumento externo, la construcción resultará imposible:

(101) a. Una foto de sí mismo.
    b. *Una casa de sí mismo.

Tal vez haya observado usted que podemos decir *una casa suya,* pero este sintagma no contiene ningún elemento reflexivo, por lo que resulta irrelevante para la cuestión examinada. Todos estos son contrastes muy claros que descansan, como vemos, en la relación que se establece entre los constituyentes argumentales de un predicado. Retomaremos el marcado temático en el cap. 7, en el que analizaremos más detalladamente los procesos de extracción. Antes de llegar allí hemos de introducir algunas nociones más. Lo haremos en el resto de este capítulo y en el siguiente.

5.5. La estructura eventiva

5.5.1. *Los complementos circunstanciales como modificadores eventivos*

En las secciones anteriores de este capítulo hemos examinado dos tipos de organización semántica que inciden de manera clara en la sintaxis y en las propiedades estructurales de las oraciones: la estructura argumental y la estructura temática. Aunque ambas se identifican a menudo, hemos comprobado que, en cierto sentido, la segunda constituye una versión enriquecida de la primera. En esta sección exploraremos otro componente del significado de las piezas léxicas que incide en sus posibilidades combinatorias, y a veces las determina tanto como lo hace la interpretación de los constituyentes que las componen. En el modelo predicado-argumento desarrollado en la primera sección, tomábamos las oraciones como expresiones que hacen referencia a entidades y propiedades. En otras palabras, las oraciones de una lengua expresan, por lo general, propiedades de las entidades o los individuos. Ahora bien, desde la década de los sesenta se ha prestado cada vez mayor atención al hecho de que las expresiones de una lengua no solo se refieren a estos individuos, sino que puede afirmarse que también describen sucesos o eventos, o bien hacen referencia a ellos. Fue el filósofo Donald Davidson quien en su artículo «La forma lógica de las oraciones de acción» (1967) defendió esta idea de forma concluyente por vez primera. Davidson observó que en los tratamientos de la predicación como el que hemos considerado hasta ahora no hay un lugar obvio para los modificadores adverbiales y los SSPP. En (102a) *Juan* es el argumento externo (Agente) y *el pan* el argumento interno (Tema) del predicado *cortar*. Además de estos constituyentes argumentales, podemos incluir un número aparentemente ilimitado de adverbios y SSPP:

(102) a. Juan cortó el pan.
     b. Juan cortó el pan con un cuchillo.
     c. Juan cortó el pan con un cuchillo lentamente.
     d. Juan cortó el pan con un cuchillo lentamente a las cinco de la tarde.
     e. Juan cortó el pan con un cuchillo lentamente a las cinco de la tarde en la cocina.

Estos adverbios y SSPP se caracterizan por su opcionalidad. Tienen la capacidad de ser añadidos y suprimidos sin alterar la gramaticalidad de la oración, es decir, se comportan como adjuntos. La decisión teórica fundamental es cómo tratar estos elementos desde el punto de vista argumental-temático. La gramática tradicional los trata como complementos circunstanciales, es decir, como constituyentes que especifican las circunstancias que acompañan a un determinado suceso. Los complementos circunstanciales se clasifican en función del tipo de circunstancia que indican: lugar, modo, tiempo, causa, finalidad, etc. En la terminología de Tesnière (1959), y en las gramáticas de dependencias en general, se distingue entre ACTANTES y CIRCUNSTANTES. Los actantes son los participantes en el «pequeño drama» expresado por el SV, y los circunstantes indican las circunstancias que lo enmarcan. Se deduce igualmente de ello que los circunstantes son elementos opcionales que pueden añadirse y suprimirse con gran flexibilidad.

Un primer problema de estas teorías clásicas es que no todos los denominados 'complementos circunstanciales' son opcionales. En (103) y (104) la supresión de la expresión de medida hace que la oración resulte agramatical. En (105) podemos omitir el complemento circunstancial *en clase,* pero no el adverbio *mal.*

(103) a. Juan pesa ochenta kilos.
     b. *Juan pesa. *[Se descarta la interpretación 'Juan pesa mucho']*

(104) a. Juan mide dos metros.

      b. *Juan mide.

(105) a. Mi hija se portó mal en clase.

      b. Mi hija se portó mal.

      c. *Mi hija se portó en clase.

      [Descártese el sentido coloquial en el que portarse significa 'Portarse bien']

Como veíamos en el § 5.4.1, muchos lingüistas actuales entienden, frente a la mayor parte de los gramáticos tradicionales, que estas oraciones no contienen complementos circunstanciales, entendidos como adjuntos, sino complementos argumentales, es decir, complementos que saturan un argumento de *pesar, medir* y *portarse* respectivamente, por lo que estos verbos deben considerarse verbos binarios: «*pesar* (x, y)», «*medir* (x, y)», «*portarse* (x, y)». El argumento «y» tendría que recibir un papel temático relacionado con el objeto semántico de estos verbos: un complemento cuantitativo o de medida en (103) y (104), y uno de manera en (105). Sin embargo, la teoría argumental no puede explicar por qué la adición de ciertos complementos circunstanciales no puede realizarse arbitrariamente. Los SSPP *por la mañana* y *en su casa* son incompatibles con *medir* en (106a). También lo son *lentamente* y *a las cinco de la tarde* con el SV *saber francés* de (106b).

(106) a. *Juan mide dos metros por la mañana en su casa.

      b. *Juan sabe francés lentamente a las cinco de la tarde.

Aunque esta incompatibilidad nos parezca muy obvia intuitivamente, tenemos que procurar que la teoría que manejemos la recoja de forma explícita. El análisis de estos contrastes en términos estrictamente tradicionales resulta poco claro, e incluso contradictorio, ya que en la tradición aparece un tanto borrosa la distinción entre requisitos categoriales y requisitos funcionales. El que un sintagma exprese «una determinada circunstancia» no excluye el que sea subcategorizado por el verbo, es decir, seleccionado por él. En realidad, expresar las circunstancias de un evento o acontecimiento es un requisito semántico relativamente independiente de cuál sea la selección categorial del verbo. En segundo lugar, la teoría temática incluye el contenido asociado a ciertos circunstantes como parte de la red temática del verbo. Por ello, la presencia de ciertos complementos puede hacer que cambie por completo el significado del verbo. Observe que el significado de *salir* no es el mismo en (107a) que en (107b):

(107) a. Juan sale de su casa.

      b. Juan sale con María.

El verbo *salir* es un predicado bivalente (binario) que selecciona categorialmente un SP como argumento interno. Sin embargo, puede asociarse con dos estructuras temáticas diferentes. Cuando marca temáticamente a través de la preposición *por* su argumento con el papel temático Origen, tenemos la interpretación asociada a (107a); cuando el marcado temático se efectúa a través de *con,* tenemos la interpretación de (107b), en la que se da a entender que existe una determinada relación afectiva entre Juan y María. Esta distinta interpretación restringe sustancialmente las posibilidades combinatorias con los circunstantes opcionales. Es posible añadir el SP *con María* a

(107a), para indicar que María acompaña a Luis al salir de su casa, pero no se puede añadir *de su casa* a (107b) manteniendo la interpretación de 'relación afectiva'.

Si bien todos los argumentos reciben papel temático, y –de acuerdo con el criterio temático– solo los argumentos deben recibirlo, algunos adjuntos o elementos no requeridos pueden asociarse con nociones que relacionamos inequívocamente con los papeles temáticos (instrumento, ubicación, etc.), lo cual nos conduce a un claro dilema: o bien dichos elementos constituyen un cierto tipo de argumento, o bien ciertas propiedades semánticas como 'instrumento', 'ubicación', etc., no deben considerarse papeles temáticos propiamente dichos, ya que estos se asignan solo a elementos argumentales. Considérese la siguiente oración:

(108) Juan cortó el pan con un cuchillo a las cinco de la tarde en la cocina.

El SP *con un cuchillo* es, claramente, un adjunto. Sin embargo, desde el punto de vista semántico, desempeña un papel que podríamos describir como Instrumento. Lo mismo puede decirse de los adjuntos *a las cinco de la tarde* y *en la cocina,* que expresan contenidos de Ubicación (espacial / temporal). Si la estructura argumental de un predicado nos especifica la naturaleza de sus argumentos, no de sus adjuntos, ¿dónde debemos mirar entonces para saber algo sobre sus adjuntos? Supongamos que asumimos una correlación estricta entre las propiedades de ser argumento y recibir papel temático. En tal caso, tendríamos que tratar dichos SSPP como argumentos, con lo que llegaríamos a una estructura argumental-temática (extendida) tan peculiar como la de (109):

(109) cortar (x, y, z, u, v)
     cortar (Juan, el pan, con un cuchillo, a las cinco de la tarde, en la cocina)

Nadie acepta, desde luego, (109). Un problema evidente de este análisis es que la opcionalidad en la aparición de los complementos circunstanciales nos forzaría a tener que postular entradas léxicas diferentes en función del número de circunstantes que apareciesen. A este problema lo denominó Davidson EL PROBLEMA DE LA VALENCIA VARIABLE de los predicados. En el ejemplo siguiente, *cortar* podría tener cuatro, tres o dos argumentos.

(110) Juan cortó el pan con un cuchillo a las cinco de la tarde.
     cortar (x, y, z, u)
     cortar (Juan, el pan, con un cuchillo, a las cinco de la tarde)

(111) Juan cortó el pan con un cuchillo.
     cortar (x, y, z)
     cortar (Juan, el pan, con un cuchillo)

(112) Juan cortó el pan.
     cortar (x, y)
     cortar (Juan, el pan)

La solución que propone Davidson es no considerar a estos complementos circunstanciales como argumentos del verbo principal, sino como predicados monádicos independientes. El único argumento de estos predicados es un argumento de evento o ARGUMENTO EVENTIVO. Los complementos circunstanciales son, en realidad, PREDICADOS

DE EVENTOS. Esta caracterización recoge perfectamente la intuición fundamental expresada en las definiciones tradicionales. El complemento circunstancial *a las cinco de la tarde* en (113) expresa una propiedad del suceso o evento expresado por esta oración.

(113) Juan llegó a las cinco de la tarde.

En concreto, el SP expresa una propiedad temporal de dicho evento: la llegada de Juan tuvo lugar a las cinco de la tarde. Corresponderá, por tanto, a un predicado saturable por un argumento que se asocia con sucesos o eventos, el argumento eventivo (e):

(114) A las cinco de la tarde (e).

Por alguna razón, el sujeto se ocultaba generalmente en las paráfrasis tradicionales de estas oraciones. Se decía, por ejemplo, que *a las cinco de la tarde* denota «el momento de llegar», pero es más justo decir que denota «el momento de llegar Juan», donde –como se ve– no se oculta el participante principal del evento cuando se intenta definir el papel semántico del modificador locativo. En términos más técnicos, la oración (113) debe ser reducible semánticamente a una paráfrasis como 'Hay un evento *e* tal que Juan llegó en *e* y *e* tuvo lugar a las cinco de la tarde'. La cuestión prioritaria es entonces determinar cuál es el estatuto de este argumento eventivo y cómo es posible asociar los argumentos de individuo y el argumento eventivo.

La idea de reinterpretar los complementos circunstanciales como predicados le puede parecer a usted extraña, pero si la considera atentamente, comprobará que es absolutamente natural. Jespersen (1924) es uno de los varios gramáticos que ha puesto de manifiesto el siguiente paralelismo: la relación semántica que se da entre los adjetivos y los sustantivos a los que estos modifican (como en *estudio pormenorizado*) es análoga a la que existe entre los adverbios de manera y los verbos sobre los que estos inciden (como en *estudiar pormenorizadamente*). Este paralelismo le parecerá a usted enteramente razonable, pero observe que el concepto tradicional de 'complemento circunstancial' no nos ayuda a establecerlo. Más aún, el adjetivo *pormenorizado* selecciona-s cierto tipo de entidades, entre las que está *estudio*. En el mismo sentido, el adverbio *pormenorizadamente* selecciona-s (y por tanto restringe semánticamente) la categoría sobre la que incide (esto es, el verbo *estudiar*), pero para poder hacerlo ha de interpretarse como predicado. En el caso de los adjetivos, el concepto de 'predicación generalizada' nos permitía entender que un modificador puede ser a la vez un predicado. Ahora comprobamos que es necesario extender a los adverbios alguna variante de este concepto si queremos mantener el claro paralelismo que hemos presentado entre adjetivos y adverbios.

En resumen, la propuesta de Davidson (es decir, que los adjuntos son predicados de los eventos) y la idea de que la predicación está generalizada categorialmente nos permite incorporar a la gramática la certera intuición de Jespersen.

5.5.2. *Argumentos, eventos y relaciones temáticas*

Davidson propuso que los verbos no solo expresan relaciones entre sus participantes, sino que asocian dichos participantes con un evento. La función de *cortar* en *Juan cortó el pan* es asociar el Agente *(Juan)* y el Tema *(el pan)* con el evento de *cortar* al que se aplican. Como proponen Hale y Keyser (1987) y Higginbotham (1989), *cortar* es un verbo transitivo que se aplica a situaciones «e» con los participantes «x, y», que aparecen como argumento externo e interno respectivamente. En su artículo fundacional, Davidson (1967) concluye que los verbos de acción tienen un argumento eventivo como parte de su estructura argumental. Por tanto, la estructura argumental de *cortar* sería la siguiente, donde «e» es el argumento eventivo:

(115) cortar (e, x, y)

Las denominadas TEORÍAS NEO-DAVIDSONIANAS, como las propuestas por Parsons (1985, 1990), Higginbotham (1985, 1989), Schein (1994) etc., postulan que todos los verbos poseen un argumento eventivo. Es decir, la valencia o 'aridad' de los verbos debe incrementarse en uno con respecto a lo propuesto en la sección segunda de este capítulo. La generalización del argumento eventivo a todos los verbos es necesaria, desde este punto de vista, porque no solo los verbos de acción se refieren a eventos o a situaciones. De hecho, otros verbos como *llegar, nacer, recibir,* etc., pueden no expresar acciones en sentido estricto, pero admiten modificadores que hacen referencia a la situación denotada. Por ejemplo, *nacer* asocia el individuo que nace con el evento en que se produce el nacimiento, por lo que le correspondería la estructura argumental «*nacer* (e, x)». De esta forma, un verbo que hemos caracterizado como monádico pasa a tener dos argumentos: el argumento que hace referencia a individuos o entidades y el argumento eventivo. Como acabamos de ver, *cortar* tiene dos argumentos de individuos y un argumento de evento, por lo que su estructura argumental será «*cortar* (e, x, y)». Se aplica el mismo razonamiento a otros muchos casos análogos. La terminología basada en la valencia, es decir, la que proporciona la estructura argumental de los predicados, se refiere a *los argumentos de individuo* del predicado, no al número total de argumentos, puesto que este número debe incluir el argumento eventivo, de acuerdo con la hipótesis de Davidson.

El desarrollo de la teoría temática en la década de los setenta y ochenta permite diferenciar propiedades temáticas como la agentividad (característica de los verbos de acción que asignan este papel temático) de la propiedad más general de los verbos que consiste en constituir descripciones de eventos o de situaciones. El argumento eventivo se diferencia de los argumentos asociados con papeles temáticos, como Agente y Tema, en que no está marcado temáticamente. El argumento interno y el externo del verbo *cortar* se saturan por marcado, pero su argumento eventivo no se satura de esta forma, ya que no representa un participante. El argumento eventivo de un verbo se iguala o identifica con la posición de argumento eventivo de los predicados de eventos (los modificadores o complementos circunstanciales). Lo que esta identificación indica es que el modificador y el verbo se refieren al mismo evento. Siguiendo a Kratzer (1994), denominaremos a este mecanismo IDENTIFICACIÓN EVENTIVA. En la oración (116) el argumento eventivo de *cortar* y el asociado con el predicado *con un cuchillo* se identifican, de manera que se interpretan como aplicados al mismo evento (116b).

(116) a. Juan cortó el pan con un cuchillo.

    b. cortó (e, x, y) & con un cuchillo(e)
       /   \
    cortó (e, x, y)   con un cuchillo(e)

La modificación adverbial tiene lugar mediante un proceso de identificación del argumento eventivo, que es equivalente a la coordinación de predicados sobre eventos: (116b) especifica que el evento «e» al que nos referimos es un evento de cortar que involucra a dos individuos, y que además «e» se llevó a cabo con un cuchillo. La identificación / coordinación de predicados eventivos produce como resultado que el verbo y el modificador se aplican al mismo evento. Esta diferencia entre la saturación por marcado (o por ligado) y la saturación por identificación o conjunción predicativa nos permite también explicar la opcionalidad potencial de los 'complementos circunstanciales' o modificadores de evento. Los argumentos son obligatorios porque saturan un predicado y, de forma paralela, satisfacen el criterio temático por marcado. Por el contrario, la identificación eventiva tiene lugar entre el verbo y otros predicados de eventos o modificadores. En este sentido, no representa un paso obligatorio y puede reiterarse. La adición de modificadores (predicados de evento) permite restringir o especificar más la descripción del evento, pero no es necesario hacerlo, de ahí la opcionalidad de estos constituyentes. Observe también que en muchas ocasiones la relación entre el adverbio y el evento que restringe es incluso más estrecha. En *Juan corrió lentamente,* podemos decir que *lentamente* selecciona-s el evento que restringe (el descrito por un verbo de movimiento como *correr*).

Veamos cómo pueden caracterizarse estos procesos paso a paso. Consideremos de nuevo la oración (117):

(117) Juan cortó el pan con un cuchillo en su casa.

En (117) *cortar* tiene la estructura argumental «*cortar* (e, x, y)». El SD *el pan* satura el argumento interno y *Juan* satura el argumento de individuo externo «x». Los argumentos eventivos de los modificadores *con un cuchillo* y *en su casa* se identifican con el argumento eventivo de *cortar,* por lo que dichos predicados de eventos pasan a interpretarse como modificadores del evento de cortar considerado. El siguiente árbol refleja las operaciones de saturación por marcado o por identificación necesarias:

(118)   cortar (e, Juan, el pan) & con un cuchillo (e) & en su casa (e)

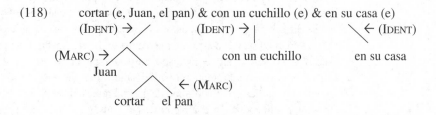

La inserción del predicado eventivo en la estructura argumental de las piezas léxicas no debe considerarse como un sustituto de las nociones y propiedades temáticas. Si eliminásemos las relaciones temáticas por completo, igualaríamos dos oraciones siempre que describieran el mismo evento, lo que –obviamente– no es deseable. Las oraciones de (119) describen el mismo evento, pero las relaciones temáticas entre los argumentos son diferentes.

(119) a. Pepe compró el coche a Luis.
       b. Luis vendió el coche a Pepe.

Estas dos oraciones pueden describir la misma situación pero son descripciones distintas desde el punto de vista lingüístico, ya que los predicados poseen propiedades temáticas diferentes. Si añadimos un SP orientado al agente, como *con mucha ilusión,* la interpretación que obtenemos ya no es la misma:

(120) a. Pepe compró el coche a Luis con mucha ilusión.
      b. Luis vendió el coche a Pepe con mucha ilusión.

Los requisitos de los predicados y sus distintas redes temáticas permiten la diferenciación lingüística de los eventos. Por ello, los seguidores de la concepción neodavidsoniana de la predicación proponen un análisis de la estructura eventiva más detallado que el que acabamos de presentar sucintamente, en el que se incorporan los papeles temáticos como predicados de eventos. Esto nos permitiría separar predicados que pueden referirse a un mismo evento o situación, pero en los que las relaciones temáticas asociadas no sean idénticas. Más concretamente, un papel temático puede concebirse como un predicado bivalente con dos argumentos: el individuo al que se aplica y el evento con el que relaciona dicho individuo:

(121) Agente (e, x)
      Tema (e, x)
      etcétera.

El verbo *cortar* describe eventos (e) con dos participantes (x, y), uno de los cuales es el Agente y otro el Tema, por lo que posee la siguiente estructura temático-eventiva:

(122) *cortar:* cortar (e, x, y) & Agente (e, x) & Tema (e, y)

Esta representación neodavidsoniana caracteriza *cortar* como predicado bivalente, con dos argumentos de individuo (x, y) y uno eventivo (e). Los dos participantes en el evento se asocian con este mediante la identificación de dos predicados temáticos: el primero indica que el participante asociado con el argumento «x» es el agente del evento en cuestión; el segundo, que el participante asociado con el argumento «y» es el tema del evento.

Así pues, adoptando el punto de vista neodavidsoniano, la explicitación de la estructura argumental y de las relaciones predicado-argumento pertinentes nos permite aislar los eventos asociados como lingüísticamente diferentes: En el caso de (119a), tendremos una estructura temático-eventiva como (123a), y en el de (119b) la estructura correspondiente es (123b).

(123) a. comprar (e, x, y) & Agente $(e, Juan)$ & Tema $(e, el coche)$ & Fuente
        $(e, Luis)$
     b. vender (e, x, y) & Agente $(e, Luis)$ & Tema $(e, el coche)$ & Beneficiario
        $(e, Juan)$

La distinción entre *comprar* y *vender* nos indica que, aunque el evento referido pueda ser el mismo, las relaciones en las que dicho evento se involucra, bien por marcado o por identificación argumental, no son las mismas.

Conviene añadir que el análisis esbozado del concepto de 'argumento eventivo' lo sitúa como argumento más prominente en la red temática de un predicado, es decir, el primero en la lista ordenada (arg$_1$, ... arg$_n$). Esto ha llevado a algunos autores (Kratzer, 1994, entre otros) a proponer que el argumento eventivo es el auténtico argumento externo del predicado, ya que no solo es el primero en la red argumental, sino que también parece ser semánticamente independiente del verbo hasta cierto punto. En efecto, el argumento eventivo es constante y común a todos los verbos, mientras que los argumentos de individuo definen la valencia de un predicado y los participantes en el evento asociado. Si adoptamos la hipótesis del sujeto interno al SV, el sujeto y los complementos coparán todas las posiciones estructurales en el SV, por lo que no habrá espacio estructural para un constituyente que realice el argumento eventivo. Por ello, puede verse al argumento eventivo como genuinamente externo al SV, es decir, como un argumento que no se realiza sintácticamente como constituyente SX, sino que se asocia con el constituyente Flexión. Esta hipótesis parece razonable, en tanto que la propiedad central del evento al que se refiere un predicado es su localización temporal (los eventos no son tales si no tienen lugar en un momento o intervalo temporal).

Para ciertos autores todos los verbos tienen un argumento eventivo. Para otros, esta es una cuestión debatible. Kratzer (1995), entre otros, sostiene que los predicados de estado (*saber, tener,* etc.) no tienen argumento eventivo: en *Juan sabe francés* no parece que estemos hablando de un evento propiamente dicho, sino de una propiedad de Juan.

5.6. El aspecto

5.6.1. *El aspecto gramatical o flexivo*

La inserción del argumento eventivo en la estructura argumental de los predicados lleva a plantearnos cuestiones adicionales que forman parte del debate general que se suscita hoy en día en torno a la estructura del léxico. Al asociar una pieza léxica con la situación o la clase de situaciones a que se refiere, podemos empezar a discernir el efecto que tienen en la estructura gramatical consideraciones sobre el tipo de evento expresado y sus propiedades gramaticales.

Existen dos tipos fundamentales de aspecto: el ASPECTO LÉXICO y el ASPECTO GRAMATICAL O FLEXIVO. El primero nos permite distinguir *llegar* de *permanecer,* mientras que el segundo nos permite oponer *llegó* a *llegaba.* Si bien es el primero el que afecta más claramente a la relación léxico-sintaxis, objeto de este capítulo, presentaremos brevemente ambas modalidades para poder compararlas.

En la tradición germánica es frecuente usar también el término MODO DE ACCIÓN (del alemán *Aktionsart*) como equivalente de aspecto léxico. El término *Aktionsart* se ha traducido también al español como CUALIDAD DE LA ACCIÓN. No se trata, sin embargo, de una etiqueta del todo transparente, sobre todo porque solo ciertos predicados no denotan acciones. En Italia y en otros países europeos se usa el término *accionalidad* (it. *azionalità*) para hacer referencia al aspecto léxico, y también a las clases de eventos y estados de cosas que un predicado puede denotar. El término *situación* podría utilizarse en este sentido restringido si no fuera demasiado vago. En la lingüística teórica reciente es más general usar con esta interpretación el término TIPO DE EVENTUALIDAD. Observe que el término *eventualidad* no designa lo mismo que el término *evento*. Así, los estados *(saber)* y las propiedades *(caber)* constituyen un tipo de *eventualidad* (junto con las acciones o los procesos), en el sentido restrictivo que aquí damos a este concepto. No constituyen, en sentido estricto, un tipo de evento, puesto que esas nociones no suceden, ni se dan ni tienen lugar. Aunque el sustantivo *eventualidad* no designa en los diccionarios de español las variedades del aspecto léxico, usaremos aquí este término con dicho sentido restringido, a falta de otro mejor que lo designe unívocamente. Encontrará más detalles sobre su origen en el apartado siguiente. Emplearemos también ocasionalmente *evento* en el sentido amplio (es decir, en el que abarca los estados o las propiedades).

Conviene tener presente que el aspecto léxico está codificado normalmente como propiedad de la eventualidad, expresada generalmente por el núcleo verbal, por tanto como parte esencial de su significado: el hecho de que *llegar* designe una acción puntual es consecuencia de lo que ese verbo significa. Por el contrario, el aspecto flexivo es atribuible a las propiedades de las desinencias verbales y de los auxiliares. La variación interpretativa que pone de manifiesto el aspecto flexivo puede afectar a cualquier tipo verbal, con escasísimas excepciones (se dice *solía,* pero raramente *solió*). Un mismo evento puede entonces concebirse bajo distintos aspectos en función de la variación flexiva morfológica o perifrástica. Todos los ejemplos de (124) y (125) se refieren al evento de 'correr', pero con distintas variaciones aspectuales. El segundo de los términos empleados en cada uno de los pares de la relación siguiente corresponde a la denominación de Andrés Bello (1847), de gran influencia en los estudios hispánicos:

(124) a. Juan corría. (Pretérito imperfecto o copretérito)

     b. Juan corrió. (Pretérito perfecto simple o pretérito)

     c. Juan ha corrido. (Pretérito perfecto compuesto o antepresente)

(125) a. Juan acaba de correr en el parque. (Perífrasis terminativa: «*acabar de* + inf.»)

     b. Juan está corriendo en el parque. (Perífrasis progresiva con *estar:* «*estar* + ger.»)

Observe que añadimos «con *estar*» a la denominación *perífrasis progresiva* porque en español existen varias perífrasis progresivas («*ir* + gerundio», «*andar* + gerundio», «*llevar* + gerundio»), cuyas diferencias gramaticales no es posible analizar aquí con detalle. El aspecto flexivo se asocia con los distintos puntos de vista que pueden tomarse con respecto a una eventualidad. Por ello, Smith (1991) lo denomina ASPECTO DE PUNTO DE VISTA (ingl. *viewpoint aspect*). Cuando usamos una cámara con zoom podemos enfocar una situación desde distintos puntos, y también podemos acercarnos, alejarnos o centrarnos en uno específico. De forma similar, el aspecto gramatical permite enfocar el evento desde más de un punto de vista. La distinción aspectual gramatical más importante que cabe hacer, según este criterio, es la que existe entre el aspecto perfectivo y el imperfectivo. Esta distinción permite diferenciar los eventos completos con una duración determinada y con principio y final (ASPECTO PERFECTIVO) de los eventos incompletos en los que no se considera su principio o su final (ASPECTO IMPERFECTIVO).

Un mismo evento, como el denotado por *correr,* puede verse como un suceso acabado y completo *(corrió)* o concebirse en un estadio intermedio, sin enfocar su principio o final *(corría).* Solo en el segundo caso nos es posible añadir otra cláusula que indica otro evento que se enmarca dentro del evento principal.

(126) a. *Juan corrió cuando lo atropelló un coche. *[Descártese la interpretación 'empezó a correr']*

b. Juan corría cuando lo atropelló un coche.

Al igual que en (126a), sería posible decir *Juan corrió cuando vio lo que sucedía* con el sentido de 'echó a correr', es decir, 'dio comienzo a la acción'. El evento denotado en la cláusula de *cuando* no se enmarca, por tanto, en el denotado en la oración principal.

Otro caso en el que una distinción temporal se mezcla con información aspectual relativa al punto de vista es la que distingue el pretérito perfecto simple *(corrió)* del pretérito perfecto compuesto o antepresente *(ha corrido).* El segundo enfoca el evento en su momento final y requiere que se haya completado en un periodo relativamente cercano al momento del habla, o al menos percibido como tal. De ahí que sea posible modificar (127a) con un constituyente que sitúe el evento en un punto remoto, como *hace diez años.* Observe que, mientras que en (127b) se rechaza la modificación, en (127c) se admite (al menos, en el español europeo) porque el pretérito perfecto compuesto acentúa la relevancia actual de la eventualidad:

(127) a. Juan corrió el maratón hace diez años.

b. *Juan ha corrido hace diez años.

c. Juan ha corrido hace un rato *[español europeo].*

El ASPECTO PROGRESIVO o continuo con *estar* es también un aspecto de punto de vista, ya que contempla la eventualidad en su desarrollo. La diferencia aspectual entre el presente y el presente progresivo hace que solo el primero sea compatible con lecturas prospectivas (presente por futuro, como en 128a) o genéricas (129a). El auxiliar progresivo *estar* induce un requisito aspectual sobre el verbo que elimina las interpretaciones incompatibles con la progresividad-futuridad (128b) o genericidad (129b).

(128) a. Pepe corre mañana.

b. *Pepe está corriendo mañana.

(129) a. Pepe lee el periódico todos los días.

c. *Pepe está leyendo el periódico todos los días.

La perífrasis con «*estar* + gerundio» se llama «progresiva» precisamente porque su papel es visualizar el evento denotado por el verbo en su progreso o su desarrollo. Se deduce de ello que esta perífrasis sea, por lo general, incompatible con situaciones estáticas, permanentes o sin desarrollo (volveremos sobre este punto en el apartado siguiente).

(130) a. *Pepe está sabiendo francés.
     b. *La mesa está siendo verde.

Repare en que podemos decir, por el contrario, *El vino está costando mucho últimamente,* y también *Estoy teniendo problemas,* cuando entendemos dichas eventualidades como una sucesión de estados de cosas: el precio del vino oscila en una determinada franja, o las circunstancias adversas que me afectan se acumulan. Para algunas excepciones aparentes (*El niño está siendo malo,* frente a *El niño está siendo alto*), véase el § 5.6.2.2A. Las perífrasis terminativas («*terminar de +* inf.»; «*acabar de +* inf.») o ingresivas («*comenzar a +* inf.»; «*ponerse a +* inf.») enfocan el final o el principio de la eventualidad a la que hacen referencia:

(131) a. Pepe acaba de escribir un libro.
     b. Pepe empezó a escribir un libro.

5.6.2. *El aspecto léxico o modo de acción*

5.6.2.1. Clases de situaciones. El concepto de 'eventualidad'

La reflexión sobre el aspecto léxico ha tenido una larga presencia en la tradición filosófica y en la gramatical. Como hemos señalado en el apartado anterior, en la lingüística moderna se usa frecuentemente la palabra AKTIONSART, que puede traducirse literalmente como 'modo de acción'. Este concepto se refiere al modo o la manera en que el evento tiene lugar o se desarrolla. Como hemos visto, el aspecto léxico no expresa propiedades eventivas relativas al punto de vista, es decir, a la manera de enfocar una determinada situación, sino a lo que Smith (1991) denomina ASPECTO DE SITUACIÓN (ingl. *situation aspect*), es decir, el tipo de aspecto que se corresponde con la naturaleza intrínseca de la situación designada por una palabra o por un sintagma en virtud de su contenido léxico. Así pues, mientras que el aspecto flexivo nos permite contemplar la acción de correr en su transcurso o bien en su totalidad, el aspecto léxico nos dice que el verbo *correr* denota cierto tipo de actividad. Nos dice también que *merecer* denota inherentemente una situación estática o una propiedad, que *endurecerse* denota un proceso y que *trabajar* denota una determinada acción. El estudio de estas propiedades, que se remonta a Aristóteles, avanzó considerablemente en el siglo veinte en la obra de filósofos como Gilbert Ryle, Anthony Kenny y especialmente Zeno Vendler. Fue este último quien en su artículo «Verbs and Times» (1967) identificó cuatro tipos fundamentales de modos de acción. A estos tipos o clases aspectuales se les suele también denominar EVENTUALIDADES, como adelantamos en el apartado anterior, siguiendo la terminología empleada por Bach (1986).

    Vendler distinguía entre ESTADOS (ingl. *states*), ACTIVIDADES (ingl. *activities*), REALIZACIONES (ingl. *accomplishments*) y LOGROS O CONSECUCIONES (ingl. *achievements*). A continuación proporcionamos algunos ejemplos de cada una de estas clases para pasar luego a una caracterización más sistemática de las propiedades que las distinguen:

(132) ESTADOS: Mi primo sabe francés; Luis es alto; El perro está muerto; Temía a los ratones; El libro consta de tres partes.

(133) ACTIVIDADES: Pepe corre por el parque; El vecino está cantando; Luisa come cereales por las mañanas; El bebé dibujaba círculos.

(134) REALIZACIONES: Pepe dibujó un círculo; Los obreros construyeron una casa; La abuela lavó los platos en diez minutos; Voy a pintar la silla.

(135) LOGROS: Los piratas encontraron el tesoro; El corredor alemán ganó la carrera; El piloto cruzó la meta; Se tropezó con una piedra; El bebé nació a las tres; Pepe llegó tarde; Vislumbró el castillo.

Como puede verse en estos ejemplos, los estados y las actividades carecen de límite natural, mientras que las realizaciones los exigen. Los logros carecen de duración, mientras que los estados carecen de alteración. Es frecuente representar gráficamente estas clases mediante los esquemas siguientes (u otros muy similares):

(136) Estados   ………
      Actividades   >>>>>>
      Realizaciones   >>>>> •
      Logros   •

Como es obvio, el componente >>>>> expresa la duración en (136), mientras que «•» expresa el límite. Podemos considerar separadamente estas presencias y carencias. Los siguientes criterios nos permiten distinguir dichas clases:

A) DELIMITACIÓN O TELICIDAD. Las eventualidades pueden ser TÉLICAS (del griego *telos* 'final', del que procede también la palabra *telón*) O DELIMITADAS, Y ATÉLICAS O NO DELIMITADAS. Una eventualidad es télica cuando tiene un punto final o de terminación en el que culmina o se completa, y tras el cual ya no tiene lugar. *Dibujar un círculo* o *encontrar el tesoro* son eventualidades delimitadas o télicas, que se completan cuando el círculo ha sido dibujado y el tesoro ha sido encontrado, respectivamente. Por el contrario, *ser alto* o *saber francés* no lo son.

B) DURATIVIDAD. Una eventualidad es DURATIVA cuando transcurre en un fragmento de tiempo, es decir, ocupa un intervalo temporal. Hay eventualidades que son instantáneas, momentáneas o puntuales y no tienen duración propiamente dicha. Así, *ganar una carrera* es una eventualidad que no transcurre, sino que es puntual o instantánea, por lo que no tiene verdadero sentido asignarle propiamente duración.

C) CAMBIO O DINAMICIDAD. Una eventualidad es HOMOGÉNEA O NO DINÁMICA si sus partes son homogéneas y no experimenta cambio en su desarrollo temporal. Así, *medir dos metros* o *ser alto* son eventualidades no dinámicas. Una eventualidad es HETEROGÉNEA O DINÁMICA si está sujeta a cambios internos en su desarrollo, por lo que se modifica su devenir temporal. Así, *correr* o *dibujar un círculo* son eventualidades dinámicas, ya que pueden contemplarse como acontecimientos complejos que constan de varias fases o estadios.

La siguiente tabla caracteriza las propiedades de los cuatro tipos de eventualidades con respecto a estos criterios:

	Delimitación	Duración	Dinamicidad
Estados	-	+	-
Actividades	-	+	+
Realizaciones	+	+	+
Logros	+	-	+

5.6.2.2. La estatividad

Un estado es una eventualidad que posee duración pero no es ni delimitada ni dinámica, es decir, no culmina o se completa, y además permanece constante a lo largo del intervalo temporal en que acontece. La oración *El animal yació sobre la carretera* expresa o describe un estado que posee duración, por lo que podemos decir *El animal yació sobre la carretera durante tres horas.* Hay que distinguir a este respecto entre los estados temporales y las propiedades. Verbos como *medir, merecer, constar, consistir, abarcar,* etc., denotan propiedades abstractas que suelen carecer de duración temporal (no se dice *La mesa mide dos metros durante horas*), si bien pueden expresar en ocasiones propiedades cambiantes *(La larva mide dos centímetros durante los primeros meses).* Los estados suelen carecer de delimitación, es decir, no culminan o se completan. Las perífrasis aspectuales de punto de vista ingresivo («*empezar a* + inf.») o terminativo («*acabar de* + inf.») solo pueden combinarse con predicados que describan eventualidades delimitadas. Por tanto, ambas expresiones resultan incompatibles con los predicados de estado *yacer* o *medir dos metros.*

(137) a. *La mesa {empieza a / acaba de} medir dos metros.
      b. *El animal {empezó a / acabó de} yacer sobre la carretera.

Además, los estados son eventualidades homogéneas o no dinámicas, por tanto sin cambios internos. Por ello, la adición de modificadores que se refieran precisamente a la dinamicidad del evento *(poco a poco, rápidamente,* etc.) resultaría también incompatible con la naturaleza semántica de los predicados de estado.

(138) a. *La mesa mide dos metros {poco a poco / rápidamente}.
      b. *El animal yació {poco a poco / rápidamente}.

Es habitual presentar la siguiente relación de propiedades gramaticales como características de la mayoría de los verbos de estado. Casi todas se derivan de su falta de dinamicidad y de la ausencia de participantes agentivos:

A) Como vimos en (130), los predicados de estado no forman parte de perífrasis aspectuales progresivas con *estar.* El aspecto progresivo indica el proceso de cambio asociado a una eventualidad, por lo que resulta incompatible con los estados, que se caracterizan por no cambiar o no avanzar en el tiempo.

(139) a. *Juan está sabiendo francés.
      b. *Pepe está conociendo la respuesta.
      c. *Todos están queriendo a sus padres.

(140) a. Juan está corriendo.

      b. Juan está construyendo una casa.

Se ha observado que esta propiedad presenta excepciones aparentes en español. Como vimos en el § 5.6.1, se dice *El niño está siendo malo*. Cabe pensar que en estos casos los adjetivos que admiten *estar siendo* se reinterpretan como predicados de actividad, ya que sugieren que cierto comportamiento de un individuo se reitera o se prolonga a lo largo de un tiempo indeterminado: *estar siendo molesto, curioso, travieso, sincero, injusto,* etc. El hecho de que se trate de comportamientos conscientes o sujetos a la voluntad de alguien, explica la agramaticalidad de **estar siendo calvo* o **estar siendo alto*. Desde este punto de vista, *ser claro* significa 'comportarse con claridad' en *Estoy siendo muy claro con usted,* frente a *El día está claro,* donde se rechaza **está siendo*. En cambio, la gramaticalidad de oraciones como *Las noticias están siendo terribles* o *Los resultados están siendo perjudiciales* se debe a que la multiplicidad denotada por el sujeto permite entender como no estativas las series de resultados de los que se habla. Se obtienen también perífrasis aspectuales con *estar* con predicados no adjetivales, como en *Veo que está teniendo la calma necesaria* (frente a **... el pelo necesario*); *Estoy teniendo mala suerte; Te estás mereciendo un azote; Estás sabiendo todas las respuestas* y otras muchas similares en las que se alude a la serie formada por un cúmulo de situaciones consecutivas.

B) Los predicados estativos no pueden aparecer como complementos de los verbos *convencer, persuadir, forzar* u *obligar*. Como es lógico, un estado no puede forzarse o ser objeto de obligación, ya que no es dependiente de la intencionalidad de un agente. Solamente los predicados que denotan eventualidades dinámicas aparecen como complemento de este tipo de verbos:

(141) a. **Juan forzó a Pepe a saber francés. [Descártese la interpretación de saber como 'aprender']*

      b. **Juan obligó a Pepe a ser alto.

      c. **Juan persuadió a Pepe de conocer la materia.

(142) a. Juan forzó a Pepe a correr.

      b. Juan invitó a Pepe a construirse una casa.

Al igual que en A, también aquí tenemos excepciones aparentes, como *Juan obligó a su hijo a ser bueno,* o *...a estar callado, ...a tener la boca cerrada, ...a ser respetuoso* y otras muchas oraciones similares en las que con verbos aparentemente estativos se designan, en realidad, comportamientos activos.

C) Los predicados estativos no pueden aparecer en la forma de imperativo. Un estado (frente a un proceso o una acción) no es algo que pueda requerirse de un interlocutor.

(143) a. **¡Sabe francés!

      b. **¡Sé alto!

      c. **¡Conoce la respuesta!

(144) a. ¡Corre!
      b. ¡Construye la muralla!

Las excepciones aparentes que cabe mencionar son del estilo de las descritas en los apartados anteriores: *Sé bueno* (por 'Pórtate bien'), *Sepa valorarse* (donde *sepa* significa 'aprenda (a)'), *Ten esto* (por 'Toma esto'), y también *Sé prudente; Sed misericordiosos; No seas malo; Merezca lo que gana; Estate quieto; Ten paciencia; Tenga valor; Viva mejor* y otras muchas similares en las que se no se expresan estados, sino acciones.

D) Los predicados estativos tampoco aparecen en perífrasis de relativo con el verbo *hacer (lo que hizo ... fue...)* o construcciones elípticas *(...y lo hizo también)*.

(145) a. *Lo que hizo Juan fue saber francés.
      b. *Pepe prefiere la cerveza y Luis lo hace también.

(146) a. Lo que hizo Juan fue correr.
      b. Lo que hizo Juan fue construir la casa.
      c. Pepe reconoció a Luisa y Juan lo hizo también.

E) Al ser los estados eventualidades no dinámicas, no tienen lugar o no ocurren. La irregularidad de (147a) se debe, por tanto, a que *vivir* designa un estado, y los estados no ocurren. A su vez, (147b) es gramatical porque el sujeto oracional del verbo *acontecer* ha de designar un suceso, es decir, un «acontecimiento», como su propio nombre indica:

(147) a. *Ocurrió que Juan vivió allí varios años.
      b. «Aconteció que tiempo después don Quijote murió en su aldea» (Azorín, *Con Cervantes*).

No obstante, este criterio debe manejarse con cuidado, porque en español los verbos *pasar, suceder* e incluso *ocurrir* pueden usarse, sobre todo en tiempos imperfectivos, con argumentos proposicionales que denotan situaciones que «se dan», por tanto no solo que tienen lugar o que acontecen. Ello permite que admitan como argumentos oraciones en las que se describen estados de cosas, es decir, situaciones no dinámicas:

(148) a. Sucede que no tengo nada de hambre.
      b. Lo único que pasa es que el techo es demasiado alto.
      c. Solo ocurre que nadie sabe lo que quiere.

Se vuelve sobre estas cuestiones en el apéndice 4 de este capítulo.

Como hemos visto, la mayor parte de las propiedades presentadas, desde la A a la E, cuentan con excepciones aparentes que reflejan casi siempre procesos de RECATEGORIZACIÓN, es decir, de cambio de un tipo de eventualidad por otro. Es obvio que el predicado *tener paciencia* designa una propiedad de alguien, por tanto cierto estado. Pero del hecho de que pueda decirse *Ten paciencia* no se deduce que los estados se usen en las oraciones imperativas, sino más bien que muchos dejan de serlo en esas construcciones y pasan a denotar el proceso de entrar o ingresar en ellos, como si se dijera *Hazte paciente*. El imperativo ejerce, en efecto, un poderoso efecto en el proceso recategorizador que analizamos. Como veremos en el apéndice 4 de este mismo capítulo, algunos gramáticos dan cabida a esa influencia con una metáfora más o menos afortunada, pero bastante gráfica: la denominan COACCIÓN. Mientras que ciertos predicados rechazan directamente los contextos sintácticos que corresponden a otros, lo que da lugar sin más a secuencias agramaticales, otros predicados «se dejan coaccionar» por esos nuevos contextos y se adaptan a ellos, dando lugar a procesos de recategorización como los que acabamos de mencionar.

5.6.2.3. Actividades, realizaciones y logros

Las actividades, las realizaciones y los logros forman un grupo que Bach (1986) llama EVENTOS, y que se oponen en conjunto a los estados. Como hemos podido observar, los estados se diferencian de las actividades en que estas últimas están sujetas a cambio, es decir, son eventualidades heterogéneas o dinámicas. Naturalmente, cuando decimos que los estados no están sujetos a cambio no queremos decir que el estado denotado por *amar, creer* o los demás verbos de estado no pueda cambiar. Es muy obvio que puede hacerlo, puesto que resulta natural decir, por ejemplo, *Cada día te quiero más*. Lo que esa expresión manifiesta es que el significado de tales verbos no denota intrínsecamente situaciones sujetas a cambio. Por el contrario, una actividad, como *conducir,* se desarrolla necesariamente en el tiempo a través de varias fases o estadios. La diferencia entre *Pepe adoraba su coche* y *Pepe conducía su coche* es que la segunda eventualidad se concibe necesariamente como un proceso dinámico. Esta propiedad es la que permite la adición de modificadores de dinamicidad:

(148) Pepe conduce su coche {rápidamente / temerariamente / irresponsablemente / con miedo}.

Otros verbos que expresan actividades son *dibujar, andar, bailar, nadar, cantar, golpear,* etc. Observe que la dinamicidad de un proceso no implica necesariamente que conlleve movimiento. Si considera el verbo *esperar,* comprobará que denota una actividad: se usa con naturalidad en imperativo y rechaza las propiedades que caracterizan los estados (se dice *Empezó a esperar,* y también *Estoy esperando*). Así pues, en la tipología de Vendler, *esperar* pertenece al grupo de las actividades, no al de los estados. Pero, a la vez, *esperar* rechaza modificadores como *rápidamente* y otros similares que se requieren en las situaciones dinámicas. El mismo razonamiento se aplica a los verbos *callar, sostener, mantener* y a otros similares, que también constituyen (o pueden constituir) actividades:

(150) a. Estoy sosteniendo la silla.
     b. María callaba.
     c. Mantened la esperanza.

En conclusión, el que la mayor parte de los verbos de actividad o de acción denoten movimiento es un hecho estadístico interesante, pero no es una necesidad del concepto de 'actividad'. Los modificadores del tipo de *rápidamente* no se aplican, por tanto, a todas las actividades, sino únicamente a las que denotan un proceso asociado con un cambio. El solo hecho de que pueda decirse *Tienes que pensar rápidamente* muestra que los conceptos de 'dinamismo' y de 'movimiento físico', que habitualmente asociamos, no están inseparablemente unidos. Observe, en el mismo sentido, que existe una clase de adverbios orientados al agente que se caracterizan por indicar el modo o la manera en que el individuo que recibe el papel temático Agente lleva a cabo una determinada acción. Entre estos adverbios se encuentran muchos terminados en *-mente,* como *cuidadosamente, deliberadamente, obedientemente, minuciosamente, concienzudamente,* etc. Los adverbios de esta clase resultan incompatibles por lo general con los predicados de logro, pero no con los de actividad o realización.

(151) a. Juan condujo cuidadosamente.   (ACTIVIDAD)
      b. Juan pintó un cuadro minuciosamente.   (REALIZACIÓN)
      c. *Juan tropezó con la piedra {cuidadosamente
        / minuciosamente}   (LOGRO)

De nuevo, la generalización se restringe a los predicados de estas clases que denotan eventos dinámicos. Como hemos visto, las actividades que se caracterizan por la ausencia de movimiento (*esperar, sostener, mantener,* etc.) no aceptan tan claramente los adverbios de este grupo.

Las actividades son eventualidades NO DELIMITADAS O ATÉLICAS. El verbo *dibujar* no indica por sí mismo que dicha actividad tenga un límite temporal, es decir, un punto a partir del cual cesa o concluye necesariamente. Las actividades se diferencian de las realizaciones en que estas son intrínsecamente DELIMITADAS O TÉLICAS. Así, (152a) y (153a) expresan una actividad, pero (152b) y (153b) expresan una realización:

(152) a. Pepe dibuja por las mañanas.   (ACTIVIDAD)
      b. Pepe dibuja un círculo.   (REALIZACIÓN)

(153) a. Pepe comió.   (ACTIVIDAD)
      b. Pepe comió un bocadillo.   (REALIZACIÓN)

Pese a que el verbo es el mismo en estos pares, las eventualidades descritas pertenecen a clases diferentes. La primera oración representa una actividad. En la segunda aparece un constituyente delimitador y, por consiguiente, se describe una realización. Aun así, (152b) puede convertirse en una actividad si añadimos expresiones como…, *pero no sé si lo terminará,* que fuerzan a interpretar la acción en su curso, o bien como… *todas las mañanas,* que la convierten en habitual. Sin embargo, es fundamental observar que la diferencia entre (152a) y (152b) no radica solo en la presencia o ausencia de complemento directo, sino en el hecho de que en (152b) se denota un evento que culmina en la existencia de un círculo. La diferencia conceptual que existe entre estas dos interpretaciones de *dibujar* es la que añade el punto negro (el límite final) que distingue las actividades de las realizaciones en el esquema que hemos presentado en (136). Como vemos, la presencia o ausencia de complemento directo no es, en realidad, el factor decisivo para distinguir las actividades de las realizaciones, ya que existen verbos de actividad que se construyen normalmente con complemento directo. Así, *conducir un coche* representa una actividad, mientras que *arreglar un coche* representa una realización. Como es obvio, cuando uno arregla un coche, este «pasa a estar arreglado», pero cuando lo conduce no «pasa a estar conducido». Como puede verse, la existencia de un FIN NATURAL o de una CULMINACIÓN es un rasgo definitorio de las realizaciones, pero no de las actividades.

Las actividades son eventos durativos y su duración es el intervalo que transcurre desde el momento en que comienzan hasta el momento en que culminan o terminan. En (152b) y (153b) tal intervalo es el transcurrido desde que empezó a dibujar el círculo hasta que lo terminó, y desde que Pepe empezó a comer el bocadillo hasta que lo terminó.

Por último, los logros se diferencian de las realizaciones en que carecen de duración y son instantáneos, lo que intenta reflejar el punto negro que ve usted en el esquema (136). Nacer, morir, encontrar un tesoro, ganar la carrera o reconocer a alguien son eventualidades momentáneas sin duración propiamente dicha. Como observó Vendler en el trabajo fundacional que hemos citado, el cambio o la dinamicidad que se asocia a los logros es el cambio entre la situación en que no se han producido y el momento en que se producen. Observe que el predicado *dar a luz* es ambiguo. Puede interpretarse como el proceso de dar a luz, que es una realización que culmina o termina con el nacimiento, pero puede también interpretarse como el nacimiento en sí, y en este caso describe un logro. En (154a) nos estamos refiriendo a la realización 'dar a luz'; en (154b) al logro 'dar a luz'. Por el contrario, el verbo *nacer* describe sin ambigüedad posible un logro. De ahí que (155a) resulte agramatical y (155b) no lo sea.

(154) a. Mi mujer dio a luz de las cuatro a las seis de la madrugada.
     b. Mi mujer dio a luz a las seis de la madrugada.

(155) a. *Mi hijo nació desde las cuatro hasta las seis de la madrugada.
     b. Mi hijo nació a las seis de la madrugada.

Interviene asimismo en estos contrastes el hecho de que con *de X a Y* se pueden introducir marcos temporales en el interior de los cuales se produce cierto evento, mientras que con *desde X hasta Y* se introducen periodos que lo abarcan por completo. Ha habido numerosos intentos de reducir las cuatro clases vendlerianas a tipos de eventualidades más genéricos en función de diversos criterios. Una de las propuestas más difundidas es la de Pustejovsky (1988, 1991a), que reduce los cuatro tipos a tres tomando en consideración su estructura subeventiva, como en el siguiente esquema:

(156)

Estado	Proceso (actividad)	Transición

$$E \qquad\qquad P \qquad\qquad\qquad T$$
$$| \qquad\qquad \wedge \qquad\qquad\qquad \wedge$$
$$e \qquad\quad e_1 \,.....\, e_n \qquad\quad p \qquad e$$

Como se ve, un estado es una eventualidad consistente en un único evento, sin fases diferenciadas, ya que es un evento homogéneo. Un proceso –*actividad* en la terminología de Vendler– consiste en una secuencia de subeventos idénticos con duración y fases, puesto que heterogéneo. Finalmente, una transición, tipo que agruparía las realizaciones y los logros, es una eventualidad también compleja que consta de un proceso y un estado resultante. Por ejemplo, la realización descrita por el predicado *construir una casa* consta del proceso asociado a la construcción más el estado que corresponde al resultado final que presenta la casa construida. El logro expresado por *Juan murió* es una transición que consta de un subevento inicial caracterizable como la situación en que Juan no ha muerto, y un subevento final que es el estado en que Juan está muerto.

5.6.3. *Otras consecuencias gramaticales del aspecto léxico*

La clasificación aspectual en tipos de situaciones o eventualidades es de gran importancia porque no constituye una tipología de carácter ontológico, sino que sirve para explicar las propiedades combinatorias de los verbos con sus complementos, sean argumentales o adjuntos. Determinadas expresiones simples (verbos) o complejas (SSVV u oraciones) describen eventualidades de distintas clases, de forma que el tipo de eventualidad descrito determinará la combinatoria de ciertos argumentos y modificadores «sensibles» a estas propiedades léxico-aspectuales. Algunos verbos pertenecen unívocamente a una sola clase, pero la mayor parte pueden pertenecer a varias si el contexto sintáctico lo permite. En estos casos, la determinación de la clase aspectual depende de la combinatoria del verbo con otros constituyentes del SV. Así, un mismo verbo *(correr)* puede asociarse con una actividad en (157a) o con una realización en (157b, c):

(157) a. Pepe corrió un buen rato.
     b. Pepe corrió el maratón.
     c. Pepe corrió hasta su casa.

Esto no quiere decir que tengamos que tener necesariamente dos entradas para el verbo *correr,* ni que *correr* «signifique algo distinto» en estas oraciones. Indica más bien que los complementos de un predicado pueden determinar en ocasiones el tipo de eventualidad que le corresponde. Vendler (1967) y Dowty (1979) observaron varias restricciones combinatorias de este tipo y las propusieron como pruebas para identificar las distintas clases aspectuales. Considere el siguiente ejemplo:

(158) a. Corrí durante horas.
     b. Leí el periódico durante un rato.

La preposición *durante* identifica actividades, como en (158a), y rechaza las eventualidades télicas o delimitadas. De hecho, los SSPP encabezados por *durante* miden la duración de las eventualidades no delimitadas. Cuando los usamos con realizaciones, como en (158b), interpretamos en cierta forma la secuencia resultante como una actividad, en el sentido de que el único rasgo del evento que resulta pertinente es el de duración. Esta interpretación tiene un efecto semántico evidente: si en una realización no se tiene en cuenta el estadio en que culmina (es decir, *e* en el esquema correspondiente a T en (156), o bien el punto negro que vemos en (136)), se obtiene la significación de 'proceso no culminado'. Aplicada a nuestro ejemplo (158b), esa interpretación es 'no terminé de leer el periódico'. Sin embargo, no todas las realizaciones se reinterpretan tan fácilmente como actividades. Las que afectan a los verbos de creación lo suelen hacer con más dificultad que las demás:

(159) a. ??Los obreros construyeron la casa durante un mes.   (REALIZACIÓN)
       b. ??El alumno respondió el examen durante poco tiempo.

Los logros rechazan sistemáticamente esa interpretación, puesto que falta en ellos el componente de proceso que comparten las actividades y las realizaciones:

(160) a. *Juan reconoció a María durante cinco minutos.
       b. *María llegó durante media hora.

Observe ahora que, si Juan es un médico que trabaja en su consulta, la oración (160a) pasa a ser perfectamente gramatical. Un lexicógrafo diría que el verbo *reconocer* ha pasado de significar 'distinguir de los demás' a significar (aproximadamente) 'examinar con cuidado con medios técnicos', pero un gramático diría que lo que importa para la sintaxis es que el primer significado se interpreta gramaticalmente como *logro* y el segundo se interpreta como *realización*. Paradójicamente, estas últimas informaciones se diferencian de las anteriores en que no aparecen en ningún diccionario, y, sin embargo, son las que resultan esenciales para distinguir los dos comportamientos gramaticales del verbo *reconocer* en relación con la preposición *durante*.

Como es de esperar, los estados aceptan *durante* con igual naturalidad, puesto que son eventualidades no delimitadas:

(161) a. Mi primo estuvo en cama durante dos semanas.
       b. Tuve hambre durante toda la noche.

El modificador eventivo encabezado por *durante* requiere que la eventualidad con la que se identifica posea lo que Dowty (1987) denomina la PROPIEDAD DEL SUBINTERVALO. Podemos decir que algo tuvo lugar «durante x tiempo» cuando la eventualidad descrita por el predicado se produce como tal en todas las subpartes (es decir, en todos los instantes) del intervalo temporal marcado por el SP. Por ejemplo, si la afirmación (162a) es cierta, entonces necesariamente (162b) también lo es, ya que *en 1996* es un modificador que expresa un subintervalo temporal del intervalo denotado por *durante dos años*. La misma relación se establece entre (163a) y (163b) con respecto al predicado de actividad *correr:*

(162) a. Pepe estuvo enfermo durante dos años, concretamente entre 1995 y 1997.
       b. Pepe estuvo enfermo en 1996.

(163) a. Pepe corrió durante dos horas (de cuatro a seis).
       b. Pepe corrió a las cinco.

En cambio, la eventualidad descrita por *reconocer a María* (en la interpretación de 'distinguir', no en la de 'examinar'), no tiene lugar «durante» un periodo de tiempo, al tratarse de un logro. Si a Pepe le llevó cinco minutos reconocer a María, no podemos decir que la reconociera «durante esos cinco minutos», sino más bien que lo hizo «al final de esos cinco minutos». Como vemos, es posible tener acceso gramaticalmente al periodo anterior al instante que el predicado de logro designa, pero la gramática no nos deja convertir este lapso en un periodo. Puedo emplear veinte minutos en llegar al final de una larga calle, pero no puedo decir *Llegué al final de la calle durante veinte minutos*.

Los SSPP durativos encabezados por *en* tienen la propiedad opuesta a los de *durante*. Se combinan con expresiones que designan eventualidades delimitadas o télicas e indican precisamente el intervalo temporal que tarda en completarse un evento delimitado. Carecen por ello de la propiedad del subintervalo, ya que el evento designado por el predicado no se produce como tal en todos los momentos o subintervalos del periodo de tiempo indicado por el sintagma cuantitativo, sino solo al final de ese periodo:

(164) a. *Mi primo estuvo en cama en dos años.   (ESTADO)
      b. *Tuve hambre en toda la noche.
      c. *Juan corrió en tres horas.   (ACTIVIDAD)
      d. *Juan hizo prácticas de esgrima en dos horas.

(165) a. Los obreros construyeron la casa en un mes.   (REALIZACIÓN)
      b. El alumno rellenó la instancia en poco tiempo.
      c. Juan reconoció a María en cinco minutos.   (LOGRO)
      d. Juan llegó en media hora.

El modificador «*en* + sintagma cuantitativo» establece, por tanto, una propiedad eventiva aspectualmente diferente: una eventualidad tuvo lugar «en x tiempo» si no se completó o no se terminó hasta que transcurrió dicho periodo. Las actividades y estados son eventualidades homogéneas (esto es, no sujetas a cambio) y por ello no se «completan» ni «culminan». Por el contrario, una propiedad importante de los logros es que sí lo hacen. Como vemos, con la expresión «*en* + sintagma cuantitativo», podemos hacer referencia al tiempo inmediatamente anterior al que denotan los logros, como en (165c d), pero no al tiempo mismo del evento. Como observó Vendler en el trabajo fundacional que hemos mencionado, si un ciclista que corre el *Tour* de Francia tarda tres horas en llegar a la cima de L'Alpe d'Huez, emplea ese tiempo «antes» de la llegada, no «en» la llegada misma. Predecimos así que los predicados de actividad o de estado no puedan ser modificados por este tipo de SSPP, ya que no contienen límites. Tampoco pueden aparecer en construcciones del tipo «*llevar* + SN cuantitativo + infinitivo» o «*tardar* + SN cuantitativo + *en* + infinitivo», que solo se combinan con expresiones que denoten eventualidades télicas:

(166) a. *Le llevó dos años estar en cama.
      b. *Le llevó una hora correr.
      c. Les llevó un mes construir la casa.
      d. Le llevó cinco minutos reconocer a María.

(167) a. *Tardaste una hora en esperarme.

     b. *El tren tardó mucho tiempo en permanecer en la estación.

     c. Tardaste una hora en llegar.

     e. El médico tardó una hora en reconocer a María.

Como es lógico, si convertimos una actividad en una realización (por ejemplo, *correr* en *correr hasta la estación* o en *correr diez kilómetros* en (166b)), podemos usar con naturalidad la construcción con *llevar*. Resumamos: exigen delimitación las expresiones «*en* + SN cuantitativo», «*llevar* + SN cuantitativo» y «*tardar* + SN cuantitativo». Exige, en cambio, ausencia de delimitación la expresión «*durante* + SN cuantitativo». Como vemos, las realizaciones pueden comportarse como las actividades *(Leí el periódico durante un rato)* o como los logros *(Leí el periódico en diez minutos)* –más detalles sobre este proceso en el apéndice A4–, pero los logros no pueden comportarse como las actividades *(*Llegué durante diez minutos)*. Podemos pensar que, al contener dos componentes (uno durativo y uno puntual), las realizaciones pueden dejar inactivo uno de los dos y reaccionar únicamente ante la presencia del otro. Si dejan inactivo el componente durativo, se asimilan a los logros, y si dejan inactivo el puntual, se asimilan a las actividades. En el apartado siguiente presentaremos un análisis detallado de esta idea en términos de selección.

Es conveniente resaltar que los dos rasgos que caracterizan las realizaciones nos evitan el tener que postular una doble categorización aspectual. Así, en lugar de suponer que el verbo *visitar* se especifica en el léxico como actividad *(Visité la ciudad de cinco a ocho)* y también como realización *(Visité a mi tía Rosa en diez minutos),* podemos suponer que el léxico no requiere esta doble especificación en la entrada de este verbo. Observe que *visitar* no es una palabra sujeta a homonimia en el sentido en que *banco* lo es. Si entendemos que *visitar* es una realización, daremos por supuesto que tiene dos componentes y que puede aparecer, por tanto, en los contextos en los que se exige uno de los dos. En el apartado siguiente explicaremos en términos más teóricos el significado que tiene aquí el concepto 'exigir'.

5.6.4. *Rasgos y tipos de eventos*

Los tres miembros del grupo de los eventos (actividades, realizaciones y logros) se distinguen entre sí, como vemos, de acuerdo con una serie de propiedades estructurales que pueden concebirse como el resultado de los rasgos que los componen. Desde nuestra perspectiva, las restricciones combinatorias que estamos examinando pueden tomarse como pruebas de que el aspecto léxico incide en la combinatoria sintáctica de los sintagmas y en la derivación de estructuras bien formadas. De acuerdo con esta idea, el uso de un determinado complemento adverbial no debe ser interpretado simplemente como un procedimiento de descubrimiento, sino más bien como manifestación de las propiedades selectoras de ciertos adjuntos.

Como hemos visto en el § 5.5, los adjuntos son predicados que restringen los tipos de eventos a los que se aplican, en cierta forma como los adjetivos restringen las entidades a las que pueden modificar. Ello significa que las propiedades selectoras de estos modificadores pueden ser interpretadas como RASGOS y deben incorporarse en el mecanismo generativo de la gramática. Dichos rasgos están sujetos a los conocidos procesos de cotejo que conducirán a derivaciones convergentes o no convergentes, en función de cómo interactúen con los rasgos presentes en otras expresiones que participen en la formación de los objetos sintácticos. Observe que esta forma de ver las cosas nos permite invertir un punto de vista muy frecuente en la forma en que se estudiaba el aspecto léxico hace unos años. En lugar de decir que las actividades «aceptan» o «son compatibles con» la preposición *durante* (una especie de procedimiento de descubrimiento), podemos decir que la preposición *durante* es un predicado que selecciona eventos que poseen un determinado rasgo semántico de duración. De esta forma, sustituimos el concepto intuitivo 'ser compatible con' por el concepto teórico 'seleccionar' (más exactamente, 'seleccionar-s') y, además, damos cabida a estas compatibilidades semánticas entre el conjunto de relaciones de selección que la gramática permite. Esta es la vía de análisis del aspecto léxico que nos parece más apropiada.

Observe que las actividades y realizaciones pueden aparecer como complementos de verbos como *dejar, parar* o *cesar,* pero los logros no pueden hacerlo (excepto en la interpretación en la que designan eventos habituales).

(168) a. Juan dejó de correr.   (ACTIVIDAD)
      b. Juan paró de pintar el cuadro.   (REALIZACIÓN)
      c. *Juan dejó de tropezar con la piedra.   (LOGRO)
      d. *Juan paró de ganar la carrera.   (LOGRO)

Este comportamiento diferencial puede derivarse de las propiedades seleccionales de *dejar* y *parar,* verbos que seleccionan eventualidades que tengan duración. Resultan, pues, incompatibles con complementos que denoten logros. Existe también una diferencia de interpretación entre (168a) y (168b). La oración (168a) entraña o implica que Juan corrió, es decir, que la actividad de correr tuvo lugar. Pero si en (168b) decimos que Juan paró de pintar el cuadro, no podemos concluir necesariamente que pintase el cuadro, sino solamente que lo estaba pintando. Podemos concluir que el verbo *dejar* «es sensible» o «tiene acceso» a la estructura interna de la eventualidad durativa. Si la eventualidad designada por el predicado posee delimitación, *dejar* puede afectar solo a este rasgo. Como veíamos arriba, es posible entender que las realizaciones se interpretan como actividades en estos casos, con lo que *dejar* selecciona el rasgo de duración que las caracteriza.

En segundo lugar, solo los predicados de realización pueden aparecer como complementos del verbo *terminar:*

(169) a. *Juan terminó de conducir el coche.   (ACTIVIDAD)
      b. Juan terminó de pintar un cuadro.   (REALIZACIÓN)
      c. *Juan terminó de tropezar con la piedra.   (LOGRO)

Esta restricción es sumamente natural. En esencia, nos dice simplemente que no se puede terminar lo que no tiene término. Así pues, el verbo *terminar* selecciona complementos que designen eventualidades que puedan ser completadas, es decir, que posean duración y delimitación. Como es de esperar, si falta uno de estos dos rasgos, la selección fallará. El primero falta en (169c); el segundo falla en (169a). Por ello, ni lós predicados de actividad (que carecen de delimitación) ni los de logro (que carecen de duración) son compatibles con los requisitos de selección aspectual de este verbo. Como recordará usted, *dibujar* es una actividad, mientras que *dibujar un círculo* es una realización. Acabamos de comprobar que *terminar* selecciona realizaciones, mientras que *dejar* selecciona tanto actividades como realizaciones. Estos hechos son suficientes para explicar el siguiente contraste:

(170) a. {Dejé / Terminé} de dibujar el círculo.

     b. {Dejé / *Terminé} de dibujar a los veinte años.

El contraste es útil porque pone de manifiesto que lo que *terminar* y *dejar* seleccionan aquí no es una categoría léxica (el verbo *dibujar*) ni una clase semántica (la de los verbos transitivos), sino una clase aspectual que se determina COMPOSICIONAL-MENTE (Verkuyl 1989, 1993), esto es, en función de varios de sus componentes. Análogamente, uno puede *dejar de esperar a alguien* o *dejar de trabajar en una empresa,* pero no puede *terminar de esperar a alguien* ni *terminar de trabajar en una empresa,* puesto que el verbo *terminar* exige (como se deduce en parte de su propia etimología) el componente delimitativo que falta en estos predicados.

Los plurales de los argumentos internos contribuyen a crear predicados no delimitados (actividades y estados). De hecho, *dibujar círculos* se interpreta como una actividad, mientras que *dibujar el círculo* se interpreta como una realización. El contraste siguiente es, por tanto, enteramente esperable:

(171) a. Dejé de dibujar círculos.

     b. *Terminé de dibujar círculos.

Además, nos permite confirmar que los verbos *dejar* y *terminar* seleccionan determinados rasgos aspectuales de su complemento que pueden obtenerse de forma composicional. El verbo *estar* se parece en este punto a *terminar,* puesto que solo suele aceptar participios (verbales, se descartan ahora los adjetivales) de los verbos que denotan realizaciones. Así, puedo decir que el coche que he lavado «está lavado por mí» ('lavar el coche' es una realización) o que el artículo que Juan ha traducido «está traducido por Juan», pero difícilmente podría decir con naturalidad que el coche que he empujado «está empujado por mí» (*empujar el coche* es una actividad) o que la chica a la que Juan espera «está esperada por Juan» (*esperar a alguien* es una actividad). Como hemos señalado arriba, es frecuente que un determinado verbo pueda ser interpretado unas veces como logro *(Te he reconocido al verte)* o como realización *(El médico reconoció a María en diez minutos).* Así pues, se predice que el primer sentido de *reconocer* rechazará «*estar* + participio», pero el segundo lo admitirá. El verbo *estar* pone de manifiesto otras propiedades particulares, que examinaremos en el apartado siguiente.

Se ha observado que el adverbio de aproximación *casi* afecta a la interpretación de las eventualidades de forma muy distinta. Cuando se combina con un predicado de actividad o de logro, el resultado es que la actividad o el logro no se producen. Así, las oraciones (172a) y (172b) admiten continuaciones como las de (172c) y (172d), que indican claramente que las eventualidades de correr o tropezar con una piedra no tuvieron lugar.

(172) a. Juan casi corrió.

     b. Juan casi tropezó con la piedra.

     c. Juan casi corrió, pero en el último minuto no pudo.

     d. Juan casi tropezó con la piedra, pero se dio cuenta y evitó el percance.

Cuando *casi* se combina con un predicado de realización, la estructura resultante es ambigua, como en la siguiente oración:

(173) Juan casi pintó un cuadro.

(173) puede interpretarse en el sentido de que la realización no tuvo lugar (Juan cambió de idea y no pintó el cuadro) o bien en el sentido de que la realización empezó a producirse pero no se completó (Juan empezó a pintar el cuadro y no lo terminó). Este distinto comportamiento refleja, de nuevo, la mayor complejidad de las realizaciones. Si el adverbio *casi* afecta al rasgo o propiedad [duración] obtenemos la primera interpretación. Si afecta al rasgo [delimitación], tenemos la segunda, en la que simplemente entendemos que la eventualidad no ha alcanzado su término.

Las actividades y las realizaciones son eventualidades consistentes en un proceso que normalmente requiere la participación de un agente para su desarrollo, aunque –como vimos– el concepto de acción no va asociado necesariamente con el de movimiento. La agentividad se puede relacionar también con el rasgo [duración], ya que es el agente el que ocasiona la transición entre las distintas subpartes de la eventualidad, es decir, las distintas fases del proceso de conducir o los distintos estadios de la acción de pintar un cuadro. Los predicados de logro, que son eventos instantáneos, carecen del rasgo [duración].

Conviene hacer notar, finalmente, que las relaciones léxicas que estamos examinando tienen a veces un cierto correlato morfológico. El adjetivo *rojo* designa una propiedad, atributo o estado en (174a), pero pasa a describir una realización en el verbo deadjetival *enrojecer* de (174b):

(174) a. La mesa es roja.
　　　 b. Pepe enrojeció.

Otras realizaciones similares son *engordar, mejorar, ensuciarse,* etc., de forma que sus estadios finales están representados por los adjetivos *(gordo, mejor, sucio)* de los que se derivan morfológicamente. Muchos de estos verbos admiten una variante transitiva y causativa (*mejorar:* 'hacer que algo esté o sea mejor' o bien 'pasar a ese estado').

5.7. Otras manifestaciones del aspecto léxico. La distinción *ser / estar*

5.7.1. *Propiedades de individuo y de estadio*

Los estados no constituyen un tipo de eventualidad uniforme, ya que incluyen atributos inherentes, propiedades, disposiciones, estados de ánimo o de conocimiento, etc. La definición «mínima» de estado que hemos presentado es deliberadamente abarcadora, puesto que está basada en la propiedad negativa de no constituir un evento o un suceso. Esto no quiere decir que todos los estados o todas las propiedades sean lingüísticamente idénticos. Existe una distinción muy básica entre dos tipos de estados que es gramaticalmente relevante, ya que en español se correspon-

de con los tipos de predicados seleccionados por los verbos copulativos *ser* y *estar*
respectivamente. Como se sabe, ciertos adjetivos se combinan solo con el verbo *ser*
y otros lo hacen solo con el verbo *estar,* como en (175). Algunos adjetivos pueden
combinarse con los dos, como en (176) y, por último, ciertos adjetivos cambian de
interpretación en función del verbo copulativo, como en (177):

(175) a. Tu petición {es / *está} legítima.
     b. Pepe {*es / está} cansado.

(176) a. Pepe es muy alto.
     b. Pepe está muy alto para su edad.

(177) a. Pepe es malo ('malvado').
     b. Pepe está malo ('enfermo').

Una generalización común en los enfoques tradicionales y pedagógicos es que
ser se combina con adjetivos que denotan propiedades permanentes y *estar* se
combina con aquellos que denotan propiedades transitorias. Esta distinción es intuitiva, y encierra algo de verdad, si bien no abarca –como se ha señalado en muchas ocasiones– ciertas excepciones notorias: decimos *estar muerto,* pese a que es
difícil imaginar un estado más permanente que la muerte. La idea de que la distinción entre *ser* y *estar* tiene una base aspectual, que se remonta al menos a Luján (1981), está ampliamente difundida, aunque no todos los autores la aceptan.
Estos dos verbos son sensibles al tipo de eventualidad descrita por los predicados
con los que se combinan. Carlson (1977) introdujo y justificó una distinción
entre dos tipos de predicados estativos: PREDICADOS DE NIVEL INDIVIDUAL (ingl. *individual level predicates*) –también llamados PREDICADOS DE INDIVIDUOS– y PRE-
DICADOS DE ESTADIO (ingl. *stage-level predicates*). Los primeros denotan características o propiedades que se atribuyen a un individuo o a una clase de individuos
(llamadas a veces CARACTERIZADORAS) y que normalmente no están sujetas a variación temporal. Pueden ser propiedades intrínsecas de la entidad, que la caracterizan como tal, o propiedades a las que se les supone un alto grado de perma-
nencia. Aun así, nótese que puede decirse de alguien que fue inteligente, calvo,
simpático o polaco, pero que ya no lo es. Los predicados de estadio reciben tal denominación porque designan propiedades o estados sujetos a cambio temporal de
un individuo o una clase, y que en ese sentido son propiedades de un «estadio» de
esa entidad. Pueden ser también atribuibles solo a un aspecto de un individuo o a
miembros aislados de una clase.

En principio, el verbo *ser* selecciona predicados del nivel individual, y el verbo *estar* selecciona predicados de estadio. Existen, no obstante, algunos casos
problemáticos que ponen en duda la nitidez de esta correlación, como enseguida
veremos. Desde luego, en (175a) la legitimidad de la petición es una propiedad
que la caracteriza o clasifica, pero en (175b) el cansancio es relativo a un estadio
del individuo Pepe, algo que no lo clasifica a él como persona, sino que describe
un estado que presumiblemente cesará. La diferencia entre (176a) y (176b) estriba en que en (176a) la propiedad de ser alto es una característica de Pepe, en principio no sujeta a cambio, mientras que en (176b) dicha propiedad es la de un estadio, concretamente una fase del crecimiento de dicho individuo. Por último la

ambigüedad de *malo* en (177) es predecible a partir del verbo copulativo: *ser* seleccionará la interpretación caracterizadora ('malvado') y *estar* la interpretación que describe un estadio ('enfermo').

Considere ahora (178) y (179):

(178) a. Los bomberos son valientes.
     b. Los leones son fieros.

(179) a. Los bomberos están disponibles.
     b. Los leones están hambrientos.

Los predicados de individuo pueden caracterizar a clases o a grupos de individuos. En (178) estamos indicando una característica del cuerpo de bomberos y de la especie de los leones, y no en cambio de un grupo específico de estos. En (179), por el contrario, atribuimos a cierto grupo de leones y de bomberos una propiedad transitoria. Es importante tener en cuenta que estas diferencias se perciben igualmente en las lenguas en las que no existe distinción entre *ser* y *estar*. Así, cuando se dice en inglés *Lions are fierce* (=178b), se entiende que se habla de los leones como especie o como clase. Por el contrario, si decimos *Lions are hungry* (=179b) se entiende, como en español, que se habla de un grupo específico de leones, no de la clase de los leones.

Kratzer (1995) propone caracterizar la diferencia que acabamos de exponer entre predicados estativos como una diferencia léxica o de estructura argumental. Los predicados de estadio poseen un argumento eventivo, y los del nivel de individuo carecen de dicho argumento. Así pues, a la oraciones de (179) podemos añadirles complementos como *en este momento, ahora* o *siempre,* o bien podemos preguntar *¿cuándo?* Si estos complementos no están presentes, estamos obligados en cierto modo a sobrentenderlos. En (178), por el contrario, no hacemos ninguna de esas adiciones, puesto que entendemos que se describen propiedades inherentes a los individuos. La estructura argumental correspondiente a los adjetivos de (178) sería, en principio, del tipo *valiente* (x) o *fiero* (x), mientras que la de los de (179) sería *disponible* (e, x) o *hambriento* (e, x). Este contraste explicaría por qué los predicados de individuo no pueden combinarse con modificadores eventivos que identifican un evento concreto (180), mientras que los predicados de estadio sí pueden hacerlo (181):

(180) a. *Los bomberos son valientes esta mañana.
     b. *Los leones son fieros esta mañana.

(181) a. Los bomberos están disponibles a partir de las siete.
     b. Los leones están hambrientos esta mañana.

Solo en los ejemplos de (181) es posible identificar el argumento eventivo del modificador y el del verbo. Como los predicados *valiente* y *fiero* carecen de tal argumento, el proceso de identificación eventiva falla en (180).

Si tratamos de poner en relación esta diferencia con la oposición *ser* y *estar,* veremos que los resultados son satisfactorios solo en parte. Podemos descartar, en primer lugar, contraejemplos aparentes como los que podrían representar oraciones del tipo de *Los bomberos son siempre valientes* o *Los leones son siempre fieros*. Este uso de *siempre* está relacionado con la naturaleza genérica de esas oraciones. Así, la segunda de ellas nos dice que todos los leones son fieros, y no exactamente que lo son en cualquier momento. En el cap. 8 consideraremos esta interpretación con más detalle. No es tal fácil descartar, en cambio, otro tipo de contraejemplos. Compare las oraciones *Juan es amable* y *Juan es calvo*. Ambas se construyen con el verbo *ser,* pero en la primera se admiten con naturalidad expresiones adverbiales como *ahora, desde hace poco, en este momento, por lo general, cuándo* y también *siempre* (en el sentido de 'en todo momento'), entre otras similares que se rechazan con el adjetivo *calvo*. Puede decirse igualmente *Fuiste muy amable conmigo ayer,* pero nótese que si postulamos que el adverbio de tiempo está vinculado al argumento eventivo, y que este no existe en *amable,* predecimos incorrectamente que esta oración debería ser agramatical. Al grupo de *amable* pertenecen adjetivos como *simpático, cortés, atento* y otros muchos que se asocian con formas de comportamiento –recuerde el comentario que sige a (140)–, pero también predicados que expresan otros significados, como *feliz* en oraciones como *María es feliz ahora.*

Aparentemente, podríamos solucionar el problema argumentando que *amable* posee un argumento eventivo porque ha pasado al grupo de los predicados de estadio, como sucede con *elegante* en *Hoy estás muy elegante* (cfr. el apéndice 4 de este capítulo). Pero observe que si damos ese paso, perdemos la correlación entre la oposición *ser / estar* y la distinción entre predicados de individuos y de estadios. En efecto, si decimos que *amable* ha pasado al grupo de los predicados de estadio cuando admite adverbios de tiempo, será esperable la gramaticalidad de oraciones como *Hoy estás muy amable,* pero no la de *Fuiste muy amable conmigo ayer* y otras similares construidas con el verbo *ser.* En conclusión, la propiedad de que un predicado adjetival admita o no adverbios de tiempo no está en correlación directa con la de que se construya con los auxiliares *estar* o *ser.*

Estos hechos ponen de manifiesto que la distinción entre predicados de individuo y de estadio solo coincide en parte con la distinción aspectual que se establece con *ser* y *estar.* Con el verbo *ser* se introducen, en efecto, predicados que denotan propiedades inherentes, como en *ser calvo, ser mamífero* o *ser de buena familia,* que se corresponden con los predicados de nivel individual; pero también se introducen con este mismo verbo predicados que expresan formas de comportamiento apropiadas para caracterizar a los individuos en cualquier situación, o bien en un momento particular *(ser amable, ser feliz, ser simpático).* Así pues, cuando estos últimos predicados admiten complementos temporales, se asimilan en buena medida a los predicados de actividad, y no pasan necesariamente a construirse con *estar.* A su vez, el hecho de que no cambie el verbo copulativo en oraciones como *La reforma de la constitución es posible hoy, no hace diez años* (cfr. **...está posible hoy*) pone de manifiesto que podemos añadir un complemento temporal a un predicado de individuos sin que ello conlleve el cambio de verbo copulativo. La diferencia que analizamos no es exclusiva de los adjetivos. Así, el tipo de eventualidad que corresponda a un SV encabezado por *tener* dependerá de su complemento directo: *tener paciencia* pertenece al grupo de *ser amable,* mientras que *tener origen noble* pertenece al de *ser calvo.*

Se ha observado en gran número de ocasiones que admiten *estar* muchos predicados que denotan propiedades no sujetas a alteración. Se trata de predicados como *extinguido, muerto* o *agotado,* entre otros muchos:

(182) a. Los dinosaurios están extinguidos.
   b. El inspector está muerto.
   c. El agua de esta fuente está agotada.

Cabría pensar que, además de los predicados adjetivales de estadio, se construyen con *estar* los predicados adjetivales o participiales de individuos que denotan
resultados de procesos. De hecho, en los ejemplos propuestos los procesos son *ex-
tinguirse, morir* y *agotarse,* respectivamente. Esta aproximación requiere una DO-
BLE VÍA para legitimar *estar:* o bien tenemos un predicado de estadio (*El cielo está
hoy rojo; Estoy contento*) o bien tenemos un resultado de un proceso, que puede
expresarse morfológicamente, como en los ejemplos de (182), o incluso sin que
se dé esa relación, como en *Me ha tocado la lotería y estoy feliz* o en *Se caído al
suelo, pero está entero.* Sin embargo, entienden algunos gramáticos que también
cabría pensar en una VÍA ÚNICA para dar sentido a la presencia de *estar,* puesto que
el estadio al que se refiere *contento* en *Estoy contento* no deja de interpretarse
como el resultado de un proceso anterior.

En el resto del capítulo mantendremos la idea de que una diferencia léxica importante entre los predicados de individuo y los de estadio radica en el argumento eventivo que poseen los segundos frente a los primeros. Como se ve, es mucho
más polémica la cuestión de si esta oposición se corresponde directamente con la
que establecen los auxiliares *ser* y *estar.* Existe relación, sin duda, entre ambas
oposiciones, pero –como hemos comprobado– no puede decirse que la correspondencia sea absoluta.

5.7.2. *Clasificación, identificación, situación*

Como se sabe, el verbo *ser* toma como atributos adjetivos, y también constituyentes nominales (es decir, SN/SD) y SP/SAdv, como muestran estos ejemplos:

(183) a. Pepe es [$_{SN}$ músico].
   b. Pepe es [$_{SD}$ el presidente].
   c. La fiesta fue [$_{SP}$ en mi casa] / [$_{SAdv}$ aquí].

El verbo *estar* no puede combinarse con SSNN o SSDD, ya que estos constituyentes denotan clases o se refieren a individuos. Así pues, no aportan el argumento eventivo que *estar* necesita.

(184) a. *Pepe está [$_{SN}$ músico].
   b. *Pepe está [$_{SD}$ el presidente].

Existen otras propiedades de los verbos copulativos que pueden deducirse también de sus características aspectuales. Consideremos de nuevo el verbo *ser.* La
combinación de *ser* y constituyentes nominales admite varias interpretaciones. Cuando *ser* selecciona SSDD encabezados por determinantes indefinidos, la interpretación obtenida es CLASIFICADORA: el atributo clasifica al sujeto, como en (185). La inversión de sujeto y atributo es imposible en tales casos, ya que no son términos
idénticos (186):

(185) a. Pepe es presidente de una empresa.
b. Pepe es un presidente efectivo.
c. Pepe es (un) miembro del comité.
d. La solución será efectiva.

(186) a. *Presidente de una empresa es Pepe. *[Descártese la interpretación focal]*
b. *Un miembro del comité es Pepe. [*Descártese la interpretación* 'Pepe es un ejemplo de miembro del comité']
c. *Efectiva será la solución. *[Descártese la interpretación focal]*

Cuando *ser* selecciona nombres propios, SSDD encabezados por determinantes definidos, pronombres u oraciones, la interpretación es IDENTIFICADORA O ECUATIVA. Al haber identidad o ecuación entre los términos, estos pueden invertirse.

(187) a. Yo soy Pepe.
b. Pepe soy yo.

(188) a. Pepe es el presidente de la empresa.
b. El presidente de la empresa es Pepe.

(189) a. La solución será que vengas pronto.
b. Que vengas pronto será la solución.

La distinción entre interpretaciones clasificadoras e identificadoras tiene consecuencias estructurales y semánticas importantes. Por ejemplo, los atributos clasificadores son válidos como respuesta a preguntas con el pronombre interrogativo *qué* y los identificadores requieren *quién* o *cuál:*

(190) a. ¿Qué es Pepe? Valenciano.
b. *¿Quién es Pepe? Valenciano.

(191) a. ¿Quién soy yo? Pepe.
b. *¿Qué soy yo? Pepe.

(192) a. ¿Cuál es la solución? Que vengas pronto.
b. *¿Qué es la solución? Que vengas pronto.

La diferencia entre interpretaciones clasificadoras e identificadoras es reducible también a propiedades léxico-argumentales. Los constituyentes que designan propiedades o clases son predicados propiamente dichos, por lo que el sujeto los satura completamente. Esto explica que obtengamos semánticamente la lectura de pertenencia a un conjunto o a una clase. En cambio, los nombres propios, los pronombres y las oraciones son constituyentes no predicativos, por lo que no precisan de saturación argumental. Estas expresiones designan entidades (individuos, hechos, etc.), de modo que, en lugar de dar lugar a una relación de predicación entre ellos y el sujeto de la oración, el verbo copulativo establece en este caso la mera identidad entre sujeto y atributo. Así pues, *identidad* no es lo mismo que *predicación.* Si establecemos una relación de identidad entre dos expresiones referenciales, no saturaremos ninguna relación predicativa *(Este señor es mi abuelo)*, pero sí lo haremos si asignamos una propiedad a un individuo *(Este señor es viejo)*. Es cierto que el verbo *ser* se emplea en español para realizar ambas tareas, pero eso no quiere decir que se confundan.

Tanto la interpretación clasificadora como la identificadora son claramente 'no eventivas'. Esto parece diferenciarlas de las construcciones en que *ser* selecciona como atributo un SP o SAdv. En este último caso, el predicado resultante suele situar espacial o temporalmente al sujeto, indicando su proveniencia, su origen, o su ubicación espacio-temporal:

(193) a. Pepe es de Valladolid.
 b. El reloj es de oro.

(194) a. La fiesta será en el jardín.
 b. El nacimiento fue a las tres.
 c. La reunión del consejo fue en el edificio administrativo.

La presencia de atributos situacionales es solo posible con sujetos que designen entidades que pueden ser caracterizadas o individualizadas de esta forma. Los ejemplos de (194) indican la ubicación de un evento o un suceso (fiesta, nacimiento, reunión), lo cual es una propiedad intrínseca de este tipo de entidad. En este sentido, los atributos situacionales de nombres de evento son predicados de individuo, no de estadio, ya que no expresan una propiedad de una fase o un estadio del suceso, sino una propiedad de todo el suceso. En Brucart (2005) se estudian detenidamente las secuencias del tipo de (194), así como ciertas extensiones ocasionales de esa pauta a los nombres de lugar, como en *Mi casa es aquí cerca*. En la mayor parte de los casos, el uso de atributos situacionales no es posible cuando el sujeto designa a una persona o una cosa, es decir, entidades que no pueden caracterizarse por su ubicación:

(195) a. *El recién nacido fue a las tres.
 b. *Los miembros del consejo fueron en el edificio administrativo.
 c. *La silla es en el jardín.

Observe que estas irregularidades constituyen hechos de selección estrictos. Al igual que *narrar* exige un evento como argumento interno, también *a las tres* exige un evento como argumento externo. De igual modo, podemos explicar el contraste de (196) sobre la base de que el modificador de origen *de Valladolid* caracteriza a un individuo, mientras que *en el jardín* es un atributo situacional.

(196) a. *Juan está de Valladolid.
 b. La silla está en el jardín.

¿Tienen estas diferencias algún correlato configuracional? No es seguro, pero sí probable que la respuesta a esta pregunta sea afirmativa. Al ser los verbos copulativos expresiones con información aspectual, es lógico que se relacionen con una proyección en la que se cotejen los rasgos aspectuales en la derivación sintáctica. A esta proyección podemos denominarla Sintagma Aspectual (SAsp). Hablaremos un poco más de ella en el apéndice de este capítulo (A5). Siguiendo también la lógica sobre las categorías y rasgos funcionales desarrollada en el capítulo anterior, podemos suponer que *ser* y *estar* son elementos que cotejan rasgos aspectuales. Se originarían, por tanto, como elementos de categoría V y se desplazarían al nudo aspectual (Asp), en el que cotejarían rasgos opuestos ([+eventivo] o [-eventivo]):

(197) a. $[_{SAsp[-eventivo]}$ es$_i$ $[_{SV}$ h$_i$ [alto]]]

b. $[_{SAsp[+eventivo]}$ está$_i$ $[_{SV}$ h$_i$ [disponible]]]

Los verbos copulativos requieren que los atributos que seleccionan concuerden con ellos en la especificación respectiva de ese rasgo aspectual. La derivación de (198) sería no convergente al haber discordancia de rasgos entre la cópula y el adjetivo.

(198) $^*[_{SAsp[-eventivo]}$ es [disponible$_{[+eventivo]}$]]

Esta es, desde luego, una sola de las formas en que es posible traducir a la sintaxis la idea de que la distinción *ser / estar* pone de manifiesto la concordancia de rasgos aspectuales entre el verbo y el atributo. Como vemos, la idea fundamental es que, de forma similar a como decimos que la oración *María llegará ayer* muestra discordancia de rasgos temporales entre un verbo y un adverbio, podemos decir que la oración *Este libro es disponible* es agramatical porque muestra una discordancia similar, esta vez relativa al aspecto léxico, entre un verbo y un atributo.

5.8. Lecturas complementarias

• La concepción de la sintaxis como proyección del léxico ha sido abordada, con mayor o menor grado de detalle, en gran número de teorías gramaticales, si bien no existe hoy en día un texto que presente un panorama de la relación léxico-sintaxis suficientemente abarcador. Puede usted hacerse una buena composición de lugar sobre esta área de la investigación, en particular dentro del modelo de principios y parámetros, si completa los sucintos capítulos 3, 4 y 9 de Newmeyer (1988a) con la segunda parte de Jackendoff (2002), así como con Gruber (2001) y Levin y Rappaport (1997, 2005). Encontrará más detalles en Zubizarreta (1982, 1987), Stowell y Wehrli (1992), Stowell (1992), Sag y Szabolcsi (1992), y Rooryck y Zaring (1996). De la predicación en general se ocupan los trabajos de Rothstein (1983), Napoli (1989) y Bowers (1993, 2001).

• La estructura argumental de los predicados se analiza en un gran número de trabajos, unas veces poniendo más énfasis en la configuración sintáctica, en la que a menudo se representan informaciones de naturaleza subléxica, y otras en la forma de presentar las entradas léxicas o en la proyección de estas en la sintaxis. Pueden consultarse a este respecto Marantz (1984), Safir (1987), Hale y Keyser (1991, 1993, 1998, 2002), Grimshaw (1990), Tenny (1992, 1994), Palmer (1994), Demonte (1991), Levin y Rappaport (1986, 1988, 1995, 2005), Levin (1988), Mohanan (1994), Alsina (1996, 2001), Greuder y Butt (1998), Pylkkä-nen y otros (1999) y Juarros (2004), Mateu y Rigau (2001, 2002), entre otros muchos trabajos. Existen numerosos estudios sobre la alternancia de los predicados entre varias estructuras argumentales, así como sobre las generalizaciones que cabe hacer acerca del paso de unas a otras. Entre las visiones de conjunto cabe destacar Levin (1993), van Hout (1998) y, para el español, Vázquez, Fernández y Martí (2000)

- Varios de los títulos mencionados en los grupos anteriores abordan la estructura temática de los predicados. Se consideran como trabajos pioneros sobre este punto las contribuciones de Gruber (1965) –cfr. también el ya citado Gruber (2001)–, Fillmore (1968) y Jackendoff (1972, 1983, 1987, 1990a), a los que siguieron los igualmente influyentes de Dowty (1989, 1991), Rappaport y Levin (1988) y otros. Los volúmenes de Wilkins (1988) y Roca (1992) recogen diversos trabajos sobre el tema. Pueden verse dos perspectivas de conjunto en Gràcia (1989) y Pool Westgaard (1990).

- En el texto hemos introducido el concepto de 'argumento eventivo', así como algunas de sus consecuencias para el análisis de los predicados. Se ocupan de ello los trabajos de Davidson (1967), Higginbotham (1985, 1989), Parsons (1985, 1990), Schein (1993), Pustejovsky (1991a, 1991b), Kratzer (1994, 1996) y Higginbotham y otros (2000). Sobre la distinción entre predicados de individuos y de estadios aplicada al español, véase Fernández Leborans (1999), Escandell y Leonetti (2002) y Arche (2006).

- En el análisis aspectual de los tipos de eventos, es decir, de las eventualidades, los modos de acción o *Aktionsarten,* se centran Kenny (1963), Vendler (1967), Dowty (1979), Verkuyl (1972, 1989, 1993), Van Voorst (1988), Krifka (1989, 1992), Tenny (1992), Bertinetto (1995, 1997), Ramchad (1997), Tenny y Pustejovsky (2000), entre muchos otros. En nuestra lengua, destacan las recientes monografías de Morimoto (1998) y Moreno Cabrera (2003), y la síntesis de De Miguel (1999). En De Miguel y Fernández Lagunilla (2000) y Fernández Lagunilla y De Miguel (1999, 2000, 2002) se aplican al español diversos aspectos de la teoría de Pustejovsky acerca de la estructura de los eventos.

- Los aspectos propiamente sintácticos de la aspectualidad y la proyección eventiva se analizan en Kipka (1990), De Miguel (1992), McClure (1995), Schmitt (1994, 1996), Zagona (1996, 1999), Sanz (2000), Kempchinsky (2000), Borer (1994, 2004), Baker y Travis (1997, 1998), Travis (2000), Erteschik-Shir (2005) y Kempchinsky y Slabakova (2005), entre otros trabajos.

- Existen puntos de coincidencia entre las investigaciones sobre la estructura argumental de los predicados desarrolladas en el marco generativista y las teorías de la valencia que surgen en la lingüística europea influidas en alguna medida por la obra de Tesnière. Sobre los desarrollos de estas líneas de investigación, pueden consultarse Helbig (1992), Welke (1988) y Allerton (1982). Para el español, Báez San José (1988), Cuartero (2003) y García Miguel (1995), entre otros.

- Son numerosos los proyectos de investigación actuales dirigidos a construir bases de datos que atiendan a diversos aspectos de la relación entre el léxico y la sintaxis del español. Algunos de ellos son extensiones de proyectos ideados para otras lenguas. Cuentan con página electrónica en internet los proyectos Adesse, BDS, WordNet, PropBank, VerbNet, Spanish FrameNet, SenSem, UAM Spanish Treebank y DICE, entre otros.

APÉNDICE. Algunas propuestas recientes sobre la interacción del aspecto y los papeles temáticos

A1. *La hipótesis de la interficie aspectual y la restricción de medida*

En la pasada década comenzó a estudiarse la forma de integrar en la sintaxis el aspecto léxico de los predicados, y también la manera en que esta información ha de relacionarse con la que aportan los papeles temáticos. Tenny (1992, 1994) formula la siguiente HIPÓTESIS DE LA INTERFICIE ASPECTUAL (ingl. *Aspectual Interface Hypothesis*): «La proyección de las propiedades temáticas en la sintaxis está determinada por las propiedades aspectuales». La estructura aspectual asociada con los argumentos interno, externo y oblicuo restringe los participantes en el evento que pueden aparecer en dichas posiciones. Es más, de acuerdo con esta hipótesis, solo las propiedades aspectuales de la estructura temática resultan «visibles» en la sintaxis.

Tenny reactualiza una observación común en la bibliografía sobre estas cuestiones (ya presente en Dowty, 1979; Verkuyl, 1993, etc.): el argumento interno posee un papel fundamental en la constitución y el desarrollo del tipo de eventualidad. Así, el verbo *leer* denota una actividad (se dice *Leí durante media hora,* y no en cambio **Leí en media hora*). Si añadimos un SD como argumento interno (digamos, *el periódico*), obtenemos un predicado de realización *(Leí el periódico en media hora).* El papel del argumento interno consiste en MEDIR el evento al que se refiere el verbo, en el sentido de que dicho argumento determina el final del evento. El SD *el periódico* en el ejemplo anterior cumple este cometido, ya que es la lectura completa del periódico lo que marca el término del evento en cuestión. Tenny formula la siguiente RESTRICCIÓN DE MEDIDA (ingl. *measuring-out constraint*): «El argumento interno de un verbo no sufre cambio o movimiento alguno, a no ser que esos procesos midan el tiempo del evento». Los argumentos internos son, por tanto, los únicos argumentos que pueden medir el evento.

Los verbos de estado o bien carecen de argumento interno o, cuando lo tienen, designan una entidad que no experimenta cambio o movimiento:

(199) a. Luisa ama a José.

     b. Pepe sabe francés.

     c. Juan admira al presidente de la empresa.

En función de la restricción de medida, predecimos que estos argumentos internos no miden el evento y, en consecuencia, que las eventualidades asociadas son *no delimitadas.*

Los objetos de los verbos no estativos que no experimentan cambio o movimiento (sea externo o interno) tampoco pueden considerarse como argumentos que miden el evento. Por tanto, los predicados de (200) designan eventos no delimitados, de modo que en la terminología de Vendler serían actividades:

(200) a. Pepé contemplaba el cuadro.
   b. Pepe estudió francés.
   c. Está esperando a su novia.
   d. Juan empujó el carritó.
   e. Condujo el coche.
   f. Sostuvo la viga.

Así pues, aunque en (200d) y (200e) el carrito o el coche experimentan un movimiento, este proceso no es interno, en el sentido de que no afecta a sus partes constitutivas, que no sufren alteración. La eventualidad resultante es, por tanto, *no delimitada*. Obviamente, el que un coche pueda desgastarse cuando se conduce es un factor extralingüístico que no interviene en la caracterización aspectual del verbo *conducir*.

En conclusión, puede establecerse una correlación entre medición del evento a cargo del argumento interno y el rasgo de [telicidad] o [delimitación]. Cuando el argumento interno no mide el evento, este se interpreta como *no delimitado*. En los trabajos citados de Tenny se pueden encontrar otras consecuencias gramaticales de esta aproximación al aspecto léxico.

A2. *Los papeles temáticos aspectuales*

Existen, en principio, tres tipos de predicados en los que el argumento mide el evento:

1. Los VERBOS CON TEMA INCREMENTAL, en la terminología de Dowty (1991). Son predicados de realización que se asocian con eventos de consumición o creación en los que el objeto resulta afectado por el desarrollo del evento. En el predicado de consumición *comer una manzana,* el desarrollo del proceso se correlaciona con un cambio progresivo en la naturaleza del argumento interno *(la manzana)* que afecta, desde luego, a la propia existencia de ese objeto. De hecho, el límite o la culminación del evento está marcado precisamente por la *afectación completa del objeto:* en el caso de la manzana será su desaparición, pero en *componer la sinfonía* será su existencia o su aparición. En (201a) el evento termina necesariamente cuando la manzana ha sido consumida por completo, por lo que una continuación como la de (201b) resulta contradictoria:

(201) a. Pepe comió una manzana en dos minutos.
   b. #Pepe comió una manzana en dos minutos y siguió comiéndola más tarde.

En el predicado de creación *dibujar un círculo,* el argumento interno es también un tema incremental. El evento culmina o termina cuando el círculo ha sido dibujado por completo. El desarrollo de la eventualidad asociada con verbos que poseen un tema incremental consiste, pues, en la creación o la consumición del objeto, de forma que el evento alcanza uno de esos límites cuando el objeto está creado o consumido por completo. Algunos verbos dan lugar a la interpretación incremental del objeto en unos casos *(El niño ha pintado un bodegón)* y a la no incremental en otros *(El niño ha pintado las paredes).*

2. LOS VERBOS DE CAMBIO DE ESTADO. Estos verbos describen unas veces logros, es decir, eventos que tienen lugar de forma instantánea, como en (202a, b, c), y otras veces realizaciones, como en (202d, e, f):

(202) a. La pelota rompió el cristal de la ventana.
     b. El terremoto derrumbó el edificio.
     c. Pepe abrió el sobre.
     d. El iceberg se derritió en solo un año.
     e. Has engordado.
     f. La economía mejoró.

En estos casos, el argumento interno también mide el evento, en tanto que es la afectación del objeto la que nos da el parámetro de su delimitación. La diferencia con los temas incrementales estriba en que el límite o punto final del evento solo se alcanza algunas veces como resultado necesario de un proceso gradual que afecta al objeto. Así pues, el rasgo esencial de los verbos de cambio de estado es que son eventos delimitados. Pueden ser logros o pueden ser realizaciones en función de que exista o no un proceso que desemboque en un punto, pero la existencia de este punto es la característica esencial que determina su naturaleza aspectual.

3. LOS VERBOS DE MOVIMIENTO CON OBJETOS QUE INDICAN CAMINO O TRAYECTORIA. En este caso, el argumento interno no se altera durante el evento o como efecto de este, pero proporciona un criterio para medir su desarrollo.

(203) a. María caminó hasta su casa.
     b. Juan escaló el Everest.
     c. Pepe tocó la sonata.
     d. Luisa leyó el libro.

En (203a), *hasta su casa* nos proporciona el límite que medirá el proceso que constituye el caminar de María, por lo que la eventualidad obtenida será una realización, y no una actividad. En (203b), el Everest nos proporciona tanto la trayectoria como la culminación del evento. Repare en que no estamos diciendo que la altitud del Everest sea un factor esencial para entender esta oración (de hecho, es un dato enciclopédico), sino que la acción de escalar queda medida por el objeto escalado. De igual modo, en (203c) y (203d) la sonata o el libro nos proporcionan la medida del evento, ya que este se desarrollará de acuerdo con la trayectoria (en el sentido de «el curso») asociada a esos procesos. Así pues, la conclusión de la sonata o la del libro determina también la conclusión del evento.

Observe ahora que la adición de un SP de trayectoria puede convertir un predicado atélico en télico o delimitado. Así, observábamos que el argumento interno *el carrito* en (204a) no servía para medir el evento. Sin embargo, el modificador *hasta la puerta* de (204b) cumple precisamente este cometido y el evento resulta ser télico o delimitado. El mismo papel le corresponde al SP *hasta la extenuación* en (205b), que mide la trayectoria mediante un criterio de medida figurado, en cierta forma psicológico (el cansancio del corredor):

(204) a. Juan empujó el carrito.
      b. Juan empujó el carrito hasta la puerta.

(205) a. Pepe corrió.
      b. Pepe corrió hasta la extenuación.

El contraste que proporciona la modificación eventiva entre los SSPP encabezados por *en* y por *durante* se correlaciona con la delimitación del evento. Aquellas estructuras predicativas en las que el argumento interno mide el evento se combinan con el modificador eventivo encabezado por *en*. Aquellas otras que carecen de argumento interno –o bien las que lo tienen, pero este no mide el evento– son las modificadas por sintagmas locativos encabezados por *durante:*

(206) a. Pepe comió una manzana {en / *durante} una hora.
      b. El terremoto derrumbó el edificio {en / *durante} una hora.
      c. Pepe caminó hasta su casa {en / *durante} una hora.

(207) a. Pepe caminó {*en / durante} una hora.
      b. Pepé contempló el cuadro {*en / durante} una hora.
      c. Pepe estudió francés {*en / durante} una hora.
      d. Juan empujó el carrito {*en / durante} una hora.
      e. Juan agitó la botella {*en / durante} una hora.

Otros modificadores, algunos de ellos considerados anteriormente, se combinan solamente con predicados que designan eventualidades que han sido delimitadas. A estos modificadores se les conoce como ADVERBIOS ASPECTUALES O MODIFICADORES DEL ASPECTO LÉXICO, precisamente porque afectan a la subestructura eventiva:

(208) a. Pepe leyó el libro {poco a poco / hasta la mitad / completamente / del todo}.
      b. ??Pepe contempló el cuadro {poco a poco / hasta la mitad / completamente / del todo.

La mera presencia de un argumento interno que pueda constituirse en elemento medidor no es suficiente para que se satisfaga la restricción de medida. El SD que aparece como argumento interno debe estar encabezado por un elemento que pueda establecer dicha medida o, en palabras de Verkuyl (1993), una «cantidad específica». Así, los SSDD de (209) están encabezados por determinantes que pueden medir el evento (*tres, todos, los, la, una,* etc.), con lo que la combinación con el modificador eventivo de delimitación es posible. En (210), por el contrario, la ausencia de determinante hace imposible la medición del evento, por lo que solo es posible la combinación con el modificador encabezado por *durante:*

(209) a. Pepe comió {tres / todas / las / esas manzanas} en una hora.
      b. Pepe comió {la / una} manzana en una hora.

(210) a. *Pepe comió manzanas en una hora.
     b. Pepe comió manzanas durante una hora.

Así pues, *manzanas* no puede añadir un delimitador a *comer* en *comer manzanas,* y esta expresión se comporta como un predicado de actividad, al igual que *comer*. Otros sintagmas cuantitativos contribuyen también de forma explícita a medir el evento, como sucede en los siguientes casos:

(211) a. Pedro corrió.
     b. Pedro corrió medio kilómetro.
     c. Pedro corrió media hora.

(212) a. Pedro corrió {*en / durante} una hora.
     b. Pedro corrió medio kilómetro {en / *durante} una hora.

La diferencia entre (211a) y (211b), (211c) podría caracterizarse, siguiendo la terminología de Vendler, como sigue: en la primera oración se describe una actividad, mientras que las otras dos describen una realización al estar delimitadas, como prueba el contraste que aporta la modificación delimitativa de (212). Recuerde que hemos analizado los modificadores adverbiales como predicados de los eventos. Podemos decir, por tanto, que la preposición *en* «busca» en el predicado *correr* un rasgo de delimitación, y lo encuentra en (212b), pero no en (212a).

Tenny propone una variante de la teoría temática en la que defiende la existencia de PAPELES ASPECTUALES que se asocian con el proceso de medida. Estos papeles serían MEDIDA, TÉRMINO y TRAYECTORIA. El papel aspectual Medida se asigna al argumento del verbo, que, o bien está sujeto a un cambio o movimiento interno, o bien proporciona una escala o un parámetro para medir el evento. Los verbos con tema incremental y los verbos de cambio de estado asignarían dicho papel aspectual a su argumento interno directo y poseerían la red aspectual [Medida]. El papel aspectual Término se asigna al argumento interno indirecto del verbo que marca el punto final de una trayectoria que mide el evento. El papel aspectual Trayectoria se asigna a un argumento indirecto o implícito que proporciona una escala o un parámetro que mide el evento. Los verbos de tránsito tendrían la red aspectual [Término, Trayectoria].

(213) a. Luisa corrió durante horas.
     b. Luisa corrió hasta la meta en cinco horas.
     c. Luisa corrió el maratón en cinco horas.
     d. Luisa corrió el maratón hasta la meta en cinco horas.

Por ejemplo, el verbo *correr* puede carecer de papeles aspectuales, como en (213a); puede también poseer un término explícito (la meta) y una trayectoria implícita, como en (213b); pero también puede tener un término implícito y una trayectoria explícita (el maratón), como en (213c). Finalmente, puede tener término y trayectoria explícitos, como en (213d).

Los papeles aspectuales que propone Tenny se proyectan siempre sobre los argumentos internos del verbo. El argumento externo no puede establecer medida, término o trayectoria, ya que está sujeto a una restricción que Tenny denomina RESTRICCIÓN DE AUSENCIA DE MEDIDA: «Los argumentos externos no miden el evento».

A3. *La teoría de los proto-papeles temáticos*

Las pruebas presentadas en las secciones anteriores indican que la estructura eventiva y la estructura aspectual léxica interactúan de forma evidente con los papeles temáticos, y la proyección argumental. Dowty (1991) fue el primero en poner de manifiesto esta interacción y formular una teoría más restrictiva de los papeles temáticos a los que denomina PROTO-PAPELES TEMÁTICOS (ingl. *thematic proto-roles*). Para este autor solamente son necesarios dos proto-papeles temáticos (PROTO-AGENTE y PROTO-PACIENTE), en lugar de una serie de papeles temáticos más extensa, pero de difícil definición objetiva. Estos proto-papeles temáticos se conciben como generalizaciones sobre el significado léxico. Los proto-papeles temáticos están asociados con una serie de características constitutivas más generales, como son las siguientes:

PROTO-AGENTE

a. Implicación volitiva en el evento.
b. Percepción.
c. Causación de un evento o cambio de estado en otro participante.
d. Movimiento en relación con la posición de otro participante.
e. Existencia independiente del evento designado por el verbo.

PROTO-PACIENTE

a. Experimentación de un cambio de estado.
b. Tema incremental.
c. Afectación causal por otro participante.
d. Posición estacionaria con respecto al movimiento de otro participante.
e. No existencia independiente del evento, si se trata de un predicado de existencia.

Estas características no se dan de manera conjunta en todas las ocasiones. Para interpretar un determinado constituyente como Proto-Agente no es necesario que el participante asociado posea todas las propiedades listadas arriba. Bastará con que posea cierto número de ellas en comparación con otros participantes. Dowty formula el siguiente PRINCIPIO DE SELECCIÓN ARGUMENTAL: «En estructuras predicativas en las que hay un sujeto y un objeto gramatical, el argumento con el que el predicado asocia mayor número de propiedades de Proto-Agente será lexicalizado como el sujeto de dicho predicado». El argumento que tenga mayor número de propiedades de Proto-Paciente será lexicalizado como el objeto directo. Consideremos el siguiente ejemplo, tomado de Ackerman y Moore (2001):

(214) El arquitecto construyó el edificio.

El verbo *construir* tiene dos argumentos: «(x, y)». El primer argumento «x», saturado por *el arquitecto,* posee las siguientes propiedades de Proto-Agente: implicación volitiva, entidad animada / capaz de percepción, causación del cambio de estado, probable movimiento respecto del objeto, y existencia independiente del evento. El argumento «y», saturado por *el edificio,* posee las siguientes propiedades de Proto-Paciente: sujeto a cambio de estado, tema incremental, afectado causalmente, posición estacionaria con respecto al otro participante y no existencia independiente del evento. Como el primer argumento *(el arquitecto)* tiene mayor número de propiedades de Proto-Agente, se realizará o se proyectará como el sujeto. El segundo argumento *(el edificio)* está asociado con la mayor parte de las propiedades de Proto-Paciente, y por tanto se realizará como objeto.

Este principio puede aplicarse fácilmente a otros verbos, como por ejemplo *comer*. Este verbo asocia con su primer argumento rasgos como «animidad», «causación de un cambio de estado o locación» (en el otro participante), y también «existencia independencia del evento». *Comer* asocia con su segundo argumento rasgos como «ser afectado causalmente en el transcurso del evento», «constar de partes a las que se aplica el proceso» (en este caso, partes comestibles), etc. Por tanto, el primer argumento se proyectará como sujeto y el segundo como objeto.

Del principio de selección argumental se sigue que, cuando un predicado binario o ternario asocie con dos argumentos el mismo número de propiedades de Proto-Agente y Proto-Paciente, cualquiera de ellos podría lexicalizarse como sujeto u objeto. En el caso de los verbos ternarios, el que tenga mayor número de propiedades de Proto-Agente será el sujeto. De entre los otros dos restantes argumentos, aquel con el que el verbo asocie un mayor número de propiedades de Proto-Paciente será el objeto directo, y el que queda será el objeto oblicuo o preposicional. Consideremos la siguiente oración:

(215) Pepe le dio la revista a Pedro.

El verbo *dar* es un verbo trivalente o ternario. El argumento correspondiente a *Pepe* tiene propiedades como «es independiente del evento», «causa un movimiento en el objeto», «efectúa la acción de manera deliberada (salvo que se indique lo contrario)», etc. Esto lo convierte en el argumento con mayor número de propiedades de Proto-Agente, y por tanto debe proyectarse como sujeto. El segundo argumento *(la revista)* será el objeto directo porque posee el mayor número de rasgos semánticos de Proto-Paciente: es causalmente afectado por otro participante (por Pepe, de hecho), no es animado y su movimiento es dependiente del otro participante. El tercer argumento se proyectará, por tanto, como objeto oblicuo o indirecto. Nótese que la razón por la que *Pepe* se realiza como sujeto y *Pedro* como objeto indirecto es que, pese a que ambos comparten propiedades proto-agentivas (animidad, capacidad de realizar una acción deliberada, percepción y existencia independiente del evento), es el primer argumento *(Pepe)* el que posee un mayor número de ellas (afecta al objeto, es decir, lo desplaza, se involucra causalmente en el evento, etcétera).

En la teoría temática tradicional distinguiríamos entre dos papeles temáticos: el Agente y el Destinatario. En esta teoría vemos que el predicado *dar* asocia con los dos argumentos propiedades proto-agentivas, pero el primer argumento es el que tiene un mayor número de ellas, por lo que este será el sujeto. Los papeles temáticos son no discretos, en el sentido de que las propiedades descritas no clasifican a los proto-papeles temáticos exhaustivamente. Puede haber argumentos que no sean claramente ni Agente ni Paciente y otros pueden poseer propiedades de Agente y Paciente, con lo que podrían estar cualificados para ser uno de los dos.

Así pues, en la teoría de Dowty los papeles temáticos existen (lo que la diferencia de las teorías que pretenden eliminarlos), pero no son elementos primitivos, sino conjuntos de propiedades o de rasgos. Recuérdese que en el § 5.4.1 veíamos las representaciones que caracterizan la teoría temática como un «esqueleto del significado». Como allí hacíamos notar, no es este punto el que suscita controversia, sino más bien la cuestión de cómo se obtiene exactamente ese esqueleto a partir del organismo entero. Quizá el punto más débil de la teoría de los proto-papeles es que no queda enteramente claro «dónde hay que mirar» para saber si un predicado cumple o no todas estas propiedades semánticas. Dicho de una manera un poco más técnica, no queda del todo claro cómo se articula exactamente el léxico para que podamos obtener de él de forma automática los rasgos relevantes en los que se descompone cada proto-papel.

A4. *Recategorización de eventos: la coacción aspectual*

Hemos observado en varias ocasiones cómo ciertas predicciones de las pruebas más comunes que sirven para detectar a qué clase aspectual pertenece un determinado predicado no se cumplen por completo cuando forzamos una determinada lectura del verbo, o cuando aparece un determinado constituyente que parece alterar la interpretación del predicado. Considérese el siguiente contraste:

(216) a. Durante varios años tuvo a su cargo la dirección de la empresa.
b. En pocos días tuvo a su cargo la dirección de la empresa.

El predicado *tuvo a su cargo la dirección de la empresa* aparece en las dos oraciones de (216). De acuerdo con lo que hemos explicado en el § 5.6, no sería esperable en (216b), puesto que aparece un complemento temporal introducido por la preposición *en*. Pero nótese que, mientras que en (216a) se describe un estado pretérito (se habla, de hecho, de alguien que ocupó ese puesto y ya no lo ocupa), el ejemplo (216b) expresa otro significado: dice que cierta persona pasó a ocupar cierta posición al cabo de pocos días. Expresa, por tanto, un logro en lugar de un estado. Recuérdese que hemos notado que los predicados de estado son incompatibles con verbos de acontecer, como *ocurrir*. Sin embargo, (217) resulta aceptable. Observe que expresa el descubrimiento de que algo es cierto, y no exactamente que el saber lenguas sea algo que pueda ocurrir:

(217) Ocurrió simplemente que Luisa sabía ruso, así que nos sacó del apuro.

Estos cambios en el tipo de eventualidad expresado por un predicado están forzados por la sintaxis y no deben verse como un fenómeno pragmático, en el sentido de que sean dependientes solamente de las intenciones del hablante. Son, en realidad, el resultado de procesos sistemáticos de composición aspectual que permiten derivar ciertas interpretaciones coherentes a partir de los rasgos que aportan las partes constitutivas de un predicado. Estos procesos llevan a veces a «forzar» o a «violentar» un determinado elemento léxico para que se acomode a los requisitos o las exigencias de otro, de forma que su combinación sea así posible. Se trata, pues, de procesos de RECATEGORIZACIÓN, pero, como se basan en una cierta «imposición» de rasgos ajenos a la estructura de un predicado, el lingüista James Pustejovsky propuso como término más gráfico el de COACCIÓN (ingl. *coer-*

cion), que adelantábamos en el § 5.6.2.2. Estos procesos se aplican a diversos ámbitos de la gramática (Pustejovsky, 1995). En el léxico podemos hablar propiamente de COACCIÓN ASPECTUAL, que se puede definir de la siguiente forma:

(218) COACCIÓN ASPECTUAL: Operación léxica que cambia el tipo aspectual (una o más propiedades aspectuales) de una pieza léxica. Sin este cambio, la combinación resultante sería no convergente.

En cuanto que el cambio proporciona los rasgos gramaticales de otra clase de eventos, la pieza léxica de la que se habla podrá combinarse con otras, en definitiva pasará a formar parte de otra clase aspectual. En los ejemplos de (216) y (217), sabemos que *en pocos días* y *ocurrir* son respectivamente un modificador de evento y un predicado que seleccionan el rasgo [-cambio / dinamicidad]; excluyen, por tanto, a los predicados de estado. Para que la combinación sea posible, es necesario que el predicado de estado cambie de clase léxica, lo que se logra mediante un contexto que pueda «forzarlo» o «coaccionarlo» para que pase a denotar una eventualidad dinámica. Otras operaciones de coacción aspectual serían también responsables de la interpretación no estativa de (219b) o la no télica de (219d):

(219) a. Pepe sabe la respuesta.
   b. Pepe supo la respuesta en una hora.
   c. Pepe tocó una sonata.
   d. Pepe tocó una sonata durante horas.

De nuevo, (219a) describe un estado, con lo que sería esperable la incompatibilidad absoluta con un modificador de delimitación («*en* + sintagma cuantitativo»). Sin embargo, (219b) es posible en la interpretación «coaccionada» del predicado en la que se recategoriza como realización: por ejemplo, si Pepe estuvo buscando la respuesta a una pregunta en varias enciclopedias y le llevó una hora llegar a saberla. Así pues, no necesitamos postular la existencia de dos entradas diferentes en el diccionario (*saber*$_1$ y *saber*$_2$), de forma que una se correspondería con el estado de conocimiento ('poseer información') y la otra con la transición que culmina en tal conocimiento ('adquirir información'). El cambio de significado es derivable a partir de un solo significado estativo por aplicación de operaciones léxicas de coacción aspectual. En (219c), *tocar la sonata* designa un evento delimitado (una realización). Cuando este predicado se combina con un modificador eventivo no delimitativo como *durante horas,* cambia de tipo aspectual y se obtiene la interpretación coaccionada reiterativa, en la que se describe una actividad. Se entiende, por tanto, que Pepe estuvo tocando la misma sonata (o fragmentos de ella) durante horas. Recuérdese que los verbos de tema incremental carecen de esta propiedad recategorizadora.

Los procesos de recategorización que consideramos no son, desde luego, irrestrictos. Estos procesos se aplican típicamente a las realizaciones (que poseen dos subcomponentes, como veíamos), y a los estados, que pasan a adquirir sentido INGRESIVO (*Lo supe* viene a significar 'me enteré'; *Ten esto* significa 'toma esto'; *Ten valor* significa 'adquiere o consigue valor', etc.). La descarga de los papeles temáticos aspectuales, en la denominación de Tenny (1994), puede verse también como el resultado de operaciones de coacción. Recuérdese que (220a) y (221a) describen actividades y que, por el contrario, (220b), (221b) describen realizaciones.

(220) a. El niño empujó el carrito.

     b. El niño empujó el carrito hasta la puerta.

(221) a. Pepe mordisqueó la manzana.

     b. Pepe mordisqueó la manzana durante horas.

La presencia del modificador eventivo de término *hasta la puerta* en (220b) coacciona al predicado *empujar el carrito* de (220a) a adquirir la propiedad aspectual de la que carece: la telicidad. En (221a), *mordisquear la manzana* es un predicado atélico, ya que se puede combinar con el modificador *durante horas*. El modificador aspectual *por completo* induce un cambio de tipo en ese mismo predicado en (222a), convirtiéndolo en la descripción de una eventualidad télica (una realización), con lo que resulta incompatible con *durante horas* (222b).

(222) a. Pepe mordisqueó la manzana por completo.

     b. *Pepe mordisqueó la manzana por completo durante horas.

En general, las actividades que admiten la recategorización lo suelen hacer a través de algún argumento interno que mida el evento, como en (220b). Son menos las actividades que se interpretan como logros, como en *Me llevó todo un año conducir este coche* (esto es, 'lograr conducirlo'). Recuérdese que los logros no se dejan convertir en actividades (*Llegué durante diez minutos*), pero algunos de ellos admiten la interpretación de 'estado resultante', como en *Voy a salir un rato,* que significa 'voy a estar fuera un rato', o en *Puse la carne en el horno durante tres horas,* que significa 'dejé estar la carne en el horno durante tres horas'.

Aunque es una cuestión polémica, muchos gramáticos entienden que la negación de cualquier eventualidad constituye un estado. Desde este punto de vista, la oración (223a) describe 'el estado de no correr', y (223b) 'el de no haber ganado la lotería'. Al negar un suceso o acontecimiento, lo que estamos describiendo es un estado de «no acontecimiento».

(223) a. Juan no corrió.

     b. Pepe no ha ganado la lotería nunca.

Un argumento que se usa habitualmente para apoyar este razonamiento es el siguiente: los verbos de logro, que suelen rechazar complementos de límite con *hasta* (*Llegó hasta las cuatro),* los admiten cuando están negados *(No llegó hasta las cuatro).* Esta diferencia se explica razonablemente si entendemos que *No llegó* designa aquí algo parecido a 'el estado de permanecer sin llegar' o 'el estado en que persistió la ausencia de su llegada'. La cuestión, no obstante, es polémica (§ 10.3.2), ya que esas interpretaciones, que tan naturales parecen, no se obtienen en francés, en alemán y en otras lenguas en las que también existen procesos de coacción aspectual. En esas lenguas no existen equivalentes literales de *Juan no llegó hasta las cuatro,* en los que la preposición *hasta* sea la misma que se emplee en *Permaneció allí hasta las cuatro.*

Cabe pensar que los predicados que expresan ausencia de un acontecimiento pueden ser coaccionados o recategorizados para describir un evento cuando se combinan con otro constituyente que requiere esta propiedad aspectual. Así, (224) se interpreta como 'Juan tomó la decisión de no correr', es decir, el «estado de no correr» pasa a interpretarse como 'la realización de tomar la decisión de no correr', dentro de un entorno que requiere eventos *(lo que hizo fue...)*.

(224) Lo que hizo Juan fue no correr.

La interacción entre aspecto flexivo y aspecto léxico obedece también a criterios de coacción aspectual. *Dibujar un círculo* es un predicado delimitado o télico, por lo que no puede combinarse con el modificador *durante dos horas* de (225b), ni admite una continuación discursiva como (225c), que entraña atelicidad:

(225) a. El bebé dibujó un círculo.
　　　 b. ?? El bebé dibujó un círculo durante dos horas.
　　　 c. *El bebé dibujó un círculo, pero no lo terminó.

La irregularidad de (225b) es más marcada con los verbos de creación que con los que no lo son (cfr. *Leyó la novela durante dos horas y luego se durmió*). La perífrasis progresiva con «*estar* + gerundio», al igual que el imperfecto, coacciona un predicado a una interpretación atélica o no delimitada, compatible con el valor imperfectivo de desarrollo que requieren. Por tanto, los constituyentes portadores de información aspectual de punto de vista se comportan como coaccionadores o recategorizadores de propiedades aspectuales de situación:

(226) a. El bebé estuvo dibujando un círculo durante dos horas.
　　　 b. El bebé dibujaba un círculo, pero no lo terminaba.

Proponen algunos autores que estos cambios de tipo de evento se pueden explicar en ciertos casos sin procesos de recategorización. Por ejemplo, los predicados de realización contienen dos rasgos aspectuales, que hemos dibujado algo toscamente en (136). Cabe pensar que unos adverbios eligen unos, con lo que dan lugar a actividades, y otros eligen otros, con lo que dan lugar a logros. No obstante, es difícil extender esta estrategia a otros muchos casos, ya que las realizaciones son en cierto modo excepcionales en el hecho de poseer rasgos que corresponden a varias categorías. Aun así, consideraremos de nuevo esta opción en el último apéndice de este capítulo.

En el § 5.7 observábamos que la distinción entre *ser* y *estar* se reducía a parámetros puramente aspectuales. Son numerosos los casos en que *estar* parece combinarse con un predicado de nivel individual cuya interpretación altera. Este proceso puede verse también como una operación de coacción o recategorización aspectual. Así, es posible que *estar rojo* signifique 'enrojecer', que *estar simpático* signifique 'comportarse de forma simpática' (recuerde que veíamos ejemplos similares en el comentario que sigue a (140)) y que *estar difícil* adquiera el significado 'parecer difícil'. En casos como estos, el verbo *estar* coacciona o recategoriza un predicado del nivel de individuo para que adquiera una interpretación en que la propiedad en cuestión se concibe como delimitada o como resultado de la percepción de alguien. En este sentido, *estar* puede actuar como un coaccionador aspectual. En el contraste de (227), ya considerado en el § 5.7, *estar* hace comportarse a *alto* como los predicados de estadio, como prueba el que pueda combinarse con el modificador *para su edad*.

(227) a. Pepe es muy alto.

     b. Pepe está muy alto para su edad.

Observe, sin embargo, que esta posibilidad no es sistemática. Por ejemplo, se dice *Es joven para conducir,* y no **Está joven para conducir.* De hecho, los contextos que coaccionan el cambio de paradigma aspectual son variables. Puedo decirle a alguien *Hoy se te ve muy inteligente,* donde *inteligente* funciona de forma natural como predicado de estadios, pero si quiero decir que algo es posible precisamente en el momento en el que hablo, no puedo decir **Eso está posible ahora.* Se ha observado, en general, que los cambios que afectan a formas de comportamiento de los individuos (recuerde § el 5.7.1) son más flexibles que los que afectan a las propiedades de las nociones proposicionales. Existen otras diferencias léxicas similares.

La omisión de objetos, que puede describirse como el resultado de la elisión de un argumento inherente (§ 6.4) se explica también como el resultado natural de operaciones de coacción argumental y aspectual. La diferencia entre (228a) y (228b) reside no solo en que en (228a) hay un argumento no explícito, sino también en que esta oración describe una actividad mientras que (228b) describe una realización:

(228) a. Pedro comió.

     b. Pedro comió una manzana.

Podemos interpretar (228a) como el resultado de un proceso de coacción o recategorización argumental. El verbo *comer* es un verbo bivalente, pero puede ser coaccionado al tipo de los verbos monovalentes con la consecuencia de que no asignará un papel aspectual ([Medida]), con lo que el evento descrito por el predicado será forzosamente no delimitado. Solo serán posibles las interpretaciones compatibles con esta propiedad. Esto nos serviría también para explicar por qué el argumento inherente o implícito debe ser no determinado o indefinido. Más concretamente, la propiedad que está en juego es que el predicado coaccionado sin argumento interno debe interpretarse como atélico. Coacción argumental y aspectual están, pues, relacionadas. A su vez, ambas deben ser completadas en función de los principios léxicos adecuados para que el mecanismo de la coacción (y en general de la recategorización léxica) no desemboque en un recurso irrestricto, sino que constituya una noción teórica con capacidad explicativa.

A5. *El aspecto flexivo en la sintaxis: el sintagma aspectual*

En el capítulo anterior hablábamos de los rasgos que componen el nudo SFlex: tiempo, aspecto, modo y concordancia (este último equivalente a «número + persona»). En los apéndices, vimos incluso que ciertos autores han propuesto en las dos décadas pasadas que las informaciones de tiempo y concordancia deben ser proyecciones autónomas (ST, SConc-S). Algunos de ellos (De Miguel, 1992, entre otros) han sugerido que la información contenida en las desinencias aspectuales (flexión aspectual) encabeza en la sintaxis una proyección de aspecto o SINTAGMA ASPECTUAL, abreviadamente SAsp. En principio, esto no sería más que una consecuencia adicional de la hipótesis de la proyección funcional plena que nos lleva a desarrollar el inventario de categorías funcionales asociadas con la flexión. Todavía hemos de justificar los elementos que ocupan el núcleo de esta proyección, así como la posición de SAsp en la jerarquía de las proyecciones funcionales.

Hemos mencionado anteriormente el hecho de que, en formas compuestas como el pretérito perfecto compuesto o el pluscuamperfecto, el auxiliar *(haber)* codifica cierta información aspectual. Por tanto, podemos asumir directamente que estos auxiliares que poseen el rasgo [+perfectivo] se generan bajo SAsp o se mueven desde SAux a SAsp:

(229) Juan $[_{SAsp[+perfectivo]}$ ha$_i$ $[_{SAux}$ h$_i$ ... comido]]

Aunque algunos autores defienden que la distinción entre el imperfecto de indicativo *(cantaba)* y el pretérito indefinido *(cantó)* es temporal, parece predominar la interpretación que la analiza como una diferencia aspectual. Se encontrarán los argumentos fundamentales de cada posición en §§ 44.4. 47.2.1.3 y 48.1.2 de Bosque y Demonte (1999). Podemos suponer que el imperfecto de indicativo posee el rasgo [-perfectivo] y que el pretérito indefinido o pasado simple posee el rasgo [+perfectivo]. Debemos, pues, inferir que el aspecto no solo está relacionado con los auxiliares de perfecto, sino también con las formas simples, y que estas formas también cotejan rasgos aspectuales:

(230) a. Juan $[_{SAsp[+perf.]}$ cantó$_i$ $[_{SV}$ h$_i$]]
       b. Juan $[_{SAsp[-perf.]}$ cantaba$_i$ $[_{SV}$ h$_i$]]

En general, es razonable suponer que la morfología flexiva con contenido aspectual debe generarse en el núcleo SAsp o moverse a él y, desde esta posición, atraer e incorporar el núcleo verbal. La siguiente cuestión relevante es determinar qué posición ocupa SAsp con respecto a SFlex. La respuesta no es tan inmediata como en el caso de la relación entre la información de tiempo y la de número / persona. En el caso de las propiedades aspectuales y temporales no podíamos aislar los morfemas aspectuales de los temporales. En la palabra *cantaba,* el morfema *-ba-* es un morfema sincrético que expresa tiempo (pasado) y aspecto (imperfectivo); y en la forma *cantó,* el morfema *-o* expresa también tiempo (pasado) y aspecto (perfectivo o aoristo). Las pruebas fundamentales para dilucidar esta cuestión las podemos obtener de la posición relativa de los adverbios aspectuales con respecto a los temporales (véase Demonte, 1991a y De Miguel, 1992). Así, adverbios como *ayer, hoy, esta tarde* o *mañana* son adverbios de tiempo, y adverbios como *recién, ya, todavía, hace un momento* o *continuamente* son adverbios aspectuales. Los primeros sitúan el evento denotado por un verbo en un punto o intervalo temporal. Los adverbios *ayer* o *esta tarde* de (231) hacen explícito respectivamente el momento en el que tuvo lugar el evento en que Juan vino y en el que se producirá la visita:

(231) a. Ayer vino Juan.
       b. Esta tarde la visitaré.

Los adverbios aspectuales cumplen otro papel: se centran en el evento visto desde su desarrollo (DURACIÓN) o en si el proceso denotado por el verbo ha ter-

minado o no (PERFECTIVIDAD). Duración y perfectividad son nociones relacionadas con el aspecto flexivo, por tanto con la proyección aspectual derivada de la
flexión escindida. Los adverbios aspectuales mencionados anteriormente son
compatibles solo con constituyentes que estén marcados con un determinado aspecto flexivo, es decir, con sintagmas que posean el rasgo [+/- perfectivo]. El adverbio *todavía,* por ejemplo, indica que el evento expresado por el verbo está en
desarrollo, por lo que el adverbio será compatible solo con predicados que posean
el rasgo [-perfectivo]:

(232) a. Pedro todavía {está comiendo / *comió / *ha comido}.
      b. Cuando llegó su hermano, Pedro todavía {comía / *comió / *ha comido}.

El adverbio *ya* es un adverbio aspectual que requiere que el SX con el que se
combina posea el rasgo [+perfectivo]. Este adverbio indica que el evento expresado por el núcleo léxico verbal ha culminado en un momento distinto de aquel al
que hace referencia la oración, ya sea el momento del habla u otro específicamente indicado por otra expresión. Podrá, por tanto, combinarse con formas verbales
perfectivas, pero tiende a rechazar las imperfectivas (en la interpretación pertinente aquí, equivalente a ingl. *already*):

(233) a. Tu hermano ya {ha comido / #comía / #comerá}.
      b. Juan ya habrá llegado mañana a esta hora.

Si las formas verbales perfectivas ascienden a Asp para cotejar el rasgo [+per-
fectivo] y las no perfectivas para cotejar el rasgo [-perfectivo], la compatibilidad
o no compatibilidad entre el adverbio y el rasgo aspectual de la forma verbal correspondiente puede verse como un proceso de CONCORDANCIA O COTEJO DE RAS-
GOS. Dado que estamos suponiendo que la concordancia tiene lugar en una configuración local asociada con una determinada proyección, podemos suponer que
los adverbios aspectuales están asociados con la proyección SAsp y los temporales con ST. Tomando esta hipótesis como punto de partida, los contrastes entre las
siguientes secuencias resultan relevantes para el asunto que nos ocupa:

(234) a. Ayer ya cantó.
      b. #Ya ayer cantó.

(235) a. Últimamente, mejora poco a poco.
      b. *Poco a poco, mejora últimamente.

(236) a. Ahora siempre cena en casa.
      b. *Siempre ahora cena en casa.

No constituyen excepción oraciones como *Todavía hoy me resulta difícil entenderlo,* en las que *todavía* equivale a *incluso;* es decir, es adverbio escalar en lugar
de aspectual. Los contrastes introducidos parecen indicar que los adverbios temporales deben preceder a los aspectuales. En las variantes agramaticales es siempre el adverbio aspectual el que precede al temporal (*ya > ayer;* *mañana > dos
veces;* *siempre > ahora*). Suponiendo que los adverbios de un determinado tipo

semántico se relacionan con la proyección léxica o funcional que expresa dicho contenido, podemos concluir que SFlex debe dominar a SAsp.

(237) a. [$_{SFlex}$ ayer ... [$_{SAsp}$ ... ya ...]]
 b. [$_{SFlex}$ mañana ... [$_{SAsp}$ ... todavía ...]]
 c. [$_{SFlex}$ ahora ... [$_{SAsp}$ ... siempre ...]

En el apéndice del capítulo anterior (A1 y A2) observamos que Pollock toma como hipótesis de partida el que los adverbios tienen como posición fija el dominio SV. Este análisis solo consideraba cierto tipo de adverbios y se centraba en la posición de estos respecto del verbo. No obstante, el delimitar más ajustadamente el inventario de categorías y proyecciones funcionales, nos permite ver que los adverbios se relacionan selectivamente con ciertas proyecciones de modo exclusivo o casi exclusivo. Algunas de las consecuencias que esta delimitación tiene para el estudio del orden de palabras serán estudiadas en el capítulo 10.

La derivación de la estructura oracional requiere un elemento adicional que se deduce de la jerarquización propuesta. Una pieza léxica V generada en la posición de núcleo del SV deberá ahora ascender, por aplicación de procesos sucesivos de incorporación o movimiento de núcleo a núcleo, a Flex a través de Asp, es decir, cotejando en ese núcleo los rasgos aspectuales. Volviendo al analisis de los auxiliares de perfecto, que ahora tratamos propiamente como auxiliares que se desplazan obligatoriamente a la proyección Asp o que se generan directamente en ella, podemos proponer que en (238) el auxiliar es atraído a la posición del núcleo de SAsp para cotejar el rasgo [+perfectivo].

(238) El estudiante ha comprado el libro.

Otro elemento que puede analizarse como un constituyente relacionado con la proyección SAsp es el *se* que aparece en oraciones como *Luis se comió un bocadillo*. Como observa Zagona (1996), este *se* es un elemento aspectual, que indica culminación, terminación o perfectividad de la acción expresada por el verbo (§ 6.11.3). En (239a), donde no aparece el *se* aspectual, la continuación ... *aunque no terminó* es posible:

(239) a. Luis {comió / comía / empezó a comer}, aunque no terminó.
 b. *Luis se comió un bocadillo, aunque no lo terminó.

Podemos, pues, tratar a este *se* como un elemento perfectivizador que se adjunta al núcleo Asp e impone el rasgo [+perfectivo]:

(240)
```
                    Asp
                   /\
         Se [+perf.]  Asp
                      /\
                   V   [+perf.]
```

En el marco del programa minimista, podemos suponer que el sintagma aspectual selecciona como complemento la proyección *v*, que introducíamos en A4 del capítulo anterior. Si seguimos la lógica del programa minimista, los verbos que tengan un objeto se moverán a v (con independencia de que manifiesten concordancia patente con el objeto o no) para cotejar el caso acusativo. Las formas simples requerirían, por tanto, los pasos de movimiento representados en (241a), y las compuestas, los pasos de (241b), donde el auxiliar se desplazaría a SAsp y el participio se desplazaría de V a Sv:

(241) a. $[_{\text{SFlex [+pasado]}} \text{ cantó}_i \ [_{\text{SAsp [+perfecto]}} h_i \ [_{Sv} h_i \ [_{SV} h_i \ ....]]]]$

b. $[_{\text{SFlex [+pasado]}} \text{ ha}_i \ [_{\text{SAsp [+perfecto]}} h_i \ [_{\text{SAux}} h_i \ [_{Sv} \text{ cantado}_j \ [_{SV} h_j \ ...]]]]]$

En (241a) hay una sola cadena de movimiento de núcleo a núcleo desde el SV hasta SFlex. En (241b) hay dos: una corta de SV a Sv para el participio, y otra larga de SAux a SFlex para el auxiliar. La diferencia explica el «peso» morfológico relativo de cada uno de los elementos implicados. Las formas simples contienen información léxica (V), aspectual, temporal y de concordancia. En cambio, las formas perifrásticas y complejas dividen la información entre dos elementos: (i) el auxiliar, que acumula información aspectual, temporal y concuerda con el sujeto; y (ii) el participio, que contiene la información léxica y de concordancia de objeto si es el caso. Desde este punto de vista, la diferencia principal entre la forma *ha cantado* y la perífrasis progresiva *está cantando* no está en el tipo de constituyentes que participan en la derivación sintáctica, o siquiera en el proceso derivativo en sí mismo, sino más bien en los rasgos que se deberán cotejar en cada caso:

(242) $[_{\text{SFlex [+presente]}} \text{ está}_i \ [_{\text{SAsp [-perfectivo / +progresivo]}} h_i \ [_{\text{SAux}} h_i \ [_{Sv} \text{ cantando}_j \ [_{SV} h_j \ ...]]]]]$

Veremos mejor este punto si comparamos (241b) con (242). Podemos incluso interpretar la forma *estar* como el educto morfofonológico de los rasgos [-perfectivo / +progresivo]. Se da además en esta estructura una relación de selección entre los rasgos de SAsp y los de Sv. Si un auxiliar debe cotejar en SAsp el rasgo [+perfectivo], seleccionará el rasgo [participio] en Sv. Por el contrario, si el auxiliar coteja [-perfectivo / +progresivo] seleccionará el rasgo [gerundio] en Sv.

Otra consecuencia de la relación de selección entre aspecto y concordancia de objeto es el fenómeno de la concordancia, patente o visible, entre el objeto y el participio. En el capítulo anterior observábamos que en español solo hay un número reducido de construcciones que posibilitan la concordancia superficial o morfológica entre el participio y el objeto. Pues bien, esas construcciones tienen en común, además de la concordancia patente de género y número, el que comparten un rasgo aspectual: son todas construcciones perfectivas. Considere los siguientes ejemplos:

(243) a. El ciclista tiene la rodilla destrozada.

b. (Una vez) impugnados los resultados, la comisión dejó de existir.

Esto no quiere decir, desde luego, que las construcciones absolutas, o en general las de predicación secundaria, se formen necesariamente con predicados perfectivos. Si bien son perfectivas la mayor parte, se admiten también ciertos predicados de individuo, sean adjetivales (cfr. *Astuto e inteligente, supo medrar en la política desde muy joven*) o nominales (*Víctima de un complot, cayó en desgracia ante sus superiores).* Observe que en los dos ejemplos de (243) la acción expresada por el participio debe haber sido terminada o realizada en el momento del habla, es decir, el participio expresa cierta información aspectual perfectiva. Esta restricción nos sugiere que, además del movimiento del participio a la proyección S*v*, debe satisfacerse al menos un requisito funcional adicional relacionado con el aspecto. La derivación de este tipo de secuencias requeriría el desplazamiento del participio de V a SAsp, ya que al tratarse de construcciones perfectivas, el participio deberá cotejar el rasgo [+perfectivo]. Debido a la restricción del movimiento de núcleo a núcleo, V tiene que atravesar *v* y posibilita el ascenso del objeto *los resultados* de (243b) al especificador de S*v* y la activación del mecanismo de concordancia núcleo-especificador:

(244) $[_{SAsp}$ Impugnados$_i$ $[_{Sv}$ los resultados$_j$ $[_{v'}$ h$_i$ h$_i$ ....]]]

Como vemos, lo que posibilita la concordancia patente o visible entre objeto y participio es el desplazamiento de ambos elementos a S*v*, que activa la concordancia núcleo-especificador. El participio asciende en este análisis a la proyección S*v*. En este sentido, aunque linealmente parezca que el verbo y su objeto aparecen en el orden estándar V-SN, para explicar la existencia de concordancia sintácticamente visible, tenemos que suponer que esta es el resultado del desplazamiento de verbo y objeto, con lo que el complemento viene a ser un «objeto desplazado». Este tipo de explicación permite unificar el análisis de estas construcciones del español actual con el de las construcciones de objeto desplazado del francés y del español medieval a partir de un parámetro de ascenso del objeto a S*v* y concordancia activa o visible con el verbo. Las construcciones de predicación secundaria, como (243 a, b), serán analizadas con más detalle en el § 6.12.

A6. *Rasgos eventivos y proyecciones funcionales*

A lo largo de este capítulo se han mencionado distintos aspectos del problema del enlace entre propiedades léxicas y derivaciones sintácticas. Por un lado se encuentran las aproximaciones teóricas basadas en nociones de jerarquía temática y argumental, que predicen la forma en que una serie de argumentos o de papeles temáticos deben realizarse estructuralmente. Recuérdese que la distinción entre argumento externo e interno especifica cómo se insertarán los argumentos en el punto inicial de la derivación estructural. Estas propuestas solo establecen una correlación entre propiedades argumentales o temáticas y prominencia estructural, que generalmente se puede establecer en función del mando-c. Sin embargo, como hemos visto en las últimas secciones, el hecho de considerar las propiedades aspectuales de tipo eventivo como parte del léxico nos conduce a un análisis del *problema del enlace* (y en definitiva, de la conexión entre el léxico y la sintaxis) un poco más complicado, ya que no solo se trata de establecer relaciones de prominencia entre nociones temáticas discretas, sino de analizar la interacción que se da entre los rasgos de ciertos constituyentes y los predicados con los que se combinan.

Los desarrollos teóricos de la pasada década, y en particular la teoría de las categorías funcionales y del cotejo de rasgos, permiten una revaluación de la noción de *enlace* entre tipos temático-aspectuales y categorías sintácticas, así como del problema de la proyección del léxico en la sintaxis. Por ejemplo, Zagona (1993) propone la PROYECCIÓN DE RASGOS ASPECTUALES (ingl. *aspectual feature mapping*), hipótesis de acuerdo con la cual las posiciones argumentales poseen rasgos aspectuales. Estos rasgos se corresponden con la subestructura eventiva, de forma que la interpretación eventiva de un determinado constituyente se correlaciona con el cotejo de ciertos rasgos en el componente sintáctico.

Supongamos que tomamos los rasgos presentados en el § 5.6.2 como los rasgos definitorios de las clases aspectuales. Será entonces el cotejo de propiedades como [delimitación], [duración] y [dinamicidad] lo que posibilitará o invalidará ciertas derivaciones. Centrándonos en el primer rasgo, recuérdese que esta propiedad distingue las eventualidades télicas de las atélicas. Podemos formular la siguiente generalización:

(245) Un predicado P tendrá una interpretación télica si el rasgo [delimitación] ha sido cotejado en un punto de la derivación sintáctica. En caso contrario, el predicado se interpretará como no télico.

La delimitación o telicidad del evento se correlaciona estrechamente con las propiedades del argumento interno (cfr. la restricción de medida y la correlativa restricción de «no medida» de los argumentos externos). Podemos postular entonces que es el cotejo de un rasgo del SD objeto con el verbo lo que activa la interpretación télica. Siguiendo la hipótesis de Zagona, podemos suponer que un SD argumental coteja el rasgo [delimitación] con el verbo en una proyección externa al SV. En los años noventa se especuló que esta proyección podía ser la de concordancia de objeto (Conc-O), es decir, la proyección que domina inmediatamente al SV. Como hemos explicado (A4, cap. 4), en el programa minimista se eliminan las proyecciones de concordancia y a esta proyección se la denomina *v* (*v* pequeña) (§ 6.9.3).

(246)

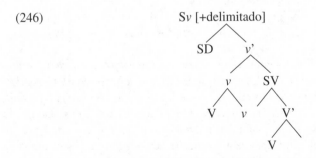

Esta hipótesis se cimenta en varias propiedades aspectuales. En primer lugar, son los objetos los que miden o delimitan el evento, como vimos. Podemos suponer que *v* atrae sólo a un SD objeto (generado como complemento de V), con lo que se cumplirían las restricciones de medida (para los argumentos internos) y de no-medida (para los argumentos externos). En segundo lugar, recuérdese que las construcciones absolutas de participio como las de (247) son las únicas en las que hay concordancia patente entre objeto y verbo en español. Estas construcciones denotan siempre eventualidades télicas:

(247) a. Consideradas estas razones, cambiaron su decisión.

   b. Leída la obra, los estudiantes pasaron a analizarla.

   c. Construida la autopista en menos tiempo del previsto, no será necesario el uso de desvíos.

El objeto no puede ser un plural escueto como el de (248a), puesto que estos plurales no miden el evento. La modificación eventiva por adverbios de reiteración (como *frecuentemente*) o modificadores no delimitativos convierten a las secuencias en agramaticales, como en (248b) y (248c):

(248) a. *Consideradas razones, cambiaron su decisión.

   b. *Leída la obra frecuentemente, los estudiantes pasaron a estudiarla.

   c. *Construida la autopista durante unos meses, no será necesario el uso de desvíos.

Así pues, una derivación como la siguiente nos permite explicar estas propiedades:

(249) [$_{SAsp}$ Consideradas$_i$ [$_{Sv}$ estas cosas$_j$ h$_i$ [$_{SV}$ [$_{v'}$ h$_i$ h$_j$]]]]

Al explicar la concordancia de objeto (o de la proyección *v*), notábamos también que los pronombres de objeto inducían concordancia con el participio en lenguas como el italiano y el francés. En español no hay manifestación superficial o patente de esa concordancia en el participio, pero sí la hay de la concordancia con un pronombre objeto, como en (250). Por ello se ha propuesto que estos pronombres se generan en *v*. En estos casos, el pronombre concordante induce la propiedad de la delimitación.

(250) a. Pepe lo compró.

   b. *Pepe lo compró durante dos horas.

   c. Pepe compró durante dos horas.

Como vemos, es claro que la preposición *durante* es compatible con el verbo *comprar* en (250c), frente a *Compró tabaco de contrabando durante años,* por ejemplo, con predicado no delimitado. Ello nos obliga a reflejar en términos teóricos la incompatibilidad entre la preposición y el pronombre átono que muestra (250b). La opción más natural es suponer que esta oración es agramatical porque el modificador eventivo encabezado por *durante* es incompatible con el rasgo télico inducido por el pronombre en SConc-O.

En este apéndice hemos revisado varias propuestas recientes sobre la integración de la aspectualidad en la gramática, tanto en el plano léxico-semántico como en el estrictamente sintáctico. Es esta una cuestión sumamente debatida en la actualidad, con numerosas ramificaciones tanto empíricas como teóricas, lo que hace difícil dar por el momento con una única teoría uniforme y elegante que abarque todos los fenómenos. Las propuestas elegidas, que hemos presentado por separado, no son ni mucho menos las únicas existentes, pero son suficientes para comprobar que también en el ámbito del aspecto (sea léxico o morfológico) los esfuerzos de los investigadores se encaminan a elaborar un sistema formal restric-

tivo que permita cotejar rasgos en ciertas posiciones sintácticas. El problema añadido que suscita el análisis del aspecto es que estos rasgos no se obtienen directamente desde el léxico, lo que –ciertamente– simplificaría mucho las cosas. Por el
contrario, muy a menudo se obtienen en la sintaxis, sea mediante procesos de
asignación composicional, sea mediante recursos de recategorización (o coacción)
que alteran o reajustan los rasgos de las piezas léxicas. Aun así, existen ya análisis avanzados que abordan con detalle el complejo problema de conectar la estructura temática de los predicados con su estructura eventiva. Como hemos visto en
este capítulo, se trata de informaciones diferentes, pero a la vez estrechamente
vinculadas.

6 Sujetos y objetos

6.1. Introducción

En los capítulos anteriores hemos visto cómo se proyectan en la sintaxis ciertas propiedades léxicas, así como la forma en que condicionan la combinatoria de los constituyentes de manera determinante. De hecho, la teoría de la predicación, la teoría temática y la del aspecto léxico no son sino intentos de dar cabida a esas nociones dentro del marco generativista. En este capítulo trataremos de dar respuesta, dentro de los parámetros teóricos establecidos en el capítulo anterior, a una serie de problemas que surgen en el análisis de los sujetos y los objetos oracionales. Entre las preguntas que consideraremos en este capítulo están las siguientes:

- ¿Por qué podemos omitir los sujetos y los objetos en ciertas estructuras?
- ¿Cuál es el sujeto de las oraciones impersonales, si lo tienen?, ¿y el de las oraciones de infinitivo?
- ¿Qué factores condicionan y explican la presencia de sujetos pacientes en las oraciones pasivas y en las encabezadas por los denominados 'verbos inacusativos'?
- ¿Cuántas clases de *se* existen y cómo afectan a la proyección de la estructura argumental?
- ¿Es posible tener estructuras oracionales sin flexión?

Estas preguntas no son en absoluto nuevas. De hecho, corresponden a problemas que han ocupado a los gramáticos desde hace décadas, en algunos casos siglos. Así pues, la teoría gramatical moderna no los plantea por primera vez, pero pretende explicarlos a partir de un conjunto reducido de hipótesis que permiten conectarlos entre sí. Es habitual que las gramáticas tradicionales dediquen capítulos distintos a la impersonalidad, las oraciones pasivas o los valores de *se*. También es frecuente que en esas presentaciones se pierdan ciertas regularidades, así como algunos aspectos transversales de estas construcciones que apuntan a la conveniencia de analizarlas de forma unificada. Aquí veremos que el punto de unión lo proporcionan algunos procesos generales de proyección y legitimación argumental. Esta postura no solo nos permite descubrir los mecanismos sintácticos que subyacen a construcciones sintácticas aparentemente diversas, sino que nos muestra que muchos de estos procesos no son características peculiares de la gramática española, sino probablemente propiedades de la estructura común de las lenguas.

6.2. Los sujetos nulos y la flexión

6.2.1. *La categoría* pro

El principio de proyección (§ 5.2.3) requiere que la selección categorial de un predicado se refleje en todos los niveles de representación gramatical. Entendiéndolo de manera literal y estricta, la consecuencia principal de dicho principio sería que tenemos que ser siempre capaces de identificar los argumentos de una determinada pieza léxica a partir de la información patente. La omisión de argumentos en ejemplos como *El libro carece,* *Pepe se dispuso,* etc. origina infracciones claras del requisito de saturación argumental y de su correlato derivacional: el principio de proyección. Existen, sin embargo, otros casos en los que la omisión de un constituyente parece que no da lugar a infracción alguna. Considere las tres variantes de cada uno de los ejemplos siguientes:

(1) a. Los muchachos bailaron hasta el amanecer.
    b. Ellos bailaron hasta el amanecer.
    c. Bailaron hasta el amanecer.

(2) a. Pedrito comió un bocadillo.
    b. Él comió un bocadillo.
    c. Comió un bocadillo.

En estas oraciones vemos que es posible tener un SD pleno como sujeto de los predicados encabezados por *bailar* y *comer,* como en (1a) y (2a). Es también posible la presencia de un pronombre, como en (1b) o (2b) y, como ilustra la opción de (1c) y (2c), parece que el predicado puede aparecer en solitario sin ningún sujeto explícito. Estos contrastes dan lugar a varios tipos de preguntas. Desde el punto de vista semántico o discursivo, podemos preguntarnos qué condiciona la elección de un sujeto u otro, o bien su omisión. Se ha propuesto, por ejemplo, que la expresión del sujeto pronominal se asocia con interpretaciones contrastivas: en (1b) se dice, por ejemplo, que ellos fueron los que bailaron hasta el amanecer, no ellas, o no otras; en (2b) que cierta persona comió un bocadillo, en lugar de hacerlo alguna otra, etc. Con independencia del valor informativo de la estrategia elegida, tenemos que hacernos una pregunta sintáctica aún más básica: ¿Carecen entonces de sujeto oraciones como (1c) o (2c)? Desde luego, es importante preguntarse qué significan exactamente estas oraciones o cuándo podríamos usarlas, pero antes debemos preguntarnos qué estructura sintáctica tienen, o simplemente por qué son posibles.

Si concluyésemos a partir de estos ejemplos que en español es posible la aparición, como estructuras predicativas completas, de constituyentes SFlex sin especificador alguno, estaríamos admitiendo implícitamente que es posible infringir el requisito de saturación argumental o el principio de proyección. Parece que no es esto lo que ocurre. Dichas secuencias son gramaticales y se establece en ellas efectivamente una relación predicativa, puesto que se dice de alguien que bailó o que comió. Una alternativa razonable consiste en suponer entonces que contienen un SUJETO PRONOMINAL NO EXPLÍCITO, TÁCITO O NULO que vamos a etiquetar como *pro*. Esta etiqueta está elegida al azar. Si la cambiáramos por otra a la que asignásemos un contenido similar, el análisis no se vería afectado.

Vale la pena justificar brevemente por qué tomamos esta decisión, en lugar de limitarnos a adoptar alguna de las que se han presentado en otros marcos teóricos, tradicionales o modernos. Las más comunes son las siguientes:

A) Una solución frecuente en las gramáticas no formales es la de suponer que estas oraciones contienen «un pronombre elidido» o que son el resultado de aplicar «un proceso de elisión pronominal». El análisis es extraño, puesto que postular un pronombre (es decir, una categoría necesaria cuando se hace referencia a individuos) para luego elidirlo no parece una opción enteramente coherente. Pero, además, es claro que este análisis hace predicciones falsas. Consideremos estos contrastes:

(3) a. Alguna gente piensa que *pro* es inteligentísima.
    b. Alguna gente piensa que ella es inteligentísima.

Observe que no podemos llegar a (3a) desde (3b) a través de ningún proceso de elipsis, puesto que no es posible que *ella* se refiera en (3b) a *alguna gente,* aunque la concordancia de género y número se respeten. Así pues, el antecedente de *pro* (frente al de *ella*) no ha de ser necesariamente una expresión definida: *pro* es un elemento pronominal, pero no es un elemento elidido, ni necesariamente definido. Aun así, es oportuno señalar que Holmberg (2005) ha propuesto recientemente una versión algo más sofisticada de la hipótesis de la elisión pronominal, que consiste en dejar sin correlato fonológico ciertos rasgos sintácticos y morfológicos presentes en determinados segmentos.

B) Más antiguo aún es el análisis que supone que estas oraciones tienen sujeto, pero el sujeto no sería un constituyente suyo, sino un elemento que permanece en la mente del hablante o se obtiene del discurso previo. En una concepción formal de la gramática no es posible aceptar que el sujeto de una oración (al igual que su predicado, o cualquiera de sus componentes definitorios) no forme parte de ella.

C) Finalmente, algunos gramáticos tradicionales (entre ellos Fernández Ramírez, 1951) sugerían que el sujeto de esta oración existe, pero no es léxico, sino flexivo: son los rasgos de persona de la flexión verbal. Este análisis está mejor encaminado que los dos anteriores, pero choca con dos dificultades. La primera es que renuncia a la estructura de constituyentes. Es decir, si en *Dijo que* <u>*Luis no lo sabía*</u> entendemos que el constituyente subrayado es una oración (más técnicamente un SFlex) que contiene un SV como uno de sus componentes, habríamos de decir que el constituyente subrayado en *Dijo que* <u>*no lo sabía*</u> no es una oración, sino únicamente un SV seleccionado por *que*. Ciertamente, perderíamos una generalización importante respecto de los complementos de *que*. La segunda dificultad hace referencia a la distinción entre rasgos interpretables y rasgos concordantes (§ 4.6.2). Este análisis nos hace perder la distinción, puesto que los rasgos de persona de *bai<u>laron</u>* serían no interpretables en *Ellos bailaron hasta el amanecer,* pero serían interpretables en *Bailaron hasta el amanecer.* Dicho de otra forma, la desinencia verbal no puede ser la responsable de la interpretación del sujeto no expreso, puesto que es compatible con él.

Volvamos a nuestro análisis. La implementación técnica de la propuesta de que existen sujetos tácitos o nulos que etiquetamos como *pro* ha de comenzar por señalar que en el modelo de principios y parámetros, *pro* se concibe como una CATEGORÍA VACÍA O NULA (ingl. *empty / null category*). Una categoría vacía está formada por expresiones que no se pronuncian, es decir, elementos no audibles o percibibles, pero cuya existencia es estructuralmente necesaria. Así pues, *vacía* significa exactamente 'vacía de rasgos fonológicos'. Las distintas categorías vacías se caracterizarán por sus propiedades diferenciales: entornos en los que pueden aparecer, rasgos con los que deben estar especificadas, etc. En el capítulo 4 (§ 4.2.1) presentamos las huellas de movimiento como elementos nulos, que pueden ser considerados como una categoría vacía que etiquetábamos entonces como «h». Los pronombres nulos (ingl. *null pronouns*), con diferentes especificaciones, constituyen también categorías vacías. La categoría *pro* se legitima en las proyecciones de concordancia, en concreto en la proyección de flexión, o en la proyección de concordancia de sujeto (SConc-S) en los modelos que escinden Flex (capítulo 4, §§ A1 y A2). El contenido del sujeto nulo o no explícito es recuperable a partir de lo expresado en el discurso precedente, como ilustran los siguientes ejemplos:

(4) a. Los muchachos terminaron las clases y se fueron a celebrarlo. Creo que *pro* bailaron hasta el amanecer.
   b. Pedrito tenía hambre y por eso *pro* comió un bocadillo.

Se puede recuperar también a partir de lo expresado en el discurso subsiguiente, como en (5):

(5) Aunque *pro* no lo crea, María tiene todavía mucho que aprender.

Pese a que en el análisis escolar se dice a veces que el sujeto de *bailaron* es *los muchachos* en (4a) y que el de *comió* en (4b) es *Pedrito,* es evidente que no lo son. Estos elementos son los antecedentes (o, si se prefiere, los referentes) de *pro,* que es un elemento de naturaleza pronominal, pero un SD no puede ser el sujeto de una oración a la que no pertenece.

En los casos en que el pronombre nulo aparece en una secuencia inicial de discurso, la interpretación viene dada por el contexto extraoracional. En (6), será el trasfondo conversacional el que nos permitirá inferir los individuos a los que se refiere *pro:*

(6) *pro* irán mañana a las tres.

Así pues, lo que los supuestos ejemplos de predicación incompleta u oraciones sin sujeto aparente representan en realidad son casos de ausencia u omisión de un sujeto pronominal explícito (en inglés se denomina al fenómeno «*pro* drop»). En estas estructuras, el elemento no explícito o vacío *pro* ocupa la posición de especificador de SFlex, a la que se desplaza desde su posición dentro del SV (recuerde la estructura (41) del capítulo 5). El verbo se desplazará al núcleo Flex desde el núcleo V:

(7)

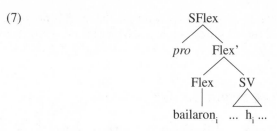

El contenido de *pro* (es decir, el de sus rasgos de número y persona) es variable. Dependerá de los rasgos del verbo que ocupe la posición de núcleo de Flex y
se cotejarán por los procesos ya conocidos de concordancia núcleo-especificador.
En este sentido, *pro* es una especie de comodín, más exactamente una variable
pronominal que puede asumir cualquier valor de número o de persona. Otra manera de ver el contenido de *pro* es suponer que ya está especificado con el valor
concreto de esos rasgos antes de entrar en la derivación sintáctica, por lo que habría tantas variantes de *pro* como pronombres explícitos. Observe que en (7), el
verbo que ha ascendido a la posición Flex *(bailaron)* posee los rasgos [tercera per-
sona] y [plural], por lo que *pro* compartirá dichos rasgos y tendrá el mismo contenido en cuanto a la información de número y persona que el pronombre explícito *ellos* (tercera persona, plural). Si los rasgos de concordancia fueran por el
contrario [segunda persona] y [singular], solamente la forma verbal *bailaste* podría ser atraída a tal posición, suponiendo que los rasgos de T(iempo) son los relevantes ([+pasado], etc.). Identificaríamos entonces *pro* como un pronombre de
segunda persona del singular:

(8) $[_{\text{SFlex}}$ *pro* [2.ª p., sing.] $[_{\text{Flex}'}$ bailaste...]]

Así pues, en la oración *pro llegaste tarde* no estamos diciendo que el sujeto sea
«el pronombre *tú* elidido», sino un pronombre nulo con rasgos de segunda persona, que concuerdan con los que la flexión verbal manifiesta. La alternancia entre
pronombres explícitos y no explícitos tiene otras propiedades, entre las que destaca el hecho de que *pro* no puede ser focalizado. Esta es una propiedad fonológica
enteramente natural, ya que ningún elemento átono puede ser focal. Si un pronombre carece de rasgos fonológicos por su propia naturaleza, mucho menos podrá ser
acentuado. Así, mientras que en (9a) se contrastan dos individuos (un hombre y
una mujer), el uso del pronombre nulo para expresar dicho contraste no resulta
gramatical (9b).

(9) a. Vino él, no ella.
    b. *Vino, no ella.

Los sujetos nulos argumentales pueden recibir también una interpretación indefinida, como en *Llaman a la puerta,* donde cabe postular un *pro* sujeto con los
mismos rasgos inespecíficos que caracterizan el pronombre *alguien* (Condoravdi,
1987). Retomaremos este sujeto nulo en el § 9.1.2. Por el momento, nos interesa
resumir las ideas fundamentales de este apartado: (i) Los sujetos no expresos han
de ser compatibles con el principio de proyección; (ii) La categoría *pro* permite
que este principio se respete; (iii) Se trata de un pronombre nulo (es decir, sin ras-

gos fonológicos), no de un pronombre elidido. Sus rasgos gramaticales concuerdan con los de la flexión verbal como un caso más de la relación local núcleo-especificador.

6.2.2. *El parámetro del sujeto nulo*

En lenguas como el español o el italiano es posible la omisión del sujeto pronominal, pero en inglés o francés no lo es, con independencia de que el sujeto sea contrastivo o no. Compare los ejemplos del inglés, francés y alemán de (10)-(12) –en los que las oraciones (b) están mal formadas en cualquier circunstancia pragmática o comunicativa– con las dos posibilidades del español de (13).

(10) a. They are happy.   (inglés)
     b. *Are happy.

(11) a. Ils sont hereux.   (francés)
     b. *Sont hereux.

(12) a. Sie sind glücklich.   (alemán)
     b. *Sind glücklich.

(13) a. Ellos son felices.
     b. Son felices.

Asimismo, los verbos que denotan fenómenos atmosféricos (llamados a menudo VERBOS METEOROLÓGICOS) y otros de los tradicionalmente denominados VERBOS IMPERSONALES tienen como sujeto *pro* en español, pero exigen pronombres explícitos en inglés, francés y alemán.

(14) a. Llueve.
     b. Il pleut. *(Fr.)*
     c. Es regnet. *(Al.)*

Esta diferencia entre lenguas puede verse como el efecto de un parámetro sintáctico que ha sido denominado el PARÁMETRO DEL SUJETO NULO (ingl. *null subject parameter*), precisamente porque la diferencia se reduce simplemente a la posibilidad de que un elemento nulo pronominal ocupe la posición de sujeto oracional. La explicación más común de esta diferencia estructural la relaciona con las propiedades morfosintácticas del nudo Flexión (concordancia). El inglés es una lengua de CONCORDANCIA DÉBIL O NO EXPLÍCITA (§ 4.3.3). El español, el catalán o el italiano, por el contrario, son lenguas morfológicamente ricas, en las que los procesos de concordancia son visibles en la sintaxis superficial. Esta propiedad se explica con la hipótesis de que los rasgos morfológicos atraen el verbo desde su proyección léxica (el SV) hasta las proyecciones funcionales relacionadas con la flexión. El proceso sintáctico asociado puede verse también como la causa de que en español se legitimen los sujetos nulos en la proyección de concordancia, mientras que este proceso no es posible en inglés. La concordancia 'fuerte' o 'morfológicamente explícita' permite legitimar e identificar los rasgos que portará *pro,* por lo que el argumento asociado será recuperable y el principio de proyección no se infringirá.

La intuición que se esconde en este análisis es muy simple: en inglés no es posible decir *Rains* como equivalente del español *Llueve,* porque los rasgos de tercera persona que aparecen en la forma *rains* son morfológicamente débiles, y por tanto solo pueden ser asignados por un pronombre fuerte que contenga esos mismos rasgos. En español los rasgos de persona y número de *Llueve* son, en cambio, fuertes, y pueden ser visibles sintácticamente aunque su asignador sea un elemento tácito. Esta es una traducción moderna de la idea –presente en algunos gramáticos tradicionales y bien orientada en lo fundamental– según la cual la flexión de persona del verbo español tiene «naturaleza pronominal». Tal vez se pregunte usted ahora cómo se hace compatible la idea de que el sujeto de *Llueve* es un pronombre nulo con rasgos de tercera persona y el hecho evidente de que, cuando llueve, nada ni nadie realiza la acción de llover. Esta es una pregunta muy natural, y enseguida la plantearemos, pero antes hemos de explicar otras consecuencias formales del parámetro que hemos introducido.

Los efectos del parámetro del sujeto nulo no se reducen a la posibilidad de omisión del pronombre personal sujeto. Durante los años setenta y ochenta varios autores notaron una serie de fenómenos que se detectan también en las lenguas que permiten los sujetos nulos. Perlmutter (1971) observó que las lenguas que permiten sujetos nulos no manifiestan lo que se ha dado en llamar EFECTO COMPLEMENTANTE-HUELLA (ingl. *Comp-trace effect*). En inglés, no es posible extraer un SQu sujeto de una oración subordinada cuando esta aparece encabezada por un complementante (*that* 'que').

(15) a. Who did you say   wrote   this book?
         quién AUX   tú dices escribió este libro
         '¿Quién dices que escribió este libro?'

   b. *Who did you say   that wrote   this book?
         quién AUX tú   dices que escribió este libro

De acuerdo con lo expuesto en el § 4.4 sobre el movimiento de SQu, en (15a) el sujeto se desplaza al especificador de SComp, pero la presencia del complementante *that* bloquearía tal extracción en (15b):

(16) a. Who$_i$ did you say h$_i$ wrote this book?
   b. *Who$_i$ did you say that h$_i$ wrote this book?

Se obtienen contrastes similares a estos en francés, en alemán y en otras lenguas que no admiten sujetos nulos. Los retomaremos en el § 7.4. Como puede observarse en (16b), la presencia de la secuencia «*that* + huella» convierte la oración en mal formada, lo que da lugar al término mencionado 'efecto comp-huella'. Por el contrario, es posible extraer un objeto de una oración como (17), porque en este caso el complementante y la huella «no están en secuencia» (más detalles en el § 7.4.2).

(17) Which book$_i$ did you say that he wrote h$_i$?
    '¿Qué libro dijiste que escribió?'

La llamada GENERALIZACIÓN DE PERLMUTTER establece que las lenguas que permiten sujetos nulos, como el español y el italiano, permiten la extracción de sujetos a través del complementante:

(18) a. ¿Quién dices que escribió el libro?
    b. Chi hai detto che ha scritto questo libro?
      'Quién has dicho que ha escrito este libro?'

Una segunda propiedad de las lenguas de sujeto nulo es que permiten la inversión opcional del sujeto con respecto al verbo, propiedad también denominada IN-VERSIÓN LIBRE (ingl. *free inversion*). Así pues, comprobamos que en inglés no es posible invertir el sujeto con respecto al verbo (o al SV), pero en español o italiano tal inversión es posible.

(19) a. John has telephoned.
    b. *Has telephoned John.

(20) a. Juan ha telefoneado.
    b. Gianni ha telefonato.

(21) a. Ha telefoneado Juan.
    b. Ha telefonato Gianni.

La pregunta que se nos plantea ahora es cómo relacionar formalmente esta propiedad con el parámetro del sujeto nulo. El análisis de Rizzi (1982) y Chomsky (1982) deriva la posibilidad de que existan estas secuencias precisamente de la existencia de sujetos nulos. Burzio (1981, 1986) y Jaeggli (1982) elaboraron propuestas similares. La secuencia en que el sujeto aparece en posición posverbal es posible porque el sujeto está en la posición de adjunto a la derecha del SV (véase también Torrego, 1984, sobre este punto). Supongamos que esta es una posición derivada. Tendríamos entonces la siguiente derivación de la oración *Sonrió Juan,* donde el sujeto se desplazaría desde la posición de especificador de SFlex a la de adjunto posverbal de SV:

(22)

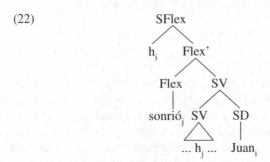

Esta estructura resulta problemática, vista desde la actualidad, ya que los movimientos de descenso en los que una huella manda-c al elemento desplazado no son legítimos (§ 4.2.2). Como se ve, en este caso el sujeto *Juan* quedaría mandado-c por su huella. Según Rizzi, la inserción de un pronombre nulo en el especificador de SFlex es lo que permite hacer legítima la siguiente estructura:

(23)

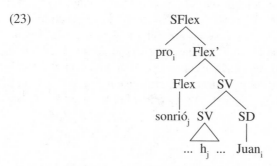

Esta posibilidad solo existe en aquellas lenguas que admiten los sujetos nulos, lo que establece la correlación deseada entre la inversión libre y el parámetro del sujeto nulo.

Podemos preguntarnos ahora qué sucede con el sujeto posverbal en relación con la marca de caso. Si es cierto que todos los SSDD deben recibir caso (recuerde el filtro de caso del § 3.3.4), y el caso nominativo está asociado a la flexión, no queda claro cómo puede recibirlo el sujeto posverbal de una estructura como (23). La solución que presenta Rizzi consiste en proponer un mecanismo especial de TRANSMISIÓN DEL CASO (ingl. *case transmission*), por medio del cual el pronombre nulo transmitirá su especificación de caso (nominativo) al SD pospuesto y coindizado con él, y con el que forma una CADENA, es decir, un segmento discontinuo. En otras palabras, en la cadena <*pro*$_i$ ... Juan $_i$>, el primer miembro o eslabón *(pro)* recibe caso de la flexión y lo transmite al último eslabón de la cadena. Concluye también Rizzi que la ausencia de efectos Comp-huella se debe precisamente a que el elemento que sigue al complementante no es una huella, sino un pronombre nulo. De acuerdo con la hipótesis de sustitución de la huella por *pro* y la transmisión de caso, la estructura correspondiente a la oración *¿Quién dices que escribió el libro?* sería entonces la siguiente:

(24) ¿Quién$_i$ dices que *pro*$_i$ escribió el libro h$_i$?

En esta estructura queda claro que la extracción del SQu (§ 4.4.2) se produce una vez que la inversión sujeto-verbo ha tenido lugar, por lo que no hay efecto Comp-huella. Observe que en (24) tenemos la secuencia «*que + pro*» y no «*que + huella*».

Se ha hecho notar en más de una ocasión que esta explicación de los fenómenos empíricos asociados al parámetro del sujeto nulo presenta ciertos desafíos a la gramática formal. En primer lugar, debemos justificar el proceso de sustitución de una huella por un pronombre. En segundo lugar, debemos explicar qué motiva y hace posible ese movimiento de adjunción del sujeto al SV. Por último, hay que suponer que el caso puede transmitirse, además de asignarse o cotejarse directamente en una posición determinada. Esta última suposición será justificada más extensamente en el § 6.6. Las otras dos no son por el momento esenciales. Observe ahora que el desarrollo de la hipótesis del sujeto interno al SV (§ 5.2.4), nos permite dar una solución alternativa, conservando lo esencial de la propuesta de Rizzi pero sin tener que utilizar dichas hipótesis. En efecto, cabe señalar, en primer lugar, que si los sujetos se generan en el especificador de SV, podemos ver la posición superficial posverbal no como una posición desplazada, sino como aquella en la que el sujeto se sitúa inicialmente. En segundo lugar, el adoptar este punto de partida haría innecesario postular la sustitución de una huella por *pro,* ya que *pro* se generaría directamente en el especificador de SFlex. El desplazamiento de V a Flex para cotejar sus rasgos permitiría obtener el orden V-S. Aun así, todavía necesitamos el mecanismo de transmisión de caso para que el SD en el especificador de SV lo reciba. El propio Rizzi (1997a) sugiere un análisis de este estilo:

(25)

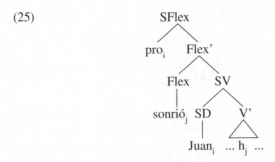

6.3. Los sujetos de las oraciones impersonales

6.3.1. *Los pronombres nulos expletivos*

Como hemos visto, el principio de proyección predice que la estructura argumental de una pieza léxica siempre se manifestará o se proyectará en la sintaxis, es decir, en la estructura configuracional. Lo puede hacer bien a través de constituyentes expresados como categorías plenas o de constituyentes implícitos como categorías vacías. Se dan, no obstante, ciertos casos en los que un análisis detallado revela que parece haber más argumentos realizados sintácticamente de los requeridos por la estructura argumental. Consideremos los siguientes ejemplos, que contienen predicados impersonales como *parecer, suceder, convenir, ser necesario, ser obvio* o *haber:*

(26) a. Parece que Luis llegará tarde.
  b. Sucedió que la casa se derrumbó.
  c. Conviene que leas el libro.
  d. Es necesario que Luis llegue a tiempo.
  e. Es obvio que no tienes ganas.
  f. Hay dos mesas en el jardín.

En cada uno de estos ejemplos tenemos una estructura oracional completa en la que aparece un SComp o un SD en la posición posverbal, y la posición preverbal está vacía, frente a lo que sucede en otras lenguas (fr. *Il semble que...;* ingl. *It seems that...*). En español ningún elemento de la categoría SD puede ocupar dicha posición:

(27) a. *Esto parece que Luis llegará tarde.

    b. *Aquello conviene que leas el libro.

    c. *El hecho es necesario que Luis llegue a tiempo.

    d. *Ello es obvio que no tienes ganas.

No obstante, en algunas variantes del español popular dominicano son gramaticales oraciones como (27d) y otras similares que retomaremos en esta misma sección. Importa señalar ahora que, desde un punto de vista argumental, las expresiones *parecer, suceder, convenir, ser necesario, ser obvio* o *haber* son predicados monovalentes o monádicos que toman un solo argumento proposicional. Estas expresiones son, por tanto, funciones proposicionales que requieren un solo elemento para saturarse completamente:

(28) a. Parece [que Luis llegará tarde].

    b. Es necesario [que Luis llegue a tiempo].

No debe confundirse el verbo monovalente *parecer* de (26a) y (28a) con el verbo bivalente *parecer* de *Luis se parece a su hermano Pedro*. Obviamente, esta acepción de *parecer* ('ser parecido a', 'semejarse a') carece de las propiedades que estamos analizando.

En los ejemplos de (29), como en el caso de los verbos meteorológicos en general *(llover, nevar, granizar, helar),* no parece requerirse constituyente alguno como sujeto en español, frente a lo que sucede en francés, inglés o alemán, como vimos en (14):

(29) a. Nevó ayer.

    b. Está lloviendo torrencialmente.

    c. Hace sol.

    d. Anochece temprano.

El verbo *nevar* no expresa una función proposicional, sino una proposición completamente saturada. Son agramaticales oraciones como *La nieve nevó,* o *Esto ha nevado* (si bien algunos autores aceptan que *la nieve* es el sujeto de *nevar* en un nivel subléxico); sin embargo, en inglés se dice *It snows* y en francés *Il neige,* es decir, estos verbos se construyen con sujeto. Ciertamente, se dice a veces en español *El día amaneció tranquilo,* pero no se dice *El día amaneció,* lo que sugiere un leve cambio de significado en el verbo *amanecer.* También sabemos que pueden llover las críticas o los problemas, de nuevo en un sentido no literal de *llover,* puesto que es evidente que esas entidades no se precipitan desde las nubes.

Si quiere usted ver el problema en términos no técnicos, basta con que piense que los verbos atmosféricos tienen sujetos léxicos en francés, inglés o alemán, aunque tampoco en esas lenguas llueva nada ni nadie. Así pues, en el análisis que aquí aplicamos existe en español un pronombre nulo *(pro)* que tiene rasgos de tercera persona y posee el mismo contenido que esos otros pronombres (fr. *il,* ingl. *it;* al. *es).* Podemos suponer, pues, que en los verbos meteorológicos, y en general en los verbos impersonales, hay una ASIMETRÍA entre la estructura argumental y su realización sintáctica. Los verbos impersonales expresan funciones proposicionales, pero sus argumentos saturadores aparecen en posición posverbal; los verbos meteorológicos pueden expresar proposiciones completas sin necesidad de argumento alguno.

Alguien podría pensar que en los ejemplos de (26) tenemos un fenómeno de concordancia «oculta» entre Luis y el sujeto oracional del SComp en posición posverbal. Desde este punto de vista, el elemento concordante con *parece* en (30a) sería *Luis,* dada la equivalencia semántica con (30b). Si alguien prosiguiera este análisis, concluiría que el SD se genera como sujeto de *parecer* y desciende hasta su posición superficial.

(30) a. Parece que Luis vino.
     b. Luis parece que vino.

Esta idea es difícil de sostener por varias razones. En primer lugar, no todos los verbos impersonales permiten una alternancia como la de (30): decimos *Sucedió que la casa se derrumbó,* pero no *La casa sucedió que se derrumbó.* En segundo lugar, esta forma de ver las cosas implicaría que cuando el sujeto de la oración incrustada posee la especificación [plural], dicha especificación debería transmitirse al verbo *parecer.* Sin embargo, esto no es así. Como vemos al comparar (31) y (32), *parece* no concuerda con *tus primos,* que es el sujeto de *vinieron* en (31a).

(31) a. Parece que tus primos vinieron.
     b. Tus primos parece que vinieron.

(32) a. *Parecen que tus primos vinieron.
     b. *Tus primos parecen que vinieron.

Esto significa que *tus primos* no es en (32b) el sujeto de *parece,* sino un elemento desplazado que ocupa alguna posición externa a la oración, como la de tópico (encontrará más detalles sobre esta posición en el capítulo 11). La asimetría entre la especificación de número de *parecer* y el verbo en la oración subordinada indica que los procesos de concordancia asociados con este último son independientes, y que cuando el verbo incrustado carece de sujeto explícito, la concordancia está determinada por la presencia de un pronombre nulo.

(33) a. Parece que *pro*$_{sing}$ vino.
     b. Parece que *pro*$_{pl}$ vinieron.

Podríamos también postular que el SComp es un sujeto oracional en posición posverbal y que aparece pospuesto por un proceso de inversión libre u opcional. Esto nos permitiría seguir asociando el elemento saturador de una función proposicional con el sujeto exclusivamente. Sin embargo, este análisis tiene también ciertos inconvenientes. En primer lugar, la presencia de dichos constituyentes de categoría SComp en posición preverbal resulta imposible, como en (34a), o bien se percibe como marginal, como en (34b). Otras veces es un constituyente forzosamente contrastivo, como en (34c), o bien aparece tematizado, como en (34d). Desde luego, esas condiciones particulares no son necesarias en los sujetos nominales pospuestos.

(34) a. *Que Pepe llegó tarde parece.

    b. ?Que termines la tarea es necesario.

    c. Que termines la tarea es necesario; que esté perfecta, no tanto.

    d. Que dijera esa sarta de estupideces era de esperar.

Los verbos que tienen dos argumentos proposicionales admiten estas estructuras más fácilmente:

(35) Que tú me digas eso prueba sin lugar a dudas que estás equivocado.

Como *probar* es un verbo transitivo, su argumento externo parece ocupar el lugar que se rechaza arriba. Pero observe que en francés se dice (36a), y no en cambio (36b):

(36) a. Traduire un poème c'est trahir son auteur. 'Traducir un poema es traicionar al autor'

    b. *Traduire un poème est trahir son auteur.

Este último contraste nos indica que la posición preverbal de (34c) o (35) podría ser también una posición de tópico o tema, y no la posición de un sujeto oracional originario. En este sentido, al no ser la inversión completamente opcional, parece más razonable suponer que la oración subordinada debe estar sometida a un proceso de anteposición obligatoria.

Resumamos. De las consideraciones anteriores se deduce que, si volvemos a los análisis de (33), debemos concluir que para explicar esos datos necesitamos dos sujetos nulos, uno para cada verbo. Hay, pues, dos pronombres nulos involucrados: el *pro* que es sujeto de *parecer*, y el *pro* (singular o plural) que es sujeto del verbo incrustado:

(37) a. *pro* parece que *pro*$_{sing}$ vino.

    b. *pro* parece que *pro*$_{pl}$ vinieron.

Como es lógico, el *pro* más incrustado de estas oraciones es un argumento de *venir*. Se preguntará usted ahora qué tipo de *pro* es este que aparece como sujeto de *parecer*. Para entender mejor su naturaleza, conviene tener en cuenta que las construcciones impersonales formadas con el verbo *haber* en su interpretación existencial poseen propiedades muy similares a aquellas en que aparece *parecer*. Considere los siguientes ejemplos:

(38) a. *Habían dos mesas *[sujeto a variación dialectal]*.

    b. Dos mesas hay preparadas.

    c. ¿Hay dos mesas? Sí, las hay.

La concordancia del SD con el verbo produce agramaticalidad en muchas variedades del español (38a), aunque no en todas. La aparición del SD en la posición preverbal fuerza la interpretación focal (generalmente contrastiva) del SD (38b), por lo que esa oración no estará bien construida si se quieren evitar esos efectos. Además, en un discurso como (38c), el pronombre correferente con el SD es un pronombre acusativo. Los verbos meteorológicos que admiten un SN en posición posverbal no lo aceptan en la forma concordante, como se ve en (39a), ni permiten su aparición en posición preverbal no marcada, como muestra (39b):

(39) a. *Hacen calor y sol.
　　 b. *Sol hace.

Si examinamos las construcciones correspondientes a las mencionadas en inglés, francés o alemán, observaremos que en ellas aparece un elemento pronominal en la posición de sujeto:

(40) a. It seems that Luis will arrive late. 'Parece que Luis llegará tarde'
　　 b. It is necessary that Luis arrive on time. 'Es necesario que Luis llegue a tiempo'
　　 c. There are two tables in the garden. 'Hay dos mesas en el jardín'

(41) a. It snowed. 'Nevó'
　　 b. It is hot. 'Hace calor'
　　 c. Il pleut. 'Llueve'
　　 d. Il fait chaud. 'Hace calor'

Los pronombres *it, there* o *il* de estos ejemplos aparentemente no saturan ningún argumento y carecen de contenido semántico propiamente dicho, es decir, no se refieren a ninguna entidad, hecho o propiedad. Se les llama por ello PRONOMBRES PLEONÁSTICOS O EXPLETIVOS. Los pronombres explícitos del español poseen siempre un contenido semántico, a menudo enfático o contrastivo. Por ello no pueden funcionar como pronombres expletivos:

(42) *Él parece que Luis llegará tarde.

Incluso el pronombre neutro *ello* solo puede aparecer en posiciones subcategorizadas o argumentales en el español general. Así pues, mientras que el pronombre neutro *it* del inglés que aparece en las oraciones (40a) y (40b) no se refiere a ninguna entidad, el pronombre *ello* que aparece en (43) a continuación, toma necesariamente la referencia de algún estado de cosas que se ha mencionado en el discurso anterior. De ahí que no sea posible en (44).

(43) a. Ello se debe a que el candidato no informó a tiempo.
　　 b. No me he dado cuenta de ello.

(44) a. *Ello parece que Luis vendrá.
　　 b. *Ello llueve.

Así pues, podemos suponer que en español existe un PRONOMBRE NULO EXPLETIVO (*pro* expletivo o *pro*^{expl}), es decir, sin contenido léxico, que ocuparía la posición de especificador de SFlex de los verbos impersonales:

(45) a. *pro*^expl parece que Luis llegará tarde.

    b. *pro*^expl es necesario que vengas.

    c. *pro*^expl nevó ayer.

    d. *pro*^expl hace sol.

Conviene hacer dos precisiones sobre (45). La primera es que, si se asume que *pro*^expl ocupa aquí la posición que corresponde a otros pronombres en inglés, necesitaremos algún principio que nos diga que esa posición externa al predicado ha de estar ocupada universalmente. Dedicaremos a este principio la sección siguiente de este capítulo (§ 6.3.2). La segunda precisión afecta a la naturaleza de *pro*. Aunque hemos añadido el superíndice *expl* a todas las formas *pro* de (45), existen algunas diferencias entre ellas, ya que solo algunos de estos *pro* tienen su correlato en el pronombre PRO, como veremos en el § 6.6.2. Por el momento, nos interesa resaltar que *pro* y los pronombres de otras lenguas se diferencian únicamente en sus rasgos fonológicos. Henríquez Ureña (1939) observó que las oraciones de (44) son –o eran hasta hace no mucho– gramaticales en ciertas variantes de la lengua popular de la República Dominicana, como hemos recordado a propósito de (27d). En estos dialectos alternan, por tanto, *pro*^expl y *ello*. En las demás variedades del español no existe un sustituto de *pro*^expl que tenga rasgos fonológicos. Además, a diferencia del *pro* que aparece en las construcciones personales sin sujeto explícito (como *Llamó ayer*), este *pro*^expl carece también de rasgos semánticos. En cambio posee rasgos morfológicos, concretamente [3.ª persona] y [neutro].

La especificación de persona (tercera) de *pro*^expl debe entenderse como una especificación morfológica por defecto, sin contenido referencial alguno, como la de los pronombres *it, il* o *es* de otras lenguas mencionados arriba. En otras palabras, *pro* puede referirse a personas diferentes, como vimos más arriba; en cambio, *pro*^expl es una marca de impersonalidad o de «no persona». Nótese, además, que el simple hecho de separar los rasgos (fonológicos, semánticos y morfológicos) de los pronombres expletivos nos permite responder directamente algunas preguntas que dieron lugar a polémicas en la tradición gramatical, como la de si el pronombre *il* es o no el sujeto de *pleut* en *Il pleut*, o la de si es posible que este verbo tenga sujeto en francés y su equivalente no lo tenga en español –cuando lo cierto es que tiene exactamente el mismo significado–, entre otras similares.

Se ha señalado alguna vez que el español posee pronombres expletivos de objeto. Lo cierto es que los posibles candidatos, como los que se subrayan en *armar<u>la</u>, pasar<u>lo</u> bien, arreglárse<u>las</u> para....* o *no tener<u>las</u> todas consigo*, forman parte de expresiones lexicalizadas, es decir, de expresiones que se extraen ya formadas del léxico. Estos pronombres no tienen referente claro (o siquiera posible), y a veces están ausentes (en el Uruguay se dice *pasar bien*, no *pasarlo bien*), por lo que no ocuparían posiciones argumentales en la configuración sintáctica: los sintagmas verbales a los que corresponden se insertarían directamente como tales en los nudos correspondientes.

6.3.2. *El principio de proyección extendido*

Desde el punto de vista sintáctico, el proponer que los verbos impersonales tienen sujetos nulos expletivos nos lleva a una solución uniforme, en términos del parámetro del sujeto nulo, ya que el español presenta de forma tácita lo que otras lenguas como el inglés hacen explícito. Así pues, las oraciones impersonales tienen sujetos pronominales expletivos. Probablemente ya se habrá dado usted cuenta de que esta solución tiene el inconveniente de crear una asimetría entre la teoría argumental y el principio de proyección. En efecto, la presencia de pro^{expl} como sujeto de una oración (por ejemplo, *Nevó ayer*) no se sigue del principio de proyección, al no ser la realización de un argumento y no expresar un participante en la acción o el proceso denotados por el verbo. Por tanto, la inserción de dicho pronombre debe considerarse en estos casos como una opción independiente de criterios léxicos de saturación argumental o de criterios temáticos. Su aparición deberá estar entonces motivada por un requisito sintáctico. La solución que se ha propuesto es modificar el principio de proyección mediante la siguiente extensión (Chomsky, 1982):

(46) PRINCIPIO DE PROYECCIÓN EXTENDIDO (PPE): todas las oraciones tienen sujeto.

Observe que (46) no nos dice cómo interpretar este sujeto, ni tampoco qué rasgos (fonológicos, morfológicos o semánticos) debe poseer. Recuerde además que en los párrafos anteriores hemos estado desdoblando o separando estos rasgos, precisamente porque si se consideran todos ellos simultáneamente, el concepto de 'sujeto' se convierte en una noción difícil de analizar o de aplicar provechosamente en la teoría gramatical. Así pues, (46) nos dice que las oraciones requieren un sujeto, en el sentido de «algún tipo de sujeto».

El PPE puede también formularse en términos categoriales. La posición de especificador del SFlex debe estar siempre ocupada, ya sea por una expresión realizada fonológicamente o por una categoría vacía. El PPE queda como un requisito claramente independiente del proceso de saturación argumental y tiene, por tanto, naturaleza estructural o configuracional. En las construcciones impersonales analizadas, el PPE entra en conflicto con el principio de saturación argumental y exige la presencia de un elemento en una posición no seleccionada semánticamente. Este elemento será, pues, una expresión expletiva. En español, donde no hay pronombres expletivos explícitos, como hemos visto, la inserción de un miembro de la categoría vacía pro^{expl} es obligatoria. Así pues, la implementación técnica del PPE requerirá una regla o un principio adicional de 'inserción de pronombre expletivo' que se activará cuando la mera satisfacción de la proyección de la estructura argumental en la sintaxis deja la posición de sujeto vacía. En otras palabras, la satisfacción del PPE forzaría la inserción de un pronombre expletivo como último recurso para prevenir estructuras oracionales sin sujeto.

El PPE impone un requisito estructural relativo a la estructura X-con-barra. Este principio ha llamado la atención de los gramáticos en el marco del reciente programa minimista. Recordará usted que en el § 4.6 considerábamos las diferencias que existen entre las aproximaciones derivacionales y las representacionales en la teoría formal de la gramática. En el modelo minimista, la reinterpretación fuertemente derivacional de los procesos de estructuración sintáctica lleva a cuestionar principios o hipótesis basadas en postulados o teorías representacionales. El PPE se reinterpreta, pues, como un requisito que refleja las necesidades de cotejo del núcleo Flexión. Este núcleo selecciona o requiere una expresión que porte rasgos nominales precisamente para hacer posible la concordancia sujeto-verbo. El PPE puede verse, desde este punto de vista, como un RASGO DE UN NÚCLEO FUNCIONAL. Este rasgo demanda que el cotejo de rasgos entre el elemento nominal y la flexión verbal se lleve a cabo de forma visible, es decir, que se manifieste tanto en el verbo como en el SD. Es, por tanto, un rasgo 'fuerte', que requiere su satisfacción en la sintaxis visible. La reformulación del PPE en el marco minimista tendría la siguiente forma:

(47) Una expresión de categoría Flex (T / Conc) posee un rasgo-PPE que debe ser cotejado explícitamente por una expresión de categoría SD.

Así pues, una derivación como (48) infringiría el PPE:

(48) $^*[[_{\text{Flex}}$ Parece que sonríen]]

Esta estructura sería no convergente, es decir, no legítima, ya que el rasgo-PPE de Flex quedaría sin cotejar. La inserción de un pronombre expletivo nulo satisfaría tal requisito, ya que nos permitiría cotejar dicho rasgo. Algunos autores (como Picallo, 1998), entienden que desde este punto de vista minimista no haría falta en realidad postular la existencia de una categoría como *pro*^{expl}, sino que el rasgo PPE puede verse, simplemente, como fuerte o débil. Si es fuerte, está implementado morfológicamente (como el pronombre *it* o *there* del inglés). Si es débil, como en nuestra lengua, el rasgo se cotejaría en el núcleo verbal. Así pues, en lugar de una operación de inserción de un pronombre nulo expletivo, tendríamos en español el cotejo no visible del rasgo PPE.

La formulación minimista del PPE en términos de cotejo de rasgos parece también avalar la hipótesis del sujeto como constituyente generado internamente en el SV al comienzo de la derivación sintáctica (§ 5.2.4). Desde este punto de vista, la satisfacción del PPE y las necesidades de cotejo de rasgos vienen a ser los factores que atraen un sujeto léxico a la posición del especificador de SFlex.

6.4. Argumentos implícitos y objetos nulos

En las secciones anteriores hemos defendido la existencia de argumentos no explícitos que aparecen en la posición de sujeto. Seguramente habrá usted caído en la cuenta de que en español es posible también omitir los objetos directos, como ilustran las alternancias de los ejemplos de (49)-(52):

(49) a. Pepe comió calabaza.
     b. Pepe comió.

(50) a. Luisa estudió la lección.
     b. Luisa estudió.

(51) a. Mi tío fuma puros.
     b. Mi tío fuma.

(52) a. Bailé un tango.
     b. Bailé.

Este tipo de alternancias constituye, de nuevo, un problema aparente para una generalización tan potente como la que representa el principio de proyección, ya que las oraciones sin argumento interno explícito infringirían tal requisito. Observe además que no podemos decir simplemente que estos verbos han pasado a ser intransitivos o que tienen acepciones intransitivas. No es evidente que *comer* o *fumar* tengan en estas oraciones significados diferentes de los que tienen cuando aparecen con complemento directo. Además, si estos verbos fueran intransitivos, no podríamos interpretar contrastes tan claros como (53):

(53) a. El chico ha estado bebiendo, pero no sé qué.
    b. *El chico ha estado sonriendo, pero no sé qué.

La oración (53a) es gramatical porque *beber* es un verbo transitivo, y (53b) es agramatical porque *sonreír* es un verbo intransitivo. La segunda parte del ejemplo contiene en ambos casos una interrogativa indirecta TRUNCADA (ingl. *sluiced*). Así pues, hemos de interpretar que se eliden en ellas los segmentos *ha estado bebiendo* y *ha estado sonriendo,* respectivamente. Es muy evidente, por tanto, que solo *beber* proporciona el argumento que identifica el pronombre *qué*.

Intentaremos, pues, otras soluciones. Podríamos extender la estrategia que adoptamos con respecto a los sujetos nulos, y postular que la ausencia u omisión del objeto en los ejemplos de arriba se debe a la presencia de una categoría nula pronominal similar a la que propusimos en el caso de los sujetos tácitos. Las oraciones de (54) serían oraciones transitivas con objetos nulos de categoría *pro*.

(54) a. Pepe comió *pro*.
    b. Luisa estudió *pro*.

La adopción de esta hipótesis de forma irrestricta nos llevaría a predecir que la omisión del objeto es posible para cualquier verbo que posea un argumento interno. Sin embargo, la agramaticalidad de las siguientes estructuras nos indica que dicha hipótesis no puede ser correcta:

(55) a. *Pepe visitó.
    b. *María solucionó.
    c. *Ayer estuve preparando.
    d. *Juan tiene en el campo.

Existen oraciones similares a las de (55) que resultan gramaticales solo en ciertos contextos, como *Pepe acaba de pedir* (dicha por el camarero en una cafetería) o *Cerré* (dicha por el dependiente de una tienda). Parece claro entonces que la omisión de objetos no es posible de forma arbitraria. Por consiguiente, no podemos extender sin más la categoría *pro* a los complementos como recurso para satisfacer el principio de proyección, porque esa hipotética extensión haría un gran número de predicciones incorrectas. Observe además que, mientras que los sujetos nulos no expletivos poseen el valor semántico de un pronombre (hacen referencia a un individuo concreto contextualmente determinado), en el caso de los objetos nulos el elemento designado no parece ser determinado o definido. Las oraciones de (56) no son, por tanto, equivalentes:

(56) a. Pepe comió.
　　b. Pepe lo comió.

En el primer caso indicamos que Pepe llevó a cabo la actividad de comer, pero en el segundo nos referimos a algo determinado o específico que Pepe comió, lo cual explica el siguiente contraste:

(57) a. Pepe comió, aunque nada especial.
　　b. *Pepe lo comió, aunque nada especial.

En la tradición gramatical es habitual decir que *comer* en (56a) es un verbo transitivo en USO ABSOLUTO, es decir, con objeto directo implícito. Modernamente se ha propuesto que los verbos de ingestión (*comer, beber, fumar,* etc.), los verbos de movimiento (*bailar, caminar, correr,* etc.), y algunos de los verbos que se refieren a ciertos procesos intelectivos *(estudiar, leer, pensar),* poseen OBJETOS COGNADOS (ingl. *cognate objects*), es decir, objetos que son derivables o inferibles a partir de la raíz verbal misma: *comer comida, beber bebida, bailar un baile, fumar tabaco* (es decir, *algo fumable*), etc. La alternancia entre las formas con objeto explícito e implícito es posible porque este último es recuperable léxicamente a partir de la pieza verbal. Cuando decimos que Pepe estuvo comiendo, entendemos que el objeto ingerido es algo que asociamos convencionalmente con el acto de comer (es decir, alimentos), y no que estuvo comiendo papel o chinchetas. De ahí que podamos hablar en estos casos de ARGUMENTOS IMPLÍCITOS INHERENTES. Nótese también que el argumento interno implícito hace referencia normalmente a una cantidad no determinada o definida. El argumento omitido puede ser más específico otras veces. Así, si se dice de alguien que bebe, se entiende generalmente que bebe alcohol; si se dice que nunca escribe, se entiende cartas o mensajes, o tal vez literatura si es escritor.

Esta interpretación cognada del complemento implícito nos aporta además el significado que debemos asignar a los pronombres cuantitativos neutros, muy cercanos a los adverbios, como observan habitualmente las gramáticas. Si alguien –pongamos por caso un estudiante extranjero– nos pregunta qué significa exactamente *mucho* en la oración *Hoy he comido mucho,* le diremos sin dudar que *mucho* significa 'mucha comida'. Nótese que para obtener esta interpretación, que tan natural nos parece, hemos reproducido el contenido léxico de *comer* y lo hemos descargado en el complemento *mucho,* lo que representa una variante de la situación descrita arriba.

Algunos autores recogen todas estas observaciones en la propuesta de que estos verbos permiten una alternancia entre una variante transitiva y otra intransitiva. Tales alternancias se han reconocido en muchas teorías de la gramática, antiguas y modernas. En la gramática generativa suele destacarse la propuesta de Marantz (1984), que formula la siguiente alternancia de elisión del objeto no definido: «Si tenemos un verbo V_1 con estructura argumental *V(x, y)* y el argumento interno '*y*' es no definido, entonces es posible una forma alternativa V_2 con estructura argumental *V(x)*».

No todos los objetos nulos son explicables como argumentos inherentes. En los ejemplos de (58) encontramos verbos que no poseen argumentos inherentes (cfr. **Quiero, *Me enviaron,* o **Compré*), pero aun así legitiman objetos nulos en ciertas construcciones.

(58) a. ¿Quieres ver el partido? Sí, claro que quiero.

  b. Enviaron regalos a todos los representantes, pero a mí no me enviaron.

  c. ¿Compraste café? Sí, compré.

En estos casos no podemos hablar de un proceso de alternancia léxicamente condicionado, sino de la omisión de un objeto por motivos semánticos. Como observa Campos (1986), el elemento nulo correspondiente debe ser indefinido, ya que no es posible contestar *Sí, lo compré a la pregunta ¿Compraste café? Así pues, parece lógico suponer que existe en español un *pro* indefinido (*pro*^{indef}) en posición de objeto, como se argumenta en Fernández Soriano (1989). Se trata, de hecho, del equivalente de los pronombres *en* del francés o del catalán, y *ne* del italiano. Al igual que en estas lenguas, *pro* recupera su contenido del antecedente correspondiente, que ha de ser necesariamente indefinido. Tenemos, por tanto, contrastes como estos:

(59) a. Ellos habían traído dinero, pero yo no había traído.

  b. Ellos habían traído el dinero, pero yo no lo había traído.

Nótese que resultaría inadecuado decir que el verbo *traer* es intransitivo en (59a), pero transitivo en (59b), puesto que es evidente que en los dos casos se habla de traer alguna cosa. Resulta natural suponer, por tanto, que *había traído* tiene como complemento (*pro*^{indef}), cuyo antecedente es *dinero*. Así pues, podemos decir que en ambas oraciones el pronombre y su antecedente concuerdan en el valor, positivo o negativo, del rasgo [definitud].

Existen otros factores que favorecen la omisión del argumento interno de ciertos verbos. Cuando los verbos que denotan realizaciones –es decir, eventos que se completan o acciones que requieren algún objeto afectado (recuerde el § 5.6.2)– se interpretan como actividades, se omite muy frecuentemente este argumento. Tal conversión se da, por ejemplo, cuando se habla de acciones que se realizan como actividad habitual, característica o incluso profesional: *pintar* (*Llevo días sin pintar*), *componer* (*Estuvo componiendo toda la tarde*), *examinar* (*¿Vas a examinar hoy?*), *pasar* (*Este jugador tendría que aprender a pasar mejor*), *adelantar* (*No adelantes por la derecha*). Es obvio que no tiene sentido realizar las acciones que denotan esos verbos si no existen entidades que son pintadas, compuestas, examinadas, pasadas, o adelantadas, pero –como se ve– la gramática no nos fuerza a expresarlas en estos casos.

Con la excepción de las preposiciones, las demás categorías también admiten argumentos implícitos. He aquí algunos ejemplos:

A) Se omite un argumento de los sustantivos que se subrayan: *La compra me llevó toda la mañana; Cuando se complete, la traducción quedará espléndida; El bombardeo fue terrible*.

B) Se omite un argumento de los adjetivos que se subrayan: *Siempre fue una persona fiel; Yo tampoco soy partidario; ¿Es culpable?*

C) Se omite un argumento de los adverbios que se subrayan: *Vives muy lejos; ¿Has mirado detrás?; Independientemente, había que tomar una decisión*.

Los argumentos implícitos reciben a veces una interpretación GENÉRICA, particularmente cuando en la oración aparecen inductores que favorecen esta lectura (más detalles sobre este concepto en el § 8.9). Así, en *Juan es (siempre) amable,* se entiende 'con la gente en general'. El inductor de genericidad es aquí el adverbio *siempre* o el presente de indicativo. Observe que la amabilidad es un concepto transitivo, por lo que necesitamos un argumento interno del predicado *amable* para poder entender lo que este adjetivo significa. La interpretación del argumento implícito es otras veces ANAFÓRICA. Así, en *Le pedí a Juan que me hiciera un favor y fue muy amable,* entendemos 'conmigo'. De igual forma, en *Yo tampoco soy partidario,* el argumento implícito podría parafrasearse como 'de ello' o 'de eso'. El argumento implícito de *Vives muy lejos* se suele interpretar DEÍCTICAMENTE: 'de aquí'.

Existe un cierto acuerdo en que pro^{indef} debe aparecer en la posición de objeto en los casos mencionados, pero no existe total coincidencia entre los gramáticos en cuanto a si deben aparecer o no en la configuración sintáctica esos otros argumentos implícitos que hemos mencionado. Los autores que contestan afirmativamente entienden que el principio de proyección nos fuerza a dar una respuesta afirmativa. Los que contestan negativamente entienden que el principio de proyección no se mantiene en estos casos, y que el léxico puede proporcionar información sobre los predicados que no se muestra necesariamente en la configuración, aun cuando sea imprescindible para interpretar el significado de las oraciones.

Los argumentos implícitos pueden depender, finalmente, de la estructura gramatical de una determinada lengua. Nótese que en español no aparece el argumento interno de *ayudar* en (60a), o el de *hacer* en (61a), pero en inglés resultan imprescindibles, como muestra el contraste de gramaticalidad entre (60b) y (60c) o entre (61b) y (61c):

(60) a. Un libro siempre ayuda a pasar una tarde.
    b. *A book always helps to spend an afternoon.
    c. A book always helps {you / someone} to spend an afternoon.
      'Un libro siempre te ayuda a pasar una tarde.'

(61) a. El dinero no hace feliz.
    b. *Money doesn't make happy.
    c. Money doesn't make one / people happy.
      'El dinero no le hace feliz a uno, a la gente.'

Estas diferencias llevaron a Rizzi (1986a) a postular que en las oraciones genéricas existe un tipo de *pro* de objeto genérico o arbitrario (pro^{gen} o pro^{arb}), que suele aparecer en las mismas lenguas que admiten el pronombre nulo de sujeto que hemos considerado arriba.

6.5. Los sujetos nulos sin flexión verbal

6.5.1. La categoría PRO

Existe un contexto especial en el que no solo es posible, sino en la mayoría de los casos obligatorio, omitir un sujeto preverbal explícito: las construcciones de infinitivo. No es posible insertar un sujeto explícito preverbal en la mayor parte de las oraciones de infinitivo, con independencia de que estas sean complemento del verbo o sujetos oracionales:

(62) a. Pedro insiste en tocar el piano por la noche.
  b. Pedro te permitió tocar el piano por la noche.
  c. Tocar el piano por la noche me relaja.

(63) a. *Pedro insiste en él trabajar por la noche.
  b. *Pedro te permitió tú trabajar por la noche.
  c. *Yo tocar el piano por la noche me relaja.

La generalización que acabamos de establecer sobre las oraciones de (62) y (63) es bastante firme. Solo escapan a ella algunas construcciones preposicionales marcadas, como *Sin yo saberlo* o (en ciertas zonas de América) *Para tú poder trabajar*. Las oraciones de (63) son agramaticales a pesar de que satisfacen el principio de proyección. Por el contrario, en las variantes gramaticales que no muestran ningún sujeto parece infringirse el principio de proyección. ¿Por qué no se infringe? Algunos autores han sugerido (en la gramática tradicional y en algunos marcos teóricos como el funcionalismo estructuralista) que *tocar el piano por la noche* en (62a) pasa a ser un elemento nominal. Ciertamente, alterna con sintagmas nominales (se puede decir *Insiste en su idea peregrina*), pero no es menos cierto que el verbo *tocar* tiene complemento directo en esta secuencia, concretamente *el piano,* lo que significa que el segmento en el que se inserta tiene propiedades oracionales, o, en otras palabras, constituye una oración. Tenemos que explicar entonces por qué el verbo *tocar* aparece con complemento directo en esa oración, pero carece aparentemente de sujeto.

En los ejemplos de (62) nos es posible recuperar el contenido del argumento externo del verbo *tocar,* lo cual es indicio de que el principio de proyección se ha satisfecho. Una forma natural de reflejar formalmente esta idea es suponer que estos infinitivos tienen sujetos tácitos representados por una categoría vacía. A esta categoría se la denomina, convencionalmente, PRO. La categoría PRO es también una categoría pronominal, pero se diferencia de la categoría *pro* (o *pro* «pequeño», como se dice a veces) en que la posición de sujeto de las oraciones de infinitivo es una posición donde no hay rasgos de concordancia explícitos. El elemento nulo PRO tiene rasgos morfológicos, aunque no los tenga fonológicos. De hecho, los rasgos de género, número y persona de PRO son los que permiten que se den las relaciones de concordancia que se muestran en (64):

(64) a. María prefiere [PRO vivir tranquila]
      fem.   *fem.*
      sing.   *sing.*
  b. Luis y Pedro insisten en [PRO trabajar solos en ese asunto]
          masc.   *masc.*
           pl.   *pl.*
  c. Juan no desea [PRO afeitar-<u>se</u> la barba]
       3.ª pers. *3.ª pers.*

Estas relaciones son LOCALES, es decir, se dan en un ámbito relativamente reducido. En las oraciones (64a) y (64b) comprobamos que un adjetivo que constituye un complemento predicativo ha de concordar con el sujeto de su misma oración (no con el de otra). En (64c) comprobamos que el antecedente de un pronombre reflexivo es también el sujeto de su misma oración, con el que habrá de concordar. Tal vez piense usted que en la oración (64a), el adjetivo *tranquila* concuerda con *María,* pero en términos estrictamente sintácticos no es así, puesto que *tranquila* es en esta oración un complemento predicativo del sujeto de *vivir* (es decir, PRO), no del sujeto de *prefiere.* Desde luego, *María* y PRO también han de concordar en dicha oración, al igual que han de hacerlo *Juan* y PRO en (64c). De estas nuevas 'concordancias' hablaremos en el § 6.5.2. Como vemos, es importante no confundir la pregunta «¿A qué individuo se atribuye aquí la tranquilidad?» con la pregunta «¿De qué elemento gramatical se predica el adjetivo *tranquila* en esta oración?».

Habrá usted notado probablemente que la agramaticalidad de ejemplos como (63a) está relacionada con el 'filtro de caso' (§ 3.3.4). Los infinitivos no poseen flexión, y por lo tanto son categorías verbales defectivas. Esta defectividad impide que asignen caso nominativo a un SD explícito. Se ha observado (Raposo, 1987) que en lenguas como el portugués, en las que sí es posible encontrar sujetos explícitos preverbales en las oraciones de infinitivo, esta posibilidad queda vinculada a la presencia de rasgos de concordancia manifiestos en esa forma verbal:

(65) a. *Será difícil elles aprobar a proposta.
    b. Será difícil elles aprobar<u>em</u> a proposta.
      (Será difícil ellos aprobar-Conc la propuesta.)
      'Será difícil que ellos aprueben la propuesta.'

(66) a. *Eu lamento os depuitados ter trabalhado pouco.
      (Yo lamento los diputados haber trabajado poco.)
    b. Eu lamento os depuitados ter<u>em</u> trabalhado pouco.
      (Yo lamento los diputados haber-Conc trabajado poco.)
      'Yo lamento que los diputados hayan trabajado poco.'

También habrá observado usted seguramente que en nuestro idioma la oración (63a) pasaría a ser gramatical si *él* apareciera inmediatamente detrás de trabajar: *Pedro insiste en trabajar él por la noche.* En general, es posible encontrar sujetos posverbales con caso nominativo en las siguientes circunstancias (pueden verse sobre este punto Piera, 1987; Fernández Lagunilla, 1987; Fernández Lagunilla y Anula, 1994; Rigau, 1995; Torrego, 1998b):

A) En ciertas subordinadas adverbiales: *De haberlo sabido Juan, no habría venido; Al llegar el vecino, interrumpimos la fiesta.*
B) En ciertas construcciones independientes, como las exclamativas o interrogativas retóricas: *¡Llegar yo tarde! Imposible; ¿Reconciliarse tus padres contigo? Ni lo sueñes.*

Existe un tercer contexto, pero resulta en realidad irrelevante para la gramática del infinitivo. Se trata de los infinitivos de las perífrasis verbales: *Debes telefonear tú primero; María quiere comprar ella misma el regalo.* Esta tercera opción aparente debe descartarse porque el infinitivo no desempeña ningún papel especial en esa estructura en relación con la legitimación del pronombre, y también porque los pronombres que contiene no son sujetos. Se dice *Juan lo hizo él (mismo),* y también *Juan quiere hacerlo él (mismo).* El problema que estas oraciones plantea es, en cambio, el de determinar qué papel gramatical corresponde a estos pronombres posverbales correferentes con el sujeto.

Existen varias formas posibles de explicar los paradigmas a los que dan lugar los contextos (A) y (B), aunque ninguna de ellas está aceptada como opción única en la teoría gramatical contemporánea. Se examinan con detalle las opciones existentes en cada caso en Lonzi (1998), Mensching (2000) y otros trabajos recientes.

Recuerde que en este libro estamos insistiendo en dos aspectos del análisis gramatical que deben tenerse en cuenta simultáneamente: (i) ¿Cómo se deduce la estructura formal de las oraciones de los principios generales de la gramática?; y (ii) ¿Cómo se obtiene el significado de las oraciones a partir de su estructura formal? Hemos hecho notar en varias ocasiones que el análisis gramatical no puede ser completo si no da respuestas adecuadas a estas dos preguntas. En lo que respecta al análisis de PRO, nos hemos centrado hasta ahora en las preguntas del tipo (i). En otras palabras, ante una oración como (67) nos hemos preguntado qué relación existe entre la naturaleza de PRO y la ausencia de rasgos flexivos en *regresar.*

(67) María me prometió [PRO regresar pronto.]

También hemos tratado de mostrar qué posición sintáctica ocupa PRO en (67). Pero si abordamos esta oración desde el punto de vista que se sugiere en (ii), nos preguntaremos qué significa. Parece claro que el antecedente de PRO es *María* (recuerde que *María* no es el sujeto de *regresar*), pero ¿de dónde obtenemos la información necesaria para saber que lo es? Más aún, ¿qué contenido léxico tiene PRO en esta oración? En el apartado siguiente contestaremos a estas preguntas.

6.5.2. *La teoría del control*

Las propiedades fundamentales de los sujetos de las formas no personales del verbo (PRO) se siguen de su naturaleza argumental. En la oración (67), que acabamos de ver en el apartado anterior, el verbo *regresar* tiene un sujeto, pero este no puede ser *María* porque este SD no forma parte de la oración subordinada a la que pertenece *regresar.* Como es lógico, el sujeto de una oración debe formar parte de ella: PRO en este caso. Este sujeto nulo recibe de *regresar* su marca temática, es decir, PRO designa la entidad que regresa. En realidad importa poco saber cuál es exactamente el nombre del papel temático que asignemos a PRO. Importa mucho más saber que PRO es el argumento externo de *regresar* y que su referencia está determinada por el sujeto de la oración principal (*María* en este caso). A esta determinación de la referencia de PRO por parte de algún elemento exterior se la llama CONTROL. Así pues, *María* controla PRO en (67), lo que podemos indicar asignándoles el mismo subíndice:

(68) María$_i$ le prometió [PRO$_i$ regresar pronto].

El índice que *María* y PRO comparten no es un elemento teórico, sino una marca notacional que solo sirve para indicar gráficamente que estos dos SSDD designan al mismo individuo. Cumplirían el mismo papel otras marcas que se le ocurra a usted introducir: números, flechas, letras, subrayados o cualquier otra señal igualmente arbitraria que se le pase por la cabeza. Observe que también se indica con subíndices la relación entre un elemento desplazado y su huella, aunque se trate de un tipo de dependencia claramente diferente. Retomaremos esta cuestión en el § 9.2.1.

Es importante tener en cuenta que *María* y PRO no comparten papel temático. De hecho, PRO puede tener el papel temático de Paciente, sin que su controlador lo comparta, como en *El coronel espera PRO ser condecorado*. Ciertamente, en (68) se habla de una misma persona que realiza la acción de prometer y la de regresar, pero el SD *María* no es el sujeto del verbo *regresar,* como hemos explicado antes. Observe que en la gramática tradicional se decía, correctamente, que el complemento directo de la oración *Juan se lavó* no es *Juan,* sino *se,* a pesar de que es claro que la persona que resultó lavada es Juan.

Puede que se pregunte usted ahora cómo sabemos que es *María* el controlador de PRO en (68). Esta es una pregunta importante. Suponga que cambiamos *prometer* por el verbo *permitir*. Comprobaremos que ahora es *le,* y no *María,* el controlador de PRO:

(69) María le$_i$ permitió [PRO$_i$ regresar pronto].

Así pues, en ambos casos es PRO el sujeto de *regresar,* pero esta categoría vacía está CONTROLADA por elementos distintos. Los verbos *prometer, desear, anhelar, esperar, intentar* y otros que denotan voluntad e intención se llaman VERBOS DE CONTROL DE SUJETO, puesto que, como se ve, su sujeto es el que determina la referencia de PRO. Los verbos *permitir, pedir, rogar* y otros verbos que denotan diversos tipos de influencia sobre las personas o las cosas son VERBOS DE CONTROL DE OBJETO, al ser su objeto el que determina la referencia de PRO. En algunos casos la referencia de PRO la proporcionan conjuntamente dos argumentos del verbo principal, como en (70):

(70) Juan$_i$ invitó a María$_j$ a [PRO$_{i+j}$ cenar juntos].

El complemento predicativo *juntos* ha de concordar en plural con el sujeto de *cenar,* es decir, con PRO. Este elemento está sujeto, por tanto, a un CONTROL DOBLE, y obtiene su referencia de dos argumentos independientes. Es importante tener presente, por tanto, que *juntos* no concuerda con *Juan* y con *María,* sino con PRO.

Hay casos en los que parece que PRO no está controlado:

(71) No es bueno fumar.

La referencia de PRO es aquí GENÉRICA, es decir, queda INDETERMINADA. Se dice también que es ARBITRARIA (ingl. *arbitrary*), por lo que se ha argumentado que estos casos de aparente falta de control son en realidad ejemplos de control de un argumento implícito del predicado principal. De hecho, el contraste que se muestra en (72) parece misterioso:

(72) a. No es posible hablar con él.
  b. *No es probable hablar con él.

Este contraste pasa a ser absolutamente transparente si aplicamos la idea anterior, como sugieren Epstein (1984), van den Wyngaerd (1994) y otros autores para el inglés, puesto que viene a ser una consecuencia natural del contraste de (73):

(73) a. No me es posible.
  b. *No me es probable.

Es decir, el antecedente del sujeto nulo (PRO) de *hablar* en (72a) es el argumento implícito (tal vez Experimentante) de *(ser) posible*. La interpretación obtenida es 'no le es posible *a uno* hablar con él'. Como el predicado *(ser) probable* no tiene más argumento que su sujeto, PRO queda sin control en (72b) y la oración no se puede interpretar. Cabe también pensar que este análisis es demasiado permisivo, puesto que es obvio que podemos decir *No es oportuno hablar con él,* y no, en cambio, *No me es oportuno.* Podríamos tal vez suponer que el argumento implícito existe en estos casos aun cuando no se pueda representar con un pronombre clítico, pero es claro que esta restricción rebaja en alguna medida la fuerza del razonamiento. El controlador de PRO es el Agente implícito en oraciones como (74):

(74) El local fue reformado para [PRO instalar un restaurante].

Veremos en el § 6.7 que el agente de las oraciones pasivas no se elimina de la estructura argumental aunque no esté presente sintácticamente. Como se comprueba en (74), desempeña un papel sintáctico, aunque no se manifieste explícitamente. Se ha debatido si el PRO no controlado de (71) es el mismo que corresponde a oraciones del tipo de *PRO viajar en estas condiciones le perjudicaría.* Cabe pensar que el sujeto oracional se adelanta aquí a una posición de tópico, después que *le* mande-c (y controle) a PRO, pero también podría entenderse que la interpretación del sujeto de *viajar* es similar a la del argumento externo implícito de *viaje,* como en *El viaje le perjudicaría* (cfr. *El tabaco le perjudica,* donde *tabaco* no tiene argumentos). Cabe observar, en el mismo sentido, que *Yo* no es el controlador de *PRO* en *Yo no soy partidario de PRO cambiar al entrenador,* donde *cambiar* significa aproximadamente 'que se cambie, que alguien cambie'. Esta última oración muestra el llamado PRO ARBITRARIO O INDETERMINADO, que se caracteriza por no estar controlado y aportar el contenido inespecífico de un cuantificador existencial. Sobre estas cuestiones, véanse especialmente Bresnan (1982b) y Mohanan (1983), además de la bibliografía complementaria sobre el control citada en el § 6.13.

Así pues, PRO es un tipo de pronombre que no tiene rasgos fonológicos, pero tiene rasgos morfológicos abstractos (género y número) y también recibe una interpretación temática. Su referencia se obtiene del contexto previo a través de generalizaciones en las que intervienen las clases semánticas de los predicados ('voluntad' frente a 'influencia', como vimos), pero también se determina mediante recursos sintácticos. Obsérvese, por ejemplo, que la referencia de PRO está sujeta a un principio de localidad que no se aplica a los pronombres personales:

(75) a. Juan$_i$ dice que María$_j$ cree que {pro_i / pro_j} lo sabe.

    b. Juan$_i$ dice que María$_j$ cree {*PRO$_i$ / PRO$_j$} saberlo.

Como vemos, la referencia de *pro* puede obtenerse de la oración principal en (75a), pero la de PRO ha de obtenerse en (75b) de la oración inmediatamente superior en la estructura sintáctica, no de la principal. Así pues, PRO es un tipo de pronombre, pero su referencia está determinada a través de mecanismos locales más restrictivos que los que regulan la referencia de otros pronombres.

Los sujetos tácitos de los gerundios están controlados de forma similar a como lo están los de los infinitivos. Considere el siguiente contraste:

(76) a. Juan disparó a Pedro [PRO sonriendo].

    b. Juan retrató a Pedro [PRO sonriendo].

No necesita usted saber quién es Juan y quién es Pedro para darse cuenta de que el que sonríe en (76a) es Juan, mientras que no podemos estar seguros de quién es el que sonríe en (76b). La traducción gramatical de estas interpretaciones semánticas es la siguiente: en (76a) tenemos un ADJUNTO DE MANERA (dicho en términos más tradicionales, una subordinada adverbial de modo en forma no personal). Estas oraciones se interpretan mediante el CONTROL DE SUJETO, en lo que coinciden con los adverbios terminados en *-mente* que pertenecen al mismo grupo. Por ejemplo, en *María me habló claramente,* hablamos de la manera en que fue clara María, no yo. Veamos ahora (76b). Al contrario de lo que sucede en (76a), *sonriendo* en (76b) tiene dos interpretaciones: puede recibir la misma interpretación de (76a), puesto que es evidente que alguien puede sonreír y retratar a la vez, pero puede recibir también una interpretación predicativa, ya que *retratar* es un VERBO DE REPRESENTACIÓN, de forma similar a como eran nombres de representación *foto, retrato* y otros sustantivos (§ 5.3.4). El complemento predicativo de estos verbos admite dos interpretaciones, como ponen de manifiesto la gramaticalidad de (77a) y (77b) y la ambigüedad de (77c):

(77) a. Juan retrató a María sentado.

    b. Juan retrató a María sentada.

    c. Juan retrató a Pedro sentado.

En una interpretación de (76b), estos complementos se asimilan a los adverbios de manera (y esa oración significa, por tanto, 'Juan estaba sonriendo cuando retrató a Pedro'), mientras que en la otra se predican del argumento interno del predicado de representación (esto es, se dice que 'Pedro estaba sonriendo cuando Juan lo retrató'). Algunos gramáticos contemporáneos entienden que en esta última interpretación no es necesario analizar como oracional el predicativo ni el adverbio, de modo que *sonriendo* tendría en (76b) a SV como categoría máxima. Otros entienden, por el contrario, que si conseguimos reducir estas relaciones de predicación a las (ya conocidas) de control, simplificamos la estructura gramatical. Desde este punto de vista, los predicados secundarios no seleccionados (como *sonriendo* y *sentado* en (76) y (77), o como *feliz* en *María cantaba feliz*) aparecerían en cláusulas no seleccionadas, de forma que su especificador sería una categoría nula (PRO), cuyo antecedente recibe caso y papel temático fuera del predicado secundario. Sobre la estructura de este tipo especial de cláusulas daremos más detalles en el § 6.12.

(78) a. Juan$_i$ retrató a Pedro [PRO$_i$ sentado].
    b. Juan retrató a Pedro$_i$ [PRO$_i$ sentado].
    c. María$_i$ cantaba [PRO$_i$ feliz].

6.6. Argumentos y posiciones sintácticas

6.6.1. *Clases de posiciones*

La relación que se reconoce entre un predicado y un argumento requiere dos tipos de marcas: una es de naturaleza formal, y la hemos denominado CASO ABSTRACTO (§ 3.3.4); la otra se asocia con la saturación de un argumento, y se denomina PAPEL TEMÁTICO O MARCA TEMÁTICA (§ 5.4). En el modelo de principios y parámetros se desarrolla la idea de que es la posición sintáctica de los SSDD la que permite que los elementos que intervienen en una predicación 'reciban' estas marcas, ambas asignadas en la configuración estructural de rección (§ 3.3.4). En esta sección explicaremos someramente por qué en este marco teórico se usan estas unidades como nociones básicas del análisis. También veremos por qué se consigue llegar a través de ellas a ciertas generalizaciones que las funciones sintácticas tradicionales (sujeto, objeto directo, etc.) no acaban de explicar, probablemente porque cada una de ellas contiene demasiada información.

La idea fundamental que debe usted tener presente a lo largo de esta sección es la de que el concepto de POSICIÓN SINTÁCTICA es esencial en el modelo de principios y parámetros: las propiedades gramaticales de las palabras y su papel semántico en la oración se explican de manera relativa a ciertas posiciones, que no se definen linealmente, sino estructuralmente. En el § 3.2.2 introducíamos de manera intuitiva la diferencia que existe entre POSICIONES LINEALES y POSICIONES ESTRUCTURALES. Ahora retomamos la distinción de manera un poco más técnica. Como hemos mencionado en el capítulo 4, el programa minimista reinterpreta algunas de las distinciones que vamos a presentar, así como su asociación estructural. Sin embargo, resulta fundamental comprender la visión inicial de estos temas en el modelo de principios y parámetros para poder entender el análisis sintáctico de las construcciones que trataremos en secciones subsiguientes, como las pasivas, los denominados 'verbos de ascenso y control', etcétera.

Usaremos, como suele hacerse, la letra C como abreviatura de la marca formal (Caso) a la que nos referimos arriba, y la letra griega θ como recordatorio de la marca semántica (papel temático). Las ideas fundamentales que se articulan para desarrollar estas nociones en el marco teórico de principios y parámetros son cuatro:

A) Las dos marcas (C y θ) que caracterizan a los componentes de una relación predicativa se asignan posicionalmente, concretamente bajo rección. Los asignadores son núcleos (X°).

B) Las dos marcas se pueden asignar a un SD en una misma posición o bien en posiciones distintas. Los SSDD deben recibir C para no incumplir el filtro de caso. También deben recibir θ para que se cumpla el criterio temático.

C) Los asignadores de C y θ coinciden unas veces (V, P), pero no otras. Así, la flexión asigna C, pero no θ, mientras que N y A asignan θ a sus complementos, pero no asignan directamente C.

D) Cuando un SD no recibe sus dos marcas del mismo asignador, es necesario que se establezca una vinculación entre la posición en la que recibe la marca C y la posición en la que recibe la marca θ. Generalmente tal vinculación tiene lugar a través de una operación de movimiento o desplazamiento. El constructo sintáctico formado por ese vínculo se llama CADENA (§ 4.2.2).

Enseguida aclararemos estos postulados. Como se ve, no importa solo que un SD obtenga sus marcas, sino que importa –de manera fundamental– la posición en la que las recibe. De hecho, podemos distinguir entre las siguientes posiciones:

A) POSICIONES ARGUMENTALES (o POSICIONES A): son aquellas posiciones en las que se realizan los argumentos de un predicado, típicamente las posiciones de sujeto y objetos(s). Por ejemplo, la posición de complemento de V es una posición-A (objeto).

B) POSICIONES NO ARGUMENTALES, también llamadas POSICIONES NO-A o POSICIONES A': son aquellas en las que no se realizan inicialmente los argumentos; por ejemplo, las posiciones de adjunto en general o la de especificador de SComp. Este uso de A' se lee A-BARRA, pero significa simplemente NO-A. Resulta desafortunado que el término *barra* se utilice también aquí, ya que se puede prestar a confusión con la teoría de la X' (X-barra) presentada en los capítulos 3 y 4. A pesar de que hubiera sido quizá más apropiado -A que A', se ha generalizado la última abreviatura para designar una posición no argumental.

C) POSICIONES TEMÁTICAS (o POSICIONES θ): son aquellas posiciones argumentales en las que se asigna una marca temática, como la posición de complemento de V, P, A o N, o la de sujeto interno al SV (recuerde el § 5.2.4). Estas son, por tanto, las posiciones en las que se saturarán los argumentos de los predicados y en las que recibirán papel temático. Así, la posición de complemento de V dentro del SV *leer un libro* es la que permite saturar el argumento interno del predicado *leer*. El SD *el libro* satura, por tanto, este argumento, y decimos además que dicho SD queda MARCADO TEMÁTICAMENTE por V.

D) POSICIONES NO TEMÁTICAS, también llamadas POSICIONES NO-θ o POSICIONES θ': son posiciones como la de especificador de las categorías funcionales, esto es, aquellas no proyectadas por los argumentos de un predicado (una posición no argumental es obligatoriamente no temática). También son posiciones no temáticas las posiciones argumentales que no reciben papel temático, como la posición de sujeto de los verbos que requieren un *pro* expletivo.

E) POSICIONES C: aquellas en las que se asigna C(aso) a un SD o (aunque esta opción resulta más polémica) también a un SComp, como una subordinada sustantiva. Así, por ejemplo, vimos en el § 4.2.3 que el asignador de caso nominativo es la flexión verbal, luego el especificador de SFlex será una posición C. Otros asignadores de caso son V y P, luego la posición de complemento de ambos será también una posición en la que se asigna caso. Recuerde que en los desarrollos recientes se dice que no es V directamente el que asigna caso a su objeto, sino que este se coteja en el especificador de un núcleo funcional superior. Por el momento nos basta con el supuesto del modelo de principios y parámetros según el cual V asigna caso a su objeto.

F) POSICIONES NO-C: aquellas en las que no se asigna C(aso), porque no están ocupadas por un elemento que lo reciba, o bien porque se inhabilita la asignación por alguna razón. Destaca la posición de sujeto de los infinitivos.

Ya hemos introducido las clases de posiciones sintácticas que se reconocen en la configuración. Ahora vamos a examinar la relación que existe entre cada una de estas posiciones y los rasgos que caracterizan los elementos que las ocupan.

6.6.2. *Distribución de marcas identificadoras*

Para facilitar la exposición por razones didácticas vamos a usar aquí el rasgo o marca [+C] con la interpretación «marca de caso recibida en una determinada posición». Usaremos igualmente el rasgo [+θ] como abreviatura de «marca temática recibida en una determinada posición». Usaremos, análogamente, los rasgos [-C] y [-θ] con los sentidos opuestos correspondientes. Presentaremos primero las cuatro posibilidades que se obtienen en el modelo de principios y parámetros (A, B, C y D) y luego explicaremos por qué en el programa minimista reciente se pone en tela de juicio que las marcas de papel temático sean rasgos, en el sentido de 'informaciones gramaticales sujetas a cotejo'. Las cuatro posibilidades que mencionamos son las siguientes:

A) [+C/+θ]: En este caso tenemos un SD en posición de complemento de V *(leer un libro)* o P *(para María)*. V y P asignan ambas marcas. Es, como vemos, la situación más sencilla. La marca [+θ] es la que corresponde a la interpretación semántica de *un libro* como «objeto leído», es decir, la de Paciente del verbo *leer*. La marca [+C] es una marca formal abstracta que en español se satisface simplemente por la posición que ocupa el SD, pero que en otras lenguas requiere morfemas flexivos de caso que la hagan visible.

B) [+C/-θ]: Ahora tenemos un SD que recibe C en una posición, pero no recibe θ en ese mismo lugar. Si este SD satura alguna función argumental, como es lógico, habrá de estar vinculado con una posición de rasgos inversos, es decir, [-C/+θ]. Un ejemplo claro es el movimiento del SD *(Juan,* en este caso) desde el especificador de SV al de SFlex, bajo la hipótesis del sujeto interno al SV:

(79) $[_{\text{SFlex}}$ *Juan*$_i$ $[_{\text{Flex}'}$ trabaja$_j$ $[_{\text{SV}}$ h$_i$ $[_V$ h_j aquí]]]]
  [+C/-θ].................[-C/+ θ]

En el § 5.2.4 introdujimos este movimiento. Lo retomamos ahora para explicar los rasgos gramaticales de los elementos que intervienen en él. Como se indica arriba, el rasgo [-θ] de la posición de especificador de SFlex nos dice «este SD no recibe la marca θ en esta posición». Pero el SD *Juan* está asociado con su copia o huella de desplazamiento h_i, como vemos, y en esta posición de especificador de

SV sí recibe su marca temática (= Agente de *trabajar*). Se dice, en este sentido, que la cadena <*Juan*$_i$... h_i> es un «objeto sintáctico» que representa un ARGUMENTO DIS-CONTINUO. Constituye una forma de reflejar una intuición clara: el SD *Juan* con-cuerda «desde» una posición con el verbo, pero expresa su relación semántica con él «desde» otra posición diferente. Esa es exactamente la información que el con-cepto de *cadena* pretende reflejar. Así pues, las marcas C y θ se asignan POSICIO-NALMENTE, y las cadenas son 'objetos sintácticos discontinuos' que las contienen. Las oraciones impersonales cuyo único argumento aparece en posición posverbal nos muestran una variante de la misma configuración:

(80) *pro*^{expl} conviene [$_{SComp}$ que estudies más]
     [+C/-θ]...............[-C/+ θ]

Los rasgos de tercera persona de *conviene* no los puede imponer la oración su-bordinada, puesto que las oraciones subordinadas no tienen rasgos de persona. Es natural suponer que estos rasgos los impone el pronombre nulo expletivo *pro*^{expl}, con lo que obtenemos concordancia sujeto-verbo. En otras lenguas tendríamos, como se vio en el § 6.3, un pronombre visible expletivo con los mismos rasgos gra-maticales que *pro*^{expl}, más los rasgos fonológicos que le correspondieran. Es igual-mente evidente que el predicado *convenir* no tiene dos argumentos, sino uno: la oración *que estudies más*. Como vemos, la distribución de rasgos en función de las posiciones ocupadas recoge todos estos hechos a la vez. Como es lógico, la distri-bución de rasgos es la misma en las variantes de la estructura (80), en las que, en lugar de *pro*^{expl}, tenemos un pronombre con rasgos fonológicos, como *ce* francés o *it* en inglés. Obsérvese que este análisis da respuesta de manera natural a pregun-tas tradicionales del tipo de «¿Cómo es posible que estas oraciones del francés o del inglés tengan dos sujetos (un pronombre y una oración)?», y también sitúa en su lugar apropiado respuestas, igualmente clásicas, a estas preguntas, como por ejemplo, «Uno de los dos sujetos *cuenta como sujeto*, pero el otro es un *sujeto apa-rente*». Como es obvio, los conceptos 'contar como sujeto' y 'sujeto aparente' son intuitivamente correctos, pero deben inscribirse en una teoría de las relaciones sin-tácticas, como se pretende hacer en el marco que estamos exponiendo.

Las oraciones de inversión libre u opcional ejemplifican también el patrón (B), que ahora estamos considerando. Como vimos en el § 6.2.2, en el modelo de prin-cipios y parámetros el caso se transmite en estas estructuras desde la posición [+C] a la de especificador de SV:

(81) [$_{SFlex}$ *pro*$_i$ [$_{Flex'}$ telefoneó$_j$ [$_{SV}$ Juan$_i$ [$_V$ h_j]]]]
     [+C/−θ].....................................[−C/+ θ]

El concebir las cadenas como objetos sintácticos nos permite clarificar meca-nismos como el de transmisión de caso. Tenemos, por tanto, un objeto sintáctico discontinuo que recibe su marca C en una posición y su marca θ en otra. Pasemos ahora a la siguiente opción:

C) [-C/+θ]: Esta posibilidad se da cuando tenemos un SD que recibe θ en una po-sición en la que no se asigna C. Hemos visto arriba varios candidatos claros a esta distribución de rasgos. Se ha discutido largamente si el sujeto de los infi-nitivos (PRO) es también un ejemplo de esta misma categoría. Ciertamente, este sujeto recibe marca temática del verbo: esto es precisamente lo que nos permite entender que en *Conviene [PRO esforzarse más]* se predica el esfuerzo de alguien. El pronombre nulo PRO no recibe C porque los SSDD que lo reciben han de tener rasgos fonológicos (o estar asociados en cadena con elementos que los posean). En Chomsky y Lasnik (1995) se propone, sin embargo, que PRO recibe una marca C no asociada a los rasgos de tiempo y concordancia, sino una marca mínima por defecto llamada CASO NULO. Esta sería la única marca que podría cotejar la flexión de infinitivo.

Pasamos ahora a la cuarta y última distribución de rasgos que hemos presentado.

D) $[-C/-\theta]$: Esta es una forma de decir que un SD puede aparecer en una posición habiendo recibido sus marcas C y θ en otras posiciones. Es lo que ocurre, por ejemplo, en las cadenas que se obtienen en las oraciones con elementos qu- (§ 4.4):

(82) a. ¿Quién llamó?
  b. $[_{SComp}$ *quién*$_i$ $[_{SFlex}$ h_i llamó$_j$ $[_{SV}$ h_i $h_j]]]$
    $[-C/-\theta]$........$[+C/-\theta]$...............$[-C/+\theta]$

Así pues, los rasgos de *quién* son $[-C/-\theta]$; los de la huella intermedia que está delante de *llamó* son $[+C/-\theta]$, y los de la huella final son $[-C/+\theta]$. Como se ve, la cadena correspondiente a (82b) es <*quién*$_i$ ....h_i....h_i>, que tiene tres posiciones o ESLABONES. Esta cadena se lee de la siguiente manera: El SQu *quién* no recibe en la posición de especificador de SComp ninguno de sus rasgos C o θ. El primero (C) lo recibe en el especificador del SFlex (donde encontramos una huella), puesto que la flexión es un asignador de C, y el segundo (θ) lo recibe en el especificador del SV –de acuerdo con la hipótesis del sujeto interno al SV–, donde encontramos otra huella. Como las tres posiciones están asociadas, sabemos que se designa entre las tres un solo argumento: la suma de las tres posiciones proporciona un solo rasgo C y un solo rasgo θ.

Hay casos que parecen corresponder a más de una distribución de rasgos. Por ejemplo, se ha debatido en varias ocasiones si el *pro*^{expl} de los verbos meteorológicos es un elemento sin papel temático, es decir, si *pro* en *pro llueve* es $[+C/-\theta]$ o es, por el contrario, $[+C/+\theta]$. A favor de la primera opción se suele decir que estos verbos son avalentes. Así pues, si no hay argumento que saturar ni papel temático que descargar, tampoco hay infracción del principio de saturación completa o del criterio temático. Observe que los sujetos de los infinitivos son «+θ», lo que explica que no tengamos PRO^{expl}. No se dice, por ejemplo, **Convendría PRO llover más.* Son gramaticales, en cambio, oraciones como (83):

(83) A veces *pro* llueve después de [PRO nevar].

Este ejemplo es clásico en la sintaxis teórica porque parece contener un PRO como sujeto de un verbo meteorológico controlado por el sujeto de otro verbo meteorológico. Ahora bien, la relación de control es una relación entre argumentos. Esto quiere decir que *pro* es el antecedente de PRO en esta oración. Tenemos, pues, una paradoja: por un lado, el verbo *llover* es avalente, luego no tiene argumento externo: el *pro* de (83) es expletivo. Por otro lado, el antecedente de PRO ha de ser un elemento argumental, luego el *pro* de (83) no es expletivo. La respuesta que se da a veces a esta paradoja, clásica en la teoría del control, consiste en suponer que el sujeto nulo de estos verbos avalentes es un elemento 'cuasiargumental'. Aun así, se suele reconocer que esta solución no es enteramente satisfactoria, puesto que no define el concepto de 'cuasiargumento'. La paradoja sigue viva, por tanto, en la gramática formal contemporánea. Interesa resaltar que la existencia de PRO^{expl} como sujeto de los predicados atmosféricos controlados por un *pro* similar, como en (83), contrasta marcadamente con la inexistencia del PRO^{expl} no controlado, presente en el ejemplo citado *Convendría PRO llover más,* y también con la de este mismo elemento como sujeto nulo de otros predicados impersonales, como en *Es necesario PRO parecer que todo va bien.*

Como adelantábamos en el § 4.6, el punto de vista más actual dentro del programa minimista consiste en suponer que los rasgos se 'cotejan', en lugar de 'recibirse'. Es evidente que un constituyente desplazado, como *quién* en (82), tiene que cotejar sus rasgos de pronombre interrogativo en una posición apropiada para ello, que no es su posición originaria. Sin embargo, la posición desplazada no es apropiada para cotejar sus otros rasgos. De hecho, cuando se desplace a ella, ya los habrá cotejado. Técnicamente, el concepto de 'cadena' no se conserva en el programa minimista, aunque sí se mantiene la intuición que subyace a esta DISTRIBUCIÓN DE RASGOS. Son dos, fundamentalmente, las razones por las que se prefiere no conservar las cadenas en las versiones más recientes de la gramática generativa:

i) La primera es el hecho de que la arquitectura de este modelo es derivacional, no representacional, como ya vimos en el § 4.6. Lo que importa, desde ese punto de vista, es que el SD vaya 'cotejando' (en el sentido de 'descargándose de') sus rasgos en las posiciones sintácticas apropiadas. Si se queda con alguno sin cotejar, la derivación fallará o fracasará, pero no se considera necesario arbitrar un mecanismo formal independiente que nos vaya recordando los rasgos que se han cotejando y los que no. Este era, en esencia, el papel de las cadenas. Observe que, aunque el concepto de 'cadena' no se conserve en las versiones más actuales de la teoría, se mantiene intacta una de las ideas centrales del modelo de principios y parámetros, concretamente la de que los rasgos están asociados formalmente con las posiciones y se interpretan en relación con ellas.

ii) La segunda razón es que resulta polémico en el programa minimista que los papeles temáticos sean rasgos. Parecen serlo para algunos autores (Lasnik, 1999, entre ellos), pero, como hemos recordado, la información misma que transmiten tiende a verse en este marco como una parte no esencial de la computación gramatical. Si tratamos los papeles temáticos como rasgos, estarán sujetos a operaciones de cotejo. Estas operaciones se asociarán automáticamente al punto derivacional en que un constituyente ocupa cierta posición sintáctica. Pero si consideramos los papeles temáticos como informaciones puramente semánticas (en el sentido de 'informaciones relativas a las estructuras argumentales particulares de las piezas léxicas'), quedarían fuera de la computación de rasgos, esto es, dejarían de formar parte, en sentido estricto, de los mecanismos formales de la gramática. Este tipo de consideraciones llevan a que en el programa minimista se consideren innecesarios rasgos como [+θ] o [-θ], frente al modelo de principios y parámetros, más aún si se piensa que esas informaciones son interpretables semánticamente.

Otra innovación de los primeros estadios del programa minimista es la nueva caracterización del caso abstracto como una marca que se coteja en paralelo a las propiedades de concordancia. En el apéndice del capítulo 4 presentábamos la hipótesis de la flexión escindida (§§ A1 y A3), bajo la que se introducen las proyecciones de concordancia SConc-S y SConc-O y se suprime la asimetría en la asignación de caso entre sujeto (asignado en la posición C de especificador de SFlex por Flex) y objeto (asignado al complemento de V). Esto es así porque se consideran posiciones C los especificadores de los sintagmas de concordancia (SConc-S y SConc-O, respectivamente). Esta nueva forma de ver las cosas permite pasar de una visión del Caso como una marca que se asigna a concebirlo como un rasgo que se coteja en una proyección designada. En la segunda fase del programa minimista, en la que se enfatiza la visión de la concordancia como operación sintáctica independiente y se suprimen las proyecciones de concordancia, no por ello se elimina la visión del caso como una marca sometida a cotejo (§ A4).

Si ha seguido usted atentamente los razonamientos de esta sección, habrá comprobado que, dentro del modelo de principios y parámetros, los rasgos C y θ de un SD pueden ser asignados por los mismos núcleos (concretamente en el caso de los complementos de V y P), mientras que otras veces son asignados por núcleos distintos, como en el caso de los complementos de N y de A. Mientras que el SD *el libro* en *leer el libro* recibe de *leer* tanto la marca C como la marca θ, el mismo SD en *La lectura del libro* recibe θ de *lectura,* pero recibe C de la preposición *de.* Dicho de una manera más simple: *el libro* es un argumento interno de *lectura,* pero los nombres no asignan caso directamente a su complemento, por lo que es necesaria una marca formal sin significado que realice esta tarea: una preposición de genitivo.

Se dice que la asignación de θ al SD es en ciertos casos COMPOSICIONAL, es decir, se lleva a cabo entre dos elementos. Por ejemplo, es lógico pensar que en el SV *confiar en los amigos,* la preposición *en* tiene un determinado significado. No es, pues, una preposición vacía como lo es *de* en *la lectura del libro.* Como las preposiciones son asignadores de C, el SD *mis amigos* recibe esta marca de *en.* Sin embargo, la marca temática correspondiente a *mis amigos* no la asigna únicamente *en,* sino más bien la combinación de V y P *(confiar en).* En Demonte (1991b) y Neeleman (1997) se dan más detalles sobre la forma en que se produce la marcación temática en estos casos de preposiciones seleccionadas.

Las construcciones de marcado excepcional de caso, que veremos con más detalle en el § 6.12, constituyen otro ejemplo particularmente interesante de configuración sintáctica en la que los dos rasgos, C y θ, de un SD proceden de núcleos distintos. Como allí veremos, en *Considero a Pedro inteligente,* el SD *Pedro* recibe la marca C (acusativo) del verbo y la marca θ del adjetivo *inteligente.*

6.7. Las oraciones pasivas

6.7.1. *Los ingredientes de la pasivización*

En el modelo de principios y parámetros de los años ochenta se desarrollaron las ideas apuntadas en el apartado anterior en varias direcciones y se descubrió que la interacción entre las marcas C y θ, su distribución en las estructuras sintácticas, y especialmente las cadenas a las que ese reparto de rasgos da lugar, podían dar cuenta de un número considerable de construcciones aparentemente no relacionadas. Así, se pensó no solo que los rasgos se asignan a los SSDD en posiciones determinadas, como hemos visto, sino también que algunas configuraciones se explican de manera relativamente simple si podemos cambiar levemente los rasgos C y θ que se asignan a los SSDD a través de las posiciones que ocupan. El caso más claro de esta situación lo representan las oraciones pasivas. En el § 2.5.2 considerábamos (y desestimábamos) la posibilidad de que estas estructuras fueran generadas directamente por las reglas de estructura sintagmática. El problema central es entonces cómo relacionar sintácticamente una oración activa como (84a) y su correlato pasivo de (84b).

(84) a. El rey condecoró al coronel.
     b. El coronel fue condecorado (por el rey).

Es obvio que los diccionarios dan entrada al verbo *condecorar,* pero no al verbo *ser condecorado.* Al hacerlo así están diciéndonos, correctamente, que esta alternancia debe ser explicada por la sintaxis, no por el léxico. Intentemos aplicar a esta distinción los nuevos instrumentos que hemos introducido en los apartados anteriores. Las oraciones pasivas plantean tres paradojas tradicionales, que recordamos en (85):

(85) a. Las oraciones pasivas se forman con verbos transitivos *(condecorar),* pero todas las oraciones pasivas son intransitivas.
     b. Las oraciones pasivas se forman generalmente con verbos de acción, pero su sujeto no es agente, sino paciente. Es decir, el sujeto de (84b) es *el coronel,* que es el Paciente o Tema del verbo *condecorar.*
     c. La expresión del Agente es obligatoria en las oraciones activas, pero en las pasivas aparece opcionalmente como un SP encabezado por la preposición *por.*

En el modelo de principios y parámetros se dio una solución formal a las paradojas de (85), usando la distribución de rasgos que hemos introducido (véase Jaeggli, 1986a, para más detalles). La idea consistía en suponer que (85a) es el resultado de una propiedad del participio pasivo: este elemento hace que el rasgo [+C] del argumento interno del V pase a ser [-C] (traducido a términos más clásicos: que el verbo transitivo deje de serlo). La morfología de pasiva 'absorbe' el caso acusativo del verbo transitivo (concepto intuitivamente claro, pero difícil de traducir al marco minimista, como se ha observado). Absorbido el caso, el verbo transitivo no puede asignarlo a su complemento directo. Algunos autores, como Baker, Johnson y Roberts (1989), interpretan este proceso de absorción como la asignación de la marca de caso al sufijo participial de pasiva (-*ado* en *condecorado*), que se contempla de forma literal como un argumento.

La particularidad (85b) es otra consecuencia de una propiedad del participio: el argumento externo deja de ser [+θ] para pasar a ser [-θ]. Podemos decir entonces también que la morfología de pasiva no solo absorbe el caso del objeto, sino que también absorbe el papel temático (Agente) del sujeto. El SD se mueve desde una posición [-C/+θ] a una posición [+C/-θ], es decir, a una posición donde puede recibir caso nominativo sin perder la marca temática de Paciente, que ya ha recibido. Se trata de un movimiento que ya nos resulta familiar. En resumen:

(86)   *[El coronel]*$_i$ fue condecorado *[h]*$_i$
      Absorción (de C y θ):   [+θ > -θ].......................... [+C > -C]
      Resultado: [+C/-θ].............................. [-C/+θ]

De nuevo tenemos el «reparto de rasgos» que hemos observado en los casos anteriores. La cadena obtenida es ahora <*El coronel* $_i$ ... *h* $_i$ >. La posición de argumento interno es [+θ] porque es ella la que proporciona la interpretación de Tema o Paciente que corresponde a la cadena. La posición [+C] es, en cambio, la que ocupa *el coronel*. La traducción formal de la marca C es, simplemente, la concordancia sujeto-verbo. Es cierto que estamos ante un 'sujeto paciente', como se decía tradicionalmente, pero esa información se desdobla en el presente análisis, puesto que tales conceptos corresponden a posiciones distintas y a rasgos también diferentes. Nótese además que el Agente no se pierde en realidad (el criterio temático no lo permite), sino que queda como argumento implícito, o aparece como un complemento preposicional encabezado por la preposición *por,* que en la gramática tradicional se conoce como 'complemento agente'. Una prueba de que el Agente permanece aunque no esté expreso es el hecho de que las oraciones pasivas sin agente expreso pueden combinarse con adjuntos que seleccionan-s la marca temática de Agente (*deliberadamente, a propósito,* etc.), y también con oraciones subordinadas de finalidad, que tienen la misma propiedad:

(87) a. El capitán hundió el barco {deliberadamente / a propósito}.
      b. El capitán hundió el barco para cobrar una indemnización.

(88) a. El barco fue hundido {deliberadamente / a propósito}.
      b. El barco fue hundido para cobrar una indemnización.

Así pues, es el SD que recibe el papel temático de Agente de *hundir* el que determina la interpretación del adverbio de (87a), es decir, el agente al que se atribuye el propósito del que se habla. Es también ese argumento el elemento que controla el PRO sujeto de la cláusula de finalidad de (87b). Las oraciones pasivas de (88) pueden tener la misma interpretación que sus correlatos activos, es decir, será el Agente implícito (en este caso podrá ser el capitán o cualquier otro individuo) el que controla al adverbio de (88a) o la cláusula de finalidad de (88b). En cambio, en una ORACIÓN MEDIA como (89), donde describimos un proceso en el que participa el sujeto sin que intervenga un agente (cfr. el § 6.11.3 más adelante) no es posible la presencia de los adjuntos que requieren un participante agentivo. Hemos de descartar en ambos casos la interpretación de pasiva refleja, que obviamente sí es gramatical:

(89) a. *El barco se hundió {deliberadamente / a propósito}. *[Descártese la interpretación pasiva.]*
      b. *El barco se hundió para cobrar el seguro. *[Descártese la interpretación pasiva.]*

En suma, el punto central del análisis de las oraciones pasivas en el marco de principios y parámetros consiste en deducir este proceso de la necesidad de cotejar las marcas C y θ del verbo y sus argumentos. La absorción de caso y papel temático impide la asignación «normalizada» de dichas marcas. El hecho de que el argumento interno (paciente) del verbo se vea sometido a una PROMOCIÓN ARGUMENTAL (ingl. *argument promotion*) a la posición de sujeto, donde concuerda con el verbo, es la consecuencia del desplazamiento de dicho argumento a la única posición oracional donde podrá recibir caso, evitando así una infracción del filtro de caso. Dicha posición es la posición A donde se asigna el caso nominativo. Tenemos, por tanto, un SUJETO (puesto que el SD concuerda con el verbo desde una posición [+C]) que a la vez es PACIENTE (puesto que la huella con la que está asociado ocupa una posición [+θ]). A este tipo de movimiento se le denomina MOVIMIENTO-A (abreviatura de MOVIMIENTO A UNA POSICIÓN ARGUMENTAL), porque su lugar de destino (ingl. *landing site*) o su meta (ingl. *target*) es una posición A. Esta característica diferencia claramente el movimiento de constituyentes asociado a la pasivización del movimiento de un SQu a la posición de especificador de SComp. Esta última posición es, como hemos visto, una posición No-A. Por ello, se conoce el movimiento de SQu como MOVIMIENTO NO-A (O MOVIMIENTO A'), abreviatura de MOVIMIENTO A UNA POSICIÓN NO ARGUMENTAL.

¿Qué ocurre entonces con el agente de las pasivas? El agente experimenta un proceso de DESTITUCIÓN ARGUMENTAL (ingl. *argument demotion*), puesto que pasa a ser un adjunto de SV, lo cual explica su opcionalidad. El papel temático de Agente tendrá que ser asignado por la preposición *por*.

(90) $[_{\text{SFlex}}$ El barco$_i$ $[_{\text{Flex}'}$ fue hundido $[_{\text{SV}}$ $[_{\text{SV}}$ h$_i]$ (por...)$]]]$

Recuerde que cuando estos complementos encabezados por la preposición *por* no están presentes, el agente de la pasiva sigue activo en ellas. Esto explica el hecho de que pueda controlar otros argumentos o nos permita interpretar ciertos adverbios agentivos, como hemos visto.

6.7.2. *Otros objetos*

El análisis de las oraciones pasivas que hemos presentado solo relaciona sujetos y complementos directos. Predice, por tanto, que solo los complementos directos puedan ser pasivizados y desplazados a la posición de sujeto. Los complementos indirectos (91) o los preposicionales (92) no pueden pasivizarse:

(91) a. Pepín envió una carta a su prima.
    b. *Su prima fue enviada una carta por Pepín.

(92) a. La patrullera avanzó hacia el barco.
    b. *El barco fue avanzado por la patrullera.

Los complementos indirectos y los preposicionales reciben caso inherente a través de una preposición que el participio no puede hacer desaparecer, por lo que su desplazamiento no estaría motivado por el filtro de caso. En paralelo, la morfología de pasiva no puede absorber caso indiscriminadamente: dicha capacidad se restringe, por tanto, al caso estructural (acusativo). No obstante, esta propiedad no parece ser universal. Algunas lenguas, como el islandés, poseen construcciones de CASO IDIOSINCRÁSICO (llamado también CAPRICHOSO a falta de un nombre mejor: *quirky case*). En estas lenguas ciertos verbos no asignan caso acusativo a su objeto, sino un caso inherente idiosincrásico. Por ejemplo, el verbo islandés *hjálpa* ('ayudar') asigna dativo a su objeto. El fenómeno crucial es que, cuando un verbo asigna caso idiosincrásico a su objeto, dicho caso se preserva en los procesos de pasivización (Zaenen, Maling y Thráinsson, 1985):

(93) a. Eg   hjálpai honum.
        Yo-NOM ayudé   él-DAT   'Yo lo ayudé.'
     b. Honum var hjálpa.
        El-DAT fue ayudado   'Él fue ayudado.'

Otros verbos como *sakna* ('echar de menos') asignan caso idiosincrásico genitivo a su objeto, y dicha marca se conserva también al pasivizarse el objeto y ascender a la posición de sujeto:

(94) Hennar   var sakna.
     Ella-GEN fue echada-de-menos   'Se la echó de menos.'

Este fenómeno ha llamado la atención de varios sintactistas en los últimos años, ya que parece indicar que, cuando en una lengua es posible asignar caso inherente a la posición de objeto, dicha marca se preserva al desplazarse este objeto por movimiento A a la posición de sujeto. Es más, esta propiedad parece sugerir una disociación entre el movimiento a la posición A de sujeto y el cotejo de caso nominativo. En el § 6.10.2 volveremos a esta cuestión al hablar de la relación que ciertos complementos dativos mantienen en español con los sujetos (como en la oración *A Pepe le gusta el cine*).

Habrá usted observado sin duda que en español puede aparecer pospuesto el sujeto de las oraciones pasivas:

(95) a. Fue encontrado el tesoro por los piratas.
     b. Fueron asesinados los senadores en un atentado.

En este caso encontramos el sujeto paciente aparentemente en su posición de objeto o argumento interno del verbo. Puede parecer que este hecho contradice la lógica de lo que hemos sostenido. Es decir, si el participio pasivo absorbe el caso y fuerza por tanto el desplazamiento (movimiento A) del objeto a una posición en la que cotejar la marca C, resulta anómala la presencia del SD paciente en la posición de complemento en (95). Rizzi (1982), entre otros autores (Burzio, 1986; Belleti, 1988), notó que estas construcciones deben verse más bien como ejemplos de posposición del sujeto (§ 6.2.1), cuyas propiedades podemos relacionar con el parámetro del sujeto nulo. El sujeto de las oraciones pasivas puede aparecer pospuesto en español o italiano, al igual que el de las activas (*Leía Juan el libro*). Si ello es así, las propiedades específicas de las oraciones pasivas no intervienen en este proceso. De hecho, en lenguas como el inglés no es posible tener sujetos pacientes posverbales:

(96) a. *Was found the treasure by the pirates.
     b. *Were killed the senators.

Son las lenguas que tienen sujetos nulos las que permiten la aparición de sujetos pacientes posverbales en las oraciones pasivas. Recordará usted que la existencia de sujetos invertidos con respecto al verbo era una característica adicional que
se seguía de dicho parámetro. Podemos decir, por tanto, que los argumentos internos de (95) no están en la posición de complemento directo (si lo estuvieran se
violaría el filtro de caso), sino en una posición de sujetos desplazados como adjuntos del SV, si seguimos la explicación de Rizzi (1982). Reciben caso nominativo entonces por el ya mencionado mecanismo de transmisión de caso partiendo
de un sujeto expletivo. La estructura de (95a) sería entonces la siguiente:

(97) [$_{SFlex}$ *pro*$_i$ Fue [$_{SV}$ [$_{SV}$ encontrado h$_i$] [el tesoro]$_i$] por los piratas]

Como puede verse, (97) es una estructura de sujeto posverbal análoga a la que
hemos considerado en el § 6.2.2, aunque en su interior tiene lugar el proceso de
movimiento característico de las pasivas que acabamos de describir.

Los SINGULARES Y PLURALES ESCUETOS (ingl. *bare singulars / plurals*), es decir,
los SSDD sin determinante expreso, pueden aparecer como sujetos posverbales,
pero no aparecen en la posición canónica preverbal:

(98) a. Fue encontrado oro en la mina.
     b. *Oro fue encontrado en la mina.

(99) a. Han sido asesinados niños.
     b. *Niños han sido asesinados.

Esta asimetría se debe a las peculiares características de los SSDD sin determinante (Contreras, 1986a; Bosque, 1996, entre otros). Para Contreras (1986a), los
SSDD sin determinante están encabezados por un elemento nulo de categoría D
(un determinante nulo). Esta categoría vacía debe quedar legitimada bajo rección
del verbo, lo cual fuerza su distribución posverbal. Para otros autores (como Masullo, 1992a), el nombre plural se incorpora en el verbo formando una unidad, lo
que de nuevo predice que no sea posible el movimiento a la posición preverbal
del especificador de SFlex. Otros gramáticos (Belletti, 1987/1988) han sugerido
que el proceso [+C] > [-C] que se aplica en la estructura pasiva de (98a) no se limita a la absorción del caso acusativo que correspondería a *oro,* sino que se asigna a este complemento un caso partitivo en razón de la naturaleza no definida del
sustantivo. Este caso –que en francés e italiano exige un artículo especial, y en
finés, húngaro y otras lenguas, una desinencia característica– es compatible en
español con la posición de argumento interno. Como *oro* ya tiene caso en esta posición, no puede desplazarse a la posición en la que se asigna nominativo (98b).
Este análisis relaciona (98) con alternancias del tipo *(Entra frío / *Frío entra),* y
también con la estructura que corresponde a oraciones no pasivas como (100) en
francés:

(100) Il est arrivé un homme. 'Ha llegado un hombre.'

En el § 6.9 retomaremos la relación que existe entre (98a) y (100). Antes de hacerlo tenemos que considerar el concepto de 'ascenso' con más detalle, sobre todo porque las unidades de análisis que hemos introducido en los apartados anteriores nos permiten examinarlo más profundamente.

6.8. Los verbos de ascenso

6.8.1. *El ascenso de sujeto a sujeto*

Volvemos en este apartado a considerar los verbos (mencionados en el § 6.3.1) que pertenecen a la clase de *parecer* (*semejar, resultar,* etc.), y que se denominan VERBOS DE ASCENSO (ingl. *raising verbs*) por los motivos que veremos en seguida.

(101) a. Luis parece tener razón siempre.
      b. Luis resulta llegar siempre el último.
      c. La marea semeja tener más fuerza de lo normal.

Estos verbos tienen un único argumento proposicional y, por ello, las oraciones de (101) alternan con construcciones en las que toman complementos oracionales finitos:

(102) a. Parece [que Luis tiene razón siempre].
      b. Resulta [que Luis siempre llega tarde].

Estos verbos no marcan temáticamente la posición de sujeto. Esta posición externa es necesaria por el principio de proyección extendido (PPE), pero es una posición [+C/-θ]. La posición correspondiente al único argumento proposicional de estos verbos es una posición [+θ], pero también [-C], puesto que estos no son verbos transitivos. El sujeto de las oraciones de (101) es un pronombre expletivo nulo que se inserta para prevenir una violación del PPE, como hemos explicado con anterioridad:

(103) pro^{expl} parece [que Luis tiene razón siempre].

Recuerde que el verbo *parecer* muestra los rasgos de tercera persona de pro^{expl} y que este elemento aparece en una posición [+C], como sucedería con cualquier otro sujeto. Pero pro^{expl} no designa un argumento de *parecer*. Este argumento corresponde a la oración encerrada entre corchetes, que ocupa una posición temática. Este esquema da lugar una vez más a la situación de reparto de rasgos que hemos explicado en las secciones anteriores. Ahora consideremos la oración (104):

(104) Luis y María parecen tener razón siempre.

No es fácil analizar este ejemplo en términos tradicionales o clásicos, sobre todo porque la estructura sintáctica de oraciones como esta comparte algunas propiedades con las oraciones copulativas y otras con las perífrasis verbales. Eso significa que *parecer* tiene algo en común con los verbos copulativos (de hecho, *parecer* es un verbo copulativo en *Luis parece razonable*), pero también tiene algo en común con verbos como *poder* (como en *Puede tener razón*) y con otros que forman perífrasis verbales. Ahora bien, las clases tradicionales de verbos no están sujetas a descomposición interna. En los análisis tradicionales, un verbo no puede ser «en parte copulativo y en parte modal», puesto que el pertenecer a una clase de verbos no es una propiedad que se pueda graduar. Más aún, estas dos clases de verbos se definen con criterios distintos y se describen en capítulos también diferentes, así que nada parece indicar que haya que relacionarlas mediante algún mecanismo analítico. Pero en los apartados anteriores hemos visto que los conceptos de 'sujeto', 'objeto', 'oración pasiva', 'sujeto tácito', 'complemento sobrentendido' y otros similares se comprenden mejor si los sometemos precisamente a esa descomposición interna, es decir, si dejamos de considerarlos unidades compactas y pasamos a entenderlos como el resultado de la interacción de una serie de rasgos gramaticales. La estrategia que se persigue en el modelo de principios y parámetros es la de aplicar esa forma de proceder a las demás construcciones. De hecho, a todas en general, si fuera posible.

Mantengamos, pues, presente esta actitud y examinemos (104) con esos ojos. Hemos llegado a la conclusión de que *parecer* no asigna papel temático a la posición correspondiente a su argumento externo, pero en (104) encontramos esa posición ocupada por el SD *Luis y María,* y es claro que a este SD corresponde algún papel temático, puesto que queremos mantener el criterio temático. ¿Qué elemento asignará entonces papel temático a este SD? Es obvio que la respuesta es *tener razón.* Más aún, *Luis y María* es el argumento externo de *tener razón.* ¿Cómo explicamos entonces la peculiar posición que ocupa? En el modelo de principios y parámetros se sugiere esta respuesta: supongamos que el rasgo característico de *parecer* es el hecho de que no asigna caso a su complemento oracional. Si esto es así, podemos proponer esta estructura:

(105) ___ parecen [Luis y María tener razón]
        [+C/-θ]..............[-C/+θ]

Se acepta generalmente que el constituyente que marcan los corchetes en (105) es SFlex, aunque algunos gramáticos han sugerido que es simplemente SV. Volveremos sobre esta alternativa más adelante. Nótese ahora que *Luis y María* no recibe C de *tener razón,* puesto que es el sujeto de un infinitivo, pero sí recibe la marca temática ([+θ]) de este verbo. Podemos, pues, suponer, que en (106) *Luis* asciende a la posición inicial (movimiento A) y crea una cadena similar a las que hemos estado analizando en los apartados anteriores, es decir, un caso más en que un elemento +θ se desplaza a una posición +C:

(106) Luis$_i$ parece [h$_i$ tener razón]
        [+C/-θ]........ [-C/+θ]

Este análisis viene a analizar el sujeto de *parecer* en (106) como un SUJETO DERIVADO. La operación de ascenso desde una posición de sujeto a otra posición de sujeto se ha denominado ASCENSO DE SUJETO A SUJETO (ingl. *subject to subject raising*). Los verbos que la admiten se llaman, como hemos adelantado, VERBOS DE ASCENSO. Como en otros casos estudiados anteriormente, el concepto de ASCENSO debe entenderse como una metáfora, es decir, como un intento de representar formalmente la idea de que las posiciones que las palabras ocupan en la sintaxis no nos explican más que una parte de sus propiedades; para dar cuenta de otras, tenemos que vincularlas –de manera restrictiva– con palabras o constituyentes que se encuentran a cierta distancia.

Supongamos ahora que *Luis y María* no asciende como en (106) y que permanece en la posición inferior [-C/+θ], esto es, que tenemos la oración *Parecen Luis y María tener razón*. La agramaticalidad de esta secuencia nos indica que el ascenso de *Luis y María* es obligatorio, por lo que tampoco podríamos situar un pronombre nulo en su lugar, como en (107):

(107) *pro_i parece [*Luis y María*$_i$ tener razón]

En esta estructura, *pro* transmitiría su marca C a *Luis y María*. Sin embargo, a diferencia de las construcciones pasivas, en las que sí es posible la transmisión de caso a un sujeto posverbal, en las construcciones con verbos de ascenso tal mecanismo se bloquea. Las construcciones paralelas en inglés, con un pronombre expletivo explícito, son también agramaticales.

(108) a. *It seems John to be happy.
　　　b. *There seems a man to arrive.

Esta diferencia es menos arbitraria de lo que parece, ya que los sujetos posverbales de las pasivas no están en la posición canónica donde reciben C (especificador de SFlex). Sin embargo, el sujeto *Luis y María* ocupa en (107) una posición que es obligatoriamente [-C] o, en la explicación alternativa que indicamos más arriba, una posición en la que se asigna caso nulo. No puede, por tanto, recibir caso nominativo. Cuando el sujeto del infinitivo aparece pospuesto, la secuencia se convierte en gramatical:

(109)　Parecen tener razón Luis y María.

Resumiendo, las similitudes y diferencias de la estructura (106) y la que corresponde a las oraciones pasivas son las siguientes:

A) Tanto la construcción pasiva como la correspondiente a los verbos de ascenso requieren movimiento a una posición argumental, es decir, constituyen casos de movimiento A'.

B) En ambos casos el movimiento está motivado por necesidades de cotejo de la marca C: C es absorbido por la morfología pasiva; en las construcciones de ascenso, el infinitivo no puede cotejar la marca C de su sujeto.

C) En la pasiva tenemos un movimiento de ascenso de objeto a sujeto; en los verbos de ascenso hay movimiento de sujeto a sujeto.

Algunos gramáticos piensan que la propiedad que muestra *parecer* en (106) se extiende a los verbos modales de las perífrasis verbales, como en (110):

(110) Luis puede [tener razón].

También es claro que el verbo *poder* no marca temáticamente la posición que corresponde al argumento externo, como sucedía en el caso de *parecer*. Las diferencias entre las dos estructuras afectan, por un lado, a la naturaleza categorial del segmento encerrado entre corchetes, puesto que no todos los gramáticos están de acuerdo en que pertenezca a la misma categoría en los dos casos. Por otro lado, observe que no podemos construir con *poder* una secuencia del estilo de (111a), ya que (111b) es agramatical:

(111) a. Luis parece razonable.
     b. *Luis puede razonable.

El análisis tradicional de (111a) consiste en suponer que *parecer* es un verbo copulativo. Este análisis es correcto, desde luego, pero parece que es necesario añadir algo que nos permita relacionar (101a) con (111a). La forma habitual de hacerlo es suponer que los verbos copulativos son también verbos de ascenso. Esta es una forma natural de reflejar la idea de que el predicado que restringe temáticamente a su argumento externo en (111a) es *razonable,* no *parecer.* Observe que no existe ningún sustantivo del español con el que no se pueda formar un SD que sea sujeto del verbo *parecer.* Puede encabezar usted una oración con *Las galaxias parecen...,* con *El amor parece...* o con el SD que se le ocurra. Esto quiere decir que cualquiera que sea la restricción semántica que le corresponda, la aportará el elemento con el que se construya este verbo, en este caso el adjetivo *razonable.* Tenemos, pues, una estructura del estilo de (112):

(112) $Luis_i$ parece [h_i razonable].

En esta estructura la huella *h* ocupa la posición correspondiente al argumento externo de *razonable.* La cadena <$Luis_i$ ... h_i> recibe, como otras que hemos visto, su marca C en la posición correspondiente a *Luis,* y su marca θ en la que corresponde a *h.* En este punto se preguntará usted probablemente qué clase de categoría sintáctica es la encerrada entre corchetes en (112). Esta es, en efecto, la pregunta que hay que hacerse en este momento. Aun así, la vamos a posponer hasta la sección 6.12, porque antes tenemos que considerar otros aspectos de los procesos de ascenso.

6.8.2. *Verbos de ascenso y verbos de control*

Acabamos de esbozar un análisis de la secuencia (113a) en la forma que se muestra en (113b):

(113) a. Luis parece tener razón.
     b. $Luis_i$ parece [h_i tener razón].
       [+C/-θ]......[-C/+θ]

Tal vez piense usted que en lugar de considerar el verbo *parecer* como verbo de ascenso, podríamos considerarlo un verbo de control, por lo que el análisis adecuado de (113) sería (114):

(114) *$Luis_i$ parece PRO_i llegar tarde.

Con el asterisco de (114) le adelantamos que este análisis se considera equivocado, pero enseguida le vamos a explicar por qué lo es. Las preguntas relevantes son las que seguramente se ha hecho usted, si ha seguido con atención las secciones anteriores de este capítulo: ¿Por qué usamos *h* como sujetos de ciertos infinitivos y PRO como sujetos de otros?; ¿No sería más simple y más adecuado usar una sola categoría vacía para todos?; ¿Por qué no es correcto el análisis de (114)?; ¿Por qué no proponemos tampoco, por ejemplo, un análisis de (115a) como el que se muestra en (115b)?

(115) a. Luis prometió llegar temprano.
b. *Luis$_i$ prometió [h$_i$ llegar temprano].

Veremos a continuación que ninguna de estas dos opciones alternativas parece adecuada. Recuerde que son predicados de control verbos como *prometer, intentar, amenazar, obligar, convencer* o *persuadir*:

(116) a. Luis {prometió / intentó} llegar temprano.
b. Luis amenazó con no venir.
c. Luis obligó a Pedro a comprarse un coche.
d. Luis persuadió a Pedro de comprarse un coche.

Superficialmente, las secuencias de (116) y las correspondientes a las estructuras de ascenso parecen similares («SD + V + (P) + infinitivo»). Sin embargo, en la gramática generativa se establece una distinción clara entre los verbos de ascenso y los de control sobre la base de sus respectivas propiedades argumentales y temáticas, lo que hace no deseables análisis como los de (114) y (115b). La diferencia entre los verbos de ascenso y los verbos de control se reduce en lo fundamental a una diferencia de estructura argumental. Los verbos de ascenso tienen un solo argumento al que asignan papel temático (el argumento interno proposicional), mientras que los verbos de control tienen más de un argumento y asignan dos papeles temáticos: uno a su argumento interno y otro al argumento externo. Los respectivos esquemas se repiten a continuación:

(117) a. Verbos de ascenso: A [-θ] ... B [+θ]
b. Verbos de control: A [+θ] ... B [+θ]

Como se ve, la diferencia fundamental está en el rasgo [-θ] de A en el primer caso. Eso significa que en (117a), A y B forman una cadena y hay, por tanto, un solo argumento discontinuo. En (117b), A y B son dos argumentos diferentes. Así, el verbo *intentar* tiene dos argumentos: al argumento externo le corresponde un papel temático de Agente («el que intenta»), y el argumento interno recibe el papel temático de Tema o el que decidamos asignar al segmento entre corchetes en (118), que designa la noción intentada por Juan:

(118) Pepe intentó [PRO caminar más deprisa].
      +θ   +θ

Si propusiéramos una derivación de (118) en la que el sujeto de *intentar* se originase como sujeto «profundo» de *caminar* y se desplazase a su posición definitiva, como la que se muestra en (115b), la representación resultante violaría el criterio temático, ya que la cadena formada por *Pepe* y su huella habrían recibido dos papeles temáticos (uno de *intentar* y otro de *caminar*):

(119) *Pepe (Ag)$_i$ intentó h (Ag)$_i$ caminar deprisa.

Si sumamos los rasgos de una cadena cualquiera (no importa las posiciones que contenga), solo podremos obtener un rasgo C y un rasgo θ. En realidad, esta propiedad se deduce de la definición misma de cadena, puesto que una cadena constituye un solo argumento discontinuo. Lo que la sintaxis nos permite es explicar que estos rasgos corresponden a posiciones distintas coindexadas. Este razonamiento muestra que los verbos de control no son verbos de ascenso, por lo que el análisis adecuado de (118) es (120).

(120) Pepe$_i$ intentó [PRO$_i$ caminar deprisa].

La posición de sujeto del complemento en infinitivo de dichos verbos está ocupada por un sujeto tácito pronominal (PRO). Este elemento cuenta como sujeto del verbo *caminar*. De hecho, representa su agente y ocupa la posición que corresponde a este, pero su interpretación resulta 'controlada' por el sujeto patente del verbo principal. La coindización o coindexación indica en este caso identidad de referencia. Recientemente, algunos autores (Hornstein, 1998, 1999a, 2001) han intentado defender la idea de que los verbos de control podrían analizarse como verbos de ascenso. Esta es una opción que resulta sumamente polémica (véanse Brody, 1999, 2001 y Culicover y Jackendoff, 2001) y que no exploraremos en este texto.

Todavía no hemos explicado por qué no es posible reducir los verbos de ascenso a estructuras de control, como se hace en la representación que se sugiere en (114). Esta reducción no parece posible. Además de la diferencia que se esquematiza en (117), existen varias propiedades que separan los verbos de ascenso de los verbos de control y que aconsejan mantener el análisis de (113b) y descartar (114) como inviable. Vamos a considerar brevemente tres de ellas:

A) La posición de sujeto de los verbos de control está normalmente restringida a SSDD que denotan entidades animadas. Esta es una consecuencia indirecta del hecho de que la mayor parte de estos verbos que participan en relaciones de control expresan 'voluntad', 'influencia' y otras nociones que se suelen atribuir a los seres humanos y a ciertos animales, como en *El leopardo desea atrapar a la cebra*. Ciertamente, se obtiene PRO como sujeto de entidades no personales con otros predicados, como en *La ropa se arruga después de PRO secarse*. Ahora bien, el rasgo más característico de los verbos de ascenso es que su posición de sujeto no está restringida semánticamente. Los SSDD inanimados *la lluvia* y *la mesa* pueden aparecer como sujetos derivados de *parecer* y *resultar* en (121) pero resultan anómalos como sujetos temáticos de *intentar* y *obligar* en (122), puesto que esas posiciones están restringidas.

(121) a. La lluvia parecía haber llegado tarde.
    b. La mesa resultó estar desnivelada.

(122) a. #La lluvia intentó llegar tarde.

     b. #La mesa obligó a Pedro a desnivelarla.

No es de esperar que las entidades inanimadas de (122) puedan llevar a cabo acciones que requieren voluntad en el que las realiza. Si traducimos esta intuición a términos sintácticos, diremos que la estructura argumental de *intentar* y de *obligar* nos obliga a considerar *la lluvia* y *la mesa* como sus respectivos argumentos externos. El resultado es inadecuado en la medida en que estos SSDD no pueden satisfacer tales requisitos argumentales por las razones expuestas. Pero la pregunta fundamental en este punto es por qué no percibimos nada anómalo en las oraciones de (121), en las que participan los mismos sustantivos y los mismos predicados *llegar tarde* y *desnivelar*. La respuesta –desde el marco teórico que estamos exponiendo– es que no existe ninguna relación temática entre *parecer* y *la lluvia* o entre ese mismo verbo y *la mesa*. Esos SSDD son argumentos de los predicados que aparecen en infinitivo; forman con ellos una cadena y solo reciben de *parecía* y *resultó* la marca C, como la concordancia muestra.

B) Los verbos de ascenso permiten la pasivización del argumento interno del verbo en infinitivo que encabeza el complemento oracional que seleccionan. Es decir, es posible desplazar el argumento interno a la posición de sujeto del infinitivo, y posteriormente a la de sujeto del verbo de ascenso para cotejar los rasgos C pertinentes. En (123b) tenemos una estructura en que el verbo en infinitivo se ha pasivizado:

(123) a. La policía parecía haber detenido a los delincuentes.

     b. Los delincuentes parecían haber sido detenidos por la policía.

Una representación simplificada de (123b) es (124), donde aparecen en cursiva y con números los elementos que constituyen la cadena, y debajo de ellos los rasgos que corresponden a esas posiciones:

(124) *Los delincuentes*$_i$ parecían [h_i haber sido [detenidos h_i por la policía]]

          1   2   3

    [+C/-θ]   [-C/-θ]   [-C/+θ]

Así pues, estamos ante una cadena de tres posiciones o tres eslabones: <*los delincuentes ... h ... h*>. El SD *los delincuentes* se genera como argumento interno de *detener*, es decir, en la posición 3. Esta es una posición temática, puesto que es la que corresponde al paciente de este verbo. Es una posición [-C] por efecto de las propiedades del participio, que absorbe el caso del argumento interno (§ 6.7). El SD se mueve a la posición 2, como en cualquier otra oración pasiva, pero en esa posición no aparece ningún verbo flexionado, de modo que el SD no podrá recibir aquí la marca C. Tampoco recibe la marca θ porque *parecer* no la asigna a esta posición. Ello fuerza un nuevo desplazamiento a la posición 1, que es la posición desde la que el SD concuerda con el verbo *parecer*. Si sumamos los rasgos de las tres posiciones obtenemos un solo rasgo C y un solo rasgo θ. Como se ve, este análisis representa de forma ajustada la idea de que *los delincuentes* es un SD que designa las personas que son detenidas, pero este sintagma no constituye el complemento directo del verbo *detener*, sino el sujeto de un verbo con el que no mantiene ninguna relación semántica a pesar de concordar con él.

Tiene interés hacer notar que los verbos de control no permiten esta pasivización, que podríamos llamar *larga*. Observe que las oraciones de (125) son sinónimas. Lo son porque no hay alteración en la marca temática que recibe *Marcos* (paciente de *recompensar* en los dos casos). En cambio, las oraciones de (126) no son sinónimas, ya que el verbo de control *intentar* marca temáticamente a su sujeto: *Lola* en un caso y *Marcos* en el otro:

(125) a. Lola parece haber recompensado a Marcos.

b. Marcos parece haber sido recompensado por Lola.

(126) a. Lola intentará recompensar a Marcos.

b. Marcos intentará ser recompensado por Lola.

En suma, el tratar *parecer* como un verbo de ascenso nos permite predecir que el desplazamiento de un argumento pasivizado no altera las relaciones temáticas involucradas. En cambio, al ser *intentar* un verbo de control, la aparición de *Marcos* como sujeto de *intentar* no es el resultado del proceso de pasivización. *Marcos* y el PRO pasivizado poseerán papeles temáticos distintos.

(127) a. Marcos$_i$ parece [h$_i$ haber sido recompensado h$_i$ por Lola].

b. Marcos$_i$ intentará [PRO$_i$ ser recompensado h$_i$ por Lola].

Como se ve, en (127b) tenemos dos argumentos: *Marcos* y la cadena <*PRO* ... *h*>. En (127a) tenemos un solo argumento: la cadena <*Marcos* ... *h* ... *h*>. Las claras diferencias interpretativas que se obtienen en estos casos son consecuencia, por tanto, de la forma en que la sintaxis pone en juego diferencias que proceden de la estructura argumental de los predicados.

C) Los verbos de ascenso pueden tomar como complementos verbos meteorológicos o impersonales. Observe que esto no es posible en el caso de los verbos de control:

(128) a. Parece haber nevado mucho últimamente.

b. Parece ser necesario que vengas.

(129) a. #Intentó nevar mucho.

b. *Obligó a ser necesario que vengas.

Esta diferencia se sigue del hecho de que el sujeto de un verbo meteorológico es un pronombre nulo expletivo sin contenido semántico. Al insertarlo como sujeto del complemento proposicional de un verbo de control, pasará a estar controlado por uno de los argumentos del verbo de control y tendrá que referirse a una o varias entidades, lo cual es incompatible con su naturaleza expletiva. El resultado es, por consiguiente, agramatical:

(130) *pro$_i$ intentó [PRO$^{expl}_i$ nevar]

Como se ve, no podemos usar (130) para significar 'intentó que nevara'. Esta estructura nos forzaría a suponer que el argumento externo agentivo de *intentar* controla el sujeto nulo de *nevar*, por lo que es correferente con él. Es posible que la oración *Intentó nevar* le parezca a usted gramatical. Tal vez diga incluso que una persona puede desear convertirse en nieve (o en lo que le venga en gana), y que los deseos de las personas no deben estar restringidos por la gramática. En efecto, los deseos de las personas no están restringidos por la estructura gramatical del idioma, pero lo que usted querría suponer seguramente –si se le ocurrió pensar algo así– es que es posible la estructura (131):

(131) #*pro*$_i$ intentó [PRO$_i$ nevar]

En esta oración, *PRO* no es expletivo (*expl* parecía una marca insignificante, pero no lo es), sino un sujeto temático controlado. Esta estructura obliga a interpretar PRO como elemento argumental, por lo que se obtiene exactamente la interpretación según la cual se atribuye a alguien la intención de nevar. Esta interpretación se corresponde más o menos con nuestras expectativas acerca de las capacidades humanas, por lo que la marca de anomalía (#) deja al arbitrio del lector la medida en que se ajusta a ellas.

También podría alguien decir que oraciones como *Quiere llover* constituyen contraargumentos al análisis esbozado arriba. Cuando se dice *Quiere llover*, no se atribuye voluntad alguna a la lluvia, lo que parece que choca con el tipo de razonamiento que acabamos de exponer. En realidad, no es así. Cuando se construye con infinitivo, *querer* es un verbo auxiliar (cercano, de hecho, a *poder*), no un verbo principal. Observe que los verbos auxiliares aceptan la elisión del SV que toman como complemento, mientras que los verbos principales la rechazan. *Querer* se comporta sin duda como los primeros:

(132) a. Juan quería cantar, pero María {no quería / *no lo quería}.
        b. Juan intentó cantar, pero María {*no intentó / no lo intentó}.

Como ve, *querer* e *intentar* se comportan de forma opuesta, y *querer* lo hace como los verbos auxiliares. Decimos, pues, *...pero no quería*, al igual que *...pero no podía*, *...pero no debía*, ...etc. Es decir, la gramática trata en este caso a *querer* como un verbo modal cercano a otros que forman perífrasis verbales de naturaleza modal. Los verbos modales se asimilan a los verbos de ascenso, luego el análisis correcto será:

(133) *pro*$^{expl}_i$ quería [h$_i$ llover]

El auxiliar *querer* ha perdido en estos casos sus propiedades como verbo principal, y por tanto parte de su contenido léxico, de forma parecida a como el verbo auxiliar del futuro inglés (*will*) las perdió igualmente, puesto que –como es sabido– se formó sobre una forma verbal que significa 'deseo'. Este uso de *querer* se caracteriza además por rechazar los adverbios de cantidad: *Quiere llover bastante (frente a *Va a llover bastante*).

Se ha señalado algunas veces que existen ciertos casos en los que un mismo verbo parece exhibir un comportamiento mixto, con características de los verbos de ascenso y los de control. Cuando el verbo *parecer* va acompañado de un pronombre dativo (que recibe el papel temático de experimentante), se comporta como un verbo de control. En este caso el pronombre ejerce de elemento controlador.

(134) Me$_i$ pareció [PRO$_i$ ver una figura borrosa].

Como observa Torrego (1996), la presencia del experimentante dativo impide el ascenso del sujeto temático del infinitivo:

(136) a. *Juan me parece amar a María.
       b. Juan parece amar a María.

Construido de esta forma, el verbo *parecer* se acerca a *creer* y a otros verbos que oscilan entre el juicio y la percepción. También presentan una alternancia en su comportamiento como verbos de ascenso o de control *prometer* y *amenazar*. En (137), estos verbos se comportan como verbos de control, pero en (138) actúan como verbos de ascenso.

(137) a. Pepe prometió acompañarte.
       b. Pepe amenaza con no ir.

(138) a. La película promete ser muy buena.
       b. La pared amenaza con caerse.

En (137), el sujeto es obligatoriamente un agente, por lo que no sería de esperar un sujeto no animado *(#La mesa prometió acompañarte),* a diferencia de (138). Es más, en su acepción como verbos de ascenso, *prometer* y *amenazar* no pueden alternarse con complementos oracionales finitos y no seleccionan argumentos experimentantes, como prueba el contraste entre (139), donde *prometer* se interpreta como verbo de control, y (140), donde debe ser un verbo de ascenso:

(139) a. Pepe prometió que te acompañaría.
       b. Pepe le prometió a Luis acompañarlo.

(140) a. #La película prometió que sería muy buena.
       b. #La película nos promete ser muy buena.

Así pues, reducida a lo esencial, la cuestión viene a ser por qué interpretamos una personificación de *la película* en (140), pero no lo hacemos en (138a), o –dicho de otro modo– por qué el que oye esta última oración no entiende que cierta película esté realizando alguna promesa, mientras que eso es exactamente lo que se deduce de las secuencias anómalas de (140). De forma similar a como el verbo *will* se gramaticaliza en inglés (y pasa de expresar deseo a expresar futuro), los verbos *prometer* y *amenazar* pierden parcialmente su contenido léxico en los contextos señalados y se asimilan a los verbos modales, con lo que pasan a formar parte de las estructuras de ascenso.

Existen al menos dos formas de analizar la alternancia de (136). Torrego (1996) sostiene que la presencia de un dativo experimentante se asocia con la de un pronombre expletivo en la posición de sujeto en español, lo que impide el ascenso del sujeto del infinitivo:

(141) pro^{expl}_i me$_i$ parece amar a María.

En inglés no existiría tal requisito, puesto que no existe pro^{expl} en esa lengua, lo que predice la buena formación de las dos variantes de (142):

(142) a. John seems to have left. 'Juan parece haberse ido.'
   b. John seems to Mary to have left. '*Juan le parece a María haberse ido.'

La otra opción consistiría en suponer que el contraste obedece a una alternancia léxica, por lo que tendríamos dos significados o dos acepciones diferentes para el verbo *parecer* con redes argumentales también diferentes; es decir, sin experimentante en la acepción asociada a la estructura de ascenso y con experimentante en la correspondiente a la estructura de control. En Ausín y Depiante (2000) se desarrolla una variante de este análisis.

6.9. La inacusatividad

6.9.1. *Los verbos inacusativos*

En este apartado examinaremos el comportamiento de los verbos monovalentes y mostraremos que pueden dividirse en dos clases. Conectaremos también el comportamiento sintáctico de una de ellas con una generalización que se desprende de la interacción de las marcas de caso y papel temático analizada en las secciones anteriores, y veremos que esta generalización es aplicable no solo a los verbos inacusativos, sino también a las construcciones en que se produce movimiento A' en general (pasivas, verbos de ascenso).

En el capítulo 5 definimos como verbos monovalentes o monádicos los que tienen un solo argumento, pero no hicimos distinción alguna entre ellos. Sin embargo, existe un buen número de pruebas a favor de distinguir dos clases de verbos monovalentes, siguiendo la clasificación inicial de Pemutter (1978), desarrollada por Burzio (1981, 1986):

(143) a. VERBOS INERGATIVOS O INTRANSITIVOS PUROS: *sonreír, patinar, trabajar, gritar, caminar, llorar, telefonear*, etcétera.
   b. VERBOS ERGATIVOS O INACUSATIVOS: *llegar, crecer, florecer, aparecer, desaparecer, quedar, faltar, hervir*, etcétera.

Los verbos inergativos tienen un 'sujeto profundo' (un 'sujeto agente' en la terminología tradicional), mientras que los inacusativos tienen un 'objeto profundo' (cercano a un 'sujeto paciente' en la terminología tradicional). En los términos que venimos usando, una primera inspección de estas dos listas nos permite ver que, pese a que todos estos verbos tengan la misma valencia, difieren en la marca temática que asignan a su argumento. Los verbos inergativos seleccionan un agente y los inacusativos, un tema (o paciente). Esta diferencia, sin embargo, no se reduce a una asimetría temática, sino que presenta consecuencias estructurales importantes. Describiremos primero algunas de las que Perlmutter y Burzio notan para el italiano, y luego mostraremos que esa división también tiene algunas consecuencias en inglés y en español. De hecho, las tienen un gran número de lenguas, aunque se manifiesten a través de recursos léxicos, morfológicos y sintácticos muy diversos.

A) En italiano existen dos auxiliares de perfecto: *avere* y *essere*. Los verbos inergativos (it. *lavorare, telefonare*) se combinan con el auxiliar *avere,* mientras que los inacusativos (it. *sparire, arrivare*) lo hacen con el auxiliar *essere:*

(144) a. Giorgio {ha / *è} lavorato. 'Giorgio ha trabajado.'
      b. Giovanni {ha / *è} telefonato. 'Giovanni ha telefoneado.'

(145) a. *Giorgio {*ha / è} sparito. 'Giorgio ha desaparecido.'
      b. Giovanni {*ha / è} arrivato. 'Giovanni ha llegado.'

Además, el sujeto de un verbo inergativo no concuerda con el participio, pero el de un verbo inacusativo debe hacerlo:

(146) a. Maria ha {telefonato / *telefonata}.
      b. Maria è {arrivata / *arrivato}.

B) El clítico partitivo *ne* (que es similar al clítico *en* del catalán y del francés y al *pro*[indef] del español, del que hablábamos en el § 6.4) suele normalmente sustituir a los objetos nominales en las estructuras transitivas:

(147) a. Giorgio ha comprato due macchine. 'Giorgio ha comprado dos coches.'
      b. Giorgio ne ha comprato due. 'Giorgio ha comprado dos (de ellas).'

De entre los verbos monádicos, solo los verbos inacusativos permiten la sustitución del nombre por el clítico *ne:*

(148) a. Ne   sono comparse due.
         de-ellos han   aparecido dos
      b. Ne   arriveranno molti.
         de-ellos llegarán   muchos

(149) a. *Ne   hanno gridato due.
         de-ellos han   gritado dos
      b. *Ne   telefoneranno molti.
         de-ellos telefonearán   muchos

Sobre esta propiedad, véase también el comentario que sigue a (158).

C) Por último, en las construcciones de participio absoluto pueden encontrarse tanto verbos transitivos como inacusativos, pero no verbos inergativos:

(150) a. Perduti i soldi, non c'era niente da fare.
       'Perdido el dinero, no había nada que hacer.'
    b. Comparsa all'improvviso, la suocera è rimasta due settimane.
       'Aparecida de improviso, la suegra se quedó dos semanas.'

(151) *Gridato ai bambini, Giorgio è uscito.
     'Habiendo gritado a los niños, Giorgio se fue.'

Como puede ver por las traducciones, la propiedad C se aplica también al español. Las marcas sintácticas de inacusatividad pueden encontrarse en muchas otras lenguas, aunque varían en su manifestación concreta (véase Miyagawa, 1989 para el japonés o Perlmutter, 1978, para el holandés). Por ejemplo, en inglés se ha correlacionado la inacusatividad con la posibilidad de tener sujetos posverbales en dos tipos de construcciones, si bien Levin y Rappaport (1995) relativizan esta generalización. De hecho, la inacusatividad se pone de manifiesto fundamentalmente en dos construcciones sintácticas en inglés:

a) Las construcciones de INVERSIÓN LOCATIVA (ingl. *locative inversion*), en las que el constituyente que aparece en posición preverbal es una expresión de ubicación locativa o temporal:

(152) In the distance appeared the towers and spires of a town that greatly resembled Oxford.
     'En la distancia aparecieron las torres y almenas de una ciudad que se parecía mucho a Oxford.'

Así pues, el verbo *appear* ('aparecer') es inacusativo. Esta construcción resulta muy extraña con los verbos inergativos:

(153) ??At the rear of the class smiled a girl.
     en el fondo de la clase sonreía una niña
     'Una niña sonreía al fondo de la clase.'

b) Las construcciones en que se produce la inserción del pronombre expletivo *there*, aunque solo en ciertos dialectos:

(154) a. There arrived some men. 'Llegaron algunos hombres.'
    b. ??There smiled some men. 'Sonrieron algunos hombres.'
    c. *There ate some students. 'Comieron algunos hombres.'

Esta propiedad se observa de manera muy similar en francés, que elige en ellas el expletivo *il:*

(155) a. Il est arrivé deux enfants. 'Han llegado dos niños.'
    b. ??Il est suris deux enfants. 'Han sonreído dos niños.'

Pasemos ahora al español. En español podemos también encontrar ciertos fenómenos que se asocian con los verbos inacusativos y nos permiten separar igualmente los verbos inacusativos de los inergativos:

A) Hasta el siglo XVI aproximadamente existió la alternancia entre *ser* y *haber* como auxiliares perfectivos (Lapesa, 1981). El auxiliar *ser* se usaba con los verbos inacusativos:

(156) Los moços son idos a comer i nos han dexados solos. (Juan de Valdés)

Esta construcción permanece todavía en algunos restos arcaicos. Se dice a veces en la lengua formal *Cuando sea llegado el momento* o *Ya es llegada la hora.* Como se ve, se trata de una pauta sintáctica que está viva en francés o italiano modernos, pero que el español perdió.

B) En las construcciones de participio absoluto pueden aparecer los verbos transitivos *(resolver)* y los inacusativos *(pasar),* pero no los inergativos *(sonreír):*

(157) a. Resuelto el problema, salimos a comer.
      b. Pasadas dos horas, salimos a comer.
      c. *Sonreído Juan, salimos a comer.

C) Los participios de los verbos transitivos e inacusativos pueden funcionar como modificadores cercanos a los adjetivos. Así, podemos decir *una promesa rota, una obra acabada, una persona desaparecida,* o *el bebé recién nacido.* Sin embargo, no son posibles *una muchacha sonreída* o *una persona bostezada.* Los verbos del primer tipo forman, según Bello (1847), *participios deponentes,* lo que constituye sin duda una intuición certera. Una variante de esta construcción se forma con el artículo neutro *lo,* cercano a los pronombres neutros. Obsérvese que se dice *lo ocurrido, lo llegado, lo sobrevenido, lo surgido* (con participios de verbos inacusativos), y también *lo comido, lo leído, lo visto, lo dicho* (con participios de verbos transitivos). No son gramaticales, en cambio, las expresiones *lo telefoneado* o *lo brillado* porque están formadas con verbos inergativos. De todo ello se deduce de forma natural que los verbos inergativos no tienen participios femeninos (*sonreída, *bostezada), mientras que sí los tienen los verbos inacusativos *(llegada, nacida)* y los transitivos *(escrita, dirigida).*

D) Los verbos inacusativos admiten como sujetos SSDD sin determinante (singulares y plurales escuetos), como se observa en Torrego (1989). Los verbos inergativos no los admiten:

(158) a. Falta café.
      b. Llegaron provisiones.
      c. *Trabajan obreros.

En ese estudio se explica por qué ciertos modificadores adverbiales antepuestos al verbo, como *aquí* o *en esta fábrica,* convierten (158c) en gramatical. Véase también sobre este punto Fernández-Soriano (1999b). Es interesante hacer notar que el clítico de genitivo *ne / en* que caracteriza los ejemplos de (148) también se admite en las construcciones formadas con predicados inergativos y complementos locativos iniciales, como en cat. *En aquesta cambra n'hi han dormit molts* ('En esta habitación han dormido muchos').

E) Ciertos adverbios locativos y temporales *(ahí, ahora)* presentan dos variantes: una fuerte o acentuada de carácter deíctico (pronunciada [a.í]) y otra débil o no acentuada de carácter cuasiexpletivo (pronunciada [ái], como en *Ahí va* o *Ahí queda eso)*. Los verbos inacusativos admiten los pronombres débiles locativos / temporales cuasiexpletivos sin valor deíctico (Gutiérrez-Rexach, 2001a) y las correspondientes formas fuertes deícticas. En cambio, los verbos inergativos solo se combinan con la variante fuerte o deíctica. Usaremos la grafía *ahi* para la primera opción en (159):

(159) a. {Ahi / ahí} llegan tus amigos.
      b. {??Ahi / ahí} sonríe Pedro.

F) Aranovich (2000) observa que los infinitivos que aparecen en el complemento preposicional de la construcción *quedar por* tienden a ser transitivos *(Me quedan dos por leer; Queda un televisor por arreglar)* o inacusativos *(Quedan dos por llegar; Aún quedan dos trenes por pasar)*, pero son extraños los inergativos *(??Las luces que quedan por brillar; ??Los niños que quedan por sonreír).*

Como se ve, la relación que se establece entre las estructuras transitivas y las inacusativas se pone de manifiesto en un buen número de construcciones. Este hecho muestra que, aunque sean sujetos (a efectos de la concordancia), la sintaxis interpreta a menudo los elementos que participan pasivamente en el desarrollo de los procesos y las acciones de la misma forma que interpreta los complementos directos de otros verbos. Son particularmente numerosos entre los verbos inacusativos los que denotan movimiento físico o figurado *(pasar, salir, moverse)*, y especialmente los que denotan surgimiento o aparición de algo *(un regalo caído del cielo; la correspondencia llegada esta mañana; las goteras aparecidas en el techo; los niños nacidos entre 1990 y 2000; los problemas surgidos)*. Sin embargo, también lo son algunos verbos de estado. Obsérvese que *terminar* es inacusativo en *una palabra terminada en vocal*, puesto que no se habla aquí de una palabra que «ha sido terminada en vocal», sino de una que «termina en vocal». No son inacusativos, en cambio, *caber, merecer* y otros verbos de estado. Se ha debatido si son o no inacusativos un buen número de verbos pronominales. La cuestión resulta polémica en la actualidad, porque se sabe que varios verbos pronominales pasan algunas de las pruebas anteriores *(Gente asustada)*, pero no otras *(*Se asusta gente)*. Se acepta en cambio que son inacusativos muchos verbos de cambio de estado. Otros verbos aceptan las construcciones mencionadas en algunos de sus sentidos *(Las personas entradas en años)*, pero no en otros *(*Las personas entradas en esta tienda a lo largo de la mañana)*.

Estas particularidades léxicas y otras semejantes deben ser todavía estudiadas con atención. En la sección siguiente explicaremos la relación que existe entre los verbos inacusativos y las estructuras configuracionales analizadas en los apartados anteriores, en las que las marcas C y θ de los SSDD se asignaban en posiciones diferentes.

6.9.2. *La generalización de Burzio*

6.9.2.1. Caso y papel temático en las construcciones inacusativas

Si consideramos los datos del italiano, el inglés y el español en su conjunto, vemos que avalan la idea de que los verbos inacusativos seleccionan un objeto profundo, es decir, un argumento interno. Las construcciones inacusativas son aquellas en que dicho objeto nocional (el tema) se realiza sintácticamente como sujeto gramatical. Burzio (1981, 1986) propone que los verbos inacusativos, las construcciones pasivas y los verbos de ascenso se asocian con estructuras que satisfacen la generalización (160a), conocida como LA GENERALIZACIÓN DE BURZIO, que representamos esquemáticamente en (160b):

(160) a. Un verbo asigna caso a la posición de objeto (o complemento directo) solo si asigna papel temático a la posición de sujeto.

    b. $[+\theta] \leftarrow V \rightarrow [+C]$

Esta generalización implica que cuando un verbo no puede asignar caso acusativo a su objeto directo, no asignará papel temático a su sujeto. Abreviadamente:

(161) $[-\theta] \leftarrow V \rightarrow [-C]$

La configuración obtenida posibilita el desplazamiento del SD desde la posición de objeto a la de sujeto. Se obtiene, por tanto, una cadena en la que se ha asignado un solo caso (nominativo) y un solo papel temático (Tema), construcción con la que nos hemos familiarizado en los apartados anteriores. Así como en las construcciones pasivas la morfología de pasiva absorbe el caso acusativo y el papel temático Agente, los verbos inacusativos se caracterizan, como su nombre indica, por no marcar con caso acusativo a su argumento interno. Esto forzaría a dicho elemento a recibir caso nominativo, para satisfacer el filtro de caso. Esta ruta alternativa para la asignación de caso nominativo al objeto nocional se hace, de nuevo, posible porque los inacusativos, como los verbos de ascenso, carecen de un argumento agentivo. Tenemos entonces una estructura inicial como (162a) y una representación derivada como (162b).

(162) a. $[_{\text{SFlex}} \_\_ [_{\text{SV}} \text{ llegó un telegrama}]]$

    b. $[_{\text{SFlex}} \text{ Un telegrama}_i [_{\text{SV}} \text{ llegó } h_i]$
               $[+C/-\theta]$ $[-C/+\theta]$

Se ha observado repetidamente que la estructura que se describe en (162a), en la que la posición del único argumento del verbo inacusativo es la que corresponde al complemento interno del verbo, está relacionada con la indefinitud del complemento. Si llenamos con un expletivo explícito la posición del argumento externo en las lenguas en que esto es posible, como en inglés o francés, observamos que la posición de argumento interno solo puede estar ocupada por SSDD indefinidos. Obtenemos, pues, estos contrastes (donde *a man / un homme* son claramente indefinidos, y *John / Jean* o *the man / l'homme* son SSDD definidos):

(163) a. There arrived a man. 'Llegó un hombre.'

  b. *There arrived {John / the man}

(164) a. Il est arrivé un homme.

  b. *Il est arrivé {Jean / l'homme}

A esta restricción, que bloquea los SSDD definidos en estas y otras construcciones, se la conoce como RESTRICCIÓN DE DEFINITUD O EFECTO DE DEFINITUD (ingl. *definiteness restriction / effect*). Más aún, las pasivas, que muestran la misma distribución de rasgos y posiciones que los verbos inacusativos, están sujetas a la misma restricción:

(165) a. ?There was found some gold. 'Se encontró (algo de) oro.'

  b. *There was found {John / the gold}. 'Se encontró a Juan / el oro.'

(166) a. Il a eté trouvé de l'or.

  b. *Il a eté trouvé {Jean / l'or}.

De acuerdo con la propuesta de Burzio (1986), los sujetos posverbales de los verbos inacusativos ocupan una posición estructural distinta a la de los sujetos invertidos de los verbos transitivos o los inergativos, ya que los argumentos de los verbos inacusativos permanecen como objetos profundos o complementos del verbo. En este sentido, el hecho de que en inglés se pueda decir *There arrived some men* y no ??*There smiled some men* se seguiría del hecho de que en esta lengua el pronombre expletivo explícito *there* puede formar una cadena con un SD y transmitirle caso solo cuando este no lo recibe del verbo y está en la posición de objeto, esto es, cuando el verbo es inacusativo. Así pues, tenemos tres posiciones involucradas en relación con el verbo (V) en este proceso. Las llamaremos A, B y C:

(167) $[_{SFlex}$ A $[_{SV}$ $[_{SV}$ V ... B] ... C]]

La posición A es la de los sujetos preverbales *(Juan llamó);* la posición B es la de los complementos internos *(Leí un libro)* y la posición C es la de los sujetos pospuestos *(Llamó Juan).* Recuerde que acabamos de mencionar la restricción que exige elementos indefinidos en B en las construcciones pasivas e inacusativas cuando tenemos elementos expletivos en A. Si suponemos que el español es análogo a las lenguas que poseen expletivos, con la única diferencia de que los del español no tienen rasgos fonológicos, será lógico concluir que la posición que ocupa *trabajadores* en *Llegaron trabajadores* no es la misma que la que ocupa *Juan* (un SD definido) en *Llegó Juan.* En este último caso, la posición del sujeto es C, en lugar de B, con lo que se obtiene una situación análoga a la descrita anteriormente para los sujetos posverbales de las oraciones pasivas.

6.9.2.2. Inacusatividad y sintagmas escuetos

Los sintagmas nominales singulares y los plurales escuetos (SSDD sin determinante) pueden ser sujetos posverbales en las construcciones inacusativas (propiedad (D); recuerde (158)). En cambio, no pueden aparecer como sujetos pre-verbales:

(168) a. Llegaron trabajadores.
　　　 b. *Trabajadores llegaron.

(169) a. Falta café.
　　　 b. *Café falta.

Si bien parece claro que *llegar* es un verbo inacusativo, puesto que pasa todas las pruebas presentadas en la sección anterior, el caso de *faltar* y *sobrar* se considera más polémico, ya que estos verbos solo satisfacen algunas de ellas. Observe, por ejemplo, que contrastan claramente *La lluvia llegada* con *El café faltado* o con *Los residuos sobrados*. Aun así, se puede decir *Una persona faltada* (también *falta*) *de recursos* y *Un aspirante sobrado de voluntad*. Como se hace notar en los apartados anteriores, todavía no se ha explicado satisfactoriamente por qué no todos los verbos que es posible analizar como inacusativos aceptan con igual naturalidad todas las estructuras en las que la inacusatividad se pone de manifiesto. En esta presentación aceptaremos provisionalmente que *faltar* y *sobrar* son verbos inacusativos.

Ya hemos sugerido (§ 6.7.2) que estos sustantivos sin determinación pueden verse como SSDD encabezados por un determinante nulo o vacío (Contreras, 1986a). El contraste de (168) y (169) se seguiría de la misma explicación que propusimos entonces con respecto a la aparición de SSDD sin determinante en la posición de complemento de las construcciones pasivas. La legitimación del determinante nulo por rección del verbo fuerza al SD a permanecer en posición posverbal o, visto de manera alternativa, a incorporarse en él. Aun así, las construcciones de (168) y (169) no son equivalentes por completo. Observe que el verbo *llegar* admite como sujetos posverbales tanto SSDD sin determinante como SSDD plenos *(Llegaron los trabajadores)*. Sin embargo, cuando *faltar* se construye con SSDD definidos, adquiere una interpretación muy diferente de la que recibe cuando aparece sin artículo. Si, al regresar de la compra y revisar mi bolsa, digo *Falta el café,* querré significar que falta una entidad, es decir, un elemento de mi lista, pero si al echarlo en la cafetera digo *Falta café,* querré significar que falta una determinada cantidad de esa materia, no que falta la materia misma. En esta última interpretación, *faltar* se asemeja a los verbos impersonales como *haber* (cfr. *Hay los libros*), por lo que muestra el llamado EFECTO DE DEFINITUD (§ 8.8.1). Como hemos sugerido arriba, este hecho está relacionado con la interpretación partitiva del argumento interno de esos verbos. De hecho, Belletti (1987/1988) propone que –al igual que sucedía en el § 6.7.2 en relación con las pasivas– en estos casos el verbo *(faltar, haber)* asignaría caso inherente partitivo, que sería incompatible con la presencia del determinante definido. Así pues, *faltar café* se interpreta como 'faltar cierta cantidad de café', lo que en lenguas como el francés o el italiano se expresa directamente mediante un artículo partitivo.

Cabe pensar que, analizadas de esta forma, tendríamos en estas construcciones un ejemplo en español del caso idiosincrásico que introducíamos en el § 6.7.2. Así pues, la interpretación del argumento interno del verbo *faltar* (que no es complemento directo, sino sujeto) está en función del caso que reciba. Si *faltar* no le asigna ninguno, lo obtendrá por coindexación con el expletivo preverbal, con lo que obtenemos una estructura estándar de sujeto posverbal *(Falta el café, Llegó el periódico)*. Si recibe el caso partitivo (que en español no se manifiesta a través de la concordancia, sino mediante un determinante nulo), el SD recibe la interpretación cuantitativa a la que se hace referencia arriba.

Belletti sugiere que todos los verbos inacusativos serían asignadores de caso inherente partitivo. Aun así, se ha hecho notar que este análisis no carece de problemas. Por un lado, debe hacerse notar que la hipótesis del artículo nulo como manifestación de un caso ha recibido algunas críticas (varias de ellas se resumen en Bosque, 1996). Por otro, no olvidemos que es posible decir, como hemos visto, *Falta el café*, en una determinada interpretación. En general (y no solo para los verbos inacusativos) también son posibles los plurales escuetos como sujetos preverbales bajo ciertas circunstancias: en construcciones coordinadas *(Trabajadores y sindicalistas llegaron a la reunión)*, modificados *(Trabajadores que portaban grandes pancartas llegaron a la reunión; Trabajadores así nos hacen falta en esta empresa)*, o focalizados contrastivamente *(Trabajadores fijos hay que contratar, no empleados temporales)*. En Gutiérrez-Rexach y Silva-Villar (1999) se indica que en estas construcciones el cotejo del rasgo [foco] puede ser responsable de que resulten legítimas o no, por lo que la ausencia de determinante en los sujetos no puede reducirse a una explicación en términos de caso inherente. Es esta una cuestión compleja por sus numerosas repercusiones semánticas, que retomaremos en el capítulo 9.

De igual forma, el que las construcciones absolutas sean posibles con los complementos directos de los verbos transitivos y los sujetos pacientes de los inacusativos (es decir, la propiedad C del español) indica claramente que estos últimos se generan como argumentos internos u objetos profundos. La concordancia patente entre participio y SD en este tipo de cláusula puede verse como un ejemplo de cotejo de rasgos de concordancia de objeto (recuerde el apéndice del capítulo 4).

6.9.2.3. Inacusatividad, predicación y aspecto léxico

Desde el punto de vista semántico, los verbos inacusativos pueden dividirse en dos grandes grupos (Levin y Rappaport, 1995; Mendikoetxea, 1999b):

A) los que indican cambio de estado o ubicación: *florecer, caer, crecer, palidecer, morir, huir, romper(se), abrir(se), hundir(se), secar(se)*, etc.; y

B) los verbos de existencia y aparición: *existir, llegar, aparecer, venir, ocurrir, suceder, faltar, sobrar, surgir, nacer*, etcétera.

Entre los primeros son muchos los que se forman a partir de verbos transitivos que sufren un proceso de DETRANSITIVIZACIÓN O INTRANSITIVIZACIÓN en la variante inacusativa mediante la adición del denominado *se* medio (cfr. el § 6.11.3). La interpretación de los participios de los verbos inacusativos no pronominales no ofrece dificultad *(un preso huido, un geranio florecido)*, pero la de los verbos acusativos pronominales suele ser más compleja, puesto que los SSDD formados con esos participios pueden aparecer sistemáticamente en dos construcciones: la inacusativa y la transitiva. Observe que el SD *ropas secadas al sol* puede designar un conjunto de prendas que se han secado al sol, pero también un conjunto de prendas que

han sido secadas al sol por alguien. La interpretación por defecto suele ser la inacusativa *(un hombre enamorado, niños asustados),* pero surge inmediatamente la
transitiva si se añade un complemento agente *(un hombre enamorado por una mujer)* o un adverbio agentivo *(niños asustados deliberadamente).*

En general, los verbos transitivos causativos que presentan una variante inacusativa son aquellos en los que el evento expresado puede tener lugar sin la intervención expresa de un agente:

(170) a. El hacha rompió el tronco.
        b. El tronco se rompió.

(171) a. El proyectil hundió el barco.
        b. El barco se hundió.

Los verbos de existencia y aparición tienden a dar lugar a construcciones de inversión locativa, en tanto que hay una expresión en posición preverbal que expresa la
ubicación espacial o temporal del evento descrito *(En esta casa falta alegría).* Se ha
sugerido que en estos casos la expresión preverbal es un argumento locativo o un modificador que se identifica con el argumento eventivo del verbo (Torrego, 1989; Fernández Soriano, 1999b). Observe que se echa en falta un complemento locativo en la
expresión *Falta alegría,* pero esa ausencia no se percibe en *Rezuma alegría.* La intuición que subyace en estos análisis radica en el hecho de que los verbos existenciales
están vinculados a un lugar del que se predica la falta o la presencia de algo. De hecho, este es exactamente –como se sabe– el origen del segmento «y» en el verbo *hay.*
Otras lenguas vinculan igualmente con pronombres y adverbios locativos, a menudo
enclíticos, los verbos existenciales con complementos de ubicación.

Es interesante resaltar el hecho de que, con la excepción de los verbos que describen estados *(existir, faltar, sobrar)* o procesos atélicos *(moverse, rodar,* etc.), la
mayoría de los verbos inacusativos de las dos clases mencionadas comparten
la característica aspectual de denotar logros (Silva-Villar y Gutiérrez-Rexach,
1998; Sanz, 2000). En efecto, los predicados que describen logros no pueden aparecer con modificadores durativos (§ 5.6.2.3), y así sucede con los verbos inacusativos, como se ve en (172a). En cambio, los que describen realizaciones (procesos durativos con término, recuerde el § 5.6) son compatibles con un complemento
durativo y también con uno puntual. Así, en la variante con *durante* en (172b)
se expresa el tiempo en el que cierta planta estuvo floreciendo, mientras que en la
variante con *en* se indica el tiempo que tardó en florecer:

(172) a. Pepe llegó {en / *durante} diez minutos.
        b. La planta floreció {en / durante} dos meses.
        c. El barco se hundió {en / durante} una hora.

Muchos predicados de logro admiten complementos con *durante* para designar
el estado inmediatamente posterior al proceso que denotan, como en *Saldré durante unos minutos* (es decir, 'estaré fuera') o en *Apenas si se sentó durante un
cuarto de hora* (es decir, 'estuvo sentado'). Los grupos nominales de sentido temporal alternan en estas construcciones con los preposicionales, como en *Quédate
un rato* (= 'durante un rato').

6.9.3. *La categoría v*

En los apartados anteriores hemos presentado algunos argumentos a favor de la idea de que los verbos monovalentes no son uniformes, sino que podemos distinguir dos clases entre ellos: los verbos inergativos y los ergativos o inacusativos. El único argumento de los verbos inacusativos es un Tema que se genera en la posición de objeto o argumento interno. Por el contrario, los verbos inergativos tienen un único argumento que suele ser un Agente, y que se genera como argumento externo. Recientemente, varios autores (Hale y Keyser, 1991, 1993, 1998, 2002; Chomsky, 1995) han propuesto que estas diferencias deben correlacionarse con diferencias configuracionales en la estructura sintáctica. Para estos autores, la estructura de los verbos inacusativos es la más sencilla. El único argumento de dichos verbos se genera como complemento del verbo.

(173)

Los verbos inergativos son también verbos monovalentes o monádicos, pero su único argumento es un agente / causa y se proyecta como argumento externo. Nótese que de acuerdo con la hipótesis del sujeto interno al SV, dicha posición sería la de especificador de SV. El análisis tradicional de la transitividad viene a decir que la posición correspondiente al tema en esta configuración (el argumento interno de V) está vacía si el verbo es intransitivo. Sin embargo, acabamos de ver que en el caso de los intransitivos inacusativos es posible entender que, en realidad, está ocupada. ¿Estaría entonces vacía en el caso de los intransitivos inergativos? Los autores que acabamos de mencionar han sugerido la posibilidad de que, en realidad, también esté ocupada en estos casos. Una forma generalmente aceptada de definir estos verbos es acudir a un predicado abstracto de acción y a un sustantivo deverbal asociado con el verbo inergativo (*ladrar* es aproximadamente 'lanzar o emitir ladridos'). Se ha hecho notar en varias ocasiones que en vasco los verbos inergativos se sustituyen a menudo por perífrasis de este tipo (datos proporcionados por Luis Eguren):

(174) a. Barre egin 'risa hacer' *(reír)*
　　　b. Negar egin 'lloro hacer' *(llorar)*
　　　c. Zaunka egin 'ladrido hacer' *(ladrar)*
　　　d. Arraun egin 'remo hacer' *(remar)*

En Bosque y Masullo (1998) se sugiere un argumento en la misma dirección que se aplica al español: los adverbios de grado que modifican los verbos inergativos *(llorar mucho, caminar bastante, trabajar poco)* cuantifican en realidad este sustantivo abstracto *(trabajar poco* es, aproximadamente 'hacer poco trabajo'). De hecho, en ese estudio se sugiere que, en general, la cuantificación de los predicados verbales es accesible a los componentes subléxicos de las palabras. Observe que muchos verbos inergativos admiten también acepciones o variantes transitivas: *saltar* puede ser 'dar saltos' o 'saltar algo'; *bailar* puede ser 'moverse al son de la música' o 'ejecutar los pasos de un baile'; *correr* puede referirse a la actividad física en sí o a la acción de recorrer una cierta distancia (como en *correr los cien metros lisos*); etc. Todas estas observaciones parecen apoyar la idea de que, en un cierto nivel del análisis, la posición correspondiente al argumento interno de los predicados está siempre ocupada. A los verbos inergativos les correspondería entonces una estructura del estilo de (175):

(175)

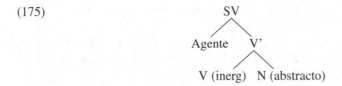

No debe ocultarse que este tipo de consideraciones introduce, ciertamente, una considerable abstracción en el análisis gramatical, por lo que los análisis sintácticos basados en ellas no dejan de considerarse polémicos. Desde este punto de vista, los 'componentes' de la configuración sintáctica no son necesariamente las 'piezas léxicas', sino –como se ve– unidades más abstractas contenidas en ellas. En cierto sentido, esta idea constituye un paso más que se da partiendo de los principios aceptados en el marco de principios y parámetros desde sus orígenes. En ese modelo, las informaciones aportadas por los rasgos flexivos se representan, como hemos visto en los capítulos precedentes, en nudos distintos de los que corresponden a los rasgos léxicos. El paso siguiente –razonable para unos, pero un salto arriesgado para otros– consiste en retomar de forma más restrictiva algunas de las propuestas de la semántica generativa de los años sesenta y setenta. Al hacerlo, se postula que ciertos RASGOS SEMÁNTICOS de las palabras que no se corresponden con SEGMENTOS han de saturarse también en la sintaxis. Si estos componentes semánticos se interpretan como rasgos léxicos, habrán de ser saturados como los demás rasgos, esto es, en procesos de movimiento como los que se han explicado en los capítulos anteriores.

Los autores mencionados arriba (Hale y Keyser, Chomsky, etc.) introducen una propuesta más en esta misma dirección, dentro del programa minimista. Consiste en suponer que el argumento externo de los verbos transitivos e inergativos constituye el especificador de un núcleo situado en una posición diferente que permite precisar el contenido agentivo o causativo uniforme de estos verbos. Este núcleo, que denomina *v,* fue ya mencionado en el apéndice del capítulo 4 (A4). El análisis consiste en escindir el SV en dos capas (V y *v*), por lo que a esta propuesta se la conoce también como HIPÓTESIS DEL SV ESCINDIDO (ingl. *split-VP hypothesis*). Así pues, la posición inicial del argumento agente será la de especificador de dicho núcleo *v:*

(176)

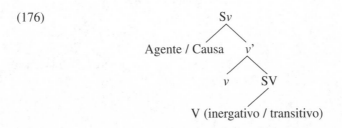

Tiene interés el hecho de que los sujetos de los verbos inergativos sean agentes. Ciertamente, pueden intervenir en acciones involuntarias *(El niño bostezaba sin darse cuenta; Se respira mientras se duerme),* pero no por ello dejan de designar acciones. Este hecho vincula estrechamente la posición del argumento externo del SV con el concepto de agente. Como vimos, las entidades designadas por los sujetos de los verbos inacusativos no realizan acciones, sino que experimentan procesos. Son, pues, temas o pacientes. La situación es algo más compleja en el caso de los verbos transitivos, puesto que –aunque la mayor parte de ellos designan acciones– algunos tienen sujetos no agentivos:

(177) El niño merece un premio; Esta cantidad sobrepasa aquella; Lo que implica tal afirmación; El capítulo que encabeza el libro; Este argumento contradice claramente su declaración.

Es claro que el sujeto de estos verbos no designa un Agente. La idea que subyace en estas propuestas es que la intuición que apoyaba el análisis de los verbos inergativos esbozado arriba se puede aplicar también a estos verbos. Recuérdese que en el caso de los inergativos, se quiere sugerir que el sustantivo abstracto que contienen es conceptualmente más básico que el verbo mismo (esto es, que *trabajo* es un componente de *trabajar,* no al contrario). En los casos de (177) se ha sugerido un análisis similar, de forma que *este argumento* no designa el agente de *contradice* en el último de los ejemplos citados, pero sí la causa de la contradicción, que –como antes– representaría un concepto más básico que el de 'contradecir'.

Otros autores han hecho notar, como se indica arriba, que esta forma de análisis introduce en la sintaxis consideraciones sumamente inestables, más propias de la lexicología y la lexicografía que de la gramática, por lo que entienden que las propuestas de que la configuración sintáctica refleje en alguna medida distinciones léxicas de esta naturaleza no son adecuadas. Hale, Keyser y el propio Chomsky parecen inclinarse por la otra opción, de modo que la cuestión sigue siendo polémica en la gramática formal. En la línea que acepta dar ese paso se propone, por consiguiente, que tanto los verbos inergativos como los transitivos incorporan un núcleo abstracto causativo, representado por la categoría *v*. El verbo y dicho núcleo causativo deben incorporarse en la sintaxis patente (§ 4.4.2). Además, la posición de complemento del verbo está ocupada en ambos casos: por un nombre abstracto (verbos inergativos) o por el tema propiamente dicho (verbos transitivos). Todo ello da lugar a la derivación de (178) para los verbos inergativos y a la de (179) para los transitivos:

(178)

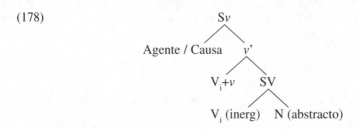

(179)

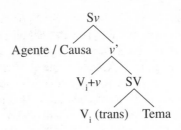

Existe otro punto de coincidencia interesante entre los verbos transitivos e inergativos que deja fuera a los inacusativos. Hemos visto que en los verbos inergativos se puede reconcer un componente verbal de naturaleza agentiva o causativa y un complemento abstracto que aporta léxicamente la noción que el verbo manifiesta. Nótese ahora que un gran número de verbos transitivos contienen complementos que designan nociones que se clasifican en función del predicado que las selecciona. Cuando usamos expresiones tan comunes como *leer un libro, cumplir una* ley, *resolver un problema, oír un sonido, pagar una deuda* o *presentar un recurso,* raramente caemos en la cuenta de que los libros son inherentemente 'objetos de lectura'; las leyes, 'objetos de cumplimiento'; los problemas, 'objetos de resolución'; los sonidos, 'objetos de audición'; las deudas, 'objetos de pago' y los recursos, 'cosas que se presentan'. Esta redundancia parcial, que se extiende a otros muchos casos a lo largo de toda la gramática, alcanza su máximo exponente en las llamadas CONSTRUCCIONES DE OBJETO COGNADO (§ 6.4). Estas construcciones se forman con complementos que reproducen léxicamente la información que el verbo aporta, como en *Toda las lecturas que aún me faltan por leer* o en *Cantar una canción, Comer una comida exquisita, Dictar un dictado, Bailar un baile maravilloso* y en otros casos análogos. Es interesante hacer notar que estas construcciones se forman también a veces con los verbos inergativos, como en *vivir la vida,* pero raramente lo hacen con los inacusativos (**llegar una llegada*). Como hemos visto, V no aporta la noción que corresponde a su paciente en el caso de los verbos inacusativos, ni tampoco una noción más abstracta que haya de llenar el contenido aspectual de V, como en los inergativos, o que haya de establecer algún tipo de concordancia léxica o morfológica con el argumento que la experimenta, como sucede en muchos de los transitivos.

Como indicamos en los capítulos 4 (apéndice, A4) y 5 (apéndice, A6), los desarrollos más recientes de la teoría sintáctica, representados en el programa minimista, asocian también la proyección S*v* con las operaciones de concordancia, más en concreto con las que afectan a los objetos directos. Esta asociación se relaciona con dos postulados teóricos del programa minimista: (i) el que los rasgos de caso se cotejan en proyecciones designadas, lo cual afecta también al caso acusativo y entraña el desplazamiento de los complementos directos a una proyección externa al SV; y (ii) la eliminación de las proyecciones sin contenido semántico, es decir, aquellas inicialmente designadas para cotejar rasgos no interpretables, como el caso.

Recuerde que en el apéndice del capítulo 4, al hablar de la hipótesis de la flexión escindida y sus desarrollos en la pasada década, veíamos algunos argumentos que sugerían la necesidad de introducir las denominadas *proyecciones de concordancia de sujeto y objeto* (SConc-S; SConc-O), en las que se cotejarían las marcas funcionales de caso y género / número. Vista desde la actualidad, esta propuesta choca claramente con el postulado (ii) del párrafo precedente, por lo que en las versiones más actuales del programa minimista se eliminan dichas proyecciones por innecesarias. La pregunta que surge es, entonces, ¿dónde se coteja el caso acusativo? Recuerde que el núcleo v se asocia con los verbos transitivos y con los inergativos, y que solamente los objetos profundos de los verbos que proyectan v reciben caso acusativo. En otras palabras, aunque hay dos tipos de «objetos profundos», correspondientes respectivamente al único argumento de los verbos inacusativos (176) y al argumento interno de los transitivos (179), solamente estos últimos reciben caso acusativo. Al coincidir esta circunstancia con el hecho de que estos verbos transitivos proyectan un núcleo v, es razonable asociar el cotejo del caso acusativo –y por extensión el cotejo de los rasgos funcionales asociados con la concordancia de objeto– con la proyección Sv.

El estadio derivacional representado en el diagrama arbóreo (180) refleja el cotejo de los rasgos funcionales del complemento directo bajo Sv. Obviamente, en un estadio ulterior el SD con el papel temático de agente ascendería al nudo SFlex, como se representa en (181).

(180)

$$
\begin{array}{c}
Sv \\
\text{SD-Tema}_j \quad Sv \\
\text{SD-Agente / Causa} \quad v' \\
V_i + v \quad SV \\
V' \\
V_i(\text{trans}) \quad h_j
\end{array}
$$

(181) $[_{\text{SFlex}} \text{SD-Agente / Causa}_k \, [_{\text{Flex'}} \, V + v_i \, [_{Sv} \, \text{SD-Tema}_j \, [_{Sv} \, h_k \, [_{v'} \, h_i \, ...]]]]]$

Una consecuencia de todo este proceso es que el cotejo del caso «congela» el desplazamiento ulterior de un argumento. Por ello, aunque en la configuración de (180) el elemento más prominente es el SD-Tema, será solo el SD-Agente que está en la posición inferior el que se desplace a SFlex. El motivo es claro: este último constituyente no ha cotejado su rasgo de caso, mientras que el objeto sí lo ha hecho.

6.10. Las construcciones de doble objeto y los verbos psicológicos

6.10.1. *Los objetos dobles*

En este apartado vamos a examinar brevemente una extensión del análisis presentado en la sección anterior que acepta en la actualidad un gran número de sintactistas en el marco de la gramática generativa. Veremos la forma en que el análisis

presentado se aplica a la estructura de las oraciones que contienen verbos ditransitivos o trivalentes. Uno de los esquemas ditransitivos más intrigantes lo constituyen las denominadas CONSTRUCCIONES DE DOBLE OBJETO (ingl. *double object
constructions*) del inglés. Verbos como *give* 'dar' o *send* 'enviar' permiten en dicho idioma una alternancia entre dos patrones estructurales, que se ha dado en llamar ALTERNANCIA DE DATIVO (ingl. *dative alternation*):

(182) a. John gave a book to Peter. 'John dio un libro a Peter.'
　　　b. John gave Peter a book.

(183) a. John sent flowers to Mary. 'John envió flores a Mary.'
　　　b. John sent Mary flowers.

(184) a. John taught French to Peter. 'John enseñó francés a Peter.'
　　　b. John taught Peter French.

　　Las variantes (a) de estos ejemplos son en parte similares a la llamada CONS-
TRUCCIÓN DITRANSITIVA del español, es decir, la construcción en la que el verbo
asigna caso acusativo al complemento directo, y el complemento indirecto recibe
caso de la preposición. Las variantes (b) son imposibles en nuestra lengua y en
muchas otras. Tal vez piense usted que no es así, puesto que podríamos traducir
(182b) como *John dio a Peter un libro.* Pero en esta última oración, *a Peter* sigue
siendo el complemento indirecto, mientras que en (182b) *Peter* ha pasado a ser
otro complemento directo de *gave,* y de hecho, puede ser el sujeto de una oración
pasiva: *Peter was given a book.* Las propiedades de esta construcción son intrigantes, ya que parece que el verbo tomase dos objetos a los que asignase caso estructural. Como vemos, las oraciones de (b) se construyen con dos complementos directos, como sucedía con las correspondientes latinas: *Doceo pueros* (acusativo)
grammaticam (acusativo) 'enseño gramática a los niños'.
　　Dado que en inglés la asignación de caso por parte de un verbo requiere adyacencia entre el verbo y el SD (§ 3.3.4), la conclusión debiera ser que en las estructuras de (b) ha de haber dos núcleos verbales implicados. Pero es claro que en estos casos tenemos un solo verbo. Es más, si adoptamos una estructura del SV
como la que hemos visto en los capítulos anteriores, no podremos satisfacer esta
condición. Obsérvese que las estructuras tradicionales que se habían propuesto
para estas construcciones son (185a, b):

(185)

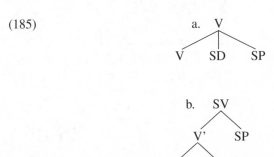

La estructura (185a) se debe descartar porque se ha supuesto con buenos argumentos que la segmentación sintáctica es binaria (§ 3.3.2). La segunda parece mejor encaminada. Aun así, el SP aparece en esa configuración en una posición más alta que SD. Ahora bien, Barss y Lasnik (1986) observaron que existen argumentos sintácticos relativos a la reflexivización y al ligado de un pronombre por un cuantificador, entre otras propiedades, que muestran objetivamente lo contrario. En general, un pronombre reflexivo debe estar mandado-c por su antecedente, y lo mismo sucede con un pronombre cuya referencia está determinada por, o ligada a, un cuantificador (véase el capítulo 8 para más detalles sobre este punto). Los contrastes de (186) y (187) indican claramente que el complemento directo ha de estar en una posición sintáctica más alta que el indirecto, es decir, una posición en la que las relaciones de mando-c entre el pronombre y su antecedente quedan satisfechas.

(186) a. I showed Mary to herself. 'Mostré a Mary a sí misma.'
　　　b. *I showed herself to Mary.

(187) a. I sent every check$_i$ to its$_i$ owner. 'Envié cada cheque a su dueño.'
　　　b. I sent his$_i$ paycheck to every worker$_i$. 'Envié su paga a cada trabajador.'

La buena formación de (186a), (187a) nos indica entonces que la estructura (185b) no puede ser la correcta en este caso. Necesitamos, por tanto, una configuración sintáctica que refleje las dos informaciones siguientes:

A) Tiene que haber dos verbos en el análisis de las construcciones de doble objeto, puesto que la asignación de caso de un V a un SD exige adyacencia;

B) El SD debe aparecer en una posición configuracional más alta que el SP.

Si adoptamos un análisis del SV en dos capas (la primera encabezada por V y la capa superior, por el núcleo causativo abstracto *v*) podemos analizar los ejemplos anteriores sin violar el requisito de adyacencia en la asignación de caso, y explicar además las asimetrías pertinentes. Este ANÁLISIS DEL SV EN CAPAS (ingl. *VP-shell analysis*) fue propuesto por vez primera por Richard Larson (1988). Véanse también Larson (1990a) y las objeciones de Jackendoff (1990b). La estructura que propone Larson para el verbo *give* 'dar' es (188). Como puede verse, ambas condiciones quedan satisfechas.

(188)

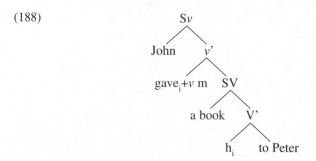

El verbo se genera como núcleo V, tiene como especificador el tema (complemento directo) y como complemento, el destinatario (complemento indirecto), que recibe caso dativo de la preposición *to* 'a'. Al incorporarse al núcleo causativo *v*, el verbo queda en posición adyacente al complemento directo, al que puede entonces marcar con caso acusativo. El análisis parece un tanto barroco, pero es similar al propuesto por Chomsky (1955) y, en el marco de la gramática categorial, por Bach (1979) y Dowty (1982), entre otros, que lo denominan *envolvimiento* (ingl. *wrapping*). Nótese que en esta propuesta el tema aparece como especificador del SV y queda como argumento «más externo» dentro de la primera capa del sintagma verbal (el SV propiamente dicho).

El proceso de desplazamiento dativo es muy similar al que tiene lugar en las construcciones pasivas. El tema puede experimentar un proceso de destitución argumental y aparecer como un adjunto de V'. En paralelo, el caso del complemento indirecto queda absorbido, por lo que dicho SD tendrá que desplazarse y recibir caso acusativo del verbo en la posición de especificador de SV. Este proceso da lugar a la estructura correspondiente a la construcción (b) de (182)-(184), es decir, la que muestra un doble objeto.

(189)

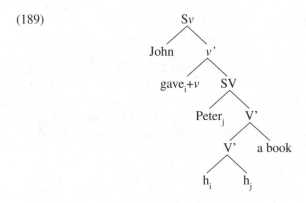

Esta estructura permite explicar por qué en las variantes de las oraciones de (186) y (187) en las que el objeto indirecto se ha desplazado, se invierten los patrones de mando-c, y es el destinatorio (complemento indirecto) el que manda-c al tema (complemento directo):

(190) a. I showed Mary herself. 'Mostré a Mary a sí misma.'
     b. *I showed herself Mary.

(191) a. I gave every worker$_i$ his$_i$ paycheck. 'Di a cada trabajador su paga.'
     b. *I gave its$_i$ owner every check$_i$.   'Di cada cheque a su dueño.'

La alternancia entre (188) y (189) explica también por qué en inglés es posible pasivizar los complementos indirectos:

(192) a. Peter was given a letter. 'A Peter se le dio una carta.'
     b. Mary was sent flowers. 'A Mary se le enviaron flores.'

Partiendo de una estructura como (189), donde el complemento indirecto (el destinatorio) ha recibido caso estructural directamente del verbo, el efecto de la morfología pasiva será que se absorba el caso asignado a dicha posición, lo que forzará el ascenso del complemento indirecto a la posición de sujeto para recibir caso estructural nominativo.

En las lenguas románicas no existen construcciones de doble objeto como las de (181b)-(183b). La explicación de dicha asimetría reside, según Kayne (1984), en las diferencias que existen entre la preposición *to* y la preposición *a*. En inglés *to* asignaría caso estructural, por tanto ligado a la posición sintáctica, mientras que en las lenguas románicas *a* asignaría caso inherente. Este caso no puede ni ser asignado posicionalmente por un verbo adyacente ni ser absorbido por la pasiva. Otros autores, sin embargo, han defendido que el análisis de Larson basado en la doble capa del SV es extensible al español y puede considerarse una propuesta adecuada para las estructuras ditransitivas del español (Demonte, 1994b, 1995; Branchadell, 1992; Romero, 1997).

Se ha defendido también que el análisis basado en las dos capas del SV se puede aplicar a las construcciones con verbos trivalentes de transferencia o movimiento, que toman un segundo complemento de carácter locativo (Objetivo / Ubicación):

(193) a. Marisa puso el bolso sobre la mesa.
      b. Encontré la escoba bajo el sofá.

Recuérdese que el problema de la inadecuación analítica de una estructura ternaria se aplica también a estos casos. De acuerdo con el nuevo análisis, la construcción que se describiría en (193a) sería *poner sobre,* es decir, una construcción en la que el verbo forma una unidad sintáctica con el segundo complemento. La estructura de esta oración sería, aproximadamente, (194):

(194)

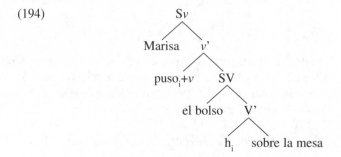

La preposición *sobre* es fuerte –frente a lo que sucedía en (188) con *a*– y asigna caso oblicuo. En español existen algunas expresiones idiomáticas que ocupan el lugar de V' en esta configuración *(poner sobre el tapete, poner sobre aviso)*. El disponer de un nudo V' nos permite insertarlas ya formadas en la configuración. Estas construcciones alternan a veces con otras en las que se da una relación parte-todo entre el tema y el argumento Destinatario / Ubicación. Cuando este argumento locativo se realiza como dativo, el objeto debe entenderse como una parte integral de dicho argumento locativo; la reduplicación o doblado pronominal (mediante *le*) es obligatoria (Demonte, 1995).

(195) a. Le puse el mantel a la mesa.
      b. *Le puse el vino a la mesa.

En el caso de los verbos en que se afecta una parte de un todo, como *golpear, besar, apuntar,* etc., vemos que hay una alternancia entre la expresión del todo (*Luis*) como objeto y la parte como SP *(en la cara),* o de la parte como objeto *(la cara de Luis).*

(196) a. Le golpeó a Luis en la cara.
b. Golpeó la cara de Luis.

Existen también en español algunos verbos trivalentes cuyo Beneficiario o Destinatario puede introducirse mediante *a* o *para*:

(197) a. Mi madre le hizo un vestido de novia a María.
b. Mi madre hizo un vestido de novia para María.

Como se hace notar en Demonte (1995), estas oraciones no son enteramente equivalentes. Solo en el primer caso (donde el SP recibe caso dativo y está sujeto a reduplicación pronominal) entendemos –en contextos no forzados– que ha habido un cambio en la posesión del tema (el vestido), es decir, que María es también el receptor o beneficiario de la posesión del objeto. Es cierto que ambas oraciones podrían continuarse con ...*pero acabó entregándoselo a su prima Pepa,* pero el que oye (197a) puede deducir con más legitimidad que María tiene (o tuvo alguna vez) ese vestido de novia. Esta situación muestra un nuevo paralelismo con ciertas construcciones del inglés, que alternan entre la variante de doble objeto (*Peter taught Mary French* 'Peter enseñó francés a María') y la de complemento indirecto preposicional (*Peter taught French to Mary*). Solo en el primer caso se infiere que María aprendió francés (Oehrle, 1975), es decir, que hubo transmisión efectiva del conocimiento en cuestión. Dado el paralelismo interpretativo con (197), puede sugerirse que en español la alternancia dativa se produce también, pero las variantes obtenidas son ligeramente diferentes de las correspondientes en inglés. Tenemos o bien una secuencia «V + SD (acusativo) + SP (oblicuo)» o una secuencia «pronombre (dativo) + V + SD (acusativo) + SP (dativo)».

Resumamos. En la teoría sintáctica formal más reciente se entiende que el análisis del SV en capas tiene algunas ventajas claras que van más allá del simple hecho de evitar las ramificaciones ternarias. La capa verbal superior es más abstracta, pero permite explicar razonablemente que dos SSDD reciban caso de un mismo V y que el orden lineal SD-SP se corresponda también con el orden de la jerarquía configuracional. También hemos visto que la propuesta de Larson sobre los objetos dobles del inglés podría extenderse a otras lenguas, incluso a algunas en las que no parece existir la alternancia de dativo, con resultados intrigantes.

6.10.2. *Los verbos psicológicos*

Se denominan VERBOS PSICOLÓGICOS O VERBOS DE AFECCIÓN PSÍQUICA los verbos bivalentes que expresan reacciones, inclinaciones y actitudes psíquicas de los individuos en relación con las personas o las cosas. Se reconoce generalmente que la etiqueta 'verbos psicológicos' es demasiado abarcadora. Ciertamente, son muchos los verbos que designan estados mentales que tienen alguna relevancia psicológica (sin ir más lejos, *creer, pensar, olvidar* o *saber*) y que quedan fuera, sin embargo, del conjunto de predicados que abarca –por simple tradición– esta peculiar etiqueta. El término, menos usado, *verbos de afección psíquica* se ajusta más adecuadamente a su significado.

La estructura temática de estos verbos presenta algunas particularidades interesantes. En primer lugar, se diferencian de muchos otros verbos bivalentes en que no poseen la red temática [Agente, Tema], sino la red temática [Experimentante, Tema] o [Experimentante, Causa], donde el Experimentante es el participante en el que tiene lugar el proceso o estado psicológico descrito por el verbo, es decir, el que lo experimenta. El otro argumento (Tema o Causa) designa aquello que motiva, activa u ocasiona tal estado o proceso mental. Así, en *Paquito aborrece las alcachofas,* el SD *Paquito* constituye el Experimentante y *las alcachofas,* el Tema.

Pueden distinguirse dos clases de verbos psicológicos, en función del constituyente en que se proyecte el Experimentante:

A) Se proyecta como sujeto: *amar, aborrecer, temer, detestar, adorar, despreciar,* etcétera.

(198) a. María ama a Luis.
     b. Los lugareños temen la tempestad.
     c. Desprecian todos sus esfuerzos.

B) Se proyecta como complemento indirecto, es decir, como dativo: *preocupar, molestar, gustar, divertir,* etcétera.

(199) a. A María le molestan los ruidos.
     b. Los ruidos le molestan a María.

(200) a. A tus padres les preocupa tu actitud.
     b. A mí me gusta el cine.
     c. Tus bromas no me divierten.

El argumento interno de los verbos de esta segunda clase (el Tema / Causa) es el sujeto, es decir, el elemento que concuerda con el verbo. No hay, sin embargo, un Agente, puesto que el que experimenta todas esas sensaciones y sentimientos no realiza acciones por el hecho de sentirlas. Los Experimentantes están, por tanto, más cerca de los Pacientes que de los Agentes. Belletti y Rizzi (1988) hacen notar que este hecho acerca en parte estos verbos a las estructuras inacusativas. Obsérvese que *una persona aburrida* puede ser, desde luego, una persona 'que ha sido aburrida' (estructura transitiva), pero es más probablemente 'una persona que se ha aburrido'. Este tipo de contrastes interpretativos es característico de los participios de los verbos que oscilan entre la interpretación pasiva y la inacusativa. Sin embargo, las estructuras inacusativas tienen un único argumento interno, mientras que el argumento interno de estas otras estructuras con verbos psicológicos, según Belletti y Rizzi (1988), es el Tema, no el Experimentante. Estos autores proponen que la subclase (B) de verbos psicológicos se asocia con una estructura subyacente como la siguiente, correspondiente a (199):

(201)

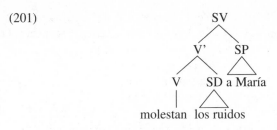

Este análisis no explica por qué sólo a veces se forman participios con el Experimentante *(un profesor preocupado; *una persona gustada),* ya que, pese a no ser el argumento más interno del verbo, sigue estando dentro del dominio del SV y queda por tanto regido por el verbo en la posición más baja. En efecto, V es el núcleo léxico que manda-m (§ 3.3.4) al SP, sin que exista una barrera de constituyente que se interponga entre ellos. Explica, en cambio, que, aun sin ser el sujeto, la posición prominente de *a María* le permite controlar el posible PRO que aparezca dentro de un argumento interno oracional (como en *A María le molesta* PRO *conducir de noche).* Al ser el Experimentante el argumento más prominente, debería ser el constituyente que se desplazara a la posición de especificador de SFlex, que es a su vez la posición sintáctica más prominente, de acuerdo con la hipótesis de alineamiento universal de los papeles temáticos (§ 5.4.3). De hecho, esto es lo que sucede con los verbos de la primera clase (A), donde el experimentante aparece como sujeto. Sin embargo, en los verbos de la segunda clase (B) el argumento experimentante está marcado con caso inherente (dativo), por lo que le resultará imposible desplazarse a una posición donde se asigna caso estructural nominativo, como la de sujeto. Será, por tanto, el argumento más interno el que se desplace a dicha posición, dando lugar a un paralelismo evidente con los verbos inacusativos, cuyo argumento interno se desplaza también a la posición de sujeto.

(202)

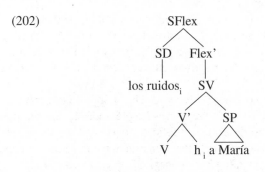

Siguiendo la lógica de este análisis, la aparición del argumento dativo en posición preverbal *(A María le molestan los ruidos)* mostraría que en este caso el SP se habría movido a una proyección superior, como elemento topicalizado. Recuerde a este respecto el análisis de *A Juan le parece que...* y otras construcciones similares que sugeríamos en el § 6.8. Para algunos autores (Masullo, 1993; Fernández Soriano, 1999b), estos SSPP antepuestos deben considerarse sujetos idiosincrásicos paralelos a los casos del islandés vistos en el § 6.7.2. Nótese que la aparición del pronombre débil o clítico dativo *(le)* es opcional cuando el tema aparece en posición preverbal (203a), pero es obligatorio cuando el experimentante es el constituyen-te preverbal (203c), que contrasta con la variante agramatical (203b):

(203) a. Los ruidos (le) molestan a María.
      b. *A María molestan los ruidos.
      c. A María le molestan los ruidos.

Este hecho se ha aducido alguna vez como prueba de que *A María* concuerda en cierta forma en esta oración con el constituyente verbal *(le-molestan)*. Otros autores hacen notar que esta concordancia se da también con predicados no psi-cológicos, como en *A María *(le) dieron un regalo,* es decir, con predicados para los que no se asume la estructura de constituyentes descrita.

6.11. Las construcciones con *se*

6.11.1. *Usos paradigmáticos y no paradigmáticos*

Uno de los temas que ha producido mayor debate en la tradición gramatical espa-ñola, tanto descriptiva como teórica, es el de los usos o valores de SE. En la gramá-tica tradicional se han realizado diversos inventarios de sus distintos valores y pro-porcionado ciertos criterios para poder separar unos de otros (pueden verse buenos resúmenes de estos usos en Gómez Torrego, 1992 y en Tollis, 1978). La gramática teórica pretende, por el contrario, responder a preguntas como las siguientes:

A) ¿Es *se* un pronombre o es más bien la manifestación de ciertas propiedades gramaticales del verbo?
B) ¿Es posible una teoría unificada de dicha partícula?
C) ¿Cómo se conecta la estructura de las distintas construcciones en que apa-rece *se* con otras cuya explicación ya conocemos, como las pasivas, cons-trucciones inacusativas, etc., con las que hay conexiones obvias?

En Mendikoetxea (1999a) y Sánchez López (2002) encontrará usted un panora-ma detallado de estas cuestiones. La presentación que haremos a continuación ha de estar necesariamente simplificada, puesto que es muy elevado el número de ra-mificaciones a las que da lugar un asunto tan intrincado. Intentaremos, sin embar-go, poner de manifiesto las conexiones que existen entre estas construcciones y las estructuras gramaticales presentadas en los apartados anteriores. Seguramente co-noce usted los siguientes tipos o «valores» de *se*. Estas son algunas de las deno-minaciones más frecuentes, pero no las únicas:

- *se* reflexivo: *Luis se odia.*
- *se* recíproco: *Luis y Pepe se odian.*
- *se* impersonal: *Se trabaja poco en esta oficina.*
- *se* pasivo reflejo: *Se encontraron los tesoros.*
- *se* medio: *Se tambaleó el edificio.*
- *se* aspectual o expletivo: *María se comió un bocadillo de queso.*

Lo primero que debe observarse es que el morfema *se* no es categorialmente uniforme en todos estos «usos». Cabe distinguir dos clases principales desde este punto de vista: el *SE* PARADIGMÁTICO o pronominal (seguimos aquí la terminología de Suñer, 1973 y Otero, 2002) alterna con otros pronombres, por lo que *se* presenta rasgos de tercera persona que concuerdan con el verbo, y alterna con pronombres átonos (o morfemas pronominales) que corresponden a las demás personas. Es lo que sucede en los usos reflexivos y recíprocos *(Me lavo, Te lavas, Se lava)*, en el *se* aspectual *(Me lo comí entero, Te lo comiste entero, Se lo comió entero)*, y también en el *se* medio *(Me hundí, Te hundiste, El barco se hundió)*. En cambio, el *se* de las construcciones impersonales o pasivas es un *SE* NO PARADIGMÁTICO, no pronominal o –más exactamente– característico de la «no persona», en tanto que no hay variación o alternancia posible en la especificación del rasgo de persona que manifiesta: *se* exige obligatoriamente la especificación de tercera persona en las construcciones impersonales *(Se vive bien aquí, *Me vivo bien aquí, *Te vives bien aquí)* y en las pasivas reflejas *(Se vende piso, Se venden casas,* etc.). Como la forma *se* no muestra rasgos de número, no es evidente que estas oraciones pongan de manifiesto la concordancia en singular o plural del verbo con la forma *se*.

En la tradición gramatical se ha puesto de manifiesto en diversas ocasiones que *se* es un elemento «intransitivizador». Una reinterpretación moderna de esta idea vendría a decir que este morfema se comporta como un operador que reduce la valencia del verbo con el que se combina (Keenan, 1989). En los términos de la gramática generativa esto equivale a decir que *se* es una marca que nos indica que uno de los argumentos del verbo se expresa tácitamente, queda implícito, o también que se ha producido un proceso de absorción de la marca C o de la marca θ. De hecho, las investigaciones sobre esta partícula en el marco generativista se orientan exactamente en esas direcciones. Como veremos a continuación, las particularidades asociadas a cada una de las distintas construcciones con *se* impide hasta cierto punto hacer una generalización excesivamente fuerte que abarque todas ellas.

6.11.2. Se *reflexivo, impersonal y pasivo*

6.11.2.1. El *se* reflexivo y recíproco

En las CONSTRUCCIONES REFLEXIVAS y RECÍPROCAS o de *SE* REFLEXIVO / RECÍPROCO el sujeto agente coincide necesariamente con el Tema o Paciente, por lo que hay identidad de referencia entre sujeto y complemento directo. Sabemos que la oración *Pepe se lava* equivale aproximadamente a 'Pepe lava a Pepe'. Pero nótese que si dijéramos *Pepe lava a Pepe* entenderíamos que se habla de dos personas diferentes que se llaman Pepe. Como no deseamos obtener esta interpretación, usamos un pronombre cuya denominación de 'reflexivo' resulta obvia, ya que el Agente es también el objeto involucrado o afectado, es decir, el elemento que realiza la acción sobre sí mismo. También es posible la identidad del sujeto con el complemento indirecto *(Pepe se prometió [a sí mismo] no beber más)*. En las construcciones recíprocas entendemos que los miembros de la entidad plural denotada por el sujeto llevan a cabo la acción descrita por el verbo de forma mutua. En la lectura recíproca de *Juan y Pepe se odian,* entendemos que Juan y Pepe se odian el uno al otro. Esta oración admite también, obviamente, una lectura reflexiva: 'Juan y Pedro se odian a sí mismos'.

6.11.2.2. El se impersonal

En las CONSTRUCCIONES DE *SE* IMPERSONAL, donde el *se* es no paradigmático, no hay un sujeto explícito. En algunas descripciones escolares se dice simplemente que en estas oraciones no hay sujeto, pero tal interpretación asimila indebidamente oraciones como *Se trabaja poco en esta oficina* y *Llueve poco en Murcia*. Es claro que en la segunda no predicamos la acción de llover de nada ni nadie, mientras que en la primera no queremos decir que nadie trabaje poco en esa oficina, sino más bien que «la gente en general» trabaja poco en ella. Así pues, estas oraciones con *se* impersonal contienen un SUJETO IMPLÍCITO O TÁCITO, pero diferente del que aparece en las construcciones impersonales existenciales o de verbos meteorológicos. La diferencia con estas reside en varios rasgos:

A) El sujeto tácito de las oraciones impersonales con *se* posee carácter argumental y contenido semántico. No obstante, es igualmente un miembro de la categoría *pro*.
B) Está restringido a una interpretación inespecífica o indeterminada.
C) Está restringido a las personas.

La restricción (B) nos indica que cuando decimos *Se vive bien en este país* no entendemos que estamos haciendo referencia a una persona en concreto, sino que nos referimos a los habitantes de este país en general. Esta referencia inespecífica sigue estando presente incluso cuando esas oraciones se dirigen a un destinatario concreto (*¿Qué tal se está esta mañana, don Anselmo?; ¡Qué bien se está ahí tumbado!*). De igual forma, la oración *Se vio al criminal salir corriendo* expresa el hecho de que alguien lo vio, pero no hace referencia a un testigo concreto. La restricción (C) pone de manifiesto que no se dice *Se crece bien en este jardín* si uno desea referirse a las plantas, o *Se llega al hotel desde la playa* para indicar que lo que llega es el sol cada amanecer. Tampoco podemos decir *Se ladra demasiado aquí* para indicar que un perro del vecindario lo hace, pero si tratamos a las personas como perros (no a los perros como personas), la oración pasa a estar bien construida.

Intentemos ahora recoger estas observaciones bajo un análisis teórico. Si aceptamos que los sujetos tácitos de las construcciones impersonales son la realización de una categoría vacía pronominal *(pro)*, la propuesta más razonable para dar cuenta de las restricciones que acabamos de mencionar sería suponer que las construcciones de *se* impersonal tienen como sujeto un *pro* que posee los rasgos [animado] y [no específico], en línea con lo sugerido por Otero (1986). Por tanto, *se* absorbe el rasgo [referencial / específico] de persona y número de la flexión, de modo que la concordancia obligatoria en tercera persona puede verse como concordancia con un *pro* INDETERMINADO o genérico, llamado generalmente ARBITRARIO en la bibliografía (*pro*^{gen} o *pro*^{arb}):

(204) *Pro*$^{arb}_i$ [$_{SV}$ *se*$_i$ vive bien aquí]

Obsérvese que este *pro*[arb] es argumental. Si tuviéramos *pro*[expl] en su lugar, se diría *Se llueve* o *Se truena*. No debe olvidarse, además, que *se* es un pronombre proclítico, y por tanto no ocupa la posición correspondiente al argumento externo, frente a *pro*. De hecho, sabemos que la negación precede a *se* (*No se vive bien aquí* frente a *Se no vive bien aquí*). Por el contrario, el pronombre francés *on* (procedente del lat. *hominem*) ocupa, como es de esperar, la posición que corresponde al argumento externo, en lo que coincide con el pronombre español *uno*.

¿Qué quiere decir exactamente la restricción (B)? Se reconocen generalmente dos interpretaciones posibles de las construcciones impersonales y pasivas con *se:* en la llamada INTERPRETACIÓN GENÉRICA O CUASI-UNIVERSAL, el predicado se aplica de forma universal o arbitraria a los miembros de un grupo, como en *Se come bien en este restaurante*. La interpretación denominada EXISTENCIAL requiere la aplicación del predicado a cierto individuo o individuos en concreto y es más propia de las pasivas reflejas, pero no imposible en las impersonales. Observe que el sujeto paciente de *Ayer se descubrió un cadáver* es *un cadáver* (por tanto, la oración es pasiva refleja), pero el hecho de que en el español de América se admita la interpretación de objeto directo *(Se lo descubrió)* permite interpretar la oración –en esa variedad específica– como impersonal.

Cinque (1988) observa que los predicados transitivos e inergativos admiten tanto la lectura genérica como la existencial, a diferencia de los inacusativos. En efecto, se obtiene la interpretación genérica en *Normalmente se llevan la recaudación* o en *Cuando se encierra al acusado,* y la existencial en *Ayer se llevaron la recaudación* o en *Se encerró al acusado*. Los verbos inacusativos solo admitirían la primera (*En combate no siempre se muere con dignidad* frente a *En combate se murió con dignidad*). Sin embargo, esta generalización no parece ser completamente adecuada, ya que la disponibilidad de estas lecturas depende más de la presencia de inductores concretos de genericidad, como el tiempo presente, ciertos adverbios *(normalmente)* y otros elementos análogos (véase sobre este punto Hernanz, 1994; De Miguel, 1992). Ciertamente, no se dice *Se creció más el año pasado,* y sí, en cambio, *Se crece más cuando se come bien*.

En general, *pro*[arb] (genérico) resulta compatible solo con las especificaciones no puntuales e imperfectivas de tiempo o aspecto: *Hace unos años se trabajaba mejor,* *Hace unos años se trabajó mejor*. Los verbos inacusativos describen en su mayor parte logros, por lo que suelen resultar incompatibles con dichos valores temporales o aspectuales. Otro factor que limita su distribución es la naturaleza genérica del sujeto. Ciertamente, se rechazan oraciones como *Se creció más el año pasado* o *Se nace mucho en África,* pero tampoco resulta natural decir ??*La gente creció más el año pasado* o *La gente nace mucho en África*. Este factor es independiente de la gramática de *se,* como se ve. *Mucho, más* y los demás adverbios de gradación establecen en estos casos comparaciones entre los grados en los que un determinado proceso se aplica a uno o varios individuos. Este tipo de comparación específica de grados resulta incompatible con un sujeto genérico.

6.11.2.3. El *se* pasivo reflejo

Las construcciones PASIVAS REFLEJAS o de SE PASIVO REFLEJO se caracterizan formalmente por tener como sujeto gramatical el objeto nocional o temático con el que concuerdan. Los sujetos pacientes de las pasivas reflejas coinciden con los SSDD que el verbo puede regir directamente (sin que medie una preposición). Considere estos contrastes:

(205) a. Se encontraron los trabajadores.
     b. Se encontraron los libros.

(205a) es una oración media, por lo *se encontraron* constituye una de las realizaciones del verbo pronominal *encontrarse* ('Los trabajadores coincidieron, se reunieron'). También puede ser recíproca ('Los trabajadores se encontraron unos a otros'), pero no es pasiva. No significa, por tanto, 'Los trabajadores fueron encontrados'. Este sentido pasivo es el que reconocemos, en cambio, en (205b). No podemos concluir simplemente que el rasgo [± humano] sea suficiente para explicar este contraste, puesto que las oraciones *Se buscan trabajadores especializados* o *Se contrataron ilegalmente varios inmigrantes,* son gramaticales en la interpretación pasiva refleja. Observe además, en esta misma línea, que no podemos decir **Encontraron los trabajadores* en la interpretación de complemento directo (deberemos decir *Encontraron a los trabajadores*), pero sí *Encontraron los libros*. En cambio, *Buscaba trabajadores especializados* o *Contrataron ilegalmente a varios inmigrantes* resultan gramaticales. A partir de todos estos contrastes podemos establecer la siguiente generalización:

(206) Pueden ser sujetos pacientes de las pasivas reflejas los mismos SSDD que el verbo puede regir directamente (esto es, sin necesidad de preposición) en las oraciones activas correspondientes.

Apoya esta idea el hecho de que en la lengua del siglo XVII, en la que no era siempre necesaria la presencia de la preposición *a* ante el complemento directo definido de persona (se podía decir *Encontré mi amigo*), también era posible obtener la interpretación pasiva en *Los amigos se encontraron,* frente a lo que sucede en el español contemporáneo.

Intentemos ahora extender a las pasivas reflejas el análisis de las pasivas perifrásticas que se suele defender en el modelo de principios y parámetros (§ 6.7). Desde este punto de vista, podemos analizar el contraste de (205) como el resultado de las propiedades de absorción del *se* pasivo reflejo. En las construcciones de pasiva refleja, *se* absorbe el caso acusativo del objeto y el papel temático de la posición de sujeto, es decir, realiza un cometido semejante al del participio en las pasivas no reflejas. De ahí que *los libros* en (205b) sea el sujeto paciente. Los argumentos que el verbo no puede regir, como *los trabajadores* en (205a), no pueden ser tampoco sujetos pacientes de estas oraciones (no podemos decir, por tanto, **Se encontraron a los trabajadores*). ¿Qué ocurre con el papel temático de Agente? Como se sabe, el Agente puede aparecer como un SP adjunto encabezado por la preposición *por,* o bien permanecer implícito. Cuando queda tácito, mantiene la capacidad de controlar el sujeto de una cláusula de finalidad o combinarse con un adverbio agentivo:

(207) a. Se firmó la paz por los embajadores. (Gili Gaya, 1943)
     b. Se acordonó la zona para capturar al asesino.
     c. Se suspendieron los debates deliberadamente.

Existe acuerdo general en que las pasivas reflejas con complemento agente expreso son forzadas o propias del lenguaje oficial o del administrativo. Observe que son muy frecuentes en dicha construcción complementos como *...por el gobierno, ...por el tribunal, ...por la autoridad competente, ...por el ministerio fiscal,* y otros semejantes. Para muchos, el ejemplo (207a) de Gili Gaya es marcadamente forzado, y pasaría a ser agramatical (para todos) si tuviéramos un nombre propio en esa posición: **Se bebieron unas copas por Pepe.* Belletti (1982a) propone, basándose en la incompatibilidad de las pasivas reflejas del italiano con un SP encabezado por *por,* que *se* absorbe el caso acusativo y recibe el papel temático de Agente. Así pues, este último no podría asignarse a través de la preposición *por,* ya que ello acarrearía una violación del criterio temático. Este análisis, sin embargo, no es completamente aplicable al español, en el que –como acabamos de ver– sí es posible la aparición de dicho SP en ciertas construcciones de pasiva refleja: cuando el complemento agente no es específico o se trata de un participante normalmente asociado con el evento, pero cuya referencia concreta no hace falta identificar, tal como sucede en (207).

Existen relaciones estrechas entre las pasivas reflejas y las impersonales con *se:*

A) La primera conexión radica en el hecho de que los complementos agentes expresos de las pasivas reflejas son más aceptables cuanto más claramente expresan un contenido inespecífico, es decir, cuanto más cercanos están al pro^{arb} de las impersonales. El sujeto de las impersonales con *se* posee este valor, como hemos visto en el subapartado anterior. La oración *Se envió una carta de protesta* (pasiva refleja) no contiene el Agente, pero sabemos que significa aproximadamente 'Alguien no determinado envió una carta de protesta'. Es cierto que podemos hacer más específico ese complemento –casi siempre en la lengua formal–, pero aun en esos casos se sigue haciendo referencia a grupos o clases de individuos.

B) En principio sería de esperar que las condiciones estructurales de las pasivas reflejas fueran distintas de las correspondientes a las impersonales. Lo son, en efecto, en muchos casos. Así, sabemos que (208a) es pasiva refleja (no es posible **Se lo intentó,* porque la oración de infinitivo es sujeto paciente):

(208) a. Se intentó hablar con él.
      b. Se busca a los asesinos.

Por el contrario, (208b) es una oración impersonal, puesto que *a los asesinos* es el complemento directo. Aun así, la línea divisoria entre estas dos estructuras no es tan fina cuando el argumento interno no es definido y/o humano. Encontramos en esos casos alternancias como las siguientes:

(209) a. Se les dio toda clase de facilidades.
      b. Se les dieron toda clase de facilidades.

(210) a. Se busca secretarias con experiencia.
      b. Se buscan secretarias con experiencia.

A esto se añade el hecho de que el español europeo –no el americano– suele rechazar las impersonales con *se* siempre que se cumplen las condiciones estructurales apropiadas para que se obtenga una pasiva refleja, de modo que *ese automóvil* se interpreta como el sujeto paciente de la oración *Cuando se estaciona ese automóvil*. En muchas variedades del español de América alterna en estos casos la pasiva refleja *(Cuando se estaciona)* con la impersonal *(Cuando se lo estaciona)*. De hecho, se prefiere esta última opción, es decir, la impersonal con objeto directo de cosa, que es rara en España. Como vimos arriba, los complementos definidos de persona se rechazan en las impersonales, de modo que no es probable que la oración *Se la necesita* se refiera en España a un objeto material (pongamos por caso, una lavadora), mientras que en América resulta mucho más natural esa interpretación.

Tenemos, por tanto, dos estructuras sumamente próximas en su significado, y en ciertos casos –como vemos– también en sus condiciones estructurales. Resulta, por tanto, controvertida la cuestión de si estas construcciones ejemplifican o no dos tipos diferentes (impersonal la primera variante, pasiva refleja la segunda variante concordada) o son variantes de una única estructura impersonal en la que el objeto directo puede concordar con el verbo, como ha defendido Otero (1972, 1973, 1976). También sería posible interpretar sintácticamente esta similitud en función del desdoblamiento del SV descrito en el § 6.9.3. Podría entenderse, en este sentido, que en ambos casos *se* es la manifestación del núcleo agentivo / causativo *v* del S*v* (la segunda capa del SV que presentamos arriba). De esto se deduce que el *se* sea no paradigmático o no pronominal y posea la capacidad de absorber la marca temática del agente (en las construcciones pasivo reflejas) o de imponer ciertos requisitos semánticos sobre su sujeto (en las impersonales).

Resumamos. Recuérdese que la sintaxis del participio en las oraciones pasivas era responsable de la distribución de rasgos que se esquematiza en (211):

(211) $[-\theta] \leftarrow V \rightarrow [-C]$

Hemos comprobado que al *se* pasivo le corresponde la misma función. El *se* impersonal es algo más complejo, pero mantiene la parte «$\rightarrow$ [-C]» de este esquema en algunos dialectos, aunque no en otros, como hemos visto. También mantiene la parte «$[-\theta] \leftarrow$» (recuérdese que el signo «-» no significa que se pierde un papel temático, sino que se absorbe). El pro[arb] que ocupa el lugar del argumento externo recibe una interpretación similar al que corresponde a las pasivas de participio sin agente, lo que confirma la cercanía de las dos estructuras.

6.11.3. *El* se *medio y el* se *aspectual*

6.11.3.1. El *se* medio

El sujeto de las oraciones con SE MEDIO designa la entidad que es afectada por el predicado o experimenta el proceso expresado por él con la participación necesaria de un agente externo que lo active. El *se* de las construcciones medias es un *se* paradigmático, característico por tanto de la tercera persona. Las construcciones medias constituyen un conjunto heterogéneo de esquemas que cabe dividir en dos grupos:

A) CONSTRUCCIONES ANTICAUSATIVAS. Ciertos verbos de cambio *(hundir, quemar, mojar, secar, mover,* etc.) permiten dos variantes, una transitiva y otra con *se*.

(212) a. El torpedo hundió el barco.
     b. El barco se hundió.

(213) a. El fuego quemó los árboles.
     b. Los árboles se quemaron.

(214) a. El viento movía la hélice.
     b. La hélice se movía.

En la variante transitiva, el sujeto expresa la causa del evento en cuestión. De ahí que la variante con *se* se llame a menudo ANTICAUSATIVA (Moreno Cabrera, 1984), ya que no expresa la causa. Puede, no obstante, aparecer como adjunto, como en *La hélice se movió con el viento* o *El barco se hundió a causa del torpedo*. En la construcción anticausativa el objeto afectado se promociona a la posición de sujeto, lo que acerca considerablemente estas construcciones medias a las estructuras inacusativas.

Muchos de los llamados VERBOS DE AFECCIÓN PSÍQUICA O VERBOS PSICOLÓGICOS (*entristecer, molestar, alegrar, preocupar, escandalizar,* etc.: § 6.10.2) son también VERBOS DE CAMBIO. El hecho de que este cambio no sea físico, sino emocional, no afecta a los aspectos fundamentales de su comportamiento sintáctico. Estos verbos presentan también alternancia entre una variante transitiva y otra anticausativa:

(215) a. La muerte de su madre entristeció a Juan.
     b. Juan se entristeció.

(216) a. Tus observaciones preocuparon a María.
     b. María se preocupó.

Obsérvese que el argumento afectado por el cambio en estos verbos es un Experimentante. Se asocia, por tanto, con un participante que experimenta el proceso o el cambio psicológico en cuestión. En la variante anticausativa, el Experimentante se PROMOCIONA a la posición de sujeto, mientras que la causa no se expresa.

B) Construcciones formadas con VERBOS PRONOMINALES. Aunque este término se utiliza a menudo para designar todos los verbos del grupo (A), como *entristecerse* o *preocuparse*, además de los de este grupo, lo usaremos aquí en un sentido algo más estricto. Esta clase de verbos se puede subdividir en dos:

i) Verbos que requieren obligatoriamente la presencia de *se*. Se suelen llamar VERBOS REFLEXIVOS INTRÍNSECOS O INHERENTES (*desgañitarse, ensañarse, suicidarse, arrepentirse (de),* etc). Al ser intrínsecamente pronominales, carecen de una variante sin *se* y no dan lugar a la alternancia transitiva / anticausativa. No es posible, por tanto, «desgañitar a una persona» ni «arrepentirla» de algo. Muchos verbos de este grupo tienen como sujeto un Experimentante (*Pepe se arrepintió*). Es lógico que no admitan complementos que dupliquen al clítico (**Se le arrepintió a él, *Se suicidó a sí mismo*), puesto que poseen un solo argumento. Es esperable también, por tanto, que los verbos reflexivos intrínsecos se asimilen a los INACUSATIVOS: *una persona arrepentida, aborregada, acurrucada, empecinada, ensimismada, adormilada.* Sin embargo, algunos no pertenecen tan claramente a ese grupo: **una persona desgañitada, *suicidada, *antojada.* Los verbos de este último subgrupo, más reducido, de reflexivos intrínsecos se pueden considerar, por tanto, INERGATIVOS: la marca reflexiva *se* de *desgañitarse* afecta a la conjugación de este verbo, pero no interviene en el hecho de que *desgañitarse* designe una acción, como en *gritar* o *respirar.* También es agentivo *suicidarse,* que puede incluirse en el mismo grupo (de hecho, *sui* era un morfema reflexivo en el verbo latino del que se deriva).

ii) Verbos REFLEXIVOS PROPIOS O EXTRÍNSECOS. En la tradición gramatical se asimilan a los verbos anticausativos descritos arriba. En la actualidad se usa este término más restrictivamente para aludir a los verbos transitivos que se intransitivizan al tomar *se,* como en *olvidar(se), decidir(se),* y al hacerlo se convierten en verbos preposicionales o de complemento de régimen:

(217) a. Pepe olvidó venir.
      b. Pepe se olvidó de venir.

(218) a. El abuelo decidió quedarse.
      b. El abuelo se decidió a quedarse.

Se ha denominado a estas construcciones ANTIPASIVAS (Masullo, 1992b), en tanto que *se* parece absorber el caso acusativo y forzar que el argumento interno reciba caso de una preposición. Como se ve, estos no son verbos de cambio de estado, sino verbos que alternan las estructuras transitivas con las intransitivas manteniendo en ambas el mismo papel temático del argumento externo.

6.11.3.2. El *se* aspectual

El denominado *SE* ASPECTUAL O EXPLETIVO (capítulo 5, A5) es un *se* opcional que puede aparecer con los verbos inergativos y transitivos:

(219) a. (Se) durmió.
      b. (Se) comió la manzana.

La aparición de *se* parece, en principio, redundante y su ausencia no produce oraciones agramaticales. De hecho, este *se* sólo parece ser necesario con verbos como *saltarse (saltarse un semáforo), ganarse (ganarse la vida)* y algunos otros cercanos a esta, puesto que solo en esos casos se obtienen diferencias claras de significación en su ausencia. Sin embargo, tras esta opcionalidad aparente se esconden características aspectuales bien definidas. Se ha observado en varias ocasiones que este *se* impone ciertos requisitos aspectuales del predicado con el que se combina, de ahí que caracterizarlo como *SE* ASPECTUAL nos parezca más apropiado que denominarlo *SE* EXPLETIVO, DATIVO ESPURIO o DATIVO SUPERFLUO, términos más comunes en la gramática tradicional, pero que no aportan información sobre su naturaleza gramatical.

Cuando en la variante con *se* aparece un complemento directo, este debe ser cuantificado o definido (no se admiten SSDD sin determinante). Compare a este respecto (220) y (221) con (222):

(220) a. Se comió {las / dos} manzanas.
     b. *Se comió manzanas.

(221) a. Se vio varias películas.
     b. *Se vio películas.

(222) a. Comió manzanas.
     b. Vio películas.

El *se* aspectual impone también el requisito de que el predicado con el que se combina sea télico o delimitado. De ahí que no se admitan SSPP encabezados por *durante*. Contrastan, por tanto, *Se bebió la cerveza en un minuto* y *Se bebió la cerveza durante un minuto*. Además, el argumento interno de estos verbos suele ser TEMA INCREMENTAL (capítulo 5, A2), es decir, un elemento nominal que designa una entidad que se consume o surge dando forma al desarrollo del evento, por lo que en cierto sentido mide su desarrollo. Se analizan otras propiedades suyas en Sanz (2000), Sanz y Laka (2002) y en otros títulos que se citan en estos trabajos.

El apresurado resumen de las páginas anteriores no hace justicia a la complejidad objetiva que la forma *se* manifiesta en la gramática española, pero nuestro interés al hacerlo no iba más allá de mostrar que esta partícula posee numerosas peculiaridades que pueden relacionarse con la teoría argumental, la teoría temática y la del aspecto léxico. Es patente la incidencia de *se* en estos dominios, por lo que las construcciones en que aparece pueden relacionarse con los mecanismos sintácticos y las propiedades semánticas asociadas a la pasividad y la inacusatividad, además de a la genericidad, como hemos visto. Aunque la teoría unificadora de los distintos *se* todavía no existe, parece claro que deberá articularse combinando de forma adecuada y suficientemente restrictiva los ingredientes que proporcionan esas informaciones. No hay duda de que los numerosos factores sintácticos, léxicos y también dialectales que entran en juego han retrasado, su gestación.

6.12. Las cláusulas reducidas

6.12.1. *La predicación secundaria*

La teoría de la predicación generalizada predice que el criterio semántico de predicación puede ser satisfecho no solo por constituyentes de categoría verbal, sino también por otros predicados que precisen ser saturados, ya sean de categoría adjetival o nominal. Las construcciones de predicación secundaria ejemplifican la necesidad de generalizar el concepto de predicación. En estas construcciones, llamadas tradicionalmente CONSTRUCCIONES DE COMPLEMENTO PREDICATIVO, tenemos un predicado principal y un segundo elemento que se predica de alguno de los participantes en el evento:

(223) a. Luis considera a María la candidata ideal.
      b. Cree a Pedro inteligente.
      c. El juez declaró el matrimonio nulo.
      d. Vi a Lola bailando hasta el anochecer.
      e. Desde hace unos días tengo el coche sin el espejo retrovisor.

(224) a. Comen crudo el pescado.
      b. Luis llegó del gimnasio completamente agotado.
      c. Me gusta el arroz con menos curry.
      d. María dejó su trabajo insatisfecha.

Como puede verse, en estos ejemplos tenemos, además del verbo (*considera, cree, declaró,* etc.), otro elemento predicativo que puede pertenecer a categorías diversas: SD *(la candidata ideal),* SA *(inteligente, crudo),* SV *(bailando hasta el anochecer),* SP *(con menos curry).* Los del grupo de (223) se diferencian de los del grupo de (224) en que el verbo no parece tener el mismo significado que cuando aparece sin este elemento predicativo. Así, mientras que de (224a) podemos deducir 'comen el pescado', de (223b) no podemos deducir 'cree a Pedro'. Más aún, el que considera a Pedro una mala persona, no solo no 'considera a Pedro' (esto es, 'lo estima', 'lo aprecia'), sino más bien todo lo contrario. Así pues, da la impresión de que el complemento de *creer* y *considerar* es formalmente un SD, pero se interpreta proposicionalmente, ya que lo que aquí creemos o consideramos no son individuos, sino estados de cosas. Esta situación peculiar de los predicados de (223) se repite en los de (225):

(225) a. No lo juzgo conveniente.
      b. Prefiero abierta la ventana.

Como sucedía antes, de (225a) no podemos deducir 'no lo juzgo'. Esta oración significa aproximadamente 'no juzgo que sea conveniente', pero en ella no aparece la conjunción *que* ni ningún otro signo de que estemos ante una unidad proposicional. La pregunta que se plantea es, por tanto, la siguiente: ¿Qué quiere decir exactamente que un SD es el objeto o complemento directo de un verbo sin expresar el significado que corresponde al objeto directo de ese verbo? Es obvio que estamos ante una nueva paradoja. La solución tradicional venía a ser, en realidad, una reformulación de la paradoja: se decía que algunos complementos predicativos, como los de (223), son obligatorios, y por tanto no puede prescindirse de ellos sin alterar el significado del predicado principal. Otros, en cambio, como los de (224), son optativos. Como se ve, este análisis no constituye una solución del problema, sino otra forma de plantear la cuestión misma que queremos solucionar. Observe que la paradoja que representa (225b) es análoga: si uso esta oración, no estoy prefiriendo ninguna ventana, sino más bien un estado de cosas relacionadas con la ventana, concretamente 'que esté abierta'. Es evidente que *la ventana* es el complemento directo de *prefiero,* pero no expresa el significado que corresponde al complemento directo de *preferir,* puesto que no designa 'la cosa preferida'. ¿Cómo se explica entonces la paradoja?

La paradoja no se puede resolver si entendemos que el concepto de 'complemento directo' es una noción indivisible, pero se resuelve de manera relativamente sencilla si entendemos que se descompone en otras más básicas, como las que hemos introducido en las secciones anteriores. De hecho, esta paradoja recibió escasa atención en la gramática tradicional, a pesar de haber sido observada más de una vez, acaso porque en la tradición no se consideraba fundamental relacionar sistemáticamente la forma de las expresiones con su significado. Desde el punto de vista que ahora consideramos, hemos de partir del hecho de que en *Juan considera a Pedro una mala persona* las marcas C y θ de *Pedro* proceden de asignadores distintos. El rasgo C es una marca de caso acusativo y lo asigna *considerar*. Ahora bien, este verbo no establece ninguna relación semántica con *a Pedro* (no le asigna +θ, por tanto), sino a lo sumo, con [Pedro una mala persona], que viene a ser la entidad cuasiproposicional considerada. La marca temática de *Pedro* la proporciona el predicado *una mala persona,* del que *Pedro* es argumento externo. Abreviadamente

(226)   Juan <u>considera</u> [a Pedro <u>una mala persona</u>]

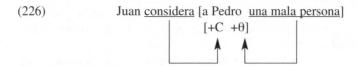

A las construcciones de este tipo se las denomina también estructuras de MARCADO EXCEPCIONAL DE CASO (ingl. *exceptional case marking*). La disociación entre requisitos temáticos y estructurales nos permite entender que un predicado secundario X tiene como sujeto un constituyente Y que recibe caso de otro predicado Z. Recuerde que esta disociación se produce también en casos más simples, como *la lectura del libro,* puesto que la marca temática (θ) de *el libro* procede de *lectura,* mientras que la marca formal (C) la asigna *de.*

6.12.2. *La estructura de las cláusulas reducidas*

La pregunta que debemos plantearnos ahora es qué unidad gramatical representa el segmento encerrado entre corchetes en (226). Estas construcciones contienen lo que se denomina habitualmente CLÁUSULAS REDUCIDAS O CLÁUSULAS MÍNIMAS (ingl. *small clauses*), esto es, unidades cuasiproposicionales de predicación sin flexión verbal. Como se ve, el elemento que recibe su papel temático del predicado secundario y se comporta como su argumento externo (llamado a veces 'sujeto' en una interpretación amplia de este término) desempeña también una función estructural con respecto al verbo principal. El verbo *considerar* en (226) asigna caso acusativo a un constituyente que es el sujeto del predicado secundario (en este sentido ampliado de 'sujeto'), algo que no es tan extraño como a primera vista pudiera parecer. Se dan situaciones muy similares en los siguientes ejemplos del latín, el inglés y el español.

(227) a. Video te venire. 'Te veo venir.'
     b. I consider him intelligent. 'Lo considero inteligente.'
     c. La veo venir.

Como vemos, los pronombres *te, him,* y *la* son expresiones con marcas de acusativo y en este sentido son «objetos» estructurales del verbo. Sin embargo, saturan el único argumento de *venire, intelligent* y *venir* respectivamente. El análisis de este tipo de estructuras ha sido foco de un intenso debate en la gramática teórica de orientación formal. En los años setenta se formulaba una REGLA DE ASCENSO DE SUJETO A OBJETO (ingl. *subject to object raising*), de acuerdo con la cual el sujeto profundo del predicado secundario se desplazaba a la posición de objeto del verbo principal:

(228) [Vi [a Pedro$_i$] [$_{SFlex}$ h$_i$ bailar]]

Si se examina con ojos más actuales, se comprueba enseguida que este tipo de movimiento entra en conflicto con la teoría temática, pero esta teoría no se había desarrollado todavía en la época en que se propuso dicha regla. El ascenso de un constituyente de la posición de sujeto de un predicado a la de objeto de otro forzaría a dicho constituyente desplazado a recibir dos papeles temáticos (uno del predicado secundario y otro del principal), con la consiguiente infracción del criterio temático (§ 5.4.1). Así pues, puede descartarse (228) como estructura bien formada.

Algunos gramáticos suponen que en estos casos tanto el predicado secundario como el elemento que lo satura son complementos (en el sentido de *argumentos*) del verbo principal. Así, la relación entre el predicado secundario y su sujeto se deriva del principio de predicación en la teoría de Williams (1980). Este principio permite asociar mediante coindización los dos elementos involucrados en la relación predicativa, pero no requiere relaciones de desplazamiento:

(229) a. Considero [a mi primo]$_i$ [estúpido]$_i$
       b. [Pepe]$_i$ estudia la lección [contento]$_i$

Este análisis plantea varios problemas. En primer lugar, no nos aclara las diferencias de significado observadas arriba: como vimos, *considerar a alguien* es 'apreciarlo', 'tenerlo en consideración', pero es evidente que no es eso lo que se dice en (229a), sino más bien lo contrario. No solamente el predicativo resulta imprescindible, sino que también lo es decir que no hay propiamente relación semántica entre el verbo y el SD complemento. De igual modo, no es posible declarar un matrimonio, pero sí lo es declarar nulo un matrimonio. En (229b), por el contrario, se mantiene el contenido semántico del verbo al añadir el SD, y además podemos prescindir del adjetivo *contento* sin obtener una secuencia agramatical ni alterar la relación semántica que existe entre *Pedro* y *estudia*. De todo ello se deduce que no podemos asumir el mismo análisis para las dos construcciones.

El análisis de (229a) plantea otro problema. De acuerdo con la teoría de la predicación, el sujeto de un predicado debe ejercer mando-c sobre este. Esto explica por qué los complementos preposicionales no pueden ser sujetos de predicación secundaria. *María* en (230) no tiene mando-c sobre *borracha*, con lo que no podría actuar como un sujeto:

(230) Juan habló con [María] completamente {*[borracha] / borracho}.

Sin embargo, en otras construcciones de predicación secundaria –las similares a las de (223)– sí es posible que un término precedido de preposición actúe como sujeto de un predicado secundario, como se observa en Bosque (1989):

(231) a. Piensa en su tesis terminada.

      b. Soñaba con su novio ahogado.

El contraste entre (230) y (231) no parece compatible con la hipótesis de Williams. Por el contrario, apoya un análisis alternativo en el que el verbo no selecciona dos complementos (*pensar* [*en su tesis*] [*terminada*]) sino un único constituyente X: *pensar en* [$_X$...], donde X representa el constituyente *su tesis terminada*:

(232) a. Piensa en [$_X$ [su tesis] [terminada]]

      b. Soñaba con [$_X$ [su novio] [ahogado]]

Esta opción nos permite entender, además, que el que usa (232a) no piensa en una tesis, sino en una situación, y que el usa (232b) no sueña con una persona, sino con un estado de cosas. Las cláusulas reducidas se diferencian de las oraciones en que carecen del constituyente Flexión [+finita], de ahí el témino *reducidas*. Satisfacen, no obstante, todos los requisitos necesarios para poder constituirse en estructuras predicativas. Stowell (1981, 1983) propone generalizar la noción de sujeto a todas las categorías del siguiente modo: el sujeto de un sintagma SX es el argumento de X que es directamente dominado por SX; en otras palabras, el sujeto de SX es su especificador. Por tanto, la estructura de la cláusula reducida de (232a) sería la siguiente:

(233)

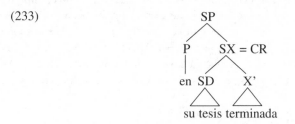

Queda por establecer cuál es la categoría concreta a la que corresponde SX/CR. Al carecer de flexión, este constituyente no puede ser una oración en términos categoriales (un SFlex). La propuesta de Stowell (1983), generalmente aceptada en la actualidad, es suponer que una cláusula reducida es la proyección del constituyente que actúa como predicado, de forma que su especificador es el sujeto de la predicación, y a la vez el elemento que recibe su marca de caso desde fuera de la proyección máxima. Nótese que esta solución está, además, en perfecta consonancia con los requisitos de la teoría de la X-con-barra. Por tanto, los distintos casos de predicación secundaria son uniformes en cuanto a la teoría de la predicación (representan la saturación de un predicado por su sujeto), pero no lo son en términos categoriales:

(234) a. Considera [$_{SA}$ a Juan [$_{A'}$ inteligente]]

      b. Tiene [$_{SP}$ el coche [$_{P'}$ en el garaje]]

Como vimos en (231) con los ejemplos de *soñar* y *pensar*, las cláusulas reducidas no son solo complementos de V. También lo pueden ser de P. De hecho, las preposiciones *con* y *sin* las admiten frecuentemente en español:

(235) a. Contigo en nuestro equipo.
      b. Me pillaron sin el examen preparado.

Obsérvese que en (235a) se plantea un problema similar al que notábamos en el caso de *considerar*. Aunque sabemos que en *para ti* el complemento de la preposición *para* es *ti*, en (235a) no podemos decir que el complemento de *con* (su 'término' en la gramática tradicional) sea *-tigo*, ni tampoco que sea *-tigo en nuestro equipo*. Lo que sucede, como se ve, es que el concepto de 'complemento de preposición' se aplica sin dificultades a las situaciones en las que las dos marcas que lo forman (C y θ) proceden del mismo asignador, como en el caso de *para*. Sin embargo, cuando el SD que manifiesta los dos rasgos los recibe de asignadores distintos, el concepto de complemento de preposición deja de ser útil y pasa a resultar, en cierto sentido, demasiado tosco. Tenemos, pues, abreviadamente:

(236)

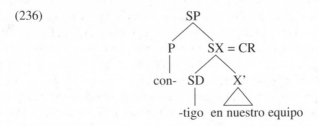

De forma análoga a lo que sucedía en el caso de *considerar*, la preposición *con* asigna aquí a *-tigo* el rasgo de caso correspondiente sin establecer ninguna relación semántica con este pronombre, mientras que el predicado *en nuestro equipo* le asigna el papel temático que necesita. Aplicando a (236) la hipótesis de Stowell, obtenemos una cláusula reducida cuyo núcleo es la preposición *en*. Ahora bien, es evidente que las preposiciones no tienen rasgos de género, pero los adjetivos sí los tienen:

(237) a. Vio a María cansada.
      b. Vio a Pepe cansado.
      c. Vio a los hermanos cansados.

Aparentemente, esta hipótesis tiene el inconveniente de no explicar por qué, pese a que las cláusulas reducidas son constituyentes sin flexión, sigue estableciéndose concordancia entre el predicado secundario y su sujeto. Una solución posible se basa en el desarrollo de la teoría de las categorías funcionales. Recuérdese que la concordancia es una relación configuracional de tipo local en el marco teórico que estamos aplicando. Si el predicado secundario y su sujeto concuerdan (es decir, comparten rasgos de género y número), ello se debe a que se ha establecido una relación formal de concordancia en algún punto de la derivación. La disociación entre requisitos predicativos y de concordancia que establece la hipótesis del sujeto interno al SV permite unificar la derivación de todas las cláusulas del siguiente modo: en consonancia con la propuesta de Stowell, los sujetos de un predicado (principal o secundario) se generan como especificadores de la categoría léxica máxima proyectada por el predicado. Esta categoría será el SV en el caso del predicado principal, y será un SA, SN, SP, etc., en el caso del predicado secundario. En las oraciones con flexión finita (tiempo y concordancia) los sujetos se desplazan a estas proyecciones para cotejar rasgos de concordancia. Si extendemos esta idea a las cláusulas reducidas, puede pensarse que la consecuencia será que tanto el predicado secundario como su sujeto se encuentran en posiciones «derivadas» en la sintaxis superficial. Por ejemplo, *María* en (238) se generaría como sujeto del núcleo predicativo *cansada* del SA y ambos constituyentes se desplazarían a SFlex (concordancia de objeto, A3 del capítulo 4) para cotejar los rasgos de concordancia (género y número).

(238) $[_{SFlex}$ Vio $[_{SConc-O}$ a María$_i$ $[_{Conc'}$ cansada$_j$ $[_{SA}$ h$_i$ $[_{A'}$ h$_j$]]]]]

Este último aspecto del análisis está siendo revisado en la actualidad porque descansa fundamentalmente en el papel que desempeñen las proyecciones de concordancia de objeto, una cuestión sumamente debatida (cfr. el capítulo 4, A4).

Existe otro factor que da a entender que el análisis que hemos esbozado no es del todo completo. Intente usted añadir adjetivos en los espacios que aparecen en (239):

(239) a. Te considero ____
        b. Te noto ____

Con escasas excepciones, que enseguida explicaremos, los adjetivos que encajan en (239a) no lo hacen en (239b), y viceversa. Tenemos que preguntarnos cómo se establecen esos dos grupos, pero antes de hacerlo podemos comprobar que el solo hecho de que existan es indicio de que el predicado principal ejerce una función selectora sobre el secundario. Esa selección no es solo categorial, sino también semántica. Más aún, está determinada por el aspecto léxico. Tenemos, por tanto, que retomar esta noción del capítulo anterior y tratar de averiguar qué función desempeña en la predicación secundaria. Lo haremos a continuación.

6.12.3. *La predicación secundaria y el aspecto léxico*

Hemos concluido que las cláusulas reducidas seleccionadas son proyecciones máximas de un predicado seleccionado por V o por P. Esta selección es, en primer lugar, categorial. Así, *ver* selecciona gerundios, entre otras categorías, pero *considerar* los rechaza. Por el contrario, *considerar* selecciona SSDD, pero *ver* los rechaza:

(240) a. Te {veo / *considero} pidiendo en el metro.
        b. Te {*veo / considero} una buena persona.

En segundo lugar, esta selección también es semántica. Observe que los adjetivos que *creer* y *considerar* seleccionan en las cláusulas reducidas se construyen con *ser*, mientras que los que seleccionan *ver* o *notar* se construyen con *estar*. Los que se admiten en los dos casos aceptan tanto *ser* como *estar*. Tenemos, pues, contrastes como estos:

(241) a. Lo {noto / veo} {cansado / *argentino / sensible}.
        b. Lo {creo / considero} {*cansado / argentino / sensible}.

Puede usted ahora tomarse unos minutos añadiendo adjetivos en los espacios en blanco de (239) y comprobará por sí mismo que los que se le ocurran encajan en esas pautas. Como vemos, *sensible* se acepta en las dos series porque admite *ser* con igual naturalidad que *estar*, mientras que los demás encajan en una de las dos series y se rechazan en la otra, salvo que acepten los procesos de 'recategorización' (o 'coacción') a los que nos hemos referido en A4 del capítulo 5. La conclusión es evidente: los predicados secundarios subcategorizados son sensibles a las propiedades aspectuales del predicado principal, que puede seleccionar, como vemos, un predicado de individuos o uno de estadios (§ 5.7.1). Este hecho se puede interpretar sintácticamente de varias maneras. Una posibilidad es suponer que los predicados secundarios subcategorizados forman cláusulas reducidas encabezadas por un rasgo aspectual (proyectan un SAsp –cfr. cap. 5, A5–), por lo que entrarán directamente en la selección-s de los predicados principales. Recuérdese, no obstante, que estos predicados están seleccionados también categorialmente, de modo que otra posibilidad es entender que las clases aspectuales de predicados constituyen RASGOS LÉXICOS que se pueden saturar en la selección. De esta forma podemos suponer que los verbos selectores «ven» este rasgo en su complemento, lo que les permite seleccionarlo.

El análisis estructural de las oraciones con verbos copulativos plantea problemas similares a los que hemos observado en el caso de la predicación secundaria. Por un lado, el sujeto oracional mantiene una relación estructural de concordancia con el verbo copulativo, y por otro satura argumentalmente un constituyente incrustado (el atributo o predicado nominal).

(242) $[_{\text{SFlex}}$ Luis $[_{\text{Flex'}}$ es $[_{\text{SAdj}}$ alto]]]

En este caso no podemos hablar con propiedad de predicación secundaria porque los verbos copulativos no son predicados propiamente dichos, sino núcleos verbales que poseen contenido aspectual (recuerde el § 5.7). No obstante, se repite la necesidad de caracterizar la relación predicativa entre el predicado y su sujeto argumental. Es evidente que en (242) el SD *Luis* es sujeto de *es,* en cuanto que concuerda con ese verbo en número y persona, pero es un argumento de *alto,* puesto que es este adjetivo el que restringe semánticamente el paradigma al que *Luis* pertenece. Este hecho hizo pensar a varios gramáticos –entre otros, Couquaux (1981) y Moro (1991, 1997)– que el análisis de las cláusulas reducidas debía extenderse a las estructuras atributivas. Así pues, el rasgo de caso (C) de *Luis* (que no es sino el que manifiesta la concordancia sujeto-verbo), lo proporciona *es,* mientras que el rasgo temático (θ) lo aporta *alto*. Vimos un reparto de rasgos parecido en el § 6.8.1 a propósito del verbo *parecer*. Una forma natural de explicar este reparto de rasgos en el caso de *ser* consiste en suponer que el predicado nominal (o atributo) y su sujeto están en una relación de núcleo-especificador en el comienzo de la derivación sintáctica.

(243) $[_{\text{SFlex}}$ es $[_{\text{SA}}$ Luis $[_{\text{Adj'}}$ alto]]]

Posteriormente, *Luis* se desplaza desde el especificador del SA que *alto* encabeza a la posición de especificador de SFlex, como en (244):

(244) $[_{\text{SFlex}}$ Luis$_{i}$ [es $[_{\text{SA}}$ h$_{i}$ $[_{\text{A'}}$ alto]]]]

En esta posición, *Luis* concuerda con *es* en número y persona. El análisis que acabamos de esbozar se considera correcto pero insuficiente, puesto que todavía tenemos que explicar formalmente la relación semántica que se da entre *es* y *alto*. Existen varias formas de hacerlo. Una posibilidad sería suponer que *ser* selecciona el rasgo léxico [nivel individual], ya que *simpático* es un predicado de individuos (§ 5.7.1). Este rasgo se encuentra en su complemento: el SA que *alto* encabeza, dentro del cual se da la relación predicativa. Otra posibilidad es dar una traducción formal a esta relación, de manera que sería el núcleo aspectual Asp en el que *es* se ubica el que selecciona el rasgo [nivel individual]. Si elegimos esta última opción, la derivación del orden superficial se seguiría de los procesos habituales de desplazamiento de la cópula al núcleo de SFlex por movimiento de núcleo a núcleo y del sujeto del predicado profundo a la posición donde coteja los rasgos de concordancia.

(245) $[_{\text{SFlex}}\ \text{Luis}_i\ [_{\text{Flex'}}\ \text{es}_j\ [_{\text{SAsp}}\ h_j\ [_{\text{SA}}\ h_i\ [_{\text{Adj'}}\ \text{alto}]]]]]$

A este análisis de las oraciones copulativas como cláusulas reducidas «ocultas» se lo conoce también (en cualquiera de sus variantes) como el ANÁLISIS BASADO EN EL ASCENSO (ingl. *raising analysis*) de las estructuras copulativas, dado que se postula en él que el sujeto está desplazado desde la posición en la que se establece la predicación a su posición derivada. Tiene varias ventajas que parecen claras: nos permite mantener la uniformidad en la derivación sintáctica de la predicación generalizada y nos ayuda a explicar además que las cláusulas reducidas combinan los requisitos léxicos (en el sentido de predicativos) con requisitos aspectuales. En este caso, al ser los verbos *ser* y *estar* núcleos aspectuales, mantienen las mismas propiedades de selección semántica sobre la cláusula reducida.

Recordemos que los predicados secundarios pueden estar seleccionados, como en (223), o no estarlo, como en (224). Las restricciones aspectuales se dan también en la predicación secundaria no seleccionada. Así, Hernanz (1988) observó que la mayor parte de los adjetivos que pueden ser predicados de *estar* pueden actuar como predicados secundarios opcionales (no seleccionados o adjuntos). Es claro que resulta más natural decir *Juan habló aburrido* o *María escribió al director harta* que decir *Juan habló inteligente* o *María escribió la carta temeraria*. Obsérvese, en el mismo sentido, el contraste de (246):

(246) a. Alquilé amueblado el apartamento.
      b. *Alquilé magnífico el apartamento.

Este contraste se debe a que el predicado secundario presenta un estadio del objeto que se considera relativo al evento descrito (en este caso, al alquiler del apartamento), pero no aporta una propiedad intrínseca de ese objeto. Hernanz propone que el rasgo que los predicados secundarios deben cotejar en este tipo de cláusulas reducidas es el rasgo [+perfectivo]. Propone también que es el argumento eventivo de los predicados de estadio el que ha de concordar con el predicado principal.

Si los complementos predicativos no seleccionados se interpretan como cláusulas reducidas en el sentido apuntado arriba, esta restricción puede significar que tales proyecciones son complemento de núcleos aspectuales (SAsp) o bien –como en el caso de las cláusulas reducidas seleccionadas– puede entenderse que solo los predicados de estadio poseen rasgos accesibles para algún predicado externo y, más exactamente, que el argumento eventivo que los caracteriza (§ 5.5) es el que los vincula con el predicado principal. En cualquier caso, debe tenerse en cuenta que algunos predicados adjetivales de individuos aparecen ocasionalmente como complementos predicativos del objeto directo:

(247) a. [Hablando de unos pantalones] No te los compres marrones, que no te sientan bien.
b. En cuanto a los vinos de la Ribera del Duero, los he probado excelentes.
c. Siempre escribe cortas sus cartas.

Se sabe que –proporcionalmente– este segundo grupo es bastante reducido (al menos, fuera de la lengua literaria), mientras que el anterior es considerablemente amplio. Las condiciones gramaticales que han de postularse para restringir la predicación secundaria en (246a) han de ser lo suficientemente restrictivas para no dar cabida a (246b) y otras secuencias similares. La presencia de predicados de individuos en la predicación secundaria no se ha estudiado todavía exhaustivamente en el marco teórico que estamos analizando, si bien existen ya algunos estudios que los consideran en detalle, como Pérez Jiménez (2008).

En este capítulo hemos analizado los sujetos y los objetos. Hemos podido comprobar que los conceptos de 'sujeto' y 'objeto' resultan, por un lado, mucho más simples y, por otro, mucho más complejos que como los presentan los análisis tradicionales o los manuales escolares. Más simples porque, en los análisis clásicos, estos conceptos contenían a menudo demasiada información, lo que impedía considerar únicamente algunos de sus rasgos. Más complejos porque, al integrarlos en el marco formal, es preciso determinar cómo se relacionan exactamente esos rasgos con las informaciones que corresponden a las demás subteorías de la gramática. Tenga presente que la idea fundamental es la siguiente: la gramática formal 'descompone' las funciones sintácticas tradicionales en primitivos más básicos relacionados con rasgos o marcas como el caso y los papeles temáticos. Asimismo, se combinan en su análisis los principios de varias teorías, como la del movimiento y la de la proyección de la sintaxis en el léxico, lo que permite caracterizar la sintaxis de los argumentos en un conjunto mucho más complejo de construcciones (pasivas, construcciones de ascenso, de control, cláusulas reducidas, etc.). Estas construcciones, que los enfoques alternativos no tratan de explicar de manera unitaria, emergen bajo el enfoque generativo como manifestaciones distintas de los principios unificadores mencionados anteriormente. En otras palabras, tras la aparente diversidad estructural con que nos encontramos, puede concluirse que contamos ya con pruebas empíricas y con recursos teóricos suficientes para avanzar hacia un análisis unificado de la sintaxis de los argumentos de los predicados.

6.13. Lecturas complementarias

• Se analizan el concepto de 'sujeto' y los varios tipos de 'objeto' desde perspectivas diversas en los trabajos de Keenan (1976), Li (1976), Hopper y Thompson (1980), Hoekstra (1984), Pesetsky (1995), Diesing y Jelinek (1995), Campos (1999),

Martínez Vázquez (1999), Aissen (1999, 2003), Davies y Dubinsky (2001) y Anagnostopoulou (2003). Sobre el complemento directo en español, véanse en particular Pensado (1995), Torrego (1998a) y Leonetti (2004). Sobre las construcciones ditransitivas se han citado varios trabajos en el texto. Se analizan otros aspectos de la gramática de los complementos indirectos en Masullo (1992b) y Cuervo (2003a, b, c). Se han dedicado un gran número de trabajos a la posición sintáctica de los sujetos. Cabe señalar entre ellos Contreras (1991b), Branigan (1992), Solà (1992), Bobaljik y Jonas (1996), McCloskey (1997), Ordóñez (1997, 1998), Ordóñez y Treviño (1999), Ordóñez y Olarrea (2001), Goodall (2001, 2002), Olarrea (1996, 1998), Ausín y Martí (2000), Belletti (2004) y Camacho (2006), a los que pueden añadirse otros que mencionaremos en el cap. 11.

• Sobre los sujetos y objetos nulos pueden consultarse, además de los trabajos indicados en el texto, los de Jaeggli y Safir (1989), Authier (1989), Roeper (1987), Alexiadou y Anagnostopoulou (1998) y, sobre el español, Suñer (1983), Rigau (1986, 1988), Fernández Soriano (1989), y Alonso-Ovalle y D'Introno (2000).

• La teoría del control es una de las más debatidas en el modelo de principios y parámetros y en otros paradigmas. Se analizan los diversos factores sintácticos y semánticos que intervienen en estos procesos en los siguientes trabajos, entre otros: Bresnan (1982b), Manzini (1983), Comrie (1984), Farkas (1988), Larson y otros (1992), Sag y Pollard (1991), Wyngaerd (1994), Hornstein (1999a), Culicover y Jackendoff (2001), Jackendoff y Culicover (2003), Landau (2001, 2004) y Davies y Dubinsky (2004). Sobre el español, en Hernanz (1982, 1999a) se encuentra una descripción amplia de los fenómenos de control y de los sujetos de los infinitivos en general.

• Analizan los verbos inacusativos, entre otros autores, Perlmutter (1978, 1989), Burzio (1986), Belletti (1987), Torrego (1989), Hoekstra y Mulder (1990), Levin y Rappaport (1986, 1995), Reinhart (1997), Reuland (2000) y Alexiadou y otros (2004). De los verbos psicológicos o de afección se ocupan Belletti y Rizzi (1988) y Pesetsky (1995), entre otros muchos autores. Existen numerosos estudios sobre estos verbos en español dentro del marco generativista. Están entre ellos Parodi (1991), Parodi y Luján (2000), Di Tullio (1996, 2004), Bogard (1997) y Mendívil (2005). Sobre el mismo tema, pero en otro marco dentro de la sintaxis formal, véase González (1997). Todo el volumen 105 de *Langue Française* (1995), titulado *Grammaire des sentiments,* está dedicado al análisis de estos verbos desde diversos puntos de vista.

• Se consideran análisis pioneros de las construcciones pasivas, en el marco de las sintaxis formal, los trabajos de Bach (1980), Jaeggli (1986a), y Baker, Johnson y Roberts (1989). El punto de vista lexicista en el análisis de las pasivas se defiende en Bresnan (1982a). Mendikoetxea (1999b) resume las características de las construcciones inacusativas y pasivas del español. Véase también sobre este punto Marín (2000). En Bartra (2002) se analizan las construcciones pasivas del catalán. En Schøsler (2000) se reúnen veintidós estudios sobre la pasiva desde diferentes puntos de vista. En cuanto a las construcciones con *se,* se obtiene un buen panorama de conjunto a través de Mendikoetxea (1999a) y Sánchez López (2002).

• El estudio de las cláusulas reducidas (o cláusulas mínimas) se inicia con las propuestas de Stowell mencionadas en el texto. Su extensión a las oraciones copulativas se debe fundamentalmente a Couquaux (1981), Burzio (1986) y Moro (1993). Para un análisis pormenorizado de sus características y sus variedades puende verse, además, Aarts (1992), Hoekstra (1988, 1992) y los trabajos reunidos en Cardinaletti y Guasti (1995).

7

El movimiento A'

7.1. Clases de movimiento. Breve repaso

En los capítulos anteriores hemos comprobado que el concepto de movimiento desempeña un papel esencial en la gramática generativa. La pregunta natural es por qué ha de ser así. En otras teorías gramaticales, este concepto no desempeña un papel tan esencial, o bien no desempeña papel alguno, ya que no se postula como tal unidad de análisis. ¿Qué razones nos llevan entonces a introducirlo como pieza fundamental del análisis sintáctico en el marco teórico que estamos presentando?

Los procesos de movimiento se aceptan intuitivamente en muchos modelos de análisis, sean tradicionales o modernos, aunque no se les otorgue un estatuto formal. Es muy común reconocer que ciertos segmentos «se adelantan» o «se anteponen» por razones informativas o de «énfasis» (§§ 11.3, 11.4), o incluso postular –como se hacía en la tradición gramatical hispánica– que las oraciones activas «se vuelven» pasivas cambiando los papeles que corresponden al sujeto y al complemento directo (§ 6.7). Existen otros casos similares.

Las razones que justifican los procesos de movimiento se suelen dividir en IN-TUITIVAS y TEÓRICAS, y lo cierto es que ambas tienen sentido. Cualquiera que observe una secuencia como *¿De quién te parece a ti que están hablando esos dos tipos?* notará que el segmento *de quién* es complemento de *hablando,* pero no está en la posición en la que uno espera tener los complementos de los verbos, sino al principio de la oración. Como hemos visto en los capítulos precedentes, una posible traducción teórica de esta observación intuitiva es la siguiente: el SP *de quién* no se haya en la posición de complemento proyectada por su núcleo en la estructura X', sino adelantado a una posición más alta, que en el § 4.4.2 identificábamos con el especificador de SComp. Nótese que el decir que el constituyente *de quién* «se ha adelantado» no deja de ser una metáfora. En los modelos formales que no postulan procesos u operaciones de movimiento, lo que se suele decir no es que *de quién* «se haya adelantado», sino que «se sitúa directamente» en esa posición inicial, y que existe además una marca en la posición de complemento de *hablando,* de tal forma que la distancia entre los dos componentes de ese *constituyente discontinuo* está regulada estrictamente por condiciones gramaticales.

Las razones intuitivas que subyacen tras el concepto de desplazamiento no son enteramente triviales. Ciertamente, cuando uno espera encontrar un determinado objeto (por ejemplo, las zapatillas de las que hablábamos al comienzo del capítulo 2) en un determinado lugar, y de repente aparece en otro, es natural pensar que «se ha desplazado» o «ha sido desplazado». Aun así, se ha señalado en repetidas ocasiones que quizá el *desplazamiento* de constituyentes no sea más que una respuesta espacial o espacio-temporal formulable de manera intuitiva en los términos limitados en los que podemos comprender la ubicación de los constituyentes sintácticos. Aceptemos, pues, la metáfora como tal, y tratemos de averiguar más sobre las restricciones objetivas que la gramática impone a esos peculiares cambios de posición. Además de las razones intuitivas que justifican los procesos de movimiento, existen otras teóricas. Las fundamentales han sido presentadas en los apartados anteriores, pero vale la pena hacer una somera recapitulación:

1) En la teoría que estamos exponiendo, las posiciones son unidades de análisis, pero no solo las POSICIONES RELATIVAS de las que hablábamos en el § 1.2.2 (como en «A está delante o detrás de B»), sino también las posiciones ABSOLUTAS, es decir, las que se definen en términos estructurales. Estas vienen proporcionadas en parte por la «plantilla» de relaciones de dominio y precedencia que se define configuracionalmente, como hemos explicado en el § 3.2.4. Así, en las posiciones que proporciona el PRINCIPIO DE PROYECCIÓN (§ 5.2.3) esperamos los argumentos de los predicados. Si no aparecen allí, y el léxico no nos permite omitirlos, habrán de aparecer en otras posiciones proyectadas por otro núcleo, lo cual habrá de estar justificado. Es más, se hace necesario preguntarse cuáles son esas otras posiciones y cuáles son exactamente los motivos por los que se producen tales desplazamientos.

2) Los procesos de movimiento nos permiten explicar que un elemento no pierde las propiedades que corresponden a una determinada fase o ESTADIO DERIVACIONAL (§ 4.6.2) por el hecho de ocupar el lugar en el que adquiere otras. Por ejemplo, el que el sintagma *qu-* (o SQu) *qué libro* aparezca en posición inicial de la oración *¿Qué libro lees?* no le hace perder las propiedades que le correspondan como complemento de *lees*. Las propiedades gramaticales de las piezas léxicas se asocian, pues, con POSICIONES ESTRUCTURALES también distintas. El suponer que «se mueven» de unas a otras nos permite explicar que en ellas se van COTEJANDO los rasgos gramaticales que les corresponden.

Los tipos fundamentales de movimiento son los siguientes:

(1) TIPOS DE MOVIMIENTO:
  A. En función de la categoría desplazada:
      - Movimiento de X° o movimiento de núcleos
      - Movimiento de X^{max} o movimiento de proyecciones máximas

  B. En función del destino del desplazamiento:
      - Movimiento a posición argumental (movimiento A)
      - Movimiento a posición no argumental (movimiento A')

Como las proyecciones máximas no son núcleos, y solo las proyecciones máximas pueden aparecer en las posiciones de especificador, complemento o adjunto, se deduce de la clasificación (1) que tanto el movimiento A como el A' son movimientos de X^{max}. Tanto el movimiento de núcleos como el de proyecciones máximas se caracterizan por dejar una huella *(h)* en el punto en el que se originan. Las huellas son una convención representacional para indicar los puntos que permiten determinar las propiedades sintácticas del elemento desplazado a lo largo de la derivación.

Recuerde que en el reciente programa minimista (§ 4.6) las huellas se conciben como COPIAS del elemento desplazado que nos permiten reconstruir las asociaciones estructurales necesarias para determinar sus propiedades sintácticas.

Del movimiento de núcleos hablamos largamente en el capítulo 4 (§§ 4.2, 4.3), en el que explicamos el movimiento de la flexión (Flex) al verbo (V) y a otras categorías que tienen rasgos flexivos. De aquella exposición podría tal vez deducirse que los movimientos de núcleo están limitados a los procesos en que debemos asociar un elemento léxico con su flexión. En realidad no es así, pero sí es cierto, en cambio, que este movimiento nos permite explicar por qué determinados elementos tienen a la vez naturaleza morfológica y sintáctica. La flexión de tiempo y modo, por ejemplo, es una propiedad de la oración, pero la encontramos en un verbo como si le perteneciera exclusivamente a él. El suponer que el verbo ocupa más de una posición nos permite explicar todas estas diferencias.

Vamos a examinar ahora muy brevemente un caso de movimiento de núcleo algo diferente de los que hemos visto. Un conocido salmo de la Biblia comienza con las palabras *Si el Señor no construyó la ciudad, en vano trabajaron los que la edificaban*. El texto latino es este:

(2) Nisi Dominus aedificavit domum, in vanum laboraverunt qui aedificant eam.

No importa si ha estudiado usted o no algún curso básico de latín. Le basta con saber que *Dominus* ('el Señor') está en caso nominativo, que *domum* ('la casa') está en caso acusativo y que *aedificare* significa 'construir, edificar'. Quedémonos con eso. Ahora fíjese en la primera palabra de esta frase: *nisi*. Esta partícula se traduce por *si no,* pero ¿qué quiere decir exactamente «se traduce por *si no*»? Observe que *si* y *no* son dos palabras con funciones muy diferentes y que juntas (frente a *sino*) no tienen propiamente significado, ya que forman una EXPRESIÓN DISCONTINUA. Ciertamente, hay algo extraño en decir que una palabra se traduce por una expresión que en sí misma no significa nada. En efecto, en español no se dice **Si no María viene mañana,* sino *Si María no viene mañana*. Así pues, *si* es una conjunción subordinante, concretamente una conjunción condicional, mientras que *no* es (tradicionalmente) un adverbio de negación y suponemos que modifica al verbo. ¿Qué hacen juntas en una sola palabra dos partículas tan diferentes que corresponden a fragmentos distintos de la oración en la que aparecen? Estas partículas tienen en común dos propiedades fundamentales que nos dan la respuesta: (i) son núcleos; (ii) encabezan proyecciones consecutivas. Es decir, si bien la expresión *nisi* «no tiene sentido en sí misma», lo tienen plenamente sus dos componentes, pero solo si asignamos a cada uno el papel que le corresponde en su propia proyección sintáctica. Supongamos entonces que *si* ocupa la posición C°, es decir, es el núcleo del SComp, y que *ni* ocupa la posición Neg° de núcleo de un sintagma de negación (SNeg), del que hablaremos más en detalle en el capítulo 10. Abreviadamente, tenemos la siguiente estructura:

(3) $[_{\text{SComp}} [_{\text{C}°} \text{ si } [_{\text{SNeg}} [_{\text{Neg}°} \text{ ni } [_{\text{SFlex}} \text{ Dominus aedificavit domum}]]]]]$

Si movemos ahora el núcleo Neg° y lo adjuntamos al inmediatamente precedente, obtenemos esta estructura:

(4) $[_{\text{SComp}} [_{\text{C}°} \textit{ni}\text{-si } [_{\text{SNeg}} [_{\text{Neg}°} h [_{\text{SFlex}} \text{ Dominus aedificavit domum}]]]]]$

Dese cuenta de que el elemento que asciende precede al que ocupaba la posición más alta, al igual que sucedía en los casos de V a Flex examinados en el § 4.2. Se sabe, no obstante, de algunas excepciones, como por ejemplo la conjunción *porque,* en la que se integra una preposición y el subordinante de la oración que toma como complemento sin que se altere ese orden. Lo fundamental es que el movimiento de núcleos nos permite dar entidad morfológica a componentes que en sí mismos desempeñan papeles sintácticos diferentes dentro de segmentos sintácticos igualmente distintos. En realidad, esta es su característica principal.

El movimiento de núcleos está sujeto a las restricciones que examinábamos en los §§ 4.2 y 4.3. Admite diversas variantes («V° a Flex°» , «V° a C°», «Neg° a C°» y otras similares) en distintas lenguas. Este movimiento está motivado a menudo por razones fonológicas, más exactamente por la DEBILIDAD MORFOFONOLÓGICA del núcleo inferior, que pasa a ser «acogido» por el superior creando así una nueva unidad morfológica, pero sin que se pierdan las propiedades sintácticas del núcleo movido. La cadena $<ni_i... h_i>$ es, en nuestro ejemplo, un objeto sintáctico discontinuo que nos permite «recordar» las propiedades de *ni* aunque no encontramos esta partícula en el lugar que en principio le corresponde.

El segundo tipo fundamental de movimiento es el de PROYECCIONES MÁXIMAS. En la actualidad no se acepta el movimiento de proyecciones intermedias (X') por razones tanto teóricas como empíricas que no es posible analizar aquí. El movimiento de proyecciones máximas puede ser de dos tipos: 'Movimiento a posición argumental' (abreviadamente, MOVIMIENTO A) y 'Movimiento a posición no argumental' (abreviadamente, MOVIMIENTO A').

Hemos analizado el movimiento A en los §§ 6.7, 6.8 y 6.9. Veíamos allí que este movimiento se produce típicamente en las construcciones en las que una SD ha de cotejar sus rasgos de caso manteniendo su papel temático, como en las construcciones pasivas *(El coronel fue condecorado),* en las del verbo *parecer (María parecía comprender la situación),* en las construidas con predicados inacusativos *(El tren llegó con retraso)* y tal vez también –aunque esto es ya más polémico– en las perífrasis formadas con ciertos verbos modales *(María debe terminar el trabajo esta noche).* Lo peculiar de oraciones como *María parecía comprender la situación* es que el SD *María* –siendo sujeto de *parecía,* como muestra la concordancia– es el argumento externo de *comprender* (designa, obviamente, la persona que comprende), pero ni concuerda con *comprender* ni está situado inmediatamente delante o detrás de ese verbo. De nuevo, el concepto de 'movimiento' nos permite vincular posiciones oracionales distintas y conseguir que el elemento desplazado mantenga cierta información, a la vez que adquiere (o coteja, recuerde el § 4.2.2) rasgos nuevos.

En el resto del capítulo nos centraremos en el último de estos cuatro tipos de movimiento que hemos introducido: el movimiento a posición no argumental o movimiento A'.

7.2. El movimiento A'. Componentes fundamentales

El movimiento A' se denomina de esta forma porque su lugar de destino es una posición A'. Es el movimiento característico de los SQu, como se ha explicado en los apartados anteriores (5a, 5b), pero también de los constituyentes que se desplazan a la posición de foco, como en (5c, 5d):

(5) a. ¿Qué dijo María?

    b. Los chicos <u>con los que</u> sale últimamente.

    c. <u>Eso</u> decía ella.

    d. <u>Mucha prisa</u> tienes tú hoy.

A las construcciones del tipo de (5c, 5d) dedicaremos el § 11.4. También constituyen una forma de movimiento A' (asimilable solo en parte al de (5a, 5b)) el de las adjunciones de ciertas proyecciones máximas, como en *La asignatura que <u>más tiempo</u> me quita,* donde adelantamos el complemento directo de *quitar* a una posición no argumental, pero tampoco idéntica a la que ocupan *eso* y *mucha prisa* en (5c, 5d). Se vuelve sobre las posiciones que articulan la estructura de SComp en el §11.5.

El movimiento de SQu es quizá el asunto sobre el que más se ha escrito en toda la historia de la gramática generativa, de modo que en la presentación introductoria que haremos en este capítulo solo podremos considerar las características fundamentales de ese complejo proceso. No deja de ser peculiar el hecho de que los SQu aparezcan adelantados, e incluso fuera de su oración, como en nuestro ejemplo inicial de este capítulo *¿De quién te parece a ti que están hablando esos dos tipos?* Si se examinan de cerca estas construcciones, se comprueba inmediatamente que dan lugar a una serie de preguntas, ninguna de las cuales es simple:

(6) A. ¿Qué elementos se desplazan?

    B. ¿Por qué se desplazan?

    C. ¿Adónde se desplazan?

    D. ¿Desde dónde se desplazan?

A continuación consideraremos estas preguntas una a una.

7.2.1. ¿Qué elementos se desplazan?

En el § 4.4, que le recomendamos repasar, vimos que un SQu es una proyección máxima que contiene un elemento *qu-*. La palabra *qu-* puede ser relativa, interrogativa o exclamativa. Se trata siempre de elementos pronominales (incluyendo aquí los adverbios relativos o interrogativos, como se hace tradicionalmente), por tanto, de elementos que pueden recibir caso. Ciertamente, no es posible desplazar SFlex mediante movimiento *qu-* porque no existe un elemento *qu-* capaz de sustituir esa unidad. De hecho, no existe ningún pronombre, tenga o no rasgos *qu-*, que pueda hacerlo *(Creo que María llamará > *Creo que ello).* La proyección SFlex no puede pronominalizarse, como vemos, pero puede en cambio elidirse, como en *María sale con alguien, pero no sé con quién Ø,* donde Ø representa precisamente este constituyente (el SFlex *sale*). Conviene tener en cuenta, por consiguiente, que las categorías que admiten sustitutos pronominales no coinciden exactamente con las que pueden elidirse.

Los sintagmas *qu-* (SQu) son grupos sintácticos construidos con palabras *qu-*. Pueden estar constituidos por un solo pronombre, como *quién* en (7a), por un pronombre con su complemento, como *cuál de ellos* en (7b), o por un sintagma algo más complejo, como *sin el cual* en (7b):

(7) a. ¿[$_{SComp}$ Quién$_i$ [$_{C°}$ [Ø [$_{SFlex}$ h$_i$ llamó]]]]?

    b. ¿[$_{SComp}$ Cuál de ellos$_i$ [$_{C°}$ [Ø [$_{SFlex}$ *pro* prefieres h$_i$]]]]?

    c. El ordenador [$_{SComp}$ sin el cual$_i$ [$_{C°}$ [Ø [$_{SFlex}$ María no puede trabajar [$_{SP}$ h$_i$]]]]]

Observe que Ø representa aquí el núcleo vacío de SComp. Como veremos, a este elemento vacío se le atribuyen ciertos rasgos que desempeñan un papel importante en estos procesos.

Los SQu se pueden clasificar con dos criterios. El más habitual es el TIPO DE PALABRA *QU*- que permite construirlos. El segundo es la ESTRUCTURA INTERNA DEL SQU. Consideremos brevemente el primer criterio. Como sabemos, estas palabras pueden ser relativas (*que, el cual,* etc.), interrogativas (*qué, cuánto*) o exclamativas (*cuán, cómo,* etc.). Así pues, los pronombres y adverbios relativos aparecen en las oraciones de relativo, sean especificativas o restrictivas *(La persona de la que me fío),* explicativas o apositivas *(María, de quien no me fío nada,...)* o libres *(El que tú elijas; Este coche corre más de lo que yo pensaba).* Los pronombres y adverbios interrogativos y exclamativos aparecen en las interrogativas y exclamativas directas *(¿Qué hora es?; ¡Cómo corre este coche!)* e indirectas *(No sé qué hora es; Es una maravilla cómo corre este coche).*

Se suele prestar menos atención al segundo criterio que nos permite analizar las palabras *qu*-. Se trata, como hemos adelantado, de la estructura interna del SQu. Podemos distinguir varios tipos de SQu en función de este criterio, concretamente los siguientes:

(8) a. Pronominales, con o sin complemento: *quién (de ellos); como; cómo; cuál (de ustedes); cuando; cuándo,* etcétera.

    b. Preposicionales (i). El elemento *qu*- es el complemento de la preposición: *de quién; para el cual; con cuántos; desde dónde; gracias al cual,* etcétera.

    c. Preposicionales (ii). El elemento *qu*- no es el complemento de la preposición, sino un segmento que forma parte de él: *sin cuya ayuda; bajo el auspicio del cual; con el concurso de los cuales; en el transcurso de la cual.*

    d. Nominales: *un hijo del cual; una mala reproducción de la cual; el autor de qué famosa novela.*

Los SQu nominales (tipo (8d)) formados con relativos son infrecuentes y algo forzados. Aun así, los que se construyen con complementos de cuantificadores ordinales resultan bastante naturales, como en *Publicó tres novelas, la primera de las cuales alcanzó un gran éxito.* También lo son, independientemente de que resulten relativamente infrecuentes, los formados con interrogativos. *¿El autor de qué famosa novela firma mañana ejemplares en la Feria del Libro?* Quizá el SQu más famoso de la literatura española es *de cuyo nombre,* que pertenece al grupo (8c). Observe que el elemento *qu*- de este SQu es *cuyo,* que es a la vez relativo y posesivo, puesto que posee inherentemente caso genitivo.

Solo en los sintagmas del primer grupo de (8) podemos decir que la palabra *qu*- es el núcleo de la construcción. Aun así, se piensa que en todos ellos el rasgo *qu*- que los caracteriza está sujeto a un proceso de FILTRADO ASCENDENTE (ingl. *percolation*) cuya consecuencia es que todo el sintagma pasa a poseer este rasgo. Así pues, el rasgo *qu*- de la palabra *cuales* en el ejemplo citado *la primera de las cuales,* pasa a pertenecer a todo este sintagma, que se convierte así en un SQu. El rasgo más interesante de (8b), (8c) y (8d) es que en esas construcciones las palabras *qu-* ARRASTRAN a otras situadas por encima de ellas en la configuración para formar así sintagmas *qu-* que las contienen. Observe la estructura de un SQu del tipo (8c):

(9) [bajo [el [generoso auspicio [de [las - cuales]]]]]

El elemento *qu-* que corresponde a este sintagma es la expresión *las cuales,* aunque algunos autores entienden que *los cuales* es un SD en el que *cuales* es un elemento pronominal que corresponde a la proyección SN. Si se adopta este último análisis, el elemento *qu-* de este sintagma sería *cuales;* en el caso anterior sería *las cuales.* Pues bien, el sintagma (9) es todo él un SQu porque la palabra *qu- (las cuales* o *cuales)* arrastra a otras y las fuerza a desplazarse junto con ella. Así, en la oración *Contaban con instituciones prestigiosas [bajo el generoso auspicio de las cuales] les era posible investigar h,* el símbolo *h* representa la huella, es decir, la posición de origen del sintagma desplazado, que hemos encerrado entre corchetes.

El EFECTO DE ARRASTRE que hemos descrito someramente se estudió muy tempranamente en la gramática generativa, en la que recibió el pintoresco nombre (más o menos afortunado, pero sin duda sugerente) de *efecto del flautista de Hammelin* (ingl. *pied piping*). Con esta peculiar denominación se quiere sugerir que la palabra desplazada «atrae» a otras por razones sintácticas y las lleva consigo a un mismo lugar. Al igual que el flautista de Hammelin (ingl. *The Pied Piper*) atraía a la ratas, cuando ciertos desplazamientos de piezas léxicas se llevan a cabo, se atraen también otros segmentos sintácticos mayores. Veremos otras consecuencias de este factor más adelante.

7.2.2. ¿Por qué se desplazan?

Uno de los cambios que caracterizan el paso del modelo de principios y parámetros al actual programa minimista es que la pregunta *por qué,* aplicada a los procesos transformacionales, adquiere en este último paradigma una importancia mucho mayor. Como veíamos en el § 2.5.3, el marco de principios y parámetros introducía un proceso general (muévase-α) y una serie de restricciones que se aplicaban a la legitimación categorial del elemento movido, a su punto de partida, al de destino, y a las paradas intermedias, si las hubiera. En el programa minimista se empieza por preguntar el motivo del viaje. En efecto, si las propiedades gramaticales de las palabras están sujetas a VERIFICACIÓN POSICIONAL (una característica de la gramática generativa que se mantiene desde sus orígenes y que la diferencia marcadamente de otras teorías sintácticas), todo movimiento de alguna pieza léxica se producirá para cotejar alguno de sus rasgos.

En el § 4.2.3 vimos que el movimiento de un SD al especificador de Flex tiene lugar para que dicho SD pueda cotejar el caso nominativo. Razonando de forma análoga, podemos suponer que el movimiento de SQu al especificador de SComp tiene sentido si suponemos que en el núcleo C° existe un rasgo *qu-* que el primero puede cotejar. Le recomendamos ahora que vuelva usted al § 4.4, en que se explica la estructura de SComp, y en particular el llamado CRITERIO QU-, que introdujimos en el § 4.4.2 y que le recordamos aquí:

(10) a. Todo SQu debe ocupar el especificador de SComp en algún momento de la derivación.

   b. Todo núcleo C° con rasgos *qu-* debe estar en relación núcleo-especificador con un SQu.

Si ya ha repasado usted el § 4.4, podemos seguir adelante y preguntarnos qué clase de rasgo es [qu]. Puede vincularse este rasgo con el tipo de acto verbal que caracteriza a las preguntas (§§ 4.4.2 y 11.7.2), pero necesitamos algo más. Ciertamente, las oraciones interrogativas y las relativas poseen significados muy diferentes. ¿Por qué las agrupamos entonces? Aparentemente, las dos oraciones subrayadas en *No sé de quién me hablas* y *La persona de quien me hablas* no comparten nada, sobre todo porque la primera es argumental y la segunda no lo es. Tampoco comparte mucho, aparentemente, la oración independiente *¿Quién ha venido?* con la subrayada en *Depende de quién haya venido,* más aún si pensamos en que la primera constituye un acto verbal, a diferencia de la segunda. Así pues, podemos hacernos las preguntas que siguen, que a lo mejor ya se estaba planteando usted:

(11) ¿Qué es exactamente un rasgo *qu-*?; ¿Por qué podemos decir que las oraciones interrogativas y las relativas se caracterizan por la presencia de este rasgo en el especificador de SComp cuando existen entre ellas notables diferencias semánticas?

Las preguntas de (11) son muy naturales. Las palabras *qu-* relativas e interrogativas tienen en común el hecho de que son elementos CUASICUANTIFICATIVOS. En los sintagmas cuantificativos se distingue el cuantificador (*cuántos* en *cuántos libros*) y su restrictor (*libros* en esa misma expresión). Las palabras interrogativas pueden introducir una cuantificación en el sentido estricto *(cuántos libros),* pero también pueden proporcionar una identificación de algo *(qué libro).* Observe que *libro* en la expresión *qué libro* constituye el restrictor del cuantificador, y por tanto representa el dominio sobre el que se realiza la operación de cuantificar. En otras palabras, solicitamos la identificación de una entidad en un dominio restringido, el de los libros. El restrictor está implícito en *quién* ('qué persona'), *qué* ('qué cosa'), *cuándo* ('qué momento, instante o periodo'), etc. Así pues, una paráfrasis aproximada de *¿Qué libro leíste?* es *Para qué entidad x (donde x es un libro), tú leíste x.* Esta es una estructura similar a la de las estructuras cuantificativas, como se explica en los §§ 8.1 y 8.6 con mucho más detalle.

La estructura obtenida es parecida en el caso de los relativos. Observe además que el elemento nominal que proporciona la restricción del cuasicuantificador aparece explícitamente solo en algunos casos *(cuyo libro; los cuales estudios),* de forma que queda implícito en los demás. Las palabras relativas son composicionalmente más complejas que las interrogativas, ya que las primeras han de tener antecedente, sea externo a la oración que encabezan *(la persona que llamó)* o interno a la pieza léxica *(quien llamó).* Así pues, una respuesta no desencaminada a la pregunta (11) puede ser la siguiente: los SQu-, sean interrogativos, relativos o exclamativos, son elementos cuasicuantificativos, y en cuanto tales contienen propiedades que deberán ser identificadas en configuraciones sintácticas relativamente análogas.

El movimiento *qu-,* como otros movimientos, se realiza para cotejar rasgos. El movimiento de un SQu al especificador de SComp permite, en efecto, que este coteje su rasgo *qu-* con el núcleo del C°. No es posible cotejar en esa posición otros rasgos del SQu, como son su caso o su papel temático. Estos rasgos se cotejan en otras posiciones antes de que el SQu alcance el especificador de SComp. En (12) tenemos un ejemplo característico de esta situación:

(12) ¿[$_{\text{SComp}}$ *Qué libro*$_i$ [$_{\text{Cº}}$ [Ø [$_{\text{SFlex}}$ $h_{i(1)}$ [$_{\text{SV}}$ fue recomendado $h_{i(2)}$ en la clase de biología]]]]]?

En (12) tenemos una CADENA (§§ 4.2.2 y 6.2.2) con tres eslabones: <*Qué libro* ... $h_{i(1)}$... $h_{i(2)}$>. En la posición h_2 se coteja el papel temático de *qué libro* (concretamente, paciente del verbo *recomendar*), en la posición h_1 se coteja su rasgo de caso (es sujeto de *fue*) y en la posición más alta, su rasgo *qu-*.

¿Y qué ocurre, dirá usted, si no se desplazan los SQu? Observe que los SQu relativos no se comportan en este punto como los interrogativos. Los primeros no tienen más remedio que desplazarse. Si el desplazamiento fuera optativo, diríamos, por ejemplo, *La chica que yo estuve saliendo con la cual,* al contrario de lo que sucede. En cambio, los SQu interrogativos pueden aparecer en su posición de origen (llamada también POSICIÓN *IN SITU*), casi siempre con diferencias notables de significado. El caso más representativo es el de las llamadas PREGUNTAS CONFIRMATIVAS O PREGUNTAS DE ECO, que analizamos en los §§ 8.6.1 y 11.7.4. El que formula una pregunta como ¿*Este verano te vas <u>adónde</u>?* no solicita la misma información que si preguntara ¿*Adónde te vas este verano?* La primera pregunta se llama *de eco,* porque el que la emite reproduce automática o mecánicamente (en cierta forma, como el eco) la parte no subrayada, que procede del discurso inmediatamente anterior, muy probablemente de las palabras de su interlocutor. El que formula esa pregunta desea, pues, que le confirmen esa información.

No existe pleno acuerdo sobre la naturaleza sintáctica de estas preguntas. Por una parte cabe pensar que se diferencian fundamentalmente de las preguntas genuinas en que el segmento que precede a la palabra interrogativa es en realidad un constituyente fonológico más que sintáctico. Tal hecho nos permite entender que este tipo de preguntas se formen cortando palabras, como en —*Me voy a Antananarivo* —*¿Que te vas a Antana-<u>qué</u>?* También ayuda a explicar que los segmentos fonológicos no se puedan partir en dos delante y detrás del constituyente interrogativo (*¿Que te vas a qué-ivo?*) y que la palabra *qu-* aparezca en posición final, incluso dentro de cualquier tipo de subordinada (¿*Le dejaste a María un libro que trataba de qué?*). Otros autores (Etxepare & Uribe-Etxebarria, 2005) piensan en cambio que estas preguntas tienen una estructura sintáctica mucho más compleja.

Existen lenguas en las que la posición final de los SQu no está asociada al efecto de eco. Estas lenguas se suelen dividir en dos grupos: las que solo admiten interrogativas *in situ,* como el chino, y las que admiten interrogativas verdaderas (es decir, no de eco) con movimiento de SQ o bien sin él, como el portugués. La primera situación se comprueba en estos ejemplos del chino mandarín:

(13) a. Zhāngsān   mǎi-le   shénme?
       Zhāngsān   comprar-ASP-PERF   qué
       '¿Qué compró Zhāngsān?'

    b. Zhāngsān   mǎi-le   pínggǔo
       Zhāngsān   comprar-ASP-PERF   manzana
       'Zhāngsān compró manzanas.'

Aparte de las diferencias entonativas, estas dos oraciones coinciden en que el complemento directo del verbo «comprar» *(măi)* ocupa la misma posición tanto si es interrogativo como si no lo es. En portugués se forman interrogativas *in situ* que no son de eco. En esta lengua es posible preguntar, como en español, *Quem viu você?* ('¿A quién vio usted?'), pero también puede decirse *Você viu quem?* sin que esta pregunta sea necesariamente de eco. El mismo efecto se observa en francés *(Ce train-là va où* '¿Dónde va este tren?') y también en el español hablado en algunos países americanos, en los que es normal preguntar: *¿Te hospedas en qué hotel?* sin que nadie haya hecho referencia previa a ningún hotel. Aunque este fenómeno no se extiende al español europeo, nótese que si alguien dice *Me voy mañana a Barcelona,* otra persona podría replicarle: —*¿Para hacer qué?* Esta última pregunta no es de eco, pero contiene un pronombre interrogativo *in situ.*

7.2.3. *¿Adónde se desplazan?*

En el capítulo 4 hemos avanzado una contestación a esta pregunta. Como hemos visto, la respuesta que se considera actualmente más adecuada es (14):

(14) Los SQu se desplazan (solos o arrastrando otras proyecciones que los contienen) al especificador del SComp más próximo, donde cotejan el rasgo *qu-* que los caracteriza.

Si aceptamos (14), nos vendrán a la cabeza inmediatamente otras preguntas. Considere, por ejemplo, la siguiente:

(15) ¿Puede darse el movimiento de SQu si el especificador de SComp está ocupado?

Aparentemente, la respuesta a (15) es negativa. Si fuera afirmativa, dirá usted tal vez, en lugar de tener oraciones como (16a), tendríamos otras como (16b):

(16) a. ¿Qué dijo quién cuándo?
      b. *¿Quién qué cuándo dijo?

Las preguntas del tipo de (16) se denominan MÚLTIPLES. Las analizaremos con más detalle en el § 8.6.2. Por el momento nos interesa señalar que, por sorprendente que parezca, la oración (16b) no es agramatical porque resulte incomprensible ni porque constituya una especie de galimatías. De hecho, si la traducimos literalmente al ruso, pasa a estar perfectamente construida: *Kto čto kogda skazal?* En general, la imposibilidad de tener simultáneamente varios SQu en SComp es una limitación aparente de las lenguas románicas y germánicas, entre otras, que no se aplica a las eslavas. Aun así, existen ciertas diferencias entre estas últimas sobre la forma en que se admite esa compatibilidad.

La agramaticalidad de (16b) no contradice (14) porque hay una parte del criterio *qu-* (concretamente, en (10a)) en la que se especifica que el SQu debe ocupar el especificador de SComp «en algún momento de la derivación». Lo que se quiere decir con este importante añadido es que el chino y el español pueden ser más similares de lo que parece si solo difieren en el punto derivacional en el que son legítimas estructuras como (16b). El español no admite (16b) en la sintaxis superficial, pero sí en un nivel de representación semántica, llamado Forma Lógica, que analizaremos más adelante (§ 8.2). Por el momento, conviene tener presente que una característica de lenguas como el chino es que la anteposición del SQ no se produce en la estructura sintáctica. No se obtiene, por tanto, en esta lengua –como vimos en el apartado anterior–, el equivalente de «Qué dijo ayer María», sino el de «María dijo ayer qué». Esto significa que el desplazamiento del SQu es TÁCITO O ENCUBIERTO (ingl. *covert*) en esa lengua. La prueba de que es real, y no simplemente el resultado de la conveniencia de los gramáticos, es que está restringido por ciertas constricciones propias de los elementos sujetos a 'desplazamiento visible', como observó Huang (1982). Buena parte del capítulo siguiente está destinada a aclarar el concepto de 'desplazamiento invisible'. Por el momento, basta con que aceptemos que lo que separa en este punto el español del ruso o del chino no es una diferencia semántica, sino solamente el hecho de que la anteposición de las palabras *qu-* resulta VISIBLE en ciertas lenguas e INVISIBLE en otras. Podemos aceptar, por tanto, una restricción del tipo de (17):

(17) El español pertenece al grupo de lenguas en las que en el nivel de la estructura-S solo hay disponible un lugar para un constituyente en el especificador de SQu.

Como hemos visto al introducir las interrogativas de eco, los SQu aparecen unas veces IN SITU, es decir, en el lugar en que los proyecta el predicado al que corresponden, y otras DESPLAZADOS al especificador de SComp. Así pues, un SQu puede aparecer *in situ* en un nivel de la representación, pero resultar desplazado en otro.

Fijémonos ahora en la expresión *más próximo,* que aparece en la formulación de (14). Además de los casos de aparente ausencia de desplazamiento, existen otros contextos que parecen contradecir esta generalización. Aparentemente, el SQu de la oración (18) no está en el SComp más próximo, ocupado por *que,* sino en uno más alejado:

(18) ¿Qué crees que dijo María?

Pero si examinamos (18) con detalle, comprobaremos que en realidad no contradice (14). El movimiento de *qu-* puede atravesar, en efecto, FRONTERAS ORACIONALES. Esta es una propiedad de la que carecen el movimiento de $X°$ y el movimiento A, ya que estos movimientos son estrictamente locales. Por ejemplo, un verbo no puede incorporarse a la flexión de un nudo oracional superior. En la configuración de (19), V2 solo puede incorporarse a Flex2, no a Flex1.

(19) $[_{\text{SFlex1}} \dots \text{Flex}_1 \dots \text{V}_1 \dots [_{\text{SFlex2}} \dots \text{Flex}_2 \dots \text{V}_2 \dots]]$

De igual forma, si el movimiento A atravesara fronteras oracionales, ocurriría que no solo construiríamos, como hacemos, oraciones del tipo de *Deseaba ser elegido,* sino también otras como *Era deseado elegir,* que constituyen (ahora sí) un verdadero galimatías sintáctico y semántico. En general, cuando se lleva a cabo este movimiento inadecuado, se construyen cadenas con dos casos (en este ejemplo, acusativo de *elegir* y nominativo del verbo matriz). No obstante, el hecho de que el movimiento A no pueda atravesar lindes oraciones se ha relacionado con que los reflexivos y otros elementos anafóricos (capítulo 9) tampoco puedan hacerlo. Es decir, no existen reflexivos con antecedentes fuera de su propia oración, como prueba la agramaticalidad de *María dice que Juan habla siempre de sí misma* (en el § 9.3.2 se mencionan algunas excepciones aparentes en japonés y otras lenguas). Pero en (18) no tenemos ese problema. El pronombre *qué* es el complemento directo de *dijo,* no de *crees,* y aun así la oración se construye y se interpreta sin dificultad. A pesar de esta aparente desubicación del SQu, se acepta generalmente que el movimiento de *qu-* es LOCAL, es decir, que en realidad en (20) el pronombre interrogativo *qué* no se desplaza al especificador del SComp más alto desde la posición de complemento de *dijo,* sino desde el especificador del SComp intermedio, encapsulado entre los dos segmentos:

(20) ¿[$_{SComp}$ Qué$_i$ [$_{C°}$ [Ø] [$_{SFlex}$ crees [$_{SComp}$ $\boxed{h_i}$ [$_{C°}$ [que] [$_{SFlex}$ dijo h$_i$ María]]]]]]?

Este análisis nos permite explicar que el número de oraciones subordinadas no impedirá el movimiento *qu-*. Las limitaciones no vendrán impuestas por la estructura sintáctica, sino por nuestra memoria o nuestra capacidad de procesamiento, como en *¿Qué crees tú que pensaba el tonto de Pepe que había dicho de nosotros el maestro?* Esta oración es gramatical, pero es poco aceptable, en el sentido de que nos exige un esfuerzo adicional para procesarla (§ 1.3.2). Estructuralmente, sin embargo, la oración es impecable, ya que el complemento directo de *había dicho* se desplazaría hasta el comienzo de la oración dejando huellas intermedias en los SComp que aparecen intercalados (movimiento de Comp a Comp):

(21) ¿[$_{SComp}$ Qué$_i$ [$_{C°}$ [Ø] [$_{SFlex}$ crees tú [$_{SComp}$ $\boxed{h_i}$ [$_{C°}$ [que] [$_{SFlex}$ pensaba el tonto de Pepe [$_{SComp}$ $\boxed{h_i}$ [$_{C°}$ [que] [$_{SFlex}$ había dicho h$_i$ de nosotros el maestro]]]]]]]]]?

Como es obvio, la pregunta (21) inquiere sobre algo que ha dicho de los hablantes el maestro, es decir, *qué* es el argumento interno del verbo más incrustado *(había dicho).* Las dos huellas intermedias marcan los lindes oracionales (SComp) que tiene que atravesar el elemento desplazado. El interpretar el movimiento *qu-* como un proceso restringido a los lindes de SComp tiene algunas ventajas, aunque también algunos inconvenientes. Este tipo de movimiento nos permite explicar de manera muy simple la ambigüedad de oraciones como (22):

(22) ¿Cuándo dijiste que llamarías?

Esta oración tiene dos sentidos, a los que corresponden entonaciones diferentes. Podemos usarla para preguntar en qué momento se facilitó dicha información (abreviadamente, *Para qué x [x = un momento] [Tú dijiste en x que llamarías]*) o bien podemos preguntar cuándo va a llamar alguien (abreviadamente, *Para qué x (x = un momento) (Tú dijiste que llamarías en x)).* Dicho de otro modo, la huella de *cuándo* está en la oración principal o bien en la subordinada.

Veamos ahora un problema. De acuerdo con el criterio *qu-* (10a), tanto el núcleo *que* como *h* deben poseer el rasgo *qu-,* pero los SQu que el verbo *creer* selecciona carecen de él (*Juan cree qué dijo María), a diferencia de lo que ocurre con otros verbos (Juan no recuerda qué dijo María). El problema de la representación (20) es, por tanto, que la huella encapsulada está en una proyección sintáctica cuyo núcleo no tiene el rasgo *qu-,* puesto que el verbo *creer* no se lo asigna, de manera que incumplimos el criterio *qu-.*

Se han presentado varias soluciones posibles del problema que acabamos de plantear al criterio *qu-.* Cabe pensar que en casos como el que ilustra el verbo *creer* en (20) o (21) tenemos una «falsa subordinación». Estas oraciones están estrechamente relacionadas con el grupo de las llamadas CONSTRUCCIONES PARENTÉTICAS, que se forman con los predicados llamados PUENTE (ingl. *bridge verbs*), entre los que están *creer, suponer, decir, parecer* y otros similares, como en *Juan, creo yo, estaría de acuerdo con eso,* en *Lo que dice Manolo no es verdad, me parece* o en *El sofá, digo yo, estaría mejor con esta tapicería.* Desde este punto de vista, cabría suponer que el segmento *crees que* está INSERTADO en (20) una vez que se ha construido la oración, de forma parecida a como insertamos los incisos parentéticos que acabamos de mencionar. Obtenemos una ventaja no despreciable al proceder de esta forma cuando comprobamos que los verbos que no tienen las propiedades parentéticas citadas no permiten tan claramente que el movimiento de un SQu procedente de una subordinada cruce por encima de su proyección. Elijamos ahora el verbo *saber,* que selecciona subordinadas con el rasgo *qu-.* Observe que las oraciones de (23) no tienen dos sentidos:

(23) a. ¿Cuándo supiste que te mandaban a Afganistán?
    b. Fue el martes cuando supo que lo mandaban a Afganistán.

La oración (23a) pregunta por el momento en el que el oyente se enteró de que le mandaban a Afganistán. Es imposible, por tanto, que *cuándo* designe en esta pregunta el momento en el que alguien va a ser mandado a Afganistán, descartando la lectura de eco, irrelevante aquí. En otras palabras, no podemos usar (23a) para preguntar por el momento en el que mandan al oyente a Afganistán. En (23b) se repite esta asimetría. Así pues, los adverbios *qu- cuándo* y *cuando* modifican en las dos oraciones al verbo *saber,* por lo que designan el momento en que alguien supo algo, no el momento en el que alguien sería enviado a algún lugar.

Aunque el análisis que se acaba de esbozar esté bien encaminado, no podemos prescindir tan fácilmente del movimiento *qu-* como proceso acotado localmente, y tampoco de estructuras como (20), que se caracterizan por la presencia de una huella intermedia en el especificador del SComp de la subordinada. Observe que el mismo verbo *saber* admite esta estructura cuando el elemento desplazado es argumental, como en *Lo que no supiste entonces que ella diría,* donde *lo que* (o solo *que,* según los análisis) es complemento de *diría.* Así pues, aunque se reconoce que existe cierta relación entre el movimiento de SQu a larga distancia y la formación de construcciones parentéticas, siguen vivos algunos de los argumentos en favor de analizar este proceso como MOVIMIENTO LOCAL. Torrego (1984) adujo otro argumento a favor de esta hipótesis: la anteposición del verbo que caracteriza el movimiento de *qu-* en las interrogativas parciales del español (*¿Qué dijo ella?* frente a **¿Qué ella dijo?*) se da también en las oraciones intermedias que separan el punto de arranque del de destino:

(24) a. ¿Qué dirías tú que pensaba el profesor que debían hacer __ los estudiantes para aprobar?

    b. *¿Qué dirías tú que el profesor pensaba que los estudiantes debían hacer __ para aprobar?

Si el movimiento *qu-* no fuera local, la oración (24b) estaría bien construida; es decir, el movimiento se produciría desde la posición «__» directamente a la posición del especificador más alto, de forma que solo en la oración más alta se produciría la anteposición del verbo. El que (24b) sea agramatical, frente a (24a), pone de manifiesto, en consecuencia, que existen ciertos efectos del paso de *qué* a través de las oraciones subordinadas, es decir ciertos reflejos de la naturaleza local del fenómeno que analizamos.

El movimiento de SQu a Comp está asociado en español por un efecto secundario que caracteriza muchas de estas oraciones: la anteposición del verbo. Esta anteposición es obligatoria en las construcciones interrogativas (25), en las exclamativas (26) y en el movimiento de foco (27), pero no lo es en las relativas (28):

(25) a. ¿Qué dijo María?

    b. *¿Qué María dijo?

(26) a. ¡Qué extraños cuentos escribe a veces Onetti!

    b. *¡Qué extraños cuentos Onetti escribe a veces!

(27) a. Eso mismo haría yo.

    b. *Eso mismo yo haría.

(28) a. Las cosas que piensa María.

    b. Las cosas que María piensa.

No existe una única explicación de esta asimetría aceptada unánimemente por todos los gramáticos. Las preguntas que suscitan los contrastes de (25)-(28) son fundamentalmente dos:

(29) A. ¿A qué posición se desplaza el verbo en estas oraciones?

    B. ¿Cómo se explica la asimetría descrita entre los dos grupos presentados? (es decir, exclamativas, interrogativas y construcciones focales en uno de ellos, y solo las relativas en el otro).

Consideremos primero la pregunta (29A). Esta pregunta ha recibido al menos dos respuestas: la primera es que se desplaza a $C°$; la segunda es que se desplaza a $Flex°$. A favor de la primera opción se muestra Torrego (1984), entre otros autores. A favor de la segunda está Suñer (1994), entre otros. Las dos opciones se muestran esquemáticamente en (30):

(30) a. $[_{SComp}$ *Qué*$_i$ $[_{C°}$ [dijo$_j$ $[_{SFlex}$ María $[_{SV}$ h_j h_i]]]]]

    b. $[_{SComp}$ *Qué*$_i$ $[_{C°}$ Ø $[_{SFlex}$ dijo$_j$ $[_{SV}$ María $[_{SV}$ h_j h_i]]]]]

Como se ve, la diferencia principal estriba en que *María* permanece en el segundo caso en el especificador del SV, mientras que en el primer caso ha de pasar desde esta posición a la de especificador de SFlex. En principio, existen argumentos que apoyan y contradicen cada una de estas posturas, aunque son evaluados de forma diferente –como es lógico– por los proponentes de una y otra. En favor de la primera cabe argüir que el desplazamiento del sujeto a Esp/SFlex se hace necesario porque este posee rasgos de persona y número que se habrán de cotejar en esa posición. También apoya esta opción el hecho de que ciertos adverbios oracionales sigan al verbo, como en *¿Qué dice siempre María?, ¿Qué película no iría nunca a ver tu padre?* En cambio, a favor de la segunda opción está la posibilidad de que Flex° pueda cotejar a distancia con el sujeto en Esp/SV los rasgos relevantes de número y persona, y también el que los adverbios oracionales se admitan a veces en posición preverbal:

(31) a. ¿Qué película nunca iría a ver tu padre?
　　 b. ¿En qué lugares de la costa mediterránea todavía quedan playas sin rasca-
　　　　 cielos?
　　 c. ¿Qué famoso pintor abstracto siempre introduce una cruz en sus cuadros?

En nuestra opinión, la elección entre estas opciones estará en función de los progresos que se hagan en el análisis de la posición configuracional de los adverbios, una cuestión que todavía debe ser investigada con atención. En principio, la posición preverbal está más restringida que la posverbal, de modo que el que no se formen oraciones como *¿A quién probablemente ha llamado María?* no se ajusta claramente a la segunda opción. Por otra parte, como se ha observado (cfr. Contreras, 1991b; Goodall, 2004), las preguntas que admiten estos adverbios interpuestos entre SQu y V están ORIENTADAS DISCURSIVAMENTE (ingl. *discourse linked),* es decir, vinculadas a un discurso previo en la conciencia lingüística del hablante o el oyente. Por esta razón se construyen más fácilmente con *por qué* (*¿Por qué siempre está triste?*) que con otros adverbios interrogativos: *cómo, cuándo, dónde:* *¿Cuándo el autobús pasa?* Por esta misma razón, las preguntas de (31) tienen además cierto aire de «preguntas de examen» o «de concurso de televisión». De hecho, en inglés se las suele denominar *quiz questions.* No son, ciertamente, preguntas de eco, pero son difíciles de formular sin contexto previo y sin asumir la existencia de las personas o las cosas de las que se habla. Observe que la pregunta *¿Quién ha llamado hoy?* admite como respuesta natural la expresión *nadie,* pero ese tipo de respuesta negativa resulta más forzado en las preguntas de (31). Cabría postular que las palabras *qu-* orientadas discursivamente ocupan una posición más alta de SComp en la configuración. Resultaría entonces esperable que los adverbios que se admitan entre ellas y V sean también más numerosos, como efectivamente sucede. En el § 11.5 se muestran algunas de las opciones que resultan del desdoblamiento de la proyección SComp.

La pregunta (29B) tampoco tiene una respuesta sencilla, sobre todo porque la opcionalidad de los procesos sintácticos tiene difícil cabida en las concepciones actuales de la gramática formal. Las relativas no admiten solo sujetos preverbales, como en (28b), sino que aceptan también en posición preverbal todos los adverbios que suelen rechazar sus correlatos interrogativos: *La persona a la que* <u>*probablemente*</u> *ha llamado María.* Rizzi (1986a) sugería que quizá el rasgo *qu-*

se asocia en inglés con C°, y en italiano o español con Flex, lo que provocaría el ascenso de Flex (o de V + Flex) a C° para satisfacer el criterio *qu*- en Comp. Esta opción exige que los rasgos *qu*- de las relativas sean distintos de los de las interrogativas, lo que es razonable, pero no explica por sí solo la cuestión de la opcionalidad. En resumen, la respuesta que cabe dar a la pregunta (29A) parece por el momento más fácil de intuir que la respuesta que corresponde a la pregunta (29B).

7.2.4. ¿Desde dónde se desplazan? Restricciones frente a condiciones

La última pregunta de nuestra lista (6) es quizá la más compleja. La razón es el hecho de que nos obliga a tener en cuenta dos factores. Uno es LOCAL y puede llamarse PUNTO DE ARRANQUE del SQu; el otro es (al menos aparentemente) NO LOCAL y podemos llamarlo DISTANCIA entre el SQu desplazado y su punto de arranque. En realidad, la abundantísima investigación que existe sobre la pregunta que corresponde a este apartado trata de contestar estas dos cuestiones, sea en respuestas independientes o conjuntas.

Consideremos el primer factor. Recuerde que en el análisis de las estructuras interrogativas basado en la operación de movimiento, el desplazamiento del SQu deja una huella o «copia» del elemento desplazado en el punto inicial. La huella *h* nos proporciona varias informaciones sobre las propiedades del punto de arranque del movimiento del SQu. De hecho, en el modelo de principios y parámetros se decía que la huella ha de estar REGIDA por la categoría gramatical adecuada (§ 3.3.4). Esta categoría le asignará caso, y en ciertas situaciones también papel temático. Así pues, el rector de *h* es el elemento que identifica *h*:

(32) α rige β si α es un núcleo, β es una proyección máxima y ambos nudos son hermanos.

Aceptemos, pues, (32) y añadamos ahora una condición de *h*:

(33) Las huellas han de estar regidas.

Como es lógico, en la configuración descrita el nudo que acoja α y β habrá de ser una proyección de α. Las estructuras de rección que nos interesan tienen, en general, la forma de (34a), una de cuyas posibles realizaciones es (34b):

(34) a. $[_{SX} X° [_{SY} h]]$
     b. ¿Qué $[_{SX}$ dijo $[_{SY} h]]$?

Supongamos que X es V, es decir, dejemos por el momento el ascenso de V a otra categoría más alta. Una pregunta natural que surge inmediatamente es si el rector de *h*, o sea X°, puede pertenecer a cualquier categoría. Esta pregunta recibe respuestas diferentes según las lenguas. Así, en inglés es posible X = P (preposición), como en *What are you talking* [*about h*], donde *h* es la huella de *what*. En el español hablado en Puerto Rico se calca a veces esta estructura, como en *La ga-*

lería que yo iba a no está abierta, pero en el resto de las variedades del español no se admite, sea cual sea la preposición con la que se construya. No podemos decir, por tanto, **¿Qué estuviste hablando sobre?,* sino *¿Sobre qué estuviste hablando?,* con arrastre de SP y huella preposicional. Como es obvio, este arrastre es un caso particular del efecto del flautista de Hamelín, del que hablábamos en el § 7.2.1. Así pues, en español se admite (35b), como en *Sobre qué estuviste hablando?,* pero no (35a), como en **¿Qué estuviste hablando sobre?,* mientras que en inglés las dos opciones son válidas:

(35) a. ....[$_{SP}$ P [$_{SD}$ *h*]]....
     b. ....[$_{SV}$ V [$_{SP}$ *h*]]....

Esta restricción se aplica igualmente a las demás lenguas románicas con la excepción ocasional del francés, al menos el de Canadá, en el que es posible decir *Le garçon que Marie a parlé avec.* Parece pues, que las preposiciones del español carecen de un rasgo que poseen las del inglés y ciertas variedades del francés (acaso obtenidas de calcos del inglés, como en el ejemplo citado del español de Puerto Rico). Supongamos provisionalmente que este rasgo es su FORTALEZA, un concepto intuitivo sobre el que volveremos más adelante.

En general, es siempre preferible intentar determinar las condiciones que son necesarias para que se dé un determinado proceso, que establecer las estructuras que lo impiden. En los primeros años de la gramática generativa no se procedía siempre así. En efecto, Ross (1967) observó con datos del inglés que el movimiento de *wh* no es posible en una serie de construcciones sintácticas, pero no dio el paso –que parece natural hoy, no hace medio siglo–, de unificar los rasgos gramaticales que las caracterizan. Veamos un ejemplo. No es posible extraer ninguno de los términos de una expresión coordinada. En efecto, si tratamos de extraer el constituyente que sigue a la conjunción copulativa *y* tendremos una secuencia agramatical como (36):

(36) **¿Qué compró ayer María [pan y *h*]? (Extracción inviable del segundo componente de una coordinación.)*

La estrategia habitual a finales de los años sesenta era dar cabida a estos hechos describiendo la estructura inviable, como se hace en (37):

(37) CONSTRICCIÓN DE LA ESTRUCTURA COORDINADA (ingl. *coordinate structure constraint*): No es posible extraer ningún miembro de una estructura coordinada.

Observe que (37) es una afirmación correcta, pero es una generalización formulada EN TÉRMINOS NEGATIVOS. Las generalizaciones gramaticales de carácter negativo se llaman hoy FILTROS y tienen una estructura del tipo *No se puede hacer tal y tal cosa.* En la actualidad se desaconseja este tipo de generalización. Más aún, en lugar de decir *No es posible que X,* siempre es mejor decir *Es necesario que Y.* Este es un principio general que le recomendamos que tenga en cuenta en cualquier ámbito de la lingüística teórica, y también en otros dominios del análisis científico. Si decimos *No es posible que X,* expresamos que no se obtiene un determinado estado de cosas. Pero, en cierta forma, la lista de «situaciones que no existen» es ilimitada, con lo que esa estrategia resulta escasamente explicativa en sí misma. En el segundo caso, por el contrario, decimos que es necesaria una determinada propiedad para que se obtenga cierta situación. No siempre es sencillo hallarla, pero esta segunda estrategia nos ayuda en mayor medida a comprender lo que sucede, puesto que los esquemas que no se ajusten a ella quedarán automáticamente excluidos sin que tengamos que enumerarlos.

Si aplicamos esta ESTRATEGIA POSITIVA a (37), la pregunta pasa a ser qué rasgo o qué característica le falta a *h* para que esta unidad esté legitimada sintácticamente. Observe que tendríamos una estructura como (38):

(38) *SQu ... [y *h*]

El concepto de núcleo se ha extendido a los sintagmas coordinados, como explicamos en los §§ 3.3.2 y 11.9.1, de modo que la conjunción copulativa *y* se interpreta como núcleo del sintagma coordinado *A y B*. El segmento B sería su complemento y A sería su especificador, aunque existe más polémica sobre la naturaleza configuracional de A que sobre la de B. De acuerdo con este análisis, lo que tenemos en (38) es simplemente un 'rector inapropiado' para *h;* de hecho más inapropiado aún que la preposición, ya que ni siquiera puede asignar caso. El problema de (38) es, visto de esta forma, que *h* queda sin regir. En lugar de acudir a la restricción o constricción particular de (37), decimos que se incumple un principio, concretamente (33). Si añadimos ahora que los rectores de *h* apropiados en español son V, como en (39a); A, como en (39b), o N, como en (39c), todos los que no estén en esta lista darán lugar a secuencias agramaticales:

(39) a. ¿[$_{SComp}$ Qué$_i$ [$_{C°}$ [Ø] [$_{SFlex}$ *pro* [$_{V°}$ <u>dices</u> h$_i$]]]]?

   b. ¿[$_{SComp}$ De qué$_i$ [$_{C°}$ [Ø] [$_{SFlex}$ *pro* no estás [$_{A°}$ <u>seguro</u> h$_i$]]]]?

   c. El director de cine [$_{SComp}$ del que$_i$ [$_{C°}$ [Ø] [$_{SFlex}$ María ha visto todas las [$_{N°}$ <u>películas</u> h$_i$]]]]

Aun así, existen algunas dudas sobre (39b) que trataremos más adelante. Como se ve, los llamados *filtros* son constricciones sobre configuraciones particulares. En los años sesenta y setenta se propusieron varios más; en la actualidad –como hemos señalado– se recomienda evitarlos en la medida de lo posible.

Observe ahora que si formulamos un proceso de extracción sobre el constituyente subrayado en *María prefiere la solución de Juan,* obtendremos *¿Qué solución prefiere María?*, o bien *¿Qué prefiere María?*, pero si lo formulamos sobre el subrayado en *María prefiere su solución* (donde *su* es un argumento de *solución*), obtendremos *¿De quién prefiere María [h solución]? Aunque le parezca extraño, la inviabilidad del proceso no tiene relación directa con el hecho de que *su* sea un posesivo. Se puede decir, en efecto, *El libro cuyo prólogo has leído,* donde *cuyo* es un relativo posesivo, y en castellano antiguo se podían incluso construir preguntas como *¿Cúyo prólogo has leído?*, donde *cúyo* es interrogativo además de posesivo. También se podían formar construcciones como *El libro cuyo era el prólogo,* ya imposibles en el español actual, donde *cuyo* representa el predicado del verbo *era*. No obstante, ni en el español actual ni en el antiguo se admiten o admitieron nunca construcciones como *El libro cuyo has leído prólogo,* a las que correspondería la estructura *El libro cuyo has leído [h prólogo], análoga a la que hemos obtenido en el caso de su.

En los años sesenta se identificaban estas limitaciones con otra constricción particular: la llamada CONSTRICCIÓN DE LA RAMA IZQUIERDA (ingl. *left branch restriction*). Uno de los primeros intentos de explicarla fue darle cabida en el llamado PRINCIPIO DE A SOBRE A (Chomsky, 1964 y 1968) (ingl. *A-over-A principle*), que impedía configuraciones del tipo [$_A$ ... [$_A$ h...]], es decir, extracciones desde un constituyente que estuviera incrustado en otro de su misma naturaleza sintáctica. De hecho, las extracciones desde el interior de los sintagmas coordinados que acabamos de examinar podían considerarse también un caso particular de este principio. Observe sin embargo que, además de presentarse como 'filtro', es decir, como CONSTRICCIÓN en lugar de como CONDICIÓN, este principio se puede contradecir fácilmente, como en la oración *El libro del que tengo que hacer [un resumen h]]* o en (39c).

En el modelo de principios y parámetros se modificó radicalmente esta forma de pensar. Como vemos, no se trata de aplicar una determinada constricción sintáctica, extraída de una determinada lista de ellas, sino más bien de preguntarse qué propiedades gramaticales debe tener h en esas oraciones, y cuál o cuáles de ellas no se verifican. Al igual que sucedía en (38), el problema de la estructura *El libro cuyo has leído [h prólogo] es que h no está en ella regida propiamente. El verbo rige a su complemento directo *(su prólogo)* y sería posible la extracción de este elemento *(El libro que has leído h).* Sin embargo, no podemos extraer *su* porque en [h prólogo] la huella h no tendría ningún rector adecuado. No la regiría el verbo, y tampoco podría regirla *prólogo* al menos directamente, ya que la huella no se encuentra en la posición de argumento interno, sino en la de especificador del SD. En conclusión, no necesitamos una constricción específica sobre «la rama izquierda» de los constituyentes, sino que las predicciones empíricas de esta constricción se siguen de un principio positivo más general, como es (33).

Las constricciones particulares a las que nos hemos referido se denominan ISLAS SINTÁCTICAS en la historia de la gramática generativa. Se trata de una metáfora muy gráfica, puesto que el término *isla* sugiere, en efecto, un lugar del que no se puede escapar. En la actualidad se sigue manejando esta metáfora, pero no se acepta, en cambio, que una *lista de islas* explique nada en sí misma. De hecho, buena parte de la investigación sintáctica realizada sobre este fenómeno en el modelo de principios y parámetros se planteó como resultado de considerar inadecuada esa forma de explicación. Los investigadores empezaron a preguntarse por la forma en que las huellas han de estar regidas, es decir, por las propiedades que la rección les otorga. Consideremos otra de esas islas. Se suele llamar CONSTRICCIÓN DE LA ORACIÓN SUJETO (ingl. *sentential subject constraint*) a la que impide extraer uno de los componentes de estas oraciones, como se comprueba en (40):

(40) a. [Que hayan despedido <u>a Marta</u>] es un verdadero escándalo.

    b. *La persona [a la cual [$_{SFlex}$ [$_{SComp}$ que hayan despedido h] es un verdadero escándalo]].

A primera vista, un posible análisis de esta configuración consistiría en suponer que la constricción que se describe ilustra un caso particular del principio de 'A sobre A'. Visto desde la actualidad, parece que la irregularidad de (40b) está relacionada con el hecho de que las oraciones subordinadas de sujeto ocupan posiciones de tópico, desde las que no es posible realizar ninguna extracción (§ 11.3.3). Cabe suponer, por tanto, que lo que falla en (40b) es que el elemento desde el que se realiza la extracción no está sintácticamente legitimado. Podemos comprobar que la extracción resulta natural desde las subordinadas sustantivas pospuestas, aunque sean de sujeto:

(41) La persona a la cual es un verdadero escándalo que hayan despedido.

La característica más notable que diferencia (40b) de (41) es que esta última oración muestra que existe un determinado efecto del verbo principal *(ser)* sobre la oración que contiene la huella *h*. Volveremos sobre él más adelante (§ 7.4.3). De momento interesa resaltar que no es necesaria ninguna *constricción de la oración sujeto*, entre otras razones porque (41) muestra que es incorrecta. En cambio, este sencillo contraste nos muestra que necesitamos relaciones no necesariamente locales entre rectores y huellas. En los apartados que siguen veremos cómo pueden establecerse.

Recuérdese que la pregunta *desde dónde* se caracteriza porque pone en relación dos factores: el punto de arranque y la distancia. Consideremos ahora el segundo de estos dos factores. Una de las primeras restricciones que se observaron en relación con el movimiento de *qu* es que no se permite desde posiciones «demasiado incrustadas». Esta una idea intuitiva que se sigue considerando correcta en la actualidad, pero que nos exige definir con cierta precisión la palabra *demasiado*. Hemos comprobado que el sistema gramatical no rechaza oraciones como *Lo que María dice que la gente piensa que habría que hacer,* en las que el relativo *lo que* complementa a un verbo «bastante incrustado», concretamente *hacer*. En los primeros estudios sobre las restricciones a los procesos de extracción se observó que estas operaciones no son posibles desde los complementos oracionales de un sustantivo, como se comprueba en (42):

(42) a. La gente recordaba [que María se había ido del pueblo hacía muchos años]. *(Complemento oracional)*

    b. La gente recordaba [el hecho de que María se había ido del pueblo hacía muchos años]. *(Complemento nominal que contiene una subordinada sustantiva)*

(43) a. La persona [que la gente recordaba [que h se había ido del pueblo hacía muchos años]]

    b. *La persona [$_{SComp}$ que la gente recordaba [$_{SD}$ el hecho de [$_{SComp}$ que [$_{SFlex}$ h se había ido del pueblo hacía muchos años]]]]

Así pues, no es posible extraer ningún complemento que esté en el segmento que marcan los puntos en *el hecho de que…, la idea de que…, una posibilidad de que…, la noticia de que…, la decisión de que…,* etc. Tampoco es posible extraer ningún componente de los modificadores oracionales del sustantivo, entre los que están las oraciones de relativo:

(44) a. Quiero ver [la película [que ha estrenado <u>Martin Scorsese</u>]]. *(Complemento nominal que contiene una subordinada relativa)*

    b. *¿<u>Qué director</u> quieres ver la película que ha estrenado?

Si alguien le pregunta por qué son tan raras oraciones como (44b) –en la que *qué director* representa el sujeto de *ha estrenado*–, tal vez conteste usted que el elemento interrogativo está en ellas «demasiado lejos del verbo al que modifica». No es una mala respuesta, después de todo, pero observe que la lejanía solo tiene sentido si se mide en términos estructurales o configuracionales. En lugar de *demasiado lejos,* resulta, pues, más apropiado decir *demasiado adentro,* es decir *demasiado incrustado.* En efecto, las relativas libres «cuentan» a efectos sintácticos como SSDD, por lo que constan de un antecedente pronominal y de una oración de relativo especificativa. Así pues, puede parecerle insignificante el contraste entre las oraciones de (45), ya que la palabra *lo* es el único elemento que las diferencia. Sin embargo, este es el elemento pronominal o cuasipronominal que impide la extracción del SQu en (46b). El contraste con (46a) es muy evidente:

(45) a. Todos saben que Pedro está estudiando.
    b. Todos saben lo que Pedro está estudiando.

(46) a. ¿Quién saben todos que está estudiando?
    b. *¿Quién saben todos lo que está estudiando?

Después de todo, *Pedro* no está «demasiado lejos» de *saben* en (45b): apenas dos palabras de distancia, y las dos átonas: *lo* y *que*. Pero, como vemos, la DISTANCIA es PROFUNDIDAD: las relativas libres se asimilan estructuralmente a los SSDD, por lo que obtenemos una configuración sintáctica análoga a la que corresponde a *las materias que estudia* u otros sintagmas similares que parecen mucho más contundentes. Así pues, no se puede extraer ningún elemento que ocupe el espacio que corresponde a los puntos suspensivos en secuencias como *el libro que...*, *las noticias que...*, *la muchacha con la cual...*, *lo que...*, *los cuales...*, *quienes...*, etcétera.

De nuestra somera consideración de los hechos de (45) y (46) se deduce que necesitamos una «medida de la distancia» formulable en términos estructurales. El principio que propone Chomsky (1973) para establecer esta medida se llama SUBYACENCIA (ingl. *subjacency*). Se explican a continuación sus características y también los problemas que presenta.

7.3. El principio de subyacencia

7.3.1. *Formulación*

El principio de subyacencia constituye un intento de solucionar el problema de 'la distancia como profundidad' que se ha presentado en el apartado precedente. Este principio se basa en la determinación de los nudos llamados LÍMITE O LINDE (también NUDOS CÍCLICOS; en inglés, *bounding nodes*), es decir, los nudos categoriales que marcan las fronteras sintácticas que se pueden atravesar en los procesos de extracción. El principio de subyacencia ha recibido varias formulaciones, pero una de las más sencillas es (47), adaptada a los términos categoriales actuales:

(47) El movimiento *qu-* puede atravesar como máximo un nudo linde (sea SD o SFlex) en un solo paso.

En los casos examinados en el apartado anterior, hemos extraído un SQu de una subordinada. Tanto si era sustantiva como si era relativa, correspondía al nudo SComp. Ahora bien, en las oraciones agramaticales, el proceso de extracción atravesaba dos nudos linde. Por ejemplo, en la oración (43b), reproducida aquí como (48), los dos nudos atravesados son los que hemos marcado en un recuadro:

(48) *La persona [$_{SComp}$ SQu que [la gente recordaba [[$_{\boxed{SD}}$ el hecho de [$_{SComp}$ que [$_{\boxed{SFlex}}$ h se había ido del pueblo hacía muchos años]]]]]

En cambio, en (49), la extracción atraviesa SFlex y también SComp, pero este segundo elemento no es nudo linde, luego la oración no queda bloqueada:

(49) La persona [$_{SComp}$ que la gente recordaba [$_{\boxed{SComp}}$ que [$_{\boxed{SFlex}}$ h se había ido del pueblo hacía muchos años]]]

Nótese ahora que (20), es decir, la representación de la oración *¿Qué crees que dijo María?* (18), y que reproducimos como (50), queda a salvo de (47), puesto que la huella intermedia, marcada en (50) con un cuadro en trazo discontinuo, nos permite empezar a contar desde cero, y lo mismo sucedería en otro aterrizaje intermedio cualquiera del elemento desplazado:

(50) ¿[$_{SComp}$ Qué$_i$ [$_{C°}$ [Ø] [$_{\boxed{SFlex}}$ crees [$_{SComp}$ $\boxed{h_i}$ [$_{C°}$ [que] [$_{\boxed{SFlex}}$ dijo h$_i$ María]]]]]]?

En otras palabras, el desplazamiento desde la posición h$_i$ más incrustada al eslabón h$_i$ intermedio solo atraviesa un nudo linde: SFlex. En el desplazamiento desde este segundo eslabón hasta la posición final sucede lo mismo: solo se atraviesa SFlex. Por tanto, la cadena <*que*$_i$ ... h_i ... h_i> satisface derivacionalmente el principio de subyacencia (47), ya que, aunque el número total de nudos lindes atravesados sea dos, estos se atraviesan de uno en uno. Así pues, en cada uno de estos saltos no se atraviesa más que un nudo cíclico, y eso es en definitiva lo que cuenta a efectos del principio de subyacencia. Decimos entonces que el movimiento de SQu es un PROCESO CÍCLICO, es decir, en un determinado «ciclo» deben respetarse los principios que afectan al movimiento.

¿Podemos decir entonces que con el principio de subyacencia hemos logrado una explicación satisfactoria para nuestros casos de «lejanía aparente», ahora que (47) nos permite interpretar la distancia como profundidad? Con este principio hemos avanzado bastante, pero quedan algunas cuestiones pendientes. La respuesta a nuestra pregunta es, por tanto, «No del todo». Tal como ha sido presentado, el análisis que acabamos de esbozar presenta al menos tres problemas. Veámoslos uno a uno.

7.3.2. Efectos de reestructuración

El primer problema del principio de subyacencia de (47) es estrictamente empírico. Las oraciones que siguen son plenamente gramaticales, pero a primera vista infringen las condiciones que acabamos de estipular:

(51) a. El libro que ha tenido usted la amabilidad de enviarme.

    b. La opción que no nos ha quedado más remedio que escoger.

    c. Decía Bertrand Russell, autor que no me resisto a la tentación de citar, que…

    d. Preguntas que tiene uno la obligación de responder.

    e. ¿Qué problemas estamos todavía a tiempo de corregir?

Estas secuencias resultan absolutamente naturales, pero aparentemente todas infringen el principio de subyacencia. En (51a), estaríamos, de hecho, cruzando los nudos linde que marcamos a continuación:

(52) El libro [$_{\text{SComp}}$ SQu$_i$ que [$_{\boxed{\text{SFlex}}}$ ha tenido usted [$_{\boxed{\text{SD}}}$ la amabilidad de [$_{\text{SComp}}$ h$_i$ [$_{\text{SFlex}}$ enviarme h$_i$]]]]]

Podrían ser tres nudos linde los que cruzamos en realidad, pero, como hemos explicado anteriormente, cabe suponer que el especificador del SComp más bajo constituye un lugar de aterrizaje para el SQu, lo que marcamos con la huella intermedia. Por esa razón no hemos marcado también como nudo linde el SFlex que introduce el infinitivo *enviarme*. Pero, aun así, entre la huella intermedia y el SQu aparecen los dos nudos encapsulados en (52): SD y SFlex. En el apartado anterior hemos comprobado que ciertas oraciones en las que se atravesaban dos nudos linde ofrecían resultados claramente anómalos, pero da la impresión de que en (52) hacemos lo mismo y el resultado es ahora impecable. ¿Cuál es el misterio?

Se piensa generalmente que estas diferencias tan marcadas se deben a la existencia de procesos de REESTRUCTURACIÓN O REANÁLISIS, es decir, de procesos que alternan o readaptan la estructura de constituyentes de una secuencia. Los límites de estos procesos todavía no se comprenden del todo, pero la intuición que hay detrás de ellos es relativamente sencilla. El que dice (51a) analiza *tener la amabilidad (de)* como un núcleo verbal complejo, una unidad léxica o semiléxica construida en la sintaxis de forma parecida a como se forman las perífrasis verbales. De hecho, esta forma verbal se usa habitualmente en los imperativos *(Ten la amabilidad de acercarme el cenicero)*, en las interrogativas retóricas *(¿Tendría usted la amabilidad de decirme la hora?)* y en otras estructuras. En (51b), el núcleo verbal complejo es *no quedarle (a uno) más remedio que;* en (51d), *tener la obligación (de)* y en (51e), *estar a tiempo (de)*. Se ha observado que esta línea de análisis tiene ventajas e inconvenientes. La ventaja principal es que nos permite prever que a estas secuencias no corresponde la estructura sintáctica compleja que parece sugerir su segmentación. Tenemos, pues, contrastes como el siguiente:

(53) a. El libro que tengo la intención de corregir.

    b. *El libro que detesto la idea de corregir.

Ciertamente, *detestar la idea (de)* no es unidad léxica de ninguna clase, mientras que *tener la intención (de)* sí parece serlo. De hecho, el verbo *tener* es uno de los llamados VERBOS LIGEROS O VERBOS DE APOYO (ingl. *light verbs*). Estos verbos toman complementos nominales abstractos *(tener intención, dar un paseo, pillar un resfriado, tener una obligación)* y forman con ellos expresiones complejas que no se asimilan a las locuciones verbales, pero que la sintaxis interpreta como unidades semifijas. La gramaticalidad de las oraciones de (51) o de (53a) está relacionada con su segmentación; es decir, la sintaxis nos autoriza en (53a), por ejemplo, una segmentación como *El libro* [*que* [*tengo la intención de*] *corregir h*], mientras que en (53b), nos obliga a segmentar de la forma *El libro* [*que* [*detesto* [*la idea de* [*corregir h*]]]].

Las estructuras formadas con verbos ligeros se caracterizan por estar sometidas a un proceso de reanálisis relativamente sistemático. En una de las opciones, el nombre forma un grupo nominal con su complemento dejando fuera el verbo ligero, como en [*dar*] [*un paseo por la playa*], mientras que en la otra opción, el nombre forma un constituyente con el verbo ligero dejando fuera el complemento de aquel, como en [*dar un paseo*] [*por la playa*]. No están en cambio enteramente claros los límites de la clase gramatical que forman estos verbos. Algunos autores defienden que son solo unos pocos verbos abstractos (*tener, dar, tomar,* etc.). En Bosque (2001b) se sugiere que la lista es mucho más larga, lo que nos permite incluir un buen número de verbos que, a la vez que restringen poderosamente sus posibles complementos nominales, expresan la existencia o el surgimiento de la noción que designan. Desde este punto de vista, no se infringe el principio de subyacencia en una secuencia como *La novela que abrigo el propósito de escribir algún día*, a pesar de que aparentemente le corresponda la misma estructura sintáctica que a (53b).

Los procesos de reestructuración presentan algunos problemas técnicos de los que aquí no podremos ocuparnos. Casi todos se deducen del hecho de que las piezas léxicas que participan en ellos admiten expansiones, como son los adjetivos, los adverbios y otros modificadores similares. Se trata, ciertamente, de una situación muy diferente de la que muestran las locuciones verbales: *El autor que no resisto ni un solo instante la tentación de citar de pasada; Preguntas que tiene uno cada día la inexcusable, y a veces casi maldita, obligación de responder,* etc. No se ha estudiado con suficiente detalle la forma precisa en que se insertan en las configuraciones estructurales estas largas expresiones, sobre todo porque se sabe que están construidas en la sintaxis, en lugar de formadas como tales en el léxico. En Mendívil Giró (1999) encontrará usted un buen panorama de las opciones que parecen presentarse.

Veamos otra ventaja de los procesos de reestructuración. El principio de subyacencia impide extraer el complemento de una parte del sujeto, como en (54):

(54) a. La carta a su novia era realmente emocionante.

　　 b. *La persona *a la que* [la carta *h*] era realmente emocionante.

En (55) marcamos los dos nudos linde atravesados indebidamente en (54b):

(55) *La persona [$_{SComp}$ *a la que* [$\boxed{_{SFlex}}$ [$\boxed{_{SD}}$ la carta *h*] era realmente emocionante]]

Quizás ha pensado usted que las oraciones con *cuyo,* de las que hemos hablado antes, incumplen el principio de subyacencia. En realidad, no es así, ya que el relativo posesivo *cuyo* provoca un EFECTO DE ARRASTRE sobre todo el sintagma. Así pues, *cuyo* + *SN* resulta ser el sintagma movido. A partir de (56a) podemos extraer todo el sujeto, no una parte de él, de forma que al hacerlo cruzaremos un solo nudo linde y no se infringirá el principio de subyacencia, como muestra (56b):

(56) a. <u>La carta de su novia</u> era realmente emocionante.

　　 b. La persona [$_{SComp}$ *cuya carta* [[$\boxed{_{SFlex}}$*h* era realmente emocionante]]].

Contreras (1994) observó un contraejemplo al principio de subyacencia de cierta entidad. La oración (57a) es plenamente gramatical, pero si su estructura es (57b), como parece, debería ser tan agramatical como (55). Se marcan, de nuevo, los nudos linde:

(57) a. Una materia en la que la competencia de María es innegable.

    b. Una materia [$_{SComp}$ *en la que* [$\boxed{SFlex}$ [$\boxed{SD}$ la competencia de María h] es innegable]].

Parece, pues, que tenemos un problema. ¿Cómo explicar el marcado contraste que se da entre (54b) y (57a) si ambas secuencias incumplen en idéntica medida el principio de subyacencia? En nuestra opinión, el contraejemplo de Contreras deja de serlo si suponemos que existe un proceso previo de reanálisis o de extraposición que nos permite no extraer desde el interior del sujeto. Nótese que las oraciones de (58) son gramaticales, pero las de (59) no lo son:

(58) a. La competencia de María es innegable en física teórica.

    b. Los avances fueron espectaculares en medicina.

(59) a. *La llegada fue lenta a la ciudad.

    b. ??La confianza es necesaria en las instituciones democráticas.

Los procesos de reanálisis están sujetos a particularidades léxicas. En (58) tiene lugar uno de ellos: un complemento del nombre que denota el ámbito al que se aplica una capacidad o un proceso se reanaliza como complemento del SV. Este reanálisis no es posible en los casos de (59). Por tanto, la estructura correcta de (57a) no sería (57b) sino (60). Si partimos de estructuras como (60), la aparente excepción desaparece, puesto que la construcción reanalizada nos permite realizar la extracción desde el complemento de un verbo o un predicado verbal (concretamente, *ser innegable*), en lugar de hacerlo desde el interior de un sintagma nominal. Solo atravesamos, en consecuencia, un nudo linde y la oración es gramatical:

(60) Una materia [$_{SComp}$ *en la que* [$_{SFlex}$ [la competencia de María] es innegable *h*]].

Las oraciones copulativas dan lugar a procesos de reanálisis muy similares. Son, concretamente, del tipo [*Vcop.* [*A* + *SP*]] > [[*Vcop.* + *A*] *SP*]. El hecho de que *A* forme constituyente con el verbo copulativo permite incluso que se convierta en pronombre clítico dejando atrás el *SP: Es adicto a las anfetaminas > Lo es a las anfetaminas*. Este proceso de reanálisis se estudia en Sáez del Álamo (1993).

Existe un largo debate en la gramática generativa sobre la medida en que los procesos de reestructuración afectan o no a la extracción desde el interior de los SSDD. Fue abierto por Bach y Horn (1976) hace más de treinta años, y lo cierto es que está todavía vivo (para el español, se retoma en D'Introno y Lorenzo, 1995). En efecto, parece comúnmente aceptado que contrastes como el de (61) tienen su base en estos procesos:

(61) a. Juan ha {escrito / leído / comprado / encargado / quemado / criticado} dos novelas sobre los templarios.

    a. Los templarios es el tema sobre el que he Juan ha {escrito / leído / comprado / ?encargado / *quemado / *criticado} dos novelas.

El asunto es complejo porque los verbos que admiten la extracción no dejan de ser biargumentales. El verbo *leer* tiene, ciertamente, un agente y un paciente (§ 5.4), pero el hecho de que pueda decirse *Sobre ese tema deberías leer un par de libros* sugiere que el complemento del nombre parece estar sujeto a una reestructuración similar a la que hemos descrito para el caso de los verbos ligeros. En el § 5.3.4. considerábamos contrastes como *La chica de la que vi {una foto / *un reloj},* y mostrábamos que se producían porque el sustantivo *foto* admite complementos argumentales. En la actualidad, no existe acuerdo absoluto sobre si este hecho facilita la extracción desde el interior del SD, o por el contrario lo hace el proceso de reestructuración que hemos descrito brevemente. Existe acuerdo, no obstante, en que el movimiento de SQu no es un proceso sujeto a las clases semánticas de predicados, en lo que coincide con las demás operaciones sintácticas.

7.3.3. *Los dominios de extracción*

En el § 5.4.4.1, apartado que le recomendamos que relea en cuanto termine este párrafo, obteníamos una generalización descriptiva apoyada en la diferencia entre argumentos y adjuntos (Huang, 1982):

(62) CONSTRICCIÓN SOBRE LOS DOMINIOS DE EXTRACCIÓN: No se puede extraer mediante el movimiento de SQu una parte de un adjunto, pero sí una parte de un argumento.

Esta generalización se aplicaba a las oraciones de relativo, pero también a otras secuencias:

(63) a. *¿Qué has leído el libro [que contenía *h*]? *(Extracción inviable desde una oración de relativo)*
b. *El examen que el profesor se enfadó [porque todos los estudiantes suspendieron *h*]. *(Extracción inviable desde una subordinada adverbial)*
c. *La mesa de la que ayer estuve escribiendo [encima *h*]. *(Extracción inviable desde un adjunto no oracional)*

El adjunto entero puede extraerse si puede ser sustituido por un adverbio o un pronombre, como en (64a), o bien si admite el proceso de arrastre que hemos descrito anteriormente. Así pues, (64b) es gramatical, mientras que (63c) es agramatical:

(64) a. *¿Dónde* estuviste escribiendo ayer *h*?
b. *¿Encima de qué* estuviste escribiendo ayer *h*?

Obsérvese ahora que la oración (63a) está doblemente excluida. Por un lado infringe (62), ya que las relativas son adjuntos. Por otro lado, infringe el principio de subyacencia, como se ha explicado en el apartado anterior, ya que el SQu ha de ser extraído de un SD complejo. Tal vez piense usted que, como no hay duda de que (63a) es a todas luces agramatical, no está de más excluirla dos veces. En realidad, no es así. El que dos o más principios confluyan en excluir una determinada estructura suele ser señal de que algo falla en el diseño del edificio teórico, y por lo tanto, en nuestra comprensión de esos mismos principios.

Relea usted ahora, por favor, el principio (62). En realidad, hay algo sospechoso en él tal como está formulado, concretamente el hecho de que está presentado como 'condición negativa' (recuerde el § 7.2.4 sobre este punto). Así pues, podemos replantear (62) en términos positivos y preguntarnos cómo adquieren las huellas de los argumentos los rasgos que les permiten ocupar la posición que ocupan. Si las de los adjuntos no adquieren estas propiedades, no podrán aparecen en dichas configuraciones. Por otro lado, aunque aceptáramos la condición sobre los dominios de extracción en la forma en que se formula, no podríamos prescindir del principio de subyacencia para explicar la extracción inviable de un constituyente desde el complemento oracional de un sustantivo, como ya veíamos en (43b).

Los complementos oracionales de los sustantivos se interpretan unas veces como parte de una estructura predicativa (*La peregrina idea de salir* se parece en parte a *El tonto de Juan*), pero otras constituyen verdaderos argumentos, como en *La decisión de que la niña se quedara en casa*. La extracción desde el complemento oracional de estos sustantivos es inviable en ambas estructuras. En los apartados siguientes comprobaremos que existe una forma de resolver la redundancia que se da, en algunos casos, entre el principio de subyacencia y la condición sobre los dominios de extracción, y comprobaremos asimismo que existe una forma de prescindir completamente de esta última.

7.3.4. *El movimiento largo y las islas* qu-

Hemos visto más arriba que el SQu extraído ha de ascender al SComp más próximo, y también que, cuando existen varias proyecciones SComp que separan *h* de SQu, cabe suponer que el movimiento es cíclico, y por tanto local. Existen, sin embargo, casos de MOVIMIENTO LARGO que se caracterizan porque el SQu movido no puede aterrizar en el SComp intermedio, ya que esa posición está ocupada. Estas oraciones infringen el principio de subyacencia, y sin embargo son gramaticales. Veamos un par de ejemplos, en los que marcamos los dos nudos linde atravesados indebidamente:

(65) a. Un libro [$_{SComp}$ del-que$_i$ [$_{C°}$ Ø] [$_{\boxed{SFlex}}$ no sé bien [$_{SComp}$ qué$_j$ [$_{C°}$ Ø] [$_{\boxed{SFlex}}$ PRO decir h$_j$ h$_i$]]]]]

 b. El problema [$_{SComp}$ que$_i$ [$_{C°}$ Ø] [$_{\boxed{SFlex}}$ nadie sabía [$_{SComp}$ cómo$_j$ [$_{C°}$ Ø] [$_{\boxed{SFlex}}$ PRO solucionar h$_i$ h$_j$]]]]]

Se ha estudiado con detalle la alternancia entre h$_i$ y un pronombre en (65b) y otras oraciones similares (es decir, la alternancia ...*cómo solucionar* / ...*cómo solucionarlo*). No podremos ocuparnos aquí de estos pronombres, que se suelen denominar REASUNTIVOS (ingl. *resumptive*). El lector interesado encontrará mucha información sobre ellos en Contreras (1986c) y Suñer (1998). Si consideramos atentamente las oraciones de (65), comprobaremos que el hecho de que sean gramaticales es problemático para el principio de subyacencia. Estas oraciones ponen de manifiesto que es posible realizar procesos de extracción desde el interior de las interrogativas indirectas. Aun así, las interrogativas indirectas también son islas (se denominan, de hecho, ISLAS QU-) en ciertos casos. Se ha observado repetidamente que los argumentos contenidos en las interrogativas indirectas pueden extraerse por encima de los adjuntos, pero no puede realizarse el proceso contrario. Así, en (65b) tenemos la secuencia «*que* [argumento]… *cómo* [adjunto]». En las oraciones (66a) y (67a) tenemos una estructura muy similar. En las secuencias (66b) y (67b) tenemos, en cambio, la situación contraria («*cómo* [adjunto] … *qué* [argumento]») y el resultado es agramatical:

(66) a. ¿*Qué$_i$* problema no sabes [cómo solucionar h_i]?
     b. *¿*Cómo$_i$* no sabes [qué problema solucionar h_i]?

(67) a. La novela que nadie sabe dónde escribió Cervantes.
     b. ??El lugar en que nadie sabe qué novela escribió Cervantes.

Así pues, hemos de dar una explicación en términos teóricos a esta asimetría argumento-adjunto. Por otra parte, en la oración (65a) se extrae un argumento por encima de otro («*del que* [argumento]… *qué* [argumento]»). En estos casos se aplica el llamado PRINCIPIO DE SUPERIORIDAD, según el cual el constituyente más alto en la configuración puede ocupar la posición más alejada. Volveremos sobre este principio en los §§ 7.5 y 8.6.3, y retomaremos las islas *qu-* en el § 8.10.2 desde otro punto de vista. Lo que importa en este punto es que tanto en las oraciones gramaticales como en las agramaticales que acabamos de considerar se infringe el principio de subyacencia. En los dos apartados anteriores (§§ 7.3.2 y 7.3.3) hemos señalado otras infracciones. En consecuencia, o bien hemos de reformular este principio o bien hemos de añadir otros que reparen la vía de agua que parece dejar abierta si lo aplicamos en los estrictos términos en que lo hemos formulado.

Tomémonos un respiro y hagamos balance. De la discusión introducida en este apartado y en los anteriores se deduce la siguiente recapitulación parcial:

LO QUE TENEMOS:
- La viabilidad del movimiento de SQu a SComp está en función de las propiedades formales de la huella *h*. No está, en cambio, en función de constricciones específicas impuestas a partir de configuraciones sintácticas particulares.
- Las huellas de SQu han de estar REGIDAS, en el sentido de legitimadas localmente por algún NÚCLEO apropiado.
- El movimiento de SQu es un proceso LOCAL, es decir, sujeto a relaciones de vecindad o contigüidad en el interior de ciertas proyecciones sintácticas.
- Es necesario otro principio que, como el de SUBYACENCIA, limite la distancia entre *h* y Esp/SComp en función del grado o el nivel de incrustación que corresponda a *h*. Algunas de las predicciones incorrectas de este principio se deben a la existencia de efectos de REANÁLISIS, pero otras han de ser consideradas más atentamente.

LO QUE NOS FALTA:
- Hemos de ampliar el concepto de rección para reflejar el efecto de un rector sobre su huella en entornos no locales.
- Hemos de introducir la distinción argumento-adjunto entre los factores que permiten legitimar un constituyente para extraer alguno de sus elementos constitutivos.
- Hemos de resolver la redundancia que se plantea entre el principio de subyacencia y la condición sobre los dominios de extracción.

En la sección siguiente trataremos de completar los desarrollos que nos han quedado pendientes.

7.4. Desarrollos del concepto de rección

7.4.1. *El problema de los adjuntos*

En las secciones anteriores hemos descartado las constricciones específicas sobre configuraciones particulares y hemos comprobado también que la legitimación de las huellas del movimiento *qu-* requiere de un FACTOR LOCAL, al que hemos llamado RECCIÓN, y de otro FACTOR NO LOCAL que constituya una medida de la distancia entre SQu y *h*. Lo hemos llamado SUBYACENCIA. También hemos comprobado que este segundo factor necesita algunos retoques. En realidad, el primer factor también los necesita, sobre todo porque no nos permite abarcar los adjuntos, en tanto en cuanto estos complementos no están sujetos a la rección de núcleo. En efecto, hemos definido el concepto de rección en (32) a través de una relación de contigüidad. Este tipo de aproximación lo limita considerablemente, ya que los adjuntos lo son a proyecciones máximas (por ejemplo a SV, § 3.3.3), y por tanto no están legitimados por núcleos. La solución más natural a este problema consiste en suponer que en realidad tenemos varios tipos de rección, caracterizados en (68), de los que hasta ahora solo hemos considerado uno, concretamente (68a):

(68) Tipos de rección:
    a. Rección de núcleo: Rección de X^{max} por un $X°$, sea léxico o funcional.
    b. Rección léxica: Rección de X^{max} por un $X°$ léxico, no funcional.
    c. Rección temática: Rección de X^{max} por un $X°$ léxico que le asigna papel temático.
    d. Rección por antecedente: Rección de un X^{max} por otro X^{max} coindexado con él sin contigüidad o hermandad estructural, aunque dentro de un dominio local con mando-c desde una posición A'.

Si aceptamos provisionalmente (68), tendremos que aclarar qué tipo de rección es apropiado en función del tipo de huella. Recuerde que más arriba introdujimos (33) como principio general:

(33) Las huellas de los procesos de movimiento han de estar regidas.

La condición (33) es una de las formas en las que se presenta el llamado PRINCIPIO DE LAS CATEGORÍAS VACÍAS (ingl. *empty category principle*) (Chomsky 1981), que ha conocido varias formulaciones. Recuerde que ya hemos introducido el tipo de rección (68a). Enseguida explicaremos el (68b) y el (68c), pero ahora vamos a considerar brevemente el (68d). Consideremos la siguiente pregunta: «¿Cómo está regida la huella *h* en (69)?»:

(69) ¿[$_{SComp}$ *Cómo* [$_{SFlex}$ pro [$_{SV}$ [$_{SV}$ abriste la caja] *h*]]]?

Desde luego, no lo está por el verbo *abriste,* cuyo complemento es *la caja.* La huella está adjunta al SV, que no puede regirla. Tampoco puede estar regida por ningún otro elemento dentro de la oración. Cabe suponer que *h* está REGIDA POR ANTECEDENTE (= (68d)) por *cómo* desde una posición A': el especificador de SComp. Observe que en los demás tipos de rección, el elemento regente es un núcleo, pero aquí es una proyección máxima, ya que *cómo* y *h* representan en realidad dos manifestaciones formales (más exactamente, posicionales) del mismo elemento. Podemos aceptar, por tanto, (70):

(70) Las huellas *qu-* de los adjuntos están regidas por antecedente.

En (70) tenemos una forma de rección particular. Se diferencia de las demás que introdujimos en (68) en dos rasgos: (i) el rector no es un núcleo, y (ii) la rección se establece a distancia. Una consecuencia inmediata de (70) es que nos permite explicar las asimetrías entre argumentos y adjuntos que acabamos de describir en el § 7.3.4. En efecto, recuerde que, reducida a lo esencial, la asimetría característica de las islas *qu-* dice lo siguiente: los argumentos pueden ser extraídos por encima de los adjuntos, no al contrario. La intuición es muy clara: los argumentos pueden «viajar más lejos» porque están regidos por un núcleo en relaciones de contigüidad (de hecho, también lo están léxica y temáticamente, con la posible excepción de los sujetos, de los que enseguida nos ocuparemos). Esta propiedad constituye un fuerte vínculo formal con el núcleo que los rige. Las interrogativas indirectas en las que se extraen argumentos por encima de adjuntos dejan de ser islas *qu-* en cierto sentido: siguen infringiendo el principio de subyacencia, como ya hemos comprobado, pero en cambio la huella del SQu está identificada en esas estructuras por el tipo de rección más fuerte que la sintaxis conoce (68a). Con los adjuntos no ocurre lo mismo. Su huella en el movimiento *qu-* está regida por antecedente, como en (69). Incluso es posible que este proceso se reitere, como en (71), donde h^2 rige por antecedente a h^1 y *cuándo* rige por antecedente a h^2:

(71) ¿$[_{\text{SComp}}$ *Cuándo*$_i$ $[_{\text{SFlex}}$ dices $[_{\text{SComp}}$ h^2_i $[_{C^{\circ}}$ que] $[_{\text{SV}}$ $[_{\text{SV}}$ abriste la caja] h^1_i]]]]]?

Como la rección por antecedente requiere un entorno local (aunque las condiciones de localidad han de ser precisadas), no puede darse en las oraciones (66b) y (67b). La intuición que subyace a este análisis es que la rección por antecedente constituye un tipo débil de identificación, por lo que los adjuntos SQu no pueden, como decíamos, «viajar lejos». Así pues, las oraciones (66b) y (67b) contienen huellas de adjuntos no regidas, infringen el principio de las categorías vacías y son, por tanto, agramaticales.

Chomsky (1986b) sugiere que las huellas del movimiento *qu-* han de estar regidas o bien léxicamente o bien por antecedente. Nótese que esta simple suposición nos permite explicar la asimetría argumento-adjunto característica de las islas *qu-*. Así pues, tenemos el siguiente estado de cosas. Las huellas de los argumentos internos están regidas léxicamente, y las de los adjuntos están regidas por antecedente. También están regidas de esta forma las huellas de las proyecciones máximas en los procesos de movimiento sucesivo, como h^2 por *cuándo* en (71), o como h^2 por *qué* en *¿Qué crees h^2 que dijo h^1?* Nos queda pendiente un cabo importante: la rección de los sujetos. Se dedica a este punto el apartado siguiente.

7.4.2. *El problema de los sujetos*

Se ha prestado considerable atención al papel que desempeñan los sujetos en relación con el análisis esbozado en la sección anterior, sobre todo porque los sujetos, que son elementos argumentales, se agrupan en inglés con los adjuntos, en lugar de con los demás argumentos, en las estructuras que estamos analizando. En cambio, en español no se produce tan claramente esa agrupación. El contraste mínimo se obtiene en (72). La oración (72a) es agramatical; (72b) es su traducción al español y es plenamente gramatical:

(72) a. *The person who I can't imagine how could write a book like this.
     b. La persona que no me imagino cómo podría escribir un libro así.

No parece haber duda sobre la relación que existe entre la irregularidad de (72a) y el hecho de que el inglés no sea una lengua de sujeto nulo (§ 6.2), frente al español. Pero no podemos salir del paso diciendo simplemente que la configuración (73) no se da inglés:

(73) ... h could write a book like this.

En primer lugar, esta configuración se da, como es obvio, en las preguntas simples del inglés *(Who h could write a book like this?)*. En segundo lugar, también se da, aunque con algunas condiciones, en los procesos de extracción de SQu a través de oraciones interpuestas. De hecho, se ha observado repetidamente que en inglés es posible extraer un complemento interno al SV por encima del verbo principal, tanto si está presente el subordinante *that* como si está ausente:

(74) a. Who do you think [Mary called h]?
     b. Who do you think that [Mary called h]?
        '¿A quién crees que llamó María?'

En cambio, podemos extraer el sujeto en estas oraciones, pero solo si el subordinante no está presente:

(75) a. Who do you think [h called Mary]?
     b. *Who do you think that [h called Mary]?
        '¿Quién crees que llamó a María?'

Estos contrastes representan una famosa asimetría 'sujeto-objeto' del inglés, que ya introdujimos en el § 6.2.2. Como allí vimos, se conoce como el EFECTO *THAT*-HUELLA (ingl. *that-trace effect*). Las preguntas que podemos plantearnos sobre dicha asimetría son al menos estas dos:

(76) A. ¿Cómo se explica que una asimetría 'sujeto-objeto' esté en función de la presencia o la ausencia de un subordinante?
     B. ¿Por qué no se da la asimetría en español?

Consideraremos primero la pregunta (76A). El hecho de que la presencia o ausencia del subordinante *that* en el contraste (74) no altere la gramaticalidad de la oración muestra que la huella *h* está regida léxicamente en esas oraciones (más aún, lo está también temáticamente), lo que constituye un tipo de legitimación suficientemente fuerte. Veamos ahora en (77) la estructura del par conflictivo de (75):

(77) a. *[$_{\text{SComp}}$ *Who* [$_{\text{SFlex}}$ do you think [$_{\text{SComp}}$ h^2_i [$_{C^\circ}$ that] [$_{\text{SFlex}}$ h^1_i called Mary]]]]?
    b. [$_{\text{SComp}}$ *Who* [$_{\text{SFlex}}$ do you think [$_{\text{SComp}}$ h^2_i [$_{C^\circ}$ Ø] [$_{\text{SFlex}}$ h^1_i called Mary]]]]?

Frente a la huellas situadas en posición de objeto, las situadas en posición de sujeto están regidas por Flex°, es decir, están regidas por un núcleo (= (68a)), pero no están regidas léxicamente (=(68b)) ni temáticamente (= (68c)). El problema es que ese tipo de rección no parece adecuado para el inglés. De hecho, sabemos que el inglés no legitima un sujeto nulo *pro* en esta posición (**He*$_i$ *thinks that pro*$_i$ *is intelligent*). Ahora bien, como (77b) es gramatical, y también lo es *Who h called?*, es razonable pensar que estas huellas están regidas por antecedente. ¿Podemos entonces decir simplemente que la presencia de *that* en (77a) impide que h^2 rija a h^1 por antecedente? La intuición no es mala, y desde luego es aprovechable, pero las cosas no son tan sencillas. Si fuera simplemente eso, la presencia de *that* también impediría que h^2 rigiera por antecedente a h^1 en (78), pero esta última oración es gramatical:

(78) [$_{\text{SComp}}$ *How* [$_{\text{SFlex}}$ do you think [$_{\text{SComp}}$ h^2_i [$_{C^\circ}$ that] [$_{\text{SFlex}}$ Mary will write that report h^1_i]]]]?
    '¿Cómo crees que escribirá Mary ese informe?'

Lasnik y Saito (1984) se plantean este problema y entienden que puede mantenerse la idea de que *that* es, en efecto, el elemento que impide la rección por antecedente de h^1 por h^2 en (77a). ¿Por qué no impide entonces este tipo de rección en (78)? Reducida a lo fundamental, su propuesta consiste en suponer que la rección de las huellas *qu-* de los adjuntos se diferencia de la de los argumentos en que la de los primeros puede posponerse hasta el nivel de representación semántica, técnicamente denominado Forma Lógica (y que analizaremos con detalle en el § 8.2). Si en (78) borramos *that,* el resultado es igualmente gramatical. Es lógico pensar que la presencia o ausencia de *that* es irrelevante para la interpretación de estas oraciones, y que en el nivel de la Forma Lógica se omite siempre esta conjunción subordinante, sea cual sea la estructura en la que aparece. Esto se debe, naturalmente, a que, de acuerdo con esta hipótesis, *that* no aporta nada al significado de esa oración. No obstante, las huellas de los argumentos son sensibles a su presencia porque han de legitimarse (= quedar regidas) antes de alcanzar ese nivel. En (77b) tenemos Ø en lugar de *that,* es decir, la sintaxis nos proporciona el tipo de estructura que nos da la Forma Lógica en el caso de (78).

Hemos de preguntarnos, desde luego, por qué la presencia de *that* impide que h^2 rija por antecedente a h^1 en (77a), pero antes de plantear una nueva pregunta, conviene no dejar otras sin responder. Como quizás haya notado usted, hemos dejado sin responder la pregunta (76B): «¿Por qué no ocurre esto en español?». Consideremos brevemente esta cuestión antes de seguir adelante.

La formulación del principio de las categorías vacías presentada arriba (= (33)) era un poco vaga. Chomsky (1981) entiende que las huellas han de quedar regidas de una de las dos formas mencionadas en (79):

(79) PRINCIPIO DE LAS CATEGORÍAS VACÍAS (PCV), ingl. *Empty category principle*
(ECP): Los elementos nulos no pronominales (las huellas del movimiento de
SQu) han de estar regidos, sea léxicamente o por antecedente.

Como las huellas de los sujetos no están regidas léxicamente, habrán de estarlo por antecedente (si algún elemento no lo impide). Pero en las lenguas de sujeto nulo, como el español, estas huellas pueden estar regidas apropiadamente por
una categoría no léxica: FLEX°. Nótese que, aunque aceptáramos la idea (Rizzi,
1982) de que las huellas de SQu correspondientes a los sujetos quedan en estas
lenguas en posición posverbal, como en (80a),

(80) a. ¿Quién [pro [escribió esa carta] h]?
    b. ¿Quién [h [escribió esa carta]]?,

no se trataría de la posición correspondiente al complemento de V°, es decir, la
que proporciona la proyección mínima de esta categoría. No se obtiene, por tanto, en (80a) un esquema de rección de núcleo. Si optamos por (80b), será directamente FLEX° la categoría rectora de *h*, tanto si entendemos que *escribió* aparece
en Flex como si suponemos que está en C° (recuerde el § 7.2.3 para la comparación de estas dos opciones).

Así pues, tal como se acaba de presentar el PCV, resulta ser demasiado fuerte
para el español, puesto que no da cabida a las categorías funcionales como rectores apropiados. En efecto, la conjunción *que* no provoca en (81) los efectos blo-
queantes que causa *that* en (75b) o en (77a):

(81) $[_{\text{SComp}}$ *Quién* $[_{\text{SFlex}}$ crees $[_{\text{SComp}}$ h^2_i $[_{\text{C}°}$ que$]$ $[_{\text{SFlex}}$ h^1_i llamó a María$]]]]$?

Esto se debe a que la huella h^1_i no está regida por antecedente por h^2_i, sino directamente por la categoría funcional Flex°, que también podría regir igualmente
a *pro*. La rección en situaciones de contigüidad se suele llamar RECCIÓN PROPIA
(ingl. *proper government*), por oposición a la RECCIÓN A DISTANCIA O RECCIÓN POR
ANTECEDENTE (ingl. *antecedent government*). En inglés, la rección propia se asimila a la rección léxica. En español, como vemos, no es así necesariamente. Por
un lado, las preposiciones (sean léxicas como *durante* o funcionales como *de*) no
son rectores apropiados en español para las huellas de SQu. Por otro lado, FLEX°
lo es sin ser una categoría léxica.

7.4.3. *Otras consecuencias de la rección por antecedente*

No nos olvidamos de la pregunta que habíamos dejado pendiente en el apartado
anterior: ¿Por qué una conjunción subordinante habría de impedir la rección
por antecedente de *h* en la configuración característica del efecto '*that*-trace' que
mostraba (77a)? Observe que la pregunta tiene sentido si, en general, la rección
por antecedente puede ser bloqueada ante determinadas proyecciones interpuestas
entre la categoría regente y la regida. Todo dependerá, en definitiva, de cómo definamos las condiciones en las que se obtiene la rección por antecedente.

Recuerde que en las secciones anteriores hemos comprobado que las huellas de
qu- están sujetas, por un lado, a ciertos requisitos de identificación local (llama-

da, como hemos visto, RECCIÓN PROPIA), pero también a ciertas condiciones de legitimación a distancia. Hemos comprobado que la condición de subyacencia trataba de establecer estos requisitos, pero también veíamos que aportaba informaciones de ese tipo la condición sobre los dominios de extracción (§ 7.3.3) –a menudo solapada con ella–, así como el concepto de 'rección por antecedente' que hemos explicado en los apartados anteriores. ¿No parecen demasiadas condiciones para establecer relaciones a distancia relativamente análogas? ¿No resultaría deseable subsumir algunas de estas condiciones en otras más abarcadoras? ¿Cuántos principios necesitamos en realidad para explicar la forma en que las huellas de SQu están gramaticalmente legitimadas?

Todas estas preguntas son muy naturales. Su estudio dio lugar en la segunda mitad de la década de los años noventa a un largo y complejo debate que ocupó a un gran número de gramáticos. La mayor parte de las discusiones estaban además centradas en el inglés, de modo que solo una parte de ellas resulta extrapolable a otras lenguas. A pesar de las notables diferencias que existen entre los análisis que se propusieron, existe acuerdo general en que necesitamos, ante todo, la rección establecida en situaciones de contigüidad. Este tipo de rección puede –como hemos visto– extenderse a una categoría funcional en español (Flex), mientras que en inglés se restringe a la rección léxica. Ahora bien, esta forma de rección tiene lugar también entre nudos que no son hermanos, como sucede en las cláusulas reducidas y en estructuras análogas:

(82) a. Considero [a María una persona muy valiosa].
    b. I believe [her to be very smart]. 'Creo que ella es muy lista.'
    c. En cuanto a los informes, los quiero [__ en mi mesa dentro de una hora].
    d. Se pasaba las tardes viendo [los barcos abandonar el puerto].

Los corchetes de (82) introducen proyecciones máximas que no interrumpen la rección léxica, de lo que se deduce que este tipo de rección no se limita a las condiciones de hermandad estructural que caracterizan la relación núcleo-complemento. Un rasgo importante que caracteriza a todos los segmentos encerrados entre corchetes en (82) es que están MARCADOS TEMÁTICAMENTE, es decir, reciben un papel temático, en lo que coinciden con las categorías regidas directamente por un núcleo, como en *Veo los barcos*. En general, la rección de B por A en A [$_{SX}$ B [$_{X'}$ ...]], donde B es el especificador de SX, tiene lugar en un gran número de casos. Así pues, si tanto en la rección léxica como en la rección por antecedente pueden mediar proyecciones entre rector y regido, lo natural es preguntarse qué proyecciones pueden ser estas y cuáles se rechazan en esas configuraciones.

La intuición que guía esta búsqueda es relativamente simple, aunque sus desarrollos no lo sean exactamente. Las proyecciones máximas no argumentales son BARRERAS porque BLOQUEAN la rección, sea léxica o por antecedente. Nótese que el segmento entre corchetes en (82a) es una cláusula reducida, más exactamente una proyección máxima de SD de acuerdo con el análisis presentado en el § 6.12. El sujeto de esta proyección es *(a) María* –en el sentido amplio de 'sujeto' que se acepta en el análisis de las cláusulas reducidas– y está regido por *considero*. Si se extrae este sujeto, como en *¿A quién consideras [h una persona muy valiosa]?*, seguirá estándolo igualmente. El proceso de rección léxica atraviesa, por tanto, una proyección máxima. ¿Podríamos aplicar el mismo razonamiento a SFlex? Es razonable suponer que los corchetes de (82b), los de (82d) y los más incrustados de (83) corresponden todos a la categoría SFlex:

(83) María prometió [$_{SComp}$ Ø [$_{SFlex}$ PRO hablar con el director del colegio]].

La diferencia fundamental es que los primeros acotan un segmento dominado por una categoría léxica (concretamente, V), y por tanto marcado temáticamente, mientras que en este último caso el rector de SFlex es C°. Así pues, SFlex no está marcado temáticamente en esta última oración. Aun así, hemos visto que un SQu en SComp puede regir por antecedente su huella en el interior de SFlex. No puede decirse, por tanto, que SFlex sea una barrera para la rección de SQu. La propuesta de Chomsky (1986b) consiste en suponer que, sin ser barrera inherentemente, SFlex transmite esta condición a la categoría que la domina inmediatamente: SComp. Como consecuencia, no es posible que un elemento externo a SComp rija (sea mediante rección de núcleo o mediante rección por antecedente) una proyección máxima situada en el interior de SFlex.

Retomemos ahora las configuraciones fundamentales examinadas arriba:

(84) a ¿[$_{SComp2}$ *Cuándo*$_i$ [$_{SFlex1}$ dices [$_{SComp1}$ h^2_i [$_{C°}$ que] [$_{SFlex2}$ pro [$_{SV}$ abriste la caja] h^1_i]]]]?

b. [$_{SComp2}$ *Who [$_{SFlex}$ do you think [$_{SComp1}$ h^2_i [$_{C°}$ that] [$_{SFlex}$ h^1_i called Mary]]]]?

c. [$_{SComp2}$ Who [$_{SFlex}$ do you think [$_{SComp1}$ h^2_i [$_{C°}$ Ø] [$_{SFlex}$ h^1_i called Mary]]]]?

En la oración (84a), SFlex2 no es barrera para que h^2 rija h^1, pero si h^2 no estuviera presente, SComp1 sería barrera para que *cuándo* rigiera por antecedente h^1. En esta misma configuración, SComp1 no es barrera para que *cuándo* rija por antecedente h^2 porque la huella regida no está dentro de SFlex, de modo que esta última categoría permanece inactiva en el proceso. En cuanto a la pregunta del inglés (84b), donde ya vimos que h^1 no está regida por el núcleo Flex (en inglés), tampoco lo está por h^2, ya que la presencia de *that* impide que h^2 rija por antecedente a h^1.

Frente a este análisis, Rizzi (1990) entiende que la irregularidad de (84b) (que reproduce (77a)) estriba en que no se obtiene rección de núcleo entre *that* y h^1, pero sí se obtiene entre Ø y esta misma huella en el correlato sin complementante de (84c) (que reproduce (77a)). La diferencia estaría en que la concordancia 'núcleo - especificador' entre Ø y h^2 habilitaría a h^2 como rector por antecedente de h^1 en (84c). Para este autor, las dos formas de rección constituyen requisitos que han de obtenerse en la configuración: la rección de núcleo es un requisito FORMAL que se computa en un ámbito estrictamente local, mientras que la rección por antecedente es un requisito DE IDENTIFICACIÓN, y se obtiene cuando una proyección máxima se asocia a distancia con otra.

Rizzi entiende que las dos condiciones de las que se habla tienen naturaleza gramatical diferente. Así, el hecho de que el elemento extraído sea o no referencial contribuye a su identificación, pero ello es independiente de su legitimación formal. Por ejemplo, los SQu adverbiales que corresponden a los sintagmas de medida *(¿Cuánto mide la mesa?)* no pueden atravesar proyecciones negativas *(*¿Cuánto no mide la mesa?)*. Estas ISLAS NEGATIVAS existen en tanto en cuanto no es posible asignar naturaleza referencial al SQu en la posición que ocupa, lo que es relativamente independiente de la forma en que está regido localmente. En el § 8.10.2 volveremos con mayor detalle sobre estas estructuras y los factores que explican su comportamiento.

Se ha debatido largamente en la sintaxis de orientación formal la cuestión de si la rección de núcleo y la rección por antecedente representan requisitos alternativos o se trata, por el contrario, de condiciones que han de cumplirse conjuntamente. Ciertamente, si la rección de núcleo de una huella fuera una condición suficiente en sí misma, una configuración tan simple como [... [V *h*]...] estaría bien construida independientemente de la estructura general en la que se insertara, de forma que todas las posibles infracciones a que diera lugar habrían de seguirse del principio de subyacencia. Sin embargo, no es evidente que las cosas sean así. Retomemos, por ejemplo, la constricción de las subordinadas sustantivas de sujeto, mencionada arriba. Se trataba de contrastes como el de (85):

(85) a. *El trabajador a quien [[que hayan despedido h] es un verdadero escándalo].

b. El trabajador a quien [es un verdadero escándalo [que hayan despedido h]].

Obviamente, la rección léxica de *h* se obtiene por igual en los dos casos puesto que las subordinadas sustantivas son idénticas. Podemos suponer, como ya vimos al hablar del contraste similar entre (40b) y (41), que las subordinadas sustantivas de sujeto no están en posición argumental. De hecho, en francés requieren un sujeto pronominal, como el subrayado en *Vivre c'est résister* ('Vivir es resistir'), tal como hacíamos notar en el § 6.3.1, lo que da a entender que se hallan en una posición externa, no temática, como es la de tópico. Desde este punto de vista, el que la subordinada sustantiva esté regida temáticamente en (85b) pasa a ser un factor esencial para que pueda darse la extracción desde su interior. Dicho de otra forma, la subordinada sustantiva no constituye una barrera para la rección por antecedente de *h* desde fuera del nudo Comp más bajo. Para ello necesitamos aceptar (86):

(86) La rección por antecedente de *h* no puede ser interrumpida por ninguna barrera.

Si retomamos ahora algunos de los contrastes en los que se aplicaba la condición sobre los dominios de extracción (§ 7.3.3), comprobaremos que el concepto de rección por antecedente cubre adecuadamente sus funciones. En el § 5.4.4.1 analizábamos pares como (87), que seguramente recordará usted:

(87) a. La calle *de la que* [María vivía [muy cerca h]].

b. *La calle de la que [María desayunaba [muy cerca h]].

Es razonable suponer que el contraste de (87) se debe a que el complemento adverbial que encabeza *cerca* es un argumento de *vivir,* tal como apuntábamos en el § 5.4.4.1, pero un adjunto en el caso de *desayunar.* Esta proyección adverbial constituye, por tanto, una barrera para que la huella *h* esté regida por antecedente en el segundo caso, pero no el primero. En realidad, el concepto apropiado no es tanto el de MARCADO TEMÁTICO como el de MARCADO LÉXICO. La diferencia es imperceptible en muchas ocasiones, pero surge de forma clara en algunos casos. Observe el contraste siguiente:

(88) a. ¿A quién [acabaron [eligiendo h]]?
    b. *¿A quién [sonreía [mirando h]?

Aquí no interviene exactamente el concepto de 'marcado temático', puesto que ninguna de las dos oraciones de gerundio es argumental. No obstante, en (88a) tenemos una perífrasis verbal de las llamadas 'aspectuales', lo que significa que el gerundio está seleccionado léxicamente por el verbo *acabar* en esa oración. Este verbo podría alternar con *empezar, seguir* y muy pocos más. En (88b) tenemos un adjunto, como en (87b), y se aplica el mismo razonamiento que en aquel caso. Se obtienen análisis muy similares en otros contrastes que se atribuyen tradicionalmente a la condición o constricción de los dominios de extracción. La intuición que se esconde en estas consideraciones es, en lo fundamental, la siguiente: las relaciones temáticas –y en general, las que se obtienen de la selección léxica– proporcionan la trabazón necesaria que la sintaxis exige para reconocer los vínculos gramaticales que se establecen a distancia en los procesos de desplazamiento. Las barreras constituyen rupturas de esa trabazón, y por tanto, fronteras que impiden que se establezcan tales relaciones.

Existe cierta discrepancia acerca de los límites efectivos que deben reconocerse entre la rección por antecedente y el principio de subyacencia. Este último principio ha de mantenerse en alguna de sus formas, ya que no abarca exactamente las mismas estructuras que el anterior. Hemos comprobado, por ejemplo, que la flexión verbal rige propiamente los sujetos en español. Aun así, no podemos realizar extracciones desde el interior de estos sujetos, como ya vimos:

(89) a. La carta de su novia era realmente emocionante.
    b. *La persona [*de la que* [la carta h] era realmente emocionante]].

Si se acepta que SD está propiamente regido, no puede constituir una barrera para la rección por antecedente de *h* por parte del SQu. El factor gramatical que excluye (89b) sigue siendo, por tanto, el principio de subyacencia. Se ha observado, no obstante, que ciertas infracciones del principio de subyacencia (generalmente en construcciones en las que se infringe a la vez la condición sobre los dominios de extracción) son relativamente frecuentes en la lengua oral. Las oraciones de (90) pertenecen al registro conversacional:

(90) a. ??El vecino que nadie puede descansar cuando toca el piano.
    b. ??Esta es la película que podríamos ir al cine si empieza a las diez de la noche.

Todos los hablantes a los que presentamos las oraciones de (90) coincidieron en que no deberían formar parte de un texto, y señalaron que las consideraban gramaticalmente incorrectas. A la vez, todos hicieron notar que «la gente suele hablar de esta forma», que «en la lengua hablada es normal decir cosas así» o que «estas frases son propias de la lengua descuidada». Así pues, el estatus gramatical que les corresponde no parece ser exactamente el de 'inexistentes' o 'no atestiguadas', sino más bien el de 'propias del habla espontánea' o 'impropias de los registros formales'.

Nótese ahora que en ambas oraciones se infringe el principio de subyacencia (se cruzan dos nudos SFlex en las dos), además de la condición sobre los dominios de extracción (se extrae en ambas un sujeto del interior de un adjunto). Se ha observado que estas construcciones se obtienen más fácilmente con huellas en posición de sujeto que de objeto, lo que podría interpretarse como argumento a favor de que los pronombres reasuntivos de los que hablábamos a continuación de (65) pueden extenderse también a *pro*. Si se interpreta, en cambio, que tenemos una huella en la posición de sujeto de *toca* y de *empieza* en estas oraciones, se obtienen las dos infracciones mencionadas, a pesar de lo cual las oraciones no dan lugar a las alambicadas y casi incomprensibles estructuras que hemos examinado en las secciones anteriores. El hecho de que en ambas se obtenga la rección léxica de la huella correspondiente al elemento extraído parece apoyar la idea de que, una vez que esta se logra, las infracciones a las que dan lugar las configuraciones de subyacencia son menos esenciales desde el punto de vista configuracional. La cuestión, no obstante, es polémica y es probable que siga siéndolo durante algún tiempo. Para la extracción de SQu desde el interior de las prótasis condicionales en español, véase Etxepare (1996).

7.5. La localidad en el programa minimista

La investigación actual en el campo de la teoría de las extracciones y de las constricciones a las que están sometidas se lleva a cabo dentro del programa minimista en los últimos años. Dado lo reciente de las nuevas propuestas, y teniendo en cuenta que están sujetas todavía a amplio debate, solo haremos aquí un esbozo preliminar de ellas.

El programa minimista, como se recordará, sustituye el enfoque representacional del marco teórico anterior por un enfoque fuertemente derivacional (§ 4.6.1). Este cambio de punto de vista resulta especialmente relevante en el caso de la teoría de la localidad. De hecho, pasa a ser bastante problemático, ya que nociones teóricas como 'subyacencia' o 'rección' son claramente representacionales. En efecto, en los apartados anteriores hemos visto que lo que convierte en mal formadas ciertas oraciones es la presencia de determinadas huellas de su representación estructural que no satisfacen ciertas condiciones (por ejemplo, no están regidas adecuadamente). Solo podemos determinar si las cosas son así cuando, al final del proceso generativo que deriva una determinada oración, examinamos la representación resultante y determinamos qué huellas satisfacen o no dichos requisitos. En otras palabras, necesitamos tener las representaciones sintácticas al completo para saber si son adecuadas.

Desde un punto de vista estrictamente derivacional, no se procede de la misma forma. Si un proceso de extracción resulta inviable es porque la derivación correspondiente falla o fracasa al llegar a un determinado punto o al acometer un paso derivacional que no está legitimado. La pregunta fundamental se convierte entonces en cómo caracterizar la noción de 'paso derivacional' adecuado o, paralelamente, qué convierte un paso derivacional en un movimiento no adecuado. En resumen, solo podremos caracterizar una derivación como adecuada cuando todos los pasos sean legítimos.

¿Qué pasos son, entonces, los adecuados? La intuición que subyace a la respuesta de Chomsky (1995) es sencilla. Serán adecuados aquellos que representen una aplicación de la operación del MOVIMIENTO MÁS CORTO (ingl. *shortest move*). Veamos un ejemplo. Recuerde que (91a) en inglés es gramatical, mientras que (91b) no lo es:

(91) a. What did you say that John hates?
      '¿Qué dijiste que odia Juan?'
   b. *What did you wonder why John hates?
      '¿Qué te preguntabas por qué odia Juan?'

La agramaticalidad de (91b) se seguiría, dentro de esta pauta de análisis, de la generalización sobre el movimiento más corto. La extracción de *what* sería posible en (91a) a través del especificador de Comp (movimiento corto), mientras que en (91b) *why* impediría la extracción de *what* utilizando un solo desplazamiento «más largo». Desde luego, las cosas no son siempre tan sencillas, como ya hemos visto en las secciones anteriores de este capítulo, ya que existen otros factores que impiden o posibilitan los desplazamientos. Esta idea ya estaba presente en el concepto de MINIMIDAD RELATIVIZADA (ingl. *relativized minimality*) de Rizzi (1990), que Chomsky reformula como la siguiente CONDICIÓN DEL ESLABÓN MÍNIMO (ingl. *minimal link condition*):

(92) Solo puede producirse un movimiento de A a B si no hay un constituyente C del mismo tipo que A y más cercano a B que A.

Esta condición es aplicable a cualquier tipo de movimiento, de ahí las palabras «del mismo tipo». Por ejemplo, la restricción que observamos en el movimiento de núcleo a núcleo (§§ 4.2. y 4.3) ejemplificaría la condición de (92): un núcleo debe moverse al núcleo más cercano del mismo tipo. Por ejemplo, el núcleo verbal V se mueve a Flex, y no a C directamente (movimiento largo), o a un núcleo nominal intermedio, que no sería del mismo tipo. Se aplica también la condición (92) al movimiento A, para explicar el fenómeno denominado SUPERASCENSO (ingl. *super raising*), que se da tanto en inglés (93) como en español (94):

(93) a. *$Bill_i$ was said that it seems h_i to like dogs.
   b. It was said that $Bill_i$ seems h_i to like dogs.
      'Se dijo que a Bill parecen gustarle los perros.'
(94) a. *$Los\ candidatos\ madrileños_i$ parecen que *pro* resultó h_i ser elegidos.
   b. *Pro* parece que *los candidatos madrileños*$_i$ resultaron h_i ser elegidos.

El contraste de gramaticalidad de (93) indica que no es posible un paso de 'superascenso' como el de (93a), en el que *Bill* se desplazara desde la posición de sujeto de *like* a la posición de sujeto de la oración matriz, saltándose la posición disponible de sujeto de *seem* (en la que se inserta un sujeto expletivo). Lo mismo sucede en (94a), donde *los candidatos madrileños* no se desplaza a la posición del mismo tipo (posición argumental) más cercana, es decir el sujeto de *resultar,* sino que lo hace a la posición de sujeto de *parecer*. En ambos casos, como puede comprobarse, se viola (92), a diferencia de lo que sucede en (93b) y (94b).

Pasando ahora al movimiento A', una de las aplicaciones de (92) que se han desarrollado en la bibliografía es la del llamado PRINCIPIO DE SUPERIORIDAD (§§ 7.3.4 y 8.6.3), que suele ilustrarse con los muy famosos ejemplos del inglés reproducidos en (95):

(95) a. Who bought what?
　　　　'¿Quién compró qué?'
　　b. *What did who buy?
　　　　'¿Qué compró quién?'

El contraste de (95) indica que el elemento jerárquicamente superior o «más cercano» a Comp es el que puede desplazarse. Por tanto, (95b) sería agramatical porque la posición de sujeto es la más cercana a la posición de especificador de Comp y, en consecuencia, el movimiento de *what* al especificador de Comp violaría (92). Observe ahora que el correlato de (95b) es gramatical, en español, al menos para algunos hablantes, como puede comprobarse en la traducción. Se deduce de ello que (92) deja de ser una explicación inmediata para esos casos. Se ha intentado también extender (92) a las islas *qu-*. Volvamos a los ejemplos de (66) y (67), cuya explicación se ha relacionado recientemente con dicha condición:

(66) a. ¿Qué problema no sabes [cómo solucionar h]?
　　b. *¿Cómo no sabes [qué problema solucionar h]?

(67) a. La novela que nadie sabe dónde escribió Cervantes.
　　b. *El lugar en que nadie sabe qué novela escribió Cervantes.

Para algunos autores (como Stepanov, 2001; Eguren y Fernández Soriano, 2004), estos contrastes pueden explicarse a partir de (92) si añadimos una hipótesis sobre la generación de los elementos adjuntos. Si suponemos que los adjuntos se generan como especificadores de una proyección funcional más alta que los argumentos, estos ejemplos se verían afectados por el principio de superioridad, ya que, al ser adjunto el elemento superior o más cercano al Comp incrustado, tendría que ser el que se desplazara a la posición de especificador en la oración subordinada. Esta situación se da en (66a) y (67a), pero no en (66b) y (67b).

7.6. Los huecos parasíticos

El análisis sintáctico de las alternancias que se observan en (96), mencionadas de paso en el § 4.6.1, ha atraído considerablemente la atención de los gramáticos de orientación formal. En cambio, su interés ha pasado generalmente inadvertido a los gramáticos de otras tendencias:

(96) a. El informe que archivé sin {leer __ / leerlo}.
　　b. El documento que te dejé para que {revisaras__ / lo revisaras} este fin de semana.

Nótese que si el relativo *que* se asocia en (96a) con el complemento directo de *archivé,* lo esperable es que *leer* aparezca con el suyo (como sucede en *leerlo*). Sin embargo, la omisión que se muestra en la primera variante de (96a) es frecuente en la lengua oral. Se aplica un razonamiento similar a (96b). Se dice que el hueco correspondiente al complemento directo de *leer* en (96a) es parasitario o

PARASÍTICO del complemento directo de *archivé,* ya que depende de él para su existencia, como enseguida explicaremos. De esta metáfora biológica procede la denominación HUECOS PARASÍTICOS (ingl. *parasitic gaps*) que suelen recibir este tipo de construcciones.

Este fenómeno no tiene naturaleza léxica. Se sabe que con la preposición *sin* se obtienen predicados que constituyen la negación léxica de los participios *(Una botella abierta / Una botella sin abrir)*. Esta forma de negación es diferente de la que muestra (96a), puesto que está restringida sintácticamente. En las construcciones con huecos parasíticos formadas con la preposición *sin,* como las de (96), se aceptan, por ejemplo, tiempos compuestos y perífrasis verbales, frente a lo que se permite en las construcciones en las que *sin* constituye la negación léxica del participio:

(97) a. El libro que archivé sin {leer __ / haber leído __ / poder leer __}.

   b. Junto a la mesa había una botella sin {abrir / *haber abierto / *poder abrir}.

La presencia del hueco «__» en (97a) es posible, según se acepta generalmente, porque la oración principal muestra un caso de movimiento A'. La ausencia de complemento en *leer* podría obtenerse asimismo en una interrogativa, como en (98a), o en una construcción focal, como en (98b):

(98) a. ¿Qué informe archivaste sin leer?

   b. ¡Demasiados fallos pasas tú por alto sin corregir!

Observe ahora que no puede obtenerse, en cambio, este hueco sintáctico en ausencia de movimiento A':

(99) a. Archivé este informe sin {leerlo / *leer}.

   b. Te dejé el documento para que {lo revisaras / *revisaras} durante el fin de
      semana.

La solución que se propone en Chomsky (1982), Contreras (1993) y otros trabajos consiste en suponer que el hueco que se permite en estas oraciones es en realidad la huella de un operador nulo, identificado anafóricamente por el SQu explícito en una relación de mando-c. Se obtiene, pues, una estructura del tipo (100):

(100) *SQu... h...* [$_{SP}$ sin [*Op* [PRO leer *h*]]]

A partir de (100) se entiende mejor por qué se eligió el término «parasítico» para denominar estas construcciones, ya que esta representación muestra que la huella que sigue a *leer* existe «por asimilación» a la huella anterior, creada por el movimiento A'.

Este análisis prevé el movimiento cíclico del operador en el interior del SComp más bajo, pero se ha observado que este movimiento se obtiene unas veces *(El informe que archivé sin esperar a que nadie leyera),* pero no tan claramente en otras *(??*El informe que archivé sin pensar que alguien buscaría).* Algunos autores, como Bordelois (1986), entienden que los huecos así creados son variables anafóricas, lo que llevaría a una revisión de la teoría del ligamiento (véanse los §§ 9.2 y 9.3). Otros,

como Postal (1993), suponen que estas oraciones están sujetas a un tipo de MOVI-
MIENTO PARALELO (ingl. *across the board*) similar al que se reconoce en secuencias
como *El libro que Juan empezó y su hijo terminó*. Cabe pensar, finalmente, que su
existencia pueda estar en función de procesos de reestructuración análogos a los que
se han descrito en el § 7.3.2, y que también se han observado en estructuras como
las que dan lugar a la anteposición de pronombres átonos, entre otras:

(101) a. Prometí a tu hijo {*llevar / llevarlo} al cine.
      b. ¿A quién prometiste {llevar / llevarlo} al cine?

Conviene tener presente que los huecos parasíticos son potestativos, al igual
que lo son los procesos de reanálisis. Desde este punto de vista, las dos opciones
que se muestran en (101b) son el resultado de que se interprete *prometiste llevar*
como un predicado complejo al que corresponde un solo complemento *(a quién)*,
o bien como dos verbos, lo que hace esperar dos complementos *(a quién* y *lo)*.

7.7. Conclusión

En este capítulo hemos examinado numerosas manifestaciones de los procesos de
movimiento A'. Como hemos visto, interesa especialmente al gramático, con independencia del modelo teórico que emplee, explicar por qué dichos procesos no
son completamente irrestrictos, ya que dan lugar a secuencias gramaticales en
unos casos, y a otras desviadas en esquemas sintácticos aparentemente similares.
El problema que surge entonces es el de caracterizar los principios, las condiciones o las constricciones que nos permitan restringir adecuadamente los mecanismos de movimiento, y con ello explicar su propia naturaleza.

Se han propuesto un buen número de generalizaciones (o candidatos a generalización) desde los primeros estadios de la gramática generativa hasta nuestros
días: desde las constricciones o condiciones de Ross sobre las islas sintácticas hasta las propuestas basadas en la subyacencia o en los varios subtipos de rección, entre otros mecanismos que hemos presentado. Aunque puede decirse que hoy en
día sabemos mucho más sobre las propiedades y las características del movimiento a posición no argumental de lo que sabíamos hace cuarenta años, es también
cierto que es este un dominio de la sintaxis en el que parece difícil alcanzar la unificación explicativa. No podemos decir, por tanto, que exista una sola generalización, es decir, una condición válida que explique por sí sola todos los casos de extracción. Si bien no es imposible que se descubra, lo cierto es que probablemente
permanecerá durante bastante tiempo como un objetivo lejano.

7.8. Lecturas complementarias

• La mayoría de los manuales introductorios que hemos mencionado en el capítulo 1 dedican parte de su contenido a la teoría del movimiento A'. Este tipo de movimiento constituye, en efecto, una parte central en la historia de la gramática ge-

nerativa. Entre las variedades que posee el movimiento A', el movimiento de sintagmas *qu-* es, sin duda, la que más atención ha recibido. Los otros textos fundamentales, desde los años noventa hasta el momento, son los siguientes: Rizzi (1990), Cinque (1990), Kayne (1994, 2005), Takahashi (1994), Watanabe (1996), Collins (1997), Cheng (1997), Simpson (2000), Pesetsky (2000), Ura (2000), Richards (2001), Boeckx (2003), Boeckx y Grohmann (2003) y Aoun y Li (2004). Resulta también recomendable la lectura de los textos de Chomsky sobre este tema, para comprender la evolución de su pensamiento sobre la cuestión: Chomsky (1955, 1957, 1965, 1976, 1977b, 1981, 1982, 1986b, 1995).

• En algunas teorías sintácticas se derivan las restricciones relativas al movimiento *qu-* de otros mecanismos que no entrañan desplazamiento de constituyentes, sino diversas formas de asociación a distancia entre constituyentes sintácticos. Véase sobre esta opción Sag y Fodor (1994), Levine y Hukari (2006) y Culicover y Jackendoff (2005).

• El movimiento de SQu ha sido estudiado en español en un gran número de trabajos. Cabe señalar, entre otros, los de Torrego (1984), Jaeggli (1984, 1988), Contreras (1986b, c, 1989, 1993, 1999b), Suñer (1985, 1998, 2001), Suñer y Lizardi (1995), Goodall (2001, 2002, 2004) y –más recientemente– Uribe-Etxebarria (2002), Etxepare y Uribe-Etxebarria (2005) y Gallego (2006a, b).

Los cuantificadores.
Características de la Forma Lógica

8.1. Referencia y cuantificación

8.1.1. *Los cuantificadores*

Nuestro análisis de la predicación en el capítulo 5 defendía la centralidad de tal noción a partir de la idea básica, e intuitivamente correcta, de que las oraciones expresan relaciones entre individuos y propiedades, o –más exactamente– atribuyen las segundas a los primeros. Decíamos que la oración *Jorge sonrió* se evalúa semánticamente como verdadera si el individuo denotado por *Jorge* tiene la propiedad denotada por *sonrió*. De igual modo, la oración *Jorge adora a Luisa* se evaluará como verdadera si Jorge y Luisa están en la relación denotada por *adorar*. Recogen ese hecho tanto los lenguajes que usan los lógicos como la estructura argumental que usan los gramáticos como representación de parte de nuestro conocimiento de las piezas léxicas. Por ello decimos que *sonreír* es un predicado monádico o monovalente (§ 5.3.4) saturado por el nombre propio *Jorge,* y que *adorar* es un predicado binario saturado por *Jorge* y *Luisa*.

Habrá usted observado seguramente que en estos ejemplos (muy elementales, desde luego) utilizamos de forma conspicua nombres propios, ya que es obvio que estas expresiones designan individuos. Si sustituimos los nombres propios por SSDD complejos, es fácil darse cuenta de que la referencia de esta categoría no puede asociarse unívocamente con individuos particulares:

(1) a. El tocadiscos del vecino de arriba me molesta.

   b. Algunos obreros están haciendo demasiado ruido.

En (1a) podrá usted sugerir que me refiero unívocamente a cierto aparato reproductor de discos de mi vecino. Puedo usar (1a) sin saber nada de ese aparato, incluso sin haberlo visto nunca. También podría usar con naturalidad esa expresión tanto si lo está usando mi vecino como si lo hace su mujer o uno de sus hijos. Más aún, la expresión *el tocadiscos del vecino* podría ser usada en múltiples contextos por personas diferentes, aplicada en vecindarios diferentes a vecinos también diferentes. Supongamos que uso (1a) para quejarme al portero, y este me dice que mi vecino no tiene tocadiscos, sino solo radio. Si mi portero quisiera tomarme el pelo, podría añadir que «no me estoy refiriendo a nada», puesto que la entidad designada por el sujeto de (1a) no existe, evidentemente. Desde luego, puedo haberme equivocado al identificar la causa de mi molestia (lo cual no indica que esta no exista) y también puedo haber hecho la suposición indebida de que esa entidad existía. Ciertamente, deberé concluir al menos que la expresión *el tocadiscos de mi vecino* no designa una entidad de la misma forma en que lo hacen expresiones como *Moscú, Moby Dick, Guillermo Tell* o *Napoléon Bonaparte*. La expresión *el tocadiscos de mi vecino* es una EXPRESIÓN REFERENCIAL. Su referente puede ser real o imaginario, y estar bien o mal identificado.

Supongamos ahora que me quejo ante el portero usando (1b) y este me contesta que mi afirmación no tiene sentido a menos que le dé los nombres de estas personas, porque «si no le doy esos nombres, no me estaré refiriendo a nadie». Si ocurriera algo así, debería –ciertamente– enfadarme con mi portero, pero también debería (si me interesa el lenguaje, y en particular la relación entre la forma de las expresiones y su significado) preguntarme qué es exactamente lo que falla en su razonamiento, que tan absurdo me parece. Lo que falla, en dos palabras, es muy simple: no es cierto que todos los SSDD se refieran a individuos concretos o particulares. Otros casos conocidos, que muestran el mismo problema, son los que ejemplifican las oraciones siguientes:

(2) a. Todos los alumnos de sintaxis están en el aula de examen.
    b. Tres alumnos de sintaxis están todavía en el pasillo.

El bedel puede informarme de (2a) tras haber comprobado que no queda nadie en el pasillo. Sería suficiente que hubiese un alumno de sintaxis en el pasillo para que (2a) no fuese adecuada como descripción de la situación. En otras palabras, el bedel no se refiere a un individuo o a varios individuos en concreto, sino que está expresando una generalización aplicable a todos los individuos que son alumnos de sintaxis. No importa si los conoce o no, o si sabe o no algo de ellos. De igual modo, es obvio que (2b) no se refiere a tres alumnos en concreto, sino que es una aserción sobre la cantidad o CARDINALIDAD del conjunto de los alumnos que están en el pasillo. La oración seguirá siendo verdadera en caso de que uno de los estudiantes entre en el aula pero otro salga y se quede en el pasillo. El número total seguirá siendo tres, y la expresión *tres alumnos* sigue siendo apropiada. Sabemos además que las oraciones (2a) y (2b) no pueden ser verdaderas o describir la misma situación al mismo tiempo: si tres alumnos están en el pasillo, no podemos decir que todos estén en el aula. Podremos decir, a lo sumo, *Todos los alumnos menos tres están en el aula*.

A lo mejor piensa usted que le estamos diciendo obviedades: que cuando hay tres alumnos usamos la expresión *tres alumnos* y que cuando están todos los alumnos usamos la expresión *todos los alumnos*. En realidad, estamos intentando precisar qué significan estas expresiones o, más exactamente, qué generalización o generalizaciones podemos establecer sobre el significado de los SSDD. La más inmediata es que en todas estas circunstancias parece que no nos estamos refiriendo a individuos particulares, sino introduciendo generalizaciones sobre cantidades. Expresiones como *tres alumnos* o *algunos obreros* son también SSDD, pero constituyen EXPRESIONES CUANTIFICATIVAS O CUANTIFICACIONALES porque están encabezadas por un determinante CUANTIFICADOR. Diremos entonces que los SSDD no designan uno o varios individuos, sino que actúan como cuantificadores o como expresiones cuantificativas.

La diferencia entre referencia y cuantificación está representada gramaticalmente, en el sentido de que para expresar enunciados cuantificacionales (es decir, enunciados relativos a la cantidad o al número de individuos) necesitamos la presencia de determinantes. Como su nombre indica, un cuantificador expresa una generalización sobre cantidades. Ahora bien, la pregunta natural es cómo representamos esta propiedad en términos formales. Parece obvio que esta es una propiedad abstracta o no visible. Hemos comprobado también que no es reducible a la de predicación, ya que tanto un nombre propio como un SD articulado saturan una única posición, reciben el mismo papel temático, etc. Necesitamos algo más sofisticado para distinguir las expresiones referenciales de las cuantificativas. En la sección siguiente explicaremos cómo se suelen distinguir formalmente unas de otras.

8.1.2. *Las variables cuantificacionales*

Una paráfrasis posible del significado de las oraciones de (2) sería la siguiente:

(3) a. Para todos los alumnos de sintaxis *x,* es el caso que *x* ha entrado en el aula.
    b. Para tres alumnos *x,* es el caso que *x* ha entrado en el aula.

La expresión *es el caso* no forma parte de la lengua común. Ciertamente, no se suele decir *Es el caso que tengo sed* o *Es el caso que me voy al cine*. Podríamos sustituirla por otras como *Se da la situación, Es cierto, Sucede* u otras similares. Estas expresiones también son infrecuentes en la lengua común, pero nos permiten dar cuenta de un determinado «estado de cosas» con la sintaxis del español, y presentar además ciertas restricciones o limitaciones que afectan, como vemos, a algunos de sus componentes. Este tipo de paráfrasis, con la que estará usted familiarizado si ha cursado alguna materia de lógica o de filosofía, menciona un elemento que no incluimos en las oraciones de (2). A este elemento, representado por *x* en (3), lo denominamos VARIABLE. No pronunciamos las variables en las oraciones del español (salvo, obviamente, en el sentido amplio en que un indefinido como *alguien* pueda ser interpretado como una variable). Desde luego, nadie construye enunciados como las expresiones de (3). El que no las pronunciemos indica precisamente que lo que tenemos en (3) es una paráfrasis o una explicación metalingüística del significado de los ejemplos de (2). Las variables son, pues, elementos que pertenecerán a la REPRESENTACIÓN DEL SIGNIFICADO de dichos ejemplos.

El uso de variables nos permite recoger de forma muy aproximada la contribución de los cuantificadores al significado de una oración. La representación (3b) expresa que para tres VALORES de la variable *x* (donde *x* es un alumno) es el caso que (es decir, «se da la situación de que») *x* ha entrado en el aula. Esto es precisamente lo que la oración (3b) expresa. En esta paráfrasis no decimos nada sobre la identidad concreta de tres individuos o sobre si estos individuos deben cumplir alguna condición. El término *variable* se asocia con la idea de que necesitamos estos elementos para representar la «variación», es decir, el número de apariciones, ocurrencias o situaciones alternativas que hay que considerar para determinar si lo que expresa el cuantificador es adecuado.

Decimos que un cuantificador LIGA una variable cuando queremos expresar que está asociado con ella. Tanto *todo alumno* como *tres alumnos* están ligando la variable *x* en sus respectivas representaciones. El ligado de una variable por un cuantificador nos dice, por consiguiente, cuántos valores de dicha variable tendremos que considerar para determinar si una determinada oración es verdadera: en (3) se tratará de todos los valores posibles en el universo del discurso, o bien, solo de tres. La asociación entre el cuantificador y dicha variable es en principio EXCLUSIVA. Considere la siguiente oración:

(4) Todos los alumnos de sintaxis entraron en el aula al tiempo que todos los de física salían.

Supongamos que representamos (4) como sigue:

(5) Para todos los alumnos de sintaxis x, es el caso que x entró en el aula al tiempo que, para todos los de física x, es el caso que x salía.

Esta representación no es adecuada. No nos da una idea de qué cuantificador liga qué variable. Con el símbolo x nos referimos a individuos pertenecientes a un conjunto captado por un determinado *restrictor*, y si usamos esa letra en otro sitio, estaremos remitiendo entonces a tal dominio, lo que imposibilita usarla para un restrictor diferente. En efecto, si decimos que el cuantificador *todos los alumnos de sintaxis* liga (es decir, está asociado a) la variable x, entonces debe ligar todas las apariciones de dicha variable en el enunciado, incluyendo x *salía*. Como consecuencia, lo que esta representación nos dice es que será el caso que para todo individuo que se considere, dicho individuo entró en el aula al tiempo que salía. Esto es, obviamente, inadecuado. Lo que sucede es que la variable x que sigue al cuantificador *todos los de física* le corresponde a este cuantificador, y el primero no puede «apropiársela», por la sencilla razón de que ya tiene la suya.

Se obtienen dos primeras conclusiones de esta restricción. Por un lado, los cuantificadores tienen un DOMINIO DE LIGADO limitado, en el sentido de un espacio o un ámbito en el que ha de figurar la variable que les corresponde. Por otro, tenemos que cambiar los nombres de las variables para indicar qué cuantificador liga qué variable. Supongamos que cambiamos la representación defectuosa de (5) por (6):

(6) (Para todos los alumnos de sintaxis x) [es el caso que x entró en el aula] al tiempo que (para todos los alumnos de física y) [es el caso que y salía].

El resultado es ahora adecuado. En (6) hemos introducido dos convenciones sencillas: usamos los corchetes para indicar hasta dónde llega la capacidad de ligado de un cuantificador, y además cambiamos el nombre de una de las variables (x por y) para indicar la relación de ligado diferencial, es decir, el primer cuantificador liga la variable correspondiente a *entró en el aula*, y el segundo la correspondiente a *salía*. Al espacio o segmento en el que un cuantificador puede ligar variables se le denomina técnicamente el ÁMBITO O ALCANCE (ingl. *scope*) del cuantificador. Decimos entonces que en los ejemplos de (2) el cuantificador tiene alcance o ámbito sobre toda la oración en la que aparece. En (4), donde aparecen dos cuantificadores, el primero tiene alcance o ámbito sobre la oración matriz y el segundo sobre la oración subordinada introducida por *al tiempo que*.

8.2. El nivel de la Forma Lógica

8.2.1. *Sintaxis e interpretación. El ascenso del cuantificador*

El estatuto que corresponde en la arquitectura de la gramática a las representaciones abstractas de las que hemos estado hablando en el apartado anterior ha generado una importante controversia. Para algunos, este tipo de consideraciones forman parte exclusivamente de la teoría semántica, de forma que la relación entre las oraciones del lenguaje natural y las representaciones como (6) u otras similares tiene lugar mediante un proceso de traducción a una representación independiente. A esta representación se la denomina REPRESENTACIÓN SEMÁNTICA (y a veces 'forma lógica', con minúsculas). La representación semántica de una oración se entiende, desde este punto de vista, como una tarea completamente independiente de la estructura sintáctica y de las operaciones que forman parte de la sintaxis.

La otra opción es la que suele defenderse en el marco de la gramática generativa. Desde esta otra perspectiva, estas representaciones (en las que las expresiones cuantificativas se desgajan, como hemos visto, de la proposición a la que pertenecen) no son convenciones formales de la lógica o de la semántica, sino que tienen una cierta correspondencia con el conocimiento implícito que los hablantes tienen del significado de esas oraciones. Es más, se postula que las representaciones de (3) o (6) son, en cierta medida, representaciones sintácticas, en el sentido de que poseen propiedades estructurales cercanas a las que operan en la sintaxis, separan elementos o componentes esenciales en el análisis sintáctico y se obtienen utilizando algunos de los mismos mecanismos y procesos que usamos para determinar la estructura patente (es decir, visible o superficial) de las secuencias.

Como hemos visto, las oraciones no aparecen ante nosotros en formas tan peculiares como las que se manifiestan en representaciones del estilo de las de (6). Se distingue entonces entre una SINTAXIS PATENTE (ingl. *overt syntax*) y una SINTAXIS ENCUBIERTA o invisible (ingl. *covert syntax*). Esta última recoge las operaciones estructurales que condicionan y determinan el significado de las secuencias y que en su mayor parte no tienen un reflejo visible. La propuesta fundamental es que esta sintaxis se corresponde con un nivel lingüístico de representación, al que se denomina FORMA LÓGICA (con mayúscula ahora en las iniciales como simple recordatorio de que hablamos de un componente del análisis gramatical, no del análisis lógico) o, abreviadamente, FL. La FL es un nivel sintáctico más que actúa como intermediario, es decir, como INTERFAZ O INTERFICIE (ingl. *interface*) entre la estructura sintáctica visible y la representación semántica:

(7) sintaxis visible > Forma Lógica > representación semántica

Se preguntará usted ahora cómo es posible relacionar representaciones del tipo de (6) con las que hemos visto en este libro, es decir, con representaciones en las que se expresan relaciones estructurales como dominio, precedencia, mando-c, rección, etc., y también procesos de movimiento como los que hemos examinado en varios capítulos. Robert May se planteó esta cuestión en su tesis doctoral (May, 1977) y propuso que la derivación de la representación de la Forma Lógica (FL) a partir de lo que entonces se denominaba Estructura Superficial tenía lugar por medio de aplicaciones de la operación de movimiento muévase-α. En concreto, esta regla afectará solo a los cuantificadores o las expresiones cuantificativas, por lo que en lugar de llamarla genéricamente muévase-α, se la denomina regla de ASCENSO DEL CUANTIFICADOR o simplemente AC (ingl. *quantifier raising* o *QR*). Así pues, por aplicación de AC derivamos la FL de una oración a partir de su estructura superficial (ES):

(8) ES $\longrightarrow$ FL
$\quad\quad$ AC

El objetivo de AC es, en dos palabras, convertir cierta versión de las representaciones lógicas de las estructuras cuantificativas en parte del análisis sintáctico. El hecho de que las expresiones cuantificativas requieran un tipo de desplazamiento parece contrario a la intuición. Ciertamente, podemos entender que en la oración *¿De qué dices que hablaban?*, y en otras muchas similares que hemos analizado en el capítulo precedente, existen razones formales que nos llevan a suponer que el elemento *de qué* se ha desplazado a una posición inicial. Pero, ¿qué razón podría haber para suponer que el sujeto de *Tres alumnos están esperando en el pasillo* ha sufrido algún tipo de desplazamiento encubierto que no sufre *Juan* en *Juan está esperando en el pasillo*? En los apartados siguientes consideraremos varios argumentos formales en favor del desplazamiento tácito de los cuantificadores, casi todos relativos a la influencia que unos ejercen sobre otros y a las limitaciones interpretativas que imponen a las expresiones cuantificativas ciertos operadores como la negación, los verbos modales y otros elementos similares. En todos estos casos puede decirse que las expresiones cuantificativas «caen bajo el efecto de esas unidades» o bien que «escapan de ellas». Un recurso que permite reflejar ese «escape» es usar las posiciones sintácticas a las que se desplazan, es decir, acudir a los procesos de movimiento sintáctico, cuyas propiedades fundamentales ya conocemos.

Antes de examinar esas relaciones de influencia y escape, debemos intentar caracterizar un poco mejor el movimiento encubierto del que estamos hablando. La regla AC desplaza un cuantificador al nivel sobre el que toma ámbito, que constituye en cierta forma su «techo estructural». En los ejemplos del apartado anterior veíamos que el ámbito de los cuantificadores era la oración. Sin embargo, en otros casos el ámbito de un cuantificador puede ser un SD. En la expresión *el padre de cada estudiante debe acompañarlo* estamos hablando del padre de cada uno de los estudiantes que se consideran, por lo que podemos suponer que el cuantificador *cada estudiante* toma alcance sobre el SD y se obtiene la representación semántica: *para todo estudiante x [el padre de x]*. Así pues, para ser más precisos deberemos decir que el ámbito de un cuantificador es una unidad predicativa o proposicional. En términos configuracionales, AC desplazará un cuantificador a la proyección sobre la que tiene ámbito. Según May (1977), la operación AC es un tipo de adjunción. Si un cuantificador Q tiene ámbito sobre un nudo X, entonces AC crea un nuevo nudo X y adjunta Q a X:

(9)

Al ser AC un caso particular de la regla muévase-α, estamos diciendo que AC desplaza un SD desde un punto estructural a otro punto, desde el que tiene alcance o ámbito. Este desplazamiento se «registrará» estructuralmente, lo que se indica mediante una huella en la posición originaria, como hacíamos con los movimientos patentes o visibles en el capítulo anterior. Consideremos una oración elemental como (10):

(10) [$_{SFlex}$ Tres alumnos [$_{Flex'}$ están en el pasillo]].

Al aplicar AC al SD *tres alumnos,* lo adjuntamos a SFlex de la siguiente forma:

(11) [$_{SFlex}$ Tres alumnos$_i$ [$_{SFlex}$ h$_i$ [$_{Flex'}$ están en el pasillo]]].

Esta sería la FL de (10). Un aspecto interesante de (11) es que estructuralmente es muy cercana a la representación semántica que proponíamos en (3b) y otras oraciones similares, es decir, a la que es habitual entre los lógicos. Supongamos que consideramos variables las huellas resultantes del movimiento por aplicación de AC. Si lo hacemos así, (11) puede «traducirse» a la representación semántica o forma lógica (con minúscula) siguiente:

(12) (Tres alumnos *x*) [*x* están en el pasillo].

Esta traducción solo requeriría sustituir huellas por variables y eliminar las etiquetas que indican información sobre categorías sintácticas no interpretables. Mediante este conjunto sencillo de suposiciones, hemos conectado la estructura que asignamos a una secuencia con su representación semántica.

Observe, por último, que la lectura semántica de un árbol se realiza de arriba abajo, es decir, en dirección opuesta a la composición del significado que expresa, de manera que cuanto más arriba se coloca un sintagma cuantificador, antes se comienza a leer o a interpretar, y le corresponde la parte más a la izquierda de una representación semántica. Repare, asimismo, en que un pronombre en singular, como *lo,* sólo puede obtener referencia a múltiples individuos (§ 9.1.1) si es mandado-c por un cuantificador. Por esta razón es posible decir [*Todo estudiante*]$_i$ *quiere que lo$_i$ admiren,* mientras que no está bien formada la oración siguiente: *Una profesora a la que* [*todo estudiante*]$_i$ *detesta tiene problemas con los padres de él$_i$.* Por consiguiente, en el ejemplo mencionado antes –*El padre de todo estudiante debe acompañarlo*–, queda claro que *todo estudiante* debe escaparse desde el interior de su SD para poder mandar-c a *lo,* que efectivamente puede hacer referencia a más de un individuo. En los ejemplos (4) y ss. del cap. 9 se retoma esta cuestión.

8.2.2. *Condiciones de buena formación en la Forma Lógica*

Podemos también dar una caracterización semisintáctica de relaciones semánticas como la de ámbito y la de ligado. En el § 8.1.2 hemos presentado el concepto de '*ámbito'*, pero no lo hemos caracterizado sintácticamente. Una forma habitual de hacerlo es entender que el ÁMBITO (O ALCANCE) DE UN CUANTIFICADOR es el dominio estructural (en el sentido de 'el conjunto de nudos sintácticos') sobre el que tiene mando-c en la FL. Por ejemplo, en la representación de (11) el alcance del cuantificador *tres alumnos* será SFlex. En segundo lugar, la relación de ligado que se produce entre un cuantificador y la variable o variables que deba ligar es reducible en FL a la relación de coindización entre un SD desplazado y su huella. Es práctica común hablar de variables, más que de huellas, en FL precisamente para identificar su papel distintivo en la representación semántica de las oraciones. Diremos, por tanto, que un cuantificador liga una variable en FL si ambos están coindizados o coindexados. Estructuralmente, la variable ocupa la posición argumental originaria ocupada por el SD. En cambio, el cuantificador se ha desplazado a una posición no argumental (posición A'), concretamente a una posición de adjunto. Desde esa posición, el cuantificador manda-c asimétricamente a la variable.

(13) $[_{SX} \, Q_i \, [_{SX} \, ... \, h_i \, ...]]$.

Para que una variable esté ligada de forma apropiada se ha de satisfacer la denominada CONDICIÓN DE LIGADO APROPIADO (ingl. *proper binding condition*). Esta condición requiere que dicha variable esté ligada por un cuantificador que ocupe una posición A'. Se excluye así una FL como (14b), donde hemos desplazado el cuantificador en posición de objeto para luego coindizar de forma ilegítima su huella con el sujeto.

(14) a. Juan ha visto a todos sus familiares.
   b. *[Todos sus familiares$_i$ [Juan$_i$ ha visto h$_i$]].

(14b) es una FL mal formada, en tanto que la variable no está propiamente ligada, ya que la hemos coindizado con un SD en posición de argumento. Obviamente, esta FL tiene un significado aberrante como 'Juan se ha visto a sí mismo = todos sus familiares'. La representación (14b) infringe otras condiciones interpretativas, pero las pospondremos hasta en el cap. 9.

Un segundo requisito que deben satisfacer las FFLL es que la cuantificación que expresan no puede ser vacua. Es decir, un cuantificador debe siempre ligar una variable. La siguiente FL viola este principio de PROHIBICIÓN DE LA CUANTIFICACIÓN VACUA.

(15) *Todos sus familiares [Juan llegó anoche].

En (15) no hay variable que pueda ser ligada por el cuantificador, por lo que la oración está siendo cuantificada vacuamente. Observe que la representación de la oración correspondiente en la sintaxis patente violaría, de forma independiente, el criterio temático y el filtro de caso.

Tanto en los análisis lógico-filosóficos como en los análisis gramaticales existen dos tipos de cuantificadores que han ocupado un lugar central. Son los denominados UNIVERSALES, con los que se forman SSDD cuantificativos encabezados por *todos,* aunque también por *cada.* Forman el segundo grupo los EXISTENCIALES, con los que se forman SSDD encabezados por *un,* aunque también por *algún* y algunos otros indefinidos. Los primeros se denominan UNIVERSALES porque para determinar si el enunciado que los contiene es verdadero, hay que considerar todos los valores posibles de la variable en el universo del discurso. Para evaluar si *Todos los policías fueron a la huelga* es una expresión verdadera, tengo que comprobar que es efectivamente cierto que todos los individuos que son policías en el universo del discurso que se considera fueron a la huelga. El UNIVERSO DEL DISCURSO constituye una acotación que circunscribe una expresión cuantificativa a un contexto previamente establecido. La expresión *todos los policías* no se refiere probablemente a todos los del mundo, sino a todos los del país, o tal vez a todos los de la ciudad de la que se habla. Esta delimitación solo se puede efectuar en función del discurso previo.

De forma análoga, para comprobar la veracidad de *(Al menos) un policía no fue a la huelga,* tengo que averiguar, como es lógico, si existe (al menos) un policía que no fue a la huelga. Se dice entones que un cuantificador tiene FUERZA universal o existencial en función del número de casos que deben ser considerados o evaluados para comprobar la veracidad de la proposición en la que aparece.

8.3. Cuantificación múltiple y ámbito

8.3.1. *Las ambigüedades de ámbito*

Hasta ahora hemos examinado brevemente algunos ejemplos con oraciones encabezadas por verbos monovalentes que se saturan con un solo SD. Sin embargo, si consideramos oraciones con verbos bivalentes o binarios es muy probable que se produzca alguna interacción entre los SSDD que saturan el predicado. En la siguiente oración hay dos expresiones cuantificativas: una universal *(todos los alumnos)* y otra existencial *(un profesor)*.

(16) Todos los alumnos admiran a un profesor.

Esta oración tiene dos interpretaciones, como seguramente habrá observado usted. Dicho en términos técnicos, es SEMÁNTICAMENTE AMBIGUA. En una de estas interpretaciones, probablemente la que se percibe antes, todos los alumnos admiran al mismo profesor, por lo que podríamos continuar (16) con un comentario como *…es decir, al profesor Gómez*. En la otra interpretación, se quiere decir que cada uno de los alumnos admira a un profesor diferente, aunque algunos podrían coincidir. No sería posible una continuación como la anterior, pero lo serían otras del estilo de *…normalmente el que les ha puesto mejor nota*. Hay que hacer hincapié en el hecho de que lo que hacen dichas continuaciones, o la inserción de adjetivos como *mismo* o *diferente,* es DESAMBIGUAR la oración. Sin embargo, tales añadidos no son necesarios en la mayor parte de los casos, puesto que –como hablantes de español– somos capaces de entender en cada situación qué interpretación es la adecuada.

La primera interpretación de (16) se corresponde con una situación como la que se intenta representar en (17a), mientras que en (17b) se representa una de las situaciones que pueden asociarse a la segunda interpretación:

(17) a. Pepito   b. Pepito ———— Profesor López
Juanito — Profesor Gómez   Juanito ———— Profesor Gómez
Jaimito   Jaimito ———— Profesora García

La ambigüedad que caracteriza estas oraciones con más de un cuantificador se denomina AMBIGÜEDAD DE ÁMBITO O DE ALCANCE. En otras palabras, la oración (16) no es AMBIGUA LÉXICAMENTE. No es el significado de las palabras *alumno, profesor* o *admirar* (ni siquiera el de *todos* o *un*) el que determina la presencia de dos interpretaciones. Una oración como *Te espero en el banco de la esquina* es léxicamente ambigua en función de si me refiero a un banco para sentarse o a una sucursal bancaria. No es esto lo que sucede en (16). De hecho, un rasgo interesante de los fenómenos de ámbito es que, si bien dan lugar a secuencias que poseen dos o más significados, ningún diccionario nos podría ayudar a explicarlos.

Observe ahora que la palabras *todos* y *un* aparecen en la oración *Un amigo mío me ha prestado todos los CDs que tengo en casa,* pero esa oración no tiene dos sentidos, frente a lo que ocurría en (16). De esta sencilla comparación se deduce que no es la simple presencia de *todos* y de *un* la que impone automáticamente dos interpretaciones a las oraciones en las que aparecen, sino la POSICIÓN RELATIVA de ambos: la interpretación está, por tanto, CONDICIONADA SINTÁCTICAMENTE. Volveremos más adelante sobre este condicionamiento sintáctico, puesto que constituye uno de los rasgos fundamentales de la FL como nivel de representación.

Las ambigüedades de ámbito son frecuentes en los chistes y en los juegos de palabras. De hecho, es muy probable que conozca usted alguno de ellos sin saber que su base lingüística era precisamente un EFECTO DE ÁMBITO. Es muy conocido el chiste que refiere una conversación entre dos personas, una de las cuales afirma: *En Nueva York atropellan a un peatón cada hora.* La otra le contesta: *¡Cómo estará el pobre hombre!* La base de este chiste no es otra que el concepto de 'ámbito' que hemos presentado en el apartado anterior. El primer interlocutor quería decir algo así:

(18) [Para cada periodo x de una hora [hay un peatón y tal que [atropellan a y en x en Nueva York]]].

Pero su interlocutor pensaba que quería decir algo así:

(19) [Existe un peatón x tal que [para cada periodo y de una hora [atropellan a x en y en Nueva York]]].

Este conocido chiste nos permite comprobar que la ambigüedad de alcance surge de la interacción entre los cuantificadores que aparecen en una oración, en este caso de la interacción entre el cuantificador universal y el existencial. Exactamente lo mismo sucedía en nuestro ejemplo del profesor y los alumnos de (16). La primera interpretación de ese ejemplo se corresponde con una situación como (17a), y puede representarse semánticamente como:

(20) [Hay un profesor x tal que [todos los alumnos y [y admiran a x]]].

La interpretación de (16) que se corresponde con la situación de (17b) puede parafrasearse o explicitarse semánticamente como en (21):

(21) [Para todos los alumnos y [es el caso que hay un profesor x tal que [y admira a x]]].

En la interpretación de (20), el cuantificador existencial tiene ALCANCE O ÁMBITO AMPLIO (también llamado ÁMBITO MAYOR, ingl. *wide scope*), es decir, tiene alcance sobre el cuantificador universal. Podemos indicarlo con el símbolo «>», por lo que en esta interpretación el orden o la jerarquía de alcance es *un profesor > todos los alumnos*. En la interpretación representada en (21), el cuantificador universal tiene alcance sobre el cuantificador existencial, por lo que el cuantificador universal tiene alcance amplio y el existencial ALCANCE ESTRECHO O ÁMBITO MENOR (ingl. *narrow scope*): *todos los alumnos > un profesor*. Si aplicamos el mismo recurso al chiste de Nueva York, tendremos *cada hora > un peatón* para la primera interpretación y *un peatón > cada hora* para la segunda. Como hemos señalado, puede usted usar indistintamente los términos *alcance* y *ámbito* a su gusto.

En la representación semántica de (20) y (21), el ÁMBITO DIFERENCIAL (es decir, la diferencia que corresponde a los ámbitos respectivos de los cuantificadores) se representa linealmente. El cuantificador que tiene ámbito amplio o mayor precede al que tiene ámbito estrecho o menor. En la estructura de FL, sin embargo, la representación del ámbito es reducible a la noción de mando-c. Dijimos anteriormente que el ámbito o alcance de un cuantificador es el dominio estructural sobre el que tiene mando-c. Se sigue entonces de ello que un cuantificador tendrá ámbito sobre otro cuando lo mande-c. ¿Cómo es esto posible? Recuérdese que establecimos también en el apartado anterior que el mecanismo por el que un cuantificador obtiene ámbito es el desplazamiento abstracto o no visible que lo adjunta al nudo SFlex. Cuando hay dos cuantificadores (o, en general, dos expresiones cuantificativas), los dos deberán adjuntarse al nudo SFlex para obtener ámbito y ligar sus correspondientes variables. Pues bien, el orden de adjunción a SFlex es el que determina cuál de los cuantificadores tendrá ámbito amplio y cuál ámbito estrecho. La oración *Todos los alumnos admiran a un profesor* puede tener dos derivaciones. En la primera de ellas adjuntamos primero el cuantificador universal que aparece en posición de sujeto a SFlex por aplicación de AC, y luego el cuantificador existencial en la posición de complemento directo al nudo SFlex que acabamos de crear mediante una segunda aplicación de AC. Pasamos entonces de un primer estadio (22a) a un segundo estadio (22b):

(22) a. [$_{\text{SFlex}}$ Todos los alumnos$_i$ [$_{\text{SFlex}}$ h$_i$ admiran a un profesor]]

[$_{\text{SFlex}}$ Un profesor$_j$ [$_{\text{SFlex}}$ todos los alumnos$_i$ [$_{\text{SFlex}}$ h$_i$ admiran a h$_j$]]]

En la derivación alternativa, aplicamos AC también dos veces pero en el orden inverso: primero al cuantificador existencial y luego al universal. Tenemos entonces los pasos de (23):

(23) a. [$_{\text{SFlex}}$ Un profesor$_j$ [$_{\text{SFlex}}$ todos los alumnos admiran a h$_j$]]

[$_{\text{SFlex}}$ Todos los alumnos$_i$ [$_{\text{SFlex}}$ un profesor$_j$ [$_{\text{SFlex}}$ *h*$_i$ admiran a h$_j$]]]

Los diagramas arbóreos correspondientes a la representación final de (22b) y (23b) son, respectivamente, (24a) y (24b):

(24)

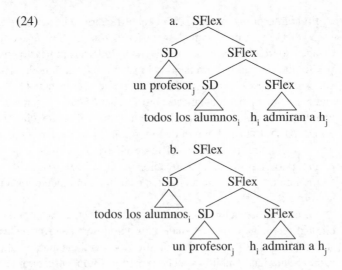

a. SFlex
SD — SFlex
un profesor$_j$ SD — SFlex
todos los alumnos$_i$ h$_i$ admiran a h$_j$

b. SFlex
SD — SFlex
todos los alumnos$_i$ SD — SFlex
un profesor$_j$ h$_i$ admiran a h$_j$

El contraste entre estas representaciones de FL se reduce al hecho de que en (24a) el cuantificador existencial manda-c asimétricamente al cuantificador universal y, por tanto, tiene ámbito sobre él. En otras palabras, el cuantificador universal está dentro del ámbito o alcance del existencial. En (24b) sucede lo contrario. El cuantificador universal manda-c asimétricamente al existencial, de manera que tiene ámbito sobre él. Como se ve, hemos intentado dar una traducción formal a una idea intuitiva muy clara: estas construcciones de dos cuantificadores (incluyendo en ellas la que ilustraba el chiste del peatón) se interpretan dando a uno mayor prominencia que al otro.

La interpretación de las expresiones cuantificativas está a menudo en función de ciertos OPERADORES bajo cuya influencia se sitúan. Se denomina así a ciertas palabras que, aunque no sean expresiones cuantificativas, introducen ámbitos, y por tanto relativizan la interpretación de algunas expresiones cuantificativas. La negación es uno de los operadores más característicos. Los verbos modales *(poder, deber)* también lo son. El interés de estos operadores radica en que introducen límites o fronteras dentro o fuera de las cuales se interpretan muy a menudo los cuantificadores.

Tal vez conozca usted el llamado *acertijo de los 55 dólares* (o 55 euros, tanto da). Suponga que le proponen que reúna la cantidad exacta de 55 dólares o euros con solo dos billetes, pero con una condición: uno de ellos no puede ser un billete de 50 dólares (o euros). Usted dirá seguramente que la tarea es imposible. En realidad, es perfectamente posible: uno de ellos no puede ser un billete de 50 dólares (o euros), pero el otro sí puede serlo. Dirá tal vez que esto es un simple juego de palabras, pero en el fondo no lo es: no se juega aquí con las palabras, sino con los efectos sintácticos producidos por la interacción de un operador y un cuantificador. En efecto, en el enunciado del acertijo se sitúa el indefinido *uno* delante de *no (uno > no)*, pero el que lo percibe lo interpreta detrás *(no > uno)*, con lo que se obtiene la interpretación 'ninguno', como en *Hoy no me sale bien un solo crucigrama* y otras oraciones de estructura similar. El acertijo de los 55 dólares o euros es útil para mostrar que una expresión cuantificativa puede situarse dentro o fuera del ámbito de la negación e interpretarse también de ambas maneras, aun cuando la forma en que se presenta sugiera una sola interpretación. Observe ahora que la oración (25a) –ya sin acertijos– tiene dos sentidos, que tal vez la entonación podría desambiguar:

(25) a. No acudieron a la fiesta muchos invitados.

   b. Muchos invitados no acudieron a la fiesta.

En uno de ellos queremos decir que existe un grupo numeroso de personas en las que estamos pensando (Juan, Luis, María, etc.) que dejó de acudir a esa fiesta. Este sentido es compartido por (25b). Pero (25a) tiene otro sentido, seguramente más natural: aquel en que queremos decir que acudieron pocos invitados. En el segundo sentido de (25a), *muchos* está 'bajo el ámbito' de *no* (por tanto, *no muchos = pocos*), pero en el primero se escapa de él, es decir, se interpreta fuera del constituyente que *no* encabeza. Una traducción formal de estos hechos consiste en suponer que, aunque *muchos invitados* esté «físicamente» detrás de *no* en la secuencia de (25a), en el primer sentido se interpreta como si estuviera fuera de ese operador, es decir, en el sentido que corresponde a (26):

(26) Existen muchos invitados (x, y, z, etc.) tales que [x, y, z, etc. no acudieron a la fiesta].

La traducción sintáctica de esta interpretación es una estructura de la FL en la que *muchos invitados* se mueve a una posición superior a la de *no,* para no ser interpretado bajo su ámbito:

(27) $[_{\text{SFlex}}$ Muchos invitados$_{\text{i}}$ $[_{\text{SFlex}}$ no acudieron a la fiesta h$_{\text{i}}]]$.

Cuando *muchos* se interpreta bajo el ámbito de *no,* da lugar al sentido 'pocos'. En términos sintácticos, esto quiere decir que en la FL el cuantificador queda mandado-c por la negación y se sitúa bajo el ámbito de esta: *[No acudieron a la fiesta [muchos invitados]].*

La oración (25b), pronunciada con la misma entonación que (25a), no tiene estos dos sentidos, sino solo el primero de ellos: *muchos* «se escapa» del efecto de *no* porque se sitúa físicamente delante de ese elemento. Si se pronuncia con entonación irónica (más exactamente, *circunfleja* y con alteración del registro tonal), (25b) podría recibir la otra interpretación, como sucede en *La verdad es que mucho esfuerzo no ha puesto el muchacho en el curso.*

8.3.2. *Cuantificación y elipsis; cuantificación inversa*

Entre los argumentos empíricos que se suelen aducir en favor de la necesidad o la conveniencia de incorporar una operación como AC en la gramática, desde May (1977), están el de la elipsis contenida en el antecedente y el de la cuantificación inversamente enlazada. Los expondremos brevemente a continuación y explicaremos por qué el segundo parece tener mayor fuerza que el primero.

Consideremos en primer lugar el argumento que se deduce de la interpretación de las llamadas construcciones de ELIPSIS CONTENIDA EN EL ANTECEDENTE (ingl. *antecedent-contained deletion*). Los siguientes ejemplos ilustran los casos más característicos de elipsis de SV:

(28) a. Pepe fue al cine, y María también.

   b. Pepe fue al cine, pero María no.

En estas oraciones hay un fragmento elidido u omitido en la segunda oración coordinada. Dicho fragmento (representado con el símbolo *e*) es recuperable a partir de la información contenida en la primera oración.

(29) a. Pepe fue al cine y María también *e*.
     b. Pepe fue al cine, pero María no *e*.

Podemos suponer, siguiendo a Sag (1976) y a Williams (1977) entre otros, que tal recuperación es posible porque en FL copiamos un constituyente de la primera oración en la segunda. En este caso, el constituyente necesario para que se produzca una recuperación satisfactoria es *fue al cine*.

(30) a. Pepe fue al cine y María también [fue al cine].
     b. Pepe fue al cine, pero María no [fue al cine].

Estos casos básicos son sencillos de solucionar, pero otros como (31) presentan problemas de regresión infinita.

(31) Leí las mismas novelas que tú [*e*].

En este ejemplo tendríamos que copiar el SV antecedente *[leer las mismas novelas que tú [e]]*. Pero resulta obvio que este SV contiene también un hueco, con lo que tendríamos que aplicar la operación de copiado otra vez, y así sucesivamente hasta el infinito.

(32) a. Leí las mismas novelas que tú [leíste las mismas novelas que tú [*e*]].
     b. Leí las mismas novelas que tú [leíste las mismas novelas que tú [leíste las mismas novelas que tú [*e*]]].

El problema de este tipo de oraciones es que el antecedente del fragmento elidido contiene la elipsis, con lo que es imposible deshacerse de ella, según observó May (1977). Supongamos ahora que aplicamos AC a la oración de (31) antes de aplicar la operación de copiado que nos permite recuperar el fragmento elidido. Obtenemos entonces la siguiente FL:

(33) [Las mismas novelas que tu [*e*]]$_i$ leí h$_i$.

Si copiamos ahora el SV *leer* h$_i$ en el lugar del hueco de la elipsis [*e*], tras aplicar las operaciones de ascenso de V a Flex y de concordancia núcleo-especificador obtenemos:

(34) [Las mismas novelas que tu leíste h$_i$] leí h$_i$.

Esta FL sí está bien formada, ya que las huellas estarían ligadas por el cuantificador, con lo que obtendríamos la representación semántica: 'las mismas novelas *x* que tu leíste yo leí *x*'. En suma, de acuerdo con el análisis de May (1977) que acabamos de esbozar, el postular la existencia de una operación abstracta como AC nos ayuda a resolver la paradoja de la regresión infinita en las construcciones de elipsis contenida en el antecedente.

Un análisis alternativo de estas construcciones, planteado desde una perspectiva más moderna (Kayne, 1994), podría deshacerse del problema de la regresión infinita si se entiende que *mismo* es un operador y que *mismas novelas* asciende al especificador de C. La categoría vacía representa únicamente entonces el verbo *leíste:*

(35) Leí las [mismas novelas$_i$ [que tú *e* h$_i$]].

Una ventaja de este análisis es que predice correctamente que el problema está vinculado a la naturaleza semántica (concretamente, cuantificativa) de *mismo,* como prueba la agramaticalidad de *Leí las novelas que tú,* mientras que el análisis previo no hace depender este fenómeno de las propiedades de *mismo.* De igual forma, cabría preguntarse por qué no se plantea la pregunta de la regresión infinita en oraciones como *Juan ha leído tantas novelas como Pedro.* Finalmente, el análisis de la regresión infinita no relaciona la oración (31) con *Leí las mismas novelas que tú leíste,* donde no hay elipsis verbal, lo que resulta problemático. De todas formas, observe que tanto el análisis clásico de May (1977) como el más moderno se basan en las propiedades cuantificativas de las expresiones para analizar construcciones como (31).

Veamos ahora el segundo argumento, igualmente procedente de May (1977), en favor de AC. Este argumento se basa en en el fenómeno de la CUANTIFICACIÓN INVERSAMENTE ENLAZADA (ingl. *inversely-linked quantification*). Consideremos el siguiente par de ejemplos:

(36) a. En estos tiempos, un millonario de cada ciudad de la Costa Azul posee un Porsche.
 b. Todos los ciudadanos de un municipio votaron en contra de la propuesta.

La particularidad de estas construcciones es que el SD sujeto es un sintagma cuantificado que a su vez contiene otro sintagma cuantificado. Así pues, los dos cuantificadores que aparecen en estas oraciones están contenidos en el SD que constituye su sujeto. En principio podríamos pensar que la representación semántica de estas oraciones permite la ambigüedad de la que hemos hablado en los apartados anteriores. En ambos casos debería haber una lectura en la que el cuantificador existencial adquiere ámbito amplio, y otra en que ese ámbito corresponde al cuantificador universal. Sin embargo, esta generalización no parece empíricamente adecuada: (36a) solo posee la lectura en que para cada ciudad de la Costa Azul hay al menos un millonario que tiene un Porsche *(cada ciudad de la Costa Azul > un millonario).* La interpretación en que un mismo millonario que vive en todas las ciudades de la Costa Azul (quizá porque tiene una casa en cada una) posee un Porsche es imposible *(*un millonario > cada ciudad de la Costa Azul).* De igual forma, (36b) solo parece tener la interpretación en la que hay un municipio en el que todos sus ciudadanos votaron en contra de cierta propuesta *(un municipio > todos los ciudadanos,* pero no **todos los ciudadanos > un municipio).*

Los datos nos indican que solo es posible la LECTURA DE ÁMBITO INVERSO, en la que el cuantificador que aparece linealmente como más incrustado es el que debe tener ámbito amplio. May usa ejemplos del inglés en su análisis, pero el razonamiento se aplica igualmente al español. Para este autor, la diferencia que hemos presentado se sigue de los principios que operan en la FL. Derivemos ahora las dos representaciones teóricamente posibles de (36a). Obtendremos primero la representación correspondiente al ámbito inverso (INTERPRETACIÓN ENLAZADA INVERSAMENTE), es decir, el cuantificador incrustado tiene en ella ámbito sobre el cuantificador matriz del SD sujeto. El sujeto de la oración se adjunta primero a SFlex:

(37) [Un millonario de cada ciudad de la Costa Azul]$_j$ [h$_j$ posee un Porsche].

A continuación, el cuantificador universal incrustado se adjunta a su vez a SFlex:

(38) [cada ciudad de la Costa Azul]$_i$ [[un millonario de h$_i$]$_j$ [h$_j$ posee un Porsche]].

La FL resultante está bien formada. No queremos decir, desde luego, que haya siempre una equivalencia entre movimiento oculto y movimiento visible. En estos casos, no existen, por ejemplo, las oraciones correspondientes con movimiento de *qu-*: *La ciudad de la que un millonario posee un Porsche*, *¿De qué ciudad posee un Porsche un millonario?*, etc. Lo que importa es que AC nos da la interpretación semántica que corresponde a esta oración. Consideremos ahora la segunda interpretación de (36a). Para obtenerla, extraemos primero el cuantificador universal incrustado en el SD sujeto y lo adjuntamos a SFlex:

(39) [cada ciudad de la Costa Azul]$_i$ [un millonario de h$_i$ posee un Porsche]

Luego desplazamos el SD sujeto y lo adjuntamos también a SFlex:

(40) [un millonario de *h$_i$*]$_j$ [[cada ciudad de la Costa Azul]$_i$ [h$_j$ posee un Porsche]].

El resultado es una FL que no está bien formada. Por un lado, el SD sujeto contiene una variable no ligada *(h$_i$)*, con lo que se infringe la condición de que todas las variables tienen que estar propiamente ligadas en la FL. En segundo lugar, el cuantificador universal no está ligando ninguna variable, con lo que se viola también la condición que prohíbe la cuantificación vacua. Así pues, la representación semántica correspondiente a la lectura imposible de (36a) está mal formada. May concluye que son los principios de la FL los que predicen que una lectura en principio semánticamente posible no lo sea en realidad, y que la interpretación enlazada inversamente resulte obligatoria.

La determinación del ámbito inverso es una cuestión compleja en la que intervienen diversos factores, a menudo sutiles, ya que de la presencia de alguno de ellos puede depender la prominencia de cierta interpretación. Se podría sugerir que en (36a) la ausencia de la interpretación no inversa (*un millonario > cada ciudad de la Costa Azul) puede deberse al hecho de no hay situaciones en el mundo real (o, si las hay, son poco verosímiles) en las que un mismo millonario tenga residencia en todas las ciudades de la Costa Azul. En (41), es posible la ambigüedad de ámbito:

(41) Un representante comercial de todas las marcas de jabón visitó nuestra tienda el año pasado.

Con (41) puedo referirme a un único representante que lleva todas las marcas (ámbito amplio del cuantificador existencial: *un representante comercial > todas las marcas de jabón*), pero también podría querer decir que visitaron nuestra tienda varios representantes, uno de cada marca de jabón (ámbito amplio del cuantificador universal incrustado: *todas las marcas de jabón > un representante comercial*). Dirá usted probablemente que la lectura en la que me refiero a un único representante es la más prominente, y que la otra le parece un poco rebuscada, pero observe que hay varios factores que pueden cambiar esta prominencia: sustituir *todas* por *cada*, cambiar *el año pasado* por *durante el año pasado*, o por *a lo largo del año pasado*, etc. Es más, hay casos en que la lectura de ámbito inverso es la menos adecuada. En las oraciones de (42), la lectura en la que el cuantificador incrustado *(un municipio, un edificio)* posee ámbito amplio no es la apropiada.

(42) a. Todos los votantes de un municipio aparecen en el padrón.
     b. Toda bandera en lo alto de un edificio suele estar limpia.

En (42a) no estamos hablando de un único municipio al que pertenezcan todos los votantes, sino de cualquier votante que pertenezca a algún municipio (por tanto, *todos los votantes > un municipio*). Así pues, son todos ellos los que aparecen en el padrón. Del mismo modo, en (42b) no hablamos de un solo edificio en el que todas las banderas suelen estar limpias, sino de que, en general, toda bandera que esté en un edificio suele estar limpia *(toda bandera > un edificio)*. Por tanto, en este último ejemplo la lectura de ámbito inverso no es la más adecuada. Así pues, en estos casos pueden obtenerse FFLL como las de (43):

(43) a. [todos los votantes de $h_i]_j$ [[un municipio]$_i$ [h$_j$ aparecen en el padrón]].
      [toda bandera en lo alto de $h_i]_j$ [[un edificio]$_i$ [h$_j$ suele estar limpia]].

Si estas interpretaciones son posibles, debemos inferir que sus FFLL correspondientes estarán bien formadas. Sin embargo, las de (43) no lo están, ya que, según el razonamiento seguido anteriormente, la variable correspondiente a h_i no está ligada apropiadamente: tanto *un municipio* como *un edificio* están cuantificando vacuamente sobre la oración al no haber ninguna variable que les corresponda en ella. Una solución posible es suponer que estas representaciones son FFLL incompletas. Se ha propuesto que falta en ellas un elemento adicional de naturaleza genérica (equivalente aproximadamente a *por lo general, habitualmente* o una expresión adverbial similar) que ligue la variable correspondiente a h_i. Este elemento también deberá ligar otra variable en el predicado principal, con lo que las violaciones de la condición de ligado apropiado y de la prohibición de la cuantificación vacua se respetarían. Nótese que los ejemplos de (42) son enunciados genéricos: (42a) se interpreta como 'en general, todos los votantes de un municipio aparecen en el padrón' (véase el § 8.9 sobre la genericidad). Podemos suponer, desde este punto de vista, que hay un cuantificador no pronunciado pero presente de forma abstracta. Observe que la expresión *en general* tiene naturaleza cuantificativa: admite paráfrasis como *en casi todos los casos, en la mayor parte de los casos* u otras similares que se forman con expresiones cuantificativas. Este elemento sería, pues, un cuantificador no visible en la sintaxis superficial de la oración, pero tendría que estar presente en la representación de la FL. Además, ligaría la variable libre de (44) y «repararía» la mala formación de la FL propuesta en (43a).

(44) (En general)$_i$ [[todos los votantes de h$_i$]$_j$ [[un municipio]$_i$ [h$_j$ aparecen en el padrón]]].

Esta representación tiene la particularidad de que un cuantificador genérico liga en ella la variable de otro cuantificador, el cuantificador existencial o indefinido *un municipio*. Como veremos en el § 8.8.2, esta es una particularidad de los indefinidos, por lo que ciertos investigadores se han decantado también por atribuir este comportamiento excepcional a las propiedades intrínsecas de los indefinidos, y sugieren que no todos los cuantificadores son iguales en cuanto a las restricciones que satisfacen.

En suma, lo que este tipo de datos nos muestra es que no solo tenemos que considerar los cuantificadores visibles, sino también ciertos elementos cuantificacionales que no son visibles, pero de cuya existencia tenemos pruebas, así como la posible existencia de diversas clases de cuantificadores con propiedades también diferentes. Como vemos, la FL no solo consta de operaciones y condiciones abstractas, ya que los elementos cuantificacionales pueden ser también abstractos o pertenecer a clases diferentes, lo que nos llevará a tener que enriquecer dichas representaciones.

Algunos factores semánticos o pragmáticos de diversa naturaleza pueden favorecer a veces una lectura no adecuada o menos prominente. Al ser el nivel de la FL un nivel de INTERFICIE, no debe pasarse por alto la influencia de estos factores. Como ejemplo de ello, consideremos la diferencia semántica entre los conceptos de CLASE O TIPO (ingl. *type*) y EJEMPLAR, en el sentido de 'muestra o ejemplo de dicho tipo' (ingl. *token*). Podemos distinguir entre un tipo o clase de flor y un ejemplar de dicho tipo. Esta diferencia tiene un papel importante en ciertas ambigüedades. Así, observemos la siguiente oración:

(45) He puesto una planta en todas las macetas.

Podríamos sostener que parece que estamos ante una típica lectura de ámbito inverso obligatorio *(todas las macetas > una planta*, pero **una planta > todas las macetas),* ya que la interpretación en que pongo una misma flor en todas las macetas no parece posible (suponiendo, claro está, que no voy plantando y transplantando la misma flor de una maceta a otra por alguna extraña razón). Ahora bien, este análisis no es completamente correcto. Aunque (45) carezca de la interpretación en que pongo el mismo ejemplar de flor en todas las macetas, resulta natural si significa que pongo el mismo tipo de flor en todas las macetas, por ejemplo, un cierto tipo de cactus o de geranio. Como se ve, la distinción entre tipo y ejemplar influye directamente en la posibilidad de obtener o no ciertas lecturas cuantificativas.

8.4. Desarrollos recientes de la teoría de la Forma Lógica

8.4.1. *El principio del ámbito*

Kayne (1981) propuso que los siguientes ejemplos del francés demuestran que el principio de las categorías vacías (el PCV), que presentamos en el capítulo anterior (§ 7.4.2), se aplica también en el nivel de representación en la FL. Estos ejemplos de Kayne muestran que el PCV no solo restringe los movimientos visibles posibles, sino también los movimientos abstractos, ocultos o no visibles, como los resultantes de la aplicación de AC:

(46) a. Je n'ai exigé qu'ils arrêtent personne. 'No he exigido que arresten a nadie'
    b. *Je n'ai exigé que personne soit arrêté. 'No he exigido que nadie sea arrestado'

Las FFLL correspondientes, representadas en español, serían las siguientes:

(47) a. Exijo que [nadie$_i$ [arresten h$_i$]].
    b. *Exijo que [nadie$_i$ [h$_i$ sea arrestado]].

Si *personne* ('nadie') tiene que ascender al lugar en el que toma ámbito, el contraste de (46) es un típico contraste sujeto / objeto, como los derivados del PCV. En (47a) la huella de *personne* está regida léxicamente por el verbo. En cambio, en (47b) no lo está. Observe que en español es ambigua la oración *No exijo que nadie sea arrestado,* como observan Bosque (1980a, 1994) y Uribe-Etxevarria (1994). Ello se debe a las peculiaridades de los elementos negativos en nuestra lengua, sobre las que volveremos en el capítulo 10.

  May (1985) retoma estos datos del francés de Kayne y otros similares, y observa que la representación de ámbito que primero propuso en 1977 (May 1977) no es compatible con el PCV. Veamos por qué no es así. Volviendo a la oración (16), *Todos los alumnos admiran a un profesor,* hemos observado que es ambigua. Las dos lecturas posibles son las que ilustran las FFLL de (48):

(48) a. [$_{SFlex}$ un profesor$_j$ [$_{SFlex}$ todos los alumnos$_i$ [h$_i$ admiran a h$_j$]]].
    b. [$_{SFlex}$ todos los alumnos$_i$ [$_{SFlex}$ un profesor$_j$ [$_{SFlex}$ h$_i$ admiran a h$_j$]]].

En (48a) se ha respetado el PCV, ya que la huella del objeto está regida léxicamente por el verbo y la huella del sujeto está regida por antecedente (§ 7.4): ningún elemento interfiere o se interpone, en efecto, entre la huella y su rector. En cambio, (48b) debería estar mal formada, puesto que viola el PCV. La huella correspondiente al sujeto no está regida propiamente, ya que el cuantificador existencial interviene entre ella y su rector. Dado que la ambigüedad existe, May concluye, a partir de datos del inglés similares a estos, que la representación de las ambigüedades de ámbito por medio del mando-c asimétrico no es adecuada. En otras palabras, la representación de (48b) debe ser diferente y consistente con el PCV. Este autor propone una teoría alternativa, cuyos detalles aquí solo podemos esbozar, que se basa en la idea de que la FL de una oración no desambigua la secuencia superficial, sino que nos dice solamente el número posible de interpretaciones que tendrá. Para evitar los problemas de la desambiguación por medio del mando-c asimétrico, May sustituye esta noción por la de 'mando-m'. En esta nueva formulación, el ámbito de un cuantificador será el dominio sobre el que tenga mando-m (recuerde este concepto del § 3.3.2: un nudo A manda-m a un nudo B si A no domina a B y todo nudo máximo SX que domina A domina también B). En las representaciones de (48), y en el esquema de (49), tanto el cuantificador que aparece en la posición jerárquicamente superior como el que aparece en una posición jerárquicamente inferior tienen el mismo mando-m:

(49) $[_{SFlex}$ Q_j $[_{SFlex}$ Q_i $[_{SFlex}$ ... h_i ... h_j ...]]].

El primer nudo máximo que domina tanto a Q_i como a Q_j en (49) es SFlex, ya que estamos ante una estructura de adjunción. No será, por tanto, en ambos casos el mismo «segmento» de ese nudo, pero a efectos de mando-m cuenta como si fuera el mismo nudo. Podemos suponer, en esta misma dirección, que el ámbito de un cuantificador es el nudo sobre el que tiene mando-m. Resultará entonces que los dos cuantificadores de (49) tienen el mismo ámbito (SFlex). Si aceptamos este cambio configuracional, la huella del sujeto de (48b) queda ahora regida propiamente, ya que está mandada-m por el cuantificador coindizado con ella. Además, el cuantificador existencial no interviene para la rección por antecedente, desde el momento en que tiene el mismo dominio de mando-m. Podemos intentar generalizar estas consideraciones, y formular el siguiente PRINCIPIO DEL ÁMBITO: si tenemos una secuencia de cuantificadores $<Q_1 ... Q_n>$ adjuntados a SFlex, todos ellos tendrán el mismo ámbito o alcance, por lo que habrá tantas interpretaciones posibles como permutaciones quepa hacer en esa secuencia. Las asimetrías de ámbito surgen cuando hay violaciones del PCV, como en el ejemplo (46b) del francés. También surgen infracciones cuando los dominios de adjunción son distintos, por lo que no habrá relación de mando-m mutuo entre los cuantificadores. De este último caso nos ocupamos a continuación.

Como hemos visto, los cuantificadores suelen limitar su ámbito a su dominio oracional. Por ejemplo, en las oraciones de (50) el ámbito del cuantificador en la oración subordinada sustantiva se limita a esa oración:

(50) a. Un estudiante cree que todos los profesores son crueles.
    b. Todos los policías creen que un hombre de mirada sospechosa es un delincuente.

En otras palabras, en (50a) el cuantificador universal se interpreta con ámbito estrecho con respecto al existencial *(un estudiante > todos los profesores)*, por tanto se habla de un solo estudiante, y en (50b) el cuantificador existencial tiene ámbito estrecho con respecto al universal *(todos los policías > un hombre de mirada sospechosa)*. La ausencia de ambigüedad de (50a) se debe a que los cuantificadores *un estudiante* y *todos los profesores* no forman una secuencia cuantificacional con mando-m mutuo en FL, es decir, no se adjuntan al mismo nudo. *Todos los profesores* se adjunta al nudo SFlex inferior y *un estudiante,* al superior:

(51) [Un estudiante]$_i$ [h$_i$ cree que [todos los profesores]$_j$ [h$_j$ son crueles]].

Lo mismo sucedería en (50b), a la que correspondería la siguiente FL:

(52) [todos los policías]$_i$ [h$_i$ creen que [un hombre de mirada sospechosa]$_j$ [h$_j$ es un delincuente]].

Esta propuesta, que determina el ámbito a través de la relación estructural de mando-m, ha sido criticada, sobre todo porque elimina una de las ventajas principales de la teoría de May (1977): la idea de que la FL es un nivel sintáctico de desambiguación. En el modelo de May (1985) todos los cuantificadores de una secuencia (con mando-m mutuo) pueden tener ámbito mutuo. Si la FL no desambigua, parece un tanto redundante introducir un nuevo nivel en el que la ambigüedad sigue existiendo, y al mismo tiempo postular que el nivel de FL es el nivel en el que se representan este tipo de ambigüedades. En los apartados siguientes veremos otras opciones.

8.4.2. *Propuestas de eliminar la regla AC. Ventajas e inconvenientes*

Hornstein (1995, 1999b) propone un modelo de FL que aprovecha ciertos avances recientes de la teoría sintáctica, en concreto la teoría de la flexión escindida (cfr. el apéndice del capítulo 4), y que no tiene el inconveniente del modelo con FFLL ambiguas de May (1985). Si aceptamos que hay proyecciones en las que se cotejan los rasgos de concordancia de sujeto y objeto (Conc-S, SConc-O), y que dichas proyecciones desempeñan un papel fundamental en la identificación de los SSDD (cotejando rasgos como número, persona, género y caso), entonces –sostiene Hornstein– es verosímil suponer que también puedan desempeñar un papel en las relaciones de ámbito. En términos minimistas, y actualizando la propuesta de Hornstein, localizaríamos dichas proyecciones como SFlex / STiempo y Sv respectivamente. Reduciendo a lo esencial su tesis, para Hornstein el movimiento que crea relaciones de ámbito no es un movimiento A' de adjunción a una proyección, ya que este es un movimiento irrestricto. Se trata, por el contrario, de un movimiento A desde una posición interna al SV a la posición de SFlex o Sv. Suponiendo que tanto los objetos como los sujetos se generan en el SV/Sv (de acuerdo con la hipótesis del sujeto interno en el SV del § 5.2.4 y de la proyección argumental del § 6.9.3), tendríamos la representación de (16), repetida como (53), en (54):

(53) Todos los alumnos admiran a un profesor.

(54) [$_{SFlex}$ todos los alumnos$_i$ [$_{Flex'}$ admiran$_V$ [$_{SV}$ a un profesor$_j$ [$_{SV}$ h$_i$ [$_{SV}$ h$_V$ h$_j$]]]]].

Esta FL se correspondería con la lectura de ámbito amplio del sujeto. Como hemos visto, esta no es la única posibilidad. Hornstein asume que las relaciones de ámbito estrecho de un cuantificador se obtienen también mediante la RECONSTRUCCIÓN o desplazamiento inverso de dicho elemento a su posición originaria. Usando una metáfora ilustrativa, podemos concebir las huellas que deja un cuantificador al que se le aplica AC como «copias» de ese elemento a efectos semánticos. Por tanto, podremos interpretar un elemento en su posición desplazada en FL, o bien en su posición «reconstruida; es decir, podemos interpretar la copia que aparece en el lugar de origen de movimiento. La lectura en la que el cuantificador universal tiene ámbito estrecho se deriva interpretando la copia en la posición inicial, en lugar de su aparición desplazada en Flex:

(55) $[_{SFlex}$ (~~todos los alumnos~~)$_i$ $[_{Flex'}$ admiran$_V$ $[_{SV}$ a un profesor$_j$ $[_{SV}$ (todos los alumnos)$_i$ $[_{SV}$ h$_v$ h$_j$]]]]]

Una de las ventajas potenciales de la teoría que hace depender la representación de ámbito del movimiento A para cotejar los rasgos de concordancia y caso está en ciertas asimetrías de ámbito que pueden observarse en las construcciones de marcado excepcional de caso (§ 6.12). Observe que las oraciones de (56) son asimétricas en su interpretación.

(56) a. Una promesa hizo a todos los atletas prepararse bien para el torneo.
b. Una promesa hizo que todos los atletas se preparasen bien para el torneo.

La oración (56a) puede tener la interpretación en la que el cuantificador existencial tiene ámbito amplio (la misma promesa forzó a todos los atletas: *una promesa > todos los atletas*), o bien la que se obtiene cuando es el cuantificador universal el que tiene ámbito amplio (cada atleta hizo una promesa diferente: *todos los atletas > una promesa*). En cambio, esta última interpretación no es posible en (56b). En esta oración se entiende que es la misma promesa la que hizo que todos los atletas se preparasen bien. Así pues, la única interpretación posible de esta oración es aquella en la que el cuantificador existencial tiene ámbito amplio. Podemos analizar (56a) como construcción de marcado excepcional de caso, en la que el cuantificador universal depende del verbo matriz para recibir caso. Cabe suponer entonces que, en términos de ámbito, el cuantificador universal en posición de Sv puede interactuar con el sujeto en SFlex. Esto no sería posible en (56b), porque los cuantificadores estarían en posiciones de SFlex (Conc-S) independientes, esto es, en oraciones distintas que no serían relacionables por ámbito o alcance.

Este tipo de teoría que elimina AC como regla y deriva el ámbito de forma «parasitaria» del movimiento A tampoco está libre de problemas. En primer lugar, nos lleva a sustituir nuestra idea de las huellas como variables por la interpretación de las copias como variables. En segundo lugar, elimina AC por completo, ya que el movimiento de constituyentes para obtener ámbito no puede diferenciarse del movimiento para cotejar caso. Pero si el caso y la concordancia se consideran rasgos no interpretables, y los rasgos (potenciales) que activen configuraciones de ámbito son, por el contrario, interpretables, parece contradictorio que se cotejen al tiempo. Finalmente, el programa minimista relativiza o elimina la necesidad de las proyecciones de concordancia (A4 del capítulo 4), lo que nos obliga a replantear el desplazamiento como movimiento a SFlex o Sv, como hemos hecho en nuestra presentación. Como veremos en el apartado siguiente parecen ser otras las propiedades, de índole semántica, que activan los mecanismos de ámbito diferencial.

Cabe señalar, por último, que, independientemente de la opción particular que se elija, el modelo más compatible con la arquitectura gramatical de la gramática generativa es el tipo de análisis general de la interficie sintaxis / semántica, que toma como punto de partida las estructuras cuantificador-variable, así como la similitud entre la noción de ámbito como desplazamiento abstracto y la de desplazamiento visible. Se han propuesto teorías alternativas que eliminan la necesidad de introducir variables, conciben los mecanismos de cuantificación de otra manera, o proponen la interpretación directa de la estructura superficial representando a los cuantificadores 'in situ'. El análisis de este tipo de teorías pertenece más propiamente a un tratado de semántica, dada la complejidad de los factores que deben tenerse en cuenta, por lo que no será abordado en este libro. Recuerde que en otros capítulos del libro hemos mencionado criterios como el de la elegancia, la simplicidad o la parsimonia entre los recursos teóricos. En última instancia, el diseño del subcomponente gramatical responsable de la cuantificación y otras nociones conexas no puede ser visto de forma aislada, sino teniendo en consideración su encaje dentro del modelo gramatical en su conjunto.

8.5. Otros aspectos semánticos de la gramática de los cuantificadores

8.5.1. *Clases de cuantificadores*

En las propuestas consideradas hasta ahora, los cuantificadores se tratan como expresiones semánticamente uniformes en cuanto a sus propiedades o sus rasgos. Hemos introducido únicamente la distinción tradicional entre cuantificador universal y existencial, y hemos observado también la forma en que daba lugar a ambigüedades de ámbito o alcance. La teoría de la FL surge precisamente para dar cuenta de estas ambigüedades en un marco restrictivo.

Los límites o asimetrías de ámbito deben deducirse, por el momento, de factores exclusivamente jerárquicos. Alguien podría decir, llegados a este punto, que este enfoque es un tanto conservador o, en otras palabras, que se aparta de las ideas que hemos estado defendiendo en los capítulos anteriores con respecto a la centralidad de los rasgos, es decir, de las propiedades de las piezas léxicas para determinar las relaciones sintácticas en que participan. Si aplicamos la idea de que las relaciones estructurales están determinadas en su mayor parte por operaciones de cotejo de los rasgos presentes en las piezas léxicas, surge la pregunta natural acerca de cómo sería la teoría de la FL resultante. Para dar una respuesta adecuada, tendremos que determinar qué propiedades o qué rasgos diferenciales poseen los cuantificadores y cómo afectan a su interpretación.

Podemos distinguir, en principio, varias clases de cuantificadores o de expresiones cuantificativas. La clasificación siguiente hace referencia a los rasgos semánticos de los cuantificadores y debe entenderse como un listado aproximado e incompleto, por lo que puede haber solapamientos, y también es posible que un cuantificador quepa en más de un grupo. La propiedad semántica relevante de la expresión cuantificativa será aportada unas veces por el determinante, en otras ocasiones vendrá determinada por un modificador obligatorio, o será una propiedad del SD en su conjunto (véase también Sánchez López, 1999b sobre este punto):

1. Universales: *todo N, cada N, todos los N,* etcétera.
2. Existenciales o indefinidos: *un N, algún N.*

3. Definidos: *el N, la N*, etcétera.

4. Demostrativos: *este N, ese N, aquel N*, etcétera.

5. Posesivos: *su N, sus N*.

6. Numerales: *tres N, entre tres y cinco N*, etcétera.

7. Intencionales o evaluativos: *muchos N, pocos N, varios N, demasiados N*.

8. Aproximativos: *aproximadamente cinco N*, etcétera.

9. Distributivos: *ambos N, sendos N*.

10. Proporcionales: *la mayoría de los N, un dos por ciento de los N*, etcétera.

11. Partitivos: *dos de los cinco N, varios de esos N*, etcétera.

12. De excepción: *todos menos N, tus hermanos excepto N*, etcétera.

13. Comparativos y superlativos: *más N que N, el N más alto*, etcétera.

14. Focales o escalares: *incluso N, solo N, hasta N*.

15. Negativos: *nadie, nada, ninguno, ningún N*, etcétera.

16. Interrogativos: *qué N, cuántos N*, etcétera.

El concepto de 'expresión cuantificativa' está aquí tomado en sentido amplio. Observe que en esta enumeración aparecen sintagmas plenos, es decir, aparecen los cuantificadores junto con su restrictor. Las unidades que componen la lista están, pues, formadas en la sintaxis en lugar de obtenidas como tales del léxico. Unas veces basta con extraer del léxico el cuantificador y anteponerlo al N para obtener la expresión cuantificativa *(ambos N)*, pero otras muchas no basta con ese simple proceso de concatenación (*más N que N; un dos por ciento de los N*, etc.). De igual forma, aunque en nuestra lista aparezca *todos los N* como expresión cuantificativa, es obvio que esa expresión no se segmenta en la forma *todos los + N*, sino en la forma *todos + los N*, lo que viene a significar que en realidad *todos* selecciona un SD que puede estar configurado de múltiples formas (*todos estos libros, todos ellos, todas sus preocupaciones*, etc.). Se aplica el mismo razonamiento a otros muchos casos.

8.5.2. *Los cuantificadores universales*

No todos los cuantificadores tienen el mismo comportamiento en lo relativo a la posibilidad de dar lugar a ambigüedades de ámbito. Consideremos, por ejemplo, los cuantificadores universales. En español distinguimos los SSDD encabezados por *todo, cada* y *todos*. *Todo* (que posee la variante en femenino *toda*) y *cada* activan la concordancia de singular mientras que *todos* concuerda en plural y se antepone, como acabamos de ver, a una expresión definida.

Los SSDD encabezados por *todo* tienden a usarse en oraciones generalizadoras o caracterizadoras:

(57) a. Todo villano encuentra la horma de su zapato.

b. Me opondré a toda iniciativa que no me satisfaga.

Esta propiedad hace que *todo* no pueda vincularse al discurso anterior, es decir, referirse a un grupo concreto o no general, como muestra el contraste con *todos* de (58):

(58) a. Llegaron estudiantes y profesores. Todos los estudiantes llevaban el mismo uniforme.

    b. ??Llegaron estudiantes y profesores. Todo estudiante llevaba el mismo uniforme.

Por otra parte, se ha observado que *todo* está restringido contextualmente de forma parecida a como lo está *cualquiera,* es decir, a entornos modales o prospectivos, así como a los constituidos por predicados que expresan negación, exención o rechazo. Se dice, pues, *Rechazó toda posibilidad de diálogo* o *Quedó libre de toda culpa,* pero no *Aceptó toda posibilidad de diálogo* o *Ha sido cargado con toda culpa.*

Las expresiones cuantificativas encabezadas por *cada* son intrínsecamente distributivas. La propiedad de la DISTRIBUTIVIDAD es una propiedad de los cuantificadores según la cual el predicado principal se aplica a cada una de las entidades denotadas por el N (véase también el § 8.11.4). Observe que se da un contraste entre (59a) y (59b) con respecto a la propiedad de la distributividad:

(59) a. Todos los estudiantes comieron una tarta.

    b. Cada estudiante comió una tarta.

La oración (59a) tiene dos interpretaciones: puede entenderse que entre todos los estudiantes comieron cierta tarta (INTERPRETACIÓN COLECTIVA) o bien que cada estudiante comió una tarta diferente (INTERPRETACIÓN DISTRIBUTIVA). En cambio, (59b) carece de la interpretación colectiva. Solo posee la interpretación distributiva, en la que el predicado *comer una tarta* se aplica a todos los individuos contenidos en la denotación de *estudiantes.* Como vemos, las expresiones cuantificativas universales no son uniformes. En realidad, por esta razón son determinantes diferentes *todo, cada,* y *todos.* Los rasgos de cada uno de ellos les hacen mostrar un comportamiento diferente en lo relativo al ámbito. Lo cierto es que estas diferencias, que podrían parecer bastante elementales, no se pueden representar en las teorías del ámbito cuantificacional vistas hasta el momento. De acuerdo con las teorías de la FL consideradas anteriormente, todos estos cuantificadores deberían dar lugar al mismo tipo de ambigüedades de ámbito. Sin embargo, las cosas no son así:

(60) a. Cada estudiante comió una tarta.

    b. Un estudiante comió cada tarta.

Observe que las oraciones de (60) reciben solo la interpretación en la que el SD cuantificador universal encabezado por *cada* tiene ámbito amplio. La razón estriba en que el rasgo [+distributivo] del determinante fuerza a este SD a encontrar otro cuantificador que actúe como elemento distribuido en función de la denotación del nombre: distribuimos tartas entre estudiantes (una para cada uno) en (60a), y estudiantes en función de tartas (también uno para cada una) en (60b). Es asimismo posible una interpretación de (60b) según la cual un determinado estudiante comió cada tarta que le iban dando en distintas ocasiones; es decir, podemos entender que el estudiante las fue comiendo de manera sucesiva. Esta interpretación se correspondería con la relación de ámbito *un estudiante > cada tarta.* Fíjese en que no son triviales añadidos como *una tras otra, en distintas ocasiones, de manera sucesiva,* etc. Estas adiciones ayudan a entender que estamos forzando a la expresión cuantificativa *cada estudiante* para que encuentre otro elemento sobre el que distribuirse, dando así lugar a una serie de ocasiones o de eventos. En ese caso, sería cierto que *un estudiante* tiene ámbito sobre *cada tarta,* pero el cuantificador distributivo tendría ámbito sobre un cuantificador oculto sobre eventos o situaciones:

(61) un estudiante > cada tarta > (distintas ocasiones / de manera sucesiva)

Observe ahora que en (62) hay tres SSDD cuantificativos:

(62) Un estudiante dio un libro a cada profesor.

Es posible interpretar que *un estudiante* posee aquí ámbito máximo. A la vez, *cada profesor* tiene que tomar ámbito amplio obligatoriamente con respecto a *un libro* para que pueda producirse la distribución requerida. La interpretación resultante es aquella en la que cierto estudiante le dio a cada profesor un libro diferente *(un estudiante > cada profesor > un libro).* En suma, la generalización con respecto a la expresión cuantificativa encabezada por *cada* parece ser la siguiente: *cada* toma ámbito amplio obligatorio sobre otro cuantificador en su oración para poder cotejar el rasgo de distributividad.

Considere ahora el siguiente par:

(63) a. Todo estudiante comió una tarta.
   b. *Un estudiante comió toda tarta.

La expresión cuantificativa encabezada por *todo* es también distributiva, es decir, (63a) solo tiene la interpretación distributiva, donde el predicado *comer una tarta* se distribuye sobre la denotación de *estudiante.* Como dijimos anteriormente, *todo* participa normalmente en enunciados genéricos o generalizadores, por lo que (63b) resulta anómala. Compárela con *Un estudiante hambriento come toda tarta que se le presente,* donde entendemos que un estudiante hambriento cualquiera comerá cualquier clase de tarta que se le presente. Desde este punto de vista, lo que diferencia *todo* de *cada* es que el primero suele ser utilizado en enunciados generalizadores o genéricos, y el segundo en enunciados que se refieren a ocasiones concretas. Examinemos por último este otro par:

(64) a. Todos los estudiantes comieron una tarta.
   b. Un estudiante comió todas las tartas.

La expresión cuantificativa encabezada por *todos* es la más neutral en cuanto a sus rasgos, ya que no está especificada necesariamente como distributiva: (64a) tiene la interpretación distributiva de (60a) y (63a), pero también la interpretación colectiva que mencionábamos antes. Además, las oraciones de (64) son ambiguas, ya que el cuantificador universal puede tener ámbito amplio o estrecho. Así pues, podemos concluir que *todos* no tiene el rasgo [+distributivo] de forma inherente u obligatoria.

En suma, de los datos vistos en este apartado podemos inferir que, si el ámbito de los cuantificadores universales se relaciona con la regla AC, esta debe estar probablemente relacionada con el cotejo del rasgo [+distributivo], en tanto que es este rasgo el que fuerza a un cuantificador a tomar ámbito para distribuirse sobre un predicado.

8.5.3. *Las lecturas de ámbito amplio del complemento directo*

Liu (1998) observó que otros grupos de cuantificadores, como los existenciales, los numerales o los evaluativos (recuerde el grupo 7 de nuestra lista) no toman ámbito amplio en ciertas posiciones estructurales. En concreto, para estas clases de cuantificadores, las lecturas de ámbito inverso o de ámbito amplio del complemento directo son marginales, cuando no imposibles, aunque aparezca en posición de sujeto un cuantificador que las haga posibles, por ejemplo uno universal:

(65) a. Todos los estudiantes leyeron tres libros.
     b. Todos los estudiantes leyeron pocos / varios libros.
     c. Todos los estudiantes leyeron unos libros.

En efecto, la interpretación más común de (65a) es aquella en la que cada estudiante leyó tres libros diferentes *(todos los estudiantes > tres libros)*. La interpretación que (65a) no tiene (o, si la tiene, es muy marginal), es aquella en la que se dice que hay un grupo de tres libros en concreto que todos los estudiantes leyeron *(tres libros > todos los estudiantes)*. Esta interpretación se expresaría claramente como *Todos los estudiantes leyeron los mismos (tres) libros*. También se puede obtener cuando el determinante *tres* está focalizado, por ejemplo si la oración siguiera con «..., *que son los siguientes*». Lo mismo puede aplicarse a (65b) y (65c), donde el cuantificador en la posición de objeto tiende a tener ámbito estrecho obligatorio. No resulta, pues, adecuado, añadir una especificación de un grupo o conjunto de libros:

(66) ??Todos los estudiantes leyeron {pocos / varios} libros: *El Quijote, Don Juan* y *La Celestina*.

Como ya habrá notado usted, cuando queremos obtener la interpretación de ámbito amplio del objeto, añadimos otro determinante:

(67) a. Todos los estudiantes leyeron {los / esos} tres libros.
     b. Todos los estudiantes leyeron {los / esos} pocos libros que les asignaron.

En estos casos la presencia del determinante definido, posesivo o demostrativo sirve para acotar un grupo. Así pues, en (67b) entenderemos que hay un grupo de pocos libros tales que todos los estudiantes los leyeron. No es de extrañar, por tanto, que sea ahora posible especificar un conjunto o grupo:

(68) Todos los estudiantes leyeron estos pocos libros: *El Quijote, Don Juan* y *La Celestina*.

En general, las expresiones cuantificativas encabezadas por determinantes definidos, posesivos, demostrativos, así como las partitivas o proporcionales, que constan de un determinante de este tipo (números 10 y 11 de nuestra lista), permiten las lecturas de ámbito amplio del objeto:

(69) a. Todos los estudiantes leyeron {los / mis / esos} libros.
   b. Todos los estudiantes leyeron tres de los libros.
   c. Todos los estudiantes leyeron la mayoría de los libros.

En suma, cabe suponer que existe un rasgo, que podemos denominar [grupo], que capacita a los cuantificadores para tomar ámbito amplio, usando el término empleado por Contreras (1986b). Dicho de otro modo, solo los cuantificadores que pueden denotar grupos o conjuntos bien definidos pueden tomar ámbito amplio. Como hemos señalado, podemos descomponer el contenido de la expresión *todos los N* en dos partes: la que codifica el rasgo universal *(todos)* y la que codifica el rasgo de grupo (el determinante definido). Algunos autores (Beghelli y Stowell, 1997) denominan a este segundo rasgo [referencial]. Con ello se quiere decir que estos SSDD cuantificacionales pueden usarse para referirse a una entidad o a un conjunto de entidades. Otros denominan a estos cuantificadores *fuertes* (Milsark, 1977; véase el § 8.8.1). Cualquiera que sea el rasgo que usamos, nos estamos refiriendo a la misma propiedad. Por último, los cuantificadores existenciales, numerales, aproximativos, etc., pueden tener lecturas fuertes o referenciales, también denominadas específicas, cuando se les añaden modificadores como *específico, concreto, en particular,* etc., como en (70a, b), o cuando están modificados por ciertos adjetivos antepuestos (Bosque, 2001a), como en (70c). Los cuantificadores intencionales o evaluativos (grupo 7) carecen incluso de estas lecturas específicas, como se ve en (71):

(70) a. Todos los estudiantes leyeron tres libros determinados.
   b. Todos los estudiantes leyeron un libro en particular.
   c. Todos los estudiantes leyeron dos maravillosos libros.

(71) a. *Todos los estudiantes leyeron pocos libros determinados.
   b. *Todos los estudiantes leyeron pocos libros en particular.
   c. *Todos los estudiantes leyeron pocos maravillosos libros.

Cuando los cuantificadores que son no referenciales o no denotan un grupo –es decir, están marcados como [-referencial / grupo]– aparecen en la posición de sujeto, pueden dar lugar a la interpretación de ámbito amplio:

(72) a. Tres estudiantes leyeron todos los libros.
   b. Varios estudiantes leyeron todos los libros.

De acuerdo con esta interpretación, (72a) se correspondería con una situación en la que hay tres estudiantes en concreto que leyeron todos los libros. Las diferencias que hallamos en el comportamiento de este tipo de cuantificadores con respecto a su posición sintáctica hace que quizá debamos asociar el cotejo del rasgo [+referencial / grupo] con la posición de SFlex y, por tanto, no considerarlo como una propiedad intrínseca del cuantificador. En otras palabras, el que un cuantificador pueda ser referencial o no dependerá fundamentalmente de su posición sintáctica.

Resumamos. Examinado el comportamiento diferencial de los cuantificadores de varias clases con respecto a las posibilidades de ámbito, podemos concluir que la aplicación de AC (o del movimiento a SFlex o S*v* para obtener ámbito, si seguimos a Hornstein) está vinculada al cotejo de rasgos como [+distributivo] o [+referencial / grupo]. Estos rasgos pueden verse como especificaciones categoriales que encabezan su propia proyección, como en Beghelli y Stowell (1997) o Szabolcsi (1997), o bien como rasgos semánticos que se pueden cotejar en una determinada proyección, como en el sistema de Hornstein (1995, 1999b).

En húngaro, serbocroata y otras lenguas, el desplazamiento de los cuantificadores tiene lugar en la sintaxis visible, es decir, no se trata de un movimiento abstracto en la FL para obtener ámbito, sino de un movimiento patente en la superficie.

(73) a. Svako   voli nekoga.   (serbocroata)
       todos-nom. ama alguien-acus.
       'Todos aman a alguien.' (todos > alguien)
    b. Negoka   svako   voli.
       alguien-acus. todos-nom. ama
       'Todos aman a alguien' (alguien > todos)

Si concibiésemos AC como una regla abstracta de adjunción motivada solo por razones semánticas, surgiría la pregunta de por qué ciertas lenguas anticipan este tipo de movimiento y otras como el español lo retardan hasta la sintaxis abstracta. En cambio, si vemos el desplazamiento de cuantificadores como una operación más de cotejo de rasgos en proyecciones designadas para ello, la distinción entre el húngaro o el serbocroata, por un lado, y el español, por el otro, puede reducirse a la diferencia entre rasgos fuertes y débiles. En húngaro o en serbocroata, rasgos como [+referencial] o [+distributivo] son fuertes y provocan el cotejo en la sintaxis visible. En español serían rasgos débiles, computables de forma abstracta.

Cuando dos cuantificadores numerales o de cardinalidad interactúan en una oración, pueden dar lugar a una tercera interpretación, que se ha denominado ACU-MULATIVA (Scha, 1984):

(74) a. Trescientas compañías japonesas poseen cuarenta mil computadoras.
    b. Treinta estudiantes resolvieron cuatrocientos problemas durante el maratón.

La interpretación acumulativa de (74a) sería: 'un número total de trescientas compañías japonesas poseen entre todas ellas un total de cuarenta mil computadoras'. Esta interpretación es claramente distinta de la lectura de ámbito amplio del sujeto ('trescientas compañías poseen cuarenta mil computadoras cada una') o la de ámbito amplio del objeto ('hay un grupo de cuarenta mil computadoras que son propiedad de trescientas compañías a la vez'). En (74b), la lectura acumulativa es la que nos proporciona simplemente la totalidad de estudiantes que resolvieron problemas (treinta) y la totalidad de problemas resueltos (cuatrocientos). En ambos casos, resulta obvio que la lectura acumulativa es la más prominente. Lo interesante de esta interpretación es que no es reducible a una relación jerárquica de ámbito (sujeto > objeto; objeto > sujeto), como acabamos de mostrar, y que resulta ser, por tanto, una interpretación indepiente de él (ingl. *scope-independent readings*).

8.6. Preguntas y cuantificación

8.6.1. *Los cuantificadores interrogativos*

En los capítulos 4 y 7 hemos caracterizado la formación de preguntas como un proceso derivacional en el que el elemento interrogativo se desplaza a SComp y coteja el rasgo [qu-]. En español, inglés y otras lenguas románicas o germánicas, el desplazamiento del SQu a la posición de especificador de SComp es obligatorio. Constituyen una excepción sistemática a esta generalización oraciones como las siguientes:

(75) a. ¿Pepe ha comido qué?
  b. ¿Para hablar con quién?
  c. ¿Te gastaste cuánto?

Como recordará usted del § 7.2.2, en las llamadas 'preguntas de eco' se pide que se repita la información que se acaba de proporcionar. Puede usarse (75a), por ejemplo, como réplica a la afirmación *Pepe ha comido buey strogonoff*. Otras interrogativas, como (75b), pueden usarse para pedir al interlocutor que precise algún aspecto de la información que acaba de aportar. Alguien podría usar esta oración como réplica a mi afirmación *Mañana tengo que ir a la oficina del Delegado del Gobierno*. Finalmente, (75c) puede usarse para expresar sorpresa o incredulidad ante una afirmación de nuestro interlocutor (como *Me gasté todo el sueldo en la lotería*). Volveremos sobre los valores informativos de las oraciones interrogativas en el § 11.8.

Para determinar la FL de las estructuras interrogativas tenemos que establecer primero cuál es la denotación de las oraciones interrogativas en general. En la semántica formal moderna, se considera que la denotación de una oración declarativa es un valor de verdad: si la oración en cuestión es verdadera o se conforma con los hechos. Las oraciones interrogativas, en cambio, expresan algo diferente. Al usarlas hacemos una pregunta, es decir, recabamos información. Podemos pedir información sobre el valor de verdad de un enunciado, como en las PREGUNTAS TOTALES. Estas preguntas se dividen en dos grupos. En las llamadas PREGUNTAS DE SÍ O NO usamos estas partículas *(sí, no)* para confirmar o rechazar alguna información. Así, la pregunta (76):

(76) ¿Has visto a mi primo?

se podría contestar con expresiones como *Sí, No* o *Lo vi ayer,* pero no con otras del tipo *He visto a Juan o a Pepe*. Se ha observado que se admiten algunas respuestas no literales a preguntas del tipo de (76), como por ejemplo *He visto a tu prima*. Estas respuestas solo se pueden interpretar si el interlocutor suple el *No* que no se expresa y es capaz de establecer además la relevancia de la respuesta sustitutiva. No nos ocuparemos aquí de estos casos. El segundo grupo de preguntas totales corresponde a las PREGUNTAS ALTERNATIVAS. En este caso elegimos una de las dos opciones que separa la conjunción disyuntiva *o,* como en (77):

(77) a. ¿Has visto a mi primo o a mi prima?

    b. A tu primo.

Observe ahora que, si la pregunta (77a) se pronunciara con un solo grupo melódico ascendente, en lugar de con dos, esta misma pregunta podría contestarse con *sí* o con *no*. En realidad, la diferencia entre las preguntas de *sí* o *no* y las preguntas alternativas está en función del ÁMBITO DE LA DISYUNCIÓN, lo que significa que la conjunción disyuntiva posee propiedades cuasicuantificativas. En efecto, el diálogo (77) corresponde a una pregunta alternativa. Esta interpretación se obtiene de la conjunción de dos proposiciones entre las que hay que elegir una: *¿Has visto a mi primo o has visto a mi prima?* Como vemos, esta pregunta no se puede contestar con *sí* o con *no*. En la «interpretación de *sí* o *no*» de la pregunta (77a), que se obtiene con una curva tonal ascendente, la disyunción tiene ámbito menor. En este caso la pregunta (77a) significaría: '¿Has visto a x (x = un elemento del conjunto formado por mi primo y mi prima)?'. Esta pregunta puede contestarse con *sí* o con *no* con absoluta naturalidad.

Se ha hecho notar en la bibliografía que las preguntas de *sí* o *no* también pueden ser consideradas indirectamente como disyuntivas si suponemos que se interpreta en ellas un segmento análogo al que constituyen, pero precedido por la conjunción disyuntiva *o*. Observe que la pregunta (76a) podría contestarse diciendo simplemente *He visto a tu primo.* En este caso estaríamos eligiendo una de las dos opciones de la pregunta disyuntiva *¿Has visto a mi primo o no has visto a mi primo?*

Forman el otro gran grupo de preguntas las llamadas PREGUNTAS PARCIALES o PREGUNTAS QU-. Estas preguntas se caracterizan por la presencia de un SQu, y con ellas solicitamos información sobre un constituyente concreto de la oración: el complemento directo en (78a), el sujeto en (78b) o un modificador en (78c).

(78) a. ¿Qué ha comido Pepe?

    b. ¿Quién ha venido?

    c. ¿Dónde trabaja Juan?

Como recordará usted, en el § 7.2.2 nos preguntábamos qué es exactamente un rasgo *qu-*. Allí avanzábamos una respuesta intuitiva y remitíamos a este capítulo. En la semántica formal, especialmente a partir de Karttunen (1977), se suele entender que las preguntas denotan o designan el conjunto de sus respuestas verdaderas posibles. En este sentido, (78a) denotaría un conjunto de proposiciones que comparten buena parte de su estructura, excepto en la parte correspondiente al constituyente interrogado: {Pepe ha comido lentejas, Pepe ha comido filete, Pepe ha comido buey strogonoff, etc.}. A su vez, (78b) denotaría el conjunto formado por {Pepe ha venido, Luis ha venido, etc.}. Encontrará usted más detalles sobre esta idea en el § 11.7.2. A partir de ella, podemos representar aproximadamente el significado de estas preguntas usando variables:

(79) a. Para qué x se da la situación de que Pepe ha comido x.

    b. Para qué persona x se da la situación de que x ha venido.

En (79) hemos representado *qué* y *quién* como una especie de cuantificadores que ligan una variable. Los valores de la variable serían en este caso las distintas entidades que harían verdadera la proposición *Pepe ha comido x,* o *x ha venido,* y que darían lugar a los conjuntos especificados anteriormente, tal como deseamos. Observe que los sintagmas interrogativos se ajustan a la estructura de las expresiones cuantificativas: el sustantivo *libro* es el RESTRICTOR del cuantificador en la expresión *qué libros,* del mismo modo que *libros* restringe el dominio de cuantificación de *muchos* en *muchos libros.* En otras palabras, tanto *qué* como *muchos* tendrían una interpretación irrestricta si no fuera porque el SN la acota explícitamente. El dominio de interpretación –técnicamente, el RANGO de la variable– está determinado a menudo léxicamente: 'personas' en *quién* o en *nadie;* 'tiempos' en *cuándo* o en *nunca,* etc. Así pues, es correcta en lo fundamental la observación clásica según la cual *quién* significa 'qué persona', *dónde* significa '(en) qué lugar', etcétera.

Esta representación semántica de las preguntas parciales entraña que en la FL el SQu será también un cuantificador que ligue una variable / huella. A este cuantificador se lo denomina CUANTIFICADOR INTERROGATIVO u OPERADOR INTERROGATIVO. Como hemos visto, el término OPERADOR se refiere en general a cualquier tipo de elemento que tiene ámbito en la FL (de ahí que se hable de operadores temporales, modales, etc.). Si entendemos que un pronombre interrogativo como *qué* es en realidad un cuantificador desde el punto de vista semántico, entonces, de acuerdo con lo establecido en el § 8.1, debería desplazarse por aplicación de AC en la FL. En realidad, la aplicación de esta operación abstracta adicional no es necesaria, ya que, salvo en las interrogativas de eco, los SQu se desplazan obligatoriamente de forma visible o patente, es decir, en la sintaxis manifiesta o explícita. Esto implica que la derivación de la FL correspondiente no requiere la aplicación de AC, ya que existe una correspondencia directa entre la secuencia de superficie y la representación de la FL en cuanto a la posición del cuantificador interrogativo.

Recuerde que en el § 7.2.2 nos preguntábamos qué tienen de particular los cuantificadores interrogativos que no tengan los no interrogativos para que el movimiento de estos últimos sea encubierto, y el de los primeros patente. Se piensa que esta asimetría se debe a la naturaleza del rasgo [qu-]. Este rasgo sería un rasgo «fuerte» o morfológicamente manifiesto (en el sentido visto en el § 4.3.3), por lo que requeriría su cotejo en la sintaxis patente. Aunque cabe pensar que la fortaleza del rasgo [qu-] está vinculada de alguna forma a la naturaleza del acto verbal (pregunta frente a afirmación), no lo está enteramente, ya que las oraciones interrogativas indirectas *(No sé quién ha venido)* no constituyen actos verbales de interrogación, y sin embargo muestran el mismo desplazamiento, en lo que coinciden con las relativas *(La muchacha a quien vi).*

Como ya explicamos en el cap. 7, el movimiento explícito de las palabras *qu-* no es una propiedad universal. Allí hacíamos notar que en lenguas como el chino, el japonés o el coreano, el elemento *qu-* permanece *in situ,* es decir, en la posición canónica que le corresponde como argumento o adjunto de algún predicado. En los ejemplos de (80), de una lengua de orden Sujeto-Verbo-Objeto (SVO) como el chino, o una lengua SOV como el japonés, los SQu permanecen en la posición canónica de objeto.

(80) a. Juan mai   le   shenme.   (chino)
       Juan comprar ASP qué
       '¿Qué compró Juan?'

b. Juan-wa   nani-o   kaimasita ka (japonés)
   Juan-tema qué-acusativo compró   INT
   '¿Qué compró Juan?'

En estas lenguas debemos suponer que el SQu se desplaza en la FL a SComp para obtener ámbito. En otras palabras, la representación en la FL de las oraciones de (80) y su correlato en español o en inglés sería idéntica. Esta conclusión es, desde luego, deseable, ya que que en todas las lenguas mencionadas se hace en realidad la misma pregunta, de modo que la única diferencia es la posición visible del cuantificador interrogativo.

8.6.2. *Las preguntas múltiples*

En el § 7.2.3 introdujimos brevemente el concepto de PREGUNTA MÚLTIPLE. Como recordará usted, se trata de preguntas parciales que contienen más de un SQu. En español, cuando hay más de un elemento interrogativo, solo uno de los SQu se desplaza a SComp de forma visible:

(81) a. ¿Quién compró qué?
     b. ¿Cuándo dijiste qué?

En otras lenguas, como el ruso, el búlgaro, el rumano, el serbocroata o el polaco, todos los SQu de las preguntas múltiples se desplazan a SComp explícitamente, es decir, son gramaticales oraciones del estilo de *¿Quién qué dijo?* o *¿A quién qué le has dado?*:

(82) a. Cine ce cumpara   (rumano)
        quién qué compra
        '¿Quién compra qué?'
     b. Koj   kakvo kupuva   (búlgaro)
        quién qué   compró
        '¿Quién compró qué?'
     c. Koj   kakvo na kogo e datt   (búlgaro)
        quién qué   a quien ha dado
        '¿Quién ha dado qué a quién?'

En las lenguas en que los SQu permanecen *in situ,* lo hacen asimismo todos en las preguntas múltiples:

(83) a. Shei kanjian le   shenme.   (chino)
        quién ver   ASP qué
        '¿Quién vió qué?'
     b. Dare-ga   nani-o   tabeta no. (japonés)
        quién-nom. qué-acus. comió int.
        '¿Quién comió qué?'

Así pues, dada nuestra suposición inicial de que la representación de las estructuras cuantificacionales en la FL requiere la introducción de variables, y teniendo en cuenta que los SQu son cuantificadores, debemos dar ahora una explicación coherente a estas asimetrías. Como es obvio, en estas lenguas se transmiten los mismos significados que expresamos en español y en otras lenguas vecinas con estructuras interrogativas diferentes. Podemos suponer, por tanto, que, con independencia de su posición superficial, una oración interrogativa recibe el mismo tipo de interpretación semántica y posee la misma FL. Las asimetrías posicionales pueden derivarse entonces del hecho de que el rasgo [qu] sea fuerte o débil en cada lengua. En español, el cotejo del rasgo [qu] por un elemento satisface dicho rasgo en SComp, por lo que esta proyección será incapaz de atraer a más de un elemento a SComp en la sintaxis visible. Ahora bien, al ser los SQu expresiones cuantificacionales, deberán tener ámbito. A este respecto, se comportarán entonces como cualquier cuantificador no interrogativo y estarán sujetos a la aplicación de la regla de AC.

Si me preguntan *¿Quién compró qué?*, no puedo contestar *María*. Dicho de otra forma, con las interrogativas múltiples no requerimos información sobre un constituyente, sino sobre dos o más. La representación semántica de las preguntas de (81) sería (84):

(84) a. Para qué persona x, para qué y, se da la situación de que x compró y.

b. Para qué tiempo x, para qué y, se da la situación de que dijiste y en x.

Esto significa que las oraciones de (81) constituyen preguntas sobre PARES DE OBJETOS (x, y). Para obtener esta configuración, el cuantificador interrogativo que aparece *in situ* debe ascender también a SComp, aunque sea en la sintaxis encubierta. En (85a), donde hay tres SQu, la pregunta sería sobre un trío o triplete (x, y, z):

(85) a. ¿Quién dijo qué a quién?

b. Para qué persona x, para qué y, para qué persona z, es el caso que x dio y a z.

Higginbotham y May (1981), entre otros autores, han propuesto que para derivar las preguntas múltiples hace falta un proceso de ABSORCIÓN de cuantificadores, según el cual formamos secuencias de elementos SQu en FL. Por ejemplo, en (85a) tenemos tres palabras interrogativas, pero no tenemos tres preguntas, sino una sola. La operación de absorción aplicada a la secuencia *<quién, qué, a quién>* nos permite formular una pregunta que afectará a un triplete.

Como hemos visto, las preguntas múltiples requieren el desplazamiento de varios SQu a SComp, ya sea dicho desplazamiento explícito o encubierto (en la FL). En la derivación de la FL de las preguntas, no tenemos adjunción a un constituyente máximo, como sucede en los procesos de adjunción sucesiva a SFlex derivados de la aplicación de AC a los cuantificadores no interrogativos. En las oraciones interrogativas, el SQu desplazado en la sintaxis visible lo es por movimiento al especificador de SComp. Cabe preguntarse qué tipo de desplazamiento corresponde a los demás SQu que componen una estructura interrogativa múltiple. No podrá ser adjunción a SFlex, dado que los SQu tienen que cotejar el rasgo [qu-] y este es un rasgo del dominio SComp. Aoun, Hornstein y Sportiche (1981) proponen que dichos SQu se adjuntan al especificador de SComp. Esta idea es compatible con el criterio qu- (§ 4.4.2), ya que todos los SQu estarían en la relación núcleo-especificador con Comp y cotejarían el rasgo [qu-].

Para adaptar técnicamente la idea expuesta, se ha propuesto un mecanismo de indización o indexación de SComp (que puede verse como un proceso de concordancia núcleo-especificador), por el cual el SQu en el especificador de SComp transmite su índice cuantificacional al SComp y puede ligar la variable que ha dejado en su desplazamiento. Aoun, Hornstein y Sportiche (1981) suponen que este mecanismo tiene la siguiente forma:

(86) $[_{SComp}$ $SQu_i] \rightarrow [_{SComp}$ $SQu_i]_i$

Ahora bien, se preguntará usted probablemente qué sucede cuando tenemos varios SQu adjuntados a la posición de especificador de SComp. Podemos suponer que solo el primer SQu es capaz de transmitir su índice. Una vez este índice se ha cotejado, es imposible darle uno nuevo adicional o cambiar el que tenía. Por tanto, si a (86) le adjuntamos otros SQu con distintos índices, el índice del SComp no cambiaría, como sucede en (87a). Las indexaciones alternativas de (87b, c) serían ilegítimas:

(87) a. $[_{SComp} ... SQu_i ...]_i \rightarrow [_{SComp} ... SQu_j$ SQu_k $SQu_i ...]_i$
 b. $^*[_{SComp} ... SQu_i ...]_i \rightarrow [_{SComp} ... SQu_j$ SQu_k $SQu_i ...]_j$
 c. $^*[_{SComp} ... SQu_i ...]_i \rightarrow [_{SComp} ... SQu_j$ SQu_k $SQu_i ...]_{i, j, k}$

Este mecanismo de indexación tiene algunas consecuencias que examinaremos en la sección siguiente.

8.6.3. *Los fenómenos de superioridad en la Forma Lógica*

El mecanismo de indización o indexación de Comp que acabamos de describir tiene importancia para explicar ciertos datos relacionados con el fenómeno llamado SUPERIORIDAD (ingl. *superiority*), que se observan en parte en la sintaxis explícita, como hemos comprobado brevemente en los §§ 7.3.4 y 7.5. Lo que nos interesa ahora es hacer notar que también hay casos de superioridad en la FL. Recordemos que *superior* significa aquí «jerárquicamente superior». Apunta, pues, aproximadamente a la relación formal que hemos formulado anteriormente mediante la relación de mando-c asimétrico (por ejemplo, un sujeto es superior a un objeto). La generalización que subyace a este fenómeno es que el SQu que debe ascender en primer lugar a SComp en las interrogativas múltiples, y por tanto aparecer en posición desplazada, es el que se considera 'superior', es decir, el que está situado en una posición sintáctica inicial más prominente en la configuración. En inglés se da el siguiente contraste:

(88) a. Who said what? '¿Quién dijo qué?'
 b *What did who say?

En esta lengua no es posible que un SQu en una posición relativa jerárquicamente inferior, por ejemplo el SQu objeto, sea extraído y se desplace a SComp antes que el SQu sujeto. Para dar cabida a este fenómeno, Chomsky (1973) formuló la siguiente CONDICIÓN DE SUPERIORIDAD:

(89) Ninguna regla puede relacionar X e Y en la estructura ... X ... [... Z ... Y ...] cuando la regla puede afectar a Z o a Y, y Z es superior a Y.

La regla de extracción que puede aplicarse tanto al constituyente Z como al constituyente Y se aplicará solo a Z de acuerdo con la condición de superioridad. Tal como se formuló en los años setenta, esta condición es independiente de otras condiciones, mecanismos o restricciones sobre el desplazamiento, puesto que se limita a evaluar la prominencia sintáctica de un constituyente respecto de otro. En la década de los ochenta se intentó derivarla de otras restricciones sobre el movimiento, en concreto el PCV, con lo que perdería así su carácter –no deseable en términos teóricos– de excepcional. ¿Cómo deducimos entonces el contraste de (88) sin acudir a la condición (89)? Jaeggli (1982) y otros autores han sugerido que la propiedad de superioridad se satisface en realidad en el nivel de la FL. Una de las hipótesis que se han propuesto es que estos datos del inglés relativos a la superioridad en la FL pueden derivarse a partir del mecanismo de indización de Comp y del PCV. En efecto, la FL correspondiente a (88a) sería (90):

(90) $[_{SComp}$ [what$_j$ who$_i$]$_i$ $[_{SFlex}$ [h$_i$ said h$_j$]]]

Al desplazarse *who* al especificador de SComp en primer lugar, dado que el movimiento visible o patente tiene lugar antes que el no visible, transmitirá su índice *(i)* al especificador de SComp. Entonces la huella de *who* estará propiamente regida por antecedente (recuerde este concepto del § 7.4.1). La huella del objeto no estará regida por antecedente, ya que *what* no puede transmitir su índice *(j)* al especificador. Sin embargo, la huella estará regida por el verbo. Por tanto, las dos huellas estarán propiamente regidas y se satisfará el PCV. Considere ahora la FL del ejemplo agramatical:

(91) $[_{SComp}$ [who$_i$ what$_j$]$_j$ $[_{SFlex}$ [h$_i$ said h$_j$]]]

En este caso, al ser el SQu objeto *what* el que se desplaza primero, transmitirá su índice *(j)* al especificador de SComp. La consecuencia será que la huella del sujeto no podrá ser regida por antecedente y se violará el PCV.

Jaeggli (1982) entiende que en español tanto (92a) como (92b) son gramaticales, es decir, los correlatos de (88).

(92) a. ¿Quién dijo qué?
     b. ¿Qué dijo quién?

Existe, no obstante, cierto desacuerdo entre los hablantes acerca de la gramaticalidad de (92b), descartando –claro está– la interpretación de eco, en la que esta oración es gramatical pronunciada con curva ascendente como réplica inmediata a una interrogativa simple (por ejemplo, después de que alguien haya dicho: *¿Qué dijo Manuel Irigoyen?*). La interpretación de eco desaparece en las interrogativas indirectas, pero esta construcción suele rechazarse en ellas (*??Ya no recuerdo bien qué dijo quién*). Aun así, algunos hablantes nativos consideran gramatical (92b) en la interpretación adecuada. En la gramática de esos hablantes se aplicaría adecuadamente la propuesta de Jaeggli (1982), que consiste en relacionar esta propiedad con otras asimetrías con respecto al inglés: la libre inversión del sujeto con respecto al verbo, y la ausencia de efectos Comp-huella (§§ 6.2.2 y 7.4.2). Siguiendo una de las propuestas de Rizzi (1982), la regla de extracción seguiría a la regla de inversión, por lo que en español el sujeto estaría en una posición posverbal adjunta al extraerse. Así pues, en la representación de (92b) la huella del sujeto *(h_i)* quedaría regida léxicamente:

(93) $[_{SComp}$ [quién$_i$ qué$_j]_j$ $[_{SV}$ $[_{SV}$ dijo h$_j$] h$_i$]]

Encontramos en español efectos de superioridad con adjuntos, aunque son probablemente marginales y no aparecen en ciertos dialectos. Para percibir los contrastes conviene no dar entonación ascendente, típica de las preguntas-eco, al segundo SQu:

(94) a. ¿Por qué compraste qué?
     e. *¿Qué compraste por qué?

(95) a. ¿Cuándo compró Pepe qué?
     b. *¿Qué compró Pepe cuándo?

(96) a. ¿Cómo has reparado qué coche?
     b. *¿Qué coche has reparado cómo?

En estos casos se percibe un efecto de superioridad uniforme y genuino, ya que el adjunto es estructuralmente superior al objeto y, al no ser un elemento seleccionado por el verbo, no está regido léxicamente. Por tanto, al extraer el objeto en la sintaxis visible y desplazar el adjunto en la FL, resultaría que el objeto indexaría el especificador de Comp, de forma que la huella del adjunto, que necesita rección por antecedente, no quedaría regida. La representación de (97), donde la huella del adjunto temporal h_i queda sin regir, refleja el movimiento en la FL correspondiente a la oración agramatical (95b):

(97) $[_{SComp}$ [cuándo$_i$ qué$_j]_j$ $[[_{SV}$ $[_{SV}$ compró h$_j$] Pepe] h$_i$]]

No deben confundirse las variantes agramaticales de (94)-(96) con otras cercanas que sí son gramaticales, como las siguientes:

(98) a. ¿Qué compraste y por qué?
     b. ¿Qué compró Pepe y cuándo?
     c. ¿Qué coche has reparado y cómo?

En este caso, el SQu adjunto forma parte de un dominio estructural diferente, separado por la conjunción copulativa. De hecho, cada oración de (98) ilustra una estructura con dos preguntas, no exactamente una pregunta múltiple. Se desplaza entonces al especificador de un SComp del que hemos elidido el resto. El PCV no es aplicable, por tanto, en este caso:

(99) ¿Qué compraste y por qué [e]? = ¿Qué compraste y por qué$_i$ (lo compraste h_i)?

8.7. Interacciones entre cuantificadores y SQu

8.7.1. *Interpretaciones individuales, funcionales y de lista*

En las secciones anteriores hemos examinado la interacción de ámbito entre los SSDD cuantificacionales en oraciones declarativas y las interacciones que surgen entre los SQu de una oración interrogativa. Ahora bien, observe que estamos tratando tanto los SSDD como los SQu como entidades semánticamente uniformes, es decir, las dos clases de sintagmas son expresiones cuantificacionales que ligan variables en la FL. Si lo son, se espera que se produzcan interacciones de ámbito entre ellos. Considere la siguiente pregunta:

(100) ¿Qué libro leyeron todos los estudiantes?

Esta pregunta puede tener tres tipos de respuestas, ejemplificadas en (101):

(101) a. *El Quijote.*
     b. Su libro preferido.
     c. Pepe leyó *El Quijote;* Luis, *Don Juan;* y Alicia, *La Celestina.*

A la respuesta de (101a) se la denomina RESPUESTA INDIVIDUAL, ya que nos proporciona un único objeto o individuo, en este caso el libro que leyeron todos los estudiantes. A la respuesta de (101b) se la denomina RESPUESTA FUNCIONAL, porque el SD actúa como una especie de función que asocia cada estudiante en cuestión con el libro que prefiere. Esta respuesta es posible porque el pronombre *su* actúa como una 'variable ligada', concepto que le explicaremos con detalle en el § 9.1. Por el momento, es suficiente con que observe que en (101b) no se habla de un único libro, a pesar de que este es un SD en singular, y que repare en que es el posesivo *su* el que permite esta peculiar interpretación. La respuesta (101c) se conoce como RESPUESTA DE LISTA DE PARES. Como se ve, la respuesta aporta explícitamente una serie de pares, en cada uno de los cuales se menciona a un estudiante y el libro que leyó.

Estas respuestas diferentes pueden verse como interpretaciones igualmente diferentes de una misma pregunta. Recuerde que anteriormente decíamos que en la semántica formal se concibe el significado de una pregunta como el conjunto de sus respuestas posibles o verdaderas. Si damos a (100) la respuesta (101a), entendemos que se nos ha preguntado por un único libro. Si damos las respuestas (101b, c), entendemos que se nos ha preguntado por una asociación entre estudiantes y los libros que leyeron. Esa asociación es implícita en (101b) y explícita en (101c). Cabe pensar que la ambigüedad que (100) manifiesta es una ambigüedad de ámbito, puesto que, dependiendo de cuál sea la relación de ámbito entre el

SD y el SQu, tendremos una interpretación u otra. Considere la FL en la que el operador interrogativo tiene ámbito sobre el SD cuantificativo:

(102) [$_{SComp}$ Qué libro$_j$ [$_{SFlex}$ todos los estudiantes$_i$ [$_{SFlex}$ h$_i$ leyeron h$_j$]]]

Esta representación en FL se corresponde con la representación 'para qué libro *x* es el caso que todos los estudiantes *y* han leído *x*'. Esta es precisamente la interpretación correspondiente a la respuesta individual, ya que estamos preguntando acerca de un único libro que todos los estudiantes leyeron. La FL de (102) requiere el desplazamiento de *qué libro* a SComp y el de *todos los estudiantes* a SFlex. Por el contrario, la FL en la que el cuantificador universal tiene ámbito sobre el interrogativo requiere la adjunción del primero a SComp, como muestra (103), o bien la reconstrucción del cuantificador interrogativo en S*v* en el sistema minimista de Hornstein, presentado en el § 8.4.2:

(103) [$_{SComp}$ Todos los estudiantes$_i$ [$_{SComp}$ qué libro$_j$ [h$_i$ leyeron h$_j$]]]

En este caso, estamos preguntando 'para todo estudiante *x*, qué libro(s) *y* es (son) tal(es) que *x* leyó *y*'. Así pues, la FL en la que el cuantificador universal tiene ámbito sobre el SQu nos da la interpretación de lista de pares. La derivación de la interpretación funcional es más controvertida. Como hemos mencionado, una posibilidad es considerarla como versión implícita de la interpretación de lista de pares.

8.7.2. *Cuantificación sobre preguntas y análisis de rasgos*

Karttunen y Peters (1980), May (1985) y otros autores observaron que la existencia de la lectura de lista de pares está sujeta en inglés a una asimetría sujeto / objeto. Así, Karttunen y Peters, hacen notar que (104a) puede admitir la interpretación de lista de pares, pero (104b) no puede admitirla:

(104) a. Which customer is each clerk now serving?
       '¿A qué cliente está atendiendo cada dependiente?'
    b. Which clerk is now serving each customer?
       '¿Qué dependiente está atendiendo a cada cliente?'

En otras palabras, en inglés sería adecuada una respuesta como (105) para (104a), pero no para (104b):

(105) El dependiente 1 está sirviendo a los clientes a, b y c; el dependiente 2 está sirviendo a los clientes c y d; y el dependiente 3 está sirviendo al cliente e.

Los ejemplos de (106) y (107), tomados de May (1985), se aplican bastante bien al español. Así, la respuesta de lista de pares es posible para las preguntas de (106a) y (107a), pero no para las de (106b) y (107b), que piden una respuesta individual:

(106) a. What did everyone say? / ¿Qué dijeron todos?
    b. Who said everything? / ¿Quién dijo todo?

(107) a. What did everyone buy for Max? / ¿Qué compraron todos para Max?

b. Who bought everything for Max? / ¿Quién compró todo para Max?

Por ejemplo, (107a) puede tener una respuesta individual como (108a), o bien una respuesta de lista de pares como (108b). En cambio, (107b) solo puede tener una respuesta individual, como (108c):

(108) a. Le compraron un piano Bosendorfer.

b. Sally le compró una camisa; Sue, una corbata, y Larry, un piano.

c. Óscar compró todo para Max.

Aun así, estos contrastes no se obtienen siempre con claridad en español, y parece más bien que son los rasgos de los cuantificadores los que determinan si estos pueden tomar ámbito amplio o no. Así, el cuantificador *cada* siempre toma ámbito mayor. Parece que en esto se diferencia del inglés *each,* puesto que la oración (104b) admite con naturalidad en español la interpretación de lista de pares, frente a lo que sucede en inglés. El mismo factor explica que en los ejemplos de (109) sólo sea posible una respuesta de lista de pares como (110):

(109) a. ¿Qué libro leyó cada estudiante?

b. ¿Qué estudiante leyó cada libro?

(110) Pepe leyó *El Quijote;* Luis, *Don Juan;* Pedro, *La Celestina.*

La respuesta individual parece solo adecuada en estas oraciones como corrección a la pregunta. Así, como respuesta a (109a) podríamos decir algo como *Te equivocas. Todos leyeron* El Quijote, lo cual indica que lo que hacemos es negar que exista una distribución de pares. El hecho de que *cada* fuerce la interpretación de lista de pares se debe a que siempre tiene ámbito máximo, o, visto de otra forma, a que posee el rasgo [distributivo]. Este rasgo requiere la distribución del predicado sobre cada uno de los individuos en la denotación del nombre. Para que haya distribución, esta deberá realizarse sobre el elemento contenido en el ámbito del cuantificador. En (109a), para cada estudiante x tenemos que determinar el valor de x *leyó qué libro;* en (109b), para cada libro x tenemos que determinar el valor de *qué estudiante leyó* x. Es posible que existan otros factores adicionales. Tal como señalan Picallo y Rigau (1999), parece que *cada* necesita siempre una variable explícita sintácticamente, frente a lo que se sucede con *todos:*

(111) a. Cada diez sillas hacían una fila. (*Una* es la variable)

b. *Cada diez sillas estaban rotas.

(112) a. Todos los niños leyeron este libro.

b. ??Cada niño leyó este libro.

c. Cada niño leyó su libro. (*Su* es la variable)

d. Cada niño leyó un libro. (*Un* es la variable)

Así pues, el posesivo *su* que aparece en el conocido refrán *Cada maestrillo tiene su librillo* constituye una variable ligada por el cuantificador universal *cada.*

Consideremos de nuevo (109a) e insertemos en esa secuencia el cuantificador *todos los estudiantes*. Si lo hacemos, comprobaremos que los juicios sobre la existencia de una u otra interpretación son menos evidentes:

(113) a. ¿Qué libro leyeron todos los estudiantes?
     b. ¿Qué estudiante leyó todos los libros?

Es posible la lectura de respuesta individual tanto en (113a) como en (113b). Podemos dar, por ejemplo, una respuesta como *La Celestina* a (113a) o como *José López* a (113b). La disponibilidad de la respuesta de lista de pares depende de factores contextuales que la hagan prominente, y también parece ser más difícil en (113b). Esto es consecuente con la idea de que, al no asociarse *todos* con la distributividad de forma intrínseca, necesita que esta sea forzada o coaccionada por el contexto. Repare también en que en (113a) se obtiene una lectura de clase o tipo ('qué clase de libro leyeron...'), frente a la 'lectura de ejemplar' (acuérdese del § 8.3.2), algo más difícil de obtener en (113b) por razones pragmáticas.

Vamos a considerar ahora una propiedad adicional de las palabras interrogativas que incide en sus relaciones de ámbito con los SSDD. En español, la distinción singular / plural se aplica también a las palabras *qu-* *(quién / quiénes, cuál / cuáles)*. Algunas de estas formas plurales son infrecuentes incluso entre las lenguas romances. En general, cuando la palabra *qu-* aparece en plural, tiende a facilitarse la interpretación de lista de pares. Dicha interpretación es más fácil de obtener con (114b) que con (114a):

(114) a. ¿A quién visitaron los estudiantes?
     b. ¿A quiénes visitaron los estudiantes?

(115) Pepe visitó a María; Luisa, a Eduardo; etcétera.

Podemos suponer que este hecho es consecuencia de que la respuesta de lista de pares requiere distribución sobre una pluralidad (véase, más adelante, el § 8.11.4). Otros factores de naturaleza similar pueden ser la presencia de modificadores distributivos como *su decisión respectiva* en (116):

(116) Dime qué libros leyeron todos los estudiantes como resultado de su decisión
      respectiva.

Se ha observado también (Chierchia, 1993) que la respuesta de lista de pares no es posible cuando el SD es un cuantificador numeral, existencial, evaluativo, aproximativo o negativo. En este caso la respuesta funcional sí es posible:

(117) a. ¿A qué mujer admiran {pocos / varios} ingleses?
     b. ¿A qué mujer admiran tres ingleses?
     c. ¿A qué mujer no admira ningún inglés?

Así, una respuesta natural a estas preguntas podría ser *A su madre,* pero no lo sería en cambio *Bill admira a Susan; Jake, a Cynthia,* etc. Observe que estos cuantificadores son los mismos que tenían dificultades para obtener ámbito amplio cuando aparecían en posición de objeto (§ 8.5.3). Recuerde que entonces relacionábamos la ausencia de lecturas de ámbito amplio con el hecho de que estos cuantificadores no sean referenciales y no puedan denotar un grupo, es decir, con el hecho de que estén especificados como [-referencial / grupo]. Es posible extender esta explicación a la interacción entre cuantificadores declarativos e interrogativos. Para que un cuantificador pueda activar la lectura de lista de pares hace falta que sea referencial, con lo que se identificará el conjunto relevante sobre el que se distribuirá el predicado *x admira a qué mujer*.

Como vemos, existen pruebas de que para explicar la interacción cuantificacional entre los SSDD cuantificacionales y los SQu debe tomarse como punto de partida la composición léxica de los determinantes y las palabras *qu-,* y también la forma en que interactúan los respectivos rasgos en la interficie entre sintaxis y semántica. En Gutiérrez-Rexach (1996) se analizan con más detalle estos procesos.

8.8. Los indefinidos

8.8.1. *La restricción de definitud*

Los CUANTIFICADORES EXISTENCIALES, también denominados INDEFINIDOS, poseen una serie de características que los han convertido en objeto de atención preferente en las últimas décadas. Milsark (1974, 1977) observó una restricción cuantificacional que ha pasado a denominarse RESTRICCIÓN DE DEFINITUD (ingl. *definiteness restriction*) o también la GENERALIZACIÓN DE MILSARK. Esta restricción se produce en las oraciones existenciales, a las que se da ese nombre porque afirman o aseveran la existencia o la presencia de ciertas entidades. La oración (118) presenta, en efecto, la existencia de dos estudiantes en el jardín:

(118) Hay dos estudiantes en el jardín.

Milsark observó que en estas construcciones se restringen los SSDD que aparecen en posición posverbal. Podemos comprobarlo al examinar las siguientes oraciones, todas agramaticales:

(119) a. *Hay los dos estudiantes en el jardín.
     b. *Hay todos los estudiantes en el jardín.
     c. *Hay la mayoría de los estudiantes en el jardín.

Aunque se ha observado que existen algunas excepciones, la presencia de determinantes definidos bloquea generalmente en estos ejemplos la aparición de otro cuantificador en la oración existencial, y la convierte en agramatical. La restricción de definitud ha sido objeto de atención exhaustiva en la bibliografía. Pueden verse Reuland y ter Meulen (1987), Lumsden (1988) y la bibliografía citada en esos trabajos. Para el español, encontrará una exposición de conjunto en Leonetti (1999). Otros determinantes como los universales distributivos, demostrativos o posesivos también producen agramaticalidad en los mismos contextos:

(120) a. *Hay cada estudiante en el jardín.
     b. *Hay ambos libros sobre la mesa.

    c. *Hay ese estudiante en el jardín.
    b. *Hay mi libro en la mesa.

La explicación de Milsark parte de la distinción básica que este autor hace entre determinantes FUERTES, que no pueden aparecer en las construcciones existenciales, y determinantes DÉBILES, que sí pueden hacerlo:

(121) a. Hay tres libros sobre la mesa.
    b. Hay muchos libros sobre la mesa.
    c. Hay algún que otro estudiante en el jardín.
    b. Hay bastantes libros sobre la mesa.

Observe que es importante no confundir estas nociones de fortaleza y debilidad semánticas con el uso de este término aplicado a nociones morfológicas en el capítulo 4 (§ 4.3.3). Según Milsark, los determinantes débiles no son cuantificadores, sino meros MARCADORES DE CARDINALIDAD, elementos cuya función es expresar el tamaño del conjunto de entidades denotadas por el nombre común con el que se construyen. Unas veces se da el valor exacto de ese conjunto *(tres, ocho)* y otras se evalúa *(bastantes, muchos),* pero en esas operaciones, piensa Milsark, no se establece propiamente cuantificación. Desde este punto de vista, solo los determinantes fuertes son propiamente «cuantificadores». Muchos autores no niegan en la actualidad el estatuto de cuantificadores a los llamados 'débiles', sobre todo porque forman construcciones partitivas *(tres de los libros),* pero casi todos aceptan alguna versión de la clasificación de Milsark.

En las oraciones existenciales no pueden aparecer cuantificadores y sí marcadores de cardinalidad, piensa Milsark, porque estas oraciones están cuantificadas existencialmente de forma inherente, es decir, poseen la fuerza cuantificacional de un cuantificador existencial o indefinido. Por tanto, si apareciese un SD cuantificado en la posición posverbal de dichas oraciones, habría dos cuantificaciones sobre el SN, lo que resultaría anómalo. De hecho, uno de ellos daría lugar a una estructura de cuantificación vacua (y, por tanto, ininterpretable), en cierta forma, como si dijéramos: *Algunos todos los niños.* Si lo que aparece es un SD no cuantificacional, no surgiría ningún problema, ya que no habría ningún cuantificador vacuo.

A modo de ejemplo, en la siguiente tabla se recoge la partición de varios determinantes del español de acuerdo con el criterio de fortaleza / debilidad:

DETERMINANTES

FUERTES	DÉBILES
el (los)	*algún(os), un, algún que otro*
demostrativos	numerales cardinales
posesivos	*muchos*
todos	*pocos*
ambos	*varios*
la mayoría	Ø (plurales escuetos y nombres no contables)
cada	*ningún*
cuál	*qué*

No es difícil observar que existen algunos contextos en los que sí parece posible la aparición de determinantes fuertes, por ejemplo (122):

(122) a. Hoy hay para comer esas lentejas que tanto te gustan.
       b. ¿Qué muebles hay en la habitación? Hay esta silla, aquella mesa y este perchero.

Sin embargo, en estos ejemplos la construcción «*haber* + SD» no expresa una generalización existencial. En otras palabras, con ellos no estamos presentando o introduciendo algo; no estamos aseverando su existencia en el universo del discurso, sino proporcionando una serie de entidades que ya nos son familiares o conocidas. Este tipo de CONSTRUCCIONES DE LISTADO y de LOCACIÓN son similares a las que se usan con *estar:*

(123) Aquí está Juan (ingl. *Here is John*).

La diferencia se entiende mejor si consideramos el determinante interrogativo *cuál* frente al débil *qué:*

(124) a. ¿Qué libros hay en la mesa?
       b. ¿Cuáles de los libros están en la mesa?

Con la pregunta (124a) pido a mi interlocutor que introduzca en el discurso los libros que hay en la mesa. Con (124b) le solicito que identifique un grupo de libros que ya conozco y a los que me refiero: los que están en la mesa.

La importancia de la restricción de definitud se aprecia también en otras muchas construcciones, por lo que para explicarla no es suficiente contar con una descripción adecuada de las oraciones existenciales, sino que hemos de justificar su posible aparición en otros contextos. De hecho, los cuantificadores fuertes están excluidos de las siguientes construcciones sintácticas:

• Predicados nominales:

(125) a. Pedro es {un / *todo} empleado de la Telefónica.
       b. Los empleados de la Telefónica son {muchos / *todos}.

• Perífrasis de relativo o construcciones hendidas y pseudohendidas (ingl. *clefts* y *pseudoclefts*):

(126) a. Lo que vi fueron {varios / algunos} OVNIS.
       b. Lo que vi fueron {?todos los / ??ambos OVNIS}.

• Construcciones temporales con «*hace* + SN, SN + *después*» y otras construcciones durativas:

(127) a. Hace {dos / varios / pocos} años.
       b. Hace {*los dos / *todos los} años.

(128) a. {Dos / muchos} meses después.
     b. {*Todos los / *ambos} meses después.

(129) a. La guerra duró {algunos / pocos} años.
     b. La guerra duró {*la mayoría de / todos los} años.

No obstante, en relación con (127b) se ha observado que algunos hablantes admiten las dos variantes de *Su madre murió ahora hace (los) dos años.*

• Construcciones de medida, sea espacial o de otro tipo:

(130) a. {Dos / algunas} calles {adelante / atrás}.
     b. {*Todas / *ambas} calles {adelante / atrás}.

(131) a. La cuerda tiene {pocos / dos} centímetros de largo.
     b. La cuerda tiene {*los dos / *todos los} centímetros de largo.

(132) a. El contenedor pesa {cinco / varias} toneladas.
     b. El contenedor pesa {*las cinco / *esas} toneladas.

• Construcciones de posesión y ciertos predicados complejos:

(133) a. Tiene {dos / muchos} hermanos.
     b. Tiene {*todos los / *los tres} hermanos.

(134) a. Sacó {algunas / demasiadas} conclusiones.
     b. Sacó {*ambas / *las dos} conclusiones.

Varias de las secuencias marcadas como agramaticales dejarían de serlo si se añaden ciertos complementos. Compárese (131b) con *La cuerda tiene los dos centímetros de largo que habíamos calculado,* o (132c) con *Pesa las cinco toneladas que tiene que pesar* (o, simplemente, *necesarias*). La explicación integrada de los fenómenos relativos a estas construcciones excede los límites de un texto introductorio como este. Véase también sobre estas diferencias el § 8.10.2, concretamente los contrastes de (174) y (175).

8.8.2. *Los indefinidos como variables*

El análisis que ofrece Milsark del efecto de definitud es intrigante porque presupone una ruptura en la uniformidad semántica de los SSDD, que hasta ahora hemos considerado de manera uniforme como elementos que poseen fuerza cuantificacional. Recuerde que la idea de Milsark es que los SSDD encabezados por determinantes débiles no son cuantificadores. ¿Qué son entonces? La respuesta precisa a esta pregunta ha generado un debate importante en las dos últimas décadas. Varios autores (Kamp, 1981 y Heim, 1982, entre otros) entienden que los indefinidos no son elementos cuantificacionales en tanto que más que cuantificar, en el sentido de expresar el número de individuos que contiene un conjunto, introducen nuevos referentes de discurso. Este tipo de SSDD tendrían, en este análisis, un estatuto intermedio entre las expresiones puramente referenciales, como los nombres propios y los cuantificadores genuinos. En la oración (135a) estoy afirmando que existe un individuo que es profesor, y que dicha persona entró y me saludó. Esta es la aportación al discurso de dicha oración. Por el contrario, en (135b) presupongo que mi interlocutor ya sabe de la existencia del profesor en cuestión y añado la información de que entró y me saludó.

(135) a. Un profesor entró. Me saludó.
     b. El profesor entró. Me saludó.

Así pues, la diferencia relevante entre el significado de (135a) y el de (135b) es que mediante el uso del determinante definido, se presupone que el referente es conocido o familiar en el discurso. Si no fuera así, mi interlocutor diría *El profesor...*, *¿qué profesor?*, es decir, me preguntaría a qué profesor me estoy refiriendo. Esta distinción fundamental entre determinantes indefinidos y definidos se reduce, pues, al hecho de que los indefinidos están sujetos a una CONDICIÓN DE NOVEDAD o, en otras palabras, introducen un nuevo referente o una nueva entidad en el discurso. Los definidos están sujetos a la condición opuesta, es decir, a una CONDICIÓN DE FAMILIARIDAD, en tanto que se asocian con un referente cuyo conocimiento se da por supuesto. La gramática tradicional reflejaba esta intuición al distinguir los artículos definidos e indefinidos de otros determinantes que se clasificaban como adjetivos.

Tanto definidos como indefinidos se asemejan a las expresiones que hemos caracterizado como variables, en el sentido de que carecen de fuerza cuantificacional por sí mismos y de que su única misión es introducir referentes de discurso, sean nuevos o familiares. El tratar ambos como variables lleva a la conclusión natural de que podrán ser ligados por otros elementos. Para (135a) tendríamos, reduciéndola a lo esencial, una representación del estilo de (136):

(136) x es profesor, x entró, x me saludó.

Esta idea se debe a David Lewis (Lewis, 1975), quien observó que en las oraciones del tipo de las que se muestran en (137), el indefinido no parece tener fuerza cuantificacional existencial:

(137) a. Siempre que un perro mueve la cola está contento.
     b. Cuando cae un rayo, normalmente se oye un trueno poco después.
     c. Un perro cobarde nunca ladra.
     d. Una maceta siempre decora.

Consideremos la última de estas oraciones. Observe que la oración (137d) no nos habla de una determinada maceta que decora a cualquier hora del día o de la noche. ¿Qué significan entonces las expresiones *una maceta* y *siempre* en esta oración? Lewis propone que adverbios como *siempre, normalmente, a veces* o *nunca* son en realidad ADVERBIOS DE CUANTIFICACIÓN. Estos adverbios no indican meramente el tiempo en el que transcurre una determinada situación, sino que se comportan como verdaderos cuantificadores. Si consideramos atentamente el significado de las oraciones de (137), podemos confirmar esta idea. La oración (137d) nos

dice, en efecto, que todas las macetas decoran. De igual forma, (137a) no es equivalente a (138a), sino a (138b); (137b) no es equivalente a (139a), sino a (139b); y
(137c) es también equivalente a (140b), y no a (140a).

(138) a. Hay un perro que mueve la cola y que siempre está contento.
     b. Todo perro que mueve la cola está contento.

(139) a. Cuando cae un determinado rayo, se oye un trueno poco después.
     b. En general, cuando cae un rayo se oye un trueno poco después.

(140) a. Hay un perro que es cobarde y no ladra nunca.
     b. Ningún perro cobarde ladra.

Como vemos, la oración (137c) no nos dice que cierto perro cobarde no ladra
nunca (significado (140a)), sino que –como se expresa en (140b)– introduce una
generalización sobre perros cobardes, es decir, afirma que ningún perro cobarde
ladra. La interpretación existencial de los indefinidos es también posible en presencia de los adverbios cuantificativos. Si digo *En mi casa siempre hay una luz
encendida,* no afirmo que todas las luces de mi casa estén encedidas, sino que al
menos una lo está. En realidad, estas oraciones son más sencillas de analizar, ya
que el indefinido no se ve afectado por el cuantificador *siempre,* en tanto en cuanto se interpreta fuera de su ámbito directo. Lo peculiar de las oraciones de (137)
es que en ellas sucede lo contrario.

Las oraciones de (137) y otras similares en las que aparecen adverbios de cuantificación ante los indefinidos poseen dos propiedades interesantes. La primera es
que, como ya hemos mencionado, estos adverbios no se comportan como adverbios temporales. En segundo lugar, los indefinidos no parecen tampoco comportarse como cuantificadores existenciales ('hay al menos un x tal que ...'). En
(137a) el indefinido tiene fuerza universal ('todo', como en (138b)); en (137b) tiene fuerza genérica ('en general', como en (139b)); y en (137c) parece ser un cuantificador negativo ('ningún', como en (140b)). Esta propiedad de los indefinidos
se conoce como su VARIABILIDAD CUANTIFICACIONAL. Esta propiedad resultaría un
tanto sorprendente si sostuviéramos que los indefinidos son un tipo más de cuantificadores. Pero si adoptamos la hipótesis alternativa de que no lo son, en la línea
de Lewis, y de que su papel se restringe a introducir referentes de discurso, o variables nuevas en la representación semántica, entonces este hecho ya no es tan
sorprendente. Como también estamos suponiendo que el adverbio es un cuantificador, podrá ligar la variable del indefinido. La FL de (137a) será entonces (141):

(141) [siempre$_i$ [que [un perro]$_i$ mueve la cola, está contento]].

Como se ve en (141), *siempre* no significa aquí 'en todo momento t', sino que
es un cuantificador universal 'para todo x'. Esto le permite ligar la variable asociada con el indefinido, de forma que la oración se interprete como 'para todo x,
si x es un perro y mueve la cola, x está contento'. El adverbio de cuantificación
normalmente se corresponde con el cuantificador «en general, x ...» y *nunca* con
el cuantificador «ningún x ...». La propiedad definitoria de los adverbios de cuantificación, que los diferencia de los cuantificadores nominales, es la capacidad de

ligar variables «que no les pertenecen» o «que no son las suyas propiamente dichas», de ahí que *siempre* pueda ligar la variable del indefinido *un perro* y dotar de fuerza universal al indefinido. En cambio, los cuantificadores nominales no pueden hacer tal cosa. Si pudieran, en la FL de *Todos los estudiantes comieron una tarta,* el cuantificador *todos* sería capaz de ligar la variable de *una tarta,* dando como resultado la FL de (142):

(142) [Todos los estudiantes$_i$ [h$_i$ comieron una tarta$_i$]]

Esta FL nos da la interpretación incorrecta según la cual todos los estudiantes comieron todas las tartas, al dotar el determinante *todos* de fuerza universal al indefinido. Podemos distinguir entonces dos tipos de cuantificadores: CUANTIFICADORES-A (adverbios de cuantificación) y CUANTIFICADORES-D (cuantificadores nominales encabezados por un determinante). Solamente los primeros pueden ligar la variable de un indefinido. A esta propiedad de los cuantificadores-A se la conoce como la capacidad de LIGAR NO SELECTIVAMENTE, y a estos cuantificadores se les denomina también CUANTIFICADORES NO SELECTIVOS. En efecto, considere la oración siguiente:

(143) Siempre que un elefante ve a un ratón, se asusta.

Esta oración nos dice que cualquier elefante que vea a cualquier ratón se asusta. Es decir, los dos indefinidos que contiene poseen fuerza cuantificacional universal, propiedad que les viene del cuantificador-A *siempre.* Lo interesante de este ejemplo es que *siempre* está ligando tanto la variable correspondiente a *un ratón* como la correspondiente a *un elefante.* Por tanto, podemos decir que *siempre* liga no selectivamente los índices *i, j* en la FL. Al hacerlo, dota de fuerza universal a los indefinidos. La representación resultante es la siguiente, donde vemos que *siempre* posee, en efecto, dos índices:

(144) [[Siempre]$_{i,j}$ [que un elefante$_i$ ve a un ratón$_j$, pro$_i$ se asusta]]

En otros casos, los indefinidos pueden tener interpretaciones diferentes, en función de cuál sea el cuantificador-A presente:

(145) a. [[Normalmente]$_{i,j}$ [si un elefante$_i$ ve a un ratón$_j$ se asusta]]
      b. [[A veces]$_{i,j}$ [un perro$_i$ y un gato$_j$ se pelean]]

Los cuantificadores-A también deben desplazarse en la FL a la posición estructural que refleja su ámbito. Por ello, aunque el adverbio de cuantificación *siempre* puede aparecer en diversas posiciones, su ámbito es oracional, con lo que predecimos que a dichos ejemplos les corresponde una única FL.

(146) a. Un gato siempre se pelea con un perro.
      b. Un gato se pelea con un perro siempre.

(147) Siempre$_{i,j}$ [un gato$_i$ se pelea con un perro$_j$]

Ahora podría uno preguntarse qué sucede cuando no hay ningún adverbio de cuantificación en la oración. Recuerde que, de acuerdo con el análisis de Milsark, las oraciones existenciales aportaban léxicamente su propio cuantificador existencial. En los términos que estamos viendo, esto quiere decir que la fuerza cuantificacional existencial que reciben algunos indefinidos viene de la oración, y no de un adverbio de cuantificación explícito en sí. Puede verse esta asociación como un mecanismo de último recurso para evitar que la variable correspondiente al indefinido quede sin ligar. En la FL correspondiente deberíamos postular la existencia de un CUANTIFICADOR IMPLÍCITO, lo cual captura en esencia la idea original de Milsark. Hay también cuantificadores implícitos con otra fuerza cuantificacional, como por ejemplo los genéricos que analizamos en el apartado siguiente.

Resumamos. El examinar ciertas propiedades semánticas de los indefinidos nos lleva a reconsiderar de forma radical aspectos centrales de nuestra teoría de la cuantificación y a introducir distinciones como la separación entre cuantificadores fuertes y débiles, cuantificadores-A y cuantificadores-D y, por último, cuantificadores con capacidad de ligamiento no selectivo frente a los cuantificadores selectivos ordinarios. Se explican estos conceptos con mucho más detalle en Gutiérrez-Rexach (2003a).

8.9. La genericidad

Existe otro tipo de fuerza cuantificacional, mencionada en las secciones anteriores, que se conoce como FUERZA CUANTIFICACIONAL GENÉRICA, y suele admitir paráfrasis con las expresiones *en general, por lo general, generalmente, normalmente,* etc. Pueden tener valor genérico cuantificadores-D como *la mayoría,* y también cuantificadores-A como *normalmente, generalmente,* etc. Muchas veces, sin embargo, la fuerza cuantificacional genérica se transmite de forma abstracta, ya que no hay un cuantificador-A o -D que la manifieste de forma visible. En otras palabras, esa información la aporta un cuantificador implícito.

Los enunciados genéricos son muy similares a los universales, salvo en la propiedad de que los primeros admiten excepciones. Los segundos solo las aceptan si se hacen explícitas, como en *Todos menos Juan.* La diferencia entre *Siempre llueve* y *Normalmente llueve* es que en el segundo caso estamos hablando de una norma o un patrón meteorológico que suele verificarse. Los indefinidos y los definidos pueden también tener interpretaciones genéricas cuando la variable que introducen en la representación semántica queda ligada por un cuantificador-A explícito o implícito:

(148) a. Un bombero es generalmente valiente.

c. Los bomberos son valientes.

En (148a) notamos la presencia del adverbio *generalmente,* que es el que dota de fuerza genérica al indefinido. Así pues, la oración no nos habla de cómo se comporta habitualmente cierto individuo, sino que significa 'la mayoría de los bomberos son valientes'. En cambio, en (148b) no hay un cuantificador genérico explícito, y aun así la interpretación más prominente de esta oración es también genérica ('los bomberos son valientes en general'). Parece, pues, adecuado proponer que las FFLL respectivas son similares, en tanto que en las dos hay un cuantificador-A, manifiesto en (148a) y abstracto o implícito en (148b):

(149) a. generalmente$_i$ [un bombero$_i$ es h$_i$ valiente]
     b. (generalmente)$_i$ [los bomberos$_i$ son valientes]

La genericidad es cuantificacionalmente compleja, ya que no es una propiedad simplemente de los SSDD (no es genérica, por ejemplo, la secuencia *Los bomberos han sido ya avisados*), sino que depende casi siempre de factores que afectan al SV o a la oración. Las lecturas habituales suelen asociarse con el presente y el imperfecto de indicativo:

(150) a. Los atletas corren por aquí.
     b. Los atletas corrieron por aquí.

La oración (150a) tiene una lectura genérica o habitual que se interpreta aproximadamente como 'En general (o habitualmente) los atletas corren por aquí', además de otra en la que se habla de un grupo específico de atletas. La oración (150b), por el contrario, tiene solo una lectura no genérica o episódica: 'En una ocasión concreta, ciertos atletas corrieron por aquí'. Es lógico, por consiguiente, que resulte natural decir *Los atletas corren por aquí todos los sábados,* y que resulte muy extraña la variante *Los atletas corrieron por aquí todos los sábados.*

La naturaleza aspectual del predicado (§ 5.6.1) también contribuye a que las lecturas genéricas sean posibles. Así, el aspecto imperfectivo es compatible con la interpretación genérica o habitual: compárese (150b), que carece de lectura genérica, con *Los atletas corrían por aquí (todos los sábados),* que sí la tiene. El auxiliar *soler* convierte las acciones en hábitos. Es compatible con el aspecto imperfectivo e incompatible con el perfectivo:

(151) a. Los atletas solían correr por aquí.
     b. *Los atletas {solieron / habían solido} correr por aquí.

La distinción entre predicados de nivel individual (o caracterizadores) y predicados de nivel de estadios (o episódicos), introducida en el § 5.7.1, también incide en la disponibilidad de lecturas genéricas. Los ejemplos de (152), con predicados del nivel individual, poseen lecturas genéricas. En cambio, los ejemplos de (153), que contienen predicados del nivel de estadios (observe que se construyen obligatoriamente con *estar*), carecen de lecturas genéricas:

(152) a. Los dinosaurios están extinguidos.
     b. Los leones son fieros.
     c. Los bomberos son valientes.

(153) a. Los leones están hambrientos.
     b. Los bomberos están disponibles.

8.10. Otros operadores. Las estructuras comparativas

8.10.1. *Grados y otras medidas*

Es natural preguntarse cuántas clases de operadores o de cuantificadores existen en español. Esta es una cuestión empírica. Para responderla habremos de determinar qué tipo de entidades podemos nombrar y cuáles necesitamos para expresar generalizaciones o para cuantificar sobre ellas. Hasta ahora hemos visto que parece razonable sostener que entre las entidades a las que nos referimos hay individuos, eventos y propiedades. Algunos autores sostienen que esta lista es incompleta y que tenemos además expresiones que se refieren a MEDIDAS, en el sentido de niveles progresivos que nos permiten cuantificar o evaluar alguna magnitud. Tenemos sustantivos que designan magnitudes de diversas clases: longitud *(metro, milla);* peso *(kilo, gramo);* tiempo *(día, mes, hora);* temperatura *(grado),* etc. Tenemos también expresiones complejas que nos permiten medir estas magnitudes *(dos metros, varios kilos, cuatro grados Celsius, dos segundos, todos los días,* etc.). Aunque se utiliza a menudo el concepto de GRADO para referirse conjuntamente a estas formas de cuantificación, los grados constituyen solo una de las variantes que pueden presentar los SINTAGMAS DE MEDIDA. Así, con el sintagma *tres kilos* no expresamos 'el grado' correspondiente a un determinado conjunto de patatas en *tres kilos de patatas,* sino 'la medida' de esa cantidad. Los grados constituyen un tipo particular de medida, que se aplica sobre todo a las propiedades *(muy alto, sumamente preciso),* aunque no solo a ellas, puesto que la palabra *grado* designa una unidad de medida que se aplica a la temperatura, la presión y otras magnitudes.

Los sintagmas de medida, entre ellos los de grado, pueden ser considerados como una clase específica de SSDD. A pesar de las diferencias conceptuales que hemos establecido, lo cierto es que en la teoría gramatical contemporánea se está generalizando el término SINTAGMAS DE GRADO (ingl. *degree phrases*) para designar las expresiones que debería llamarse más apropiadamente SINTAGMAS DE MEDIDA. Estos sintagmas se pueden formar con determinantes *(tres kilos),* pronombres y adverbios cuantificativos *(mucho, poco, muy, más, tanto, cuanto, tal)* o sintagmas lexicalizados, como los incluidos en los SSVV *valer un potosí, costar un ojo de la cara, durar una eternidad,* etc. Estos sintagmas se interpretan de acuerdo con diferentes escalas y crean órdenes en ellas. Unas veces se pueden crear mediante referencias numéricas, como en (154a); otras establecen significados de naturaleza menos objetiva, como en (154b). Sin embargo, observe que en los dos casos nos referimos a 'grados' en este sentido abstracto, es decir, en los dos casos establecemos niveles de estatura.

(154) a. Pepe mide dos metros.

　　　b. Pepe es muy alto.

En (154a) situamos la estatura de Pepe en una escala numérica formada por la unidad de medida 'metro' y le asignamos el valor numérico 'dos'. En cambio, en

(154b) no damos valor numérico a la estatura, sino que la situamos en un punto elevado de cierta escala implícita. A menudo las escalas de medida y las magnitudes asociadas con ellas son completamente subjetivas o intensionales. No existe una medida objetiva de la belleza, y tampoco hay otra que mida las cantidades que se ingieran en cada comida. Sin embargo, entendemos perfectamente lo que quieren decir las oraciones de (155):

(155) a. María es muy guapa.
      b. María come poco.

Los sintagmas de grado o de medida son expresiones cuantificativas y dan lugar, por tanto, a estructuras del tipo «cuantificador-variable». Aceptando el uso de *grado* como 'unidad de medida', podemos suponer que la representación semántica de los ejemplos de (154) sería (156), donde *g* es una variable sobre grados:

(156) a. (Dos metros *g*) [Pepe mide *g*]
      b. (Muy *g*) [Pepe es *g* alto]

La FL correspondiente a (156a) se derivaría de (154a) por aplicación de AC al sintagma cuantitativo de grado. Lo que (156a) expresa es que hay una magnitud o una medida *g* de dos metros (donde *g* representa este uso abstracto de 'grado') y la estatura de Pepe llega a tal GRADO, es decir, a ese nivel o a esa cota (ingl. *extent*). Al introducir variables de medida en la FL, tenemos también que suponer que ciertas piezas léxicas seleccionan argumentos que las representan. A estos elementos se los denomina GRADUABLES. Así, podemos distinguir entre adjetivos graduables como *alto, viejo* o *inteligente,* y adjetivos no graduables como *mortal, europeo, ínclito* o *eterno.* Los primeros pueden combinarse con modificadores de grado y los segundos no.

(157) a. Pepe es muy inteligente.
      b. *Pepe es muy mortal.

Los sintagmas graduables poseerían una variable de grado que puede ser ligada por cuantificadores de grado. La agramaticalidad de oraciones como (157b) se deriva de la prohibición contra la cuantificación vacua (§ 8.2.2), ya que el cuantificador de grado *muy* no tendría una variable que ligar en su ámbito, al ser *mortal* no graduable. Naturalmente, las expresiones no graduables pueden ser recategorizadas e interpretadas como graduables en ciertas circunstancias. La mayor parte de los adjetivos no graduables suelen establecer relaciones entre dominios o ámbitos, y por eso se llaman ADJETIVOS DE RELACIÓN O ADJETIVOS RELACIONALES. Estos adjetivos suelen definirse en los diccionarios con la fórmula «relativo o perteneciente a». Así, la expresión *función biológica* relaciona el concepto de función con el de biología. El que algunos adjetivos relacionales se puedan reinterpretar a veces como calificativos (como en *muy europeo*) depende de varios factores semánticos y también históricos. Retomaremos estas dos clases de adjetivos en los §§ 10.2.7 y 10.2.8.

Los sintagmas de medida son expresiones que cuantifican materias (como en *dos litros de aceite*), propiedades o magnitudes (como en *muy alto*), y también ciertos eventos (como en *Se esfuerza mucho*). Si estos sintagmas son en realidad cuantificadores sobre grados, esperaremos que tengan interacciones de ámbito con otros cuantificadores y que puedan estar representados también por cuantificadores interrogativos. Podemos formar las siguientes preguntas:

(158) a. ¿Cuánto mide Pepe?
     b. ¿{Cómo de alto / Cuán alto} es tu primo?
     c. ¿Cuántas horas dura esa película?

Los cuantificadores interrogativos *cúanto..., cómo de...,* etc., ligan variables de grado. En la representación semántica de (158a), *cuánto* (= 'qué g') liga la variable de grado del verbo *medir:*

(159) (Qué g) [mide Pepe g]

Ciertos verbos exigen o seleccionan sintagmas de medida o sintagmas cuantitativos como complementos (*costar, durar, tardar, medir,* etc.). Aparecían, como quizá recuerde usted, bajo el rótulo «cantidad» en la tabla (71) del capítulo 5. Estos verbos no solo seleccionan sintagmas de medida, sino que dichos sintagmas deben ser compatibles con el contenido léxico del verbo: *costar* selecciona sintagmas de medida que denoten precios y otros valores; *tardar* y *durar* seleccionan aquellos que denotan intervalos de tiempo, etcétera.

(160) a. Esto costará {cien euros / una barbaridad / mucho}.
     b. Tardaré en venir {dos días / una semana}.

Los sintagmas de medida también pueden participar en perífrasis de relativo (construcciones hendidas y seudohendidas):

(161) a. Muy bajo es lo que es tu primo.
     b. Lo que mide Pepe son dos metros.

8.10.2. *Las islas débiles*

Hemos comprobado que son varias las ventajas de asimilar los sintagmas de medida a otras estructuras cuantificacionales, y que los datos parecen avalar esa asimilación. Se ha supuesto que, en cierta forma, cuantificar sobre magnitudes es también hacerlo indirectamente sobre individuos, ya que las escalas que se establecen en las mediciones nos permiten establecer límites progresivos, es decir, niveles o cotas, de forma que sobre estas entidades se realiza la operación de cuantificar. Como hemos visto, el que existan unidades específicas para medir ciertas magnitudes (la altura, el tiempo), pero no otras (la belleza, el cansancio), no impide considerar unos y otros procesos de forma análoga.

Existen, empero, ciertas diferencias de comportamiento entre los cuantificadores de grado y los de otros tipos, principalmente los cuantificadores sobre individuos. Se ha observado en la bibliografía sobre estas formas de cuantificación que los sintagmas de grado están más limitados que los que cuantifican sobre individuos en los procesos de extracción, como muestra el siguiente contraste:

(162) a. ¿Qué paquete no sabes cuánto pesa?
      b. *¿Cuánto no sabes qué paquete pesa?

En el capítulo anterior estudiábamos las llamadas ISLAS QU- (recuerde el § 7.3.4). Como allí se explicaba, en estas oraciones es posible extraer un argumento de una interrogativa indirecta, pero no un adjunto. De acuerdo con esta generalización, la oración (162b) debería ser gramatical, puesto que *cuánto* es un argumento de *pesar* (en § 5.4.1 se introdujeron estos ARGUMENTOS CUANTITATIVOS). En realidad, del hecho de que (162b) sea agramatical no debe concluirse que *cuánto* no es un elemento argumental en esta oración. Es más bien, según se piensa generalmente, su naturaleza cuantificativa la responsable de la defectividad que manifiesta en estas oraciones.

A finales de la década de los ochenta y comienzos de la de los noventa, se puso de relieve que existen un grupo de islas, denominadas ISLAS DÉBILES (ingl. *weak islands*), que contrastan con las islas fuertes que se analizan en el capítulo anterior. Las islas fuertes representan dominios generales que bloquean la extracción de constituyentes, sean estos cuales sean. Las islas débiles, por el contrario, son aquellas que son sensibles a ciertas propiedades de los constituyentes. Bloquean la extracción de ciertos SQu, pero dejan escapar otros. Una de estas islas débiles es la negación. Así, un SQu como *qué novelas* no es sensible a la isla negativa, y puede ser extraído tanto de una oración de polaridad afirmativa como de una oración negativa:

(163) a. ¿Qué novelas de Cela has leído?
      b. ¿Qué novelas de Cela no has leído?

En cambio, el SQu de grado *cuántas páginas* es sensible a la negación: puede extraerse de una oración afirmativa pero no de una negativa.

(164) a. ¿Cuántas páginas tiene esa novela de Cela?
      b. *¿Cuántas páginas no tiene esa novela de Cela?

Este contraste no es idiosincrásico. De hecho, la extracción de cualquier sintagma de grado queda bloqueada por una isla negativa, con independencia de la magnitud implicada:

(165) a. *¿Cuántos metros no mide esta torre?
      b. *¿Cuántas horas no dura esta película?
      c. *¿Cómo de inteligente no es Pepe?
      d. *¿Cuánto no cuesta el billete de autobús?
      a. *¿Cuánta fiebre no tuviste ayer?

Dirá usted tal vez que estas oraciones son agramaticales porque no significan nada o porque preguntan cosas absurdas. Las oraciones de (165) no se pueden interpretar semánticamente, en efecto, y tenemos que averiguar qué es exactamente lo que nos impide darles sentido. Antes de intentarlo, conviene señalar que la negación bloquea la extracción tanto en las preguntas matrices como en las incrustadas:

(166) a. ¿A qué huésped no crees que invité?
     b. ¿A qué huésped crees que no invité?
     c. *¿Cuántos metros no piensas que mide la torre?
     d. *¿Cuántos metros piensas que no mide la torre?

La negación no es la única isla débil que podemos identificar con respecto a la extracción de los sintagmas de grado. También ciertos predicados que expresan adversación (*lamentar, negar, oponerse a, objetar,* etc.) permiten la extracción de SQu de individuos pero bloquean la extracción de sintagmas de medida:

(167) a. ¿Qué películas te opones a que vean tus hijos?
     b. *¿Qué horas te opones a que dure una película en la televisión?

Una incompatibilidad semejante entre extracción y sintagmas de medida es la que Obenauer (1984) observa en francés respecto de la presencia de *beaucoup* ('mucho'). Este adverbio no interviene en la extracción de SQu argumentales, pero sí en la extracción de sintagmas de medida:

(168) a. Quel livre as tu beaucoup consulté? '¿Qué libro has consultado mucho?'
     b. *Combien as-tu beaucoup consulté de livres? '¿Cuántos libros has consultado mucho?'

La explicación de la incompatibilidad que hemos descrito en las oraciones de (164) a (168) deberá centrarse en lo que diferencia los sintagmas de medida de los sintagmas que cuantifican sobre individuos. En concreto, hay que averiguar qué es lo que hace que la negación o ciertos predicados intervengan en la extracción de determinados constituyentes. Esta asimetría nos recuerda la configuración de minimidad relativizada propuesta por Rizzi (1990), que ya vimos en el § 7.4.3:

(169) En una configuración [... X ... Y ... Z ...] es posible asociar X y Z a no ser que Y intervenga.

La cuestión es, pues, determinar qué es lo que hace que la negación o los predicados adversativos cuenten como elementos capaces de interponerse entre un elemento extraído y su copia o huella de movimiento.

Retomemos la intuición de que las preguntas de (165) son «absurdas» e intentemos hacerla un poco más explícita. Ciertos autores (Pesetsky, 1987; Kroch, 1989; Comorovski, 1989) han observado que las preguntas negativas requieren que el interlocutor sea capaz de aislar o recuperar un grupo de entidades presupuesto en el discurso. La pregunta (170a) solo tendrá sentido en una situación en la que se presuponga que estamos hablando de un conjunto de elementos que se debían comprar, se mencionen o no. La pregunta (170b) hace explícita dicha presuposición y resulta más satisfactoria.

(170) a. ¿Qué no has comprado?
     b. ¿Cuáles de los productos de la lista no has comprado?

Observe, en el mismo sentido, que cuando preguntamos a alguien *¿Quién no ha llamado esta mañana?,* no le estamos pidiendo una lista ilimitada de individuos (todos los del planeta, por ejemplo), sino que identifique uno o varios individuos en una lista cerrada, tal vez implícita, que esa persona comparte con nosotros. A los SQu encabezados por *cuál* los denomina Pesetsky (1987) elementos VINCULADOS AL DISCURSO, VINCULADOS DISCURSIVAMENTE o VINCULADOS-D (ingl. *D-linked*). Los sintagmas de medida son elementos 'inherentemente no vinculados al discurso' o 'inherentemente no referenciales'. Esto hace imposible la extracción a través de una isla negativa:

(171) a. ¿Cuántos pasajeros caben en un autobús?
     b. ??¿Cuántos pasajeros no caben en un autobús?

La pregunta (171b) resulta difícilmente interpretable. No obstante, si forzamos la referencia a un grupo determinado del que nuestro interlocutor tiene que seleccionar un subgrupo, el sintagma de medida queda vinculado al discurso y puede extraerse:

(172) ¿Cuántos de esos pasajeros no caben en el autobús?

De forma análoga, la pregunta (173) resulta adecuada si el SQu inicial es referencial, es decir, si la respuesta esperada es un intervalo de temperatura concreto (por ejemplo, *nunca menos de diez grados*), y no una lista arbitraria de valores:

(173) ¿Qué temperatura no hace en California en invierno?

Observe que esta oración es comprensible porque se formula suponiendo que tiene sentido identificar la temperatura que debe hacer en California en invierno. Las oraciones de relativo muestran muy claramente que cuando las cantidades pueden estar identificadas en algún discurso previo, no se producen islas negativas:

(174) a. ??El peso que no tiene este paquete.
     b. El peso que no tiene este paquete y debería tener si cumpliera las normas de correos.

(175) a. ??El esfuerzo que no me costó conseguir ese trabajo.
     b. El esfuerzo que no me costó conseguir ese trabajo y me tendría que haber costado.

Los predicados adversativos mencionados *(negar, lamentar, objetar)* son presuposicionales. Varios de ellos son FACTIVOS, es decir, presuponen la verdad de su complemento. La oración (176a) presupone, por tanto, (176b):

(176) a. Lamento que Pedro no viniera.
     b. Pedro no vino.

Otros predicados adversativos presuponen una aserción previa. Si me opongo a que vengas, es porque probablemente has expresado dicha idea o he tenido conocimiento de tus intenciones. Los predicados adversativos presuposicionales se asemejan a otros que crean islas débiles en que introducen como argumentos elementos vinculados al discurso que bloquean la extracción de sintagmas no presuposicionales, como sucedía con los sintagmas de medida.

Este tipo explicación no cubre, sin embargo, todos los casos. En *¿Cuántas páginas no tiene ese libro de Cela?*, estamos hablando de un libro en particular de un autor en particular, y pese a ello la extracción no es posible. Para explicar este hecho otros autores han propuesto que es la estructura denotativa de los grados la responsable de su bloqueo en las islas débiles. Szabolcsi y Zwarts (1993) y –para el español– Bosque (1998) proponen explicaciones de este tipo. Para los primeros, la estructura denotativa de los grados es la que hace que no se pueda obtener el COMPLEMENTO o el DIFERENCIAL de un determinado grado. Podemos preguntar quién no ha venido, porque los subconjuntos de individuos tienen complementos. Si de un conjunto {**a, b, c, d**}, **a** y **b** vinieron, puedo determinar los individuos que no vinieron. Por el contrario, la estructura denotativa de los grados es escalar o lineal, por lo que cabe obtener el diferencial al que nos referimos. No puedo determinar cuánto no mide alguien porque las medidas posibles son infinitas y no hay una medida que sea la diferencia entre lo que se mide y lo que no se mide. En una línea similar, Bosque (1998) propone que los grados son elementos no extensionales, y por tanto no pueden asociarse con entidades concretas.

Resumamos. Si volvemos a la configuración estructural de minimidad relativizada, de la cual son ejemplo las islas débiles, podemos dar una explicación más uniforme de estas construcciones. En la configuración [... X ... Y ... Z ...], donde X es un sintagma de medida y Z, su huella o copia de movimiento, el factor que hará que un predicado u operador Y pueda intervenir y dar lugar a una isla débil será la interacción entre las propiedades o los rasgos léxico-semánticos de X y los requisitos del elemento bloqueante Y: vinculación discursiva, incompatibilidad denotativa, etc. La intuición inicial de que estas preguntas «eran absurdas» no era mala, después de todo, pero para darle sentido hemos tenido que poner en relación las propiedades de las expresiones cuantificativas con las restricciones a las que están sujetos los procesos de extracción.

8.10.3. *Las oraciones comparativas*

Las construcciones comparativas están entre las que presentan estructuras sintácticas y semánticas más complejas en las lenguas naturales. En este apartado no será posible analizarlas, por lo que nos limitaremos a señalar que las clases tradicionales de construcciones comparativas deberían definirse a partir de los sintagmas de medida que hemos considerado hasta ahora. Aun así, cabe pensar que la unificación de todos esos tipos puede obtenerse si partimos del hecho de que tanto los sintagmas de medida como las construcciones comparativas ponen en relación magnitudes análogas y cuantifican sobre ellas. Es común distinguir entre CONSTRUCCIONES COMPARATIVAS de diversas clases (superioridad, igualdad, inferioridad) y CONSTRUCCIONES SUPERLATIVAS (absolutas y relativas).

(177) a. Juan es más alto que Pepe.
      b. Juan es tan alto como Pepe.
      c. Juan es menos alto que Pepe.

(178) a. Juan es el más alto.

      b. Juan es el más alto de la clase.

Las construcciones comparativas establecen una comparación sobre grados, en el sentido lato de este término, que, tal como hemos señalado, incluye tanto magnitudes numéricas como intervalos y magnitudes escalares de diversos tipos. Así, en las oraciones de (177) estamos comparando el grado de altura de Juan con el de Pepe. Las gramáticas tradicionales sugieren a veces que los términos de la comparación son los individuos que comparamos, es decir, que en (177) estamos comparando a Juan con Pepe. Esta idea no es del todo correcta. Lo que estamos comparando es el grado de altura de Juan con el de Pepe. Juan y Pepe son los individuos que contrastamos con respecto a la magnitud comparada. En las construcciones superlativas atribuimos a un individuo el grado máximo entre otros que se consideran. Los superlativos relativos de (178) pueden verse como superlativos con coda (o término de comparación), que puede ser implícita (178a) o explícita (178b). En esta última oración expresamos el grupo de individuos respecto de los cuales Juan presenta el mayor grado de altura; en (178a) sobreentendemos dicho grupo. También se denominan a veces *superlativas* construcciones como las de (179):

(179) a. Juan es altísimo.

      b. Juan es {requetealto / increíblemente} alto.

Sin embargo, estas EXPRESIONES ELATIVAS (también llamadas de *grado extremo*) no son superlativos propiamente dichos, ya que no atribuyen a un individuo la magnitud más elevada entre las del grupo de individuos con los que se le compara implícita o explícitamente. Las formas elativas de los adjetivos no son superlativos genuinos (no podemos decir *Es el altísimo de la clase*). Son comparativos genuinos, en cambio, las formas comparativas de ciertos adjetivos (*mejor, peor, superior,* etcétera).

(180) a. Juan es mejor que Pepe en esgrima.

      b. Juan es inferior a Pepe en todo lo demás.

Al ser los comparativos y superlativos estructuras de grado, es posible también concebirlos como cuantificadores que obtienen ámbito en la FL. La representación semántica de (177a) sería, aproximadamente, (181) –véanse Klein (1980) y Cresswell (1976) para más detalles–:

(181) Hay un grado de altura g tal que Juan es alto hasta g y Pepe no lo es.

Se ha observado que existen además pruebas de que los cuantificadores comparativos están sujetos a la operación de ascenso del cuantificador (AC) en la FL. Las construcciones comparativas permiten elipsis de distintos tipos: el SFlex *(Pepe es más alto que tú);* el verbo *(Pepe comió más peras que tú manzanas);* un SN *(gastas más dinero del que ganas),* etcétera.

8.11. La pluralidad

8.11.1. *Cuatro clases de expresiones nominales*

Los cuatro tipos de expresiones nominales que siguen tienen propiedades en común, que se relacionan sin duda con la multiplicidad de las nociones denotadas en todos los casos:

(182) a. Sintagmas nominales coordinados: *Juan y María.*
      b. Sustantivos plurales: *niños, problemas, casas.*
      c. Sustantivos continuos o no contables: *dinero, fruta, ganado, basura.*
      d. Sustantivos colectivos: *ejército, profesorado, vecindario, rebaño.*

Lo habitual es que estas cuatro expresiones se consideren por separado en las gramáticas, sean tradicionales o no: el análisis de (182a) corresponde al capítulo de la COORDINACIÓN; el de (182b), al del PLURAL (generalmente, dentro de la morfología), y el de (182c) y (182d), al capítulo del sustantivo. Como es sabido, los NOMBRES COLECTIVOS designan en singular algún conjunto de entidades, y los NOMBRES CONTINUOS (también llamados *no contables, medibles* o *de materia*) se refieren, como se ha señalado repetidamente, a agrupaciones o conglomerados de partículas de diversa naturaleza.

Al fragmentar las clases de expresiones presentadas en (182), perdemos un buen número de conexiones entre las formas de expresar pluralidad. Es evidente que el plural se manifiesta sintácticamente en (182a), morfológicamente en (182b) y léxicamente en los otros dos casos. Aun así, varias propiedades sintácticas y semánticas de esas cuatro clases de expresiones tienen su origen, como enseguida veremos, en el hecho de que en todas ellas se denotan agrupaciones de entidades. Otras veces, por el contrario, la naturaleza léxica, morfológica o sintáctica de la pluralidad establece diferencias esenciales entre los cuatro tipos de expresiones.

Es fácil comprobar que las cuatro expresiones que se muestran en (182) constituyen una clase gramatical. Así, verbos como *reunir* o *juntar,* que poseen argumentos internos colectivos, admiten únicamente complementos que pertenezcan a alguna de esas cuatro clases:

(183) a. Reunieron a Juan y María.   (COORDINADOS)
      b. Reunieron a los niños.   (PLURALES)
      c. Reunieron dinero.   (CONTINUOS)
      d. Reunieron un ejército.   (COLECTIVOS)

Asimismo, la preposición *entre* no admite como término sustantivos que designan seres individuales, sino tan solo –de nuevo– plurales, coordinados, colectivos y continuos (Bosque, 1999a: § 1.4.5.1):

(184) a. Entre la espada y la pared.   (COORDINADOS)
      b. Entre los niños.   (PLURALES)
      c. Entre la basura.   (CONTINUOS)
      d. Entre la muchedumbre.   (COLECTIVOS)

La preposición *entre* se diferencia, pues, en este punto de otras preposiciones y adverbios que admiten como complemento sintagmas nominales singulares. Podemos construir oraciones como *Las flores estaban en medio de la mesa* o *Encontraron el cadáver en medio del lago* (con nombres contables), pero no podemos construir otras como *Las flores estaban entre la mesa* o *Encontraron el cadáver entre el lago*. Naturalmente, estas secuencias pasan a ser impecables si añadimos la conjunción *y* seguida de algún término paralelo al anterior, con lo que desembocamos en estructuras coordinadas. Asimismo, uno puede perder una nota «en el interior de un libro» (*en el interior de* acepta sustantivos contables) o «entre las páginas de un libro» (*entre* acepta plurales), pero no puede perder la nota «entre el libro».

8.11.2. *Criterios para clasificar las expresiones que denotan pluralidad*

Jackendoff (1991) sugiere que los sustantivos que denotan léxica o morfológicamente la agrupación de entidades se pueden clasificar en función de dos criterios. Uno es la DELIMITACIÓN (ingl. *boundedness*), abreviadamente [± D]. La delimitación de las entidades afecta a la existencia o no de fronteras que nos permitan pensar en ellas como elementos aislables. Recuerde que en el capítulo 5 ya hicimos uso de esta noción en el ámbito del aspecto. El otro criterio es la presencia o ausencia de ESTRUCTURA INTERNA, abreviadamente [± I]. Este criterio diferencia los sustantivos cuyo significado pone de manifiesto la presencia de una estructura interna articulada o su ausencia, en el sentido de que se conciben como conglomerados de elementos más básicos. El cruce de estos rasgos proporciona la siguiente clasificación:

(185) a. [+D -I]: individuos *(mesa)*.
b. [+D +I]: grupos *(comité)*.
c. [-D -I]: materias *(dinero)*.
d. [-D +I]: sumas *(lámparas)*.

La clase (185a) es la de los sustantivos contables; la clase (185b) es la de los nombres colectivos; la clase (185c) es la de los nombres continuos; y la clase (185d) es la de los plurales morfológicos. La distribución que se presenta en (185) es sin duda interesante, pero presenta dos problemas. El primero hace referencia al rasgo [-I]. De acuerdo con esta clasificación, las materias, que constituyen la denotación de los sustantivos no contables, son entidades [-D -I]. El rasgo [-D] está bien justificado, pero da la impresión de que el rasgo [-I] no lo está en la misma medida. De hecho, parece que la gramática pone de manifiesto la existencia de una cierta estructura interna en estos sustantivos, como muestra sin ir más lejos el hecho de que los ejemplos (183c) o (184c) sean gramaticales. El segundo problema tiene que ver con el cómputo gramatical de estos rasgos. La clasificación de (185) proporciona rasgos de tipo conceptual, es decir, rasgos que caracterizan la denotación de esos nombres en función de la constitución interna de los objetos designados. Sin embargo, no puede decirse que esos rasgos sean sensibles al comportamiento sintáctico de tales expresiones nominales. Consideremos esta pregunta: ¿qué rasgos tienen en común los complementos del verbo *reunir,* según (185)? Si aplicamos esta clasificación a los complementos que el verbo *reunir* admite, que son los de (182), obtendremos esta distribución:

(186) a. *Reunir una lámpara (*individuos:* [+D -I]).
     b. Reunir un comité (*grupos:* [+D +I]).
     c. Reunir lámparas (*sumas:* [-D +I]).
     d. Reunir dinero (*materias:* [-D -I]).

Puesto que los sustantivos de (186b, c y d) forman una clase natural, sería lógico que compartieran algún rasgo que dejara fuera los sustantivos de la clase (186a). Sin embargo, esas tres clases no comparten ningún rasgo si aplicamos el esquema (185): los grupos y las sumas comparten el rasgo [+I] frente a las materias, mientras que las materias y las sumas comparten el rasgo [-D] frente a los grupos. Las materias comparten con los sustantivos individuales el rasgo [-I], y los grupos comparten con ellos el rasgo [+D]. En suma, no existe ningún rasgo que estas tres clases compartan frente a los sustantivos individuales, con lo que perdemos, ciertamente, una generalización. El mismo resultado se obtiene si extendemos el ejemplo a la preposición *entre,* mencionada arriba.

Así pues, una opción es, como vemos, asignar a las expresiones nominales rasgos léxicos que muestren la naturaleza semántica de los conceptos designados. Otra opción es intentar que esos rasgos pongan de manifiesto el comportamiento gramatical de esos sustantivos. De acuerdo con ella, podemos pensar en cuatro rasgos: A, B, C, D, que se definen como se indica en (187):

(187) La información que representa la agregación de elementos...

    A: ...es sintáctica (una conjunción).
    B: ...es morfológica (un afijo flexivo) y se manifiesta en la concordancia sujeto-verbo.
    C: ...se interpreta distributivamente (= la propiedad denotada por el predicado se aplica a cada una de las entidades que componen el elemento del que se predica).
    D: ...se interpreta colectivamente (= la propiedad denotada por el predicado no se aplica a cada una de las entidades que componen el elemento del que se predica, sino al conjunto formado por estas).

Si aplicamos estas propiedades a las cuatro clases de (182), obtenemos el siguiente cuadro, que presenta una estructura gradual:

(188)

		A	B	C	D
Rasgos manifiestos	1) *Juan y Pedro* (coord.)	Sí	Sí	Sí	Sí
	2) *niños* (plural)	No	Sí	Sí	Sí
Rasgos encubiertos	3) *fruta, ganado* (continuos)	No	No	¿No?	Sí
	4) *ejército, rebaño* (colectivos)	No	¿No?	Sí/No	Sí
		estructura		interpretación	

El rasgo A nos dice que la pluralidad se manifiesta sintácticamente; más exactamente, que es un núcleo sintáctico (si se acepta, como parece razonable, que las conjunciones son núcleos sintácticos en la estructura de constituyentes: § 11.9.1) y que esta forma de manifestar la pluralidad tiene consecuencias en la concordancia. El rasgo B nos dice que el elemento que aporta la pluralidad es un afijo flexivo. Nótese que la conjunción enclítica latina -*que* es una unidad sintáctica. Posee un estatuto morfológico, como los pronombres enclíticos, pero no es un afijo flexivo, luego su lugar en este cuadro estaría junto a nuestra conjunción copulativa *y*. A los rasgos C y D nos referiremos más adelante. Las dos primeras columnas del cuadro hacen referencia a la estructura gramatical de las expresiones, mientras que las dos últimas aluden a su interpretación. En cuanto a las filas, las dos primeras comparten el hecho de que la pluralidad se manifiesta de forma expresa (ingl. *overt*), mientras que en las dos segundas se expresa de forma encubierta (ingl. *covert*), puesto que se trata de una propiedad de las piezas léxicas. Aun así, conviene recordar que los sustantivos colectivos se caracterizan a veces por la presencia de sufijos con ese significado *(vecindario, robledal, pinada)*, y por su ausencia en otros casos *(ejército, rebaño, familia)*, lo que hace que las primeras unidades sean transparentes morfológicamente. A partir de este punto identificaremos todas las casillas con dos coordenadas: una letra y un número: A1, B3, D4, etcétera.

La columna A del cuadro (188) no plantea problemas, puesto que la conjunción copulativa *y* es la única de estas categorías que permite manifestar sintácticamente la noción de pluralidad. Los tres noes de esa columna ponen de manifiesto que la pluralidad no se manifiesta en esos casos con procedimientos sintácticos, lo que resulta evidente. Pasemos, pues, a la columna B, que tiene mayor interés.

8.11.3. *Pluralidad y concordancia*

La coordinación que muestran los sujetos múltiples refleja la pluralidad de las expresiones construidas con la conjunción copulativa *y* (el SÍ de la casilla B1 de (188)), como en *Juan y María* {*habló / hablaron*} *del asunto*. Este mismo comportamiento se extiende a los plurales (el SÍ de B2): *Los niños* {*habló / hablaron*} *del asunto*. Se conocen desde hace tiempo una serie de excepciones a la concordancia en plural de los sujetos coordinados. Han sido bien sistematizadas en Fält (1972), pero siguen sin ser del todo comprendidas en términos teóricos. Así, se sabe por ejemplo que la concordancia en singular es posible –en posición preverbal y posverbal– cuando los dos coordinados se asocian semánticamente para formar una sola unidad, como en los siguientes ejemplos (todos extraídos por Fält de textos diversos):

(189) a. Su fuerza y su sabiduría estaba en su mirada.
     b. A los alemanes les gusta el vino y el sol.
     c. La seguridad y la seriedad de un escritor puede medirse por su silencio sobre su propia obra.
     d. En la línea superior del dibujo se ve un cuadro blanco grande y un círculo blanco grande.
     e. El optimismo y la euforia de los primeros momentos pasó.
     f. La benevolencia y el afán de comprensión ha llevado a algunos sociólogos a encontrar cierta conciencia de culpabilidad en los mayores.
     g. En la opinión pública pesa intensamente el nuevo orden interno y la prosperidad económica.

El detallado estudio de Fält muestra claramente que la posición preverbal o posverbal del sujeto no es un factor tan decisivo en estos casos como algunos análisis anteriores han dado a entender. Si bien los sustantivos coordinados sin determinante parecen estar libres de esta alternancia *(Al lado del plato se {colocan / *coloca} cuchillo y tenedor),* en nuchos otros casos es posible, como se muestra en (189), que el hablante asocie en su conciencia lingüística dos conceptos como manifestaciones de una misma noción. La concordancia refleja este hecho, pero el proceso no tiene traducción sencilla en la sintaxis formal. Aunque la concordancia en plural no se rechaza nunca en estas situaciones (y el SÍ de B1 en (188) no está en tela de juicio), debe reconocerse que todavía no conocemos con suficiente detalle los factores que hacen posibles el singular y el plural en algunas de estas situaciones.

La agregación de elementos que constituye la denotación de los nombres de materia es visible en la sintaxis (el NO de B3 en (188)), es decir, no construimos oraciones como *La basura huelen mal.* Desde luego, esta multiplicidad es sensible a la selección léxica, como vimos en los casos de *reunir* o *entre,* o como muestra el simple hecho de que podamos decir *La basura estaba desparramada.* La relación entre sustantivos colectivos y concordancia es más polémica (el ¿NO? de B4). Desde luego, los sustantivos colectivos concuerdan en singular, como prueba el que no construyamos oraciones como las de (190), que ninguna concordancia ad sensum puede salvar:

(190) a. *Lo que el gobierno decidieron.
b. *La familia estaban de acuerdo.
c. *La policía llegaron tarde.
d. *El comité rechazaron la propuesta.

Sin embargo, no podemos decir que la información relativa a la pluralidad que la concordancia verbal manifiesta ha de ser siempre visible en la sintaxis, puesto que muchos nombres colectivos concuerdan en plural en las lenguas germánicas (al. *leute,* ingl. *people,* entre otros casos, generalmente con colectivos de persona), y también en otras familias lingüísticas. En segundo lugar, los nombres colectivos de persona concuerdan en plural con los pronombres personales:

(191) a. Todo el alumnado pensaba que los profesores se ocupaban poco de ellos.
b. ??Todo el alumnado pensaba que los profesores se ocupaban poco de él.

Aunque la concordancia en singular sería la esperable en (191), lo cierto es que se prefiere en plural. Aun así, la concordancia en plural de los colectivos (que rechaza la gramática normativa) se obtiene más fácilmente cuando el antecedente nominal pertenece a otra oración, o bien existen incisos separadores, condición que las gramáticas descriptivas han venido observando desde Salvá y Bello:

(192) a. Los miembros de esta familia siempre hablan de ellos.
b. ??Esta familia siempre habla de ellos *(en la interpretación correferencial).*

Como vemos, la columna B pone de manifiesto que las relaciones de concordancia en las que interviene una expresión nominal con rasgos de plural está sujeta a cierta variación en función de la naturaleza (léxica, sintáctica o morfológica) de sus rasgos.

8.11.4. *Pluralidad y distributividad*

Las expresiones coordinadas se pueden interpretar distributivamente (el SÍ de la casilla C1 del cuadro (188)), es decir, de (193a) se infiere (193b):

(193) a. Juan y Pedro están sentados.
      b. Juan está sentado y Pedro está sentado.

La relación entre (193a) y (193b) no siempre se ha establecido en estos términos. De hecho, una opción –que se remonta al menos a *El Brocense* y que en este mismo siglo ha tenido ilustres representantes– consiste en suponer que (193a) es el resultado de «unir» o «combinar» las dos piezas que se muestran en (193b) mediante algún procedimiento formal que manipula estas expresiones, lo que vendría a significar que la coordinación de grupos nominales es el resultado de la coordinación de oraciones. En la gramática generativa de los años sesenta se denominó a este proceso REDUCCIÓN COORDINATIVA (ingl. *coordinate reduction*). En la actualidad se acepta mayoritariamente, por el contrario, el análisis que relaciona (193a) y (193b) mediante una inferencia: no hay ningún proceso formal que nos permita llegar a (193a) desde (193b), pero sí existe un «cálculo» que nos permite llegar a (193b) desde (193a) si el tipo de predicado que aparece en (193a) es el correcto.

Los plurales morfológicos se pueden interpretar distributivamente (el SÍ de la casilla C2 de (188)), es decir, que interpretamos la oración *Los niños están sentados* en el sentido de 'Cada uno de los niños está sentado', lo que no resulta polémico. En cambio, en principio no podemos establecer predicaciones de los nombres continuos distribuyendo la propiedad significada por el predicado entre las partículas que esos conglomerados denotan (el ¿NO? de la casilla C3 de (188)). Dicho de manera más sencilla: no podemos interpretar (194a) en el sentido de 'cada trozo de basura pesa 10 kg', ni tampoco cabe deducir de (194b) 'cada elemento que compone esta basura podría serte útil':

(194) a. La basura pesa 10 kg.
      b. Esta basura podría serte útil.

Sin embargo, ciertos adjetivos de tamaño admiten la interpretación distributiva de los nombres continuos frente a lo que sucede en la mayor parte de los colectivos (más detalles sobre este punto en Bosque (1999a: § 1.6.1)). Compare las expresiones de (195a) con las de (195b):

(195) a. Gente grande, fruta grande, ganado grande.   (CONTINUOS)
      b. Gentío grande, ejército grande, rebaño grande.   (COLECTIVOS)

Observe que cuando decimos *gente grande* entendemos que el tamaño mayor del normal del que estamos hablando se aplica a cada elemento que compone la denotación de *gente,* mientras que en *gentío grande,* con sustantivo colectivo, el tamaño mayor del normal se aplica al grupo, no a cada uno de sus componentes. Así pues, el SN *gente grande* nos hace pensar en jugadores de baloncesto o en luchadores de sumo, pero con expresiones como *gentío grande* no designamos gigantes, sino muchedumbres. Análogamente, no usaríamos *fruta grande* para designar un abundante surtido de frutas variadas, como el que suele representar el cuerno de la abundancia, sino para referirnos a los melones o las sandías, por oposición a las frambuesas. La expresión *pasta grande* no es apropiada tampoco para designar un plato colmado de fideos, sino la pasta de fragmentos grandes, como los ravioli o los canelones. Nótese que podemos también hablar de *ganado grande* (el formado por bisontes o vacas lecheras) y oponerlo al *ganado pequeño* (que podrían representar las cabritillas, por ejemplo), pero la expresión *rebaño grande* –con sustantivo colectivo en lugar de continuo– solo significa 'rebaño numeroso'.

En resumen, las materias no tienen tamaño, puesto que no son entidades individuales. No predicamos de ellas la cardinalidad (no son contables), sino la cantidad en la que se manifiesta la magnitud que designan. Paradójicamente, muchos nombres de materia admiten adjetivos de tamaño. Estos adjetivos no se pueden predicar, como vemos, de la magnitud que se designa, sino de los componentes (partículas o agregados) que constituyen la denotación de tales sustantivos. Las materias tampoco tienen longitud, ni otras dimensiones, puesto que esas propiedades también se predican de los objetos o de las personas. Sin embargo, observe que decimos *arroz largo* o *pasta corta,* lo que, de nuevo, resulta inesperado. Es evidente, por tanto, que los adjetivos de tamaño y de longitud se predican de algunos nombres de materia en la interpretación distributiva: aquella en la que, como se sugiere abreviadamente en (187C), se multiplica la propiedad denotada por el predicado de forma que se atribuye a cada uno de los componentes de su denotación. En estos casos, el ¿No? de C3 en (188) debe convertirse en Sí.

Una propiedad particularmente interesante de los sustantivos colectivos es que no proporcionan antecedentes distributivos para los pronombres, lo que muestra, de nuevo, que los rasgos que contienen, muy relevantes para la selección léxica, no son «visibles» para los procesos anafóricos. Consideremos estas dos oraciones:

(196) a. Los niños tenían su balón de reglamento.
　　　　b. La pandilla tenía su balón de reglamento.

Observe que la oración (196a) es ambigua porque el SD plural *los niños* proporciona la interpretación distributiva adecuada para el pronombre *su* (y obtenemos el significado 'cada uno tenía un balón'), o bien *los niños* es (colectivamente) el antecedente del singular *su* (y obtenemos la interpretación 'el balón de ellos', es decir, 'un balón para todos los niños'). En la oración (196b), por el contrario, solo tenemos esta última interpretación, es decir, el conjunto de individuos que componen la pandilla no puede funcionar como antecedente distributivo de *su*. Así pues, (196) muestra de manera sencilla que los componentes que constituyen la denotación de los nombres colectivos no son visibles para los procesos anafóricos. Existen, sin embargo, algunas excepciones, especialmente cuando estos componentes son reconocibles morfológicamente, como ya vimos en (191a).

La conclusión de que las relaciones anafóricas son, en general, opacas a las nociones que solo se expresan léxicamente es una propiedad bien conocida de las palabras, que constituyen lo que se ha dado en llamar ISLAS ANAFÓRICAS. El contraste que se ilustra en (197) es clásico. Fue propuesto para el inglés por Postal hace casi cuatro décadas (Postal, 1969):

(197) a. Este niño no tiene padres, pero los echa mucho de menos.
      b. *Este niño es huérfano, pero los echa mucho de menos.

Este contraste suele ilustrar el hecho de que el pronombre *los* no puede hacer referencia a una parte del significado de *huérfano* (concretamente 'padres'), puesto que esa información no forma parte de la sintaxis, que es el terreno en el que *los* busca su antecedente. La morfología derivativa pone de manifiesto que existen algunas excepciones a esta generalización, como en *Casi todos los guitarristas creen que pro es el instrumento perfecto* (donde el antecedente de *pro* parece ser una base léxica, no una palabra). Sobre este punto, véase Corum (1973).

Si pasamos de las relaciones sintácticas a las semánticas, comprobaremos que la situación se hace más compleja. Una pregunta tradicional en los estudios sobre la semántica de grupos es la siguiente: ¿Pueden extenderse al grupo las propiedades de sus componentes? Esta pregunta es compleja, y lo cierto es que es difícil abordarla con instrumentos estrictamente lingüísticos. En principio, no nos equivocaremos si contestamos NO a esta pregunta. Como ha argumentado con detalle Link (1983, 1987), los grupos son entidades individuales, sujetas por tanto a que prediquemos de ellas propiedades específicas, sean caracterizadoras o episódicas. La paradoja que plantean los nombres de grupo es que unas veces predicamos de ellos acciones o propiedades que no podemos atribuir a los individuos aisladamente (como con *amontonarse, hacer las paces* o *vivir en compañía*), mientras que otras veces predicamos de ellos los mismos conceptos que atribuimos a los individuos: un grupo puede estar sentado, ser divertido, trabajar, dormir, etc. Esto significa que unas veces los interpretamos como entidades individuales y otras como propiamente colectivas.

Si nos dicen que un coro ha cantado maravillosamente cierto oratorio de Händel, no estaremos obligados a suponer que la maravillosa ejecución se predica necesariamente de cada uno de sus componentes. Entenderemos, por el contrario, que esa ejecución es una propiedad episódica de una determinada entidad individual: el coro. Lo mismo se aplica, obviamente, a un ejército valeroso o a una familia extraña. Aun así, parece que tendemos a distribuir, aunque sea de manera relativa, ciertas propiedades formales de los nombres colectivos entre los componentes de su designación (como en *La vajilla estaba sucia*), mientras que otras propiedades nunca se distribuyen de esta manera *(La vajilla era cara)*. Lo cierto es que con mucha frecuencia los grupos admiten los predicados que les atribuimos porque sabemos que son propiedades de sus miembros, como cuando decimos *La clase de primer curso estaba sentada en las escaleras del colegio.*

Observe que de la oración (198a) podemos inferir (198b), pero de (199a) no podemos inferir (199b):

(198) a. Este equipo de fútbol ha ganado la Copa de Europa.
      b. Los componentes de este equipo de fútbol han ganado la Copa de Europa.

(199) a. Este equipo de fútbol ya ha estado en París.
      b. Los componentes de este equipo de fútbol ya han estado en París.

La oración (198a) es ambigua. Ciertamente, el Real Madrid que ganó la primera Copa de Europa no es el «el mismo Real Madrid» que ganó la última si se interpreta extensionalmente la expresión *el mismo Real Madrid,* es decir, con el sentido de 'el mismo conjunto de jugadores'. Sí lo es, en cambio, si se entiende en el sentido de 'el mismo club de fútbol'. Pues bien, si suponemos que el SD *este equipo* tiene como referencia una serie particular y fija de jugadores, la inferencia de (198) es correcta, mientras que la de (199) sigue siendo falsa: los jugadores pueden haber estado por su cuenta en París en momentos diversos, o incluso todos al tiempo, pero no como miembros de tal equipo de fútbol. Eso significa que la interpretación distributiva del predicado se obtiene solo si entendemos que de los componentes del conjunto se predican exclusivamente propiedades o eventos que existen en tanto en cuanto tales componentes son parte del colectivo. Estas son las razones del «Sí / No» de C4 en (188).

8.11.5. *Pluralidad y colectividad*

Un predicado colectivo es aquel que fuerza la interpretación colectiva de algunos de sus argumentos, en el sentido de que estos han de designar grupos de entidades. Las expresiones que denotan pluralidad pueden analizarse como grupos (interpretación colectiva). Así, en las oraciones de (200) tenemos sujetos coordinados de interpretación colectiva (el Sí de D1 en (188)):

(200) a. Juan y Pedro se reunieron.

b. Juan, Luis y María se dispersaron.

La oración (200a) no nos comunica que Juan se reunió y Pedro también se reunió, sino que cada uno se reunió con el otro, o que hubo una reunión de la que ambos (como grupo) formaban parte. Igualmente, en (200b) no decimos que la propiedad de dispersarse se aplique a cada uno de los miembros del conjunto que forman Juan, Luis y María (lo que sería absurdo), sino al grupo que esos individuos constituyen. Un SD plural también puede tener una interpretación colectiva (el Sí de D2 en (188)), como se muestra en (201):

(201) a. Los muchachos se reunieron.

b. Los manifestantes se dispersaron.

Se llama a veces PLURAL DISTRIBUTIVO al que se interpreta distributivamente, como sucede con *los niños* en (202a), y PLURAL COLECTIVO al que se interpreta colectivamente, como sucede con *los niños* en (202b):

(202) a. Los niños estaban sentados.

b. Los niños formaban un círculo.

Los predicados que aparecen en (201a y b) y (202b) se llaman PREDICADOS SIMÉTRICOS, y sus propiedades han sido analizadas desde hace años por lógicos y lingüistas. Los predicados simétricos pueden aparecer en dos tipos de estructuras: la llamada VARIANTE MONÁDICA, en la que poseen sujetos plurales, como en (203a), y la VARIANTE DIÁDICA, en la que manifiestan un argumento externo y uno interno, como en (203b):

(203) a. Juan y Pedro {se parecen / son socios / están de acuerdo}.
    b. Juan {se parece a Pedro / es socio de Pedro / está de acuerdo con Pedro}.

El segundo argumento puede no estar presente y recuperarse discursivamente, como en *Juan también es socio* o en *Yo no estoy de acuerdo.* Llamaremos a esta opción VARIANTE DIÁDICA TRUNCADA. Así pues, en ausencia de argumento interno, oraciones como *Juan y Pedro no estaban de acuerdo* son ambiguas. Si interpretamos el predicado en su variante monádica, entenderemos 'el uno con el otro'; pero si lo interpretamos en la variante diádica truncada, entenderemos 'con algo o alguien mencionado en el discurso previo'.

Los nombres de materia constituyen conjuntos de elementos apropiados para ser sujetos o complementos de los predicados que exigen argumentos colectivos (el Sí de la casilla D3 de (188)), como vemos en (204):

(204) a. Reunieron el dinero.
    b. La niebla se dispersó.
    c. Entre la maleza.

Esta propiedad léxica es importante, porque caracteriza de forma muy clara la clase léxica de los nombres de materia, aunque es cierto que no la opone a la de los nombres colectivos. Sabemos que los nombres que denotan seres individuales no pueden interpretarse como un colectivo: si se nos cae al suelo una lámpara y buscamos los fragmentos desperdigados por la habitación hasta conseguir juntarlos todos, no podremos describir esa situación diciendo **He conseguido reunir la lámpara,* salvo en un contexto irónico (recuérdese (186a) y compárese con *componer la lámpara* o *montar la lámpara*). La razón es, como vemos, estrictamente gramatical: el sustantivo *lámpara* designa un objeto individual y no pertenece a ninguna de las clases de expresiones que se mencionan en (182).

Los nombres colectivos son argumentos de los predicados de grupos (el SÍ de D4 en (188)), es decir, la naturaleza semántica de esos sustantivos es sensible a los procesos de selección léxica:

(205) a. Reunieron al vecindario.
    b. El batallón se dispersó.
    c. El profesorado de la facultad hizo finalmente las paces.
    d. El ejército estaba revuelto.

El mismo proceso se extiende a los sintagmas verbales recíprocos. Naturalmente, si estos sintagmas contienen grupos prepositivos con rasgos de plural, no podrán admitir colectivos como antecedentes (recuérdese (192b)). Así, los pronombres que aparecen en (206) requieren antecedentes que manifiesten gramaticalmente la pluralidad, y es obvio que no los obtienen en esas oraciones:

(206) a. *Esta familia se odia {unos a otros / el uno al otro}.
    b. *Todo el vecindario se odia {unos a otros / el uno al otro}.

Nótese que si sustituimos *odia* por *odian,* las oraciones siguen siendo agramaticales. Supongamos ahora que no aparecen sintagmas preposicionales con pronombres recíprocos, como en (207):

(207) a. Esta familia se odia a sí misma.
    b. Esta familia se odia.

El análisis de la oración reflexiva (207a) no plantea problemas, pero el de (207b) tiene particular interés. Esta oración tiene dos sentidos. Si consideramos la interpretación en la que (207b) es equivalente a (207a), entenderemos que (207b) nos habla de una determinada entidad compleja que se odia a sí misma. Tal interpretación semántica de (207b) es plausible, puesto que los grupos son también –como recordábamos más arriba– entidades individuales. El otro sentido de (207b) es más frecuente y nos dice que existe odio entre los componentes de una familia, y en este sentido la oración no es reflexiva, sino recíproca. Así pues, tanto la forma como el significado nos permiten analizar (207b) como oración recíproca en esa segunda interpretación: desde el punto de vista sintáctico, contiene un predicado transitivo y un pronombre *(se)* que no tiene rasgos morfológicos exclusivos para el número y tampoco para la reflexividad o la reciprocidad. Pero además, las oraciones recíprocas requieren sujetos plurales y (207b) cumple ese requisito, puesto que *familia* es un nombre colectivo. Las oraciones recíprocas pueden prescindir del complemento preposicional (*el uno al otro, el uno con el otro,* etc.), al igual que las reflexivas pueden omitir *sí mismo* y sus variantes.

Nótese que todas estas interpretaciones se obtienen sin cargar la gramática de recursos estipulativos: los rasgos léxicos de pluralidad son sensibles a la selección, pero no a los procesos morfológicos (con las escasas excepciones que hemos mencionado). Todas las propiedades que hemos considerado se siguen en lo fundamental de esta sola diferencia.

Los sustantivos contables en singular no denotan la noción de pluralidad en ningún sentido relevante. Se trata por tanto de *individuos* o *entidades individuales* (ingl. *wholes,* en la terminología de Moltmann (1997)). Ciertamente, los objetos –y en general las cosas materiales, sean grandes o pequeñas– tienen partes o componentes, como los tienen las personas y casi todos los seres que existen en el mundo, pero la gramática los categoriza como entidades individuales (no así la física, la química o la biología), y por tanto no permite que los procesos sintácticos y semánticos tengan acceso al interior de los sustantivos que los designan.

Como es obvio, debemos estar atentos a los posibles contraejemplos a esta generalización y explicar por qué no son reales. Veamos uno: obsérvese que tanto *silla* como *armario* son nombres contables. Aún así, es evidente que podemos ordenar un armario, pero no podemos ordenar una silla. Cabe pensar en dos líneas de análisis para este tipo de fenómenos. Podemos imaginar que aquí estamos usando metonímicamente el sustantivo *armario* por 'el conjunto de objetos contenidos en el armario'. Sin embargo, lo cierto es que no nos referimos habitualmente con la palabra *armario* a los objetos que contiene un armario (no decimos, por ejemplo, *Este armario es grande* si queremos decir que solo contiene ropa de talla XL), lo que significa que cuesta trabajo extender la metonimia que creíamos haber identificado a otros casos en los que en principio deberíamos encontrarla. Parece mejor suponer que el predicado *ordenar* no selecciona necesariamente complementos colectivos, ya que podemos ordenar nuestra vida o nuestra cabeza, y nada hace pensar que *vida* y *cabeza* sean nombres colectivos. Si entendemos que *ordenar* significa 'poner orden en algo', no hemos de suponer necesariamente que ese algo haya de designar un grupo de entidades, con lo que el posible contraejemplo se deshace.

8.12. Conclusión

En este capítulo hemos analizado varios aspectos de la interficie (es decir, la zona de contacto o de solapamiento) entre sintaxis y semántica. Comenzamos examinando la noción de cuantificador y su representación semántica y sintáctica. Analizamos, en este último sentido, la propuesta de que existe un nivel específico de representación sintáctica, denominado Forma Lógica, en el que se representan y desambiguan los fenómenos relativos al ámbito de los cuantificadores. Estos fenómenos son sin duda complejos, e incluyen la interacción entre varios cuantificadores y la interpretación de las preguntas, entre otros procesos. Nos centramos a continuación en el significado de los indefinidos, que están sujetos también a numerosas particularidades, como la variabilidad cuantificacional, la aparición de lecturas genéricas, etc. Hemos examinado finalmente la cuantificación de grado, así como varios aspectos de la expresión sintáctica de la pluralidad.

En este rapidísimo repaso hemos esbozado las propiedades básicas que caracterizan a los fenómenos considerados y hemos intentando presentar una apretada síntesis de las propuestas explicativas más recientes. Conviene tener presente que este es uno de los terrenos de la investigación actual en los que se producen más avances, acaso porque también es uno de los que ponen de manifiesto más claramente las intricadas relaciones que se dan entre las estructuras sintácticas y los significados que les corresponden.

8.13. Lecturas complementarias

• En las lecturas complementarias del capítulo 1 ya mencionamos algunas introducciones a la semántica formal contemporánea, que servirán como complemento a los aspectos sintácticos tratados en el presente capítulo. La antología de Gutiérrez-Rexach (2003b) recoge los trabajos esenciales de la semántica lingüística contemporánea, de orientación formal, incluyendo aquellos que versan sobre las relaciones entre semántica y gramática (volumen 1). Sobre la cuantificación en general, véanse los trabajos de Sánchez López (1999b), Sáez del Álamo (1999), Marcos Marín (1999), Brucart y Rigau (2002) y Brucart (2002b).

• Del nivel de la Forma Lógica y su relación con la cuantificación se ocupan May (1977, 1985, 1989), Williams (1977, 1988), Hornstein (1984, 1995), Nishigauchi (1990), Beghelli (1995), López Palma (1999) y Fox (2000). Algunos aspectos de la sintaxis de los cuantificadores se analizan más a fondo en las compilaciones de Huang y May (1991), Bach y otros (1995) y Szabolcsi (1997). Encontrará usted un estado de la cuestión actualizado en Szabolcsi (2001) y otro –algo menos actual– en Graffi (1985). En Hornstein y Weinberg (1990) se responde a algunas críticas que se han hecho a la necesidad de contar con ese nivel de representación.

• Ofrecen perspectivas teóricas sobre la semántica de las preguntas y la cuantificación Higginbotham y May (1981), Higginbotham (1993), Chierchia (1993) y Gutiérrez-Rexach (1997). Para el español puede verse, además del último, Jaeggli (1988, 1991). Véase también el § 11.7 y la bibliografía sobre la interrogación que se menciona en ese capítulo.

• El análisis de los sintagmas nominales de interpretación indefinida, y, en general, de los indefinidos, ha sido tema de investigación de numerosos estudios: Milsark (1974, 1977), Heim (1982), Reuland y ter Meulen (1987), Leonetti (1990, 1999), Diesing (1992), Gutiérrez-Rexach (2003a) y Dobrovie-Sorin y Beyssade (2004), entre otros. La interpretación de los plurales se debate en Carlson (1977), Scha (1981), Moltmann (1991, 1997) y Hamm y Hinrichs (1998). Encontrará un estado de la cuestión sobre este punto en Link (1998). De los plurales escuetos del español se ocupan, entre muchos otros, Suñer (1982), Contreras (1986a), Casielles (1996) y Gutiérrez-Rexach y Silva-Villar (1999). En Bosque (1996) se reúnen varios estudios sobre esta cuestión.

• La sintaxis y la semántica de los sintagmas de medida y la cuantificación sobre magnitudes se analiza en Corver (1997), Doetjes (1997), Bosque (1998), Rijkhoek (1998), Gutiérrez-Rexach (1999a), Winter (2005) y Neeleman, van de Koot y Doetjes (2004), entre otros muchos trabajos. La interpretación de las oraciones comparativas se analiza en Cresswell (1976), Klein (1980) y von Stechow (1984), también entre otros muchos estudios. Sobre su sintaxis puede ver Pinkham (1985), Kennedy (1997) y Donati (1996, 2000). Las construcciones comparativas del español se analizan en el marco de la gramática generativa en Sáez del Álamo (1990a, b, 1991) y Brucart (2002b). Si desea una descripción de las características básicas de estas construcciones, puede ver Price (1990), Gutiérrez Ordóñez (1994) y Sáez de Álamo (1999). Si desea empezar por una introducción accesible al concepto de grado, la encontrará en Sanchez López (2006).

9 Los pronombres y sus antecedentes

9.1. Los pronombres como variables

9.1.1. *Interpretaciones de los pronombres de tercera persona*

Este capítulo trata de los pronombres personales. En realidad, trata solo de unos pocos aspectos de su gramática que resultan especialmente relevantes para la teoría de la sintaxis. En las páginas que siguen haremos varias consideraciones sobre el significado de estos pronombres, y también sobre la relación que existe entre ellos y sus antecedentes. Finalmente, dedicaremos una sección a analizar la oposición que se establece entre los pronombres átonos y los tónicos, distinción prosódica que lleva consigo un gran número de consecuencias sintácticas.

Como usted sabe, los pronombres personales son los que pertenecen a paradigmas en los que se reconocen las tres personas. Así, mientras que los pronombres relativos o demostrativos poseen únicamente rasgos de tercera persona, en series como *yo, tú, él, ella, nosotros, vosotros, ustedes,* etc., se distinguen las tres personas. Esta propiedad la comparten también los posesivos, que se suelen analizar como variantes de los personales. Cualquier gramática le explicará cómo se clasifican los pronombres personales en función del género, el número, el caso (un rasgo que muestra la morfología del español en esta clase de palabras, pero no en otras) y la persona. Los pronombres de tercera persona se diferencian de los que forman los otros dos grupos en varias propiedades que analizaremos con cierta atención en las páginas que siguen.

Considere esta pregunta: «¿En qué nos ayudan los rasgos de persona a interpretar el significado de los pronombres personales?» La respuesta tradicional viene a decir que la persona es la información gramatical que permite clasificar los pronombres en función de los participantes en el discurso: el que habla (1.ª persona), el que escucha (2.ª persona) y aquel o aquello de lo se habla (3.ª persona). En este capítulo veremos que son varias las propiedades que agrupan estos pronombres en dos clases: los de primera y segunda persona por un lado, y los de tercera por otro.

Como vimos en el capítulo 6, los pronombres personales correspondientes a las tres personas pueden ser nulos. Así pues, al pronombre *pro* pueden corresponderle la primera persona *(pro canto),* la segunda *(pro cantas)* o la tercera *(pro canta).* Pues bien, una diferencia importante entre los pronombres de tercera persona y los demás es que los primeros son los que pueden ser analizados como variables de forma más generalizada. Hemos visto en el capítulo anterior que las variables pueden aparecer en dos formas: variables libres y variables ligadas. Los pronombres de tercera persona adquieren precisamente estos dos valores. Las interpretaciones fundamentales de estos pronombres son las siguientes:

(1) INTERPRETACIONES SEMÁNTICAS DE LOS PRONOMBRES DE TERCERA PERSONA
    a. Referencial: interpretación de variable libre
       Deíctica
       Correferencial
          Correferencia anafórica
          Correferencia catafórica
    b. Dependiente: interpretación de variable ligada

En los dos ejemplos de (2) el pronombre se comporta como una variable libre, por lo que ambas oraciones se representan semánticamente como (3):

(2) a. *Pro*$_i$ llamó ayer.
    b. Él llamó ayer.

(3) *x* llamó ayer.

La representación (3) es la que corresponde a la INTERPRETACIÓN REFERENCIAL del pronombre. Entendemos que el valor de la variable *x* es un individuo contextualmente determinado, es decir, alguien que hemos mencionado en el contexto precedente. El significado de 'libre' en 'variable libre' es precisamente el de 'no ligado por una expresión cuantificativa'. Como vemos en (1), la interpretación referencial de los pronombres se presenta unas veces como DEÍCTICA y otras como CORREFERENCIAL. Se usa el término 'deíctica' porque los pronombres se utilizan en este caso de forma similar a los demostrativos. Podemos, pues, usar un pronombre para señalar a un individuo con la mano o con el gesto (*Él lo hizo*). En la interpretación correferencial señalamos su identidad con un SD que aparece antes del pronombre (*Juan*$_i$ *dice que* *él*$_i$ *lo hizo:* CORREFERENCIA ANAFÓRICA) o bien detrás de él (*La gente que trabaja con* *ella*$_i$ *pone a* *María*$_i$ *por las nubes:* CORREFERENCIA CATAFÓRICA).

Los pronombres explícitos de primera y segunda persona sólo admiten interpretaciones referenciales. De hecho, una idea tradicional, que fue desarrollada por Benveniste, Jakobson y otros lingüistas, consiste en analizar *yo, tú* o *nosotros* como 'nombres personales', es decir, como un tipo de nombres propios que se caracteriza por tener designación variable, puesto que son elementos deícticos.

Además de la interpretación referencial de los pronombres de tercera persona, podemos tener la INTERPRETACIÓN DEPENDIENTE (= (1b)). Considere, por ejemplo, el posesivo *su*. Se dice tradicionalmente que *su* es ambiguo porque puede significar 'de usted / ustedes', 'de él / ella' o 'de ellos / ellas'. Estas paráfrasis son correctas, pero observe que ninguna de ellas nos sirve para explicar el significado más prominente de la oración (4):

(4) Todo el mundo trata bien a su gato.

En (4) puede hablarse de tratar bien al gato de alguien supuestamente presentado en el discurso previo. Esta es la interpretación en la que *su gato* significa 'el gato de él o de ella' (por ejemplo, la tía Ágata). Se trata, por tanto, de una interpretación referencial de *su,* que podríamos representar como (5):

(5) Existe un x (x = la tía Ágata), tal que [para todo y (y = una persona), [y trata bien al gato de x]]

Análogamente, si decimos que *su gato* significa en (4) 'el gato de ellos / ellas' (por ejemplo, los vecinos del quinto), estaremos refiriéndonos al gato de un grupo de personas que hemos presentado antes. Esta es otra interpretación referencial de *su* en (6) que podríamos describir así:

(6) Existe un x (x = los vecinos del quinto), tal que [para todo y (y = una persona), [y trata bien al gato de x]]

Pero la lectura más natural de (4), la primera que seguramente habrá percibido usted, es mucho menos alambicada que las otras dos. Nos referimos, obviamente, a la interpretación en la que se habla de tantos gatos como individuos introduzca la expresión cuantificativa *todo el mundo*. Esta es la interpretación de *su* como VARIABLE LIGADA, que no se refleja en (5) ni en (6). Así pues, el significado de (4) que queremos representar ahora será aproximadamente el siguiente:

(7) Para todo x (x = una persona), x trata bien al gato de x.

¿A qué otros pronombres personales se extiende esta interpretación? Montalbetti (1984) observó que existe una diferencia importante entre las lenguas de sujeto nulo (ingl. *pro-drop languages*) y las lenguas que exigen siempre pronombres explícitos, en cuanto que la interpretación de variable ligada se permite en las primeras en contextos más restrictivos que en las segundas. Considere la siguiente oración del inglés:

(8) *All the students*$_i$ acknowledged that *they*$_i$ were late.

El índice «i» nos asegura que *they* no se refiere a alguien distinto de la expresión *all the students*, y que por tanto se interpreta como una variable ligada. En español hay dos correlatos posibles de la oración (8), en función de que se use un pronombre explícito o uno nulo (*ellos / ellas* o *pro*):

(9) a. *Todos los estudiantes* reconocieron que *ellos* habían llegado tarde.
    b. *Todos los estudiantes* reconocieron que *pro* habían llegado tarde.

En (9a) tenemos la interpretación correferencial de *ellos,* en la que se alude a un grupo de personas. Es, por tanto, la interpretación en la que cada estudiante reconoce que el grupo, o el conjunto de individuos de los que se habla, llegó tarde. Este conjunto puede aludir a alguien mencionado anteriormente (*ellos* se puede referir a 'los profesores', por ejemplo) o los estudiantes mismos (*ellos* se referirá entonces a 'el grupo de estudiantes en cuestión'). En (9b) podría obtenerse esta misma interpretación, pero se obtiene más fácilmente otra que no es posible en (9a): aquella en la que se expresa que cada estudiante reconoció haber llegado tarde él mismo. Esta es la interpretación dependiente de *pro* en la que este pronombre actúa como variable ligada. Como es lógico, la interpretación referencial de *pro* en oraciones encabezadas por una expresión cuantificativa es también posible si se ha introducido antes un grupo de entidades al que se desea hacer referencia (como en *Hablando de [las instrucciones]*$_i$, *todos los miembros de la delegación reconocieron que [pro]*$_i$ *habían llegado tarde*), pero esta interpretación será imposible en el comienzo absoluto de un discurso.

En la interpretación de variable ligada, la determinación de a qué individuo designa *pro* no depende exclusivamente de factores contextuales, sino que está determinada por la expresión cuantificativa *todos los estudiantes*. La representación semántica simplificada de (9b) sería (10):

(10) Para todos los estudiantes *x,* es el caso que *x* reconoció que *x* había llegado tarde.

En (10), la variable está ligada por el cuantificador *todos los estudiantes*. El ligado cuantificador-variable parece, pues, la caracterización exacta de la lectura dependiente de los pronombres. Siguiendo con la convención adoptada anteriormente, podemos representar la lectura ligada o dependiente del pronombre mediante la coindización entre el pronombre y el cuantificador en el nivel de la Forma Lógica. Nótese que en este caso el pronombre no es una huella de movimiento, es decir, la coindización entre cuantificador y pronombre no es el resultado de la aplicación de la regla de 'ascenso del cuantificador' analizada en el capítulo anterior. Como es obvio, el cuantificador no se ha generado en el lugar que ocupa el pronombre, sino como sujeto del verbo *reconoció*.

(11) Todo estudiante$_i$ [h$_i$ reconoció que *pro*$_i$ había llegado tarde].

El pronombre PRO acepta también interpretaciones de variable ligada en los contextos apropiados *(Todos desean PRO triunfar)*. En cuanto a *pro* (3.ª persona), recuerde que se diferencia de *él* y sus variantes de género y número en que el primero admite la interpretación referencial o bien la de variable ligada, mientras que el segundo solo admite la referencial en posición de sujeto (no, en cambio, en otras: *Todo el mundo quiere que hablen de él*).

En realidad, la naturaleza semántica de *pro* es un poco más compleja, puesto que la interpretación referencial de este pronombre se suele dividir en específica *(Pro dice que la esperes)* e inespecífica *(Aquí pro cocinan muy bien)*. En esta última, *pro* equivale aproximadamente a 'la gente en general', como en *Pro dicen que va a llover.* Recuerde que en el capítulo 6 hablábamos del valor genérico o arbitrario de *pro*. Volvemos sobre ello en el § 9.1.2. Los pronombres explícitos (*él, ellos,* etc.) no admiten estas últimas interpretaciones semánticas. Sin embargo, varios de estos pronombres pueden actuar como variables ligadas en español, como ya vimos al considerar el posesivo *su,* y comprobamos ahora en (12):

(12) a. Todo el mundo habla bien de *sí* mismo.
     b. Todo el mundo quiere que *lo* traten bien.

Esta posibilidad está más restringida, sin embargo, en los sujetos. Observe el siguiente contraste:

(13) a. Todo estudiante piensa que él es inteligente.
     b. *Todo el mundo*$_i$ cree que *él*$_i$ es inteligente.

La oración (13a) admite la interpretación referencial, es decir, aquella en la que se dice que un individuo diferente (al que se refiere *él,* por ejemplo Einstein) es inteligente. Este uso de *él* es entonces referencial y se corresponderá con una variable libre en la representación semántica, es decir, con la variable *y* de (14):

(14) Para todo estudiante x es el caso que x piensa que y es inteligente.

En la Forma Lógica de (13a), la distinción entre variables se corresponde con una distinción entre el índice asociado al cuantificador y su huella (i), y el índice del pronombre (j).

(15) [Todo estudiante]$_i$ [h$_i$ piensa que él$_j$ es inteligente]

El pronombre *él* no admite en (13a) la interpretación de variable ligada «pura» en el sentido que venimos dándole, es decir, la que corresponde a *pro* ([*Todo estudiante*]$_i$ *piensa que* [*pro*]$_i$ *es inteligente*). Sin embargo, admite una interpretación contrastiva (que también acepta *ellos* en (9a)), es decir, una lectura en la que se quiere decir que todo estudiante piensa que él mismo (y no los otros) es inteligente. Esta sería una interpretación dependiente, aunque diferente de (15) desde el punto de vista informativo, ya que el pronombre se usa de forma contrastiva:

(16) [Todo estudiante]$_i$ [h$_i$ piensa que él$_i$ (y no otros$_j$) es inteligente]

Por el contrario, la expresión *todo el mundo* de (13b) no puede tomarse como referencia para establecer usos contrastivos, en el sentido de que no contiene sustantivos que permitan construir conjuntos o subconjuntos de entidades que puedan ser contrastados con otros, ya que nos estamos refiriendo efectivamente a todos los individuos del universo del discurso. Es esperable, por tanto, que la oración (13b) sea agramatical.

Como hemos visto, la interpretación de los pronombres como variables ligadas está restringida a los pronombres de tercera persona. Se exceptúan los que vamos a tratar en el § 9.1.2. Es, además, una propiedad característica de los sujetos nulos, pero puede darse en algunos pronombres explícitos, especialmente si no son sujetos. En el § 9.2 analizaremos la interpretación CORREFERENCIAL de los pronombres –recuérdese el esquema de (1)–, pero hemos de introducir antes otros instrumentos de análisis.

9.1.2. *Interpretaciones existenciales y genéricas*

Los pronombres nulos, entendidos como variables, pueden quedar también ligados por operadores no explícitos. Esto sucede específicamente con ciertos usos de la tercera persona del plural o de la segunda persona del singular. En las oraciones de (17), tomadas de Hernanz (1990) y Campos (1993), el pronombre nulo aparece como sujeto de una forma plural de tercera persona.

(17) a. Llaman a la puerta.
     b. Están anunciando tormenta para mañana.
     c. Han dado la noticia a las dos.
     d. Han robado a Juan.

Normalmente no usamos estas oraciones para referirnos a un grupo concreto de personas, es decir, no resultan equivalentes a las variantes con pronombres explícitos (*Ellos llaman a la puerta; Ellos anuncian tormenta para mañana; Ellos han dado la noticia,* etc.). Los pronombres nulos en cuestión son PLURALES ARBITRARIOS, simbolizados como *pro*^{arb}: *Pro*^{arb} *llaman a la puerta, Pro*^{arb} *han robado a Juan,* etcétera.

La existencia de la interpretación llamada ARBITRARIA (en el sentido técnico de 'inespecífica', no –obviamente– en el de «hecha con arbitrariedad») resulta problemática para la tesis de la identificación de *pro* a partir de los rasgos de concordancia del verbo, ya que la interpretación arbitraria resulta difícilmente recuperable a partir de los rasgos [3.ª persona, plural]. No es tan problemática, sin embargo, si entendemos que en este caso el pronombre no se comporta como una variable libre, sino como una variable ligada, por lo que sus rasgos no identifican deícticamente a un referente concreto. Desde este punto de vista, cabe pensar que el operador que liga estas variables de interpretación arbitraria es un cuantificador abstracto o no visible, que representamos como «Q»:

(18) Q_i [$pro_{(arb)i}$ llaman a la puerta]

La fuerza cuantificacional de dicho operador es existencial, ya que la interpretación más aproximada de las oraciones de (17) es aquella en que el sujeto se interpreta como un INDEFINIDO NO ESPECÍFICO: 'Alguien llama a la puerta', 'Alguien (por ejemplo, el hombre del tiempo) anuncia tormenta para mañana', etc. Podemos suponer entonces que la aparición de *pro* en estos casos se corresponde no con una variable libre, sino con una variable ligada por un cuantificador existencial no explícito.

Ciertos usos de la segunda persona del singular se alinean también con una interpretación no referencial, sino 'arbitraria':

(19) a. En este país vives muy bien.
    b. Cuando no has dormido, no puedes trabajar.

De nuevo, los rasgos de [2.ª persona, singular] no poseen contenido referencial en estos ejemplos, ya que las oraciones no se interpretan como mensajes dirigidos a un interlocutor concreto. Por el contrario, resultan equivalentes a oraciones con sujetos impersonales: *En este país uno vive muy bien; En este país se vive muy bien,* etcétera. Puede incluso darse el caso de que los pronombres de segunda persona sean interpretados como arbitrarios: *Tú sabes hoy con 20 euros y no puedes comprar nada.*

Si extendemos el análisis previo de los plurales arbitrarios a los singulares arbitrarios, tendremos que postular que el pronombre nulo de segunda persona actúa también en (19) como una variable ligada por un cuantificador no explícito. La fuerza cuantificacional es en este caso diferente, ya que estas oraciones no son equivalentes a una paráfrasis con un sujeto indefinido: (19a) no significa lo mismo que *En este país alguien vive muy bien.* La fuerza cuantificacional es GENÉRICA O CUASI-UNIVERSAL. Lo que decimos con (19a) es, aproximadamente, 'En este país generalmente se vive muy bien'. Hernanz (1990) observó que dicha interpretación genérica depende muchas veces de la presencia de un ACTIVADOR GENÉRICO, como ciertos sintagmas o cláusulas adverbiales:

(20) a. Trabajas.   (interpretación referencial)
     b. Con este profesor, trabajas.   (interpretación genérica)
     c. No vives.   (interpretación referencial)
     d. Sin dinero, no vives.   (interpretación genérica)
     e. Comes bien.   (interpretación referencial)
     f. En Maxim's, comes bien.   (interpretación genérica)
     g. Te cansas.   (interpretación referencial)
     h. Cuando corres, te cansas.   (interpretación genérica)

Esta característica es predecible a partir de las propiedades generales de los cuantificadores vistas en el capítulo anterior. Las cláusulas o los sintagmas adjuntos proporcionan el dominio o la restricción adecuada para el cuantificador genérico. Cuando dicha restricción no está presente de forma explícita, puede o no «acomodarse» en virtud de la información existente en el contexto conversacional.

9.2. La teoría del ligamiento. Introducción

9.2.1. *La correferencia*

El vínculo que se establece entre los pronombres y sus antecedentes es una relación a distancia que la gramática debe explicar y restringir adecuadamente. En el apartado anterior hemos usado el término DEPENDIENTE en un sentido muy restrictivo: la denotación de una variable (su VALOR) se determina a partir de un cuantificador que la liga. En las relaciones de CORREFERENCIA, sin embargo, no decimos que el significado de un pronombre esté en función del conjunto de entidades denotado por alguna expresión cuantificativa, sino que, sencillamente, se toma del de una determinada expresión referencial o se establece por identidad con ella. Los pronombres personales son, como ya hemos visto, CONJUNTOS DE RASGOS. Esos rasgos son morfológicos generalmente (número, género, persona, caso), pero también fonológicos unas veces (pronombres explícitos), aunque no otras (pronombres nulos: *pro, PRO*).

¿Hacen falta otros rasgos además de estos? Parece que sí. Se piensa generalmente que son necesarias otras informaciones que nos permitan saber cómo debe vincularse un pronombre con alguna expresión referencial que permita dar sentido a lo que expresamos con él. ¿Cómo se establece entonces, dirá usted seguramente, esa IDENTIDAD? Esta es una pregunta importante. Para contestarla escuetamente necesitaremos tres secciones de este capítulo: §§ 9.2, 9.3 y 9.4.

Empecemos por examinar estas tres oraciones:

(21) a. Tu amigo no le dijo la verdad.
     b. Tu amigo siempre habla de sí mismo.
     c. Tu amigo siempre habla de él.

Como puede usted comprobar, aparecen en ellas los pronombres *le, sí (mismo)* y *él*. En (21a) sabemos que *le* (pronombre personal de tercera persona) no se refiere a *tu amigo,* un SD en el que también reconocemos rasgos de tercera persona. Si ha seguido usted algún curso básico de gramática, dirá probablemente que esa referencia es imposible porque *le* no es un pronombre reflexivo. La respuesta no es mala, desde luego, pero observe que *él* tampoco es estrictamente un pronombre reflexivo en (21c) y, sin embargo, puede referirse a *tu amigo* en una de las interpretaciones posibles de esta oración. En (21b), sabemos, por el contrario, que *sí* se refiere necesariamente a *tu amigo*. ¿Cómo ha de definirse entonces el concepto de 'pronombre reflexivo'? Esta es una pregunta infrecuente en las gramáticas, que sin embargo presentan casi siempre el paradigma completo de los pronombres reflexivos de cada lengua. En realidad, esta pregunta no es sino un caso particular de otras más generales, que vienen a ser las siguientes:

A) ¿Cómo se establece y se restringe adecuadamente la relación gramatical que existe entre un pronombre y su antecedente?

B) ¿Es similar esa relación a otras relaciones sintácticas que se establecen entre elementos situados a distancia en otras partes de la gramática, o se trata, por el contrario, de un vínculo por completo diferente?

Se llama TEORÍA DEL LIGAMIENTO O DEL LIGADO (ingl. *binding theory*) la que trata de dar respuesta a estas preguntas y otras relacionadas con ellas, dentro de la concepción restrictiva de la gramática que caracteriza el modelo de principios y parámetros. Resulta en cierto modo paradójico que los pronombres se consideren unidades del análisis gramatical prácticamente desde que existe la reflexión sobre las lenguas, mientras que preguntas de este estilo son relativamente nuevas en dicha reflexión.

En varias partes de este libro hemos venido usando las letras *i, j, k*, etc., en forma de subíndice para introducir vínculos establecidos a cierta distancia. Así, cuando analizábamos el movimiento de sintagmas *qu-*, introducíamos representaciones como ¿*Con quién$_i$ se cree usted que está hablando h$_i$?* Las letras en subíndice marcaban allí posiciones asociadas en una cadena, por tanto elementos a los que corresponde conjuntamente un solo argumento. Por el contrario, cuando en el § 6.5 explicábamos los sujetos nulos que caracterizan oraciones como *María$_i$ me prometió [PRO$_i$ llevarme al cine]*, decíamos que los subíndices establecían relaciones de correferencia (es decir, que PRO es un pronombre nulo que se refiere obligatoriamente a *María*). Como PRO es un cierto tipo de pronombre, la elección de su antecedente también estará en parte determinada por la teoría del ligamiento (decimos «en parte» porque ya vimos que la teoría del control establece algunas de sus propiedades).

En este capítulo haremos un uso similar de los subíndices *i, j, k*... Así, si en los ejemplos que hemos introducido hacemos uso de este recurso gráfico, tendremos (22):

(22) a. *Tu amigo$_i$ no le$_{*i, j}$ dijo la verdad.*
    b. *Tu amigo$_i$ siempre habla de sí$_{i, *j}$ mismo.*
    c. *Tu amigo$_i$ siempre habla de él$_{i, j}$.*

Como se ve, con el subíndice doble que aparece en *le$_{i, j}$* queremos indicar que el antecedente de este pronombre puede ser la expresión *tu amigo* (*i* en este caso) o bien otra distinta de ella *(j)*. Por supuesto, lo que indicamos precisamente en

(22a) es que, si hacemos que el SD sea el antecedente del pronombre, el resultado es agramatical, mientras que si no lo es, la oración será gramatical. Es importante hacer notar que, como advertíamos en el § 6.5.2, los subíndices son elementos NOTACIONALES, no TEÓRICOS, y en este sentido cabe decir que introducen convenciones relativamente similares a las ortográficas. Son incluso menos estrictas que estas, ya que pueden ser sustituidos arbitrariamente por otras análogas que hagan su papel. Ya hemos señalado que los subíndices se utilizan además (quizá desafortunadamente, como se ha hecho notar alguna vez) para realizar múltiples tareas. Se dice que dos elementos con el mismo subíndice están COINDIZADOS o COINDEXADOS. Los subíndices se usan, por tanto, del modo siguiente:

A) En los procesos de movimiento asocian posiciones pero no argumentos.

B) En la teoría del ligamiento indican que dos elementos son o pueden ser CORRE-FERENTES (es decir, que les corresponde o les puede corresponder LA MISMA REFERENCIA), como en el caso de *María* y *ella* en la oración *María dice que ella no piensa hacerse cargo de la situación,* en una de sus interpretaciones.

C) En otras relaciones de identidad no asimilables enteramente a la referencia. Así, no es apropiado decir que dos elementos poseen la misma referencia cuando uno de los dos carece de ella, como sucede con *nadie* en <u>*Nadie*</u>$_i$ *dice que* <u>*pro*</u>$_i$ *esté dispuesto a correr el riesgo.*

Las situaciones a las que se refiere (B) y (C) y otras similares muestran que la correferencia no es una relación de paralelismo, sino de dependencia o de subordinación referencial. Observe que en (22b) la referencia del pronombre *sí* se establece en función de la de *tu amigo*. Así pues, *sí* «elige» a *tu amigo* como antecedente obligado. Si nos limitamos a decir que estos dos elementos son correferentes (en el sentido en que diríamos que *Juan* y *María* están coordinados en *Juan y María*) perderemos esta evidente relación direccional de dependencia. Las dependencias referenciales que los subíndices introducen son unas veces FORZOSAS (como en *Juan*$_i$ *solo habla de sí*$_i$ *mismo,* donde el antecedente de *sí* no puede ser otro que *Juan*), pero otras veces son POSIBLES, aunque no OBLIGATORIAS, como en *Él*$_i$ *dice que no lo*$_i$ *vieron*) o bien son IMPOSIBLES (como en **Él*$_i$ *no lo*$_i$ *vio*). De todas ellas se ocupa la teoría del ligamiento.

¿Qué clase de información aporta entonces la teoría del ligamiento? Reduciéndolo a lo esencial, esta teoría se caracteriza por poner en relación dos tipos de factores:

A) La naturaleza gramatical de los pronombres.

B) El ámbito en el que pueden o deben encontrar su antecedente.

El primer factor es necesario porque tenemos que distinguir pronombres como *él, le* o *sí* en oraciones como las de (22). Es obvio que la relación entre el pronombre y su antecedente dependerá de la clase gramatical a la que pertenezca este, como ponía de manifiesto el concepto tradicional de 'pronombre reflexivo'. Las informaciones del tipo (B), de las que apenas se habla en las gramáticas tradicionales, son necesarias porque la teoría del ligamiento ha de especificar el entorno apropiado en el que cada pronombre puede o debe encontrar a su antecedente. Así, es claro que el antecedente de *sí* en (23) es *el profesor,* no *tu amigo:*

(23) Tu amigo dice que el profesor habla siempre de sí mismo.

Tal vez piense usted que bastaría con postular una condición simple e intuitiva como esta: el antecedente de un pronombre reflexivo es el sujeto de la oración en que este aparece. Con esta simple generalización explicamos (23), desde luego, pero observe que fallaríamos en (24a), donde predecimos equivocadamente que el antecedente de *sí* es *María,* cuando lo cierto es que es *su hermana:*

(24) a. María siempre consideró a su hermana fiel a sí misma.
　　 b. Llama verdaderamente la atención la escandalosa condescendencia de algunos políticos de este país consigo mismos.
　　 c. Solo está contenta si le hablas de sí misma.

También fallaríamos en (24b), donde predeciríamos indebidamente que el antecedente de *consigo* es el sujeto de *llama,* otro error evidente. En (24c) nos equivocaríamos de nuevo: el antecedente de *sí* es *le,* pero *le* no es el sujeto de *hablas*. A pesar de que estos tres fallos son patentes, la intuición suele ser buena consejera, de modo que nuestra propuesta inicial, aunque era incorrecta, no andaba del todo desencaminada. El antecedente de un reflexivo no es siempre el sujeto de su oración, pero sí es siempre cierto elemento nominal o pronominal próximo al reflexivo, es decir, un elemento que se encuentra en un DOMINIO LOCAL. Es obvio que los antecedentes de los reflexivos están «cerca» de ellos, pero necesitamos definir *cerca* y *lejos* de forma un poco más precisa. Lo haremos en el apartado 9.3. Antes, determinaremos qué clases de elementos podemos distinguir en las relaciones de correferencia.

9.2.2. *Tres clases de elementos con referencia*

La teoría del ligamiento ha sido formulada, revisada, reinterpretada y hasta parcialmente abandonada más de una vez en el último cuarto de siglo. Estas oscilaciones no implican que las preguntas a las que trata de dar respuesta hayan dejado de existir, ni tampoco que hayan sido ya respondidas a satisfacción de todos. Muestra más bien que ciertas unidades de la teoría sintáctica que se consideran fundamentales en su articulación han evolucionado considerablemente en los últimos años. En las páginas que siguen presentaremos primero la teoría del ligamiento en sus líneas clásicas, y luego explicaremos resumidamente algunas de las razones que explican los numerosos cambios que se han introducido en ella.

Tenemos que empezar por establecer varios grupos entre los elementos que pueden llevar un índice referencial. La teoría del ligamiento divide las expresiones que constituyen su objeto en tres grupos:

GRUPO 1: ELEMENTOS ANAFÓRICOS. Los términos *anáfora* y *anafórico* se usan en
　　　　el modelo de principios y parámetros en un sentido algo diferente del

que tienen en la gramática tradicional. Aunque el término más apropiado para los elementos de este grupo hubiera sido tal vez el de *elementos hiperanafóricos,* se viene usando *anafórico* en este sentido restringido desde principios de los años ochenta en el marco teórico que estamos presentando. Los elementos que corresponden a este grupo son los pronombres reflexivos (*se, sí* o *sí mismo,* etc.), los sintagmas formados con pronombres recíprocos (como *el uno al otro, el uno del otro,* etc.) y también ciertos SSDD de interpretación reflexiva que no contienen pronombres reflexivos, como *la mano* en la oración *María levantó la mano.* Se añaden a esta lista otros elementos, pero los introduciremos más adelante. Los elementos anafóricos se denominan también *anáforas* en esta teoría. Se da, por tanto, un contenido categorial a lo que tradicionalmente ha sido una relación sintáctica.

GRUPO 2: ELEMENTOS PRONOMINALES. Tampoco el término *pronominales* está particularmente bien elegido para agrupar los elementos de esta lista, que está constituida por pronombres personales como *él, ella, le, lo, la,* y también otros como los reflexivos *su* y *suyo,* además de *pro,* y (con algunas dudas, como veremos) también PRO. A los elementos pronominales se les llama a veces simplemente *pronominales* («un pronominal, este pronominal») en el modelo que venimos explicando.

GRUPO 3: EXPRESIONES REFERENCIALES. Son SSDD que pueden servir de antecedente a un pronombre, como *el libro, Juan* o *algunos periodistas.*

Existen diferencias notables entre las lenguas en lo relativo a los elementos que deben integrar cada uno de estos grupos. Así, solo algunos idiomas (entre ellos, el noruego) tienen posesivos del grupo 1, es decir, pronombres en los que *su* se refiera necesariamente a *Juan* en el equivalente de oraciones como *Juan busca su paraguas.* Las lenguas románicas se caracterizan por un rasgo peculiar en relación con los grupos 1 y 2: solo pertenecen claramente a ellos los pronombres de tercera persona: *se, le, lo, la, sí,* etc. Observe que esta clasificación se aplica en inglés a los pronombres de las tres personas; se distingue, por tanto, entre *me* (grupo 2) y *myself* (grupo 1); *you* y *yourself,* etc. Para el español, que no establece tales distinciones, cabe pensar en dos análisis:

i) En lugar de decir que el pronombre *me* es reflexivo (grupo 1) en *Yo me afeito,* pero no reflexivo en *Tú me afeitas* (grupo 2), puede suponerse que los pronombres de 1.ª y 2.ª personas son insensibles a la posición sintáctica de su posible antecedente, puesto que en realidad no lo tienen. Los pronombres de primera y segunda personas del español son, desde este punto de vista, «insensibles a la reflexividad»; es decir, no están marcados para ese rasgo.

ii) Los pronombres de primera y segunda personas pertenecen al grupo 1 y también al 2, es decir, han de ser clasificados en los dos grupos a la vez.

Si optamos por (i) podemos entender que solo tiene verdaderamente sentido hablar de si un pronombre es reflexivo o no en español una vez que sabemos que es de tercera persona. Recuérdese que muchos pronombres son insensibles al género (*sí mismo*, *sí misma*), al número (*se afeitó*; *se afeitaron*), al caso (*¿Qué te interesa? ¿Qué te compraste?*) y a otras distinciones morfológicas. La jerarquía que se establece entre los rasgos [3.ª persona] y [reflexivo] es similar a otras muchas que son habituales en fonología. Así, tiene sentido aplicar el rasgo [alto] a un segmento consonántico una vez que ha sido especificado como [dorsal], pero no tiene sentido hacerlo si no es así. Existen otros muchos casos similares. Nótese que esta opción nos permite retomar el contraste introducido en el capítulo 1 (ejemplo (19) del § 1.4.2). Como allí vimos, el pronombre *sí*, de tercera persona, provoca la agramaticalidad de (25b), pero no la de (25a):

(25) a. Lo quiere para {mí / ti / sí}.
     b. Lo quiero para {mí / ti / *sí}.

El pronombre *sí* es necesariamente reflexivo, y en (25b) no concuerda con el sujeto de *quiero*, su único antecedente posible. *Sí* pertenece, por tanto, al grupo 1, mientras que los demás pronombres de esta serie son insensibles a la distinción que la reflexividad introduce. Si analizamos estos contrastes desde la opción (ii), diríamos que los pronombres *mí* y *ti* pueden ser reflexivos o no serlo –es decir, se sitúan en el grupo 1 y también en el 2–, mientras que *sí* lo es necesariamente y pertenece solo al primero.

La opción (i) es más económica que la opción (ii), y por tanto preferible en principio, en cuanto que necesita introducir menos distinciones conceptuales. Sin embargo, no apoya tan claramente la opción (ii) la constricción que impide la llamada REFLEXIVIDAD PARCIAL. Observe que los pronombres de primera persona y segunda persona *nos* y *os* se rechazan en (26a, 26b), pero no en (26c, 26d):

(26) a. *Pro_i nos_i he comprado los billetes de tren.
     b. *Pro_i os_i has abrigado poco.
     c. Pro_i nos_i hemos comprado los billetes de tren.
     d. Pro_i os_i habéis abrigado poco.

La irregularidad de (26a, 26b) se debe al incumplimiento de la siguiente condición: un reflexivo y su antecedente deben concordar en género, número y persona. En (26a) *pro* y *nos* comparten el rasgo de persona, pero no el de número, y lo mismo cabe decir de (26b). En (26c, 26d), por el contrario, comparten ambos, y las oraciones son gramaticales. Pero observe ahora que para que todo ello sea posible, los pronombres *nos* y *os* han de tener antecedente. Esta es una condición que se puede formular desde la opción (ii), pero no desde la opción (i). En la actualidad no existe acuerdo absoluto sobre cuál de las dos opciones es preferible.

Retomemos nuestros tres grupos. ¿Cuáles son entonces sus características fundamentales? Existe una diferencia importante entre los elementos que componen estos tres grupos: los elementos anafóricos (del grupo 1) NECESITAN antecedente, sea expreso o tácito, pero no son antecedentes de otros elementos; los elementos pronominales (del grupo 2) PUEDEN tener o no antecedente y pueden servir a su vez de antecedentes a otros elementos; las expresiones referenciales (del grupo 3) NO PUEDEN tener antecedente, pero constituyen antecedentes de otros elementos. Abreviadamente:

	TIENEN ANTECEDENTE	SIRVEN DE ANTECEDENTES
grupo 1	Sí	No
grupo 2	Sí / No	Sí
grupo 3	No	Sí

En efecto, el antecedente del pronombre *sí* en el SD *su confianza en sí mismo* es el posesivo *su*. Menos sencillo es determinar el antecedente del reflexivo *sí* en el título de la obra de Juan Ruiz de Alarcón *El semejante a sí mismo,* pero es razonable suponer que el antecedente de *sí* es el artículo *el,* que concuerda en género y número con *mismo*. Existen estructuras en las que el reflexivo parece no tener antecedente. Pero observe que no tendría sentido decir que en la oración *La confianza en sí mismo es fundamental en la vida,* tenemos un reflexivo sin antecedente, puesto que el concepto mismo de 'reflexivo sin antecedente' carece de interpretación posible en la gramática: como es lógico, resulta imposible referirse obligadamente a algo que no existe. Es razonable suponer que el antecedente de *sí* es en esta oración un elemento TÁCITO (probablemente genérico). Veremos otros antecedentes tácitos de los reflexivos más adelante en este mismo capítulo. Recordemos por el momento que un rasgo fundamental, casi definitorio, de los elementos anafóricos (del grupo 1) es este: siempre necesitan antecedente.

Consideremos ahora el grupo 2, el de los elementos pronominales. Imaginemos que estamos ante un relato en el que los protagonistas se identifican con pronombres personales: *él, ella, le, lo,* etc. No diríamos que ese hipotético texto «carece de sentido», sino tan solo que no conocemos la identidad de las personas o los personajes que estos pronombres designan. Este es un rasgo muy importante que diferencia los elementos del grupo 1 de los del grupo 2: la referencia de los primeros la proporcionan necesariamente otros SSDD u otros pronombres que deben ocupar posiciones muy precisas, como enseguida veremos, pero la de los elementos del grupo 2 puede ocultársenos: la oración *Juan me lo dio ayer* no carece de significado, aunque no sepamos a qué se refiere *lo*. Por el contrario, en la oración *Él se lesionó a sí mismo* podemos no saber a quién se refiere *él* (grupo 2), pero no dejamos de saber a quién se refiere *a sí mismo* (grupo 1): sabemos sin la menor duda que se refiere a *él*.

Supongamos ahora que analizamos la oración *Ella la vio en el espejo*. La teoría del ligamiento no nos ayuda a identificar la referencia de *ella* y tampoco la de *la*. Dirá usted tal vez que en ese caso nos ayuda bien poco, pero en realidad no es así. La referencia de esos dos pronombres estará proporcionada por el discurso previo, y probablemente no tendremos que poner en juego ningún conocimiento estrictamente sintáctico para determinarla. Lo que la teoría del ligamiento nos dice (y enseguida veremos cómo lo hace) es que el antecedente de *la* no es *ella*, es decir, nos proporciona cierta información negativa. Si la oración fuera *Ella cree que la vio en el espejo,* la teoría nos dirá que el antecedente de *la* puede ser *ella* o puede no serlo. Algunos autores han hecho notar, no sin razón, que el término ANTECEDENTE no es enteramente apropiado para los elementos del grupo 2, y que sería más apropiado usar el de REFERENTE por las razones que se acaban de exponer.

Consideremos ahora sucintamente las expresiones referenciales (del grupo 3). El rasgo que caracteriza a los elementos de este grupo es que no pueden tener antecedente. Como hemos visto, los del grupo 2 pueden tenerlo en el contexto apropiado, como en *Él$_i$ dice que no lo$_i$ vieron salir,* pero los del grupo 3 carecen de esta posibilidad: *Él*$_i$ *dice que no vieron a Juan*$_{*i, j}$. Es más, nótese que la gramática admite perfectamente oraciones como *Juan afeita a Juan,* pero –dejando de lado los efectos estilísticos– esta expresión podría designar una situación en la que el barbero y el cliente son tocayos, pero no una en la que alguien se afeita a sí mismo. Existen algunas excepciones, pero se trata casi siempre de expresiones genéricas acuñadas o estereotipadas, como *El hombre es un lobo para el hombre.*

Los elementos del grupo 1 (anáforas) establecen con sus antecedentes dependencias más restrictivas sintácticamente que las que son posibles con los elementos pronominales (del grupo 2). Por ejemplo, con los elementos del grupo 2 es posible sumar los rasgos de dos antecedentes singulares que constituyan argumentos diferentes y obtener con ellos un plural. Se suele usar la notación «i + j» para expresar gráficamente esta propiedad:

(27) a. *Juan*$_i$ *le*$_j$ ha pedido a *María*$_j$ que *pro*$_{i+j}$ vayan de vacaciones a Suiza este año.

    b. *Pro*$_i$ *me*$_j$ prometió *PRO*$_{i+j}$ ir juntos al concierto y luego se olvidó por completo.

    c. *María*$_i$ hablaba con *Juan*$_j$ acerca de *ellos*$_{i+j}$ y de *su*$_{i+j}$ futuro.

Observe ahora que no poseen esta propiedad los elementos del grupo 1, como se muestra en este contraste:

(28) a. [*Juan y María*]$_i$ solo hablan de [*sí*]$_i$ mismos.

    b. *[*Juan*]$_i$ solo le habla a [*María*]$_j$ de [*sí*]$_{i+j}$ mismos.

Vimos anteriormente que los reflexivos (grupo 1) comparten con sus antecedentes los rasgos de género, número y persona. De nuevo, los pronombres del grupo 2 son menos exigentes, como se observa en (29):

(29) Le di a *Juan*$_i$ (3.ª PERSONA) un regalo para *ti*$_j$ (2.ª PERSONA) y otro para *vosotros*$_{i+j}$ (2.ª PERSONA) dos.

Existe otra propiedad que hace más restrictiva la gramática de los elementos del grupo 1 que la de los elementos del grupo 2. Estos últimos dan lugar a las situaciones llamadas DE IDENTIDAD IMPRECISA (ingl. *sloppy identity*), pero los del grupo 1 no las permiten. Considérense estos contrastes:

(30) a. *Juan*$_i$ pensó que *pro*$_i$ estaba enfermo, y Luis también.

    b. *Juan*$_i$ siempre habla de *su*$_i$ madre, y Luis también.

    c. *Juan*$_i$ solo habla de *sí*$_i$ mismo, y Luis también.

Las oraciones (30a) y (30b), construidas con elementos del grupo 2, tienen dos sentidos: en (30a) podemos querer decir '...y *Luis*$_j$ también pensó que *pro*$_i$ estaba enfermo' o bien '...y *Luis*$_j$ también pensó que *pro*$_j$ estaba enfermo'. En (30b) podemos querer decir '...y *Luis*$_j$ también habla siempre de *su*$_i$ madre' (la madre de Juan) o bien '...y *Luis*$_j$ también habla de su *su*$_j$ madre' (la madre de Luis). Observe ahora que (30c), construida con elementos del grupo 1, no tiene más que una interpretación: '...y *Luis*$_j$ también habla de *sí*$_j$ mismo'.

En lugar de TENER ANTECEDENTE, en el modelo de principios y parámetros se usa el término ESTAR LIGADO (ingl. *be bound*), que es algo más restrictivo, puesto que requiere cierta información configuracional. En el capítulo 8 hemos usado la relación de LIGADO en otro sentido (recuérdese que allí vinculaba una variable con un cuantificador). Quizá resulta desafortunado que en la sintaxis se usen los mismos términos para distintos conceptos, pero este problema no es, ciertamente, exclusivo del marco teórico que estamos presentando en este libro. En la teoría del ligamiento se usa el término *estar ligado* con el siguiente sentido:

(31) Un elemento β está ligado por otro α si y solo si:
    a. α y β son argumentos (distintos) de algún predicado.
    b. β es referencialmente dependiente de α, es decir, toma de él su referencia y comparte su mismo índice.
    c. α manda-c a β.
    d. Los rasgos de género, número y persona de β (expresos o tácitos), concuerdan con los de α.

En (31a) se nos dice que los dos elementos que ponemos en relación tienen algún papel temático asignado por el mismo predicado; es decir, están relacionados léxicamente. Ello nos permite excluir las construcciones de doblado que veremos más adelante (§ 9.5): la teoría del ligamiento no considera agramaticales oraciones como [*Le*]$_i$ *di el libro a*[*l niño*]$_i$, pero sí excluye *[*Lo*]$_i$ *vi con* [*el niño*]$_i$. Como es evidente, en el primer caso no podemos decir que *le* y *al niño* constituyan dos argumentos diferentes del predicado *di,* sino dos manifestaciones del mismo argumento, como expresa el concepto mismo de doblado.

Echemos otra ojeada a (31). Observe que (31b) establece una dependencia de naturaleza semántica, (31c) introduce un requisito configuracional y (31d) introduce algunas manifestaciones morfológicas de la dependencia que resultan enteramente naturales. En efecto, el elemento dependiente y su antecedente coinciden en rasgos morfológicos de género (cfr. *Ella se buscó a sí mismo*), de número (*Juan habla de sí mismos*) y de persona (*No confío en ti mismo),* como ya hemos visto, pero no de caso (*María* [NOMINATIVO] *no se preocupa nada de sí* [OBLICUO] *misma*). La concordancia de número no es imprescindible, sin embargo, en los posesivos, ya que estos pronombres no comparten estos rasgos con sus antecedentes ([*María*]$_i$ *vive con* [*sus*]$_i$ *hijos*), y en otros elementos del grupo 2 que hemos mencionado arriba. Salvo en estos casos, la identidad de género, número y persona es esperable porque los elementos coindexados se refieren al mismo individuo, si sus rasgos de género y número coinciden; la diferencia de caso es también esperable porque se trata de una relación entre dos argumentos, no de una cadena (recuerde el § 6.6).

9.3. Los principios de la teoría del ligamiento

9.3.1. *El dominio de ligamiento*

En la sección anterior hemos presentado tres tipos de elementos que participan en las relaciones de correferencia y hemos considerado sus propiedades fundamentales. También hemos introducido el concepto 'estar ligado'. Este repaso nos permite ya una primera conclusión: podemos decir que las características fundamentales de los elementos de nuestros tres grupos son las siguientes:

(32) a. Los elementos anafóricos (del grupo 1) están ligados.

    b. Los elementos pronominales (del grupo 2) pueden estar ligados.

    c. Los elementos referenciales (del grupo 3) están libres (= no ligados).

Como se señala en (32c), los elementos que no están ligados están LIBRES. Observe que hemos presentado tres clases de elementos nominales o pronominales que participan en relaciones de correferencia. Ahora necesitamos otra clase de información: la que aluda a los contextos apropiados en los que los pronombres PUEDEN, NO PUEDEN O DEBEN encontrar sus antecedentes. Recuérdese que anteriormente hemos intentado un acercamiento intuitivo a esta cuestión. Incluso avanzábamos una respuesta («el antecedente de un reflexivo es el sujeto de su oración») que no acababa de funcionar. El concepto que se introduce en la teoría del ligamiento para restringir apropiadamente el entorno sintáctico –el DOMINIO DE LIGAMIENTO (ingl. *binding domain*)– en el que las categorías de (32) están libres o ligadas se denomina técnicamente, dentro del modelo de principios y parámetros, ÁMBITO DE RECCIÓN O, de manera más precisa, CATEGORÍA DE RECCIÓN (CR) (ingl. *governing category*).

La intuición que subyace a este concepto es la siguiente: los elementos que son dependientes o independientes referencialmente de otros limitan esta (in)dependencia al entorno en el que desempeñan su función sintáctica. No es fácil traducir a términos formales esta intuición. De hecho, este aspecto de la teoría del ligamiento constituye el factor que ha diferenciado muchas de las versiones que ha conocido desde su misma creación. La formulación más clásica de la CR es (33), que se encuentra en Chomsky (1981):

(33) La CATEGORÍA DE RECCIÓN (CR) de α es la categoría sintáctica mínima que contiene α, el rector de α y un sujeto.

El término 'rección' se usa aquí en su sentido técnico. Recuerde que decimos que un nudo X rige a otro nudo Y si y solo si (i) X manda-m a Y; (ii) X es un núcleo (X^0); (iii) no hay una categoría máxima que actúe como «barrera» entre X e Y. La adición de la expresión *y un sujeto* en la definición (33) es especialmente polémica, como veremos en este mismo capítulo. Los tres principios clásicos de la teoría del ligamiento se obtienen al completar las generalizaciones que ya tenemos en (32). Es fundamental añadir a (32) la CR correspondiente en cada caso. El resultado es (34):

(34) PRINCIPIO A: Los elementos del grupo 1 están ligados en su CR.

    PRINCIPIO B: Los elementos del grupo 2 están libres en su CR.

    PRINCIPIO C: Los elementos del grupo 3 están libres.

Ahora vamos a examinar uno a uno los tres principios. Comprobaremos primero sus predicciones inmediatas; consideraremos luego algunos problemas que presentan, y analizaremos finalmente los caminos por los que se cree que puede buscarse la solución más adecuada.

9.3.2. *El principio A*

Consideremos de nuevo (23), que repetiremos como (35):

(35) Tu amigo dice que [$_{\text{SFlex}}$ el profesor habla siempre de sí mismo].

La CR correspondiente al pronombre *sí* en (35) es la oración marcada entre corchetes. Esta oración contiene el rector de *sí*, que es la preposición *de* (o el predicado complejo *hablar-de* en algunos análisis), y también un sujeto: *el profesor.* La oración principal también contiene todos estos elementos, pero no es la categoría MÍNIMA que los contiene, frente a lo que pide (34). Así pues, *el profesor* es el único SD que cumple las condiciones adecuadas para ser el antecedente del pronombre *sí*. Si el hablante hubiera deseado que el SD al que se hace referencia en la oración subordinada fuera *tu amigo,* habría tenido que elegir otro pronombre (*él*, por ejemplo, aunque en este caso se mantendría la ambigüedad por razones que explicaremos más adelante). Esta restricción de localidad no se aplica a las llamadas ANÁFORAS DE LARGA DISTANCIA, que no existen en español, pero sí por ejemplo en japonés.

(36) Bill-wa John-ga zibun-o   semeta to   omota.
     Bill   John   él mismo inculpó que pensó.
     «Bill pensó que John lo inculpó»

En esta oración japonesa aparece el reflexivo *zibun*, pero su antecedente puede ser *Bill,* como muestra la paráfrasis, y no necesariamente *John,* como sería el caso en nuestra lengua. En Koster y Reuland (1991) se analizan muy detalladamente las anáforas de larga distancia. Ahora consideremos de nuevo (24a), que repetimos como (37):

(37) María siempre consideró a su hermana fiel a sí misma.

El antecedente de *sí* es *su hermana*, no *María,* como vimos. La estructura sintáctica que corresponde a (37) contiene una cláusula reducida o cláusula mínima –una entidad cuasi proposicional que se caracteriza por ser proyección de su núcleo–, la cual, como vimos en el § 6.12, es un SA de acuerdo con el análisis de Stowell (1981):

(38) María siempre consideró [$_{\text{SA}}$ a su hermana fiel a sí misma].

Si aplicamos (34) a (37) obtenemos la respuesta correcta: la cláusula mínima (= SA) es la categoría que contiene el pronombre *sí*, su rector (la preposición *a* o bien el predicado complejo *fiel-a*), y un sujeto: *su hermana*. Este último SD es el único que cumple las condiciones de ligado adecuadas para ser el antecedente del reflexivo. Observe ahora que en (39) una huella (*h*) ocupa la posición de sujeto de la cláusula reducida o mínima:

(39) María dice [*PRO*$_i$ estar [$_{\text{SA}}$ *h*$_i$ contenta consigo misma]].

En este caso, el argumento proporcionado por la cadena <*PRO ... h*> será el sujeto antecedente o elemento ligador del reflexivo, y no solo la huella. Esta cadena tiene la particularidad de que su primer miembro es también un pronombre cuya referencia está controlada por el SD *María*. Por tanto, el requisito de localidad impuesto por el principio A queda satisfecho, y no resultaría adecuado decir que *María* es el antecedente del reflexivo.

También es SA la CR apropiada para el reflexivo *sí mismo* en cláusulas absolutas como [$_{SA}$ *PRO harto ya hasta de sí mismo*], *decidió pegarse un tiro*, en las que PRO es el sujeto de la CR que cumple con los requisitos de la teoría del ligamiento. La referencia de PRO será determinada catafóricamente.

El principio A de la teoría del ligamiento predice también adecuadamente las relaciones de ligado que se muestran en estas secuencias:

(40) *Juan*$_i$ espera que *María*$_j$ levante *la mano*$_{j, *i}$

(41) a. *Les*$_i$ dijeron que *pro*$_j$ estaban muy enfadados *los unos con los otros*$_{j, *i}$
   b. *Les*$_{i, j}$ dijeron que *pro*$_i$ estaban muy enfadados *los unos con los otros*$_{i, *j}$

Recuerde que el principio A se aplica a todos los elementos del grupo 1. En (40) se muestra que los SSNN que denotan POSESIÓN INALIENABLE se asimilan a los elementos anafóricos, como demostró Gueron (1983) para el francés. El SD *la mano* denota una parte del cuerpo del individuo, y está, por tanto, en una relación de posesión inalienable con este. De hecho, en muchas lenguas el uso del posesivo es obligatorio, como en inglés: *John hopes that María raises* {*her* / **the*} *hand*. Este SD, que expresa la parte «poseída» de forma inalienable, o el determinante que lo encabeza, se comporta como una anáfora obligatoriamente y está sujeto al principio A.

Si observa (41a) con atención, comprobará que es fundamental que el índice de *pro* y el del grupo pronominal recíproco coincidan, puesto que este último pertenece al grupo 1. El índice de este grupo pronominal recíproco y el del pronombre *les* pueden coincidir o no, como se predice en (34: Principio B), y veremos más detalladamente enseguida. Así pues, los hechos de (41) están determinados fundamentalmente por el índice que asignemos a una categoría inaudible. El mismo proceso explica estos contrastes:

(42) a. [*Le*]$_i$ prometió afeitar[*se*]$_{*i, j}$
   b. [*Le*]$_i$ permitió afeitar[*se*]$_{i, *j}$

El factor decisivo que explica la distribución complementaria de *se*$_i$ y *se*$_j$ es en este caso el índice que asignemos a PRO:

(43) a. *Pro*$_j$ *le*$_i$ prometió [*PRO*$_j$ afeitar[*se*]$_{*i, j}$]
   b. *Pro*$_j$ *le*$_i$ permitió [*PRO*$_i$ afeitar[*se*]$_{i, *j}$]

La teoría del control establece que el índice de PRO debe ser *i* en (43a) y *j* en (43b), puesto que tenemos control de sujeto en el primer caso y control de objeto en el segundo (§ 6.5.2). Si aplicamos el principio A a (43), veremos que la CR de *se* es la oración subordinada marcada entre corchetes: *se* está ligado por el sujeto nulo de esta oración: PRO en los dos casos. Nótese que si asignáramos a *se* el índice del sujeto de la principal, fuera cual fuera, estaríamos infringiendo el principio A. Los pronombres reflexivos no son aquí más que un caso particular: tampoco es posible que un pronombre recíproco en una oración subordinada tenga su antecedente en la principal, lo que se ajusta igualmente a (34):

(44) a. Los estudiantes hablaban mal [unos de otros].

    b. *Los estudiantes confían en que el profesor no hable mal [unos de otros].

Observe que en (44b) podemos considerar *unos de otros* como un SP cuya preposición aparece en el interior del sintagma en lugar de al principio (*de [unos otros]). Esta última opción es la que elige el alemán *(von-einander)*. Este análisis se ve apoyado para el español por varios argumentos sintácticos: la coordinación de SSPP (*No sé si hablan [de sí mismos o unos de otros]*), la relación pregunta-respuesta (P: *¿De quiénes hablan?;* R: *Unos de otros*) y otros similares relativos a la identificación de constituyentes.

Es natural preguntarse qué ocurrirá si existe más de un candidato que cumpla las condiciones estipuladas en (34) para identificar una expresión como antecedente de un elemento anafórico (es decir, del grupo 1). En estos casos la teoría del ligamiento predice que cualquiera de los candidatos posibles puede ser el antecedente. La elección entre ellos se hará en función del discurso previo, como en tantas otras situaciones de ambigüedad. En realidad, ya hemos mencionado uno de estos casos: si podemos decir (45a) y también (45b), es obvio que (45c) tendrá dos sentidos:

(45) a. Solo está contenta si su hijo le habla de sí misma.

    b. Solo está contenta si su hijo le habla de sí mismo.

    c. Solo está contenta si su hija le habla de sí misma.

Esto significa que el antecedente de *sí* en (45c) podrá ser *su hija* y también *le*. El mismo fenómeno se ilustra en (46), donde los dos antecedentes posibles para *(con)sigo* son *PRO* y *sus hijos:*

(46) [*Algunos padres*]$_i$ intentan [*PRO*$_i$ comparar a [*sus hijos*]$_j$ con[*sigo*]$_{i,j}$ mismos].

Se habrá dado usted cuenta seguramente de que los elementos que han de estar ligados (es decir, las anáforas del grupo 1) han aparecido sistemáticamente en posiciones posverbales. ¿Es este un requisito que debemos añadir a nuestras generalizaciones?; ¿qué sucedería si un elemento del grupo 1 fuera el sujeto de su oración? Estas son preguntas muy naturales, y a lo mejor se las ha planteado usted mismo. De hecho, se debatió largamente en la gramática generativa de finales de los años setenta la forma más apropiada de contestarlas. Supongamos la estructura (47):

(47) El director gerente pensaba en [$_{CM}$ sí mismo como candidato al ascenso].

En esta oración tenemos el reflexivo como sujeto de la cláusula reducida o mínima (CM), pero es claro que (47) no incumple (34), puesto que dicha cláusula no es la categoría que contiene al rector de *sí,* y por tanto no es la categoría de rección de la anáfora. El rector apropiado es *en* (o *pensar-en*) y la categoría de rección es la oración matriz, en la que la anáfora encuentra su antecedente. Lo mismo sucede en oraciones del inglés como *John expects himself to be happy,* donde la categoría de rección y ligado de la anáfora es la oración matriz, ya que *himself* está regido por *expect,* que le asigna caso acusativo.

Pensemos ahora en una estructura en la que la oración subordinada sí contenga el rector de la anáfora, como puede ser (48):

(48) *[$_{SFlex1}$ María dice que [$_{SFlex2}$ sí misma no es responsable]].

En esta oración, la anáfora esta regida por el nudo Flexión de la oración incrustada. Podríamos decir que SFlex2 no puede ser la categoría de rección porque nos falta el «sujeto», al ocupar la anáfora tal posición. Entonces, como en (47), la categoría de rección debería ser la oración matriz (SFlex1), de forma que (48) tendría que ser gramatical, ya que el sujeto de SFlex1 serviría también como antecedente de la anáfora. Sin embargo, es obvio que (48) es agramatical y que este no es un caso aislado. En general los elementos anafóricos no pueden ocupar la posición de sujeto de una oración finita.

La explicación de esta propiedad ha dado lugar a varias hipótesis. En los años setenta se formuló la CONDICIÓN DE LA ISLA NOMINATIVA (ingl. *nominative island condition*) o de la oración temporalizada (Chomsky, 1976). Esta condición estipulaba que las anáforas no podían aparecer marcadas con caso nominativo y, por tanto, tampoco podían ejercer la función de sujeto. Una formulación más actualizada de dicha condición vendría a decir que (48) no supone un contraejemplo para (34), puesto que no está excluida por la teoría del ligamiento, sino por la teoría del caso (§ 3.3.4): el pronombre *sí* manifiesta morfológicamente caso oblicuo, pero al ser sujeto de *es* recibe caso nominativo de la flexión, es decir, manifiesta un caso distinto del único que puede asignar su rector. El caso que *sí* muestra morfológicamente no está justificado sintácticamente, y la oración es agramatical.

Cabe pensar también en una explicación alternativa que sí relacionaría la agramaticalidad de (48) con la teoría del ligamiento. Observe que la versión del principio A presentada en (34) no estipula ninguna condición *ad hoc* que prohíba a los elementos anafóricos estar en caso nominativo. Supongamos, como hace Chomsky (1981), que el razonamiento de más arriba no es correcto y que la categoría de rección de la anáfora de (48) no es la oración matriz, sino la oración incrustada, ya que la flexión (o más específicamente, la concordancia) no solo es el rector de la anáfora, sino también el sujeto de la categoría de rección. Chomsky (1981) usa el término SUJETO (con mayúsculas por simple convención) para indicar esta noción ampliada que incluye la concordancia. Entonces, si SFlex2 es la categoría de rección, la agramaticalidad de (48) resulta de una violación del principio A de (34), ya que *sí misma* carece de antecedente dentro de SFlex2. Aunque esta expansión de la noción de 'sujeto' es debatible, el atribuir la agramaticalidad de (48) a la teoría del ligamiento no lo es tanto. En general, la dependencia referencial que los elementos anafóricos establecen respecto de su antecedente tiene un correlato sintáctico: el mando-c, que forma parte, como hemos visto, de la definición de «estar ligado». No es posible que un SD tenga mando-c sobre un sujeto preverbal dentro de su misma oración, puesto que no habrá lugar para ubicarlo en la configuración. El elemento anafórico no podrá encontrar un elemento MÁS PROMINENTE sintácticamente (es decir, un elemento que lo mande-c) dentro de ella, pero esta imposibilidad no ha de ser estipulada expresamente.

Hay datos adicionales que pueden decidir qué explicación sea preferible: una basada en el caso, u otra basada en la teoría del ligamiento. En Bosque (1992) se argumenta que en español no existe ninguna incompatibilidad intrínseca entre el caso nominativo y los elementos anafóricos (del grupo 1). El cuantificador distributivo *sendos,* se sugiere allí, pertenece a este grupo. De este solo hecho se siguen contrastes como:

(49) a. Juan y María han escrito sendas tesis doctorales sobre Historia Antigua.
   b. *Sendas tesis doctorales sobre Historia Antigua han sido escritas por Juan y María.
   c. Ellos dicen que {sus respectivos / *sendos} libros se vendieron bien.

La irregularidad de (49b) no se debe a que los SSDD formados con *sendos* no puedan ser sujeto. De hecho, pueden serlo cuando están ligados por un pronombre y ocupan la posición posverbal adecuada, como en *Les fueron entregados sendos regalos,* o en las construcciones inacusativas, como en *A Juan y a María les llegaron sendos paquetes la semana pasada.* Análogamente, *sendos* es agramatical en (49c): respeta aquí la condición de la isla nominativa, pero incumple el principio A. La irregularidad de (49b) se debe a este mismo principio, y no a la teoría del caso. Nótese que se obtienen contrastes similares a los de (49) con los SSDD característicos de las construcciones de posesión inalienable, que pertenecen al grupo 1, como se ha explicado. Es posible decir (50a) y también (50b):

(50) a. María levantó la mano.
   b. La mano fue levantada por María.

Sin embargo, mientras que en (50a) se admite la interpretación reflexiva de *la mano* (esto es 'su propia mano'), junto a otra en la que se designa un objeto externo a María, quizá una escultura, esta última interpretación (es decir, la no reflexiva) es la única que se acepta en (50b). Todos estos hechos ponen de manifiesto que el principio A está bien establecido en función de variables sintácticas configuracionales, en lugar de estar restringido por requisitos morfológicos específicos, como son los relativos al caso.

Hasta ahora hemos examinado únicamente contextos en los que el ámbito o la categoría de rección en que se consideraba el ligado era oracional (por tanto, CR = SFlex), o en general proposicional (por tanto, casos en que CR = CM –cláusula mínima–). Los casos de CR = SD son más complejos, pero de gran interés. La primera condición necesaria para que pueda darse esta situación es que el núcleo nominal tenga argumentos. Como se explicó en el § 5.3.2, no todos los sustantivos los poseen. Ciertamente, si podemos decir *un retrato de sí mismo,* pero no *una casa de sí mismo* es porque el sustantivo *retrato* pertenece a uno de los grupos de sustantivos que tienen argumentos, concretamente los nombres de representación (§ 5.3.4). Como el sustantivo *casa* no tiene argumentos, no es posible interpretar *de sí mismo* respecto de ningún antecedente posible, sea expreso o tácito.

Supongamos, pues, que el sustantivo de la CR es un nombre con estructura argumental. ¿Qué más necesitamos? Necesitamos un elemento anafórico (del grupo 1) y su antecedente. Una propiedad interesante de estas construcciones es que el orden en que aparezcan el reflexivo y su antecedente dentro del SN no parece que importe demasiado. Es muy importante, en cambio, que el antecedente ocupe una posición sintáctica más prominente en la configuración que el elemento que liga, como se observa en (51):

(51) a. Las declaraciones de los detenidos sobre sí mismos.
    b. Las declaraciones sobre sí mismos de los detenidos.
    c. *Las declaraciones de sí mismos sobre los detenidos.
    d. *Las declaraciones sobre los detenidos de sí mismos.

Como puede verse, son gramaticales los SSDD de (51) en los que el antecedente del reflexivo es el argumento externo (§ 5.2.4) del predicado (*declaraciones,* en este caso), sin importar que el reflexivo esté situado delante o detrás del otro argumento. Esta situación recuerda bastante la que se da en el interior de la oración, por lo que el SD tendría la siguiente estructura:

(52)

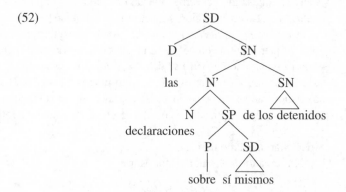

La prominencia necesaria del antecedente de la anáfora está exigida por el mando-c, pero plantea dos problemas. El primero es relativamente menor: la preposición *de* en *de los detenidos* es una marca de caso necesaria para identificar sintácticamente los argumentos externos de los sustantivos y, en algunos casos, también los internos. En sentido estricto, esta preposición impide la relación de mando-c que se exige en (31c) para que sea posible el ligado, por lo que algunos autores han sugerido que la relación relevante es la de mando-m (recuerde la definición (63) del § 3.3.1). Sobre este punto, véase Giorgi y Longobardi (1991). El segundo problema es un poco más complejo. Para explicar oraciones como (53) hemos de considerar que la CR de *sí* es el SN marcado:

(53) [*Los inspectores*]$_i$ publicaron las [$_{SN}$ declaraciones de [*los detenidos*]$_j$ sobre [*sí*]$_{*i, j}$ mismos].

Es decir, hemos de entender que el reflexivo está ligado dentro de este entorno nominal, pero para ello es necesario suponer que *los detenidos* es el sujeto que se exige en (33). Existen dos formas de hacer esta adaptación:

A) Una es aceptar la concepción amplia de 'sujeto' que mencionábamos antes (SUJETO, con mayúsculas por convención), según la cual los SSDD en posición de especificador de proyecciones máximas son también sujetos. Recuérdese que la concepción de Stowell (1981, 1983), que expusimos en el § 6.12.2, está en esa misma línea.

B) La otra forma de hacer la adaptación es suponer que donde dice 'sujeto' en la definición de categoría de rección de (33) debería decir en realidad 'argumento externo'.

La diferencia no es solo terminológica: los principios del ligamiento se establecen en estructuras configuracionales. Si partimos de una concepción sintáctica de esas relaciones, deberemos suponer una categoría vacía (tal vez PRO) en el especificador de SN para interpretar secuencias como la citada *La confianza en sí mismo es fundamental en la vida,* puesto que el principio A exige que el antecedente de *sí* lo mande-c. En cambio, si la relación entre argumentos se puede establecer en las entradas léxicas, como sugiere Williams (1981, 1994), esa categoría nula en la posición de especificador no sería imprescindible en la configuración sintáctica.

Se ha puesto de manifiesto en varias ocasiones que los reflexivos y sus antecedentes son COARGUMENTOS, es decir, argumentos del mismo predicado: en nuestro ejemplo (53), *sobre sí mismos* y *de los detenidos* son coargumentos de *declaraciones.* Pero a la vez, este hecho no forma parte de la definición del principio A y tampoco se especifica en la definición de categoría rectora. Ciertamente, los reflexivos y sus antecedentes suelen ser coargumentos de un predicado, pero no lo son siempre. No parecen serlo, por ejemplo, en algunos de los contextos en los que el reflexivo complementa al nombre, como en (54), a menos que supongamos que el antecedente de *sí mismo* es el argumento externo de *elogio,* que queda tácito.

(54) El consejero de Agricultura ha publicado en la prensa local un descarado elogio de sí mismo.

Tampoco son argumentos los morfemas de los verbos pronominales, como *se* en *Juan se levantó de la cama,* pero se comportan a efectos de la teoría del ligamiento como los verdaderos argumentos; es decir, como *se* en *Juan se culpó de lo ocurrido.* Reinhart y Reuland (1993) han estudiado detalladamente las diferencias sintácticas que existen entre unos y otros en varias lenguas. Por todo ello, se ha definido a veces el dominio de ligado, es decir, la categoría de rección, de una manera aún más amplia –y tal vez menos precisa– como un COMPLEJO FUNCIONAL COMPLETO (Chomsky, 1986b; Chomsky y Lasnik, 1995): una proyección gramatical que contiene todas las funciones gramaticales compatibles con su núcleo. Se trata, como puede verse, de una forma de hacer intervenir la red temática de los predicados en las relaciones de ligado. Williams (1994) entiende, como se acaba de señalar, que estas relaciones no dependen tanto de la estructura configuracional como de la información que proporciona la estructura temática.

9.3.3. *Los principios B y C*

Recordemos la formulación del principio B de (34): los elementos pronominales (o del grupo 2) están libres en su dominio de ligado, es decir, en su categoría de rección o CR. Así pues, el principio B no proporciona antecedentes, sino que los excluye. Nos ofrece, por tanto, información negativa. La razón es el hecho de que la sintaxis no tiene, en la mayor parte de los casos, instrumentos adecuados para garantizar que un elemento pronominal es obligatoriamente dependiente de otro. Consideremos la oración *María dice que la vio ayer* y supongamos que queremos saber si *la* y *María* son o no correferentes. ¿Cuál sería la respuesta? En realidad, no habrá forma de saberla si no se nos dice cuál es el índice de *pro,* es decir, el sujeto nulo de *vio.* Una vez que se nos proporciona, los resultados son inmediatos. De hecho, las posibilidades son cuatro:

(55) a. *María*$_i$ dice que *pro*$_i$ *la*$_j$ vio ayer.
    b. **María*$_i$ dice que *pro*$_i$ *la*$_i$ vio ayer.
    c. *María*$_i$ dice que *pro*$_j$ *la*$_i$ vio ayer.
    d. **María*$_i$ dice que *pro*$_j$ *la*$_j$ vio ayer.

En efecto, el principio B nos dice que *pro* ha de estar libre en su CR, que en (55) es la oración subordinada, es decir, la categoría que contiene *pro,* el rector de *pro* (= FLEX) y un sujeto (el mismo *pro*). Es claro que dentro de esta oración no existe un elemento que mande-c a *pro.* Nada impide que su antecedente esté fuera de la oración subordinada, por ejemplo en la principal *(María),* pero esa correferencia no es forzosa y no se estipula. Así pues, la aplicación del principio B a *pro* no excluye ninguna de las cuatro oraciones de (55). Apliquemos ahora este principio a *la,* que pertenece al mismo grupo. El principio B nos dice que *la* ha de estar libre dentro de su CR, que es la misma oración subordinada. Si *pro* tiene el mismo índice que *la,* este último pronombre estará ligado por *pro* (puesto que *pro* manda-c a *la*) y se infringirá el principio B, lo que excluye de inmediato las dos oraciones agramaticales de (55).

A lo mejor ha pensado usted que una forma de simplificar el principio B sería decir que los elementos que se ajustan a él han de estar libres dentro de su oración, o –más sencillo aún– que tienen sus referentes fuera de ella. Es cierto que con esta condición excluiríamos las oraciones agramaticales de (55) con igual exactitud. El problema es que esa simplificación, que en principio parece natural, hace predicciones erróneas en otros casos, puesto que el referente de un elemento pronominal no está necesariamente fuera de su oración. Consideremos las cuatro oraciones siguientes, en las que usamos corchetes para que no quede duda de cuál es el elemento al que se aplica cada uno de los índices:

(56) a. **[La madre de Margarita]$_i$ [la]$_i$ cuida muy bien.
    b. La madre de [Margarita]$_i$ [la]$_i$ cuida muy bien.
    c. [La madre de Margarita]$_i$ [la]$_j$ cuida muy bien.
    d. La madre de [Margarita]$_i$ [la]$_j$ cuida muy bien.

Apliquemos el principio B a *la.* Este principio excluye correctamente (56a). Actúa también correctamente al no excluir (56b), donde *Margarita* es el antecedente de *la:* este pronombre no está mandado-c por *Margarita* dentro del entorno oracional, por lo que tampoco puede quedar ligado por él. En (56c, d), también gramaticales, tenemos las mismas estructuras, pero índices diferentes. En los dos casos, *la* está libre (es decir, no ligado) y las oraciones son gramaticales. Si sustituimos *la* por un elemento anafórico (del grupo 1), obtendremos resultados opuestos, como es de esperar. Los relevantes para el principio A son estos tres, que dicho principio prevé sin dificultad:

(57) a. [La madre de Margarita]$_i$ [se]$_i$ cuida muy bien.
   b. *La madre de [Margarita]$_i$ [se]$_i$ cuida muy bien.
   c. *[La madre de Margarita]$_i$ [se]$_j$ cuida muy bien.

Como vemos, *se* está ligado en (57a), pero no en (57b), donde su antecedente no lo manda-c, y tampoco en (57c), donde no tiene antecedente. También proporcionan resultados correctos los principios A y B en los casos en los que el control se relaciona con el ligamiento. Si reproducimos los contrastes de (43) con el pronombre, obtenemos resultados opuestos a los que allí se obtenían:

(58) a. *Pro*$_i$ *le*$_j$ prometió [*PRO*$_i$ cuidar[*lo*]$_{*i, j}$]
   b. *Pro*$_i$ *le*$_j$ permitió [*PRO*$_j$ cuidar[*lo*]$_{i, *j}$]

En ambos casos, *lo* está libre en la oración subordinada, como pide el principio B. Naturalmente, *lo* podría llevar un índice «k» en ambos casos: lo único importante es que no sea «i» en (58a) ni «j» en (58b).

Los procesos de REANÁLISIS (es decir, de reetiquetado de la estructura de constituyentes, recuerde el § 7.6) explican algunas infracciones interesantes del principio B en estructuras que aparentemente no se ajustan a las condiciones que en él se estipulan. El siguiente ejemplo pertenece a Bordelois (1988). Supongamos que Juan es sonámbulo y reclama a su amigo Pedro que lo siga en su estado de inconsciencia. En ese caso podríamos decir (59a), pero no obtendríamos la interpretación de (59b):

(59) a. *Juan*$_i$ ordenó a *Pedro*$_j$ seguir[*lo*]$_i$.
   b. **Juan*$_i$ ordenó seguir[*lo*]$_i$ a *Pedro*$_j$.

Como antes, *lo*$_k$ (una persona distinta de Juan y de Pedro) sería posible tanto en (59a) como en (59b), pero la cuestión relevante no es esa, sino por qué podemos tener *lo*$_i$ en (59a) y no en cambio en (59b). El verbo *ordenar,* junto con *hacer, dejar* y otros similares, forma PREDICADOS COMPLEJOS. Varios de estos grupos sintácticos comparten con las perífrasis verbales la propiedad de admitir anteposición de pronombres clíticos. Podemos suponer que se forma en (59b) el predicado complejo *ordenar-seguir.* Si ello es así, *lo* compartirá su CR con *Juan,* que lo mandará-c infringiendo el principio B. En (59a) no se forma predicado complejo alguno porque *a Pedro* lo impide. El antecedente de *lo* en (59a) es el sujeto nulo PRO de *seguir,* controlado por *Pedro,* con lo que se respeta estrictamente el principio B. En general, la adyacencia estructural constituye un requisito necesario para la formación de predicados complejos.

Hemos comprobado que los principios A y B realizan un buen número de predicciones en estructuras sintácticas. Volveremos sobre ellos en las secciones siguientes, pero antes de hacerlo hemos de introducir el principio C: Las expresiones referenciales (elementos del grupo 3) están libres. Lo que este principio nos dice es que debemos descartar cualquier configuración en la que un SD o un pronombre mande-c a una expresión referencial: *ella* y *María* no se refieren a la misma persona en la expresión *Ella vio a María.* Este principio nos dice además que esta imposibilidad no está limitada por ninguna CR (el principio C no incluye CR). Así pues, el pronombre *ella* tampoco se refiere a la misma persona que *María* en *Ella dice que pro está enfadada con María,* sea cual sea el índice de *pro.* Observe que el hecho de que el pronombre *pro* no tenga rasgos fonéticos no quiere decir que no funcione como los demás elementos pronominales o del grupo 2. Tenemos, pues, contrastes como el siguiente:

(60) a. *Pro*$_i$ es muy estimado en *su*$_i$ trabajo.
    b. **Pro*$_i$ es muy estimado en el trabajo de *Juan*$_i$.

Como se ve, *pro* manda-c a *Juan* en (60b), contra lo que el principio C establece, pero nada impide que mande-c a *su* en (60a), puesto que *su* es un pronombre (pertenece al grupo 2, no al 3). Como es lógico, el principio C no impide que un pronombre preceda al SD al que se refiere (su CONSECUENTE en estos casos, ya que no puede hablarse de ANTECEDENTE), puesto que existen las relaciones de CATÁFORA. Lo que sí impide es que lo mande-c. Son de esperar, por tanto, contrastes como el siguiente:

(61) a. La gente que *la*$_i$ conoce habla muy bien de *Margarita*$_i$.
    b. **Ella*$_i$ habla muy bien de *Margarita*$_i$.

Consideremos ahora una pequeña variante de (61b):

(62) *Su*$_i$ madre habla muy bien de *Margarita*$_i$.

Los contrastes que se muestran en (61) y (62) no están relacionados con ningún principio social que estipule normas de modestia al hablar de uno mismo, sino con el principio C de la teoría del ligamiento. Como vemos, *ella* manda-c a *Margarita* en (61b), contra lo que estipula el principio C, pero *su* (que forma parte del SD *su madre*) no lo hace en (62). Este contraste también se ajusta a los principios B y C tal como los hemos formulado. Sin embargo, se ha hecho notar que existe una diferencia sintáctica importante entre un posesivo prenominal (como *su* en *su madre*) y un clítico verbal (como *la* en *la adora*): la ausencia de mando-c en el primer caso impide que se infrinja el principio C en (62), como hemos visto, pero la presencia de mando-c en el segundo explica que el principio C excluya oraciones como (63b):

(63) a. Las amigas de *Margarita*$_i$ *la*$_i$ adoran.
    b. **La*$_i$ adoran las amigas de *Margarita*$_i$.

La diferencia no es estipulativa si se considera que el SD es el techo estructural del posesivo, mientras que el SV, que contiene el sujeto posverbal, comparte con el clítico *la* el mismo techo estructural en (63b), lo que permite que el principio C excluya esa secuencia.

9.4. Desarrollos de la teoría del ligamiento. Ampliaciones, revisiones y críticas

En esta sección vamos a considerar sucintamente algunos problemas que se plantean a la teoría del ligamiento, tanto en términos generales como en lo relativo específicamente a la gramática del español. Expondremos también las soluciones que suelen dárseles, o al menos las líneas de análisis que esas soluciones siguen. Estudiaremos en primer lugar (§ 9.4.1) aquellos casos en que ciertos pronombres parecen comportarse como anáforas. En el § 9.4.2 presentaremos los datos fundamentales de las configuraciones en las que los pronombres interactúan con las huellas de desplazamiento de elementos cuantificativos. En el apartado siguiente (§ 9.4.3) presentaremos datos que indican interacciones entre correferencia y modalidad, concretamente con el modo subjuntivo. Finalmente, en el § 9.4.4 analizaremos la manera en que la estructura informativa de las oraciones puede también incidir en las relaciones de correferencia.

9.4.1. *El problema de la distribución complementaria*

Los principios A y B hacen que los elementos del grupo 1 (anáforas) y los del grupo 2 (pronombres) estén en distribución complementaria: cuando un elemento del grupo 1 está legitimado, el correspondiente elemento del grupo 2 no lo está. La distribución complementaria se comprueba fácilmente en el caso de los pronombres átonos: no vamos a encontrar ninguna oración en la que los pronombres *se* y *lo,* por ejemplo, puedan ser intercambiables o den lugar a oraciones sinónimas. Ahora bien, de acuerdo con estos principios, las dos oraciones que siguen no podrían ser sinónimas nunca, y sin embargo sabemos que existe una interpretación del pronombre *él* en (64a) que permite que lo sean:

(64) a. Tu amigo siempre habla de él.
     b. Tu amigo siempre habla de sí mismo.

Así pues, *él* puede referirse o no a *tu amigo* en (64a), pero el principio B predice (demasiado restrictivamente) que se referirá a alguien distinto de la entidad denotada por *tu amigo.* Como se ha observado, si añadimos el adjetivo *mismo* a (64a), obtenemos únicamente la interpretación reflexiva. Este problema, característico del español y otras lenguas romances, se puede formular descriptivamente como sigue:

(65) Los pronombres personales que no manifiestan morfológicamente el caso oblicuo en los contextos preposicionales admiten interpretaciones reflexivas y no reflexivas.

¿Cómo damos cabida a (65) en la teoría sintáctica restrictiva que estamos presentando? En principio, existen dos formas de hacerlo:

A) Una posibilidad consiste en suponer que, al igual que *me* o *ti* no distinguen los usos reflexivos de los no reflexivos, como vimos, tampoco *él, ella* o los demás pronombres personales tónicos de tercera persona sin rasgos inherentes de reflexividad lo hacen en los contextos preposicionales, aunque sí en los demás contextos. Desde este punto de vista, la indistinción característica de las personas primera y segunda se extendería ocasionalmente a la tercera.

B) Otra posibilidad es suponer que *él* o *ella* son también elementos pronominales en estos contextos (grupo 2), pero lo que sucede es que la CR en la que están libres se determina de modo menos evidente.

Existen razones para pensar que (B) es mejor que (A). Un argumento claro en favor de (B) se deduce del análisis de estos pronombres en los contextos de ligado en entornos nominales (por tanto, CR = SN / SD). Cuando *él* o *ella* complementan a un sustantivo, es esencial analizar la interpretación que recibirá su argumento externo para averiguar qué índice corresponderá al pronombre. De los ejemplos de (64) parecía deducirse que no había diferencia entre *él* y *sí mismo,* pero, si examinamos los contrastes que siguen, comprobaremos que estos pronombres no alternan libremente, sino que están en distribución complementaria:

(66) a. *Juan*$_i$ siempre hablaba de conspiraciones {contra *él*$_i$ / *contra *sí*$_i$ mismo}.
　　b. *Juan*$_i$ planeaba falsas conspiraciones {*contra *él*$_i$ / contra *sí*$_i$ mismo}.

Estas diferencias no son casuales: observe que el que dice (66a) está suponiendo que las conspiraciones no las organiza Juan, sino otra persona, o quizá cierto grupo. Por el contrario, el que usa la oración (66b) está suponiendo que Juan es el autor de las conspiraciones de las que se habla. Lo que tenemos que hacer ahora es dar una traducción sintáctica de estas diferencias. Una forma de hacerlo es la que se sugiere en (67):

(67) a. *Juan*$_i$ siempre hablaba de [PRO$_j$ conspiraciones {contra *él*$_i$ / *contra *sí*$_i$ mismo}].
　　b. *Juan*$_i$ planeaba [PRO$_i$ falsas conspiraciones contra {*contra *él*$_i$ / contra *sí*$_i$ mismo}].

Como se ve, *él* y *sí mismo* respetan estrictamente los principios A y B de la teoría del ligamiento: el primero está libre en el SN marcado y el segundo está ligado dentro de él. La determinación del índice de PRO en (67b) se produce de manera relativamente similar a como se obtiene en otras situaciones de control de sujeto (de hecho, *planear* es un verbo de voluntad). Es menos evidente cómo se obtiene en (67a) el índice PRO$_j$, pero observe que se favorece la ausencia de correferencia en construcciones similares con infinitivos subordinados *(Juan hablaba de PRO presentar una protesta).* Se suele reconocer en la actualidad que la determinación del antecedente de PRO es un proceso en el que intervienen factores semánticos variables que suelen ser ajenos a la formulación del principio A.

Se han analizado algunas alternancias similares a esta en función de criterios parecidos. Hemos visto que en las oraciones reflexivas se expresa la identidad de los argumentos de un predicado. Si ello es así, podemos suponer que las alternancias de (68) tienen una explicación natural:

(68) a. María vio una araña cerca de {ella / *sí misma}.
　　b. Juan no se dio cuenta de que había un bache detrás de {él/ *sí mismo}.

En efecto, las preposiciones y los adverbios no seleccionados como complementos de régimen forman a menudo complementos predicativos, como sucede en (68), y en este sentido introducen nuevos predicados. La irregularidad de *sí misma* en (68a) radica en que este elemento constituye un argumento de *cerca,* mientras que *María* es argumento de *vio,* es decir, de un predicado distinto. Tanto si se considera que en estos casos tenemos cláusulas reducidas (como en *había* [*un bache detrás de él*]) como si se asigna a estos predicativos un sujeto nulo (como en ...*una araña* [*PRO cerca de ella*]), los pronombres *él* y *ella* estarán libres en su CR en las oraciones de (68), lo que se ajusta correctamente al principio B de la teoría del ligamiento.

No se ajusta en cambio enteramente a la teoría la alternancia que muestra (64), que sigue constituyendo un problema. No obstante, se ha sugerido una posible explicación en la siguiente línea: cabe suponer que la gramática admite como sinónimas las dos oraciones de (64), porque la sintaxis acepta dos análisis para la expresión *hablar de*. Por un lado, *de* se asimila a *sobre, acerca de* y otras preposiciones que pueden considerarse predicados y que admiten sus propios argumentos, como sucedía en (68) con los adverbios nominales *cerca* y *detrás*. En este sentido, *de* encabezaría su propia categoría de rección, con lo que la correferencia entre *tu amigo* y *él* satisfaría el principio B, ya que él estaría libre dentro de esta CR. Ahora bien, también es cierto que *hablar de* puede analizarse como un predicado complejo, por lo que su complemento reflexivo *(sí mismo)* tendrá como antecedente su argumento externo *(tu amigo)* y estaríamos hablando de una CR en dicha oración. Desde este punto de vista, existe variación libre aparente porque son posibles dos análisis sintácticos que se justifican independientemente. En resumen, la posibilidad de REANÁLISIS es la que hace surgir las dos opciones.

Es probable que este tipo de aproximación esté bien encaminado, pero para que no resulte ad hoc se precisa investigar la naturaleza léxica de los predicados que facilitan o impiden esas formas de reanálisis en unos casos, pero no en otros. Observe que las variantes que se presentan en las oraciones de (69) pueden dar lugar a oraciones sinónimas, frente a lo que ocurre en (70):

(69) a. María está muy orgullosa {de ella / de sí misma}.
　　 b. Juan solo piensa {en él / en sí mismo}.
　　 c. A veces *pro* se ríe {de él / de sí mismo}.

(70) a. María está celosa {de ella / de sí misma}
　　 b. Juan solo sueña {con él / consigo mismo}.
　　 c. A veces *pro* bromea {con él / consigo mismo}.

No puede decirse que la explicación de estas alternancias se reduzca enteramente a las diferencias que oponen unas preposiciones a otras, ya que a veces se obtienen con predicados que seleccionan la misma preposición. La medida en que estas opciones léxicas y otras similares interfieren en los principios de la teoría del ligamiento es una cuestión que todavía no ha sido estudiada con suficiente profundidad. También debe analizarse con detalle la alternancia *sí / sí mismo* en español, sobre todo porque se sabe que la adición del adjetivo *mismo* es necesaria algunas veces (*Está muy orgullosa de sí*), potestativa otras (*Lo guardó para sí*), e imposible o casi imposible otras (*Lo arrojó lejos de sí*).

9.4.2. *Las huellas y la teoría del ligamiento. El cruce fuerte y el cruce débil*

Recordemos que dos de los elementos pronominales que pertenecen al grupo 2 son vacíos (*pro* y *PRO*). Cabe, pues, preguntarse legítimamente si existe algún otro elemento vacío que forme parte de esos paradigmas. Otra pregunta que surgió cuando se formuló la teoría del ligamiento es si existe algún vínculo entre dichas relaciones a distancia y otras que conocemos en la gramática. Dicho de una manera un poco más precisa, ¿puede decirse que la «distancia» entre un elemento referencialmente dependiente y la expresión que lo liga es similar a la que separa un SD movido y su huella? Si la respuesta a esta pregunta es afirmativa, como parece, ello tiene indudable interés para la teoría sintáctica, puesto que nos ayuda a establecer generalizaciones sobre las dependencias a distancia, por tanto, sobre una parte esencial del estudio de la sintaxis en cualquier marco teórico.

Observe que las huellas del movimiento A (es decir, del movimiento a posición argumental, recuerde el § 6.7 ss.) se comportan respecto al elemento desplazado como las anáforas respecto de sus antecedentes: las huellas no tienen rasgos fonológicos (tampoco morfológicos, por consiguiente), pero están mandadas-c por sus «antecedentes» dentro de la oración y no pueden sobrepasar este límite. De hecho, el movimiento que caracteriza las pasivas (§ 6.7), los verbos de ascenso (§ 6.8) o las estructuras de los verbos inacusativos (§ 6.9) nunca atraviesa fronteras oracionales (**María$_i$ fue considerada que h$_i$ era culpable*). Es cierto, en cambio, que no se da en el interior de los sintagmas nominales o adjetivales, pero ello se debe a que en estas estructuras no se obtienen las condiciones específicas que lo caracterizan.

La segunda ampliación que se ha sugerido se debe originalmente a Wasow (1979) y consiste en incluir las huellas del movimiento A' entre las expresiones referenciales, que quedan sujetas por tanto al principio C. El razonamiento es aquí un poco más complejo. El argumento fundamental de esta propuesta se obtiene de las configuraciones en las que se extrae un SQu por encima de un pronombre (u otro tipo de SD) que tenga su misma referencia y lo mande-c. Supongamos que queremos formar una pregunta a partir del pronombre *pro* en (71).

(71) *Ellos$_i$* creen que {*pro$_i$* / *pro$_j$*} acertaron la lotería.

Comprobaremos que lo que sucede, de forma no poco sorprendente, es que de las dos opciones que aparecen en (72), perdemos una, puesto que si *pro* es correferente con *ellos* no se puede realizar la extracción:

(72) a. ¿*Quiénes$_j$* creen *ellos$_i$* que *h$_j$* acertaron la lotería?
     b. *¿*Quiénes$_i$* creen *ellos$_i$* que *h$_i$* acertaron la lotería?

Se han dedicado a las construcciones del tipo de (72b) un gran número de estudios sintácticos. Se denominan habitualmente CONSTRUCCIONES DE CRUCE FUERTE (ingl. *strong crossover*). El término se debe a Postal (1971), uno de los primeros en observar esta incompatibilidad. Observe que, para formular adecuadamente la restricción pertinente, no podemos decir simplemente que aparece un pronombre con el mismo índice que una cadena <SQu ... h>, porque entonces no podríamos explicar que (73a) es gramatical, pero (73b) no lo es:

(73) a. *¿Quién$_i$ h$_i$ piensa que María lo$_i$ ama?

  b. *¿A quién$_i$ piensa él$_i$ que María ama h$_i$?

La extracción del SQu «cruza» por encima del pronombre en (73b), pero no en (73a). La misma situación se repite en (72b), como podrá usted comprobar si deriva la representación correspondiente. Parece, pues, que tenemos que formular una restricción que impida la siguiente configuración de cruce:

(74) *SQu$_i$ ... SD$_i$ ... h$_i$ ...

Los puntos expresan en este esquema la relación de mando-c. El lugar del SD lo puede ocupar un pronombre, como en (72b) y (73b), pero también una expresión referencial, como en (75):

(75) *¿A quién$_i$ vio María$_i$ h$_i$?

Observe que en todas estas configuraciones tenemos un SD a la izquierda de una huella procedente de un movimiento A' que comparte su mismo índice. La relación entre el SD (o el pronombre que ocupe su lugar) y la huella es análoga a la que pone de manifiesto el principio C en oraciones como *Ella$_i$ está contenta con María$_i$. El principio C dice que las expresiones referenciales deben estar libres, y es claro que la huella h no lo está en estas oraciones, puesto que el pronombre la manda-c desde una posición A. Es lógico concluir, por tanto, que las huellas del movimiento qu- son expresiones referenciales (pertenecen al grupo 3) y están sujetas al principio C. Recuerde además que la dependencia a distancia que caracteriza el principio C de la teoría del ligamiento no está limitada localmente. Tampoco lo está el proceso de ligado inviable que acabamos de examinar. Así pues, no podemos extraer el complemento de culparán en (76a):

(76) a. El psiquiatra piensa que Juan$_i$ supone que lo$_i$ culparán.

  b. *¿A quién$_i$ piensa el psiquiatra que supone Juan$_i$ que culparán h$_i$?

(76b) ilustra, por tanto, otro caso de cruce fuerte. La configuración que el cruce fuerte pone de manifiesto es ilegítima en la sintaxis visible o patente, pero parece también serlo en Forma Lógica (FL). Las estructuras de (77) están asimismo mal formadas con la asignación de índices propuesta:

(77) a. *¿Quién dijo que {pro$_i$ / él$_i$} le dió un libro a quién$_i$?

  b. *Él$_i$ adora a {todo / un} estudiante$_i$.

  c. *Él$_i$ dijo que Pepe adora a {todo / un} estudiante$_i$.

Así, en la FL tenemos una estructura en la que un elemento al que se ha aplicado la regla de 'ascenso del cuantificador' (AC) –el SQu de (77a) o el cuantificador de (77b, c)– cruza sobre un pronombre, con lo que la configuración de (74) se repite:

(78) a. *[[a quién$_i$ quién$_j$] h$_j$ dijo que pro$_i$ / él$_i$ le dio un libro h$_i$]

  b. *[[a todo estudiante]$_i$ él$_i$ adora h$_i$]

(79) *SQu$_i$ / SCuant$_i$ ... pro$_i$ ... h$_i$ ...

En principio, la generalización parece ser que una huella puede estar ligada por un elemento desplazado (en posición A'), pero no por un elemento en posición argumental (en posición A).

Como hemos visto, la propuesta de Wasow (1979) de hacer extensivo el principio-C de la teoría del ligamiento a las huellas de movimiento trata estas como expresiones referenciales, por lo que deberán estar libres y no podrán quedar ligadas por un elemento en posición A. Ahora bien, ¿qué quiere decir que una huella es una expresión referencial? La intuición parece razonable si establecemos una correspondencia estricta entre huellas y variables semánticas, lo que se ve apoyado por la anomalía de las representaciones de FL de (78).

La relación entre el cruce fuerte y el principio C de la teoría del ligamiento plantea, sin embargo, algunos problemas. Como veremos en § 9.4.4, se ha sugerido que el fundamento del principio C podría radicar en cierto desajuste en la forma en que se distribuyen las funciones informativas en la oración en las construcciones que lo ponen de manifiesto. El cruce fuerte está relacionado, en cambio, con la irregularidad que se detecta en la Forma Lógica que corresponde a las oraciones en las que se produce, un tipo de anomalía bastante diferente.

En efecto, observe que es difícil representar el significado de la oración (75). ¿Qué estaríamos preguntando al construir esta oración? Ciertamente esta oración no significa 'Para qué x (= x una persona), María vio a x', porque este significado corresponde a la oración gramatical *¿A quién$_j$ vio María$_i$ h$_j$?*, en la que *María* y *h* tienen índices distintos. Si interrogamos el complemento *a sí misma* en la oración *María se vio a sí misma,* el SQu que elijamos no podrá mantener los rasgos reflexivos de *sí misma,* puesto que no existen interrogativos reflexivos. De hecho, cabe pensar que no existen los interrogativos reflexivos, porque la representación semántica de las oraciones que los contendrían no se puede concebir en los términos que permiten las lenguas naturales (por oposición a un hipotético sistema algebraico arbitrario que se nos ocurriera construir).

Intentemos ahora representar el significado de las estructuras de cruce fuerte en las que el SQu cruza sobre un pronombre, en lugar de hacerlo sobre una expresión referencial. Al hacerlo nos topamos con dificultades similares. Consideremos este par:

(80) a. *¿A *quién*$_i$ vio *él*$_i$ h$_i$?
    b. ¿A *quién*$_i$ vio *él*$_j$ h$_i$?

El ejemplo (80a) ilustra un caso claro de cruce fuerte. Intentemos representar semánticamente lo que se pregunta en esta oración. (80a) no expresa el sentido que podríamos formular como 'Para qué x (x = una persona), x vio a x', es decir, el significado que corresponde a la pregunta *¿Quién se vio a sí mismo?* Tampoco podemos decir que el significado de (80a) es el que podríamos formular como 'Existe un y (y = una persona), para qué x (x = una persona), y vio a x', ya que este es el significado de (80b), no el de (80a). Parece que el problema que (80a) ilustra está relacionado, de nuevo, con la imposibilidad de que el cuantificador *qu-* tenga rasgos reflexivos, además de con la imposibilidad de establecer una interpretación distinta de la reflexiva entre dos variables idénticas de un predicado en una representación semántica.

Existe otro tipo de estructura de cruce que también da lugar a configuraciones ilegítimas. Este segundo tipo se denomina configuración de CRUCE DÉBIL (ingl.

weak crossover), en parte porque sus efectos son más débiles o menos sistemáticos. Veamos el contraste de (81):

(81) a. ¿Quién ama a su madre?
    b. ¿A quién ama su madre?

En (81a) podemos interpretar el pronombre posesivo como una variable ligada por el SQu. En cambio, esta interpretación ligada del posesivo es discutible en (81b): resulta difícil interpretar (81b) como una pregunta sobre qué hijo es amado por su propia madre. Por el contrario, lo natural es entender que estamos preguntando a quién ama la madre de un individuo contextualmente determinado, al que nos referimos con *su*. No hay que confundir tampoco (81b) con *¿A quién lo ama su madre?*, donde sí preguntamos qué hijo es amado por su propia madre. Por el contrario, la pregunta *¿A quién ama su madre?* es equivalente a *¿A quién ama la madre de x?* (donde *x* es una variable libre). La representación de (81a) y de la interpretación no existente de (81b) serían respectivamente (82a, b):

(82) a. *¿Quién$_i$ h$_i$ ama a su$_i$ madre?*
    b. **¿A quién$_i$ ama su$_i$ madre h$_i$?*

En (82b) también hay un cruce, ya que el elemento extraído cruza sobre el pronombre, pero a diferencia de las configuraciones de cruce fuerte, en este caso el pronombre cruzado no manda-c al elemento que lo cruza. Repare en que en (82b) es el constituyente *su madre* el que mandaría-c a la huella del SQu *(h$_i$)*, no el posesivo *su*. La configuración estructural de cruce débil es, por tanto, la siguiente:

(83) *SQu$_i$ ... [pron$_i$ ...] ... h$_i$ ...

De acuerdo con la definición del principio C, estas estructuras deberían estar bien formadas, ya que la huella no queda ligada (es decir, mandada-c y coindizada) por el pronombre. Solo la segunda condición se cumple. El fenómeno del cruce débil se repite también en la FL. Las oraciones (84b) y (85b) están mal formadas, en contraste con (84a) y (85a).

(84) a. *Todo estudiante$_i$ ama a su madre$_i$.*
    b. *??Su$_i$ madre ama a todo estudiante$_i$.*

(85) a. *Todo estudiante$_i$ confía en el estudiante sentado junto a él$_i$.*
    b. **El estudiante sentado junto a él$_i$ confía en todo estudiante$_i$.*

Si cotejamos las FFLL correspondientes a (85), vemos que en la representación de (85b) habría una violación del cruce débil, lo que no sucedería en la de (85a).

(86) a. *Todo estudiante$_i$ [h$_i$ confía en el estudiante sentado junto a él$_i$].*
    b. *Todo estudiante$_i$ [el estudiante sentado junto a él$_i$ confía en h$_i$].*

Los efectos del cruce débil son menos marcados que los del cruce fuerte. De hecho, el cruce débil da lugar a secuencias gramaticales en estructuras de relativo como (87a), y semigramaticales en las interrogativas retóricas negativas como (87b):

(87) a. Caseros a los que nunca pagan sus inquilinos.
　　 b. ??¿A qué hijo no adora su madre?

Pudiera dar la impresión de que las oraciones pasivas infringen también el cruce débil, puesto que es evidente que podemos construir secuencias gramaticales como las de (88):

(88) a. ¿Qué rey fue sucedido en el trono por su hermanastro?
　　 b. ¿Qué hijo no es adorado por su madre?

Observe, sin embargo, que en estas oraciones se extrae un sujeto, por lo que el SQu y su huella forman una cadena que el pronombre *su* no interrumpe:

(89) *Qué rey*$_i$ ... *h*$_i$ ... *su*$_i$

No se produce, por tanto, cruce alguno en estas estructuras. En la oración activa correspondiente a (88a), el pronombre *su* no tendría mando-c sobre *qué rey,* por lo que no se infringe tampoco el principio C. Recuerde que el principio C no excluía las oraciones con posesivos *(Su madre adora a Margarita),* como vimos anteriormente.

Chomsky (1977b) propuso una explicación unificada de los fenómenos de cruce fuerte y cruce débil en los términos de un principio que denominó CONDICIÓN DE LA POSICIÓN IZQUIERDA (ingl. *leftness condition*): una huella de SQu no puede estar coindizada con un pronombre que aparece a su izquierda, es decir, resulta prohibida una configuración estructural en la que una huella esté coindizada con un pronombre que la preceda: **... pro*$_i$ ... *h*$_i$ ... Esta condición abarca los casos vistos de cruces fuerte y débil de SQu, y también los casos de movimiento de cuantificadores por AC si la generalizamos a cualquier operador, aunque no explica la marcada desviación de las oraciones que ilustran el cruce fuerte, frente a la desviación más leve de las que ilustran el cruce débil.

Koopman y Sportiche (1982) formulan una restricción sobre la buena formación de las representaciones en la FL que denominan PRINCIPIO DE BIYECCIÓN. Para estos autores, lo relevante es el tipo de correspondencia que tiene que haber entre operadores y variables: toda variable tiene que estar ligada por un solo operador (en posición A') y todo operador debe ligar exactamente una sola variable. Las configuraciones de cruce fuerte y cruce débil resultan ilegítimas, donde esta teoría, porque en ambos casos el SQu debe ligar dos variables: la correspondiente a su huella de movimiento y la del pronombre. Lo mismo se aplicaría al caso del movimiento de cuantificadores. El cuantificador desplazado acabaría ligando dos variables, infringiendo por tanto el principio de biyección. Un problema de esta hipótesis es que no explica la agramaticalidad de oraciones como **A quién$_i$ vio María$_i$ h$_i$,* donde no hay un pronombre o una huella de cuantificador. Otro problema es que, como vimos en el capítulo 8, existen pruebas de que ciertos cuantificadores ligan más de una variable, en concreto los que denominábamos cuantificadores no selectivos, como en *Siempre*$_i$ *que* *un elefante*$_i$ *ve a* *un ratón*$_i$ *se asusta* y en muchas oraciones similares.

Hurtado (1984) observó que cuando un clítico dobla un SQu, se eliminan los efectos del cruce débil, como hemos hecho notar más arriba. Observe de nuevo el contraste entre los ejemplos (82b) y (84b) y sus variantes de (90), en las que el objeto está reduplicado o doblado por un pronombre clítico.

(90) a. ¿A *quién*$_i$ *lo*$_i$ ama *su madre*$_i$?
    b. ??*Su madre*$_i$ *lo*$_i$ ama a *todo estudiante*$_i$.
    c. *Su madre*$_i$ *lo*$_i$ adora a *Juan*$_i$.

Con la posible excepción de (90b), para casi todos los hablantes hay un contraste notable entre las variantes con doblado y sin doblado de clíticos, si bien el doblado posee características especiales en el español del Río de la Plata. Las primeras favorecen notablemente la lectura coindizada. Las variantes sin doblado hacen obligatoria, o al menos más prominente, la interpretación disociada, como vimos arriba. Lo interesante de estos ejemplos es que en ellos no solo no hay un efecto de cruce débil, que debería producirse al preceder el pronombre posesivo *su* a la huella de movimiento (de un SQu o cuantificador) o al existir correferencia entre el pronombre y un nombre propio. También debería haber una violación de la condición de la posición izquierda, ya que el pronombre *lo* precede a la huella. Sin embargo, usamos el pronombre precisamente para crear las lecturas dependientes. Si los pronombres son variables en FL, estas construcciones violarían también el principio de biyección de Koopman y Sportiche.

La resolución de esta paradoja nos conduce de nuevo a un análisis alternativo en el que debemos tener en cuenta la composición de rasgos de las distintas expresiones, así como la forma en que interactúan. Varios autores (Kuroda, 1968; Wasow, 1979, entre otros) han observado que existe cierto efecto de determinación o definitud en los casos de interpretación pronominal catafórica, es decir, cuando el pronombre precede al SD del que depende anafóricamente. En las oraciones de (91a) y (92a), los pronombres dependen de SSDD definidos. En cambio, el plural escueto de (91b) y *algo* en (92b) son intrínsecamente indefinidos o existenciales, y bloquean la relación catafórica, marcada con subíndices:

(91) a. Un estudiante que ya *lo*$_i$ conocía adivinó *el acertijo del profesor*$_i$.
    b. *Un estudiante que ya *los*$_i$ conocía adivinó *acertijos del profesor*$_i$.

(92) a. La camarera que *lo*$_i$ perdió está buscando *el vaso de metal*$_i$.
    b. *La camarera que *lo*$_i$ perdió está buscando *algo*$_i$.

Si tanto los pronombres como las huellas de movimiento son variables, la configuración de cruce puede verse como una configuración catafórica (Contreras, 1999b). Cuando la variable dependiente (huella) es definida o específica, la interpretación dependiente es posible.

Suñer (1988) presenta los siguientes contrastes del español porteño de la Argentina:

(93) a. ¿A cuál de ellos lo vio su madre?
   b. *¿A quién lo vio su madre?

(94) a. Su madre lo ama a cada uno de los estudiantes.
   b. ?Su madre lo ama a cada estudiante.

En estas variedades del español se prefiere marcadamente (93a) a (93b), ya que la palabra *qu- cuál* fuerza la interpretación específica. Lo mismo sucede en (94), donde el partitivo *cada uno de los estudiantes* es más específico que *cada estudiante*.

Varios autores han propuesto que una de las características de los pronombres clíticos es que estos llevan, o pueden llevar, el rasgo [+definido / específico]. Volveremos sobre esta idea en el § 9.5. En esta hipótesis, el pronombre *qu- quien* tendría el rasgo [–específico], lo que lo haría incompatible con el clítico *lo*. La única alternativa es aquella que fuerza la selección de *cuál* (93a), o del cuantificador partitivo (94a). Por tanto, la aparición del clítico y la eliminación de los efectos del cruce débil pueden verse como fenómenos derivados del cotejo del rasgo de definitud/especificidad (Suñer 1988). Sin embargo, el lector se dará cuenta enseguida de que se puede decir *¿Quién pidió que lo atendieran antes?* También se puede decir *¿Quién concretamente se saltó las normas?*, lo que nos llevaría a tener que proponer que aquí se perdería el rasgo [-específico] de *quién*. Además, si lo que cuenta es que *quién* y *lo* sean argumentos del mismo predicado, es obvio que en (91) no ocurre esto. En tercer lugar, varios autores –Leonetti (2004), entre otros– han mostrado que «(in)específico» no puede ser un rasgo, quizá frente a «(in)definido». La cuestión sigue siendo problemática en la actualidad.

9.4.3. *La obviación pronominal o referencia disjunta*

Otra ampliación de la teoría del ligamiento, interesante pero también polémica, es la que ilustran los llamados procesos de OBVIACIÓN PRONOMINAL (ingl. *obviation;* en español, *obviar* es 'rehuir, evitar'), que han estudiado Picallo (1984), Jakubowitz (1984), Padilla-Rivera (1985), Kempchinsky (1986, 1990) y otros autores. Consideremos el par siguiente:

(95) a. *Juan*$_i$ desea que *pro*$_j$ vuelva.
   b. *_*Juan*$_i$ desea que *pro*$_i$ vuelva.

¿Por qué es agramatical (95b)? Una respuesta frecuente en los cursos de sintaxis es la siguiente: «(95b) es agramatical porque para expresar ese significado deberíamos usar la oración *Juan desea volver*». La respuesta no es correcta. Una determinada oración agramatical, sea la que sea, no estará mal construida porque no tenga la forma que corresponde a otra. Esa respuesta sería adecuada para otra pregunta que no se ha formulado, es decir, para una pregunta del tipo de «¿Cómo expresar con una oración gramatical el significado que corresponde a (95b)?». En el mismo sentido, es muy evidente que tampoco podríamos decir que la oración *_*Juan*$_i$ *lo*$_i$ *vio* es agramatical porque debamos sustituirla por *Juan se vio*. En general, como estrategia pedagógica para los cursos de sintaxis, siempre es recomendable preguntarse qué principio incumple una determinada oración agramatical, en lugar de preguntarse qué podemos hacer para corregirla y sustituirla por otra que sea gramatical. No se olvide usted de esta recomendación.

Intentémoslo de nuevo y planteemos la pregunta relevante sobre (95b): ¿Qué principio gramatical incumple esa oración? Por el momento, lo único que podemos decir de ella es que nuestra formulación del principio B predice que debería ser gramatical: pro_i está libre dentro de su CR en (95b). Así pues, aunque parezca que echamos piedras sobre nuestro propio tejado, nuestra primera observación debe ser que (95b) constituye un contraejemplo al principio B de la teoría del ligamiento. Al mismo tiempo, observaremos que este fenómeno afecta a las construcciones en las que el sujeto nulo de un verbo en subjuntivo es correferente con el sujeto del verbo principal. En realidad, esta descripción no es del todo suficiente, puesto que oraciones como (96) son gramaticales:

(96) *Juan*$_i$ dice que quizá *pro*$_i$ vuelva.

El subjuntivo de (96) está inducido por *quizá,* no por el verbo principal. Como *Juan* no es argumento del inductor del subjuntivo, el problema de la obviación no se plantea. La irregularidad de oraciones como (95b) muestra que si el predicado principal selecciona el modo subjuntivo en una oración subordinada, los rasgos de tercera persona del verbo subordinado no podrán estar ligados, pero no ya en la oración subordinada (si fuera así, no habría ninguna infracción del principio B), sino tampoco en la principal. Observe que decimos «el predicado principal» y no «el verbo principal», ya que esta limitación no se aplica solo a los verbos:

(97) *Su*$_i$ deseo de que {$^*pro_i$ / pro_j}vuelva pronto.

Este fenómeno, que como vemos fuerza la ausencia de correferencia, se denomina también RESTRICCIÓN DE LA REFERENCIA DISJUNTA, ya que se basa en la imposibilidad de que un elemento pronominal sea correferente con otro.

¿Cómo podemos explicar esta restricción? Existen razones para pensar que el fenómeno se puede acomodar al principio B de la teoría del ligamiento, pero también existen indicios que hacen pensar que está relacionado en alguna medida con la teoría del control.

Un dato adicional que resulta relevante es que no todos los verbos que seleccionan subjuntivo bloquean la correferencia pronominal. Por ejemplo, el efecto de obviación no se produce en (98a), y –para algunos hablantes– tampoco en (98b):

(98) a. *Pepe*$_i$ duda que *pro*$_i$ tenga dinero suficiente.
  b. ?*Pepe*$_i$ lamenta que *pro*$_i$ llegara tarde.

En estos ejemplos puede haber correferencia entre el pronombre nulo y un antecedente en la oración matriz, a pesar de que el modo de la subordinada es el subjuntivo. Kempchinsky (1986, 1990) sugiere que este proceso está limitado a los verbos volitivos y a los de influencia, mientras que los verbos epistémicos, emotivos y factivos no están sujetos a él. Piensa esta autora que la flexión modal del subjuntivo seleccionada por los primeros estaría acompañada de un operador modal. Este operador se desplazaría en FL a SComp para obtener ámbito o alcance. Al hacerlo, extendería el dominio de rección para incluir la oración matriz, con lo que *pro* y su antecedente estarían en la misma categoría rectora y se violaría el principio B de la teoría del ligamiento.

(99) ... V ... [$_{SComp}$ [Op ...]]
    ... V ... [$_{SComp}$ Op [...]]

Lo que logramos de esta forma es ampliar la CR en la que *pro* debe estar libre, de forma que no sea la oración subordinada, sino la categoría mínima que contiene el predicado que selecciona el subjuntivo.

(100) [$_{SFlex1}$ *Juan*$_i$ desea que [$_{SFlex2}$ *pro*$_i$ vuelva]]

El resultado es que en (100) *pro* habrá de estar libre, pero no solo en SFlex2, sino también en SFlex1. Una ventaja muy clara de esta ampliación de la CR es que predice automáticamente la gramaticalidad de (101):

(101) La madre de *Juan*$_i$ desea que *pro*$_i$ vuelva.

En este caso *Juan* no tiene mando-c sobre *pro* dentro de la oración principal, es decir, dentro del nuevo entorno en el que *pro* ha de estar libre. La intuición que subyace a este análisis es que la dependencia de la subordinada respecto de la principal se traduce en una identidad de rasgos que la «acerca» sintácticamente a ella hasta el punto de hacer que la CR del sujeto del verbo en subjuntivo cubra también la oración matriz. Cuando el predicado de la oración principal no es el responsable del modo subjuntivo en la subordinada, no se produce la obviación, como sucede en (96), donde el adverbio *quizá* es el inductor del subjuntivo, o en las oraciones negativas *(Pro*$_i$ *no creo que pro*$_i$ *sepa arreglar la lámpara)*, en las que el inductor del subjuntivo es la negación.

Existen razones para pensar que el fenómeno de la obviación pronominal está relacionado con la teoría del control, además de con la del ligamiento. Esta indeterminación está estrechamente vinculada con el hecho de que el lugar de PRO en la teoría del ligamiento siempre haya sido polémico. Sabemos que su antecedente debe localizarse en un cierto dominio local, y en este sentido PRO se diferencia muy claramente de *pro:*

(102) a. *Juan*$_i$ afirma que *María*$_j$ cree que *pro*$_i$ está enfermo.
    b. **Juan$_i$ afirma que *María*$_j$ cree PRO$_i$ estar enfermo.

Así pues, PRO no es un elemento anafórico o del grupo 1, pero tampoco es análogo a *pro* y otros elementos del grupo 2 en lo relativo a la categoría rectora en la que debe estar libre. La respuesta que se daba a esta paradoja a principios de los años ochenta consistía en suponer que PRO se escapa de la teoría del ligamiento porque no tiene CR: si es una categoría no regida (ingl. *ungoverned;* recuérdese que los infinitivos carecen de flexión), no podrá tener CR. Chomsky y Lasnik (1995) argumentan, por el contrario, que PRO es una categoría regida. Lo que hace de PRO una categoría peculiar es que la determinación de su antecedente se logra mediante principios específicos, en gran parte vinculados a la clase semántica a la que el predicado pertenezca, como ya hemos visto.

Cabe pensar que este peculiar estatuto de PRO entre los elementos pronominales no es muy diferente del que posee nuestro peculiar *pro* sujeto de las oraciones subordinadas en subjuntivo. Si la obviación es una forma de «anticontrol» o independencia referencial obligatoria entre dos argumentos de distintos predicados, esperaremos que se pueda formular en términos de la relación a distancia que mantienen dos argumentos de dos predicados diferentes, como sucede con el control. La referencia temporal de la oración de infinitivo está impuesta por el predicado de la oración principal, y la denotación de su sujeto tácito también está determinada por este, como hemos visto. Nótese además que, examinada desde la teoría del ligamiento, la oración (97) plantea un problema configuracional: el posesivo *su* debe mandar-c al pronombre *pro* para que este no esté libre en la oración principal, frente a lo que ocurría en los contextos de cruce débil. Si entendemos que el control es una relación entre argumentos de predicados diferentes, podremos establecer esta disyunción referencial entre el argumento externo de *deseo* y el de *volver*, es decir, una relación gramatical que proporciona índices opuestos a los que determina el control de sujeto que reconocemos en Su_i *deseo de* PRO_i *volver*.

Parece también más sencillo buscar en la teoría del control que en la del ligamiento una respuesta al hecho, en cierta forma sorprendente, de que los argumentos del predicado principal que no son sujetos mantengan la obviación en las subordinadas de sujeto, pero no en las de objeto directo:

(103) a. *Le_i gusta que pro_i vuelva a su casa.

     b. Le_i permite que pro_i vuelva a su casa.

Observe que *gustar* es un verbo factivo, pero produce el efecto de obviación en (103a). Es claro que si *María* ocupara el lugar de *pro* en (103), las dos oraciones quedarían excluidas por el principio C, lo que significa que la relación configuracional de mando-c entre los elementos que están en cursiva es la misma en ambos casos. Cabe, pues, pensar que el interpretar la obviación como una forma de «anti-control» proporciona algunas pistas para resolver el contraste de (103).

9.4.4. *Problemas con el mando-c. La teoría del ligamiento y la estructura informativa*

En los apartados anteriores hemos visto que la teoría del ligamiento está formulada en términos configuracionales: nos dice, esencialmente, que la interpretación del antecedente de un pronombre está determinada por la clase gramatical a la que pertenece y por la posición sintáctica de su antecedente considerada en una configuración formal, es decir, en un sistema de relaciones de dominio y precedencia. El mando-c es parte de la definición del concepto de 'ligado', como hemos visto. Sin embargo, parece que el principio B debe ser completado con otras condiciones que lo hagan más específico y que eviten algunas de sus predicciones incorrectas. Tenemos que descartar, por ejemplo, las situaciones de coincidencia parcial de rasgos a las que aludíamos antes (recuerde (26)). Tenemos un problema similar en oraciones como (104). Observe que para expresar el sentido de (104a) no podríamos usar (104b):

(104) a. Últimamente, Juan se ve un poco raro a sí mismo, y María también lo
ve así.

    b. *Últimamente, $Juan_i$ y María lo_i ven un poco raro.

¿Está el pronombre *lo* libre dentro de su CR en (104b), como exige el principio B? Sin duda, pero aún así la oración es agramatical. Lo que falla en (104b) es
el hecho de que el sustantivo *Juan* es en parte responsable de los rasgos de plural
de *ven*. Tiene, por tanto, rasgos morfológicos característicos de los antecedentes
de las anáforas (grupo 1), pero lo hacemos comportarse como antecedente de un
elemento pronominal (grupo 2). Observe que tampoco respetaría el principio A la
variante de (104b) que contuviera *se* en lugar de *lo*.

Pero aun si descartamos estos casos de COINCIDENCIA O DIFERENCIA PARCIAL
DE RASGOS, tendremos que resolver todavía algunos problemas con el mando-c.
En las décadas de 1980 y 1990 se presentaron diversos argumentos que mostraban ciertas asimetrías entre el principio A y los otros dos. Esos argumentos hacen pensar que el estatuto gramatical de los fenómenos que recogen los principios B y C no es del todo paralelo al de los fenómenos que caen bajo el principio
A. En esos años se puso de manifiesto que en la naturaleza gramatical de los fenómenos que corresponden a los principios B y C intervienen factores relativos
a la interpretación de las funciones informativas que no parecen estar presentes
en los fenómenos que corresponden al principio A. Si ello es correcto –y parece que lo es en alguna medida, aunque no totalmente–, se obtiene como conclusión que el principio A resulta ser el más claramente determinado por los principios de la sintaxis formal.

Considere estas oraciones agramaticales:

(105) a. *Hablé con $él_i$ en la oficina de $Pepe_i$.

    b. *El director habló con $ella_i$ y reprendió duramente a $María_i$.

    c. *María aprendió su_i lengua con $los\ navajos_i$.

Estas oraciones deben interpretarse suponiendo que no se han mencionado en
el discurso previo los individuos de los que se habla. En ese caso, podemos decir
que (105) muestra varias situaciones de CATÁFORA IMPOSIBLE, pero lo cierto es que
ni el principio B ni el C las excluyen. En efecto, no se incumple el principio C porque el pronombre *él* no manda-c a *Pepe* en (105a) y *ella* no manda-c a *María* en
(105b). Tampoco en (105c) manda-c el pronombre *su* a *los navajos*. El principio
B no se incumple porque todos los pronombres que aparecen en ellas están libres.
Es fácil comprobar que si el SD precede al pronombre, es decir, si evitamos la catáfora, las oraciones de (105) pasarán a ser gramaticales.

(106) a. Hablé con $Pepe_i$ en su_i oficina.

    b. El director habló con $María_i$ y la_i reprendió duramente.

    c. María aprendió la lengua de $los\ navajos_i$ con $ellos_i$

Como hemos visto, el sustituir las oraciones agramaticales por las gramaticales
no nos ayuda a entender qué falla en las primeras. Autores como Bickerton (1975),
Bolinger (1979), Kuno (1972, 1987), Kuno y Takami (1993) y otros han sugerido
que el problema fundamental que plantean oraciones agramaticales del estilo de las

de (106) no debe definirse en términos configuracionales, sino en relación con las FUNCIONES INFORMATIVAS (cfr. el capítulo 11), es decir, con la forma en que el hablante valora la prominencia de cada fragmento del discurso. El principio relevante para excluir (105) y permitir (106) tendría entonces una forma similar a (107):

(107) Las expresiones referenciales forman parte de la información conocida (también denominada 'información temática') de las oraciones, mientras que los pronombres que hacen referencia a ellas forman parte de los segmentos que constituyen la información nueva o no conocida ('información remática').

Obsérvese que el pronombre *él* aparece en (105a) dentro del segmento oracional que constituye la información temática (es decir, la información conocida o presentada como tal), mientras que la información final es nueva o remática en español, lo que choca con (107). Desde este mismo punto de vista, vamos a considerar de nuevo el contraste (63), que repetimos aquí como (108):

(108) a. Las amigas de *Margarita*$_i$ *la*$_i$ adoran.
     b. *$^*La_i$ adoran las amigas de *Margarita*$_i$.

Argumentando en la misma línea, este contraste no se debería a relaciones configuracionales, sino a la condición (107), puesto que *Margarita* aparece en una posición típicamente remática –representa información nueva– en (108b), mientras que el pronombre *la* está incluido en el segmento inicial, que se interpreta como tema o información conocida, en violación de (107). La misma generalización explicaría, según estos autores, otras predicciones inadecuadas del principio B. Los ejemplos originales que se consideraron estaban en inglés y en japonés, pero el fenómeno que ilustran es aplicable al español. Nótese que *pro* está libre en (109a), como exige este principio, pero la oración es agramatical:

(109) a. **En el apartamento de *Juan*$_i$ *pro*$_i$ pasó todo el fin de semana.
     b. **Solo sé de *María*$_i$ que *pro*$_j$ se casó hace unos años.

Análogamente, según el principio B (109b) debería ser gramatical, pero no lo es. Cabe pensar que su irregularidad se debe a que contradice la relación TÓPICO-COMENTARIO (cfr. el capítulo 11 para más detalles). En las construcciones que se ajustan a esta pauta (por ejemplo, en *Hablando de Juan*$_i$, *pro*$_i$ *se casó hace un año*), el elemento nominal del que se va a realizar alguna predicación está coindexado necesariamente con el pronombre que la introduce.

Las oraciones escindidas (ingl. *cleft sentences*), llamadas a veces 'perífrasis de relativo' y también 'oraciones de relieve', son oraciones copulativas como *El que llamó fue Juan* o *Así es como ocurrió*. En opinión de Kuno, la posición adecuada de los pronombres y la de sus antecedentes en estas oraciones no se obtiene de principios configuracionales, sino en función de dos generalizaciones: una es (107); la otra es una propiedad conocida de estas construcciones:

(110) La relativa libre contenida en las oraciones escindidas constituye información temática. El otro segmento que el verbo *ser* vincula aporta información focal, por tanto, remática.

De (107) y (110) se deduce, explica Kuno (1975) con ejemplos del inglés, la relación entre SSDD y pronombres que ilustran oraciones como las de (111) en español:

(111) a. Lo que molestó a *Juan*$_i$ fue que yo *le*$_i$ gritara.
    b. *Lo que *le*$_i$ molestó fue que yo gritara a *Juan*$_i$.
    c. *Que yo gritara a *Juan*$_i$ fue lo que *le*$_i$ molestó.
    d. Que yo *le*$_i$ gritara fue lo que molestó a *Juan*$_i$.

Lo más sorprendente de estos contrastes es que el orden lineal entre *Juan* y *le* no desempeña ningún papel en ellos. Como se puede comprobar, *Juan* forma parte de la relativa libre –por tanto, del tema– en (111a) y en (111d), pero en las otras dos oraciones forma parte del rema y está coindexado con un pronombre contenido en el tema, lo que va contra (107) y (110). El pronombre *le* forma parte del rema en las dos oraciones gramaticales de (111) –obviamente, no es un segmento remático por sí solo–, lo que se ajusta a (110). Así pues, la conjunción de (107) y (110) nos explica todas las oraciones de (111).

Existen otros argumentos similares en favor de la sustitución –parcial o total, según los autores– de los principios B y C de la teoría del ligamiento por principios de naturaleza discursiva. Es indudable que las funciones informativas desempeñan algún papel en la determinación de las dependencias referenciales, pero no es menos cierto que esos principios discursivos se formulan a menudo de manera vaga, y también que hacen a veces predicciones incorrectas. Nótese que (107) es un principio demasiado potente, puesto que excluye relaciones catafóricas que se permiten en oraciones plenamente gramaticales, entre otras las que se ilustran en (112):

(112) a. La gente que *la*$_i$ conoce habla muy bien de *Margarita*$_i$.
    b. *Su*$_i$ jefe está muy contento con *Pepe*$_i$.
    c. El que *lo*$_i$ desee puede *fumar*$_i$.

Estas oraciones respetan estrictamente los principios B y C. Kuno muestra oraciones del inglés similares a (112a) y (112b) y aduce que, en su opinión, constituyen casos de falsas catáforas. Ello significaría que el que usa *la* en (112a) retomaría la referencia que se ha hecho a *Margarita* en el discurso previo. Este análisis también supone que no podría usarse (112b) al comienzo de un discurso, es decir, sin texto previo, pero no parece que –al menos en español– las cosas sean exactamente así. El mismo razonamiento se aplica a (112c), que podría perfectamente dar comienzo a una intervención sin que existiera ningún discurso previo.

Para valorar la diferencia que existe entre la aproximación de base formal y la aproximación de base funcional a la teoría del ligamiento, debe tenerse en cuenta lo siguiente: desde la primera es fundamental analizar la posición estructural que ocupa un determinado elemento referencial, mientras que desde la segunda esas posiciones ESTRUCTURALES se traducen en relaciones LINEALES o de simple progresión informativa. Esto es así porque la interpretación de la contribución informativa de cada segmento no está determinada en los modelos funcionalistas por la estructura configuracional, sino por el flujo mismo del discurso. Intentaremos ilustrar la comparación con algún ejemplo. Consideremos la siguiente oración gramatical:

(113) Un policía *lo*$_i$ golpeó antes de que *Juan*$_i$ pudiera decir nada.

Desde la aproximación formal, no se incumple en (113) el principio C porque la subordinada temporal es un complemento oracional, no un complemento del SV. Al estar fuera del SV, y a la altura de SFlex, el pronombre *lo* no manda-c a *Juan*, de modo que el principio C se respeta. Desde el punto de vista funcional, se diría que *lo* ilustra un caso de falsa catáfora, o bien que la información que contiene la subordinada es temática (en el sentido de que remite a un contexto anterior o lo retoma) a pesar de estar situada en posición posverbal. No constituye, por tanto, el rema de ese enunciado y (107) se respetaría. Bolinger (1979) mostró que la catáfora puede darse o rechazarse en oraciones subordinadas encabezadas por una misma partícula. Para él, la justificación de esa diferencia radicaba en la interpretación informativa que se hiciera de esa subordinada. Desde la aproximación formal se sugiere, sin embargo, que la diferencia en estos casos se puede establecer en términos estructurales. Los ejemplos de Bolinger son del estilo de los de (114):

(114) a. *Pro_i murió cuando *$Juan_i$* sufrió un accidente.

    b. *Pro_i* suele equivocarse cuando *$Juan_i$* hace esos pronósticos.

Nótese que la subordinada encabezada por *cuando* puede anteponerse en (114b) más fácilmente que en (114a), y también que es probable que se produzca una breve pausa delante de *cuando* en (114b), además de un ligero cambio en la línea melódica a partir de esta misma palabra. ¿Cómo se interpretan gramaticalmente estos hechos? Desde el punto de vista del análisis funcional, estos factores indican que la oración de *cuando* contiene información temática. Contribuiría además a esa interpretación la naturaleza imperfectiva de *hace* y la interpretación iterativa de *cuando* (= 'siempre que'). Si la oración de *cuando* aporta información temática, (114b) se ajustaría a (107). En (114a), por el contrario, la oración de *cuando* constituiría el rema, lo que no se ajusta a (107). Desde el punto de vista formal, en cambio, la información entonativa mencionada en el caso de (114b) apoya la idea de que la oración de *cuando* no forma parte del SV, frente a lo que sucede en (114a), sino que constituye un inciso o un complemento paralelo al primer segmento en lugar de subordinado a él. Este hecho explicaría la falta de mando-c y el cumplimiento del principio C en (114b).

La comparación de argumentos es similar en otros casos análogos que se han analizado en la bibliografía y que no consideraremos aquí. Los datos que hemos presentado lo pueden ayudar a entender por qué esas dos líneas de razonamiento interpretan de forma distinta los factores que están en juego. Lo cierto es que, analizadas de forma estricta, ambas aproximaciones son problemáticas en alguna medida. Buena parte de las dificultades de la línea formal radican en las predicciones erróneas que tienen lugar por la presencia o ausencia de mando-c en los contextos relevantes para los principios B y C, como hemos visto. Los problemas de la línea funcional son consecuencia de la escasa precisión con que se suelen definir los límites sintácticos que deben separar la información temática y la remática, especialmente en un ámbito como este, en el que se dilucidan cuestiones sutiles que requerirían análisis gramaticales sumamente detallados.

En general, el estudio de las relaciones catafóricas es especialmente complejo en español porque los pronombres nulos no están sometidos a las mismas restricciones que los pronombres explícitos, como observó Luján (1988). Esta autora muestra que los pronombres explícitos rechazan las relaciones catafóricas en las subordinadas adverbiales temporales en contextos en los que los nulos las admiten. Nótese que la relación catafórica es diferente en función del tipo de subordinada:

(115) a. Cuando {pro_i / *$él_i$} trabaja, $Juan_i$ no bebe. (Ejemplo de Luján, 1988)
     b. Aunque { ?pro_i / $ella_i$} no lo sabe, $María_i$ está enferma de cáncer.

   Es probable que estas diferencias se puedan analizar con los mismos factores que suelen aplicarse a los contrastes anteriores, puesto que las relativas temporales suelen considerarse parte del SV, mientras que las concesivas suelen analizarse como modificadores oracionales. Aun así, no se han estudiado con suficiente detalle los factores que hacen diferente la catáfora con pronombres nulos y con pronombres explícitos en español. Las generalizaciones que se obtengan de tales estudios permitirán formular el principio B, o un equivalente suyo, de forma más abarcadora.

9.4.5. *Otros problemas con el mando-c. Copias y niveles de representación*

Existe otra forma de abordar algunos de los problemas aparentes que suscita el mando-c. Se han analizado con cierta atención en las aproximaciones formales a la teoría del ligamiento los que pueden considerarse CASOS APARENTES DE AUSENCIA DE MANDO-C. Si se puede demostrar que el mando-c tiene lugar ANTES de que se dé un determinado proceso de movimiento, el que la estructura superficial no lo manifieste no probará que esa relación no se da, sino más bien que los principios del ligamiento se aplican en más de un nivel de la representación formal, lo que tiene consecuencias teóricas de cierta relevancia. Estos razonamientos se aplican sobre todo al principio A y al C. Nótese, por ejemplo, que la oración (116) debería ser gramatical, ya que no incumple el principio B ni el C. Sin embargo, no lo es:

(116) *Que $María_i$ se haya equivocado le_i preocupa mucho.

   La aproximación al ligamiento que se basa en la estructura informativa esbozada en el apartado anterior predice igualmente que (116) debería ser gramatical, puesto que *María* forma parte de la información temática y el pronombre *le* está inserto en la información remática *(le preocupa)*. Así pues, en principio, ambas aproximaciones a la teoría del ligamiento fallan en (116). Ahora bien, si las subordinadas sustantivas preverbales se interpretan en estos casos como el resultado de un proceso de tematización, puede argumentarse que el constituyente *Que María se haya equivocado* se mueve a una posición preoracional desde el interior del SV, o bien se adjunta a SFlex. De esta forma, la posición correspondiente al sujeto nominal de *preocupa* estará ocupada por un pronombre nulo, como sucede en francés y en otras lenguas en casos similares. Antes de ese movimiento es claro que se incumple el principio C, puesto que *le* manda-c a *María*.

   Muy similar es el razonamiento que sugiere que el principio A no tiene que aplicarse necesariamente en la estructura superficial. Lo ilustran muy claramente los siguientes ejemplos (el tercero es un texto de Ignacio Agustí tomado del AGLE, ref. 11455):

(117) a. ¡Qué harto de sí mismo tiene que acabar uno después de pasar por todo eso!
　　　b. ¡Hasta de ti mismo dudarás algunas veces!
　　　c. ¡Cuán lejos de sí misma está la ciudad, en una mezcla horrenda de pasiones, de egoísmos!

Observe que *la ciudad* no manda-c a *sí misma* en (117c), que es –sin embargo– una oración gramatical. Ahora bien, la estructura sintáctica de esta secuencia muestra un caso de movimiento de *qu-*, por tanto es razonable suponer que ANTES de que este proceso tenga lugar, *la ciudad* mandará-c a *sí misma,* tal como el principio A estipula. Este tipo de razonamientos muestra que el principio A puede cumplirse en varios NIVELES DE REPRESENTACIÓN del análisis sintáctico. Esta sería la solución del problema en el modelo de principios y parámetros. En el reciente programa minimista se da una respuesta más sencilla a los casos mencionados: en ese modelo no se distingue entre estructura profunda y estructura superficial, de modo que no puede decirse que la respuesta al problema que plantea (117) radique en esos niveles de representación. Se supone, en cambio, que los procesos de movimiento no dejan detrás de sí HUELLAS, sino COPIAS *in situ* (es decir, «en el lugar de origen») de los constituyentes desplazados. Tenemos, por tanto, (118b) en lugar de (118a):

(118) a. ¿[$_{SC}$ *De quién*$_i$ [$_{SFlex}$ está usted hablando h_i]]?
　　　b. ¿[$_{SC}$ *De quién*$_i$ [$_{SFlex}$ está usted hablando *(de quién*$_i$)]]?

Las copias no se pronuncian (dicho más apropiadamente: carecen de rasgos fonológicos), pero se tienen en cuenta en la computación sintáctica. Al ejemplo (117c) correspondería, por tanto, esta estructura:

(119)　[$_{SC}$ ¡*Cuán lejos de sí misma*$_i$ [$_{SFlex}$ está la ciudad *(cuán lejos de sí misma*$_i$)!]]

Desde este punto de vista, para explicar (119) solo tenemos que decir que el antecedente de una anáfora ha de tener mando-c sobre ella misma o sobre cualquiera de sus copias sintácticas, con lo que explicamos el problema del mando-c de manera sencilla. Algo menos evidente resulta el análisis de la ausencia de mando-c en SSDD como (120):

(120) La extraordinaria opinión de sí mismo que tiene Juan.

No podemos decir, simplemente, que los relativos, o los operadores que los representan, poseen rasgos abstractos de reflexividad, aunque sabemos que los poseen de género o de número. El cruce fuerte se produce en parte, como vimos, precisamente porque no los tienen. Observe que (incluso en los análisis clásicos) la oración *El coche que está rota* no es agramatical –frente a lo que pudiera parecer– porque *coche* no concuerde en género con *rota:* el elemento que tiene que concordar con *rota* es el sujeto de *está,* es decir, el relativo *que*. Si el relativo copia de forma abstracta los rasgos de género de su antecedente, podemos suponer que estos rasgos se reproducen a su vez en su huella, con lo que explicamos la concordancia anómala en esta oración. Ahora bien, el antecedente del relativo en (120) es *la extraordinaria opinión de sí mismo,* y los rasgos de reflexividad no corresponden a este SD, sino solo al reflexivo *sí.* Este camino no nos permite, por consiguiente, analizar (120).

Más prometedor es interpretar este tipo de expresiones como argumentos a favor del análisis de las relativas que defiende R. Kayne (1994), es decir, del análisis en el que el SN pasa a ser el verdadero complemento directo del verbo y sube al especificador de SComp. Este análisis, junto con el de las antiguas huellas como copias sin rasgos fonológicos, produce el resultado deseado, en el sentido de que *Juan* manda-c a *sí mismo,* como requiere el principio A:

(121) [$_{SD}$ La [$_{SC}$ *extraordinaria opinión de sí mismo* [$_{C'}$ que tiene Juan *(extraordinaria opinión de sí mismo)*]]]

Hemos hecho en las páginas anteriores un breve repaso de los problemas que plantea la teoría del ligamiento. Piensan algunos gramáticos actuales que la teoría del ligamiento ha de seguir otros derroteros. En los últimos años ha habido algunos intentos, como el de Hornstein (2001), de analizar las oraciones que contienen elementos anafóricos (unidades del grupo 1) como el resultado de procesos de movimiento, de modo que las anáforas serían los equivalentes de las huellas. La propuesta trata incluso de asimilar a esas estructuras las que manifiestan los fenómenos de control, con lo que los fenómenos de movimiento y de dependencia referencial estarían así unificados. Esos intentos, que no analizaremos en esta obra introductoria, requieren anular el criterio temático, reinterpretar las motivaciones del movimiento de sintagmas y replantear de forma radical otras diferencias que se reconocen entre las unidades fundamentales de la sintaxis formal, por lo que parece que todavía es pronto para evaluarlos en su justa medida.

Es probable que, un cuarto de siglo después de haber sido creada, la teoría del ligamiento solo muestre en la actualidad una parte de su atractivo inicial, aun cuando siguen vivas muchas de las intuiciones que llevaron a formularla en la manera en que la hemos presentado resumidamente. De sus tres principios –se piensa ahora–, solo el primero parece estar regulado por factores sintácticos formales relativamente objetivos: los límites de localidad que este principio impone son sumamente estrictos, y la relación de coargumentalidad a la que conducen (ocupen o no los argumentos tácitos las posiciones correspondientes en la estructura configuracional) es, en general, bastante firme, aunque tenga algunas limitaciones. Los principios B y C nos sitúan, en cambio –vistos desde el presente–, en los límites mismos de la sintaxis como disciplina autónoma o relativamente autónoma. Parece claro que los fenómenos que esos principios abarcan están condicionados en alguna medida por factores de naturaleza discursiva, aun cuando –como hemos intentando mostrar– esos factores no se han formulado y delimitado todavía de manera suficientemente precisa.

9.5. Pronombres átonos y tónicos. Los clíticos

9.5.1. *Los pronombres débiles y su ordenación*

En los apartados anteriores se examina un solo aspecto de la gramática de los pronombres personales: la relación que establecen con sus antecedentes en función de la clase gramatical a la que pertenecen y de ciertos principios formales que establecen ámbitos de localidad. Además de agruparse en las clases que hemos mencionado, los pronombres establecen paradigmas diferentes en función de los rasgos de género, número, caso y persona. A esta lista de rasgos suele añadirse la TONICIDAD, un criterio morfofonológico que tiene gran número de consecuencias sintácticas. Se denominan PRONOMBRES CLÍTICOS (o simplemente CLÍTICOS) los que son átonos o prosódicamente débiles. Lo que diferencia el pronombre sujeto *él* de (122) y el pronombre complemento indirecto *le* de (123) es que *él* es TÓNICO, es decir, recibe o atrae acento prosódico.

(122) a. Él llega tarde siempre.
      b. Hablé con él.

(123) a. Le dije la verdad.
      b. Le hablé de Marta.

Esta naturaleza «débil» de los pronombres clíticos hace que deban aparecer obligatoriamente asociados a otro elemento en el que se apoyan. Este elemento es el verbo en el español actual, pero podría ser un sustantivo, un adverbio u otra categoría en el español antiguo. Los elementos clíticos se extienden asimismo a otras clases de palabras en lenguas de múltiples familias. Sin salir de las romances, el italiano tiene adverbios clíticos, como *ci* en *Ci arriveremo domani* ('Llegaremos allí mañana'). El latín tenía al menos una conjunción clítica: *que* en *arma virumque* ('las armas y los caballeros').

La secuencia «clítico +V» forma un grupo acentual en el que el acento prosódico recae obligatoriamente sobre el verbo: *le hablé, nos veo, te ayuda*. Aunque la naturaleza débil de los pronombres hace que deban apoyarse en el verbo, esta propiedad no nos explica muchas de las restricciones que condicionan el orden del clítico con respecto al verbo, así como las interacciones que surgen entre dichos pronombres y otros constituyentes.

Los pronombres clíticos están asociados al verbo, pero aparecen en dos posiciones diferentes en función de si el verbo es finito (está en forma personal) o si es una forma no finita (infinitivo, gerundio, imperativo). Los pronombres débiles aparecen como PRONOMBRES PROCLÍTICOS cuando preceden a un verbo finito, y como PRONOMBRES ENCLÍTICOS (es decir, situados tras el verbo) en las formas no finitas de infinitivo, gerundio e imperativo:

(124) a. Pepe {lo compró / *comprolo}.
      b. Pepe me hizo {comprarlo / *lo comprar}.
      c. {Tratándolo / *Lo tratando} de ese modo, no lo convencerás.
      d. Comedlo / *Lo comed.

En las formas compuestas, el clítico precede obligatoriamente al auxiliar si está flexionado:

(125) a. Pepe lo ha comprado.
     b. *Pepe ha lo comprado.
     c. *Pepe ha comprádolo.

Así pues, los clíticos deben aparecer obligatoriamente como adjuntos al verbo; de ahí que ningún otro elemento pueda intervenir entre ambos, con excepción de otro clítico:

(126) a. No lo vio.
     b. *Lo no vio.

(127) a. Casi lo rompe.
     b. *Lo casi rompe.

(128) a. Se lo puso.
     b. Me lo dio.

Esta característica hace que los clíticos del español deban ser considerados *clíticos especiales,* en la terminología de Zwicky (1977), ya que siempre se adjuntan a la misma categoría. Otra de las propiedades más llamativas de los clíticos es que cuando aparecen en secuencia están sujetos a RESTRICCIONES DE LINEARIZACIÓN o de ORDEN LINEAL bastante rígidas. Estas restricciones indican el lugar especial de los clíticos entre la sintaxis y la morfología, dado que las agrupaciones (ingl. *clusters*) de clíticos pueden verse casi como secuencias de afijos. Perlmutter (1971), que fue el primero en estudiar este problema en profundidad dentro de la gramática generativa, proponía el siguiente filtro sobre el orden lineal de los clíticos del español:

(129) *se* < 2.ª persona < 1.ª persona < 3.ª persona

Esta restricción establece que hay un orden estricto en el orden lineal de los pronombres clíticos: *se* precede a cualquier clítico; los clíticos de segunda persona preceden a los de primera, y estos a los de tercera persona. Tampoco puede haber más de un clítico con la misma especificación de persona (*me me*) y en general las secuencias de más de tres clíticos no son posibles. Incluso las de tres no son comunes: *No te me lo pongas tan atrás.* Las siguientes secuencias ejemplifican posibles agrupaciones de clíticos que respetan el filtro de (129): *Se lo entregué, Se me cayó, Te me escapaste, Te lo di, Me lo puse.*

El filtro de Perlmutter resulta útil, pero es insuficiente, ya que existen otras restricciones sobre las agrupaciones o secuencias de clíticos. Cuando se obtiene una secuencia de clíticos de tercera persona (dativo + acusativo), el primero debe sustituirse por *se.* A este *se* se lo denomina a veces SE ESPURIO, ya que no ejemplifica ninguna de las funciones asociadas regularmente con *se* (reflexivo, recíproco, impersonal, etc.). No decimos *Le lo dio a él,* sino *Se lo dio a él,* donde el clítico dativo de tercera persona *(le)* ha sido sustituido por el clítico *se.* Así pues, tenemos:

(130) 3.ª persona *(dat.)* + 3.ª persona *(acus.)* → *se* + 3.ª persona *(acus.)*

Tampoco son posibles ciertas secuencias en las que se satisface el filtro de (129), pero se violan restricciones adicionales relacionadas con los rasgos de caso y persona. La secuencia *Me le acerqué* significa 'me acerqué a él o hacia él' (este *le* es denominado a veces 'dativo de dirección') y se opone a *Me lo acerqué* ('acerqué algo a mí o hacia mí'). En el primer caso tenemos el verbo pronominal *acercarse,* y en el segundo el verbo transitivo *acercar.* En cambio, **Te le acerqué* no es posible (con el significado 'te acerqué hacia él'), frente a *Te lo acerqué* ('acerqué (algo) hacia ti'). De forma paralela, *Te le acercas* significa 'te acercas hacia él', en contraste con *Te lo acercas,* que significa 'te acercas algo hacia ti'. No es posible, por el contrario, **Me le acercas* ('me acercas hacia él'), frente a *Me lo acercas* ('acercas algo hacia mí'). Estos contrastes pueden explicarse si postulamos una restricción adicional que considera la reflexividad como un rasgo que se puede ordenar en relación con el caso. Bastida (1976) propuso, en efecto, una restricción de acuerdo con la cual un clítico reflexivo debe preceder a un clítico dativo, y a su vez un clítico dativo debe preceder a uno acusativo:

(131) refl. < dat. < acus.

La secuencia de clíticos en *Me le acerqué* ('me acerqué hacia él') y *Me lo acerqué* ('lo acerqué hacia mí') satisfacen esta restricción: *me* (refl.) < *le* (dat.), y *me* (dat.) < *lo* (acus.). La secuencia **Te le acerqué,* interpretada como 'te acerqué hacia él', violaría la restricción de (131): **te* (acus.) < *le* (dat.). Por el contrario, *Te lo acerqué* ('lo acerqué hacia ti') sí respeta (131): *te* (dat.) < *lo* (acus.). Cuando el verbo está en segunda persona, tenemos las secuencias válidas *Te le acercas* (*te* (refl.) < *le* (dat.)), *Te lo acercas* (*te* (dat.) < *lo* (acus.)), y *Me lo acercas* (*me* (dat.) < *lo* (acus.)), frente a la secuencia no válida **Me le acercas* (**me* (acus.) < *le* (dat.)). Se ha observado, en cambio, que no se ajustan a (131) secuencias como *Te me presentaron,* que –si bien son rechazadas por algunos hablantes, frente a *Te presentaron a mí*– son aceptadas por otros con ese mismo sentido; por tanto, *te* (acus.) > *me* (dat.), frente a lo que establece (131).

Aunque durante los años setenta se intentó incorporar las restricciones de linearización entre los clíticos dentro del componente sintáctico, añadiendo para ello numerosas reglas y filtros superficiales, en las décadas de los ochenta y los noventa la visión que ha predominado es considerar las agrupaciones de clíticos como formas «precompiladas» en un nivel intermedio, es decir, en la interficie entre morfología y sintaxis. Esto ayudaría a explicar la existencia de restricciones muy específicas relacionadas con diversos rasgos cuya interacción posee naturaleza morfológica, más que propiamente sintáctica.

9.5.2. *Teorías sobre los clíticos. El análisis del movimiento*

Hemos visto que los clíticos pueden ocupar dos posiciones y que por esta razón se dividen en proclíticos y enclíticos. En ninguno de los dos casos ocupan, sin embargo, la posición canónica que corresponde inicialmente al argumento interno del verbo. En la oración *Compró un libro,* que contiene un verbo flexionado, el objeto directo aparece en la posición de argumento interno como constituyente hermano del verbo. El pronombre clítico aparece, sin embargo, obligatoriamente a la izquierda *(lo compró)*. Cuando se dice en los análisis escolares que *lo* es el sintagma que desempeña la función de complemento directo en oraciones como esta, se dice algo solo parcialmente cierto: *lo* no es exactamente un sintagma. De hecho, está más cerca de ser un afijo que de ser un sintagma. No tiene ni la estructura ni las propiedades sintácticas de los sintagmas, y es, además, un elemento fonológica y morfológicamente dependiente. Pese a ello, satura la posición de argumento interno del verbo, ya que la oración está indudablemente bien formada y *lo* representa la información que corresponde, en efecto, a esa posición.

En el marco teórico que estamos presentando es fundamental analizar las posiciones sintácticas de los constituyentes, no solo las dependencias que contraen. Una explicación posible de este contraste es la que lo deriva de una operación transformacional de movimiento (Kayne, 1975; Quicoli, 1976). De acuerdo con esta hipótesis, la posición superficial de los clíticos es una posición derivada. Los pronombres clíticos se generan en su posición argumental canónica y se desplazarían a una posición adjunta al núcleo verbal:

(132) Pepe [lo$_i$ compró] h$_i$.

Esta explicación concilia de forma natural la tensión entre requisitos argumentales y requisitos prosódicos. Al ser el pronombre clítico un elemento fonológicamente débil, se desplazará y adjuntará a su «anfitrión» prosódico. En el plano léxico-argumental, el clítico «sustituye» al argumento y satisface los requisitos morfosintácticos derivados del principio de saturación. Así pues, en (132) tenemos una cadena a la que corresponde un solo papel temático, que se asigna en su posición básica o argumental.

Se ha sugerido que el ANÁLISIS DEL MOVIMIENTO de los pronombres clíticos tiene un punto de apoyo en el hecho mismo de que la estructura (132) contenga una cadena. El argumento que proporciona la llamada *restricción de los clíticos reflexivos* se basa precisamente en una incompatibilidad de cadenas:

(133) RESTRICCIÓN DE LOS CLÍTICOS REFLEXIVOS: Se rechazan los clíticos reflexivos en las construcciones con sujetos derivados.

Esta restricción fue estudiada por Kayne (1975), Rizzi (1986b), Picallo (1991) y otros autores. Se comprueba de forma inmediata en las oraciones pasivas. Esta constricción muestra que, si bien el pronombre *le* (que no es reflexivo) se admite en (134a), se rechaza muy claramente el reflexivo *se* en (134b):

(134) a. Ha sido confiado a una institutriz. > Le ha sido confiado.
      b. Ha sido confiado a sí mismo. > *Se ha sido confiado.

Como puede verse, si el reflexivo no es un pronombre clítico, como *sí* en (134b), no se produce agramaticalidad. Observe, en el mismo sentido, que tampoco hay irregularidad sintáctica en la oración *Me presentaré a mí mismo*. Esta oración es transitiva, y contiene además un complemento indirecto, luego también es posible decir *Seré presentado a mí mismo*. Lo que la sintaxis rechaza de modo rotundo, y tenemos que averiguar por qué, es la oración **Me seré presentado*. Las construcciones con verbos inacusativos muestran el efecto de manera algo más débil, como observa Rizzi (1986b), pero igualmente perceptible:

(135) a. Juan cayó encima de María. > Le cayó encima.

   b. Juan y María cayeron uno encima del otro. > ??Se cayeron encima.

Supongamos que el análisis (132) es correcto y que el movimiento de clíticos da lugar a una cadena. Si se analizan los clíticos como el resultado de un proceso de movimiento, se obtienen dos cadenas: una es la del sujeto derivado correspondiente a la pasiva; la otra, contenida en ella, es la del reflexivo. Las dos aparecen con el mismo índice, lo cual da lugar a una incompatibilidad:

(136) *$Juan_i$ se_i ha sido confiado h_i h_i.

Esta incompatibilidad se sigue de la restricción que Rizzi (1986b) denomina CONDICIÓN DE LAS CADENAS (ingl. *chain condition*). Esta condición recoge el requisito de que toda cadena debe tener una posición temática y una de caso, es decir, que los miembros de la cadena deben sumar un rasgo [θ] y otro [C], como hemos visto en el § 6.6. Sin embargo, la cadena <$Juan_i$ se_i ... h_i h_i > suma dos posiciones [θ] y dos [C]. Cabe, no obstante, pensar en otros análisis de esta restricción. McGinnis (2004) sugiere, dentro del marco minimista, que una derivación que generase (136) no sería posible, porque implicaría que un elemento desplazado, como *Juan,* no podría asociarse de forma no ambigua con su copia o huella de movimiento. Esto constituiría una AMBIGÜEDAD LETAL (ingl. *lethal ambiguity*), ya que convertiría el objeto sintáctico resultante en no interpretable. Repare también en que en *Juan ha sido confiado a sí mismo, Juan* no forma cadena con *sí,* ya que *Juan* y *sí* son argumentos distintos, aunque sean correferentes. Por tanto, podría decirse que en (136) hay dos cadenas, no una. Sería entonces más adecuado ver esta incompatibilidad como una restricción de inclusión de una cadena en la otra, o quizá como un problema de minimidad (§ 7.5).

El análisis de los clíticos como resultado de un proceso de movimiento presenta varios problemas. En primer lugar, predice que un clítico será incompatible con un SD argumental al que sustituya. Sin embargo, las construcciones de REDUPLICACIÓN PRONOMINAL O DOBLADO DE CLÍTICOS (ingl. *clitic doubling*) muestran claramente que tal opción es posible. En (137) el clítico dobla o reduplica al complemento directo. En (138) el clítico dobla al complemento indirecto.

(137) a. María *lo* vio *a Pedro* jugando. *(Español del Río de la Plata)*

   b. *La* eligieron a *ella*.

   c. *Se* odia *a sí mismo*.

(138) a. Pepe *le* mandó un regalo *a Pedro*.

   b. *Le* preparé un pastel *a mi primo*.

En segundo lugar, hay ocasiones en que el clítico no está sustituyendo a un argumento, sino expresando un tipo de información que requiere su presencia: el *se* aspectual de (139a), el *se* medio de (139b), los clíticos que aparecen con los verbos inherentemente reflexivos en (140), o asociados a los experimentantes en los verbos psicológicos en (141):

(139) a. Marga se comió un melón.
     b. El barco se hundió.

(140) a. Me deshice de aquellas obligaciones.
     b. Luis se alegró.

(141) a. A Pepe le gusta el cine.
     b. Me duele la cabeza.

Estos pronombres pueden ser también proclíticos o enclíticos, pero no podemos decir que formen una cadena: al pronombre *se* en (139a) no le corresponde ningún papel temático, lo que significa que no puede haberse movido a su posición de proclítico desde una posición argumental.

Este tipo de consideraciones condujo a un análisis alternativo de los clíticos llamado DE GENERACIÓN INICIAL O EN LA BASE (ingl. *base-generation analysis*), de acuerdo con el cual la posición de base de los clíticos es la posición superficial en que aparecen. En otras palabras, los clíticos no se desplazan desde su posición argumental sino que se generan directamente como adjuntos del núcleo verbal (Strozer, 1976; Rivas, 1977; Jaeggli, 1982; Borer, 1984). Este análisis nos permite predecir que puede haber construcciones en las que el clítico doble o reduplique un elemento argumental pleno, y no contradice la presencia de clíticos obligatorios no estrictamente argumentales. Sin embargo, el contraste posicional entre un objeto y su sustituto pronominal (*María compró el coche* frente a *María lo compró*) vuelve a ser problemático. En ambas estructuras se debe satisfacer el criterio temático y el principio de proyección, por lo que se infiere que todos los argumentos se han saturado.

Varios de los análisis planteados en el marco de la teoría de rección y ligamiento de los años ochenta abordaron este problema a partir de la idea de que los clíticos poseen un estatuto especial con respecto a las teorías del caso y de los papeles temáticos. Aoun (1981) y Borer (1984) proponen que los clíticos «absorben» el caso del verbo, por lo que impiden que otro elemento pueda recibir la misma marca de caso. En una línea argumentativa similar, Jaeggli (1982) propone que los clíticos absorben la capacidad de rección del verbo. Esta capacidad del clítico para recibir, y por lo tanto absorber, determinadas marcas funcionales explicaría la denominada GENERALIZACIÓN DE KAYNE, según la cual solo los objetos preposicionales pueden estar doblados o reduplicados por un clítico. Esta generalización surge de datos como los siguientes: (i) los objetos indirectos son reduplicables en cualquier dialecto (142); (ii) el doblado de los pronombres personales es obligatorio (143); y (iii) los objetos directos precedidos por la preposición *a* que encabeza los complementos directos de persona (llamada a veces «*a* personal») permiten la reduplicación, mientras que los de los objetos directos inanimados no la permiten (144):

(142) (Le) di un libro a Juan.

(143) a. Di un libro a {*él / Juan}
     b. He visto a {*ella / María}
     c. Le di un libro a {él / Juan}
     d. La he visto a {ella / María}

(143) a. *(Le) di un libro a él.
     b. *(La) he visto a ella.

(144) a. Lo vi a Juan.
     b. *Lo compré el coche. *(Salvo en algunas variedades del español rioplatense)*

La generalización de Kayne prevé la presencia de una preposición en el sintagma duplicado, lo que se seguiría de las propiedades de absorción del clítico. Dado que el clítico absorbe el caso, solo los objetos que reciben caso por otros medios resultarían legitimados. La agramaticalidad de (144b) es el resultado, en este análisis, del hecho de que *el coche* no puede recibir caso acusativo del verbo. En cambio, (144a) sí es gramatical, ya que *Juan* recibe caso acusativo a través de la partícula *a.* Como los objetos indirectos reciben caso dativo sistemáticamente de la preposición *a,* su doblado no es problemático, como se ve en (142).

Esta generalización se cumple solo en parte en el español del Río de la Plata, como observa Suñer (1988), puesto que se atestiguan en esa variedad secuencias con reduplicación de un objeto directo no precedido por la preposición *a (Siempre lo compraba el diario en este lugar; Lo vendió el auto).* Dichas secuencias alternan con otras que muestran la preposición, incluso si se trata de nombres de cosa *(Lo puso al libro sobre la mesa; Lo vendió al auto).*

El doblado de objetos directos e indirectos contrasta también en los procesos de extracción. El siguiente contraste parece sugerir que la extracción de objetos directos doblados no es posible, mientras que la extracción de objetos indirectos sí lo es:

(145) a. *¿A quién lo viste?
     b. ¿A quién le diste el coche?

Para Jaeggli (1982), este contraste se seguiría del hecho de que los objetos indirectos son SSPP, y por tanto sus huellas no deben estar regidas por el verbo. En cambio, los objetos directos son SSDD y sus huellas sí deben estar regidas. Al absorber el clítico la capacidad rectora del verbo, la huella quedaría sin regir y se violaría el 'principio de la categoría vacía' o PCV, que analizábamos en el capítulo 7.

Se ha puesto de manifiesto en varias ocasiones que estas explicaciones no son totalmente satisfactorias. En primer lugar, el grado de variación dialectal en las estructuras de doblado es considerable (cfr. Fernández Soriano, 1999b). En segundo lugar, el doblado es también sensible a ciertas propiedades semánticas y discursivas de los elementos doblados, propiedades que son independientes del caso y del papel temático (Gutiérrez-Rexach, 1999b). Si tomamos en cuenta estas propiedades, parecería más adecuado considerar los clíticos no como expresiones que «absorben» una marca determinada, sino como elementos que aportan o requieren cierto rasgo. Esta es la alternativa que desarrollaremos en el siguiente apartado.

9.5.3. *Clíticos y categorías funcionales*

Son varios los análisis de los clíticos que no se basan en el movimiento, sino que toman como punto de partida sus propiedades flexivas. Así, Strozer (1976), Rivas (1977), Jaeggli (1982) y otros autores coinciden, aunque con algunas diferencias, en suponer que los clíticos (al menos los argumentales) se generan en el lugar que ocupan, como hemos mencionado en el apartado anterior. El pronombre *lo* en *Lo leí* no ocuparía, por tanto, esta posición adelantada por haberse movido a ella desde el complemento de V, sino que se generaría directamente allí. La posición argumental de la base estaría ocupada por un pronombre nulo: *pro*. Más aún, la relación que se establece entre *pro* y la flexión verbal en (146a) es similar, desde este punto de vista, a la que se reconoce entre el clítico y el pronombre que representa:

(146) a. *Pro* cant-*a*.
     b. *Lo* vi *pro*.

Estas propuestas conducen a un análisis en el que los clíticos se ven como manifestaciones de la CONCORDANCIA DE OBJETO. Desde este punto de vista, el lugar de *pro* puede ser ocupado por un sintagma tanto en (146a) *(Juan canta)* como en (146b) *(Lo vi a Juan)*. Observe que la relación entre (146a) y (146b) está, sin embargo, algo forzada, puesto que el francés, por ejemplo, tendría una estructura del estilo de (146b), pero no del estilo de (146a). Aun así, la idea de que los clíticos son elementos de naturaleza flexiva que ocupan proyecciones de concordancia es aceptada en la actualidad por un gran número de sintactistas. En este apartado explicaremos brevemente el fundamento de esos análisis.

Reconsideremos los datos sobre el doblado de clíticos vistos hasta ahora. En primer lugar, el doblado de pronombres personales, ya sean objetos directos o indirectos, es obligatorio en el español actual (aunque no lo era en la lengua antigua):

(147) a. *(La) vieron a ella.
     b. *(Le) hablaron a ella.
     c. *(Le) entregaron un libro a ella.

En segundo lugar, el doblado de objetos indirectos no pronominales suele ser opcional y no está sujeto a restricciones semánticas sobre el SD asociado (con ciertas excepciones, como los clíticos con el papel temático de experimentador, como en *El regalo no le gustó a mi sobrina*). En general, se observa una tendencia creciente a la reduplicación sistemática de los objetos indirectos:

(148) a. Le envié un regalo a la niña.
     b. Les ofrecieron queso y leche a muchos niños.

El doblado de objetos directos contrasta claramente con el doblado de objetos indirectos. En primer lugar, doblar objetos directos no es posible en todos los dialectos. En el español estándar, y especialmente en la lengua escrita, la reduplicación de complementos directos tiende a reducirse. En cambio, en el registro oral y en ciertos dialectos es bastante común. En las variantes en las que es posible el doblado, suele estar claramente vinculado a ciertas propiedades semánticas del SD asociado.

Como hemos señalado, Suñer (1988) observa que la generalización de Kayne aplicada al español rioplatense no es completamente correcta, ya que no solo es posible en esta variedad el doblado de objetos precedidos por la preposición *a* (objetos personales o animados), sino también el doblado de objetos inanimados:

(149) a. Me la preparé la prueba objetiva.
     b. Yo lo voy a comprar el diario antes de subir.
     c. La encontré pesada la audición.

Es más, el factor que parece condicionar la coaparición de clítico y SD complemento directo es un rasgo semántico del SD. Solamente los SSDD específicos o referenciales pueden ser doblados. Los SSDD que aparecen en (150) –*esos estudiantes, mis primos, la casa*– son específicos o referenciales y pueden reduplicarse; por el contrario, los de (151) –*alcaldes, alguien que los ayudara*– son inespecíficos o no referenciales, y no pueden estar sujetos a reduplicación pronominal:

(150) a. Los engañaron a esos estudiantes.
     b. Los vi a mis primos.
     c. La compré la casa.

(151) a. *Los eligieron a alcaldes.
     b. *Lo buscaban a alguien que los ayudara.

Suñer formula un PRINCIPIO DE COINCIDENCIA (ingl. *matching principle*), de acuerdo con el cual los clíticos son afijos de concordancia y poseen rasgos como [específico], [género], [número], [persona]. Al ser los clíticos elementos concordantes, el elemento doblado debe coincidir con ellos en la especificación de rasgos. De igual forma que no es posible doblar un SD [femenino] mediante un clítico con el rasgo [masculino] (*lo vi a María),* tampoco sería posible doblar un SD con un valor del rasgo [especificidad], o tal vez [definitad], diferente del rasgo del clítico, es decir, con un valor que no sea [+específico]. El principio de coincidencia, que no es sino un ejemplo más de un mecanismo de concordancia, eliminaría las secuencias en que hubiese tal desajuste.

La implementación del principio de coincidencia es compatible con la teoría de las categorías funcionales. De acuerdo con esta teoría, podemos suponer que los clíticos encabezan una proyección donde se coteje concordancia/caso, proyección que debe ser jerárquicamente superior al SV. En concreto, los clíticos de objeto directo encabezarían la proyección Sv (§ 6.9.3) o SConc-O bajo la hipótesis de la flexión escindida (cfr. § A.3 del capítulo 4):

(152) $[_{Sv} [_{v'}$ los $[_{SV}$ vi a mis primos$]]]$

Como los clíticos poseen el rasgo [+específico] (o quizá mejor [+definido], puesto que pueden ser variables ligadas: § 9.1.1), requerirían que dicho rasgo fuese cotejado con el SD al que doblan, lo cual puede concebirse como un proceso que tiene lugar en la sintaxis abstracta o FL. En otras palabras, en la FL el objeto y el núcleo aparecen en la configuración núcleo-especificador y cotejan el rasgo de especificidad. Teorías similares han sido propuestas, entre otros, por Fernández-Soriano (1989), Franco

(1993) y Gutiérrez-Rexach (2001b). La FL de (153a) estaría bien formada, al haber coincidencia en el rasgo semánticamente interpretable de especificidad o de definitud. Por el contrario, (153b) sería el resultado de una derivación no convergente, al fallar la coincidencia de rasgos entre el clítico y el complemento directo al que dobla.

(153) a. [$_{Sv}$ A mis primos$_i$ [+específico] [$_{v'}$ los [+específico] [$_{SV}$ vi h_i]]]
       b. *[$_{Sv}$ A alcaldes$_i$ [-específico] [$_{v'}$ los [+específico] [$_{SV}$ eligieron h_i]]]

Recuerde que en el capítulo anterior distinguíamos entre los pronombres interrogativos *qué* y *cuál,* en tanto que el primero no es presuposicional, o no está vinculado al discurso, mientras que el segundo sí lo está. Pues bien, solo el segundo puede ser doblado por un clítico:

(154) a. *¿A quién lo viste salir?
       b. ¿A cuál de ellos lo viste salir?

Este contraste nos lleva a revisar la generalización inicial que mencionamos con respecto a (145), es decir, la que se estableció en los años ochenta con respecto a la extracción de complementos doblados. La generalización correcta no es tanto que los complementos directos no puedan extraerse como que su extracción está mediatizada por los rasgos que posean, lo que se sigue del principio de coincidencia. La vinculación contextual que exige *cuál* (que puede llamarse *presuposicionalidad,* como se ha explicado) constituye un tipo de dependencia contextual parecida, aunque no idéntica, a la especificidad (Gutiérrez-Rexach, 1999b).

Podemos entonces concluir que la reduplicación pronominal impone a su elemento asociado el cotejo de los rasgos presentes en el pronombre reduplicado. Este cotejo tiene lugar en proyecciones donde se cotejan caso y concordancia. Los clíticos de objeto indirecto carecen del rasgo de especificidad / definitud, por lo que pueden verse como meras marcas de concordancia de género, número y persona. En cambio, los clíticos de objeto directo poseen un rasgo semántico activo como es el rasgo de «especificidad / definitud». El cotejo de dicho rasgo en la sintaxis abstracta restringe de hecho la clase de los SSDD que pueden ser reduplicados a aquellos que portan dicho rasgo, de acuerdo con el principio de coincidencia.

La hipótesis de que los clíticos encabezan su propia proyección de concordancia, y más en concreto, que los clíticos de objeto directo encabezan S*v* (Conc-O), nos permite también explicar la asimetría que mencionamos anteriormente en la cliticización de los pronombres a las formas finitas o no finitas del verbo. Es lógico suponer, desde este punto de vista, que en la oración *Lo comió* no es *lo* el elemento que se ha desplazado, como se suponía en el análisis del movimiento, sino el verbo *comió*. Recuerde que los pronombres débiles son proclíticos con respecto a un verbo flexionado (*lo comió,* no *comiolo*) y enclíticos con respecto a un verbo no finito o no flexionado (*habiéndolo dicho,* no *lo habiendo dicho*). En efecto, si suponemos que el clítico *lo* encabeza la proyección S*v*, esta asimetría se seguiría de la posibilidad de que el verbo se desplace a una posición más alta. Los verbos finitos o temporalizados deben desplazarse primero a S*v*, en cuanto que han de satisfacer la concordancia abstracta de complemento directo, y luego a SFlex (T / Conc-S), ya que activan la concordancia verbo-sujeto; es decir, la flexión verbal debe cotejar en la sintaxis los rasgos de número y persona. En este segundo desplazamiento, el verbo incorporará al clítico en *v* y ascenderá a una posición relativa más alta que la posición de generación del clítico. Es decir, pasamos de (155a) a (155b):

(155) a. [$_{Sv}$ lo [$_{Sv}$ comió]]
b. [$_{SFlex}$ [lo + comió]$_i$ [$_{Sv}$ h$_i$ [$_{SV}$ ...]]]

En cambio, las formas no finitas del verbo no concuerdan, por lo que en su ascenso a SFlex atravesarán la proyección S*v*, de modo que se obtiene así la linearización «V + cl»:

(156) [$_{SFlex}$ comer$_i$ [$_{Sv}$ lo [$_{SV}$ h$_i$]]]

Para algunos autores, el verbo no finito puede incluso subir al núcleo Comp, como sucedería con los imperativos (Rivero, 1994c) y en otras construcciones de infinitivo y de gerundio. Prueba de ello es que los sujetos aparecen en todos estos casos pospuestos:

(157) a. Hazlo tú.
b. Póntelo tú.

(158) a. De haberlo sabido yo...
b. Quejándose María...

9.5.4. *El ascenso de los clíticos*

Un problema para la teoría de la generación de los pronombres débiles en su posición superficial es el fenómeno conocido como ASCENSO O SUBIDA DE LOS CLÍTICOS (ingl. *clitic climbing* o *clitic promotion*). En (159) el clítico puede aparecer como enclítico del verbo que lo selecciona argumentalmente *(destruir),* o bien como proclítico del verbo *querer.* Lo mismo sucede en (160).

(159) a. Pepe quiere destruirlo.
b. Pepe lo quiere destruir.

(160) a. Estoy mirándote.
b. Te estoy mirando.

Este fenómeno ha sido caracterizado como un proceso de ascenso de pronombres clíticos a partir de una observación descriptiva: como vemos, el clítico parece desplazarse y ascender desde la posición que corresponde al verbo que lo selecciona argumentalmente a una posición adjunta a otro verbo superior. En principio, no existe una restricción en este proceso de desplazamiento en función de cuántos verbos intervengan entre la posición argumental del clítico y su posición superficial. El ascenso puede cruzar más de un verbo no finito:

(161) a. Intentó volver a verme.
b. Me intentó volver a ver.

(162) a. Pudo intentar volver a verme.
      b. Me pudo intentar volver a ver.

Existen, empero, varias restricciones a la subida de clíticos:

A) Los clíticos no pueden ascender desde el interior de una oración flexionada:

(163) a. Quiere que lo sepas.
      b. *Lo quiere que sepas.

B) Solo ciertas preposiciones –generalmente las que introducen los auxiliares de las perífrasis verbales– pueden intervenir entre los dos verbos relacionados por la subida del pronombre. La conjunción *que* puede hacerlo en la perífrasis *tener que,* donde se asimila a una preposición:

(164) a. Tengo que hacerlo. / Lo tengo que hacer.
      b. Voy a hacerlo. / Lo voy a hacer.
      c. Acaba de hacerlo. / Lo acaba de hacer.

(165) a. Quedaron en verse. / *Se quedaron en ver.
      b. Cuento con acabarlo. / *Lo cuento con acabar.

La negación y los cuantificadores no pueden intervenir entre los dos verbos:

(166) a. Piensa no hacerlo. / *Lo piensa no hacer.
      b. Deseo mucho verte. / *Te deseo mucho ver.

C) Cuando se da una agrupación de clíticos, estos deben ascender en bloque, por lo que no es posible el movimiento aislado de uno o más clíticos en una agrupación:

(167) a. Quiere dárselo. / Se lo quiere dar.
      b. *Lo quiere darse. / *Se quiere darlo.

D) No todos los verbos permiten la subida de clíticos. Lo hacen los denominados 'verbos de control de sujeto' (§ 6.5.2), como en (168a), al igual que los verbos modales (168b, c) y los causativos (168d). Por el contrario, los verbos de control de objeto (169a) y los de ascenso (169b) la suelen bloquear.

(168) a. Deseo hacerlo. / Lo deseo hacer.
      b. Debe hacerlo. / Lo debe hacer.
      c. Puede hacerlo. / Lo puede hacer.
      d. Hizo terminarlo. / Lo hizo terminar.

(169) a. Permitió (a su hijo) comprarla. / *La permitió (a su hijo) comprar.
      b. Parecía quererla. / *La parecía querer.

Hasta aquí, un breve repaso de las principales propiedades que caracterizan descriptivamente este fenómeno. Pasemos ahora a las consideraciones teóricas.

Existen dos grupos de teorías principales para explicar la subida de clíticos y las restricciones que se observan en este proceso. El primer grupo de análisis trata el fenómeno como un problema léxico-sintáctico. Al combinarse dos verbos, el resultado es una única unidad que resulta «transparente» al ascenso del clítico. Esta transparencia se deriva del hecho de que el complejo verbal se reanaliza como un solo verbo. Entre estas teorías está la defendida por Rizzi (1982), que propone una regla de REANÁLISIS O REESTRUCTURACIÓN (ingl. *restructuring*), de acuerdo con la cual se crearía un verbo complejo a partir de la unión de dos verbos. Otros autores (Aissen y Perlmutter, 1976; Moore, 1991) proponen un proceso similar de REDUCCIÓN DE CLÁUSULA, que depende de ciertas propiedades del verbo matriz.

El fundamento de estos análisis radica, en lo esencial, en el hecho de que el complejo sintáctico V1 + V2 posee dos propiedades. La primera explicaría la enclisis, y consiste en el hecho de que V2 es un verbo no flexionado *(Quiero verlo)*. La segunda propiedad explica la proclisis: V1 + V2 es una forma verbal compleja *(querer ver)* creada sintácticamente y cuya flexión aparece en V1. Tenemos, por tanto, *Lo quiero ver*.

El segundo grupo de teorías no postula la existencia de procesos de reestructuración o reducción, sino que parte de la hipótesis de que la posibilidad de ascenso del clítico depende de la configuración estructural existente (Kayne, 1989b; Mendikoetxea, 1993; Treviño, 1993, 1994). Así, Kayne (1989b) defiende la hipótesis de que los clíticos ascienden a través de los núcleos Flex (Conc-S) y Comp de la cláusula incrustada. Si suponemos que los clíticos se generan como núcleos de Sv (Conc-O), esto nos llevaría a proponer los siguientes pasos derivacionales: movimiento a v (170a), movimiento a C (170b) y, por último, adjunción al verbo finito (170c).

(170) a. V1 $[_{SComp}$ $[_{SFlex}$ PRO cl$_i$ $[_{Sv}$ h$_i$ V2]]]

  b. V1 $[_{SComp}$ cl$_i$ $[_{SFlex}$ PRO h$_i$ $[_{Sv}$ h$_i$ V2]]]

  c. cl$_i$ + V1 $[_{SComp}$ h$_i$ $[_{SFlex}$ PRO h$_i$ $[_{Sv}$ h$_i$ V2]]]

Recuerde que no es posible insertar libremente entre ambos verbos otros elementos, como la negación, cuantificadores o el complementante *que*. Esta limitación se deduce, en este análisis, del hecho de que en esos casos interfieren los núcleos intermedios (Flex, Neg o Comp), por lo que el desplazamiento del clítico violaría la restricción del movimiento de núcleos y, en consecuencia, el principio de las categorías vacías.

Concluyamos. En este capítulo nos hemos centrado en el análisis de ciertos aspectos de los pronombres personales que poseen notable interés teórico. Hemos comenzado examinando la interpretación de los pronombres a la luz de conceptos y herramientas teóricas que vimos en el capítulo anterior. Hemos defendido la hipótesis de que los pronombres pueden tratarse como variables en el nivel de Forma Lógica, lo que nos permite analizar con bastante detalle su significado. Hemos presentado la versión clásica de la teoría del ligamiento, que distingue entre tres grupos de expresiones que están sujetas (o no) a relaciones de correferencia: las expresiones anafóricas, las expresiones pronominales propiamente dichas y las denominadas expresiones referenciales. Una vez establecida esta tipología, hemos desarrollado la noción de 'dominio de ligamiento' o 'categoría de rección', así como los tres principios de la teoría del ligamiento (denominados, por convención, principios A, B y C). Hemos comprobado que, aunque estos principios pueden dar cuenta de un buen número de (in)compatibilidades referenciales, resultan también insuficientes en ciertos contextos y precisan de ciertas ampliaciones y correcciones. Entre los fenómenos que ponen de manifiesto la necesidad de esas modificaciones están el cruce fuerte y el cruce débil, la obviación pronominal y la incidencia que parecen tener las relaciones informativas en unidades concebidas de forma configuracional. Por último, nos hemos centrado en el análisis de las peculiaridades sintácticas de los pronombres átonos o clíticos, y hemos resumido algunas de las hipótesis fundamentales que sobre ellos se han propuesto en el marco teórico que estamos presentando.

9.6. Lecturas complementarias

• La interpretación de los pronombres se analiza, desde perspectivas semánticas, en Partee (1972), Cooper (1979), Bach y Partee (1980), Evans (1980), Higginbotham (1980), Roberts (1989), Chierchia (1995), Geurts (1999), y Von Heusinger y Egli (2000). Las repercusiones sintácticas se estudian en Fiengo y May (1994), Panagiotidis (2002), Simon y Wiese (2002), Déchaine y Wilschko (2002) y Safir (2004a, 2004b), entre otros trabajos. Se dedica íntegramente al concepto de 'persona gramatical' el vol. 16.1 (2004) del *Italian Journal of Linguistics*. La interpretación de los pronombres en español se analiza en Luján (1985, 1986, 1999b), Rigau (1986, 1988) y Otero (1999), entre otros muchos trabajos.

• La presentación clásica de la teoría del ligamiento se encuentra en Chomsky (1980, 1981). Otros desarrollos, alternativas y discusiones de dicha teoría se elaboran en Reinhart (1976, 1983a, 1983b), Belletti (1982b), Lebeaux (1983), Haïk (1984), Hellan (1988), Lasnik (1989), Zribi-Hertz (1989), Clark (1991), Pollard y Sag (1992), Reinhart y Reuland (1993), Koster y Reuland (1991), Dalrymple (1993), Cardinaletti (1994), Jayaseelan (1997), Bennis, Pica y Rooryck (1997), Fox (2000), Frajzyngier y Curl (2000) y Reuland y Everaert (2001). La semántica de las relaciones de ligado se estudia en Keenan (1988, 1989), Heim (1993) y Büring (2005), entre otros trabajos. Puede obtenerse un buen panorama de conjunto a través de Barss (2003).

• Varios enfoques actuales defienden una alternativa a la teoría del ligamiento de fundamentación pragmática. Pueden consultarse a este respecto Huang (1991, 1994), Levinson (1987, 2000) y Blackwell (2003), además de los títulos citados en el texto. Existen congresos internacionales periódicos sobre la determinación del antecedente de los pronombres. Las actas del 4.º coloquio DAARC *(Discourse Anaphora and Anaphor Resolution Colloquium)* se publican en Branco y otros (2002). El 6.º coloquio de esta serie se celebró en marzo de 2007.

• La bibliografía sobre los pronombres átonos, débiles o clíticos es abundantísima. Ofrecen perspectivas teóricas o referencias generales, entre otros, los trabajos de Zwicky (1977), Klavans (1982), Borer (1986), Wanner (1987), Lyons (1990), Dobrovie-Sorin (1990), Bonet (1991, 1995), Suñer (1991a, 1992), Schneider-Zioga (1994), Nevis y otros (1994), Uriagereka (1995a), Halpern (1995), Black y Motapanyane (1997), Sportiche (1998b), Cardinaletti y Starke (1999), Van Riemsdijk (1999), Gerlach y Grijzenhout (2000), Gerlach (2002) y Ordóñez y Heggie (2005).

De nuevo sin ánimo de exhaustividad, cabe señalar entre las que se centran sobre el español las contribuciones de Strozer (1976), Rivas (1977), Jaeggli (1982, 1986b), Hurtado (1984), Suñer (1988), Fernández Soriano (1993, 1999b), Franco (1993), Torrego (1995), Harris (1995), Roca (1996a), Franco y Mejías-Bikandi (1999) y Gutiérrez-Rexach y Silva-Villar (2001), a los que pueden añadirse los trabajos sobre clíticos dativos citados en el § 6.13. Varios de los estudios mencionados se ocupan de las restricciones que existen en la formación de secuencias de clíticos en las lenguas románicas. Sobre este mismo punto, véase también Bonet (1995), Rivero (2004) y Ormazabal y Romero (1998, 2002), entre otros trabajos.

• Se han dedicado un gran número de estudios a la adquisición de las relaciones anafóricas por los niños. Puede obtenerse un buen panorama de conjunto a través de Lust (1986), Lust y otros (1994), Cardinaletti y Starke (2000) y –para el español– Baauw (2000).

10 Nombres, verbos y sus proyecciones asociadas

10.1. Introducción

Una de las conclusiones fundamentales que se siguen de la discusión sobre los sintagmas centrados en torno al nombre y al verbo que hemos presentado en el capítulo 4 es que, si prestamos atención a la información funcional que contienen, podemos desarrollar un análisis más pormenorizado que incluya la contribución de la flexión verbal (tiempo, aspecto, modo, número, persona) y la nominal (género y número), y que recoja asimismo la aportación de las conjunciones subordinantes o complementantes. Recuerde que la jerarquía de proyecciones funcionales y léxicas que postulábamos allí en el dominio oracional (SComp > SFlex (T) > SV) estaba motivada por diversas consideraciones de tipo estructural y semántico. Lo mismo sucedía en el dominio nominal (SD > SGen / Num > SN). Las proyecciones funcionales que dominan a un núcleo verbal o nominal están relacionadas indudablemente con este. De hecho, aportan información gramatical esencial para interpretar el contenido de la proyección léxica. Se suele decir que constituyen su PROYECCIÓN EXTENDIDA (ingl. *extended projection*), en palabras de Grimshaw (1991).

En los capítulos precedentes hemos considerado varios elementos que participan en proyecciones extendidas. En este capítulo nos centraremos en algunos de ellos, aunque de manera necesariamente resumida: los adjetivos, la negación, el tiempo, las expresiones de modalidad, los adverbios, etc. Aunque los datos y los problemas suscitados en el estudio de estas unidades son complicados, y a veces hasta cierto punto idiosincrásicos, nos ayudan a esbozar una visión más nítida de la estructura oracional, en la que debemos incluir propiedades estructurales e interpretativas que se relacionan entre sí en distintos niveles.

Por razones de espacio, en este capítulo hemos de presentar mucha menos información de la que puede encontrarse sobre todas estas cuestiones en las gramáticas descriptivas, no digamos ya en los numerosos estudios monográficos existentes. Nuestro interés fundamental en esta somera presentación será, por un lado, relacionar las unidades que aquí se mencionan con las configuraciones sintácticas que hemos ido presentando en los capítulos anteriores; por otro, aludiremos a las formas en las que algunos de los principios restrictivos que hemos ido exponiendo son pertinentes en el análisis de estas construcciones. Varias de las cuestiones que se suscitan en este capítulo están sometidas a considerable debate. Al presentarlas aquí de forma tan resumida, no pretendemos ni mucho menos darlas por zanjadas, sino más bien todo lo contrario: mostrar al lector que tales asuntos polémicos siguen siendo materia de discusión y ponerlo en la pista de trabajos que le permitirán proseguir las indagaciones por su cuenta.

10.2. La estructura del SD

10.2.1. *Los determinantes. Paralelismo entre SD y SFlex*

Este apartado constituye un desarrollo del § 4.5. Si no recuerda usted bien lo que allí decíamos, le sugerimos que lo repase y luego vuelva a este punto. Consideremos la siguiente pregunta: «¿Existe algún paralelismo entre la configuración D > SN, que articula la estructura del SD, y la configuración Flex > SV, que articula la estructura de la oración?» Esta pregunta no es nueva. Se la plantean Abney (1987) y Szabolcsi (1987), entre otros autores. La respuesta parece ser afirmativa, tanto si se considera en términos semánticos como si se plantea en términos sintácticos. Desde los primeros, los artículos definidos sirven para otorgar referencia a los grupos nominales, más exactamente para establecer su denotación en función de cierta información que el hablante y el oyente comparten. De forma análoga, el tiempo es el procedimiento del que dispone la gramática para anclar los eventos, es decir, para vincularlos con instantes o periodos que se miden en función del momento del habla. Si se examina el paralelismo en términos formales, se descubren asimismo coincidencias notables, puesto que el movimiento del núcleo léxico al funcional es relativamente similar en uno y otro caso, como vimos en el capítulo 4. En el reciente programa minimista se enfatizan todas estas relaciones formales. De hecho, el cotejo de rasgos se convierte en el factor decisivo que activa las derivaciones sintácticas y que da lugar a las interpretaciones que con ellas se asocian (§ 4.6).

En el § 4.5 explicábamos por qué los constituyentes que solían denominarse *sintagmas nominales,* en el sentido tradicional de «los que están encabezados por un determinante», se analizan en el marco formal que estamos presentando como *sintagmas determinantes,* es decir, como constituyentes cuyo núcleo es el determinante, en lugar del sustantivo. La hipótesis del sintagma determinante tiene otras muchas ventajas, además de las que allí señalábamos. En este apartado vamos a examinar dos problemas empíricos que plantea así como algunas soluciones posibles que se presentan: las elisiones nominales y la multiplicidad de determinantes.

10.2.2. *La elipsis nominal*

En español es posible elidir el núcleo nominal de los sintagmas determinantes en ciertas condiciones que vamos a detallar enseguida. Considere ejemplos como *los de María, el rojo, la mayor* u otros similares. El análisis de estas secuencias resulta problemático porque da la impresión de que se trata de sintagmas nominales, en los que no aparece ningún sustantivo nuclear. Comparemos estas cuatro hipótesis:

(1) a. El sintagma *los de María* no tiene núcleo.
    b. El núcleo del sintagma *los de María* es *de María.*
    c. El núcleo del sintagma *los de María* es un sustantivo tácito (N).
    d. El núcleo del sintagma *los de María* es *los.*

No podemos aceptar (1a) porque ya hemos admitido el requisito de endocentricidad (§ 3.3.1) según el cual los sintagmas son unidades con núcleo en virtud de su propia definición. También podemos descartar (1b) con bastantes garantías de que no es una buena opción. Si aceptamos que el núcleo otorga las propiedades del conjunto, es obvio que *de María,* que constituye un modificador, no determina las propiedades de la expresión que queremos analizar. Así pues, solo nos quedan dos opciones.

La opción (1c) se ha defendido en algunos análisis tradicionales y en varios marcos teóricos modernos, entre ellos la gramática generativa de los años sesenta y setenta. No es, desde luego, una opción disparatada, y aparentemente tiene algunos argumentos a su favor, en particular el hecho de que en *los N de María* podemos recuperar el contenido de N a través del discurso anterior (RECUPERACIÓN ANAFÓRICA: *Los amigos de Juan y los N de María*) o posterior (RECUPERACIÓN CATAFÓRICA: *Los N de María son los mejores pasteles de carne*). Pero (1c) es una opción algo extraña desde el punto de vista formal. No podemos suponer que su estructura es [*los*] [*N*] [*de María*] porque –por un lado–, esa configuración es ternaria, lo que contradice la estructura X', y –por otro– porque nos dice que *los* determina aquí solo a *N* dejando fuera el resto del sintagma, lo cual no parece correcto. Más aún, en los demás sintagmas que podrían ajustarse a esta estructura no es posible elidir el núcleo. No podemos, desde luego, suprimir las palabras subrayadas en (2) e intentar recuperar su referencia del discurso anterior o posterior:

(2) a. Solo <u>hablaba</u> de su trabajo.

   b. Muy <u>hacia</u> el sur.

   c. Bastante <u>lejos</u> de nuestros actuales intereses.

Observaremos que los problemas de (1c) son mayores si caemos en la cuenta de que lo elidido en (1c) no es en realidad un núcleo, sino una proyección nominal mayor: *libros de matemáticas; exquisitos pasteles de carne,* etc. Intuitivamente, debe haber en todos estos casos un SOSTÉN ESTRUCTURAL de la información suprimida, es decir, un elemento que permita retener una parte de lo que se elide, lo que nos permitirá reconocerlo. Esta información es de naturaleza flexiva. Aprovechándonos de los paralelismos que hemos establecido entre SD y SFlex, cabe concebir que los núcleos léxicos serán eliminables si los núcleos funcionales que constituyen su proyección extendida permiten recuperarlos contextualmente y actúan como un soporte que legitima los rasgos de concordancia pertinentes. De hecho, la información nominal que cabe omitir en *los de María,* se omite también en construcciones como *estos de aquí, tres de ellos, algunos de Cela,* etc. En términos estructurales, podemos decir que el núcleo funcional D (en los casos de elipsis nominal) o Flex (en los de elipsis verbal o adjetival) rige el núcleo léxico nulo correspondiente:

(3) a. $[_{SD}$ D $[_{SN}$ Ø]]

   b. $[_{SFlex}$ Flex $[_{SV}$ Ø]]

El análisis (1d) admite dos variantes que se diferencian en los rasgos que otorguemos a la forma *los.* En la variante más antigua, que se remonta a Bello (1847), *los* es un núcleo pronominal en esta secuencia y posee rasgos similares a los del demostrativo francés *celui.* Desde este punto de vista, no es precisa una proyección nominal en (1d), puesto que los pronombres son en sí mismos unidades referenciales. En la otra opción, *los* es un determinante que incide sobre una proyección nominal nula. La hipótesis del SD nos permite, más claramente que otras, entender la proximidad que existe entre estas dos opciones. Desde este punto de vista, lo único que las diferencia son los rasgos gramaticales de D y el hecho de que la información que contenga N esté o no incorporada al núcleo inmediatamente superior D. El concepto de movimiento de núcleos, expuesto en el § 4.2.2, recoge adecuadamente esta idea. En lo fundamental, es esto lo que nos permite distinguir *tres libros de estos* de *tres de estos,* pero también *más grande* y *mayor* y otros muchos pares similares de secuencias que coinciden en otorgar al núcleo funcional más alto una parte o la totalidad de la información que aporta el núcleo léxico inmediatamente inferior.

En la tradición gramatical hispánica se suele entender que el núcleo de *un pastel de estos* es *pastel,* mientras que el de *uno de estos pasteles* es *uno.* En el modelo formal que exponemos no se produce esta asimetría, ya que se supone que ambas secuencias tienen el mismo núcleo: *un(o),* determinante indefinido con dos variantes morfológicas situadas en distribución complementaria, aproximadamente como en *tan* y *tanto, muy* y *mucho, algún* y *alguno,* etc. También aquí se obtienen dos opciones que resultan similares a las que se acaban de esbozar. Una consiste en suponer que *uno* es la variante no apocopada del determinante, que se elige cuando su complemento no es nominal. La otra opción –más tradicional– consiste en suponer que *uno* es un pronombre, lo que hace innecesaria la estructura D-N. Existe, sin embargo, una opción intermedia, que se defiende en Bernstein (1993), entre otros trabajos. Consiste en suponer que la flexión de género y número en *un-o roto; un-a rota; un-o de ellos* es la que suple la proyección nominal, lo que permite mantener esta proyección, además de apoyar la idea de que los núcleos léxicos nulos están en función de los núcleos funcionales que los rigen, concuerdan con ellos y contribuyen a recuperar la información que los primeros aportan.

10.2.3. *El artículo en los grupos nominales oracionales*

Hemos visto que el determinante tiene ciertas propiedades que lo hacen independiente del nombre. Dicha independencia se manifiesta no solo en que un núcleo D puede permitir la elisión de un nombre, sino también en que puede seleccionar otros constituyentes. Existen en español construcciones en las que un determinante precede a distintas construcciones oracionales: oraciones de infinitivo (4a), y oraciones encabezadas por *que* (4b):

(4) a. El llegar tarde es de mala educación.
    b. El que llegues siempre tarde causa mala impresión.

El análisis en términos de la teoría X-con-barra basado en el SN resulta más complicado en estos casos, ya que los determinantes se consideran en esa opción especificadores del SN, y en estas construcciones tenemos un constituyente oracional. No podemos suponer estructuras del tipo de (5) porque infringen el principio de endocentricidad, ya que si la proyección máxima es SN, el núcleo tiene que ser N:

(5)

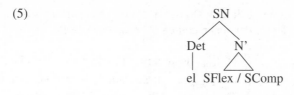

Existen varias cuestiones abiertas, así como restricciones notables, en relación con estas dos últimas combinaciones. En primer lugar, como hemos señalado, la presencia del determinante es opcional en ellas. En segundo lugar, el determinante puede estar seleccionado desde fuera de la proyección (*Me enteré de que Pedro llegó tarde* frente a **Me enteré del que Pedro llegó tarde*). En tercer lugar, solo el determinante definido puede seleccionar SComp. Otros determinantes, salvo raras excepciones, no pueden actuar como elementos nominalizadores o subordinantes de SComp:

(6) a. *Tu que llegues tarde.
   b. *Este que llegues tarde.
   c. *Un que llegues tarde.

Estos datos nos llevan a afinar un poco esta última propuesta en una dirección que al lector ya le resultará familiar. Hay que tener en cuenta no solo las configuraciones estructurales posibles, sino también los efectos de las propiedades morfológicas o semánticas de las piezas léxicas que participan en ellas, es decir, los rasgos que las caracterizan. Una opción es relacionar la presencia del artículo definido en las nominalizaciones con el hecho de que es el determinante fuerte (§ 8.5.3) semánticamente «más ligero» que puede aparecer como núcleo de D, al estar especificado solamente con el rasgo [+definido]. Otros determinantes fuertes incluyen rasgos semánticos adicionales (demostración o deixis, posesión) que los harían compatibles solo con complementos de categoría SN. Al ser el artículo el más neutral de los determinantes fuertes, no impondría restricciones al contenido semántico de la categoría con la que se combina, excepto el rasgo de 'definitud' (§ 8.8.1). Cabe preguntarse ahora por qué este contenido es compatible con la denotación de las oraciones. Observe que esta misma restricción se reproduce en los SSDD que seleccionan SSNN encabezados por *hecho* y por nombres similares que toman complementos oracionales.

(7) a. El hecho de que llegues tarde me molesta.
   b. El hecho de llegar tarde es considerado falta muy grave.
   c. *{Este / tu / un / muchos} hecho(s) de...

Una respuesta plausible a la pregunta que acabamos de formular es que, desde un punto de vista semántico, tanto los infinitivos como las oraciones finitas subordinadas denotan entidades individualizadas (concretamente, hechos o eventos), lo que redundaría en su compatibilidad con el determinante definido y su incompatibilidad con los restantes. Podemos, pues, suponer que el rasgo característico de esta construcción es la propiedad de contener un núcleo nominal nulo, cuyo contenido equivaldría aproximadamente al del sustantivo *hecho*. La otra opción consiste en evitar el núcleo nominal nulo y otorgar sus rasgos abstractos a un núcleo funcional D. Los análisis de (8) tienen en común el postular sustantivos tácitos, mientras que los de (9) tienen común el hecho de evitarlos:

(8) a. [$_{SN}$ el [$_{N'}$ [$_N$ Ø] [$_{SFlex}$ llegar tarde]]] es de mala educación.

   b. [$_{SN}$ el [$_{N'}$ [$_N$ Ø] [$_{SComp}$ [$_{SFlex}$ llegar tarde]]] es de mala educación.

   c. [$_{SD}$ el [$_{SN}$ [$_N$ Ø] [$_{SComp}$ [$_{SFlex}$ llegar tarde]]] es de mala educación.

   d. [$_{SD}$ el [$_{SN}$ [$_N$ Ø] [$_{SFlex}$ llegar tarde]]] es de mala educación.

(9) a. [$_{SD}$ el [$_{SFlex}$ llegar tarde]] es de mala educación.

   b. [$_{SD}$ el [$_{SComp}$ [$_{SFlex}$ llegar tarde]]] es de mala educación.

Los problemas de (8a) y (8b), con núcleos nominales nulos, son similares a los que ya veíamos con respecto a (1c), en concreto el que nos obliga a considerar que el artículo *el* es un especificador en todos estos casos, y ya hemos comprobado que los especificadores no suelen legitimar núcleos nulos. Se ha aducido a favor de estos análisis el que la presencia del sustantivo *hecho* suela proporcionar el significado de los SSNN. Así, se dice *Me preocupa el llegar tarde* y también *Me preocupa el hecho de llegar tarde.* No se dice, en cambio, *No deseo el llegar tarde,* y tampoco –consiguientemente– *No deseo el hecho de llegar tarde.* Esta simetría se atestigua en otros muchos casos, pero falla en algunas ocasiones, ya que junto a *Me enteré del hecho de que Pedro llegaba siempre tarde,* no tenemos *Me enteré del que Pedro llegaba siempre tarde* o *Me enteré del llegar siempre tarde.*

Una vez descartados (8a, b), se comprueba que las demás opciones coinciden en considerar el artículo como núcleo de la construcción. Da la impresión de que las que contienen SComp en el complemento explican mejor que las que proponen SFlex la alternancia entre las oraciones de verbo finito y las de infinitivo (*El llegar tarde / El que se llegue tarde*), lo que reduce la elección a (8c)-(9b). Nótese que no aparece en ninguno de estos análisis el segmento *de llegar tarde,* que sería el esperable si la secuencia fuera el simple resultado de elidir la palabra *hecho*: *El (*de) llegar tarde me preocupa.*

10.2.4. *Las secuencias de determinantes*

Existen dos formas de entender la clase de los determinantes: en una concepción amplia, esta clase abarca también la de los cuantificadores, por lo que tenemos «D + D» en secuencias como *los tres libros; mis varios juguetes; esos dos estudiantes; todos los niños,* etc. En otra concepción, más estrecha, no los abarca. Como es lógico, forma parte de la gramática el determinar las combinaciones gramaticales que se obtienen con el menor número posible de estipulaciones. Ciertamente, si todas estas unidades pertenecen al mismo paradigma, se convierte en una tarea compleja el excluir secuencias como *tus los libros; *los todos libros; *varios mis libros* (nótese que *varios* se analiza como cuantificador, no como adjetivo); *estos todos libros; *dos varios libros,* y otras muchas similares. Como es obvio, la gramática debe contener mecanismos sintácticos y semánticos restrictivos que nos permiten prever qué combinaciones de determinantes son admisibles y cuáles no lo son.

Aparentemente, una posibilidad sería considerar que unos determinantes son núcleos, de acuerdo con la hipótesis del SD, mientras que otros son especificadores de SD o de SN. Supongamos que *los* ocupa la posición D. Entonces, podría alguien sugerir que *tres, dos* y *varios* han de tratarse estructuralmente como especificadores del SN y *todos* como especificador del SD, como muestra (10):

(10) a. $[_{SD} [_{D'} [_{D} \text{ los}] [_{SN} [_{N'} \text{ tres } [_{N} \text{ libros}]]]]]$
b. $[_{SD} [_{D'} [_{D} \text{ los}] [_{SN} [_{N'} \text{ varios } [_{N} \text{ juguetes}]]]]]$
c. $[_{SD} [_{D'} [_{D} \text{ los}] [_{SN} [_{N'} \text{ dos } [_{N} \text{ estudiantes}]]]]]$
e. $[_{SD} \text{ todos } [_{D'} [_{D} \text{ los}] [_{SN} [_{N'} [_{N} \text{ libros}]]]]]$

La secuencia **tus los libros* sería agramatical porque dos elementos nucleares compiten por una sola posición de núcleo de SD; **los todos libros* se invalidaría porque *todos* no puede aparecer como especificador del SN; y **tres los libros* porque *tres* no puede aparecer en la posición de especificador de SD. El problema principal de esta opción es que sugiere que nuestro objetivo consiste únicamente en encajar las palabras en ciertos lugares estructurales. Obviamente, no es así. Observe que en esta opción no queda claro por qué han de ocupar la posición de especificador los numerales *(tres)* u otros cuantificadores *(todos)* en lugar de ser simplemente núcleos. Una respuesta que se ha dado a veces a este problema es sugerir que las expresiones de cardinalidad *(tres, varios, muchos)* son en realidad adjetivos, y por tanto se comportan como especificadores (§ 10.2.2, más adelante). Esta opción no acaba de explicar por qué se combinan con otros adjetivos prenominales, como en *varias interesantes propuestas,* sobre todo si recordamos que en español están sumamente restringidas las combinaciones de dos adjetivos prenominales.

Una opción alternativa, que se suele considerar mejor encaminada, consiste en tratar determinantes definidos, numerales o cuantificadores universales como núcleos de manera uniforme, aun cuando pertenezcan a categorías diferentes. En efecto, algunos autores (Giusti, 1991; Cinque, 1994, etc.) han propuesto que los numerales son núcleos de un sintagma cuantificativo (SQ). Dicho sintagma ocuparía una posición jerárquica intermedia entre el SD y el SN, con lo que tendríamos descripciones estructurales como estas:

(11) a. $[_{SD} [_{D'} [_{D} \text{ los}] [_{SQ} [_{Q} \text{ tres}] [_{SN} \text{ libros}]]]]$
b. $[_{SD} [_{D'} [_{D} \text{ mis}] [_{SQ} [_{Q} \text{ varios}] [_{N} \text{ juguetes}]]]]$
c. $[_{SD} [_{D'} [_{D} \text{ esos}] [_{SQ} [_{Q} \text{ dos}] [_{N} \text{ estudiantes}]]]]$

Desde luego, son necesarias más precisiones. No podemos decir que un SD siempre selecciona un SQ, y este selecciona a su vez un SN. La secuencia **tres los libros* resulta agramatical porque el núcleo Q *tres* solo puede seleccionar un SN, no un SD. Sin embargo, de la agramaticalidad de **los todos libros* debemos concluir que el cuantificador universal *todos* selecciona un SD, mientras que *los* selecciona un SN.

(12) $[_{SQ} \text{ todos } [_{D'} [_{D} \text{ los}] [_{SN} [_{N'} [_{N} \text{ libros}]]]]]$

Observe que esta distinción nos hace decir que *los libros, todos los libros* y *tres libros* son constituyentes categorialmente distintos. El primero sería un SD; el segundo, un SQ y el tercero, también un SQ. Este es un análisis posible. También podemos suponer, como veíamos en el capítulo 8, que la diferencia entre *los, todos, cada* o *estos* por un lado, y *tres, varios* o *muchos* por otro es que los determinantes del primer grupo son fuertes y los del segundo, débiles. Esta aproximación permite interpretar de otra forma las diferencias mencionadas antes: no exactamente como un fenómeno de selección categorial, sino como un fenómeno de selección de rasgos semánticos y de cotejo de estos. Para que haya recursión de SD es necesaria cierta compatibilidad entre dichos rasgos. El SD *los tres libros* es un SD fuerte donde el segundo determinante, que podemos interpretar como cuantificador, marca la cardinalidad del conjunto definido al que se refiere el SD. En cambio, en **tres los libros* hay un «choque de rasgos», ya el SD debe ser cardinal o débil. Por tanto, no puede hacer referencia a un grupo determinado, como requeriría *los*. En la actualidad, unos autores aceptan alguna variante de este análisis, mientras que otros entienden que *todos* y *tres* no son determinantes, sino cuantificadores.

10.2.5. *Los posesivos*

La hipótesis que considera núcleo al primer determinante y especificador al segundo en las construcciones del tipo «D + D», choca con más problemas. El más evidente es que no está claro que los posesivos sean núcleos. De hecho, hoy se tienden a interpretar como especificadores. Los argumentos fundamentales a favor de esta idea son los cuatro siguientes:

(i) Los posesivos saturan un argumento de los nombres que tienen estructura argumental. En los SSDD *su retrato de la reina, tu desprecio a la adversidad, su destrucción del inmueble,* etc. el posesivo satura el argumento externo de los nombres *retrato, desprecio o destrucción*. Podemos comparar a este respecto dichos SSDD con otros en los que el argumento externo está saturado por un sintagma pleno: *el retrato de la reina de Goya, el desprecio a la adversidad de los combatientes* o *la destrucción del inmueble por el pirómano*. Como explicábamos en el § 5.4.4.2, los posesivos pueden también saturar el argumento interno de dichos nombres. A partir de *El anuncio del nombramiento por el director,* podemos obtener *su anuncio por el director;* a partir de *la destrucción de la ciudad por las tropas enemigas,* podemos obtener *su destrucción por las tropas enemigas*. Pueden asimismo saturar el único argumento de una nominalización inacusativa *(su llegada a la ciudad)*. Como se ve, existe un paralelismo evidente entre los posesivos y los sujetos oracionales, que pueden corresponderse con argumentos externos o con argumentos internos pasivizados. En este último caso, el argumento externo aparece introducido por la preposición *por,* como en las pasivas.

(ii) También en paralelo con los sujetos oracionales, los posesivos crean dominios de ligado en el SD, como ya observamos en el § 9.2.2. En el ejemplo (13a) la anáfora *sí mismo* tiene como antecedente al posesivo de tercera persona *su*. Podemos compararlo con el SD de (13b), donde el antecedente se realiza como un sintagma pleno.

(13) a. Su alto concepto de sí mismo.
      b. El alto concepto de sí mismo de Pedro.

Si insertamos los SSDD de (13) en las oraciones de (14), en las que existe otro antecedente potencial *(Luisa, Pepe),* comprobamos que el posesivo debe ligar obligatoriamente las anáforas:

(14) a. A *Pepe*$_i$ no le molesta *su*$_i$ alto concepto de *sí*$_i$ mismo.

    b. *A *Pepe*$_i$ no le molesta *su*$_j$ alto concepto de *sí*$_i$ mismo.

De forma aun más clara, el posesivo de primera persona *mi* hace imposible el uso de la anáfora de tercera persona *sí mismo* de (15):

(15) A Pepe no le molesta *mi* alto concepto de {*sí / mí*} mismo.

Recuerde que, como vimos en el § 9.4, esta propiedad de los posesivos es la que permite que, en la terminología de Chomsky (1986a), puedan considerarse 'sujetos' potenciales en el complejo funcional que forman los SSDD a efectos del ligado de anáforas. Los posesivos se han llamado a veces «pronombres persona-les en genitivo», y existen razones de peso para considerar que esta caracteriza-ción no anda desencaminada. Como observa Picallo (1994), los posesivos pueden ser variables ligadas (§ 9.1), al igual que los personales, como en <u>Cada miembro del consejo</u> sabe que no se puede prescindir de {<u>él</u> / de <u>su</u> colaboración}.

(iii) Otro tipo de dependencia referencial en que los posesivos se comportan como sintagmas plenos argumentales son las relaciones de control (§ 6.5.2). Recuerde que en una oración como (16a) postulamos que el sujeto del ver-bo matriz «controlaba» la interpretación del sujeto del infinitivo, el pro-nombre nulo PRO. Las relaciones de control pueden darse dentro de un SD y, en este caso, es posible que el elemento controlador sea un complemento agente (16b) o un posesivo (16c).

(16) a. Pepe$_i$ insiste en PRO$_i$ comer temprano.

    b. La insistencia de Pepe$_i$ en PRO$_i$ comer temprano.

    c. Su$_i$ insistencia en PRO$_i$ comer temprano.

(iv) Por último, los posesivos bloquean las extracciones desde dentro de un SD, como en (17a), lo que no sucede cuando este constituyente está encabezado por un determinante definido *(las fotos)* o no hay determinante (el plural es-cueto *fotos*):

(17) a.*La ciudad italiana de la que vi tus fotos.

    b. La ciudad italiana de la que vi {fotos / ?las fotos}.

Si, a la vista de este comportamiento, analizamos los posesivos como especifi-cadores del SFlex (SNum / Gen) interno al SD, explicaremos por qué la secuencia *mi la casa no puede estar bien formada, frente a *la mi casa,* que es gramatical en español antiguo, en ciertos dialectos del español actual y en varias lenguas roman-ces, como el catalán *(la meva casa)* o el italiano *(la mia casa).* En esta última len-gua es también posible la variante sin determinante *casa mia,* que puede derivarse por movimiento del núcleo nominal al núcleo vacío del SD, como propone Longo-bardi (1996):

(18) $[_{SD} [_D \text{casa}_i] [_{SFlex} \text{mia} [_{SN} \text{h}_i]]]$

Sin embargo, parece que *casa mía* es una construcción lexicalizada o semilexicalizada, más o menos como *chez moi* en francés. No se dice en italiano **libro mio,* sino *il mio libro.* Lo mismo sucedería con otro nombre cualquiera. Por otra parte, en catalán se dice *La meva casa,* pero no **Meva casa.* Repare también en que dicha variante tampoco es posible en español *(*Casa mía es grande),* y que distinguimos además entre el posesivo prenominal *(mi casa)* y el posnominal *(la casa mía).* El italiano también tiene posesivos prenominales sin artículo con ciertos nombres, como los de parentesco: *mia mamma.*

Un rasgo interesante de todas las lenguas romances es que los posesivos prenominales son siempre definidos. Ni *mi tío,* en español, ni *mio zio,* en italiano (donde se admite la ausencia de artículo), significan 'unos de mis tíos', sino 'el tío mío', es decir, designan un único individuo que tiene la propiedad de ser tío mío. En algunos dialectos del catalán actual es posible decir *un meu amic* (como *un mi amigo* en el español antiguo), donde se alude a cierto individo particular), y también *un amic meu,* donde se admite la interpretación inespecífica.

Así pues, parece claro que el rasgo de definitud ha de estar presente en D°, mientras que la interpretación específica o inespecífica está asociada a la posición del adjetivo, como se explica en el § 10.2.7. Caben varias opciones para los posesivos prenominales del español actual, entre ellas las que se muestran en (19):

(19) a. $[_{SD}$ mi $[_{D°}$ Ø $[_{SN}$ casa $[_{SP}$ ... h ...]]]]

    b. $[_{SD}$ $[_{D°}$ Ø $[_{SN}$ mi $[_{N}$ casa $[_{SP}$ ... h ...]]]]]

    c. $[_{SD[def]}$ OP$_{j\ [+pos]}$ $[_{D°}$ mi$_i$ $[_{SFlex}$ casa$_k$ $[_{SPos}$ h$_j$ h$_i$ $[_{SN}$ h$_k$]]]]]]

Todas estas opciones aceptan que la diferencia entre *mi* y *mía* es morfofonológica, aproximadamente como entre *muy* y *mucho.* En (19a) se dice que el posesivo prenominal ocupa la posición de especificador del SD. Existen variantes de esta opción que lo sitúan en el especificador de alguna proyección funcional (SNum u otra análoga) entre D y N. Se defiende alguna versión de esta estructura en Picallo (1994), Brucart (1994b) y, para el francés, en Tremblay (1991), entre otros trabajos. En (19b), *mi* sigue ocupando una posición de especificador, pero por debajo de D, con lo que se da cabida a las secuencias del tipo *la mi casa.* Una variante de esta opción, defendida por Schroten (1993) y Parodi (1994), entre otros autores, consiste en sugerir que *mi* en (19b) acaba integrándose en D°, tanto si este núcleo está ocupado como si solo contiene rasgos abstractos de definitud. En el libro compilado por Alexiadou y Wilder (1998) se puede hallar una comparación detallada de estas y otras opciones similares en varias lenguas. En nuestra opinión, una posibilidad que merece atención es (19c), donde se dice que *mi* es un núcleo asociado a un operador que ocupa la posición de especificador de un SD posesivo, con lo que se mantienen los argumentos presentados en las páginas precedentes a favor de que los posesivos prenominales tienen ciertas propiedades características de las proyecciones máximas. Este operador actuaría como ligador de anáforas y bloquearía las extracciones.

Resumamos. Los posesivos son proyecciones máximas y a la vez pueden ser clíticos, en particular los prenominales. Los posnominales se parecen a los adjetivos en los rasgos de concordancia y, en parte, en la posición *(un libro suyo / un libro particular),* pero se diferencian marcadamente de ellos en sus rasgos referenciales. Cada una de estas propiedades de los posesivos debe tener algún reflejo en el análisis sintáctico, si bien es cierto que buena parte de los análisis existentes han enfatizado unas más que otras.

10.2.6. *Los demostrativos*

Un tipo de SD con características similares en parte a los artículos y en parte a los posesivos es el de los demostrativos. Los demostrativos no son compatibles con los artículos en posición prenominal en español, pero secuencias como *este el libro* tienen equivalentes literales en húngaro y en griego, entre otros idiomas. En español se dice *el libro este,* es decir, el demostrativo posnominal es compatible con el artículo.

Se han defendido fundamentalmente dos hipótesis sobre la naturaleza configuracional de los demostrativos: (20A) y (20B):

(20) A. Los demostrativos son núcleos.
    B. Los demostrativos son especificadores.
    C. Los demostrativos pueden ser núcleos o especificadores.

La hipótesis (20A) se planteó originariamente en Abney (1987). Para el español se defiende en Brucart (1994b) y en Roca (1996b), y para el rumano en Cornilescu (1992). La hipótesis (20B) se defiende para el italiano en Giusti (1997), y para el español en Brugè (2000). Los demostrativos están, ciertamente, más cerca de los artículos que de los posesivos. Todavía se usan ante los posesivos prenominales, como en *¿Amanecería mañana, <u>esta su tierra</u>, liberada?* (Mario Vargas Llosa, *La fiesta del Chivo*), donde ocupan una posición disponible para el artículo, como hemos visto.

No podemos analizar aquí pormenorizadamente las ventajas y los inconvenientes de estas dos hipótesis. No obstante, no sería descabellado suponer que ambas pueden ser correctas, como se sugiere en (20C), lo que se defiende explícitamente en Silva-Villar y Gutiérrez-Rexach (2001). Una forma de dar sentido a esta idea sería extender la sugerencia que acabamos de presentar en relación con los posesivos, de forma que los demostrativos prenominales se generarían como núcleos de un SDem seleccionado por el nombre y ascenderían a SD para cotejar el rasgo [definitud].

(21) $[_{SD[def]}$ OP_j [+dem] este$_i$ $[_{SN}$ libro $[_{SDem}$ h$_j$ h$_i$]]]

Los demostrativos pospuestos se generarían a su vez como especificadores de SDem y no se desplazarían. El cotejo del rasgo [def / fuerte] del SD tendría lugar mediante la inserción del determinante definido en D.

(22) $[_{SD[def]}$ el $[_{SN}$ libro $[_{SDem}$ este]]]

El cotejo del rasgo [+dem] es incompatible con otro rasgo en D que no sea el de definitud, puesto que se excluyen secuencias como *unos libros estos* o *muchos libros estos*. En cambio, el cotejo del rasgo [pos], que se asocia a la relación de posesión, no impone este requisito (*un libro mío, tres libros míos,* etc.). De nuevo, parece preferible entender este contraste como una incompatibilidad entre rasgos que como una colisión de categorías diferentes. Este análisis no explica todavía la estructura *esta mi casa,* ni tampoco *esta la casa,* que se encuentra en hebreo y en húngaro, pero cabría suponer que en estos casos se requiere adjunción del núcleo demostrativo a un determinante en D.

En resumen, el análisis configuracional de los demostrativos, y en general de los determinantes, plantea fundamentalmente dos tipos de problemas:

(23) A. Problemas relativos a la variación existente en las posiciones que ocupan dentro del SD.

    B. Problemas relativos a la oposición entre núcleos y proyecciones máximas.

Ninguno de los tipos de problemas cuenta por el momento con soluciones enteramente satisfactorias. En general, los problemas del tipo (23A) se resolverán adecuadamente cuando se analicen mejor las relaciones de selección, así como la compatibilidad o incompatibilidad de los rasgos que corresponden a cada clase de determinantes. Los problemas del tipo (23B) tienen cierto paralelismo con los que se plantean en el sistema de los clíticos romances (§ 9.5). Cabe pensar que tiene sentido tratar uniformemente a los determinantes como núcleos del constituyente SD (en ciertos casos, de la subcategoría SCuant), a veces asociados con operadores nulos que ocupan proyecciones máximas.

10.2.7. *Los adjetivos: relacionales y calificativos, prenominales y posnominales*

En el capítulo 5 hablamos del adjetivo como categoría predicativa de pleno derecho, con capacidad de poseer estructura argumental. La función semántica de predicación puede implementarse sintácticamente de varias maneras. Los adjetivos (o en general, los SSAA) pueden ser predicados nominales *(Pepe es alto)*, complementos predicativos o predicados secundarios *(Luis suspiró emocionado)*, y también, como veremos en esta sección, constituyentes del SD, en su mayoría modificadores o atributos del nombre *(el coche rojo)*.

Existen varias clasificaciones semánticas de adjetivos que tienen consecuencias sintácticas. Se acepta generalmente una primera división en dos grandes grupos: los ADJETIVOS CALIFICATIVOS O CUALITATIVOS y los ADJETIVOS RELACIONALES O DE RELACIÓN. Los adjetivos calificativos expresan propiedades o cualidades de los sustantivos, como pueden ser las dimensiones, las características físicas, intelectuales, emocionales o de otro tipo *(casa grande, globo rojo, hombre alegre,* etc.). Los adjetivos relacionales, por el contrario, no expresan propiamente cualidades, sino que asocian las entidades denotadas por los sustantivos con otros dominios o ámbitos: *crispación política* ('crispación en el ámbito de la política'), *diccionario enciclopédico* ('diccionario que contiene información enciclopédica'), *coche alemán* ('coche fabricado en Alemania'), *estación terrestre* ('estación situada en tierra'), *investigación científica* ('investigación que sigue la metodología científica').

Los adjetivos calificativos admiten modificadores de grado *(hombre muy alegre, casa muy grande),* a menos que expresen grado extremo *(espléndido, maravilloso, sublime).* Además, pueden participar en construcciones comparativas y superlativas *(este globo es más rojo que aquel)* y pueden funcionar como predicados nominales *(el hombre es alegre).* En cambio, los adjetivos relacionales no admiten modificadores de grado *(*diccionario muy enciclopédico),* no participan en construcciones comparativas y superlativas (*esta estación es más terrestre que aquella), a menos que con ellas se comparen los grados de adecuación o de cercanía a cierta propiedad (estudios más políticos que sociológicos). Cuando se usan como predicados nominales reciben interpretación contrastiva, como en Este problema es político (es decir, 'no de otro tipo').

En Bosque (1993) y en Bosque y Picallo (1996) se propone dividir los adjetivos relacionales en dos grupos: los adjetivos relacionales ARGUMENTALES O TEMÁTICOS y los CLASIFICATIVOS. Los adjetivos argumentales se relacionan con la valencia nominal, ya que saturan un argumento del nombre. Se les denomina también a veces 'adjetivos referenciales', porque hacen referencia a entidades. Por ejemplo, los adjetivos gentilicios o de nacionalidad de (24) son argumentales en tanto que expresan el agente de los nombres deverbales invasión y reacción:

(24) a. La invasión alemana de Italia.
     b. La reacción hispana a los estereotipos.

El adjetivo que actúa como SATURADOR argumental puede también descargar otros papeles temáticos, además del de Agente: Experimentante (amor maternal) y Paciente o Tema (pesca ballenera), entre otros. Si un adjetivo recibe un papel temático del nombre, resultará incompatible con un SD argumental con la misma función, al dar lugar a una infracción del criterio temático, como en *caída bursátil de las acciones o en *producción sedera de camisas. Los adjetivos temáticos tienen también la capacidad de controlar los sujetos pronominales vacíos de los infinitivos (La tradición madrileña$_i$ de PRO$_i$ trasnochar), pero como los adjetivos no tienen rasgos de persona –y los que tienen de género y número están impuestos por el sustantivo al que modifican–, no pueden ligar anáforas (*La crítica gubernamental de sí mismo).

Los adjetivos relacionales clasificativos no saturan un argumento del nombre, sino que denotan una determinada relación que este posee con otra entidad o entidades. Así, en energía atómica, instalación eléctrica o producción industrial, los adjetivos eléctrica, atómica o industrial indican la clase o tipo al que pertenecen las entidades designadas por los nombres energía, instalación o producción respectivamente. El gentilicio francesa es un adjetivo clasificativo en cocina francesa o literatura francesa, ya que en estos ejemplos, a diferencia de en invasión francesa, no satura un papel temático, sino que indica una restricción o subespecificación de la denotación del nombre. Sintácticamente, los adjetivos clasificativos pueden considerarse adjuntos, dado que se combinan con nombres sin estructura argumental, no expresan propiedades temáticas y pueden iterarse (producción atómica industrial).

Un argumento claro a favor de la distinción entre adjetivos clasificativos y argumentales se obtiene de los dos sentidos que recibe el adjetivo molecular en expresiones como la estructura molecular y la estructura molecular del acero. El papel sintáctico que corresponde a del acero en el segundo SD (el de argumento interno de estructura: aquello de cuya estructura se habla) es el mismo que corresponde al adjetivo molecular en el primer ejemplo. Así, pues, molecular aparece en el segundo ejemplo con otra interpretación, que puede parafrasearse como 'en lo relativo a las moléculas'. Esta es la interpretación clasificativa. A pesar de que los adjetivos de relación se derivan generalmente de sustantivos (mar > marino), algunos de los tradicionalmente considerados 'calificativos' se comportan en realidad como adjetivos relacionales de tipo clasificativo, aunque no procedan morfológicamente de sustantivos, como *sordo* en *consonante sorda* (frente a *mujer sorda*) o *recto* en *línea recta* (frente a *actitud recta*).

Los adjetivos calificativos gozan de mayor libertad posicional que los relacionales. Estos últimos no se anteponen *(*la eléctrica instalación),* a menos que se usen como calificativos, con lo que dejan de ser relacionales, como en *su política decisión* ('estratégica, calculada'). Los adjetivos calificativos se posponen cuando expresan cualidades objetivas *(sombrero rojo; modelo morena; edificio alto),* mientras que los que expresan cualidades subjetivas aparecen antepuestos o pospuestos *(un bofetón sonoro / un sonoro bofetón),* muy especialmente los que denotan léxica o morfológicamente grado extremo: *un magnífico novelista / un novelista magnífico; un terrible calor / un calor terrible.*

Estas generalizaciones son útiles, pero simplifican un tanto las cosas. Así, se ha señalado repetidamente en los estudios sobre el adjetivo que el concepto de 'cualidad subjetiva' es –paradójicamente– demasiado subjetivo. Para evitarlo se suele entender que la posición prenominal se caracteriza porque alberga a los adjetivos NO RESTRICTIVOS, mientras que la posnominal o las posnominales dan cabida a los RESTRICTIVOS. Los primeros se llaman también EXTENSIONALES porque recortan la extensión del nombre. La expresión *los estudiantes aplicados de segundo curso* designa, por tanto, cierto subgrupo de los estudiantes. En cambio, los adjetivos prenominales son intensionales porque no efectúan tal segmentación: la expresión *los aplicados estudiantes de segundo curso* designa el mismo conjunto que *los estudiantes de segundo curso,* pero destaca una propiedad que los caracteriza: la de ser aplicados.

La posibilidad de establecer el realce que se acaba de explicar está asociada en parte a ciertos registros lingüísticos, concretamente a la lengua literaria y a otros niveles de lengua igualmente formales. Los adjetivos que lo ponen de manifiesto se llaman tradicionalmente EPÍTETOS. Observe que, si me dirijo a una amiga, no le diré, por ejemplo, *Me encanta tu rojo vestido,* sino *Me encanta tu vestido rojo,* pero si compruebo que el autor de una novela se refiere en ella a *un rojo atardecer,* no me llevaré ninguna sorpresa. De hecho, los adjetivos de color se anteponen con relativa frecuencia en la literatura, como en *un rojo círculo de fuego* (M. Mujica Láinez, *El escarabajo,* CREA) y otras muchas secuencias similares. Importa resaltar aquí sobre todo que este hecho no convierte en más natural o más apropiada la oración *Me encanta tu rojo vestido.* Muestra, por el contrario, que al situar ciertos adjetivos en la posición prenominal de la que dispone el SD, el hablante o el escritor pueden presentar como intensional (por tanto, como inherente) alguna propiedad de un sustantivo que en realidad no lo caracteriza intrínsecamente. Esta elección puede estar asociada con cierto efecto expresivo –feliz unas veces y quizá desafortunado otras– que no corresponde evaluar a la teoría sintáctica.

Existen otras clases de adjetivos calificativos que expresan modalidad, frecuencia y otras nociones que suelen asociarse con operadores o con expresiones cuantificativas. En el apartado siguiente nos referiremos brevemente a ellas.

10.2.8. *La posición de los adjetivos en el SD. Orden relativo y posición estructural*

Estableceremos primero algunas generalizaciones descriptivas y luego intentaremos incorporarlas al sistema restrictivo de relaciones configuracionales que hemos ido explicando a lo largo de este libro. Comencemos por los adjetivos relacionales. Simplificando un poco las cosas, las generalizaciones fundamentales parecen ser las siguientes:

(25) a. Los adjetivos relacionales se posponen.

     b. Los adjetivos relacionales clasificativos preceden a los temáticos.

     c. Los adjetivos relacionales temáticos asociados con un paciente preceden a los que se asocian con un agente.

     d. Los adjetivos relacionales clasificativos se ordenan de forma que la extensión de los sintagmas nominales obtenidos decrezca progresivamente.

De acuerdo con (25a), decimos *un experimento químico*, no **un químico experimento*. De acuerdo con (25b), podemos crear *viaje electoral presidencial* o *guerra religiosa fratricida*, pero no **viaje presidencial electoral* ni **guerra fratricida religiosa*. De acuerdo con (25c), decimos *producción marisquera gallega* o *reforma legislativa parlamentaria*, en lugar de **producción gallega marisquera* o **reforma parlamentaria legislativa*. De acuerdo con (25d), podemos formar la expresión [[*literatura medieval*] *española*] y también podemos crear [[*literatura española*] *medieval*]. La primera tiene sentido porque es posible restringir la literatura medieval clasificándola por países *(> literatura medieval española);* la segunda, porque podemos formar *literatura española* y establecer luego algún subconjunto de esa noción que atienda a criterios cronológicos *(> literatura española medieval)*. Con criterios análogos se pueden interpretar *red secundaria digital* o *estructura militar terrestre,* pero también *red digital secundaria* y *estructura terrestre militar.*

Consideremos ahora las generalizaciones principales que afectan a los adjetivos calificativos posnominales:

(26) a. Los adjetivos calificativos pueden posponerse al nombre.

     b. Los adjetivos relacionales preceden a los calificativos.

     c. Los adjetivos calificativos que expresan propiedades objetivas (forma, estructura, color, etc.) preceden a los que expresan propiedades subjetivas.

     d. No existe un orden fijo entre los adjetivos calificativos que expresan propiedades subjetivas y tampoco entre los que expresan propiedades objetivas.

     e. Los adjetivos modales pueden posponerse. Pueden seguir a los adjetivos relacionales.

De acuerdo con (26a), podemos decir *un accidente desgraciado*. De acuerdo con (26b), se admite *accidente aéreo desgraciado* o *finca familiar inmensa*, pero no **accidente desgraciado aéreo* ni **finca inmensa familiar*. De acuerdo con (26c), decimos *globo rojo hermoso* o *calle alargada concurrida*, pero no **globo hermoso rojo* ni **calle concurrida alargada*. De acuerdo con (26d), se forman *mesa verde redonda* y *mesa redonda verde*. Aun así, si uno de los dos adjetivos posee modificadores, se pospone al otro: *una mesa redonda verde botella; una mesa verde completamente redonda*. La combinación de adjetivos calificativos subjetivos pospuestos suele dar lugar a expresiones yuxtapuestas o coordinadas, por tanto no se obtiene una estructura de modificación sucesiva en un mismo grupo nominal, como en un *mozalbete ágil, fornido, simpático,* frente a un **mozalbete ágil fornido simpático*. De acuerdo con (26e), se admite *un viaje probable* e incluso *un viaje electoral probable.*

Si consideramos ahora los adjetivos antepuestos, obtenemos estas primeras generalizaciones:

(27) a. Los adjetivos calificativos pueden anteponerse al nombre.

   b. Los adjetivos que expresan cualidades subjetivas se anteponen con mayor facilidad que los que expresan cualidades objetivas, pero el concepto de 'epíteto', presentado en el apartado anterior, abarca también estos últimos.

   c. No se anteponen dos o más adjetivos calificativos subjetivos sin dar lugar a estructuras coordinadas o yuxtapuestas.

   d. Los adjetivos adverbiales se anteponen al sustantivo, e incluso –aunque con mayor dificultad– a otros adjetivos antepuestos.

   e. Los adjetivos modales se pueden anteponer. Pueden ser compatibles con los adjetivos calificativos antepuestos, a los cuales preceden.

De acuerdo con (27a), podemos decir *una interesante película,* además de *una película interesante.* De acuerdo con (25a), (26a) y (26b), decimos *una peligrosa central nuclear* o *una central nuclear peligrosa,* pero no *una central peligrosa nuclear,* ni *una nuclear central peligrosa.* De acuerdo con (27b), decimos *un bonito vestido,* pero no *un rojo vestido,* aunque sí *un rojo amanecer,* como se explica en la sección anterior. De acuerdo con (27c), no decimos *una interesante exitosa novela.* De acuerdo con (27d), podemos construir sintagmas como *antiguos amigos* e incluso *antiguos buenos amigos.* De acuerdo con (27e), se puede formar *un posible comienzo* e incluso *un posible mal comienzo.*

Estas generalizaciones no prevén ni mucho menos todas las clases de adjetivos. No obstante, en lugar de añadir nuevas clases y nuevas generalizaciones sobre ellas, vamos a intentar replantear lo que tenemos en el marco de relaciones estructurales que hemos ido presentando. Hemos visto que, desde el punto de vista semántico, todas estas generalizaciones nos dicen esencialmente que los adjetivos posnominales son restrictivos y que la denotación de las entidades construidas agregando progresivamente modificadores debe ser coherente y compatible con las formas de acotación que así se establecen. También nos dicen que las posiciones iniciales acogen a los modificadores intensionales, por tanto no restrictivos.

Cuando se plantea el orden de los adjetivos desde el punto de vista configuracional, surgen varios problemas. Si operáramos con una gramática sintagmática elemental, podríamos tratar a los adjetivos atributivos como constituyentes opcionales de naturaleza iterable dentro del SD, en vista de que encontramos SSDD sin modificadores adjetivales y también otros que incluyen uno o más de uno. Las reglas de reescritura permiten, ciertamente, opciones como «SD → Det + (SA)* + N» o como «SD → Det + N + (SA)*», donde los paréntesis indican que el constituyente que encierran es opcional y el asterisco, que pueden iterarse o repetirse (recuerde que propusimos una regla similar en el capítulo 3). La concepción de los adjetivos como adjuntos nominales, en paralelo a la visión de los adverbios como adjuntos del verbo (o el SV), que también mencionamos en el capítulo 3, es la prevaleciente en muchos otros tratamientos de carácter tanto formal como descriptivo.

Sin embargo, esta visión es excesivamente simplificadora. Por una parte, existen adjetivos asimilables en parte a los argumentos del nombre, como hemos visto. Por otra, entre aquellos que podrían concebirse como adjuntos, existen restricciones posicionales de importancia que no son explicables en la hipótesis de adjunción sucesiva. Téngase en cuenta, además, que el análisis de la estructura sintagmática esbozado arriba no es compatible con la estructura X-barra. Muchos autores, entre los que están Giorgi y Longobardi (1991), Cinque (1994), Crisma (1996), Zamparelli (2000), y, para el español, Sánchez (1995) y Demonte (1999b) sostienen que los adjetivos son especificadores de proyecciones máximas. Se ha sugerido también que los prenominales son núcleos, como en Abney (1987), y se ha propuesto asimismo que unos son adjuntos y otros, especificadores, como en Valois (1991) y Berstein (1993). Una hipótesis recurrente que nos parece interesante es la que busca un punto de contacto entre la estructura del SD y la de oración también en el caso de los modificadores. Consideremos de nuevo la similitud de la relación temática entre verbos y SSDD argumentales, por un lado (28a), y nombres y adjetivos argumentales, por otro (28b).

(28) a. Alemania invadió Polonia.
     b. La invasión alemana de Polonia.

Desde la hipótesis del sujeto interno al SV (§ 5.2.4), la representación subyacente inicial en la que se asignan los papeles temáticos de Agente y Tema en (28a) es (29):

(29)

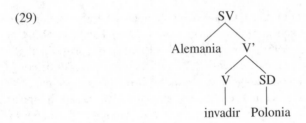

En paralelo con esta representación, la configuración interna del SN en la que se satisfarían los requisitos temáticos de (28b) sería la siguiente:

(30)

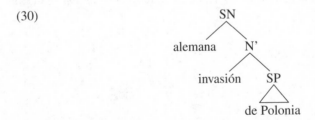

Observe en primer lugar que la estructura (30) y su configuración jerárquica permite explicar por qué no decimos *Su invasión alemana* (donde *su* = 'de Polonia'). En segundo lugar, la asignación del papel temático agente tiene lugar bajo la relación núcleo-especificador en el SV de (29). El mismo requisito permitiría la asignación de dicho papel temático al adjetivo en el dominio del SN de (30). Esta representación no se corresponde, desde luego, con las relaciones posicionales visibles, por lo que deberá someterse a nuevos pasos derivacionales.

Recordará usted (capítulo 4 y su apéndice) que en la hipótesis de la flexión como núcleo oracional y en la de la flexión escindida se utilizaba la posición de

Fundamentos de sintaxis formal

los adverbios para determinar hasta qué proyección funcional se desplazaba el verbo. Aplicando de nuevo el mismo razonamiento al dominio nominal, el orden de precedencia lineal «N *(invasión)* + A *(alemana)*» puede obtenerse por medio de una operación de movimiento de núcleo a núcleo desde N al núcleo flexivo nominal Flex (que comprende información de género y numero):

(31)

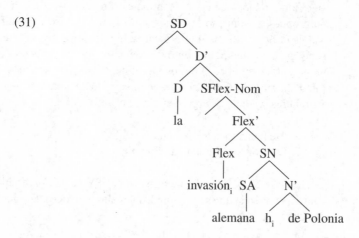

Esta idea se ha planteado en numerosos trabajos, con algunas diferencias que ahora no son de destacar, en Valois (1991), Picallo (1994), Cinque (1994), Longobardi (1996) y Bosque y Picallo (1996), entre otros. En el § 4.5.3 ya justificamos la operación de ascenso de N a Flex por necesidades de cotejo de rasgos nominales, en concreto género y número. Dado que necesitamos esta operación sintáctica de forma independiente, podemos derivar la relación posicional entre nombre y adjetivo agentivo sin necesidad de hipótesis idiosincrásicas adicionales. Pero este análisis no se aplica a los adjetivos calificativos antepuestos. Siguiendo de nuevo un razonamiento paralelo al establecido en el dominio verbal, se ha sugerido que los adjetivos de este tipo ocuparían otras posiciones de especificador, por ejemplo, la de SFlex-Nom, como el adjetivo *cruenta* en (32):

(32)

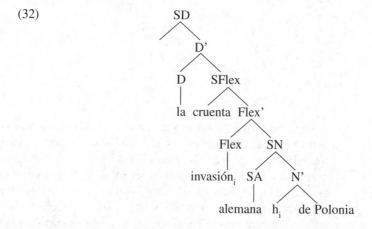

Por otra parte, hemos defendido en el apartado anterior que los adjetivos clasificativos deben tratarse como adjuntos, por lo que dentro de este esquema se podrían generar como adjuntos al SN. Si insertáramos un adjetivo de este tipo en nuestro SD, el resultado no sería especialmente elegante, pero tampoco agramatical. Tal sucedería con *terrestre* en *la cruenta invasión terrestre alemana de Polonia:*

(33)

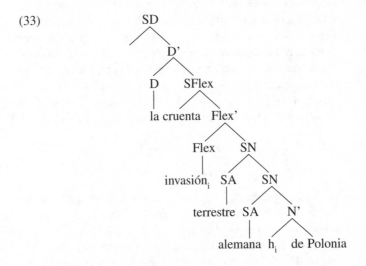

Esta propuesta tiene todavía algunos inconvenientes. El más significativo es que hace dos predicciones demasiado fuertes. Predice, por un lado, que solo puede haber un adjetivo prenominal dentro de un SD (el que ocuparía la posición de especificador del SFlex). Sin embargo, de acuerdo con (27d) y (27e), sabemos que puede haber más de uno. Por otro lado, predice que no hay un lugar estructural unitario designado para los adjetivos calificativos posnominales. Si bien estos problemas del análisis configuracional de los adjetivos en el SD siguen existiendo en la actualidad, es ilustrativo adoptar un punto de vista comparativo. El inglés se caracteriza, a diferencia de nuestra lengua, por el hecho de que los adjetivos de cualquier clase son obligatoriamente prenominales (se dice *the red hat* –literalmente, 'el rojo sombrero'– y no *ᵗhe hat red*). No obstante, los adjetivos calificativos que expresan propiedades objetivas deben estar dispuestos linealmente de acuerdo con un patrón que establece un orden idéntico al que se observa en holandés, francés o italiano:

(34) a. a beautiful big red ball   (inglés)
    b. een mooie grote rode bal   (holandés)
      'un hermoso gran rojo globo'

(35) a. una bella granda palla rossa   (italiano)
    b. un joli gros ballon rouge   (francés)
      'un hermoso gran globo rojo'

Cinque (1994) sugiere que estos datos indican que existe una «microestructura» más espesa de proyecciones funcionales que condiciona las restricciones de orden de los adjetivos calificativos. Las proyecciones de dicha microestructura se corresponderían con la clase semántica a la que pertenecen los adjetivos. Por ejemplo, para Cinque el siguiente orden es universal: sintagma evaluativo *(hermoso)* > sintagma de tamaño *(gran)* > sintagma de color *(rojo)*. Naturalmente, esta jerarquía no cubre todas las posibilidades, ya que otros muchos adjetivos calificativos pueden expresar nociones objetivas diferentes de las mencionadas: forma, estructura, antigüedad o edad, estado físico, etc. Pero circunscribiéndonos a las mencionadas, tiene interés hacer notar que el orden relativo se respeta. El contraste entre inglés y holandés por una parte, y francés e italiano, por otra, se sitúa en la posición relativa del nombre con respecto a la jerarquía adjetival, ya que en estas últimas dos lenguas el nombre queda situado entre el adjetivo de tamaño y el de color. Cabe pensar que esta diferencia se derivaría de la propiedad, que ya nos resulta familiar, del movimiento de núcleos. En efecto, en inglés el núcleo léxico nominal no asciende a cotejar sus rasgos en la sintaxis patente, mientras que en francés o italiano la flexión se situaría en una proyección intermedia (entre STamaño y SColor):

(36) a. [$_{\text{SEvaluativo}}$ beautiful [$_{\text{STamaño}}$ big [$_{\text{SColor}}$ red [$_{\text{SN}}$ ball]]]]]
     b. [$_{\text{SEvaluativo}}$ joli [$_{\text{STamaño}}$ gros [$_{\text{SFlex}}$ ballon$_i$ [$_{\text{SColor}}$ rouge [$_{\text{SN}}$ h$_i$]]]]]]

Esta propuesta no está, desde luego, libre de problemas. En primer lugar, no queda claro cuál es el estatuto funcional de una proyección como «sintagma de color» o «de tamaño». Las proyecciones sintácticas son expansiones de categorías morfológicas y de clases de palabras, y es obvio que estos dos conceptos no están entre ellas. Se trata más bien de rasgos semánticos que condicionan, como es evidente, una derivación sintáctica. A eso se añade que, como vimos en el apartado anterior, al intercambiar dos adjetivos se obtienen en ocasiones secuencias gramaticales, lo que parece dar a entender que el fijar estas proyecciones como parte del análisis sintáctico quizá no constituye el paso teórico más adecuado. Dicho de otra forma, el que sea posible clasificar la literatura medieval por países o la literatura española por épocas, como veíamos al ilustrar (25d), no tiene que ver directamente con la estructura de la gramática. Ciertamente, las proyecciones que se forman en primer lugar son las que determinan las características designativas de la persona o cosa de la que se habla, y las que se construyen a continuación añaden diversas evaluaciones que caractericen la unidad formada por las primeras. Por todo ello, se hace difícil que el sintactista vaya en estos casos mucho más allá de distinciones como «argumento – adjunto» y «modificador restrictivo – modificador evaluativo», lo que no es óbice para que otro componente, que hemos llamado Forma Lógica, dé sentido a las configuraciones así formadas.

A diferencia de las informaciones semánticas que permiten ordenar los adjetivos posnominales, las que caracterizan a los prenominales se asocian habitualmente con proyecciones que son necesarias en la gramática por razones independientes: el modo o la modalidad (*posible llegada, presunto asesino, mera visión*), el tiempo, la frecuencia y otras propiedades de los eventos (*primer obstáculo, frecuente asalto, repentina muerte*), e incluso el grado, que –como vimos en el § 8.10.1– no es sino una forma de cuantificación. De hecho, piensan algunos autores, entre los que están Zamparelli (2000), Corver (1997), Martín (1995) y Demonte (1999b), que los adjetivos calificativos prenominales ocupan posiciones (de especificador o de núcleo, según los análisis) en sintagmas de grado (SGrad). Cabe pensar que por encima de esas proyecciones existan otras de modo o de frecuencia, en las que se alojen los adjetivos que pueden precederlos.

Resumamos. Hemos comprobado que el análisis configuracional del problema de la posición de los adjetivos no es en modo alguno trivial. Entre las varias opciones que se presentan, la más sencilla (todos los adjetivos son adjuntos nominales) no resiste una confrontación con datos muy básicos. Entre las alternativas existentes, las que postulan que los adjetivos ocupan posiciones fijas de especificador de manera uniforme tienen la ventaja de que explican el comportamiento de ciertas lenguas en las que el orden de los adjetivos es rígido. Sin embargo, no resultan completamente satisfactorias para una lengua como el español, en la que se da cierta opcionalidad, de forma que muchos adjetivos pueden aparecer en posición prenominal y posnominal. Para explicar estos datos se recurre actualmente o bien a las teorías que postulan diversas formas de adjunción sucesiva, o a las que desarrollan la idea de que los adjetivos pueden desplazarse o generarse en posiciones prenominales fijas, donde se cotejan rasgos de diversa índole, como 'tiempo', 'modo', 'grado', etcétera.

10.3. La negación y la polaridad

10.3.1. *La negación como núcleo sintáctico*

Las gramáticas tradicionales suelen considerar la negación como una categoría semántica que se refleja sintácticamente en palabras que pertenecen a clases gramaticales diferentes. Al tratarse de una palabra invariable, la NEGACIÓN ORACIONAL *(no)* pertenece a la clase de los adverbios. Lo mismo puede decirse de PALABRAS NEGATIVAS como *nunca* o *jamás,* que son también adverbios negativos. Otras palabras que expresan negación *(nadie, ninguno)* pertenecen a la clase de los pronombres; *ningún,* a la de los determinantes; *nada,* a la de los pronombres en unos contextos *(No quiero nada)* y a la de los adverbios en otros *(Esto no me gusta nada),* etc. Existe, como se ve, en esta aproximación cierta asimetría entre la naturaleza semántica uniforme de la negación y su polivalencia categorial. En los desarrollos más recientes de la gramática generativa se ha resuelto esta asimetría al incluir la negación entre las categorías sintácticas funcionales (Neg), por tanto, como un núcleo sintáctico que encabeza su propio sintagma: SINTAGMA DE NEGACIÓN O SINTAGMA NEGATIVO (SNeg). Esta propuesta alternativa tiene varias ventajas, que expondremos a continuación resumidamente.

En primer lugar, desde un punto de vista semántico, la negación oracional es un OPERADOR DE POLARIDAD. Es un elemento que, aplicado a una oración, cambia su polaridad, en el sentido de su valor de verdad.

(37) a. Juan no vino.
   b. *Neg* (Juan vino)

Al ser concebida como operador (es decir, como elemento que alterna o suspende la referencia de ciertas expresiones), es esperable que la negación tenga alcance o ámbito sobre la expresión que niega, en este caso, la oración. Esto nos permite entender, además, que la negación oracional no tiene el contenido «circunstancial» característico de los adverbios, ya que no desempeña la función de un modificador eventivo. La palabra *no* en (37a) no expresa, ciertamente «las circunstancias de una determinada situación», sino, lisa y llanamente, su falsedad.

En segundo lugar, el comportamiento sintáctico de la negación oracional está bastante restringido, al carecer de la libertad posicional que poseen la mayoría de los adverbios (*Pepe comió manzanas no, *Pepe comió no manzanas). Recuerde que este era uno de los motivos fundamentales por los que los adverbios se concebían como adjuntos. Por último, la negación oracional parece comportarse más como un núcleo que como un sintagma pleno, ya que interactúa con otros núcleos. La negación aparece casi siempre en posición preverbal *(Juan no vino / *Juan vino no)*. En la secuencia «Aux + V» la negación precede también al auxiliar *(Juan no ha venido / *Juan ha no venido)*. Por otra parte, los pronombres débiles o clíticos pueden intervenir entre la negación y el verbo, sea o no auxiliar:

(38) a. Juan no le ha dado un libro.
     b. *Juan le no ha dado un libro.

(39) a. Pepe no lo vio.
     b. *Pepe lo no vio.

Sin embargo, una proyección máxima no puede intervenir entre la negación y el verbo:

(40) *Juan no un libro ha dado.
     *Juan no en la mesa ha puesto el libro.

A ello se añade que en las oraciones interrogativas, la negación debe preceder a los verbos léxicos y a los auxiliares:

(41) a. ¿No comiste pan?
     b. *¿Comiste no pan?

(42) a. ¿No has visto a Pepe?
     b. *¿Has no visto a Pepe?

Cabe hacer notar asimismo que en las oraciones subordinadas, el complementante precede a la negación, y el orden «negación + verbo» es el mismo que en las oraciones matrices *(Pepe dice que no viene / Juan quiere no ir al cine)*. De estos datos puede concluirse que la negación oracional encabeza su propia proyección: es, por tanto, un núcleo. Algunos lectores se harán tal vez en este punto preguntas como la siguiente: «¿Entonces podemos o no seguir diciendo que *no* es un adverbio, como se hacía en la gramática tradicional?». Observe que, si nuestro objetivo es comprender cada vez mejor el sistema gramatical, la pregunta que cobra sentido no es exactamente esa, sino más bien esta otra: «¿Qué distinciones necesitamos incorporar a la sintaxis para dar contenido a una clase de palabras tan sumamente heterogénea como la del adverbio?». El considerar que *no* es un núcleo en lugar de una proyección máxima es –según se piensa generalmente en el marco teórico que exponemos– un paso adecuado para contestar esta segunda pregunta.

La proyección encabezada por Neg domina la flexión, ya que la negación precede obligatoriamente a verbos y auxiliares. En las preguntas, la negación se desplaza a Comp después de adjuntarse al verbo como un clítico. Por ejemplo, en oraciones como

¿No dijo Juan la verdad?, no se convierte en un proclítico de *dijo,* y todo el comple-jo «Neg + V» se desplaza a Comp. Este mismo complejo se forma en *¿Qué ejercicio no entregó Juan ayer?* y en otros casos similares. El complejo puede ser también «Neg + Aux», como en *Lo que no habría ella hecho, etc.* La consecuencia es que un verbo, sea o no auxiliar, no puede atravesar la negación para ocupar el núcleo de SComp, como sucede en (41b) y (42b). Estos datos nos sugieren que el movimiento de Neg a Comp es el único que no violaría la restricción del movimiento de núcleos al tratarse del núcleo funcional más cercano a Comp, por lo que Neg debe dominar a Flex, y a su vez estar dominada por SComp. La posición de la negación en las oraciones subor-dinadas es la misma *(Dice que Juan no ha venido / *Dice que Juan ha no venido),* por lo que confirma también esta jerarquía categorial: SComp > SNeg > SFlex.

La posición estructural fija de la negación explica la agramaticalidad de **Juan ha no venido,* donde el auxiliar ocupa una posición más alta que SNeg, y también de **¿Qué has no dicho?,* donde este elemento cruza la negación al desplazarse a Comp, violando la restricción del movimiento de núcleos. Nótese, sin embargo, que esta jerarquía no predice la agramaticalidad de **No Juan sonrió,* ya que de acuerdo con la jerarquía propuesta sería posible que el sujeto ocupase el especifi-cador de SFlex (entre los núcleos de Neg y Flex). Sin embargo, los sujetos prever-bales deben preceder también a la negación *(Juan no sonrió).* No existe una úni-ca solución a este problema. Una opción sería suponer que la irregularidad de esta oración radica en que (salvo en las oraciones contrastivas) *no* es un elemento pro-clítico que ha de adjuntarse a un núcleo verbal. Otra opción consiste en suponer que los sujetos preverbales están dislocados, por lo que ocupan una posición ex-terna a SNeg. Daremos detalles sobre esta opción en el capítulo 11.

(43) [Juan [$_{SNeg}$ no [$_{SFlex}$ sonrió]]]

Entre los autores que defienden que los sujetos preverbales del español son constituyentes análogos a los tópicos dislocados están Olarrea (1996) y Ordóñez (1997). Una tercera opción, compatible con la primera, es adoptar como punto de partida la hipótesis de la flexión escindida y proponer que la negación no domina a todos los subcomponentes de SFlex, sino solo a ST. En otras palabras, la nega-ción domina ST pero es dominada por SConc-S (Belletti, 1990; Suñer, 1995): SConc-S > SNeg > ST. En la estructura patente de *Juan no sonrió,* el sujeto ocu-paría la posición de especificador de SConc-S. El verbo ascendería a Conc y la ne-gación se adjuntaría al núcleo verbal en Conc:

(44) [$_{SConc-S}$ Juan [$_{Conc'}$ no$_j$ sonrió$_i$ [$_{SNeg}$ h$_j$ [$_{ST}$ ... h$_i$ ...]]]]

Esta posición «alta» del núcleo negativo no parece ser universal. Existen prue-bas de que en inglés la negación ocupa una posición más baja en la estructura ora-cional. Así, de entre las siguientes posibilidades, solo es gramatical la oración en la que la negación sigue al auxiliar y precede al verbo principal:

(45) a. John did not smile. 'John no sonrió.'
     b. *John not smiled.
     c. *John smiled not.
     d. *John not did smile.

Lo que estos datos muestran –según Ouhalla (1990), entre otros autores– es que la negación ocupa en inglés una posición baja, de forma que domina inmediatamente el SV, pero es dominada por SFlex (SConc / ST):

(46)

```
                    SFlex
                   /     \
               John      Flex'
                        /     \
                    Flex      SNeg
                     |       /    \
                    did    Neg'
                          /    \
                        Neg     SV
                         |       |
                        not    smile
```

La agramaticalidad de (45b) se deduce, según este análisis, del hecho de que para obtener esta secuencia, los rasgos de Flex tendrían que descender al SV. Al atravesar un núcleo negado se infringe la restricción del movimiento de núcleos. La oración (45c) sería también agramatical por este motivo, ya que el verbo habría ascendido a la flexión atravesando la negación. Por último, (45d) sería gramatical si la negación dominase a la flexión o a uno de sus componentes, como sucede en español, lo que obviamente no se da. En suma, solo la estructura (46), en combinación con las restricciones ya conocidas sobre el desplazamiento de núcleos, nos permite obtener la única secuencia gramatical en inglés y eliminar las otras tres. También nos permite explicar el siguiente contraste:

(47) a. John has not smiled. 'John no ha sonreído'
     b. *John not has smiled.

La oración (47a) es gramatical en inglés porque la negación aparece dominada por los núcleos de flexión. Por el contrario, (47b) no lo es, porque –como antes– la negación ocupa una posición estructural más alta que la flexión. Si esta oración fuera gramatical, implicaría una jerarquía estructural similar a la existente en español, en la que la negación domina al auxiliar y a la flexión. Ouhalla (1990) propone un PARÁMETRO DE LA NEGACIÓN, según el cual en ciertas lenguas (español, francés, bereber, etc.) Neg selecciona ST, mientras que en otras (inglés, turco) Neg selecciona SV.

La negación oracional puede alternar en nuestro idioma con un marcador de afirmación enfática *(sí),* que parece ocupar la misma posición sintáctica:

(48) a. Juan sí vino.
     b. *Juan vino sí.

(49) a. Juan sí ha venido.
     b. *Juan ha sí venido.

(50) a. Sí le he dado un libro a Juan.
     b. *Le sí he dado un libro a Juan.

Laka (1990) muestra que, si mantenemos que la negación proyecta una categoría funcional, podríamos sostener lo mismo con respecto al elemento polar afirmativo enfático *sí*. Dado que la negación y el *sí* enfático poseen la misma distribución, de acuerdo con Laka, *no* y *sí* serían dos núcleos de una proyección abstracta que esta autora denomina 'Sintagma Sigma' (SΣ). Aunque esta uniformación tiene sus ventajas, la negación y la afirmación enfática no son idénticas semánticamente, sobre todo porque la negación oracional no es necesariamente enfática. Observe que el primer *no* de *No, no te he dicho nada* es refutativo, y por tanto enfático, mientras que el segundo no lo es. Por otra parte, la presencia de la negación es obligatoria para expresar un enunciado polar negativo, cuestión sobre la que volveremos más adelante. Por el contrario, la afirmación enfática es opcional y tiene carácter focalizador. Algunos autores, como Culicover (1992), proponen una proyección de polaridad, distinta de SNeg, que podría asociarse tanto a la afirmación enfática como a la negación enfática. En adelante seguiremos usando la convención de que la negación encabeza SNeg.

La negación oracional niega proposiciones, es decir, contenidos oracionales. Es posible también negar constituyes menores que la oración. La NEGACIÓN DE CONSTITUYENTE adopta diversas formas: un prefijo negativo que actúa como negación morfológica –como el prefijo *in-* de (51a)–, la negación adjetival o predicativa (51b), la negación interna al SD (51c), o las palabras o sintagmas negativos como *nadie* y *ningún alumno* (51d, 51e).

(51) a. Esto es imposible.
   b. Resultados no superables a corto plazo.
   c. No todos los alumnos llegaron a tiempo.
   d. Nadie ha llegado tiempo.
   e. Ningún alumno ha llegado a tiempo.

10.3.2. *El ámbito de la negación*

Como hemos adelantado, la negación oracional es un operador en la Forma Lógica, ya que posee ámbito o alcance sobre otros elementos y participa en relaciones de ámbito con otros operadores. Así, la oración *Luisa no probó un pastel* es ambigua. Puede expresar que Luisa no probó ningún pastel *(no > un pastel),* por ejemplo, en *Luisa no probó un pastel en toda la tarde,* o bien que hay un pastel en concreto que Luisa no probó *(un pastel > no).*

La negación se diferencia de los cuantificadores nominales en que no liga una variable, y también en que no está sujeta a la operación de ascenso de cuantificador que se explica en el § 8.2. Las relaciones de ámbito de la negación son más flexibles que las de los cuantificadores. Esta propiedad puede ser consecuencia del hecho de que la negación no liga variables, por lo que su interpretación no está restringida por la necesidad de establecer ese ligado. Como hemos visto, la negación oracional puede tomar como ámbito la oración, un constituyente suboracional o incluso una parte de un sintagma. En efecto, si digo *María no envió el paquete por correo aéreo,* estoy negando que el correo aéreo sea el medio usado por María para enviar el paquete. Aun así, el adverbio *no* aparece delante de *envió,* no de *por correo aéreo,* si bien esta opción sería también admisible (*María envió un paquete, pero no por correo aéreo).* Como se ve, para negar un constituyente menor que la oración no siempre es preciso usar negaciones explícitas de constituyente. La negación que aparece en la sintaxis patente como negación oracional puede restringir su ámbito a dicho constituyente.

Las distintas posibilidades de ámbito nos indican precisamente lo que se ha negado: la oración entera o un constituyente. Por ejemplo, en *Juan no comió,* la negación tiene ámbito oracional, ya que estamos negando la oración *Juan comió.* La oración *Juan no comió el plato de judías* puede expresar que Juan no comió, sino que hizo otra cosa, con lo que podría continuarse con ...*sino que prefirió sentarse a leer.* Puede también querer decir que lo que comió Juan no fue el plato de judías, sino otra cosa. En ese caso, una posible continuación sería ...*sino que prefirió las lentejas.* En el primer caso la negación tiene alcance sobre todo el SV (o sobre toda la oración). En el segundo tiene alcance solo sobre el complemento directo, de ahí que no neguemos el hecho de que Juan haya comido algo, sino solo lo que ha comido. La negación puede también asociarse con adverbios, unas veces precediéndolos inmediatamente, y otras estableciendo el alcance a distancia. En (52) la negación no tiene alcance sobre la oración, sino sobre el adverbio *siempre,* como muestra el que (53a) sea una continuación posible; pero (53b), que presupone que se ha negado la oración entera, no lo es:

(52) Juan no siempre come un plato de judías.

(53) a. ...a veces come lentejas.
     b. ...*siempre juega al fútbol.

En (54a) tampoco estamos negando la oración en su totalidad, sino solo el adverbio *normalmente:*

(54) a. Juan no come judías normalmente.
     b. ...pero hoy hará una excepción.

La continuación (54b) nos indica que la negación no afecta al predicado *comer judías,* ya que, de hecho, estamos indicando que hoy lo hará. Puede incluso distinguirse el alcance oracional de la negación sobre el constituyente STiempo (ST) y el alcance sobre el SV:

(55) a. Juan no ha comido el plato de judías.
     b. ...lo comerá más tarde.

Lo que la continuación (55b) muestra es que no estamos negando el SV *comer el plato de judías,* sino solo la información temporal, es decir el ST. Podemos incluso acceder al interior del SD, y negar solo el determinante:

(56) Juan no comió tres platos de judías; comió dos.

Como vemos, las interpretaciones de la negación son sumamente flexibles, puesto que su ámbito puede abarcar segmentos muy diferentes. El alcance variable puede obtenerse incluso sin que la negación sea contigua al constituyente negado. Solemos hacer explícito el ámbito de la negación mediante partículas contrastivas como *sino, pero,* etc. Como veremos en el § 11.6, esta es una característica que asimila el operador de negación a los operadores de foco, que poseen la misma característica de asociarse de forma flexible con los distintos constituyentes con los que contrastan (por ejemplo, *solo* en *Juan solo descansa los domingos*). Por ello, se habla del FOCO de la negación, en lugar de hablar de su ÁMBITO, o se supone que la negación debe asociarse obligatoriamente con un foco dentro de su ámbito.

La negación interactúa también de forma peculiar con ciertos predicados de opinión y expectativa *(creer, imaginar, calcular),* intención y deseo *(querer, desear, apetecer),* e impresión o percepción *(parecer, ser probable, ser plausible).* Las oraciones de los siguientes pares presentan la particularidad de que son casi equivalentes, pero contrastan en que la negación aparece o bien en la oración matriz o bien en la oración subordinada.

(57) a. Pepe no cree que Luis {está / esté} enfermo.
　　 b. Pepe cree que Luis no está enfermo.

(58) a. No quiero que vengas.
　　 b. Quiero que no vengas.

(59) a. Parece que no va a llover.
　　 b. No parece que {va / vaya} a llover.

(60) a. Vio que no corría.
　　 b. No vio que {corría / corriera}.

En los años setenta se propuso una regla de TRANSPORTE O ASCENSO DE LA NEGACIÓN (ingl. *neg raising*) para recoger lo que algunos gramáticos tradicionales llamaban *negación anticipada.* En esta propuesta, la negación se generaba en su posición incrustada y ascendía opcionalmente a la posición matriz. Este análisis presenta, entre otros, cuatro inconvenientes. Primero, no explica por qué la posibilidad de ascenso está restringida a ciertos tipos de verbos como los mencionados antes. A partir de *Sucedió que al final no participó,* no podemos obtener **No sucedió que al final {participó / participara}*. En segundo lugar, notará usted que las oraciones de los pares de (57-60) son casi equivalentes, pero no equivalentes por completo. El grado de certeza de las oraciones en las que la negación está en posición incrustada es mayor que el de las oraciones en que aparece en posición matriz. Así, una respuesta adecuada a *¿Ha venido Juan?* podría ser *Yo creo que no,* pero no lo sería *Yo no creo. En tercer lugar, la transformación de ascenso de la negación habría de alterar el modo verbal, como se ve en los contrastes presentados. En cuarto y último lugar, el movimiento de núcleos es un proceso local, como hemos visto detalladamente. Es evidente que si la negación es un núcleo, la localidad que requiere este movimiento fallaría estrepitosamente.

Se suele pensar hoy en día que los argumentos que parecen tener mayor peso para apoyar la regla ascenso de la negación pueden ser interpretados en otro sentido. Uno de los más celebrados en los años sesenta y setenta era el de los modificadores adverbiales que necesitan una negación en el interior de su propia oración. Por ejemplo, la expresión *hasta mañana* requiere una negación en (61a), dentro de su propia oración. Si la suprimimos, el resultado es agramatical, como se muestra en (61b), pero si la situamos en la oración principal, el resultado vuelve a ser gramatical:

(61) a. Quiero que no envíes la carta hasta mañana.
     b. *Quiero que envíes la carta hasta mañana.
     c. No quiero que envíes la carta hasta mañana.

Además, no usamos esta negación de la oración principal en (61c) para negar la existencia de un deseo, sino más bien cierto constituyente de la oración subordinada. Ello probaría, en suma, que la negación de (61a) ha ascendido a la oración principal. El argumento continúa de la siguiente forma: si intentamos llevar a cabo este mismo proceso con un verbo que no pertenezca a este paradigma reducido de verbos, la negación no podrá aparecer en la oración principal:

(62) a. Lamento que no envíes la carta hasta mañana.
     b. *Lamento que envíes la carta hasta mañana.
     c. *No lamento que envíes la carta hasta mañana.

Sin negarle al argumento lo que tiene de ingenioso, podemos ver las cosas con criterios más actuales y pensar que el argumento no prueba en realidad que la negación haya ascendido, sino más bien que el carácter semiasertivo de ciertos verbos (en parte coincidentes con los que en el § 7.2.3 se llaman *verbos puente*) permite que el ámbito o el foco de la negación alcance a ciertos constituyentes de la oración subordinada. Este efecto se produce a través de un verbo en subjuntivo. Así, *decir* no es un verbo de ascenso de la negación, pero podemos entender perfectamente que el foco de la negación pueda ser *el lunes* en (63a). Gracias a este subjuntivo de la subordinada, podemos legitimar además la presencia de *ningún* en (63b), pero la ausencia del subjuntivo impide la aparición de *ningún* en (63c):

(63) a. No dijo que María fuera a enviar el paquete el lunes.
     b. No dijo que María fuera a enviar el lunes ningún paquete.
     c. *No dijo que María iba a enviar el lunes ningún paquete.

Los hechos de (63) no están relacionados con «un proceso de ascenso», sino con el ámbito que puede alcanzar la negación desde la oración principal. Parece, pues, que la regla de ascenso de la negación resulta no solo inadecuada, sino también innecesaria. Dadas sus características específicas como operador que no liga variables, la negación se asocia con distintos constituyentes y adquiere alcance diferente de forma abstracta o explícita. No es de extrañar que ciertos predicados y ciertas informaciones modales condicionen en parte la forma en que se determina este ámbito. Estudiar estas informaciones sistemáticamente parece una tarea mucho mejor encaminada que postular un extraño proceso de «ascenso sintáctico» que incumple abiertamente la naturaleza local del movimiento de núcleos, altera el modo verbal y está condicionado por restricciones léxicas particulares.

10.3.3. *La concordancia negativa*

Una de las propiedades morfosintácticas más sobresalientes de las lenguas románicas es que tienden a manifestar CONCORDANCIA NEGATIVA (ingl. *negative concord*). Con este nombre se conoce la propiedad consistente en que en una oración negativa aparezca la manifestación de la negación tanto en el constituyente Neg *(no)* como en el elemento negado.

(64) a. Juan *no* compró *nada.*

    b. Juan *no* compró *nunca nada a nadie.*

A estas palabras que «concuerdan» o son requeridas por la negación se las suele llamar PALABRAS NEGATIVAS. Esta denominación se abrevia a veces en la forma 'palabras-n', a pesar de que algunas palabras negativas, como *jamás* o *tampoco,* no comienzan por *n.* Cuando decimos que en los ejemplos de (64) la palabra negativa concuerda con la negación, estamos dando a entender que en estas oraciones solo se interpreta una negación, aunque se manifieste en más de un constituyente. En efecto, en (64a) no tenemos exactamente una doble negación, sino la expresión de la negación en dos constituyentes. Igualmente, en (64b) no tenemos cuatro negaciones, sino la manifestación de una única negación en cuatro constituyentes, es decir, un fenómeno característico de las relaciones de concordancia.

Consideremos por un momento la alternativa en la que postuláramos que hay tantas negaciones en dichas oraciones como palabras negativas aparezcan en ellas. En efecto, en la oración *Esta empresa no es imposible* tenemos dos negaciones (*no* y el prefijo *im-* de *imposible*). Estas dos negaciones son semánticamente activas, y no la manifestación de la concordancia negativa. En el último ejemplo se dice que esta empresa es posible, por lo que su representación semántica es aproximadamente la siguiente:

(65) no [esta empresa es [no [posible]]] = esta empresa es posible

Una doble negación equivale entonces a una afirmación. Como decían los tratadistas de lógica, *Duplex negatio affirmat.* Dos negaciones se cancelan y nos dan una afirmación. Veamos ahora (64a) de nuevo. Supongamos que la negación de *nada* es semánticamente activa y que *nada* equivale a *no[algo].* Así pues, esta oración se representará semánticamente como:

(66) Juan no [compro [no [algo]]]

Dado que la doble negación afirma, resultaría que *Juan no compró nada* es equivalente a *Juan compró algo,* lo cual no es, evidentemente, lo que queremos decir. Podemos, pues, concluir que la representación semántica de (64a) está más cerca de (67), que contiene una sola negación:

(67) Juan no [compró algo].

De hecho, se suele aceptar que la forma lógica de la oración (64a) es «No existe un x (x = una cosa), tal que Juan compró x», o bien la fórmula equivalente «Para todo x (x = una cosa), Juan no compró x», que contiene igualmente una sola negación. Entendemos ahora mejor por qué se llama *concordancia negativa* al fenómeno que estamos discutiendo. *Nada* sería la forma manifiesta del cuantificador existencial *algo* activada por la negación, en lo que coincide el uso pospuesto de *alguno* (*cosa alguna, libro alguno,* etc.). Las demás palabras negativas (*nunca, jamás, nadie,* etc.), igualmente en posición posverbal, se interpretan asimismo como manifestaciones de la concordancia entre la negación y un constituyente, de forma similar a como la concordancia de género y número entre sustantivos y adjetivos es la manifestación en dos constituyentes de un único rasgo.

La ausencia de negación en una oración en que aparezcan 'palabras-n' no convierte dicha oración en una afirmación, sino en una secuencia agramatical, salvo en los casos en que la 'palabra-n' aparece en posición preverbal, como veremos enseguida:

(68) a. *Compro nada.
     b. *Compra nunca nada a nadie.

Resulta, por tanto, evidente que existe una relación inmediata entre la negación y la forma «concordante» negativa de los cuantificadores. La generalización que se obtiene es que la presencia de la negación activa o desencadena el que los cuantificadores que aparezcan bajo su ámbito concuerden con el elemento negativo. Podemos llamar a esta generalización PRINCIPIO DE CONCORDANCIA NEGATIVA:

(69) Si en la estructura «Neg [... SCuant ...]», cuant es un indefinido, deberá estar
     especificado como [+neg].

Observe que Cuant puede no ser indefinido y aun así caer bajo el ámbito de la negación, como en *No vinieron muchos,* y también puede ser indefinido y carecer de rasgo negativo. En estos casos se interpretará fuera del ámbito de la negación, aunque aparezca tras ella, como en *No dijo algo importante.* En esta última oración se niega el verbo, pero no se niega la expresión *algo importante,* que no se ve afectada por la negación:

(70) algo importante$_i$ [$_{SNeg}$ no [dijo h$_i$]]

Así pues, las palabras negativas como *nada, nunca, nadie,* pueden concebirse de modo natural como correlatos de los cuantificadores existenciales *algo, alguna ocasión* o *alguien,* caracterizados por contener un rasgo negativo:

(71) a. Si SCuant = *algo,* entonces SCuant[+neg] = *nada*
     b. Si SCuant = *alguien,* entonces SCuant[+neg] = *nadie*
     c. Si SCuant = *algún (tiempo / ocasión),* entonces SCuant[+neg] = *nunca*

Para que un elemento cuantificado manifieste su forma negativa, la negación oracional deberá tener ámbito sobre él. Como en el caso de otros operadores, el ámbito de la negación puede entenderse como su dominio de mando-c. Considere estas tres oraciones:

(72) a. *Que no digas nada molestará a nadie
     b. *Que digas nada no molestará a nadie.
     c. Que no digas nada no molestará a nadie.

En (72a) la negación precede, pero no manda-c, a *nadie* al encontrarse dentro del SComp. Así pues, la aparición de *nada* está legitimada sintácticamente, a diferencia de la de *nadie*. En (72b) la aparición de *nadie* está legitimada, pero la de *nada* no lo está, ya que en la oración subordinada no hay negación, a diferencia de (72c).

10.3.4. *Palabras negativas y negación oracional*

Cuando la palabra-n aparece en posición preverbal, la coaparición de la negación oracional es imposible en el español de hoy, como muestra el contraste entre (73) y (74), con la excepción del español de Paraguay, por influencia del guaraní, del de algunos países andinos, por calco del quechua, y de algunas variantes del hablado en el País Vasco:

(73) a. Nadie vino.
     b. Nunca viene.
     c. A nadie le di un libro.

(74) a. *Nadie no vino.
     b. *Nunca no viene.
     c. *A nadie no le di el libro.

En general, solo es posible la presencia de un sintagma negativo en posición preverbal:

(75) a. *A nadie por ningún motivo visité.
     b. *Nada a nadie entregó.

No obstante, existen excepciones con el adverbio *nunca,* como *Nunca nadie se había atrevido a tanto.* La agramaticalidad que los ejemplos de (74) sugiere es la incompatibilidad entre la presencia del núcleo negativo Neg y de un sintagma negativo en el especificador de SNeg. Se han propuesto varias teorías para explicarla. Por un lado, dicha incompatibilidad recuerda la que se produce entre complementantes y SQu que vimos en el capítulo 5 *(*¿Quién que vino?).* Recuerde que algunos autores eliminaban estas secuencias agramaticales por medio del filtro del SComp doblemente lleno. En la misma línea podríamos postular un FILTRO DEL SNEG DOBLEMENTE LLENO que impide la presencia de un elemento negativo manifiesto en el especificador y en el núcleo de SNeg. En ese sentido, las oraciones (76a, b) son gramaticales porque en la primera solo el núcleo de SNeg está ocupado por una palabra negativa y en la segunda, solo lo está el especificador. Este filtro invalidaría la oración agramatical de (76c).

(76) a. Juan no vino.
     b. Nadie vino.
     c. *Nadie no vino.

(77) *[$_{SNeg}$ nadie [$_{Neg'}$ no ...]]

Ahora bien, los filtros, como ya observamos en el capítulo 7, son mecanismos demasiado idiosincrásicos. De hecho, se suelen proponer como remedio específico para eliminar secuencias concretas cuya explicación general se desconoce en el momento de postularlos. Por ello, es mejor intentar deducir los efectos del filtro de principios más generales, o bien no postularlo y procurar obtener esos resultados directamente de tales principios.

Existen equivalentes literales de (76c) en muchas lenguas, incluso románicas, como el español antiguo o el francés y el rumano actuales. Ese hecho sugiere que lo que parece estar en juego es la medida en que el ascenso de SNeg al especificador de esa proyección «absorbe» los rasgos que aparecen en el núcleo negativo. El hecho de que en algunas lenguas, como el catalán, la negación que aparece en (76c) sea potestativa (*Ningú no pensa això* = *Ningú pensa això* 'Nadie piensa eso') hace pensar igualmente que el borrado de la negación es análogo a un proceso morfológico de incorporación. De hecho, en el español actual tenemos alternancias que muestran cierto grado de similitud. Decimos *sobrevolar la ciudad* (no *sobre la ciudad*), pero *interponerse entre ellos,* no *interponérselos*. En cambio, podemos decir *penetrar en la roca,* pero también *penetrar la roca;* es decir, el significado que aporta la preposición seleccionada está unas veces INCORPORADO léxica o morfológicamente al verbo que la selecciona; otras veces se manifiesta expresamente en la sintaxis y otras, finalmente, puede aparecer opcionalmente de cualquiera de las dos formas.

Podemos suponer que las palabras negativas cotejan su rasgo [neg] en el especificador de SNeg, independientemente de que los rasgos del núcleo Neg° estén presentes o se hayan incorporado a ellas, lo que da lugar a fenómenos de variación hasta cierto punto esperables. Todavía tenemos que dar respuesta a dos preguntas muy razonables, que a lo mejor ya se estaba planteando usted:

(78) A. ¿Cómo se cotejan los rasgos de las palabras negativas cuando estas aparecen en posición posverbal?

    B. Si los rasgos de las palabras negativas se pueden cotejar en posición posverbal, ¿por qué las encontramos también en posición preverbal? ¿No es este un movimiento innecesario?

Las dos preguntas son, desde luego, enteramente naturales. Consideremos primero (78A). La respuesta a (78A) que se considera mejor encaminada hoy en día es la siguiente: el movimiento al especificador de SNeg se produce en estos casos en el nivel de la Forma Lógica, lo que significa que, sea en la sintaxis patente o en la sintaxis encubierta, existe una relación local entre Neg° y los sintagmas negativos. Este análisis se defiende en Longobardi (1991), y para el español, con otros argumentos, en Bosque (1994). Considere los siguientes contrastes, tomados de Bosque (1994):

(79) a. No sabe cómo estudiar ninguna asignatura.

    b. *No sabe qué asignatura estudiar con ningún método.

(80) a. No me dijo dónde buscar a ninguno de sus amigos.

    b. *No me dijo a quién buscar en ninguna parte.

En todas las oraciones de (79) y (80) aparece la palabra *no* delante de alguna expresión negativa, pero –como vemos– unas son gramaticales y otras no. Una explicación razonable de estos contrastes consiste en suponer que los sintagmas negativos se desplazan en la FL, y que este desplazamiento está, como el movimiento de SQu o el movimiento por ascenso del cuantificador (AC), sometido a condiciones similares de buena formación. El sintagma negativo *ninguna asignatura* puede atravesar en (79a) un nudo SComp con un SQu en su especificador porque su huella queda regida o legitimada léxicamente (recuerde el § 7.4). La rección por antecedente no sería posible al estar ocupada la posición de especificador de SComp. La misma situación se repite en (80a) con respecto a *ninguno de sus amigos*. En cambio, la extracción de un sintagma-n en posición de adjunto no es posible en la misma configuración, porque la huella de este desplazamiento no estaría regida léxicamente (al tratarse de un adjunto) y tampoco estaría regida por antecedente. Por tanto, las oraciones de (79b) y (80b) constituyen infracciones del PCV en la FL, como indican las representaciones de (81):

(81) a. *$[_{SNeg}$ con ningún método$_i$ $[_{Neg'}$ no sabe $[_{SComp}$ qué asignatura estudiar h$_i$]]]
   b. *$[_{SNeg}$ en ninguna parte$_i$ $[_{Neg'}$ no me dijo $[_{SComp}$ a quién buscar h$_i$]]]

Si inferimos que un sintagma-n debe desplazarse a SNeg o bien en la sintaxis patente (en los casos en que aparece prepuesto, como los vistos en el apartado anterior) o bien en FL, esbozamos ciertamente una situación muy similar a la de los SQu. En el caso de los SNeg sería el cotejo del rasgo [+neg] el que forzaría dicho desplazamiento patente o no visible. Este movimiento se conformaría con el siguiente PRINCIPIO DE LA NEGACIÓN (ingl. *negative criterion*), propuesto por Haegeman y Zanuttini (1996):

(82) Todo sintagma negativo debe aparecer en el especificador de SNeg. Este desplazamiento puede tener lugar en la sintaxis patente (cuando el sintagma negativo aparece en posición preverbal), o en la sintaxis encubierta o Forma Lógica.

Ahora nos queda la pregunta (78B). No existe una sola respuesta, pero la que se suele considerar mejor encaminada es la que sugiere que la anteposición de las palabras negativas en la sintaxis patente está relacionada con la estructura informativa de la oración. De hecho, la anteposición obligatoria del verbo es característica de las construcciones focales:

(83) a. A nadie le interesa eso.
   b. *A nadie eso le interesa.

(84) a. Nada preguntó María.
   b. *Nada María preguntó.

Se analizan construcciones muy parecidas en el § 11.4. Esto no quiere decir que todas las palabras negativas preverbales ocupen posiciones de foco. Los indefinidos negativos, por ejemplo, pueden ser preverbales o posverbales (*Nadie llamó / No llamó nadie*) al igual que pueden serlo otros sujetos (*Llamó Juan / Juan llamó*).

10.3.5. *Los términos de polaridad negativa. Condiciones de legitimación*

El fenómeno de la concordancia negativa pone de relieve que la negación selecciona o activa la presencia de ciertas palabras, generalmente cuantificadores indefinidos, marcadas como negativas. Sin embargo, hay otras expresiones que no poseen una marca negativa de naturaleza morfológica (no empiezan por *n-*) pero cuya presencia es también activada por la negación. En general, a las expresiones que dependen de esta forma de la negación se las conoce como TÉRMINOS DE POLARIDAD NEGATIVA (TPNs). Expresiones como *tener un pelo de tonto, mover un dedo, andarse con remilgos*, etc., pueden aparecer en una oración solo cuando la negación también está presente y posee mando-c sobre ellas:

(85) a. Juan *(no) tiene {un pelo de tonto / pelos en la lengua / donde caerse muerto}.
   b. Juan *(no) ha movido un dedo / una pestaña.
   c. Juan *(no) se anda con remilgos / con chiquitas / con tonterías.
   d. Juan *(no) ve tres en un burro / un alma.

Muchos de estos términos son expresiones lexicalizadas. De hecho, la mayor parte son locuciones verbales, es decir, SSVV ya formados en el léxico, pero algunos –igualmente lexicalizados– corresponden a SComp, como *que digamos* (*No es muy listo, que digamos*). Otros TPNs, son unidades que se forman en la sintaxis, como el uso pospuesto de *alguno* (*libro alguno*), frente al antepuesto (*algún libro*). Ciertos TPNs lo son únicamente con determinados predicados; por ejemplo, el adverbio *todavía* lo es con los que expresan sucesos puntuales (**Ha llegado todavía / No ha llegado todavía*), no con los que expresan eventos durativos (*Esperamos todavía*).

El análisis de estos términos es más problemático que el de las palabras-n y los sintagmas que forman. En primer lugar, para extender el tratamiento dado a las expresiones negativas a los TPNs tendríamos que suponer que estos términos poseen un rasgo de negación abstracto, que no se manifiesta morfológicamente, y cuyo cotejo está sometido a las mismas condiciones de legitimación que las impuestas por [+neg]. En otras palabras, debemos postular que los TPNs deben aparecer en el ámbito o alcance de la negación. Esta idea se ha presentado de diversas formas a lo largo de la historia de la gramática generativa, desde Klima (1964) o Baker (1970). El problema principal de esta hipótesis es que los TPNs, incluyendo las palabras negativas, aparecen también en entornos que no son negativos. Entre estos INDUCTORES NEGATIVOS (ingl. *negative triggers*), se encuentran los predicados de duda, temor, oposición o sorpresa (*Dudo que haga el menor movimiento, Se opone a que tomemos ninguna iniciativa, Me pareció extrañísimo que Juan moviera un dedo por él);* las estructuras comparativas (*María canta mejor que nadie*), las preguntas (*¿Quién de vosotros ha podido pegar ojo?, ¿Existe posibilidad alguna de encontrarlo?);* las exclamaciones (*¡Lo que te cuesta mover un dedo para ayudar a la gente!);* las prótasis de las oraciones condicionales (*Si haces el menor movimiento, dispararé*), y cuantificadores como *poco* (*Muy pocos moverían un dedo por ti*) o *raramente* (*Raramente abría la boca*).

Se han presentado varias teorías para explicar la distribución de estos términos desde muy diversos puntos de vista sintácticos, semánticos o pragmáticos. Las teorías exclusivamente sintácticas se ven forzadas a postular una extensión a esta clase de términos de la legitimación por la negación en la FL. Por ejemplo, Linebarger (1980, 1987) formula la RESTRICCIÓN DEL ALCANCE INMEDIATO (ingl. *immediate scope constraint*): los TPNs aparecen legitimados o activados en el alcance o ámbito de un elemento negativo en la FL. En caso de que la oración no contenga una expresión negativa, la restricción requiere que se satisfaga en una oración implicada o entrañada (semántica o pragmáticamente) por la oración en que aparece el TPN. Por ejemplo, en la FL de la oración (86) no se satisfaría la restricción de alcance inmediato, ya que esta oración no contiene una negación oracional.

(86) Me sorprende muchísimo que haya dado un céntimo a la fundación.

Sin embargo, esta restricción se satisface de forma derivada, ya que (86) tiene una implicatura negativa como (87), donde sí aparece la negación.

(87) Esperaba que no diera un céntimo.

Esta teoría tiene sus puntos débiles, ya que las implicaturas que posee una oración están controladas en su mayor parte por mecanismos contextuales, con lo que el predecir qué implicaturas surgen en cada caso no es tarea fácil, o siquiera posible. Entre las implicaturas imaginables de una oración como (86) habrá oraciones que no contengan negación (por ejemplo, que el individuo en cuestión es un avaro). Además, en muchos casos no está claro que podamos encontrar una implicatura negativa, como sucede con la legitimación de *pegar ojo* en el ámbito de *menos de tres huéspedes* en *Menos de tres huéspedes del hotel consiguieron pegar ojo*. Intuitivamente, da la impresión de que la presencia del término de polaridad negativa que se subraya en esta oración es posible porque del sujeto parece obtenerse la implicatura *Prácticamente ninguno de los huéspedes del hotel consiguió pegar ojo,* pero –como en los casos anteriores–, es difícil postular esta relación en términos sintácticos restrictivos. ¿Es *menos de tres* una pieza léxica que podamos asociar con una determinada implicatura?; ¿Qué ocurriría con los demás numerales en la expresión «*menos de + numeral cardinal*»?

Mayor peso parecen tener en la actualidad las teorías de la polaridad construidas sobre bases semánticas. Para algunos autores, como Ladusaw (1979), los TPNs se legitiman en el alcance de los OPERADORES DECRECIENTES. Un operador es decreciente cuando permite inferencias de conjunto a subconjunto. Por ejemplo, los cuantificadores *ningún N* o *menos de tres N* son operadores decrecientes. De (88a) podemos inferir la oración (88b), y de (89a) podemos inferir (89b):

(88) a. Ningún estudiante comió.
     b. Ningún estudiante comió plátanos.

(89) a. Menos de tres estudiantes comieron.
     b. Menos de tres estudiantes comieron plátanos.

Al ser decrecientes las expresiones cuantificativas *menos de tres estudiantes* y *ningún estudiante,* decrecientes, legitimarán TPNs en su alcance: {*Menos de tres estudiantes / Ningún estudiante*} *ha(n) movido un dedo por él*. Para otros autores, como Zwarts (1995) o Giannakidou (1998), los operadores que legitiman la presencia de TPNs son NO VERÍDICOS. Un predicado o un operador es verídico cuando permite inferir la veracidad de la proposición que aparece subordinada a él. Por ejemplo, el predicado *observar* es verídico: *Observó que Pepe corría* entraña *Pepe corría*. La negación es, ciertamente, un operador no verídico: la oración *Pepe no corría* no entraña, como es obvio, *Pepe corría*. Las preguntas o exclamaciones son, igualmente, entornos no verídicos. La pregunta *¿Te gusta el flan?* no entraña, como es lógico, que te guste el flan, puesto que con ella se pretende averiguar si ello es o no cierto. Este tipo de aproximación es interesante, siempre que se restrinja adecuadamente. Así, el verbo *imaginarse* no es verídico, pero tampoco es inductor de TPNs. Existen otros muchos casos similares.

Al igual que existen varias teorías para explicar los inductores negativos, también existen otras que tratan de unificar los TPNs. Así, varios autores han destacado el hecho de que los TPNs se usan para indicar extremos en una escala. Muchos son, de hecho, SSDD MINIMIZADORES y se caracterizan por admitir libremente la presencia de *ni* o *ni siquiera*, como en *No tiene {un pelo de tonto / ni un pelo de tonto / ni siquiera un pelo de tonto}*; en *No ha comprado {un libro / ni un libro / ni siquiera un libro}*. Este tipo de aproximaciones ayuda a determinar las condiciones semánticas que permiten constituir TPNs, y también, como observó Fauconnier (1975), a explicar por qué algunos TPNs no pueden figurar en el léxico (por ejemplo, los subrayados en *No acepta la más leve crítica* o en *No es capaz de acertar los blancos más fáciles*), ya que lo son en función del predicado con el que se construyan.

Podemos concluir que los TPNs deben estar legitimados por un operador en la FL. Ahora bien, hemos comprobado que el rasgo identificativo de este operador no tiene que ser necesariamente la negación. Otros rasgos –como quizá [decreciente] o tal vez [no verídico]– desempeñan también un papel legitimador. Lo cierto es que en la gramática formal contemporánea se comprenden mejor las condiciones de localidad que exige la legitimación de las palabras negativas (y en general los TPNs) que los recursos semánticos o pragmáticos que son necesarios para hacer explícita la negación que todos los inductores negativos encubren.

10.4. El tiempo

10.4.1. *El tiempo gramatical*

El análisis de las características gramaticales de las formas temporales ha de tener en cuenta las propiedades morfosintácticas y semánticas de dichas formas y los entornos en que se encuentran. Recuerde que en el capítulo 5 argumentamos que la información temporal era una de las propiedades que individualizan las oraciones, y que además poseía la capacidad de ser seleccionada a distancia. El desarrollo de la teoría de las categorías funcionales ha aislado el nudo *tiempo* como una categoría independiente dentro de la *flexión,* a la que el verbo se desplaza para cotejar los rasgos de tiempo. En esta sección exploraremos la naturaleza de dichos rasgos y la forma en que influyen en la interpretación de las oraciones.

La noción de tiempo gramatical está basada solo parcialmente en la de tiempo físico o tiempo real. No interpretamos las oraciones del español con respecto a una línea temporal continua, posiblemente infinita, que se proyecta desde el origen de los tiempos hasta el futuro. Los tiempos gramaticales son discretos o finitos, y su interpretación es composicional. De hecho, depende tanto de la forma verbal empleada como de otros elementos presentes en la oración (principalmente, adverbios y cláusulas temporales). Todas las gramáticas tradicionales nos dan los nombres de los tiempos, pero raramente analizan con detalle el contenido de cada uno. Constituye una notoria excepción la de Andrés Bello (1847), ya que no solo contiene una nomenclatura, sino una teoría de los tiempos verbales, que además anticipa muchos aspectos de las concepciones actuales sobre el tiempo verbal.

Siguiendo una primera aproximación intuitiva, necesitamos tres tiempos básicos: presente *(ahora)*, pasado *(antes de ahora)* y futuro *(después de ahora)*. Para caracterizar estos tiempos, solo necesitamos en principio un sistema con dos dimensiones: el ahora, es decir, el momento del habla (H), y el punto o intervalo donde situamos el evento, es decir, la situación descrita por el verbo (E). En (90a) el evento en que Pepe canta incluye H, en (b) es anterior a H, y en (c) tendrá lugar después de H.

(90) a. Pepe canta.
    b. Pepe cantó.
    c. Pepe cantará.

En resumen, el presente indica simultaneidad o inclusión del tiempo del evento descrito por la oración y el punto temporal en que es emitida: el pasado indica anterioridad del tiempo del evento con respecto a dicho momento, y el futuro, posterioridad:

Presente: E
                ____H____

Pasado: E____H_____

Futuro: ____H____E

10.4.2. *Los tiempos como operadores y como pronombres*

La primera reflexión que cabe hacer es que este sistema intuitivo es, en el fondo, demasiado simple, y resulta por tanto inadecuando para caracterizar los distintos tiempos gramaticales. La pregunta inmediata que podemos hacernos concierne al estatuto que tienen las propiedades temporales en la Forma Lógica. Consideremos las tres opciones de (91):

(91) A. Los tiempos verbales son predicados.
    B. Los tiempos verbales son operadores.
    C. Los tiempos verbales son expresiones referenciales.

Lo que dice (91A) es que el evento designado por el SV se subordina a un predicado del estilo de *ser actual, ser anterior* o *ser venidero*. La opción (91B) sitúa los tiempos en el mismo grupo que los cuantificadores y otras expresiones con fuerza cuantificacional, mientras que (91C) los sitúa en el grupo de los nombres propios y los pronombres. Las opciones (91A) y (91B) no son tan distintas, en tanto que los operadores pueden concebirse como un tipo de predicados de argumento oracional, que tienen la peculiaridad de poseer ámbito y otras características que los convierten en elementos cuantificacionales.

La distinción en tres tiempos basada en el modelo bidimensional que acabamos de presentar se presta fácilmente a un ANÁLISIS CUANTIFICACIONAL del tiempo (opción A/B). De acuerdo con este análisis, presente, pasado y futuro son operadores temporales. Un operador temporal toma alcance sobre la oración y determina el punto o el intervalo temporal en el que la oración es verdadera. Este tipo de interpretación cuantificacional del tiempo fue propuesto por Arthur Prior (1967), al que siguieron otros autores. La interpretación (un tanto simplificada) de las oraciones de (90) sería la siguiente:

(92) a. Presente: [*Pepe canta*] es verdadera en un tiempo t si t es (o incluye) H y «Pepe canta» es verdadera en t.
  b. Pasado: [*Pepe cantó*] es verdadera si hay un momento de tiempo pasado (t anterior a H) y «Pepe canta» es verdadera en t.
  c. Futuro: [*Pepe cantará*] es verdadera si hay un momento futuro t (t posterior a H) y «Pepe canta» es verdadera en t.

Lo que nos dice (92) parece bastante natural, pero este tipo de sistema presenta algunos problemas. En primer lugar, parece adecuarse bien a la interpretación de los tres tiempos simples: presente *(canto)*, pretérito *(canté)* y futuro *(cantaré)*. Sin embargo, no está claro cómo podríamos adaptarlo a la interpretación de otros tiempos como el condicional *(cantaría)* o los tiempos compuestos, es decir, los que se forman con «haber + participio pasivo». En ellos *haber* recibe la flexión que corresponde a un tiempo simple: pretérito perfecto compuesto *(ha cantado);* pluscuamperfecto *(había cantado);* condicional compuesto *(habría cantado).*

Podría pensarse que para interpretar los tiempos compuestos nos bastaría con añadir la dimensión aspectual que hemos considerado en los capítulos 5 y 6, con lo que dicha interpretación sería un reflejo de su composición sintáctica. Según esta hipótesis, los tiempos compuestos resultarían de la combinación de un tiempo básico marcado por el auxiliar y el aspecto flexivo (perfectivo). Sin embargo, esta hipótesis es errónea. El pretérito pluscuamperfecto no puede considerarse simplemente la combinación del tiempo pasado *(había)* y el aspecto perfectivo *(cantado).* Si fuese así, sería indistinguible del pretérito perfecto simple *(cantó),* que también posee el rasgo [+perfectivo]. Considere las oraciones de (93):

(93) a. Cuando María entró, Pablo ya había cantado.
  b. Cuando María entró, Pablo cantó.

Observe que (93a) nos dice que en el momento en que María entró, Pablo ya había terminado de cantar. (93b), por el contrario, indica que Pablo comenzó a cantar una vez que María entró:

(94) a. Pablo canta   María entra
  —————————————→

  b. María entra   Pablo canta
  —————————————→

Si concebimos los tiempos como operadores / cuantificadores, predecimos que tendrán interacciones de alcance con respecto a otros operadores. Por ejemplo, Enç (1986) observó respecto del equivalente en inglés de (95) que habrá dos lecturas posibles, representadas en (96).

(95) Todos los miembros de nuestro club de inversiones se comprarán una mansión.

(96) a. [Todos los miembros de nuestro club de inversiones [Futuro [se comprarán una mansión]]]
     b. [Futuro [Todos los miembros de nuestro club de inversiones [se comprarán una mansión]]]

En la primera FL (96a), el cuantificador tiene alcance sobre el operador temporal. La interpretación obtenida es que aquella en que todos los miembros actuales del club tendrán en el futuro una mansión. En la representación (96b), el operador de futuro tiene alcance sobre el cuantificador. La interpretación es ahora que todos los futuros miembros del club tendrán una mansión. Pero obsérvese que hay una tercera interpretación posible de (95): que todos los miembros del club, tanto actuales como futuros, comprarán una mansión. Esta interpretación es quizá la más prominente de dicha oración. Sin embargo, no es derivable en un sistema como el que hemos establecido, ya que en la FL el operador de futuro tendría que estar tanto fuera como dentro del alcance del cuantificador universal. En otras palabras, esta interpretación requeriría una representación que fuera a la vez (96a) y (96b). Por otra parte, si la situación descrita fuera presente, como en *Todos los miembros de nuestro club de inversiones viven cómodamente,* la teoría predeciría dos interpretaciones, frente a lo que sucede.

Otro problema de la teoría cuantificacional del tiempo es que hay datos que indican que los tiempos verbales se comportan como pronombres, en concreto como pronombres personales, por tanto, como unidades deícticas. Aplicando este ANÁLISIS PRONOMINAL (opción 91C) alternativo de los tiempos gramaticales, Partee (1972, 1984) observa que cuando usamos una oración como *Me olvidé de apagar el horno,* nos estamos refiriendo a un tiempo pasado contextualmente determinado, que seguramente se deduce del contexto anterior. La interpretación de *olvidó* es, por tanto, muy cercana a la interpretación referencial o deíctica que tendría un pronombre, la expresión *en ese momento* o el adverbio deíctico como *entonces*. Los tiempos verbales pueden también tener lecturas dependientes, al igual que los pronombres. Así, en *Cuando llegué a casa, las luces se encendieron,* el punto temporal del pasado en el que situamos el evento correspondiente a *Las luces se encendieron* depende del punto en el que se sitúe el evento correspondiente a la cláusula encabezada por *cuando*. Lo que esta oración nos dice es que los eventos son simultáneos. Como en el caso anterior, esta simultaneidad puede hacerse explícita mediante un adverbio temporal deíctico como *entonces*: *Cuando llegué a casa (= entonces) las luces se encendieron.*

Las lecturas temporales dependientes pueden serlo con respecto a un elemento interno de la oración, como un adverbio, o con respecto a otras oraciones que la preceden en el discurso. En (97a) es el adverbio *a las tres* el que sitúa en un punto concreto la referencia temporal del pasado expresada por el pretérito. En (97b), la referencia temporal de *emborrachó* está determinada por el discurso anterior (la fiesta en cuestión):

(97) a. Juan llegó a las tres.

     b. Fuimos a una fiesta. Pepe se emborrachó.

Por último, los tiempos tienen interpretaciones «ligadas» por otros cuantificadores, como sucede con los pronombres. En el § 9.1 se explica que el pronombre *él* es una variable ligada en *Todo el mundo quería el puesto para él,* en uno de los sentidos de esta oración. En la interpretación relevante, no se refiere a un individuo particular, sino a tantos como denote la expresión cuantificativa *todo el mundo*. Nótese ahora que, en un sentido similar, los valores temporales (en el sentido de las situaciones consideradas) de *estás fuera de casa* en la oración *Siempre que vengo a verte, estás fuera de casa,* dependen del cuantificador *siempre*. En este enunciado de fuerza universal entendemos que en todas las ocasiones que se consideren, si vengo a verte (en una cualquiera de ellas), resulta que estás fuera. Así pues, la lectura reiterativa o habitual del presente es el resultado de que dicha forma temporal depende del cuantificador universal.

10.4.3. *La teoría tridimensional de los tiempos verbales*

El análisis de los tiempos verbales que llevó a cabo el lógico Hans Reichenbach, y que está contenido en su libro *Elements of Symbolic Logic* (1947), constituye una teoría no cuantificacional en sentido estricto. Puede considerarse un desarrollo de la opción (91C), ya que el rasgo que la caracteriza es la descomposición o fragmentación de la información referencial que contienen los tiempos verbales. Esta teoría ha tenido gran influencia en las propuestas actuales sobre el tiempo gramatical realizadas en la gramática formal, sobre todo a partir de la década de los ochenta, cuando empezaron a cobrar fuerza los argumentos en contra de la teoría que analiza los tiempos como operadores (cfr. Hornstein, 1977, 1981, 1990). El sistema de Reichenbach es un sistema tridimensional. Los tiempos verbales se interpretan con respecto a tres puntos o coordenadas temporales:

(98) • El tiempo del habla (H)

     • El tiempo del evento (E)

     • El tiempo de referencia (R)

Respecto del sistema bidimensional que hemos presentado en los apartados anteriores, la principal novedad es la introducción de una nueva coordenada, llamada PUNTO DE REFERENCIA. Para comprender la relevancia de este factor, podemos considerar el pluscuamperfecto:

(99) Ayer Luis ya había terminado los deberes.

En esta oración no se nos informa del tiempo del evento –es decir, el del instante en que Luis ha terminado los deberes–, pero se nos dice que es anterior a ayer, de modo que se localiza indirectamente. Así pues, el pluscuamperfecto tiene como tiempo del evento un momento pasado (que es anterior a H) y a otro también pasado (ayer). Este último es el que se toma como punto o momento de referencia:

(100) terminar los deberes = E   ayer = R   H

A diferencia del pluscuamperfecto, el pretérito perfecto simple no distingue entre los puntos temporales del evento (E) y de referencia (R). Considere (101):

(101) Luis terminó los deberes ayer.

En esta oración situamos el punto en que Luis terminó los deberes en el intervalo temporal abarcado por *ayer,* es decir, los tiempos E y R coinciden:

(102) terminar los deberes = E = ayer = R   H

Reichenbach entiende que de las ordenaciones distintas de estos tres parámetros se derivan todos los tiempos gramaticales en el sistema de la lengua. Los tiempos E, R y H pueden estar en una relación de precedencia (marcada con la línea «__», que expresa la progresión del tiempo físico), o bien pueden coincidir, lo que indicamos con una coma, como suele hacerse. Las configuraciones obtenidas son las siguientes:

1. PRESENTE: H, R, E. En el presente, el momento del habla, el punto de referencia y el que designa el evento coinciden. Así, en *¿Qué haces? Como una pizza,* describimos una situación cuya locación temporal incluye el momento actual. Este punto es también el tiempo de referencia.

2. FUTURO: H__R, E (y también H, R__E). El tiempo de referencia y el del evento coinciden y son posteriores al momento del habla. En *Compraré el libro mañana,* nos referimos a un tiempo futuro en el que tendrá lugar el evento de comprar el libro.

3. PRETÉRITO PERFECTO SIMPLE / IMPERFECTO: E, R__H. El tiempo de referencia y el del evento coinciden, y además preceden al momento del habla. Así, en *Pepe fue al cine ayer* nos referimos a un tiempo pasado en el que tuvo lugar el evento en el que Pepe fue al cine. Por tanto, el pretérito perfecto simple y el imperfecto expresan la misma información temporal. Como hemos indicado en varias ocasiones, la diferencia entre estas dos formas es aspectual, por lo que no aparece reflejada en el sistema temporal reichenbachiano. El perfecto simple codifica el aspecto perfectivo, y el imperfecto, el aspecto imperfectivo.

4. CONDICIONAL: R__E__H. Este tiempo puede caracterizarse como un «futuro del pasado», ya que el tiempo del evento sigue al tiempo de referencia. También son posibles las ordenaciones R__H, E y R__H__E. Así, en *Pepe dijo que vendría,* el tiempo de referencia es aquel, en que Pepe emitió sus palabras, que es a su vez anterior al tiempo del evento descrito por *vendría.* Es posible que el tiempo E sea anterior a H *(Pepe dijo que vendría ayer),* simultáneo a H *(Pepe dijo que vendría ahora),* o posterior a H *(Pepe dijo que vendría mañana).*

5. PLUSCUAMPERFECTO: E__R__H. Se puede interpretar como el «pasado del pasado», ya que el tiempo del evento descrito es anterior al tiempo de referencia (también pasado). Así, en *Ayer Luis ya había comprado el coche* situamos el evento de la compra del coche en un punto pasado anterior al referido mediante el adverbio *ayer*. Por tanto, en contraste con el pretérito perfecto simple y el imperfecto, el pluscuamperfecto no expresa la relación de coincidencia entre los tiempos de referencia y del evento, sino la de precedencia.

6. PRETÉRITO PERFECTO COMPUESTO: E__H, R. La diferencia temporal principal entre el pretérito perfecto simple y el compuesto reside en que en el primero el tiempo de referencia y el del evento coinciden, mientras que en este último están disociados. El pretérito perfecto compuesto sitúa el tiempo del evento en el pasado y hace coincidir el tiempo de referencia y el tiempo del habla. En *Pepe ya ha comido* describimos un evento pasado con respecto a un tiempo de referencia indicado por *ya*, que es el tiempo del habla. En otras palabras, el pretérito perfecto sitúa un evento en el pasado, pero hace también referencia al presente, lo que explica los llamados EFECTOS DE RELEVANCIA O DE REPERCUSIÓN EN EL PRESENTE que caracterizan este tiempo, como en *He estado en Nueva York dos veces en mi vida*. Existe una conocida diferencia entre el español europeo y el americano en este punto, ya que en amplias áreas del segundo no se dice *He desayunado cereal esta mañana,* sino *Desayuné cereal esta mañana,* es decir, el pasado inmediato no se ubica en América, pero sí en gran parte de España, en la esfera del presente que caracteriza este tiempo. El pretérito perfecto simple no sitúa el tiempo de referencia en el presente, por lo que, salvo en algunas zonas del área andina, se rechaza *He desayunado cereal hace dos meses*.

7. FUTURO PERFECTO: H__E__R. Este tiempo sitúa un evento futuro en un tiempo anterior a otro tiempo de referencia también futuro. Por ello, el futuro perfecto es un «pasado del futuro». Así, en *Cuando llegues, Pepe ya habrá comido,* el tiempo del evento (aquel en que Pepe come) es anterior al tiempo de referencia asociado con la cláusula temporal *(cuando llegues)*. También son posibles las combinaciones: H, E__R y E__H__R. Esta ambigüedad se detecta en oraciones como *Jaimito ha dicho que saldrá enseguida, pero el autobús ya habrá pasado*. El tiempo de referencia es aquí el tiempo de la salida de Jaimito, mientras que el tiempo del evento es el tiempo en el que pasa el autobús. Podemos entender que el autobús pasará en el futuro (H__E__R), o bien que el autobús está pasando ahora (H, E__R), o que el autobús ya pasó (E__H__R).

Los adverbios temporales son modificadores relacionados con el tiempo de referencia, según Reichenbach. En *Llegué ayer,* el adverbio *ayer* indica del tiempo de referencia, que en este caso es también el tiempo del evento. En *Comerás mañana* sucede lo mismo. Se ha observado que esta generalización no es completamente correcta, y que en ciertos casos el adverbio temporal modifica al tiempo del evento. Por ejemplo, la oración (103) es ambigua, en función de si el adverbio modifica E (y en este caso, la oración dice que la secretaria se fue a las tres) o R (y expresa entonces que cuando dieron las tres, ya se había ido).

(103) La secretaria se había ido a las tres.

En la segunda interpretación se admite el adverbio *ya* potestativamente. La teoría tridimensional reichenbachiana predice de forma natural incompatibilidades bastante obvias entre adverbios y tiempos verbales:

(104) a. Te lo dije {ayer / *ahora / *mañana}.
 b. Pepe había llegado a su destino {ayer / *ahora / *mañana}.
 c. Juan vendrá {*ayer / mañana}.

En (104a) solo el adverbio *ayer* sería compatible con el tiempo (E/R) asociado al pretérito. Lo mismo sucede en (104b). En (104c), *ayer* obviamente no es compatible con el contenido temporal (E/R) del futuro.

10.4.4. *La proyección de la estructura temporal en la sintaxis. El anclaje temporal*

¿Qué relación existe entre las fórmulas de Reichenbach y la estructura sintáctica de las oraciones? ¿Cómo se integra la información temporal que proporcionan en las configuraciones sintácticas que hemos venido desarrollando en los capítulos precedentes? Si bien muchos semantistas no consideran interesantes estas preguntas, es natural planteárselas en una introducción a la sintaxis formal. Existen, de hecho, varias respuestas posibles. En la gramática generativa no se plantearon expresamente hasta mediados de la década de los ochenta, si bien el interés por el tiempo verbal fue incrementándose en este modelo desde la década anterior. Desde entonces se ha producido un intenso debate sobre estas cuestiones, que aquí solo podremos resumir muy esquemáticamente.

La primera respuesta consiste en tratar los tiempos como una familia de operadores. A cada tiempo gramatical le correspondería un operador o una combinación de operadores. Este tratamiento fue el predominante en los primeros análisis en el marco de la semántica formal y en la teorías avanzadas en los años setenta. Como señalamos anteriormente, en los años ochenta se fueron incrementando los argumentos a favor de la naturaleza referencial del tiempo gramatical, lo que condujo a varios análisis de estos elementos como unidades pronominales. Por su naturaleza pronominal, los tiempos gramaticales estarán sometidos a los principios de la teoría del ligamiento. Murvet Enç (1986, 1987) es la principal defensora de este enfoque.

Enç sostiene que los tiempos están sujetos a un PRINCIPIO DE ANCLAJE de acuerdo con el cual todo tiempo tiene que estar anclado. El anclaje, que no pretende ser sino una implementación formal de la naturaleza deíctica del tiempo, es un recurso sintáctico que exige que cada tiempo esté coindexado con otro elemento que lleva un índice temporal determinado. Un tiempo está anclado si está ligado dentro de su categoría de rección y, si este no es el caso, si su Comp local está anclado. Para esta autora, el índice temporal de Flex está regido por el núcleo Comp. En las oraciones matrices el tiempo (Flex) no tiene un antecedente accesible y no puede ser anclado por ligado. Estará, por tanto, anclado por el Comp matriz (un núcleo abstracto) que se asociará con tiempo del habla. La oración *Pepe salió a la calle* tendría la FL siguiente:

(105) $[_{SComp}$ $Comp_H$ $[_{SFlex}$ Pepe $[_{Flex'}$ PASADO$_i$ salió a la calle]]]

El índice *i* del tiempo PASADO está regido por Comp, pero carece de un antecedente temporal que lo ligue. El tiempo no se ancla, en consecuencia, por ligado, sino por coindexación con el índice de Comp. Como este Comp es un Comp matriz, lleva el índice del momento del habla (H), por lo que (105) designa cierto evento anterior con respecto al tiempo del habla.

En una oración subordinada, la flexión temporal puede estar ligada por el constituyente Flex de la oración matriz. Hay también una segunda opción, en la que el nudo Flex de la oración subordinada es anclado por el Comp subordinado. Considere el siguiente ejemplo:

(106) Luis oyó que María estaba embarazada.

Esta oración tiene dos interpretaciones. En la primera de ellas María estaba embarazada en el momento o periodo en que Luis recibió esa información. A esta interpretación se la denomina INTERPRETACIÓN SIMULTÁNEA. Hay otra interpretación posible, según la cual el tiempo del embarazo es anterior al momento en que Luis recibió la información. Esta interpretación es compatible con modificadores temporales como *cuando tuvo el accidente, el año anterior*, etc.: *Luis oyó que María estaba embarazada {cuando tuvo el accidente / el año anterior}*. A esta interpretación se la denomina INTERPRETACIÓN DESPLAZADA y es la única posible, por ejemplo, cuando el tiempo de la subordinada es el pluscuamperfecto: *Luis oyó que María había estado embarazada*. La ambigüedad entre la interpretación simultánea y la desplazada se deriva, según Enç, de las dos posibilidades de anclar un tiempo: por ligado o a través de su Comp local. La FL de (106), sin índices de anclado temporal, sería (107):

(107) $[_{SCompH} [_{SFlex}$ Luis $[_{Flex'}$ PAS oyó $[_{SComp}$ que $[_{SFlex}$ María PAS estaba embarazada]]]]].

En este caso el tiempo de la oración subordinada puede estar anclado por ligado, ya que puede tener como antecedente el nudo Flex de la oración matriz.

(108) $[_{SCompH} [_{SFlex}$ Luis $[_{Flex'}$ PAS$_i$ oyó $[_{SComp}$ que $[_{SFlex}$ María PAS$_i$ estaba embarazada]]]]].

En (108) el nudo PAS subordinado queda ligado por el nudo Pas matriz, por lo que los dos adquieren el mismo valor. Este anclaje se corresponde con la interpretación simultánea: el tiempo del embarazo es el tiempo en el que Luis recibió la información. La interpretación desplazada es la que se deriva del anclado del tiempo de la subordinada a su Comp local, es decir, al Comp subordinado:

(109) $[_{SCompH} [_{SFlex}$ Luis $[_{Flex'}$ PAS$_i$ oyó $[_{SComp}$ que$_i$ $[_{SFlex}$ María PAS$_j$ estaba embarazada]]]]].

En este caso el Comp subordinado está anclado al tiempo del verbo matriz (PAS$_i$), que es el elemento que lo rige. Al anclarse el tiempo de la subordinada al Comp subordinado, se interpretará como anterior a dicho tiempo, es decir, anterior al tiempo de la oración matriz. Esto nos da la interpretación desplazada, en la que el tiempo del embarazo *(j)* es anterior al tiempo en el que Luis oyó la información *(i)*.

Se ha observado que la teoría de Enç presenta ciertos problemas. En primer lugar, establece un mecanismo de anclado dual: o por ligado o a través del Comp local. Si los tiempos fueran tratados como pronombres genuinos, esperaríamos dos tipos de interpretaciones: ligadas o dependientes y deícticas o referenciales. El que Comp desempeñe un papel esencial en la determinación temporal, como sucede en (109), no parece tan justificable. No hay pruebas morfológicas de que a Comp le corresponda tal papel y las oraciones matrices carecen de un Comp morfológicamente visible. Por último en una teoría como la de Enç no es posible distinguir entre imperfecto y pluscuamperfecto *(Luis oyó que María {estaba / había estado} embarazada),* ya que, aunque los tiempos se conciben como pronombres, se ven todavía como entidades bidimensionales (presente / pasado / futuro con respecto al tiempo del habla).

10.4.5. *La teoría argumental del tiempo*

En los años noventa se difundieron otras teorías que toman como punto de partida la hipótesis de la flexión escindida de la que hablamos en el capítulo 4 (apéndice) y se caracterizan porque asocian la información temporal con la articulación del constituyente STiempo. Además, estas propuestas aprovechan la teoría tridimensional de los tiempos de Reichenbach, que solo en muy pequeña medida se tenían en cuenta en las propuestas basadas en el anclaje temporal.

Para Zagona (1990, 1995) y Stowell (1993, 1995a, b), el tiempo se asocia con la proyección ST. El núcleo de esta categoría es un predicado diádico o biargumental que toma como argumentos dos pronombres nulos (PRO) con referencia temporal. Dichos pronombres se referirán a los tiempos E, H y R. El argumento externo de T es el tiempo de referencia o el tiempo del habla (PRO(H/R)). Este argumento se proyecta en el especificador de ST. El argumento interno de T es el tiempo del evento (PRO(E)). A este argumento lo podemos asociar con una proyección Sintagma Evento, encabezada por el argumento eventivo del verbo. Stowell denomina a esta proyección «Sintagma Zeit» (*Zeit* es 'tiempo' en alemán). Como el argumento asociado es el eventivo, parece más indicado hablar simplemente de SINTAGMA EVENTO O SINTAGMA EVENTIVO (SEv):

(110)

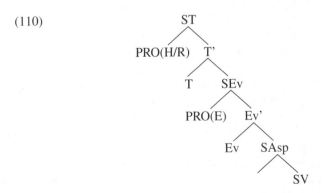

Como se ve, esta propuesta se diferencia de las demás en que asigna posiciones estructurales a los componentes de la estructura tridimensional reichenbachiana. Es, por tanto, la única que inserta el tiempo en la configuración sintáctica. El núcleo de T, es decir, el predicado temporal, denota una relación de precedencia o inclusión entre sus dos argumentos, proyectados respectivamente como especificador (PRO(H/R)) y complemento (PRO(E)). En una oración matriz, el argumento externo será el tiempo del habla (H). Por ejemplo, en el pretérito / imperfecto tenemos E__H (H/R después de E); en el futuro se da que H__E (H/R antes de E), y en el presente H, E (H/R está dentro de E). Resumiendo:

(111)

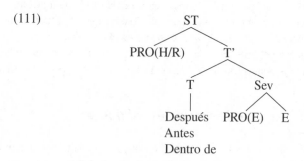

(112) Pasado: H/R T = después de E
    Futuro: H/R T = antes de E

En las oraciones subordinadas, el argumento externo de T es el tiempo de referencia. La interpretación del PRO(R) se sigue de la teoría del control (§ 6.5.2). Cuando el tiempo de referencia (PRO(R)) de la oración subordinada está controlado por el PRO(E) del verbo principal, ello indica que el tiempo de referencia del verbo incrustado y el tiempo del evento de la oración principal serán el mismo:

(113) $[_{ST}$ PRO(H/R)$_k$ $[_{SEv}$ PRO(E)$_i$ V $[_{SComp}$ $[_{ST}$ PRO(R)$_i$ $[_{SEv}$ PRO(E)$_j$ ...V...]]]]]

Así, en *Luis oyó que María estaba embarazada,* el tiempo de la oración subordinada es Pasado (*estaba*). Se entenderá, por tanto, que su tiempo de referencia (PRO(R)$_i$) es posterior al tiempo del evento (PRO(E)$_j$), como indica el valor del predicado temporal en (112). Al estar PRO(R)$_i$ controlado por el tiempo del evento de la oración principal, el tiempo del evento del embarazo tendrá que ser anterior al tiempo del evento de la oración matriz. Se expresa, pues, de esta forma que el embarazo de María es anterior al instante en que Luis oyó la noticia (tiempo del evento de la oración matriz). La interpretación desplazada es la siguiente:

(114) $[_{SConc}$ Luis $[_{ST}$ PRO(H)$_k$ dijo $[_{SEv}$ PRO(E)$_i$ que $[_{SConc}$ María $[_{ST}$ PRO(R)$_i$ estaba $[_{SEv}$ PRO(E)$_j$ embarazada]]]]]]]

La interpretación simultánea podría verse dentro de este análisis no como una interpretación ligada o controlada, sino como una interpretación correferente del pronombre temporal. El tiempo de referencia de la oración subordinada coincide con el tiempo de referencia de la oración principal, es decir, el momento del habla. Al ser los dos tiempos del evento (el de la oración matriz y el de la subordinada) anteriores al momento del habla, es posible que sean también correferentes:

(115) $[_{ST}$ PRO(H/R)$_i$ $[_{SEv}$ PRO(E)$_j$ V $[_{SComp}$ $[_{ST}$ PRO(R)$_i$ $[_{SEv}$ PRO(E)$_j$ ... V ...]]]]]

Aplicando, este tipo de configuración a la FL de la oración que estamos considerando, derivamos (116):

(116) [$_{SConc}$ Luis [$_{ST}$ PRO(H)$_i$ dijo [$_{SEv}$ PRO(E)$_j$ que [$_{SConc}$ María [$_{ST}$ PRO(R)$_i$ estaba [$_{SEv}$ PRO(E)$_j$ embarazada]]]]]].

El tiempo del evento del verbo matriz *(dijo)* y el del verbo subordinado *(estaba)* son aquí correferentes, por lo que se interpretan como simultáneos: María estaba embarazada cuando Luis lo dijo. Stowell (1993) propone una explicación alternativa de las lecturas simultáneas. Las deduce, concretamente, de un proceso de concordancia o polaridad temporal que elimina el rasgo [+pasado] del núcleo T de la oración subordinada y hace coincidir los dos tiempos del evento. Esta explicación es algo más complicada que la que hemos ofrecido, que se apoya únicamente en la diferencia entre usos ligados y usos correferenciales de los pronombres.

Como se ve, la teoría argumental del tiempo incorpora algunas ideas de la teoría del anclaje, pero contiene mucha más información. Estas cuestiones son de gran relevancia para el análisis de la llamada CONCORDANCIA DE TIEMPOS, como acabamos de ver de forma sucinta.

10.5. La modalidad. Indicativo y subjuntivo

10.5.1. *La intensionalidad*

La caracterización sintáctica de la modalidad es más difícil que la de la temporalidad. Mientras que podemos partir de una idea intuitiva de los tiempos y del hecho de que estos se expresan de manera uniforme en la gramática en los morfemas flexivos de los verbos, dicha uniformidad no está presente en la expresión lingüística de la modalidad. La modalidad se ejemplifica en categorías gramaticales muy diferentes entre sí: los modos (indicativo / subjuntivo), los verbos modales *(deber, poder, tener que),* los adjetivos modales *(posible, necesario),* los adverbios y SSPP modales *(evidentemente, por supuesto,* etc.), entre otras. A todo ello se añade que no existe una intuición clara sobre si estas manifestaciones de la modalidad comparten una única propiedad, más allá de que expresan de diversa forma «actitudes del hablante», y de si esta propiedad debería tener o no una expresión formal unificada.

Se ha intentado equiparar los efectos de la modalidad con dicotomías tales como «subjetivo / objetivo»; «realis / irrealis»; «transparente / opaco», etc. En Palmer (1986) encontrará un detallado repaso de las formas en que se puede entender la noción de 'modalidad'. Una postura bastante difundida, basada en las contribuciones de la semántica filosófica, y también de la semántica lingüística, es la que entiende que los contenidos proposicionales se subordinan a ciertos ENTORNOS MODALES, caracterizados por la presencia de una expresión de modalidad. Semánticamente las expresiones modales afectan a la evaluación o la interpretación de los entornos a los que afectan, por lo que pueden concebirse como operadores. Considere las dos oraciones de (117):

(117) a. Juan es francés.

     b. Pepe cree que Juan es francés.

Para evaluar (117a) solo necesitamos saber si la oración se conforma con la situación real, es decir si es verdadero que Juan posee la propiedad de ser francés. La evaluación de (117b) es más difícil, sobre todo porque el que Juan sea o no francés es irrelevante para determinar si Pepe tiene tal creencia. En otras palabras, las condiciones de verdad de la oración subordinada no afectan a la determinación de las condiciones de verdad de la oración matriz. Esta oración constituye la descripción de una ACTITUD PROPOSICIONAL, ya que presenta la creencia de Juan acerca del contendido de determinada proposición. Por otra parte, para evaluar la verdad de tal aserción en la oración matriz no podemos confrontar su adecuación con ciertas circunstancias actuales u objetivas: es probable que por mucho que examinemos a Pepe o analicemos su situación material o social, no podamos saber si la oración (117b) es o no verdadera. En las aproximaciones semánticas de tipo cognoscitivo se dice que (117b) designa cierto estado mental de Pepe y que la oración subordinada representa su contenido. En la semántica formal se afirma que interpretar (117b) nos exige acudir a determinados MUNDOS POSIBLES alternativos al mundo real, en concreto el mundo de las creencias de Pepe. Tanto en unas aproximaciones como en otras, a este tipo de entornos se les llama ENTORNOS INTENSIONALES u OPACOS.

La propiedad semántica de la intensionalidad u opacidad afecta a las diversas expresiones de la modalidad que hemos enumerado más arriba.

(118) a. Pepe debe irse.
    b. Vete.
    c. Es necesario que te vayas.
    d. Necesariamente, tienes que irte.

Todas las oraciones de (118) contienen entornos intensionales creados por una expresión modal: el verbo *deber*, la forma de imperativo del verbo *ir*, el adjetivo *necesario* o el adverbio *necesariamente*.

10.5.2. *Indicativo y subjuntivo. El núcleo modal*

Como sabemos, el verbo finito nos informa en español del sujeto (número y persona), así como del tiempo y el aspecto que caracterizan el evento. También nos informa del modo. En español distinguimos dos modos verbales principales: el indicativo y el subjuntivo. Algunas gramáticas incluyen también las formas de imperativo como modo, dada su naturaleza intensional, aunque la diferencia fundamental entre indicativo / subjuntivo e imperativo radica en que el imperativo solo tiene formas de segunda persona y no presenta variación morfológica temporal. En cambio, indicativo y subjuntivo son morfológicamente más ricos.

Las gramáticas clasifican los tiempos del modo subjuntivo en un paradigma distinto del que corresponde a los tiempos del modo indicativo. Las formas temporales de subjuntivo son el presente *(cante)*, imperfecto *(cantara)*, pretérito perfecto *(haya cantado)*, pluscuamperfecto *(hubiera cantado)* y, ya en desuso, el futuro *(cantare, hubiere cantado)*. Decimos, pues, que los modos tienen tiempos, y no que los tiempos tengan modos. En los términos estructurales que venimos empleando, esto quiere decir que la información de modo selecciona la información de tiempo, en lugar de al contrario. De hecho, en la tradición gramatical no se habla solo de *verbos en subjuntivo*, sino muy a menudo de *oraciones de subjuntivo*, lo que nos indica que la información modal afecta en cierta medida a toda la oración, y no solo al verbo o al SV. Aplicando esta idea a la hipótesis de la flexión escindida y al desarrollo de las proyecciones funcionales asociadas con la información flexiva, cabe pensar que la información de modo podría considerarse como proyección independiente SINTAGMA MODAL (SMod). En términos configuracionales, esta aproximación es coherente con la idea de que la información temporal, relativa a los eventos, representa una o varias capas sintácticas situadas más debajo en la configuración formal de la oración que la capa o capas que corresponden al modo y a la modalidad.

Uno de los problemas que ha suscitado mayor debate en la tradición gramatical es la determinación de los factores que condicionan el uso del modo subjuntivo. Este problema puede desdoblarse en dos: en qué construcciones o «entornos» aparece el subjuntivo (problema sintáctico) y qué factores internos o externos de tipo interpretativo condicionan su aparición (problema semántico). En muchas gramáticas pedagógicas se renunciaba a dar una solución al segundo problema y se presentaba una lista exhaustiva de construcciones en las que aparece el subjuntivo: el subjuntivo en las oraciones subordinadas sustantivas, en las oraciones de relativo, en las condicionales, etc. También han existido análisis de tipo nocional excesivamente simplificadores que reducían la oposición «indicativo – subjuntivo» a un solo factor de índole semántica o pragmática, a menudo difícil de evaluar o de controlar.

Cabe pensar que podría darse una respuesta lo suficientemente general a estos dos problemas partiendo del hecho de que el modo es un núcleo sintáctico (Mod) con rasgos o propiedades específicas. Seleccionará entonces determinadas propiedades que sean compatibles con su especificación, y, lo que es más importante, será seleccionado por otros núcleos cuyos rasgos requieran las especificaciones de modo relevante. Esta compatibilidad puede verse una vez más en los términos de la operación sintáctica de cotejo de rasgos. Apoya este planteamiento general el que la selección del modo obedezca a requisitos de localidad similares a los necesarios para la asignación de caso o de papel temático.

Una observación común es que hay verbos (o, en general, predicados) de ciertas clases que seleccionan o imponen el subjuntivo. La selección del modo subjuntivo tiene lugar en una relación configuracional local (lo que en el modelo de principios y parámetros se denominaba *rección*). El verbo *desear* selecciona el modo subjuntivo en el complemento proposicional que subcategoriza:

(119) Deseo que {*viene / venga}.

El verbo *desear* es un núcleo léxico que manda-c al nudo modal de la oración incrustada. Además, no debe haber ningún constituyente que pueda intervenir o bloquear la relación de legitimación entre el verbo y el nudo modal al convertirse en rector de éste. Tal rector potencial sería otro núcleo con sus propios requisitos de selección modal. Por ejemplo, el verbo *decir* selecciona el modo indicativo en (120).

(120) Desea que Pedro diga que {*venga / viene}.

Desear manda-c al verbo *venir,* pero no lo rige, ya que el verbo decir intervie-ne e impone sus requisitos de selección modal sobre *venir.* Así pues, *decir* tiene que estar en subjuntivo (selección modal determinada por *desear*), mientras que *venir,* que está seleccionado por *decir,* tiene que satisfacer los requisitos de selec-ción de este. Recuerde que en el § 3.3.2 hemos explicado de forma similar pares como *Para que te* {*vayas /* *vas*}, frente a *Para si te* {*vayas / vas*}, o *Sin que lo* {*sabía / supiera*}, frente a *Sin pensar que lo* {*sabía / supiera*}. ¿Es necesario el mando-c en todas estas construcciones? Todo hace suponer que sí lo es. En casos como (121a), donde no hay mando-c entre la posición de superficie de la oración incrustada y el predicado *(lamentable),* debemos concluir que esta es una posición derivada, ya que la oración es un argumento interno de *lamentable* y se generaría en posición pospredicativa. En (121b), el adverbio *quizá* no puede inducir el sub-juntivo de *sepa* desde una posición sin mando-c sobre el verbo:

(121) a. Que hayas hecho esto es lamentable.

    b. {Quizá sepa / *Sepa quizá / Sabe quizá} cuál es la respuesta.

Tenga en cuenta, asimismo, que en los §§ 7.2.4 y 7.4.3 comprobábamos que son posibles los procesos de extracción desde las oraciones sujeto cuando están en posición posverbal, pero no lo son cuando se adelantan a una posición de tópico como la que ocupa el sujeto oracional de (121).

10.5.3. *La selección del subjuntivo*

Los predicados que seleccionan subjuntivo pertenecen a varias clases, que se han agrupado de diversas formas y en función de criterios igualmente distintos, casi siempre semánticos, en los análisis tradicionales y en los modernos. Desde este punto de vista, es la naturaleza modal o intensional de ciertos predicados, y tam-bién de algunos operadores, la que determina que seleccionen o impongan el sub-juntivo. Nótese que este punto de vista nos permite interpretar la selección del subjuntivo como la que se produce en otros entornos locales de selección propo-sicional: por ejemplo, el verbo *averiguar* selecciona la conjunción *si* en la oración *Hay que averiguar si es culpable.* La partícula *si* tiene, obviamente, cierto signi-ficado, puesto que es un operador disyuntivo. El verbo *averiguar* puede elegir otra conjunción subordinante, concretamente *que,* como en *Han averiguado que la mató hace meses y escondió el cadáver.* En el primer caso, la partícula *si* reproduce en la sintaxis cierta información abstracta que forma parte del significado de *averi-guar,* como sucede por lo demás en gran número de esquemas de selección. Cabe suponer, razonando de forma similar, que el subjuntivo aporta también ciertos ras-gos que reproducen de forma abstracta información que aportan los predicados que lo seleccionan.

Entre las clases de predicados que resultan pertinentes para la selección modal, cabe distinguir las siguientes:

1. PREDICADOS NO ASERTIVOS. La distinción ASERTIVO / NO ASERTIVO se basa en la capacidad que tienen ciertos predicados de afirmar o aseverar hechos o creen-cias. Son predicados asertivos los que introducen aseveraciones o aserciones. Estos predicados seleccionan obligatoriamente indicativo:

(122) a. Luis dijo que {había / *hubiera} estado grosero.

    b. María recordó que se {había / *hubiera} olvidado del dinero.

    c. Pepe cree que {llegará / *llegue} tarde.

Cuando el verbo *decir* se interpreta como 'pedir', selecciona subjuntivo (*Le dijo que esperase*) y pasa a pertenecer al grupo 2. También eligen subjuntivo los predicados factivos, que presuponen la certeza de su complemento. Los verbos pertenecientes a esta clase no introducen aseveraciones, es decir, no aportan un contenido proposicional nuevo, sino que se utilizan para comentar, valorar o añadir cierta actitud proposicional (muy a menudo relativa a una sensación o un sentimiento) sobre un contenido proposicional que se presupone:

(123) a. Lamento que no haya llegado.

    b. Es importante que haya permanecido inmóvil unos segundos.

    c. Da lástima que siempre te tomes las cosas en broma.

La diferencia entre las oraciones de (122) y (123) radica en que el complemento se introduce en las primeras como información nueva en el discurso, mientras que en las segundas se presupone, es decir, se interpreta como ya dado, de forma que la información nueva viene a ser la valoración que aporta el predicado matriz. Aun así, se ha observado que el tiempo verbal desempeña algún papel en estos contrastes, puesto que sería posible decir *Es importante que permanezcas inmóvil unos segundos* sin haber hecho referencia previa a la información que se comunica.

Conviene hacer notar que muchas de las relaciones selectivas que aquí se consideran son TRANSCATEGORIALES. Así, en (123b) el elemento seleccionador es el adjetivo *importante*. Observe que también seleccionan el modo subjuntivo el sustantivo *importancia* (*La importancia de que* {*estén / *están*} *ustedes informados*) y el verbo *importar* (*Importa especialmente que los precios se* {*mantengan / *mantienen*} *en esos límites*). Estas relaciones transcategoriales se mantienen en otros muchos casos.

2. PREDICADOS NO VERÍDICOS O NO FACTUALES. Al hablar de la negación (§ 10.3.5) introdujimos la noción de operador verídico: aquel que entraña la verdad de la proposición sobre la que tienen ámbito. Este uso técnico del adjetivo *verídico* puede interpretarse como una extensión de la acepción 2 de este adjetivo en el DRAE: «que incluye la verdad». En efecto, son predicados no verídicos (llamados a veces *no factuales*) los que no dan lugar a tal inferencia. El constituyente sobre el que un operador no verídico tiene ámbito se concibe como «no necesariamente verdadero», lo cual no quiere decir que dicho contenido proposicional sea falso. Los predicados que expresan duda, incertidumbre, deseo, necesidad, mandato, etc. son predicados no verídicos, en el sentido que se ha explicado, ya que, o bien cuestionan que el complemento que seleccionan sea verdadero (los predicados de duda o incertidumbre) o bien lo presentan como algo no realizado (los predicados volitivos y los de mandato):

(124) a. Duda que llegues a coronel.

    b. Desea que ganes la lotería.

    c. Te manda que vuelvas temprano.

No encaja exactamente en esta pauta el verbo *creer,* que se construye en el español general de hoy en indicativo, pero sí lo hace el que se construya con subjuntivo en italiano, en español antiguo y en ciertas variedades del español de América. Expresiones adverbiales como *ojalá* o *quizá* pueden verse también como operadores no factuales, ya que expresan incertidumbre o deseo, como en *Quizá venga* o en *Ojalá tenga suerte.*

3. CIERTOS OPERADORES. El subjuntivo puede verse como una marca modal que aparece en el ámbito de operadores que expresan propiedades intensionales:

(A) Operadores de inespecificidad. La alternancia indicativo / subjuntivo no solo afecta a la interpretación de las oraciones, sino también a la de las expresiones nominales. La alternancia modal en las oraciones de relativo se ha asociado con un cambio en la interpretación del SD. Sobre el siguiente par (o sobre otros muy similares) se han escrito centenares de páginas:

(125) a. Busco a una secretaria que sabe francés.
       b. Busco una secretaria que sepa francés.

En (125a) me refiero a una secretaria en particular a la que estoy buscando; por tanto, a una secretaria específica. Por el contrario, en (125b) me refiero a un tipo o una clase de secretaria que estoy buscando, es decir, a una secretaria no específica. Este tipo de ambigüedad entre la interpretación específica y la inespecífica (o intensional) se asocia indudablemente con el modo elegido en la oración de relativo que modifica al nombre. La presencia de un operador de inespecificidad con ámbito sobre el sintagma nominal (en este caso, el verbo intensional *buscar*) selecciona el modo subjuntivo en la cláusula de relativo que lo modifica. En su ausencia, el subjuntivo carece de inductor (*Conozco una secretaria que sepa ruso*).

(B) La negación. En el § 10.3.2 vimos que el (mal) llamado «ascenso de la negación» se asocia muy frecuentemente con el modo subjuntivo: *No creo que lo sepa,* frente a *Creo que lo sabe.* En general, el subjuntivo se considera un marcador del foco de la negación (en el sentido de 'punto de incidencia', no necesariamente en el de 'punto de contraste'); por tanto, como una señal que nos informa sobre el ámbito de este operador. Las oraciones causales ilustran de forma simple este hecho:

(126) a. No se marchó porque tenía que hacer algo urgente.
       b. No se marchó porque tuviera que hacer algo urgente.

Así, la diferencia entre (126a) y (126b) es la siguiente: el subjuntivo en (126b) nos dice que el foco de la negación es la oración subordinada. Así pues, se niega en esta secuencia que cierta causa sea la explicación de una marcha que efectivamente se produjo (repare en que la marcha se produjo, en efecto, aunque el texto diga *No se marchó*). El foco de la negación en (126a) es únicamente el SV *se marchó.* La oración causal queda fuera de su ámbito y expresa, por tanto, la razón de que cierta marcha no tuviera lugar. Se han propuesto análisis relativamente similares para contrastes como *Ella no dijo que lo {sabía / supiera}* y otras oraciones semejantes.

Observe ahora que podríamos sustituir *algo* por *nada* en (126b), pero si lo hacemos en (126a) obtendremos una secuencia agramatical. Este hecho muestra que, como hicimos notar más arriba, el subjuntivo permite que el ámbito de la negación alcance a las palabras negativas posverbales si el inductor está en la oración principal. La conexión entre los dos fenómenos analizados en este apartado es muy estrecha, lo que es esperable dada la proximidad que existe entre los conceptos de *ámbito* y *foco*.

(C) Estructuras condicionales y concesivas. El subjuntivo se legitima también en la prótasis de las oraciones condicionales contrafácticas o contrafactuales, que son aquellas en las que consideramos situaciones alternativas contrarias a las que se describen (127a), así como en las condicionales hipotéticas (127b), y las concesivas (127c).

(127) a. Si hubieras venido, te habría invitado.
   b. Si vinieras conmigo al médico, te daría un regalo.
   c. Por más que estudies, no aprobarás.

En la oración (127b), la conjunción *si* no elige solo el modo, sino también el tiempo (cfr. *Si vengas conmigo*, frente a *en caso de que vengas conmigo*).

Existen puntos de contacto entre los contextos de (B) y (C): ambos pueden asociarse con operadores de intensionalidad, ya que unos y otros nos hacen considerar situaciones de evaluación alternativas, ya sean posibles, hipotéticas o contrafácticas.

10.5.4. *La concordancia de tiempos en el subjuntivo*

La elección de los tiempos del subjuntivo depende en general del tiempo gramatical del verbo matriz que selecciona la cláusula en que aparecen. Se ha observado numerosas veces en la gramática tradicional, en la estructural y en la generativa que mientras que los tiempos de indicativo suelen ser independientes de la especificación temporal del verbo selector, los tiempos de subjuntivo deben interpretarse en una relación de correspondencia con la especificación temporal del verbo selector. En las oraciones (128a) y (129a) el tiempo de la subordinada puede elegirse libremente (presente, pasado, futuro). En cambio, en (128b) y (129b) los tiempos de subjuntivo de la oración subordinada deben *concordar,* es decir, «estar en secuencia o en correspondencia» con el tiempo del verbo selector (presente-presente; pasado-pasado).

(128) a. Sabe que {viniste / vienes / vendrás}.
   b. Desea que {*vinieras / vengas}.

(129) a. Supo que {viniste / vienes / vendrás}.
   b. Deseó que {vinieras / *hayas venido / *vengas}.

Observe que *vinieras* y *deseó* son dos pretéritos en (129b), aunque existan entre ellos diferencias aspectuales. Sin embargo, si bien el tiempo de las subordinadas de subjuntivo de (128a) y (129a) es el mismo que el del verbo matriz, no sucede lo mismo en estos otros casos:

(130) a. Temo que se {mareara / maree / haya mareado}.
   b. Me sorprendió que se hubiera equivocado.
   c. Espero que se haya acordado de telefonearla.
   d. Me alegro de que haya estado usted a gusto.

El imperfecto de subjuntivo *mareara* en (130a) designa cierta situación anterior al momento del habla, lo que no es posible en (128b). En la opción *se maree,* el presente de subjuntivo designaría cierto momento inespecificado posterior al del habla. Como vemos, solo en ciertos casos, y en función de la clase léxica a la que pertenezca el verbo, los tiempos del subjuntivo son relativamente independientes del tiempo del verbo principal, y aun así con restricciones. Se piensa, por ejemplo, que el pretérito perfecto y el presente pertenecen a la misma ESFERA TEMPORAL, lo que permite que el primero aparezca en (130a, c y d), pero no pueda aparecer en (130b) (cfr. *Me sorprendió que se haya equivocado*). El pretérito perfecto simple *(canté)* pertenece a la misma esfera que el pluscuamperfecto, lo que permite la aparición de este en (130b), pero no en (130d). Aun así, se han observado algunos contraejemplos a estas relaciones basadas en el concepto de 'esfera temporal'. Un pretérito en la oración principal no debería ser compatible con un presente en la subordinada, ya que pertenecen a esferas temporales distintas, pero son gramaticales oraciones como *Me insistió en que la despierte a las seis de la mañana.* Tampoco debería ser compatible con un pretérito perfecto en las subordinada, pero se puede decir *Comentó de pasada que han recibido muchas peticiones.* El análisis de estas oraciones requiere del concepto de 'doble acceso', desarrollado en los títulos que citamos en el § 10.7.

10.6. La posición de los adverbios

10.6.1. *La orientación adverbial*

Los adverbios se caracterizan por ser palabras invariables, es decir, carentes de información flexiva (género, número, persona). En esto se asemejan a las preposiciones y las conjunciones, y se diferencian de sustantivos, adjetivos, determinantes y verbos. Suelen ser modificadores o adjuntos, generalmente de algún predicado verbal. Forman sintagmas adverbiales *(independientemente de ello, lejos de aquí, muy deprisa)* y parecen gozar de mayor libertad posicional que otros muchos elementos. Aun así, recuerde que, al presentar en el capítulo 6 los complementos circunstanciales, relativizábamos en cierta medida estas ideas comunes. En este apartado examinaremos con más detalle algunos aspectos de la posición y la interpretación de los adverbios, así como su relación con otros elementos en la proyección extendida del SV.

Los adverbios son una clase semánticamente muy heterogénea, como podrá comprobar si consulta usted una descripción general de esta categoría gramatical, como Kovacci (1999). Las gramáticas suelen distinguir varias clases adverbiales en función de su contenido semántico: adverbios de lugar *(aquí, allí, cerca, lejos, delante, detrás);* de tiempo *(ya, hoy, pronto, ahora);* modo o manera *(bien, así, lentamente),* duda *(quizás, acaso, probablemente),* entre otras clases similares. Esta clasificación posee la ventaja de asimilar los adverbios a otras expresiones que desempeñan la misma función circunstancial y que también se clasifican según el mismo criterio, como los sintagmas preposicionales y las oraciones subordinadas adverbiales. Sin embargo, esta clasificación no nos permite identificar el contenido relacional de un adverbio en función del predicado al que modifica, y tampoco nos informa de la posición sintáctica que ocupa.

En la gramática generativa se han intentado varias clasificaciones de los adverbios que muestran esta tensión entre los criterios semánticos y los distribucionales. Ha habido también diversas propuestas con respecto a su estatuto estructural. Por ejemplo, Jackendoff (1972) propuso una clasificación que tenía en cuenta las restricciones posicionales existentes y las asociaba con distintas clases semánticas. Este autor distinguía tres tipos principales de adverbios:

(131) a. Adverbios orientados al sujeto: *inteligentemente, cuidadosamente,* etcétera.
　　　b. Adverbios oracionales: *probablemente, posiblemente, ciertamente,* etcétera.
　　　c. Adverbios de modo o manera: *lentamente, así, mal,* etcétera.

Estas clases se diferencian por sus propiedades distribucionales, particularmente en función de si los adverbios pueden aparecer en los siguientes entornos: (i) posición periférica al comienzo de la oración; (ii) posición medial dentro de la oración; (iii) posición final de la oración. Los adverbios orientados al sujeto –llamados así porque describen cierta propiedad del sujeto o, de forma más específica, del agente– pueden aparecer en las tres posiciones, pero el cambio de posición puede dar lugar a interpretaciones diferentes:

(132) a. Inteligentemente, Juan evadió la pregunta.
　　　b. Juan evadió inteligentemente la pregunta.
　　　c. Juan evadió la pregunta inteligentemente.

Observe que la oración (132a) no significa lo mismo que (132b) y (132c). En efecto, (132a) podría parafrasearse como 'Fue una muestra de la inteligencia de Juan el evadir la pregunta' o 'Fue inteligente por parte de Juan evadir la pregunta'. En cambio, (132b) y (132c) admiten paráfrasis como 'Juan evadió la pregunta de forma inteligente'. Los adverbios oracionales pueden también aparecer en las tres posiciones, aunque se diferencian en que no dan lugar a una situación de ambigüedad como la descrita anteriormente, y también en que su aparición en posición medial o final requiere pausa, marcada con una coma en los ejemplos que siguen, o cierto cambio en la línea melódica:

(133) a. Probablemente, Juan evadió la pregunta.
　　　b. Juan evadió (,) probablemente (,) la pregunta.
　　　c. Juan evadió la pregunta (,) probablemente.

(134) ?? Juan evadió probablemente la pregunta. *(El signo ?? se aplica solo a la variante que no posee pausa ni cambio en la pauta entonativa)*

Por último, los adverbios de modo o manera están más restringidos en la posición inicial dislocada. Podemos decir (135a), pero no (135b):

(135) a. Lentamente, la lluvia empezó a caer.
      b. *Bastante bien, María canta tangos.

La anomalía de (135b) es esperable, puesto que los adverbios de modo o manera modifican el SV, es decir, especifican propiedades del evento. La buena formación de (135a) no es tan esperable. Cabe pensar que estos adverbios de modo antepuestos se asimilan en alguna medida a los adverbios aspectuales del tipo de *progresivamente, poco a poco* y otros similares. No obstante, no todos los autores están de acuerdo en esta solución, ya que caben en ese paradigma adverbios como *rápidamente, intempestivamente* y otros que expresan formas en las que sobreviene un suceso, más que la manera en la que se desarrolla el estado de cosas que el suceso designa. Observe que si digo *De repente, me vi en el suelo,* el adverbio *de repente* no expresa 'la forma en que me vi', lo que sería absurdo, sino más bien 'la manera en la que se produjo o en la que sobrevino el suceso de verme yo en suelo'. Desde este punto de vista, cabe pensar que *lentamente* ocupa en (135a) una posición temática, concepto que analizaremos detalladamente en el cap. 11.

10.6.2. *Adjunción y modificación*

Las distinciones propuestas por Jackendoff llevan a concluir que los adverbios pueden relacionarse estructuralmente, o bien con el nudo oracional, o bien con el nudo SV. Durante la década de los ochenta se veía esta relación de los adverbios con un nudo estructural como un caso de adjunción. De esta hipótesis se sigue que los adverbios se generan como adjuntos (a excepción de los adverbios que saturan un argumento como *bien* en *comportarse bien*). Zubizarreta (1987) formula una regla de modificación que asocia el estatuto de los adverbios como adjuntos a una proyección máxima y su papel de circunstantes o modificadores.

(136) A modifica B en el contexto [C ... A ... B ...] si se da la configuración siguiente: (i) C es el primer nudo que domina A y B; (ii) C es una proyección de B, y (iii) B no es un núcleo.

Recuerde que los modificadores adverbiales pueden concebirse semánticamente como predicados de eventos (§ 5.5.1). Esta posición argumental del evento se coindizará con el argumento eventivo del verbo.

(137)

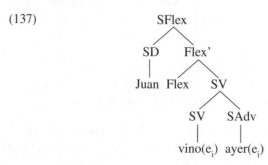

La configuración estructural (137) ejemplifica la relación de identificación argumental que presentamos también en el § 5.5.2. La modificación adverbial requiere entonces la adjunción del adverbio a una proyección SX en la que sea posible la coindización o coindexación de una variable argumental del adverbio con una variable del núcleo X de dicha proyección. En el caso de los adverbios de manera, la variable eventiva del adverbio se coindexa con la variable eventiva del verbo:

(138) María $[_{SV}$ $[_{SV}$ canta(e_i) tangos bastante bien$(e_i)]$

Sportiche (1988) introduce una propuesta similar, con la salvedad de que permite adjunción no solo a una proyección máxima (SFlex, SV) sino también a su núcleo, de acuerdo con el siguiente principio:

(139) PRINCIPIO DE PROYECCIÓN DEL ADJUNTO: si una expresión *a* de categoría A modifica a una expresión *b* de tipo B, entonces *a* se proyecta como un adjunto de *b* o del núcleo de *b*.

Considerar a los adverbios como proyecciones máximas, que se adjuntarían a su vez a una proyección máxima, o como núcleos, que se adjuntarían a proyecciones mínimas, permite explicar el comportamiento de ciertos adverbios como *casi*, *ya*, o *apenas,* frente a otros como *ayer*, *mal*, o *completamente.* Los adverbios del primer grupo son núcleos. Estos adverbios pueden intervenir entre el sujeto y un auxiliar o un verbo principal, posibilidad que no existe para los otros adverbios (excepto en ciertos entornos contrastivos, como *Pepe ayer comió alubias, y hoy garbanzos*). Se descarta, como es lógico, la sintaxis del verso:

(140) a. Pepe ya ha comido.
     b. María casi ha terminado.
     c. Luis apenas pudo trabajar.

(141) a. *Pepe ayer llamó. *(Sin pausa interna)*
     b. *Juan mal ha trabajado.
     c. *Luis tarde llegó.
     d. *María completamente dibujó el círculo.

En segundo lugar, los adverbios que funcionan como núcleos deben seguir a cualquier otro adverbio en posición preverbal:

(142) a. Seguramente ya había terminado.
     b. *Ya seguramente había terminado.

(143) a. Probablemente, apenas les dará tiempo a terminar.
     b. *Apenas probablemente les dará tiempo a terminar.

Deben preceder, sin embargo, a la negación y a los pronombres débiles o clíticos preverbales:

(144) a. Casi no ha comido.
     b. Ya no come patatas.

(145) a. *No casi ha comido.
       b. *No ya come patatas.

(146) a. Casi le falta valor.
       b. *Le casi falta valor.

Por último, el orden entre los adverbios de esta clase puede alterarse en ocasiones:

(147) a. Ya casi ha comido.
       b. Casi ya ha comido.

Estos datos se explican si suponemos, como hemos adelantado, que adverbios como *casi, ya* o *apenas* son sintácticamente núcleos y se adjuntan a Flex (T) o al complejo nuclear formado por «neg + V» o «clítico + V». El hecho de que otros adverbios no puedan intervenir entre el sujeto y el verbo, o entre estos adverbios nucleares y el verbo, se seguiría de que los adverbios nucleares se incorporarían al verbo formando un complejo (incorporado) «Adv + V». De esta forma, solo otros núcleos podrían intervenir (incorporación en un orden distinto), en lugar de elementos de categoría máxima.

10.6.3. *El cotejo de los rasgos adverbiales*

El tratamiento uniforme de la modificación adverbial como adjunción en el plano estructural y como predicación saturada por identificación en el plano semántico posee, como hemos visto, algunas ventajas, pero plantea, sin embargo, ciertos problemas. En primer lugar, establece posiciones posibles de adjunción, pero no proporciona las posiciones requeridas en cada caso. Se trata, por tanto, de una condición necesaria pero no suficiente. En segundo lugar, algunos adverbios pueden cambiar de interpretación en función de su posición. El ejemplo (132) de Jackendoff nos daba a entender que *inteligentemente* puede comportarse como un adverbio orientado al sujeto en posición inicial en (132a), pero como un adverbio de modo en (132c). Una ambigüedad similar puede observarse con adverbios como *sencillamente, simplemente* o *naturalmente*.

(148) a. María expresó su punto de vista sencillamente.
       b. Sencillamente, María expresó su punto de vista.

(149) a. Lo hizo naturalmente.
       b. Naturalmente, lo hizo.

La oración (148a) habla de cierta forma sencilla en la que alguien expresó su punto de vista, mientras que en (148b), *sencillamente* es un adverbio orientado al hablante. De hecho, la sencillez de la que se habla cualifica el acto verbal: 'poniéndolo o diciéndolo de manera sencilla, María...'. En (149a) *naturalmente* actúa como un adverbio de modo ('de forma natural'), mientras que en (149b) es un adverbio orientado al hablante ('por supuesto').

Este tipo de consideraciones, así como el descubrimiento de la incidencia de los adverbios en otros dominios como el aspectual (§ 5.6), nos conduce a una perspectiva alternativa, que es la que se ha desarrollado mayoritariamente durante la década pasada. De acuerdo con este punto de vista, los adverbios se relacionan, sea en la sintaxis patente o en la encubierta, con núcleos funcionales específicos y ocupan, en su mayor parte, posiciones de especificador en las proyecciones encabezadas por dichos núcleos. La aparición de los adverbios se sigue de la teoría del cotejo de rasgos. En otras palabras, si un adverbio posee un rasgo [+r], deberá estar en una configuración estructural de núcleo-especificador con un núcleo [+r]. Entre los defensores de esta postura se encuentran Alexiadou (1997), Laenzlinger (1998) y Cinque (1999). Nótese que, desde un punto de vista semántico, no resulta claro que todos los adverbios sean necesariamente predicados. Sabemos que en muchos casos, la relación 'adverbio-verbo' es paralela a la relación 'adjetivo-sustantivo', pero otras veces los adverbios se comportan como cuantificadores (*normalmente, siempre*, etc.) en sus lecturas no selectivas (recuerde el § 8.8.2). El análisis cuantificacional ha sido extendido también a otros adverbios temporales (De Swart, 1993).

De forma esquemática, podemos distinguir varios tipos de adverbios en función del dominio sintáctico al que corresponden, siguiendo en parte a Jackendoff (1972), Bellert (1977) y Ernst (1984), entre otros autores:

1. ADVERBIOS QUE PERTENECEN AL DOMINIO DEL SCOMP. Estos adverbios ocupan normalmente una posición a la izquierda de la oración (periferia oracional izquierda), separados de ella por una pausa. Como hemos observado arriba, cuando se insertan en otras posiciones es también perceptible una ligera pausa, lo cual nos indica que son elementos normalmente dislocados. Entre estos adverbios se encuentran los siguientes tipos: evaluativos (*felizmente, afortunadamente, lógicamente, francamente, sencillamente*), evidenciales (*supuestamente, evidentemente, ciertamente*), modales (*probablemente, posiblemente, necesariamente*), así como los adverbios de otras clases que aparecen en posiciones dislocadas por motivos de focalización, o en general de énfasis. Todos estos adverbios tienen ciertas propiedades en común. Casi todos tienden a interpretarse como orientados al hablante, ya que expresan evaluación subjetiva, evidencia o grado de modalidad de la aserción. No pueden aparecer en preguntas que no sean de eco (*¿Probablemente cenará en casa?) ni pueden ser focalizados (*Probablemente es como cenará en casa) o caer bajo el ámbito de la negación. Los adverbios que ocupan posiciones en el dominio del SComp –en lo que Rizzi denomina 'la periferia izquierda de la oración', como explicaremos en el § 11.5– tienden a aparecer como elementos dislocados, separados por una pausa del dominio oracional.

2. ADVERBIOS QUE PERTENECEN AL DOMINIO ORACIONAL. Estos adverbios están relacionados con proyecciones eventivas, aspectuales o temporales. Pueden cotejar rasgos temporales (*ayer, pronto, siempre*), relativos al evento, como la locación espacial, o de carácter aspectual (*rápidamente, frecuentemente*, etc.). Parece natural suponer que estos rasgos se cotejarán en las proyecciones asociadas (ST, SEv, SAsp/SConc-O) en algún punto de la derivación sintáctica, ya sea en la sintaxis patente o en la sintaxis abstracta o FL. No es posible prever en qué nivel de la representación se coteja el rasgo relevante en cada caso, ya que si dichos rasgos fueran obligatoriamente fuertes y debie-

sen cotejarse en la sintaxis patente, prediciríamos que ocupan una posición fija, frente a lo que resulta ser cierto.

Muchos autores entienden que hay que distinguir entre los adverbios que corresponden a la oración y los que corresponden al SV. Por ejemplo, *lentamente* es un adverbio que pertenece al dominio del SV. En cambio, parece que adverbios como *siempre* y *nunca* no pertenecen claramente al mismo grupo que *lentamente* o *ayer.* De hecho, un problema tradicional difícil de explicar es por qué aparecen en tres posiciones: ante el verbo *(Juan siempre desayuna tostadas),* entre el verbo y sus argumentos *(Juan desayuna siempre tostadas)* o al final de la oración *(Juan desayuna tostadas siempre).* Este tipo de diferencias nos obliga a considerar atentamente si la posición en la que se generan los adverbios es exactamente la posición en la que aparecen. En principio, los adverbios se generan en determinadas posiciones, desde las cuales se desplazan (en la sintaxis patente o abstracta) a cotejar sus rasgos en la posición designada. Como vimos, Jackendoff (1972) y sus seguidores proponen teorías de correspondencia estricta (ingl. *tight fit*) entre una determinada posición sintáctica y la función del adverbio como modificador semántico. Sin embargo, hemos comprobado en varios casos que el cambio de posición afecta a la interpretación del adverbio. Los autores que dan más peso a estos factores son partidarios de teorías alternativas basadas en una correspondencia menos estricta (ingl. *loose fit*), como la que propone Ernst (1984), entre otros, de acuerdo con la cual los adverbios podrían ocupar posiciones diferentes a las que corresponderían interpretaciones igualmente diversas.

10.7. Lecturas complementarias

• En este capítulo se han incluido un buen número de referencias bibliográficas sobre cada una de las cuestiones examinadas. La aplicación de la hipótesis del sintagma determinante al español y a otras lenguas románicas se desarrolla en Mallén (1989), Eguren (1989, 1990), Valois (1991), Lorenzo (1994), Martín (1995), Sánchez (1995), Roca (1996b), Brugè (2000), Zamparelli (2000), Bernstein (2001) y Giusti (2002), entre otros trabajos.

• La bibliografía sobre el adjetivo es amplísima. Los problemas clásicos que plantea esta clase de palabras se analizan en Bolinger (1967, 1972), Luján (1981), Demonte (1999a), Bosque (1999b) y Picallo (2002). La tipología de estas expresiones se presenta en Bhatt (1994), Bouchard (2002) y Baker (2003), así como en otros muchos estudios anteriores a los que se remite desde estos. Se estudia la posición de los adjetivos en el marco de teorías recientes en Corver (1997), Silva-Villar y Gutiérrez-Rexach (1998), Demonte (1999b, 2000, 2001) y Gutiérrez-Rexach y Mallen (2001). La jerarquía de orden adjetival de Cinque (1994, 1999) se analiza en Androutsopoulou (1995), Scott (2002) y Truswell (2006). En Matushansky y Cabredo Hofherr (2005) se encontrará una recopilación de trabajos recientes sobre el adjetivo, planteados desde varios puntos de vista.

• El análisis de la gramática de la negación y las palabras negativas ha originado numerosas controversias de carácter sintáctico y semántico. En el § 10.3 mencionamos algunos trabajos sobre estas construcciones. Pueden añadirse, sin ánimo de exhaustividad, los siguientes: Lasnik (1972), Giannakidou (1997, 1998), Horn (1989), Progovac (1994), Haegeman (1995), Acquaviva (1997), Forget y otros (1997), Van der Wouden (1997), Zanuttini (1997), Rowlett (1998), Brown (1999), Espinal (2000a, b), Hoeksema y otros (2001) y Horn y Kato (2000). Para el español, en particular, véanse Bosque (1980a, 1994), Laka (1990), Uribe-Etxebarria (1994), Suñer (1995) y Aranovich (1996). Se describen las propiedades fundamentales de la negación en español en Sánchez López (1999b), y las de catalán en Espinal (2002). Entre los volúmenes monográficos de revistas dedicados a la negación, cabe destacar los números 5.2 (1993) y 6.1 (1994) de la *Rivista di Linguistica* y el n.° 162 (2006) de *Langages*.

• Son muy numerosos los estudios teóricos sobre el tiempo en la gramática teórica publicados en los últimos años. Cabe destacar las antologías reunidas por Bertinetto y otros (1995), de Mulder y otros (1998), Laca (2002), Alexiadou y otros (2003), Guéron y Lecarme (2004), Guéron y Tasmowski (2004) y Zagona (2007). La teoría de Reichenbach sobre el tiempo verbal ha sido sometida a un intenso debate en los últimos veinte años. En la gramática generativa se ha analizado especialmente la forma en la que los puntos temporales que la caracterizan se pueden integrar e interpretar en la estructura configuracional de las oraciones. Sobre estas cuestiones, véase Stowell (1995a, b, 2007), Demirdache y Uribe-Etxebarria (2004, 2007), Guéron (2002, 2007) y Zagona (1995, 2004), entre otros trabajos. Una introducción a la semántica formal del tiempo y el aspecto es Bonomi y Zucchi (2001).

• En García Fernández (2000) encontrará usted un resumen de los aspectos más polémicos del tiempo y los complementos temporales. El sistema de Reichenbach y el de Andrés Bello se comparan en Carrasco (1994, 2000). Entre los estudios de conjunto sobre el tiempo verbal en español, cabe señalar Bosque (1990b), Havu (1998) y la tercera parte de Bosque y Demonte (1999). Sobre la concordancia de tiempos, puede verse Suñer (1990), Carrasco (1999, 2001), Pérez Saldanya (2002) y el citado Zagona (2004). Se reúnen once estudios sobre el pretérito imperfecto en García Fernández y Camus Bergareche (2004). Otros estudios recientes sobre el sistema temporal o algunos de los tiempos verbales son Giorgi y Pianesi (1997), Gennari (1999) y Rodríguez (2004).

• Es también muy abundante la bibliografía sobre el modo, en particular sobre las alternancias modales. Entre los estudios recientes sobre la semántica de los modos en las lenguas romances, destaca Quer (2000). En Rivero (1994c), Rivero y Terzi (1995), Giorgi y Pianesi (1997) y Kempchinsky (1998) se desarrollan varios aspectos de la hipótesis del Sintagma Modo, aplicada al subjuntivo. La estrecha relación que existe entre modo y foco en español se analiza en Borgonovo (2001). Se han presentado varios análisis del tiempo en las subordinadas de subjuntivo; están entre ellos los de Suñer y Padilla Rivera (1990), Suñer (1990), y más recientemente Carrasco (1999) y González Rodríguez (2003). Ente los estudios de carácter general sobre el modo en español, cabe señalar Manteca (1981), Bosque (1990a), Pérez-Saldanya (1999) y Ridruejo (1999).

11 Sintaxis y discurso

En este capítulo vamos a examinar someramente algunos aspectos de la relación que existe entre la sintaxis de la oración y la del discurso. Lo haremos aplicando y desarrollando algunas de las unidades que hemos presentado en los capítulos anteriores, y también introduciendo otras nuevas, entre las que se manejan actualmente en la pragmática moderna. Existen, sin embargo, otros muchos aspectos de la sintaxis discursiva que no será posible abordar aquí. Al elegir estos pocos como muestras representativas queremos resaltar sobre todo dos ideas. La primera es el hecho de que los rasgos formales que participan en los procesos sintácticos tienen a menudo un contenido semántico que aportan unas veces las piezas léxicas con los que se asocian, y otras veces las estructuras sintácticas en las que se realizan. Estos rasgos tienen consecuencias en la posición sintáctica que ocupan las palabras, en el acento y la entonación, y también en la interpretación semántica que reciben las oraciones. La segunda idea es el hecho de que el punto de vista restrictivo que hemos presentado en los apartados anteriores es aplicable también a estos aspectos de la gramática. Los segmentos sintácticos en los que esas informaciones son relevantes se caracterizan de forma similar a como se definen en otros ámbitos de la sintaxis. Las restricciones de localidad se miden también con criterios análogos. Los especialistas en pragmática suelen insistir en que muchas de estas consideraciones afectan al uso de las oraciones y de otros segmentos superiores, más que a su estructura. Sin negar en absoluto la relevancia de tales aproximaciones, en esta sección intentaremos mostrar que el análisis del significado de esas secuencias está, en gran medida, en función de la forma sintáctica que les corresponde.

11.1. La estructura informativa de la oración

En varios capítulos de este libro hemos analizado distintas articulaciones o particiones de la oración que a menudo se confunden o se consideran equivalentes. Caracterizamos la distinción 'sujeto / predicado' en términos de la teoría de la predicación (el sujeto es el elemento que satura completamente una proposición) y de la teoría de constituyentes (el sujeto ocupa una posición designada en la que coteja determinadas marcas o rasgos). Sin embargo, seguramente recordará usted algunas definiciones de las gramáticas escolares que caracterizan al sujeto como «la parte de la oración sobre la que se afirma, se niega o se dice algo». Esta concepción no proporciona los mismos resultados que las teorías o los subcomponentes considerados hasta ahora, ya que hace referencia al contenido informativo asociado a un constituyente sintáctico, más exactamente a la forma en que se interpreta su aportación al discurso en relación con lo que se presenta en él como relevante o se retoma como ya introducido. De hecho, la definición clásica de 'sujeto' que acabamos de recordar es demasiado abarcadora. Observe que la secuencia *Ayer por la tarde llamó tu madre* no afirma algo acerca de tu madre, sino acerca de lo que sucedió ayer por la tarde. De igual manera, la oración *En mi cuarto entra un frío terrible* no dice algo acerca del frío, sino acerca de mi cuarto. Aun así, la DEFINICIÓN INFORMATIVA del sujeto y la definición SEMÁNTICA o la ESTRUCTURAL (en el sentido de configuracional) pueden coincidir a veces cuando se aplican al mismo constituyente. Por ejemplo, en el siguiente discurso *Juan* es el sujeto de la segunda oración tanto en el sentido predicativo o estructural como en el informativo:

(1) Entraron Juan y Pedro. Juan llevaba el maletín con el dinero robado.

La primera oración nos introduce dos REFERENTES DISCURSIVOS (los individuos Juan y Pedro). La segunda oración afirma algo sobre uno de ellos: nos dice que llevaba el maletín robado. Por tanto, el sujeto estructural coincide con el «sujeto» informativo. Ahora bien, si nos fijamos en la segunda oración del siguiente diálogo, comprobaremos que el sujeto gramatical no coincide con el «sujeto» informativo, ya que aquello sobre lo que afirmamos algo es el maletín y no Juan. El SD *Juan* es, sin embargo, el sujeto gramatical.

(2) A: ¿Quién llevaba el maletín con el dinero robado?
    B: El maletín lo llevaba Juan.

Por ello, parece conveniente distinguir por un lado la partición de la oración basada en la dicotomía 'sujeto / predicado', que entenderemos en el sentido estructural y en el semántico, tal como hemos explicado en los capítulos anteriores, y, por otro lado, la partición de la oración de acuerdo con criterios informativos. A esta última partición se la llama generalmente ESTRUCTURA INFORMATIVA, y sus componentes han recibido varias denominaciones, que no siempre obedecen a los mismos criterios: 'tema / rema'; 'tópico / comentario'; 'información conocida o vieja / información nueva'; 'trasfondo / foco'; 'presuposición / aserción', etc. Al introducir consideraciones sobre la estructura informativa de una oración, hacemos referencia a los componentes de ella que se interpretan como conocidos o como presentados en un determinado punto del discurso, pero también al intercambio conversacional o a las creencias y conocimientos que hablante y oyente comparten.

La estructura informativa se asienta normalmente sobre la consideración de DISCURSOS, entendidos estos como secuencias de oraciones, diálogos (pares o series de secuencias emitidas por los participantes en una conversación, preguntas y respuestas, etc.), o simplemente como oraciones contextualizadas o situadas en su entorno, es decir, secuencias en cuyo análisis tomamos en consideración el TRASFONDO COMÚN (ingl. *common ground*) que toman como punto de partida hablante y oyente. En suma, el análisis de la estructura informativa de una oración requiere tener en cuenta tanto el CONTEXTO LINGÜÍSTICO (es decir, el fragmento de discurso precedente, ya se trate de una oración o de varias) como el CONTEXTO O ENTORNO CONVERSACIONAL, por tanto, la situación en que se produce. Deberemos también considerar no solo la gramaticalidad de una determinada secuencia, sino también su adecuación con respecto al contexto discursivo. A esta ADECUACIÓN INFORMATIVA se la denomina usualmente PROPIEDAD, y a veces también FELICIDAD, traduciendo literalmente el término inglés *felicity*. La introdujimos de forma intuitiva en el § 1.3.4. El término *felicidad* se usa aquí en sentido técnico, y a la vez con un significado parecido al que damos al adjetivo *feliz* en oraciones como *Hizo un comentario no demasiado feliz.* Obsérvese que al hacer la pregunta (3), se esperaría que nuestro interlocutor proporcionara el valor que corresponde a la partícula *cuándo*.

(3) ¿Cuándo terminó la inspección?

A las preguntas corresponde normalmente la función informativa de requerir información nueva, y es el constituyente *qu-* el que representa el hueco o 'vacío informativo' que el hablante quiere cubrir: *A las cuatro y media.* No obstante, si nuestro interlocutor desea responder con una estructura oracional, no podrá hacerlo en la forma que se muestra en (4a), sino más bien en la forma que se sugiere en (4b):

(4) a. A las cuatro y media terminó la inspección.
    b. La inspección terminó a las cuatro y media.

El problema de (4a) no es que afirme algo equivocado, sino que presenta como consabida o como conocida una información *(a las cuatro y media)* que ha de ser presentada como nueva. La posición final que ocupa en (4b) permite, en cambio, esa interpretación. Recuerde que, como indicamos en el § 1.3.4, la propiedad o adecuación de una secuencia en un contexto debe distinguirse de su gramaticalidad. En suma, las oraciones de (4) son gramaticales, pero al combinarlas en un diálogo con (3), la segunda de ellas resulta inapropiada. Es habitual que la oración (4a) vaya precedida del signo «#» en este contexto. Con ello se quiere decir que, aun estando bien construida, es inadecuada por razones informativas en ese discurso particular.

11.2. Tema / rema; presuposición / foco

Existen dos criterios principales para establecer la partición informativa de la oración en los componentes que hemos mencionado en el apartado anterior: (a) la centralidad (ingl. *aboutness*), y (b) la naturaleza de la información.

11.2.1. *La centralidad*

El TEMA o TÓPICO es «aquello de lo que se habla, o el punto de partida de una oración» (Halliday, 1967). El REMA o COMENTARIO expresa lo que se dice del tema. Como quedó claro también en el apartado previo, el tema no siempre es el sujeto. En (5a) el tema es *Luis,* que en este caso es también el sujeto oracional. En cambio, en (5b) y (5c) el tema es el elemento situado linealmente más a la izquierda, pero no es el sujeto gramatical: *el libro* es el tema de (5b) y *lo que perdió Luis* es el tema de (5c).

(5) a. Luis perdió el libro.
    b. El libro, lo perdió Luis.
    c. Lo que perdió Luis fue el libro.

Se dice también que puede haber relaciones de PROMINENCIA (ingl. *salience*) entre distintos temas. En otras palabras, un discurso puede tener varios temas potenciales, de manera que cuál sea el tema específico de un fragmento dependerá de una determinada jerarquización de los temas accesibles. La llamada *teoría del centrado* (ingl. *centering theory*) se ocupa precisamente de la dinámica de los temas (véase sobre este punto Grosz, Joshi y Weinstein 1995). Considere el siguiente discurso:

(6) Juan y Pepe son millonarios. Juan lleva un tren de vida excesivo. En cuanto a Pepe, no creo que pueda achacársele el mismo defecto.

La primera oración establece el SD *Juan y Pepe* como tema accesible. La segunda oración centra a Juan como el tema del discurso, y la tercera cambia el tema y convierte a Pepe en el nuevo tema o centro conversacional.

Cabe distinguir dos tipos de temas: el TEMA ORACIONAL y el TEMA DISCURSIVO. Estos temas no siempre coinciden. Una oración puede tener un tema discursivo determinado y asociar un tema oracional diferente a un constituyente en particular. Es muy común que el tema discursivo permanezca implícito. Por ejemplo, el breve segmento siguiente puede tener como tema discursivo la desidia de la administración universitaria o los malos hábitos de cierto administrador, aun cuando esos asuntos no se mencionen expresamente en el texto:

(6) El decano siempre llega tarde. Las reuniones de facultad deben posponerse a menudo.

Por el contrario, el tema oracional es siempre un constituyente de la oración. El tema oracional de la primera secuencia es *el decano,* y el de la segunda *las reuniones de facultad*. Un fragmento del discurso puede resultar incoherente, y tal vez suscitar réplicas del tipo de *¿Y eso a qué viene?,* si el tema oracional está correctamente dispuesto, pero no se relaciona adecuadamente con el tema discursivo.

11.2.2. *La naturaleza de la información*

Podemos distinguir la INFORMACIÓN CONOCIDA, presentada o asumida en el punto en el que se profiere la oración, de la INFORMACIÓN NUEVA, no conocida o compartida por el hablante y el oyente. Se han usado también los términos SOPORTE y APORTE para distinguir esas dos clases de informaciones, entre otros similares. La información nueva es la que el hablante aporta en un punto determinado del intercambio comunicativo. Consideremos el siguiente diálogo:

(7) A: Juan llegó tarde a la reunión.
   B: El que llegó tarde a la reunión fue Pedro.

El participante A introduce, con respecto al individuo Juan, la información de que llegó tarde a la reunión. Esta proposición se convierte entonces en información conocida para A y B en ese punto del discurso. La réplica de B actualiza dicha información compartida con la información nueva de que el individuo que llegó tarde es en realidad Pedro.

Una distinción relacionada es la que se establece entre el TRASFONDO / PRESU-POSICIÓN y EL FOCO / ASERCIÓN de una oración. Esta distinción es necesaria para explicar los distintos papeles informativos del predicado *llegó tarde a la reunión* con respecto a *Juan* y *Pedro* en (7). Se entiende por TRASFONDO el conjunto de presuposiciones (en el sentido de proposiciones asumidas como verdaderas) compartidas por los participantes de una conversación en un punto determinado. El FOCO constituye la información no presupuesta, es decir, la información suministrada o aportada (ingl. *asserted*) o presentada como nueva, como ya hemos dicho. En el diálogo de (7) la partición informativa sería la siguiente:

(8) A: *Juan* = presuposición
   (i.e. la proposición 'El individuo Juan es conocido por hablante y oyente'.)
   Llegó tarde a la reunión = foco
   B: *Llegó tarde a la reunión* = presuposición
   (i.e. la proposición 'Alguien llegó tarde a la reunión' o, de forma más técnica y usando variables, '*x* llegó tarde a la reunión'.)
   Pedro = foco

Vemos entonces que un mismo predicado, como *llegar tarde a la reunión,* puede cambiar su función informativa y pasar de aportar información nueva a aportar información conocida. En general, el foco de una oración resulta identificable cuando lo asociamos con una pregunta explícita o implícita. En ella, el SQu se asocia con el vacío informativo que el hablante solicita que sea cubierto mediante la respuesta adecuada. Por ejemplo, en el discurso de (9), tomando como contexto la pregunta (9A), es claro que la partición informativa relevante es la de (10).

(9) A: ¿Quién vino?
   B: Vino Pepe.

(10) *Vino* = presuposición (i.e. la proposición '*x* vino')
   Pepe = foco

Por tanto, el constituyente que representa el foco viene a ser el elemento que sustituye o «resuelve» la variable en el interior de una proposición presupuesta. En (9), la presuposición asociada con el constituyente *vino* es '*x* vino', ya que no sabemos quién lo hizo.

Sin embargo, si tomamos como contexto en (11) la pregunta (11A), en la partición de (11B) tendríamos la distribución inversa.

(11) A: ¿Qué hizo Pepe?
   B: Pepe vino.

La presuposición es aquí 'Pepe hizo *x*', es decir, Pepe hizo algo. El foco es *vino*. Por tanto, vemos de nuevo que el foco resuelve o despeja la incógnita representada por la variable en la estructura presuposicional. Observe asimismo que *Pepe vino* no sería una respuesta apropiada para la pregunta (9A) en condiciones entonativas y acentuales normales y que, por el contrario, *Vino Pepe* no lo sería para la pregunta (11A). Existe, pues, un PATRÓN DE LINEARIZACIÓN obligatorio de la estructura informativa, de acuerdo con el cual la presuposición precede al foco o, dicho de otra manera, el foco es el constituyente que aparece «a la derecha» estructuralmente. Más adelante detallaremos algunas hipótesis sobre cómo implementar esta idea en la sintaxis.

Las particiones «tema / rema» y «presuposición / foco» están, obviamente, relacionadas. Tanto es así que a menudo se han confundido o se han definido como equivalentes. Una teoría relativamente reciente, propuesta por Vallduví (1992), integra las dos particiones que acabamos de presentar en una partición tripartita de la siguiente forma:

(12) Oración = foco + trasfondo (presuposición)
    Trasfondo = enlace + coda

El enlace (ingl. *link*) es la parte del trasfondo conversacional (información conocida) que el hablante resalta o centra como referente discursivo al que se aplica la información que aparece en el foco. En este sentido, el tema o tópico de un discurso es parte siempre de la información conocida, pero no es toda la información conocida, sino solo el punto central o más destacado con el que enlazamos la información nueva. Considere el siguiente diálogo:

(13) A: ¿Juan a quién le dio la pelota?
    B: Se la dio a Pepe.

Cuando el hablante A hace su pregunta, el trasfondo conversacional incluye la proposición 'Juan dio la pelota a x' (Juan dio la pelota a alguien). De esta información conocida, la proferencia de A sitúa a *Juan* como tema o enlace oracional. En la respuesta de B, la proposición '*pro* se la dio a x' (*pro* se la dio a alguien) es la información conocida y *a Pepe* es el foco que, como dijimos, resuelve la variable pertinente.

11.2.3. *La partición informativa en la gramática*

En la tradición generativa se observó tempranamente que las particiones que acabamos de tratar no son recuperables exclusivamente por criterios semánticos o informativos, sino que existen numerosas pistas gramaticales que nos indican qué constituyente es el foco. Chomsky (1972) y Jackendoff (1972) (véase también Selkirk, 1984) propusieron que el constituyente que es el foco desde el punto de vista informativo queda marcado por la asociación del rasgo [+foco] al nudo máximo correspondiente. Considere por ejemplo los siguientes pares de preguntas y respuestas:

(14) A. ¿Qué sucedió?
    B. Pepín llegó tarde.

(15) A. ¿Qué hizo Pepín?
    B. (Pepín) llegó tarde.

(16) A. ¿Quién llegó tarde?
    B. (Llegó tarde Pepín).

En la pregunta (14A) estamos pidiendo a nuestro interlocutor que identifique un evento, por lo que la respuesta se interpreta como información nueva o no presupuesta. La pregunta (15A) requiere identificar lo que hizo Pepín, por lo que el SV de la respuesta será el foco, y el tema *(Pepín)* puede omitirse. Por último, (16A) requiere identificar a la persona que llegó tarde, por lo que el foco de (16B) es exclusivamente el SD *Pepín*. En suma, el alcance del rasgo [+foco] se distribuye como sigue:

(17) A. ¿Qué sucedió?

   B. [$_{[+foco]}$ Pepín llegó tarde].

(17) A. ¿Qué hizo Pepín?

   B. Pepín [$_{[+foco]}$ llegó tarde].

(18) A. ¿Quién llegó tarde?

   B. Llegó tarde [$_{[+foco]}$ Pepín].

Asociamos, por tanto, el rasgo [+foco] con el constituyente máximo que podemos etiquetar como información nueva. Este rasgo tiene también repercusión prosódica. En general, el constituyente que representa el FOCO INFORMATIVO (y aporta la información nueva) contiene la cima melódica (o acento principal neutro) de la oración. Como puede verse, tanto en (17B) como en (18B) es el constituyente que aparece a la derecha el que se asocia con el rasgo [+foco]. Prosódicamente se ha formulado la siguiente correspondencia entre la cima melódica de la oración y el foco:

(19) REGLA DEL ACENTO FOCAL NEUTRO: el acento focal se corresponde con el acento principal o nuclear neutro.

Es importante tener presente que el acento es una propiedad de las sílabas, no tanto de las unidades gramaticales mayores que ella. Sin embarco, observe que cuando se enfatiza la sílaba *pín* en *PePÍN te lo dirá,* se entiende que el constituyente marcado como foco es la palabra *Pepín*. De hecho, la interpretación gramatical del foco casi siempre se extiende más allá de la sílaba, a menudo a segmentos sintácticos mayores también que la palabra. El acento principal o nuclear neutro recae normalmente en español sobre la última sílaba acentuada de la oración, que marcamos en negrita:

(20) a. [$_{[+foco]}$ Pepin llegó **tar**de].

   b. Pepín [$_{[+foco]}$ llegó **tar**de].

   c. Llegó tarde [$_{[+foco]}$ Pe**pín**].

La correspondencia entre el rasgo [+foco] y el acento nuclear neutro es entonces la siguiente: el constituyente máximo marcado como [+foco] debe contener el acento nuclear neutro. Por tanto, de las dos estructuras siguientes, solo la primera es posible:

(21) a. [$_{[+foco]}$ ... **xx** ...]

   b. *[$_{[+foco]}$ ...] ... **xx** ...

Consideremos ahora las secuencias pregunta-respuesta inversas a las consideradas en (17) y (18), es decir, las secuencias en las que el orden de los constituyentes foco y presuposición se ha invertido, pero se mantiene el orden melódico neutro en el que la cima melódica o acento nuclear neutro recae sobre la última sílaba acentuada de la oración. Estas secuencias no resultan apropiadas en los contextos que se describen:

(22) A. ¿Qué hizo Pepín?
　　B. #[$_{[+foco]}$ llegó tarde] Pe**pín**.

(23) A. ¿Quién llegó tarde?
　　B. #[$_{[+foco]}$ Pepín] llegó **tar**de.

En este caso la cima melódica neutral no queda dentro del constituyente marcado como foco. Si lee usted estas secuencias con la entonación neutral que se menciona y tiene en cuenta el contexto proporcionado por la pregunta, seguramente le resultarán extrañas. Esto se debe a que en las respuestas se infringe la correspondencia que hemos formulado anteriormente, ya que el constituyente marcado como [+foco] no incluye al sintagma que contiene al acento nuclear neutro.

Podemos concluir entonces que la correspondencia entre el rasgo [+foco] y la propiedad prosódica mencionada se realiza o se lleva a cabo en la sintaxis: el nudo máximo afectado por el rasgo [+foco] debe dominar al sintagma que contiene el acento nuclear neutro. El resultado lineal es que el constituyente que se asocia con el foco quedará a la derecha del constituyente que instancia la presuposición, como ya adelantamos más arriba.

No se debe confundir el acento neutro con el acento contrastivo. Así, una respuesta natural a *¿Con quién hablaba María?* sería *María hablaba con su novio*, donde el subrayado marca el acento neutro, y no necesariamente *María hablaba con su NOvio,* donde las mayúsculas representan acento contrastivo. Este segundo acento lleva a interpretar *novio* como FOCO CONTRASTIVO y se entiende entonces que María hablaba con su novio, en lugar de hacerlo con otra persona. Esta confusión no es posible porque de dicha pregunta no se infiere ningún contraste de este tipo. En las réplicas contrastivas, el hablante niega, en cambio, una presuposición contraria asumida por su interlocutor. Resulta entonces natural el diálogo siguiente:

(24) A. María llegó tarde ayer.
　　B. No te enteras. PePÍN llegó tarde.

Evidentemente, *Pepín* es aquí un segmento contrastivo, y –de hecho– a este tipo de construcciones se las conozce como ESTRUCTURAS DE FOCO CONTRASTIVO, en oposición a las de FOCO INFORMATIVO que hemos estado considerando hasta ahora. En las estructuras de foco contrastivo, la regla de correspondencia entre foco y acento neutral no se cumple, como muestra el siguiente diálogo:

(25) a. ¿Quién acabas de decir que llegó tarde, Pepín o Carlitos?
　　b. [[+foco] PePÍN] llegó tarde

11.3. Clases de temas: temas vinculantes y dislocaciones a la izquierda

Acabamos de considerar brevemente algunos aspectos generales de la caracterización semántica (y en parte también pragmática) de la estructura informativa: su correspondencia prosódica y las restricciones subsiguientes sobre la linearización de presuposición y foco. Estas escuetas consideraciones son suficientes para mostrar que la partición informativa es una propiedad de la interfaz o interficie entre sintaxis y fonología (recuerde que *interfaz* significa simplemente 'frontera común'), puesto que intervienen en ellas pautas fónicas que se superponen a las sintácticas. Existen además ciertas características estructurales que identifican de forma unívoca algunas de estas distinciones informativas. Determinadas construcciones deben poseer una estructuración sintáctica particular, por lo que puede concluirse que la estructura informativa incide en la derivación y en la estructura sintáctica de la oración. La cuestión relevante es entonces cómo explicar esta asociación y, en concreto, –desde el punto de vista que nos interesa en este libro– cómo darle cabida en una teoría formal de la gramática. Tenemos que considerar, por ejemplo, si hemos de suponer que los constituyentes sintácticos poseen rasgos informativos que deben ser cotejados, o si hay operaciones sintácticas que están condicionadas o determinadas exclusivamente por razones informativas. Hemos de encajar, en suma, estos nuevos hechos en la teoría general de la gramática que venimos exponiendo.

Una generalización que ya se presentaba como obvia en los estudios de los años sesenta y aun en los anteriores a estos (incluyendo los trabajos de la escuela de Praga) es que los sujetos pueden ser temas y normalmente tienden a ser temas oracionales, como sucede con *Juan* en (26).

(26) Juan se comió la manzana.

Este tipo de orden de constituyentes, en el que el tema se asocia con el sujeto y el rema con el predicado, es el más neutro en español y en otras muchas lenguas. En la tradición funcionalista praguense, y en la que se deriva de ella, se ha señalado repetidamente que el flujo de la información sigue un cierto orden en los casos no marcados. Este FLUJO INFORMATIVO avanza de lo conocido a lo desconocido, no a la inversa. En una situación en la que no se presume un trasfondo conversacional especial (lo que en inglés se denomina *out of the blue situations*) y en condiciones prosódicas no marcadas, como las examinadas anteriormente, la oración (26) tiende a asociarse con una partición informativa en la que el tema es el sujeto: en esa oración hablamos, en efecto, de Juan y decimos de él que comió una determinada manzana. Existen, sin embargo, otras ordenaciones posibles en las que el tema no es el sujeto. Como ya hemos señalado, no solo los sujetos pueden ser temas; pueden serlo también otros constituyentes, por ejemplo, el complemento directo *la manzana* en el ejemplo que sigue:

(27) a. ¿Quién se comió la manzana?
     b. La manzana se la comió Juan.

Cabe preguntarse entonces cómo podemos identificar el tema de una oración. Al ser esta una noción informativa sin un correlato sintáctico único, habrá ciertas construcciones que la codifiquen. En el marco teórico que desarrollamos se han identificado dos principalmente (véanse Cinque, 1983, 1990; Escobar, 1995, Zubizarreta, 1998, 1999; Zagona, 2002, entre otros trabajos): los TEMAS VINCULANTES O RELACIONANTES (ingl. *hanging topics* 'lit. temas colgantes') y las DISLOCACIONES A LA IZQUIERDA reduplicadas por un clítico (ingl. *clitic left dislocation*). En ambas construcciones el constituyente que se identifica como tema aparece en la posición periférica inicial a la izquierda de la oración (ingl. *left periphery*). Dicho constituyente no representa la cima melódica o prosódica de la oración, por lo que se dice que está DESACENTUADO (ingl. *deaccented*). Esta propiedad se sigue del hecho de que, como establecimos en el apartado anterior, el tema no es parte del dominio máximo marcado con el rasgo [+foco].

Semánticamente, el tema es, en las dos construcciones mencionadas, el enlace informativo, aunque su naturaleza sea distinta en ellas. El tema o tópico vinculante introduce un nuevo tema discursivo o modifica el del discurso anterior. Suele ir precedido por locuciones como *en cuanto a, por lo que respecta a, con respecto a, hablando de,* etc., aunque ello no sea estrictamente necesario. Este tema se separa de la oración mediante una pausa perceptible, aunque de extensión variable:

(28) a. En cuanto a Pedro, te diré que a mí no me parece muy simpático.

   b. Hablando de tu hermana, ya sabes que le devolví el regalo.

   c. Luisa, me parece a mí que no se entera mucho de lo que está pasando.

En otras palabras, las oraciones de (28) serán apropiadas si estamos hablando hasta ese momento de otro tema diferente, e introducimos o fijamos de nuevo el tema conversacional o el del discurso. Se ha observado, no obstante, que el cambio de tema conversacional no es tan necesario en algunas de estas construcciones –sobre todo (28b y c)– ya que podrían usarse para retomar, en un turno discursivo distinto, algún tema presentado en la conversación precedente.

Mediante la dislocación a la izquierda se introduce un tema oracional en una posición periférica situada a la izquierda de la oración, de la que el constituyente temático se separa por una pausa menos pronunciada que la que separa los temas vinculantes del núcleo oracional:

(29) a. A tu hermana, le devolví el regalo ayer.

   b. Las lentejas, no las soporto.

A veces, no se percibe pausa entre el elemento dislocado y la oración, como en *Eso no me lo creo* o en *Al niño no le hizo ni caso.* Aunque tanto en las construcciones de tema vinculante como en las de tema dislocado el constituyente tematizado aparece en la periferia izquierda de la oración, y separado de esta por una pausa mayor o menor, existen varias propiedades sintácticas de importancia que las separan y que aconsejan tratarlas como construcciones distintas. Las veremos sucintamente a continuación.

11.3.1. *Los temas vinculantes*

Los temas vinculantes poseen las siguientes características:

A) Desde el punto de vista informativo, los constituyentes periféricos vinculantes introducen un nuevo tema discursivo. En otras palabras, cambian o reorientan el tema de la conversación. Observe el contraste que se da entre los dos discursos siguientes:

(30) He visto a tus dos sobrinos, Juan y Luis. Juan se nota que ha crecido. En cuanto a Luis, se siguen burlado de él porque está tan chiquillo como siempre.

(31) #He visto a tus dos sobrinos, Juan y Luis. Juan se nota que ha crecido. En cuanto a él, no va a haber quien lo gane en altura.

El primer discurso resulta adecuado. La primera oración introduce a Juan y a Luis como temas potenciales. La segunda establece a Juan como tema, y en la tercera el tema pasa a ser Luis. En cambio, el discurso de (31) no resulta apropiado en su conjunto porque en la tercera oración no se cambia el tema, que sigue siendo Juan, de modo que el uso de *en cuanto a* resulta inapropiado. Usando los términos de la teoría de Valduvi (1992) presentados más arriba, los temas vinculantes seleccionan un nuevo tema que representa un enlace entre los referentes de discurso accesibles en el punto de la conversación que se considera. Suelen ser característicos del registro coloquial. Los construidos con *en cuanto a* se usan ocasionalmente en la lengua escrita; los demás son raros en ella. Observe, por ejemplo, que la estructura sintáctica que corresponde a la oración *Tus amigos lo que son es unos cobardes* no sería apropiada en un texto de Biología: *#Las transaminasas lo que son es un conjunto de enzimas que catalizan la transferencia de un grupo amino.* Como se explicó en el § 1.3.1, algunas construcciones sintácticas están restringidas a determinados subcódigos, registros o niveles de lengua, pero el establecer esta propiedad relativa a su uso no nos libera de la tarea de determinar su estructura.

B) Solo los SSDD pueden tematizarse. Los ejemplos de los pares siguientes contrastan precisamente en que en la segunda variante el elemento vinculante es un SP.

(32) a. Hablando de la mesa, recuerdo ahora que dejé la carta allí.
b. *Hablando de en la mesa, recuerdo ahora que dejé la carta allí.

(33) a. Pepe, lo que pasa es que no te puedes fiar de él
b. *De Pepe, lo que pasa es que no puedes fiar de él

C) El tema se relaciona con un constituyente de la oración con el que es correferente. Este constituyente puede ser otro SD, a menudo una expresión predicativa *(En cuanto a Pepe, el muy tonto no se entera de nada),* un pronombre *(Hablando de Luis, no me fío nada de él),* o bien otro elemento con el que el tema guarda una relación todo-parte *(En cuanto a la tele, el altavoz no funciona).*

D) No es posible situar temas periféricos en el margen derecho de la oración (*No tolero a esa cursi, María; *El altavoz no funciona, en cuanto a la tele).

E) No es necesario que exista identidad entre el tema vinculante y el constituyen-te con el que es correferente, tanto en sus rasgos de caso o función sintáctica como en los de género o número. Así, en la siguiente oración:

(34) En cuanto al ordenador, yo odio esas máquinas infernales (Zagona, 2002)

se da a entender que el ordenador pertenece al grupo de máquinas de las que se habla, pero no se establece una relación de correferencia entre esos dos SSDD. La relación establecida en (34) es, por consiguiente, la de inclusión.

F) La asociación entre el tema vinculante y su correlato oracional no queda obs-taculizada por la intervención de constituyentes que den lugar a islas sintácti-cas fuertes (recuerde el concepto de *isla,* analizado en el cap. 7):

• Un SN complejo:

(35) En cuando a Lola, me pilla de nuevas la noticia de que no te llevas bien con ella.

• Un sujeto oracional:

(36) Y en lo que respecta a Lola, me sabe muy mal que no quieras hablar con ella.

• Un adjunto oracional:

(37) Hablando de Lola, nos iremos antes de verla.

11.3.2. *Los temas dislocados*

Los temas dislocados poseen las características diferenciales siguientes:

A) Su función informativa es más flexible que la de los temas vinculantes. A di-ferencia de estos –que cambian, como vimos, el centro discursivo–, las dislo-caciones hacen más prominente la entidad temática presupuesta que constitu-ye en ese momento el centro discursivo. Compare el discurso (38) con el discurso no adecuado que consideramos anteriormente en (31):

(38) He visto a tus dos sobrinos, Juan y Luis. Juan se nota que ha crecido. A este chico no va a haber quien lo conozca en unos años.

El constituyente *este chico* es un tema dislocado, por lo que no cambia el tema discursivo *(Juan),* y no produce un choque de adecuación informativa. Por otro lado, el uso de los temas dislocados a la izquierda no está tan restringido al regis-tro oral o coloquial como el de los temas vinculantes.

B) Cualquier constituyente máximo (SD, SP, SA) puede dislocarse:

(39) a. A Pepe, no lo vi ayer.

    b. En la mesa, no he puesto nada.

    c. Contento, no te diré que lo estoy mucho.

C) Se relacionan con otro elemento correferente en la oración matriz. Este segmento es un pronombre átono o uno nulo. En (40) y (41), donde el constituyente dislocado es el complemento directo o el indirecto, este aparece reduplicado obligatoriamente por un clítico acusativo o dativo.

(40) a. La pelota se la di a Pepito.

    b. *La pelota di a Pepito.

(41) a. A Pedro le enviaremos un regalo.

    b. *A Pedro enviaremos un regalo. *(Pronunciado sin relieve acentual en Pedro.)*

Cuando el constituyente dislocado es otro complemento o un adjunto, no hay un correlato visible en la oración, ya que el español carece de clíticos partitivos o locativos. Es lo que sucede en (39b) o en (42):

(42) a. Aceite, ya no queda.

    b. En la repisa, Juan puso un libro.

El elemento tematizado se asocia en (42a) con un pronombre nulo partitivo (pro^{part}) y en (42b) con uno locativo (pro^{loc}). Estos pronombres nulos serían los equivalentes de los pronombres patentes partitivos o locativos que aparecen en las dislocaciones a la izquierda en lenguas como el catalán (los pronombres *en, hi*), el francés *(ne, y)* o el italiano *(ne, ci, vi),* como muestran los siguiente pares que contrastan el español con el catalán (datos de Hernanz y Brucart 1987), el francés (Zubizarreta, 1999), o el italiano (Cinque, 1990):

(43) a. Del examen nadie ha hablado todavía.

    b. De l'examen ningú no n'ha parlat encara.

    c. En el jardín los niños se divierten mucho.

    d. Al jardí els nens s'hi diverteixen molt.

(44) a. Estoy segura de que, manzanas, Pedro come todos los días.

    b. Je suis certaine que, des pommes, Pierre en mange tous les jours.

    c. Estoy segura de que, al mercado, Pedro va todos los días.

    d. Je suis certaine qu'au marché, Pierre y va tous les jours.

(45) a. De este asunto, no quiero hablar más.

    b. Di questa faccenda, non ne voglio più parlare.

    c. En casa no he estado todavía.

    d. A casa, non ci sono stato ancora.

No es posible, en cambio, vincular el elemento dislocado con un pronombre acentuado o una expresión nominal predicativa:

(46) a. *Con Luis, siempre quedo con él.

    b. *De Pepe, Juan siempre habla mal de ese idiota.

D) Es posible también la dislocación a la derecha del tema oracional (ingl. *right dislocation* o *right dettachment*). En paralelo con la dislocación a la izquierda, el constituyente dislocado debe asociarse con un pronombre. Esta construcción es más frecuente en el español hablado en Cataluña, por influencia del catalán, pero no está ausente de las demás variedades:

(47) a. Se la di a Pepito, la pelota.
    b. *Di a Pepito, la pelota.

No deben confundirse las estructuras de dislocación a la izquierda o a la derecha con las de doblado de clíticos que presentamos en el § 9.5 *(Le di un regalo a Pedro, La he visto a ella).* En estas últimas, el elemento reduplicado aparece en una posición interna a la oración, no va separado por pausa tras la secuencia que lo precede, y no está informativamente marcado, puesto que no es necesariamente temático.

E) La relación entre el constituyente dislocado y el clítico es de CONEXIÓN ESTRICTA (ingl. *connectivity*). Esta conexión se traduce en la identidad de función sintáctica y de marcas gramaticales entre ambos; de ahí que una oración como (48) resulte mal formada:

(48) *El ordenador, las odio.

Recuerde que en las construcciones vinculantes era posible obtener una relación semántica más laxa entre el tema y el resto de la oración, como vimos en el ejemplo (34).

F) Los constituyentes dislocados aparecen tanto en la periferia izquierda de las oraciones principales como en la de las subordinadas:

(49) a. Luis dice que, a Pepe, no lo ha visto.
    b. Estoy seguro de que, el coche, Luis lo compró el año pasado.

G) El proceso de dislocación es recursivo:

(50) a. El regalo, a Pepe no se lo han dado todavía.
    b. En esta tienda, al que lleva la tarjeta de cliente le hacen un buen descuento.

Recuerde que usamos el concepto de 'dislocación' en su sentido amplio, independientemente de que el tema preoracional tenga correlato pronominal o adverbial en unas lenguas y carezca de él en otras, como vimos antes.

H) La dislocación es sensible a las islas sintácticas fuertes. Por tanto, no puede establecerse una asociación entre el tema y el pronombre clítico en los siguientes entornos (ejemplos tomados de Zubizarreta 1999):

• SN complejo:

(51) *Estoy seguro de que a Pedro, la policía conoce a la persona que lo traicionó.

• Adjunto oracional:

(52) *Me parece mejor que a Pedro, terminemos la tarea antes de llamarlo.

• Sujeto oracional tematizado:

(53) *A Juan el que nadie le haga caso me sorprende mucho.

Esta última restricción se da si la oración sujeto aparece antes que el verbo, lo que puede significar que la oración se ha tematizado. Si la oración sujeto es posverbal, el contraste entre sujeto y objeto directo ya no es tan marcado. Obsérvese que son gramaticales oraciones como *A Juan me sorprende mucho que nadie le haga caso*. El que (53) no lo sea puede significar que la oración sujeto se ha tematizado desde su posición posverbal, de forma que la constricción no afectaría simplemente a las oraciones sujeto, sino a las oraciones tematizadas.

11.3.3. *El análisis estructural de la tematización*

Las diferencias presentadas en los apartados anteriores deben conducirnos a análisis sintácticos distintos que justifiquen estructuralmente la distinción entre temas vinculantes y temas dislocados. Dado que parece que estamos ante procesos de desplazamiento a la posición periférica izquierda de la oración, podríamos pensar, en principio, que estos desplazamientos son resultado de una trasformación de movimiento A', como en el caso de las preguntas (§ 4.4.2). Sin embargo, existe en la actualidad cierto consenso sobre el hecho de que en ninguna de las dos construcciones estamos lidiando realmente con un proceso de movimiento. En primer lugar, los temas vinculantes se suelen considerar constituyentes generados *in situ* en una proyección de tema o tópico (Rivero, 1980a; Hernanz y Brucart, 1987):

(54) [[$_{TEMA}$ En cuanto a Pepe], [ese tonto nunca llega a tiempo]]

La solidez de esta opción parece evidente, sobre todo porque hemos comprobado que el vínculo entre estos elementos temáticos y el resto de la oración es relativamente laxo. Observe que si postulásemos una transformación de anteposición, dejaríamos sin explicar por qué dicha operación de movimiento puede infringir o escapar de las islas sintácticas fuertes (propiedad F en el § 11.3.1). Estos son precisamente los dominios de los que no pueden escapar los constituyentes extraídos por movimiento. En segundo lugar, en el movimiento A' existe obligatoriamente identidad categorial entre el constituyente extraído y su huella, pero hemos comprobado que no se exige esta identidad en las construcciones de tema vinculante (propiedad E en el § 11.3.1). De hecho, en lugar de identidad, podemos obtener relaciones más abiertas, como la atribución o la pertenencia. Si se tratase de un proceso de movimiento A', esperaríamos que se produjese tanto en las oraciones matrices como en las subordinadas, contra lo que parece ocurrir. Por último, dejaríamos sin explicar la presencia de locuciones como *hablando de, en cuanto a,* etc., que suelen introducir el tema vinculante. Estas locuciones no son posibles cuando un tema aparece *in situ* (puede contrastar *Respecto a Pepe, hoy no lo han visto* con **Hoy no lo han visto respecto a Pepe*). Tampoco parece razonable asociar la operación estándar de desplazamiento A' con una regla un tanto idiosincrásica como sería la de «introducción de *en cuanto*» o con otras similares.

Podemos aceptar, por todo ello, que los temas vinculantes no se obtienen como resultado de una operación de movimiento, sino que se generan en una posición superior a SFlex. A primera vista, podríamos suponer que se generan bajo el nudo Comp, que es el nudo inmediatamente superior, pero esta solución presenta inconvenientes serios. Si en el especificador de SComp se situaran tanto los temas vinculantes como los constituyentes extraídos por movimiento A', esperaríamos que resultaran incompatibles. Pero no es esto lo que ocurre, como muestra (55a) donde aparecen tanto un tema vinculante como un SQu desplazado. Observe, sin embargo, que el orden de (55b) no es posible:

(55) a. Y en cuanto a las vacaciones, ¿qué hacemos?
  b. *¿Qué, en cuanto a las vacaciones, hacemos?

Podemos pensar entonces en situar a los SQus y a los temas vinculantes en proyecciones distintas. El contraste de (55) parece sugerir que la proyección Tema domina a la posición de Comp. Este análisis, reflejado en (56), es, de hecho, el propuesto por Hernanz y Brucart (1987).

(56) $[_{\text{Tema}} \cdots [_{\text{Comp}} \cdots]]$

Recientemente, Rizzi (1997b) ha propuesto que no es necesario postular una separación categorial entre los constituyentes Tema y Comp. En el cap. 4 vimos que ciertos hallazgos de la investigación sintáctica llevaron a la escisión configuracional de la flexión en microcategorías (tiempo, concordancia). El paso siguiente sería aplicar la misma estrategia al nudo Comp. A partir de la propuesta de Rizzi se habla de una ESCISIÓN O EXPANSIÓN DE NUDO COMP en varias subproyecciones, una de las cuales es el nudo Tema. Esta línea de análisis no altera la jerarquía estructural entre los elementos temáticos, pero sí los rótulos bajo los que aparecerían. Volveremos sobre ella en el § 11.5.

Pasemos ahora a considerar las dislocaciones reduplicadas con un clítico. Aparentemente, podríamos pensar que ahora sí parece razonable la hipótesis de que el proceso de generación de estas estructuras está basado en una operación de movimiento A', ya que hay pruebas de que la asociación entre el elemento dislocado y el correlato pronominal está restringida por los entornos caracterizados como islas. Sin embargo, existen ciertos datos que condujeron a Cinque (1990) a proponer un análisis ligeramente diferente, que es el que se acepta actualmente de forma predominante. En primer lugar, el movimiento de los SQu no deja obligatoriamente un clítico en su lugar de origen, a diferencia de la dislocación (propiedad C). Es más, a veces es incompatible con la presencia de un clítico:

(57) ¿*Qué lo cenaste anoche?

En segundo lugar, el movimiento de SQus no es recursivo, frente a la dislocación que sí lo es (propiedad G en el § 11.3.2). En consecuencia, no es posible desplazar sucesivamente más de un SQu a SComp, sino que uno de ellos debe permanecer in situ (§ 8.6.2):

(58) a. *¿Quién qué dijo?
 b. ¿Qué dijo qué?

El movimiento de SQu argumentales desencadena obligatoriamente la inversión del sujeto con respecto al verbo (*¿Qué compró Juan?* frente a *¿Qué Juan compró?*, recuerde el § 7.2.3). En cambio, la dislocación no fuerza la inversión del sujeto:

(59) a. A Pedro, Juan le compró un libro
 b. A Pedro, le compró Juan un libro.

Por último, el SQu desplazado no puede separarse de la oración mediante pausa, requisito prosódico usual de las dislocaciones:

(60) a. *¿A quién, entregaste el paquete?
 b. A Juan, le entregué el paquete.

De todas estas consideraciones se deduce que los constituyentes dislocados no se asemejan a los que se sujetan al movimiento A'. La solución de Cinque consiste en proponer que los temas dislocados se generan directamente en una proyección adjunta a SComp y se asocian con un pronombre mediante coindización. Se forma entonces una cadena de la forma <*tema*$_i$ ... *pronombre*$_i$>, cuyo eslabón superior es el elemento dislocado. Esta posibilidad adicional de formar cadenas sintácticas en ausencia de movimiento explicaría tanto las semejanzas (identidad de función gramatical y marcas) como las diferencias con el movimiento de los SQu que acabamos de tratar.

Cabe observar, por último, que las relativas constituyen contraejemplos a la configuración de (56). Observe que puede decirse con entera naturalidad *Una sentencia que, en lo que a nuestra formación política respecta, es absolutamente impecable*. En esta oración tenemos movimiento de un SQu por encima de un tópico, a diferencia de lo que sería de esperar. Podemos contrastar igualmente la marcada irregularidad de (55b) con la naturalidad de una secuencia como *...de cuya necesidad, en lo que respecta específicamente a las medidas más urgentes, no parece quedar ninguna duda*. Ello parece indicar que las hipótesis sobre la periferia izquierda interactúan con las propiedades «extraconfiguracionales» de los llamados INCISOS. Se ha propuesto que los incisos, cuyas propiedades prosódicas intentan reflejar las comas en la escritura, no forman parte verdaderamente de la configuración, sino que se añaden a estructuras sintácticas ya formadas. Este es un factor importante que se cruza con la llamada CARTOGRAFÍA DE LA CONFIGURACIÓN SINTÁCTICA (§ 11.5) y cuya investigación es todavía incipiente.

11.4. La focalización o anteposición focal

11.4.1. *Propiedades caracterizadoras*

Hay una tercera estructura en la que un constituyente aparece antepuesto por motivos informativos. A esta construcción se la denomina FOCALIZACIÓN (Campos y Zampini, 1990), pero también ANTEPOSICIÓN DEL FOCO (ingl. *focus preposing*, Ward, 1985), REMATIZACIÓN (Hernanz y Brucart, 1987) o TOPICALIZACIÓN (Chomsky, 1972). Esta última denominación, aunque común en la bibliografía anglosajona, es, ciertamente, poco afortunada, ya que en este caso el elemento antepuesto no es parte del tema o información conocida, sino que es el foco. La focalización tiene varias propiedades que la separan claramente de los temas vinculantes y de la dislocación reduplicada:

A) El elemento antepuesto contiene la cima melódica de la oración. Marcaremos esta propiedad escribiendo en mayúsculas el constituyente focalizado. Una réplica natural a la afirmación (61a) es (61b), donde anteponemos el foco *esa idea* a la periferia izquierda de la oración:

(61) a. Al director le parece que los estudiantes jóvenes vienen bien preparados.
     b. ESA IDEA tiene él. Yo no estoy en absoluto de acuerdo.

Recuerde que, como vimos antes, el acento es una propiedad de las sílabas, no de los sintagmas. Aunque desde el punto de vista acentual podría parecer más apropiado marcar únicamente la sílaba /e/ de *esa* en (61b), se quiere indicar con las mayúsculas que el elemento focalizado es todo el segmento que se destaca, o –dicho de otra forma– que el efecto del acento enfático sobre una sílaba se extiende a todo un sintagma.

B) El constituyente focalizado se interpreta a menudo como foco contrastivo, en el sentido de que contrasta con otros elementos alternativos posibles. Por ello, continuaciones como *...no* o *y no...* son perfectamente adecuadas en estas oraciones:

(62) EN EL CAJÓN puse la ropa, no en la repisa.

Se observa la misma pauta en las oraciones siguientes:

(63) a. Creo que le dieron un golpe.
     b. UNA PALIZA tendrían que haberle dado.

(64) a. Me han dicho que te vas a comprar una moto.
     b. UN COCHE me voy a comprar, no una moto.

Existen también construcciones en las que el foco no contrasta, en sentido estricto, con la información precedente, sino que la resalta, la precisa, la amplía o se interpreta en relación con ella. Es lo que se observa en (65b), (66b) y (67b), si esas oraciones se usan como apostillas a las oraciones (a) correspondientes:

(65) a. Fíjate en los zapatos que he encontrado en las rebajas.
     b. Algo así tendría que comprarme yo. [*Algo así* es el foco]

(66) a. Están muy buenos estos macarrones.
     b. Un plato hondo me comí yo ayer. [*Un plato hondo* es el foco]

(67) a. En la boda había gente muy elegante.
     b. Es verdad. Muy bonito me pareció el traje de la novia, sin ir más lejos.
       [*Muy bonito* es el foco]

Las construcciones focalizadas se usan también a menudo como recursos irónicos, especialmente en las exclamaciones en las que se niega, se rechaza o se pone de manifiesto lo equivocado de alguna afirmación, como en *¡A TI te van a hacer caso!,* que significa aproximadamente 'A ti no te harán caso', o en *¡Tres días seguidos vas tú a librar! ¡Estaría bueno!*

C) Se da en estas oraciones la inversión obligatoria del sujeto con respecto al verbo característica del movimiento A', salvo cuando el elemento focalizado es el propio sujeto.

(68) a. Creo que un ladrón le robó cien euros.
     b. MIL EUROS tendría que haberle robado (el ladrón).
     c. *MIL EUROS el ladrón tendría que haberle robado.

Esta inversión sujeto-verbo es característica de las construcciones focales, pero también aparece, sin el relieve acentual que hemos descrito, en otras que no lo son. Observe que la oración con la que se inicia el *Quijote (En un lugar de la Mancha... vivía un hidalgo)* contiene un sujeto posverbal, pero el segmento inicial *(En un lugar...)* es temático, no remático.

D) No existen restricciones categoriales con respecto al constituyente antepuesto, que puede ser cualquier constituyente máximo (SX):

(69) a. SD: ESTE LIBRO voy a comprarle a mi sobrino.
     b. SA: MUY CONTENTO está Juan.
     c. SP: HASTA LAS TRES podría yo aguantar, no más.
     d. SAdv: MUY DEPRISA va usted, don Anselmo.
     e. SN: DEMASIADO TIEMPO se lleva la fabricación, me parece a mí.

Se exceptúan únicamente los sintagmas verbales, que pueden ser temas *(Ya sabes que disculparme con él no quiero),* pero no focos antepuestos (*DISCULPARSE CON ÉL no quiso). Al igual que se observó en (C), es importante resaltar aquí que, sin la marca acentual y entonativa que caracteriza estos focos, no se interpretan necesariamente como tales los sintagmas periféricos, incluso los que aparecen en construcciones de sujeto posverbal. Son, por tanto, temas (no focos), los segmentos que se subrayan en *Ayer por la mañana* llegó Juan o en *En un cajón de la cómoda* guardaba María sus pañuelos de encaje.

E) El elemento focalizado no puede estar coindizado con un clítico:

(70) a. *UNA MOTO Pepe la compró.
     b. *MUY CONTENTO lo está Juan.

No se debe confundir la estructura de la oración (70a) con la que corresponde a *La moto, Pepe la compró*. El constituyente inicial de esta última oración no esta focalizado, y el sujeto aparece en posición preverbal. Se trata, por tanto, de una construcción de dislocación a la izquierda.

F) No se admite la recursividad. Solo un elemento focal puede preponerse:

(71) *EN LA TIENDA UNA MOTO compró Pepe.

Nada impide, en cambio, que un tema vinculante vaya seguido de un foco antepuesto, como en *Tu compañero, muy poca atención pone en todo esto, me parece a mí.*

G) El constituyente antepuesto no puede escapar de los entornos caracterizados como islas fuertes (ejemplos de Zubizarreta, 1999):

(72) a. *A PEDRO conocemos la mujer que traicionó (y no a Juan).
     b. *A PEDRO terminamos la tarea antes de llamar (y no a Juan).
     c. *A PEDRO sorprendió a todo el mundo que María haya invitado (y no a Juan).

H) No existe un correlato de la focalización que consista en la posposición focal o rematización a la derecha del elemento focalizado:

(73) *Compró Pepe, UNA MOTO (no un coche).

Observe que existen, en cambio, focos posverbales contrastivos no pospuestos, incluso con sujeto tras el verbo, como en *Les daremos nosotros los informes, no los resúmenes.*

I) La focalización puede tener lugar en las oraciones principales o en las subordinadas:

(74) Me parece que ESO EXACTAMENTE quiere él.

Aun así, se ha puesto de manifiesto que la propiedad (I) tiene excepciones en las construcciones focalizadas de valor exclamativo o cuasiexclamativo, lo que puede estar relacionado con el hecho de que la proyección que corresponde al acto verbal no puede subordinarse. No son, por tanto, gramaticales oraciones como las siguientes:

(75) a. ??María cree que muy poco se trabaja en esta fábrica.

    b. *Se había olvidado ya de que un disparate le cobraron ayer por una cerveza.

    c. *Siento mucho que el miércoles traigan el paquete, no el lunes.

Puede comparar (75b) con *UN DISPARATE me cobraron ayer por una cerveza* o con *Se había olvidado de que le cobraron ayer un disparate por una cerveza.* Se llaman generalmente ORACIONES RADICALES (ingl. *root sentences*) las que no pueden subordinarse, es decir, las que están asociadas al NUDO RAÍZ o nudo más alto de una configuración.

J) La anteposición focal es incompatible con la aparición de constituyentes interrogativos antepuestos:

(76) a. *EN EL JARDÍN ¿a quién viste? (y no en la casa)

    b. *EN EL JARDÍN ¿viste a quién? (y no en la casa)

Si el foco aparece *in situ,* es posible el desplazamiento los SQu:

(77) ¿A quién viste EN EL JARDÍN? (y no en la casa)

11.4.2. *La focalización como desplazamiento*

Si contrastamos las propiedades de la focalización que acabamos de enumerar con las de los temas vinculantes o las de la dislocación a la izquierda descrita en el apartado anterior, nos daremos cuenta enseguida de que existen notables diferencias entre todas esas estructuras. La generalización fundamental que se obtiene es la siguiente: a diferencia de los procesos de tematización, la focalización posee similitudes evidentes con el movimiento de SQu: restricciones de distancia asociadas a islas, no recursividad, aparición en oraciones matrices y subordinadas e inversión sujeto-verbo obligatoria. Estos datos hacen más plausible en este caso un análisis que trate la focalización como proceso de desplazamiento a la esfera del SComp. En otras palabras, a diferencia de los procesos de tematización, en los que el constituyente tematizado se considera generado *in situ,* en el caso de la anteposición focal parece adecuado concluir que estamos en presencia de una operación de movimiento A'.

Recuerde que hemos defendido anteriormente la idea de que el foco debe tratarse como un rasgo ([+foco]). Este rasgo es interpretable o «legible prosódicamente», ya que contiene la cima melódica (acentual) de la oración. Es cierto también que no todos los focos están igualmente marcados prosódicamente. Por ejemplo, la prominencia acentual de *eso* en *Eso digo yo* (focalización, sin duda) es relativamente débil. En cualquier caso, los datos que acabamos de examinar indican que este rasgo debe también ser cotejado en la sintaxis. El ejemplo más sobresaliente de movimiento activado por necesidades de cotejo es el movimiento de SQu, que se desencadena por necesidades de cotejo del rasgo fuerte [+qu] y que, por tanto, ha de llevarse a cabo en una posición designada como el especificador de SComp. Recuerde que la asociación entre el cotejo de un rasgo y la posición designada para ello condujo a varios gramáticos a proponer el 'criterio qu-' (§ 7.2.2) de acuerdo con el cual un sintagma [+qu] debe ocupar el especificador de un SX [+qu], es decir, SComp. Partiendo precisamente del paralelismo descriptivo entre las construcciones de focalización y las de movimiento *qu-,* se ha propuesto también que el proceso de focalización está determinado por un criterio similar, es decir, el rasgo [+foco] debe ser cotejado en una proyección designada. Para algunos autores, esta proyección es el mismo SComp (de ahí la incompatibilidad con el movimiento de SQu, que hemos notado como propiedad J). Para otros (Horvath, 1986; Rizzi, 1997b), existe una proyección específica Sintagma Foco. Puede formularse entonces el siguiente CRITERIO O PRINCIPIO DEL FOCO (Tsimpli, 1995; Brody, 1995):

(78) Un constituyente con el rasgo [+foco] debe ser cotejado en una proyección especificada como [+foco].

Como hemos visto, en español no es necesario el desplazamiento en la sintaxis patente, y en consecuencia, la anteposición focal no es obligatoria:

(79) Pepe compró ESTE LIBRO.

En este caso decimos que el elemento focal permanece *in situ,* por lo que, por uniformidad en la aplicación del criterio del foco, deberemos sostener o bien que el rasgo se ha cotejado de manera abstracta o encubierta (es decir, en la Forma Lógica) o que el rasgo [+foco] puede cotejarse localmente en cualquier proyección SX (Gutiérrez-Rexach y Silva-Villar, 1999). En cambio, en ciertas lenguas, como el húngaro o el vasco, esta última posibilidad no existe, por lo que se hace obligatoria la anteposición del elemento focalizado (ejemplos del húngaro tomados de Puskas, 1997):

(80) a. Jànos lattà *Amarcordot* tegnap este.
　　　 'Janos vio *Amarcord* ayer por la noche'
　　 b. *AMARCORDOT* lattà Jànos tegnap este.
　　 c. TEGNAP ESTE lattà Jànos *Amarcordot.*
　　 d. *Jànos lattà *AMARCORDOT* tegnap este.
　　 e. *Jànos lattà *Amarcordot* TEGNAP ESTE.
　　 f. *AMARCORDOT* Jànos lattà tegnap este.
　　 g. *TEGNAP ESTE Jànos lattà *Amarcordot.*

El húngaro es una lengua de orden básico SVO, de forma que (80a) representa la estructura neutra en la que el sujeto es el tema, y el predicado el rema. En cambio, (80b) y (80c) ejemplifican la focalización del complemento directo y el modificador temporal respectivamente. No es posible, sin embargo, la opción en que el constituyente focalizado permanece *in situ:* (80d) y (80e) son agramaticales. Como sucede en español, la anteposición focal trae consigo de forma obligatoria la inversión del sujeto con respecto al verbo: (80f) y (80g) son también agramaticales. Así pues, el criterio del foco debe satisfacerse en húngaro en la sintaxis patente o manifiesta, ya que, cuando un constituyente está marcado con el rasgo [+foco] debe anteponerse obligatoriamente.

En los términos de la teoría minimista, puede de nuevo establecerse una diferencia en la fuerza o debilidad del rasgo en cuestión. En húngaro el rasgo de foco es fuerte, por lo que debe ser cotejado de forma inmediata en la sintaxis patente. En español, o en otras lenguas románicas, tal cotejo puede ser abstracto o no visible, por lo que puede caracterizarse el rasgo como débil. Naturalmente, los conceptos de fortaleza o debilidad son internos a la teoría. No se quiere sugerir que el foco que se establece con movimiento proporcione una forma de énfasis más marcada o que establezca más claramente un contraste con otras opciones implícitas. El que un rasgo sea fuerte significa que ha de cotejarse de forma expresa en la sintaxis, no de forma encubierta en la FL.

11.5. La articulación del sintagma complementante

Hemos sugerido en los apartados anteriores que los tópicos se generan en la periferia izquierda de la oración y que tanto los SQu como los constituyentes focalizados se desplazan a ella. La implementación teórica de las propiedades examinadas en su conjunto admite diversas posibilidades:

(A) En la gramática de reglas se proponía una regla de rematización o focalización que desplazaba un constituyente a la posición inicial y además invertía el verbo, como puede verse en D'Introno (1979). En este modelo no quedaba recogida de forma clara la diferencia entre temas y focos ni se explicaba por qué un tipo de constituyentes estaban sujetos a esta regla y otros no.

(B) En el modelo generativo de los años ochenta se establecía una jerarquía en la que SComp dominaba a SFlex, de modo que había espacio estructural para acomodar la variedad de operaciones necesarias. La opción más razonable es sugerir que los temas se adjuntan (a SFlex o a SComp) y que los constituyentes focalizados se desplazan a SComp. Observe que no se explica desde este análisis qué motiva que en un caso tengamos adjunción directa a SFlex y en el otro movimiento a SComp.

(C) La hipótesis del SINCRETISMO CATEGORIAL. Zubizarreta (1998) propone que los rasgos [+tópico], asociado a los temas, y [+foco] son rasgos sincréticos, es decir rasgos que pueden asociarse con SFlex (ST). En las construcciones de tematización sería [+tópico] el que se asocia a SFlex. En las de focalización sería [+foco]. Por tanto, en una secuencia 'XP + V + ... ' el constituyente SX ocuparía en realidad el especificador de SFlex (ST) pero cotejaría un rasgo funcional. Esta alternativa tiene como objetivo minimizar el número de proyecciones.

(D) La hipótesis de SFoco. Los autores que defienden esta posibilidad (a los ya mencionados arriba puede añadirse Uriagereka, 1995b, entre otros) sostienen que los elementos focalizados se desplazan a la proyección de foco para cotejar el rasgo de foco en aplicación del criterio de igual nombre. Si generalizamos la idea de que el cotejo de rasgos tiene lugar en proyecciones designadas, se ha de concluir que los temas o tópicos también aparecen en su propia proyección, con lo que hay que postular la existencia de un Sintagma Tema. Rizzi (1997b) integra estas propuestas en una teoría expandida de la periferia izquierda de la oración, en la que varias proyecciones integran al SComp. En otras palabras, de igual modo que en la teoría de la flexión escindida se ha defendido que el SFlex debe analizarse en sus microcomponentes funcionales, en LA TEORÍA DEL COMP ESCINDIDO este sintagma se expande en los siguientes componentes:

- FUERZA: indica si la oración es declarativa, interrogativa, etc. (Véanse los §§ 11.7 y 11.8).
- TÓPICO: aparecen en esta proyección los constituyentes caracterizables funcionalmente como tema / tópico.
- FOCO: aparecen aquí los elementos caracterizables funcionalmente como focos.

El constituyente Tópico es recursivo y, según Rizzi, puede aparecer dominando a SFoco y dominado por este. Tenemos por tanto la siguiente jerarquía:

(81)

```
        SFuerza
        /\
       STópico
       /\
      SFoco
      /\
     STópico
```

Nótese que un SQu tiene en realidad dos rasgos, el rasgo [+qu] y el rasgo [+foco], ya que el foco (prosódico y semántico) de una pregunta es siempre la palabra *qu-* en las preguntas directas. Una conjetura verosímil es que el rasgo [+foco] se coteja en el especificador de SFoco y el rasgo [+qu], que indica que la oración asociada es una pregunta, se coteja en SFuerza. Estos sintagmas tendrían por tanto que cotejar ambos rasgos. Una secuencia como (82a), en la que se combinan un tema dislocado y un SQu, se analizaría como (82b):

(82) a. A Juan, ¿quién lo odia?

b. $[_{\text{SFuerza [+qu]}}$ $[_{\text{STópico}}$ a Juan $[_{\text{SFoco}}$ quién $[_{\text{STópico}}$ lo odia$]]]]$

El constituyente *a Juan* se genera directamente bajo STópico, mientras que el SQu se desplaza desde su posición originaria a la de Foco para cotejar el rasgo [+foco] asociado a SQu. El resto de la oración *(lo odia)* constituye la proyección STópico inferior, al ser parte también de la información presupuesta. El cotejo del rasgo de fuerza ([+qu]) tiene lugar de forma abstracta por movimiento no visible. En presencia de un tópico, el SQu no puede desplazarse a SFuerza, ya que aquel intervendría e impediría el desplazamiento:

(83) a. *¿Quién, a Juan, lo odia?

b. *¿A quién, un regalo, diste?

Obsérvese que la jerarquía de (81) predice la coaparición de un tópico vinculante y un foco antepuesto, donde el primero precede al segundo:

(84) En cuanto a Pedro, una bicicleta nueva dice ahora que quiere, el muy caprichoso.

El orden inverso no es posible, ya que el foco no puede desplazarse a SFuerza, al no cotejar el rasgo [+qu]:

(85) *Una bicicleta nueva, en cuanto a Pedro, dice ahora que quiere, el muy caprichoso.

En las oraciones subordinadas tenemos la misma situación en la que el tópico precede a un elemento focal (SQu, foco antepuesto), pero no a la inversa. Se descartan en todos estos casos los hipérbatos que caracterizan ciertas variantes de la lengua literaria:

(86) a. Me parece a mí que a tu amigo, un par de tortas habría que darle.
     b. *Me parece a mí que un par de tortas, a tu amigo habría que darle.

11.6. La interpretación de las estructuras focales

11.6.1. *Foco y Forma Lógica*

Hasta ahora hemos visto la distribución prosódica y sintáctica de temas y focos. Hemos concluido con una semejanza intrigante entre la anteposición de SX [+foco] y el desplazamiento de SQu, que podemos derivar de la necesidad de cotejo de un rasgo en la sintaxis. Puede argumentarse que esta similitud se aplica también en el nivel de la Forma Lógica. El movimiento de SQu, que forma una cadena sintáctica que tiene como coda una huella (o copia del elemento desplazado), se corresponde en FL con una estructura operador-variable. Si extendemos esta misma analogía a las estructuras focalizadas, habremos de concluir que la Forma Lógica de la estructura de anteposición focal (87a) y la de la focalización *in situ* de (87b) debe ser la misma, es decir (88), en la línea de lo propuesto por Chomsky (1976):

(87) a. AL CAPITÁN vieron borracho los marineros (no al comandante).
     b. Los marineros vieron borracho AL CAPITÁN.

(88) Al capitán x [vieron los marineros borracho a x]

El dominio estructural al que se adjunta el foco se corresponde con la presuposición oracional. Por tanto, la presuposición de (87a) y (87b) es 'los marineros vieron borracho a x' (x = alguien). Ahora bien, el entender el foco como operador nos exige decir algo sobre su fuerza cuantificacional. Existen varias teorías sobre este punto, ya que, como ya hemos sugerido, son igualmente variados los contenidos semánticos no necesariamente incompatibles que pueden asociarse con el foco. Resumamos aquí los fundamentales:

(A) ÉNFASIS. En muchas ocasiones, el foco se asocia con un contenido enfático. Focalizamos algo para poner énfasis sobre ello, es decir, para resaltarlo o señalarlo.

(B) EXHAUSTIVIDAD. Cuando formulamos la pregunta *¿Quién vino?* y recibimos una respuesta como *Vinieron Juan y Pepe,* esperamos que efectivamente Juan y Pepe sean los únicos que vinieron, a no ser que se añadan modificadores como *entre otros, por ejemplo,* etc. En ciertas lenguas, como el húngaro, el foco es siempre exhaustivo (Szabolcsi, 1981). De ahí que algunos autores hayan pretendido encontrar en ello una propiedad universal. Esta exhaustividad puede ser explícita o implícita. Por ejemplo, cuando introdujimos las islas negativas en el § 8.10.2, vimos que los focos interrogativos estaban limitados a ciertos conjuntos de entidades presentes de forma implícita en el contexto previo.

(C) ALTERNATIVIDAD. En la caracterización de las estructuras de anteposición de foco, que hemos identificado como contrastivas, tendemos a añadir de forma explícita codas de la forma *y no...* para dilucidar precisamente el conjunto con el que el elemento focalizado se contrasta. La teoría del foco basado en alternativas (Rooth, 1985, 1992) defiende que el valor semántico del foco es precisamente el de poner de manifiesto una serie de alternativas, es decir, opciones que se dan en lugar de otras posibles.

Combinando estos tres componentes, podemos suponer que el valor del operador de foco viene a ser la solución de la incógnita representada por la variable en la representación de la presuposición introducida por la pregunta correspondiente. En (87) tendríamos, por tanto, la siguiente distribución de la información:

(89) PRESUPOSICIÓN: Hay un x al que los marineros vieron borracho.
       FOCO: el x al que los marineros vieron borracho = [el capitán].

Chomsky (1976) se basa en esta intuición al representar el foco de una oración en la FL mediante un cuantificador definido que se adjunta a la presuposición de dicha oración. El valor de la variable ligada por el cuantificador se asigna por medio del verbo copulativo identificativo *ser:*

(90) El $x,$ tal que los marineros vieron borracho a $x,$ es el capitán.

Esta idea, que parece bastante intuitiva (sin entrar aquí en las complejidades de su formalización exacta), tiene, empero, ciertos inconvenientes. Por ejemplo, a la pregunta *¿A quién vieron los marineros borracho?,* podemos responder *A nadie,* con lo que en este caso no estamos despejando una variable, sino más bien negando la presuposición que servía de base a la pregunta. Otras objeciones más serias se centran en la asociación entre la estructura operador-variable y el movimiento de SX. Por ejemplo, al comparar el movimiento de SQu con la focalización abstracta en FL, aparecen ciertas diferencias. No es posible desplazar fragmentos de constituyente o secuencias que no son constituyentes por movimiento de SQu, como en *¿*Cuántos has leído libros?* En cambio, la asociación con el foco es mucho más flexible. Considere (91):

(91) a. ¿Qué hizo Juan con su coche?
      b. *Pro* lo vendió.

El foco de (91b) es en realidad el verbo *vendió,* ya que el resto de la información que contiene esa secuencia es temática. Sin embargo, no podemos segmentar (91b) en la forma [*Pro lo*] [*vendió*], ni tampoco podemos adjuntar únicamente el verbo al nudo SFlex en FL, puesto que el foco constituye un operador:

(92) Juan vendió x [el coche de Juan x].

El mismo argumento se aplica a las oraciones escindidas, ya que es perfectamente posible decir *Lo que hizo Juan con el coche fue venderlo*. Otra objeción igualmente seria es la sostenida por semantistas como Rooth (1985) y Kratzer (1991), que consideran inviable el movimiento abstracto de los constituyentes que aparecen focalizados *in situ*.

(93) a. Desconoce el hecho de que ayer visité A PEDRO.
　　　 b. Terminamos la tarea antes de llamar A PEDRO.
　　　 c. Que María haya invitado A PEDRO sorprendió a todo el mundo.
　　　 d. El libro que escribió JUAN, no MARÍA.

Observe que si aplicásemos la hipótesis de que la focalización *in situ* se asocia en FL con el desplazamiento y adjunción al constituyente oracional del elemento focalizado, sería de esperar que el desplazamiento abstracto de A PEDRO escapara a las islas fuertes, como son las de (93), algo que no les era posible a los correlatos de (93) en los que el constituyente focalizado se antepone (recuerde la propiedad G de la anteposición focal y los datos de (72)). Para Rooth y Kratzer este hecho probaría que el foco no se ajusta a la estructura operador-variable, sino que el cálculo de alternativas y la selección de la alternativa relevante que se identifica como foco es un proceso exclusivamente semántico que tiene lugar *in situ*. Para otros autores (Drubig, 1992; López, 1999), lo que sucede en las oraciones de (93) es un ejemplo del efecto de arrastre, proceso pintorescamente denominado en inglés *pied-piping*. Como recordará usted, introdujimos este concepto en el § 7.2.1. Aplicando esta imagen metafórica, en la FL no solo se desplaza el constituyente focalizado, sino la base completa que se toma como contraste. Por ejemplo, podría argumentarse que los contrastes relevantes con respecto a las oraciones de (93) son los de (94):

(94) a. Desconoce el hecho de que ayer visité A PEDRO ... y no otros hechos (en lugar de ...y no A MARÍA).
　　　 b. Terminamos la tarea antes de llamar A PEDRO ... y no después de hacerlo.
　　　 c. Sorprendió a todo el mundo que María haya invitado A PEDRO (...y no que no lo hubiera invitado).

En otras palabras, lo que esto indicaría es que, pese a que la cima melódica recae en estos casos sobre un SD, es un constituyente mayor que él el dominio que se toma como contraste. Se deduciría de ello que el constituyente focalizado es más amplio e incluye la isla, por lo que la partición informativa y las estructuras de FL pertinentes son las de (95) y (96):

(95) a. Desconoce [$_{\text{Foco}}$ el hecho de que ayer visité A PEDRO] ... y no otros hechos.
　　　 b. Terminamos la tarea [$_{\text{Foco}}$ antes de llamar A PEDRO] ... y no después de hacerlo.
　　　 c. [$_{\text{Foco}}$ Que María haya invitado A PEDRO] sorprendió a todo el mundo (...y no que no lo hubiera invitado).

(96) a. El hecho de que ayer visité A PEDRO *x* [Desconoce *x*].

b. Antes de llamar A PEDRO *x* [Terminamos la tarea *x*].

c. Que María haya invitado A PEDRO *x* [Sorprendió a todo el mundo *x*].

En cambio, el desplazamiento asociado a la anteposición focal solo afecta al constituyente antepuesto, por lo que la isla en sí es un dominio de extracción y no un dominio que se extraiga, de forma que los resultados son los que identificamos anteriormente y no se infringen las islas sintácticas.

11.6.2. *Operadores que se asocian con el foco*

Una de las consecuencias que se siguen de la discusión que acabamos de esbozar es el hecho de que la determinación de qué constituyente es el que se focaliza estructuralmente (o dicho de otra forma, hasta qué constituyente o nudo llega la marca [+foco]) es una cuestión interpretativa. Prueba de ello lo constituyen los llamados ADVERBIOS DE FOCO. Reciben este nombre palabras como *solo, incluso, hasta, además,* etc., que se corresponden con operadores en la FL (de hecho, se los denomina también OPERADORES DE FOCO) y que tienen la peculiaridad de asociarse con el constituyente focalizado. Considere la siguiente oración:

(97) Luis solo compra discos de Julio Iglesias.

La oración es ambigua, en función de cuál sea el ámbito o foco al que se asocie el adverbio *solo*. Existen varias posibilidades:

(98) a. Luis solo [compra discos de Julio Iglesias].

b. Luis solo compra [discos de Julio Iglesias].

c. Luis solo compra discos de [Julio Iglesias].

En el primer caso *solo* se asocia con todo el SV, por lo que entendemos que Luis solo lleva a cabo esa actividad, de entre las alternativas contextualmente posibles, y el contraste adecuado sería el representado entre otros por *...y no va a conciertos*. En (98b), *solo* se asocia con el complemento directo, por lo que las alternativas evocadas serán otros objetos relevantes que se pudiese comprar *(...y no libros de ensayo)*. Por último, si el adverbio de foco se asocia con el complemento genitivo *(de Julio Iglesias)* entendemos que compra discos de este cantante y no de otros (una continuación adecuada sería *...y no de Antonio Machín*). Podemos incluso asociar el foco con constituyentes menores:

(99) a. Luis solo compra [discos] de Julio Iglesias.

b. Luis solo compra discos de [Julio] Iglesias.

En (99a) la presuposición es que Luis compra objetos relacionados con Julio Iglesias y lo que se afirma es que solo compra discos. Una continuación apropiada sería entonces *...y no camisetas con su retrato*. De igual forma, en (99b) la asociación de *solo* con el nombre propio *Julio* se vincula a la presuposición de que Luis compra discos de algún miembro de la familia Iglesias y afirmamos que solo compra los del padre (y no los de sus hijos Enrique o Julio). Recuerde que al hablar del ámbito de la negación, describíamos un comportamiento similar, ya que por medio de una única negación oracional podemos negar la oración o bien constituyentes menores. Los operadores de foco pueden también asociarse en la sintaxis patente con su foco. En los siguientes ejemplos, no tenemos la ambigüedad que observábamos en (97):

(100) a. Solo Luis compra discos de Julio Iglesias.
     b. Luis compra solo discos de Julio Iglesias.
     c. Luis compra discos solo de Julio Iglesias.

En cada caso, el foco está determinado por el dominio de mando-c del adverbio *solo*. En (100a) es el sujeto, en (100b) el complemento directo y en (100c) el complemento del nombre *discos*. Algunos hablantes aceptan la segmentación de (97) en la forma que se esboza en (101a), es decir la que permite estructuras como (101b):

(101) a. [Luis solo] compra discos de Julio Iglesias. ('Nadie que no sea Luis compra discos de J. L.')
     b. [Aquí únicamente] es posible hoy en día encontrar viviendas a un precio razonable.

Incluso en estos casos el adverbio de foco *solo* tiene mando-c sobre el elemento que focaliza, es decir, la expresión a la que se pospone. Si comparamos (97) con (100) o (101), concluiremos que el adverbio de foco puede tener mando-c en la sintaxis patente sobre un constituyente oracional y mantener el mismo ámbito en la FL o bien asociarse de forma diferente en este segundo nivel. El dominio de mando-c patente que permite una mayor flexibilidad en la asociación de ámbito en la FL es la oración (SFlex).

El paralelismo mencionado con la negación, sumado a la hipótesis de que el foco se codifica sintácticamente como un rasgo, nos conduce de forma natural a la hipótesis de que los operadores de foco seleccionan un constituyente que tenga el rasgo [+foco]. El cotejo necesario de dicho rasgo puede tener lugar de forma abstracta (en la FL), por lo que emergen los efectos de asociación a distancia que hemos examinado. Esta solución parece más satisfactoria que otras, ya consideradas y descartadas cuando hablamos de la negación, como por ejemplo que el operador de foco «descienda» hasta el constituyente con el que se asocie.

11.6.3. *Las perífrasis de relativo*

Hasta ahora hemos visto tres estrategias de focalización: anteposición focal, focalización in situ y asociación con un adverbio (operador) de foco. Las construcciones que estudiamos en este apartado se diferencian de las anteriores en que son formas estrictamente sintácticas de aislar el foco de la oración. Existen varias denominaciones en la bibliografía para referirse a estas construcciones: CONSTRUCCIONES COPULATIVAS DE RELIEVE, ECUATIVAS, PERÍFRASIS DE RELATIVO (el último término, usado en Fernández Ramírez, 1951; Moreno Cabrera, 1983) y, más comunes en la literatura anglosajona (Akmajian, 1970; D'Introno, 1979), CONSTRUCCIONES

ESCINDIDAS O HENDIDAS (ingl. *clefts*) y PSEUDO-ESCINDIDAS O PSEUDO-HENDIDAS (ingl. *pseudo clefts*). Las perífrasis de relativo se caracterizan por constar de tres componentes: una oración de relativo libre (sin antecedente), el verbo copulativo *ser,* y un SX. En función del orden en que se aparecen linealmente estos componentes, podemos hablar de tres tipos de perífrasis (usamos ORL como abreviatura de *oración relativa libre*):

• Hendidas ('ser + SX + ORL'):
(102) a. Es Pepe {quien / el que} rompió el jarrón.
      b. Fue a Juan a quien vimos.

• Pseudo-hendidas ('ORL + *ser* + SX'):
(103) a. {Quien / el que} rompió el jarrón fue Pepe.
      b. A quien vimos fue a Juan.

• Pseudo-hendidas inversas ('SX + *ser* + ORL'):
(104) a. Pepe es el que rompió el jarrón.
      b. A Juan fue a quien vimos.

Es abundante la bibliografía existente sobre estas construcciones y la estructura que les debe corresponder, incluso en las primeras etapas de la historia de la gramática generativa del español (véase D'Introno, 1979). Se ha propuesto anular en español la diferencia entre las hendidas y las pseudo-hendidas, en la medida en que en inglés existe un elemento que caracteriza las primeras, concretamente un pronombre expletivo *it,* ausente en las segundas. Sin embargo, si se acepta que este expletivo tiene como correlato en español un pronombre nulo (§ 6.2), se puede mantener también en nuestra lengua la distinción en sus líneas fundamentales. Si se entiende, en cambio, que los expletivos nulos no existen en español, como propone Picallo (1998), la distinción no podría aplicarse a esta lengua.

Para los fines de este libro, es suficiente con resaltar la siguiente generalización, que convierte a estas construcciones en una forma patente de expresar la partición informativa de la oración: el SX es el foco de la oración, y la oración de relativo libre es la presuposición. Así pues, sea cual sea la variante de la construcción que se elija, el constituyente marcado en cursiva es el foco en estas construcciones:

(105) a. A quien vi ayer es *a Pedro.*
      b. *A Pedro* es a quien vi ayer.
      c. Es *a Pedro* a quien vi ayer.

El foco que estas construcciones identifican sintácticamente suele ser CONTRASTIVO, pero a veces es simplemente INFORMATIVO (recuerde el § 11.2.3). Así, el constituyente *a Pedro* sería foco contrastivo en cualquiera de ellas si esas oraciones se usaran como réplicas a una afirmación previa del tipo de *Creo que viste ayer a Juan.* Es difícil usar las oraciones de (105) en construcciones de foco informativo, pero este tipo de foco puede usarse a comienzo de texto en secuencias relativamente similares. Así, podríamos empezar un discurso con las palabras *Fue a finales del siglo XVIII cuando tuvo lugar en Francia la revolución que tantas consecuencias tendría para la creación de la Europa moderna.* Al hacerlo, no estaríamos usando esas palabras para negar que fuera en otro período cuando tuvo lugar ese fenómeno, ni para oponernos a la afirmación o la creencia de nadie. El foco *a finales del siglo XVIII* es, por tanto, informativo, no contrastivo, en esta construcción. La oración propuesta tiene la estructura de (105c). Las otras dos variantes de las perífrasis de relativo son más raras con esta última interpretación.

Observe ahora que las oraciones de (105) no constituirían una respuesta adecuada en contextos informativos como los determinados por las preguntas siguientes, puesto que no permiten que *Pedro* se interpute como foco en la respuesta:

(106) a. ¿Qué pasa con Pedro?

b. ¿Qué sucedió?

Como en el caso de la anteposición focal, cualquier sintagma puede servir como foco en las construcciones hendidas (en cualquiera de sus variantes):

(107) a. [$_{SAdj}$ Muy inteligente] es lo que es Pedro.

b. [$_{SP}$ En Madrid] es donde vi a María.

c. [$_{SAdv}$ Lentamente] es como hay que bajar los brazos en ese movimiento.

d. [$_{SP}$ Hacia allí] es adonde voy.

e. [$_{SComp}$ Que digas mentiras] es lo que no me gusta.

Naturalmente, debe haber una correspondencia entre la categoría del SX y la del pronombre relativo:

(108) a. *Lentamente es lo que hice.

b. *Inteligente es quien Pedro es.

Al carecer de antecedente las oraciones de relativo libres, requieren que el valor de la variable libre asociada al SQu y a su huella de movimiento se determine contextualmente. Si decimos *El que vino ayer se quedó a comer* entendemos que el valor de la variable *x* en '*x* que vino ayer' es un individuo al que nos referimos en el contexto en cuestión. En cambio, en las relativas libres que aparecen dentro de las perífrasis de relativo es el SX el que determina el valor de la variable libre en cuestión:

(109) a. Pedro es el que vino ayer.

b. El que vino ayer fue el portero.

La selección del verbo copulativo en las perífrasis de relativo no está condicionada por factores aspectuales. No importa, pues, si el predicado con el que se combinan es nivel individual o de estadios. Solo el verbo *ser* puede actuar como enlace en las perífrasis de relativo: {*Es* / *Está*} *Pedro el que vino ayer*. La selección de la cópula no depende en este caso de las propiedades semánticas del SX. Si fuera así no explicaríamos por qué *cansado* no selecciona *estar*: decimos *Cansado es lo que está Pedro* y no *Cansado está lo que está Pedro*. De hecho *cansado* sí selecciona la cópula que aparece dentro de la oración de relativo libre, pero no la que une el adjetivo y la relativa. En suma, la función del verbo copulativo que conecta la oración de relativo y el SX es puramente ECUATIVA o de IGUALACIÓN.

Al representar la relativa libre el contenido oracional presupuesto, la variable asociada al SQu queda libre, y se le asigna un valor mediante la ecuación que establece la identidad con el foco. Se nos presenta pues un paralelismo interesante entre la FL de las estructuras focales que hemos presentado en el apartado anterior y la correspondiente a las perífrasis de relativo. Podemos sugerir que el análisis de estas construcciones se basa en las siguientes hipótesis: (i) El cotejo del rasgo [+foco] tiene lugar en un constituyente de categoría SFoco, en la sintaxis patente o en la abstracta, y (ii) el verbo copulativo es el núcleo del sintagma Tópico. Podemos adaptar, por tanto, la estructura de las construcciones pseudohendidas, hendidas y pseudohendidas inversas a un modelo de Comp escindido como el propuesto por Rizzi (1997b). El resultado vendría a ser el siguiente:

(110) a. $[_{\text{STópico}}$ Es $[_{\text{SFoco}}$ Pedro $[_{\text{STópico}}$ el que vino]]]

 b. $[_{\text{STópico}}$ El que vino $[_{\text{Tópico'}}$ es $[_{\text{SFoco}}$ Pedro $[_{\text{STópico}}$ ...]]]]

 c. $[_{\text{STópico}}$ ... $[_{\text{SFoco}}$ Pedro $[_{\text{STópico}}$ es el que vino]]]

En la jerarquía de Rizzi se proponen dos proyecciones Tópico, para captar precisamente el hecho de que la información presupuesta puede aparecer antes y después del constituyente focalizado. En función de la posición del verbo *ser* (como núcleo del STópico superior o inferior) y de la distribución del material presupuesto, obtendríamos una construcción u otra. En la FL resultarían equivalentes:

(111) Pedro = el x que vino.

Las llamadas CONSTRUCCIONES DE *QUE* GALICADO (como *Por eso fue que lo hizo*) se analizan en Brucart (1994c) como casos de movimiento a SComp de un constituyente focalizado, por tanto no como variantes de las construcciones hendidas que contuvieran un SQu nulo.

11.7. Los actos de habla. Las oraciones interrogativas

11.7.1. *Oración y enunciado. El concepto de acto verbal*

El análisis sintáctico toma normalmente como unidad máxima la oración. Su objetivo es relacionar la forma de las oraciones con su sentido, es decir, proporcionar un análisis de la estructura de las oraciones que sea capaz de explicar su significado a partir del contenido de las piezas léxicas y del que aportan las relaciones gramaticales. Acabamos de comprobar que la estructura informativa tiene efectos muy claros en la estructura sintáctica, por lo que resulta razonable, en principio, proponer rasgos de naturaleza informativa (como [+foco], [+tópico]) que actúan como «motores» de la derivación sintáctica. Como hemos visto, estos rasgos no son propiedades de las piezas léxicas, sino de las estructuras. Se realizan, por tanto, en determinadas posiciones y suelen tener un correlato en el acento y en la entonación.

En este apartado vamos a examinar una nueva dimensión del significado que incide en las propiedades gramaticales de numerosas construcciones. Hay oraciones, o incluso fragmentos oracionales, que cobran significado pleno no solo en función del contenido léxico de sus componentes o del contexto discursivo en que se insertan, sino de las circunstancias en las que se profieren o se emiten. La oración imperativa *¡Vete de clase!* adquiere su significado pleno cuando es proferida, es decir, cuando el hablante (pongamos por caso, un profesor) realiza con ella un ACTO DE HABLA mediante el cual requiere del oyente (el infortunado alumno que ha suscitado su ira) una determinada acción. Podemos distinguir entonces entre la oración, que posee un contenido proposicional determinado, y el ENUNCIADO O PROFERENCIA de dicha oración. El significado de oraciones como *El aula tiene cuatro paredes* o *La sal es blanca* puede aprehenderse sin necesidad de considerar las circunstancias en que esas oraciones se emitirían, incluso aunque no se profieran. El que resulten adecuadas o no estará tal vez en función de que la sal sea efectivamente blanca o el aula tenga cuatro paredes. A la vez, esas oraciones pueden servir a un gran número de propósitos que resulta muy difícil restringir en términos gramaticales. Por el contrario, el significado de *Vete de clase* o *Pásame la sal* está ligado indisolublemente a su uso en el discurso. El acto verbal que corresponde a los imperativos es casi siempre una orden, pero en ciertos casos es un ruego *(Hazme caso)*, un deseo *(Diviértete)*, una recomendación *(Ten paciencia)* o una imprecación *(Muérete)*, entre otras posibilidades análogas. Como demostró Austin (1964), el que usa esas oraciones no presenta estados de cosas ni describe situaciones, sino que exige, pide, sugiere o solicita con diversos grados de intensidad, interés o vehemencia que se lleve a cabo alguna acción.

Podemos distinguir, siguiendo a Austin, el contenido locutivo de un enunciado de su FUERZA ELOCUTIVA O ILOCUTIVA. Esta última nos dice lo que un hablante «hace» cuando profiere una determinada oración. En este sentido cabría también identificar el contenido PERLOCUTIVO de un enunciado como el efecto que produce en el oyente. En el caso que nos ocupa, el oyente se ve emplazado a que su acción se ajuste a lo requerido por el hablante, si desea atender a su mandato. Las condiciones de adecuación o propiedad de las oraciones no declarativas y de algunas declarativas son a menudo muy complejas, y pueden depender no solo de que sean proferidas, sino también de la persona que lleva a cabo la proferencia, el lugar en que lo hace, su situación, rango o estatus social, etc. Austin (1964) denominaba a estas expresiones ENUNCIADOS REALIZATIVOS (ingl. *performatives*), y analizaba, entre otros muchos casos, secuencias como *Yo te bautizo*.

Para que la emisión de un enunciado realizativo resulte adecuada en un determinado contexto, es decir, para que se lleve a cabo con ciertas palabras la acción de bautizar, la de prometer, la de acusar, o cualquier otra similar, se han de satisfacer tres clases de condiciones que se aplican de manera general a todos los actos verbales: unas son de carácter SOCIAL (A); otras son de naturaleza LÉXICA (B) y otras, finalmente, son de tipo GRAMATICAL (C).

Consideremos las condiciones del tipo A. Para que las palabras *Yo te bautizo* logren el efecto que persiguen, ha de emitirlas un sacerdote; al tiempo que las emite, debe llevar a cabo la acción de rociar con agua la cabeza del individuo al que se dirige; la emisión de esas palabras ha de tener lugar en el marco de una ceremonia, normalmente en una iglesia, etc. Así pues, el uso de la secuencia *Yo te bautizo* constituye en sí misma un ACTO VERBAL cuyo efecto es bautizar. Este acto será efectivo si se dan las condiciones y las circunstancias descritas, entre otras similares. De forma análoga, con las palabras *Te prometo que...* se realiza una promesa, si el que las emite está en disposición de hacerlo; con *Te perdono,* se lleva a cabo la acción de perdonar, con *Os declaro marido y mujer* se logra que dos personas contraigan un vínculo institucional llamado *matrimonio,* y con *Queda usted absuelto,* emitidas por un juez, se consigue que alguien cambie su estatus de encausado por el persona libre. Estas fórmulas y otras muchas análogas han de emitirse, como se ha explicado, en las circunstancias adecuadas por las personas que pueden hacerlo. Algunas de esas condiciones particulares están vinculadas con fórmulas de tipo religioso, legal, institucional o simplemente tradicional. Otras veces, las condiciones de la situación y de los interlocutores son más propiamente lingüísticas, como ocurre con las necesarias para hacer una promesa, formular un ruego o manifestar agradecimiento o reconocimiento por algo. Aun así, estas acciones verbales se caracterizan por afectar también a algún aspecto de la relación interpersonal que se establece entre dos o más individuos.

Las condiciones del tipo B son léxicas. Se elige el verbo *prometer* para realizar la acción de prometer y se escoge *perdonar (Te perdono)* para llevar a cabo la de perdonar, pero no se elige el verbo *insultar* para insultar, ni se escoge *exclamar* para exclamar. Los verbos realizativos pueden clasificarse en varios grupos en función de la naturaleza semántica del acto verbal que puede llevarse a cabo con cada uno (Searle 1969). Muchos actos verbales que se llevan a cabo usando los verbos realizativos apropiados (como en *Te lo agradezco; Te pido perdón; Me despido, Acepto*) se obtienen igualmente a menudo a través de expresiones exclamativas o interjectivas (*¡Gracias!, ¡Perdón!, ¡Adiós!, ¡De acuerdo!,* respectivamente).

Las condiciones del tipo C son gramaticales. Observe que el que usa en las circunstancias apropiadas la expresión *Yo te bautizo* (en presente de indicativo) lleva a cabo la acción de bautizar, pero el que emite la expresión *Yo te bauticé* (en pretérito) realiza una aserción. El primer enunciado no puede ser cierto ni falso, frente al segundo. De hecho, los enunciados realizativos carecen de valor veritativo: no son ciertos ni falsos, sino apropiados o inapropiados, o en general efectivos o inefectivos. Podemos replicar con *Eso es mentira* a una afirmación como *Juan estaba borracho,* pero no a una pregunta como *¿Qué día es hoy?,* ya que la propiedad de ser cierto o falso se limita al contenido de las proposiciones. El presente de indicativo es una propiedad sintáctica que caracteriza un gran número de enunciados realizativos. También lo es la primera persona del singular en el sujeto de muchos verbos que permiten construirlos (observe que la secuencia *Me lo prometes* constituye una afirmación, no una promesa, frente a *Te lo prometo*), aunque no de todos ellos (*Queda usted despedido; Estás perdonado,* etcétera).

Existen otras condiciones gramaticales que permiten obtener la fuerza elocutiva característica de los enunciados realizativos, entre ellas la ausencia de negación (el que dice *No te lo prometo* no promete), la de ciertas perífrasis verbales (el que dice *Te lo puedo prometer* tampoco promete) y otras características morfológicas y sintácticas que no será posible analizar aquí. Baste con resaltar, por tanto, que –como hemos visto esquemáticamente– para obtener actos verbales es necesaria la concurrencia de requisitos de naturaleza

A) SOCIAL: condiciones relativas a la situación del hablante o de sus interlocutores, y a otras circunstancias, institucionalizadas o no, de las relaciones interpersonales.

B) LÉXICA: presencia de cierto tipo de predicados, muy a menudo verbales, pero
también de expresiones interjectivas o asimiladas a ellas.

C) GRAMATICAL: rasgos de tiempo, persona, etcétera.

Los especialistas en Filosofía del Lenguaje y en Pragmática destacan sobre
todo la pertinencia de las condiciones de los dos primeros grupos. No es de extrañar que los gramáticos presten, en cambio, más atención a las del tercero.

Al estudiar las propiedades informativas de la oración hemos mostrado la forma
en que aparecen codificadas en construcciones y mecanismos gramaticales específicos, por lo que parece razonable preguntarse qué configuración sintáctica corresponde a la estructura informativa de la oración. Como hemos visto, es razonable suponer que ciertas propiedades (foco o tópico, por ejemplo) se analizan como rasgos
que deben cotejarse en la sintaxis y se han de interpretar como instrucciones informativas. De forma similar, puede proponerse una teoría gramatical de la fuerza ilocutiva según la cual estas informaciones se codifican gramaticalmente como rasgos.
Dichos rasgos deberán cotejarse a lo largo de la derivación sintáctica y tendrán propiedades idiosincrásicas, con lo que predecimos que ciertas construcciones resultarán gramaticales o darán lugar a derivaciones inviables.

En la tradición gramatical se distinguían fundamentalmente cuatro MODALIDADES
ENUNCIATIVAS. Se trata de las modalidades ASEVERATIVA (llamada también *asertiva* y
declarativa, entre otras denominaciones), INTERROGATIVA, IMPERATIVA y EXCLAMATI-
VA. Los actos verbales que corresponden a estas cuatro modalidades se obtienen a
partir de esquemas sintácticos caracterizados por su estructura interna, en particular
por cierto ordenamiento particular de sus constituyentes, y también por rasgos su-
prasegmentales relativos al acento y la entonación. Los actos verbales que se obtienen mediante los recursos léxicos y sintácticos esbozados en los párrafos anteriores
constituyen igualmente enunciados realizativos. Sin embargo, a esas otras expresiones no corresponden generalmente estructuras sintácticas articuladas como las que
caracterizan estas cuatro modalidades. En algunos casos, un determinado acto verbal puede llevarse a cabo mediante un verbo realizativo, como *ordenar* en *Te orde-
no que vengas,* o a través de una de estas cuatro modalidades, como en la oración
imperativa *¡Ven!*

Normalmente los actos de habla se corresponden con una forma oracional prototípica o canónica. Así, aseveramos usando oraciones declarativas, hacemos preguntas
usando oraciones interrogativas, ordenamos algo mediante imperativos, y expresamos
sentimientos de sorpresa, irritación, etc. usando oraciones exclamativas. Muchos autores han observado, sin embargo, que estas correspondencias entre ACTO DE HABLA
y MODALIDAD ORACIONAL PROTOTÍPICA no son exactas. Como hemos visto, con una
oración imperativa se puede suplicar, animar o sugerir, no solo ordenar. De forma
análoga, con un enunciado declarativo se puede también ordenar *(Mañana lo llamas
y te disculpas; Está usted despedido; Puede usted pasar).* Con uno interrogativo se
puede afirmar o negar veladamente *(¿Acaso tengo yo la culpa?; ¿Quién sino él con-
serje tenía copia de todas las llaves?),* además de requerir una acción con muy diversos grados de insistencia o de cortesía *(¿Le importaría sentarse?; ¿Quieres ca-
llarte de una vez?).* Para dar cabida a asimetrías como estas, Searle (1975) distinguía
entre actos de habla DIRECTOS e INDIRECTOS, de forma que estos últimos se llevan a
cabo a través de una modalidad oracional no prototípica. Los actos de habla indirectos suelen estar sujetos a un cálculo por parte del interlocutor (como cuando se usa

la oración declarativa *Hace frío* para llevar a cabo la petición de cerrar la ventana) y ocupan un lugar central en los estudios de pragmática.

Los actos de habla se realizan otras veces con unidades no oracionales. Así, con las interjecciones y otras expresiones lexicalizadas asimiladas a ellas es posible manifestar muy diversos sentimientos *(¡Caramba!, ¡Lástima!, ¡Vaya!),* pero también formular solicitudes, expresar deseos y realizar otros actos verbales más complejos que afectan a algún destinatario *(¡Adelante!, ¡Silencio!, ¡Ánimo!, ¡Perdón!).* Estas modalidades no oracionales se extienden a unidades no lexicalizadas. Así, puede usarse el SN *¡Más vino!* o el SAdv. *¡No tan deprisa!* para ordenar o solicitar algo. El resultado no es, en ninguno de los dos casos, una oración imperativa, pero sí un acto verbal.

Es razonable pensar que los predicados que poseen valor ilocutivo se legitiman en la proyección SFuerza que aparece en (81). Estos rasgos se asocian con la oración matriz, por lo que no aparecen en oraciones subordinadas: el que dice *Juan cree que te prometo muchas cosas* no promete, sino que introduce la creencia de alguien acerca de cierta situación. Las oraciones de relativo constituyen, sin embargo, una excepción, puesto que no anulan los rasgos elocutivos del predicado, como en *El error que te juro que no voy a cometer nunca más.*

En los apartados que siguen nos centraremos en la caracterización sintáctica de las modalidades enunciativas atendiendo fundamentalmente a su estructura interna, casi siempre oracional. Aun así, haremos diversas consideraciones sobre los significados que corresponden a esas construcciones.

11.7.2. *Las oraciones interrogativas*

Las oraciones interrogativas han servido como piedra de toque y fuente esencial de datos empíricos para dilucidar cuestiones esenciales que afectan a varios aspectos de la gramática, entre los que están la estructura del SComp (cap. 4), el movimiento A' (capítulo 7) y el movimiento de cuantificadores en la FL (capítulo 8). Le recomendamos que repase especialmente el § 4.4 antes de seguir leyendo esta sección, en la que vamos a analizar la contribución que hacen las construcciones interrogativas a la estructura informativa de la oración. Resumamos aquí algunas de las conclusiones a las que hemos llegado sobre las estructuras interrogativas parciales (o interrogativas *qu-*) hasta el momento:

- Se caracterizan por la presencia del rasgo [+qu];
- El rasgo [+qu] se asocia con el rasgo de fuerza ilocutiva interrogativa (llamémoslo [+int]), que permite que una determinada secuencia se interprete como una pregunta;
- El rasgo [+qu] se manifiesta morfológicamente en las palabras *qu-: qué, quién, cuál, cuándo,* etcétera;
- En español [+qu] es un rasgo fuerte y activa el movimiento del SQu que lo contiene a SComp. Puede también cotejarse de forma abstracta (en la FL), por ejemplo cuando los requisitos impuestos sobre el SComp impiden el desplazamiento patente de más de un SQu.

Hemos argumentado que el SQu se asocia también con el foco de una pregunta y que, por tanto, la palabra *qu-* codifica dos rasgos: [+foco] y [+*qu*[int]], que deben cotejarse en la esfera del SComp. En los apartados anteriores hemos comprobado, asimismo, que las preguntas están entre las construcciones sintácticas que permiten crear actos verbales. Podemos suponer, en la línea de Rizzi (1997b), que la fuerza ilocutiva no es solo una propiedad abstracta de las oraciones, sino un rasgo que puede localizarse en el nodo más alto de la construcción, que puede llamarse Sintagma Fuerza (SFuerza), como veíamos en (81) En el marco de la teoría del Comp escindido (§ 11.5) este requisito conduce a un desplazamiento doble en SComp: primero a SFoco y luego a SFuerza:

(111) $[_{\text{SFuerza}[+\text{qu[int]}]}$ SQu$_i$ $[_{\text{STópico}}$ $[_{\text{SFoco}}$ h$_i$ $[_{\text{STópico}}$ h$_i]]]]$

Este tipo de propuesta es compatible con lo que hemos establecido en capítulos anteriores. La primera pregunta que debemos responder es cuál es el contenido del rasgo [+*qu*[int]]. En otras palabras, por qué debe cotejarse un rasgo de fuerza ilocutiva interrogativa. Sabemos que el contenido ilocutivo de una oración interrogativa es una pregunta, un cierto tipo de acto verbal. Cuando un hablante profiere una oración interrogativa, normalmente está recabando cierta información que no posee, es decir, está identificando como foco de su pregunta el contenido informativo que el oyente debe proporcionar. Por esta razón, en la tradición de la semántica formal se identifica habitualmente el significado de una pregunta con sus respuestas posibles (Hamblin 1973) o verdaderas (Karttunen 1977). Recordemos (§ 8.6) que se distinguen tradicionalmente dos tipos de preguntas en función de la naturaleza de sus respuestas:

A) INTERROGATIVAS TOTALES. Se dividen en dos subtipos. El primero corresponde a las INTERROGATIVAS DE SÍ O NO (ingl. *yes / no questions*), que preguntan por el valor de verdad de una proposición, como en (112):

(112) a. ¿Anunció el profesor el examen?
      b. ¿Vino Pepe con Juan?

Estas oraciones tendrían como respuestas verdaderas posibles respectivas los conjuntos de proposiciones {el profesor anunció el examen, el profesor no anunció el examen} y {Pepe vino con Juan, Pepe no vino con Juan}. Desde este punto de vista, las respuestas *sí* y *no* seleccionan una de las proposiciones de esos conjuntos, con lo que se resuelve la pregunta. El segundo subtipo es el constituido por las PREGUNTAS ALTERNATIVAS, llamadas también DISYUNTIVAS, como las de (113):

(113) a. ¿Llegarás el jueves o el viernes?
      b. ¿Prefieres un café o un té?

Estas preguntas no se contestan con un sí o un no, sino proporcionando uno de los elementos que une la conjunción *o*. A pesar de que esta partícula vincula aparentemente segmentos no oracionales, en realidad nos fuerza a elegir entre dos proposiciones: *Llegarás el jueves* y *Llegarás el viernes* en el primer caso, y *Prefieres un café* y *Prefieres un té* en el segundo.

B) INTERROGATIVAS PARCIALES O INTERROGATIVAS *QU*- (ingl. *wh-questions*). Interrogan sobre uno de los constituyentes de la oración. Las respuestas a las preguntas de (114)

(114) a. ¿Qué has dicho?
     b. ¿Con quién llegaste?

pueden identificar el foco de la pregunta (RESPUESTA DE CONSTITUYENTE), como en (115), o bien presentarse como RESPUESTAS ORACIONALES, que incluyen también el esqueleto presuposicional que rodea al foco, como en (116):

(115) a. Adiós.
     b. Con Pepito.

(116) a. He dicho adiós.
     b. Llegué con Pepito.

Semánticamente, ambos tipos de respuestas despejan la incógnita (o, dicho más técnicamente, «resuelven» la pregunta en cuestión), ya que se asocian con la misma proposición en el conjunto de respuestas posibles. En el caso de (114b), tanto (115b) como (116b) seleccionan la proposición 'Llegué con Pepito' del conjunto {'Llegué con Pepito', 'Llegué con Juan', 'Llegué con Marta', etc.}, y resuelven así la incógnita representada en la pregunta.

Las preguntas de sí o no se marcan gramaticalmente mediante procedimientos entonativos, como el tono que se mantiene o asciende después del acento nuclear neutro, y también con recursos gramaticales. El más significativo de estos últimos es la inversión del sujeto con respecto al verbo, como recordará usted del § 7.2.3. El ejemplo (117a) constituye una oración declarativa; (117b) es una oración interrogativa marcada mediante procedimientos prosódicos (entonación final ascendente); y (117c) se distingue además por la inversión del sujeto con respecto al verbo.

(117) a. Pepe vino ayer.
     b. ¿Pepe vino ayer?
     c. ¿Vino Pepe ayer?

Las preguntas de constituyente se caracterizan prosódicamente por tener entonación final descendente. Atendiendo a la propiedad de la inversión, se dividen en dos grupos: aquellas en que el SQu extraído es un argumento del verbo dan lugar a la inversión obligatoria entre sujeto y verbo (excepto en ciertas variedades dialectales del español del Caribe):

(118) a. ¿Qué dijo Pepe?
     b. *¿Qué Pepe dijo?

(119) a. ¿A quién viste tú?
     b. *¿A quién tú viste?

Forman el segundo grupo aquellas en las que el SQu extraído no es un argumento. La inversión es también general (*¿Cuándo María llamó?, *¿Dónde Pedro trabaja ahora?, *¿Por qué el tren se retrasa?), pero se ha observado que no es siempre obligatoria. El par siguiente está tomado de Torrego (1984):

(120) a. ¿En qué medida la constitución ha contribuido a eso?

b. ¿En qué medida ha contribuido a eso la constitución?

Recuerde que en el § 7.2.3 hicimos varias consideraciones sobre la interpretación que corresponde a este tipo de oraciones.

11.7.3. *Las interrogativas indirectas*

11.7.3.1. Aspectos semánticos

Las oraciones interrogativas se identifican a menudo equívocamente con las preguntas, y lo cierto es que el término tradicional INTERROGATIVA INDIRECTA, que equivale a *interrogativa subordinada,* no ayuda precisamente a deshacer el equívoco. Consideremos la oración (121):

(121) La posible devaluación de la moneda dependerá en gran parte de [quién sea el nuevo presidente].

Observe que en (121) no se pregunta nada. En esta oración se dice que un posible evento está en función de un determinado estado de cosas, más exactamente de una opción o una elección. Tradicionalmente se llaman *interrogativas indirectas* las oraciones como la encerrada entre corchetes en (121). De hecho, esa oración es una *interrogativa indirecta parcial.* Son muchas las interrogativas indirectas que no reproducen ninguna pregunta, pero en todas ellas se pone de manifiesto que se ha de identificar el valor de una variable. En (121) se trata del valor de x en 'para qué x (x = una persona)'. Si dijéramos *No sé si tengo que ir al médico,* que contiene una *interrogativa indirecta total,* el valor de la variable sería una de las dos opciones que la disyunción introduce. Como vemos, no siempre se pregunta algo en estas oraciones, pero siempre se establece una elección. Así pues, la diferencia entre las interrogativas directas y las indirectas es mayor de lo que a primera vista pudiera parecer. Conviene tener presente, por tanto, la siguiente distinción:

• Las oraciones INTERROGATIVAS DIRECTAS, INDEPENDIENTES, MATRICES O RADICALES (ingl. *matrix / root questions*) no están subordinadas y tienen fuerza elocutiva, por lo que constituyen preguntas. No todas ellas solicitan información en el sentido estricto del término, pero todas ellas constituyen enunciados realizativos, en el sentido que hemos dado a este término.

• Las oraciones INTERROGATIVAS INDIRECTAS O SUBORDINADAS, dependen de un predicado (verbal, adjetival o nominal) que las selecciona, y no tienen fuerza elocutiva, puesto que esta es una propiedad de las oraciones independientes (recuerde que SFuerza es el nudo más alto de una configuración). Las interrogativas indirectas que complementan a verbos como *preguntarse* o *inquirir* reproducen preguntas *(María se pregunta qué edad tienes),* pero otras muchas no las reproducen, sino que introducen contextos proposicionales en los que se ha de elegir el valor que corresponde a una variable, como hemos visto. En nuestro ejemplo (121), el predicado que seleccionaba semánticamente (selección-s, recuerde el § 5.1.2) la interrogativa indirecta era un verbo de dependencia. También son predicados de dependencia la locución *estar en función de* y la preposición *según (Según dónde vivas)*. Observe que, por el contrario, no admiten interrogativas indirectas los verbos *creer* o *afirmar*, entre otros muchos:

(122) a. *María cree qué edad tienes.

     b. *Yo no afirmo quién es el culpable.

Estas oraciones no se pueden interpretar porque falla en ellas la selección semántica: los verbos *creer* y *afirmar* no son compatibles con el concepto abstracto que la interrogativa indirecta expresa, es decir, la situación abierta o de elección entre opciones que corresponde a la saturación de una variable. Estas situaciones abiertas se dan, por el contrario, con los predicados de dependencia, como hemos visto, y también con los de percepción *(No pude ver <u>dónde</u> se escondía)*, lengua *(Cuando confiese <u>cómo</u> la mató)*, duda *(Ignoro a <u>qué</u> hora llega)*, descubrimiento *(Averigüen ustedes <u>dónde</u> vive)*, y otras manifestaciones de las formas en que la información se obtiene, se pierde, se transmite, se mantiene o se deja en suspenso. Encontrará más detalles sobre estos grupos semánticos en Suñer (1999).

La diferencia que hemos introducido entre las interrogativas indirectas que reproducen las directas y las que no las reproducen tiene un importante correlato sintáctico: la presencia o ausencia del complementante *que* (Rivero 1978, 1980a, Plann 1982). Las interrogativas indirectas que aparecen como complementos de los verbos *preguntar, murmurar, pensar* y *repetir* pueden ir precedidas de *que*. En cambio, *saber, enterarse* y *adivinar* y otros muchos no admiten la presencia de *que* precediendo a este tipo de oraciones:

(123) a. Te preguntan que para qué quieres el préstamo.

     b. Murmuró que con quién podía ir.

     c. Pensó que a santó de qué le venían ahora con esas monsergas.

     d. Me repetía una y otra vez que qué aspiradora quería comprar.

(124) a. *El detective sabe que quién la mató.

     b. *Elena se enteró de que por qué no la habían invitado a la fiesta.

     c. *Jaime adivinó que cuál era la respuesta correcta.

Bello (1847), en la tradición gramatical española, y Plann (1982), en el marco generativista, observaron que la presencia de *que* es, en estos casos, una manifestación de que la interrogativa indirecta tiene como correlato una interrogativa directa. Así pues, podemos sustituir las oraciones de (123) por paráfrasis equivalentes trasladadas al discurso directo, en las que la oración interrogativa se reproduce como una interrogativa directa tras los dos puntos que las suelen introducir. Esta sustitución no puede llevarse a cabo con las oraciones de (124).

(125) a. Te preguntan: ¿Para qué quieres el préstamo?

     b. Murmuró: ¿Con quién podía ir?

     c. Pensó: ¿A santo de qué me vienen ahora con esas monsergas?

     d. Repetía una y otra vez: ¿Qué aspiradora quiere comprar?

(126) a. *El detective sabe: ¿Quién la mató?

     b. *Elena se enteró: ¿Por qué no la habían invitado a la fiesta?

     c. *Jaime adivinó: ¿Cuál era la respuesta correcta?

Suñer (1991b, 1993) vincula la correlación que notaron Bello y Plann con una propiedad semántica de los predicados selectores. Ciertos predicados como *preguntarse* seleccionan-s PREGUNTAS mientras que los predicados como *saber* seleccionan-s lo que Suñer llama SEMIPREGUNTAS. El contenido semántico de una oración declarativa es una proposición (algo que es verdadero o falso en una determinada situación o en un mundo posible). En cambio, las oraciones interrogativas no denotan proposiciones, sino el conjunto de sus respuestas posibles o verdaderas, por lo que una pregunta se interpreta como un conjunto de proposiciones (cfr. Groenendijk y Stokhof 1982). Los verbos de la clase a la que pertenece *preguntarse* seleccionan-s un conjunto de proposiciones (las respuestas posibles o verdaderas) y los de la clase de *saber* seleccionan-s una proposición. Por tanto, podríamos distinguir entre dos tipos de interrogativas indirectas (Suñer 1991b, 1993, 1999). Las PREGUNTAS INDIRECTAS VERDADERAS O GENUINAS solicitan la satisfacción de una incógnita, mientras que las SEMIPREGUNTAS O PREGUNTAS INDIRECTAS IMPROPIAS expresan una proposición o, dicho de otro modo, pese a tener la apariencia de preguntas, introducen respuestas. Observe que estas respuestas son exactamente los valores que corresponden a las variables que debían ser saturadas. En *María sabe quién viene,* la interrogativa indirecta nos dice precisamente que María sabe la respuesta a la pregunta *¿Quién viene?,* es decir, el valor correspondiente a la variable en la proposición '*x* viene'. Hay más evidencia empírica que nos permite distinguir entre preguntas verdaderas y semipreguntas. Ross (1971) observó que solo las preguntas indirectas genuinas pueden combinarse con una aposición disyuntiva, la cual indica precisamente el rango del conjunto de proposiciones de que consta la pregunta. Por el contrario, las preguntas indirectas genuinas no toleran aposiciones conjuntivas, mientras que las impropias sí lo hacen:

(127) a. Pepe preguntó que quién, o sea Luis o Alfonso, fue elegido
　　　 b. *Pepe sabe quién, o sea Luis o Alfonso, fue elegido

Aun así, ciertos autores (Lahiri 1991, 2002, Rivero 1994b) sostienen que esta generalización funciona en el caso de los verbos de comunicación, pero no tan claramente en el de los verbos que denotan análisis o descubrimiento *(investigar, estudiar, explorar, inspeccionar).* Estos últimos no admiten *que* como subordinante y tampoco discurso directo:

(128) a. Investigó quién robó los cuadros.
　　　 b. *Investigó: ¿Quién robó los cuadros?
　　　 c. *Investigó que quién robó los cuadros.

Estas características indicarían que estos verbos seleccionan-s semipreguntas, lo que no es enteramente obio. En efecto, *investigar,* como *preguntar,* parece seleccionar-s un conjunto de respuestas verdaderas. Es decir, cuando se investiga, como cuando se pregunta, no se conoce o se presupone una única respuesta sino que se persigue la satisfacción de una incógnita.

11.7.3.2. Aspectos formales

Desde el punto de vista formal, el problema fundamental que plantean las interrogativas indirectas introducidas por un complementante es el de su acomodo en la estructura general del SComp. Dentro del modelo generalizado de las categorías funcionales de la segunda mitad de la década de los ochenta (Chomsky 1986b, Fukui 1986[1995], Fukui y Speas 1986), las partículas subordinantes (*que* en nuestro caso) se tratan como complementantes que encabezan SComp. Como en las interrogativas indirectas subordinadas por *que* el complementante precede al SQu, este no puede analizarse como especificador de aquel. Además, si postulásemos que ambos pertenecen al mismo constituyente se violaría el filtro del SComp doblemente lleno (§ 4.4.2). Por estas dos razones, el análisis de la secuencia «*que* + SQu» en la forma presentada en (129) no parece adecuado:

(129) $[_{SComp} [[_{Comp}$ que$]$ quién$] [_{SFlex} ...]]]$

Resultan también rechazables alternativas en las que la palabra *qu-* ocupe el especificador de SFlex o una posición adjunta a SFlex.

(130) a. $[_{SComp} [_{Comp}$ que$] [_{SFlex}$ quién $[_{Flex'} ...]]]$
    b. $[_{SComp} [_{Comp}$ que$] [_{SFlex}$ quién $[_{SFlex} ...]]]$

En (130a), dicha posición es el lugar en que se coteja el rasgo de caso nominativo, pero no existe tal restricción en el tipo de SQu que puede seguir a *que* en las interrogativas indirectas, ya que, no solo los SQu sujeto siguen a *que*. Bajo la segunda alternativa, (130b), nos encontraríamos con el problema de predecir las diferencias en la selección de complementos verbales a partir de rasgos como [+*qu*[int]], ya que este rasgo no llegaría a cotejarse en SComp. Suñer (1991b) propone como solución una estructura recursiva del SComp en la que un SComp encabezado por *que* selecciona otro SComp en el que aparece el SQu como especificador:

(131) V $[_{SComp} [$ que $[_{SComp}$ quién $[...]]]]$

Observe que este análisis refleja adecuadamente la intuición de que la conjunción subordinante *que* es una marca del discurso directo, puesto que todo el constituyente que toma como complemento representa esa información. Dentro de las versiones más recientes de la teoría, en las que, como hemos explicado, se escinde el SComp en sus microcomponentes categoriales, puede sostenerse que *que* y *quién* ocupan capas diferentes del mismo SComp. Por ejemplo, puede suponerse que *que* es el núcleo de SFuerza [int] y *quién* el núcleo de SFoco. Esto no significa exactamente que las interrogativas indirectas introducidas por *que* tengan fuerza elocutiva, pero permite expresar la idea de que el subordinante *que* traduce al discurso directo el contenido de un acto verbal. Las semipreguntas indirectas no cotejarían el rasgo [int] en Fuerza, al no tratarse de interrogativas propiamente dichas:

(132) a. Interrogativas indirectas genuinas: V $[_{SFuerza[+int]}$ que ... $[_{SFoco}$ quién ... $[ ]]]$
    b. Semipreguntas: V $[_{SFuerza[-int]} ... [_{SFoco}$ quién ... $[ ]]]$

No debe ocultarse que un problema de esta hipótesis es que nos llevaría a mantener que *que* coteja [-*qu*[-int]] en los complementos declarativos y [+int] en las interrogativas indirectas genuinas, algo probablemente no deseable. Podría suponerse asimismo, tal vez de manera más simple, que *que* coteja un rasgo de selección categorial que muestre la presencia de un discurso directo, lo cual unificaría ambos casos.

11.7.4. *Otras clases de oraciones interrogativas*

Además de las preguntas canónicas que hemos descrito, que tienen como función pragmática la solicitud de información, existen otras clases de preguntas. Cada una posee propiedades gramaticales específicas, entre ellas ciertos patrones entonativos en los que no podemos entrar aquí. En Escandell (1999) y en la bibliografía allí citada encontrará usted más información sobre esos tipos de preguntas. A continuación resumimos esquemáticamente las características de las fundamentales:

A) INTERROGATIVAS CONFIRMATORIAS (ingl. *tag questions*). Se formulan para confirmar una información proporcionada por el interlocutor anteriormente, o bien disponible en el trasfondo discursivo. Existen varios tipos de interrogativas confirmatorias: unas se caracterizan por la presencia de una partícula o una expresión confirmatoria (*¿verdad?, ¿cierto?, ¿no es cierto?, ¿no?,* etc.) en posición final de la oración y separada por pausa. Dicha partícula confiere a la oración su carácter interrogativo, ya que esta se articula como una oración declarativa. Tenemos, por tanto, ausencia de inversión y de palabras *qu-*:

(133) Me comprarás el libro, ¿verdad?

Un segundo tipo de interrogativas confirmatorias se caracteriza porque la partícula confirmatoria *(de veras, es verdad)* se comporta como predicado al que se subordina la proposición que expresa la pregunta:

(134) a. ¿De veras que no le dijiste nada?
     b. ¿Es verdad que le han robado a María el bolso?

En un tercer tipo de interrogativas confirmatorias el que habla propone un ejemplo (real unas veces e irónico, burlesco o deliberadamente exagerado otras) de la noción designada por la palabra *qu-,* como en estos ejemplos:

(135) a. ¿Qué tomas, vino?
     b. ¿Dónde vas, a un baile de disfraces?
     c. ¿Qué quieres, que me lo lleve a mi casa?
     d. ¿Cómo vamos a salir, volando?

B) INTERROGATIVAS RETÓRICAS. Son oraciones con forma interrogativa pero sin la fuerza ilocutiva de una pregunta. Se usan para poner de manifiesto una presuposición negativa, como en (136a), o afirmativa, como en (136b), por tanto de polaridad contraria a la que la interrogación manifiesta:

(136) a. ¿Acaso te he dicho que llegaras tarde?
     b. ¿No te he repetido mil veces que no despiertes a la niña?

Así, (136a) puede usarse retóricamente para hacer ver a nuestro interlocutor que no le dijimos que llegara tarde, y (136b) para recordarle que le hemos insistido en que no despierte a la niña. Por tanto, al proferir esas oraciones no estamos recabando información sobre algún estado de cosas, que de hecho ya presuponemos, sino poniendo de manifiesto la inadecuación de la acción de nuestro interlocutor. En este tipo de interrogativas pueden aparecer términos de polaridad negativa:

(137) a. ¿(Acaso) has estado tú nunca en Moscú?
   b. Pero ¿quién ha dicho nada de vender ahora la casa?
   c. ¿Quién de ellos tiene un pelo de tonto?

Observe que estas oraciones están bien formadas, pese a la ausencia de un elemento negativo que sirva de legitimador de los términos *nunca, nada de interés* o *tener un pelo de tonto*. En realidad, el elemento que legitima estos términos es la interpretación retórica de esas oraciones. De forma similar a como sucede en el análisis de otros inductores negativos (§ 10.3.5), también en este caso se han propuesto varias explicaciones de la capacidad que estas unidades poseen para inducir términos de polaridad negativa, unas de naturaleza semántica y otras articuladas sintácticamente. Un ejemplo de las primeras lo representa Ladusaw (1979), que formuló una explicación de este fenómeno basada precisamente en que las preguntas retóricas están asociadas con una presuposición negativa. Las oraciones de (137) implican respectivamente las de (138):

(138) a. Tú no has estado nunca en Moscú.
   b. Nadie ha dicho nada de vender ahora la casa.
   c. Ninguno de ellos tiene un pelo de tonto.

En estas oraciones implicadas aparece un elemento legitimador de términos de polaridad negativa (el adverbio *no* o los cuantificadores negativos). Estos elementos legitimarían indirectamente la aparición de dichos términos en (137). Una explicación sintáctica, que no se basa en la forma del contenido presupuesto, es la de Progovac (1992, 1994). Esta autora propone que las interrogativas retóricas poseen un rasgo negativo en el SComp, que se manifiesta en la legitimación abstracta de los términos en cuestión:

(139) $[_{\text{SComp[+neg]}} \; [^{\cdots} \; _{\text{TPN[+neg]}} \; \cdots]]$

C) INTERROGATIVAS DE ECO (ingl. *echo questions*). Estas oraciones repiten una parte del contenido proposicional que constituye el trasfondo discursivo, generalmente cierto segmento proferido en el contexto inmediatamente anterior. Se usan precisamente porque el hablante no ha entendido o no le queda clara esa información, pero también porque duda de ella o le parece inadecuada en extremo. En estas oraciones no hay inversión sujeto-verbo y el elemento SQu permanece normalmente *in situ:*

(140) a. ¿Has leído qué?
   b. ¿Juanita salió con quién?
   c. ¿Te vas de vacaciones dónde?

A menudo van introducidas por el complementante *que:*

(141) a. ¿Que María dijo qué?
     b. ¿Que si te voy a visitar?

D) INTERROGATIVAS DE REACCIÓN ADVERSA. Se interpretan a veces como variantes de las interrogativas de eco. Se repite en ellas la oración que el interlocutor acaba de emitir encabezándola por la conjunción *que (¿Que no quieres ir al colegio?)* o por *cómo que (¿Cómo que no quieres ir al colegio?)*. La pregunta suele expresar en estos casos sorpresa o incredulidad en diversos grados ante lo que se considera equivocado, inadecuado o insólito. Expresan también sorpresa, malestar, indignación u otras reacciones adversas similares una serie de preguntas parciales en las que la palabra *qu-* va seguida, en la lengua conversacional, de los sustantivos *diablos, demonios, narices, leche, carajo* y otros similares. Las oraciones interrogativas así construidas aparecen introducidas por sintagmas *qu-* como *qué demonios, quién diablos, dónde leches, cómo carajo*, etc. Las preguntas resultantes son unas veces retóricas y se asimilan a las del grupo B *(¿Cómo diablos iba yo a saberlo?* sugiere 'De ninguna manera podría yo saberlo'), pero otras veces no se agrupan con ellas, sino que manifiestan sorpresa o desagrado. Así, la pregunta *¿Qué narices está diciendo ese tipo?* no significa 'Ese tipo no está diciendo nada', sino que añade a la pregunta *¿Qué está diciendo este tipo?* las reacciones adversas mencionadas.

E) INTERROGATIVAS ENCUBIERTAS (ingl. *concealed questions*). Las interrogativas descritas en los apartados anteriores son todas directas. Existe, sin embargo, una variante peculiar de las interrogativas indirectas. Así, es posible expresar el contenido semántico de una interrogativa indirecta sin emplear una estructura oracional, ya que ciertos complementos nominales pueden admitir una interpretación equivalente. Estos complementos nominales se denominan por ello INTERROGATIVAS ENCUBIERTAS u OCULTAS. Sobre este tipo de oraciones, pueden verse Heim (1979), Bosque (1982), Suñer (1999), Contreras (1999b), Romero (2005, 2006) y Natan (2006). Así, las interrogativas indirectas plenas de (142) resultan equivalentes a las de (143), en las que la oración interrogativa se ha sustituido por un complemento nominal, que expresa, por tanto, una pregunta oculta.

(142) a. Me preguntó cuál era la hora.
     b. Averiguamos cuál era su teléfono.
     c. Anunciaron cuál era el veredicto.

(143) a. Me preguntó la hora.
     b. Averiguamos su teléfono.
     c. Anunciaron el veredicto.

No todos los SSDD pueden funcionar como preguntas encubiertas. De hecho, solo suelen hacerlo los SSDD que representan informaciones que afectan a una determinada relación atributiva, en particular las expresiones identificativas (*¿A que no sabes la capital de Chequia?,* es decir, el nombre de la capital), las magnitudes, las propiedades, las fechas *(Si averiguas su edad; Olvidé tu cumpleaños; Hay que determinar la profundidad de la fosa; Depende del tamaño de la ventana)*, entre otros atributos prototípicos o representativos de las cosas. Observe que se dice *No sé la marca de su coche*, pero no **No sé la puerta de su coche*. En general, se asimilan a este paradigma un gran número de sustantivos que expresan datos, propiedades y rasgos que es habitual suponer en los individuos: *Se desconoce su religión, su profesión, sus planes, sus dolencias*, etc. En inglés se usa *what*, en lugar de *which (one)*, con estos sustantivos, como en *What is your name?* En español se usa *cuál*, y no *qué* (como en *¿Cuál es tu nombre?*), pero el pronombre *cuál* no se interpreta en estos casos como pronombre deíctico o anafórico, es decir, no se refiere a una entidad destacándola entre otras presentadas. Cuando sucede esto último (como en *¿Cuál es tu paraguas?*) el inglés usa *which (one)* y no hay interrogativa encubierta posible.

Se ha observado además que las oraciones relativas favorecen considerablemente la creación de interrogativas encubiertas. Contrasta, pues, **No sé el libro* con *No sé el libro que tengo que leer*, que equivale aproximadamente a *No sé qué libro tengo que leer*. A eso se añade que los SSDD que pueden funcionar como preguntas encubiertas adquieren significados distintos a los que poseen cuando designan personas o cosas. El SD citado *la capital de Chequia* no significa lo mismo en *Visité la capital de Chequia* que en *No sé la capital de Chequia*. Como se observa en Bosque (1982), la presencia de la *a* personal hace que un complemento directo no pueda interpretarse como pregunta encubierta. Así, el SD *el nuevo presidente* en *Anunciaron el nuevo presidente* puede interpretarse como una pregunta encubierta ('Anunciaron quién era el nuevo presidente'). Sin embargo, en *Anunciaron al nuevo presidente* ya no funciona como tal, y la única lectura posible es 'Anunciaron a la persona que era el nuevo presidente'. De igual forma, los SSDD que actúan como preguntas encubiertas admiten anáfora pronominal no concordante En *Me dijeron la calle, pero lo olvidé*, el pronombre *lo* se refiere al contenido proposicional asociado a la respuesta que reciba la pregunta en cuestión (*¿Cuál era la calle?*). En cambio, en *Me dijeron la calle pero la olvidé*, el pronombre concordante se refiere al nombre en sí, no a la respuesta en la que este se transmitió.

11.8. Las oraciones imperativas y exclamativas

11.8.1. *Los imperativos*

Los enunciados imperativos se construyen con un paradigma especial de la conjugación caracterizado por las formas de segunda persona, sean del singular *(canta, come, sonríe)* o del plural *(cantad, comed, sonreíd)*. Algunos autores añaden el infinitivo a este paradigma *(¡Volver pronto!)*, pero otros lo consideran una variante del modo imperativo. Note también que en el español de América no se dice *Venid*, sino *Vengan;* se emplea, por tanto, una forma del subjuntivo, pero con el valor ilocativo del imperativo. Por otra parte, en todos los países se dice *Venga usted*. Estos subjuntivos forman parte también del paradigma del imperativo, aunque a veces se les denomina *supletivos* en el sentido de que «suplen» a los imperativos; es decir, se usan como formas imperativas, pero son morfológicamente idénticas a las del paradigma verbal del subjuntivo.

Las oraciones así formadas adquieren fuerza ilocutiva y transmiten órdenes, peticiones, prohibiciones, etc. (*¡Cállate!, ¡No cierres la puerta!, ¡Cómprame el periódico!, ¡Vuelvan pronto!*), pero también, como ya vimos, deseos (*¡Diviértete!*), ruegos (*¡Cuídate mucho!*) y otros actos verbales. Junto a estos imperativos, llamados a veces GENUINOS, existen otras formas de expresar tales contenidos. Se trata de los enunciados llamados tradicionalmente EXHORTATIVOS, como *¡Que os calléis!, ¡A correr!* y otros semejantes. Estas oraciones, no estrictamente imperativas, permiten formular actos verbales de naturaleza directiva que pueden incluir al que habla (*¡Salgamos de aquí!*) o estar construidos con verbos en tercera persona (*¡Que entren los embajadores!, Póngase a cocer la mezcla a fuego lento*). Todo ello, independientemente de que –como se ha explicado– mediante los actos verbales indirectos es posible formular solicitudes con oraciones declarativas (como *Tiene usted que volver mañana* o *Está prohibido fumar*), interrogativas (*¿Es que no ves que estoy llamando?*), etcétera.

Existen importantes restricciones sintácticas sobre los imperativos genuinos o construidos con morfología imperativa:

A) No se pueden subordinar. No existen por tanto oraciones imperativas indirectas: *Digo que callaos; *Os pido que venid pronto.

B) Solo admiten sujetos pospuestos. Estos sujetos son pronominales, concretamente las formas nominativas de los pronombres de segunda persona y poseen carácter contrastivo (*¡Cállate tú!, ¡Venid vosotros!*), aunque no en todos los casos (*Siéntese usted*). Los sujetos preverbales aparentes son en realidad vocativos (*¡Tú, cállate!; ¡Ustedes, acérquense!*), aunque no siempre vayan precedidos de comas en la escritura. Estos pronombres alternan con grupos nominales definidos (*¡Pepe, ven un momento!*), lo que confirma que no son sujetos del imperativo. Más polémico es si lo son ciertos sujetos de tercera persona, como en el ejemplo citado en el que se dice de cierta mezcla *Póngase a cocer a fuego lento*.

C) No pueden negarse (*¡No cállate!, *¡No venid!*). Existen ciertas excepciones, sobre todo en el español coloquial, donde es más frecuente encontrar imperativos genuinos negados: *Haced el favor; no buscad más excusas*, como hace notar Vigara Tauste (1992: 192-193). Las oraciones imperativas negativas construidas con subjuntivo sí pueden negarse (compárese *No salgas* con *No sal*). Véase Silva-Villar (1998) sobre este punto.

D) Solo admiten pronombres enclíticos. Así pues, los clíticos que se adjunten a un verbo en su forma de imperativo deben aparecer en posición posverbal. Se dice *¡Callaos!*, no *¡Os callad!; ¡Traedme el libro!*, no *¡Me traed el libro!*

E) Tienen una orientación temporal prospectiva. El mandato se concibe, pues, como orientado al futuro. Cabe decir *¡Venid {mañana / el año que viene!}*, pero se rechaza *¡Venid {ayer / el año pasado!* El imperativo *¡{Venid / Vengan} ahora mismo!* constituye una forma de ordenar a alguien que venga inmediatamente, por lo que *ahora* tiene una interpretación desplazada prospectiva y no se refiere estrictamente al momento del habla. Se ha discutido en la bibliografía si son excepciones los denominados IMPERATIVOS RETROSPECTIVOS (Bosque, 1980b; Almela, 1992;

Garrido Medina, 1999), que están obligatoriamente orientados al pasado, como en *Haber venido ayer.* Predomina el análisis de estas construcciones como variantes de las formas supletivas, entre las que es también habitual el imperfecto del subjuntivo *(¡Hubieras visto lo contenta que se puso!).*

F) Desde el punto de vista de la teoría temática, debe añadirse que se requiere que el verbo se construya con un agente o un protoagente (§ A3 del cap. 5), es decir un argumento que designe a alguien capaz de llevar a cabo una acción *(¡Sal de aquí!),* de poseer control intencional sobre algo o la capacidad de mantener o cambiar un estado de cosas *(¡Estate ahí sentado!, ¡Sé más civilizado!, ¡Sed buenos!).* Los imperativos no suelen ser posibles con los verbos de estado (se rechazan, por ejemplo, con los auxiliares *poder, deber* o *haber de*), pero muchos de ellos admiten contextos en los que se asimilan a los usos anteriores: *Merézcanse lo que se les da; Sepa su Excelencia que...; Conócete a ti mismo; Ten valor.*

En (A)-(F) se resumen algunos de los rasgos que caracterizan formal y semánticamente las construcciones de imperativo genuinas. Es natural preguntarse en qué medida están vinculadas esas propiedades con la estructura de constituyentes que corresponde a estas oraciones. Consideremos en primer lugar la propiedad (C). Para algunos autores (Zanuttini, 1991, 1997) la incompatibilidad entre negación e imperativos se debe a que los imperativos son formas defectivas sin especificación temporal, por lo que no proyectan un Sintagma Tiempo. Dado que en español la negación selecciona al tiempo (SNeg > SFlex(T)) en la configuración sintáctica, este análisis predice la incompatibilidad mencionada. Sin embargo, no es completamente cierto que los imperativos carezcan de especificación temporal. Los imperativos genuinos poseen una orientación prospectiva obligatoria y estarían marcados como [+futuro] (propiedad E), al igual que sucede con los infinitivos, que también poseen rasgos abstractos de tiempo *(Deseo no llegar tarde).* Si aceptamos entonces que los imperativos poseen especificación temporal, debemos concluir que las restricciones observadas no pueden atribuirse a la ausencia del constituyente Tiempo. Rivero y Terzi (1995) y Rivero (1994c) defienden la idea de que los imperativos no son defectivos en cuanto a su especificación temporal, sino que están sujetos a un requisito de cotejo de un rasgo fuerte de fuerza ilocutiva imperativa. En otras palabras, están léxicamente especificados como [+imp] y se generan bajo Flex. El rasgo [+imp] debe cotejarse en la sintaxis visible en SComp y para ello el verbo deberá desplazarse a Comp:

(144) $[_{\text{SComp}} \text{V}_{[+\text{imp}]} \ldots [_{\text{SFlex}} \ldots \text{h}_i \ldots]]$

Para estas autoras la incompatibilidad entre negación e imperativos se sigue de la restricción sobre el movimiento de núcleos, ya que un núcleo negativo intervendría entre Flex y Comp y bloquearía el desplazamiento de una forma de imperativo genuina desde Flex [+imp] a Comp. Tenemos, pues, la configuración ilegítima de (145), en la que Neg interviene entre el núcleo Flex y el núcleo Comp.

(145) $^*[_{\text{SComp}} \text{V}_{[+\text{imp}]} \ldots [_{\text{SNeg}} \text{no} [_{\text{SFlex}} \ldots \text{h}_i \ldots]]]$

La posición obligatoria posverbal tanto de los sujetos (propiedad B) como de los pronombres clíticos (propiedad C) se seguiría también de esta hipótesis. Al desplazarse a Comp, el verbo queda en una posición en la que precede a SFlex, es decir, tanto al especificador como al núcleo de dicha proyección. Al aparecer los sujetos en el especificador de SFlex, el movimiento del verbo a Comp da como resultado su anteposición con respecto al sujeto:

(146) [$_\text{SComp}$ Venid [$_\text{SFlex}$ vosotros [...]]]

Recuerde que en el capítulo 9 (§ 9.5.3) explicamos por qué los pronombres átonos aparecían como enclíticos a las formas no finitas, en concreto el gerundio y el infinitivo. Estas formas no concuerdan con el objeto, por lo que atraviesan esa proyección y el clítico no se incorpora a ellas. Como en el caso del imperativo, el resultado es que la forma imperativa se antepone al clítico:

(147) [$_\text{SComp}$ Comed ... [Sv lo ...]]

En el § 11.5 hemos presentado una teoría reciente de acuerdo con la cual la proyección SComp se escindiría en subproyecciones o subcapas constitutivas. Esta modificación no altera lo esencial de la propuesta que acabamos de esbozar, ya que el constituyente Fuerza, propuesto por Rizzi, está en la esfera de la periferia izquierda de la oración (el SComp). El análisis del rasgo [+imp] como uno más de los rasgos ilocutivos sujetos a cotejo nos permite entender el comportamiento de ciertos imperativos supletivos, es decir, las formas «no genuinas» de imperativo que adoptan dicha función. Los imperativos supletivos se comportan como formas estándar de subjuntivo o de infinitivo con respecto a ciertas propiedades (por ejemplo, la compatibilidad con la negación: *No venga*), pero no en lo relativo a otras, que los muestran como verdaderos imperativos (por ejemplo, la posición de los clíticos: *Usted hágalo,* y no *ᵉUsted lo haga*). No obstante, se demuestra que el rasgo [+imp] está presente y debe cotejarse en el SComp(Fuerza) por el hecho de que los imperativos supletivos pueden manifestarse como SComp, encabezados por el complementante *que* si se construyen con las variantes de subjuntivo mencionadas (148a), y por la preposición *a* que ocupa la posición Comp en el caso de los de infinitivo (148):

(148) a. [$_\text{SComp[+imp]}$ que [$_\text{SFlex}$ te calles]]
      b. [$_\text{SComp[+imp]}$ a [$_\text{SFlex}$ correr]]

No obstante, se ha puesto en tela de juicio que (148a) corresponda a una estructura imperativa, ya que se admite también la tercera persona: *¡Que se calle!*

11.8.2. *Las oraciones exclamativas*

11.8.2.1. Sintagmas exclamativos. Exclamativas bimembres o predicativas

Al introducir la caracterización básica de la noción de *fuerza ilocutiva* hemos incluido las exclamaciones como una de sus posibles manifestaciones. Las oraciones exclamativas suelen también clasificarse como modalidades oracionales en la gramática tradicional. Podemos, pues, preguntarnos qué características sintácticas y semánticas las separan de otros tipos y cómo se relacionan esas propiedades con la configuración que les corresponde. La dificultad de dar respuesta a esas preguntas se observó tempranamente en la gramática generativa (desde Elliott (1974), al menos). En el § 11.7.1 hemos visto que las construcciones exclamativas no son necesariamente oracionales. De hecho, estas expresiones se pueden formar con interjecciones *(¡Ay!, ¡Caramba!)*, sintagmas interjectivos, es decir, interjecciones con complemento *(¡Ay de vosotros!; ¡Caramba con la niña!)*, sintagmas nominales *(¡Menudo lío!; ¡Qué horror!)*, adjetivales *(¡Muy bueno!, ¡Qué lindo!)*, adverbiales *(¡Muy bien!, ¡Qué lejos!)*, o preposicionales *(¡Por la derecha!)*, entre otros. Frente a estas EXCLAMACIONES NO ORACIONALES, las oraciones exclamativas se caracterizan por una serie de características peculiares. En Bosque (1984b), Alonso-Cortés (1999, 2000) y Gutiérrez-Rexach (2001c) se exponen las fundamentales, que aquí presentaremos muy resumidamente.

Algunas oraciones exclamativas no se diferencian sintácticamente de las interrogativas correspondientes (compárese *¿Cuánto dinero tiene?* con *¡Cuánto dinero tiene!*) o de las construcciones de anteposición focal *(¡Muy poco te costaría echarme una mano!; ¡Algo más creo yo que deberías preocuparte!; ¡Bastante tiempo le he dedicado ya a la sintaxis!, ¡Mal andamos hoy!)*. Aun así, si bien los SQu interrogativos pueden aparecer *in situ*, como en las interrogativas de eco *(¿Le dijiste qué cosa?)* no existen los SQu exclamativos *in situ* (*¡Le dijiste qué cosa!*). Compare, en el mismo sentido, *¡Qué cosas dices!* con *¡Dices qué cosas!* Estos segmentos *qu-* han de moverse, por tanto, a la posición inicial, que podemos identificar con el sintagma SFuerza. Cabe pensar, de hecho, que el mecanismo semántico que permite interpretar las oraciones interrogativas con SQu *in situ* como interrogativas de eco no está disponible en el caso de las exclamativas.

Como hemos visto, algunas estructuras exclamativas poseen una sintaxis análoga a la de otras construcciones que ya hemos analizado. Existen, sin embargo, otras exclamativas que no tienen un correlato tan claro en la sintaxis de otras construcciones. Las exclamativas que se suelen llamar BIMEMBRES O PREDICATIVAS tienen una estructura PREDICADO-SUJETO que se puede relacionar con la de las cláusulas absolutas. Son exclamativas bimembres las siguientes:

(149) a. ¡Muy malo, el partido de ayer!
     b. ¡Cuánta gente, la que se desplaza cada año a nuestras playas!
     c. Un poco seca esta carne, ¿no le parece?

El predicado de estas oraciones siempre está constituido por un sintagma cuantitativo, tanto si la cuantificación se establece sobre individuos *(Cuánta gente)* como si se hace sobre grados *(Muy malo, Un poco seca)*. Como las subordinadas sustantivas pueden ser sujetos de una predicación, se asimilan a este grupo oraciones como las de (150):

(150) a. ¡Qué bien, que puedas venir!
     b. ¡Un poco extraño, que ponga todos los días una excusa para llegar tarde!
     c. ¡Por supuesto que iré a tu fiesta!

Las oraciones de (149) no son copulativas, ya que carecen de cópula pero, al igual que las de (150), son atributivas o predicativas, en el sentido de que relacionan un predicado con un sujeto.

11.8.2.2 Exclamativas focalizadas con SQu

Las exclamativas predicativas se diferencian claramente de las que se pueden llamar FOCALIZADAS, en cuanto que en el interior de estas últimas se produce un movimiento hacia la posición periférica característica de los elementos focales. El siguiente par se propone en Bosque (1984b) para ilustrar esta diferencia:

(151) a. ¡Qué bien, que cante Plácido Domingo! (PREDICATIVA)
     b. ¡Qué bien que canta Plácido Domingo! (FOCALIZADA)

La oración (151a) corresponde a la pauta presuntado en el apartado anterior.
Consta de un sujeto oracional (que cante Plácido Domingo) y un sintagma adverbial como predicado (qué bien). Observe que el que profiere esta oración exclamativa pone de manifiesto su satisfacción por el hecho de que cante Plácido Domingo, no por la forma en que canta. El que usa (151b) hace notar todo lo
contrario, es decir, expresa que le satisface la forma en la que canta dicho tenor,
no el hecho de que lo vaya a hacer. A lo mejor piensa usted que estas diferencias
interpretativas proceden solo de la entonación, pero el contraste indicativo-sub-
juntivo nos da a entender que no es así. De hecho, estas diferencias se obtienen de
la estructura sintáctica. Cabe suponer que qué bien ocupa en (151b) una posición
periférica a la que se desplaza desde el interior de la oración:

(152) $[_{\text{SComp}} \text{SX}_i \text{ qué bien } [_{\text{C}°} \text{ que } [_{\text{SFlex}} \dots \text{h}_i]]]$

Al no ser SX una expresión predicativa, no puede seleccionar el subjuntivo, que
sería inviable en (151b). Como el SQ en (151a) es una expresión predicativa, impone necesariamente el modo a su sujeto proposicional, por lo que el indicativo
no podría aparecer en esa oración. Son muchas las oraciones que se ajustan a la
pauta de (152), de forma que SX es un SQu adjetival (153a), nominal (153b), adverbial (153c) o preposicional (153d):

(153) a. ¡Qué pequeño que es el mundo!
     b. ¡Qué cuentos que te traes!
     c. ¡Qué deprisa que va ese tren!
     d. ¡Qué de mala gana que hace todo lo que se le pide!

La presencia de una conjunción subordinante en C° está sujeta a gran variación.
La conjunción que es optativa en las exclamativas de (153), y de hecho su presencia es más frecuente en la lengua coloquial que en la formal. Está excluida, en
cambio, de las oraciones interrogativas parciales:

(154) a. ¡Qué cosas (que) dices!
     b. ¿Qué cosas (*que) dices?

También se rechaza esta conjunción en las exclamativas construidas con una
palabra qu- en lugar de con un sintagma qu- (compare (154a) con *¡Qué que dices!). Cabe pensar que la partícula cómo, que aparentemente es excepción en las
interrogativas reiterativas (¿Cómo que no te quieres tomar la leche?) no ocupa la

posición de especificador, sino la de núcleo, de modo que introduce una estructura de doble COMP como las que se describieron en el §11.7.3.2.

Al igual que las oraciones interrogativas se dividen en directas e indirectas, las exclamativas admiten una subdivisión similar. Las segundas aparecen de forma característica con predicados que expresan reacciones emotivas extremas, como en (155a), o con ciertos predicados de información y de lengua. La conjunción subordinante *que* también se rechaza en las exclamativas indirectas, como se comprueba en (155c):

(155) a. {Es un crimen / Es increíble} cómo se ha portado la gente con él.
     b. {Ya sabes / No te imaginas} cuánto le gusta el cine
     c. Es increíble qué deprisa (*que) va ese tren

11.8.2.3 Otras exclamativas focalizadas

¿Pueden extenderse las exclamativas focalizadas a otras estructuras? Cabe pensar que la estructura de (152) se puede ampliar a otras construcciones en las que el SX sería un sintagma cuantitativo, pero no un SQu.

(156) a. ¡Bien atento que estaba el niño a todo lo que ocurría!
     b. ¡Buenos bocadillos de tortilla que te comías tú!
     c. ¡Vaya cuentos que te traes!

Para la relación que existe entre *bien* (156a) o *bueno* (156b) y los cuantificadores de grado, véase Hernanz (1999b, 2006). Destacan entre todas estas construcciones las que introducen los determinantes *lo* o *la* en la expresión *la de:*

(157) a. ¡Lo hermosa que es María! (*lo* + adj.)
     b. ¡Lo deprisa que va ese tren! (*lo* + sust.)
     c. ¡La de idioteces que dices! (*la* + de+ sust.)

Observe que en las oraciones de (157) no aparecen palabras *qu-*, frente a las de (153). Sin embargo, es claro que ambas se forman con movimiento de *qu-*, como pone de manifiesto la inversión sujeto-verbo de (158), así como el hecho de que la distancia entre el elemento desplazado y el verbo al que pertenece respete las islas sintácticas fuertes, como se comprueba en (159). Véanse también sobre este punto Ojeda (1982) y Gutiérrez-Rexach (1999a):

(158) a. ¡Lo altos que son tus hermanos!
     b. ??¡Lo altos que tus hermanos son!

(159) a. Ya sabes tú lo insidiosos que cree la gente que son los políticos.
     b. *No te imaginas lo difícil que Juan se pregunta por qué era este libro
     c. *Ya sabes lo poco estudioso que el profesor se pregunta quién es.

Existe otro argumento que apoya la relación de estas oraciones con las estructuras *qu-*. Las construcciones con *lo* pueden comportarse como las exclamativas directas (157a, b), como las exclamativas indirectas (160a, b), e incluso como las interrogativas indirectas, como en (160c), pero no aparecen en los contextos en los que un predicado selecciona oraciones subordinadas sin un constituyente SQu, como se muestra en (160d, e):

(160) a. Llama la atención lo bien que toca para su edad.

     b. Le dijo lo mucho que la quería.

     c. Depende de lo caro que sea.

     d. *Pienso lo caro que están los libros.

     e. *Creo firmemente lo listo que es el niño.

Así pues, los contrastes de (160) muestran que no tenemos construcciones con *lo...que* en los contextos de subordinación sin movimiento *qu-*. Eso no quiere decir ni mucho menos que todas las oraciones construidas con *lo...que* sean exclamativas. Es obvio que no lo es (160c), por ejemplo, y que tampoco lo son las oraciones en las que las construcciones con *lo...que* se asimilan a las relativas libres, como son los contextos comparativos (cfr. *Puedes dibujar el círculo (todo) lo grande que quieras*), que también están sujetos al movimiento de SQu. Así pues, las construcciones con movimiento *qu-* se insertan en un gran número de contextos, pero tienen en común determinadas propiedades configuracionales que comparten con las construcciones con *lo...que*.

Supongamos, pues, que las oraciones gramaticales de (160) y otras muchas similares están sujetas a movimiento *qu-*. ¿Cuál será entonces el elemento desplazado? Una posibilidad es que sea el segmento que precede a *que*. Esta opción se defiende en Rivero (1981) y en Brucart (1994a, b), entre otros trabajos. Otra posibilidad es que este segmento no sea realmente un constituyente, tal como se sugiere en Gutiérrez-Rexach (1999a). En este último trabajo se propone que *lo altos* no es un constituyente en *lo altos que son,* sino que –en la línea de los análisis de Vergnaud (1974) y Kayne (1994) para los relativos– *lo* ocupa una posición más alta que *altos,* que ocuparía el sintagma de Foco que acoge al elemento desplazado:

(161) $[_{SFuerza}$ Lo $[[_{SFoco}$ pequeño$_i$ [+f] $[_{SComp}$ que es el mundo h$_i]]]$

Se puede aducir como argumento a favor de este análisis la particularidad de que el elemento desplazado a SFoco pueda contener su propia cuantificación, como en *Lo [sumamente estúpido] que es Juan,* y también el hecho de que los sustantivos que se construyen con ciertos adjetivos se admiten en estas construcciones *(Lo gran ciudad que es Barcelona)* aunque rechacen la cuantificación de grado *(*Barcelona es muy gran ciudad).* Ello apoya la idea de que su naturaleza enfática en la construcción está asociada con los rasgos que caracterizan la proyección focal, y no con el hecho de que sean inherentemente expresiones cuantificadas.

Podrían interpretarse, en cambio, como argumentos a favor de que «*lo* + adj» forman constituyente el hecho de que estas construcciones alternen a veces con las interrogativas indirectas, ((160c) alterna con *Depende de cómo sea de caro* o con *Depende de cuán caro sea*) o el que el segmento «*lo* + adj» pueda coordinarse con otro semejante *(Depende de lo fuerte y lo rápido que sea).* Aun así, en la sintaxis que acepta los principios de la llamada *teoría de la antisimetría* (Kayne 1994), la coordinación no constituye un criterio para determinar la existencia de constituyentes, frente a lo que se argumenta en el § 3.2.3, sino que las estructuras resultantes se obtienen por un proceso de movimiento paralelo (ingl. *across the board structures*). En resumen, la cuestión de si la expresión «*lo* + adj» forma o no constituyente en las construcciones con *lo...que* es, por el momento, polémica.

Hemos visto que resulta controvertida la cuestión de cuál es exactamente el constituyente desplazado en algunas construcciones exclamativas. En otras lo es la cuestión de cuál es exactamente la posición que corresponde a la huella, es decir, el punto desde el que se produce el movimiento. Considérese la oración italiana *Come sei bella!*, similar a la francesa *Que tu est belle!* Repare en que la traducción española de estas oraciones no es *¡Cómo eres bella!*, donde *cómo* y *bella* no forman constituyente, sino (162a), donde sí lo forman *qué* y *bella*, o (162b), que se parece a la secuencia en italiano, pero contiene la preposición *de:*

(162) a. ¡Qué bella eres!
      b. ¡Cómo eres de bella!

En el español antiguo se admitía el equivalente del italiano *Come sei bella!:*

(163) ¡O, cómo es fermosa e cómo rreluze! (San Vicente Ferrer, 1411-1412, CREA)

¿Cómo analizamos entonces estas construcciones del italiano o del español antiguo? Existen varias opciones, entre las que están las dos que se muestran en (164):

(164) a. $[_{SComp}$ Cómo$_j$ $[_{SFlex}$ es$_i$ $[_{SV}$ h$_i$ $[_{SA}$ h$_j$ fermosa]]]]
      b. $[_{SComp}$ Cómo$_j$ $[_{SFlex}$ es$_i$ $[_{SV}$ h$_i$ fermosa] $[_{SAdv}$ h$_j$]]]

La diferencia entre ambas radica en que en (164a) se extrae el cuantificador de un SA (aproximadamente el término *qu-* equivalente a *muy*), mientras que en (164b) se extrae un adverbio, de forma que *cómo* equivaldría aproximadamente a *hasta qué punto*. En (164a) se infringe la llamada *constricción de la rama izquierda* (presentada en el § 7.2.4), de acuerdo con la cual no se pueden extraer modificadores a la izquierda de un constituyente es decir, la constricción gracias a la cual se bloquean estructuras como *¿Cuántos quieres macarrones?* y otras muchas oraciones similares (Rivero, 1980b). Observe que este problema no se plantea en (164b). Apoya también (164b), frente a (164a), el hecho de que *tanto* se use en el español antiguo con SSVV copulativos, frente a lo que ocurre en la actualidad. En la lengua actual se dice *Tanto trabaja que...*, pero se rechaza *Tanto es bueno que...* en favor de *Hasta tal punto es bueno que...* El español antiguo era menos restrictivo que el actual, puesto que acepta ambas pautas (*tanto era grande el su desentendimiento,* Alfonso X, *Setenario,* CREA), lo que hace pensar que otros adverbios desplazados son compatibles con esa misma estructura. El caso de (162b) es un poco más complejo. En Torrego (1994) se sugiere una estructura del tipo (164a) para esta construcción, de forma que *cómo* se extrae independientemente de la rama izquierda del constituyente *de bella*. Torrego atribuye esta independencia a la falta de rasgos de concordancia de la palabra *qu- cómo,* lo que la diferencia de *cuán* (*Cuán es María (de) bella*).

11.9. Otras construcciones complejas

11.9.1. *Parataxis e hipotaxis*

Como es obvio, las oraciones se combinan para formar textos, discursos o, en general, fragmentos más extensos. Esa combinatoria, que está muy lejos de ser arbitraria, se guía por principios argumentativos, que interesan especialmente a los pragmatistas, pero también por criterios estrictamente gramaticales, que llaman más la atención de los sintactistas. En el cap. 9 vimos con detalle que los principios B y C de la teoría del ligamiento excedían el marco de la oración, pero no, ciertamente, el de la sintaxis. En general, el que la sintaxis se centre en la oración y sus constituyentes no quiere decir que la formación de estructuras o de discursos más complejos carezca de interés para el sintactista. La mayor parte de las gramáticas destinan apartados más o menos extensos a las que denominan *oraciones compuestas* o *complejas,* es decir, oraciones que constan de más de una oración. Existen dos procedimientos fundamentales de combinación oracional en estructuras complejas a los que se suele denominar PARATAXIS e HIPOTAXIS (del nombre griego *taxis* 'orden, disposición' y los prefijos *para-* 'al lado' e *hipo-* 'debajo'). Le resultarán mas conocidos probablemente los términos COORDINACIÓN y SUBORDINACIÓN (véase Campos, 1993 y la cuarta parte de Bosque y Demonte 1999), aunque estos últimos no se aplican exclusivamente a los constituyentes oracionales. Los mecanismos clásicos de parataxis son la coordinación y la yuxtaposición. El segundo es característico de las oraciones, y designa la estructura en la que dos o más oraciones se combinan sin que medie una conjunción explícita, como en *No podía entrar; no tenía llave* o en *Ven. Te esperamos.*

La coordinación se puede aplicar a casi todos los constituyentes, como hicimos notar en el § 3.2.3. En efecto, podemos coordinar dos sintagmas nominales *(mi primo y su novia),* adjetivales *(larga y un poco aburrida),* preposicionales *(con hambre y sin dinero),* verbales *(toca la guitarra y baila)* y otras muchas proyecciones sintácticas. Es importante no confundir las categorías que se coordinan con otras mayores que las contienen o con otras menores contenidas en ellas. Así, la coordinación de complementos de preposición que se observa en *con tiempo y un poco de suerte* corresponde a la de dos SSNN, pero la que se muestra en *con tiempo y con un poco de suerte* corresponde a dos SSPP. Análogamente, podemos coordinar dos SSVV en el interior de un SFlex *(Dijo que el gobierno ha planteado un recurso y espera una resolución),* dos SFlex *(Dijo que el gobierno ha planteado un recurso y la judicatura está estudiándolo),* y también dos SComp *(Dijo que el gobierno ha planteado un recurso y que la judicatura está estudiándolo).*

Si consideramos la coordinación desde el punto de vista configuracional, se nos planteará inmediatamente la cuestión de determinar el núcleo de las construcciones coordinadas. Da la impresión de que la estructura sintáctica de *Juan y Pedro* habría de ser, simplemente, [*Juan*] [*y*] [*Pedro*], es decir una construcción trimembre de naturaleza exocéntrica. Recientemente, se ha cuestionado la adecuación de este análisis exocéntrico. Un buen número de autores (entre otros, Collins, 1988; Munn, 1993; Zoerner, 1995; Johannesen, 1998 y Camacho, 2003) han sugerido que a esta secuencia corresponde más bien una estructura del estilo de (165):

(165)

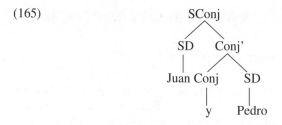

El núcleo de esta estructura es la conjunción copulativa *y*. La construcción es, por tanto, endocéntrica, y se caracteriza además porque asigna un constituyente al segmento *y Pedro*. Análogamente, la coordinación de dos SFlex se ajustaría a la misma pauta, de modo que la conjunción *y* en *Entró un centrocampista y salió un defensa* sería un núcleo que tomaría a una oración como especificador y a la otra como complemento:

(166)

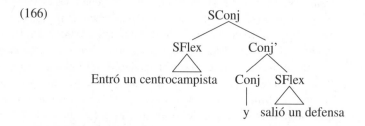

Una de las ventajas de este análisis de la conjunción es que permite entender su carácter transcategorial. Si adoptáramos como punto de partida el análisis exocéntrico, tendríamos que postular reglas diferentes para la coordinación de oraciones (O → O y O), sintagmas determinantes (*el niño y la niña:* SD → SD + y + SD), adjetivos (*alto y claro:* SA → SA y SA), adverbios, SSPP, y todos los demás sintagmas coordinables. Esta inútil reiteración ocultaría una generalización evidente: la conjunción *y* coordina dos constituyentes equivalentes. La equivalencia es casi siempre categorial, como en todos los ejemplos mencionados, pero se ha hecho notar que dos expresiones predicativas pueden coordinarse aunque no compartan categoría, como en *astuto y sin escrúpulos* o en *inteligente y con ganas de aprender*.

Recuerde que en el marco teórico que estamos explicando, las categorías funcionales son núcleos (D°, C°, F°, etc.). Hemos comprobado repetidamente, sobre todo en los capítulos 4 y 7, que las conjunciones subordinantes (como *que* en *Sabes que te quiero*) son núcleos; de ahí la existencia de la proyección SComp. El considerar también como núcleos las conjunciones coordinantes es un paso bastante natural en la misma dirección. Pero además, es fácil comprobar que secuencias como *y Pedro* son constituyentes, como ya señalábamos al final del § 3.2.2. Si alguien dice *Mañana vendrá María,* puedo contestar *Y Pedro*. Asimismo, si Pedro no está en casa, puedo preguntar por él con la expresión *¿Y Pedro?* Por el contrario, secuencias como *Juan y no parece que puedan ser identificadas con constituyentes sintácticos. Recuerde, finalmente, que muchos textos (relatos, novelas, algún soneto famoso), comienzan con la conjunción *y,* pero no parece posible usar esta misma conjunción como última palabra de una secuencia. Se descartan, como es obvio, los usos metalingüísticos.

El considerar las conjunciones copulativas *(y)* y disyuntivas *(o, ni)* como núcleos pone de relieve el carácter sincategoremático de las conjunciones coordinadas. En Bosque (1994) se defiende, en el mismo sentido, que *ni Juan* es el especificador del sintagma nominal *Ni Juan ni María*. Un análisis de este estilo podría aplicarse a construcciones como *Tanto Juan como María,* difíciles de segmentar tradicionalmente, que se podrían ajustar a una pauta general si se entiende que su núcleo es *como*.

11.9.2. *El concepto tradicional de subordinación*

La subordinación es una relación de dependencia sintáctica. De hecho, la composición oracional hipotáctica consiste en la subordinación de una oración a otra. Decimos que una oración A está subordinada a otra oración B cuando A es un constituyente de B o hay un constituyente C de B del que A es constituyente. La oración subordinada desempeña una función dentro de la oración «principal» (sujeto, complemento directo, etc.) o dentro de un constituyente de ella, como se esquematiza en (167):

(167)

La gramática tradicional clasificaba las oraciones subordinadas en función de su equivalencia funcional con los sintagmas encabezados por las clases de palabras básicas. Así, la oración subordinada sustantiva se definía como la oración que desempeña las mismas funciones que un nombre (en nuestros términos, que un SD); una oración subordinada adjetiva o de relativo es la que desempeña la misma función que un adjetivo (un SAdj), es decir, modificar al nombre. Finalmente una oración adverbial es la que desempeña la misma función que un sintagma adverbial. Se ha observado repetidamente (desde Rojo, 1978, al menos) que este paralelismo resulta forzado en no pocas ocasiones. Por ejemplo, entre las subordinadas adverbiales se distingue a veces entre las llamadas *propias* (las de lugar, tiempo y modo, que se asimilan a las relativas sin antecedente expreso) y las llamadas *impropias,* que no tienen equivalentes adverbiales, a diferencia de lo que da a entender el término mismo *subordinada adverbial*. Existen, pues, adverbios de tiempo o de lugar, pero no existen adverbios concesivos, condicionales o finales. En cuanto a las subordinadas de relativo (descartando ahora las relativas libres o sin antecedente expreso), pueden ser modificadores, como los adjetivos, pero no pueden ser atributos, frente a ellos. El paralelismo es más estricto en el caso de las subordinadas sustantivas, pero aun así sabemos que algunos de los verbos que las seleccionan (como *opinar* o *creer*) no admiten SSDD (cfr. *Opino la pronta recuperación de la economía*) y que algunos nombres seleccionan proposiciones y por ello toman oraciones como complementos, y no SSDD (compare *el hecho de que vengas* con *el hecho de tu venida*).

Las oraciones subordinadas sustantivas aparecen en posiciones argumentales, reciben caso (§ 3.3.4) y papel temático (§ 5.4). Deben por tanto satisfacer los requisitos de selección del predicado del que dependen. Pueden funcionar como sujetos o como complementos directos (subordinadas declarativas, interrogativas indirectas o exclamativas indirectas), complementos de un nombre, de un verbo copulativo y también de una preposición.

(168) a. [Que llegues tarde] puede tener graves consecuencias.
   b. Dijo [que vendría].
   c. No sabe [a quién acudir].
   d. Me sorprende [cuán lejos estamos aún de entender ciertas cosas].
   e. El hecho de [que haya elecciones].
   f. La causa de tus problemas es [que sales demasiado].
   g. Sin [que nadie se diera cuenta].

Las oraciones de relativo se dividen tradicionalmente en dos grupos. El primero abarca las llamadas tradicionalmente *adjetivas,* esto es, las que constituyen modificadores nominales, como la que se marca entre corchetes en (169a):

(169) a. El invitado [que llegó tarde] no pudo comer.
   b. [Quien llegue tarde] se quedará sin comer.
   c. Duerme [cuanto quieras.]

El segundo grupo lo forman las llamadas tradicionalmente 'relativas sin antecedente expreso', y más recientemente RELATIVAS LIBRES. Constituye un ejemplo el segmento encerrado entre corchetes en (169b). El antecedente del relativo está implícito en *quien* (= 'el que' 'aquel que' o 'la persona que'), por lo que el conjunto se asimila a un SD. El antecedente implícito del relativo puede ser un adverbio, como 'todo' en (169c), por lo que el conjunto viene a ser un sintagma adverbial de grado, es decir, viene a resultar, como antes, una proyección de la categoría a la que pertenece el antecedente.

Las oraciones subordinadas adverbiales aparecen en posición no argumental, por lo que tienen mayor libertad posicional. No obstante, la denominación *subordinada adverbial* no es del todo adecuada por varias razones, entre las que están las siguientes:

A) En primer lugar, no siempre admiten sustitutos adverbiales, como hemos visto.

B) En segundo lugar estas oraciones no siempre modifican al verbo y no siempre son opcionales. Por ejemplo, en una oración condicional la prótasis o antecedente (la subordinada introducida por *si*) no es opcional, y tampoco podemos decir en sentido estricto que modifique al verbo. La omisión de *si estudias* en *Si estudias mucho, aprobarás* cambia el significado de la oración por completo, como sabe bien cualquier estudiante. Es cierto que algunos adverbios también lo hacen, como *difícilmente* en *Difícilmente aprobarás,* pero observe que la presencia de este adverbio sugiere una situación hipotética que queda tácita, por lo que no puede decirse que se asimile exactamente a los complementos circunstanciales. La prótasis de una oración condicional introduce un requisito necesario para que se cumpla el consecuente (en Montolío, 1999 encontrará usted muchos más detalles sobre este punto).

C) En tercer lugar, algunas de las estructuras analizadas tradicionalmente como subordinadas adverbiales no son oracionales. Están entre ellas las comparativas y las consecutivas. Repare en que *tan alto que no cabe en el coche* es un sintagma adjetival, no una oración. Análogamente, el segmento marcado en *Trabaja [tanto que va a enfermar]* es un sintagma adverbial. Enseguida veremos otras consecuencias de este tercer problema. A las oraciones subordinadas adverbiales se las denomina también *circunstanciales*. Este término posee los inconvenientes que reseñamos en el § 5.5.1 con respecto a la denominación *complemento circunstancial*. Una oración subordinada condicional (prótasis) no expresa la circunstancia en que se produce un evento, sino más bien un estado de cosas que ha de cumplirse o de satisfacerse para que se dé una determinada situación o se produzca un determinado suceso.

D) Existe una cuarta razón. Supongamos que llamamos X a la expresión *Juan canta*. Si decimos que X es una oración, y también decimos que *Si* + X (es decir, *Si Juan canta*) es «otra oración», estaremos usando el concepto de oración en más de un sentido. Esta cuarta razón tiene cierto peso si entendemos el concepto de oración en términos configuracionales, como hemos venido haciendo en los capítulos precedentes, es decir, si interpretamos las oraciones como «unidades de construcción» que se definen en función de su estructura interna. En el apartado siguiente desarrollaremos algunas consecuencias de este cuarto punto.

11.9.3. *Sintagmas conjuntivos y locuciones conjuntivas*

En el modelo formal que estamos presentando se defiende generalmente que *Si Juan canta* es una proyección de *si,* por lo que denota una condición, no un suceso (recuerde la discusión sobre el concepto de núcleo en el § 3.3.2). Podemos entender que *si* es una conjunción subordinante que ocupa la posición C° de un SComp que tendrá, por lo tanto, los rasgos de su núcleo. Lo que parecía ser «una oración» se interpreta más bien como un cierto tipo de sintagma conjuntivo:

(170) [$_{SComp}$ [$_{C°}$ Si] [$_{SFlex}$ Juan canta...]]

Suele decirse que *porque* y *pues* son dos conjunciones causales. Sin embargo, la primera es una partícula subordinante y la segunda coordinante. La primera puede analizarse, de hecho, como una proyección de *por,* es decir, como un tipo de SP que consta de una preposición y una subordinada sustantiva como complemento. El núcleo de este complemento (es decir, la conjunción *que*) se incorpora a *por,* es decir, al núcleo de la proyección que lo selecciona. Hemos visto otras incorporaciones de núcleos en el § 4.2.

La conjunción *pues* muestra un comportamiento muy diferente. No puede ser focalizada, frente a *porque (solo porque tú lo dices / *solo pues tú lo dices)* y tampoco puede ser coordinada *(porque tú lo dices y porque me parece bien / *pues tú lo dices y pues me parece bien)* ni antepuesta a su oración *(porque tú me lo pediste cambié yo todos mis planes / *pues tú me lo pediste cambié yo todos mis planes),* frente a lo que sucede con *porque.* La estructura de *Porque tú lo dices* sería, aproximadamente (171a):

(171) [$_{SP}$ [$_P$ por] [$_{SComp}$ que tú lo dices]]

Esta misma estructura se aplica las construcciones con *para que*. Como es de esperar, su complemento puede ser sustituido por un pronombre en ambos casos: *por eso, para ello,* y también alternar con infinitivos. En la tradición gramatical española, A. Bello (1847) sugería que *aunque* podía analizarse como una combinación del adverbio *aun* y una oración, lo que en nuestros términos vendría a equivaler a (172):

(172) [$_{SAdv}$ [$_{Adv}$ aun] [$_{SComp}$ que...]]

En este caso la alternancia no se da con el infinitivo *(para que veamos / para ver),* sino con el gerundio *(aunque lo sabía / aun sabiéndolo).* Entienden algunos autores que *aun* está próximo a los adverbios de foco, lo que permite relacionar las cuatro secuencias siguientes: *aun-que lo sabes, aun si lo sabes, incluso si lo sabes y aun sabiéndolo.*

Como se ve, hemos reinterpretado unas subordinadas adverbiales como sintagmas conjuntivos, como en (170), otras como sintagmas preposicionales, como en (171), y otras como cierto tipo de sintagmas adverbiales, que podrían reinterpretarse como oraciones modificados por adverbios de foco. ¿Hemos previsto entonces todas las posibilidades? Un grupo numeroso de subordinadas particularmente problemático es el constituido por las llamadas *locuciones conjuntivas* o *conjunciones subordinantes léxicas* (Pavón 1999, 2003). Entre ellas están las siguientes:

- TEMPORALES: *una vez que, cada vez que, antes que, después que, siempre que, ahora que, así que*
- CONDICIONALES: *en caso de que*
- FINALES: *a fin de que, con el objetivo de que*
- CAUSALES: *ya que, puesto que, dado que, a causa de que, en vista de que*

Una posibilidad es entender que estas locuciones son unidades no segmentables, con lo que se asignaría a todas ellas la estructura (170). Parece, sin embargo, que algunas de estas partículas son analizables sintácticamente. De hecho, el SComp que *que* encabeza se puede coordinar a veces con otro análogo, como en *Por más que grites y que protestes* o *En vista de que te vas y que no hay otra solución.* El sustantivo que aparece en algunas admite a veces adjetivos *(con el extraño objetivo de que...; en el hipotético caso de que...)* o sustitutos con demostrativos *(con ese objetivo; con aquel propósito).* Ciertamente, no todas estas partículas muestran el mismo grado de integración léxica, pero cabe pensar que el segmento que *que* introduce puede pertenecer a un SComp obligatoriamente seleccionado por un adverbio o una conjunción. Recuérdese que la integración del núcleo subordinado en el principal afecta unas veces a la grafía *(porque)* y otras no *(para que)* en el caso de las preposiciones de término oracional.

Emonds (1985) y Larson (1990b) sostienen que a algunas conjunciones subordinantes del inglés *(while* 'mientras', *because* 'porque', *although* 'aunque') son núcleos preposicionales. En concreto, Larson (1990b) distingue entre las preposiciones que seleccionan un complemento oracional obligatorio de categoría SComp (las que acabamos de mencionar) y aquellas preposiciones que tienen capacidad de selección múltiple, y por consiguiente pueden seleccionar tanto un SD como una oración (*before* 'antes', *after* 'después', *until* 'hasta'). Esta propuesta reconoce la complejidad estructural de las locuciones conjuntivas, que resultarían no ser conjunciones propiamente dichas, sino proyecciones de una partícula (P o C) que selecciona un SComp subordinado.

La distinción entre P y C se hace compleja si su complemento es obligatorio. *A fin de* solo selecciona SComp en la actualidad, sea con verbo finito (*a fin de que se comprenda mejor*) o no finito (*a fin de acordar lo necesario*). En la lengua antigua admitía también SD (...*qual no es otra cosa que vn mouimiento de la cosa a fin de su prouecho y conservación,* Alonso López Pinciano, *Filosofía antigua poética* [1596], CREA). *Mientras* es, en uno de sus valores, una conjunción subordinante que selecciona SComp con verbo flexionado (*Mientras que estés ahí esperando*), pero también SFlex (*Mientras estés ahí esperando*). La gramática normativa recomienda restringir el primer uso a los contextos adversativos y el segundo a los temporales, pero los textos muestran que los hablantes cruzan estos empleos.

La alternancia entre SD y SComp como complemento de estas partículas es más general. En la lengua antigua, *mientras* admitió SSDD, uso que aparece ocasionalmente en textos literarios contemporáneos (... *el alma de Bécquer, según él mismo descubre en uno de sus últimos poemas, se movía, mientras la noche, por unos altos espacios habitados de «gentes» desconocidas,* Rafael Alberti, *Prosas encontradas,* CREA), pero en la lengua común contemporánea se rechaza este uso. En la actualidad, unos autores entienden que las conjunciones subordinantes pueden tener en ciertos casos complementos nominales o adjetivales (ingl. *if possible,* esp. *cuando la guerra*), mientras que otros interpretan que este régimen las convierte en preposiciones. Nosotros usaremos la etiqueta P/C para estos casos dudosos. Por el contrario, la opción P se hace evidente en muchos casos de alternancia SD/SComp, entre otros los siguientes:

(173) a. No viene a causa de que te enfadaste / No viene a causa de tu enfado.
      b. Con que me saludes, me basta / Con tu saludo me basta.
      c. En vista de que te marchas, me voy yo también / En vista de tu marcha, me voy yo también.
      d. A pesar de que lo desprecias, él te sigue respetando / A pesar de tu desprecio, él te sigue respetando.
      e. Para que lo envíen / Para su envío.

Como vemos, un buen número de subordinadas adverbiales pueden interpretarse como sintagmas preposicionales o conjuntivos, cuyas posibles realizaciones están en función de la capacidad selectora de su núcleo. Supongamos que P toma C como complemento. ¿Cuál sería la estructura interna de SComp? Una posibilidad es que su especificador permanezca vacío, como en (174):

(174) $[_{SP} [_P$ Sin] $[_{SComp} [_{C°}$ que] [ella lo supiese]]]

Pero cabe pensar también que, en ciertos casos, el especificador contiene un operador *qu-* nulo. Observe que la alternancia de (175) es general en el español actual. En cuanto a (176), la variante (176b) es común en el español colombiano contemporáneo, y también lo era en el español antiguo. Por el contrario, (176a) es general en todas las variantes:

(175) a. Hasta que tú quieras.
       b. Hasta cuando tú quieras.

(176) a. Desde que te vi.
       b. Desde cuando te vi.

Nótese que si esta alternancia *que-cuando* se tratara de una neutralización, *cuando* se asimilaría a una conjunción subordinante y no podría ser el complemento del verbo *vi* en (176b), con lo que quedaría sin explicar el significado de esta oración. Podemos observar que todos los SComp de estas oraciones pueden ser sustituidos por los adverbios *entonces* o *cuándo,* frente a lo que sucede en las subordinadas sustantivas. Traducido a términos semánticos, tenemos un SComp que designa un punto temporal y que está encabezado por la conjunción *que,* algo sumamente infrecuente en la gramática española. Podemos suponer que ello es así porque *hasta* y *desde* (quizá también *después* y *antes,* que muestran una alternancia similar), seleccionan un SComp con rasgos temporales:

(177) $[_{SP}$ $[_{P}$ Desde] $[_{SComp}$ $[_{SQu}$ Ø] $[_{C'}$ que te vi]]]

Si estos rasgos no se realizan fonológicamente, como en (175a) y (176a), el operador nulo se identifica a partir del elemento que lo selecciona. Si se realizan fonológicamente, como en (175b) y (176b), el operador y su elemento selector concordarán en esos rasgos, en cierta forma como sucede en las interrogativas indirectas. Una alternativa a (177), igualmente plausible, consistiría en suponer que el complemento de *desde* es una relativa libre (como en *desde el momento en que te vi*), lo que requeriría que fuera nulo no solo el relativo, sino también su antecedente.

11.9.4. *La subordinación adverbial. Aspectos semánticos*

En los apartados anteriores hemos comprobado que el hecho de que las llamadas oraciones adverbiales no sean en sentido estricto *oraciones* ni tampoco elementos *adverbiales* (según se piensa en el marco teórico que estamos presentando) no nos ahorra la tarea de analizarlas. Este análisis ha de determinar su estructura interna, pero también a su significado. Los aspectos semánticos de la subordinación adverbial son intrincados y en este texto introductorio solo podremos considerar brevemente algunos de ellos.

Muchas oraciones subordinadas formarían parte de estructuras cuantificacionales más complejas, según han propuesto para las oraciones condicionales autores como Lewis (1975) o Kratzer (1986):

(178) Si [uno va al cine] [se divierte]

El SComp encabezado por *si* introduce en (178) la restricción del ámbito de un cuantificador no selectivo oculto (§ 8.8.2). Este cuantificador puede también manifestarse de forma explícita *(solo, incluso, normalmente):*

(179) a. Solo si vienes, te acompañaré.

      b. Incluso si vienes, te acompañaré.

      c. Normalmente, si vienes te acompañaré.

En el § 8.8.2 también considerábamos la posibilidad de que las oraciones temporales encabezadas por *siempre que* o *cuando* se interpreten como las restricciones de adverbios de cuantificación no selectivos. Los indefinidos que aparecen en ellas tienen fuerza universal:

(180) a. Siempre que un niño va al zoo, se entusiasma.

      b. Cuando un niño va al zoo, (siempre) se entusiasma.

Los cuantificadores de tipo universal ocultos o explícitos, como el adverbio de cuantificación *siempre* en *siempre que...,* ligan la variable libre de los indefinidos. De hecho las oraciones (180a) y (180b) resultarían equivalentes tras el ascenso del adverbio de cuantificación *siempre* en la FL:

(181) $[_{SFlex} [_{SAdv}$ Siempre $[_{SComp}$ que un niño va al zoo$]]$ $[_{SFlex}$ se entusiasma$]]$

(182) a. $[_{SFlex} [_{SComp}$ Cuando un niño va al zoo$]$ $[_{SFlex}$ siempre se entusiasma$]]$

      b. FL: $[$Siempre$_i$ $[[_{SComp}$ cuando un niño va al zoo$]$ $[_{SFlex}$ h_i pro se entusiasma$]]]$

Las estructuras episódicas o no genéricas, construidas con el pretérito perfecto simple o el futuro de indicativo, entre otros tiempos, se basan en cuantificadores existenciales no selectivos. Por ejemplo, la oración (183) carece de interpretación genérica, ya que estamos hablando de un niño en particular.

(183) Cuando un niño fue al zoo, se entusiasmó.

Así pues, el contraste entre (180b) y (183) se debe a que el pretérito *entusiasmó,* a diferencia del presente, no induce genericidad, y por tanto el indefinido *un niño* no está sujeto a la interpretación genérica o universal.

Las líneas generales de análisis de las subordinadas adverbiales que se esbozan en estos párrafos pueden extenderse a otras subclases de subordinadas. Por ejemplo, las denominadas concesivas escalares (*por más que...*, *por mucho que...*, etc.) pueden analizarse como SSPP encabezados por una preposición que selecciona un SComp. Este SComp tiene un requisito especial consistente en que ha de cotejarse un rasgo cuantitativo, [grado] en unos casos y [cantidad] en otros (Gutiérrez-Rexach 2001d). Observe que los cuantificadores que se admiten en esta construcción son *mucho* (o su variante *muy*), *poco* y *más:*

(184) a. Por {mucho / más} que coma, a Eusebio no le pasa nada.

      b. Por mucho que llores, no te compraré otro pirulí.

      c. Por {muchas / más} páginas que le añadas, no va ser mejor tu novela.

      d. Por muy lejos que esté, pienso ir.

      e. Por poco espabilado que sea, comprenderá lo que le digo.

(185) a. *Por {todo / algo} que coma, a Eusebio no le pasa nada.
      b. *Por algo que llores, no te compraré otro pirulí.

Esta restricción es categorial, no pragmática. Supongamos que dos euros se considera un precio barato para una mercancía cualquiera. Observe que en ese caso podríamos construir (186a), pero no (186b). En cambio, podríamos construir (187b), que se ajusta a la pauta del paradigma anterior:

(186) a. Aunque me pida dos euros, no me lo voy a comprar.
      b. *Por dos euros que me pida, no me lo voy a comprar.

(187) a. Aunque me lo deje muy barato, no me lo voy a comprar.
      b. Por muy barato que me lo deje, no me lo voy a comprar.

Podemos pensar que el rasgo cuantitativo del que hablamos es fuerte, lo que activa el movimiento o la atracción del elemento cuantificacional escalar o de grado al especificador de SComp en la sintaxis patente:

(188) a. $[_{SP}$ por $[_{SComp[+grado]}$ más$_i$ $[_{Comp}$ que ...h$_i$...]]]
      b. $[_{SP}$ por $[_{SComp[+grado]}$ mucho$_i$ $[_{Comp}$ que ...h$_i$...]]]

Esta estructura tiene en común con la que corresponde a las construcciones causales el hecho de que *por* selecciona *que* en ambos casos. A la vez, se diferencia de ellas en que en (188) tenemos un SComp con rasgos cuantitativos, frente a lo que sucede en las causales. Recuerde que en (175a) y (176a) teníamos un SComp con rasgos temporales nulos, pero también seleccionado por P. Consideremos de nuevo construcciones como (184) y supongamos que ahora no tenemos en el SComp los rasgos cuantitativos mencionados. En estos casos se obtienen interpretaciones condicionales:

(189) a. Por dos vasos que bebas no te va a pasar nada.
      b. Si bebes dos vasos no te va a pasar nada.

(190) a. Con cualquier cosa que hagas te aprobarán.
      b. Con que hagas cualquier cosa te aprobarán.

Se trata de una estructura que le resultará doblemente familiar. Por un lado, se ajusta al patrón estructural que hemos sugerido anteriormente para las locuciones conjuntivas, que reanalizamos como proyecciones de un núcleo P (o P/C) que selecciona un SComp. Por otro, le recordará a la estructura de las oraciones de relativo y las exclamativas, en las que ya comprobamos que se da el movimiento de un elemento cuantificacional a SComp. Como habrá observado usted, en todos los casos seguimos la estrategia de desmembrar o despiezar construcciones que se suelen presentar como no segmentables. Algunas de las piezas obtenidas al desmontarlas pertenecen también a otras construcciones, pero otros componentes son nuevos. En uno y otro caso, las piezas se combinan en función de principios restrictivos que se reconocen en otras muchas construcciones sintácticas.

En resumen, hemos comprobado que las distintas oraciones subordinadas que la gramática tradicional clasifica nocionalmente se ajustan a tipos muy generales en el plano sintáctico, concretamente a sintagmas preposicionales y conjuntivos que varían en función de la estructura del SComp que seleccionan y de los constituyentes que aparecen en el especificador de esta última proyección. A la vez, muchas de estas estructuras desencadenan ciertos procesos en la Forma Lógica que resultan esenciales para determinar su interpretación semántica, pero siempre a partir de la forma en la que se codifican en la sintaxis.

Una rama de los estudios de pragmática se ha ocupado con detalle en los últimos años de los llamados MARCADORES O CONECTORES DISCURSIVOS. Se trata de partículas, tradicionalmente analizadas como conjunciones o como adverbios, del tipo de *por tanto, encima, sin embargo, mejor dicho, por el contrario,* y otras muchas expresiones que se usan para relacionar argumentativamente oraciones o partes de ellas, así como diversos fragmentos del discurso. En la mayor parte de los trabajos sobre este tema, algunos de los cuales se citan en el apartado de lecturas complementarias, se estudian las condiciones discursivas que cada conector establece. Se ha estudiado menos detalladamente los aspectos formales (categoriales o posicionales) de la estructura sintáctica de esas partículas o su posible relación con la sintaxis y semántica de la cuantificación.

11.10. Lecturas complementarias

• Los aspectos sintácticos de la estructura informativa, y en especial la incidencia del foco, se analizan en un gran número de trabajos, entre otros Jackendoff (1972), Rochemont (1986), Hernanz y Brucart (1987), Rochemont y Culicover (1990), Reinhart (1995), Rizzi (1997b), Zubizarreta (1998), Herburger (2000), Meinunger (2000), Zagona (2002: caps. 5 y 6), Breul (2004), Zubizarreta y Vergnaud (2005) y Schwabe y Winkler (2006). Sobre el impacto de dicha estructura en el orden de palabras del español, véanse Contreras (1976), Olarrea (1996), Ordóñez (1997) o Casielles (2001). Sobre el mismo asunto en italiano, con un amplio análisis de las opciones existentes, puede verse Pinto (1997). Sobre dislocación y tematización, además de las referencias mencionadas en el texto (y también en el cap. 9 cuando estudiábamos los clíticos), pueden consultarse Anagnostopolou y van Riemsdijk (1997), Escobar (1997), Ordóñez y Treviño (1999) y López (2003). Los fundamentos de la semántica del foco se exponen en Rooth (1996). Puede obtenerse una visión de conjunto sobre la gramática del discurso en Serrano (2006).

• La estructura informativa de la oración es uno de los temas en los que más claramente confluyen los intereses de los gramáticos de orientación formal y los de los de orientación funcional. Muchas de las cuestiones mencionadas en el texto se abordan también en recopilaciones como Grossman y otros (1975) o en monografías como Lambrecht (1994) o Kuno y Takami (1993), entre otras muchas de orientación funcional. En cuanto al español, este es también el punto de vista que adoptan Fant (1984), Gutiérrez Ordóñez (1997), Silva-Corvalán (1984) o Hidalgo (2003), entre otros estudios.

• Existe un gran número de trabajos sobre los actos verbales, y en particular sobre la gramática de los verbos que permiten llevarlos a cabo. Cabe destacar sobre estos últimos Verschueren (1980), Ballmer y Brennenstuhl (1981) y Wierzbicka

(1987). La bibliografía teórica sobre la sintaxis y semántica de las oraciones interrogativas es extensa. Pueden encontrarse muchas referencias en algunos trabajos recientes, como Higginbotham (1993), Comorovski (1996), Ginzburg (1996), Lutz y otros (2000), Ginzburg y Sag (2001) y Lahiri (2002). Los estudios más antiguos se pueden localizar en la abundante bibliografía contenida en la antología de Hiz (1978). Presentan enfoques recientes sobre las oraciones imperativas y exclamativas, además de las obras citadas en el texto, los trabajos de Silva Villar (1998), Han (2000), Villalba (2003), Zannuttini y Portner (2003) y Portner (2005b). Sobre la sintaxis y la interpretación de las preguntas del español pueden verse Bosque (1984a), Contreras (1986b), Jaeggli (1991), Escandell (1999), Uribe-Etxebarria (1995, 2002), Dumitrescu (2004) y Goodall (2004).

• Existen también numerosas obras sobre los conectores o marcadores discursivos, desde una perspectiva pragmática. Encontrará usted citados muchos de estos trabajos en Martín Zorraquino y Montolío (1998), Martín Zorraquino y Portolés (1999), Portolés (2001), Montolío (2001) y Cortés (2002). En Bybee y Fleischman (1995) se reúnen 18 estudios sobre la modalidad desde el punto de vista discursivo. Entre los estados de la cuestión sobre la modalidad destaca especialmente Palmer (1986). Véase también el más reciente de Grande Alija (2002), con datos del español. Un enfoque formal sobre algunos conectores puede encontrarse en Gutiérrez-Rexach y Howe (2003) y Gutiérrez-Rexach (2006).

Bibliografía

AARTS, B. (1992): *Small clauses in English: the nonverbal types,* Berlín / Nueva York, Mouton - de Gruyter.

ABNEY, S. (1987): *The English noun phrase in its sentential aspect,* tesis doctoral inédita, MIT.

ABRAHAM, W. y otros (eds.) (1996): *Minimal ideas,* Amsterdam, John Benjamins.

ACKEMA, P. y NEELEMAN, A. (2004): *Beyond morphology. Interface conditions on word formation,* Oxford, Oxford University Press.

ACKERMAN, F. y MOORE, J. (2001): *Proto-properties and grammatical encoding. A correspondence theory of argument selection,* Stanford (Ca.), CSLI Publications.

ACQUAVIVA, P. (1997): *The logical form of negation. A study of operator-variable structures in syntax,* Nueva York, Garland.

ADGER, D. (2003): *Core syntax. A minimalist approach,* Oxford, Oxford University Press.

— y otros (eds.) (1999): *Specifiers: minimalist approaches,* Oxford, Oxford University Press.

— y otros (eds.) (2004): *Peripheries: syntactic edges and their effects,* Dordrecht, Kluwer.

AGLE: *Archivo gramatical de la lengua española (de Salvador Fernández Ramírez),* Alcalá de Henares, Instituto Cervantes. Primera parte: *Las partículas.* En http://cvc.cervantes.es/obref/agle/

AGUD APARICIO, A. (1980): *Historia y teoría de los casos,* Madrid, Gredos.

AISSEN, J. (1999): «Markedness and subject choice in optimality theory», *Natural Language & Linguistic Theory* 17, pp. 673-711.

— (2003): «Differential object marking; Iconicity vs. economy», *Natural Language & Linguistic Theory* 21, pp. 435-483.

— y PERLMUTTER, D. (1976): «Clause reduction in Spanish», en *Proceedings of the Berkeley Linguistic Society,* 1, pp. 1-30. También en Perlmutter (ed.). pp. 360-403.

AKMAJIAN, A. (1970): «On deriving cleft sentences from pseudo cleft sentences», *Linguistic Inquiry* 1, pp. 149-168.

— y F. HENY (1975): *An introduction to the principles of transformational syntax,* Cambridge (Mass.), MIT Press.

— STEELE, S. y WASOW, T. (1979): «The category AUX in universal grammar», *Linguistic Inquiry* 10, pp. 1-64.

ALARCOS, E. (1970): *Estudios de gramática funcional del español,* Madrid, Gredos.

ALEXANDROVA, G. y ARNAUDOVA, O. (2001): *The minimalist parameter: selected papers from the Open Linguistics Forum,* Ottawa, 21-23 marzo de 1997, Amsterdam, John Benjamins.

ALEXIADOU, A. (1997): *Adverb placement: A case study in antisymmetric syntax,* Amsterdam, John Benjamins.

— y ANAGNOSTOPOULOU, E. (1998): «Parametrizing Agr: Word order, V-movement and EPP checking», *Natural Language & Linguistic Theory* 16, pp. 491-539.

— (ed.) (2002): *Theoretical approaches to universals,* Amsterdam / Philadelphia, John Benjamins.

— y WILDER, C. (eds.) (1998): *Possessors, predicates and movement in the determiner phrase,* Amsterdam, John Benjamins.

—, RATHERT, M. y VON STECHOW, A. (eds.) (2003): *Perfect explorations,* Berlín, Mouton / De Gruyter.

—, ANAGNOSTOPOULOU, E. y EVERAERT, M. (eds.) (2004): *The unacussativity puzzle,* Oxford, Oxford University Press.

ALLERTON, D. J. (1982): *Valency and the English verb,* Nueva York, Academic Press.

ALMEIDA, M. y DORTA, J. (eds.) (1997): *Contribuciones al estudio de la lingüística hispánica. Homenaje al profesor Ramón Trujillo,* Tenerife, Editorial Montesinos.

ALMELA, R (1992): «La fórmula "haber llegado a tiempo" en español», *Español Actual* 57, pp. 5-18.

ALONSO-CORTÉS, A. (1993): *Lingüística general,* Madrid, Cátedra, tercera edición.

— (1999): «Las construcciones exclamativas. La interjección y las expresiones vocativas», en Bosque y Demonte (eds.), pp. 3993-4050.

— (2000): *La exclamación en español,* Madrid, Minerva Ediciones.

ALONSO, F. y otros (eds.) (1994): *II Encuentro de lingüistas y filólogos de España y México,* Universidad de Salamanca.

ALONSO-OVALLE, L. y D'INTRONO, F. (2000): «Full and null pronouns in Spanish: The zero pronoun hypothesis», en Campos y otros (eds.), pp. 400-414.

ALSINA, A. (1996): *The role of argument structure in grammar: evidence from Romance,* Stanford (Ca.), CSLI Publications.

—(2001): «On the nonsemantic nature of argument structure», *Language Sciences* 23, pp. 355-389.

ALVAR, M. (ed.) (1996a): *Manual de dialectología hispánica. El español de España.* Barcelona, Ariel.

— (1996b): *Manual de dialectología hispánica. El español de América.* Barcelona, Ariel.

AMASTAE, J., GOODALL, G., MONTALBETTI, M. y PHINNEY, M. (eds.) (1995): *Contemporary research in Romance linguistics,* Amsterdam, John Benjamins.

AMBADIANG, T. (1993): *La morfología flexiva,* Madrid, Taurus.

ANAGNOSTOPOULOU, E. (2003): *The Syntax of ditransitives: Evidence from clitics,* Berlín, Mouton de Gruyter.

— y VAN RIEMSDIJK, H. (eds.) (1997): *Materials on left dislocation,* Amsterdam, John Benjamins.

ANDERSON, J. (1997): *A notional theory of syntactic categories,* Cambridge, Cambridge University Press.

ANDERSON, S. y KIPARSKY, P. (eds.) (1973): *A festschrift for Morris Halle,* Nueva-York, Holt, Rinehart and Winston.

— y LIGHTFOOT, D. (2002): *The language organ. Linguistics as cognitive physiology,* Cambridge, Cambridge University Press.

ANDROUTSOPOULOU, A (1995): «The licensing of adjectival modification», *Proceedings WCCFL* 14, pp. 17-31.

ANTONY, L. y HORNSTEIN, N. (2003): *Chomsky and his critics,* Oxford, Blackwell, 2003.

AOUN, J. (1981): *The formal nature of anaphoric relations,* tesis doctoral, Cambridge, MIT.

—, HORNSTEIN, N. y SPORTICHE, D. (1981): «Aspects of wide-scope quantification», *Journal of Linguistic Research* 1, pp. 67-95.

— y SPORTICHE, D. (1983): «On the formal theory of government», *The Linguistic Review* 2, pp. 221-236.

— y LI, Y. (2004): *Essays on the representational and derivational nature of grammar: The diversity of wh-constructions,* Cambridge (Mass.), MIT Press.

ARANOVICH, R. (1996): *Negation, polarity and indefiniteness. A comparative study of negative constructions in Spanish and English,* tesis doctoral inédita, Universidad de California, San Diego.

— (2000): «Split intransitivity and reflexives in Spanish», *Probus* 12, pp. 165-186.

ARCHE, M. J. (2006): *Individuals in time. Tense, aspect and the individual/stage distinction,* Amsterdam/ Filadelfia, John Benjamins.

ARNOLD, J., R. BLAKE y DAVIDSON, B. (eds.) (1996): *Sociolinguistic variation. Data, theory and analysis,* Stanford, CSLI Publications.

ARONOFF, M. (1976): *Word formation in generative grammar,* Cambridge (Mass.), MIT Press.

AUSÍN, A., y DEPIANTE, M. (2000): «The syntax of *parecer* with and without and experiencer», en Campos y otros (eds.), pp. 155-170

— y MARTÍ, L. (2000): «Subject-verb inversion and the A-bar status of preverbal subjects in Spanish», *4th Hispanic Linguistics Symposium,* Universidad de Indiana, Bloomington.

AUSTIN, J. (1964): *How to do things with words,* Harvard, Harvard University Press.

AUTHIER, J. M. (1989): «Arbitrary null objetcs and unselective binding», en Jaeggli y Safir (eds.), pp.45-67.

—, BULLOCK, B. E. y REED, L. A. (eds.) (1999): *Formal perspectives on Romance linguistics,* Amsterdam, John Benjamins.

AZEVEDO, M. (1992): *Introducción a la lingüística española,* Englewood Cliffs, Prentice Hall.

BAAUW, S. (2000): *Grammatical features and the acquisition of reference,* Utrecht, LOT.

BACH, E. (1964): *An introduction to transformational grammars,* Nueva York, Holt, Rinehart & Winston.

— (1968): «Nouns and noun phrases», en Bach y Harms (eds.), pp. 90-122.

— (1974): *Syntactic theory,* Nueva York, Holt, Rinehart & Winston. Versión cast: *Teoría sintáctica,* Barcelona, Anagrama, 1976.

— (1979): «Discontinuous constituents in generalized categorial grammar», *Proceedings of NELS 11,* pp. 1-13.

— (1980): «In defense of passive», *Linguistics and Philosophy* 3, pp. 297-342.

— (1986): «The algebra of events», *Linguistics and Philosophy* 9, pp. 5-16.

— y HARMS, G. (eds.) (1968): *Universals in linguistic theory,* Nueva York, Holt, Rinehart & Winston.

— y PARTEE, B. (1980): «Anaphora and semantic structure», *Proceedings of the Chicago Linguistic Society (CLS). Papers from the Parasession on pronouns and anaphora,* pp. 1-28.

— y HORN, G. (1976): «Remarks on "Conditions on transformations"», *Linguistic Inquiry* 7, pp. 265-299.

— y otros (eds.) (1995): *Quantification in natural languages,* Dordrecht, Kluwer.

BÁEZ SAN JOSÉ, V. (1988): *Fundamentos críticos de la gramática de dependencias,* Madrid, Síntesis.

BAKER, C. L. (1970): «Double negatives», *Linguistic Inquiry* 1, pp.169-186.

— (1978): *Introduction to generative transformational syntax,* Nueva Jersey, Prentice-Hall.

BAKER, M. (1988): *Incorporation. A theory of grammatical function changing,* Chicago, University of Chicago Press.

— (2001): *The atoms of language,* Nueva York, Basic Books.

— (2003): *Lexical categories. Verbs, nouns and adjectives,* Cambridge, Cambridge University Press.

—, JOHNSON, K. y ROBERTS, I. (1989): «Passive arguments raised», *Linguistic Inquiry* 20, pp. 219-251.

— y TRAVIS, L. (1997), «Mood as verbal definiteness in a 'tenseless' language», *Natural Language Semantics* 5, pp. 2113-269.

— (1998): «Events, times, and Mohawk verbal inflection», *Canadian Journal of Linguistics* 43, pp. 149-203.

BALLMER, T. y BRENNENSTUHL, W. (1981): *Speech act classification. A study in the lexical analysis of English speech activity verbs,* Heidelberg / Nueva York, Springer.

BALTIN, M. y KROCH, A. (eds.) (1989): *Alternative conceptions of phrase structure,* Chicago, University of Chicago Press.

— y COLLINS, C. (eds.) (2001): *The handbook of contemporary syntactic theory,* Oxford, Blackwell.

BARD, E., ROBERTSON, D. y SORACE, A. (1996): «Magnitude estimation of linguistic acceptability», *Language* 72, pp. 32-68.

BARGALLÓ ESCRIVÁ, M. y C. GARRIGA ESCRIBANO (eds.) (2000): *25 años de investigación en la lengua española,* Tarragona, Universitat Rovira i Virgili.

BARSKY, R. (1997): *Noam Chomsky: A life of dissent,* Cambridge (Mass.), MIT Press.

BARSS, A. (ed.) (2003): *Anaphora. A reference guide,* Oxford, Blackwell.

BARSS, A. y LASNIK, H. (1986): «A note on anaphora and double objects», *Linguistic Inquiry* 17, pp. 347-354.

BARTRA, A. (2002): «La passiva i les construccions que s'hi relacionen», en Solà y otros (eds.), vol. 2, cap. 16, pp. 2111-2179.

BARTSCH, R., BENTHEM, J. VAN y EMDE BOAS, P. VAN (eds.) (1989): *Semantics and contextual expression,* Dordrecht, Foris.

BASTIDA, S. (1976): «Restricciones de orden en las secuencias de clíticos en castellano: dos requisitos», en Sánchez de Zavala (ed.), pp. 79-110.

BAUERLE, R., EGLI, U. y STECHOW, A. VON (eds.) (1979): *Semantics from different points of view,* Berlín, Springer.

—, SCHWARZE, C. y STECHOW, A. VON (eds.) (1983): *Meaning, use and interpretation of language,* Berlín, Walter de Gruyter.

BEGHELLI, F. (1995): *The phrase structure of quantifier scope,* tesis doctoral inédita, Los Ángeles, UCLA.

— y STOWELL, T. (1997): «Distributivity and negation: The syntax of *each* and *every*», en Szabolcsi (ed), pp. 71-108.

BELLERT, I. (1977): «On semantic and distributional properties of sentential adverbs», *Linguistic Inquiry* 8, pp. 337-351.

BELLETTI, A. (1982a): «Morphological passive and pro-drop: The impersonal construction in Italian», *Journal of Linguistic Research* 2, pp. 1-33.

— (1982b): «On the anaphoric status of the reciprocal construction in Italian», *The Linguistic Review* 2, pp. 101-138.

— (1987): «Los inacusativos como asignadores de caso», en Demonte y Fernández Lagunilla (eds.), pp. 167-230.

— (1988): «The case of unaccusatives», *Linguistic Inquiry* 19, pp. 1-34.

— (1990): *Generalized Verb Movement,* Turín, Rosenberg & Sellier.

— (2001): «Agreement projections», en Baltin y Collins (eds.), pp. 483-510.

— (2004): «Aspects of the Low IP Area», en Rizzi (ed.), pp. 16-51.

— (ed.) (2004): *The cartography of syntactic structures, Vol. 3: Structures and beyond,* Oxford, Oxford University Press.

— y RIZZI, L. (1988): «Psych-verbs and è-theory», *Natural Language & Linguistic Theory* 6, pp. 291-352. Versión española: «Los verbos psicológicos y la teoría temática», Demonte y Fernández Lagunilla (eds.), pp. 60-122.

— y RIZZI, L. (eds.) (1996): *Parameters and functional heads,* Oxford, Oxford University Press

BELLO, A. (1847): *Gramática de la lengua castellana,* edición de R. Trujillo, Tenerife, Cabildo Insular, 1981.

BENEDICTO, E. y RUNNER, J. (eds.) (1994): *Functional projections,* UMass Occasional Papers in Linguistics 17, Amherst, Universidad de Massachusetts.

BENINCÀ, P. (ed.) (1989): *Dialect variation and the theory of grammar,* Foris, Dordrecht.

BENMAMOUN, E. (2000): *The phrase structure of functional categories,* Oxford, Oxford University Press.

BENNIS, H., PICA, P. y ROORYCK, J. (eds.) (1997); *Atomism and binding,* Dordrecht, Foris.

BENVENISTE, E. (1966): *Problèmes de linguistique générale,* Paris, Gallimard. Trad. cast: *Problemas de lingüística general,* Mexico, Siglo XXI, 1977.

BERNSTEIN, J. (1993): *Topics in the syntax of nominal structure across Romance,* tesis doctoral, CUNY.

— (2001): «The DP Hypothesis», en M. Baltin y C. Collins (eds.), pp. 536-561.

BERTINETTO, P. M. (1986): *Tempo, aspetto ed azione nel verbo italiano,* Florencia, Accademia della Crusca.

— (1997): *Il dominio tempo-aspettuale: demarcazioni, intersezioni, contrasti,* Turín, Rosenberg & Sellier.

— y otros (eds.) (1995): *Temporal reference, aspect and actionality,* Turín, Rosenberg & Sellier, Torino, 2 vols.

BEUKEMA, F. y DIKKEN, M. DEN (eds.) (2000): *Clitic phenomena in European languages,* Amsterdam, John Benjamins.

BHATT, D. N. S (1994): *The adjectival category,* Amsterdam, John Benjamins.

BICKERTON, D. (1975): «Some assertions about presupposition and pronominalization», *Proceedings of CLS* 11: *Parasession on functionalism,* pp. 580-609.

BIRDSONG, D. y MONTEUIL, J. P. (eds.) (1988): *Advances in Romance linguistics,* Dordrecht, Foris.

BLACK, J. y MOTAPANYANE, V. (eds.) (1996): *Microparametric syntax and dialect variation,* Amsterdam, John Benjamins

— (1997): *Clitics, pronouns, and movement,* Amsterdam, John Benjamins.

BLACKWELL, S. (2003): *Implicatures in discourse. The case of Spanish NP anaphora,* Amsterdam, John Benjamins.

BLAKE, B. J. (1994): *Case,* Cambridge, Cambridge University Press.

BOBALJIK, J. y PHILIPS, C. (eds.) (1993): *Papers on case and agreement,* MIT Working Papers in Linguistics 18.

— y JONAS, D. (1996): «Subject positions and the roles of TP», *Linguistic Inquiry* 27, pp. 195-236.

BOECKX, C. (2003): *Islands and chains,* Amsterdam, John Benjamins.

— y GROHMANN, K. (eds.) (2003): *Multiple wh-fronting,* Amsterdam, John Benjamins.

BOGARD, S. (1997): «Los verbos psicológicos del español y su relación temática», en Pool Westgaard (ed.), pp. 31-66.

BOLINGER, D. (1967): «Adjectives in English: Attribution and predication», *Lingua* 18, pp.1-34.

— (1970): «Adjective Position Again», *Hispania* 55, pp. 91-94

— (1972): *Degree Words,* La Haya, Mouton.

— (1979): «Pronouns in discourse», en Givón (ed.), pp. 289-310.

BONET, E. (1991): *Morphology after syntax: pronominal clitics in Romance,* tesis doctoral, MIT.

— (1995): «Feature structure of Romance clitics», *Natural Language and Linguistic Theory* 13, pp. 607-647.

BONOMI, A. y ZUCCHI, A. (2001): *Tempo e linguaggio. Introduzione alla semantica del tempo e dell'aspetto verbale,* Milán, Bruno Mondadori.

BOOIJ, G. (2005): *The Grammar of words,* Oxford, Oxford University Press.

BORDELOIS, I. (1986): «Parasitic gaps: Extensions of restructuring», en Bordelois, Contreras y Zagona (eds.), pp.1-24.

— (1988): «Causatives: From lexicon to syntax», *Natural Language and Linguistic Theory* 6, pp. 57-93.

—, CONTRERAS, H. y ZAGONA, K. (eds.) (1986): *Generative studies in Spanish syntax,* Dordrecht, Foris.

BORER, H. (1984): *Parametric syntax,* Dordrecht, Foris.

— (1994): «The projection of arguments», en Benedicto y Runner (eds.), pp. 19-47.

— (2004): *Structuring sense,* Vol 1: *In name only,* Vol 2: *The normal course of events,* Oxford, Oxford University Press.

— (ed.) (1986): *The syntax of pronominal clitics,* Syntax and Semantics 16, Orlando, Academic Press.

BORGONOVO, C. (2001): «Mood and focus», en J. Quer y otros (eds.), pp. 17-30.

BORSLEY, R. (1996): *Modern phrase structure grammar,* Oxford, Blackwell.

— (1999): *Syntactic theory. A unified approach,* Londres, Edward Arnold.

BOSKOVIC, Z. y LASNIK, H. (2006): *Minimalist syntax. The essential readings,* Oxford, Blackwell.

BOSQUE, I. (1980a): *Sobre la negación,* Madrid, Cátedra

— (1980b): «Retrospective imperatives», *Linguistic Inquiry* 11, pp. 415-419.

— (1982): «Sobre la interrogación indirecta», *Dicenda* 1 (1982), pp. 69-82

— (1984a): «Sobre la selección de las palabras interrogativas», *Verba* 11, pp. 245-273.

— (1984b): «Sobre la sintaxis de las oraciones exclamativas», *Hispanic Linguistics* 1, pp. 183-204.

— (1989): *Las categorías gramaticales,* Madrid, Síntesis

— (1992): «Anáforas distributivas: la gramática de *sendos*», en Cartagena y Schmitt (eds.) pp.59-92.

— (1993): «Sobre las diferencias entre los adjetivos relacionales y los calificativos», *Revista Argentina de Lingüística* 9 (1993), pp. 9-48.

— (1994): «La negación y el principio de las categorías vacías», en Demonte (ed.), pp. 167-199.

— (1997): «Preposición tras preposición», en Almeida y Dorta (eds.), pp. 133-155.

— (1998): «Sobre los complementos de medida», en Delbecque y de Poepe (eds.), pp. 57-72.

— (1999a): «El nombre común», Bosque y Demonte (eds.), pp. 3-76.

— (1999b): «El sintagma adjetival. Modificadores y complementos del adjetivo. Adjetivo y participio», en Bosque y Demonte (eds.), pp. 217-310.

— (2001a): «Adjective position and the interpretation of indefinites», Gutiérrez-Rexach y Silva-Villar (eds.), pp. 17-38.

— (2001b): «On the weight of light predicates», en Herschensohn, Mallén y K Zagona (eds.), pp. 23-38.

— (ed.) (1990a): *Indicativo y subjuntivo,* Madrid, Taurus

— (ed.) (1990b): *Tiempo y aspecto en español,* Madrid, Cátedra

— (ed.) (1996): *El sustantivo sin determinación,* Madrid, Visor.

— y PICALLO, C. (1996): «Postnominal adjectives in Spanish DPs», *Journal of Linguistics* 32, pp. 1-37.

— y MASULLO, P. (1998): «On verbal quantification in Spanish», en Fullana y Roca (eds.), pp. 9-63

— y DEMONTE, V. (eds.) (1999): *Gramática descriptiva de la lengua española,* 3 vols., Madrid, Espasa Calpe.

BOUCHARD, D (1995): *The semantics of syntax. A minimalist approach to grammar,* Chicago, The University of Chicago Press.

— (2002): *Adjectives, number and interfaces: Why languages vary?,* Amsterdam, Elsevier.

— y LEFFEL, K. (eds.) (1991): *Views of phrase structure,* Dordrecht, Kluwer.

BOWERS, J. (1993): «The syntax of predication», *Linguistic Inquiry* 24, pp. 591-656.

— (2001): «Predication», en Baltin y Collins (eds.), pp. 299-333.

BRAME, M. y otros (eds.) (1986): *A Festschrift for Sol Saporta,* Seattle, Noit Amrofer.

BRANCHADELL, A. (1992): *A study of non-lexical datives,* tesis doctoral, Universidad Autónoma de Barcelona

BRANCO, A. y otros (eds.) (2002): *DAARC 2002. Proceedings of the 4th discourse anaphora and anaphor resolution colloquium,* Lisboa, Colibri.

BRANDNER, E. y ZINSMEISTER, H. (eds.) (2003): *New perspectives on case theory,* Standord, Center for the Study of Language and Information.

BRANIGAN, P. (1992): *Subjects and complementizers,* tesis doctoral, MIT

BRESNAN, J. (1970): «On complementizers: towards a syntactic theory of complement types», *Foundations of Language* 6, pp. 297-321.

— (1982a): «The passive in lexical theory», en Bresnan (ed.), pp. 3–86.

— (1982b): «Control and complementation», *Linguistic Inquiry* 13, pp. 343-434.

— (ed.) (1982): *The mental representation of grammatical relations,* Cambridge, MIT Press.

— (ed.) (2001): *Lexical functional syntax,* Oxford, Blackwell

— y J. KANERVA (1989): «Locative inversion in Chicheva: a case study of factorization in grammar», *Linguistic Inquiry* 20, pp. 1-50.

BREUL, C. (2004): *Focus structure in generative grammar,* Amsterdam, John Benjamins.

BRIZ, A. y PÉREZ SALDANYA, M. (eds.) (1994): *Categories and functions. An open debate,* Lynx Series, Universidad de Valencia y Universidad de Minnesota.

BRODY, M. (1995): «Focus and checking theory», en I. Kenesei (ed.), pp. 29-44.

— (1999): «Relating syntactic elements», *Syntax* 2, pp. 101-140.

— (2001): «One more time», *Syntax* 4, pp. 126-138.

— (2003): *Towards an elegant syntax,* Nueva York, Routledge

BROWN, K. y MILLER, J. (eds.) (1999): *Concise encyclopedia of grammatical categories,* Nueva York, Elsevier Science.

BROWN, S. (1999): *The Syntax of negation in Russian: A minimalist approach,* Stanford, CSLI Publications

BRUCART, J. M. (1987): *Aspectos de la elisión sintáctica en español,* Universidad Autónoma de Barcelona.

— (1990): «Pasividad y atribución en español: un análisis generativo», en Demonte y Garza Cuarón (eds.), pp. 179-208.

— (1993): «Gramática generativa y gramática del español», *Verba,* 20, pp. 93-112.

— (1994a): «El funcionamiento sintáctico de los relativos en español», en F. Alonso y otros (eds.), pp. 443-469.

— (1994b): «Sobre una incompatibilidad entre posesivos y relativas especificativas», Demonte (ed.), pp. 51-86.

— (1994c): «Syntactic variation and grammatical primitives in generative grammar», en Briz y y Pérez Saldanya (eds.), pp. 145-176.

— (2002a): «Los estudios de sintaxis en el generativismo: balance y perspectiva», en *Presente y futuro de la lingüística en España. La Sociedad de Lingüística 30 años después,* Actas del II Congreso de la Sociedad Española de Lingüística (Madrid, 2000), pp. 21-51.

— (2002b): «Adición, sustracción y comparación», *Report de Recerca GGT*-02-3, Universidad Autónoma de Barcelona

— (2002c): «25 años de sintaxis española (1970-1995)», en Bargalló, Escrivá y Garriga Escribano (eds.), pp. 111-188.

— (2005): «Las construcciones atributivas de localización», en Santos Río y otros (eds.), pp. 185-204.

— y RIGAU, G. (2002): «La quantificació», en Solà y otros (eds.), capítulo 8, pp. 1517- 1589.

BRUGÈ, L. (2000): *Categorie funzionali del nome nelle lingue romanze,* Milán, CI-SALPINO, Istituto Editoriale Universitario - Monduzzi Editore

— (ed.) (2006): *Studies in Spanish syntax,* Università Ca' Foscari, Venezia.

BÜRING, D. (2005): *The syntax and semantics of binding theory,* Cambridge, Cambridge University Press.

BURTON-ROBERTS N. y otros (2000): *Phonological knowledge. Conceptual and empirical issues,* Oxford, Oxford University Press.

BURZIO, L. (1981): *Intransitive verbs and Italian auxiliaries,* tesis doctoral inédita, Cambridge, MIT.

— (1986): *Italian Syntax. A government-binding approach,* Hingham (Mass.), Kluwer.

BYBEE, J. y FLEISCHMAN, S. (eds.) (1995): *Modality in grammar and discourse,* Amsterdam, John Benjamins.

CAMACHO, J. (2003): *The Structure of coordination: Conjunction and agreement phenomena in Spanish and other languages,* Dordrecht, Kluwer Academic Publishers.

— (2006): «Do subjects have a place in Spanish?», en J-P. Montreuil and C. Nishida, pp. 51-65.

CAMPOS, H. (1986): «Indefinite object drop», *Linguistic Inquiry* 17, pp. 354-359.

— (1993): *De la oración simple a la oración compuesta. Curso superior de gramática española.* Washington (DC), Georgetown University Press

— (1999): «Transitividad e intransitividad», en Bosque y Demonte (eds.), pp. 1519-1574.

— y KEMPCHINSKY, P. (eds.) (1995): *Evolution and revolution in linguistic theory,* Washington (DC), Georgetown University Press.

— y ZAMPINI, M. (1990): «Focalization strategies in Spanish», *Probus* 2, pp. 47-64.

— y MARTÍNEZ-GIL, F. (eds.) (1991): *Current studies in Spanish linguistics,* Washington (DC), Georgetown University Press

—, HERBURGER, E. y WALSH, T., (eds.) (2000): *Hispanic Linguistics at the turn of the millenium. Papers from the 3rd Hispanic Linguistics Symposium,* Sommerville (Mass.), Cascadilla Press.

CARDINALETTI, A, (1994): *La sintassi dei pronomi,* Bolonia, Il Mulino.

— y GUASTI, M. T. (eds.) (1995): *Small clauses,* San Diego, Academic Press

—y STARKE, M. (1999): «The typology of structural deficiency: A case study of the three classes of pronouns», en van Riemsdijk (ed.), pp. 145-234.

— (2000): «Overview: The grammar (and acquisition) of clitics», en Powers y Hamann (eds.), pp. 165-186.

CARLSON, G (1977): *Reference to kinds in English,* tesis doctoral, Universidad de Massachusetts, Amherst.

— y PELLETIER, F. (eds.) (1995): *The generic book,* Chicago, University of Chicago Press.

CARNIE, A. (2002): *Syntax. A generative introduction,* Oxford, Blackwell.

CARR, P. (2000): «Scientific realism, sociophonetic variation, and innate endowments in phonology», en N. Burton-Roberts N. y otros (eds.), pp. 67-104.

CARRASCO, A. (1994): «Reichenbach y los tiempos verbales del español», *Dicenda* 12, pp. 69-86.

— (1999): «El tiempo verbal y la sintaxis oracional. La consecutio temporum», en Bosque y Demonte (eds.), pp. 3061–3128.

— (2000): «Los sistemas temporales de Andrés Bello y Hans Reichenbach», en Schmitt y Cartagna (eds.) pp. 319-347.

— (2001): *La concordancia de tiempos,* Madrid, Arco Libros.

CARTAGENA, N. y SCHMITT, C. (eds.) (1992): *Miscellanea Antverpiensia,* Tubinga, Max Niemeyer Verlag.

CASIELLES, E (1996): «On the misbehavior of bare nouns in Spanish», en Parodi y otros (eds.), pp. 135-148.

— (2001): «The syntax and semantics of preverbal topical phrases in Spanish», en Gutiérrez-Rexach y Silva-Villar (eds.), pp. 65-82.

— (2004): *The syntax-information structure interface. Evidence from Spanish and English,* Nueva York, Routledge (Taylor and Francis).

CATALÁ, N., DÍEZ, J. A. y GARCÍA-ALBEA, J. E. (eds.) (2002): *El lenguaje y la mente humana,* Barcelona, Ariel.

CHAMETZKY, R. (1996): *A Theory of phrase markers and the extended base,* Albany (NY), SUNY Press.

— (2000): *Phrase structure. From GB to minimalism,* Oxford, Blackwell.

CHENG, L. (1997): *On the typology of wh-questions,* Nueva York, Garland

CHIERCHIA, G. (1993): «Questions with quantifiers», *Natural Language Semantics* 1, pp. 181-234.

— (1995): «Dynamic binding», en G. Chierchia, *Dynamics of meaning: Anaphora, presupposition, and the theory of grammar,* Chicago, University of Chicago Press, pp. 62-84.

— y McCONNELL-GINET, S. (1990): *Meaning and grammar,* Cambridge (Mass.), MIT Press, ²2000.

— Hall Partee, G, B. y Turner, R. (eds.) (1989): *Properties, types, and meanings, Vol. 2,* Dordrecht, Kluwer.

CHOMSKY, N. (1955): *The logical structure of linguistic theory,* Chicago, University of Chicago Press, 1975.

— (1957): *Syntactic structures,* La Haya, Mouton, 1957. Trad. cast.: *Estructuras sintácticas,* México, Siglo XXI, 1975.

— (1964): *Current issues in linguistic theory,* La Haya, Mouton.

— (1965): *Aspects of the theory of syntax,* Cambridge (Mass.), MIT Press. Trad. cast.: *Aspectos de la teoría de la sintaxis,* Madrid, Aguilar, 1971.

— (1966): *Cartesian linguistics,* Nueva York, Harper and Row, 1966. Trad. cast.: *Lingüística cartesiana,* Madrid, Gredos, 1969.

— (1968): *Language and mind,* Nueva York, Harcourt, Brace, and World.

— (1970): «Remarks on nominalizations», en Jacobs y Rosenbaum (eds.), pp. 184-221.

— (1972): *Studies on semantics in generative grammar,* La Haya, Mouton.

— (1973): «Conditions on transformations», en Anderson y Kiparsky (eds.), pp. 232-286.

— (1976): «Conditions on rules of grammar», *Linguistic Analysis* 2, pp. 303-351.

— (1977a): *Dialogues avec Mitsou Ronat,* Paris, Flammarion, 1977. Trad inglesa: *Language and responsibility,* Nueva York, Pantheon Books, 1979; trad. cast.: *Conversaciones con Mitsou Ronat,* Barcelona, Gedisa, ³1999.

— (1977b): «On wh-movement», en Culicover y otros (eds.) pp. 71-132.

— (1980): «On binding», *Linguistic Inquiry* 11, pp. 1-46.

— (1981): «*Lectures on government and binding,* Dordrecht, Foris.

— (1982): *Some concepts and consequences of the theory of government and binding,* Cambridge (Mass.), MIT Press. Trad. cast.: *La nueva sintaxis. Teoría de la rección y el ligamiento,* Barcelona, Paidos, 1989.

— (1986a): *Knowledge of language: its nature, origin and use,* Nueva York, Praeger, 1986a. Trad. cast.: *El conocimiento del lenguaje,* Madrid, Alianza, 1989.

— (1986b): *Barriers,* Cambridge (Mass.), MIT Press, 1986b. Trad. cast.: *Barreras,* Barcelona, Paidos, 1990.

— (1988): *Language and problems of knowledge,* Cambridge (Mass.), MIT Press. Trad. cast.: *El lenguaje y los problemas del conocimiento,* Madrid, Visor, 1989.

— (1990): «On formalization and formal linguistics», *Natural language and Linguistic Theory* 8, pp. 143-147.

— (1991a): «Linguistics and adjacent fields: A personal view», en Kasher (ed.), pp. 3-25.

— (1991b): «Some notes on economy of derivation and representation», en Fredin (ed.), pp. 417-454. Reimpreso en Chomsky (1995).

— (1993): «A minimalist program for linguistic theory», en Keyser y Hale (eds.), pp. 1-52. Reimpreso en Chomsky (1995).

— (1995): *The minimalist program,* Cambridge (Mass.), MIT Press. Trad. cast.: *El programa minimalista,* Madrid, Alianza.

— (2000): *New horizons in the study of Language and mind,* Cambridge, Cambridge University Press.

— (2001a): «Beyond explanatory adequacy», *MIT Occasional Papers in Linguistics* 20. Reproducido en Belletti (ed.), pp, 104-131.

— (2001b): «Minimalist inquiries: The framework», Martin y otros (eds.), pp. 89-115.

— (2001c): «Derivation by phase», en Kenstowicz (ed.), pp. 1-52.

— (2002): *On nature and language,* Cambridge, Cambridge University Press.

— (2005): «Three factors in language design», *Linguistic Inquiry* 36, pp. 1-22.

— y HALLE (1968): *The sound pattern of English,* Nueva York, Harper & Row.

— y H. LASNIK (1977): «Filters and control», *Linguistic Inquiry* 8, pp. 425-504.

— (1995): «The theory of principles and parameters», en Chomsky (1995), pp. 13-128.

— y OTROS (1979): *La teoría estándar extendida,* Madrid, Cátedra.

CINQUE, G. (1983): «Topic constructions in some European languages and 'connectedness», en Ehlich y van Riemsdijk (eds.), reproducido en Anagnostopoulou y otros (eds.), pp. 93-118.

— (1988): «On *si* constructions and the theory of arb», *Linguistic Inquiry* 19, pp. 521-581.

— (1990): *Types of A'-dependencies,* Cambridge (Mass.), MIT Press.

— (1994): «On the evidence for partial NP-movement in the Romance DP», en G. Cinque y otros (eds.), pp. 85-110.

— (1996): «The antisymmetric programme: theoretical and typological implications», *Journal of Linguistics* 32, pp. 447-464.

— (1999): *Adverbs and functional heads. A cross-linguistic erspective,* Oxford, Oxford University Press

— (ed.) (2002): *The cartography of syntactic structures, Vol. 1, Functional structure in DP and IP,* Oxford, Oxford University Press

— (ed.) (2006): *Restructuring and functional heads. The cartography of syntactic structures,* Oxford, Oxford University Press.

— y KAYNE, R. (2005): *The Oxford handbook of comparative syntax,* Oxford, Oxford University Press

—, KOSTER, J., RIZZI, L. y ZANUTTINI, R. y otros (eds.) (1994): *Paths towards universal grammar,* Washington (DC), Georgetown University Press.

CLARK, R (1991): «Towards a modular theory of coreference», en Huang y May (eds.), pp. 48-78.

COHEN, D. (ed.) (1974): *Explaining linguistic phenomena,* Washington, Hemisphere.

COLE, P. y MORGAN, J. (eds.) (1975): *Syntax and Semantics,* vol. 3, Nueva York, Academic Press, 1975.

COLLINS, C. (1988): «Conjunction adverbs», manuscrito inédito, MIT.

— (1997): *Local economy,* Cambridge (Mass.), MIT Press.

COLOMBAT, B. (ed.) (1992): *Les parties du discours, Langages* 92.

COMOROVSKI, I., (1989): *Discourse and the syntax of multiple constituent questions,* tesis dotoral, Universidad de Cornell.

— (1996): *Interrogative phrases and the syntax-semantics interface,* Dordrecht, Kluwer Academic Publishers.

COMRIE, B. (1984): «Subject and object control: syntax, semantics and pragmatics», *Proceedings of BLS* 10, pp. 450-464.

— (1989): *Language universals and linguistic typology,* Oxford, Blackwell

CONDORAVDI, C. (1987): «Arbitrary reference, *pro,* and bare plurals.», *Proceedings of CLS* 23, pp. 18-30.

CONTRERAS, H. (1976): *A theory of word order with special reference to Spanish,* Amsterdam, North-Holland, 1976. Trad. esp: *El El orden de palabras en español,* Madrid, Cátedra, 1978.

— (1986a): «Spanish Bare NPs and the ECP», en I. Bordelois y otros (eds.), pp. 25-49.

— (1986b): «What does everybody want?», en Brame y otros (eds.), pp. 55-64.

— (1986c): «Conditions on A' chains», en *Proceeding of the West Coast Conference on Formal Linguistics,* vol 5, pp. 29-40.

— (1989): «Closed domains», *Probus* 1, pp. 163-180.

— (1991a): «On resumptive pronouns», en Campos y Martínez-Gil, pp. 143-163.

— (1991b): «On the position of subjects», en Rothstein (ed.), pp. 63-79,

— (1993): «On null operator structures», *Natural Language and Linguistic Theory* 11, pp. 1-30.

— (1994): «Hacia una reformulación de la subyacencia», en Demonte (ed.), pp. 237-253.

— (1999a): «Relaciones entre las construcciones interrogativas, exclamativas y relativas», en Bosque y Demonte (eds.), pp. 1931-1964.

— (1999b): «Deconstructing weak crossover», J. Franco y otros (eds.), pp. 35-44.

COOPER, R. (1979): «The interpretation of pronouns», *Syntax and Semantics* 10, Orlando, Academic Press, pp. 61-92.

CORBETT, G., FRASER, N. y MCGLASHAN, S. (1993): *Heads in grammatical theory,* Cambridge, Cambridge University Press.

CORNILESCU, A. (1992): «Remarks on the determiner system of Rumanian: the demonstratives *al* and *cel*», *Probus* 4, pp.189-260.

CORTÉS, L. (2002): *Estudios del español hablado entre 1950 y 1990*, Madrid, Arco-Libros.

CORUM, C. (1973): «Anaphoric Peninsulas», *Proceedings of CLS* 9, pp. 89-97.

CORVER, N. (1997): «The internal syntax of the Dutch adjectival extended projection», *Natural Language and Linguistic Theory* 15, pp. 289-368.

COUQUAUX, D (1981): «French predication and linguistic theory», en May y Koster (eds.), pp. 33-64.

COWART, W. (1997): *Experimental syntax: Applying objective methods to sentence judgments,* Thousand Oaks (Ca.), Sage.

COWPER, E. (1992): *A concise introduction to syntactic theory,* Chicago, University of Chicago Press.

CREA: *Corpus de referencia del español actual,* Real Academia Española www.rae.es

CREMERS, C. (1993): *Parsing coordination categorially,* Dordrecht, Holland Institute of Generative Linguistics.

CRESSEY, W. C. (ed.) (1981): *Proceedings of the Linguistic Symposium on Romance Languages* 9, Washington (DC), Georgetown University Press.

CRESSWELL, M. (1976): «The semantics of degree», en Partee (ed.), pp. 261-292.

CRESTI. D. y otros (eds.) (2002): *Current issues in linguistic theory: Selected papers from LSRL 29,* Amsterdam, John Benjamins.

CRISMA, P. (1996): «On the configurational nature of adjectival modification», en Zagona (ed.), pp. 59-71.

CROFT, W. (1990): *Typology and universals,* Cambridge, Cambridge University Press.

— (1991): *Syntactic categories and grammatical relations: The cognitive organization of information,* Chicago, University of Chicago Press.

— (2001): *Radical construccion grammar,* Oxford, Oxford University Press.

CRUSE, D. A. (1986): *Lexical semantics,* Cambridge, Cambridge University Press.

CUARTERO, J. (2003): *Cosas que se hacen. Esquemas sintáctico-semánticos agentivos del español,* Frankfurt am Main, meter Lang.

CUERVO, M. C. (2003a): «A control vs. raising theory of dative experiencers», en A. T. Perez-Leroux y Roberge (eds.), pp. 111-130.

— (2003b): «Structural asymmetries but same word order», en DiSciullo (ed.), pp. 117–144.

— (2003): *Datives at large,* tesis doctoral inédita, Cambridge, MIT.

CULICOVER, P. (1992): «Topicalization, inversion, and complementizers in English», *OTS working papers in linguistics,* pp. 54-87.

— (1997): *Principles and parameters. An introduction to syntactic theory,* Oxford, Oxford University Press.

—, WASOW, T. y AKMAJIAN, A. (eds.) (1977): *Formal syntax,* Nueva York, Academic Press.

— y JACKENDOFF, R. (2001): «Control is not movement», *Linguistic Inquiry* 32, pp. 493-512.

— y JACKENDOFF, R. (2005): *Simpler syntax,* Oxford, Oxford University Press.

— y NOWAK, A. (2003): *Foundations of syntax.* Vol. 2: *Dynamical grammar,* Oxford, Oxford University Press.

CURTISS, S. (1977): *Genie: A psycholinguistic study of a modern day 'wild-child',* Nueva York, Academic Press.

D'INTRONO, F. (1979): *Sintaxis transformacional del español,* Madrid, Cátedra.

— (2001): *Sintaxis generativa del español: evolución y análisis,* Madrid, Cátedra.

— y G. Lorenzo (1995): «Homogeneidad argumental en la formación de cadenas», *Hispania* 78-2. Disponible en internet.

DALRYMPLE, M. (1993): *The syntax of anaphoric binding,* Stanford (Ca.), CSLI Publications.

DARNELL, M. (1999): *Functionalism and formalism in linguistics,* 2 vols., Amsterdam, John Benjamins.

DAVIDSON, D. (1967): «The logical form of action sentences», en Rescher (ed.), pp. 81-95.

— y HARMAN, G. (eds.) (1972): *Semantics of natural language,* Dordrecht, Reidel.

DAVIES, W. y DUBINSKY, S. (2001): *Objects and other subjects,* Dordrecht, Kluwer.

— (2004): *The grammar of raising and control. A course in syntactic argumentation,* Oxford, Blackwell.

DAYAL, V. (1996): *Locality and Wh quantification: Questions and relative clauses in Hindi,* Dordrecht, Kluwer Academic Publishers.

DCRLC (1994): R. J. CUERVO: *Diccionario de construcción y régimen de la lengua castellana;* continuado y editado por el Instituto Caro y Cuervo, Bogotá, Instituto Caro y Cuervo, 8 vols.

DE SWART, H (1993): *Adverbs of quantification: A generalized quantifiers approach,* Nueva York, Garland.

DEAÑO, A. (1978): *Introducción a la lógica formal,* Madrid, Alianza Editorial.

DÉCHAINE, R. M. (1993): *Predicates across categories. Towards a category-neutral syntax,* tesis doctoral, Universdad de Massachusetts, Amherst.

— y WILSCHKO, M. (2002): «Decomposing pronouns», *Linguistic Inquiry* 33, pp. 409-442.

DELBECQUE. N. y POEPE, C. DE (eds.) (1988): *Estudios en honor del profesor Josse de Kock,* Leuwen University Press.

DEMIRDACHE, H. y URIBE-ETXEBARRIA, M. (2004): «The Syntax of time adverbs», en Guéron y Lecarme (eds.), pp. 143-179.

— (2007): «The Syntax of time arguments», en Zagona (ed.) pp.330–366.

DEMONTE, V. (1989): *Teoría sintáctica: De las estructuras a la rección,* Madrid, Síntesis.

— (1991a): «La realización sintáctica de los argumentos: el caso de los verbos preposicionales», en Demonte, *Detrás de la palabra. Estudios de gramática del español,* Madrid, Alianza, pp. 69-115.

— (1991b): «Tiempo y aspecto en los predicativos adjetivos», en Demonte, *Detrás de la palabra. Estudios de gramática del español,* Madrid, Alianza, pp. 116-154.

— (1994a): «La ditransitividad en español; léxico y sintaxis», en Demonte (ed.), pp. 431-470.

— (1994b): «Gramática del español y gramática universal: perspectivas de un encuentro», *Actas del congreso de la lengua española* (Sevilla, 1992), Madrid, Instituto Cervantes, pp. 667-695.

— (1995): «Dative alternations in Spanish», *Probus* 7, pp. 5-30.

— (1999a): «El adjetivo, clases y usos. La posición del adjetivo en el sintagma nominal», en Bosque y Demonte (eds.), pp.129-215.

— (1999b): «A minimal account of Spanish adjective position and interpretation», en Franco y otros (eds.), pp. 45-75.

— (2000): «Configuración e interpretación de los adjetivos del español: un enfoque minimista», en G. Wotjak (ed.), pp. 261-273.

— (2001): «Merge of adjectives in DP: A feature based analysis», manuscrito inédito.

— (1994) (ed): *Gramática del español,* México, D.F.: El Colegio de México.

— y GARZA CUARÓN, B. (1990): *Estudios de lingüística de España y México,* México, UNAM - El Colegio de México.

— y FERNÁNDEZ LAGUNILLA, M. (eds.) (1987): *Sintaxis de las lenguas románicas,* Madrid, Ediciones El Arquero.

DEN DIKKEN, M. y TORTORA, C. (eds.), (2005): *The function of function words and functional categories,* Amsterdam, John Benjamins.

DEVLIN, K. (1996a): «Are mathematicians turning soft?», *Focus* 1, disponible en http://www.maa.org/devlin/devlinangle_april.html

— (1996b): «Soft mathematics. The mathematics of people», Dispomible en internet.

— (1997): *Goodbye, Descartes,* Nueva York, John Wiley.

DI SCIULLO, A. M. y WILLIAMS, E. (1987): *On the definition of word,* Cambridge (Mass.), MIT Press.

— (ed.) (2003): *Asymmetry in grammar,* Amsterdam, John Benjamins.

DI TULLIO, Á. (1996): «Verbos psicológicos en español», en *Signo y Seña* 5, pp. 219-238.

— (2004): «Los verbos psicológicos y la estatividad. Realizaciones del español», en *Cuadernos de Lingüística,* Fundación Ortega y Gasset 11, pp. 23-43.

DÍEZ, J. A. y MOULINES, C. U. (1997): *Fundamentos de filosofía de la ciencia,* Barcelona, Ariel

DIESING, M. (1992): *Indefinites,* Cambridge (Mass.), MIT Press

— y JELINEK, E. (1995): «Distributing arguments», *Natural Language Semantics* 3, pp. 123-176.

DIXON, R.M. (1982): *Where have all the adjectives gone?,* Berlín, Monton/ De Gruyter.

DOBROVIE-SORIN, C. (1990): «Clitic doubling, wh-movement and quantification in Romanian», *Linguistic Inquiry* 21 (3), pp. 351-397.

— y C. BEYSSADE (2004): *Définir les indéfinis,* Paris, CNRS.

DOETJES, J. (1997): *Quantifiers and selection,* tesis doctoral, Universidad de Leiden.

DONATI, C. (1996): «A Case Study on Head Movement Comparative Clauses», *Catalan working papers in linguistics* 5 (2), pp. 169-182.

— (2000), *La sintassi della comparazione,* Padua, Unipress.

DOWTY, D (1979): *Word meaning and Montague grammar,* Dordrecht, Reidel

— (1982): «Grammatical relations and Montague Grammar», en Jacobson y Pullum (eds.), pp. 79-130.

— (1987): «Aspect and Aktionsart», Manuscrito, Ohio State University.

— (1989): «On the semantic content of the notion of "thematic role"», en G. Chierchia y otros (eds.), pp. 69-129.

— (1991): «Thematic proto-roles and argument selection», *Language* 67, pp. 547-619.

DRAE: Real Academia Española (2001): *Diccionario de la lengua española,* 21 edición, Madrid, Espasa.

DRESSLER, W., PRINZHORN, M. y RENNISON, J. R. (1997): *Advances in morphology,* Berlín, Mouton/ De Gruyter.

DRUBIG, H.B. (1992): «On topicalization and inversion», *Arbeitspapiere des SFB 340,* 22, Universidad de Tübingen

DUCROT, O. (1972): «*Peu* et *un peu*», en O. Ducrot, *Dire et ne pas dire,* París, Hermann, 1972, pp. 191-220.

— (1973): «French *peu* and *un peu*», en Kiefer y Ruwet (eds.), pp. 178-202.

DUMITRESCU. D. (2004): *The grammar of echo questions in Spanish and Romanian: syntax, semantics, pragmatics,* Berlín – Nueva York, Peter Lang.

ECHEVARRÍA, J. (1995): *Filosofía de la ciencia,* Madrid, Akal.

— (1999): *Introducción a la metodología de la ciencia,* Madrid, Cátedra.

EDELMAN, S. y CHRISTIANSEN, M. H. (2003): «How seriously should we take minimalist syntax?» *Trends in Cognitive Sciences* 7, pp. 60-61.

EGUREN, L. (1989): «Algunos datos del español en favor de la hipótesis de la frase determinante», *Revista Argentina de Lingüística* 5, pp. 163-203.

— (1990): «La combinatoria de los determinantes», *Dicenda* 9, pp. 59-72.

— (1993): «Núcleos de frase», *Verba* 20, pp. 61-91.

— y O. FERNÁNDEZ SORIANO (2004): *Introducción a una sintaxis minimista,* Madrid, Gredos.

EHLICH, K. y RIEMSDIJK, H. VAN (eds.) (1983): *Connectedness in sentence, discourse and text: proceedings of the Tilburg conference.*

EL PAÍS (1990): *Libro de estilo,* Madrid, Ed. El País

ELLIOTT, D. (1974): «Toward a grammar of exclamations», *Foundations of Language* 11, pp. 231-46.

EMONDS, J. (1976): *A transformational approach to English syntax,* Nueva York, Academic Press.

— (1978): «The verbal complex V - V' in French», *Linguistic Inquiry* 9, pp. 151-175.

— (1985): *A unified theory of syntactic categories,* Dordrecht, Reidel

ENÇ, M. (1986): «Towards a referential analysis of temporal expressions», *Linguistics and Philosophy* 9, pp. 405-426.

— (1987): «Anchoring conditions for tense», *Linguistic Inquiry* 18, pp. 633-57.

ENGEL, U. (1988): *Deutsche Grammatik,* Heidelberg, J. Groos

EPSTEIN, S. (1984): «Quantififer-pro and the LF Representation of PROarb», *Linguistic Inquiry* 15, pp. 499-505.

—, GROAT, E. M., KAWASHIMA, R. y KITAHARA, H. (eds.) (1998): *A Derivational Approach to Syntactic Relations,* Oxford, Oxford University Press.

— y HORNSTEIN, N. (eds.) (1999): *Working minimalism,* Cambridge (Mass.), MIT Press

— y SEELY, D. (eds.) (2002): *Derivation and explanation in the minimalist program,* Oxford, Blackwell.

ERNST, T. (1984): *Towards an integrated theory of adverb position in English,* IULC Publications, Universidad de Indiana.

— (2002): *The syntax of adjuncts,* Cambridge, Cambridge University Press.

ERTESCHIK-SHIR, N. (2005): *The syntax of aspect,* Oxford, Oxford University Press

ESCANDELL, M. V (1996): *Introducción a la pragmática,* Barcelona, Ariel

— (1999): «Los enunciados interrogativos. Aspectos semánticos y pragmáticos», en Bosque, I. y V. Demonte (eds.), *Gramática descriptiva de la lengua española,* 3 vols., Madrid, Espasa Calpe, 1999, pp.

— (2004): *Principios de semántica composicional,* Barcelona, Ariel.

— y M. LEONETTI (2002): «Coercion and the stage-individual distinction», en J. Gutiérrez-Rexach (ed), pp. 159-180.

ESCOBAR, L. (1995): *Lefthand satellites in Spanish,* tesis doctoral, Univerisidad de Utrecht.

— (1997): «Clitic left dislocation and other relatives», en Anagnostopoulou y van Riemsdijk (eds.), pp. 233-274.

ESPINAL, M. T. (2000a): «On the semantic status of n-words in Catalan and Spanish», *Lingua,* 110, 557-580.

— (2000b): «De la interpretación de enunciados a la actividad lingüística. El caso particular de la negación expletiva», en F. García Murga y K. Korta (eds.), pp.325-337.

— (2002): «La negació», en J. Solà y otros, vol. 3, cap. 24, pp. 2687-2757.

— y otros (eds.) (2002): *Semàntica. Del significat del mot al significat de l'oració,* Barcelona, Ariel.

ETXEPARE, R. (1996): «On null complemetizers in Spanish», *International Journal of Basque Linguistics and Philology* 30, pp. 469-496.

— y URIBE-ETXEBARRIA, M. (2005): «Wh-in-situ in Spanish: locality and quantification», *Recherches linguistiques de Vincennes* 33, pp. 9-34.

EVANS, G. (1980): «Pronouns», *Linguistic Inquiry* 11, pp. 337-362.

EVERAERT, M. y RIEMSDIJK, H. VAN (eds.) (2005): *The syntax companion,* Oxford, Blackwell.

FALK, Y. N. (1997): «Case typology and case theory», *Twelfth annual meeting of the Israel Association for Theoretical Linguistics,* Universidad de Bar-Ilan, disponible en internet.

— (2001): *Lexical-functional grammar: An introduction to parallel constraint-based syntax,* Stanford (Ca.), CSLI Publications.

FÄLT, G. (1972): *Tres problemas de concordancia verbal en el español moderno,* Uppsala, Acta Universitatis Upsaliensis, Studia Romanica Upsaliensia, vol. 9.

FANT, L. M. (1984): *Estructura informativa en español. Estudio sintáctico y entonativo,* Estocolmo, Almqvist & Wiksell.

FARKAS, D. (1988): «On obligatory control», *Linguistics and Philosophy* 11, pp. 27-58.

FARMER, A. (1984): *Modularity in syntax,* Cambridge (Mass.), MIT Press.

FAUCONNIER, G. (1975): «Polarity and the scale principle», en *CLS* 11, pp. 188-199.

FERNÁNDEZ, B. y ALBIZU, P. (eds.) (2002): *Kasu eta komunztaduraren gainean. On Case and agreement,* Bilbao. EHUko Argitalpen Zerbitzua.

FERNÁNDEZ LAGUNILLA, M. (1987); «Los infinitivos con sujetos léxicos en español», en Demonte y Fernández Lagunilla (eds.), pp. 125-147.

— y ANULA REBOLLO, A. (1994): «Procesos de filtrado de rasgos categoriales en la sintaxis: los infinitivos y la legitimación del caso nominativo», en Demonte (ed.), pp. 471-530.

— y ANULA REBOLLO, A. (1995): *Sintaxis y cognición. Introducción al conocimiento, el procesamiento y los déficits sintácticos,* Madrid, Síntesis.

— y ANULA REBOLLO, A. (2004): *Sintaxis y cognición. Introducción a la gramática generativa,* Madrid, Síntesis.

— y MIGUEL, E. DE (1999): «Relaciones entre el léxico y la sintaxis: adverbios de foco y delimitadores aspectuales», *Verba* 26, pp. 97-128.

— (2000): «La interfaz léxico-sintaxis: el clítico culminativo», en de Miguel y otros (eds.), pp. 141-159.

— (2002): «Adverbios de manera e información aspectual», *Actas del IV Congreso de Lingüística General,* Universidad de Cádiz, Vol. III, pp. 1009-1019.

FERNÁNDEZ LEBORANS, M. (1999): «La predicación. Las oraciones copulativas», en Bosque y Demonte (eds.), vol. 2, pp. 2357-2461.

— (2003): *Los sintagmas del español I. El sintagma nominal,* Madrid, Arco Libros.

— (2005): *Los sintagmas del español II. El sintagma verbal y otros,* Madrid, Arco Libros.

FERNÁNDEZ RAMÍREZ, S. (1951): *Gramática española.* Vol. 1: *los sonidos, el nombre y el pronombre,* Madrid, Revista de Occidente. Reedición en 5 vols. en Arco Libros, Madrid, 1985-1986.

— (1986): *Gramática española.* Vol. 4: *el verbo y la oración,* volumen preparado y completado por I. Bosque, Madrid, Arco Libros.

FERNÁNDEZ SORIANO, O. (1989): *Rección y ligamiento en español: Aspectos del parámetro del sujeto nulo,* tesis doctoral, Universidad Autónoma de Madrid.

— (1999a): «El pronombre personal. Formas y distribuciones. Pronombres átonos y tónicos», en Bosque y Demonte (eds.), pp. 1209-1274.

— (1999b): «Two types of impersonal sentences in Spanish: locative and dative subjects», *Syntax* 2, pp. 101-140.

— (ed.) (1993): *Los pronombres átonos,* Madrid, Taurus.

FEYERABEND, P. (1975): *Against method,* Londres, NLB.

FIENGO, R. y MAY, R. (1994): *Indices and identity,* Cambridge (Mass.), MIT Press

FILLMORE, C. (1968), «The case for case», en E. Bach y R. Harms (eds), 1968, pp. 1-88.

FILLMORE, C. y KAY, P. (2004): *Construction grammar,* Stanford (Ca.), CSLI Publications.

FITCH, W. T., HAUSER, M. D. y CHOMSKY, N. (2005): «The evolution of the language faculty. Clarifications and implications», *Cognition* 97, pp. 179–210.

FODOR, J. (1983): *The modularity of mind,* Cambridge (Mass.), MIT Press.

FODOR, J. y KATZ, J. (eds.) (1964): *The structure of language,* Englewood Cliffs, Prentice Hall.

FORGET, G. y otros (eds.) (1997): *Negation and polarity,* Amsterdam, John Benjamins.

FOX, D. (2000): *Economy and semantic interpretation,* Cambridge (Mass.), MIT Press.

FRAJZYNGIER, Z. y CURL, T. (eds.) (2000): *Reflexives: Forms and functions,* Amsterdam, John Benjamins.

FRANCHINI, E. (1986): *Las condiciones gramaticales de la coordinación copulativa en español,* Berna, Francke Verlag.

FRANCO, J. (1993): *On object agreement in Spanish,* tesis doctoral inédita, Los Ángeles, USC.

— y MEJÍAS-BIKANDI, E. (1999): «The presuppositionality condition and Spanish clitic-doubled objects», en Authier y otros (eds.), pp. 107-119.

—, LANDA, A. y MARTÍN, J. (eds.) (1999): *Grammatical analysis in Basque and Romance Linguistics,* Amsterdam, John Benjamins.

FREIDIN, R. (1992): *Foundations of generative syntax,* Cambridge (Mass.), MIT Press.

— (ed.) (1992): *Principles and parameters in comparative grammar,* Cambridge (Mass.), MIT Press

— (ed.). (1996): *Current issues in comparative grammar,* Dordrecht, Kluwer.

FREIDIN, R., OTERO, C. y ZUBIZARRETA, M.-L. (eds.) (en prensa): *Foundational issues in linguistic theory. Festschrift for Jean Roger Vergnaud,* Cambridge (Mass.), MIT Press.

FRIES, C. (1952): *The Structure of English,* Londres, Longman

FROMKIN, V. (ed.) (2000): *Linguistics. An introduction to linguistic theory,* Oxford, Blackwell.

— y RODMAN, R. (1974): *An introduction to language* [1974], Fort Worth (Tx.), Harcourt Brace, ⁶1998.

FUKUI, N. (1995): *Theory of projection in syntax,* Stanford (Ca.), CSLI Publications

— (2001): «Phrase structure», en Baltin y Collins (eds.), pp. 374-406.

— y M. SPEAS (1986): «Specifiers and projections», en *MIT Working Papers in Linguistics* 8, 1986, pp. 128-172.

FULLANA, O. y ROCA, F. (eds.) (1998): *Studies on the Syntax of central Romance languages,* Universidad de Girona.

GALLEGO, A. (2006a): «Phase effects in Iberian Romance», en Sagarra y Toribio (eds.), pp. 43-55.

— (2006b): «T-to-C movement in relative clauses», Report de Recerca GGT-06-10 2006, Universidad Autónoma de Barcelona.

GARCÍA FERNÁNDEZ, L. (2000): *La gramática de los complementos temporales,* Madrid, Visor Libros.

— y CAMUS BERGARECHE, B. (eds.) (2004): *El pretérito imperfecto,* Madrid, Gredos.

GARCÍA MURGA, F. (2002): *El significado. Una introducción a la semántica,* Berlín, Lincom Europa.

— y KORTA, K. (eds.) (2000): *Víctor Sánchez de Zavala. In Memoriam,* Bilbao, Universidad del País Vasco, Servicio de Publicaciones.

GARCÍA-MIGUEL, J. M. (1995): *Las relaciones gramaticales entre predicado y participantes,* Universidad de Santiago de Compostela, *Lalia,* Series Maior, nº 2.

GÄRDENFORS, P. (ed.) (1987): *Generalized quantifiers,* Dordrecht, Reídle

GARRIDO MEDINA, J. (1988): *Lógica y lingüística,* Madrid, Síntesis.

— (1999): «Los actos de habla. Las oraciones imperativas», en Bosque y Demonte (eds.), pp. 3879-3929.

GARRIDO, M. (1983): *Lógica simbólica,* Madrid, Tecnos.

GAVARE, R. (1972): *Graph description of linguistic structures: a linguistic approach to the theory of graphs,* Estocolmo. Alqmvist & Wiksell.

GAZDAR, G., KLEIN, E. PULLUM, G. y SAG, I. (1985): *Generalized phrase structure grammar,* Cambridge (Mass.), Harvard University Press.

GENNARI, S. (1999): *Tense meaning and temporal interpretation,* tesis doctoral inédita, Universidad de Brown.

GERLACH, B. y GRIJZENHOUT, J. (eds.) (2000): *Clitics in phonology, morphology and syntax,* Amsterdam: John Benjamins.

GERLACH, B. (2002): *Clitics between syntax and lexicon,* Amsterdam: John Benjamins.

GEURTS, B (1999): *Presuppositions and pronouns,* Amsterdam, Elsevier.

GIANNAKIDOU, A. (1997): *The landscape of polarity items,* Groningen, Groningen Dissertations in Linguistics (GRODIL).

— (1998): *Polarity sensitivity as (non) veridical dependency,* Amsterdam: John Benjamins.

— (2002): «N-words and negative concord», en M. Everaert y H. van Riemsdijk (eds.), Vol 3, § 459.

GILI GAYA, S. (1943): *Curso superior de sintaxis española,* Barcelona, Vox Bibliograf, [14]1982.

GINZBURG, J. (1996): «Interrogatives: Questions, facts and dialogue», en S. Lappin (ed.), pp. 361-422.

— e I. SAG (2001): *Interrogative investigations,* Stanford (Ca), CSLI Publications

GIORGI, A. y LONGOBARDI, G. (1991): *The Syntax of noun phrases: configuration, parameters, and empty categories,* Cambridge, Cambridge University Press

— y PIANESI, F. (1997): *Tense and aspect. From semantics to morphosyntax,* Oxford, Oxford University Press.

GIUSTI, G. (1991): «The categorial status of quantified nominals», *Linguistische Berichte* 136, pp. 438-454.

— (1997): «The categorial status of determiners», en Haegeman (ed.), pp. 95-123.

— (2002): «The functional structure of noun phrases: A bare phrase structure approach», en Cinque, G. (ed.) pp. 54-90.

GIVON, T. (1984): *Syntax: A functional-typological introduction,* Amsterdam, John Benjamins.

— (ed.) (1979): *Syntax and Semantics 12: Discourse and syntax,* Nueva York, Academic Press.

GLUCKSBERG, S. (2001): *Understanding figurative language: From metaphors to idioms,* Oxford, Oxford University Press.

GOENAGA, P. (ed.) (1995): *De gramática generativa. Anejos del anuario de filología vasca del seminario Julio de Urquijo* 38.

GOLDBERG, A. (1995): *Constructions: A construction grammar to argument structure,* Chicago, University of Chicago Press.

GÓMEZ TORREGO, L., (1992): *Valores gramaticales de se,* Madrid, Arco Libros.

— (2002): *Manual de español correcto,* 2 vols., Madrid, Arco Libros.

GONZÁLEZ RODRÍGUEZ, R. (2003): «Tiempo y modo en las subordinadas sustantivas», *Dicenda* 21, pp. 35-58.

GONZÁLEZ, L. (1997): *Transitivity and structural case marking in psych verbs. A fragment of an HPSG grammar of Spanish,* tesis doctoral, Universidad de California, Davis.

GOODALL, G. (2001): «The EPP in Spanish», en Davies y Dubinsky (eds.), pp. 193-224.

— (2002): «On preverbal subjects in Spanish», en pp. 92-106, en Satterfield y otros (eds.), pp. 92-106.

— (2004): «On the syntax and processing of *wh*-questions in Spanish», en *Proceedings of WCCFL* 23 (2004), pp. 101-114.

GRÀCIA, L. (1989): *La teoría temàtica,* Bellaterra, Publicaciones de la Universidad Autónoma de Barcelona

GRAFFI, G. (1985): «La nozione di "Forma Logica" in grammatica generativa», *Lingua e Stile,* XX (4), pp 449-482.

— (1994): *Sintassi,* Bolonia, Il Mulino.

GRANDE ALIJA, F. J. (1982): *Aproximación a las modalidades enunciativas,* Universidad de León (España), Secretariado de Publicaciones y Medios Audiovisuales.

GREENBERG, J. (ed.) (1966): *Universals of language,* Cambridge (Mass.), MIT Press.

GREUDER, W. y BUTT, M. (eds.) (1998): *The Projection of arguments,* Stanford (Ca.), CSLI Publications.

GRIMSHAW, J. (1979): «Complement selection and the lexicon», *Linguistic Inquiry* 10, pp. 279-326.

— (1990): *Argument structure,* Cambridge (Mass.), MIT Press

— (1991): «Extended projections», manuscrito inédito.

— (ed.) (1975): *Papers in the history and structure of English,* Papers in Linguistics 1, Amherst, Universidad de Massachusetts.

GROENENDIJK, J. y STOKHOF, M. (1982): «Semantic analysis of wh-complements», *Linguistics and Philosophy* 5, pp. 175-233.

— (eds.) (1984): *Truth, interpretation and information,* Foris, Dordrecht.

—, T. JANSSEN y STOKHOF, B. (eds.) (1981): *Formal methods in the study of language,* Universidad de Amsterdam, 2 vols.

GROOTVELD, M. (1994): *Parsing coordination generatively,* Dordrecht, Holland Institute of Generative Linguistics.

GROSSMAN, R. E. y otros (1975): *Papers from the parasession on functionalism,* Chicago, Chigaco Linguistic Society.

GROSZ, B., JOSHI, A. y WEINSTEIN, S. (1995): «Centering: A framework for modelling the local coherence of discourse» *Computational Linguistics,* 2.

GRUBER, J (1965): *Studies in lexical relations,* tesis doctoral, MIT. Publicado como *Lexical structures in syntax and semantics,* Amsterdam, North Holland, 1976.

— (2001): «Thematic relations in syntax», en Baltin y Collins (eds.), pp. 257-298.

GRUNDY, R. (1995): *Doing Pragmatics,* Londres, Edward Arnold.

GUERON, J. (1983): «L'emploi "possesive" de l'article défini en français», *Langue Française* 58, pp. 23-35.

— (2002): «Sur la syntaxe de l'aspect», en Laca (ed), pp. 99–121.

— (2007): «On tense and aspect», en Zagona (ed.), pp. 367–391.

— y HAEGEMAN, L. (2000): *English grammar,* Oxford, Blackwell

— y LECARME, J. (2004): *The syntax of time and aspect,* Cambridge, The MIT Press.

— y HOEKSTRA, T. (1995): «The temporal interpretation of predication», en Cardinaletti y Guasti (eds.), pp. 77-107.

— y TASMOWSKI, L. (2004): *Temps et point of vue,* Presses de l'université Paris 10, Université de Paris X.

GUTIÉRREZ BRAVO, R. (2002). *Structural markedness and syntactic structure: A study of word order and the left periphery in Mexican Spanish,* tesis doctoral inédita. Universidad de Santa Cruz.

GUTIÉRREZ ORDÓÑEZ (1994): *Las construcciones comparativas.* Arco Libros.

GUTIÉRREZ ORDÓÑEZ, S. (1997): *Temas, remas, focos, tópicos, comentarios,* Madrid, Arco Libros.

GUTIÉRREZ-REXACH, J. (1996): «The scope of universal quantifiers in Spanish interrogatives», en K. Zagona (ed.), pp. 87-98.

— (1997): «Questions and generalized quantifiers», en Szabolcsi (ed.), pp. 409-452.

— (1999a): «The structure and interpretation of Spanish neuter degree constructions», *Lingua* 109, pp. 35-63.

— (1999b): «The formal semantics of clitic doubling», *Journal of Semantics* 16, pp. 315-380.

— (2001a): «Adverbial weak pronouns: derivation and interpretation», en J. Gutiérrez-Rexach y L. Silva-Villar (eds.), pp. 143-174.

— (2001b): «Interface conditions and the semantics of argument clitics», en Gutiérrez-Rexach y Silva-Villar (eds.), pp. 107-142.

— (2001c): «Spanish exclamatives and the semantics of the left periphery», en Rooryck y otros, pp. 167-194.

— (2001d): «Two types of prepositional conditionals», en Campos y otros (eds.), pp. 245-263.

— (2003a): *La semántica de los indefinidos,* Madrid, Visor.

— (2003b): *Semantics: critical concepts in linguistics,* 6 vols., Londres, Routledge.

— (2006): «Discourse particles, quantification and multi-dimensional meaning», *SDV International Journal for Language Data Processing* 30, pp. 35-46.

— (ed.) (2002): *From words to discourse,* Amsterdam, Elsevier.

— y HOWE, C. (2003): «Selective and unselective manner operators», en Pérez-Leroux y Roberge (eds.), pp. 131-148.

— y MALLEN (2001): «NP movement and adjective position in the DP phases», en Herschensohn y otros (eds.), pp. 107-32.

— y MARTÍNEZ-GIL, F. (eds.) (1999): *Advances in hispanic linguistics. Proceedings of the 2nd symposium on hispanic linguistics,* Somerville (Mass.), Cascadilla Press.

— y SILVA-VILLAR, L. (1999): «Spanish bare plurals, multiple specifiers and the derivation of focus-related features», *Folia Linguistica* 33, pp. 355-387.

— (eds.) (2001): *Current issues in Spanish syntax and semantics,* Berlín, Mouton De Gruyter.

HADLICH, R. (1975): *Gramática transformacional del español,* Madrid, Gredos.

HAEGEMAN, L. (1991): *Introduction to government and binding theory,* Oxford, Blackwell, ²1994.

— (1995): *The syntax of negation,* Cambridge, Cambridge University Press.

— (ed.) (1997a): *The new comparative syntax,* Londres, Longman.

— (ed.) (1997b): *Elements of grammar,* Dordrecht, Kluwer.

— (2005): *Thinking syntactically,* Oxford, Blackwell

— y ZANUTTINI, R. (1996): «Negative concord in West Flemish», en Belletti y Rizzi (eds.), pp. 117-179.

HAÏK, I. (1984): «Indirect Binding», *Linguistic Inquiry* 15, pp. 185-223.

HALE, K. y KEYSER, S. J. (1987): «A view from the middle», *Lexicon Project Working papers* 10, MIT.

— (1991): «On the syntax of argument structure», *Lexicon Project Working Papers,* MIT.

— (1993): «On argument structure and the lexical expression of syntactic relations», en Keyser y Hale (eds.), pp. 53-109.

— y KEYSER, S. J. (1998): «The basic elements of argument structure», en Harley (ed.), pp. 73-118.

— (2002): *Prolegomenon to a theory of argument structure*, Cambridge (Mass.), MIT Press.

— (eds.) (1993): *The view from building 20*, Cambridge (Mass.), MIT Press.

HALLE, M. y MARANTZ, A. (1993): «Distributed morphology and the pieces of inflection», en Hale y Keyser (eds.), pp. 111-176.

HALLIDAY, M. (1967): «Notes in transitivity and theme in English», *Journal of Linguistics* 3, pp. 199-243.

HALPERN, A (1995): *On the placement and morphology of clitics*, Stanford (Ca.), CSLI Publications.

HAMBLIN, C.L. (1973): «Questions in Montague English», *Foundations of Language* 10, pp. 41-53.

HAMM, F. y HINRICHS, E. (eds.) (1998): *Plurality and quantification*, Dordrecht, Kluwer.

HAN, C. H. (2000): *The Structure and interpretation of imperatives: mood and force in universal grammar*, Nueva York, Garland.

HARLEY H. (ed.) (1998): *Papers from the Upenn/ MIT Roundtable on Argument Structure and Aspect*, MIT Working Papers in Linguistics.

HARRIS, J. (1991): «The exponence of gender in Spanish», *Linguistic Inquiry* 22, pp. 27-62.

— (1995): «The morphology of Spanish clitics», en Campos y Kempchinsky (eds.), pp. 168-197.

HARRIS, R. (1993): *The Linguistic wars*, Oxford, Oxford University Press.

HARRISON, M. A. (1978): *Introduction to formal language theory*, Reading (Mass.), Addison-Wesley.

HAUSER, M. D., CHOMSKY, N. y FITCH, W. T. (2002): «The faculty of language: What is it, who has it, and how did it evolve?», *Science* 298, pp. 1569-1579.

HAVU. J. (1998): *La constitución temporal del sintagma verbal en el español moderno*, Helsinki, Annales Academiae Scientiarum Fennicae.

HAWKINS, J. (ed.) (1988): *Explaining language universals*, Oxford, Basil Blackwell.

HEIM, I. (1979): «Concealed questions», en R. Bauerle y otros (eds.), pp. 51-60.

— (1982): *The Semantics of definite and indefinite NPs*, tesis doctoral, Universidad de Massachusetts, Amherst.

— (1993): «Anaphora and semantic interpretation. A reinterpretation of Reinhart's approach», SFS Report 07-93, Universidad de Tübingen.

— y A. KRATZER (1998): *Semantics and generative grammar*, Oxford, Basil Blackwell.

HELBIG G. (1992): *Probleme der valenz- und kasustheorie*, Tübingen, Newmeyer.

HELLAN, L. (1988): *Anaphora in Norwegian and the theory of grammar*, Dordrecht, Foris.

HENDRICK, R. (ed.) (2003): *Minimalist syntax*, Oxford, Blackwell.

HENRÍQUEZ UREÑA, P. (1939): «Ello», *Revista de Filología Hispánica* 1, pp. 209-229.

HENRY, A. (1995): *Belfast English and standard English: dialect variation and parameter setting*, Oxford, Oxford University Press.

HERBURGER, H. (2000): *What counts. Focus and quantification*, Cambridge, MIT Press.

HERNANZ, M. L. (1982): *El infinitivo en español*, Bellaterra, Universidad Autónoma de Barcelona.

— (1988): «En torno a la sintaxis y semántica de los complementos predicativos en español», *Estudi General* 8, pp. 7-29.

— (1990): «En torno a los sujetos arbitrarios de segunda persona del singular», en Garza y Demonte (eds.), pp. 151-178.

— (1994): «Argumentos implícitos, operadores nulos e interpretación arbitraria», en V. Demonte (ed.), pp. 315-362.

— (1999a): «El infinitivo», en Bosque y Demonte (eds.), pp. 2197-2356.

— (1999b): «Polaridad y modalidad en español: en torno a la gramática de *bien*», Report GGT-99-6, Universidad Autónoma, Bellaterra.

— (2006): «Emphatic polarity and C in Spanish», en Brugè (ed.), pp. 105-150.

HERNANZ, M. L. y BRUCART, J. M. (1987): *La sintaxis I. Principios teóricos. La oración simple,* Barcelona, Crítica.

HERSCHENSOHN, J., MALLÉN, E. y ZAGONA, K. (eds.) (2001): *Features and interfaces in Spanish and French: Essays in honor of Heles Contreras.* Amsterdam, John Benjamins.

HEUSINGER, K. VON y EGLI, U. (eds.) (2000): *Reference and anaphoric relations,* Dordrecht: Kluwer Academic

HIDALGO, R. (2003): *La tematizacíon en el español hablado,* Madrid, Gredos.

HIGGINBOTHAM, J. (1980): «Pronouns and bound variables», *Linguistic Inquiry* 11, pp. 697-708.

— (1985): «On semantics», *Linguistic Inquiry* 16, pp. 547-594.

— (1989): «Elucidations of meaning», *Linguistics and Philosophy* 12, pp. 365-418.

— (1993): «Interrogatives», en Hale y Keyser (eds.), pp.195-228.

HIGGINBOTHAM, J. y MAY, R. (1981): «Questions, quantifiers and crossing», *The Linguistic Review* 1, pp. 41-80.

— y otros (eds.) (2000): *Speaking of events,* Oxford, Oxford University Press.

HIRSCHBULER P. y KOERNER, K. (eds.) (1992): *Romance languages and modern linguistic theory,* Amsterdam, John Benjamins.

HIZ, H. (ed.) (1978): *Questions,* Dordrecht, Reidel.

HJELMSLEV, L. (1935/ 1937): *Catégorie des cas,* Acta Jutlandica VII, IX, 2 vols. Trad. cast.: *La categoría de los casos,* Madrid, Gredos, 1978.

HOCKETT, C. (1958): *A course in modern linguistics,* Nueva York, MacMillan, 1958. Trad. cast: *Curso de lingüística moderna,* Buenos Aires, Eudeba, 1971.

HOEKSEMA, J., RULLMANN, H., SÁNCHEZ-VALENCIA, V. y WOUDEN, T. VAN DER (eds.) (2001): *Perspectives on negation and polarity Items,* Amsterdam. John Benjamins.

HOEKSTRA, T. (1984): *Transitivity: Grammatical relations in government-binding theory,* Dordrecht, Foris Publications.

— (1988): «Small clause results», *Lingua* 74, pp. 101-139.

— (1992): «Small clause theory», *Belgian Journal of Linguistics* 7, pp. 125-151.

HOLMBERG, A. (2005): «Is there a little pro? Evidence from Finnish», *Linguistic Inquiry* 36, pp. 533-564.

HOPCROFT, J. y ULLMAN, J. (1979): *Introduction to automata theory, languages and computation,* Reading (Mass.), Addison-Wesley.

HOPPER, P. y THOMPSON, S. (1980): «Transitivity in grammar and discourse», *Language* 56, pp. 251-299.

— (1984): «The discourse basis for lexical categories in universal grammar», *Language* 60, pp. 703-752.

HORN, L. (1989): *A natural history of negation,* Chicago, Chicago University Press.

HORN, L. y KATO, Y. (eds.) (2000): *Negation and polarity: syntactic and semantic perspectives,* Oxford, Oxford University Press, 2000.

HORNSTEIN, N. (1977): «Towards a theory of tense», *Linguistic Inquiry* 8, pp. 521-557.

— (1981): *The study of meaning in natural language,* Nueva York, Longman,

— (1984): *Logic as grammar,* Cambridge (Mass.), MIT Press.

— (1990): *As time goes by: tense and universal grammar,* Cambridge (Mass.), MIT Press.

— (1995): *Logical Form: from GB to minimalism,* Oxford, Blackwell.

— (1998): «Movement and chains», *Syntax* 1, pp. 99-127.

— (1999a): «Movement and control», *Linguistic Inquiry* 30, pp. 69-96.

— (1999b): «Minimalism and quantifier raising», en Epstein y Hornstein (eds.) pp. 45-77.

— (2001): *Move! A minimalist theory of construal,* Oxford, Blackwell.

—, y WEINBERG, A. (1990): «The necessity of LF», *The Linguistic Review* 7, pp. 12-167.

—, J. NUNES y GROHMANN, K. (2005): *Understanding minimalism,* Cambridge, Cambridge University Press.

—, y D. LIGHTFOOT (eds.) (1981): *Explanation in Linguistics,* Londres, Longman

HORROCKS. G. (1987): *Generative grammar,* Londres, Longman.

HORVATH, J. (1986): *Focus in the theory of grammar and the syntax of Hungarian,* Dordrecht, Foris.

HOUT, A VAN, (1998): *Event semantics of verb frame alternations,* Garland, Nueva York.

HUALDE, J. I., OLARREA, A. y ESCOBAR, A. M. (2001): *Introducción a la lingüística hispánica,* Cambridge, Cambridge University Press.

HUANG, J. (1982): *Logical relations in Chinese and the theory of grammar,* tesis doctoral, MIT.

— y MAY, R. (eds.) (1991): *Logical structure and linguistic structure: Cross-linguistic perspectives,* Dordrecht, Kluwer Academic Publishers.

HUANG, Y. (1991): «A neo-Gricean pragmatic theory of anaphora» *Journal of Linguistics* 27, 301-335.

— (1994): *The syntax and pragmatics of anaphora: A study with special reference to Chinese,* Cambridge, Cambridge University Press.

HUCK, G. y GOLDSMITH, J. (1995): *Ideology and linguistic theory. Noam Chomsky and the deep structure debate,* Chicago, University of Chicago Press.

HUDDLESTON. R. y PULLUM, G. K. (2002): *The Cambrige grammar of the English language,* Cambridge, Cambridge University Press.

HUDSON, G. (2000): *Essential introductory linguistics,* Londres, Blackwell.

HULK, A. C. y POLLOCK, J. Y. (eds.) (2001): *Subject inversion in Romance and the theory of universal grammar,* Oxford, Oxford University Press.

HURTADO, A. (1984): «On the properties of LF», *Cornell Working Papers in Linguistics* 6 (1984), pp. 121-150.

IATRIDOU, S. (1990): «About AgrP», *Linguistic Inquiry* 21, pp. 551-577.

INKELAS, S. y ZEC, D. (1990): *The morphology-syntax connection,* Chicago, Chicago University Press.

ISASI, P., MARTÍNEZ, P. y BORRAJO, D. (1997): *Lenguajes, gramáticas y autómatas. Un enfoque práctico,* Madrid, Addison-Wesley Iberoamericana.

JACKENDOFF, R. (1972): *Semantic interpretation in generative grammar,* Cambridge (Mass.), MIT.

— (1977): *X'-Syntax,* Cambridge (Mass.), MIT Press.

— (1983): *Semantics and cognition,* Cambridge (Mass.), MIT Press.

— (1987): «The status of thematic relations in linguistic theory», *Linguistic Inquiry* 18, pp. 369- 411.

— (1990a): *Semantic structures,* Cambridge (Mass.), MIT Press.

— (1990b): «On Larson's treatment of the double-object construction», *Linguistic Inquiry* 21, pp. 427-455.

— (1991): «Parts and boundaries», *Cognition* 41 (1), pp. 9-45.

— (1997): *The architecture of the language faculty,* Cambridge, MA. MIT Press.

— (2002): *Foundations of language,* Oxford, Oxford University Press.

— y PINKER, S. (2005): «The nature of the language faculty and its implications for evolution of language (Reply to Fitch, Hauser, and Chomsky)», *Cognition* 97, pp. 211–225

— y CULICOVER, P. (2003): «The semantic basis of control in English», *Language* 79, pp. 517-556.

JACOBS, R. y ROSENBAUM, P. (eds.) (1970): *Readigs in English transformational grammar,* Waltham (Mass.), Ginn & Co, pp. 184-221.

JACOBSEN, B. (1986), *Modern transformational grammar,* Amsterdam, North Holland

JACOBSON, P. y PULLUM, G. (eds.) (1982): *The nature of syntactic representation,* Dordrecht, Reidel.

JAEGGLI, O. (1982): *Topics in Romance Syntax,* Dordrecht, Foris.

— (1984): «Subject extraction and the null subject parameter», en *Proceedings of NELS 14,* pp. 132-153.

— (1986a): «Passive», *Linguistic Inquiry* 17, pp. 587-622.

— (1986b): «Three issues in the theory of clitics: case doubled NPs and extraction», en Borer (ed.), pp.15-42.

— (1988): «ECP effects at LF in Spanish», en Birdsong y Monteuil, pp. 113-149.

— (1991): «Head government in LF-representation», en Huang y May (eds.), pp. 79-109.

JAEGGLI, O. y SAFIR, K. (eds.) (1989): *The null subject parameter,* Dordrecht, Kluwer.

JAKUBOWITZ, C. (1984): «Do binding principles apply to INFL?», *Proceedings of NELS XV,* 1984, pp. 188-206.

JANNEDY, S. y otros (eds.) (1995): *Language files. Materials for an introduction to language and linguistics,* Columbus (Oh.), Ohio State University Press.

JAYASEELAN, K (1997): «Anaphors as pronouns», *Studia Linguistica* 51, pp. 186-284.

JENKINS, L. (2000): *Biolinguistics: exploring the biology of language,* Cambridge, Cambridge University Press, 2000. Trad. cast.: *Biolingüística,* Madrid, Cambridge University Press, 2002.

JESPERSEN, O. (1924): *The philosophy of grammar,* Londres, Allen & Unwin. Trad. cast.: *La filosofía de la gramática,* Barcelona, Anagrama, 1975.

JOHANNESSEN, J. B. (1998): *Coordination,* Oxford, Oxford University Press.

JUARROS, E. (2004): *Argument structure and the lexicon/syntax interface,* tesis doctoral, Universidad de Massachusetts, Amherst.

KAC, M. (1992): *Grammars and grammaticality,* Amsterdam, John Benjamins.

KALISH, D. y MONTAGUE, R. (1965): *Logic. Techniques of formal reasoning,* Nueva York, Harcourt Brace.

KAMP, H. (1981): «A theory of truth and semantic representation», en Groenendijk y Stokhof (eds.) pp. 1-41.

KANY, C. (1945): *American-Spanish syntax,* Chicago, The University of Chicago Press. Versión española: *Sintaxis hispanoamericana,* Madrid, Gredos, 1970.

KAPLAN, R. y BRESNAN, J. (1982): «Lexical Functional-Grammar: a formal system for grammatical representation», en Bresnan (ed.), pp. 173-281.

KARTTUNEN, L. (1977): «Syntax and semantics of questions», *Linguistics and Philosophy* 1, pp. 3-44.

— y S. PETERS (1980): «Interrogative quantifiers», en Rohrer (ed.), pp. 181-206.

KASHER, A., (ed.) (1991): *The Chomskyan turn,* Oxford, Blackwell.

KATZ, J. y J. FODOR (1963): «The structure of a semantic theory», *Language* 39, pp. 170-210.

— y POSTAL, P. (1965): *An integrated theory of linguistic descriptions,* Cambridge (Mass.), MIT Press

KAYNE, R. (1975): *French syntax,* Dordrecht, Foris.

— (1976): «French relative *que»,* en Luján y Hensey (eds.), pp. 255-299.

— (1981): «On certain differences between French and English», *Linguistic Inquiry* 12, pp. 349-371.

— (1984): *Connectedness and binary branching,* Dordrecht, Foris.

— (1989a): «Facets of romance past participle agreement», en Benincà (ed.), pp. 85-103.

— (1989b): «Null subjects and clitic climbing», en Jaeggli y Safir (eds.), pp. 239-262.

— (1994): *The antisymmetry of syntax,* Cambridge (Mass.), MIT Press.

— (2000): *Parameters and universals,* Oxford University Press.

— (2005): *Movement and silence,* Oxford, Oxford University Press.

KEENAN, E. (1976): «Toward a universal definition of "subject"», en C. Li (ed.), pp. 303-333.

— (1988): «On semantics and the binding theory», en Hawkins (ed.), pp. 105-144.

— (1989): Semantic case theory», en R. Bartsch y otros (eds.), pp. 33-57.

— (ed.) (1975): *Formal semantics of natural language,* Cambridge, Cambridge University Press.

KELLER, F. (2000): *Gradience in grammar: experimental and computational aspects of degrees of grammaticality,* tesis doctoral, Universidad de Edimburgo.

KEMPCHINSKY, P. (1986): *Romance subjunctive clauses and Logical Form,* tesis doctoral, UCLA, 1986.

— (1990): «Más sobre el efecto de referencia disjunta del subjuntivo», en Bosque (ed.), pp. 234-258.

— (1998): «Mood phrase, case checking and obviation», en Schwegler y otros (eds.), pp. 143-154.

— (2000): «Aspect projections and predicate type», en Campos y otros (eds.), pp. 171-187.

— y SLAVAKOVA, R. (2005): *Aspectual inquiries,* Nueva York, Springer.

KENESEI, I. (ed.) (1987): *Approaches to Hungarian,* vol 2: theories and analyses, Szeged, Jate.

— (1995): *Levels and structures. Approaches to Hungarian,* vol. 5, Jate, Szeged.

KENNEDY, C. (1997): *Projecting the adjective. The syntax and semantics of gradability and comparison,* tesis doctoral, Universidad de California, Santa Cruz. Publicada por Garland, Nueva York en 1999.

KENNY, A. (1963): *Action, emotion and will,* Londres, Routledge.

KENSTOWICZ, M. (ed.) (2001): *K. Hale: A life in language,* Cambridge (Mass.), MIT Press.

KEYSER, S. (1975): «A partial history of the relative clause in English», Grimshaw (ed.), pp. 1-33.

KIEFER, F. y RUWET, N. (eds.) (1973): *Generative grammar in Europe,* Dordrecht, Reidel.

— y KISS, K. (eds.) (1994: *The syntactic structure of Hungarian. Syntax and Semantics* 27, Nueva York, Academic Press

KING, L. D. y MALEY, C. A. (eds.) (1985): *Selected papers from the XIIIth linguistic symposium on Romance Languages,* Amsterdam, John Benjamins.

KIPKA, P. (1990): *Slavic aspect and its implications,* tesis doctoral, MIT, 1990.

KISS, K. (ed.) (1995): *Discourse configurational languages,* Oxford, Oxford University Press.

KITAGAWA, Y. (1986): *Subjects in Japanese and English,* tesis doctoral, Universidad de Massachusetts , Amherst.

KITAHARA, H. (1997): *Elementary operations and optimal derivations,* Cambridge (Mass.), MIT Press.

KLAVANS, J. y RESNIK, P. (eds.) (1996): *The balancing act: Combining symbolic and statistical approaches to language,* Cambridge (Mass.), MIT Press.

KLAVANS, J. (1982): *Some problems in a theory of clitics,* Bloomington (In.), Indiana University Linguistics Club.

KLEIN, E. (1980): «A semantics for positive and comparative adjectives», *Linguistics and Philosophy* 4, pp. 1-45.

KLIMA, E. (1964): «Negation in English», en J. Fodor y J. Katz (eds.), pp. 246-323.

KOIZUMI (1995): *Phrase structure in minimalist syntax,* tesis doctoral, MIT

KOOPMAN, H. (2000): *The syntax of specifiers and heads,* Londres, Routledge

— y D. SPORTICHE (1982): «Variables and the bijection principle», *The Linguistic Review* 2, pp. 135-170.

— (1991): «The position of subjects», *Lingua* 85, pp. 211-285.

KOSTER, J. y REULAND, E. (eds.) (1991): *Long-distance anaphora,* Cambridge, Cambridge University Press.

KOVACCI, O. (1999): «El adverbio», en Bosque y Demonte (eds.), pp. 705-786.

KRACHT, M (2003): *The mathematics of language,* Berlín, Mouton De Gruyter.

KRATZER, A (1986): «Conditionals», *Papers from the 22th Regional Meeting of the Chicago Linguistics Society* 22, pp. 1-15.

— (1991): «The representation of focus», en von Stechow y Wunderlich (eds.), pp. 825-835.

— (1992): «Thematical relations as Links between Nominal reference and temporal constitution», en Szabolcsi y Sag (eds.), pp. 29-53.

— (1994): «On external arguments», en Benedicto y Runner (eds.), pp. 103-130.

— (1995): «Stage-level and individual-level predicates», en Carlson y F. Pelletier (eds.), pp. 125-175.

— (1996): «Severing the external argument from its verb», en Rooryck y Zaring (eds.), pp. 109-137.

KRIFKA, M. (1989): *Nominalreferenz und zeitkonstituzion,* Munich, Wilhelm Fink Verlag.

— (1992): «Thematic relations as links between nominal reference and temporal constitution», en Sag y Szabolcsi (eds.)

KROCH, A. (1989): «Amount quantification, referentiality and long wh-movement», manuscrito inédito, Universidad de Pennsylvania.

KUHN, T. (1962): *The structure of scientific revolutions,* Chicago, University of Chicago Press, 1962. Trad. cast.: *La estructura de las revoluciones científicas,* México, FCE, 1975.

KUNO, S. (1972): «Pronominalization, reflexivization and direct discourse», *Linguistic Inquiry* 3, pp. 161-195.

— (1975): «Three perspectives in the functional approach to syntax», en Grossman y otros (eds.), pp. 433- 449.

— (1987): *Functional syntax: Anaphora, discourse, and empathy,* Chicago, University of Chicago Press.

— y K. TAKAMI (1993): *Grammar and discourse principles. Functional syntax and GB theory,* Chicago, University of Chicago Press.

KURODA, Y. (1968): «English relativization and certain related problems», *Language* 44, pp. 244-266.

LACA, B. (ed.) (2002): *Temps et aspect. De la morphologie à l'interpretation.* Presses Universitaires de Vincennes.

LADUSAW, W. (1979): *Polarity sensitivity as inherent scope relations,* tesis doctoral, Universidad de Texas, Austin.

LAENZLINGER, C (1998): *Adverbs, pronouns and clause structure in Romance and Germanic,* Amsterdam, John Benjamins.

LAHIRI, U. (1991): *Embedded interrogatives and predicates that embed them,* tesis doctoral, MIT.

— (2002): *Questions and answers in embedded contexts,* Oxford, Oxford University Press.

LAKA, I. (1990): *Negation in syntax: On the nature of functional categories and projections,* tesis doctoral inédita, Cambrigde, MIT.

— y A. MAHAJAN (eds.) (1989): *Functional heads and clause structure,* MITWPL 10, pp. 253-272.

LAKATOS, I. (1977): *The methodology of scientific research programmes,* Cambridge, Cambridge University Press.

LAKOFF, G. (1987): *Women, fire and dangerous things,* Chicago, University of Chicago Press.

— (1971): «On generative semantics», en Steinberg y Jakobovits (eds.), pp. 232-296. Reimpreso en Gutiérrez-Rexach (ed.), (2003b), pp. 232-252. Trad. española: «Sobre semántica generativa», en V. Sánchez de Zavala (ed.) (1974), pp. 335-443.

LAMBRECHT, K. (1994): *Information structure and sentence form,* Cambridge, Cambridge University Press.

LAMIROY, B. (1981) : «Las prépositions *a* et *para* devant l'infinitif complément d'un verbe de mouvement espagnol», *Linguisticae Investigationes* 5, pp. 75-92.

LANDAU, I. (2001): *Elements of control: Structure and meaning in infinitival cons-tructions,* tesis doctoral, MIT.

— (2004): «The scale of finiteness and the calculus of control», *Natural Langua-ge & Linguistic Theory* 2, pp. 811-877.

LANGACKER, R. (1987): *Foundations of cognitive grammar,* vol. 1, Stanford, Stan-ford University Press

LAPESA, R. (1981): *Historia de la lengua española* (9ª ed.), Madrid, Gredos, 1981.

LAPPIN S. (ed.) (1996): *The Handbook of contemporary semantic theory,* Oxford, Blackwell.

LARSON, R. (1988): «On the double object construction», *Linguistic Inquiry* 19, pp. 335-391.

— (1990a): «Double objects revisited: a reply to Jackendoff», *Linguistic Inquiry* 21, pp. 589-632.

— (1990b): «Extraction and multiple selection in PP», *Linguistic Inquiry* 7, pp. 169-182.

— (1991): «*Promise* and the theory of control», *Linguistic Inquiry* 22, pp. 103-139.

—, IATRIDOU, S., LAHIRI, U. y HIGGINBOTHAM, J. (eds.) (1992): *Control and gram-mar,* Dordrecht, Kluwer

— y SEGAL, G. (1995): *Knowledge of meaning,* Cambridge (Mass.), MIT Press.

LASNIK, H. (1972): *Analyses of negation in English,* tesis doctoral, MIT

— (1989): *Essays on anaphora,* Dordrecht, Kluwer Academic Publishers

— (1999): *Minimalist analysis,* Oxford, Blackwell.

— (2000): *Syntactic structures revisited. Contemporary lectures on classic trans-formational theory,* Cambridge (Mass.), MIT Press.

— (2002): «The minimalist program in syntax», *Trends in Cognitive Sciences* 6, pp. 432-437.

— (en prensa): «On the development of Case theory: Triumphs and challenges», en R. Freidin y otros (eds.).

— y KUPIN, J. (1977): «A restrictive theory of transformational grammar», *Theo-retical Linguistics* 4, pp. 173-196.

— y SAITO, M. (1984): «On the nature of proper government», *Linguistic Inquiry* 15: 235-289.

— y URIAGEREKA, J., *A Course in GB Syntax* (1988): Cambridge (Mass.), MIT Press.

—, URIAGEREKA, J. y BOECKX, C. (2005): *A Course in minimalist syntax,* Oxford, Blackwell.

LEBEAUX, D. (1983): «A distributional difference between reciprocals and reflexi-ves», *Linguistic Inquiry* 14, pp. 723-730.

LEES, R (1960): *The grammar of English nominalizations,* La Haya, Mouton.

LEFFEL, K. y BOUCHARD, D. (eds.) (1991): *Views on phrase structure,* Dordrecht, Kluwer Academic Publishers.

LEMARÉCHAL, A. (1989): *Les parties du discours,* Paris, PUF.

LENNEBERG, E. (1967): *Biological foundations of language,* Nueva York, John Wi-ley and Sons. Trad. cast.: *Fundamentos biológicos del lenguaje,* Madrid, Alianza, 1985.

— y otros (1974): *Nuevas direcciones en el estudio del lenguaje,* Madrid, Revis-ta de Occidente.

LENZ, R. (1925): *La oración y sus partes,* Madrid, Centro de Estudios Históricos.

LEONETTI, M. (1990): *El artículo y la referencia,* Madrid, Taurus.

— (1999): «El artículo», en Bosque y Demonte (eds.), pp. 787-890.

— (2004): «Specificity and differential object marking in Spanish», *Catalan Journal of Linguistics* 3, pp. 75-114.

LEPORE, E. (ed.) (1985): *Actions and events: Perspectives on the philosophy of Donald Davidson,* Oxford, Blackwell.

LEVIN, B. (1993): *English verb classes and alternations,* Chicago, University of Chicago Press.

— y RAPPAPORT, M. (1986): «The formation of adjectival passsives», *Linguistic Inquiry* 17, pp. 623-662.

— (1988): «Non-Event *-er* nominals: A probe into argument structure», *Linguistics* 26, pp. 1067-1083.

— (1995): *Unaccusativity,* Cambridge (Mass.), MIT Press

— (1997): «Lexical Semantics and Syntactic Structure», en S. Lappin (ed), pp. 487-507

— RAPPAPORT, M. (2005): *Argument realization,* Cambridge, Cambridge University Press.

LEVINE, R. y HUKARI, T. (2006): *The unity of unbounded dependency contructions,* Stanford (Ca.), CSLI Publications.

LEVINSON, S (1987): «Pragmatics and the grammar of anaphora: a partial pragmatic reduction of binding and control phenomena», *Journal of Linguistics* 23, pp. 379-434.

— (1983): *Pragmatics,* Cambridge, Cambridge University Press.

— (2000): *Presumptive meanings: the theory of generalized conversational implicature,* Cambridge (Mass.), MIT Press, 2000. Trad. cast: *Significados presumibles,* Madrid, Gredos, 2005.

LEWIS, D. (1975): «Adverbs of quantification», E. Keenan (ed.), pp. 3-15.

LI, C. (ed.) (1976): *Subject and topic,* Nueva York, Academic Press.

LI, Y. (2005): X^0. *A theory of the morphology-syntax interface,* Cambridge (Mass.), MIT Press.

LIEBER, R. (1992): *Deconstructing morphology,* Chicago, University of Chicago Press.

LIGHTFOOT, D. (1999): *The development of language. Acquisition, change and evolution,* Malden (Mass.), Blackwell

— y N. HORNSTEIN (eds.) (1994): *Verb movement,* Cambridge, Cambridge University Press.

LINEBARGER, M (1980): *The grammar of negative polarity,* tesis doctoral, MIT.

— (1987): «Negative polarity and grammatical representation», *Linguistics and Philosophy* 10, pp. 325-387.

LINK, G. (1983): «The logical analysis of plurals and mass terms», en Bauerle y otros (eds.), pp. 302-323.

— (1987): «Generalized quantifiers and plurals», en P. Gärdenfors (ed.), pp. 151-180.

— (1998): «Ten years of research on plurals», en Hamm y Hinrichs, pp. 19-54.

LIPSKI, J. (1994): *Latin American Spanish,* Londres / Nueva York, Longman. Trad. cast.: *El español de América,* Madrid, Cátedra, 1996.

LIU, F. (1998), *Scope and specificity,* Amsterdam, John Benjamins

LOHNSTEIN, H. y TRISSLER, S. (eds.) (2004): *The syntax and semantics of the left periphery,* Berlín, Mouton De Gruyter.

LONGOBARDI, G. (1991): «In defense of the correspondence hypothesis: Island effects and parasiticconstructions in Logical Form», en Huang y May (eds.), pp. 149-196.

— (1996): «The syntax of N-raising: a minimalist theory», *OTS Working Papers,* Utrecht, 1996.

LONZI, L. (1998): *Avverbi e altri construzioni a controllo,* Bolonia, Il Mulino.

LÓPEZ PALMA, H. (1999): *La interpretación de los cuantificadores. Aspectos sintácticos y semánticos,* Madrid, Visor Libros.

LÓPEZ, L (2003): «Steps for a well-adjusted dislocation», *Studia Linguistica* 57, pp. 193-231.

— (1999): «The syntax of contrastive focus: evidence from VP-ellipsis», en Gutiérrez-Rexach y Martínez-Gil (eds.), pp. 412-427.

LORENZO, G. (1994): *Geometría de la estructura nominal. Sintaxis y semántica del SDet,* tesis doctoral, Universidad de Oviedo.

— (2001): *Comprender a Chomsky. Introducción y comentarios a la filosofía chomskyana sobre el lenguaje y la mente,* Madrid, Antonio Machado

— y LONGA, V. (1996): *Introducción a la sintaxis generativa,* Madrid, Alianza, 1996.

— (2003): *Homo loquens. Biología y evolución del lenguaje,* Lugo, Tris Tram.

LOSEE, J. (1976): *Introducción histórica a la filosofía de la ciencia,* Madrid, Alianza

LUCE, D., BUSH, R. y GALLANTER, E. (eds.) (1963): *Handbook of mathematical psychology,* Nueva York, John Wiley

LUJÁN, M. (1981): *Sintaxis y semántica del adjetivo,* Madrid, Cátedra.

— (1985): «Binding properties of overt pronouns in null pronominal languages», *Proceedings CLS* 21, 1985, pp. 123-143.

— (1986): «Stress and binding of pronouns», *Proceedings CLS* 22, 1986, pp. 69-84.

— (1988): «Los pronombres implícitos y explícitos del español», *Revista Argentina de Lingüística* 3, pp. 19-54.

— (1999a): «Minimalist Bello: Basic categories in Bello's grammar», en Gutiérrez-Rexach y Martínez-Gil (eds.), pp. 428-446.

— (1999b): «Expresión y omisión del pronombre personal», en Bosque y Demonte (eds.), pp. 1275-1316.

— y Hensey, F. (eds.) (1996): *Current studies in Romance linguistics,* Washington, Georgetown University Press.

LUMSDEN, M. (1988): *Existential sentences,* Londres, Croom Helm.

LUST, B. (ed.) (1986): *Studies in the acquisition of anaphora,* Dordrecht, Reidel, 2 vols.

— G. HERMON y KORNFILT, J. (eds.) (1994): *Syntactic theory and first language acquisition: Cross-Linguistic perspective, vol 2: Binding, dependencies and learnability,* Hillsdale-Hove, Lawrence Earbaum Associates.

LUTZ, U. y otros (eds.) (2000): *Wh-scope marking,* Amsterdam, john Benjamins.

LYONS, C. (1990): «An agreement approach to clitic doubling», *Transactions of the Philological Society* 88, pp. 1-57.

MAIRAL, R. y GIL, J. (eds.) (2004): *En torno a los universales lingüísticos*, Madrid, Cambridge University Press/Akal. Trad. inglesa: *Linguistic universals*, Cambridge, Cambridge University Press, 2006.

MALLEN, E (1989): *The internal syntax of determiner phrases*, tesis doctoral, Universidad de Cornell.

MANTECA ALONSO-CORTÉS (1981): *Gramática del subjuntivo*, Madrid, Cátedra

MANZINI, R (1983): «On control and control theory», *Linguistic Inquiry* 14, pp. 421-446.

MARANTZ, A. (1984): *On the nature of grammatical relations*, Cambridge (Mass.), MIT Press.

— (1995): «The minimalist program», en Webelhuth (ed.), pp. 349-382.

MARCOS MARÍN, F. (1999): «Los cuantificadores: Los numerales», en Bosque y Demonte (eds.), pp. 1189-1208.

MARÍN, R. (2000): *El componente aspectual de la predicación*, tesis doctoral, Universidad Autónoma de Barcelona.

MARTÍ SÁNCHEZ. M. (1998): *En torno a la cientificidad de la lingüística: aspectos diacrónicos y sincrónicos*, Alcalá de Henares, Servicio de publicaciones de la Universidad de Alcalá.

MARTIN, J. (1991): *Introduction to languages and the theory of computation*, Nueva York, McGraw-Hill.

MARTIN, J. (1995): *On the syntactic structure of Spanish noun phrase*, Universidad de Southern California, GSIL Publications.

MARTIN, R., y otros (eds.) (2000): *Step by step. Essays on minimalist syntax in Honor of Howard Lasnik*, Cambridge (Mass.), MIT Press.

MARTÍN ZORRAQUINO, M. y MONTOLÍO, E. (1998): *Los marcadores del discurso: teoría y análisis*, Madrid, Arco Libros.

— y J. PORTOLÉS (1999): «Los marcadores del discurso», en Bosque y Demonte eds.), pp. 4051-4213.

MARTÍNEZ VÁZQUEZ, M. (ed.) (1999): *Transitivity revisited*, Universidad de Huelva.

MASULLO, P. J. (1992a): *Incorporation and case theory in Spanish. A crosslinguistic perspective*, tesis doctoral inédita, Universidad de Washington, Seattle. .

— (1992b): «Antipassive constructions in Spanish», en Hirschbuler y Koerner (eds.), pp. 175-194.

— (1993): «Two types of quirky case: Spanish verus Icelandic», *Proceedings NELS* 23, 1993, pp. 303-317.

— y DEPIANTE, M. (2004): «Gender is in the Lexicon, Number is in the syntax: evidence from nominal ellipsis in Spanish», presentado en Glow 27, Tesalónica.

MATEU, J. y AMADAS, L. (2001): «Syntactic tools for semantic construal», Universidad Autónoma de Barcelona, Report de Recerca GGT-01-12. Disponible en internet.

— y G. RIGAU (2001): «A Syntactic Approach to Illusive Event-Type Shiftings», Universidad Autónoma de Barcelona, Report de Recerca GGT-01-3. Disponible en internet.

— (2002): «A minimalist account of conflation processes. Parametric variation at the lexicon-syntax interface», en Alexiadou (ed.), pp. 211-236.

MATUSHANSKY, O. y CABREDO HOFHERR, P. (2005): *L' adjectif*, Recherches Linguistiques de Vincennes, 34.

MAY, R. (1977): *The grammar of quantification*, tesis doctoral, MIT.

— (1985): *Logical Form*, Cambridge (Mass.), MIT Press.

— (1989): «Interpreting Logical Form», *Linguistics and Philosophy* 12, pp. 387-435.

— y KOSTER, J. (eds.) (1982): *Levels of syntactic representation,* Dordrecht, Foris.

MAZZOLA, M. (1994): *Issues and theory in Romance linguistics. Selected papers from LSRL,* Washington D.C., Georgetown University Press.

MCCAWLEY, J. (1982), «Parentheticals and discountinuous constituent structure», *Linguistic Inquiry* 13, pp. 91-106.

— (1989): «Individuation in and of syntactic structures», en Baltin y Kroch (eds.), pp. 117-138.

MCCLOSKEY, J (1997): «Subjecthood and subject positions», en Haegeman (ed.), pp. 197-235.

MCCLURE, W. (1995): *Syntactic projections of the semantics of aspect,* Tokyo, Hituzi Syobo.

MCGEE WOOD, M (1993): *Categorial grammars,* NuevaYork, Routledge.

MCGILVRAY, J. (1999): *Chomsky. Language, mind, and politics,* Cambridge, Polity Press.

MCGINNIS, M. (2004): «Lethal ambiguity», *Linguistic Inquiry* 35, pp. 47-95.

MCGLONE, M. S. (2003): «Metaphor», en In L. Nadel (ed.), pp. 258-262.

— y BORTFELD, H. (en prensa): «The implicit influence of idioms», *Proceedings of the Cognitive Science Society.*

MCMANNESS, L. (1996): *Lexical categories in Spanish: The determiner,* Lanham (Md.), University Press of the South

MEDINA. E. (1989): *Conocimiento y sociología de la ciencia,* Madrid, Siglo XXI,

MEINUNGER, A. (2000): *Syntactic aspects of focus and comment,* Amsterdam, John Benjamins.

MENDIKOETXEA, A. (1993): «Los clíticos como categorías subléxicas de concordancia», en Fernández Soriano (ed.), pp. 205-230.

— (1999a): «Construcciones con *se*: medias, pasivas e impersonales», en Bosque y Demonte (eds.), pp. 1631-1722.

— (1999b): «Construcciones inacusativas y pasivas», en Bosque y Demonte (eds.), pp. 1575-1630.

MENDÍVIL GIRÓ, J. L. (1999): *Las palabras disgregadas. Sintaxis de las expresiones idiomáticas y lospredicados complejos,* Zaragoza, Prensas Universitarias.

— (2003): *Gramática natural. La gramática generativa y la tercera cultura,* Madrid, Antonio Machado.

— (2005): «El comportamiento variable de *molestar: A Luisa le molesta que la molesten*», en Wotjak y Cuartero (eds.), pp. 261-272.

MENSCHING, G. (2000): *Infinitive constructions with specified subjects: A syntactic analysis of the Romance languages,* Oxford, Oxford University Press.

MIGUEL, E. DE (1992): *El aspecto en la sintaxis del español: perfectividad e impersonalidad,* Madrid, Publicaciones de la Universidad Autónoma.

— (1999): «El aspecto léxico», en Bosque y Demonte (eds.), pp. 2977-3060.

— y FERNÁNDEZ LAGUNILLA, M. (2000): «El operador aspectual *se*», *Revista Española de Lingüística,* 30 (1), pp. 13-43.

—, FERNÁNDEZ LAGUNILLA, M. y CARTONI, F. (eds.) (2000): *Sobre el lenguaje: Miradas plurales y singulares,* Madrid, UAM/ Arrecife.

MILSARK, G. (1974): *Existential sentences in English,* tesis doctoral, MIT.

— (1977): «Toward an explanation of certain peculiarities of the existential construction in English», *Linguistic Analysis* 3, pp.1-29.

MIYAGAWA, S. (1989): «Light verbs and the ergative hypothesis», *Linguistic Inquiry* 20, pp. 659-668.

MOHANAN, K. P. (1983): «Functional and anaphoric control», *Linguistic Inquiry* 14, pp. 641-674.

MOHANAN, T. (1994): *Argument structure in Hindi,* Stanford (Ca.), CSLI Publications.

MOLTMANN, F. (1991): «Measure adverbials», *Linguistics and Philosophy* 14 (6), pp. 629-660.

— (1997): *Parts and wholes in semantics,* Oxford, Oxford University Press

MONTOLÍO, E. (1999): «Las construcciones condicionales», en Bosque y Demonte (eds.), pp. 3643-3739.

— (2001): *Conectores de la lengua escrita,* Barcelona, Ariel.

MONTREUIL, J-P. y NISHIDA, C. (eds.) (2006): *New perspectives in Romance linguistics,* Amsterdam. J. Benjamims.

MOORE, J. (1991): *Reduced constructions in Spanish,* tesis doctoral, Universidad de California, Santa Cruz.

— y POLINSKY, M. (eds.) (2003): *The nature of explanation in linguistic theory,* Stanford (Ca.), CSLI Publications.

MORENO CABRERA, J. C. (1983): «Las perífrasis de relativo», en *Serta Philologica F. Lázaro Carreter,* Madrid, Cátedra, pp. 455-467.

— (1984): «La diátesis anticausativa. Ensayo de sintaxis general», *Revista Española de Lingüística* 14, pp. 21-43.

— (1990): *Las lenguas del mundo,* Madrid, Visor.

— (1991): *Curso universitario de lingüística general,* Vol. 1, Madrid: Síntesis.

— (1994): *Curso universitario de lingüística general,* Vol. 2, Madrid: Síntesis.

— (1995): *La lingüística teórico-tipológica,* Madrid, Gredos.

— (2000): *La dignidad e igualdad de las lenguas,* Madrid, Alianza.

— (2003): *Semántica y gramática. Sucesos, papeles semánticos y relaciones sintácticas.* Madrid, Antonio Machado.

— (2004): *El universo de las lenguas,* Madrid, Castalia.

MORENO FERNÁNDEZ F. (1998): *Principios de sociolingüística y sociología del lenguaje,* Barcelona, Ariel.

MORIMOTO, Y. (1998): *El aspecto léxico: delimitación,* Madrid, Visor Libros.

MORO, A. (1991): «The raising of predicates: copula, expletives and existence», *MIT Working Papers in Linguistics* 15, pp. 89-129. .

— (1993): *I predicati nominali e la struttura della frase,* Padua, Unipress.

— (1997): *The raising of predicates,* Cambridge, Cambridge University Press.

MORRILL, G. (1994): *Type-logical grammar: categorial logic of signs,* Dordrecht, Kluwer.

MOSTERÍN, J. (1984): *Conceptos y teorías en la ciencia,* Madrid, Alianza.

— (1998): *¡Vivan los animales!,* Madrid, Debate.

MULDER, W. y otros (eds.) (1998): *Tense and aspect: the contextual processing of semantic indeterminacy,* Amsterdam, jon Benjamins.

MUNN, A. (1993): *Topics in the syntax and semantics of coordinate structures,* tesis doctoral, Universidad de Maryland.

NADEL, L. (ed.) (2003): *Encyclopedia of cognitive science,* Londres, Nature Publishing Group.

NAPOLI, D. J. (1989): *Predication Theory: A case study for indexing theory,* Cambridge, Cambridge University Press.

— (1994): *Syntax: theory and problems,* Oxford, Oxford University Press.

NATHAN, L. (2006): *On the interpretation of concealed questions,* Tesis doctoral inédita, MIT.

NEELEMAN, A. (1997): «PP-complements», *Natural Language and Linguistic Theory* 15, pp. 89-137.

—, KOOT, H. VAN DE y DOETJES, J. (2004): «Degree expressions», *The Linguistic Review* 21, pp. 1-66.

NEVIS, J., JOSEPH, B., WANNER, D. y ZWICKY, A. (eds.) (1994): *Clitics: A comprehensive bibliography, 1892-1991,* Amsterdam, John Benjamins.

NEWMEYER, F. (1980): *Linguistic theory in America: the first quarter century of transformational generative grammar,* Nueva York, Academic Press, 1980. Trad. cast.: *El primer cuarto de siglo de la gramática generativo-transformatoria,* Madrid, Alianza, 1982.

— (1983): *Grammatical theory: Its limits and its possibilities,* Chicago, University of Chicago Press.

— (1988a): *Linguistics: The Cambridge survey, vol 1: linguistic theory: foundations,* Cambridge, Cambridge University Press. Versión española: *Panorama de la lingüística moderna de la Universidad de Cambridge.* Madrid, Visor, 1990.

— (1988b): *Language: The Cambridge survey, vol. 3: The Sociocultural Context,* Cambridge, Cambridge University Press.

— (1996): *Generative linguistics: A historical perspective,* Londres, Routledge.

— (1998): *Language form and language function,* Cambridge (Mass.), MIT Press.

NIQUE, C. (1975): *Introducción metódica a la gramática generativa,* Madrid, Cátedra.

NISHIGAUCHI, T. (1990): *Quantification in the theory of grammar,* Dordrecht, Kluwer Academic Publisher.

O' GRADY, W., J. ARCHIBALD y M. ARONOFF (1992): *Contemporary linguistics. An introduction,* Nueva York, St. Martin's Press.

OBENAUER, H. G. (1984): «On the identification of empty categories», *The Linguistic Review* 4, pp. 153-202.

OEHRLE, R. (1975): *The grammatical status the English dative alternation,* tesis doctoral, MIT.

OEHRLE, R., E. BACH y D. WHEELER (1988): *Categorial grammar and natural language structure,* Dordrecht, Foris.

OJEDA, A. (1982): «Degree relatives and the neuter article in Spanish», *Proceedings of CLS (Chicago Linguistics Society)* 20. pp. 407-418.

OLARREA, A. (1996): *Pre and postverbal subject positions in Spanish: A minimalist account,* tesis doctoral, Universidad de Washington.

— (1998): «On the position of subjects in Spanish», *ASJU (Anuario del seminario de filología vasca Julio de Urquijo),* vol. 37 (1), pp. 47-108.

ORDOÑEZ, F. (1997): *Word order and clause structure in Spanish and other Romance languages,* tesis doctoral, CUNY.

— (1998): «Post-verbal asymmetries in Spanish», *Natural Language and Linguistic Theory* 16, pp. 313-346. .

— y A. OLARREA (2001): «Weak pronouns in Caribbean Spanish and XP pied-piping», en Herschensohn y otros (eds.), 223-238.

— y E. TREVIÑO (1999): «Left dislocated subjects and the pro-drop parameter: A case study in Spanish», *Lingua* 107 (1999), pp. 39-68.

— y HEGGIE, L. (eds.) (2005): *Clitics and affix combinations,* Amsterdam, John Benjamins.

ORMAZABAL, J. y ROMERO, J. (1998): «On the syntactic nature of the *me-lui* and the Person-Case Constraint», *Anuario de filología vasca del seminario Julio de Urquijo* XXXII.2, pp. 415-434.

— (2002): «A brief description of some agreement restrictions», en Fernández y Albizu (eds.), pp. 215-241.

OSHERSON, D. y LASNIK, H. (eds.) (1990): *Language: An invitation to cognitive science,* Cambridge (Mass.), MIT Press.

OTERO, C. (1970): *Introducción a la lingüística transformacional,* México, Siglo XXI.

— (1972): «Acceptable ungrammatical sentences in Spanish», *Linguistic Inquiry* 3, pp. 233-242.

— (1973): «Agrammaticality in performance», *Linguistic Inquiry* 4, pp. 551-562.

— (1976): «On acceptable agrammaticality: a rejoinder», *Linguistic Inquiry* 7, pp. 342-361.

— (1984): *La revolución de Chomsky,* Madrid, Tecnos.

— (1986): «Arbitrary subjects in finite clauses», en Bordelois y otros (eds.), pp. 81-109.

— (1994): *Noam Chomsky: critical assessments,* 4 vols., Londres, Routledge.

— (1999): «Pronombres reflexivos y recíprocos», en Bosque y Demonte (eds.), pp. 1427-1518.

— (2002): «Facetas de *se*», en C. Sánchez López (ed.), pp. 168-206.

OUHALLA, J. (1990): «Sentential negation, relativized minimality and the aspectual status of auxiliaries», *The Linguistic Review* 7, pp. 183-231.

— (1991): *Functional categories and parametric variation,* Londres, Routledge.

— (1994): *Introducing transformational grammar,* Londres, Edward Arnold.

PADILLA-RIVERA, J. A. (1985): *On the definition of binding domains in Spanish: The role of the binding theory module and the lexicon,* tesis doctoral, Universidad de Cornell.

PALMER, F. R. (1986): *Mood and modality,* Cambridge, Cambridge University Press.

— (1994): *Grammatical roles and lelations,* Cambridge, Cambridge University Press.

PANAGIOTIDIS, P. (2002): *Pronouns, clitics and empty nouns: 'pronominality' and licensing in syntax,* Amsterdam, John Benjamins.

PARODI, C. (1991): *Aspect in the syntax of Spanish psych verbs,* tesis doctoral inédita, UCLA.

— (1994): «On case and agreement in Spanish and English DPs», en Mazzola (ed.) pp.403-416.

— (1995): «Past participle agreement and object shift in Old Spanish», en Campos y Kempchinsky (eds.), pp. 307-317.

— y LUJÁN, M. (2000): «Aspect in Spanish psych verbs», en Campos y otros (eds.), pp. 210-221.

—, QUICOLI, C., SALTARELLI, M. y ZUBIZARRETA, M. L. (eds.) (1996): *Aspects of Romance linguistics: Selected papers from the XXIV linguistic symposium on Romance languages,* Washington DC, Georgetown University Press.

PARSONS, T. (1985): «Underlying events in the logical analysis of English», en E. LePore (ed.), pp. 235-267.

— (1990): *Events in the semantics of English,* Cambridge (Mass.), MIT Press.

PARTEE, B. HALL (1972): «Opacity, coreference and pronouns», en Davidson y Harman (eds.), pp. 415-441.

— (1983): «Some structural analogies between tenses and pronouns in English», *Journal of Philosophy* 70, pp. 601-609.

— (1984): «Nominal and temporal anaphora», *Linguistics and Philosophy* 7, pp. 243-286.

— (ed.) (1976): *Montague grammar,* Nueva York, Academic Press.

—, TER MEULEN, A. y WALL, R. (1990): *Mathematical methods in linguistics,* Dordrecht, Kluwer Academic Publishers.

PAVÓN, M. V. (1999): «Clases de partículas: preposición, conjunción y adverbio», en Bosque y Demonte (eds.), pp. 565-656.

— (2003): *Sintaxis de las partículas,* Madrid, Visor.

PENSADO, C. (1995): *El complemento directo preposicional,* Madrid, Visor Libros.

PERCIVAL, W. K. (1976): «The applicability of Kuhn's paradigm to the history of linguistics», *Language* 52, pp. 285-294.

PÉREZ JIMÉNEZ, I. (2008): *Las cláusulas absolutas,* Madrid, Visor Libros.

PEREZ-LEROUX, A. T. y ROBERGE, Y. (eds.) (2003): *Romance linguistics: theory and acquisition,* Amsterdam, John Benjamins.

— y W. GLASS (eds.) (1997): *Contemporary perspectives on the acquisition of Spanish,* 2 vols., Sommerville (Mass.), Cascadilla Press.

PÉREZ-SALDANYA, M. (1999): «El modo en las subordinadas relativas y adverbiales», en Bosque y Demonte (eds.), pp. 3253-3322.

— (2002): «Les relacions temporals i aspectuals», en J. Solà (ed.), pp. 2867-2936.

PERLMUTTER, D. (1971): *Deep and surface structure constraints in syntax,* Nueva York, Holt, Rinehart and Winston.

— (1978): «Impersonal passives and the unaccusativity hypothesis», *Proceedings of the fourth annual meeting of the Berkeley Linguistic Society* 4, pp. 157-189.

— (1983): *Studies in relational grammar,* Chicago, The University of Chicago Press.

— (1989): «Multiattachment and the unaccusative hypothesis: the perfect auxiliary in Italian», *Probus* 1, pp. 63-119.

— y POSTAL, P. (1984): «The 1-advancement exclusiveness law», en Perlumtter y Rosen (eds.), pp. 81-125.

— y ROSEN, S. (eds.) (1984): *Studies in relational grammar 2,* Chicago, University of Chicago Press.

PERRY, T, (ed.) (1980): *Evidence and argumentation in linguistics,* Berlín y Nueva York. Walter de Gruyter.

PESETSKY, D. (1987): «Wh-in-situ: Movement and unselective binding», en Reuland y ter Meulen (eds.), pp. 98-129.

— (1995): *Zero syntax,* Cambridge (Mass.), MIT Press.

— (2000): *Phrasal movement and its kin,* Cambridge (Mass.), MIT Press.

— y E. TORREGO (2001): «T-to-C movement: Causes and consequences», en Kenstowicz, (ed.) pp. 355-426.

— (2004): «Tense, case, and the nature of syntactic categories», en Gueron y Lecarme (eds.). pp. 495-537.

PHILLIPS, C. y LASNIK, H. (2003): «Linguistics and empirical evidence: Reply to Edelman and Christiansen», *Trends in Cognitive Sciences* 7, pp. 61-62.

PICA, P. y ROORYCK, J. (eds.) (2001): *Linguistic variation yearbook, vol 1,* Amsterdam, John Benjamins.

— (2002): *Linguistic variation yearbook, vol 2,* Amsterdam, John Benjamins.

PICALLO, C. (1984): «La interpretació obviativa i la noció "categoria de règim"», *Estudis Grammaticals* 1, pp. 217-248.

— (1990): «Nominals and nominalizations in Catalan», *Probus* 3, pp. 279-316.

— (1991): «Elements anafòrics i localitat», *Caplletra* 8, pp. 41-53.

— (1994): «Catalan possessive pronouns: The Avoid Pronoun Principle revisited», *Natural Language and Linguistic Theory* 12, pp. 259-299.

— (1998): «On the extended projection principle and null expletive subjects», *Probus* 10, pp.219-241.

— (1999): «La estructura del sintagma nominal: las nominalizaciones y otros sustantivos con complementos argumentales», en Bosque y Demonte (eds.), *Gramática descriptiva de la lengua española,* pp. 363-394.

— (2002): «L'adjectiu i el sintagma adjectival», en Solà, J. y otros (eds.), vol. 2, cap. 10, pp. 1641-1688.

— y G. RIGAU (1999): «El posesivo y las relaciones posesivas», en Bosque y Demonte (eds.), pp. 973-1024.

PIERA, C. (1987): «La estructura de las cláusulas de infinitivo», en Demonte y Fernández Lagunilla (eds.), pp. 148-166.

— y S. VARELA (1999): «Relaciones entre morfología y sintaxis», en Bosque y Demonte (eds.), pp. 4367-4422.

PINKER, S. (1984): *Language learnability and language development,* Cambridge (Mass.), Harvard University Press.

— (1989): *Learnability and cognition: The acquisition of argument structure,* Cambridge (Mass.), MIT Press.

— (1994): *The language instinct,* Nueva York, Harper Collins. Trad cast.: *El instinto del lenguaje,* Madrid, Alianza, 1995.

— (1997): *How the mind works,* Nueva York, Norton. Trad. cast.: *Cómo funciona la mente,* Barcelona, Destino, 2001.

— (1999): *Words and rules,* Nueva York, Basic Books.

— y R. JACKENDOFF (2005): «The faculty of language: what's special about it?», *Cognition* 95, pp. 201–236.

PINKHAM, J. (1985): *The formation of comparative clauses in French and English,* Nueva York, Garland.

PINTER, H. y GENEE, E. (eds.) (1990): *Unity in diversity,* Dordrecht, Foris.

PINTO, M. (1997): *Licensing and interpretation of inverted subjects in Italian,* Utrecht, OTS Dissertation series.

PLANN, S. (1982): «Indirect questions in Spanish», *Linguistic Inquiry* 13, pp. 297-312.

— (1984): «The Sintax and semantics of *más/menos que...* versus *más/menos de...* in Comparatives of Inequality», *Hispanic Linguistics* 1 (2), pp. 191-213.

— (1986a): «Sustantive: a neutralized syntactic category in Spanish», en Bordelois y otros (eds.), pp. 12-142.

— (1986b): «On case-marking clauses in Spanish: evidence against the case resistance principle», *Linguistic Inquiry* 17, pp. 336-345.

— (1988): «Preposition, postpositions and sustantives», *Hispania* 71, pp. 920-926.

POLLARD, C. y SAG, I. (1987): *Information-based syntax and semantics,* Stanford (Ca.), CSLI Publications.

— (1992): «Anaphora in English and the scope of the binding theory», *Linguistic Inquiry* 23, pp. 261-305.

— (1994): *Head-driven phrase structure grammar,* Chicago, University of Chicago Press.

POLLOCK, J. Y. (1989): «Verb movement, universal grammar and the structure of IP», *Linguistic Inquiry* 20, pp. 365-424.

— (1997): *Langage et cognition. Introduction au programme minimaliste de la grammarie générative,* París, Presses Universitaires de France.

POOL WESTGAARD, M. (1990): *Papeles temáticos y relaciones sintácticas: un estudio de argumentos verbales del español,* tesis de doctorado, El Colegio de México

— (ed.) (1997): *Estudios de lingüística formal,* México, El Colegio de México.

POOLE, G. (2002): *Syntactic theory,* Nueva York, Palgrave.

POPPER, K. (1934): *Logic der Forschung,* Viena, Springer. Trad. cast.: *La lógica de la investigación científica,* Madrid, Tecnos, 1962.

PORTNER, P. (2005a): *What is meaning? Fundamentals of formal semantics,* Oxford, Blackwell.

— (2005b): «The semantics of imperatives within a theory of clause types», en Watanabe y Young (eds.), *Proceedings of semantics and linguistic theory* 14.

PORTOLÉS, J. (2001): *Marcadores del discurso,* Barcelona, Ariel.

— (2005): *Pragmática para hispanistas,* Madrid, Síntesis.

POSTAL, P. (1969): «Anaphoric islands», en *Papers from the Fith Regional Meeting of the Chicago Linguistic Society,* Universidad de Chicago, pp. 205-239.

— (1971): *Cross-over phenomena,* Nueva York.

— (1993): «Parasitic gaps and the across-the-board phenomenon», *Linguistic Inquiry* 24, pp. 735-754.

POWERS, S. M. y HAMANN, C. (eds.) (2000): *The acquisition of scrambling and cliticization,* Dordrecht-Boston-Londres, Kluwer Academic Publishers.

PRENSA ESPAÑOLA (1993): *Libro de estilo de ABC,* Barcelona, Ariel.

PRICE, S. (1990): *Comparative constructions in Spanish and French syntax,* Londres, Routledge.

PRINCE, A. y P. SMOLENSKY (1993): *Optimality theory: Constraint interaction in generative grammar,* Center for Cognitive Science, Universidad de Rutgers.

PRIOR, A. N. (1967): *Past, present and future,* Oxford, Clarendon Press.

PROGOVAC, I (1992): «Negative polarity: A semantico-syntactic approach», *Lingua* 86, pp. 271-299.

— (1994): *Negative and positive polarity,* Cambridge, Cambridge University Press.

PULLUM, G. (1989): «Formal linguistics meets the boojum», *Natural Language and Linguistic Theory* 7, pp. 137-143.

PUSKAS, G. (1997): «Focus and the CP domain», en Haegeman (ed.), pp. 145-164.

PUSTEJOVSKY, J. (1988): «The geometry of events», en C. Tenny (ed.), pp. 19-39.

— (1991a): «The syntax of event structure», *Cognition* 41, pp. 47-81.

— (1991b): «The generative lexicon», *Computational Linguistics* 17, pp. 409-441.

— (1995): *The generative lexicon,* Cambridge (Mass.), MIT Press

PYLKKÄNEN, I., HOUT, A. VAN y HARLEY, H. (eds.) (1999): *Papers from the second Penn/MIT roundtable on argument structure and the lexicon,* MITWPL 35, Cambridge (Mass.), MIT.

QUER, J. (2000): *Mood at the interface,* Universidad de Utrecht, Utrecht Institute of Linguistics OTS.

QUER, J., SCHROTEN, J., SCORRETTI, M. SLEEMAN, P. y VERHEUGDE, E. (eds.) (2001): *Romance languages and linguistic theory,* Selected papers from «Going Romance», Amsterdam, John Benjamins.

QUICOLI, C. (1976): «Conditions on clitic movement in Portuguese», *Linguistic Analysis* 2, pp. 199-223.

QUIRK. R. y otros (1985): *A comprehensive grammar of the English language,* Londres, Longman.

RADFORD, A (1981): *Transformational syntax. A student's guide to Chomsky's extended standard theory,* Cambridge, Cambridge University Press. Trad. cast.: *Introducción a la sintaxis transformativa,* Barcelona, Teide, 1988.

— (1988): *Transformational grammar,* Cambridge, Cambridge University Press.

— (1997a): *Syntax. A minimalist introduction,* Cambridge, Cambridge University Press.

— (1997b): *Syntactic theory and the structure of English. A minimalist approach,* Cambridge, Cambridge University Press.

—, ATKINSON, M., BRITAIN, D., CLAHSEN, H. y SPENCER, A. (1998): *Linguistics. An introduction,* Cambridge, Cambridge University Press. Versión española: *Introducción a la Lingüística,* Madrid, Cambridge University Press, 2000.

RAMCHAD, G. (1997): *Aspect and predication,* Oxford, Clarendon Press.

RAPOSO, E. (1987): «Case theory and INFL to COMP: the inflected infinitive in European Portuguese», *Linguistic Inquiry* 18, pp. 85-109.

RAPPAPORT, M. y LEVIN, B. (1988): «What to do with theta-roles», en W. Wilkins (ed.), pp. 7-36.

REAL ACADEMIA ESPAÑOLA (1973): *Esbozo de una nueva gramática de la lengua española,* Madrid, Espasa-Calpe

— y ASOCIACIÓN DE ACADEMIAS DE LA LENGUA ESPAÑOLA (2005): *Diccionario panhispánico de dudas,* Madrid, Madrid, Santillana.

REICHENBACH, H (1947): *Elements of symbolic logic,* Londres, MacMillan.

REINHART, T. (1976): *The Syntactic domain of anaphora,* tesis doctoral, MIT

— (1983a): *Anaphora and semantic interpretation,* Londres, Croom Helm

— (1983b): «Coreference and anaphora: A restatement of the anaphora question», *Linguistics & Philosophy* 6, pp. 47-88.

— (1995): *Interface strategies,* OTS, Utrecht.

— (1997): «Syntactic effects of lexical operations: reflexives and unaccusatives», *OTS Working Papers in Linguistics,* Universidad de Utrecht.

— y E. REULAND (1993): «Reflexivity», *Linguistic Inquiry* 24, pp. 657-720.

RENZI, L. y otros (1988-1995): *Grande grammatica italiana di consultazione,* 3 vols., Bolonia, Il Mulino.

RESCHER, N. (ed.) (1867): *The logic of decision and action,* Pittsburgh, University of Pittsburgh Press.

REULAND, E. y EVERAERT, M. (2001): «Deconstructing binding», en Baltin y Collins (eds.), pp. 634-669.

REULAND, E. (ed.) (2000): *Arguments and case: Explaining Burzio's generalization,* Amsterdam, John Benjamins.

REULAND, E. y MEULEN, A. TER (eds.) (1987): *The representation of (in)definiteness,* Cambridge (Mass.), MIT Press.

REYES, G. (1990): *La pragmática lingüística,* Barcelona, Montesinos.

RICHARDS, N. (2001): *Movement in language: interactions and architectures,* Oxford, Oxford University Press.

RIDRUEJO, E. (1999): «Modo y modalidad. El modo en las subordinadas sustantivas», en Bosque y Demonte (eds.), pp. 3209-3251.

RIGAU, G. (1986): «Some remarks on the nature of strong pronouns in null-sub-
ject languages», en Bordelois y otros (eds.), pp. 143-163.

— (1988): «Strong Pronouns», *Linguistic Inquiry* 19, pp. 503-511.

— (1995): «Propiedades de Flex en las construcciones temporales de infinitivo: la
legitimación del sujeto», en Goenaga (ed.), pp. 173-184.

— (1999): «La estructura del sintagma nominal: los modificadores del nombre»,
en Bosque y Demonte (eds.), pp. 311-362.

RIJKHOEK, P. D. (1998): *On degree phrases and result clauses,* tesis doctoral, Universidad de Groningen, Groningen Dissertations in Linguistics (GRODIL).

RITTER, E. (1991): «Two functional categories in noun phrases: evidence from
Modern Hebrew», en Rothstein (ed.), pp. 37-62.

— (1993): «Where's gender», *Linguistic Inquiry* 24, pp. 795-803.

RIVAS, A. (1977): *A theory of clitics,* tesis doctoral, MIT.

RIVERO, M. L. (1978): «Topicalization and wh-movement in Spanish», *Linguistic
Inquiry* 9, pp. 513-517.

— (1980a): «On left-dislocation and topicalization in Spanish», *Linguistic Inquiry* 11, pp. 363-393.

— (1980b): «Theoretical implications of the syntax of left-branch modifiers in
Spanish», *Linguistic Analysis* 6, pp. 407-461.

— (1981): «Wh-movement in comparatives in Spanish», en Cressey (ed.), pp.177-
196.

— (1994a): «Auxiliares léxicos y auxiliares funcionales», en V. Demonte (ed.),
pp. 107-138.

— (1994b): «On indirect questions, commands, and quotative *que*», *Linguistic Inquiry* 25, pp. 547-554.

— (1994c): »Negation, imperatives and Wackernagel effects», *Rivista di Linguistica* 6, pp.39-66.

— (1994d): «Clause structure and V-movement in the languages of the Balkans»,
Natural Language and Linguistic Theory 12, pp. 63-120.

— (2004): «Quirky subjects, person restrictions, and the Person-Case-Cons-
traint», *Linguistic Inquiry* 35, pp. 494-502.

— y A. TERZI (1995): «Imperatives, V-movement and logical mood», *Journal of
Linguistics* 31, pp.301-332.

RIZZI, L (1982): *Issues in Italian syntax,* Dordrecht, Foris.

— (1986a): «Null Objects in Italian and the Theory of pro», *Linguistic Inquiry* 17,
pp. 501-557.

— (1986b): «On chain formation», en H. Borer (ed.), pp. 65–95.

— (1990): *Relativized minimality,* Cambridge (Mass.), MIT Press.

— (1996): «Residual verb second and the wh criterion», en Belletti y Rizzi (eds.),
pp. 63-90.

— (1997a): «A parametric approach to comparative syntax: properties of the pronominal system», en Haegeman (ed.) (1977a), pp. 268-285.

— (1997b): «The fine structure of the left periphery», en L. Haegeman (ed.)
(1977b), pp. 281-338.

— (ed.) (2004): *The structure of CP and IP. The cartography of syntactic structures* (vol. 2), Oxford/ Nueva York, Oxford University Press.

ROBERTS, C. (1989): «Modal subordination and anaphora», *Linguistics and Philosophy* 12, pp. 683-722.

— (1997): *Comparative syntax,* Londres, Edward Arnold.

ROCA, I (1992): *Thematic structure: Its role in grammar,* Berlín, Mouton.

ROCA, F. (1996a): «Morfemas objetivos y determinantes: Los clíticos del español», *Verba* 23, pp. 83-119.

— (1996b): *La determinación y la modificación nominal en español,* tesis doctoral inédita, Universidad Autónoma de Barcelona.

ROCHEMONT, M. (1986): *Focus in generative grammar,* Amsterdam, John Benjamins.

— y CULICOVER, P. (1990): *English focus constructions and the theory of grammar,* Cambridge, Cambridge University Press.

RODRÍGUEZ, J. (2004): *Interpreting the Spanish imperfecto: Issues of aspect, modality, tense, and sequence of tense,* tesis doctoral, Ohio State University.

RODRÍGUEZ RAMALLE, T. M. (2005): *Manual de sintaxis del español,* Madrid, Castalia.

ROEPER, T (1987): «Implicit arguments and the headcomplement relation», *Linguistic Inquiry* 18, pp. 267-310.

ROHRER. C. (ed.) (1980): *Time, tense and quantifiers,* Tübingen, Niemeyer.

ROJO, G. (1978): *Cláusulas y oraciones,* Santiago, Universidad de Santiago de Compostela.

ROMERO, J. (1997): *Construcciones de doble objeto y gramática universal,* Universidad Autónoma de Madrid.

ROMERO, M. (2005): «Concealed Questions and Specificational Subjects», *Linguistics and Philosophy* 28 687-737.

— (2006): «On concealed questions», *Proceedings of SALT XVI,* Ithaca, NY: CLC.

ROORYCK, J., y ZARING, L. (eds.) (1996): *Phrase structure and the lexicon,* Dordrecht, Kluwer Publications.

—, HULST, Y. DE y SCHROTEN, J. (eds.) (2001): *Selected papers from Going Romance 99.* Amsterdam, John Benjamins.

ROOTH, M. (1985): *Association with focus,* tesis doctoral, Universidad de Massachusetts, Amherst.

— (1992): «A theory of focus interpretation», *Natural Language Semantics* 1, pp. 75-116.

— (1996): «Focus», en S. Lappin (ed.), pp. 271-297.

ROSS, J. R. (1967): *Constraints on variables in syntax,* tesis doctoral, MIT, Publicada como *Infinite syntax!,* Norwood, NJ, ABLEX.

— (1971): «Conjunctive and disjunctive questions», ms., MIT.

ROTHSTEIN, S. (1983): *The syntactic forms of predication,* tesis doctoral, MIT

— (ed.) (1991): *Perspectives on phrase structure: heads and licensing,* Syntax and Semantics 25, Nueva York, Academic Press.

ROWLETT, P. (1998): *Sentential negation in French,* Oxford, Oxford University Press.

SÁEZ DEL ÁLAMO, L (1990a): *Aspectos de la comparación de desigualdad en español,* tesis doctoral, Universidad Autónoma de Madrid.

— (1990b): «Antecedent container deletion and modals in Spanish comparative constructions», *The Linguistic Review* 6, pp. 195-225.

— (1991): «La ellipsis verbal en las construcciones comparativas», *Actas del VII Congreso de lenguajes naturales y lenguajes formales,* Universidad de Barcelona, pp. 561-568.

— (1993): «En torno al reanálisis», *Cuadernos de Lingüística (Instituto Universitario Ortega y Gasset)* 2, pp. 221-247.

— (1999): «Los cuantificadores: Las construcciones comparativas y superlativas», en Bosque y Demonte (eds.), pp. 1129-1188.

SAFIR, K (1987): «The syntactic projection of lexical thematic structure», *Natural Language and Linguistic Theory* 5, pp. 561-602.

— (2004a): *The syntax of anaphora,* Oxford, Oxford University Press,

— (2004b): *The syntax of (in)dependence,* Cambridge (Mass.), MIT Press

SAG, I. (1976): *Deletion and Logical Form,* tesis doctoral, MIT.

— y FODOR, J. (1994): «Extraction without traces», *Proceedings WCCFL* 13, pp. 365-384.

— y POLLARD, C. (1991): «An Integrated theory of complement control», *Language* 67, pp. 63-113.

— y SZABOLCSI, A. (eds.) (1992): *Lexical matters,* Stanford (Ca.), CSLI Publications.

—, T. WASOW y E. BENDER (2003): *Syntactic theory: A formal introduction,* Stanford (Ca.), CSLI Publications.

SAGARRA, N. y TORIBIO, A. J. (eds.) (2006): *Selected proceedings of the 9th Hispanic linguistics symposium,* Somerville, MA: Cascadilla Proceedings Project.

SALVÁ, V. (1830): *Gramática de la lengua castellana, según ahora se habla* [1830], edición de M. Lliteras, 2 vols., Madrid, Arco Libros, 1988.

SÁNCHEZ, L (1995): *Syntactic structures in nominals: A comparative study of Spanish and Southern Quechua,* tesis doctoral, USC.

SÁNCHEZ LÓPEZ, C. (1993): *La cuantificación flotante y estructuras conexas,* tesis doctoral, Universidad Complutense de Madrid.

— (1999a): «La negación», en Bosque y Demonte (eds.), pp. 2561-2634.

— (1999b): «Los cuantificadores: clases de cuantificadores y estructuras cuantificativas», en Bosque y Demonte (eds.), pp. 1025-1128.

— (2002): *Las construcciones con se,* Madrid, Visor

— (2006): *El grado de adjetivos y adverbios,* Madrid, Arco-Libros.

SÁNCHEZ DE ZAVALA, V. (ed.) (1976a): *Estudios de gramática generativa,* Barcelona, Labor.

— (ed.) (1976b): *Sintaxis y semántica de la lingüística transformatoria I,* Madrid, Alianza.

SANKOFF, D., (1988), «Sociolinguistics and syntactic variation», en Newmeyer (ed.) (1988b), pp. 140-161.

SANTOS RÍO, L. y otros (eds.) (2005): *Palabras, norma, discurso. En memoria de Fernando Lázaro Carreter,* Universidad de Salamanca.

SANZ, M. e LAKA, I. (2002): «Oraciones transitivas con *se*. El modo de acción en la sintaxis», en Sánchez López (ed.), pp. 311-338.

SANZ, M. (2000): *Events and predication. A new approach to syntactic processing in English and Spanish,* Amsterdam, John Benjamins.

SARMIENTO, R. (1997): *Manual de corrección gramatical y de estilo,* Madrid, SGEL.

SATTERFIELD, T., TORTORA, C. M. y CRESTI, D. (eds.) (2002): *Current issues in Romance languages,* Selected papers from the 29th Linguistic Symposium on Romance Languages (LSRL), Ann Arbor, 8-11 April 1999, Amsterdam, John Benjamins.

SAUSSURE, F. DE (1916): *Cours de linguistique générale,* París, Payot, 1916. Trad. cast.: *Curso de lingüística general,* Madrid, Akal, 1980.

SCALISE, S. (1984): *Generative morphology,* Dordrecht, Foris. Trad. cast.: *Morfología,* Madrid, Alianza, 1987.

SCHA, R (1981): «Distributive, collective, and cumulative quantification», en J. Groenendijk y otros (eds.), 1981[1984], pp. 131-158.

SCHEIN, B (1993): *Plurals and events,* Cambridge (Mass.), MIT Press.

SCHLESINGER, I (1995): *Cognitive space and linguistic case: semantic and syntactic categories in English,* Cambridge, Cambridge University Press.

SCHMITT, C. (1994): «Clitic doubling, absolutes, and *have*-agreeing participles», en *University of Maryland Working Papers in Linguistics* 2, pp. 178-220.

— (1996): *Aspect and the syntax of noun phrases,* tesis doctoral, Universidad de Maryland.

SCHMITT. C. y NELSON CARTAGENA (eds.) (2000): *La Gramática de Andrés Bello (1847-1997),* Publicación del Congreso-Homenaje celebrado con motivo del ciento cincuenta aniversario de la *Gramática de la Lengua Castellana destinada al uso de los americanos,* Bonn, Romanistischer Verlag.

SCHNEIDER-ZIOGA, P. (1994): *The syntax of clitic doubling in Modern Greek,* tesis doctoral, University of Southern California.

SCHØSLER, L. (2000): *Le passif,* Etudes Romanes, vol. 45. Universidad de Copenhague.

SCHROTEN, J. (1993): «Possessive pronoun parameters», *Recherches de linguistique française et romane d'Utrecht* 12, pp. 97-100.

SCHUTZE, C. (1996): *The empirical base of linguistics: Grammaticality judgments and linguistic methodology,* Chicago, University of Chicago Press.

SCHWABE, K. y WINKLER, S. (eds.) (2006): *Information structure and grammar,* Amsterdam, John Benjamins.

SCHWEGLER, A., TRANEL, B. y URIBE-ETXEBARRIA, M. (eds.) (1998): *Romance linguistics: theoretical perspectives.* Selected Papers from the 27th Linguistic Symposium on Romance Languages, Amsterdam, John Benjamins.

SCOTT, G. (2002): «Stacked adjectival modification and the structure of nominal phrases», en G. Cinque (ed.), pp. 91-120.

SEARLE, J. (1969): *Speech acts,* Cambridge, Cambridge University Press

— (1975): «Indirect speech acts», en Cole y Morgan (eds.), pp. 41-58.

SEDANO, M. (1990): *Hendidas y otras construcciones con ser en el habla de Caracas.* Caracas, Universidad Central de Venezuela, Cuadernos del Instituto de Filología Andrés Bello.

SEILER, H. (2000): *Language universals research,* Tubinga, Günter Narr.

SELKIRK, E. (1982): *The syntax of words,* Cambridge (Mass.), MIT Press.

— (1984): *Phonology and syntax: the relation between sound and structure,* Cambridge (Mass.), MIT Press.

SELLS, P. (1985): *Lectures on contemporary syntactic theories,* Stanford, Center for the Study of Language and Information Semantics 16, Orlando, Academic Press.

SERBAT, G. (1981): *Cas et fonctions: Etude des principales doctrines causelles du Moyen Age a nos jours,* París, PUF. Trad. cast: *Casos y funciones. Estudio de las principales doctrinas casuales, de la edad media a nuestros días,* Madrid, Gredos, 1988.

SERRANO, M. J. (1999): *Estudios de variación sintáctica,* Madrid, Iberoamericana.

— (2006): *Gramática del discurso,* Madrid, Akal/Cambridge.

SERRANO, S. (1975): *Elementos de lingüística matemática,* Barcelona, Anagrama.

— (1977): *Lógica, lingüística y matemáticas,* Barcelona, Anagrama.

SHOPEN, T. (ed.) (1985): *Language typology and syntactic description,* 3 vols., Cambridge, Cambridge University Press.

SILVA-CORVALÁN, C. (1984): «Topicalización y pragmática en español», Revista española de lingüística, 14 (1), pp. 1-20.

— (2001): *Sociolingüística y pragmática del español,* Washington, D.C., Georgetown. University Press.

SILVA-VILLAR, L. (1998): «Morphology and syntax of Romance imperatives: An incomplete history», *Probus* 10 (2), pp. 115-138.

— y J. GUTIÉRREZ-REXACH (1998): «Syntactic position and the interpretation of temporal adjectives», *Canadian Journal of Linguistics* 43, pp. 97-120.

— (2001): «Demonstratives in a feature-based theory of syntax», en Alexandrova y Arnaudova (eds.), pp- 325-344.

SIMON, H. y WIESE, H. (eds.) (2002): *Pronouns: Grammar and representation,* Amsterdam; John Benjamins.

SIMONE, R. (1993): *Fundamentos de Lingüística,* Madrid, Ariel.

SIMPSON, A. (2000): *Wh-movement and the theory of feature-checking,* Amsterdam, John Benjamins.

SMITH, C. (1991): *The parameter of aspect,* Dordrecht, Kluwer.

SMITH, N. (1999): *Chomsky: ideas and ideals,* Cambridge, Cambridge University Press.

SOAMES, S. y PERLMUTTER, D. (1979): *Syntactic argumentation and the structure of English,* Berkeley, University of California Press.

SOLÀ, J. (1992): *Agreement and subjects,* tesis doctoral, Universidad Autónoma de Barcelona.

SOLÀ, J., LLORET, M. R., MASCARÓ, J. y PÉREZ SALDANYA, M. (eds.) (2002): *Gramàtica del català contemporani,* Barcelona, Empúries.

SOLÍAS, M. T. (1996): *Gramática categorial: modelos y apliciones,* Madrid, Síntesis.

SOLÍS, C. (1994): *Razones e intereses. La historia de la ciencia después de Kuhn,* Barcelona, Paidós.

SORACE, A. y KELLER, F. (2003): «Gradience in linguistic data», *Lingua* 115, pp. 1497-1524.

SPEAS, M. (1990): *Phrase structure in natural language,* Dordrecht, Kluwer Academic Publishers.

SPENCER, A. (1991): *Morphological theory,* Oxford, Basil Blackwell.

— (1992): «Nominal inflection and the nature of functional categories», *Journal of Linguistics* 28, pp. 313-341.

— (1997): «Inflectional morphology and functional heads», en Dressler y otros (eds.), pp. 31-49.

— y ZWICKY, A. (1998): *The handbook of morphology,* Oxford, Basil Blackwell.

SPORTICHE, D. (1988): «A theory of floating quantifiers and its corollaries for constituent structure», *Linguistic Inquiry* 19, pp. 425-449.

— (1998a): «Clitic constructions», en Sportiche 1998c, pp. 244-307.

— (1998b): «Movement, agreement and case», en Sportiche 1998c, pp. 88-243.

— (1998c): *Partitions and atoms of clause structure,* Londres, Routledge.

STECHOW, A. VON (1984): «Comparing semantic theories of comparison», *Journal of Semantics* 2, pp.1-77.

— y Wunderlich, D. (eds.) (1991): *Semantik. Ein internationales Handbuch der zeitgenössischen Forschung,* Berlín, De Gruyter.

STEEDMAN, M. (1996): *Surface structure and interpretation,* Cambridge (Mass.), MIT Press.

— (2000): *The syntactic process,* Cambridge (Mass.), MIT Press.

STEGMÜLLER, W. (1981): *La concepción estructuralista de las teorías,* Madrid, Alianza.

STEINBERG, D. y JAKOBOVITS, L. (eds.) (1971): *Semantics. An interdisciplinary reader in philosophy, linguistics, and psychology,* Cambridge, Cambridge University Press.

STEPANOV, A. (2001): «Late adjunction and minimalist phrase structure», *Syntax* 4, pp. 94-125.

STEWART, A. H. (1976): *Graphic representation of models in linguistic theory,* Bloomington, Indiana University Press.

STOCKWELL, R., P. SCHACHTER y B. PARTEE (1973): *The major syntactic structures of English,* Nueva York, Holt, Rinehart & Winston.

STOWELL, T. (1981): *Origins of phrase structure,* tesis doctoral, MIT

— (1983): «Subjects across categories», *The Linguistic Review* 2, pp. 285-312.

— (1992): «The role of the lexicon in syntactic theory», en Stowell y Wehrli (eds.), pp. 9-20.

— (1993): «Syntax of tense», inédito, University of California, Los Angeles.

— (1995a): «The phrase structure of tense», en Rooryck y Zaring (eds.), pp. 277–291.

— (1995b): «What is the meaning of the present and past tenses?», en Bertinetto y otros (eds.), vol. 1, pp. 381-396.

— (2007): «The syntactic expression of tense», En Zagona (ed.), pp. 437–463.

— y WEHRLI, E. (eds.) (1992): *Syntax and the lexicon,* Syntax and semantics, 26. San Diego (Ca), Academic Press .

STROZER, J. (1976): *Clitics in Spanish,* tesis doctoral, UCLA.

STUURMAN, F. (1985): *Phrase structure theory in generative grammar,* Dordrecht, Foris

SUÑER, M. (1973): *Non-paradigmatic «se» in Spanish,* tesis doctoral, Universidad de Indiana.

— (1982): *Syntax and semantics of Spanish presentational sentence-types,* Washington (DC), Georgetown University Press.

— (1983): «Pro$_{arb}$», *Linguistic Inquiry* 14, pp. 188-191.

— (1985): «Apparent non-matching relative clauses in Spanish», en King y Maley (eds.), pp. 331-354.

— (1988): «The role of agreement in clitic-doubled constructions», *Natural language and linguistic theory,* 6, pp. 391-434.

— (1990): «El tiempo en las subordinadas», en I. Bosque (ed.) (1990b), pp. 77-105.

— (1991a): «Two properties of clitics in clitic-doubled constructions», en J. Huang y R. May (eds.), pp. 233-251.

— (1991b): «Indirect questions and the structure of CP: Some consequences», en Campos y Martínez-Gil (eds.), pp. 283-312.

— (1992): «Subject clitics in the Northern Italian vernaculars and the matching hypothesis», *Natural Language and Linguistic Theory* 10, pp. 641-672.

— (1993): «About indirect questions and semi-questions», *Linguistics and Philosophy* 16, pp. 45-77.

— (1994): «V-movement and the licensing of argumental *wh*-phrases in Spanish», *Natural Language and Linguistic Theory* 12, pp. 335-372.

— (1995): «Negative elements, island effects and resumptive *no*», *The Linguistic Review* 12, pp. 233-273.

— (1998): «Resumptive restrictive relative clauses: A crosslinguistic perspective». *Language, 74,* 335-364.

— (1999): «La subordinación sustantiva: la interrogación indirecta», en Bosque y Demonte (eds.), pp. 2149-2195.

— (2000a): «Object-shift: Comparing a Romance Language to Germanic», *Probus* 12, pp. 261-289.

— (2000b): «Some Thoughts on *"que"*: Description, Theory, and L2», *Hispania* 83, pp. 867-876.

— (2000c): «The Syntax of direct quotes with special reference to Spanish and English», *Natural Language and Linguistic Theory* 18, pp. 525-578.

— (2001): «The puzzle of restrictive relative clauses with conjoined DP antecedents», en Herschenson y otros (eds.), pp. 267-278.

— (2006): «Left dislocation with and without epithets», *Probus,* 18 (1), pp. 127-158.

— y King, L. (1998): *Gramática española: Análisis lingüístico y práctica,* Nueva York, McGraw-Hill. .

— y LIZARDI, C. (1995): «Dialectal variation in an argumentation/non-argumental asymmetry in Spanish», en Amastae (ed.) y otros, pp. 187-203.

— y PADILLA RIVERA, J. (1990): «Concordancia temporal y subjuntivo», en Bosque, (ed.) (1990a), pp. 185-201.

SUPPE, F. (1974): *The structure of scientific theories,* Urbana, University of Illinois Press.

SZABOLCSI, A. (1981): «The semantics of topic-focus articulation», en Groenendijk y otros (eds.), pp. 513-541.

— (1983): «The possessor that ran away from home», *The Linguistic Review* 3, pp. 89-102.

— (1987): «Functional categories in the noun phrase», en I. Kenesei (ed.), *Approaches to Hungarian,* Vol 2: theories and analyses, Szeged, Jate, 1987, pp. 167-189.

— (1994): «The noun phrase», en Kiefer y Kiss (eds.), pp. 179-275.

— (2001): «The syntax of scope», en Baltin y Collins (eds.), *The handbook of contemporary syntactic theory,* Oxford, Blackwell, pp. 607-633.

— y F. ZWARTS (1993): «Weak islands and an algebraic semantics for scope taking», *Natural Language Semantics* 1, pp. 235-284.

— (ed.) (1997): *Ways of scope taking,* Dordrecht, Kluwer

TAKAHASHI, D. (1994): *Minimality of movement,* Tesis doctoral, University of Connecticut.

TENNY, C. (1992): «The aspectual interface hypothesis», en Szabolcsi y Sag (eds.), pp. 1-27.

— (1994): *Aspectual roles and the syntax-semantics interface,* Dordrecht, Kluwer.

— (ed.) (1988): *Studies in generative approaches to aspect. MIT Lexicon Project Working Papers* 24.

— y PUSTEJOVSKY, J. (eds.) (2000): *Events as gramatical objects,* Stanford (Ca.), CSLI Publications.

TESNIÈRE, L (1959): *Elements de syntaxe structurale,* Paris, Klincksieck. Trad. cast.: *Elementos de sintaxis estructural,* Madrid, Gredos, 1994.

TICIO, E. (2003): *On the structure of DPs,* tesis doctoral, Universidad de Connecticut.

TOLLIS, F. (1978): «Les énoncés en *se* dans la littérature grammaticale contemporaine», *RFE* 60, pp. 173-226.

TORREGO, E. (1984): «On inversion in Spanish and some of its effects», *Linguistic Inquiry* 15, pp. 103-129

— (1989): «Unergative-unaccusative alternations in Spanish», en I. Laka y A. Mahajan (eds.), pp. 253-272.

— (1994): «Cómo», en V. Demonte (ed.), pp. 255-266.

— (1995): «On the nature of clitic doubling», en Campos y Kempchinsky (eds.), *Evolution andRevolution in Linguistic Theory,* Washington (DC), Georgetown University Press, 1995, pp. 399-418.

— (1996): «Experiencers and raising verbs», en Freidin (ed.), pp. 101-120.

— (1998a): *The dependencies of objects,* Cambridge (Mass.), MIT Press.

— (1998b): «Nominative subjects and pro-drop Infl», *Syntax* 1, pp. 206-219.

TRAVIS, L. (1984): *Parameters and effects of word order variation,* tesis doctoral, MIT.

— (2000): «Event structure in syntax», en Tenny y Pustejovsky (eds.), pp. 145-185.

TREMBLAY, M. (1991): «The syntax of possession» en D. Bouchard et K. Leffel (eds.), *Views of Phrase Structure,* Dordrecht, Kluwer,1991, pp. 57-81.

TREVIÑO, E (1993): «El caso como rasgo de minimidad en el comportamiento de los clíticos», en Fernández Soriano (ed.), pp. 284-308.

— (1994): *Las causativas del español con complemento infinitivo,* México (DF), El Colegio de México.

TRUSWELL, R. (2006): «Attributive adjectives and nominal templates», *Linguistic Inquiry,* 2006.

TSIMPLI, M. (1995): «Focusing in modern Greek», en K. Kiss (ed.), pp. 176-206.

URA, H. (2000): *Checking theory and grammatical functions in universal grammar,* Oxford, Oxford University Press.

URIAGEREKA, J. (1995a), «Aspects of the syntax of clitic placement in Western Romance», *Linguistic Inquiry* 26, pp. 79-123.

— (1995b): «A focus position in western Romance», en K. Kiss (ed.), pp. 153-175.

— (1998): *Rhyme and reason. An introduction to minimalist syntax,* Cambridge (Mass.), MIT Press

— (2002): *Derivations: exploring the dynamics of syntax,* Londres, Routledge.

URIBE-ETXEVARRIA, M. (1994): *Interface licensing conditions on NPIs: A theory of polarity and tense interactions,* tesis doctoral, Universidad de Connecticut.

— (1995): «On the structure of Spec/IP and its relevance for scope asymmetries», en Amastae y otros (eds.), pp. 355-367.

— (2002): «In situ questions and masked movement», *Linguistic Variation Yearbook* 2, pp. 259-303. .

VALLDUVI, E (1992): *The informational component,* Nueva York, Garland, 1992.

VALOIS, D. (1991): *The internal syntax of DP,* tesis doctoral, UCLA

VAN DER WOUDEN, T. (1997): *Negative contexts: Collocation, polarity, and multiple negation,* Nueva York, Routledge.

VAN RIEMSDIJK, H. (1990): «Functional prepositions», en Pinter y Genee (eds.), pp. 234-265.

— (ed.) (1999): *Clitics in the languages of Europe,* Berlín, Mouton de Gruyter.

— y WILLIAMS, E. (1986): *Introduction to the theory of grammar,* Cambridge (Mass.). Trad. esp: *Introducción a la teoría grammatical,* Madrid, Cátedra, 1990.

VAN VALIN, R (1993): «A synopsis of role and reference grammar», en Van Valin (ed.), pp. 1-164.

— (2001): *An introduction to syntax,* Cambridge, Cambridge University Press.

— (2005): *Exploring the syntax-semantics interface,* Cambridge, Cambridge University Press.

— (ed.) (1993): *Advances in role and reference grammar,* Amsterdam, John Benjamins.

— y POLLA, R. LA (1997): *Syntax. Structure, meaning and function,* Cambridge, Cambridge University Press.

VAN VOORST, J. (1988): *Event structure,* Amsterdam, John Benjamins.

VARELA, S. (1990): *Fundamentos de morfología,* Madrid, Síntesis.

VÁZQUEZ, G., FERNÁNDEZ, A. y MARTÍ, M. A. (2000): *Clasificación verbal. Alternancia de diátesis,* Universidad de Lleida.

VENDLER, Z., (1957): «Verbs and times», *The Philosophical Review,* 66, pp. 143–160, reimpreso en Z. Vendler, *Linguistics in Philosophy,* Ithaca (NY), Cornell University Press, 1967.

VERGNAUD, J. R., (1974): *French relative clauses,* tesis doctoral, MIT.

— (1982): *Dépendances et niveaux de représentation,* Amsterdam, John Benjamins.

VERKUYL, H. (1972): *On the compositional nature of the aspect,* Dordrecht, Reidel.

— (1989): «Aspectual classes and aspectual composition», *Linguistics and Philosophy* 12, pp. 39-94.

— (1993): *A theory of aspectuality,* Cambridge, Cambridge University Press.

VERSCHUEREN. J. (1980): *On speech act verbs,* Amsterdam, John Benjamins.

VIGARA TAUSTE, A. (1992): *El español coloquial,* Madrid, Gredos.

VILLALBA, X. (2002): *The syntax of sentence periphery,* tesis doctoral, Universidad Autónoma de Barcelona.

— (2003): «An exceptional exclamative type in Romance», *Lingua* 113, pp. 713-745.

VOGELEER, S. y TASMOWSKI, L. (eds.) (2002): *Non-definiteness and plurality,* Amsterdam, John Benjamins.

WANNER, D. (1987): *The development of Romance clitic pronouns: from Latin to Old Romance,* Berlín, Mouton de Gruyter.

WARD, G. (1985): *The semantics and pragmatics of preposing,* tesis doctoral, Universidad de Pennsylvania.

WASOW, T. (1979): *Anaphora in generative grammar,* Gante, E-Story Scientia.

WATANABE, A. (1996): *Case absorption and wh-agreement,* Dordrecht, Kluwer.

WATANABE, K. y YOUNG, R. B. (eds.) (2005): *Proceedings of semantics and linguistic theory* (SALT 14).

WEBELHUTH, G. (ed.), *Government and binding theory and the minimalist program,* Oxford, Blackwell, 1995.

WELKE. K. (1988): *Einführung in die valenz- und kasustheorie,* Leipzig, Bibliographisches Institut.

WELLS, R (1947): «Inmediate constituents», *Language* 23, pp. 81-117.

WIERZBICKA, A. (1987): *English speech act verbs: a semantic dictionary,* Nueva York, Academic Press.

WILKINS, W. (ed.) (1988): *Thematic relations. Syntax and Semantics* 21, Nueva York, Academic Press.

WILLIAMS, E. (1977): «Discourse and Logical Form», *Linguistic Inquiry* 8, pp. 101-139.

— (1980): «Predication», *Linguistic Inquiry* 11, pp. 203-238.

— (1981): «Argument structure and morphology», *The Linguistic Review* 1, pp. 81-114.

— (1988): «Is LF distinct from S-Structure? A Reply», *Linguistic Inquiry* 19, pp. 135-146.

— (1994): *Thematic structure in syntax,* Cambridge (Mass.), MIT Press.

WILSON, R. y KEIL, F. (1999): *The MIT Encyclopedia of the Cognitive Sciences,* Cambridge (Mass.), MIT Press.

WINFORD, D. (1996): «The problem of syntactic variation», en Arnold y otros (eds.), pp. 177-192.

WINTER, Y. (2005): «Cross-categorial restrictions on measure phrase modification», *Linguistics & Philosophy* 28, pp. 233-267.

WIRTH, J. 1976: *Assessing linguistic arguments,* Washington, Hemisphere.

WOTJAK. G. (ed.) (2000): *En torno al sustantivo y adjetivo en español actual. Aspectos cognitivos, semánticos, (morfo) sintánticos y lexicogenéticos,* Frankfurt am Main, Verwuert Verlag.

— y CUARTERO, J. (eds.) (2005): *Entre semántica léxica, teoría del léxico y sintaxis,* Frankfurt am Main, Peter Lang.

WYNGAERD, G. VANDEN (1994): *Pro-legomena: distribution and reference of infinitival subjects,* Berlín, Mouton De Gruyter.

ZAENEN, A., MALING, J. y THRÁINSSON, H. (1985): «Case and grammatical function: the Icelandic passive», *Natural Language and Linguistic Theory* 3, pp. 441-483.

ZAGONA, K. (1982): *Government and proper government of verbal projections,* tesis doctoral, Universidad de Washington, Seattle.

— (1988): *Verb phrase syntax: A parametric study of English and Spanish,* Dordrecht, Kluwer Academic Publishers.

— (1990): «Times as temporal argument structure», manuscrito inédito, Universidad de Washington.

— (1993): «Spanish adjectival secondary predicates, time adverbs and subevent structure», *Cuadernos de Lingüística* 1 (IUOG), pp. 317-354.

— (1995): «Temporal argument structure: configurational elements of construal», en Bertinetto y otros (eds.), pp. 397-410.

— (1996): «Compositionality of aspect: evidence from Spanish aspectual *se*», en Parodi y otros (eds.), pp. 475-488.

— (1999): «Voice and aspect», en J. Franco y otros (eds.), pp. 279-293.

— (2002): *The syntax of Spanish,* Cambridge, Cambridge University Press, 2002. Trad. cast.: *Sintaxis generativa del español,* Madrid, Visor, 2006.

— (2004): «Tense construals in complement clauses: verbs of communication and the double access reading», en Gueron y Lacarme (eds.), pp. 637-654.

— (ed.): (1996): *Grammatical theory and Romance languages,* Amsterdam, John Benjamins.

— (ed.) (2007): *Approaches to tense and aspect construal,* número monográfico de *Lingua,* volumen 117 (2).

ZAMORA VICENTE, A. (1966): *Dialectología española,* Madrid, Gredos.

ZAMPARELLI, R. (2000): *Layers in the determiner phrase,* Nueva York, Garland

ZANUTTINI, R. (1991): *Syntactic properties of sentential negation,* tesis doctoral, Universidad de Pennsylvania.

— (1997): *Negation and clausal structure: A comparative study of Romance languages,* Oxford, Oxford University Press.

— y PORTNER, P. (2003): «Exclamative clauses: At the syntax-semantics interface», *Language* 79, pp. 39-81.

ZOERNER, E. (1995): *Coordination: The syntax of &P,* tesis doctoral, Universidad de California, Irvine.

ZRIBI-HERTZ, A. (1989): «A-type binding and narrative point of view», *Language* 65, pp. 695-727.

ZUBIZARRETA, M. L. (1982): *On the relationship of the lexicon to syntax,* tesis doctoral, MIT.

— (1987): *Levels of representation in the lexicon and the syntax,* Dordrecht, Foris.

— (1998): *Prosody, focus, and word order,* Cambridge (Mass.), MIT Press.

— (1999): «Tema y foco», en Bosque y Demonte (eds.), pp. 4215-4244.

— (2001): «The constraint on preverbal subjects in Romance interrogatives: A minimality effect», en Hulk y Pollock (eds.), pp. 183-204.

— y J. R. VERGNAUD (2005): «Phrasal stress, focus, and syntax», en M. Everaert y H. van Riemsdijk (eds.), Vol 3, § 49.

ZWARTS, F. (1995): «Nonveridical contexts», *Linguistic Analysis* 25, pp. 286-312.

ZWICKY, A. (1977): *On clitics,* Bloomington (In.), Indiana University Linguistics Club

— (1985): «Heads», *Journal of Linguistics* 21, pp.1-29.

Índice general

Prólogo 5

1 ¿Qué es la sintaxis? Caracterización y bases empíricas 11
  1.1. La sintaxis como parte de la gramática 11
    1.1.1. Definición preliminar 11
    1.1.2. Sintaxis y semántica... 14
    1.1.3. Recordar y reconocer 16
    1.1.4. Dos formas de empezar el estudio de la sintaxis 20
  1.2. Las palabras como centro de la sintaxis 23
    1.2.1. Los rasgos y su combinatoria... 23
    1.2.2. La posición de las palabras 24
  1.3. Juicios sobre los datos sintácticos. El concepto de 'gramaticalidad'
    y nociones conexas 28
    1.3.1. 'Gramaticalidad' frente a 'corrección' 28
    1.3.2. 'Gramaticalidad' frente a 'aceptabilidad' 32
    1.3.3. 'Gramaticalidad' frente a 'claridad', 'elegancia', 'verosimilitud'
      y otras nociones análogas... 35
    1.3.4. La gramaticalidad y las condiciones del contexto 38
    1.3.5. Gramaticalidad y variación. Información externa e interna.... 40
    1.3.6. La semigramaticalidad 45
  1.4. Las fuentes de los datos 46
    1.4.1. Datos producidos y datos construidos 46
    1.4.2. Por qué tiene sentido analizar lo que no decimos.
      Experimentación y análisis gramatical 48
    1.4.3. Abstracción y experimentación 50
  1.5. Lecturas complementarias 52

2 El enfoque generativo... 55
  2.1. La gramática como ciencia... 55
    2.1.1. Inducción y deducción 55
    2.1.2. Teorías y formalización 59
    2.1.3. Descripción, teoría y explicación.................................... 62
  2.2. Competencia, actuación y criterios de adecuación 65
    2.2.1. El sistema y su ejecución 65
    2.2.2. Los criterios de adecuación 71
  2.3. Lenguajes y gramáticas. La teoría formal de las gramáticas 73
    2.3.1. Introducción 73
    2.3.2. Lenguaje y gramática. Conceptos básicos 74
    2.3.3. La caracterización formal de la gramaticalidad................ 76
    2.3.4. Gramáticas probabilísticas de estados finitos 77
    2.3.5. Gramáticas de estructura sintagmática o de frase 79
  2.4. Gramática de un fragmento del español....................................... 83
  2.5. Otros aspectos técnicos y conceptuales de la estructura formal de
    la gramática 86

2.5.1. Tipos de reglas 86
2.5.2. Las transformaciones 89
2.5.3. La organización de la gramática y el desarrollo de la teoría gramatical.. 92
2.6. Lecturas complementarias 96

3 Las palabras y los sintagmas I: La estructura de los constituyentes 101
3.1. Clases sintácticas de palabras 101
3.1.1. Introducción 101
3.1.2. Categorías variables y categorías invariables......................... 105
3.1.3. Categorías léxicas y categorías funcionales........................... 108
3.1.4. Categorías manifiestas y categorías encubiertas 114
3.2. La estructura de constituyentes 117
3.2.1. El concepto de 'constituyente' 117
3.2.2. Las secuencias no son estructuras 120
3.2.3. Operaciones con constituyentes 124
3.2.4. Las relaciones configuracionales 128
3.3. Los sintagmas.. 137
3.3.1. De las reglas sintagmáticas a la estructura X' 137
3.3.2. Núcleos y complementos 143
3.3.3. Otros complementos, adjuntos y especificadores 150
3.3.4. Marcas gramaticales. El caso....................................... 155
3.4. Lecturas complementarias 161

4 Las palabras y los sintagmas II. Desarrollos de la endocentricidad 163
4.1. La oración y la estructura de constituyentes 163
4.1.1. La oración y sus proyecciones. Enfoques iniciales 163
4.1.2. ¿Puede interpretarse la oración como la expansión de un núcleo léxico?.. 167
4.2. La flexión y la endocentricidad de la oración......................... 169
4.2.1. La flexión como núcleo 169
4.2.2. La incorporación sintáctica 173
4.2.3. Movimiento y concordancia 178
4.3. Los verbos auxiliares.. 181
4.3.1. Auxiliares y estructura oracional 181
4.3.2. Los auxiliares y la flexión 186
4.3.3. Fortaleza, debilidad y finitud 188
4.4. El sintagma complementante 192
4.4.1. Los nexos subordinantes como categoría funcional 192
4.4.2. Las preguntas y la estructura de SComp 197
4.4.3. SComp en otras construcciones 203
4.5. El sintagma determinante.. 206
4.5.1. Los determinantes como núcleo 206
4.5.2. Las construcciones posesivas 208
4.5.3. Categorías funcionales en el SD 210
4.6. Hacia una teoría escueta de la estructura de constituyentes. Categorías y transformaciones................................... 213
4.6.1. Introducción. Dos enfoques alternativos 213
4.6.2. El programa minimista y la estructura de constituyentes 217
4.7. Lecturas complementarias 225
APÉNDICE: La estructura de la flexión 226
A1. Tiempo y concordancia 226
A2. T y Conc desde un punto de vista comparativo 230
A3. La concordancia de objeto 234
A4. La concordancia como operación sintáctica 239

5   Léxico y sintaxis 241
   5.1. La sintaxis como proyección del léxico 241
      5.1.1. Reglas de subcategorización y selección 241
      5.1.2. Selección categorial y selección semántica 248
   5.2. La predicación 251
      5.2.1. Las nociones de predicado y argumento 251
      5.2.2. Valencia y saturación 253
      5.2.3. El principio de proyección 255
      5.2.4. Argumentos internos y externos... 256
   5.3. La predicación generalizada... 260
      5.3.1. Los nombres y adjetivos como predicados 260
      5.3.2. Nombres y estructura argumental 262
      5.3.3. Adjetivos y predicación 266
      5.3.4. El concepto de predicado como noción transcategorial........... 267
   5.4. La estructura temática 271
      5.4.1. La estructura temática como esqueleto del significado 271
      5.4.2. Algunas ventajas de postular estructuras temáticas........................ 274
      5.4.3. Algunos inconvenientes de postular estructuras temáticas 276
      5.4.4. Algunas consecuencias sintácticas de la naturaleza argumental de
             los sintagmas 282
             5.4.4.1. Procesos de extracción 282
             5.4.4.2. Posesivos y complementos preposicionales 286
   5.5. La estructura eventiva 288
      5.5.1. Los complementos circunstanciales como modificadores eventivos.. 288
      5.5.2. Argumentos, eventos y relaciones temáticas 292
   5.6. El aspecto 296
      5.6.1. El aspecto gramatical o flexivo 296
      5.6.2. El aspecto léxico o modo de acción.................................... 299
             5.6.2.1. Clases de situaciones. El concepto de 'eventualidad'........ 299
             5.6.2.2. La estatividad.. 301
             5.6.2.3. Actividades, realizaciones y logros 304
      5.6.3. Otras consecuencias gramaticales del aspecto léxico 307
      5.6.4. Rasgos y tipos de eventos 310
   5.7. Otras manifestaciones del aspecto léxico. La distinción *ser / estar* 313
      5.7.1. Propiedades de individuo y de estadio................................. 313
      5.7.2. Clasificación, identificación, situación 317
   5.8. Lecturas complementarias 320
   **APÉNDICE. Algunas propuestas recientes sobre la interacción del aspecto
             y los papeles temáticos.** 322
      A1. La hipótesis de la interficie aspectual y la restricción de medida 322
      A2. Los papeles temáticos aspectuales 323
      A3. La teoría de los proto-papeles temáticos.................................... 327
      A4. Recategorización de eventos: la coacción aspectual 329
      A5. El aspecto flexivo en la sintaxis: el sintagma aspectual 333
      A6. Rasgos eventivos y proyecciones funcionales 338

6   Sujetos y objetos.. 343
   6.1. Introducción... 343
   6.2. Los sujetos nulos y la flexión 344
      6.2.1. La categoría *pro* 344
      6.2.2. El parámetro del sujeto nulo 348
   6.3. Los sujetos de las oraciones impersonales 352
      6.3.1. Los pronombres nulos expletivos 352
      6.3.2. El principio de proyección extendido 357
   6.4. Argumentos implícitos y objetos nulos 359

6.5. Los sujetos nulos sin flexión verbal 363
    6.5.1. La categoría PRO 363
    6.5.2. La teoría del control 366
6.6. Argumentos y posiciones sintácticas 370
    6.6.1. Clases de posiciones... 370
    6.6.2. Distribución de marcas identificadoras 372
6.7. Las oraciones pasivas 376
    6.7.1. Los ingredientes de la pasivización 376
    6.7.2. Otros objetos 379
6.8. Los verbos de ascenso 382
    6.8.1. El ascenso de sujeto a sujeto 382
    6.8.2. Verbos de ascenso y verbos de control 385
6.9. La inacusatividad 392
    6.9.1. Los verbos inacusativos 392
    6.9.2. La generalización de Burzio 397
        6.9.2.1. Caso y papel temático en las construcciones inacusativas 397
        6.9.2.2. Inacusatividad y sintagmas escuetos........................... 398
        6.9.2.3. Inacusatividad, predicación y aspecto léxico 400
    6.9.3. La categoría v 402
6.10. Las construcciones de doble objeto y los verbos psicológicos............ 406
    6.10.1. Los objetos dobles 406
    6.10.2. Los verbos psicológicos 411
6.11. Las construcciones con *se* 414
    6.11.1. Usos paradigmáticos y no paradigmáticos............................ 414
    6.11.2. *Se* reflexivo, impersonal y pasivo 415
        6.11.2.1. El *se* reflexivo y recíproco............................... 415
        6.11.2.2. El *se* impersonal 416
        6.11.2.3. El *se* pasivo reflejo 417
    6.11.3. El *se* medio y el *se* aspectual 420
        6.11.3.1. El *se* medio 420
        6.11.3.2. El *se* aspectual 422
6.12. Las cláusulas reducidas.. 423
    6.12.1. La predicación secundaria 423
    6.12.2. La estructura de las cláusulas reducidas 425
    6.12.3. La predicación secundaria y el aspecto léxico........................ 429
6.13. Lecturas complementarias 432

7   El movimiento A′ 435
7.1. Clases de movimiento. Breve repaso 435
7.2. El movimiento A'. Componentes fundamentales 438
    7.2.1. ¿Qué elementos se desplazan?... 439
    7.2.2. ¿Por qué se desplazan?.. 441
    7.2.3. ¿Adónde se desplazan? 444
    7.2.4. ¿Desde dónde se desplazan? Restricciones frente a condiciones 450
7.3. El principio de subyacencia 455
    7.3.1. Formulación 455
    7.3.2. Efectos de reestructuración 456
    7.3.3. Los dominios de extracción 460
    7.3.4. El movimiento largo y las islas *qu-* 461
7.4. Desarrollos del concepto de rección.. 463
    7.4.1. El problema de los adjuntos.. 463
    7.4.2. El problema de los sujetos 465
    7.4.3. Otras consecuencias de la rección por antecedente.................. 467
7.5. La localidad en el programa minimista 472
7.6. Los huecos parasíticos... 474

7.7. Conclusión 476
7.8. Lecturas complementarias 476

8 Los cuantificadores. Características de la Forma Lógica 479

8.1. Referencia y cuantificación 479
    8.1.1. Los cuantificadores 479
    8.1.2. Las variables cuantificacionales 481
8.2. El nivel de la Forma Lógica 483
    8.2.1. Sintaxis e interpretación. El ascenso del cuantificador 483
    8.2.2. Condiciones de buena formación en la Forma Lógica 485
8.3. Cuantificación múltiple y ámbito 487
    8.3.1. Las ambigüedades de ámbito 487
    8.3.2. Cuantificación y elipsis; cuantificación inversa 491
8.4. Desarrollos recientes de la teoría de la Forma Lógica 497
    8.4.1. El principio del ámbito 497
    8.4.2. Propuestas de eliminar la regla AC. Ventajas e inconvenientes 499
8.5. Otros aspectos semánticos de la gramática de los cuantificadores 501
    8.5.1. Clases de cuantificadores 501
    8.5.2. Los cuantificadores universales 502
    8.5.3. Las lecturas de ámbito amplio del complemento directo 505
8.6. Preguntas y cuantificación 508
    8.6.1. Los cuantificadores interrogativos 508
    8.6.2. Las preguntas múltiples 511
    8.6.3. Los fenómenos de superioridad en la Forma Lógica 513
8.7. Interacciones entre cuantificadores y SQu 516
    8.7.1. Interpretaciones individuales, funcionales y de lista 516
    8.7.2. Cuantificación sobre preguntas y análisis de rasgos 517
8.8. Los indefinidos 520
    8.8.1. La restricción de definitud 520
    8.8.2. Los indefinidos como variables 523
8.9. La genericidad 527
8.10. Otros operadores. Las estructuras comparativas 529
    8.10.1. Grados y otras medidas 529
    8.10.2. Las islas débiles 531
    8.10.3. Las oraciones comparativas 535
8.11. La pluralidad 537
    8.11.1. Cuatro clases de expresiones nominales 537
    8.11.2. Criterios para clasificar las expresiones que denotan pluralidad 538
    8.11.3. Pluralidad y concordancia 540
    8.11.4. Pluralidad y distributividad 542
    8.11.5. Pluralidad y colectividad 545
8.12. Conclusión 548
8.13. Lecturas complementarias 548

9 Los pronombres y sus antecedentes 551

9.1. Los pronombres como variables 551
    9.1.1. Interpretaciones de los pronombres de tercera persona 551
    9.1.2. Interpretaciones existenciales y genéricas 555
9.2. La teoría del ligamiento. Introducción 557
    9.2.1. La correferencia 557
    9.2.2. Tres clases de elementos con referencia 560
9.3. Los principios de la teoría del ligamiento 565
    9.3.1. El dominio de ligamiento 565
    9.3.2. El principio A 567
    9.3.3. Los principios B y C 573

9.4. Desarrollos de la teoría del ligamiento. Ampliaciones, revisiones y críticas ..   577
   9.4.1. El problema de la distribución complementaria   577
   9.4.2. Las huellas y la teoría del ligamiento. El cruce fuerte y el cruce débil   580
   9.4.3. La obviación pronominal o referencia disjunta   586
   9.4.4. Problemas con el mando-c. La teoría del ligamiento y la estructura
       informativa   589
   9.4.5. Otros problemas con el mando-c. Copias y niveles de representación   594
9.5. Pronombres átonos y tónicos. Los clíticos...   597
   9.5.1. Los pronombres débiles y su ordenación....................................   597
   9.5.2. Teorías sobre los clíticos. El análisis del movimiento.....................   599
   9.5.3. Clíticos y categorías funcionales   604
   9.5.4. El ascenso de los clíticos   607
9.6. Lecturas complementarias   610

10 Nombres, verbos y sus proyecciones asociadas   613
10.1. Introducción...   613
10.2. La estructura del SD   614
   10.2.1. Los determinantes. Paralelismo entre SD y SFlex.........................   614
   10.2.2. La elipsis nominal   614
   10.2.3. El artículo en los grupos nominales oracionales   616
   10.2.4. Las secuencias de determinantes   618
   10.2.5. Los posesivos   620
   10.2.6. Los demostrativos..   623
   10.2.7. Los adjetivos: relacionales y calificativos, prenominales y
       posnominales   624
   10.2.8. La posición de los adjetivos en el SD. Orden relativo y posición
       estructural   626
10.3. La negación y la polaridad   633
   10.3.1. La negación como núcleo sintáctico   633
   10.3.2. El ámbito de la negación   637
   10.3.3. La concordancia negativa...   641
   10.3.4. Palabras negativas y negación oracional   643
   10.3.5. Los términos de polaridad negativa. Condiciones de legitimación ..   646
10.4. El tiempo   648
   10.4.1. El tiempo gramatical   648
   10.4.2. Los tiempos como operadores y como pronombres   649
   10.4.3. La teoría tridimensional de los tiempos verbales   652
   10.4.4. La proyección de la estructura temporal en la sintaxis. El anclaje
       temporal   655
   10.4.5. La teoría argumental del tiempo   657
10.5. La modalidad. Indicativo y subjuntivo   659
   10.5.1. La intensionalidad   659
   10.5.2. Indicativo y subjuntivo. El núcleo modal   660
   10.5.3. La selección del subjuntivo   662
   10.5.4. La concordancia de tiempos en el subjuntivo   665
10.6. La posición de los adverbios...   666
   10.6.1. La orientación adverbial...   666
   10.6.2. Adjunción y modificación   668
   10.6.3. El cotejo de los rasgos adverbiales   670
10.7. Lecturas complementarias   672

11 Sintaxis y discurso...   675
11.1. La estructura informativa de la oración   675
11.2. Tema / rema; presuposición / foco   677

11.2.1. La centralidad 677
11.2.2. La naturaleza de la información 678
11.2.3. La partición informativa en la gramática 680
11.3. Clases de temas: temas vinculantes y dislocaciones a la izquierda 683
11.3.1. Los temas vinculantes 685
11.3.2. Los temas dislocados 686
11.3.3. El análisis estructural de la tematización 689
11.4. La focalización o anteposición focal 692
11.4.1. Propiedades caracterizadoras 692
11.4.2. La focalización como desplazamiento 695
11.5. La articulación del sintagma complementante 697
11.6. La interpretación de las estructuras focales 699
11.6.1. Foco y Forma Lógica 699
11.6.2. Operadores que se asocian con el foco 702
11.6.3. Las perífrasis de relativo 703
11.7. Los actos de habla. Las oraciones interrogativas 706
11.7.1. Oración y enunciado. El concepto de acto verbal 706
11.7.2. Las oraciones interrogativas 710
11.7.3. Las interrogativas indirectas 713
11.7.3.1. Aspectos semánticos 713
11.7.3.2. Aspectos formales 715
11.7.4. Otras clases de oraciones interrogativas 717
11.8. Las oraciones imperativas y exclamativas 720
11.8.1. Los imperativos 720
11.8.2. Las oraciones exclamativas 723
11.8.2.1. Sintagmas exclamativos. Exclamativas bimembres o predicativas 723
11.8.2.2. Exclamativas focalizadas con SQu 725
11.8.2.3. Otras exclamativas focalizadas 726
11.9. Otras construcciones complejas 729
11.9.1. Parataxis e hipotaxis 729
11.9.2. El concepto tradicional de subordinación 731
11.9.3. Sintagmas conjuntivos y locuciones conjuntivas 733
11.9.4. La subordinación adverbial. Aspectos semánticos 736
11.10. Lecturas complementarias 739

Bibliografía 741